I0795951

ביאור תניא

אגרת הקדש

זכרון עולם בהיכל ה׳

לכבוד ולעילוי נשמת

איש מופת מורם מעם, תלמיד חכם מופלג ומרביץ תורה

הרה״ח ר׳ **יהושע השיל רייזמן** ז״ל

אוד מוצל מאש משרידי דור דעה ומחבר ספרים בהלכה ובמחשבה ובחסידות

אשר כל חייו מיזג ושילב תורה עם דרך ארץ

ועשה מלאכתו ארעי ותורתו קבע בהתעמקות ובריתחא דאורייתא

נלב״ע בעשרה בטבת תשס״ט

האשה החשובה עדינת הנפש ואצילת הרוח

מרת **הלינה שיינדל רייזמן** ע״ה

אשת חיל עטרת בעלה רודפת צדקה וחסד

נלב״ע ערב שבת ה׳ מנחם אב תשנ״ז

איש דגול מרבבה ואציל נפש, אוהב ספר ויודע ספר,

ראש וראשון לכל דבר שבקדושה

הרה״ח ר׳ **אהרן יעקב קרונווסר** ז״ל

רב פעלים לתורה ולצדקה, אוהב חסד ומרבה להיטיב

נלב״ע ז׳ תמוז תשס״ב

אשר היו כולם, הורים ומורים, מלמדים ויועצים, ודמותם מלווה אותנו תמיד

ת.נ.צ.ב.ה.

הונצח על ידי

צבי רייזמן, איש עסקים ומחבר ספרי רץ כצבי (ח״י חלקים)

ובני משפחתו, לוס אנג׳לס

ביאור תניא

אגרת הקדש

לכ״ק אדמו״ר הזקן

הרב רבי שניאור זלמן מליאדי

בעל התניא והשו״ע

מאת

הרב עדין אבן־ישראל (שטיינזלץ)

עורך

הרב מאיר הנגבי

כרך א

איגרות א–כב

ירושלים תשפ״ב

מגיד

מרכז שטיינזלץ
למד את עמי
www.steinsaltz-center.org.il

Adin Even-Israel (Steinsaltz)

A Commentary On The Tanya

Iggeret HaKodesh, Vol. 1

עריכת לשון ובדיקת מקורות: הרב דוד ברוקנר
עריכת תוכן וניקוד: הרב הלל מונדשיין
הגהה: הרב דוד פיאלקוף
ייעוץ: הרב אמחיה אבן־ישראל
עיצוב: אסתר באר, רינה בן גל, תמי מגר ואליהו משגב
עיצוב כריכה: אליהו משגב
עימוד: רינה בן גל

© כל הזכויות שמורות לרב עדין אבן־ישראל (שטיינזלץ), 2021
הספר רואה אור בשיתוף המכון הישראלי לפרסומים תלמודיים

ספרי מגיד, הוצאת קורן ירושלים
ת״ד 4044 ירושלים 91040
טל׳: 02-6330533 פקס: 02-6330534
maggid@korenpub.com

אין לשכפל, להעתיק, לצלם, להקליט, לאחסן במאגר מידע, לשדר או לקלוט בכל דרך או בכל אמצעי אלקטרוני, אופטי, מכני, או אחר כל חלק שהוא מן החומר שבספר זה. שימוש מסחרי מכל סוג שהוא בחומר הכלול בספר זה אסור בהחלט אלא ברשות מפורשת בכתב מהמו״ל.

מסת״ב ISBN 978-965-526-315-2

סט 5 כרכים:
מסת״ב ISBN 978-965-526-317-6

Printed in Israel 2021 נדפס בישראל

ממכתב כ"ק אדמו"ר מליובאוויטש זי"ע (כ"א מנחם אב תשכ"א) שבו הוא מעודד את המחבר לכתוב ביאור לתניא בסגנונו הייחודי.

ומובן גם כן שאין הנ"ל שולל כלל וכלל שקלא וטריא (ושאלות ותשובות — כהמצורף למכתבו) בעניינים המובאים בתניא, כן ביאור קצר או גם ארוך, ובסגנונו, ערוכים בלשון בני דורנו...

תוכן העניינים

הקדמה למהדורה החדשה

המהדורה הראשונה של 'ביאור תניא' החלה לצאת לאור לפני למעלה משלושים שנה. מאז יצאו לאור מהדורות אחדות בשינויי עיצוב קלים אך כמעט ללא שינויי עריכה. לאחר שאזלו כל העותקים של מהדורת תשע"ג, החלטנו בשיתוף עם הוצאת 'קורן' על עריכת מהדורה חדשה, הן בעיצובה החיצוני והן ובעיקר בעריכת התכנים הפנימיים וסידורם. במהדורה זו באו לידי ביטוי לקחים שהפקנו במשך השנים מתוך הקשבה לקוראינו, היענות לרוח הזמן ורצון לפתוח את הסדרה לקוראים חדשים וללומדים מתחדשים.

שינויי עיצוב:
הספרים עוצבו במתכונת סדרת ביאורי הרב עדין אבן־ישראל (שטיינזלץ) לכל חלקי התורה, סדרה היוצאת לאור בשנים האחרונות על ידי הוצאת 'קורן' בשיתוף 'מרכז שטיינזלץ'. העיצוב מרווח ומאוורר, והספרים מעט גדולים משהיו בעבר, מה שאִפשר לצמצם את מספר כרכי הסדרה. הרעיון העיצובי בעיקרו הוא ארגון החומרים במִפתחים של שני עמודים. הטקסט המבואר מופיע בתחילת העמוד הימני, והביאורים לו גולשים גם אל העמוד השמאלי. כדי לא להכביד על מראה הדף ושטף הקריאה העברנו את הערות השוליים לסוף הספר.

נוסח ספר התניא:
על פי המסורת הנהוגה בחב"ד, ועל פי הנחיה ישירה של כ"ק האדמו"ר מליובאוויטש זי"ע למחבר, לא ניקדנו ולא פיסקנו את הטקסט המקורי של ספר התניא. השארנו את הטקסט כפי שהוא בראש העמוד הימני שבמפתח, כדי שהקורא יוכל לקרוא בו בראשוניותו ובעצמותו קודם לכל הפירושים ופתוח לכל הפירושים ולכל קורא.
עם זאת, כדי להקל בצדדים הטכניים של עצם הגישה אל הטקסט, פתחנו את ראשי התיבות וכן קטענו את הטקסט במקומות שברור שיש בהם תחילת עניין חדש. בדרך כלל נצמדנו אל אותם מקומות שבהם חילק אדמו"ר הריי"ץ זי"ע ב'מורה שיעור' את לימוד התניא לימות השנה. בהתאמה לקיטוע בטקסט התניא יצרנו בביאור רווח של שורה ריקה. בנוסח שבמהדורה זו עודכנו התיקונים המופיעים ב'לוח התיקון' שבדפוסים הרגילים, אך לא אלה שבלוח 'הערות ותיקונים (בדרך אפשר)'.

שינויי עריכה בביאור:
ניקוד ופיסוק. מה שלא עשינו בטקסט התניא בראש העמוד הימני במפתח, עשינו בציטוט דבריו שבתוך הביאור. את ה'דיבור המתחיל' בביאור, הכולל את כל דברי התניא, ניקדנו ופיסקנו במהדורה זו, כמובן על פי ביאורנו.

הרחבות. החידוש המשמעותי ביותר במהדורה זו הוא ה'הרחבות'. ביקשנו להפריד בין הביאור השוטף לתניא ובין הקטעים של הרחבה והעמקה שהיו כלולים בו. במהדורה זו הוצאנו את הקטעים האלה מתוך הביאור, נתנו להם כותרות משל עצמם והצבנו אותם בעיצוב שונה בתחתית הדף. ה'הרחבות', כפי שקראנו להן, כוללות הסבר של מושגים בחסידות, הרחבה לתחומים אחרים, משלים וסיפורים וכיוצא בזה. מי שאינו מתעניין בהן יכול לדלג עליהן ומי שמעוניין בנושא מסוים יכול לבחור בו לפי הכותרות. בכך הביאור עצמו הפך לממוקד יותר.

הקדמות וסיכומים. לכל ספר (מחמשת חלקי התניא) וכן לכל פרק ואיגרת הוספנו דברי הקדמה וסיכום.

מפתחות

הוספנו לסדרה מפתח עניינים לנושאים המופיעים בספר התניא. המפתח הוא בעיקרו המפתח שערך כ"ק האדמו"ר מליובאוויטש זי"ע לספר התניא בתוספת ערכים מתוך הביאור, שבהן נושא או מושג מסוים מבוררים באופן מרוכז ומקיף.

כמו כן הוספנו את לוח ספרי המקור הנזכרים בציון המהדורות שבהן השתמשנו.

כמה מכללי הכתיבה שהנחו אותנו במהדורה זו:

א. הכתיב מתאים על פי רוב לכללים המעודכנים של הכתיב המלא חסר הניקוד, כפי שנקבעו על ידי האקדמיה ללשון העברית.

ב. ב'דיבורי המתחיל' שבביאור – פסוקים וקטעי תפילה סומנו בתוך מירכאות. שאר הציטוטים לא סומנו.

ג. בביאור עצמו השתדלנו להבדיל בין ציטוט (בתוך מירכאות כפולות) לבין ביטויים ומושגים (בתוך מירכאות יחידות).

ד. בציטוט פסוקים בתוך הביאור – השתדלנו לדייק כצורתם במקרא, בתוספת ניקוד עזר בעת הצורך. בהשלמת פסוקים (וכן קטעים מן התפילה) בתוך 'דיבור המתחיל' הובא ניקוד מלא.

ה. בהבאת הערות הרבי זי"ע בהערות הסיום – השתדלנו להביאן כצורתן המקורית מתוך המקורות שמהם העתקנום ('ליקוטי ביאורים', 'שיעורים בספר התניא', ליקוטי שיחות ועוד) מבלי לשנות ולערוך בהן, מלבד פתיחת ראשי תיבות וכדומה.

כסלו תשפ"ב, העורכים

מבוא

׳אגרת הקדש׳, החלק הרביעי של ספר התניא, איננו ספר במובן המקובל של המילה; הוא לא נכתב כספר ואינו נקרא כספר. ׳אגרת הקדש׳ הוא כמשמעו, קובץ איגרות שכתב אדמו״ר הזקן לאנשים שונים בזמנים שונים ובעניינים שונים.[1] כל איגרת היא יחידה לעצמה שאינה מתייחסת אל האיגרות שלפניה ולאחריה. עם זאת, בעריכת הקובץ ניכרת מחשבה והשתדלות לסדר את האיגרות בסדר מסוים. ברור שהסדר אינו כרונולוגי וברור שהיו מגוון שיקולים שאין אנו יודעים את כולם, אבל באופן כללי מקובל להבין שהסדר הוא סדר ענייני. ואכן במקומות שאפשר לעמוד על קשר העניין בין האיגרות ציינו זאת במבואות לאיגרות הללו.

המשותף לאיגרות הקודש – שהן כולן מכתבים כלליים, כלומר מכתבים מהרבי אל כלל החסידים ובעניינים הנוגעים לכלל החסידים. משום כך, אף שרובן של האיגרות נועדו גם לצורך ממשי מסוים, הן בדרך כלל פותחות בדברי תורה וחסידות ורק בסופן הן עוברות לעסוק בעניין המעשי הפרטי שלשמו נשלחו.[2] לדברי התורה שבאיגרות יש חשיבות בשל היותם תורות שכתב אדמו״ר הזקן בעצמו. מעבר לכך, יש ערך נוסף בצירוף הזה של תורת החסידות עם התייחסות לאנשים ולאירועים מסוימים בחיי החסידים, כפי שהוא בא לידי ביטוי באיגרות.

את האיגרות כתב כאמור אדמו״ר הזקן בעצמו, והן נחשבות לכן כחלק מה׳תורה שבכתב׳ של אדמו״ר הזקן. ואכן, כבר בשנת תקע״ד נדפסה ׳אגרת הקדש׳ על ידי ״הרבנים שיחיו בני הגאון המחבר ז״ל נ״ע״[3] כחלק בלתי נפרד מספר התניא, הוא ה׳תורה שבכתב׳[4] של החסידות.

בעריכת האיגרות לדפוס הושמט בדרך כלל סופן של האיגרות וחלקים נוספים השייכים לזמן, למקום ולמכותבים המסוימים שאליהם נשלחו האיגרות, זאת לבד ממקרים שבהם פרטים אלו חשובים להבנת הדברים ולהקשרם.[5] עם זאת, נשמר אופייה המיוחד של כל איגרת כפי שנכתבה בשעתה: הן בנוגע לנמען שלה – אם היא מיועדת לקהל מסוים של חסידים, למקורבים או להיקף רחב יותר; הן בנוגע לתוכנה – ביאור של עניינים עמוקים בחסידות, פנייה נרגשת לנתינת צדקה או הנהגה מסוימת הנדרשת לעת הזו.

הנושאים שבהם עוסקות איגרות הקודש מקיפים את כלל תחומי החיים היהודיים: התורה, התפילה והמצוות. אכן, יש איגרות המתייחסות לנושאים ייחודיים יותר השייכים לחיי החסידים: בין רבי לחסידים ובין חסידים למתנגדים; וכן אירועים חסידיים מסוימים כמו השחרור של אדמו״ר הזקן בי״ט כסלו, הסתלקות צדיקים ועוד. ואולם, אם יש לציין נושא אחד שחוזר יותר מכל באיגרות אלו, הוא מצוות הצדקה. הצדקה הייתה מצד אחד צורך

חיוני. החברה היהודית – וביתר שאת החסידית – באותם זמנים הייתה ענייה ביסודה וחסרת בסיס כלכלי מוצק, והצדקה בהיקפים גדולים הייתה חיונית לקיומה (שלא לדבר על העלייה החסידית לארץ ישראל, הנזכרת בכמה מהאיגרות, שהציבור החסידי בחוץ לארץ קיבל על עצמו לתמוך בה). ומצד שני, משום הדברים האמורים, היא הייתה מצווה שקשה מאוד לקיימה. אנשים נדרשו לתת סכומים גדולים, לא ממותרות אלא מחיי נפש ממש. לפיכך מוסבר באיגרות אלה שהצדקה אינה רק סוג של עזרה לזולת, אלא יש בה משמעות פנימית ועמוקה שבה היא מעניקה לנותן הצדקה יותר מאשר למקבלה. זאת ועוד, האיגרות הללו הן איגרות של רבי, ורבי אינו עוסק רק בצורכי הגשמיות של חסידיו, אלא בעיקר בחיי הנשמה ובעבודת ה' שלהם. לפיכך בכל האיגרות העוסקות בעניין הצדקה מוסבר בפנים שונות כיצד מצוות הצדקה (וגמילות חסדים בכלל) היא הביטוי הפנימי והיקר ביותר של נפש האדם המעורר עד למעלה מעלה את חסדי ה' להשפיע חיים וחסד בגשמיות וברוחניות.

ב'אגרת הקדש' שלושים ושתיים איגרות, וזהו פרטן בכינוין ובקיצורן:

איגרת א – פותחין בברכה
האיגרת פותחת בהודאה לחסידים על סיום לימוד הש"ס. בעיקר האיגרת מדובר על האמונה: חיזוק האמונה על ידי לימוד ההלכות, וכוח האמונה להעמיד ולחזק את אהבת ה' ויראתו.

איגרת ב – קטנתי מכל החסדים
איגרת שכתב אדמו"ר הזקן לחסידים אחר זיכויו ושחרורו מהמאסר בי"ט כסלו. באיגרת מוסבר שבעקבות החסד שעשה הקב"ה איתם צריכים החסידים להקטין את עצמם ולנהוג בשפלות וענווה.

איגרת ג – וילבש צדקה כשריון
מעלת מצוות הצדקה. כל המצוות ממשיכות מאור הסובב כל עלמין אל אור הממלא, והצדקה ממשיכה השפעה גם בחיים הגשמיים. ועוד שמגינה שלא ינקו החיצונים מהארה זו.

איגרת ד – אין ישראל נגאלין אלא בצדקה
מעלת מצוות הצדקה. בהרגשת הלב יש חיצוניות ופנימיות. חיצוניות באה על ידי התבוננות, ופנימיות היא ביטוי לפנימיות הלב שלמעלה מהתבוננות ואין כל אדם זוכה לכך. אבל בשעת התפילה יכול אדם לזכות גם לפנימיות, וההתעוררות לזה מלמטה היא על ידי הצדקה.

איגרת ה – ויעש דוד שם
מעלת מצוות הצדקה. הצדקה ממשיכה אור אין סוף מהחכמה העליונה אל העולם הזה, והיא כהמשכת החכמה אל האותיות. מכאן ממשיכה האיגרת באריכות אודות מהות האותיות בכלל' ובהשלכת הדברים לעבודת ה' של האדם בתורה ובמצוות הצדקה.

איגרת ו – זורע צדקה שכר אמת
מעלת מצוות הצדקה. שכר הצדקה הוא מידת אמת. באיגרת מוסבר מהי מידת האמת בעבודת ה׳, וכיצד להגיע אליה על ידי מידת הרחמים בנתינת הצדקה ובפרט עם יושבי ארץ הקודש.

איגרת ז – אשרינו מה טוב חלקנו
בתוכנה הפנימי עוסקת האיגרת בקשר שבין המצוות לנשמות. לכל אחד מישראל ׳חלק׳ מיוחד, מצווה ועבודה מיוחדת, השייכת לשורש נשמתו ומזככת אותה כפי צורכה.

איגרת ח – זורע צדקות מצמיח ישועות
מעשה הצדקה שעושים ישראל למטה מעורר המשכת חסד ה׳ מלמעלה להאיר לאדם בפרט בשעת התפלה. עניין זה שייך במיוחד בצדקה לארץ ישראל אשר אז מעוררים את ארץ ישראל העליונה.

איגרת ט – אהוביי אחיי ורעיי
עיקר עבודת ה׳ בזמן של ׳עקבות משיחא׳ היא עבודת הצדקה. אין ישראל נגאלים אלא בצדקה, והזובח יצרו במצווה זו ופותח ידו ולבבו יזכה לראות עין בעין בשוב ה׳ ציון.

איגרת י – אחרי דרישת שלום וחיים
חשיבות נתינת הצדקה. כיוון שאין אנו תמימים ושלמים אנו זקוקים לחסדי ה׳ האין סופיים. לכן אנו צריכים להרבות בצדקה בלי גבול כיוון שהצדקה היא מרפא הנפש, וצריך לתת צדקה גם יותר מחומש.

איגרת יא – להשכילך בינה
כדי שאור ה׳ ישכון באדם יש צורך בהתמסרות מוחלטת לאלוקות ושלא יהיה לאדם שום רצון פנימי בענייני העולם הזה. הדרך לכך היא על ידי אמונה אמתית שהכל מה׳ ואין רע יורד מלמעלה.

איגרת יב – והיה מעשה הצדקה שלום
שתי דרגות בצדקה: מעשה הצדקה ועבודת הצדקה. מעשה הוא מה שהנפש עשויה לו בטבעה, ועבודה היא מה שהנפש עושה מעבר לטבעה. כנגד הצדקה שאדם נותן מלמטה, הוא זוכה לצדקה וגילוי אלוקי מלמעלה בשתי דרגות אלו: התגלות לפי מידתו והתגלות עצומה שלא לפי מידה.

איגרת יג – מה רב טובך
עובדי ה׳ נחלקים באופן כללי לשני סוגים: בחינת הימין ובחינת השמאל. בחינת שמאל היא מידת הצמצום וקיום מצוות בהגבלה מה שחייבים על פי התורה ובהצנע לכת. בחינת ימין היא חסד והרחבה וקיום מצוות ללא גבול. כל יהודי כלול בעצם משניהם וההבדל הוא רק בגילוי.

איגרת יד – לעורר את האהבה הישנה

מעלת הצדקה לארץ הקודש. צדקה כזו מכוונת ישירות כנגד הארץ העליונה המקבלת אור אין סוף מהחכמה העליונה. באיגרת מוסבר באריכות שהמשכת אור זה היא בכל שנה מחדש, ונתינת הצדקה לארץ הקדש בכל שנה מעוררת המשכה זו ביתר שאת.

איגרת טו – להבין משל ומליצה

איגרת יסודית העוסקת בעשר הספירות ומבארת אותן בדרך החסידות בהקבלה לנפש האדם.

איגרת טז – אהוביי אחיי ורעיי

קריאה לנתינת הצדקה כפי שהיה האדם רגיל לתת, גם כשהוא בעצמו חסר ונצרך לתת מצורכי נפשו ממש. שכן מסירות הנפש בנתינת הצדקה תעמוד לו להושיעו.

איגרת יז – נודע דבאתערותא דלתתא

האיגרת עוסקת בשכר מצוות הצדקה שאוכלים פירותיה בעולם הזה והקרן לעולם הבא. דגש ניתן לשכר המצווה בעולם הבא, הן השכר שבגן עדן והן השכר שבזמן התחייה, ומוסבר מה משמעות השכר לעולם הבא וכיצד קשור כל זה למצוות הצדקה דווקא.

איגרת יח – מה יפית

מאמר חסידות בנושא אהבת ה׳. במאמר מוסבר החילוק בין שני מיני אהבה: אהבה בתענוגים ואהבה של תשוקה וצימאון לקרבת ה׳.

איגרת יט – עוטה אור כשלמה

מאמר חסידות בנושא התורה. המאמר עוסק בקשר שבין התורה כפי שהיא בחכמה העליונה ובין התורה כפי שהיא בידינו, ומוסבר כי למרות כל הלבושים שבהם מתלבשת התורה עד שהיא מגיעה לעולם שלנו היא אותה תורה וחכמה עצמה כפי שהיא למעלה. המאמר עוסק גם במהות השגת התורה ובהבדל שבין השגת החכם והשגת הנביא.

הוספה לאיגרת יט – האותיות הנגלות לנו

מאמר קצר על האותיות כשלעצמן. מסביר שמלבד התוכן שהן מעבירות, הן עצמן מהות עמוקה שאינה מושגת, שזו משמעות הדיבור בכל מקום.

איגרת כ – איהו וחיוהי

מאמר עמוק, רובו בלשון הקבלה, על אחדות הספירות באור אין סוף. על כוח האין סוף שמופיע בכל מקום של בריאת יש מאין, כיצד הוא יורד ומשתלשל מעולם לעולם, באופן של נעוץ תחילתן בסופן. והעולה מכל זה למעשה הוא מעלת המצוות המעשיות, שנעוץ סופן בתחילתן.

איגרת כא – אחרי דרישת שלום כמשפט

על צדקת ארץ הקודש, שיש להרבות בנתינות מדי שבת בשבתו, כי היא מעלה גדולת לתת בפעמים רבות. וטעם הדבר, כי ריבוי המעשה דוקא הוא הממשיך את ריבוי ההשפעה מלמעלה.

איגרת כב – אהובי אחיי ורעיי

איגרת המנסה להסדיר את הקשרים בין החסידים לרבי. האיגרת קוראת לחסידים שלא יבואו לשאול את הרבי בעניינים גשמיים אלא רק בעבודת ה׳, ובעניינים הגשמיים עליהם לבטוח בה׳.

הוספה לאיגרת כב – אהוביי ורעי מגודל טרדתי

קריאה להתחזק מאוד בתפילה בכוונה תמימה, וקריאה לחיזוק האהבה בין החסידים.

איגרת כג – בגזירת עירין

קדושת המניין. עשרה שיושבים שכינה שרויה ביניהם ומכל שכן בתפילה. לכן אין להיות בטלים בבית הכנסת ויש ללמוד בציבור בין מנחה לערבית, ובשבת קודש לעסוק בהלכות שבת.

איגרת כד – אהוביי אחיי

קדושת בית הכנסת. בית הכנסת הוא מקדש מעט שבו המלך הקב״ה מתגלה לכל אחד באותיות התפילה לפי שכלו ושורש נשמתו. המתעסק בצרכיו באותה שעה מבזה את המלך, ולכן אין לשוח שיחה בטלה משיתחיל הש״ץ להתפלל עד גמר התפילה.

איגרת כה – צוואת הריב״ש

פירוש מאמר מספר צוואת הריב״ש שקטרגו עליו המתנגדים בעניין התלבשות השכינה בקליפות. פירוש זה כתב אדמו״ר הזקן כדוגמה לכל המאמרים התמוהים לכאורה של ראשוני החסידות שיש להם פירוש עמוק בדרך החסידות.

איגרת כו – והמשכילים

איגרת זו היא בעצם מאמר שמפרש מאמר תמוה לכאורה מן הזהר. המאמר מעמיד ומסדר את תפיסת החסידות בעניין לימוד פנימיות התורה והתורה הנגלית בזמן הזה ובימות המשיח.

איגרת כז – איגרת ניחומים על פטירת רבי מנחם מענדל מוויטבסק

באיגרת מוסבר שחיי הצדיק בעולם הזה אינם חיי בשר, ולכן גם אחר פטירתו ממשיך הצדיק להשפיע למקושרים אליו: בין בהשפעה פנימית, ובין בהשפעה מקיפה ונסתרת שמגיעה גם לכל יהודי.

איגרת כח – איגרת ניחומים על פטירת רבי מאיר בן רבי לוי יצחק מברדיצ׳וב

ביאור בדרך הקבלה והחסידות על דרשת חז״ל שמיתת הצדיקים מכפרת כשם שפרה אדומה מכפרת.

איגרת כט – אשת חיל

על לימוד ההלכות בתורה שבעל פה. ההלכות שבתורה שבעל פה מגלות את הרצון העליון, והרצון העליון הוא הלבוש והחיצוניות של העונג העליון. משום כך קיום ולימוד ההלכות הוא לבוש הנפש שדרכו מקבלת הנפש את העונג האלוקי העליון בגן עדן.

איגרת ל – כל הרגיל לבא לבית הכנסת

איגרת לחסידים שלא נתנו צדקה כפי שהיו רגילים. באיגרת מדובר על מעלת הצדקה שנעשית בריבוי ובזמנים קבועים.

איגרת לא – נודע בשערים

אגרת על חשיבות הקשר והשלום בין החסידים. נשמות ישראל נקראות איברי השכינה והשכינה היא הלב. כמו שבריאות הגוף תלויה בקשר בין האברים ובזרימת הדם ביניהם, כך חיות העולמות וגאולת השכינה תלויים בדבקות הנשמות והתקשרותן זו בזו.

איגרת לב – ברך ה׳ חילם

תחילת האיגרת בהודאה ובברכה לחסידים על צדקה משמעותית שקיימו בקהילתם. המשכה, הסבר פנימי על מהות מצוות הצדקה המתגלה בשכרה לעתיד לבוא; וסיומה עוסק בהתעוררות לאהבת ה׳ בתפילה שהיא השלב הנפשי שקודם למעשה מצוות הצדקה ומביא אליו.

איגרת א

איגרת זו, הראשונה בקובץ 'איגרת הקדש',[1] אף שהיא פותחת בהתייחסות למאורע מסוים, עוסקת בעיקרה בעניינים כלליים של עבודת ה' השייכים בכל זמן ומקום; ביחסים שבין תורה, אמונה ותפילה, ובבירור מסוים במהותם. אכן, ברקע לעניינים אלו, בפתיחה ובעיקר בסיום, מופיעה דרישה ובקשה מן הרבי אל החסידים, שאינה רק מופשטת, אלא נוגעת לעניינים מעשיים – סדרי התפילה בבית הכנסת, זמני התפילה ובחירת שליח הציבור.

איגרת א

ג אב פשוטה
ז אב מעוברת

פותחין בברכה לברך ולהודות לה׳ כי טוב. שמועה טובה שמעה ותחי נפשי. אין טוב אלא תורה. תורת ה׳ תמימה. זו השלמת כל הש״ס כולו ברוב עיירות ומנינים מאנשי שלומנו. הודאה על העבר ובקשה על העתיד. כה יתן וכה יוסיף ה׳ לאמץ לבם בגבורים מדי שנה בשנה בגבורה של תורה. ולהודיע לבני אדם גבורתה של תורה שבעל פה וכחה עוז.

פירש שלמה המלך עליו השלום חגרה בעוז מתניה כו׳. מתנים הם בחינת דבר המעמיד כל הגוף עם הראש הנצב ועומד עליהם. והם המוליכים ומביאים אותו למחוז חפצו. וכמו שהוא בגשמיות הגוף כך הוא בבחינת רוחניות הנפש האלהית

פּוֹתְחִין בִּבְרָכָה לְבָרֵךְ וּלְהוֹדוֹת לַה׳ כִּי טוֹב.[2] כדרכם של מכתבים מסוג זה, הפתיחה היא בדברי מליצה העשויים שיבוצים וצירופים של קטעים מן המקרא ומאמרי חז״ל. בהמשך חוזר סגנונו הרגיל של אדמו״ר הזקן.

שְׁמוּעָה טוֹבָה[3] **שָׁמְעָה וַתְּחִי נַפְשִׁי,**[4] ההודאה היא על השמועה הטובה שמחיה את הנפש. **אֵין טוֹב אֶלָּא תּוֹרָה** (אבות פרק ו משנה ג). השמועה הטובה היא בעניינה של תורה.

תּוֹרַת ה׳ תְּמִימָה מְשִׁיבַת נָפֶשׁ (תהלים יט,ח). כאשר התורה היא תמימה, שלמה, היא משיבת נפש. ואף כאן, השמועה הטובה האמורה **זוֹ הַשְׁלָמַת כָּל הַשַּׁ״ס** (שישה סדרים) **כּוּלוֹ.**[5] לימוד הש״ס כולו במשך השנה נהוג עד היום אצל החסידים, מי״ט כסלו לי״ט כסלו. מחלקים את המסכתות בין החסידים וכל אחד מקבל על עצמו ללמוד מסכת אחת, מה שקרוב לליבו ומה שיכול להספיק, כך שבין כולם נלמד באותה שנה הש״ס כולו.[6]

בְּרוֹב עֲיָירוֹת וּמִנְיָנִים מֵאַנְשֵׁי שְׁלוֹמֵנוּ, הם החסידים. כפי שרואים כאן, כבר בזמנו של אדמו״ר הזקן היו באותם אזורים עיירות שלמות שהיו עיירות של חסידים, והיו עיירות שלא היו של חסידים בלבד אבל היו בהן מניינים של חסידים.

סיום הש״ס בשלב מאוחר יותר[7] נקבע אצל חסידי חב״ד התאריך י״ט כסלו כמועד קבוע לסיום הש״ס, הן משום שזהו ״ראש השנה לחסידות״,[8] והן משום שבזמן המאסר קיבלו החסידים על עצמם להוסיף בלימוד התורה, מה שהתבטא בין השאר בהתחזקות בלימוד הש״ס ובסיומו בציבור לקראת י״ט כסלו, יום השחרור והגאולה.

הוֹדָאָה עַל הֶעָבָר וּבַקָּשָׁה עַל הֶעָתִיד (על פי ברכות פרק ט משנה ד). הודאה על העבר, שסיימו את הש"ס בשנה זו; ובקשה לעתיד, שימשיכו בכך גם בשנה הבאה ובכל שנה.

כֹּה יִתֵּן וְכֹה יוֹסִיף ה', כפי שנתן להם כוח לסיים בשנה הזו, כך ייתן להם את הכוח לשוב ולסיים בעתיד. ואף יוסיף **לְאַמֵּץ לִבָּם בַּגִּבּוֹרִים** (על פי עמוס ב,טז), בתוספת גבורה – שגם אלה שהם גיבורים יאמץ ליבם יותר – **מִדֵּי שָׁנָה בְּשָׁנָה בִּגְבוּרָה שֶׁל תּוֹרָה** (על פי שבת י,א). **וּלְהוֹדִיעַ לִבְנֵי אָדָם גְּבוּרָתָהּ** (על פי תהלים קמה,יב) **שֶׁל תּוֹרָה שֶׁבְּעַל פֶּה וְכֹחָהּ עוֹז.** הוא מדבר על גבורתה של התורה שבעל פה, שכן התורה שבעל פה היא בצד של הגבורה[9] שעניינה צמצום והגבלת התורה שבכתב בתוך גדרי העולם והמציאות. והיא הנותנת כוח ועוז לעוסקים בה להתגבר על הסתר וחומריות הגוף והעולם,[10] ולקבל את ההארה האלוקית מבלי להתבטל ולהישרף בה.[11]

מכאן, לאחר דברי ההודאה והבקשה מהחסידים על אודות לימוד הש"ס, מתחיל עיקר עניינה של האיגרת.

פֵּירֵשׁ שְׁלֹמֹה הַמֶּלֶךְ עָלָיו הַשָּׁלוֹם: "חָגְרָה בְעוֹז מָתְנֶיהָ כוּ'" (משלי לא,יז). פרק זה, על "אשת חיל", מתפרש תמיד גם כמשל. אין זה רק מזמור בשבחה של אישה פלונית ומעלותיה, אלא משל ל'אשת החיל' של המציאות כולה, לספירת המלכות, ל'כנסת ישראל', ובאופן אחר גם לנשמה הקדושה הפרטית של כל אחד מישראל. לפי זה יש להבין את הפסוק "חגרה בעוז מתניה": "עוז" היא התורה, כמאמר חז"ל "אין עוז אלא תורה".[12] אך פחות ברור מה הם ה'מותניים' של הנשמה, של כנסת ישראל; ומה המובן של לחגור את המותניים ב'עוז'.

ויובן על פי המשל מגוף האדם: **'מָתְנַיִם' הֵם בְּחִינַת דָּבָר הַמַּעֲמִיד כָּל הַגּוּף עִם הָרֹאשׁ הַנִּצָּב וְעוֹמֵד עֲלֵיהֶם, וְהֵם הַמּוֹלִיכִים וּמְבִיאִים אוֹתוֹ לִמְחוֹז חֶפְצוֹ.** ה'מותניים' הם מה שאנו קוראים אגן הירכיים, הכולל את שתי הרגליים היוצאות ממנו. למותניים בגוף יש שני תפקידים: האחד, להחזיק ולהעמיד את כל הגוף שעליהם, כיוון שהם מרכז הכובד והיציבות של הגוף כולו. והשני, שעל ידם נע הגוף ממקום למקום. בגוף יש חלקים נעלים יותר – הראש שהוא מרכז ההכרה והמחשבה, והלב שהוא מרכז ההרגשה – אבל יש דברים שהם אינם יכולים לעשות, הם אינם עומדים לבד ללא התמיכה של המותניים, והם אינם יכולים לנוע ממקום למקום ללא הרגליים.

וּכְמוֹ שֶׁהוּא בְּגַשְׁמִיּוּת הַגּוּף, כָּךְ הוּא בִּבְחִינַת רוּחָנִיּוּת הַנֶּפֶשׁ הָאֱלֹהִית. דמותו הגופנית של האדם מקבילה לדמותו הרוחנית.[13] כנגד האיברים בגופו של האדם יש 'איברים' בנפשו, הם כוחות הנפש ולבושיה, המתאימים לאיברים הגשמיים, כמו ידיים ורגליים וראש ומותניים. צד הדמיון הוא בכך שאותם מערכי התייחסות הפועלים בין איברי הגוף נכונים גם לגבי אותם כוחות בנפש. לפי זה, יש בנפש כוח הממלא בה את תפקיד המותניים, שמעמיד את מהותו ההכרתית (ראש) והרגשית (גוף) של האדם, שיוכל לתפקד ולא ליפול ממהותו וממעמדו.

האמונה האמיתית בה׳ אחד אין סוף ברוך הוא דאיהו ממלא כל עלמין וסובב כל עלמין ולית אתר פנוי מיניה למעלה עד אין קץ ולמטה עד אין תכלית וכן לד׳ סטרין בבחינת אין סוף ממש. וכן בבחינת שנה ונפש כנודע.

הָאֱמוּנָה הָאֲמִיתִּית בה׳ אֶחָד. כוח הנפש הזה, ה׳מותניים׳ שבנפש, הוא כוח האמונה. וקודם שיבאר את הדימוי, כיצד מעמידה האמונה את שאר כוחות הנפש, הוא אומר מילים מספר על האמונה. האמונה שהוא מדבר עליה, שכל מבני הנפש בנויים עליה, צריכה להיות אמונה אמיתית, וצריך שתהיה האמונה בה׳ אחד.

האמונה האמיתית נבחנת בשני דברים: האחד הוא, להאמין בדברים אמיתיים, מפני שיכולה להיות אמונה שהיא בדברים לא אמיתיים. והשני הוא להאמין באמת, שאמונה תהיה אמיתית וממשית בטיבה ובמהותה. אלו שתי בחינות שונות שאינן בהכרח באות יחד. בזמנו שאל מישהו את אחד הרבנים, מדוע האפיקורסים מצליחים כל כך? והוא ענה לו: מפני שהם עושים את השקר שלהם באמת, ואנחנו עושים את האמת שלנו בשקר. ועוד צריכה האמונה הזו, שתהיה אמונה ״בה׳ אחד״. כלומר שהתוכן שלה יהיה האמונה בה׳ שהוא אחד. האמונה היא אמנם כוח נפש שלמעלה מהשכל, אבל היא בנויה על בסיס של הכרה שכלית מסוימת. הכרה שכוללת גם פירוש ופירוט בתוכן הקביעה שה׳ הוא אחד, כפי שיבאר לקמן:

האמונה האמיתית כדי שתהיה אמונה אמיתית היא צריכה להיות גם מסוימת, מוגדרת, בדברים מסוימים. כיום נהוג להשתמש במושג ׳אמונה׳ לגבי כל סוג של התייחסות בלתי מוגדרת, לדבר שאין מבינים ואין דרך אחרת להתייחס לקיומו, ולכן בינתיים, בשעת הדחק, אומרים שמאמינים בו. בדומה לזה, מדברים על כך שיש לחנך לערכים, באותו סוג של סתמיות, של כלליות, שאיננה מתייחסת בעצם לשום דבר. לכן מודגש כאן שהאמונה היא אמיתית וממשית, שאין זו אמירה סתמית אלא מערכת מוגדרת של דברים שאדם חי בהם ושהם קבועים בתוך נפשו. זו אמונה אמיתית משום שהיא מכילה תוכן מסוים, משום שהיא מכוונת כלפי מטרות מוגדרות. אף על פי שאותם תכנים אינם מושכלים ומובנים, ואותו אדם אינו יכול להסביר ולהוכיח אותם, הם מכל מקום קשורים אל הנפש, בגדרים מסוימים מאוד של דרך ושל מחויבות מצד האדם.

בהקדמה לשער היחוד והאמונה, הנקראת ״חינוך קטן״, מבאר אדמו״ר הזקן את הכתוב במשלי (כב,ו) ״חנֹך לנער על פי דרכו גם כי יזקין לא יסור ממנה״. החינוך של הילד הקטן צריך אמנם להתחיל במילים קטנות – ״על פי דרכו״ – אבל הדבר החשוב הוא שיש להעביר את התוכן האמיתי, עד ש״גם כי יזקין לא יסור ממנה״. כאשר מסבירים לילד הקטן (משום שחושבים שאת זה יהיה לו יותר קל להבין) שהקב״ה הוא סבא זקן שיושב בשמיים ומחלק סוכריות לילדים, זה הסבר ״על פי דרכו״, אבל תוכנם של הדברים הללו הוא כזה שהגדול כבר אינו יכול להאמין בו. כאשר אדם חושב שהאמונה בקב״ה היא שיש שם איזה אדם גדול עם זקן לבן – הוא בשלב מסוים מפסיק להאמין בזה, ובצדק. לא רק ששום אדם רציני אינו מאמין בזה, אף אסור להאמין בזה![14] לכן מדגיש המחבר, שעם כל אדם, גם עם קטן, צריך לדבר על תכנים אמיתיים, אבל בלבוש מתאים, כדי שההתייחסות אל הדברים

שהוא, **אֵין סוֹף בָּרוּךְ הוּא, דְּאִיהוּ מְמַלֵּא כָּל עָלְמִין וְסוֹבֵב כָּל עָלְמִין** (שהוא ממלא את כל העולמות וסובב את כל העולמות). כלומר, הקביעה שהוא אחד פירושה שהוא מצוי בתוך הכול ומעבר לכול, שאין דבר במציאות מחוץ לאחדותו. במקומות אחרים[15] מבואר שתפיסה זו של האלוקות, הממלא הכול והסובב הכול – היא בעצם ההגדרה של האמונה. המצווה להאמין בה' אינה להאמין במציאותו. את מציאותו של ה' ניתן וצריך להבין ולדעת, ואפשר אף לחוש בה, במעומעם או בבהירות, כדרך שאדם חש את מציאות נפשו שלו. האמונה אינה מתייחסת רק למציאותו, היא מתייחסת למהותו של הקב"ה – שהוא אין סוף ושהוא "ממלא כל עלמין וסובב כל עלמין".

וְלֵית אֲתַר פָּנוּי מִינֵּיהּ (אין מקום פנוי ממנו). לממד ה'מקום', ברוחניות כמו בגשמיות, יש שש קצוות: מעלה ומטה וארבעה צדדים, והקב"ה ממלא את המקום בכל הממדים הללו: **לְמַעְלָה עַד אֵין קֵץ וּלְמַטָּה עַד אֵין תַּכְלִית.**[18] שאור אין סוף נמשך מלמעלה מעלה עד למטה מטה בכל סדר ההשתלשלות.

וְכֵן לד' סִטְרִין (לארבעה צדדים), **בִּבְחִינַת אֵין סוֹף מַמָּשׁ.** ההוויה האלוקית ממלאה את כל ממדי המקום באין סוף. אין מקום פנוי ממנו, אין דבר שהוא ריק, אטום או נעלם ממנו, וכלשון שיר הייחוד: "ואין מקום דק ממך נחדל".[20]

וְכֵן בִּבְחִינַת שָׁנָה וְנֶפֶשׁ, כַּנּוֹדָע. המציאות מורכבת משלוש בחינות בסיסיות: 'עולם',

תהיה בהבנה והרגשה אמיתיות לפי ערכו של אותו אדם.

האמונה שהוא ממלא כל עלמין וסובב כל עלמין מהותו של הקב"ה, שאי אפשר להשיג בשום שכל, מתוארת בביטויים כמו: "ממלא כל עלמין וסובב כל עלמין", "אין סוף ברוך הוא", "ה' (הוי"ה) הוא האלהים".[16] בכל הביטויים הללו חוזר אותו רעיון עצמו – הצירוף של שני ניגודים, שני אופנים שבהם אנו יכולים לתפוס ולדבר על הקב"ה. מצד אחד הוא ממלא את הכול, הוא הקרוב מכול והמצוי בכול; מצד שני הוא הסובב הכול, הרחוק והנבדל והנעלם מהכול, כמו העיגול המקיף שאינו נוגע ואינו מתייחס בעצם לשום דבר מסוים. כך גם הביטוי "אין סוף ברוך הוא". מצד אחד הוא "אין סוף", כמו הביטוי המתמטי למה שאין לנו דרך למדוד ולהגדיר אותו; ומצד שני הוא "ברוך", מלשון המשכה והברכה[17] אל תוך המציאות. ביישובן של שתי ההגדרות הללו יחד עוסקים מאמרים רבים בתורת החסידות, ואולם תמצית הדבר היא שנקודה זו אינה ניתנת לידיעה והגדרה שכלית, ולכן דווקא היא מצוות האמונה האמיתית.

למעלה עד אין קץ ולמטה עד אין תכלית לכאורה, כיוון שהוא אור אין סוף, איזו משמעות יש למעלה ומטה? ומבואר שהקו בין מעלה ומטה ברוחניות הוא הקו של סדר ההשתלשלות, וההבדל הוא ש'למעלה' אור אין סוף גלוי יותר ו'למטה' הוא נעלם יותר. ועם זאת, בשני הכיוונים מתבטאת אין סופיותו של אור אין סוף. כלפי מעלה מתגלה יכולתו להתגלות עד אין קץ, וכלפי מטה יכולתו להגביל ולהסתיר את עצמו. שהרי היכולת להגביל ולהסתיר את עצמו היא אין סופית כמו היכולת להאיר ולהתגלות. וכך הם מכונים במקומות אחרים, כוח הבלי־גבול וכוח הגבול, שהם המקור להבחנה שאחר הצמצום בין אור ה'סובב כל עלמין' לאור ה'ממלא כל עלמין'.[19]

הנה אמונה זו נקראת בשם בחינת מתנים דבר המעמיד ומקיים את הראש הוא השכל המתבונן ומעמיק דעת בגדולת אין סוף ברוך הוא בבחינת עולם שנה נפש. וברוב חסדו ונפלאותיו עמנו להיות עם קרובו ולדבקה בו ממש כנודע ממאמר יפה שעה אחת בתשובה ומעשים טובים בעולם הזה מכל חיי עולם הבא שהוא רק זיו והארה מבחינה הנקראת שכינה השוכן כו׳ ונברא ביו״ד אחת משמו יתברך כו׳ אבל תשובה ומעשים טובים מקרבין ישראל

׳שנה׳, ׳נפש׳,[21] שהם: המקום, הזמן והחיים, והאמונה האמיתית היא בכך שהקב״ה ממלא, בבחינת האין סוף, את כולם: את ה׳עולם׳ ואת ה׳שנה׳ ואת ה׳נפש׳. ׳שנה׳ הוא הביטוי הסמלי עבור הזמן, גם בהווייתו הרוחנית המופשטת, כמהות של שינוי, ואותו ממלא הקב״ה, מראשיתו ועד אחריתו, בעבר בהווה ובעתיד, ואין שום זמן פנוי ממנו. ׳נפש׳ הן ההוויות המכירות והמרגישות שבתוך ממדי העולם והזמן. בעולם שלנו אנו הנפשות המכירות, בעולם גבוה יותר אלו המלאכים ולמעלה יותר אלו השרפים, וכן הלאה; ובכל עולם וזמן שיהיה – הנפשות מלאות וחדורות באור האלוקי לבדו.

נמצא שהאמונה האמיתית היא מצד אחד התפיסה ש״לית אתר פנוי מניה״, בקרבה כזו שאין שום חציצה בינינו ובינו, בשום ממד וצורה של מציאות. שמי שחושב שהקב״ה נמצא שם, ולא משנה באיזה שם, ושיש איזה מקום שבו הקב״ה אינו שולט ואינו נמצא ומשגיח – זו אינה אמונה אמיתית. ומצד שני התפיסה של הקדוש המרוחק והנבדל לאין סוף בבחינת ״פליאה דעת ממני״.[22] הגדרת האמונה היא אפוא אותו בסיס של הכרה בקיומו של הקב״ה, שהוא נבדל ומעבר, ושהוא גם הקרוב מכל קרוב; שה״קדוש״ הוא גם ״ברוך הוא״.

הִנֵּה אֱמוּנָה זוֹ נִקְרֵאת בְּשֵׁם בְּחִינַת מָתְנַיִם של הנפש. אמונה זו נקראת מותניים, משום שהיא, על דרך משל, **דָּבָר הַמַּעֲמִיד וּמְקַיֵּים אֶת הָרֹאשׁ, הוּא** בכוחות הנפש כוח **הַשֵּׂכֶל הַמִּתְבּוֹנֵן וּמַעֲמִיק דַּעַת.** על יסוד האמונה בא השלב הבא שהוא השלב של השכל. השכל מתבונן ומעמיק, הוא חוקר את הדבר – מה המשמעות לגביי? מה התוכן? מה הנקודה הפנימית? האמונה בעצמה, גם אם אינה השכלה, היא קיימת כתשתית וכבסיס בלתי מושכל לכל ההשגות וההרגשות, לכל חיי הנפש של האדם. האמונה היא התפיסה של הדברים בשלמותם, בראייה שהיא ראייה עצמית. לא בהבנה מנתחת, מחלקת, מסדרת, אלא בתפיסה כעין זו שאדם מרגיש את מציאות עצמו, כאשר מושגים מסוימים מגיעים אצלו לכלל בירורות, והוא פשוט יודע: מה נכון ומה אינו נכון. הוודאות הזו אינה מושכלת ואינה ניתנת להוכחה מסודרת, ואולם היא הבסיס המעמיד ומאפשר את כל פעולתו והווייתו של השכל וממנו לשאר כוחות הנפש.

אכן הדגש הוא על השכל, שכן עיקרה של עבודת הנפש המודעת שעושה האדם היא העבודה שב׳ראש׳, בכוח המחשבה וההתבוננות בשכל.

להתבוננות זו יש שני צדדים. הצד האחד הוא ההתבוננות **בִּגְדוּלַּת אֵין סוֹף בָּרוּךְ הוּא, בִּבְחִינַת ׳עוֹלָם שָׁנָה נֶפֶשׁ׳.** ההתבוננות בגדולה האין סופית, במרחק ובנבדלות; התבוננות

היוצרת את התחושה של העוצמה, התחושה הכעין אוקיינית, וכיצד היא מתבטאת בכל אחד מהממדים של 'עולם שנה נפש'. בכך יש מקום לחשוב באין סופיותו של המקום, באין סופיותו של הזמן ובאין סופיותה של הנשמה – ומעבר לכך באין סוף עצמו ביחס להם.

ומצד שני: **בְּרוֹב חַסְדּוֹ וְנִפְלְאוֹתָיו עִמָּנוּ לִהְיוֹת עַם קְרוֹבוֹ,**[23] **וּלְדָבְקָה בּוֹ מַמָּשׁ.** זה הוא צד אחר של ההתבוננות, לא בדברים מופשטים ולא במעלות הרוממות אלא בצד הקִרבה, בהתייחסות האישית פרטית, שהיא בוודאי חסד ופלא גדול, שהקב"ה המרומם והמתנשא לאין סוף מתייחס אלינו בייחוד. ולא רק בעבר, בהיסטוריה הלאומית, אלא גם בהווה האישי של כל אחד, ישנו גילוי זה של חסדו ונפלאותיו עמנו.

כַּנּוֹדָע, עניין זה של הקרבה הגדולה על רקע הגדולה האין סופית, יובן **מִמַּאֲמַר** חז"ל: **יָפָה שָׁעָה אַחַת בִּתְשׁוּבָה וּמַעֲשִׂים טוֹבִים בָּעוֹלָם הַזֶּה מִכָּל חַיֵּי עוֹלָם הַבָּא** (אבות פרק ד משנה יז). "חיי העולם הבא" כאן הם החיים בגן עדן הבאים לאחר חיי העולם הזה. חוויית חיים זו היא דרגה גבוהה מאוד של חוויה רוחנית. לכל אדם, לפי דרגתו ומעשיו, יש עולם הבא שלו. לאמור: דרגה של התגלות אלוקית שאליה מגיעה הנפש לאחר שהיא מזדככת מכל קשריה אל העולם הזה, החומרי והמסתיר. מובן אפוא שיש דרגות למעלה מדרגות של התגלות, של התדבקות בשכלים עליונים והתענגות מזיו השכינה – ולא רק הבדלים שבין אדם לאדם, אלא גם באותו אדם עצמו ייתכנו דרגות לאין קץ של התעלות והתגלות בעולם הבא שלו.[24] וכאשר נאמר "מכל חיי העולם הבא" הכוונה היא לכל הדרגות של חיי עולם הבא. כלומר, שתנועה של תשובה, של מעשה טוב בעולם הזה, היא עליונה, פנימית וממשית יותר מכל ההשגות ודרגות הדבקות של עולם הבא.

והסבר הדבר הוא, **שֶׁ**העולם הבא **הוּא רַק זִיו וְהֶאָרָה מִבְּחִינָה הַנִּקְרֵאת שְׁכִינָה,** וכלשון הכתוב: **"הַשּׁוֹכֵן כו'".**[25] השכינה היא אותה בחינה מצומצמת מן המהות האלוקית ה'שוכנת', במובן זה שהיא מלובשת בתוך הגבולות והגדרים של המציאות ופרטיה. השכינה היא המחיה את כל פרטי המציאות והיא בחינת האלוקות המתגלה בתוך הגדרים שלה. ומה שנאמר כאן הוא שהעולם הבא כולו הוא רק הארה בלבד מאותה התגלות אלוקית בעולם הנקראת שכינה.

וְנִבְרָא, העולם הבא, **בְּ**אות **יו"ד אַחַת מִשְּׁמוֹ יִתְבָּרֵךְ כו'.** על פי מאמר חז"ל[26] על הפסוק "כי בי־ה ה' צור עולמים" (ישעיה כו,ד): "עולמים" הם שני עולמות שברא הקב"ה, עולם הזה בה"א ועולם הבא ביו"ד וכו'. כל שם הוא רק אופן של התגלות חיצונית של התייחסות בין ה'אני' ובין החוץ, שכן ההוויה כשלעצמה אינה זקוקה לשם. שם הוי"ה הוא שמו של הקב"ה המהווה את העולמות כולם. ובפרט, נברא העולם הבא באות יו"ד שבשם, האות הקטנה ביותר, שהיא כמו נקודה, הישות המינימלית שאפשר לדבר עליה. נמצא שהעולם הבא אינו אלא הארה מאות אחת (הקטנה ביותר) של שמו, בבחינת שבריר וניצוץ בלבד מן ההארה האלוקית. ובמילים אחרות, מהותו של העולם הבא אינו אלא במתן חוויה לנפש, במידה המצומצמת שהיא יכולה לקבל לפי ערכה באותה שעה משמו של הקב"ה.

אֲבָל תְּשׁוּבָה וּמַעֲשִׂים טוֹבִים מְקָרְבִין יִשְׂרָאֵל לַאֲבִיהֶם שֶׁבַּשָּׁמַיִם מַמָּשׁ. תשובה ומעשים

לאביהם שבשמים ממש למהותו ועצמותו כביכול בחינת אין סוף ממש וכמו שכתוב הודו על ארץ ושמים וירם קרן לעמו כו׳ אשר קדשנו במצותיו וצונו כו׳ וכמים הפנים כו׳ להוליד מתבונה זו דחילו ורחימו

טובים (מצוות) אינם נתפסים כאן רק כמכשירים שעל ידם יזכה האדם, בעתיד, לחיי העולם הבא. תורה ומצוות הם בעצמם, בתוך חיי העולם הזה,[27] הדבקות האמיתית, המהותית ביותר, **לְמַהוּתוֹ וְעַצְמוּתוֹ כִּבְיָכוֹל, בְּחִינַת אֵין סוֹף מַמָּשׁ.** אין זו רק חוויה של הנפש אלא דבקות ממש; ולא רק בהארה של אור אין סוף, שכאמור אינה אלא הקרנה והשפעה ממנו, אלא באין סוף עצמו ומהותו ממש.

וּכְמוֹ שֶׁכָּתוּב. את המעלה הזו, של התורה והמצוות, מבטא גם הכתוב: "כִּי נִשְׂגָּב שְׁמוֹ לְבַדּוֹ **הוֹדוֹ עַל אֶרֶץ וְשָׁמָיִם**" (תהלים קמח,יג). כלומר, אף שמו של הקב"ה נשגב, כלומר: נעלה ונבדל לבדו מכל העולמות והגילויים, ורק הודו של שמו, הזיו וההארה משמו – הם המחיים את כל המציאות, את הארץ וגם את השמיים.

ולעומת זאת, כתוב בהמשך: "**וַיָּרֶם קֶרֶן לְעַמּוֹ כו׳**". על ידי התורה והמצוות הוא מרים קרן לעמו ישראל מבחינת מהותו ועצמותו, להידבק בו ממש.

את המשמעות הזו מבטא גם הנוסח הכללי של ברכת המצוות: "**אֲשֶׁר קִדְּשָׁנוּ בְּמִצְוֹתָיו וְצִוָּנוּ כו׳**". כלומר, שעשה אותנו קדושים על ידי קיום המצוות; מורמים אל קדושתו

דבקות בתורה ומצוות בתלמוד (שבת קה,א) דורשים את המילה "אנכי" שבעשרת הדיברות כראשי תיבות של: 'אנא נפשי כתבית יהבית'. המובן הפשוט הוא: אני בעצמי כתבתי ונתתי. ואולם בשם הבעש"ט[28] מפרשים זאת: אני את עצמי כתבתי ונתתי (בתורה). כלומר, התורה היא יותר מאשר התגלות אלוקית – היא מהות אלוקית,[29] אשר מי שעוסק בה, בלימודה ובקיום מצוותיה, הריהו דבק במהותו ועצמותו של האלוקי ממש. לכן, כאשר אדם עושה את המצוות הוא אינו נאחז במכשיר, אלא יוצר התקשרות מהותית עם הקב"ה.[30]

בין דבקות לחוויה של דבקות דבקות וחוויה של דבקות אינם בהכרח קשורים זה בזה. יכולה להיות חוויה של דבקות שאין בה דבר חוץ מדמיונות, ויכולה להיות דבקות מהותית שלא תלויה בשום חוויה מתאימה.[31] ההבדל בין העולם הזה והעולם הבא עומד על ההבחנה הזו; בין החוויה ובין הדבר עצמו (אף ללא החוויה). אכן, בעולם הבא "יפה שעה אחת של קורת רוח מכל חיי העולם הזה",[32] כי זהו עולם של חוויות, שבו רואים, מרגישים וחווים את הדברים שעשינו בעולם הזה. כוח החוויה של הנפש בהיותה בעולם הבא הוא לאין ערוך גדול יותר, משום שהיא אינה נתונה בתוך הגבולות והגדרים של הגוף ושל כוחות הגוף. לכן החוויה של העולם הבא היא רבת ממדים ורבת עוצמה יותר מסך כל החוויות שיכולות להיות בעולם הזה. ועם זאת, העולם הזה שמהותו היא "היום לעשותם", הזמן שבו עושים את הדברים עצמם, הוא הדבקות בעצמה, ולכן "יפה שעה אחת של תשובה ומעשים טובים בעולם הזה מכל חיי העולם הבא".

הדבקות הזו, בו ממש, שאנו יכולים לעשות בעולם הזה, היא כפי שנאמר "רוב חסדו ונפלאותיו עמנו". משל ידוע הוא של האב

העצמית, הנבדלת, שמעל ומעבר להודו שעל ארץ ושמיים. קיום המצוות הוא בעצם התחברות, מלשון צוותא,[33] במהות אין סוף. לשון הברכה "אשר קדשנו במצוותיו" מבטאת לא רק זאת שקיבלנו מצווה לעשותה, אלא קדושה מהותית שיוצרת המצווה באדם, אשר עובר באותה שעה מהתחום של אדם נברא אל מה שמעבר, אל הקדוש הנבדל, אל תחום האין סוף.

וְ"כַּמַּיִם הַפָּנִים לַפָּנִים כֵּן לֵב הָאָדָם לָאָדָם".[34] כשם שכאשר אדם מתבונן במים הם מחזירים ומראים לו אותם פנים שהביט בהם, כך כאשר אדם מתבונן בהרגשתו של אדם אחר כלפיו מתעוררות בליבו שלו אותן הרגשות. וכמו כן מתרחש כאשר אדם מתבונן בכל האמור לעיל: מצד אחד כאשר הוא משיג את גדולת ה', את המרחק, את האין סוף; ומן הצד השני כשהוא רואה את הקִרבה, אשר לא זו בלבד שנתן לנו לחם לאכול ובגד ללבוש, אלא אף העניק לנו את החסד והפלא של קרבת אלוקים, אשר קדשנו במצוותיו, כאשר הקב"ה מושיט לנו מעבר לכל יחס את ההזדמנות וההזמנה לבוא אליו, להיות איתו ממש. באותה שעה, "כמים הפנים לפנים", מתגלה בתוך האדם תחושה מקבילה של אהבה, של רצון להיות קרוב אליו.

לְהוֹלִיד מִתְּבוּנָה זוֹ. ההתבוננות הזו (כמים הפנים לפנים), שהכילה את שני הצדדים שבהתייחסות אל ההוויה האלוקית, הרוממות והקרבה, אף יוצרת רגש כפול, שיש לו שני קטבים: **דְּחִילוּ וּרְחִימוּ** (יראה ואהבה). יראה היא הרגש הנובע מתחושת הרוממות, המרחק; אהבה היא הרגש השייך לתחושת הקרבה, לרצון להיות קרוב ודבק בו.

ובנו הקטן. האב רוצה להתקשר בדרך כלשהי אל הילד הקטן, אבל המרחק הוא גדול מדי, ולא יכולה להיות שום התייחסות במישור החווייתי, בהבנה או בהרגשה. האופן היחידי שבו יכול האב ליצור את ההתקשרות הוא על ידי מעשה – הוא יכול להושיט את ידו לילד הקטן. התינוק איננו מבין כלל מהו האב ומהו הקשר הזה, אבל כשהוא אוחז ביד המושטת לו – הריהו בפועל, במעשה, קושר את עצמו עם אביו. במובן זה, מתן תורה הוא הושטת היד כביכול של הקב"ה אלינו, והתורה ומצוותיה הן, כפי שנאמר בתיקוני זהר (תיקון ל), 'אברין דמלכא' (האיברים של המלך) המושטים אלינו. בשעה שאנו אוחזים בו על ידי שאנו עוסקים בתורה ועושים את מצוותיה, אנו מקיימים את הקשר שאין קרוב ממנו אל הקב"ה בעצמו. אכן, את הושטת היד מעבר לפער הזה, את הפלא הזה, יכול לעשות רק הקב"ה בעצמו, מלמעלה למטה. האדם ככל שירצה טוב אינו יכול להגיע מעבר למידתו; ואם הוא יכול להידבק בקב"ה, הרי זה כפי שנאמר מפני "חסדו ונפלאותיו עמנו".

וירם קרן על דרך הלשון "קרן וחומש" (כ"ק אדמו"ר זי"ע) שהקרן היא עצם הדבר. וראו פרדס ערכי הכינויים ערך קרן. וראו זהר, רעיא מהימנא, ויקרא כד,ב.

התבוננות המביאה להרגשת הלב בניגוד למה שחושבים, התבוננות אינה שייכת לאנשים גדולים דווקא. כל אדם מתבונן, וההבדל הוא רק במה הוא מתבונן. שום רגש אינו מתפתח באופן משמעותי ללא התבוננות. גם כשאדם כועס הוא הגיע לזה לאחר שהתבונן. מישהו התנהג עימו באופן שאינו ראוי, ואם לא יחשוב על זה – ייתכן

שכליים או טבעיים להיות בחינת צעק לבם אל ה׳ או בחינת רשפי אש ושלהבת עזה בבחינת רצוא ואחר כך בבחינת שוב להיות פחד ה׳ בלבו וליבוש מגדולתו כו׳ והוא בחינת שמאל דוחה כמו שכתוב במתן תורה וירא העם וינועו ויעמדו מרחוק כו׳ והן בחינת הזרועות והגוף שבנפש:

שִׂכְלִיִּים אוֹ טִבְעִיִּים. יש שני סוגים של אהבה ויראה, שכאן רק נזכרים ובמקומות אחרים מבוארים באריכות. אהבה ויראה שכליות הן המכוונות ובנויות על תפיסתה של ההכרה המושכלת. ככל שההכרה רחבה ועמוקה יותר כך בהתאמה מתפתח גם הרגש. לעומתן, האהבה והיראה הטבעיות אינן נוצרות מן ההכרה, ואף אינן קשורות אליה באותה התאמה. ההכרה רק פותחת פתח כדי שרגש של אהבה או יראה יפרוץ החוצה. האהבה או היראה הזו שפורצת החוצה היא חלק מטבע נפשו של אותו אדם, אלא כיוון שהיא אהבת ה׳ שאינו גלוי מעצמו בעולמות התחתונים היא דורשת שחרור, וההתבוננות במקרה זה היא שמשחררת אותה. האהבה הטבעית יכולה להשתחרר גם באופנים אחרים, שלא על ידי התבוננות שכלית. אדם יכול לשמוע נגינה וליבו יפתח לאהבה או יראה. לא שהנגינה אמרה את התוכן של אותה הכרה, אבל היא פרצה פתח בנפש בכיוון של אהבה או של יראה עדינה יותר, קדושה ואלוקית.

לִהְיוֹת בְּחִינַת "צָעַק לִבָּם אֶל ה׳" (איכה ב,יח), כשמתוך הרגשת הריחוק מה׳ מרגיש הלב געגועים והוא צועק אל ה׳.

אוֹ בְּחִינַת רִשְׁפֵּי אֵשׁ וְשַׁלְהֶבֶת עַזָּה (על פי שיר השירים ח,ו), **בִּבְחִינַת 'רָצוֹא',** היא התעוררות הרצון והתשוקה לצאת מן העולם ולהתקרב אל ה׳. **וְאַחַר כָּךְ בִּבְחִינַת**

שהוא יגיב, אבל הוא לא יכעס. אבל אם הוא יחשוב ויתבונן היטב – מה הוא עושה לו, כיצד הוא העז, כמה זה מעליב – הוא ילך ויתכעס יותר ויותר. ואם אדם יתבונן באותו אופן ב"גדולת אין סוף וכו׳ אשר קדשנו במצוותיו וכו׳", ויחשוב ויתבונן בזה שוב ושוב, ובכל פעם יתבהר לו הציור יותר ויותר – הוא ללא ספק יתעורר גם באופן רגשי לעניין זה. בשביל התבוננות בגדולת אין סוף לא צריך ראש יוצא מן הכלל ולא כוחות נפש גדולים במיוחד, אבל צריך שהדבר יהיה נוגע. מסופר על חסידים שהיו אנשים פשוטים, שבקושי הצליחו ללמוד חומש עם רש"י, אבל בנוגע לחסידות, כאשר הדבר נגע בנקודת נפשם, הם הגיעו להבנה וליכולת של התבוננות בדרגות גבוהות מאוד.

יש סיפור בתנא דבי אליהו, בו אליהו פוגש צייד אחד ושואל אותו: "למה אינך לומד תורה?" אומר לו הצייד: "אבי ואמי לא לימדו אותי". שואל אותו אליהו: "ומי לימד אותך לצוד?" אמר לו: "הקב"ה לימד אותי". כלומר, כאשר אדם רוצה, כאשר הוא מרגיש שאין לו ברירה, שהדבר נוגע בנפשו, הוא יעשה את זה, הוא יגלה בתוכו כוחות ועצות שלא ניתן היה להעלות על הדעת שיש בו. זה שאנשים מעדיפים להתבונן בדברים אחרים ולא בגדולת אין סוף, זה מפני שזה יותר קל, ומפני שהדברים הללו נוגעים יותר בתוך הממשות של עולמם. אבל זו רק שאלה של מאמץ ושל סדר עדיפויות כדי שגם הם יוכלו להתבונן בגדולת אין סוף, ולהוליד בתוכם רגשות של אהבת ה׳ ויראת ה׳.

'שׁוֹב'. 'רצוא ושוב',[35] הן שתי תנועות החיים; כמו פעימות הלב, כמו הנשיפה והשאיפה, התנועה החוצה והתנועה פנימה. גם האהבה והיראה פועמות בקצב הזה של רצוא ושוב: האהבה היא בדרך כלל התנועה של ההתקרבות, של הרצון והתשוקה לצאת מכאן ולרוץ אליו. אך לאחר מכן, אם ההתעוררות הייתה אמיתית, מופיעה ההרגשה בכיוון האחר, בתנועה של ה'שוב'. כי ההכרה בפני מי בעצם אנו עומדים מביאה ליראה ולרתיעה מפני הריצה וההתקרבות אליו.

לִהְיוֹת פַּחַד ה' בְּלִבּוֹ, ובדרגה אחרת **וְלִיבוֹשׁ מִגְּדוּלָּתוֹ כו'.** בהרגשה של בושה, של קטנות האדם לעומתו, "כי מי הוא זה ערב את לבו לגשת אלי וגו'" (ירמיה ל,כא).

וְהוּא בְּחִינַת 'שְׂמֹאל דּוֹחָה' שלעומת ולאחר 'ימין מקרבת'.[37] צד ימין הוא צד האהבה, הצד שמקרב, הרצון להיות קרוב. וצד השמאל הוא צד הריחוק, הכרת הנשגב המביאה לרתיעה ולשמירת מרחק מפני ההתקרבות.

כְּמוֹ שֶׁכָּתוּב בְּמַתַּן תּוֹרָה: "וַיַּרְא הָעָם וַיָּנוּעוּ וַיַּעַמְדוּ מֵרָחוֹק כו'" (שמות כ,יח). אל מול ההתגלות של מתן תורה, מגיב העם באותה תנועה של רצוא ושוב. מצד אחד המשיכה הגדולה, ומצד שני האימה הגדולה; רצים ומתקרבים עד שנתקלים בהיבט של הנשגב, המאיים, ונרתעים אחורנית.

וְהֵן בְּחִינַת הַזְּרוֹעוֹת וְהַגּוּף שֶׁבַּנֶּפֶשׁ. כמתואר בהקדמת תיקוני זהר ('פתח אליהו')[38] האהבה והיראה הן בחינת ה'זרועות' במידות האלוקיות, וכנגדן בכוחות הנפש הן זרוע ימין וזרוע שמאל, ומידת התפארת, הרחמים, המידה הממוצעת שבין האהבה והיראה, היא ה'גוף' שבכוחות הנפש. וכפי שנאמר, בחינת הראש שבנפש היא הכוח החושב והמתבונן, הנותן את הכוח והכיוון לידיים, ובחינת המותניים, האמונה, היא המחזיקה

רצוא ושוב – מבחן האמת של עבודת ה' החיבור של אהבה ויראה, רצוא ושוב, הוא מהותי לגבי כל התחום של עבודת ה',[36] ובמובן מסוים גם לתחום הבין־אישי. היה מי שאמר, שיראה בלי אהבה היא אימה ריקה, ואהבה בלי יראה היא הפקרות. רגש של אהבה, אם הוא אמיתי ומכוון כלפי ה', איננו התרגשות בעלמא, שאינה קשורה אל שום דבר. זהו רגש שבהכרח יש בתוכו מידה של הכרה בנושא האהבה. ולכן, חייבת אהבת ה' להביא בשלב הבא למידה כלשהי של יראה, של התייחסות מן הצד האחר אל נושא האהבה. בוודאי שאין אדם מרגיש את הרגשות האלו בעת ובעונה אחת. אלו הם רגשות מתחלפים, והם חייבים להתחלף ולנוע כל הזמן.

האמונה – נעוץ תחילתן בסופן האמונה היא לכאורה דרגת הנפש הנמוכה יותר, למטה מן ההכרה, למטה מן ההרגשה וההתייחסות האמוציונלית. ואולם, כפי שמבואר במקומות אחרים, "נעוץ תחילתן בסופן",[39] כלומר שיש קשר בין מה שמעל ומעבר להשגה ובין מה שלמטה מההשגה וההתייחסות הרגשית. הדברים שבמהותם הגבוהה אינם ניתנים להכרה ניתנים לתפיסה כלשהי דווקא בדרגות הנמוכות יותר, שאינן דורשות ציור כלשהו, הכרתי או אמוציונלי.

האמונה בעצמה אינה ניתנת לחוויה. אם אדם מרגיש שאמונה בוערת בתוכו, לא האמונה היא הבוערת אלא ההכרה וההרגשה הנובעת ונבנית על בסיסה. מציאותה של האמונה אינה תלויה בכך שאפשר להוכיח אותה בהגדרה

ד אב פשוטה
ח אב מעוברת

אך מי הוא הנותן כח ועוז לבחינת מתנים להעמיד ולקיים הראש והזרועות הוא עסק ולימוד הלכות בתורה שבעל פה שהיא בחינת גילוי רצון העליון דאורייתא מחכמה היא דנפקת אבל מקורה ושרשה הוא למעלה מבחינת חכמה והוא הנקרא בשם רצון העליון ברוך הוא

את כולם. כשיש חולשה באמונה אין לאדם במה להתבונן, וממילא אין גם אהבה ויראה. וכשיש לאדם אמונה, כשהדבר הזה נוגע לו בנפשו, מכוח זה הוא יכול להתבונן וגם להגיע להתרגשות של אהבה ויראה.

עד כאן חלקה הראשון של האיגרת, העומד במובן מסוים בפני עצמו, ואשר גם נכתב, על פי עדותו של האדמו"ר הריי"ץ, כמכתב לעצמו כבר בשנים הראשונות לפעילותו של אדמו"ר הזקן. בחלק זה דובר על כך שבניין כוחות הנפש – הראש, הגוף והזרועות, הם השכל וההרגשות הנולדות ממנו – ניצבים ועומדים על המותניים, הם כוח האמונה. והוסבר שהאמונה היא אותה נקודה של ודאות מוחלטת בקיום ובנוכחות של נושא ההבנה וההרגשה. השכל הוא אמנם גבוה יותר, שבתחומו נוצר הקשר העניני עם הקב"ה, שבו נתבע האדם לעבודת ה', בהתרכזות בהתבוננות ובהתקשרות אמוציונלית, אלא שכל אלה הם הפעולות של חוויות הנפש, בעוד היסוד העצמי הוא גרעין האמונה, שממנה ועל גבה יכולים כולם לעמוד ולנוע.

השאלה שיעסוק בה בחלקה השני של האיגרת היא כיצד מטפחים, מחזקים ומגדלים את האמונה עצמה.

אַךְ מִי הוּא הַנּוֹתֵן כֹּחַ וָעוֹז לִבְחִינַת מָתְנַיִם לְהַעֲמִיד וּלְקַיֵּם הָרֹאשׁ וְהַזְּרוֹעוֹת? האמונה היא המעמידה ומאפשרת את כל העבודה הנפשית, השכלית והרגשית, אבל נשאלת השאלה: מהיכן מקבלת האמונה עצמה את החיזוק? הבעיה היא שבעצם אין אנו יודעים

שכלית, או לתת לה איזה ציור בנפש; להפך, ההכרה השכלית היא זו שתלויה ועומדת על בסיס האמונה.

כמו הרגליים בגוף כך האמונה בכוחות הנפש היא הכוח שמאפשר ללכת; כפי שאי אפשר ללכת על הראש, כך אי אפשר לזוז, להתקדם, על מחשבה לבד. מעין זה נאמר בפרקי אבות על מי שחכמתו מרובה ממעשיו, והדברים נכונים גם לגבי מי שחכמתו מרובה מאמונתו. ככל שאדם יחשוב במופשט, ולו גם בדרגות העליונות ביותר, אין הוא אלא יודע מה שכתוב בספרים; אפילו יגיע לאיזו חוויה אמוציונלית, עדיין לא יגרום הדבר לשינוי וגידול אמיתי בנפשו. רק כאשר נוגע הדבר בנקודת האמונה יכולים להתחולל שינוי ותזוזה ממשיים, גם בשאר הדרגות.

ההלכה היא רצונו העליון של הקב"ה

ההלכות כפי שהן מובאות ומוסברות בתורה שבעל פה – מה ומתי וכיצד לעשות כל דבר – הן גילוי הרצון העליון. שהרי באופן הפשוט ביותר ההלכות אומרות לנו: זה רצונו של הקב"ה. רצון זה, המובע בהוראות ובהנחיות למעשינו, הוא גילוי הרצון העצמי,

כלל כיצד לגעת בתחום האמונה שבנפש, כיצד נקבעים בתוכו הדברים וכיצד מגיעים אליהם. אנו יודעים רק מה שקורה סביב, על המבנים הצדדיים, על התוצאות – אבל על מהותה ושורשה של האמונה אין אנו יודעים. אנו יודעים משהו על המידות, איך לפתח אותן, לגדל אותן, אנו יודעים על מה יש להרהר, כיצד יש להתבונן וכיוצא בזה, אבל במה שנוגע לאמונה אנו נמצאים בתחום שאינו ברור, שבעצם אין אנו יודעים כיצד לטפל בו.

עם זאת, אף על פי שאין בידינו דרך מודעת, ישירה, לעסוק באמונה, יש בידינו דרכים לכאורה עקיפות, שפועלות בדרכים שאפשר לקרוא להן סגוליות. יש 'מזון' שהאמונה גדלה עליו, שגם אם הקשר אינו רציונלי (כאמונה עצמה) ניתן לעסוק בו בדרכים אחרות.

הוּא עֵסֶק וְלִימּוּד הֲלָכוֹת בַּתּוֹרָה שֶׁבְּעַל פֶּה. כאשר אדם עוסק בהלכות שבתורה שבעל פה, והכוונה היא לכל ההלכות: מההלכות הכתובות בספר המדע של הרמב"ם ועד להלכות תערובות, מה קורה לכף חלבית שנפלה לסיר בשרי וכיוצא בזה – הוא מגלה ומחזק בתוכו את כוח האמונה שבנפש.

חיזוק זה אינו השפעה ישירה המשתלשלת מידיעת תוכנם של הדברים. אין קשר גלוי בין תוכן הלימוד לאמונה בקב"ה. יתר על כן, האמונה היא בלתי מושכלת במהותה, ולכן אין היא מתבססת ואין היא ניזונה מכוחה של העבודה השכלית כשלעצמה. אלא כוחה של התורה שבעל פה לחזק את האמונה הוא משום שהתורה שֶׁבעל פה **הִיא בְּחִינַת גִּילּוּי רָצוֹן הָעֶלְיוֹן**, רצונו של הקב"ה בעצמו, היא דרגת הכתר שלמעלה גם מדרגת החכמה והשכל.

ויש להבין מה שכתוב במקומות אחרים, שלכאורה מנוגד למה שנאמר כאן: **דְּאוֹרַיְיתָא מֵחָכְמָה הִיא דְּנָפְקַת**[40] (התורה מהחכמה היא יוצאת). וההסבר הוא שאכן התורה יוצאת מן החכמה, **אֲבָל מְקוֹרָהּ וְשָׁרְשָׁהּ הוּא לְמַעְלָה מַעְלָה מִבְּחִינַת חָכְמָה, וְהוּא הַנִּקְרָא בְּשֵׁם 'רָצוֹן הָעֶלְיוֹן בָּרוּךְ הוּא'.** נכון הוא שהתורה המצויה בידינו, בפרט התורה שבעל פה,

שאינו תלוי בשום הסבר למה ומדוע כך וכך, אלא אך זו בלבד – שכך הוא רצונו של הקב"ה. יש אמנם הסברים ונימוקים כמעט לכל דבר שבתורה, אבל כולם הם הסברים שבאים לאחר מעשה, לאמור: כיוון שזו היא ההלכה, אנו מוצאים לה טעם. גישה זו אל המצוות היא בעצם אותה גישה שבה אנו מסבירים את תופעות הטבע. את תופעות הטבע אנו מסבירים תמיד מנקודה של עובדות מסוימות והלאה. מנקודה זו, על פי כללים מסוימים, אנו מבינים יותר ויותר. אפילו בתחום כמו מתמטיקה, שכולו כביכול יצירה אנושית, יש תופעות בסיסיות, כמו המספרים הטבעיים, שאנו מקבלים אותם ללא הסבר, כגילוי של דבר שכך הוא. במובן זה, כשם שהעולם הוא גילוי של מציאות שעשה הקב"ה, אף התורה היא התגלות של מציאות – שכך רוצה הקב"ה.

גילוי הרצון העליון בתורה שבעל פה מדובר דווקא על לימוד ההלכות בתורה שבעל פה, שכן רק בתורה שבעל פה מגיע גילוי הרצון למיצויו. על פי התורה שבכתב לא ניתן לפענח בשלמות את הרצון לכל פרטיו והשלכותיו המעשיות. מהתורה שבכתב לבד אי אפשר

וכמו שכתוב כצנה רצון תעטרנו כעטרה שהיא על המוחין שבראש וכנודע ממה שפרשו על פסוק אשת חיל עטרת בעלה. וכל השונה הלכות בכל יום כו'.

מתבטאת בצורה מושכלת, בצורה שחכמה בדרגה מסוימת יכולה להשיג את הקשרים שבתוך הדברים. אין היא מופיעה כרצייה טהורה, השוללת במוחלט כל השגה, אלא בלבוש הניתן להשגה כלשהי. ואולם במהותה העצמית, בשורשה ומקורה, היא ביטוי של הרצון העליון דווקא, שהוא במהותו מעל ומעבר לכל דרגה של חכמה והשגה שכלית – ולא רק חכמה והשגה שלנו כבני אדם, אלא חכמה והשגה בעצם, בכל דרגה.

וּכְמוֹ שֶׁכָּתוּב: "כַּצִּנָּה רָצוֹן תַּעְטְרֶנּוּ" (תהלים ה,יג), **כַּעֲטָרָה שֶׁהִיא עַל הַמּוֹחִין שֶׁבָּרֹאשׁ.** הרצון שלמעלה מהחכמה הוא כעטרה, ככתר, שעל הראש.

יש בעטרה משמעות נוספת – עטרה היא גם 'מקיף'.[42] המקיף הוא מה שנמצא לא רק למעלה, אלא מעבר ובנבדל מהדברים, מעבר ובנבדל מתחום ההכרה וההרגשה שבנפש. כך הרצון עוטר ועוטף מסביב את הנפש. אין הוא מהות פנימית שניתנת להכרה ולהשגה, אלא כוח הבא מעבר, כהשפעה שאנו מרגישים בקיומה אבל איננו יכולים להבין ולהגדיר אותה. כאשר אדם עושה מצווה או עוסק בלימוד ההלכה בתורה שבעל פה, הריהו מתחבר אל אותו רצון עליון, הסובב ומקיף את כלל המציאות, והחודר ומזין לפיכך גם אותם כוחות עמוקים ובלתי מודעים, ככוח האמונה שבנפש.

לדעת בעצם מה רוצה הקב"ה. רק בתורה שבעל פה, ופעמים בעל פה ממש, מגיע גילוי הרצון להשלמתו באופן שניתן לעשותו ממש, בתוך העולם שלנו.

'רצון העליון' שלמעלה מכל הרצונות הביטוי 'רצון העליון' לגבי התורה בא לומר דבר נוסף: לא רק שזהו רצונו של הקב"ה, אלא שבתוך רצונו זהו הרצון העליון, הפנימי והראשוני ביותר. הקב"ה ברא עולם גדול, שיש בו מציאויות רבות – חלקן מציאויות על תנאי, חלקן מציאויות שהקב"ה זן ומפרנס אותן משום שהן חלק מהמכלול הגדול של הבריאה;[41] בכלל זה הדברים שלכאורה אין צורך בהם, ובכלל זה גם מציאות הרע. אי אפשר לומר שהקב"ה אינו רוצה בכל אלה, שאם לא כן לא היה להם קיום כלל, אבל סוג הרצון שהקב"ה רוצה בהם הוא אחר, הוא חלק מן המסגרת, מן הרקע ההכרחי לקיומם ולתפקודם של הדברים שבהם רוצה הקב"ה 'באמת'. התורה היא במובן זה הרצון העליון, הראשון, שהקב"ה חפץ בו באמת; היא הרצון העליון הפנימי שבתוך כל הרצונות האחרים, שבכל דרגה שהוא מתגלה בה הוא מבטא את הרצון הפנימי שבתוכה.

בתורה שבעל פה ההתקשרות בדרגת המעשה הבעיה המהותית של עבודת ה', בכל הדרגות ובכל התחומים, היא הבעיה של ההתקשרות. כשאנו עומדים מול הקב"ה, אנו עומדים מול האין סוף. הפער שקיים בינינו ובינו הוא לכן בלתי ניתן לגישור בכל מספר של צעדים. אין דרך לעבור את הפער הזה אלא אם הקב"ה מצידו מושיט את היד, נותן את האפשרות. ואולם גם כאשר הוא מושיט מסר מסוים, אנו יכולים להשיג ולהתקשר איתו רק בדרגת הסיום שבו, בדרגת המסקנה והמעשה. אם להביא משל לדבר: שני אנשים

וְכַנּוֹדָע מִמַּה שֶּׁפֵּרְשׁוּ,[43] במעלת ההלכות שבתורה שבעל פה, **עַל פָּסוּק: "אֵשֶׁת חַיִל עֲטֶרֶת בַּעְלָהּ"** (משלי יב,ד). "אשת חיל" היא התורה שבעל פה,[44] בחינת בינה,[45] ו"בעלה" היא התורה שבכתב, בחינת החכמה. חכמה ובינה הם אב ואם, החכמה משפיעה בבינה. אולם מכיוון שבתורה שבעל פה מתגלה הרצון העליון שלמעלה מהחכמה, הרי בצד מסוים היא "עטרת בעלה", שהיא למעלה ואף משפיעה בבעלה, בחינת החכמה, התורה שבכתב. במקומות אחרים[46] מדובר על כך שפסוק זה מדבר על זמן העתיד לבוא, כאשר בכללות העולמות מה שכעת הוא מקבל יהפוך למשפיע. ואולם, כאמור, גם כעת ההלכות שבתורה שבעל פה הן בחינת "עטרת בעלה" ובחינת כתרה של תורה,[47] הכתר שמקיף את כל המציאות. הן מצד היותן הביטוי של הרצון העליון, שלמעלה מן החכמה, והן בגילוי שלהן שלמטה מן החכמה. שכן, שלא כמו חכמת התורה הפנימית שבעצם אין אנו יכולים להבין,[48] את ההלכות, את מה שאנו צריכים לעשות, אנו אמורים להבין על כל פנים באופן שנוכל לשמור ולעשות.

וְכָל הַשּׁוֹנֶה הֲלָכוֹת בְּכָל יוֹם מובטח לו שהוא בן עולם הבא.[50] כפי שנאמר, עניין זה של "אשת חיל עטרת בעלה" יגיע לידי גילוי שלם רק לעתיד לבוא. שכן תחום זה של לימוד ההלכות, עם זה שהוא נגלה בדרגת המעשה הוא נסתר לגמרי בדרגת ההשכלה האלוקית. דרגת הכתר מגיעה לדרגת העשייה, אבל היא אינה נקלטת בדרגת החכמה. ולכן השונה הלכות יכול להבין מה הוא צריך לעשות, ולפעול בהתאם לכך, אבל אין הוא רואה ואין הוא חש את האלוקי שבדבר. זו היא דרגת עולם הזה, של "היום לעשותם".

שמדברים שפות שונות עומדים זה מול זה, ולאחד חשוב מאוד למסור משהו לשני – הוא צריך לומר לו: 'זוז חצי מטר ימינה, משום שאתה עומד להידרס'. גם אם יסביר לו במיטב הלשון, וייתן את כל הנימוקים מדוע הוא צריך לזוז – ההוא לא יבין. אבל אם יעשה תנועה ביד, שתסמן 'זוז קצת' – ואם השני אכן זז – המסר עבר, נוצר הקשר. זו היא משמעות ההלכות שבתורה שבעל פה. כאשר אנו מצליחים לקלוט את הנקודה המעשית, שצריכים לעשות משהו כזה וכזה – זו הנקודה של לימוד ההלכות, של כתרה של תורה. הנקודה שבה נוצר קשר ישיר שחוצה את כל פערי ההשגה וההגדרה בינינו ובינו.

אשת חיל עטרת בעלה "אשת חיל" היא "עטרת", לאמור בחינת הכתר המגלה את הקשר של "נעוץ תחילתן בסופן", של נקודת ההתחלה עם נקודת הסיום. הסיכום של ההלכה למעשה הוא המסקנה האחרונה של הדיון המופשט והוא גם נקודת הראשית של החפץ העליון. לכן אשת חיל היא גם עטרת בעלה. הקשר הזה, של המלכות והכתר, הוא קשר ישיר העוקף וחותך את נתיבי ההכרה, שההכרה ומגבלותיה אינם יכולים לחסום אותו. זהו קשר נעלם, שאיננו נפגם ואיננו מתקלקל על ידי השגתו של האדם, תהיה אשר תהיה.

אמרו בשם הבעש"ט:[49] "תורת ה' תמימה" – מדוע היא תמימה? משום שאף אחד לא פגם בה. היא שלמה משום שהיא בעצם מעבר לכל הדרגות והחילוקים של העולם, משום שהיא עוברת בעולם באופן שאי אפשר לשבור ולחלק אותה, כחבילה שלמה, ולכן היא יכולה להגיע בתמימות גם לדרגה התחתונה ביותר. ובנפש, זה הוא כוח האמונה, שלמעלה מן ההשכלה ולמטה מן ההרגשה.

וזהו חגרה בעוז מתניה אין עוז אלא תורה שהיא נותנת כח ועוז לבחינת מתנים החגורים ומלובשים בה לחזק ולאמץ זרועותיה הן דחילו ורחימו שכליים או טבעיים כל חד לפום שיעורא דיליה. (ועל העמדת וקיום בחינת הראש שבנפש הוא השכל המתבונן כו' אמר טעמה כי טוב סחרה כו' ומבואר במקום אחר):

אך עת וזמן החיזוק ואימוץ הזרועות והראש היא שעת תפלת השחר שהיא שעת רחמים ועת רצון העליון למעלה. ולזאת אותה אבקש ממבקשי ה' יבינו וישכילו יחדיו ולהיות לזכרון בין עיניהם כל מה שכתבתי אליהם אשתקד בכלל. ובפרט מענין כוונת התפלה מעומקא דלבא יום יום ידרשון ה'

עם זאת, השונה הלכות, גם אם אינו רואה – הוא יוצר בכך את הכלים ואת את לבושי הנפש שעל ידם יוכל ל"מחר", לעולם הבא, "לקבל שכרם".

וְזֶהוּ "חָגְרָה בְּעוֹז מָתְנֶיהָ" (משלי לא,יז) – **אֵין עוֹז אֶלָּא תּוֹרָה**[51] שנאמר: "ה' עֹז לעמו יתן" (תהלים כט,יא).

שֶׁהִיא, התורה שבעל פה, **נוֹתֶנֶת כֹּחַ וָעוֹז לִבְחִינַת מָתְנַיִם, הַחֲגוּרִים וּמְלוּבָּשִׁים בָּהּ.** העיסוק בהלכות שבתורה, גם אם אין הוא מוסיף בחכמה ובאהבה ויראה, הוא מחזק את כוח האמונה שבנפש.

וכוח האמונה שבנפש פועל **לְחַזֵּק וּלְאַמֵּץ זְרוֹעוֹתֶיהָ** של הנפש, **שֶׁהֵן דְּחִילוּ וּרְחִימוּ** (יראה ואהבה) **שִׂכְלִיִּים,** הנוצרים מכוח ההכרה, **אוֹ טִבְעִיִּים,** שהם קיימים בטבע הנפש, ולא נוצרים בה על פי טעם ודעת. שהכלל, בכל דרגות האהבה והיראה, הוא שאין הן יכולות לעמוד אלא במקום שיש בסיס של אמונה; של קבלת הדברים כפי שהם, קודם שבונים את הרגשות וההבנות לגביהם.

כָּל חַד לְפוּם שִׁיעוּרָא דִּילֵיהּ (כל אחד לפי שיעורו, מידתו, שלו). האהבה והיראה הן רגשות אישיים מאוד, אין דומה אהבה של אדם אחד לאהבתו של אדם אחר, לא בעוצמתה ולא באופייה של ההרגשה, לא בדרך שבה היא מתעוררת ולא בדרך שבה היא מתבטאת.

הדברים נאמרו לגבי 'זרועותיה' של הנפש, האהבה והיראה, ובסוגריים מעיר כאן אדמו"ר הזקן שכן הוא גם לגבי ה'ראש': **(וְעַל הַעֲמָדַת וְקִיּוּם בְּחִינַת הָרֹאשׁ שֶׁבַּנֶּפֶשׁ, הוּא הַשֵּׂכֶל הַמִּתְבּוֹנֵן כו', אָמַר: "טָעֲמָה כִּי טוֹב סַחְרָהּ כו'"** [משלי לא,יח]. הוא הפסוק הבא, לאחר "חגרה בעוז מתניה וגו'", לאחר חיזוק המותניים על ידי העיסוק בהלכות התורה. עניינו של פסוק זה הוא בהשגה השכלית, שהיא "טעמה כי טוב וכו'", כמו "טעמו וראו כי טוב ה'";[52] שכן על ידי ההתקשרות בהכרה ודעת מרגישים את טוב טעמו של הדבר. לאמונה בעצמה אין כל תחושה של טעם, משום שהיא מעבר לטעם ודעת, ורק במקום שיש הכרה

בטעם הדבר, במובן של סיבת הדבר ושורשו, ישנה גם תחושת הטעם, במובן של עונג.

וּמְבוֹאָר בְּמָקוֹם אַחֵר). שהרי איגרת זו עוסקת, בעיקרה, בחיזוק ה'זרועות', האהבה והיראה, בזמן ובעבודת התפילה (עבודה שבלב). ועניין זה של חיזוק והעמדת בחינת ה'ראש', המוחין שבנפש, נתבאר במקומות אחרים.

מכאן מגיע חלקה היישומי, המעשי, של האיגרת. הכלל, בייחוד באיגרות הללו אך במובן מסוים כן הוא בכל מאמר חסידות, שהדברים נועדו בסופו של דבר ליישום. לא להישאר בבחינת רעיונות או גילויי רגש, אלא להיעשות עבודה של ממש בנפש ובחיים – בתוך התפילה, בתוך המצוות, ובדרכי החיים כולם. ומעתה, לאחר שהמחבר בנה את התשתית הרעיונית, הוא נכנס אל פרטי הדרישות המעשיות.

אַךְ עֵת וּזְמַן הַחִיזּוּק וְאִימּוּץ הַזְּרוֹעוֹת וְהָרֹאשׁ הִיא שְׁעַת תְּפִלַּת הַשַּׁחַר, שֶׁהִיא שְׁעַת רַחֲמִים וְעֵת רָצוֹן הָעֶלְיוֹן לְמַעְלָה. לכל חלק מן היום יש אופי ותכונות משל עצמו,[53] וזמן הבוקר הוא בעיקרו זמן של חסד[54] ושל התגלות הרצון. וכפי שנאמר, גילוי הרצון העליון הוא המחזק את בחינת האמונה שבנפש, המעמידה ומחזקת את ה'זרועות', אהבת ה' ויראת ה', ואת ה'ראש', כוח ההכרה בה'. זמן זה, של עת־רצון ופתיחת שערי שמיים, הוא לכן זמן התפילה, שעל ידה ממשיכים את השפעת החסד והרצון העליון, ועל ידה בונים ומחזקים את כוחות הנפש לעבודת ה' למשך היום כולו.

הוסבר קודם שחיזוק המותניים, כוח האמונה שבנפש, הוא על ידי העיסוק בהלכות שבתורה שבעל פה. ואולם, חיזוק זה אינו ישיר וגלוי. הקשר בין לימוד התורה שבעל פה לאמונה ומשם לאהבה ויראה הוא קשר מקיף שרק מאפשר את הדבר, בונה את הכלים ומייצר את האוירה המתאימה. וכדי לפעול את הדבר ממש, כדי ליצור את הזרימה בנפש אל האהבה והיראה, צריך להתפלל; ולא רק לומר את מילות התפילה אלא לעבוד את עבודת הנפש של התפילה.

וְלָזֹאת אוֹתָהּ אֲבַקֵּשׁ מִמְּבַקְשֵׁי ה', הוא מבקש מאלה שהם 'מבקשי ה'', שכן הסגנון ותוכן הדברים פונה אל אותם אנשים המבקשים ורוצים להתפלל, הרוצים להתחזק באמונתם, באהבת ה' וביראת ה'.

שֶׁיָּבִינוּ וְיַשְׂכִּילוּ יַחְדָּיו, וְלִהְיוֹת לְזִכָּרוֹן בֵּין עֵינֵיהֶם כָּל מַה שֶׁכָּתַבְתִּי אֲלֵיהֶם אֶשְׁתָּקַד, מובא במכתב אחר המופיע גם הוא בספר זה.[55]

בִּכְלָל, לציבור החסידים, באותה איגרת מצויות תקנות והוראות כלליות הנוגעות לתפילה בציבור. **וּבִפְרָט מֵעִנְיַן כַּוָּונַת הַתְּפִלָּה** האישית שתהיה לא אמירה חיצונית של המילים אלא עבודה פנימית **מֵעוּמְקָא דְלִבָּא** (מעומק הלב).

יוֹם יוֹם יִדְרְשׁוּן ה' (על פי ישעיה נח,ב), שהתפילה בכל יום ויום תהיה בכוונה לדרוש את ה', לא להסתפק במה שישנו אלא לחפש ולבקש ולדרוש את מה שאינו בגלוי, את האלוקי הנעלם שיהיה בהכרה והרגשה.

בכל לבם ובכל נפשם ונפשם תשתפך כמים נוכח פני ה׳ וכמאמר רבותינו זכרונם לברכה בספרי עד מיצוי הנפש כו׳:

ה אב פשוטה
ט אב מעוברת

ועתה הפעם הנני יוסיף שנית ידי בתוספת ביאור ובקשה כפולה שטוחה ופרושה לפני כל אנשי שלומים הקרובים והרחוקים לקיים עליהם שכל ימי החול לא ירדו לפני התיבה הבעלי עסקים שאין להם פנאי כל כך. רק אותם שיש להם פנאי או המלמדים או הסמוכים על שולחן אביהם שיכולים להאריך בתפלת השחר ערך שעה ומחצה לפחות כל ימות החול מהם יהיה היורד לפני התיבה על פי הגורל או על פי ריצוי הרוב. והוא יאסוף אליו בסביב לו כל הסמוכים על שולחן אביהם או מלמדים שיוכלו להאריך כמוהו בבל ישונה נא ונא:

בְּכָל לִבָּם וּבְכָל נַפְשָׁם, כמו שאומרים בפרשות של קריאת שמע, עם כל הפירושים והמובנים שיש למילים אלו: בכל הלב, להשקיע בכך את כל רצונותיו ואהבותיו של הלב; ובכל הנפש, בכל כוחות הנפש, ובאופן של מסירות הנפש בבחינת "אפילו נוטל את נפשך".

ואת העבודה הזאת צריך האדם לעשות עד אשר **וְנַפְשָׁם תִּשְׁתַּפֵּךְ כַּמַּיִם נוֹכַח פְּנֵי ה׳**.[56] **וְכְמַאֲמַר רַבּוֹתֵינוּ זִכְרוֹנָם לִבְרָכָה בְּ׳סִפְרֵי׳** בפירוש הכתוב "ובכל נפשך", שעבודת התפילה צריכה להיות **עַד מִיצּוּי הַנֶּפֶשׁ כו׳**.[57] בשימוש כל כוחות הנפש, עד שאינו יכול להוציא עוד. כפי שממצים את הכלי מן המשקה שבו, כך על דרך משל יש למצות את הנפש מכל כוחותיה, מכל מה שמושך ומרגש ומחיה אותה, מכל התפשטות כוחותיה, עד לגילוי של עצם הנפש, עד שהיא תשתפך נוכח פני ה׳.

מכאן, כאמור לעיל, מתחיל חלקה השלישי של האיגרת, אשר נכתבה מאוחר יותר, כאשר גדלה והתבססה תנועת החסידות סביב אדמו"ר הזקן והיה צורך בקביעת סדרים ותקנות. וראשית מתייחסים הדברים אל התפילה בציבור.

וְעַתָּה הַפַּעַם הִנְנִי יוֹסִיף שֵׁנִית יָדִי, בְּתוֹסֶפֶת בֵּיאוּר וּבַקָּשָׁה כְּפוּלָה, שְׁטוּחָה וּפְרוּשָׂה לִפְנֵי כָּל אַנְשֵׁי שְׁלוֹמִים, הַקְּרוֹבִים וְהָרְחוֹקִים, לְקַיֵּים עֲלֵיהֶם שֶׁכָּל יְמֵי הַחוֹל לֹא יֵרְדוּ לִפְנֵי הַתֵּיבָה, להיות שליחי ציבור בתפילה, **הַבַּעֲלֵי עֲסָקִים שֶׁאֵין לָהֶם פְּנַאי כָּל כָּךְ**,

עד מיצוי הנפש ויש מפרשים באופן אחר, כמו חבית שהיא מלאה משקים ואינה יכולה לקלוט עוד, ומשהו מתפרץ מתוכה החוצה. למרות שאין זה אלא משהו מהמשקה שבתוכה, הריהו בא מכוח העצם הדוחק החוצה מחמת הגודש. כך צריך להיות בתפילה, שגם אם מה שמרגישים בהתגלות הוא מעט, הריהו בא מכוח כללות ועצם הנפש.

תפילת החסידים עד מיצוי הנפש אכן היו (ומן הסתם עדיין יש) חסידים שהיו מתפללים כך. היו כאלה שראו בהם – פעמים את המאמץ, פעמים את ההתרגשות ופעמים אפילו את ההשגות – והיו כאלה שלא ראו בהם כלום,

שכיוון שהם ממהרים לעסקיהם יזדרזו בתפילה ולא ישהו בה כדי הצורך. אדמו"ר הזקן ידע שאי אפשר לתבוע מאדם שיש לו זמן קצוב לצאת לעסקיו שישכח הכול וישקע בעבודת התפילה במתינות. היו אמנם חסידים שיכלו לעשות זאת, שהעובדה שיש עסקים וטרדות שהולכים ובאים בעוד זמן קצוב לא הפריעה להם לנהוג כאילו באמת אין שום דבר אחר, ואולם בוודאי אין זה דבר מצוי. לבד מזאת, שלרוב באמת צריכים לזמן רב, שאינו מצוי בידיהם של בעלי העסקים.

רַק אוֹתָם שֶׁיֵּשׁ לָהֶם פְּנַאי, שאין להם עסקים או שעסקיהם אינם מטרידים אותם, והם יכולים לפנות בנפש מרחב פנוי מענייני היום יום. עבודת התפילה שדרש אדמו"ר הזקן מחסידיו הייתה כזו שאכן דרשה זמן, יותר מהזמן שבו אומרים את המילים; שיהיה מרווח של זמן סביב המילים, לחשוב ולהתבונן בהן במה שלמדו בתורת החסידות ובמה שהבינו, לפתוח אותן אל הנפש, להרגיש, להשתחרר ולעלות מענייני היום יום אל המהות האלוקית הנצחית ולהשיבה אל המילים.

אוֹ הַמְלַמְּדִים, שהלימודים ב'חדר' היו מתחילים בשעה מאוחרת יותר, ולכן היה להם יותר פנאי בבוקר. **אוֹ הַסְּמוּכִים עַל שׁוּלְחַן אֲבִיהֶם,** שאין עליהם עול הפרנסה אלא עול תורה בלבד. לכל אלה יש פנאי לשהות בתפילה כדי הצורך.

שֶׁיְּכוֹלִים לְהַאֲרִיךְ בִּתְפִלַּת הַשַּׁחַר עֶרֶךְ שָׁעָה וּמֶחֱצָה לְפָחוֹת[59] **כָּל יְמוֹת הַחוֹל, מֵהֶם יִהְיֶה הַיּוֹרֵד לִפְנֵי הַתֵּיבָה.** מהם יבחרו את שליח הציבור. **עַל פִּי הַגּוֹרָל,** אם אין חיוב על מישהו, **אוֹ עַל פִּי רִיצּוּי הָרוֹב.** ששליח הציבור צריך להיות רצוי לרוב הקהל.[60]

וְהוּא יֶאֱסוֹף אֵלָיו בְּסָבִיב לוֹ כָּל הַסְּמוּכִים עַל שׁוּלְחַן אֲבִיהֶם אוֹ מְלַמְּדִים שֶׁיּוּכְלוּ לְהַאֲרִיךְ בתפילה **כָּמוֹהוּ.** שלא כנהוג בכמה מקומות שהעוברים לפני התיבה הם הממהרים יותר, או שהם מתפללים על פי הממהרים, בעוד אלה הרוצים להתפלל במתינות צריכים להתפלל שלא עם הציבור. אדמו"ר הזקן מנסה כאן להפוך את המבנה, שדווקא אותם אנשים שאינם דחוקים בזמן, שיכולים להקדיש את הזמן לתפילה, אפילו אינם רוב הציבור, שהם ייחשבו עיקר ה'מניין', והשאר יהיו בגדר נספחים. בכל מקום קיימת הנחה בסיסית: על מה החברה עומדת, מה עיקר ומה טפל בעיניה, והקביעה הזו, מי יֵרד לפני התיבה, תדגיש ותמחיש מהו העיקר. לא שאין מקום לדברים אחרים, אבל יש עיקר והוא עבודת ה' שעליו עומדת החברה, וכל השאר צריך להכיר בכך ולמצוא את מקומו בהתאמה לזה.

אפילו לא אריכות מיוחדת בזמן התפילה. על הרבי מקוצק, למרות שלא ראו כלום בזמן התפילה, מסופר שלאחר התפילה לקח זמן עד שהחל שוב להכיר אנשים. שכן, העבודה עד מיצוי הנפש אינה משאירה בנפש שום דבר כפי שהיה קודם. כל הקשרים, הזהויות וההנחות שהיו קיימים בנפש קודם התפילה אינם קיימים עוד, כולם נשרפו בהתייחסות האחת נוכח פני ה', וכדי לבנות אותם מחדש נחוץ זמן.[58]

חדר שני בבתי הכנסת של חב"ד היה נהוג לבנות חדר נוסף הנקרא 'חדר שני' שבו התפללו חסידים מיוחדים המכונים

אך בשבתות וימים טובים שגם כל בעלי עסקים יש להם פנאי ושעת הכושר להאריך בתפלתם בכוונת לבם ונפשם לה'. ואדרבה עליהם מוטל ביתר שאת ויתר עז כמו שכתוב בשולחן ערוך אורח חיים וכמו שכתוב בתורת משה ששת ימים תעבוד כו' ויום השביעי שבת לה' אלהיך דייקא כולו לה'. ולזאת גם הם ירדו לפני התיבה בשבת ויום טוב על פי הגורל או בריצוי הרוב כמו שכתבתי אשתקד:

וכגון דא צריך לאודועי שבדעתי אם ירצה ה' לשלוח לכל המנינים מרגלים בסתר לידע ולהודיע כל מי שאפשר לו וכל מי שיש לו פנאי להאריך ולעיין בתפלה ומתעצל יהיה נידון בריחוק מקום להיות נדחה בשתי ידים בבואו לפה לשמוע דברי אלקים חיים ומכלל לאו אתה שומע הן ולשומעים יונעם ותבא עליהם ברכת טוב ואין טוב אלא תורה וכו':

בְּבַל יְשׁוּנֶּה נָא וָנָא. 'נא ונא' הוא לשון בקשה, כמו 'אנא',[61] וכפל הלשון מחזק עוד יותר את הבקשה. כיוון שלהנהיג מנהג שהוא הפוך מן המנהג המקובל הוא דבר קשה – קשה לייסדו וקשה לשמור עליו שלא ישונה – על כן הוא מסייע את דבריו בלשון חיזוק ובקשה, "נא ונא".

אַךְ בְּשַׁבָּתוֹת וְיָמִים טוֹבִים, שֶׁגַּם כָּל הַבַּעֲלֵי עֲסָקִים יֵשׁ לָהֶם פְּנַאי וּשְׁעַת הַכּוֹשֶׁר לְהַאֲרִיךְ בִּתְפִלָּתָם בְּכַוָּונַת לִבָּם וְנַפְשָׁם לַה'. בימות החול אי אפשר היה לתבוע זאת, אבל בשבתות כשגם לבעלי העסקים יש פנאי, צריך לדרוש זאת גם מהם.

וְאַדְּרַבָּה, עֲלֵיהֶם מוּטָל בְּיֶתֶר שְׂאֵת וְיֶתֶר עָז. דווקא על האנשים העוסקים במלאכתם ובעסקיהם כל ימות החול מוטל עתה, בשבתות ובימים טובים, להאריך ולהתכוון בתפילה.

לכאורה, מדוע דווקא עליהם מוטל להתפלל בשבת יותר מאשר על אלה המצויים כל ימיהם בעולמה של תורה ותפילה?

לכן הוא מסביר: **כְּמוֹ שֶׁכָּתוּב בְּשׁוּלְחָן עָרוּךְ** חלק **אוֹרַח חַיִּים,**[62] **וּכְמוֹ שֶׁכָּתוּב בְּתוֹרַת מֹשֶׁה** (שמות כ,ט): **"שֵׁשֶׁת יָמִים תַּעֲבוֹד כוּ', וְיוֹם הַשְּׁבִיעִי שַׁבָּת לַה' אֱלֹהֶיךָ" דַּיְיקָא כּוּלּוֹ לַה'.** עניינה של השבת, שהיא באה אחרי ימות החול ומהם היא יונקת ומקבלת את

'חב"דניצע', בנפרד מן המניין הכללי. תפילה זו הייתה במתינות גדולה, פעמים לא רק שעה וחצי אלא ארבע וחמש שעות בכל יום; תפילה אישית פנימית בהתבוננות עמוקה ובמסירות כל כוחות הנפש, כמסור מאדמו"רי חב"ד וגדולי החסידים. מציאותו של מניין כזה יצרה לגבי החברה כולה מודל כיצד צריך להתפלל; שהתפילה אינה רק מילוי חובה על האדם קודם שהוא רשאי לאכול ארוחת בוקר, אלא מילוי בתוכן ובמשמעות ממשית את כל מסגרות ההתייחסות שבינינו ובין הקב"ה.

מעלתה.[63] כך גם התפילה בשבת מקבלת את מעלתה מימות החול דווקא, כאשר דווקא מי שטרח ועסק בימות החול בענייני העולם הזה יכול להעלות, כאשר הוא מתפלל בכוונה ובאריכות בתפילת השבת, אורות גבוהים ויקרים יותר, כמעלת האור הבא מן החושך דווקא.[64]

וְלָזֹאת גַּם הֵם יֵרְדוּ לִפְנֵי הַתֵּיבָה בְּשַׁבָּת וְיוֹם טוֹב, עַל פִּי הַגּוֹרָל אוֹ בִּרְיצוּי הָרוֹב, כְּמוֹ שֶׁכָּתַבְתִּי אֶשְׁתָּקַד. אדם שגם במשך השבוע יושב ועוסק בתורה ובתפילה, בשבילו השבת אינה שינוי ויציאה מדרכו הרגילה. לעומת זאת, אדם שבמשך השבוע עסק בחול, בענייני העולם והחומר – כשהוא בא לשבת הוא מביא איתו משהו חדש, ולכן דווקא הוא צריך להתפלל. בדרכו משך השבוע בתוך עולם החולין הוא פגש ניצוצות קדושים אשר זה שישב כל השבוע על התורה לא פגש אותם. ניצוצות אלה הם מהויות לא שלמות המבקשות את גאולתן, ובמגע עם אותו אדם הן התקשרו אליו ועשו אותו שליח להעלותן לקדושה. הניצוצות הללו כביכול אומרים לו: 'אתה שהיית עמנו, שהשתתפת עמנו – עכשיו אתה צריך לקחת אותנו אתך, להעלות אותנו, לגאול אותנו מן הקליפה'. זאת ועוד, כמבואר במקומות אחרים, אותם ניצוצות מקורם בעולם התוהו הקודם בשורשו וגבוה מן האדם המתקן אותו. וכאשר האדם בא להתפלל כשליח של אותם ניצוצות הוא מקבל את כוחו מהם, כמו כל שליח ציבור שמקבל את כוחו להתפלל מכוח הציבור שהוא מתפלל עבורו; אין הם רק שולחים אותו להתפלל עבורם אלא גם נותנים לו את הכוח לעשות זאת.

וּכְגוֹן דָּא צָרִיךְ לְאוֹדוֹעֵי (ובכגון זה צריך להודיע) **שֶׁבְּדַעְתִּי, אִם יִרְצֶה ה', לִשְׁלוֹחַ לְכָל הַמִּנְיָנִים מְרַגְּלִים בַּסֵּתֶר,** אשר תפקידם יהיה **לֵידַע וּלְהוֹדִיעַ** על אודות **כָּל מִי שֶׁאֶפְשָׁר לוֹ וְכָל מִי שֶׁיֵּשׁ לוֹ פְּנַאי לְהַאֲרִיךְ וּלְעַיֵּין בַּתְּפִלָּה, וּמִתְעַצֵּל.**

ועונשו **יִהְיֶה** להיות **נִידּוֹן בְּרִיחוּק מָקוֹם, לִהְיוֹת נִדְחֶה בִּשְׁתֵּי יָדַיִם בְּבוֹאוֹ לְפֹה לִשְׁמוֹעַ 'דִּבְרֵי אֱלֹקִים חַיִּים'** כך נקראים מאמרי החסידות שאומר הרבי. כיוון שאין הוא מיישם את דברי החסידות ששמע, אין הוא ראוי לשמוע אותם.

וּמִכְּלַל לָאו אַתָּה שׁוֹמֵעַ הֵן,[65] שמי שמאריך בעבודת התפילה, ומתייחס ברצינות למאמרי החסידות ששמע, הוא מבטיח לקרב אותו ולהשמיעו דברי האלוקים חיים. **וְלַשּׁוֹמְעִים יוּנְעָם,** לשומעים לדברי האיגרת הזו, אשר שכרם שהם השומעים את מאמרי החסידות של הרבי. **וְתָבֹא עֲלֵיהֶם בִּרְכַּת טוֹב,**[66] **וְאֵין טוֹב אֶלָּא תּוֹרָה וכו'.** סיים במה שפתח ש"אין טוב אלא תורה". פתח בהודאה על לימוד הש"ס, בבחינת "חגרה בעוז מתניה", הוא לימוד ההלכות שבתורה שבעל פה המחזק ונותן כוח לבחינת האמונה, וסיים בברכה על לימוד תורת החסידות למי שמיישם אותה בעבודת התפילה, אשר על ידה מעמידה האמונה ומקיימת את הראש והזרועות, הן אהבת ה' ויראת ה', בבחינת "ותאמץ זרֹעותיה".

באיגרת זו ישנה חלוקה ברורה לשני חלקים[67] – החלק הראשון, העיוני, המופשט, והחלק השני, הביצועי. שלא כברוב המכתבים שבספר זה, שבהם הושמט החלק המעשי ונותר

החלק העיוני בלבד, כאן הושאר גם החלק השני. טעם אחד הוא שלחלק זה באיגרת זו יש משמעות קיימת מעבר לזמנה ולמקומה. הצורך להתפלל במתינות ובכוונה, המציאות של אנשים עסוקים מצד אחד ואנשים שיש להם זמן מצד שני – כל אלה קיימים היום ובכל מקום כשם שהיו קיימים אז. והמכתב, הרעיונות והתקנות שבו, הם רלוונטיים היום כשם שהיו אז. ואולם הטעם העיקרי הוא שבנושאים אלו שהמכתב עוסק בהם – בתורה, באמונה ובתפילה – חשוב להדגיש את החיבור בין שני החלקים: אין להשאיר אידיאולוגיה בלי יישום, אין להשאיר מבנים תאורטיים ללא השלכה אל תוך מציאות ממשית.

הדבר חשוב כל כך, שכן במרכזה של האיגרת הזו עמדה האמונה. מן הצד האחד דובר על חיזוקה של האמונה על ידי לימוד המצוות המעשיות בתורה שבעל פה, ומן הצד השני בכוחה של האמונה להעמיד ולקיים את הראש והזרועות, הם כוחות ההכרה וההרגשה שבנפש, על ידי התפילה. שני הקשרים הללו, של התורה ושל התפילה, אל האמונה, אינם קשרים סיבתיים גלויים אלא קשרים עלומים, קשרים סגוליים. שכן האמונה בעצמה הינה בלתי הכרתית ואף בלתי מורגשת, היא רק הבסיס, הרקע והמסגרת המעמידה ומקיימת את כל המבנה המודע של כוחות הנפש. דווקא משום כך חשוב להדגיש כאן את יישומם המעשי של הדברים, שכן דברים אלה בלא הצד המעשי נשארים חסרי ערך לחלוטין. יש מאמרי חסידות המובילים שלב אחר שלב, להבנה ולהרגשה, וממילא אין צורך לדבר על יישומם של הדברים, כי הם מדברים ופועלים בעד עצמם. ויש מאמרים, כגון באיגרת זו, שהדברים אינם מובנים מצד עצמם, ולכן אין דרך להמשיך אותם – מהתורה שבעל פה דרך "חגרה בעוז מתניה" ועד ל"תאמץ זרועותיה" – אלא על ידי כך שעושים את הדברים.

איגרת ב

איגרת זו הינה אחת מתוך סדרה של מכתבים[1] שנכתבו בזמן אחד ולכבוד מאורע אחד, הוא שחרורו של אדמו"ר הזקן מהמאסר בי"ט כסלו בשנת תקנ"ט. האיגרת, שנכתבה אל כלל החסידים, נושאת עימה גם מסר כולל יותר, ששייך לכל החסידים בכל הזמנים: כיצד צריך החסיד להגיב לגילוי חסד ה' אליו, בגשמיות וברוחניות; ולא רק באירוע היסטורי או אישי יוצא מהרגיל, אלא אף בכל יום, שהחסיד האמיתי צריך לראותו כגילוי של חסד ה' אליו.

איגרת ב

אחר ביאתו מפטרבורג

ו אב פשוטה
י אב מעוברת

קטנתי מכל החסדים ומכל כו׳. פירוש שבכל חסד וחסד שהקדוש ברוך הוא עושה לאדם צריך להיות שפל רוח במאד.

אַחַר בִּיאָתוֹ מִפֶּטֶרְבּוּרְג. שם נאסר הרבי, שם התנהלו החקירה והדיון בעניינו, ומשם יצא לחופשי. ׳אחרי פטרבורג׳ נעשה מאז למושג בחסידות,[2] המציין את התקופה שבאה לאחר המאסר, של הגילוי וההרחבה בתורת החסידות וגיבושה בדרכה המיוחדת של חסידות חב״ד.

כיוון שהזמן של השחרור, שבו נכתב המכתב, היה בשבוע של פרשת "וישלח", פותח אדמו״ר הזקן בפסוק מן הפרשה, ועל גביו נבנה המכתב כולו.[8]

מאסרו של אדמו״ר הזקן, הרקע לאגרת זו פרשת המאסר קשורה למחלוקת ולהתנגדות לחסידות. ההתנגדות, אולי דווקא משום שהייתה לשם שמיים, הייתה קשה ביותר. שכן כאשר אנשים חולקים על אינטרסים הם יכולים להתפשר, אבל כאשר הם חולקים על אידיאולוגיה אין בעצם דרך של פשרה. פטירתו של הגאון מווילנה בשנת תקנ״ח לא רק שלא החלישה את המחלוקת, אלא שזו אף קיבלה גוון קשה וחריף יותר, עד שבסופו של דבר הגיעו הדברים לידי הלשנה לשלטון הרוסי. ההלשנה הייתה אמנם מעשה של יחידים, שגדולי המתנגדים לא עמדו מאחריו, אבל הדבר העיד על רוח השנאה ועל החרפתו של המאבק הרוחני, אשר יכול היה להגיע לדרכי מלחמה שכאלה.

ההלשנה הייתה מורכבת מכמה סעיפים: הייתה בה האשמה בסיוע כלכלי ובסיוע אחר לתורכים, שהיו אויביה של רוסיה מדרום. האשמה זו התבססה על משלוחי התרומות לארץ ישראל,[3] שהייתה תחת שלטונה של האימפריה התורכית. והייתה גם האשמה אידיאולוגית כנגד תנועת החסידות בכלל, של יצירת דת חדשה, מה שנחשב ברוסיה הצארית פרבוסלבית לעבירה על החוק. בשל האשמה זו קיבל משפטו של אדמו״ר הזקן צביון תיאולוגי, כאשר את ההאשמות ניסו לבסס על ראיות שהחסידות הינה דת חדשה שאינה שייכת עוד ליהדות המקורית; ואף תשובותיו של אדמו״ר הזקן[4] היו במובן מסוים כתב הגנה על החסידות.

המשפט לא היה אפוא רק משפטו של אדמו״ר הזקן כאדם פרטי,[5] אלא משפטה של החסידות, כתנועה וכרעיון. הדבר ניכר לא רק מצד האשמות, שהיו על כלל דרכה של החסידות, אלא גם מצד התוצאות שעלולות היו לבוא אילו חויב בדין – כי אז קרוב לוודאי שהממשלה הרוסית, ששלטה אז בפועל ברוב יהודי מזרח אירופה, הייתה ניגשת בעצמה לעקור את תנועת החסידות. על כן היה לזיכויו של אדמו״ר הזקן משמעות כוללת עקרונית, של זיכוי תנועת החסידות, שבירת הקטרוגים שהוטחו נגדה, ויציאתה מן המצוק של צוררים מבית ומחוץ. הזיכוי והשחרור של אדמו״ר

"קָטֹנְתִּי מִכֹּל הַחֲסָדִים וּמִכָּל הָאֱמֶת אֲשֶׁר עָשִׂיתָ אֶת עַבְדֶּךָ".[9] את התפילה הזו מתפלל יעקב בשובו מחרן, לפני פגישתו עם עשו אחיו. רש"י, בעקבות חז"ל, שואל: מדוע צריך יעקב להתיירא? והלוא כבר הבטיח לו הקב"ה (הן בצאתו מארץ ישראל והן בצאתו מחרן): "הנה אנכי עמך ושמרתיך בכל אשר תלך"? (בראשית כח,טו, וכן שם לא,ג). והתשובה שמביא רש"י היא שיעקב חשש שמא נתמעטו זכויותיו בשל החסדים והאמת שעשה ה' עימו. כלומר, ההבטחה שקיבל יעקב בצאתו הייתה הבטחה עקרונית, אבל מאז השתנה מאזן חובותיו וזכויותיו בשל רוב החסדים שעשה עימו ה', ויש לחשוש שמא בפועל לא תחול ההבטחה עליו. אדמו"ר הזקן יְפַתח באיגרת זו את הרעיון בהיקף רחב יותר, כהוראה כוללת לגבי כל אדם, כיצד עליו לנהוג כאשר מושפע עליו רוב חסד ואמת; שכל אחד מאיתנו, בניו של יעקב, צריך אף הוא לנהוג בדרך זו של "קטֹנתי מכל החסדים".

פֵּירוּשׁ, שֶׁבְּכָל חֶסֶד וְחֶסֶד שֶׁהַקָּדוֹשׁ בָּרוּךְ הוּא עוֹשֶׂה לָאָדָם צָרִיךְ לִהְיוֹת שְׁפַל רוּחַ בִּמְאֹד. התגובה של האדם לחסד שעושה עימו הקב"ה צריכה להיות שהוא ירגיש בשפלות עצמו ויראה את עצמו קטן יותר ככל שרבים יותר החסדים שמגיעים אליו. הבעיה היא שטבעם של בני אדם הוא בדיוק להפך – כאשר טוב לאדם הוא מרגיש את עצמו לא רק במצב רוח טוב יותר, אלא גם מחשיב את עצמו לטוב וחשוב יותר. הרבה פעמים

הזקן היו נקודת מפנה משמעותית ביותר בתולדות החסידות, שכן מאותה שעה ואילך נחלשה המחלוקת נגדה, ולא חזרה עוד לאותה חריפות. כמובן שגם לאחר מכן היו עוד רבים שלא נמנו על קהל החסידים, וגם היו גדולים בישראל שליבם לא היה שלם עם החסידות, ואולם המלחמה הפעילה והניסיון להוציא את החסידות מכלל ישראל פסקו מאז. י"ט כסלו הינו לכן, גם מבחינה היסטורית, יום הגאולה, יום פתיחת הדרך, לחסידות, והוא מכונה, בייחוד מאז מכתבו הידוע של אדמו"ר הרש"ב נ"ע, כ"חג הגאולה" וכ"ראש השנה לחסידות";[6] יום אשר ממנו והלאה החלה החסידות מתגברת והולכת וההתנגדות הולכת וגוועת, כאשר אלה שאינם חסידים אינם עוד "מתנגדים", אלא מתייחסים אליה בכבוד, כאל אחד ממחנות ישראל.

למחלוקת מבחוץ היה גם יסוד פנימי, הנוגע לשאלות: באיזו מידה מותר וראוי לפרסם ולגלות את שיטת החסידות בקרב כל ישראל, בלא הבדל בין צדיקים ולמדנים, יהודים פשוטים ואף עמי ארצות? האמנם מוכשר הדור לקבל את הגילויים הללו? האמנם גילוי שיטת החסידות הוא מכשיר לעלייה והתרוממות, או שמא אינו במקומו וזמנו, וסופו יביא נזק יותר מתועלת? השאלות הללו, שהטרידו לא רק את המתנגדים מבחוץ אלא גם את החסידות מבפנים, היו שאלות אמיתיות שבאותה שעה לא הייתה להן תשובה חד־משמעית. הדין של מטה היה אפוא גם דין של מעלה, והזיכוי של אדמו"ר הזקן היה זיכויה של תנועת החסידות, לא רק במלכותא דארעא אלא גם במלכותא דרקיע.

ניתן אפוא לשער עד כמה מרוממת הייתה האווירה בין החסידים "אחר ביאתו מפטרבורג", ועל רקע זה כתב אדמו"ר הזקן את האיגרת הזו. באיגרת, שהיא מכתב כללי המכוון לכלל החסידים, ישנה אזהרה שלא לנצל את הניצחון על מנת לגרום צרות לאלו שגרמו להם את הצרות, שלא להחריף את המאבק, אלא אדרבה, לנסות ולרכך אותו בהתנהגות שלפנים משורת הדין, בנמיכות הרוח ומענה רך משיב חֵמה.[7]

כי חסד דרועא ימינא. וימינו תחבקני. שהיא בחינת קרבת אלהים ממש ביתר שאת מלפנים. וכל הקרוב אל ה׳ ביתר שאת והגבה למעלה מעלה. צריך להיות יותר שפל רוח למטה מטה כמו שכתוב מרחוק ה׳ נראה לי. וכנודע דכולא קמיה דווקא כלא חשיב. ואם כן כל שהוא קמיה יותר הוא יותר כלא ואין ואפס

כאשר אדם מצליח בעסקיו הוא מתחיל לחשוב שהוא גם חכם וירא שמיים גדול וכו׳. ההצלחה והגדולה שבאה מצד אחד מביאה להרגשה של גדלות גם בצדדים אחרים, למרות שאין לדבר כל אחיזה במציאות. טעם פנימי לדבר הוא שהחסד הוא במהותו עניין של גדולה,[10] של הרחבה והתפשטות, ומי שהגיע אליו חסד מרגיש את הגדולה ואת השחרור מההגבלות, והרגשה זו עלולה להיתרגם בתפיסתו את עצמו לגדול וחשוב יותר.

דרישה זו, הלא־מובנת מאליה, להקטין עצמו אל מול החסד, צריכה ביאור:

כִּי חֶסֶד דְּרוֹעָא יְמִינָא (חסד זרוע ימין).[11] עניינה של מידת החסד היא נתינה והשפעה. ובהקבלה הידועה של מערכת הספירות אל דמות האדם, ספירת החסד היא זרוע ימין, הנותנת והפועלת, מן הפנים החוצה. זאת לעומת ספירת הגבורה, שעניינה הוא התכווצות והתכנסות אל תוך הדברים פנימה, כזרוע שמאל שלעומת הימין העוצרת ומכילה את תנועת הימין החוצה.

״וִימִינוֹ תְּחַבְּקֵנִי״ (שיר השירים ב,ו). יד ימינו של הקב״ה היא מידת החסד שלו, ואם להמשיך את הדימוי, היא מחבקת את האדם שאליו היא מתגלה ומקרבת אותו אליו.

שֶׁהִיא בְּחִינַת קִרְבַת אֱלֹהִים מַמָּשׁ, בְּיֶתֶר שְׂאֵת מִלְּפָנִים. גילוי החסד לאדם בפרט הוא חיבוק, והחיבוק הוא קירוב יותר משהיה קודם. לא שקודם היה רחוק, אלא שעתה הוא יותר קרוב, ישנה תנועה של התקרבות.

וְכָל הַקָּרוֹב אֶל ה׳ בְּיֶתֶר שְׂאֵת וְהַגְבֵּהַּ לְמַעְלָה מַעְלָה, צָרִיךְ לִהְיוֹת יוֹתֵר שְׁפַל רוּחַ לְמַטָּה

מרחוק ה׳ נראה לי בדרך משל, כאשר מסתכלים מרחוק על הר גדול הוא נראה קטן, אך ככל שמתקרבים נראה ההר גדול יותר ואני קטן יותר לידו. מי שעומד ליד ההר ועדיין מרגיש את עצמו גדול כל כך, יש לחשוש שמא איננו קרוב ושמא ההר איננו ההר.

כל שהוא לפניו יותר הוא יותר כלא ואין ואפס מדוע כדי להיות לפני ה׳, כדי להיות קרוב אליו, צריך האדם להיות קטן בעיניו? כדי להבין זאת יש להקדים שאלה כללית יותר: מהו ׳יש׳ ומהו ׳אין׳? כיצד אנו מגדירים את הקיים, את היש, ולעומתו את האין. כפי שמוסבר במקומות אחרים, אין לכך פתרון חד־משמעי. תלוי מאיזה צד מסתכלים. אנחנו כיצורים מוגבלים, גשמיים, תופסים ומרגישים את עצמנו כ׳יש׳, כבסיס לכל תחושת המציאות; והאלוקי, שלגבינו בלתי ניתן לתפיסה – הוא ׳אין׳. כשאנו, כבני אדם, חושבים על ממשות אנו חושבים בדרך כלל (לבד מאנשים מיוחדים ומצבים מיוחדים) על דבר שניתן להשגה בחושים, ובמידת האפשר בחוש המישוש. חוש המישוש הוא החוש התקיף ביותר, הנותן לנו יותר מכל חוש אחר את תחושת היש והקיים, את תחושת הוודאות והממשות במה שלפנינו, ולכן

מַטָּה. כיצד צריך להגיב לקרבת ה'? ככל שחסד ה' מגביה את האדם, מקרב אותו אליו, האדם צריך להנמיך את עצמו, כדי שיוכל לקבל את החסד ואת הקשר הזה ולשמור עליו.

קרבת האלוקים אינה יוצרת בהכרח יחס הדדי. כאשר ה' מקרב את האדם אין זה גורם בהכרח שגם האדם יהיה קרוב אליו. לשם דוגמה, ישנו יחס המתואר בכתוב: "כי פנו אלי עֹרף ולא פנים".[12] על דרך המשל, כאשר שני אנשים עומדים סמוך זה לזה ואחד מהם אינו רוצה בקרבה ומסתובב, נעשה המרחק קטן מאוד מצד אחד, וגדול ככל שאפשר מצד שני. במובן זה כאשר הקב"ה מקרב את האדם אליו, צריך האדם לדאוג לכך שגם הוא יהיה קרוב. הדבר אינו פשוט, כי כאשר הקב"ה מרים את האדם, אם אותו אדם יקבל את זה לא בפנימיות אלא בחיצוניות, אם הוא יפנה כביכול את 'אחוריו' אל האלוקי ויקבל את הגדולה לגדל את ישותו שלו – הרי הוא ירד ויתרחק הכי רחוק, ולא יתקרב אל האלוקי.

כְּמוֹ שֶׁכָּתוּב: "מֵרָחוֹק ה' נִרְאָה לִי" (ירמיה לא,ב). כאשר אדם מרגיש שהוא רחוק – דווקא אז ה' נראה לו. מעין זה אמרו על פסוק אחר, המבטא את שני הצדדים: "אם אסק שמים שם אתה, ואציעה שאול הִנֶּךָּ" (תהלים קלט,ח). "אם אסק שמים", אם אני מרגיש שאני עולה למעלה לשמיים – "שם אתה", דהיינו רחוק ונסתר. "ואציעה שאול", כאשר אני מרגיש שאני יורד למטה לשאול – "הנך", הנה אתה כאן. כדי שאדם יזכה לראות את ה' הוא צריך לדעת שהוא רחוק, שהוא שום דבר, כי רק משם אפשר שה' יראה לו. אבל כשהוא מרגיש שהוא קרוב ומקורב וגדול ומכובד, בהתאם לכך הוא יראה פחות ופחות, עד שיפסיק לראות בכלל.

וְכַנּוֹדָע, 'דְּכוֹלָּא קַמֵּיהּ' (שהכול לפניו) **דַּוְוקָא**, דווקא לפניו – אז הוא **'כְּלָא חֲשִׁיב'** (כלא נחשב).[13] **וְאִם כֵּן, כָּל שֶׁהוּא קַמֵּיהּ** (לפניו) **יוֹתֵר, הוּא יוֹתֵר כְּלָא וְאַיִן וָאֶפֶס.** כפי שמוסבר במקומות אחרים,[14] את המושגים קרוב ורחוק כלפי הקב"ה (שנמצא הרי בכל מקום)

ככל שדבר ניתן פחות למישוש הוא נתפס כפחות ממשי לגבינו. מבחינה זו הקב"ה, מפני שאינו ניתן לתפיסה ולהשגה, לא ישירה ולא עקיפה, הוא מבחינתנו 'אין'. לעומת זאת מצידו של הקב"ה, כביכול, הרי הוא לבדו הממשות האמיתית, וכל השאר "כלא חשיב", נחשב לאין ואפס. התפיסה של הקיים, של האמיתי, קשורה לקבוע, לבלתי משתנה; ככל שדבר הוא קבוע יותר הוא קיים וממשי יותר. לשם דוגמה, המערכת של שביל החלב היא קיימת ויציבה יותר מקיומו של כדור הארץ, משום שהיא קיימת בזמן ובמרחב מעבר לקיומו הפרטי של כדור הארץ. וקיומו של כדור הארץ הוא 'אמיתי' יותר מקיומו של כל מבנה אנושי. ישנו תיאור בכתוב: "אדם להבל דמה, ימיו כצל עובר" (תהלים קמד,ד). ובמדרש מוסיף: "והלואי כצִלו של כותל או כצלו של אילן, אלא כצלו של עוף בשעה שהוא עף" (בראשית רבה פרשה צו,ב). הצל הוא בעצמו מציאות חולפת, והקיום שלנו הוא לא רק כצל, אלא כצל של דבר שהוא בעצמו בלתי קבוע. הנצחי המוחלט, הבלתי משתנה לחלוטין, הוא רק הקב"ה בעצמו, ולכן הוא לבדו היש, הקיים,[15] ואנחנו האין.

וזו היא בחינת ימין שבקדושה וחסד לאברהם שאמר אנכי עפר ואפר. וזו היא גם כן מדתו של יעקב. ובזאת התנצל על יראתו מפני עשו ולא די לו בהבטחתו והנה אנכי עמך כו׳. מפני היות קטן יעקב במאד מאד בעיניו מחמת ריבוי החסדים כי במקלי כו׳. ואינו ראוי וכדאי כלל להנצל כו׳. וכמאמר רבותינו זכרונם לברכה שמא יגרום החטא שנדמה בעיניו שחטא.

צריך להבין כהתייחסות פנימית או חיצונית, גלויה או נסתרת. ואם כן, ככל שהוא לפניו, קרוב יותר, הוא בעצמו יותר קטן, יותר אין ואפס. תחושת הקטנות היא פועל יוצא של הקִרבה. וכך הוא גם לצד ההפוך, התקרבותו של האדם לפני ה׳ מותנית במידת האיון של הישות שלו.

וְזוֹ הִיא בְּחִינַת יָמִין שֶׁבִּקְדוּשָּׁה. כאשר ימין ה׳, המקרבת את האדם, גורמת למקבל שירגיש קטן בעיני עצמו – זוהי בחינת ימין שבקדושה (שכן, כפי שייאמר בהמשך, ייתכן גם אופן של קבלת החסד שלא בקדושה). **וְ**הדוגמה לחסד וימין שבקדושה הוא **"חֶסֶד לְאַבְרָהָם"** (על פי מיכה ז,ב), הוא אברהם אבינו, שהיה מרכבה למידת החסד האלוקית, חסד דאצילות, **שֶׁאָמַר** על עצמו: **"אָנֹכִי עָפָר וָאֵפֶר"** (בראשית יח,כז),[17] שהנמיך והקטין את עצמו כעפר ואפר.

וְזוֹ הִיא גַּם כֵּן מִדָּתוֹ שֶׁל יַעֲקֹב, האופן שבו יעקב מקבל את החסדים. ככל שהוא מקבל יותר, ככל שהוא מתקרב יותר, הוא נעשה קטן יותר בעיני עצמו. כמו שהוא אומר: "קטנתי מכל החסדים ומכל האמת וגו׳".[18]

יש אפוא סתירה מהותית בין הישות שלנו לבין הישות של הקב"ה; במקום שאנחנו יש – הקב"ה הוא אין, ובמקום שאנחנו אין הקב"ה הוא יש. ולכן ככל שתפיסת הישות שלנו היא חזקה וממשית יותר, הקב"ה הוא רחוק יותר, מציאותי פחות; ולהפך, ככל שהמציאות שלו היא חזקה וממשית, המציאות שלנו היא ממשית פחות, קלושה ובלתי נחשבת אל מול מציאותו.

הגדול מכל בני האדם בקרבת האלוקים הוא משה רבינו, ועליו נאמר: "והאיש משה עניו מאד מכל האדם אשר על פני האדמה" (במדבר יב,ג). לפי קרבתו מידת ענוותנותו. הענווה של משה אינה במה שהוא אומר או חושב על עצמו ביחס לאחרים,[16] אלא בתפיסתו הפנימית את מהות עצמו; אם הוא יכול לחוש כאין את ישותו – הוא יחוש כמציאות ממשית את היש האלוקי.

התפיסה הדו־משמעית של שאלה זו פירושה ששני הצדדים אינם יכולים להתקיים באותה הגדרה של מציאות. על בעל גאווה אומר הקב"ה: "אין אני והוא יכולים לדור בעולם" (סוטה ה,א; ערכין טו,ב). אם הקב"ה הוא גדול ממילא האדם הוא קטן, בלתי נחשב; אם פלוני הוא 'גדול' ממילא הקב"ה הוא 'קטן', ולא ניתן לתפיסה בתוך עולמו של אותו אדם.

ואנכי עפר ואפר מתי אומר אברהם "ואנכי עפר ואפר"? לאחר שהקב"ה אומר לו "המכסה אני מאברהם... ואברהם היו יהיה לגוי גדול וגו׳" (בראשית יח,יז–יח). הקב"ה נותן לאברהם את המחמאה הגדולה ביותר – "המכסה אני מאברהם?" – אף אחד לא צריך לדעת, אבל אברהם צריך; הוא מקרב אותו ומשתף אותו לבדו בידיעה נגד כל העולם, ומוסיף ברכה וגדולה שיהיה "לגוי גדול ועצום" – ואברהם,

יש כאן קפיצה רעיונית מסוימת, כי יעקב אינו מדבר במפורש על חסדים רוחניים, על התגלות וקרבת אלוקים מיסטית, אלא בחסד האלוקי כפי שהוא מתגלה בחיי העולם הזה – "לחם לאכֹל ובגד ללבֹּש" (בראשית כח,כ). אבל הדברים רק מחדדים את האמור, שכן חסד ה', ואפילו הוא מתבטא בדברים גשמיים, הוא עניין חסד ה' שאדם נבחן בו: אם הוא גדל או קטן בעיני עצמו; אם הוא גדל באמת, הרי גם קנה המידה שבו הוא רואה את הדברים גדל, וממילא שמו, רכושו, דעותיו ומידותיו – נעשים קטנים בעיניו. כשאדם זוכה לקרבת האלוקים הוא זוכה לקנה מידה גדול יותר, ומול קנה המידה הגדול יותר הוא עצמו נעשה בכל פעם קטן יותר. אדם כזה, ככל שיקבל יותר ירגיש את עצמו קטן יותר.

וּבָזֹאת הִתְנַצֵּל יעקב **עַל יִרְאָתוֹ מִפְּנֵי עֵשָׂו, וְלֹא דַּי לוֹ בְּהַבְטָחָתוֹ** של הקב"ה כאשר יצא לחרן: "**וְהִנֵּה אָנֹכִי עִמָּךְ** וּשְׁמַרְתִּיךָ בְּכֹל אֲשֶׁר תֵּלֵךְ **כו'**" (בראשית כח,טו). **מִפְּנֵי הֱיוֹת קָטֹן יַעֲקֹב בִּמְאֹד מְאֹד בְּעֵינָיו, מֵחֲמַת רִיבּוּי הַחֲסָדִים** שגמל ה' עימו מאז. כפי שאמר יעקב בהמשך: "**כִּי בְמַקְלִי עָבַרְתִּי אֶת הַיַּרְדֵּן הַזֶּה וְעַתָּה הָיִיתִי לִשְׁנֵי מַחֲנוֹת**" (שם לב, יא). **וְלָכֵן** חשב ש**אֵינוֹ רָאוּי וּכְדַאי כְּלָל לְהִנָּצֵל כו'.** יעקב אומר: כאשר עברתי את הירדן לפני עשרים שנה, עברתי "במקלי" – אדם בודד, נרדף וחסר כול – "ועתה הייתי לשני מחנות" עם משפחה ורכוש. אבל במקום להרגיש גדול יותר הוא מרגיש: "קטֹנתי מכל החסדים"; כל כך הרבה חסדים עשית עימי, כל כך קרבת אותי – לא מגיע לי כלום.

וּכְמַאֲמַר רַבּוֹתֵינוּ זִכְרוֹנָם לִבְרָכָה (ברכות ד,א): שחשש יעקב **שֶׁמָּא יִגְרוֹם הַחֵטְא** ולא תתקיים ההבטחה שניתנה לו. וטעם הדבר **שֶׁנִּדְמֶה בְּעֵינָיו שֶׁחָטָא.** זו אינה הרגשה חדשה, הנובעת מחטא חדש שנדמה לו שעשה, אלא רק החרפה של הביקורת העצמית. שכן במקום להחזיק גדולה לעצמו, אומר: "ואנכי עפר ואפר".

נדמה בעיניו שחטא אפשר לדייק בלשון: "נדמה בעיניו", שכן זו אינה הגדרה אובייקטיבית המתייחסת גם לאנשים אחרים, אלא אליו ובמצבו הנוכחי דווקא.[19]

על דרך משל, לסבר את האוזן: על פני השמש נראים כתמים שחורים. הכתמים הללו מאירים יותר מכמה ירחים מלאים, ואם היו על הירח היו כתמים של אור, אבל על השמש – אלו כתמים שחורים. כך ככל שאדם גדל, ככל שהוא נעשה בהיר יותר, הכתמים שלו נעשים בולטים וכואבים יותר. ההרגשה של שביעות רצון מעצמו היא הרגשה אופיינית לילדים קטנים (ולקטני הדעת בכל הגילים), שכן ככל שאדם גדל ולומד יותר, בכל תחום שהוא, אם לימודו היה כראוי, הוא יודע יותר עד כמה הוא אינו יודע ועד כמה הוא אינו מושלם. מספרים על תלמידים שהיו הולכים אחר הרבי ל'תשליך' ואוספים את העבירות שלו, שכן העבירות של הרבי עשויות להיות מצוות בשביל התלמיד. אדם יכול להתחרט ולהרגיש רע לא רק לגבי העבירות, אלא גם לגבי המצוות שעשה. אדרבה, ההרגשה הזו לגבי המצוות היא חמורה יותר מאשר לגבי העבירות. לעבירות יש הגדרות ברורות ואובייקטיביות, ויש דרכים של תשובה שבהן ניתן למלא את החסר הזה. מה שאין כן לגבי המצוות – הגדרים של המצווה, ההידור והכוונה שבהם ניתן לעשותה, הם הרבה פחות חד משמעיים. משום כך, ההרגשה "שנדמה בעיניו שחטא" יכולה להיות הרבה יותר קשה לגבי המצוות. אדם עשוי להרגיש, ולא רק לגבי מעשה או תחום מסוים, אלא לגבי כל דרך חייו, שכל מה שעשה עד היום, שכל מה שחשב ששייך לצד הקדושה, שגם זה בעצם שייך לצד האחר.

מה שאין כן בזה לעומת זה הוא ישמעאל חסד דקליפה. כל שהחסד גדול הוא הולך וגדל בגובה וגסות הרוח ורוחב לבו.

ולזאת באתי מן המודיעים מודעה רבה לכללות אנשי שלומנו על ריבוי החסדים אשר הגדיל ה׳ לעשות עמנו לאחוז במדותיו של יעקב שאר עמו ושארית ישראל שמשים עצמו כשיריים ומותרות ממש שאין בו שום צורך. לבלתי רום לבבם מאחיהם כו׳ ולא להרחיב עליהם פה או לשרוק עליהם חס ושלום. הס מלהזכיר באזהרה נוראה רק להשפיל רוחם ולבם במדת אמת ליעקב מפני כל אדם בנמיכות רוח ומענה רך משיב חימה. ורוח נכאה כו׳. וכולי האי ואולי יתן ה׳ בלב אחיהם כמים הפנים וגו׳:

ככל שאדם גדל יותר בקדושה גדלות גם הדרישות שלו מעצמו, ומה שבעבר לא נחשב בעיניו כחטא יכול כעת להיחשב בעיניו כמו חטא.

מַה שֶּׁאֵין כֵּן בָּזֶה לְעוּמַּת זֶה.[20] ביטוי זה מבטא את ההקבלה הקיימת בכל מבנה העולמות בין הקדושה ובין הצד האחר ("סטרא אחרא"), שקיים במקביל וכנגד הקדושה; לא רק בכללות הטוב והרע אלא גם בכל פרטיהם. תבנית הקדושה היא גם תבנית הקליפה, כיוון שאין לקליפה חיות מקורית משל עצמה, ואין היא אלא קליפה, צללית, לצד הקדושה.

הוּא יִשְׁמָעֵאל, בנו של אברהם, שגם הוא שייך למידת החסד, אבל **חֶסֶד דִּקְלִיפָּה.** אברהם הוא חסד דקדושה, ולכן הוא אומר "ואנכי עפר ואפר", אבל ישמעאל, שהוא חסד דקליפה, אצלו **כֹּל שֶׁהַחֶסֶד גָּדוֹל, הוּא הוֹלֵךְ וְגָדֵל בְּגוֹבַהּ וְגַסּוּת הָרוּחַ וְרוֹחַב לִבּוֹ.** כאשר החסד שאדם מקבל גורם לו להרגיש גדול יותר בעיני עצמו, להרגיש שאם יש לו ודאי מגיע לו יותר, זהו חסד של קליפה. חסד דקליפה איננו בהכרח חסד מסוג אחר, גם הוא מתנת חסד, אבל כשהוא מגיע לקליפה הוא נעשה למקבלו חסד דקליפה. שכן ההשפעה של חסד, כשם שהיא יכולה להיות כלי לברכה, להתעלות ולקדושה, היא יכולה להיות גם הרסנית, ההורסת ומשמידה את מי שמקבל אותה. אם הוא גדל בעיני עצמו, אם התיאבון שלו גדל לעוד ועוד, הריהו במוקדם או במאוחר מאבד את כל עולמו.

נמצא שלא רק זמני מצוקה וסבל הם זמני ניסיון, אלא אף עיתות רווחה וחסד. אפילו חסד הבא בגלוי מלמעלה, אם הנהנה ממנו מרגיש כמה הוא גדול ומוצלח ומגיע לו כל זה ויותר – הופך כל החסד הזה להיות קליפה.

מכאן מתחיל חלקו השני של המכתב, החלק האקטואלי, של המסקנות המעשיות הנוגעות לאנשים מסוימים, החסידים, ובזמן המסוים ש"לאחר ביאתו מפטרבורג".

וְלָזֹאת בָּאתִי מִן הַמּוֹדִיעִים מוֹדָעָה רַבָּה לִכְלָלוּת אַנְשֵׁי שְׁלוֹמֵנוּ, הם החסידים, **עַל רִיבּוּי**

הַחֲסָדִים אֲשֶׁר הִגְדִּיל ה' לַעֲשׂוֹת עִמָּנוּ. לאחר החלק הראשון של המכתב מקבלת הפנייה מובן והיקף אחר. אין זו רק הדרכה: מהן מידות טובות ורעות, ואם מותר לעשות חשבון, לנקום ולנטור איבה כלפי הצד השני. הדברים נוגעים בעצם תגובת הנפש ומשמעותה כלפי האדם עצמו. את ריבוי החסדים שעשה ה' עם כלל החסידים והחסידות צריך כל אחד לראות כמבחן אישי: אם הוא מצליח שלא לאבד את מהותו, כיהודי וכחסיד, **וְלֶאֱחוֹז בְּמִדּוֹתָיו שֶׁל יַעֲקֹב**, שהן כאמור: "קטנתי מכל החסדים".

וכלשון הכתוב: **"שְׁאָר עַמּוֹ"**[21] ו**"שְׁאֵרִית יִשְׂרָאֵל"**,[22] שפירשו חז"ל[23] שהכוונה לאדם כזה **שֶׁמֵּשִׂים עַצְמוֹ כְּשִׁירַיִים וּמוֹתָרוֹת מַמָּשׁ**, שרואה את עצמו כפסולת, כמי שהוא מיותר, **שֶׁאֵין בּוֹ שׁוּם צוֹרֶךְ.** שכאמור, זה הוא הסימן שקרבת האלוקים (החסד) אכן הייתה בקדושה, כאשר המקבל רואה את עצמו קטן יותר, בלתי חשוב ואפילו מיותר.

לְבִלְתִּי רוּם לְבָבָם מֵאֲחֵיהֶם כוּ', הם המתנגדים, **וְלֹא לְהַרְחִיב עֲלֵיהֶם פֶּה אוֹ לִשְׁרוֹק עֲלֵיהֶם חַס וְשָׁלוֹם.** הוא מזהיר את החסידים שלא להתגאות ולא לבוז למתנגדים, למרות ההזדמנות והפיתוי הגדול לרמוס את הצד השני. אין הוא אומר שהצד השני צדק – החסידים סבלו מרדיפות אכזריות ולא מוצדקות – אבל עכשיו, כשהם המנצחים: **הַס מִלְּהַזְכִּיר, בְּאַזְהָרָה נוֹרָאָה.** כלומר, אין הוא אומר את הדברים רק בגדר של עצה טובה, דברי מוסר כלליים, אלא הוראה מעשית שיש בה אזהרה חמורה שלא לשנות ממנה. **רַק לְהַשְׁפִּיל רוּחָם וְלִבָּם בְּמִדַּת אֱמֶת לְיַעֲקֹב** (על פי מיכה ז,כ). "מידת אמת ליעקב" אומרת שהדרישה אינה רק להתנהגות כלפי חוץ, אלא שהדבר יהיה גם כלפי פנים, שאנשים ירגישו כך באמת; ומי שאינו יכול, הוא אינו שייך לכלל החסידים אנשי שלומנו.

מִפְּנֵי כָּל אָדָם בִּנְמִיכוּת רוּחַ, וּ'מַעֲנֶה רַּךְ מֵשִׁיב חֵימָה' (על פי משלי טו,א), **"וְרוּחַ נְכֵאָה כוּ'"**.[25] **וְכוּלֵּי הַאי וְאוּלַי** (ועל ידי כל זה, ואולי). שגם אם תעשו כל זאת, להקטין עצמכם ולנהוג איתם בנמיכות רוח וכו', אין זה ודאי שגם הצד השני ינהג כך. הוספה זו באה לומר שאין תגובת הצד השני מהווה תנאי, ואין זו טקטיקה ואפילו אסטרטגיה, כיצד לנהוג עם האחרים, אלא הדרך שבה אתם, כלפי עצמכם, צריכים להתנהג: כמבחן אישי, פנימי, במידת אמת ליעקב.

ומכל מקום, מוסיף אדמו"ר הזקן "ואולי", שייתכן שיועיל הדבר גם לשינוי אצל הצד השני, באופן **שֶׁיִּתֵּן ה' בְּלֵב אֲחֵיהֶם, "כַּמַּיִם הַפָּנִים לַפָּנִים כֵּן לֵב הָאָדָם לָאָדָם"** (משלי כז,יט). טבע האדם הוא להרגיש כלפי חברו כפי שחברו מרגיש כלפיו. ביטוי של אהבה כלפי אדם מעורר גם אצלו את אותן הרגשות. אין זה אומר שהתנהגות כזו מכריחה את האחרים, אבל היא, על כל פנים, 'משיב חֵמה'; שהיא אינה ממשיכה ומלבה את המחלוקת, ומתוך כך פותחת פתח, "וכולי האי ואולי".

במדת אמת ליעקב על התוספת "במידת אמת ליעקב" מובא בשמו של אדמו"ר מהר"ש,[24] שהיו נוספים לאדמו"ר הזקן עוד חמישים אלף חסידים אילו לא היה מוסיף את שלוש המילים הללו.

מכתב זה לא נועד רק למנוע הילולא של שמחה לאיד, אלא הוא דורש הרבה יותר מזה: שלא לנצל את היתרונות הנובעים מן הניצחון לשם לחצים חיצוניים. דרישה זו מבטאה את הקו שהנחה את כל יחסו של אדמו״ר הזקן אל המחלוקת עם המתנגדים, הן בזמן שהיה נרדף והן בזמן שהיה כוחו גדול יותר: שלא להחריף את המחלוקת, למתן ככל האפשר את הרגשות ולהעביר את המחלוקת לטונים נמוכים יותר, של דיונים ושיחות. על פי קו זה עשה גם אדמו״ר הזקן בעצמו ניסיונות רבים להגיע לשיחה, ואפילו ויכוח פנים אל פנים, עם הגאון מווילנה,[26] אלא שמסיבות שאינן ברורות לא עלה הדבר בידו.

ואולם עיקרו של המכתב הוא ודאי בחלקו העיוני, הפנימי יותר, שאינו עוסק רק בשאלה החיצונית, הזמנית מקומית של אותו אירוע, אלא בשאלה הפנימית, שנשאל כל אדם ב׳אמת ליעקב׳ שלו כאשר חסד ה׳ מתגלה אליו. חסד ה׳ הוא שעת מבחן לאדם: מה גדל באותה שעה – הרגשת הישות החיצונית של האדם, או נקודת הקדושה הפנימית שבו? אם ישותו החיצונית של האדם גדלה – מתברר שהוא שייך לקליפה והחסד רק יסתיר את הקדושה וירחיק אותו ממנה; ואם ישותו החיצונית קטנה – ״קטנתי מכל החסדים״ – אזי נקודת הקדושה הפנימית שבו גדלה, לקבל ולהשפיע חסד של קדושה.

איגרת ג

איגרת זו היא אחת מן מהאיגרות השייכות מבחינה תפקודית לנושא אחד – לעורר על נתינת הצדקה. כפי שרואים מריבוי האיגרות בנושא זה ומן הדברים האמורים בהן, הדרישה לצדקה לא הייתה דרישה קלה. אין מדובר על נתינה סמלית של פרוטה לצדקה כדי לצאת ידי חובה, אלא על נתינת צדקה בסכומים גדולים, המגיעים לחלק ניכר מתוך ההכנסה. יש לזכור שרוב חסידיו של אדמו"ר הזקן לא היו עשירים, וריבוי נתינת הצדקה בסכומים כאלו דרשה לא רק ויתור על מותרות, אלא הצטמצמות בחיי נפש ממש.

כפי שהוסבר בהקדמה, בכל האיגרות שהוכנסו למכלול זה של ספר התניא, ישנה שכבה נוספת, פנימית יותר, המדברת על החסידים באשר הם, גם מעבר לזמן, למקום ולנפשות שאליהן נכתבה האיגרת בשעתה. באיגרת זו ידובר במשמעותן הפנימית של המצוות המעשיות בכלל, ושל מצוות הצדקה בפרט.

איגרת ג

ז אב פשוטה
יא אב מעוברת

וילבש צדקה כשריון וכובע ישועה בראשו. ודרשו רבותינו זכרונם לברכה שריון זה כל קליפה וקליפה מצטרפת לשריון גדול אף צדקה כל פרוטה ופרוטה מצטרפת לחשבון גדול. פירוש שהשריון עשוי קשקשים על נקבים והם מגינים שלא יכנס חץ בנקבים. וככה הוא מעשה הצדקה:

וביאור הענין כי גדולה צדקה מכל המצות שמהן נעשים לבושים להנשמה הנמשכים מאור אין סוף ברוך

"וַיִּלְבַּשׁ צְדָקָה כַּשִּׁרְיוֹן וְכוֹבַע יְשׁוּעָה בְּרֹאשׁוֹ" (ישעיה נט,ז). פסוק זה נאמר אמנם כלפי מעלה, על הקב"ה, אבל חז"ל למדו ממנו גם לגבי האדם, שכל הנותן צדקה כאילו מתלבש בשריון וכו'.

בדיוק משמעות הדימוי הזה **דָּרְשׁוּ רַבּוֹתֵינוּ זִכְרוֹנָם לִבְרָכָה** (בבא בתרא ט,ב): **מַה שִּׁרְיוֹן זֶה, כָּל קְלִיפָּה וּקְלִיפָּה מִצְטָרֶפֶת לְשִׁרְיוֹן גָּדוֹל.** מדובר פה על שריון הנקרא 'שריון קשקשים' (כנזכר בספר שמואל א יז,ה). שריון כזה היה מצוי כבר בתקופת המקרא והיה בשימוש גם בצבא הרומי. השריון היה עשוי בדרך כלל בגד של עור, אליו חוברו שורות שורות של טבליות מתכת החופפות זו את זו והנראות כקשקשי דגים.[1] שריון כזה נותן ללובש אותו גמישות של תנועה שאיננה קיימת בשריון קשיח.

המצוות בעולם המעשה בדרך כלל הפעולה של המצווה היא כמעט חסרת משמעות בדרגה שבה היא נעשית, והיא נעשית משמעותית רק בדרגות אחרות, גבוהות יותר. בעולם התחתון כשלעצמו רוב המצוות הן פעולות אינדיפרנטיות; כשאדם מניח תפילין או מנענע לולב, הרי מבחינת העולם הזה אלה הם מעשים חסרי השפעה. השפעתם מתגלה בעצם רק אי־שם מעל ומעבר לעולם שלנו. דרך משל: נתאר לעצמנו חדר פיקוד השולט על מערך גדול של מכונות רבות עוצמה. בחדר הפיקוד הזה, שבו יש כפתורים ומתגים וכיוצא בזה, יושב אדם שתפקידו להפעיל את המתגים לפי ההוראות: ללחוץ על כפתור א', להוריד ידית ב', לחכות עד שמשהו יזוז ואז להפעיל מתג ג' וכיוצא בזה. העולם שלנו הוא כמין חדר פיקוד כזה שבו נמצא האדם, וההלכה היא ספר ההוראות שהוא מקבל, כיצד לפעול בתוך חדר הפיקוד: להזיז את האתרוג מנקודה זו לנקודה זו, בזמן מסוים לעשות סוכה ובזמן אחר להניח תפילין וכיוצא בזה. אם אדם יסתכל על הפעולות שהוא עושה בתוך חדר הפיקוד, הן תראינה לו חסרות ערך, שכן הפעולות האלה מגיעות לידי השלמת פעולתן במקומות אחרים ובהיקפים אחרים לגמרי. עצם המעשה של הלחיצה על הכפתור אינו

וההקבלה של לבוש שריון זה לצדקה היא, **שאַף צְדָקָה, כָּל פְּרוּטָה וּפְרוּטָה מִצְטָרֶפֶת לְחֶשְׁבּוֹן גָּדוֹל.** הדימוי הוא קודם כל ויזואלי. הקשקשים של השריון נראים כמו שורות שורות של מטבעות. וכשם שהמטבעות של השריון מצטרפות אחת לאחת לרקמה שלמה, לשריון שלם, כך גם הפרוטות של הצדקה מצטרפות ל"חשבון גדול". הקשקשים הבודדים המצטרפים זה לזה יוצרים יחד לא רק כמות, אלא גם מהות חדשה: הם הופכים להיות שריון שלם, ששלמותו דווקא היא עקרונית לתכליתו, ושהשלמות שלו מותנית בהשתתפותם של כל הקשקשים, ואם חסרים כמה מהם השריון פגום, ואינו ממלא את תפקידו בשלמות.

פֵּרוּשׁ שֶׁהַשִּׁרְיוֹן עָשׂוּי קַשְׂקַשִּׂים עַל נְקָבִים וְהֵם מְגִנִּים שֶׁלֹּא יִכָּנֵס חֵץ בַּנְּקָבִים, וְכָכָה הוּא מַעֲשֵׂה הַצְּדָקָה. כמעשה השריון כך מעשה הצדקה; מטבעות מטבעות המכסות ושומרות על ה'נקבים' שבלבוש המצוות, כפי שיוסבר בהמשך.

וּבֵיאוּר הָעִנְיָן, כִּי גְּדוֹלָה צְדָקָה מִכָּל הַמִּצְוֹת. יש צד במצוות הצדקה שבו היא למעלה מכל שאר המצוות המעשיות.

ותחילה בנוגע לכלל המצוות המעשיות. ביסודו של דבר כל המצוות שייכות להגדרה של 'מצוות מעשיות', במובן זה שהן מעשים שאנו עושים בעולם החומרי – מזיזים, משנים דברים בתוכו – ועל ידי כך יוצרים משהו שיש לו משמעות מעל ומעבר להיקף של עולם המעשה הגשמי.

שֶׁמֵּהֶן נַעֲשִׂים לְבוּשִׁים לְהַנְּשָׁמָה. נוסף על עיקר פעולתה של המצווה בעולמות העליונים, פעולה שהיא נעלמת מאיתנו, פועלת המצווה גם על האדם שעושה אותה. לפעולה זו של המצוות המתייחסת אלינו קוראים 'לבוש'. כמו הלבוש החומרי, כך הלבוש הרוחני עוטף את האדם אבל לא מתקשר אל כוחותיו הפנימיים. אין לנו קשר לא אינטלקטואלי ולא רגשי אל מהות המצווה. מה שאנו מבינים במצווה אינו נוגע למהותה הפנימית,

עומד בשום השוואה למה שיכול הכפתור הזה להפעיל. אדם יכול לשבת במקומו, ללחוץ על כפתור קטן, ולשחרר פקודה למטוס, או לפתוח במלחמת עולם. תחום העולם שלנו, שבו אנו עושים את אותן פעולות מצומצמות, הוא קטן מאוד. ובהיותו סגור בתוכו, הוא יכול לראות רק אפס קצה מערכן ומהותן של אותן פעולות, ופעמים שאין הוא יכול לראות כלל. לנתק הזה בין המעשים שלנו ובין הפעולות שלהם יש הצדקה מסוימת, בכך שהוא מאפשר לנו להמשיך ולעשות דברים. שכן אילו היינו מודעים להיקף ולעוצמה של מעשינו, ייתכן שלא היינו יכולים לעשותם כלל. יש משל ידוע: אומן גדול עושה את כתרו של המלך. וכשהוא מגיע לשלב הסיום, שבו עליו לקבוע את האבן היקרה ביותר בראשו של הכתר, בדיוק במקום ובזווית הנכונים, ידיו רועדות; משום שהוא מבין וחש את גודל המשמעות וכובד האחריות בדברים שהוא עושה – הוא אינו יכול לעשות אותם. לכן הוא לוקח פועל פשוט, שאינו מבין כל זאת, ואומר לו: שים את זה כך וכך – והוא שם. אמנם בחוסר הרגישות הזה, שמאפשר לנו לנוע ולפעול, יש גם סכנה, מפני שהוא עלול להכשיל אותנו; מי שאינו נחרד מקדושת המצווה גם אינו נרתע מחומרת העבירה.

הוא מבחינת סובב כל עלמין (כמבואר הפירוש ממלא כל עלמין וסובב כל עלמין בלקוטי אמרים עיין שם) באתערותא דלתתא היא מצות ה׳ ורצון העליון ברוך הוא. ועיקר המשכה זו מאור אין סוף ברוך הוא הוא לבוש ואור מקיף ליו״ד ספירות דאצילות בריאה יצירה עשיה

אלא רק למסגרת החיצונית שלה, ל׳הוראות ההפעלה׳ שמאפשרות לנו לעשות אותה, בעוד מהות המצווה נשארת תמיד מעבר להשגתנו.

במקומות אחרים[2] מדובר על כך שהמצוות הן לבוש לעומת התורה שהיא מזון הנפש.[3] כמו המזון שנכנס אל תוך האדם ונעשה חלק מגופו, כך התורה שאדם לומד ומבין נכנסת ונעשית חלק מכוחות נפשו השכליים והרגשיים. לעומת זאת המצווה היא לבוש במובן זה שבעשותנו אותה אנו נכנסים אל תוכה, אבל אין היא נכנסת אל תוכנו, אין אנו מקבלים ממנה דבר מלבד ׳לבוש׳.

צד מסוים של מושג הלבוש אפשר להבין על דרך משל, כמו הדיבור שנעשה לבוש למחשבה. בשעת הדיבור מתגלה המחשבה דרך המדיום של הדיבור (ובאותה מידה היא יכולה לבטא את עצמה גם דרך המעשה). הדיבור איננו מוסיף עוד מחשבה למחשבה, הוא איננו חודר בשום אופן אל תוך המחשבה; רק המחשבה חודרת אליו, ובתוכו היא מופיעה אצל האדם ששומע את הדיבור, בלבוש של המילים המדוברות. ואכן ידוע הדבר שלדיבור יש השפעה על המחשבה, אלא שאין זו השפעה פנימית בתוך המחשבה, אלא השפעה מקיפה, שהמחשבה בכללה מקבלת כביכול ממד נוסף מעבר למה שהיה לה בהיותה מחשבה לבד.[4] באותו אופן, כשאדם עושה מצווה – מתעטף בטלית או מניח תפילין, מפריש מעשרות או קובע מזוזה – עשיית המצווה אינה משנה אותו, שיהיה חכם או טוב יותר; "מצוות לאו ליהנות ניתנו"[5] לא בגשמיות ולא ברוחניות. רק האדם בכללו מוגדר באותה שעה בתוך המצווה; גם אם הוא אינו מרגיש בכך באופן מיידי, הוא משתייך מעתה למציאות אחרת, נעלה ומובדלת, שרק בלבוש המצווה הוא יכול להתייחס אליה.

מצוות לימוד תורה אכן ישנה מצווה של לימוד התורה, אלא שהיא מצווה יוצאת מן הכלל. אף כי בצדדים שונים היא מצווה כשאר המצוות, מכל מקום היא מחייבת דרגה מסוימת של הבנה ושל התייחסות פנימית. אם אדם אינו מבין מה שהוא לומד, אין הוא מקיים בשלמות את המצווה של תלמוד תורה.[6] ומשום כך אין האדם רק לובש, אלא גם מלביש את התורה שהוא לומד.[7] מה שאין כן בשאר המצוות, שם המעורבות הרגשית והשכלית של עושה המצווה, גם אם היא קיימת (ואפילו בדרגה גבוהה), אינה חלק ממהות המצווה, אלא רק יחס שאנו בונים, של אהבה או של יראה, מעצם העובדה שאנו מקיימים את המצווה.

הסובב כל עלמין האלוקי, האין סופי, בוודאי נמצא גם מעבר לעולמות שברא; לפני שברא, אחרי שברא, כפי שהוא לעצמו. מציאות זו היא ההארה האלוקית שמעבר לכל מציאות העולמות, שאינה מתגלה בתוך גדרי המציאות ואינה ניתנת לכל השגה ותפיסה בהם, והיא הנקראת ׳סובב כל עלמין׳. הביטוי ׳סובב כל עלמין׳ בא כדי לסבר את האוזן – על דרך משל, כעין עיגול גדול המקיף את כל העולם. כמו העיגול, אין לו ראש ואין לו סוף, אין בו

הַנִּמְשָׁכִים מֵאוֹר אֵין סוֹף בָּרוּךְ הוּא. הלבושים של המצוות, הגם שהם מגיעים למעשים גשמיים, נמשכים מלמעלה מעלה מן העולמות, מאור אין סוף ברוך הוא, שהוא **מִבְּחִינַת 'סוֹבֵב כָּל עָלְמִין',** ולכן הם נעשים לבושים, כמו אור ה'סובב כל עלמין' המלביש, סובב ומקיף את כל העולמות. (**וְכַמְבוֹאָר הַפֵּירוּשׁ** של **'מְמַלֵּא כָּל עָלְמִין' וְ'סוֹבֵב כָּל עָלְמִין' בְּלִקּוּטֵי אֲמָרִים, עַיֵּין שָׁם**[8]). ביחס לעולם יש שני סוגים עיקריים של הארה אלוקית. האחד נקרא 'ממלא כל עלמין', הוא האור הממלא ומחיה את העולמות מתוכם, כמו אור הנפש המתלבש בתוך הגוף להחיותו. והשני הוא אור ה'סובב כל עלמין', הוא האור שאינו מתלבש בעולם אלא מאפשר את קיומו בתוכו, שהוא סובב ומקיף לו בכללו ובפרטיו כמו הרקע המחזיק את עצם קיומו.

אור עליון זה, מבחינת 'סובב כל עלמין', העליון והנבדל מכל העולמות, נמשך לנשמה **בְּאִתְעָרוּתָא דִּלְתַתָּא** (בהתעוררות מלמטה). שהנשמה למטה מעוררת את ההמשכה הבאה מלמעלה.

התעוררות זו **הִיא** כאשר אדם עושה למטה את **מִצְוַת ה' וּרְצוֹן הָעֶלְיוֹן בָּרוּךְ הוּא.** תמציתה של כל מצווה היא הציווי, הפקודה: עשו רצוני. והרצון האלוקי עצמו, כמו הרצון שבנפש האדם, אף שהוא יכול להתפרש בצורות רציונליות שונות, הוא בעיקרו מעבר לכל תהליכי ההבנה והחשיבה. לכן מתייחס הרצון במהותו לדרגת ה'סובב כל עלמין' שאין בה השגה כלל. הקשר שנוצר על ידי המעשה של המצווה (ולא הבנתה ולא כל התייחסות נפשית אליה) הוא לכן מגיע אל בחינת האלוקות שמעבר לכל העולמות – הרצון, ספירת הכתר. רק בכך נוצר הקשר בינינו ובין האלוקי עצמו, הנבדל והסובב כל עלמין; בחינת ה'צוותא', כפי שיבואר בהמשך, של הפנימי עם המקיף.

וְעִיקַּר הַמְשָׁכָה זוֹ מֵאוֹר אֵין סוֹף בָּרוּךְ הוּא, שמעבר לכל העולמות, הנמשכת כאמור על ידי המצוות, **הוּא לְבוּשׁ וְאוֹר מַקִּיף** וסובב **לְיוּ"ד** (עשר) **סְפִירוֹת** שבהן יורד האור האלוקי אל תוך העולמות: **דַּאֲצִילוּת, בְּרִיאָה, יְצִירָה, עֲשִׂיָּה.** עשר הספירות הן הכלים

נקודה שהיא למעלה ואין בו נקודה שהיא למטה, אין אצלו הבדל בין מעלה ומטה, בין גדול וקטן, אלא הוא "השווה ומשווה קטן וגדול".[9] עם זאת, כמבואר בליקוטי אמרים שם, אין לטעות בדימוי זה כאילו ה'סובב כל עלמין' הוא כמו העיגול הגשמי שסובב מלמעלה בלבד. הסובב כל עלמין הרוחני, בחינת האלוקי שאיננו מתגלה בדבר או בכוח שבתוך העולמות, קיים בוודאי למטה כמו למעלה, בפרטים כמו בכללים. אין מציאות, לא כללית ולא פרטית, שאין הוויה אלוקית מעבר לה, שאין מהות שמעבר לה שעוטפת אותה, שמאפשרת ומקיימת את עצם מציאותה, שכל היותה נובע ממנה – היא בחינת ה'סובב כל עלמין'.

אתערותא דלתתא אחד הכללים הבסיסיים ביותר ביחסי העליונים והתחתונים, בין האדם והקב"ה, הוא ש'אתערותא דלעילא באתערותא דלתתא' (שההתעוררות מלמעלה היא בהתעוררות מלמטה), שההתעוררות והדחיפה להארה והשפעה מלמעלה למטה נובעת ותלויה בהתעוררות שעולה מלמטה. כלל זה הוא הבסיס הפנימי לכל עבודת האדם, לכך שיש משמעות והשפעה למה שאנחנו עושים ומבקשים ומתפללים למטה.

המשתלשלות מעילה לעילה וממדרגה למדרגה כו' הנקראות בשם ממלא כל עלמין. פירוש כי אור אין סוף ברוך הוא מתלבש ומאיר בתוך כל השתלשלות העשר ספירות דאצילות בריאה יצירה עשיה והוא המאציל העשר ספירות דאצילות המשתלשלות לבריאה יצירה עשיה על ידי צמצום עצום המבואר

שבהם מתלבש האור האלוקי כשהוא מתייחס אל העולמות; כשהוא בורא ומחיה אותם וכשהוא מתגלה בהם. עשר הספירות הן לפיכך ההוויה האלוקית שבתוך העולמות, החיות שבהם, כמו חיות הנשמה שבגוף (ויותר מזה). וכמו שיש עשר ספירות כלליות המחיות ומתגלות על כלל העולמות – הן הן בחינת עולם האצילות – כך יש בפרט בכל עולם עשר ספירות המחיות אותו בפרט.

הַמִּשְׁתַּלְשְׁלוֹת מֵעִילָּה לְעִילָּה, וּמִמַּדְרֵגָה לְמַדְרֵגָה כו', הַנִּקְרָאוֹת בְּשֵׁם 'מְמַלֵּא כָּל עָלְמִין'. כמו בכוחות הנפש שבהן משתלשל ויורד אור הנפש מדרגת החכמה עד דרגת המעשה, כך בכלים של עשר הספירות משתלשל האור האלוקי בדרך של עילה ועלול, של סיבה ומסובב, ויורד מדרגה לדרגה מדרגת החכמה שבאצילות ועד לדרגת העשייה שבעולם העשייה. וכלל השתלשלות וירידה זו של האור והחיות אל תוך הגדרים והפרטים של העולמות נקראת אור ה'ממלא כל עלמין'.

למצווה שעושה אדם יש, כפי שנזכר, משמעות רחבה וכוללת, מעבר להתייחסות האישית

אצילות ולמעלה מאצילות בקבלה ובחסידות נזכרות גם דרגות שלמעלה מעולם האצילות, ואולם כאן מדובר על עולם האצילות כדרגה הגבוהה ביותר. שכן, כאשר אנו מדברים על דרגות שהן בעלות משמעות בתוך הווייתנו, אין אנו מתייחסים אל הדרגות שלמעלה מהאצילות. על דרך משל, באסטרונומיה יש דברים שאנו יודעים על קיומם (כמו ערפיליות שמעבר לגלקסיה שלנו), אלא שידיעה זו היא הפשטה בלבד, ואין שום נקודת חיבור בינינו ובין הקיום הזה. למעשה, גם העולמות – אצילות, בריאה, יצירה וחלקו הגדול של עולם העשייה – מצויים מעבר לתחום החיים של רוב בני האדם. רוב בני האדם אינם מגיעים בחייהם הרגילים אל מעבר לתחום עולם העשייה הרוחני. עם זאת, כיוון שיש בתוכנו הקבלה מבנית מסוימת לעולם האצילות והעולמות המשתלשלים ממנו, הרי הם מהווים, גם אם לא בתודעה גמורה, את מרחב הקיום הממשי שלנו, בעוד העולמות שמעבר לזה מצויים כמו בתחום אחר, נבדל ומופשט לגמרי.

אצילות בריאה יצירה עשייה באופן כללי מאוד יש בסדר ההשתלשלות (מהאור האין סופי עד לחומר הגשמי) ארבע דרגות יסודיות, הן ארבעת העולמות: אצילות, בריאה, יצירה, עשייה. עולמות אלו, המשתלשלים זה מזה, נעשים בירידתם מוגדרים וגשמיים יותר ויותר. עולם האצילות, העליון מכולם, כמעט שאינו עולם כלל; עדיין הוא הוויה אין סופית, אף על פי שאיננו האין סוף בעצמו. אפשר לומר שעולם האצילות הוא עצם ההתגלות האלוקית, ובחינת האלוקות לגבי כל העולמות הנבראים. עולם הבריאה הוא הראשון לעולמות הנבראים. לאמור, המציאות שכבר אינה מוגדרת כאלוקות אלא כבריאה הנובעת מן האלוקי בבחינת יש מאין. בהקבלה

(בבחינת לבוש לנפשו הפרטית של האדם שעשה את המצווה). ועיקרה הוא כאמור כאן המשכה מאור אין סוף ברוך הוא, בחינת ה'סובב כל עלמין', אל פנימיות החיות האלוקית שבתוך העולמות, ה'ממלא כל עלמין'.

פֵּירוּשׁ, עניין זה ביתר פירוט והרחבה: **כִּי אוֹר אֵין סוֹף בָּרוּךְ הוּא** שלמעלה ומעבר לעולמות, **מִתְלַבֵּשׁ וּמֵאִיר בְּתוֹךְ כָּל הִשְׁתַּלְשְׁלוּת הָעֶשֶׂר סְפִירוֹת,** שבארבעת העולמות: **אֲצִילוּת, בְּרִיאָה, יְצִירָה, עֲשִׂיָּה.** אור אין סוף המקיף, שמעבר לעולמות, הוא המקור לאור האלוקי הממלא, שבתוך העולמות.

וְהוּא הַמַּאֲצִיל תחילה את **הָעֶשֶׂר סְפִירוֹת דַּאֲצִילוּת.** הדרגה הראשונה, העליונה ביותר בהארת ה'ממלא', היא האצלת הספירות של עולם האצילות.

הַמִּשְׁתַּלְשְׁלוֹת הספירות, וההארה האלוקית שבהן, **לעולמות בְּרִיאָה יְצִירָה עֲשִׂיָּה.** כלומר, יורדות מהדרגה שבה הן מבטאות את ההוויה האלוקית לעצמה, אל הדרגות המבטאות את ההתייחסות האלוקית אל העולמות; עולם הבריאה כהוויה של שכל ומחשבה, עולם היצירה כהוויה של רגש ודיבור, ועולם העשייה כהוויה של עשייה וחומר דומם.

מעבר זה מהאין סוף אל העולמות הוא **עַל יְדֵי צִמְצוּם עָצוּם הַמְבוֹאָר בְּספר עֵץ חַיִּים.**[11] המעבר מהאין סוף לעולם האצילות הוא על ידי 'צמצום עצום', הוא ה'צמצום הראשון' שבין הבלי־גבול לגבול, הנבדל מצמצומים אחרים שבסדר ההשתלשלות.[12] צמצום זה

לנפש האדם: עולם האצילות הוא נקודת החכמה, נקודת ה'אין' המלבישה כביכול את עצם הנפש. עולם הבריאה הוא עולם הבינה, השכלים המופשטים העליונים. עולם היצירה בנפש האדם הוא תחום המידות, כוחות הרגש כמו החסד והגבורה, הבעד והנגד, הנוצרים מתוך תפיסות ההכרה של הבריאה. עולם העשייה הוא מקום המסקנות בנפש והביצוע בעולם.

הקבלה נוספת להשתלשלות העולמות היא של לבושי הנפש. אצילות היא בחינת הנפש וכוחותיה בעצמן, בריאה היא מחשבה, יצירה היא דיבור, ועשייה היא המעשה. עולם העשייה מתחלק אף הוא לעולם העשייה הרוחני ועולם העשייה הגשמי. ובתוך השניות הזו שבעולם העשייה, של גשמיות ורוחניות, חיים אנו בני האדם. שכן ההוויה שלנו, בין שאנו חיים חיים של קדושה ובין שלא, היא תערובת של גשם ורוח. אנו כעין יצורים "דו־חיים" החיים בשני העולמות כאחד, נכנסים ויוצאים מן החומר אל הרוח ומן הרוח אל החומר. אם האדם זוכה[10] הוא מגיע גם לעולמות גבוהים יותר, שהם עליונים יותר לא רק בדרגת ההפשטה שלהם, אלא גם בדרגת הקדושה שלהם: ליצירה, לבריאה ואף לאצילות.

נאצלות ומשתלשלות על הספירות שבאצילות נאמר שהן 'נאצלות', ועל הספירות בבריאה יצירה ועשייה נאמר שהן 'משתלשלות'. השתלשלות היא מעבר של קשרים סיבתיים, אשר כמו טבעות השלשלת אחוזות זו בזו בקשרים של עילה ועלול, הניתנים למעקב ולהבנה. ואילו האצלה היא כינוי למעבר עלום, בלתי נתפס, כמו מהאין סוף אל עולם האצילות (וכמו ב"ויאצל מן הרוח" אצל משה [במדבר יא,כה], שלא היה בלימוד שכלי לזקנים אלא בהשראה, שאינה נתפסת, מרוחו לרוחם).

בעץ חיים ונקרא אור פנימי. ועל ידי קיום המצות נמשך אור מקיף הנזכר לעיל ומאיר תוך העשר ספירות דאצילות בריאה יצירה עשייה ומתייחד עם האור פנימי ונקרא יחוד קודשא בריך הוא ושכינתיה כמו שנתבאר במקום אחר. ומהארה דהארה מאור מקיף הנזכר לעיל על ידי צמצום רב נעשה לבוש לבחינת נפש רוח נשמה של האדם בגן עדן התחתון והעליון שיוכלו ליהנות ולהשיג איזה השגה והארה מאור אין סוף ברוך הוא כמו שנתבאר במקום אחר.

הוא מעבר עלום שיש לו כיוון אחד, ואין שום דרך של הבטה חזרה. רק בין הספירות עצמן שבאצילות ובעולמות הנבראים ישנו קשר כעין סיבתי, שבו ההבדל בין הדרגות הוא השתקפות של אחד על השני; בכל פעם מטושטש יותר, רחוק יותר מן המקור, אבל תמיד בדרך של התייחסות הדדית זה לזה.

וְנִקְרָא אוֹר פְּנִימִי. האור שלאחר הצמצום נקרא 'אור פנימי', שכן הוא האור המצטמצם אל תוך הגבולות של הדברים, עד לעולם המוגדר והמצומצם שלנו. האור הפנימי הוא, אם כן, האור המתגלה בעולם; הוא אמנם האלוקי בכל דרגה ודרגה, אבל הוא האור שעבר את הצמצום, ולכן הוא מגלה את האלוקי לא בעצם אלא דרך הדברים, כהשתקפות המוחזרת אלינו דרכם.

וְעַל יְדֵי קִיּוּם הַמִּצְוֹת נִמְשָׁךְ אוֹר מַקִּיף, הַנִּזְכָּר לְעֵיל, וּמֵאִיר תּוֹךְ הָעֶשֶׂר סְפִירוֹת דַּאֲצִילוּת בְּרִיאָה יְצִירָה עֲשִׂיָּה, וּמִתְיַיחֵד עִם הָאוֹר פְּנִימִי שבעשר הספירות כנזכר לעיל. כאמור, על ידי קיום המצוות מתייחס האדם אל הרצון האלוקי העצמי; לא אל עולם כזה או אחר, לא אל מלאכי עליון בכל דרגה שהיא, אלא אל הרצון האלוקי בעצמו, שהוא בבחינת המקיף (הטרנסצנדנטלי) הבלתי מושג בכל הדרגות ובכל העולמות. כאשר האדם שבעולם מקיים את אותו רצון עליון על ידי פעולה בתוך העולמות הנבראים, בתוך האור האלוקי הפנימי המשתלשל בעולמות – אזי הוא יוצר מגע, 'ייחוד', ביניהם ובין הרצון שמעבר. אין זו אחדות גמורה ושלמה, אלא מעין הייחוד של איש ואישה, שאינה התמזגות מלאה להוויה אחת, אלא מפגש של איחוד; מפגש שיוצר דברים אחרים,

הצמצום לעומת השתלשלות המעבר של צמצום הוא יותר מאשר מעבר סיבתי. יחס סיבתי רגיל הוא יחס שניתן להבנה ולמעקב משני הצדדים. אפשר לראות את המעבר מן הסיבה אל המסובב, ואפשר גם לעקוב אחריו בחזרה, מן המסובב אל הסיבה, להגיע ולהשיג את המקור והסיבה של הדברים. מעבר סיבתי הוא כמו תרגום משפה לשפה. זהו מעבר שתמיד יש בו איבוד ידוע של תוכן ושל עוצמה, ועם זאת נשמר תמיד בסיס עקרוני משותף בין דבר לדבר, ולכן יש אפשרות לחזור אל המקור. לעומת זאת, במקום הצמצום העצום היחס הוא חד־סטרי, אנו יכולים לדעת שיש משהו שנמצא מן העבר האחר, אבל אין אנו יכולים לראות שום תמונה, כמו 'אין' לעומת ה'יש'.

לשם יחוד קודשא בריך הוא ושכינתיה ייחוד זה, כאשר הוא מתרחש, הוא הדבר המשמעותי ביותר בכל קיומה של ההוויה. וייחוד זה הוא העומד ביסוד כל עבודת ה' שלנו, כפי שאנו אומרים לפני שאנו עושים

מעבר להשלכה ואפילו העתקה של זה או זה, כי אם יצירה חדשה כלולה משניהם יחד.

וְנִקְרָא 'יִחוּד קוּדְשָׁא בְּרִיךְ הוּא וּשְׁכִינְתֵּיהּ' (הקדוש ברוך הוא ושכינתו), **כְּמוֹ שֶׁנִּתְבָּאֵר בְּמָקוֹם אַחֵר.**[13] 'קודשא בריך הוא' הוא הקדוש, הנבדל, זה שמעבר לכל הדברים; ו'שכינתיה' היא האור הפנימי, הממלא כל עלמין, החיות האלוקית השוכנת איתנו, מקור החיים והקיום שלנו. הייחוד ביניהם הוא אפוא האיחוד בין הקב"ה ובין השכינה, בין הקדוש ובין חיות העולם, בין האור הסובב כל עלמין והאור הממלא כל עלמין.

וּמֵהֶאָרָה דְּהָאָרָה מֵאוֹר הַמַּקִּיף הַנִּזְכָּר לְעֵיל. ייחוד קוב"ה ושכינתיה הוא פעולת המצווה בעולמות. אולם, כנזכר בתחילת האיגרת, לפעולת המצווה יש גם תוצר לוואי של התייחסות פרטית מסוימת, של לבוש המצווה לנפש האדם שעשה את המצווה. המקיף עצמו אינו מתייחס, אפילו כהארה, אל הנפש הפרטית. לכן מדבר אדמו"ר הזקן על 'הארה דהארה', הארה מהמקיף היוצרת הארה אחרת, שהיא נעשית ללבוש המתייחס לנפש הפרטית.

עַל יְדֵי צִמְצוּם רַב, עד אשר מהמקיף הכולל **נַעֲשֶׂה לְבוּשׁ לִבְחִינַת 'נֶפֶשׁ' 'רוּחַ' 'נְשָׁמָה' שֶׁל הָאָדָם,** הן שלוש דרגות הנפש.[14] **בְּגַן עֵדֶן הַתַּחְתּוֹן וְהָעֶלְיוֹן. שֶׁיּוּכְלוּ לֵיהָנוֹת וּלְהַשִּׂיג אֵיזֶה הַשָּׂגָה וְהֶאָרָה מֵאוֹר אֵין סוֹף בָּרוּךְ הוּא, כְּמוֹ שֶׁנִּתְבָּאֵר בְּמָקוֹם אַחֵר.**[15] נפש האדם מתלבשת במצווה שהיא עושה, ודרך הלבוש הזה יכולה הנפש, בהיותה בגן עדן, לקבל את הארת האלוקי האין סופי. כפי שמוסבר,[16] כדי שאדם יוכל לקבל את ההארה והגילוי של גן העדן, הוא חייב להיות לבוש בלבוש מתאים, וזהו הלבוש הנארג במשך חייו של האדם בעולם הזה מהמצוות שהוא עושה.[17]

הארת המצווה נעשית לבוש מקיף לנפש ואינה מתחברת ונכנסת אל גדריה, שכן המצווה במהותה שייכת לדרגות המקיף שמעל ומעבר לגדרי הנפש שלנו ולגדרי העולם שאנו חיים בו. העולם שלנו אינו מקום שבו מהותה של מצווה יכולה להתגלות, ולכן הלבוש שנעשה לאדם מן המצוות אינו מגיע לידי ביטוי בעולם הזה אלא רק בדרגות גן העדן, שבהן החיות הפנימית, העונג המוחש, הוא האור האלוקי.

את המצוות, לומדים או מתפללים: "לשם ייחוד קב"ה ושכינתיה וכו'". לייחוד זה יש צורות ודרגות שונות, אבל ביסודו של דבר זוהי תמיד אותה פגישה של העולם עם הקדוש; של האור האלוקי שבתוך הדברים הנוגע והמשיק במהות האין סוף, ברצונו של הקב"ה הנמצא מעל ומעבר.

הארה דהארה דוגמה של הארה דהארה (אם כי לא של מקיף אלא של פנימי) היא אור הירח. היחס בין אור השמש לאור הירח, ובין אור הירח לאור המשתקף ומוחזר מפני כדור הארץ, הוא מעין היחס של 'הארה דהארה'.

גן עדן התחתון והעליון בגן עדן התחתון על ידי המעשה של המצווה ובגן עדן העליון על ידי הכוונה של המצווה (תורה אור נג,ג ועוד).

מהו גן עדן המושגים של 'עולם הזה' ו'גן עדן' אינם מוגדרים במושגים של מקום או של זמן, אלא במושגים של דרגה. אם אין אנו

וזה שאמרו רבותינו זכרונם לברכה שכר מצוה בהאי עלמא ליכא. כי בעולם הזה הגשמי ובעל גבול וצמצום רב ועצום מאד מאד אי אפשר להתלבש שום הארה מאור אין סוף ברוך הוא כי אם על ידי יו״ד ספירות הנקראים גופא בזוהר הקדוש. חסד דרועא ימינא כו׳. לפי שכמו שאין ערוך לו להגוף הגשמי לגבי הנשמה כך אין ערוך כלל ליו״ד ספירות דאצילות לגבי המאציל העליון אין סוף ברוך הוא. כי אפילו חכמה עילאה שהיא ראשיתן היא

וְזֶה שֶׁאָמְרוּ רַבּוֹתֵינוּ זִכְרוֹנָם לִבְרָכָה (קידושין לט,ב): **שְׂכַר מִצְוָה בְּהַאי עָלְמָא לֵיכָּא** (בעולם הזה אינו). בדרך כלל אנו מבינים מאמר זה כקביעה, שאת שכר המצווה אין אנו מקבלים בעולם הזה, אלא רק בעולם הבא. ואולם כאן מובן המאמר כהגדרת מהות של המצווה ושל העולם הזה, שאינו מסוגל לקלוט את שכר המצווה. שכר מצווה פירושו הגילוי של המצווה, היכולת לראות וליהנות מגילוי זה, מה שהוא בלתי אפשרי בתוך העולם הזה המוגבל והמוגדר. הבעיה המהותית היא, שרק בעולם הזה, שבו לא רואים את מעלת המצווה האין סופית, אפשר לעשות את המצווה, אך דווקא בעולם זה אי

נמצאים עתה בגן עדן הרי זה משום שאין אנו בדרגה שגן העדן הוא משמעותי בתוכה. גן עדן הוא דרגה או מצב מסוים של הנפש; אם הנפש הגיעה לדרגה זו, היא אז נמצאת בגן עדן, ואם היא אינה בדרגה זו היא אינה שם. דרגה זו של הנפש דורשת שני דברים: האחד הוא השתחררות מן ההגבלות שיוצרים מושגי הגוף. זו אינה מגבלה של הגוף מצד עצמו, אלא מגבלה של האדם שבשותפות נפשו עם גופו הוא נמצא בדרגה שבה כל ההשגות, ההבנות והתחושות שלו, וכל האופנים שבהם הוא יודע על המציאות, מוגדרים בהגדרות פיזיות, בהגדרות החושים והקשרים של הגוף. בדרגה זו אדם אינו נמצא בגן עדן משום שההארה האלוקית שבגן עדן (זיו השכינה) אינה יכולה להיקלט בשום אופן בכלים ובמושגים גשמיים. על דרך משל: אדם שיש לו הגבלות שכליות מסוימות, גם אם הוא נמצא במקום שבו מדברים על דברים מסוימים, והוא שומע או רואה אותם, הוא בעצם איננו נמצא באותו מקום; הדברים אינם מדברים אליו כלל, והוא אינו יכול להתייחס אליהם כלל, ולכן הוא איננו שם. הדבר השני שדורשת דרגת גן עדן הוא רגישות מסוג מיוחד, רגישות אל הקדושה. אין זו בעיה של יכולת הפשטה או כושר חשיבה, אלא רגישות ופתיחות לתחום המיוחד הזה של קדושה, כיוון שקדושה היא־היא המתגלה בגן עדן.

נוסף על כך, כדי שנשמתו של אדם תוכל לקבל את האור האלוקי שבגן עדן, היא זקוקה גם לאמצעים שדרכם תוכל לקלוט את האור. שכן לנפש המוגדרת, המשיגה, אין בעצם כלים כדי להשיג את האור האין סופי. יש מעין זה גם בתחומים שונים בעולם הגשמי. העולם שלנו מלא בדברים שאנו יכולים לחוש בהם ולקלוט אותם רק באמצעות מכשירים שונים. לדוגמה: ספקטרום הראייה שלנו הוא כידוע מוגבל מאוד, וכל מה שמעבר לסגול ומעבר לאדום הוא בשבילנו חושך גמור. הדבר נכון גם לגבי גלי קול. יש טווח צר למדי של תנודות שאנחנו יכולים לשמוע, ומעבר לזה אין אנו יכולים לשמוע. במשלים הללו (כמו בנמשל, היא הנפש), יש גם דרגות ביניים, כמו גלי קול בתדרים גבוהים מסוימים הנמצאים אמנם מעבר לתחום הקליטה שלנו, אבל עדיין מספיק קרובים כדי ליצור אצלנו תחושה מסוימת; אין רואים אותם ואין שומעים אותם, אבל בני אדם מגיבים עליהם בהרגשה של אי־נוחות

אפשר לקבל את שכרה, כלומר לראות וליהנות ממנה. ולאידך, בעולם האחר, שבו אפשר לראות, כבר אין יכולים לעשות.

כִּי בָּעוֹלָם הַזֶּה, הַגַּשְׁמִי וּבַעַל גְּבוּל וְצִמְצוּם רַב וְעָצוּם מְאֹד מְאֹד, אִי אֶפְשָׁר לְהִתְלַבֵּשׁ בּוֹ שׁוּם הֶאָרָה מֵאוֹר אֵין סוֹף בָּרוּךְ הוּא, כִּי אִם עַל יְדֵי יוּ"ד (עשר) **סְפִירוֹת הַנִּקְרָאִים גּוּפָא** (הגוף)[19] **בַּזּוֹהַר הַקָּדוֹשׁ.**[20] בזהר מדובר על עשר הספירות כעל איברי ה'גוף' כביכול של הקב"ה: **חֶסֶד דְּרוֹעָא יְמִינָא כוּ'** (חסד זרוע ימין), גבורה דרועא שמאלא, תפארת גופא (הגוף), נצח והוד תרין שוקין (שני השוקיים, הרגליים) וכו'. הגוף שלנו הוא הלבוש הפיזי של נפשנו, שבו היא פועלת ומגלה את עצמה בעולם הזה. אנו הולכים ברגליים, נותנים ולוקחים בידיים, חושבים במוח שבראש וכו'. וכך בנמשל, הקב"ה מגלה את עצמותו האין סופית דרך עשר הספירות, הנקראות 'גוף' לגבי המאציל, שהוא בבחינת 'נשמה' לכללות העולמות.

לְפִי שֶׁכְּמוֹ שֶׁאֵין עָרוֹךְ לוֹ לְהַגּוּף הַגַּשְׁמִי לְגַבֵּי הַנְּשָׁמָה, כָּךְ אֵין עָרוֹךְ כְּלָל לְיוּ"ד (עשר) **סְפִירוֹת דַּאֲצִילוּת לְגַבֵּי הַמַּאֲצִיל הָעֶלְיוֹן אֵין סוֹף בָּרוּךְ הוּא.** ולכן, "שכר מצוה בהאי עלמא

מסוימת. ומשום כך, כדי לקלוט דברים שאינם בתחום הפיזי של השגת החושים הישירה, כדי להעביר אותם אל תוך תחום ההכרה, אנו צריכים לבנות מכשיר שיתרגם את התדרים הללו לתדרים שאנו מסוגלים לקלוט. יש היום מכשירים רבים שעל ידם אנו יכולים לשמוע ולראות – למשל אור אינפרא אדום ואולטרא סגול. 'לבוש' המצוות הוא במובן זה אמצעי־מדיום כזה בין נפש האדם ובין האור האלוקי. הנפש העטופה במצווה יכולה לחוש דרכה את האלוקי, את מה שמעל ומעבר להווייתו של האנושי.

כאמור, הלבוש הזה קיים בעצם גם פה ועתה, בחיינו בעולם הזה, אלא שכאן אין הוא משמש, וכמו האור האלוקי עצמו אינו נקלט על ידינו. כאן אנו מוקפים בכל כך הרבה 'רעשים', עד שאין אנו יכולים לשמוע את קול הקדושה. רק בשקט ובבהירות של גן עדן מתחילים הלבושים הדמומים של המצוות להישמע, להאיר באור האלוקי אל הנפש. כיוון שהדמימה אינה מצד המשפיע אלא מצד הגבלת המקבל, מצד מצבה וחייה של הנפש בגוף, אין הדמימה והאטימות של הלבושים הללו מוחלטת.

היו אנשים שנאמר עליהם ש'ראו עולמם בחייהם', והכוונה היא שהם חשו את העולם הבא שלהם בתוך חיי העולם הזה שלהם. אדם אינו צריך אפוא למות כדי להיות בעולם הבא, הוא צריך רק להיות רגיש מספיק כדי לחוש באור שמעבר לדברים. הגוף אכן מהווה מסך אוטם, אבל אין הוא בהכרח אטום לגמרי, ואדם שהגיע לדרגות גבוהות של זיכוך ושל התנתקות מרעשי העולם יכול גם בעולם הזה לחוש משהו דרך אותו הלבוש. וכפי שאמרו, שהצדיקים אינם נמצאים בגן עדן – גן עדן נמצא בתוכם.[18]

שכר מצווה בעולם הזה מספרים על בעל חידושי הרי"ם מגור, שיום אחד הסיע אותו אחד מעשירי העיר ה'משכילים' במרכבתו. פנה אליו העשיר ואמר: "רבי, יש לי שאלה. כתוב בקריאת שמע: 'והיה אם שמע תשמעו... ונתתי מטר ארצכם וגו'', ולהפך: 'השמרו לכם פן יפתה לבבכם... ואבדתם וגו''. והרי אני עובר כל עבירות שבעולם, ויש לי מכל טוב!" אמר לו הרבי: "מדבריך אני מבין שפעם קראת קריאת שמע". "בוודאי", אמר אותו עשיר. "אם כך", אמר לו הרבי, "דע לך שכל מה שיש לך

בבחינת עשיה גופנית לגבי אין סוף ברוך הוא כמו שנתבאר בלקוטי אמרים. ואי לזאת במעשה הצדקה וגמילות חסדים שאדם אוכל מפירותיהן בעולם הזה יש נקבים על דרך משל בלבוש העליון המקיף על גופא הם הכלים

ליכא". כפי שהגוף אינו יכול לבטא באמת את מהות הנשמה, רגשותיה והכרתה ומכל שכן עצמותה, כך אין העולם כולו יכול לבטא ולהתייחס למהות המצווה. המצווה היא הרי הרצון האלוקי בעצמו, בבחינת 'סובב כל עלמין' שלמעלה מכל העולמות, ובכלל זה אף עולם האצילות וספירותיו. ולכן, אין שכר המצווה, ההשגה והתחושה של מהותה, יכול להיות מתורגם אל המושגים של הספירות והעולמות. המצווה היא מהות שעוברת דרך העולמות בלי שיוכלו לקלוט את משמעותה בתוכם ולהשיג ולחוש את מהותה.

וכדי להדגיש ולהראות את המרחק מוסיף אדמו"ר הזקן: **כִּי אֲפִילוּ חָכְמָה עִילָּאָה, שֶׁהִיא רֵאשִׁיתָן** של עשר הספירות, **הִיא בִּבְחִינַת עֲשִׂיָּה גּוּפָנִית לְגַבֵּי אֵין סוֹף בָּרוּךְ הוּא, כְּמוֹ שֶׁנִּתְבָּאֵר בְּלִקּוּטֵי אֲמָרִים.**[21] שם, וביתר פירוט בשער היחוד והאמונה (פרק ט), מוסבר הכתוב "כֻּלָּם בחכמה עשית" (תהלים קד,כד). לכאורה צריך היה לומר 'כולם בחכמה השכלת' או 'חשבת', ומדוע משתמש הכתוב בביטוי 'עשית'? ומוסבר שעל ידי כך מודגש המרחק, ההבדל לאין ערוך בין הקב"ה לעולמות. המרחק הגדול ביותר בתוך ההוויה שלנו הוא בין דרגת החכמה לדרגת העשייה. דרגת החכמה היא ראשית כל מציאות העולמות (כפי שהיא ראשית הוויית הנפש) ודרגת העשייה היא סיום כל פעולת הנפש. אבל לגבי הקב"ה דרגת החכמה היא כמו דרגת העשייה לגבינו – הקב"ה 'עושה' על ידי החכמה כמו שאנחנו עושים על ידי הפטיש והמעדר. הרי שספירת החכמה, וכל שכן שאר הספירות, הן רחוקות ונבדלות ממנו עצמו כמו, על דרך משל באדם, ריחוק דרגת העשייה מעצם הנפש (ועוד הרבה יותר מכך, אלא שאין לנו מילים לדבר ולחשוב על כך). ולכן, כיוון שהמצוות שייכות בעצם לדרגת האין סוף עצמו (הסובב כל עלמין), אין להן קשר ממשי לעשר הספירות ובוודאי שלא לעולמות.

עד כאן נאמרו הדברים בכלל המצוות. מכאן שב אדמו"ר הזקן אל מה שהתחיל בו: "כי גדולה צדקה מכל המצוות", ויבאר במה גדולה ומיוחדת מצוות הצדקה מכל המצוות.

ושיהיה לך אינו יכול להיות אף מקצת שכר עבור קריאת שמע אחת שקראת. ומה שנוגע לעבירות, זה חשבון לחוד" (וכנראה שגם לזה אין העולם הזה מספיק).

מהותה הרחבה של מצוות הצדקה גם המצוות הנחשבות למצוות 'חברתיות' (שבין אדם לחברו) אינן מיועדות מעיקרן (כפי שיש המנסים להעמיד זאת) לבנות חברה טובה, צודקת או סוציאלית יותר. המצווה היא מצווה, ומהות המצווה היא הצוותא וההתקשרות אל האלוקי בעצמו שמעבר לכל מציאות העולמות, אלא שלמצוות מסוימות אלה יש 'נקבים', דהיינו שהן מתבטאות בדרך כלשהי גם בתוך המציאות שלנו. מצוות הצדקה במובן הסוציאלי היא רק חלק מן המערכת הגדולה של הורדת השפע העליון אל מי שנזקק לו. הצדקה היא פעולה כללית של המשכה לא רק במשמעות האנושית, של ממון ואפילו של השפעת חסד רוחנית,[25] אלא

וְאִי לָזֹאת בְּמַעֲשֵׂה הַצְּדָקָה וּגְמִילוּת חֲסָדִים, שהן מהמצוות שנאמר בהן **שֶׁאָדָם אוֹכֵל מִפֵּירוֹתֵיהֶן בָּעוֹלָם הַזֶּה.**[22] למרות שלגבי כלל המצוות נאמר ש"שכר מצוה בהאי עלמא ליכא", יש מצוות שיש בהן ובשכרן אחיזה מסוימת גם בעולם הזה. אותן מצוות הן, באופן הכללי ביותר, המצוות שאינן רק בין אדם למקום אלא גם בין אדם לחברו; ובכללותן הן המצוות של צדקה וגמילות חסדים, של עשיית הטוב לבני אדם בעולם הזה. את המצוות הללו מונה המשנה תחת הכלל "אלו מצוות שאדם אוכל פירותיהן בעולם הזה והקרן קיימת לו לעולם הבא", כלומר שאדם זוכה במשהו מן השכר של המצוות הללו גם בחייו בעולם הזה. בטעם הדבר אפשר לומר, שמצוות אלו קשורות במהותן באופן מסוים של הנאה ורווח שאדם מקבל מהן בחייו. אחת המצוות המנויות שם היא המצווה של לימוד תורה. לימוד התורה היא מצווה הדורשת מהאדם מעורבות שמעבר לתחום העשייה; אדם צריך להבין מה שהוא לומד, ואם אינו מבין כלל לא קיים את המצווה,[23] שכן ההבנה היא חלק מהותי מלימוד התורה. לעומת זאת, במצוות תפילין, למשל, אין אדם צריך להבין, ואין זה משנה לגבי עצם קיום המצווה אם הבין או לא, אם הרגיש וקיבל משהו לעצמו מן המצווה או לא. המצווה מצד עצמה אינה מחייבת את האדם לשום מעורבות נפשית, וגם אינה מבטיחה לו שום דבר. "מצוות לאו ליהנות ניתנו",[24] ולכן אין לגביהן כל קריטריון של הנאה. סוג אחר של מצוות המנויות באותה משנה הן צדקה וגמילות חסדים. במצוות אלו, גם אם לגבי עושה המצווה אין ההנאה (הגשמית) משנה כלל, הרי לגבי מקבל המצווה צד ההנאה הוא עקרוני, והוא המגדיר, בעצם, אם נעשתה המצווה או לא. יש מצווה להאכיל את הרעב, אבל אם לוקחים אדם שבע ודוחפים אוכל לתוך גרונו – זו אינה מצווה. לעשות שלום בין אדם לחברו ובין איש לאשתו זו מצווה גדולה, אבל אי אפשר להיכנס למשפחה שחיה בשלום ולקיים דווקא שם את המצווה הזו. מהותן של מצוות אלו תלויה בתועלת שיש למקבליה; אם הם נהנים ממנה, הנאה שבעולם הזה, רק אז המצווה מתקיימת. ולכן, במקביל, גם משהו משכר המצוות הללו עובר אל חיי העולם הזה של עושה המצווה.

אפשר לתאר זאת באופן ציורי, כאילו על ידי מצוות אלה **יֵשׁ נְקָבִים, עַל דֶּרֶךְ מָשָׁל, בַּלְּבוּשׁ הָעֶלְיוֹן,** הוא בחינת המקיף, הסובב כל עלמין, **הַמַּקִּיף עַל גּוּפָא,** הגוף, **הֵם הַכֵּלִים**

במשמעות הכלל עולמית של העברה ממקום גבוה למקום נמוך. וכפי שהצדקה למטה אינה כתשלום שכר אלא כמתנה, שלא לפי זכות וערך המקבלים, כך למעלה עניין הצדקה בכלל הוא הורדת שפע שלא לפי ערך המקבלים. במובן זה, כל קיומם של העולמות, הגשמיים והרוחניים, הוא מעשה גדול של צדקה, וכל תפילותינו הן בקשות של צדקה. בתלמוד (ברכות יז,ב) נאמר שרק על אנשים ספורים בהיסטוריה אומר הכתוב: "אבירי לב הרחוקים מצדקה" (ישעיה מו,יב) – "כל העולם כולו נזונין בצדקה, והם נזונין בזרוע". כלומר, רק אנשים בודדים הם "אבירי לב" היכולים לומר "מגיע לי", בעוד שהעולם כולו ניזון מפני שהקב"ה מחלק צדקה. המעשה שלנו בנתינת הצדקה הוא, לפי זה, ההשתתפות שלנו במערכת הצדקה הכלל עולמית. אם אדם אינו נותן צדקה – נעשה סיום, חסימה אחרונה, של מעבר הצדקה הכלל עולמית. ומי שאיננו מעביר, גם אינו יכול לבקש להעביר

דיו"ד ספירות. להאיר מהם ולהשפיע אור ושפע מחסד דרועא ימינא אורך ימים בעולם הזה הגשמי ועושר וכבוד מדרועא שמאלא. וכן בתפארת. והוד והדר וחדוה וכו':

אך כדי שלא ינקו החיצונים למעלה מאור ושפע המשתלשל ויורד למטה מטה עד עולם הזה הגשמי. וכן למטה להגין על האדם ולשמרו ולהצילו מכל דבר רע בגשמיות וברוחניות. לזאת חוזר ומאיר אור המקיף וסותם הנקב על דרך משל. כי הוא מבחינת אין סוף וסובב כל עלמין כנזכר לעיל.

דְּיוּ"ד (עשר) **סְפִירוֹת, לְהָאִיר מֵהֶם וּלְהַשְׁפִּיעַ אוֹר וְשֶׁפַע** דרכם אל תוך העולם הזה. שאר המצוות הן כמו לבוש שלם, כיסוי שלם, אשר שום דבר אינו יוצא מתחומם אל תוך הגוף. רק במצוות גמילות חסדים יש כביכול נקבים בתוך הלבוש, שדרכם חודר משהו ויורד מדרגה לדרגה, עד שהוא מאיר להשפיע אור ושינוי גם בעולם הזה.

נאמר שדרך מצוות הצדקה זורם משהו אל תוך העולם הזה. והשפיעה הזו מלמעלה מגיעה דרך עשר הספירות, שהן בחינת האיברים של הקב"ה. כפי שנפש האדם מתגלה בעולם החומר דרך איברי הגוף שלו, כך הקב"ה מתגלה בעולם דרך כל ספירה באופן ובמהות השייכת לה. כגון: **מֵחֶסֶד**, שהוא **דְּרוֹעָא יְמִינָא** (יד ימין) של הקב"ה, מגיע אלינו **אוֹרֶךְ יָמִים בָּעוֹלָם הַזֶּה הַגַּשְׁמִי.** השפיעה הגדולה של אריכות ימים וחיים גשמיים. **וְעוֹשֶׁר וְכָבוֹד** מגיע **מִדְּרוֹעָא שְׂמָאלָא** (יד שמאל) של הקב"ה, היא מידת הגבורה, על פי הכתוב: "אֹרך ימים בימינה, בשמֹאולה עֹשר וכבוד" (משלי ג,טז). וכמאמר חז"ל: "הרוצה שיחכים – ידרים (דרום הוא חסד), שיעשיר – יצפין (צפון הוא גבורה); וסימנך: שולחן בצפון ומנורה בדרום" (בבא בתרא כה,ב). **וְכֵן בְּתִפְאֶרֶת,** מספירת התפארת, **וְהוֹד וְהָדָר וְחֶדְוָה וְכוּ',** מהספירות נצח, הוד, יסוד וכו'.[26] שדרך כל אחת מהספירות מושפעת מה'נקבים' שבאור המקיף השפעה פנימית עד לעולם הזה, השייכת ומתייחסת אל מי שעשה את המצווה.

עד כאן דובר על הלבוש של מצוות הצדקה, "וילבש צדקה כשריון", ועל הנקבים. מכאן ידובר על ה'קשקשים', לשם מה הם נחוצים.

את הצדקה דרכו. משום כך השתדלו יהודים כל כך בנתינת הצדקה, עד כדי כך שחיפשו מישהו לתת לו גם כשלא היה עני בנמצא. וכל זאת – כדי שמערכת הצדקה העולמית תוכל להמשיך להתקיים.

הסכנה בהשפעת החסד בעיית הנתינה שאינה מבחינה בטיבו של המקבל, חמורה במיוחד בנתינה של צדקה וחסד, שבמהותה אינה מתייחסת ואינה מותנית בטיבו של המקבל. אברהם, שהוא המרכבה למידת החסד, שנותן משום שטבעו לתת, שאינו בודק ומתנה את הנתינה, הוא זה שאומר: "לו ישמעאל יחיה לפניך";[28] הוא נותן לכולם, לטובים ולרעים, לבן הנבחר ולבן האחר גם כן. בכל מקום שיש פתחים יש גם סכנה שהרע

אַךְ כְּדֵי שֶׁלֹּא יִנְקוּ הַחִיצוֹנִים לְמַעְלָה מֵאוֹר וְשֶׁפַע הַמִּשְׁתַּלְשֵׁל וְיוֹרֵד לְמַטָּה מַטָּה עַד עוֹלָם הַזֶּה הַגַּשְׁמִי. החדירה הזו של האור המקיף אל הפנימי היא בעייתית. הצמצום הגדול (דרך הנקבים) מכשיר את ההשפעה לכך שתוכל להתקבל בתוך העולם שלנו, אבל צמצום עצום והורדה כזו, שלא לפי ערך, הם גם מסוכנים. שכן הצמצום, עם זה שהוא מסיר את הגבלות המרחק והדרגה, מסיר גם את כל ההגנות, את כל ההבחנות הנמצאות בכוונתו הראשונה של הנותן. הצמצום מפשיט את ההשפעה, כביכול, גם מהכתובת שהזמינה אותה.

השפעה זו אינה ניתנת כמו מכתב הנשלח בלעדית לכתובת פרטית, אלא זו נתינה שהיא כפתיחה של פתח. המצווה שעושה האדם למטה פותחת עולם חדש, עולם של אפשרויות, של חסד בלתי מוגבל, והבעיה היא שהחסד הזה הוא כללי, הוא רוב טוב לכולם, בבחינת "הטוב ומיטיב לרעים ולטובים".[27] כשהשמש זורחת היא זורחת על הפרחים ועל האשפה בשווה; כשיורד הגשם הוא יורד על כל הראשים, על החכמים והטיפשים כאחד. ולכן יש מקום לחשש – לא ברור מי מקבל את ההשפעה ואם הוא ראוי לה. הבעיה הזו קיימת בכל אותן מצוות שאוכלים פירותיהן בעולם הזה, שהפירות הללו לא יגיעו לידי השחתה. ויכול להיות ששכרה של המצווה לא זו בלבד שלא יהיה מוגבל בתוך תחומה, אלא הוא גם עלול להיות מכשיר של הרס.

וְכֵן לְמַטָּה, כמו בכלל העולמות, ביניקתו של הרע בכללו, כך גם למטה בחייו של האדם הפרטי בעולם הזה, צריך **לְהָגֵן עַל הָאָדָם וּלְשָׁמְרוֹ וּלְהַצִּילוֹ מִכָּל דָּבָר רָע, בְּגַשְׁמִיּוּת וּבְרוּחָנִיּוּת.** האדם צריך את השפעת החסד, אבל הוא צריך גם להישמר מפניו. שכן כאשר החסד מגיע לסביבתו של האדם הוא אינו מוגדר רק למה שטוב כעת לאדם, אלא הוא מגיע לאדם כפי שהוא מגיע לווירוס של מחלה שיכולה להרוג את האדם. וכידוע, השמירה וההגנה מכל דבר רע מבוססת על הגדרות וסייגים, על חומות ושריון, שבאים להגן על התוך מפני התוקף שבחוץ.

לָזֹאת, חוֹזֵר וּמֵאִיר אוֹר הַמַּקִּיף וְסוֹתֵם את **הַנֶּקֶב, עַל דֶּרֶךְ מָשָׁל, כִּי הוּא מִבְּחִינַת אֵין סוֹף וְסוֹבֵב כָּל עָלְמִין כַּנִּזְכָּר לְעֵיל.** אם לשוב אל משל השריון, אלו הם הקשקשים השומרים ומגינים על הנקבים שבלבוש. בלבוש, באור המקיף של מצוות החסד, יש כאמור נקבים שדרכם חודר האור הפנימי, וכדי להגן על האור הפנימי שלא יינקו ממנו החיצונים (אלו

יקבל באותה מידה כמו הטוב; ובאותה שעה, למרות ההשפעה של החסד, העולם אינו נעשה טוב יותר, ולפעמים הוא נעשה אף גרוע יותר. כי בכל מקום שאין הגדרות ברורות, ויש טשטוש בין התחומים, משם יונק גם הרע.

חוזר ומאיר אור המקיף וסותם הנקב בהסבר זה יש קושי: כיוון שאור המקיף הוא כללי ונבדל במהותו מהמציאות, לכאורה אין לו כל יחס להבדלים בין טוב לרע. ואכן, בגבול מסוים נכון הדבר. היקף גדול מאוד אינו יכול להבחין בפרטים הקטנים שבין הדברים. על דרך משל, יש היקף של סטטיסטיקה. בהיקף הסטטיסטי כל האנשים שווים, כולם מספרים מתוך מכלול אחד. העובדה שפלוני הוא איש חשוב, ופלוני לכאורה חסר ערך, אינה משנה

וזהו שאמרו רבותינו זכרונם לברכה מצטרפת לחשבון גדול דייקא כי גדול ה׳ ומהולל מאד בלי סוף ותכלית וגבול [חס ושלום]:

שאין הרצון האלוקי הפנימי חפץ בהם), חוזר האור המקיף של המצווה ו׳עוטף׳ ושומר את האור הפנימי.

יש נקב ויש קשקש השומר אותו; יש נקב באור המקיף, הנותן מקום לזרימה, אבל הזרימה הזו מבוקרת על ידי האור המקיף שחוזר ומכסה, חוזר ומגביל, כדי שהתחומים לא יהיו לגמרי מטושטשים. זו משמעות הדימוי של שריון הקשקשים, שהוא בנוי על תערובת, שהוא קשיח וגמיש בבת אחת. המקום שהוא מקיף ׳קשיח׳, שהוא סגור ושמור מכל הצדדים – משם אף אחד אינו יכול לקבל; ובמקום שיש גמישות, שהיחס איננו קבוע בין הפנים והחוץ – שם צריך שמירה יתרה. ועיקרה של שמירה זו אף הוא מן האור המקיף, אך לא כאור המקיף הנבדל במוחלט מן הפנימי, אלא כאור המקיף הפרטי של אותו ׳נקב׳, שבהתייחסות פרטית זו הוא מצליח להבחין בין הפנימי והחיצוני, בין הכתובת המיועדת של אותו שפע להיקף החיצוני שאינו רצוי.

כלל לגבי הסטטיסטיקה. ואולם יש גם היקפים פרטיים (מקיף החוזר), והמקיף הזה בעצם קיומו שומר על הגבלות מסוימות. הדברים ידועים בתחומים רבים. למשל: בהגנה מפני טפילים יש שני אופנים. אופן אחד הוא כאשר מקפידים שהנתינה תהיה רק לאלה שחפצים בהם ולא לאחרים. אופן זה הוא צמצום של הנתינה, התוויית כתובת מדויקת, שרק לכאן הוא מיועד. ויש אופן נוסף, שבו ההשפעה היא באופן כזה שהטפיל מעצם מהותו אינו יכול להתפרנס ממנה – לא מפני שאין נותנים לו, אלא מפני שיש משהו בתוכו שאיננו מאפשר לו ליהנות מזה. משל נוסף: יש שתי דרכים להעביר דבר סוד שאסור לגלותו לאחרים. הדרך האחת היא ללחוש באוזנו של האדם שרוצים לגלות לו. זהו סוג של צמצום הנתינה כך שהיא ניתנת לקליטה לפרט אחד מסוים בלבד. הדרך האחרת היא, כאשר יש הבדלה מהותית; מי שאין לו תכונה מסוימת, או ידיעה מסוימת, אינו יכול לקבל – למשל, הבדלה של שפה, כאשר אלה שאסור להם לשמוע את הסוד אינם מבינים כלל את השפה שבה הוא נמסר. מי שצריך מבין ומי שאינו צריך אינו מבין. לכאורה הסוד הוא גלוי, אין לוחשים אותו ואין שמים לו שום הגבלה, כל אחד יכול לבוא ולקחת, אבל יש כאלה שהם מנועים, מצד חוסר הכנה קודמת, לשמוע את הסוד הזה. באופן זה אפשר להעביר סוד בכל העולם כולו, לספר בקול רם שהכול שומעים, ואף על פי כן, מי שאינו שייך אינו מקבל שום דבר. יש סוגים רבים של העברות ׳סוד׳ כאלה, שסומכות על כמות מסוימת של ידיעות בצד השני. למשל, כאשר אדם אומר לחברו: ״אנו נפגש ביום ג׳ פרשת ויצא״; יהיה היקף גדול של אנשים שאינם עשויים לדעת במה מדובר. ההשפעה של מצוות הצדקה והחסד אינה השפעה באופן הראשון, המצומצם והממוקד, שכן הצדקה היא במהותה מצווה של נתינה והשפעה, היא פתיחת הפתח לצדקה וחסד של מעלה. ולכן, ההגנה על אותם ׳נקבים׳ היא מהאופן השני, המקיף. דהיינו הגנה שאינה בנויה על הצמצום, אלא על היקף שמונע דברים אחרים מלהיכנס, השומר שלא הכול יוכלו ליהנות מאור ושפע זה.

כיצד? ההבדל העקרוני בין הטוב והרע הוא סביב נקודת ה׳אני׳ וביטול ה׳אני׳. מהותו

וְזֶהוּ שֶׁאָמְרוּ רַבּוֹתֵינוּ זִכְרוֹנָם לִבְרָכָה:[29] מה שריון זה כל קליפה וקליפה מצטרפת לשריון גדול, אף צדקה כל פרוטה ופרוטה **מִצְטָרֶפֶת לְחֶשְׁבּוֹן גָּדוֹל – דַּיְיקָא** (דווקא). ההדגשה היא שהחשבון הוא 'גדול' דווקא. 'גדול' אינו מתייחס למספר הפרוטות שאדם נתן לצדקה, אלא לעצם המהות הפנימית־הרוחנית של המצווה. כי לעומת חשבונות העולם, שהם חשבונות 'קטנים', חשבון מצוות הצדקה הוא חשבונו של הקב"ה עצמו, שהוא 'גדול'.

וביאור הדברים: **כִּי "גָדוֹל ה' וּמְהוּלָּל מְאֹד** בְּעִיר אֱלֹהֵינוּ הַר קָדְשׁוֹ",[30] ו'מאד' הוא כמבואר בכמה מקומות,[31] בחינת **בְּלִי סוֹף וְתַכְלִית וּגְבוּל [חַס וְשָׁלוֹם** מלומר שיש לו גבול]. 'חשבון גדול' הוא לפיכך כמו הגדולה של הקב"ה, שהוא גדול 'מאוד', גדול לאין סוף. והצדקה שהיא 'חשבון גדול' היא כמו 'גדול הוי"ה'. לאמור, שעל ידה נמשך מאור האין סוף, הסובב, שלמעלה מכל סדר ההשתלשלות, אל האור הפנימי שהוא בעשר הספירות הרמוזות בשם הוי"ה.[32]

הפרוטה שמצטרפת לחשבון גדול עושה אפוא שני דברים: היא פותחת פתח לקבל השפעה והארה מתחום המקיף, ובו בזמן היא גם שומרת על ההארה הזו שלא תאבד.

הראשונית של הרע היא שהוא בנוי סביב להרגשת עצמו; ה'אני' הוא קנה המידה שלו לגבי כל דבר. על דברי המשנה: "מה בין תלמידיו של אברהם אבינו לתלמידיו של בלעם הרשע" (אבות פרק ה משנה יט) מדייקים ושואלים, מדוע אין המשנה אומרת מה בין בלעם הרשע לאברהם אבינו עצמם? ומשיבים: שבין בלעם ואברהם אבינו אין רואים את ההבדל. רואים אותו רק בתלמידים הבאים אחריהם; רק אז מתברר, שבלעם הוא רשע ואברהם הוא צדיק. עמוק בתוך המקור, אצל בלעם עצמו, טמון משהו רקוב – "רוח גבוהה ונפש רחבה" – אבל רק בתלמידיו התרחבה והתגלתה הנקודה הזו, עד שכל הווייתם וכל חייהם בנויים סביב לנקודת ה'אני' שלהם. לעומתם, תלמידיו של אברהם אבינו בנויים סביב להיפוכה של אותה נקודה, של ביטול ה'אני' – "ואנכי עפר ואפר". הבחנה זו יוצרת מצד עצמה מצב שבו אלה מקבלים ואלה אינם מקבלים מהארת המקיף. שכן את הארת המקיף, מצד מהותה, יכול לקבל רק זה שביטל את עצמו, את רצונו ואת ה'אני' שלו. ומי שלא ביטל, כל אלה אינם מאפשרים לו לקלוט אותה, שהרי אין ניתנים כאן דברים מפורשים שאותם אפשר להכיל ולבלוע בתוך עצמו אלא היקף שלם שיכול לבוא רק במקום ה'אני' ועולמו, באותו חלל שהשאירו בביטולם. במובן זה, השפעה שבאה מן המקיף מונעת את החיצונים מלהיכנס פנימה לא מפני שתלוי שלט 'הכניסה אסורה', אלא מפני שהם אינם מסוגלים, מצד מהותם, לקבל הארה הדורשת מהם להפסיק להיות חיצוניות, ולהפסיק להתייחס אל עצמם בבחינת החיצוניות.

חשבון גדול מבואר בספרי הקבלה[33] והחסידות[34] שיש במספרים מספר קטן ומספר גדול; דהיינו, כאשר אותו מספר עצמו מקבל ערך ומדרגה ("סדר גודל") אחר. מבואר, למשל, שהיחידות שייכות לעולם העשייה, העשרות ליצירה, המאות לבריאה, האלפים לאצילות, והרבבות לבחינת האין סוף שלמעלה מהעולמות.[35] וכאשר נאמר כאן שהפרוטות של הצדקה מצטרפות ל'חשבון גדול', יש להבין מכך שהן משתייכות אז לחשבון של מספר גדול. כלומר, שזו פעולה הממשיכה בתוך העולם מן הגדולה שמעל ומעבר לגבולות העולם.

ח אב פשוטה
יב אב מעוברת

• אך מי הוא הגורם לירידת האור והשפע לעולם הזה הגשמי מיו"ד ספירות הנקראים גופא הוא היחוד הנזכר לעיל שהיא תוספת הארה והשפעה מבחינת אור אין סוף המאציל העליון ברוך הוא ביתר שאת על ההארה וההשפעה שבתחילת האצילות וההשתלשלות וכו'. וראשית תוספת ההארה וההשפעה היא לראשית היו"ד ספירות וזה הוא וכובע ישועה בראשו ישועה הוא מלשון וישע ה' אל הבל ואל מנחתו. והוא ירידת האור והשפע דש"ע נהורין שבזוהר הקדוש. וכמו שכתוב יאר ה' פניו אליך. יאר פניו אתנו סלה. אתנו הוא על ידי מעשה הצדקה. וזה הוא זורע צדקות מצמיח ישועות.

אַךְ מִי הוּא הַגּוֹרֵם לִירִידַת הָאוֹר וְהַשֶּׁפַע לָעוֹלָם הַזֶּה הַגַּשְׁמִי, מִיּוּ"ד (עשר) **סְפִירוֹת הַנִּקְרָאִים גּוּפָא** (גוף)? עד כאן דובר על הורדת האור העליון, המקיף, לעשר הספירות שבאצילות, ומכאן תוסבר הורדת האור אל העולם הגשמי שלנו.

אין מדובר כאן על ההארה שהיא לצורך עצם קיומו של העולם. ההארה הזו נמשכת לעולם מעצמה, בהשתלשלות הארת עשר הספירות למטה. כאן מדובר בהארה נוספת, מהאין סוף שלמעלה מהספירות דרך עשר הספירות אל העולם הזה הגשמי – הארה שבה כביכול הקב"ה בעצמו מאיר ונכנס אל עולמו. ועל הארה עצמית זו נאמר שאינה מאירה ממילא ומעצמה, אלא צריך משהו מלמטה שיעורר אותה, משהו שיגרום לכך שהיא תאיר אל תוך העולם שלנו. **הוּא הַיִּחוּד הַנִּזְכָּר לְעֵיל**, שבמעשה המצווה, בעשיית הרצון האלוקי העליון שמעבר לעולם בתוך העולם, הוא ייחוד קודשא בריך הוא ושכינתיה.

שֶׁהִיא תּוֹסֶפֶת הֶאָרָה וְהַשְׁפָּעָה, מִבְּחִינַת אוֹר אֵין סוֹף הַמַּאֲצִיל הָעֶלְיוֹן בָּרוּךְ הוּא, בְּיֶתֶר שְׂאֵת עַל הַהֶאָרָה וְהַהַשְׁפָּעָה שֶׁבִּתְחִילַּת הָאֲצִילוּת וְהַהִשְׁתַּלְשְׁלוּת וכו'. הארה זו, הנמשכת על ידי המצווה, היא הארה חדשה בעולם, שלא הייתה חלק מן העולם הקיים, שהיא נוספת ויתרה על ההארה וההשפעה התמידית שלצורך קיום העולמות. הארה חדשה זו אינה באה לקיים את המציאות, וגם לא לשנות את המציאות הקיימת, אלא היא מיועדת להוליד בעולם דברים חדשים, שלא היו בו מעולם.

וְרֵאשִׁית תּוֹסֶפֶת הַהֶאָרָה וְהַהַשְׁפָּעָה הִיא לְרֵאשִׁית הַיּוּ"ד (עשר) **סְפִירוֹת**, היא ספירת החכמה, הראשונה לעשר הספירות.[36] ספירת החכמה היא המקבלת את ההארה החדשה, ומכאן והלאה נוצרת הוויה חדשה, עולם חדש, שהולך ונבנה בהשתלשלות עשר הספירות.

אור חדש בעולם הפיזי, ובמובן מסוים גם בעולם הרוחני, יש חוק של שימור החומר והאנרגיה, ולכן העולם הוא מערכת סגורה שבה ניתן לכל היותר להזיז דברים ממקום למקום, להעביר אנרגיה מצורה לצורה. ואולם על ידי עשיית המצווה, אנו שוברים את החוק הכללי של שימור המציאות, ומוסיפים דבר חדש, בריאה חדשה, ובעצם יוצרים עולם חדש. ההארות החדשות הללו, הן בעצם הארה והתגלות חדשה של האלוקי בתוך העולם.

וְזֶה הוּא מה שכתוב: "**וַיִּלְבַּשׁ צְדָקָה כַּשִּׁרְיָן וְכוֹבַע יְשׁוּעָה בְּרֹאשׁוֹ**" (ישעיה נט,יז). לאחר שהוסבר עד כאן מהו "וילבש צדקה כשריָן", יסביר המחבר כעת מהו "וכובע ישועה". "כובע" הוא האור שלמעלה מההשתלשלות, כמו הכובע שמונח למעלה מהראש, והוא מבטא את כוח החכמה שבנפש שהיא ראש וראשית לכל כוחות הנפש.

ו"**יְשׁוּעָה" הוּא מִלְּשׁוֹן "וַיִּשַׁע ה' אֶל הֶבֶל וְאֶל מִנְחָתוֹ"** (בראשית ד,ד).[37] ישועה במובן של פנייה, של גילוי והארת הפנים. "כובע ישועה" הוא אפוא התגלות האור המקיף, ו"בראשו" היא החכמה שהיא ראשיתן של עשר הספירות.

וְהוּא יְרִידַת הָאוֹר וְהַשְׁפָּע דְּ־ש"ע (שלוש מאות ושבעים) **נְהוֹרִין** (אורות) **שֶׁבַּזּוֹהַר הַקָּדוֹשׁ.**[38] את משמעותן של המילים הללו אפשר לתאר באופן ספרותי: קורה משהו 'מעניין' בתוך העולם, והקב"ה פונה אל העולם, מסתכל אליו מחדש – ועל ידי זה יוצר ומחדש עולמות ומהויות. על דרך משל: אדם יצר יצירה וכעת הוא עומד אל מול היצירה שיצר, אבל הוא כבר מנותק, הוא מצד אחד והיצירה מצד שני. אך לפעמים משהו קורא ליוצר מתוך היצירה, משהו מתוכו אבל חדש, אולי בלתי צפוי – ומביא את היוצר לפנות שוב אל היצירה, ושוב להשתתף בתוכה. זו היא מהותה של כל מצווה, שהיא קוראת לקב"ה לבוא שוב להשתתף בעצמו, עם האדם ועם העולם.
כל עשייה של מצווה יוצרת מלמטה את הקריאה האישית העצמית לקב"ה ואת האפשרות שהוא עצמו יפנה (בפנימיותו) וישוב אל תוך העולם – ואז העולם מואר מחדש. להארה הזו קוראים בזהר הקדוש "ש"ע נהורין".

וּכְמוֹ שֶׁכָּתוּב: "יָאֵר ה' פָּנָיו אֵלֶיךָ" (במדבר ו,כה). אף כתוב זה מבטא את הפנייה האלוקית, את הארת הפנים והפנימיות מחדש אל תוך המציאות. "אליך" – פירוש אל אלה שמקיימים את המצוות בעולם, וגורמים בכך להארה חדשה המאירה את הבריאה. על דרך משל, ולהבדיל, נתאר לעצמנו תמונה שאנו מכירים כשהיא לפתע מאירה אחרת, כשהדמות המצוירת מחייכת חיוך רחב יותר. סוג כזה של התחדשות בעולם, של הארה חדשה, נוצר כאשר נעשית מצווה; יש הארת פנים, וכל העולם שהתגבש בצורה מסוימת מואר עתה באופן חדש, עד שבעצם זהו כבר עולם אחר.

וכן כתוב: "**יָאֵר פָּנָיו אִתָּנוּ סֶלָה**" (תהלים סז,ב). ומבאר: "**אִתָּנוּ**" – הוא במובן מסוים בשותפות איתנו, לא רק 'אלינו' אלא גם 'איתנו' ממש. וזה **הוּא עַל יְדֵי מַעֲשֵׂה הַצְּדָקָה.** מעשה הצדקה, ובמיוחד צדקה הנעשית במאור פנים,[39] היא מעשה שבו משתתף האדם יחד עם הקב"ה.

וְזֶה הוּא שאומרים (בברכה ראשונה של קריאת שמע): "**זוֹרֵעַ צְדָקוֹת מַצְמִיחַ יְשׁוּעוֹת**". רק מי שזורע צדקה מצמיח על ידי זאת ישועה; אי אפשר לקצור בלי לזרוע. דברי סיום אלה מקבילים לדברי הפתיחה "וילבש צדקה כשריָן וכובע ישועה בראשו".

סיום האיגרת הוא דברי ברכה הפונים אל מקבלי האיגרת ונותני הצדקה. דברי הסיום, כמו דברי הפתיחה, הם שילוב ועיבוד של מובאות שונות מן הכתובים, המזכירות ומסכמות בסגנון אחר את הדברים שנאמרו בעיקרה של האיגרת.

וככה יאר ה׳ פניו אליהם צדקתם עומדת לעד וקרנם תרום בישועת מצמיח קרן ישועה צמח צדקה מהכובע ישועה הנזכר לעיל. כנפש תדרשנו:

וְכָכָה יָאֵר ה׳ פָּנָיו אֲלֵיהֶם, צִדְקָתָם עוֹמֶדֶת לָעַד וְקַרְנָם תָּרוּם בִּישׁוּעַת מַצְמִיחַ קֶרֶן יְשׁוּעָה, צֶמַח צְדָקָה מֵהַכּוֹבַע יְשׁוּעָה[40] **הַנִּזְכָּר לְעֵיל.** ״קרן הישועה״ צומחת ועולה, יוצאת ופורצת מתוך ה׳לבוש צדקה׳ וה׳כובע ישועה׳, כמבואר בדברי האיגרת.

כְּנֶפֶשׁ תִּדְרְשֶׁנּוּ. אלו מילות הסיום המסכמות את הדברים. כפי שנאמר, הישועה היא כפי הצדקה; אדם מקבל את הישועה במידה ובפנים שבהם נתן את הצדקה. וזה ״כנפש תדרשנו״ – כפי שעומדת ה״נפש״ שלך כלפי חברך, כך ״תדרשנו״, כך תצפה לישועה, להארת הפנים של מעלה כלפיך.

יש שני צדדים בדבר: מצד אחד כשאנו מקיימים מצוות אנו מחקים את הקב״ה, וכמו שדורשים: ״זה אלי ואנוהו״ – הוי דומה לו, מה הוא חנון ורחום אף אתה היה חנון ורחום (ראו שבת קלג,ב ועוד); אנו עושים כמו הקב״ה, ואנו מנסים על ידי זה להגשים כביכול בתוכנו את היותנו צלם האלוקים. אך יש גם צד שני לדברים. אנו עושים מצווה והקב״ה כביכול ׳מחקה׳ אותנו. כשאנו עושים אנו יוצרים את הדגם למה שאחר כך יוצר הקב״ה בתוך העולם. זו גם הדו־משמעות של ״כנפש תדרשנו״ – אנו מקבלים ונותנים בעת ובעונה אחת, אנו עושים כמו הקב״ה והקב״ה עושה כמעשינו, כפי שאנו נותנים כך הוא נותן.

על הכתוב ״מי הקדימני ואשלם״ (איוב מא,ג) נאמר במדרש שמי שכביכול מקדים את הקב״ה – שאין לו בית והוא דואג למצוות מזוזה, שאין לו בגד והוא דואג למצוות ציצית – הקב״ה דואג שיהיה לו. הוא דאג למזוזה, והקב״ה דואג לו לבית; הוא דאג לתלמוד תורה, והקב״ה נותן לו ילדים (במדבר רבה פרשה יד,ב). והנקודה היא: כאשר האדם מקדים, כאשר הוא עושה מעל ומעבר למה שהוא חייב ואמור לתת – הקב״ה עושה כנגדו, מעל ומעבר לעולם שהיה. הוא מאיר פניו אלינו, ובורא עולם חדש.

איגרת ד

איגרת זו נכתבה, כפי הנראה מלשונה בסופה, בסמוך לגאולה מן המאסר בשנת תקנ"ט (ואולי לגאולת תקס"א). האיגרת היא מן האיגרות שנועדו לעורר על נתינת הצדקה, בין לתמיכה בעניים ובנצרכים שהיו מצויים בכל מקום באותם זמנים ובין להחזקת היישוב החסידי בארץ ישראל. הדרישה לצדקה הופנתה גם לאנשים שבעצמם לא היו עשירים, ופעמים שהם עצמם היו דחוקים בכסף ונתינת הצדקה הייתה בשבילם הקרבה של ממש.

ואולם באיגרות אלו, שאינן רק איגרות של גבאי צדקה, אלא של רבי לחסידים, ניתן תמיד גם הסבר פנימי למצווה זו, מדוע היא חשובה כל כך, לא רק למקבל אלא בעיקר לנותן. באיגרת זו מוסבר בהיקף הגדול כיצד פודה הצדקה שאדם נותן את השכינה מגלותה; הן בצד הכללי של פדיון עם ישראל מבין האומות, והן בתוך כל אדם בגילוי ופדיית אהבת ה' הפנימית שלו, המכוסה והנסתרת.

איגרת ד

ט אב פשוטה
יג אב מעוברת

אין ישראל נגאלין אלא בצדקה שנאמר ושביה בצדקה. כתיב צדק לפניו יהלך והוה ליה למימר ילך. אך הענין על פי מה שכתוב לך אמר לבי בקשו פני פירוש בקשו פנימית הלב כי הנה בלהב יסוד האש האלקית שבלב (נוסח אחר הנה בהלב [יסוד האש האלוקית שבלב]) יש ב׳ בחינות. בחינת חיצוניות ובחינת פנימיות. חיצוניות הלב היא התלהבות המתלהבת מבחינת הבינה והדעת בגדולת ה׳ אין סוף ברוך הוא (להתבוננן) [להתבונן] בגדולתו ולהוליד מתבונה זו אהבה עזה כרשפי אש וכו׳.

האיגרת פותחת בשאלה העולה מן הכתובים העוסקים בגאולת ישראל על ידי הצדקה.

אֵין יִשְׂרָאֵל נִגְאָלִין אֶלָּא בִּצְדָקָה,[1] **שֶׁנֶּאֱמַר:** ״צִיּוֹן בְּמִשְׁפָּט תִּפָּדֶה **וְשָׁבֶיהָ בִּצְדָקָה**״ (ישעיה א,כז). שפדות ישראל מן השבי והגלות היא על ידי נתינת הצדקה.

ועוד **כְּתִיב: ״צֶדֶק לְפָנָיו יְהַלֵּךְ״** (תהלים פה,יד), **וַהֲוָה לֵיהּ לְמֵימַר** (והיה לו לומר), לכאורה ראוי היה לומר: **״יֵלֵךְ״**, ומדוע כתב ״יהלך״? ובהמשך יבאר שההבדל בין ״ילך״ ובין ״יהלך״ הוא משמעותי.

אַךְ הָעִנְיָן, כדרך מאמרי החסידות, המבארים את הדברים מיסודם, עובר אדמו״ר הזקן להסביר עניין אחר, ומתוך כך יובן בהמשך גם עניין זה של ׳ילך׳ ו׳יהלך׳. **עַל פִּי מַה שֶּׁכָּתוּב: ״לְךָ אָמַר לִבִּי בַּקְּשׁוּ פָנָי״** (תהלים כז,ח). בדרך כלל מפרשים את ׳פני׳ כלפי מעלה, כביכול פניו של הקב״ה. ואולם כאן הוא מביא **פֵּירוּשׁ: בַּקְּשׁוּ פְּנִימִית הַלֵּב.** ליבו של אדם כאילו אומר לו: ״בקשו פני״, בקשו את פנימיותי. ובהמשך יבואר מהי פנימיות הלב, וכיצד היא גם האמצעי להגיע אל הפנימיות של מעלה.

כִּי הִנֵּה בְּלַהַב יְסוֹד הָאֵשׁ הָאֱלֹקִית שֶׁבַּלֵּב (נוּסָּח אַחֵר: הִנֵּה בְּהַלֵּב [יְסוֹד הָאֵשׁ הָאֱלֹקִית שֶׁבַּלֵּב]). מה שנאמר בשתי הנוסחאות הוא שלהב האש האלוקית, ההתלהבות והתשוקה

השכל והרגש החלוקה בין כוחות הנפש למוח ולב, שכל ורגש, בנויה על ההבדל בין היסוד השכלי של הנפש לבין היסודות האחרים בה, שאינם שכליים. אדם אוהב או ירא לא לפי ערך הבנתו, ופעמים אף בניגוד להבנתו. עם זאת ברור שיש קשר הדוק בין המוח והלב, שהרי אי אפשר לאהוב או לשנוא, או ליצור רגש כלשהו כלפי דבר, מבלי שתהיה איזו הכרה והבנה שכלית לגביו. בדימוי ציורי מתואר הקשר שבין המוח והלב כמו הגרון הצר שבין הראש והלב (הגוף). המעבר הצר הזה (מֵצר הגרון) גורם לכך שלא כל מה שמבינים בשכל מרגישים בלב. לא כל האנשים דומים בכך. יש אנשים שאצלם הקשר הזה הוא קשר קרוב ויש כאלה שהוא רחוק יותר. יש אדם שיכול להבין דבר לאשורו ואף על פי כן לעשות להפך, כיוון

אל האלוקי, מצויות בלב של הנפש האלוקית. הלב הוא צד הרגש שבנפש, שבעיקרו הוא יסוד האש שבנפש העולה מלמטה למעלה – הרצון וכלות הנפש אל האלוקי.[2] זאת לעומת יסוד המים, שהוא בעיקרו הצד השכלי בנפש, הוא היכולת לקבל ולתת לדברים לזרום למטה, לתוך כל חדרי נפשו של האדם.

בדרגה זו של לב **יֵשׁ שְׁתֵּי בְּחִינוֹת: בְּחִינַת חִיצוֹנִיּוּת וּבְחִינַת פְּנִימִיּוּת.** אין מדובר כאן על חיצוניות ופנימיות במובן הרגיל, דהיינו ההבדל בין מה שמתחזה כלפי חוץ ובין מה שהוא פנימי ועצמי, כגון ההבדל בין פעולה שאדם עושה מתוך כוונה אמיתית שהוא מרגיש בתוכו ובין עשייה מתוך כוונה שיראה כלפי חוץ. אף אין מדובר בהיקף הרחב יותר, בהבדל שבין עיקר וטפל. כאן גם הפנימיות וגם החיצוניות הן רגשות שיש להם מקום, תחושות אמיתיות שאדם מרגיש בתוכו. ואם כן, מהו ההבדל בין מידה 'פנימית' ומידה 'חיצונית'?

'חִיצוֹנִיּוּת הַלֵּב' הִיא הִתְלַהֲבוּת הַמִּתְלַהֶבֶת מִבְּחִינַת הַבִּינָה וְהַדַּעַת בִּגְדוּלַּת ה' אֵין סוֹף בָּרוּךְ הוּא, [לְהִתְבּוֹנֵן] בִּגְדוּלָּתוֹ וּלְהוֹלִיד מִתְּבוּנָה זוֹ אַהֲבָה עַזָּה כְּרִשְׁפֵּי אֵשׁ וכו'. חיצוניות הלב היא התעוררות הרגש הנובעת מההתבוננות ומההכרה השכלית. כאשר אדם חושב ומתבונן בגדולת ה', כל אחד בדברים המעוררים אותו, שיש להם משמעות לגביו, יוצר תגובה רגשית. במקומות אחרים מתוארת תגובה זו כאופן הרצוי של אהבה ויראה הנקראות 'דחילו ורחימו (יראה ואהבה) שכליים'. דהיינו, רגש של אהבה או יראה הנוצר מכוחה של ההכרה, הבנוי ומתבסס עליה. ההכרה משנה את האדם, מעבירה אותו ממצב נפש אחד לשני, וככל שהיא נעשית פנימית ועמוקה יותר – גם ההרגשה שבאה בעקבותיה עמוקה ולוהטת יותר.
לאהבה זו, שהיא הרגשה והתלהבות אמיתית, קורא המחבר 'חיצוניות הלב' משום שהיא מתעוררת ומתפתחת על ידי כוחות השכל שהם חיצוניים ללב עצמו. ועוד, משום שההתבוננות אינה בפנימיות המהות האלוקית (שאין המחשבה תופסת בה) אלא בהארה האלוקית שבעולם, שהיא חיצונית למהות האלוקית עצמה. יש לחיצוניות הלב יתרונות גדולים בכך שניתן לעורר אותה ולכוון אותה בכל עת על ידי עבודה רוחנית מיידית של כוח הרצון והשכל, אבל היא מוגבלת בעוצמה ובהיקף, בשל מוגבלויותיה של ההכרה שהיא בנויה עליה.

שליבו מושך אותו לצד השני; ויש אדם שאולי איננו חכם גדול, אבל ההתלהבות שלו גדולה מאוד, מפני שאת המעט שהוא מבין בראשו הוא מרגיש גם בליבו. אפשר לראות מעין זה אצל ילדים קטנים: כשילד קטן מבין שדבר הוא טוב, הוא מייד רוצה וחושק בו. זו הסיבה שלילד קטן לא מספרים סיפורים מפחידים, משום שהוא לא יוכל אחר כך לישון בלילה; בעוד שאדם מבוגר יכול לשמוע את הסיפור ואחר כך לישון ללא הפרעה. רוב בני האדם, ככל שהם מבוגרים יותר נוצרות אצלם יותר ויותר חציצות בין המוח והלב, בין מה שהם מבינים ומה שהם מרגישים.

עבודת ההתבוננות חלק גדול מה"עבודה"[3] הנפשית שמדובר עליה בספרי חסידות היא

ופנימיות הלב היא הנקודה שבפנימיות הלב ועומקא דליבא שהיא למעלה מעלה מבחינת הדעת והתבונה שיוכל האדם להתבונן בלבו בגדולת ה׳. וכמו שכתוב ממעמקים קראתיך ה׳ מעומקא דליבא (ועל דרך משל כמו במילי דעלמא לפעמים יש ענין גדול מאד מאד שכל חיות האדם תלוי בו ונוגע עד נקודת פנימיות הלב ועד בכלל

וּ׳פְנִימִיּוּת הַלֵּב׳ הִיא הַנְּקוּדָּה שֶׁבִּפְנִימִיּוּת הַלֵּב וְעוּמְקָא דְלִיבָּא (ועומק הלב), **שֶׁהִיא לְמַעְלָה מַעְלָה מִבְּחִינַת הַדַּעַת וְהַתְּבוּנָה שֶׁיּוּכַל הָאָדָם לְהִתְבּוֹנֵן בְּלִבּוֹ בִּגְדוּלַּת ה׳.** ההתעוררות שבפנימיות הלב היא התעוררות הנקודה הפנימית שבעומק לב האדם, שאין השכל יכול להגדירה ולהגיע אליה; מקום שהוא עמוק יותר ובסיסי יותר מכל מה שאדם מגיע אליו מתוך הסתכלות והתבוננות. נקודה זו קשורה באותם דברים מסוימים הנוגעים לעצם חייו של אדם, לנקודת הבסיס של עצם קיומה של נפשו.

וּכְמוֹ שֶׁכָּתוּב: ״מִמַּעֲמַקִּים קְרָאתִיךָ ה׳״ (תהלים קל,א). המתפרש כאן לא כתיאור חומרי או מושאל של מקום עמוק שאדם נמצא בו וקורא מתוכו, אלא של אדם הקורא **מֵעוּמְקָא דְלִיבָּא** (מעומק הלב), מן המעמקים שבתוכו פנימה. כאשר הקריאה אל ה׳ נובעת לא מן החלק החיצוני והמודע של נפשו אלא ממקור עמוק יותר, מעומק פנימיות ועצמות הנפש.

העבודה על הקשר של השכל עם הרגש.

׳עבודת ההתבוננות׳ אינה רק ההבנה שאדם מבין בשכלו מה שנאמר לו, אלא שאדם חוזר ומתבונן, חוזר וחושב על הדברים, עד שהם נעשים לו בהירים וחיים ועד שמתעוררת גם ההרגשה בלב. לשם דוגמה: כאשר מישהו העליב את פלוני, אם פלוני לא יתבונן ״מה הוא עשה לי״, אם הוא לא יחשוב על הדבר שוב ושוב, שום רגש לא יתעורר. אבל אם הוא יחזור ויתבונן בזה, כל אדם לפי מידת רגישותו, הוא יתחמם יותר ויותר, עד שיגיע לכעס גדול. דוגמה נוספת: מה קורה לאדם שדואג? הוא יושב וחושב מה יכול לקרות, הוא מצייר במחשבתו את כל האפשרויות הנוראות ביותר – עד שהוא יכול להשתגע מרוב דאגה. ההתבוננות אינה אפוא עבודה שכתובה רק בספרים, אלא לכל אדם יש את היכולת הזו, לקחת נושא ולהתעמק בו, וכשהוא מתעמק בו והופך בו – נוצרת מידה מסוימת של התרגשות.

פעולתה של ההכרה אינה תלויה באמיתותה. השאלה אם ההבנה היא נכונה או בלתי נכונה אינה רלוונטית לגבי הרגש שנוצר מכוחה של ההבנה. מה שקובע הוא בהירותה והרגשת הוודאות (הסובייקטיבית) שלה. כשאדם מגיע להכרה שדבר מסוים הוא ׳תאווה לעיניים ונחמד להשכיל׳ – הרי עצם ההכרה הזו יוצרת התייחסות חיובית, שהיא המשיכה כלפי הדבר. ולהפך, ההכרה כי דבר כלשהו הוא מאוס או מזיק אף היא יוצרת תחושה, תחושה שלילית, של רצון להתרחק מאותו דבר. ללא הכרה אין יכולה להתפתח לא התייחסות ולא הרגשה. יסודות האהבה, היראה והרחמים שבנפש זקוקים לגרעין כלשהו, לתבנית יסוד שאליה הם יכולים להתייחס, ולאחר מכן לבנות, לגדול ולהתפתח; ואת הגרעין היסודי הזה נותנת ההכרה.

ההכרה שיוצרת אהבת ה׳ אינה בהכרח הכרה אינטלקטואלית גבוהה. בזהר (חלק א קג,ב) נאמר על הפסוק ״נודע בשערים בעלה״ (משלי

(וְעַל דֶּרֶךְ מָשָׁל, להבין מה היא נקודת פנימיות הלב בקדושה מביא משל **כְּמוֹ בְּמִילֵּי דְעָלְמָא,** בענייני עולם הזה. שכן 'פנימיות הלב' ו'חיצוניות הלב' אינן הגדרות השייכות רק להתייחסותה של הנפש לעולמה של הקדושה, אלא גם להתייחסותה לענייני העולם. בנפשו של כל אדם קיימים שני הצדדים – חיצוניות הלב ופנימיות הלב – בין בקדושה ובין בדברים אחרים. יש דברים שאדם אוהב או שונא אותם על פי הכרתו, ויש דברים שההתייחסות אליהם נראית כנובעת מתוך הנפש עצמה.

והמשל הוא: **לִפְעָמִים יֵשׁ עִנְיָן גָּדוֹל מְאֹד מְאֹד** – לא בהכרח מבחינה אובייקטיבית, אבל בשביל אותו אדם הוא גדול וחשוב מאוד מאוד – **שֶׁכָּל חַיּוּת הָאָדָם תָּלוּי בּוֹ, וְנוֹגֵעַ עַד נְקוּדַּת פְּנִימִיּוּת הַלֵּב וְעַד בִּכְלָל.** לכל אדם יש דברים שבשבילו הם חשובים מאוד, עד שאין הוא יכול לראות את חייו בלעדיהם. אפשר לראות זאת כאשר אדם צריך לוותר או לתת דברים משלו. יש דברים שאדם מכיר בערכם ויודע שהם חשובים, ובכל זאת אם צריך הוא יכול לוותר עליהם; ויש דברים שיש לו קשר פנימי אליהם, לא מפני סיבה או מושכל כלשהו אלא בקשר עצמי שבמהות הנפש, ולכן אותם אין הוא מסוגל לתת (אלא במאמץ יוצא מן הכלל של נתינת עצמותו). הדברים הללו שונים מאדם לאדם. יש אדם שבשבילו נתינה של כסף זה דבר שנוגע בנפשו, ואחר שבשבילו כסף זה דבר של מה בכך; לא משום שהוא עשיר, אלא משום שכסף אינו נוגע לפנימיות ליבו – אבל יהיו דברים אחרים שעליהם הוא לא יוכל לוותר.

לא,כג), שהקב"ה, שהוא "בעלה" של הנפש, נודע לכל אדם כפי שהוא משער בליבו. לפי האופן (שער) ולפי המידה (שיעור) שמגיעים אל ליבו הוא מגיע להתקשרות ולדרגה מסוימת של אהבה ויראה. לא כל מה שאדם משער בליבו הוא נכון, אבל מה שאדם משער בליבו זה מה שיוצר אצלו התייחסות. הרגש תלוי במה שהלב קולט מההכרה. ולכן, גם אם יש לאדם הבנה עמוקה מאוד, אלא שאינה מגיעה ליצור ודאות ובְרירוּת בליבו, הנפש אינה מגיבה ואינה יוצרת את הרגשות המתאימים. ומצד שני ייתכן שפלוני, שעדיין מצייר בליבו את הקב"ה כאיש זקן היושב בשמיים, יבוא מהכרה זו לאהבה ויראה רבה יותר מפלוני שקרא את כל ספרי הפילוסופיה ויודע להגיד כמה הוכחות למציאות הבורא ואחדותו, שכן אצל אדם זה לא יצרה ההבנה הכרה של ממשות בתוכו; כיוון שאינה בשיעור הנפש שלו, אין היא מה שאותו אדם 'משער בליבו'.

היה זמן שחסידים היו עושים ליצנות מה'מגידים', והיו מספרים על מגיד אחד שכדי לעורר יראת שמיים בקהל השומעים היה מתאר להם את הקב"ה בציור כזה: תארו לעצמכם ברווז גדול בשמיים, גדול ונורא. בין השומעים היו בוודאי כאלה שהברווז הזה כבש את דמיונם ועל ידי כך הגיעו לרגש חזק של יראה. בכל העולם היהודי מצויים סיפורים לרוב על אנשים פשוטים שלא ידעו ולא הבינו הרבה, והמעט שהבינו הבינו באופן של טעות, ואף על פי כן ההבנה הזו עוררה בהם אהבה יראה בדרגה גבוהה מאוד – ופעמים שאף הייתה זו חשובה לפני הקב"ה יותר מאהבה ויראה של אנשים משכילים ומבינים מהם.

ממעמקים קראתיך את המזמור הזה, "ממעמקים קראתיך ה'", אומרים בכל יום מעשרת ימי תשובה, שכן התשובה בשלמות היא כאשר "ממעמקים קראתיך" – כאשר

וגורם לו לפעמים לעשות מעשים ולדבר דברים שלא בדעת כלל) וזה לעומת זה ככה הוא ממש בעבודה שבלב. והיינו לפי שבחינת נקודת פנימית הלב היא למעלה מבחינת הדעת המתפשט ומתלבש במדות שנולדו מחכמה בינה דעת כנודע. רק היא בחינת הארת חכמה עליונה שלמעלה מהבינה והדעת

הנקודה הפנימית שבה אדם שוכח את כל הדברים החיצוניים – ההשכלה, המעמד, הדימוי העצמי שלו – שבה מתחילה לפעול המהות הפנימית, מדעת ושלא מדעת, זו הנקודה הנקראת כאן 'פנימיות הלב'. זו היא נקודת היחס הפנימית בין האני ובין הנשמה של האני, בין האני ובין האני שבתוך האני, כפי שהיא במהותה הטהורה, למעלה מכל הבנה והשגה.

וְגוֹרֵם לוֹ לִפְעָמִים לַעֲשׂוֹת מַעֲשִׂים וּלְדַבֵּר דְּבָרִים שֶׁלֹּא בְּדַעַת כְּלָל). כל זמן שאדם פועל מכוח חיצוניות הלב, יש שליטה ובקרה של השכל על הרגש, על גילויי הרצייה ובמידה מסוימת גם על אישיותו. הוא עושה או לא עושה דברים מסוימים, הוא אפילו נהנה ואוהב את מה שהוא עושה, אבל כל זה נמצא 'תחת הדעת', ניזון ומבוקר על ידי מה שהוא יודע ובאופן שהוא יודע. ואולם כאשר דבר נוגע לאדם בנקודה של 'פנימיות הלב' – שכאמור, נוגעת לו בעצם נפשו ובעצם חייו – באותה שעה הוא יפעל גם באופן לא רציונלי; הוא ידבר דיבורים ויעשה מעשים שאינם עוברים כלל את בקרתה של הדעת, וכל התייחסותו תנבע לא ממה שהוא מבין ויודע אלא מעצם מהותו. כל עוד נוטלים מאדם דבר שהוא יכול לוותר עליו, גם אם עמל בו שנים רבות, הוא יגיב ויפעל בצורה 'נורמלית', כלומר ילחם על דברים שהוא חושב שהם חשובים ויוותר היכן שצריך וניתן. אבל כשבאים ליטול מאדם דבר שפנימיות נקודת ליבו קשורה בו, הוא אז פועל בצורה לא מושכלת, בהתפרצות של רגשות ובכוחות שלא ידע על קיומם, משום שאלה באים מעצם מהותו, משכבה כה עמוקה שהוא עצמו לא מכיר בקיומה. אירע פעם מעשה שמכונית עלתה על תינוק, והאמא, שהייתה אישה קטנה, רצה אל המכונית והרימה אותה. לפי כל החישובים אישה כזו אינה מסוגלת להרים מכונית, אבל כשדבר קשור בפנימיות הלב כל החישובים אינם תופסים עוד.

הפנייה היא מעומק לפנים מעומק, מן הנקודה העמוקה והיסודית ביותר של נפשו ששם הוא מרגיש את ההרגשה האמיתית של חייו. כאשר באדם מתעוררת אותה נקודה של אמת פנימית, כאשר הוא יודע בוודאות שלא יוכל לשאת עוד את מצבו הנוכחי – מכאן מתחילה התשובה.[4]

חכמה שלמעלה מהבינה החכמה, הספירה שלמעלה מכל הספירות, נחשבת אמנם בין ספירות השכל אבל כשלעצמה היא איננה מושכלת. רק בדרגת הבינה מתגלה השכל המושכל. הבינה היא האינטלקט, הניתוח והבנייה המושכלת של פרטים מבודדים למערכות; היא אינה מתחילה מה'אין' אלא רק בונה על גבי נקודות ראשית אקסיומטיות שהיא מקבלת מהחכמה. החכמה היא נקודה של חוויה בלתי אמצעית, הקולטת מערך שלם של דברים, מערך של אמת. כאמור, החוויה הזו, אף על פי שהיא המקור לכל

ההבדל הוא כמו ההבדל בין מי שנדקר במקום כלשהו בגוף ובין מי שנדקר בעצב עצמו. התגובה החריפה למגע הישיר בעצב באה משום שהכאב והתחושה אינם חיצוניים ומבוקרים, אלא מגיעים במישרין ממקור התחושה.

וְזֶה לְעוּמַּת זֶה, כמו שרואים במשל, ביחס לענייני העולם הזה, **כָּכָה הוּא מַמָּשׁ בַּעֲבוֹדָה שֶׁבַּלֵּב**, בעבודת ה׳ שבלב. כלומר, בהתייחסותו של האדם אל הקדושה. בתניא מדובר על כך שנקודת פנימיות הלב של כל יהודי היא הקשר שלו אל הקב"ה. ולכן, כאשר נדמה ליהודי שהקשר הזה עומד להיפגע, הוא יפעל בצורה שאינה שקולה, שאינה קשורה לכאורה לשום דבר שהיה קודם. ההיסטוריה היהודית רצופה סיפורים על אנשים שבחייהם לא היו קשורים בשום קשר גלוי ליהדות וליהודים, אבל כאשר הנקודה הזו עלתה, בצורה כזו או אחרת, משהו כאילו התפוצץ, והם פעלו באופן בלתי צפוי לחלוטין, עד כדי מסירת הנפש בפועל.

וְהַיְינוּ לְפִי שֶׁבְּחִינַת נְקוּדַּת פְּנִימִית הַלֵּב הִיא לְמַעְלָה מִבְּחִינַת הַדַּעַת הַמִּתְפַּשֵּׁט וּמִתְלַבֵּשׁ בַּמִּדּוֹת שֶׁנּוֹלְדוּ מֵחָכְמָה בִּינָה דַּעַת כַּנּוֹדָע. פנימיות הלב וחיצוניות הלב פועלים בשני מסלולים שונים. המסלול המסודר של חיצוניות הלב עובר את כל דרגות הנפש מהשכל אל המידות. הוא מתחיל מלמעלה, מהניצוץ הראשון של ההכרה שהיא החכמה, משם הוא מגיע לניתוח ולהרחבה בדרגת הבינה, ולאחר מכן להתקשרות נפשית אל נושא ההכרה בדרגת הדעת. הדעת מולידה את המידות, היא הגורמת לנפש להתייחס אל נושא ההכרה במשיכה או בדחייה, באהבה או ביראה וכו׳. אפשר לומר שהמידות הללו (׳חיצוניות הלב׳) הן היישום האמוציונלי של הדעת, הן מקבלות מן הדעת ולפיכך הן למטה מן הדעת.

לעומת זאת, ישנו מסלול אחר של התעוררות הלב שאינו עובר את כל השלבים של ההכרה, מהחכמה לבינה ולדעת ומן הדעת למידות. **רַק הִיא בְּחִינַת הֶאָרַת חָכְמָה עֶלְיוֹנָה שֶׁלְּמַעְלָה מֵהַבִּינָה וְהַדַּעַת.** בניגוד לחיצוניות הלב, שאינה יכולה לקלוט את נקודת החכמה אלא דרך דרגות הבינה והדעת, מקבלת נקודת פנימיות הלב את ניצוץ החכמה כפי שהוא לעצמו.

החשיבה השכלית שבאה אחריה, היא בעצמה אינה מושכלת, ופעמים אפילו בלתי מושגת. אנו יכולים רק לדעת על קיומה ולהעריך בקירוב את מהותה. יש גם אופן של חזרה, שהיא במובן מסוים מודעת, מהבינה אל החכמה: כאשר לאחר מהלכים שונים של חשיבתנו אנו מקבלים דווקא מהחכמה מידע של ודאות, אישור לגבי האמת של מחשבתנו, אף שאיננו יכולים להסביר כיצד יודעים זאת. זהו בעצם המבחן הסופי שיש לנו לגבי האמת של דברים, כאשר הם חוזרים ומוארים בנקודת החכמה.

כל מערך החשיבה שלנו הוא לפיכך מערך של התייחסות בין החכמה והבינה, במעבר הדדי מתמשך, בהלוך ושוב בדומה לתהליך הנשימה. רק מפני שהמעברים ההדדיים הללו מהירים כל כך איננו יכולים לנתח כיצד עוברת ההברקה הראשונית אל ההבנה ומתי שוב היא מתקשרת אל מקור החכמה.

ובה מלובש וגנוז אור ה' ממש כמו שכתוב ה' בחכמה כו' והיא היא בחינת ניצוץ אלקות שבכל נפש מישראל.

י אב פשוטה **• ומה שאין כל אדם זוכה למדרגה זו לעבודה שבלב מעומקא דלבא בבחינת פנימיות היינו לפי שבחינה זו היא אצלו בבחינת גלות ושביה והיא בחינת גלות השכינה ממש כי היא היא בחינת ניצוץ אלהות שבנפשו האלהית וסבת הגלות הוא מאמר רבותינו זכרונם לברכה גלו לבבל שכינה עמהם**

וּבָהּ, בחכמה העליונה, **מְלוּבָּשׁ וְגָנוּז אוֹר ה' מַמָּשׁ,**[5] **כְּמוֹ שֶׁכָּתוּב: "ה' בְּחָכְמָה** יָסַד אָרֶץ כּוֹנֵן שָׁמַיִם בִּתְבוּנָה" (משלי ג,יט). הפסוק בשלמותו מתאר את תהליך הבריאה, ושתי המילים הראשונות המצוטטות כאן מתארות את ראשיתו של התהליך: "הוי"ה" – כניסת האור האלוקי, "בחכמה" – בספירת החכמה. שם הוי"ה, המבטא את האור האלוקי שבתוך כלי הספירות,[6] נכנס תחילה בחכמה, ורק דרכה הוא מאיר ומתגלה בכל שאר הספירות. כשם שבנפש נקודת החכמה היא ראשית ההכרה, כך בעולמות בכללם היא ראשית ההוויה;[7] החכמה היא הנקודה העומדת בתווך בין המודע והלא מודע, בין ה'אין' וה'יש', ומשום כך רק בה יכול להתלבש אור אין סוף, שלמעלה מהדעת ולמעלה מכל גבול והגדרה.

וְהִיא, נקודת החכמה שבה מתלבש אור אין סוף, המאירה בנקודת פנימיות הלב ושבה מתגלה עצם הנפש, **הִיא בְּחִינַת נִיצוֹץ אֱלֹקוּת שֶׁבְּכָל נֶפֶשׁ מִיִּשְׂרָאֵל.**[8] יש זהות בין הנקודה הפנימית של פנימיות הלב, שהיא התחושה של עצם הנפש, בין נקודת החכמה שלמעלה מהבינה והדעת וכל הספירות, ובין הנקודה והניצוץ האלוקי שלמעלה מהכול, הניצוץ האלוקי המתלבש בחכמה. נמצא שההתעוררות לעבודת ה' מפנימיות הלב היא אפוא מכוח התעוררותו והתגלותו של העצם האלוקי עצמו כביכול, שהוא גם הניצוץ והחלק האלוקי שבנפש האדם.

וּמַה שֶּׁאֵין כָּל אָדָם זוֹכֶה לְמַדְרֵגָה זוֹ, לַעֲבוֹדָה שֶׁבַּלֵּב מֵעוּמְקָא דְלִבָּא בִּבְחִינַת פְּנִימִיּוּת.

העבודה מכוח 'עומק הלב' על הפסוק "וירח את ריח בגדיו" (בראשית כז,כז) דורשים במדרש[9] "ריח בוגדיו". ומסופר שם שבשעה שנכנסו הגויים למקדש הם יראו להיכנס אל הקודש, ולכן חיפשו ומצאו יהודי שהסכים לעשות זאת. פיתו אותו ואמרו לו: "תיכנס, וכל מה שתיקח יהיה שלך". נכנס היהודי והוציא את המנורה, שכולה עשויה זהב. אמרו לו: "זאת ראויה לקיסר. היכנס שוב וקח דבר אחר". אבל אז סירב היהודי, ואמר: "דיי שהכעסתי את בוראי פעם אחת. פעם נוספת איני מוכן!" ניסו לשכנעו, הציעו לו סכומי כסף גדולים, והוא סירב. התחילו להכותו, והוא עמד בסירובו, עד שלבסוף לקחוהו וניסרוהו במסור של ברזל. ליהודי כזה, שהיה מוכן לחבור לרשעים ולגנוב מן הקודש, היה את הכוח לעמוד בייסורי מוות ולא להכעיס את בוראו. והשאלה היא, איפה היה אותו כוח קודם? ולגבי כל אחד, אם הוא ישנו בתוכו, מדוע אין הוא משתמש בכוח הזה בחיי היום יום?

יש דרגות בעבודת ה׳ שתלויות בהשגה ובהשכלה, ואלו מותנות בכישרונו של האדם ובהשקעתו, אבל דרגה זו של עומק הלב נמצאת בכל אדם. נפשו של כל אדם מישראל היא ״חלק אלו־ה ממעל״, לכל אחד יש ניצוץ אלוקות בנפשו ולא רק ליחידי סגולה – ואם כן, מדוע אין כל אחד זוכה לעבוד את ה׳ בפועל ובגלוי מכוח דרגה זו של פנימיות הלב?

הַיְינוּ לְפִי שֶׁבְּחִינָה זוֹ הִיא אֶצְלוֹ בִּבְחִינַת גָּלוּת וְשִׁבְיָה. הנקודה הזו אכן מצויה בכל אדם מישראל, היא הוא עצמו הפנימי, אבל אין היא חופשייה ואין היא גלויה אצל כל אחד. הגלות והשביה שבהן מצויה פנימיות הלב הקדושה אינן עניין של גבולות חיצוניים אלא של מעצורים ומחסומים פנימיים הקיימים באדם עצמו – בנפשו הבהמית, ברצונותיה ובפחדיה – והם המסתירים ומחזיקים בשביה ובגלות את פנימיות הנפש.

וְהִיא, גלות הניצוץ האלוקי של האדם, המוסתר ומשועבד לכוחות הנפש הבהמית, היא **בְּחִינַת גָּלוּת הַשְּׁכִינָה מַמָּשׁ.** אין זה רק ׳על דרך משל׳ ו׳מעין׳, אלא ׳ממש׳. שהרי האדם הוא ׳עולם קטן׳,[10] וכל מה שיש בו וקורה בו הוא השתקפות מוקטנת אבל ממשית של הוויית העולם הגדול.

כִּי הִיא, נקודת פנימיות הלב באדם, **הִיא בְּחִינַת נִיצוֹץ אֱלֹהוּת שֶׁבְּנַפְשׁוֹ הָאֱלֹהִית.** ואם הניצוץ הזה בגלות אצלו, פירושו של דבר, בהיקף הגדול, שהשכינה בגלות – כאשר השכינה אינה מבטאה ומגלה עוד את עצמה, את שכינת האלוקי בעולם באופן בהיר וגלוי, אלא משפיעה את כוחה דרך דברים אחרים ומהם כאלה שאף מתנגדים לה ושוללים את קיומה.

וְסִבַּת הַגָּלוּת הוּא כְּמַאֲמַר **רַבּוֹתֵינוּ זִכְרוֹנָם לִבְרָכָה: גָּלוּ לְבָבֶל שְׁכִינָה עִמָּהֶם** (מגילה כט,א). הסיבה לגלות הניצוץ האלוקי שבכל אחד היא כסיבת גלות השכינה בכלל, שכאשר עם ישראל גולה גם השכינה נמצאת עימו בגלות. גלות השכינה אינה רק העתקה חומרית מקומית, אלא בעיקר רוחנית. כאשר יש ירידה רוחנית וגלות של מהות ישראל, הרי אף השכינה שבתוכם יורדת ושוכנת בדרגה זו. וכשם שדבר זה נכון בתבנית הגדולה של העם כולו ושל השכינה בכלל, כך הוא נכון לגבי כל אדם פרטי מישראל ושל השכינה הפרטית שבו, דהיינו הניצוץ האלוקי שבכל אחד מישראל היורד עימו לאותה ירידה

גלות ושביה אדם מישראל, גם אם ישתדל לעשות כן, אינו יכול להשמיד את הניצוץ האלוקי שבתוכו, אבל הוא יכול להסתיר אותו, לכסות ולטשטש את קיומו. הסתרה והעלמה זו של המהות הפנימית נקראת גלות. עניינה של הגלות הוא העתקה למקום זר ותחת שליטה זרה – על דרך משל, כאשר אדם יוצא שלא מרצונו ממקומו למקום שאיננו מקומו, והוא עושה שם את רצונם של אחרים שאינו רצונו שלו. אף שבפנימיותו הוא נשאר אותו אדם, הרי ההתבטאות שלו היא עתה שונה לגמרי; קודם היה הוא אדם לעצמו, שמגלה את הווייתו העצמית שלו, ועכשיו הוא אדם בשבי, המצוי במסגרת שאחרים קובעים עבורו ומוגבל על ידי ערכים ורצונות אחרים. כך עומק ליבו של האדם, נקודת מהותו האלוקית, למרות שהיא עצמה אינה משתנה, הרי כאשר היא ״בבחינת גלות ושביה״ אין היא מתגלה עוד במהותה שלה אלא במהויות אחרות, לעיתים הפוכות, ממהותה ודרכה שלה.

דהיינו מפני שהלביש בחינת פנימית נקודת לבבו בזה לעומת זה דהיינו בלבושים צואים דמילי דעלמא ותאות עולם הזה הנקרא בשם בבל והיא בחינת ערלה המכסה על הברית ונקודה הפנימית שבלב ועל זה נאמר ומלתם את ערלת לבבכם.

וגלות פרטית שהוא נמצא בה. גלות השכינה היא, לפי זה, התוצאה של גלות ישראל בכלל, ושל הגלות הפרטית של הנפש האלוקית שבכל אחד מישראל.

דְהַיְינוּ מִפְּנֵי שֶׁהִלְבִּישׁ בְּחִינַת פְּנִימִית נְקוּדַּת לְבָבוֹ בְּ"זֶה לְעוּמַּת זֶה".[11] "זה לעומת זה" הוא ביטוי קבוע למבנה של הרע לעומת הטוב, כאשר לעומת מבנה של טוב ושל קדושה ישנו מבנה אלטרנטיבי של רע ושל טומאה. ואם כן, כאשר במקום להכניס את נקודת פנימיות הלב להיכן שהיא שייכת, לעניינים שבקדושה, הוא מכניס אותה לעניינים אחרים שהם מקבילים למבני הקדושה אך מנוגדים להם בתוכנם – זוהי גלות השכינה הפרטית שלו.

דְהַיְינוּ, שהלביש את נקודת פנימיות לבבו **בִּלְבוּשִׁים צוֹאִים**[12] (מלוכלכים) **דְּמִילֵּי דְעָלְמָא** (של ענייני העולם) **וְתַאֲוֹת עוֹלָם הַזֶּה.** ואין מדובר במעשה עבירה דווקא, אלא בכל ענייני העולם ותאוות העולם כשהם קיימים לעצמם, ללא קשר אל הקדושה. וזהו **הַנִּקְרָא בְּשֵׁם "בָּבֶל".**[13] כשאדם מכניס את עצמו, ברצונו ומדעתו, לעניינים של עולם הזה, כאשר הוא מכניס את חיצוניות הלב שלו ל"בבל", הרי גם הנקודה הפנימית שבליבו תהיה כבושה ושבויה שם. באותה שעה הכוח שבפנימיות ליבו, שיכול לתת לו את כל

גלות פנימיות הלב פנימיות ליבו של אדם יכולה להיות מלובשת כמעט בכל דבר. כאשר היא נמשכת ומתלבשת בדבר כלשהו ומזדהה עימו היא תפעל לגבי דבר זה כאילו היה פנימיות הלב באמת. כך, למשל, יכולה פנימיות הלב של אדם להתלבש באוכל או בכסף. אדם כזה, אם פוגעים במולדתו, בעמו ובאלוהיו, ודאי שיגיב תגובה רגשית ומעשית הולמת, לפי הבנתו ויחסו לדברים, אבל זו תהיה תגובה מצד חיצוניות הלב. ואולם, אם רק ייגעו בכספו, הוא יגיב באופן קיצוני ואחר לגמרי; באותה שעה תתעורר הנקודה הפנימית, הבלתי רציונלית, נקודת פנימיות הלב, והוא יעמוד על שלו כפי שאדם עומד על דבר שכל חייו תלויים בו. מצב זה הוא הקרוי 'גלות' ו'שביה' של פנימיות הלב בתוך נושאים אחרים, גשמיים וחומריים. גם באותו אדם יש עדיין פנימיות הלב, נקודת עצמות, אלא שהוא גרם לכך שתפנה מן הדברים הפנימיים לעניינים אחרים; הוא מלביש אותה ב"לבושים צואים" של ענייני עולם הזה. ואותה נקודה של פנימיות, שהייתה מכוונת מראשיתה להובילו אל הקודש פנימה, מפנה אותו עכשיו לעיסוק של מה בכך, שיכול להיות אפילו מנוגד למהותו הפנימית האמיתית.

ראייה זו של גלות השכינה ושל גלות פנימיות הלב מזכירה סוגים שונים של מחלות נפש ושל דרכי טיפול בהם. ההנחה היא שיש בנפש רצייה יסודית שעוברת שינויים ועיוותים; פעמים שהיא מקבלת צורות נורמליות, ופעמים צורות של מחלות. אחת מדרכי הטיפול בבעיות אלו היא לנסות להראות לאדם את הסטייה ולהחזיר אותו אל הכיוון הראשון. אומרים לו: נדמה לך שאתה רוצה דבר כזה וכזה, אבל בעצם אתה רוצה דבר אחר לגמרי. במובן זה, ההבדל בין השיטות הפסיכולוגיות או הרוחניות

הכוח והחיות – נמצא בשימוש אחר, חיצוני וזניח, ביחס לתכלית הפנימית המיועדת לו. אילו אדם היה יודע שתמצית נקודת ליבו היא הקב"ה לבדו, הוא יכול היה לעשות דברים אף מעבר לשיעור הגודל של עצמו. כל חייו היו אחרת. אלא שהנקודה הזו איננה גלויה, היא מתלבשת ומסתתרת בתוך קליפות חיצוניות, בתוך לבושים מלוכלכים ואטומים שמסתירים ואינם מגלים מהיכן הם מקבלים את כוחם וחיותם.

דימוי אחר לאותה גלות והטיה של פנימיות הלב: **וְהִיא בְּחִינַת עָרְלָה הַמְכַסָּה עַל הַבְּרִית וּנְקוּדָּה הַפְּנִימִית שֶׁבַּלֵּב.** כפי שבגוף הגשמי יש עורלה וכיסוי של הברית (איבר המין), כך בנפש יש 'עורלת הלב'. עורלה היא אוטם וכיסוי, ועורלת הלב היא הכיסוי האוטם ומסתיר את פנימיות הלב.[15] כיסוי זה גורם לכך שרצון הלב הפנימי, נקודת האמת של האדם, לא יתגלה כמות שהוא אלא רק דרך הכיסוי והלבוש של העורלה. כלומר: הרצייה הפנימית תגלה את עצמה בתוך רצונות אחרים, שאינם לקב"ה אלא לדברים אחרים.

וְעַל זֶה נֶאֱמַר: "וּמַלְתֶּם אֵת עָרְלַת לְבַבְכֶם" (דברים י,טז). כשם שיש מצווה למול ולהסיר את העורלה הגשמית, כך יש לכרות ולהסיר גם את עורלת הלב, כדי לגלות את נקודת פנימיות הלב.

"ומלתם את ערלת לבבכם" אינה הוראה לחתוך את הלב, או במילים אחרות להמית כל הרגשה ותחושה שבלב, אלא רק להסיר את הקליפה שנמצאת עליו, לגלות את הלב כמות שהוא בלי כיסוי. עורלת הלב שאנו מצווים להסיר הם כל אותם הדברים שעומק הלב הפנימי קשור אליהם, שאין להם קיום ממשי לעצמם, שאין הם אלא ההטיה והעיוות

השונות הוא בקביעה מהו אותו הדבר שהוא רצונו הפנימי האמיתי של האדם, מהו הרצון שעומד מאחורי כל הרציות האחרות.

כפי שנאמר כאן, בנפשו של כל אדם יש נקודה של פנימיות הלב, שבה מאיר הניצוץ האלוקי שבאדם. ולכן, בפנימיות ליבו משתוקק האדם אל דבר אחד בלבד – אל הקב"ה. אלא שתשוקה זו עוברת מנגנון של עיוותים ושינויים, הנקרא 'גלות השכינה', ואז נקודת הרצייה הפנימית שהייתה במקורה לקב"ה לבדו, משוקעת בדברים אחרים. במונחים של התורה קוראים לתופעה זו עבודה זרה. עבודה זרה אינה בהכרח הכחשה של מציאות הקב"ה, אלא העברה של הכניעה והפולחן מהקב"ה אל דבר שאינו הקב"ה.

מסופר בתלמוד (סנהדרין סד,א) שאנשי כנסת הגדולה הרגו את היצר הרע של עבודה זרה. ושאלו חסידים: כיצד הרגו את היצר הרע של עבודה זרה? והלוא היצר הזה הוא מלאך, ואיך אפשר להרוג מהות רוחנית? והשיבו, שבאמת לא הרגו אותו, אלא רק העבירו אותו לתפקיד אחר (כיוון שאין מלאך יכול לעשות שתי שליחויות[14]), ועכשיו הוא היצר הרע של הכסף. כלומר, ההגדרה הבסיסית של עבודה זרה היא בעצם הסטייה מן הרצון הבסיסי של עבודת ה' לעבר אחר. ולכן כל סטייה, גם אם אין היא ביטוי של עבודה לאל אחר אלא נטייה ותשוקה חילונית לגמרי, כמו לכסף או לכבוד וכיוצא בזה, היא כבר 'עבודה זרה' וביטוי לקלקול הבסיסי הנקרא כאן 'גלות השכינה'.

דימוי העורלה המכסה על הברית הדימוי הזה מכוון גם מצד התוכן שמכסה העורלה, שכן ה'ברית' היא היא 'פנימיות הלב' – הקשר המהותי בין האדם לקב"ה – ועליו יש עורלה שמכסה.

והנה במילה יש שני בחינות מילה ופריעה שהן ערלה גסה וקליפה דקה וכן בערלת הלב יש גם כן תאות גסות ודקות מילה ופריעה ומל ולא פרע כאלו לא מל מפני שסוף סוף עדיין נקודת פנימית הלב היא מכוסה בלבוש שק דק בבחינת גלות ושביה. והנה על מילת הערלה ממש כתיב

שהם יוצרים על פנימיות הלב. ולכן בפנימיותה ההוראה של "ומלתם את ערלת לבבכם" היא הוראה לשחרור, ליציאה מן ההסתר ולגאולה רוחנית.

וְהִנֵּה בְּמִילָה יֵשׁ שְׁנֵי בְּחִינוֹת. במצוות המילה הגשמית יש שתי פעולות שהן חלקי המצווה, והן נקראות: **מִילָה וּפְרִיעָה.** שכן העורלה, הכיסוי שאותו צריך להוריד, אף הוא מורכב משני כיסויים, **שֶׁהֵן: עָרְלָה גַּסָּה,** שהסרתה נקראת 'מילה', **וּקְלִיפָּה דַקָּה,** שהסרתה נקראת 'פריעה'. ושתיהן ביחד – מילה ופריעה – הן הקיום של מצוות המילה.

וְכֵן בְּעָרְלַת הַלֵּב, בקיום מצוות המילה בנפש, **יֵשׁ גַּם כֵּן** שתי בחינות של 'קליפה' רוחנית: **תַּאֲוֹת גַּסּוֹת** וְתאוות **דַּקּוֹת,** שהסרתן מקבילה לשתי הבחינות במילה: **מִילָה וּפְרִיעָה.** החלוקה בין תאוות גסות ותאוות דקות אינה פשוטה, ויש כמה אופנים לראות זאת.

תאוות גסות ותאוות דקות חלוקה מקבילה, שנזכרה בליקוטי אמרים,[16] היא בין תאוות שהן בבחינת 'שדין נוכראין' (שדים נוכריים) ובין אלה שהן בבחינת 'שדין יהודאין' (שדים יהודיים). ה'שדים הנוכריים' הם אלה שמפתים את האדם לעבור עבירות המפורשות בתורה, כגון: לא תרצח, לא תנאף, לא תגנוב וכיוצא בזה. לאדם שמתאווה לדבר זה ברור שזו עבירה, שזו 'תאווה גסה'. לעומת זאת, ה'שדים היהודיים' הם הפיתויים שיש לאדם לדברים המותרים, שעל פי השולחן ערוך מותר לעשותם, ואף על פי כן כיוון שאין בזה לא מצווה ולא כוונה לשם שמיים, אלא תאווה שאדם מתאווה לצורך עצמו – אלו הן תאוות רעות. כגון, כאשר אדם מתאווה לאכול בשר כשר בתאוות אכילה פשוטה, זוהי תאווה של 'שד יהודי'. ומשום שקשה לזהות את העבירות הללו כעבירות, גם התאווה לעשות אותן היא דקה ומורכבת יותר.

בחלוקה אחרת, דקה יותר, אפשר לכלול בין התאוות הגסות גם תאוות שבתחום המותר. שהרי גם למה שמותר יכול אדם להתאוות בתאווה גשמית וגסה. זאת ועוד, תאוות גסות אינן שייכות בהכרח לתחום הגשמיות; גם בתחום הרוח יכולות להיות תאוות שהן בבחינת גסות רוח פשוטה. יש אפוא דרגות שונות של תאוות גסות: יש באיסור ויש בהיתר, יש בגשמיות ויש ברוחניות. וכנגדן ישנה 'תאווה דקה', שאינה בעצם תאווה ממש אלא מה שקוראים 'פנייה'. כלומר, אותה הטיה דקה, שיכולה להיות בכל דבר, שבה אדם רואה את הדברים – שבתוך עצמו ושבתוך העולם – על פי נטיית הלב של עצמו. זוהי אנוכיות שאינה מתבטאת בהכרח בצורה בוטה, בדריסת אחרים או בגרימת רע, אלא נטייה של דקות, אופן התייחסות המביא בחשבון את הרציות האישיות, את המעמד של עצמו. תחושה כזו יכולה להתמלא גם במחשבות ובמעשים היפים ביותר. אדם עושה דברים טובים – עוסק במצוות, לומד תורה, מתפלל – ואפילו אינו מודע לכך שהוא בעצם עוסק רק בעצמו.

באופן כללי התאוות הגסות הן אלה שידוע שהן תאוות רעות, והתאוות הדקות הן אלה שלא ברור שהן רעות.

וּ'מָל וְלֹא פָּרַע כְּאִלּוּ לֹא מָל'.[17] ההלכה במצוות המילה היא שמי שמל ולא פרע – כלומר הסיר את הקליפה הגסה אבל לא פרע את הקליפה הדקה – לא קיים את מצוות המילה. והדבר נכון גם לגבי המילה הרוחנית של עורלת הלב.

מִפְּנֵי שֶׁסּוֹף סוֹף עֲדַיִין נְקוּדַּת פְּנִימִית הַלֵּב הִיא מְכוּסָּה בִּלְבוּשׁ שַׂק דַּק בִּבְחִינַת גָּלוּת וְשִׁבְיָה. גם לאחר המילה של כמה וכמה קליפות גסות, אם עדיין פנימיות נקודת הלב, עיקרה ועצמותה של הנפש, מכוסה במטרות ורציות אחרות – הוא עדיין בבחינת ערל, כאילו לא מל. ההבדל שיוצר את הגלות הוא הבדל מהותי ולא כמותי, ולכן כל עוד נשארת קליפה, ואפילו דקה שבדקה, הוא עדיין במצב של גלות השכינה.

אכן יש הבדל בין כיסוי גס לכיסוי דק, כמו בין גלות קשה וכואבת לגלות שאין מרגישים בה. במובן מסוים יש יתרון דווקא בגלות קשה ומכאיבה, מפני שאז אדם לפחות יודע שהוא בגלות ורוצה לצאת ממנה. כך גם בין עבירות ותאוות גסות, כאשר אדם יודע שזו עבירה, ובין עבירות דקות, שלא ברור שזו עבירה והדרך להתמודד איתן היא מורכבת וקשה יותר. ומכל מקום, גסה או דקה – גלות היא גלות.

וְהִנֵּה עַל מִילַת הָעָרְלָה מַמָּשׁ כְּתִיב: "וּמַלְתֶּם אֵת עָרְלַת לְבַבְכֶם" (דברים י,טז) **– אַתֶּם**

יש קליפה פשוטה, כגון אדם שמעמיד פנים, חובש כיפה ומגדל זקן ארוך, מתפלל ומתנועע משום שהוא מקבל תועלת מהרושם שזה עושה על הבריות. ויש קליפה דקה יותר, כגון אדם שאינו מעמיד פנים, אבל יש לו הנאה מזה. הנאה זו יכולה להיות גם הנאה רוחנית, בדקות גדולה, עד שהאדם עצמו אינו מבחין תמיד היכן הקדושה והיכן הקליפה, היכן הבפנים והיכן הקליפה החיצונית. ישנו סיפור ידוע על אחד מחסידי קוצק. כל ימיו נמנע אותו חסיד מלומר לאנשים מוסר, מפני ש– כפי שאמר – יש בזה 'צדדים', ואפילו אם הכול דברי אמת, יכול שתהיה לו גם הנאה מזה, ולכן שתק. כשהגיע זמנו להיפטר מן העולם, ונאספו אצלו כל מכריו, התרומם ואמר: "עכשיו כשאני הולך למות, וכבר לא אכפת לי מה יגידו ומה יחשבו עליי, אני יכול להגיד הכול". קרבו הסובבים והיטו לשמוע, ואז עלה בדעתו: "שבעים שנה אני עוצר בעצמי, והנה עכשיו ברגע האחרון חושב לו היצר הרע שיצליח לתפוס אותי? לא אדברו!" וכך הוא מת. ויש מוסיפים לסיפור: ושם הוא תפס אותו. מפני שאדם כזה, ברגע הזה, אכן היה יכול להביא תועלת לרבים, ובמקום זה הוא חשב על עצמו.

הקליפה הדקה היא עצם ה'ישות' גם מי שזונח במודע את התאוות הגסות, ובכללן את התאוות הרוחניות, אבל אינו יכול להיפטר מאותה נטייה דקה של 'ישות' בדברים שהוא עושה, אינו יכול להגיע לגילוי מלא ופנימי של נקודת פנימיות הלב, שעדיין נמצאת בגלות. אדם יכול לעשות ויתור מודע על כמה דברים שאנשים אחרים מתאווים להם, הוא יכול לנצח כמה וכמה תאוות חיצוניות וגסות, ועדיין תהיה נקודת פנימיות הלב שלו בתוך עטיפה של גלות. הדבר מתבטא גם ברציות הנאצלות והעדינות ביותר, אף באלה הפונות לכאורה רק אל הקדושה. כאשר אדם רוצה למשל לעשות את הדבר־שבקדושה, אבל דווקא בעצמו; הוא מוכן למסור את עצמו לשם דברים נעלים, אבל רוצה לראות את

ומלתם את ערלת לבבכם אתם בעצמכם אך להסיר הקליפה הדקה זהו דבר הקשה על האדם ועל זה נאמר בביאת המשיח ומל ה׳ אלהיך את לבבך כו׳ לאהבה את ה׳ אלהיך בכל לבבך ובכל נפשך למען חייך כלומר למען כי ה׳ לבדו הוא כל חייך ממש. שלכן אהבה זו היא מעומקא דלבא מנקודה פנימית ממש כנזכר לעיל ולמעלה מבחינת הדעת

בְּעַצְמְכֶם. שמצווה זו, של הסרת הקליפה והתאווה הגסה, שהיא גלויה ומוחשית – מוטלת עליכם. במידה זו או אחרת יכול כל אדם לתקן בעצמו את מידותיו, להסיר מעל עצמו תאוות רעות ולהפריד את נפשו מהן. התחום שבו ניתן לאדם לעשות זאת הוא התחום של ה׳תאוות הגסות׳, שבו ברור לו מהי קליפה ומה אינה קליפה. דבר שהאדם רואה ומבין אותו – הוא גם יכול להתמודד ולנצח אותו. כשהוא יודע שתאווה זו היא אסורה, כאשר הוא מרגיש שיש כאן נקודה של ברירה, החיתוך הוא פשוט מאוד: הוא יודע שאין הוא יכול להיות בשני צדדים סותרים באותו זמן, שאין הוא יכול לשחרר את הנקודה הפנימית כל עוד הוא שקוע בתאווה זו. וכיוון שכך, עם כל הקושי שבדבר, הוא יכול להילחם, והוא יכול גם לנצח במלחמה הזו.

אַךְ לְהָסִיר הַקְּלִיפָּה הַדַּקָּה, זֶהוּ דָּבָר הַקָּשֶׁה עַל הָאָדָם. ההבחנה בין הקליפה הדקה ובין הקדושה היא קשה ובעצם בלתי אפשרית לאדם עצמו. הסיבה היא שלגבי קליפה זו אין ביד האדם הגדרות ברורות – היכן הוא והיכן הקליפה, ולכן אין הוא יכול בעצמו להסיר אותה. כפי שנאמר, כל עניינה של הקליפה הדקה הוא דווקא בעירוב זה של ה׳אני׳ בדברים; אותו צד של הפנייה האישית בהטיית הדברים ל׳גרמיה׳, לצורך עצמו, לטובת עצמו, ביחס לעצמו. בדברים אלה, השאלה מה נכון ומה אינו נכון תלויה בשיפוט סובייקטיבי גמור, של האדם ביחס לעצמו, ולכן היא אינה ניתנת בעצם לפתרון חד משמעי. מצד אחד, אדם חייב לעשות זאת בעצמו, כי אין אדם אחר שיכול לדון בדברים הללו, שהם דקים ועדינים ואינם ניתנים לשיפוט חיצוני; ומצד שני, כאשר אדם שופט את עצמו, כאשר הוא גם הדיין וגם הנידון, אין שום דרך אובייקטיבית שבה הוא יכול

עצמו במרכז העניינים. רצונות כאלה מבטאים תאוות דקות מאוד, שאפילו לאדם עצמו קשה להבחין בהן.

מילה ופריעה, ההבדל בין ישראל לאומות העולם מעניין שהבחנה זו בין מילה לפריעה מצויה גם בין מצוות המילה של ישראל ובין זו של הגויים. מצוות המילה שהתחייבו בה הגויים (כפי שהתחייב בה אברהם אבינו קודם מתן תורה) היא המילה בלבד בלא הפריעה,[18] ולכן לגבי גויים מזרע אברהם אין הפריעה מעכבת. מישראל יש דרגה נוספת של דרישות שאין דורשים מהגויים. אפשר לומר שזהו ההבדל בין מי שעושה מעשה רק כסמל, כזיכרון וכסימן בלבד, ובין מי שאצלו הדבר הוא אמיתי, שאצלו מתרחש הדבר הממשי. כאשר דברים נעשים בתוך המציאות הממשית, השאלה החשובה אינה אם פלוני עשה מעשה, אלא אם המעשה נעשה; האם נתגלתה הנקודה הפנימית שנמצאת כאן, או לא? ולכן אצל ישראל, למרות שעשה מעשה (המילה), כל עוד נשאר משהו מהקליפה

למדוד את הדבר. נמצא שהקליפה הזו אינה מגיעה, כמעט אף פעם, להתגלות כקליפה וכרע לעצמה; בכל מקרה היא מעורבת, ותמיד מבטאת גם צד של קדושה. ולכן, על פי האמת, אין דרך ביד האדם להבחין בה, וממילא להסיר אותה.

וְעַל זֶה נֶאֱמַר בְּבִיאַת הַמָּשִׁיחַ: "וּמָל ה' אֱלֹהֶיךָ אֶת לְבָבְךָ כו'" (דברים ל,ו). שהסרת הקליפה הדקה תהיה רק לעתיד לבוא, בביאת המשיח, שאז תהיה התגלות אלוקית ומעורבות אלוקית גלויה בחיינו מעבר לזו שבמציאות חיינו עתה.

לכאורה יש סתירה בין הפסוק "ומלתם את ערלת לבבכם", שמובנו 'אתם תמולו', ובין הפסוק "ומל ה' אלהיך את לבבך", שמובנו 'ה' ימול'. את הסתירה מתרץ אדמו"ר הזקן באומרו שגם במילת הלב יש את שתי הבחינות: מילה ופריעה. הפסוק "ומלתם את ערלת לבבכם" מדבר ב'מילה', שהוא החלק שמוטל עלינו לעשותו; והפסוק "ומל ה' אלהיך את לבבך" מדבר ב'פריעה', החלק שרק הקב"ה יכול לעשותו, ויעשה לעתיד לבוא בביאת המשיח.

המשך הפסוק הוא: **"לְאַהֲבָה אֶת ה' אֱלֹהֶיךָ בְּכָל לְבָבְךָ וּבְכָל נַפְשְׁךָ לְמַעַן חַיֶּיךָ"**. שרק לאחר הגילוי השלם של נקודת פנימיות הלב, לאחר ה'פריעה' והסרת הקליפה הדקה, אפשר יהיה להגיע לאהבת ה' עזה ופנימית זו מנקודת פנימיות הלב, באופן שאדם ירגיש שאלה הם חייו ממש.

כְּלוֹמַר, מה דיוק המילים "למען חייך"? – **"לְמַעַן"** הידיעה וההכרה הגמורה **כִּי ה' לְבַדּוֹ הוּא כָּל "חַיֶּיךָ" מַמָּשׁ.** לכל אדם יש הרגשה, לגבי דבר מסוים, שזו היא נקודת חייו האמיתיים שעליה אין הוא יכול לוותר, שבלעדיה אינו יכול להמשיך לחיות. ועל ידי הגילוי של "ומל ה' אלהיך את לבבך" מגיעה ההרגשה הזו, בגילוי וללא הסתר של גלות, אל ה' לבדו. זוהי נקודת הגאולה האישית של כל אדם, שבה הוא מרגיש את אהבת ה' באופן של "חייך".

שֶׁלָּכֵן אַהֲבָה זוֹ הִיא מֵעוּמְקָא דְּלִבָּא (מעומק הלב), **מִנְּקוּדָּה פְּנִימִית מַמָּשׁ, כַּנִּזְכָּר לְעֵיל, וּלְמַעְלָה מִבְּחִינַת הַדַּעַת.** כפי שנאמר בתחילה, יש אהבה של חיצוניות הלב, שנוצרה מן

במציאות (פריעה), כל עוד אין נקודת הלב גלויה – כאילו לא מל כלל.

מבחן האדם בהסרת הקליפה הדקה מסופר, שבזמנו של המגיד הגדול ממזריטש, חיפשו החסידים באחד המקומות למנות להם רב ומנהיג, וביקשו את המגיד שייתן להם סימן כיצד לדעת אם המועמד שלהם הוא אדם גדול באמת. אמר להם המגיד שיבקשו ממנו עצה כיצד לתקן את מידת הגאווה, ואם ייתן להם עצה – ידעו שאין בו ממש. כשהגיע אליהם ר' מנחם מענדל מוויטבסק (מי שהיה אחר זמן, במובן מסוים, לממלא מקומו של המגיד), ושאלו ממנו שאלה זו, אמר להם: מה אומר לכם, גם אני לעצמי איני יודע. אדם יכול להופיע בפני הכול כעניו ושפל, ולחשוב בעצמו שהוא עניו ושפל – ויחד עם זה להיות מלא גאווה; ואדם יכול להיות לבוש פאר ולנהוג ברוממות – ולהיות שבור ושפל בקרבו. כלומר: במבחנים דקים כאלה, התשובה האמיתית היא שאין יודעים; שפתרון לשאלה זו אינו בידי אדם.

ולכן משיח בא בהיסח הדעת לכללות ישראל והיא גילוי בחינת נקודה פנימית הכללית ויציאת השכינה הכללית מהגלות והשביה לעד ולעולמי עולמים וכן כל ניצוץ פרטי מהשכינה שבנפש כל אחד מישראל יוצאת מהגלות והשביה לפי שעה בחיי שעה זו תפלה ועבודה שבלב

הדעת, ממה שאדם מבין ויודע, ויש אהבה פנימית מעומק הלב. ההבחנה ביניהן אינה שייכת רק לדברים שבקדושה. גם לגבי דברים אחרים יש שאנו קובעים את יחסנו, החיובי או השלילי, לפי ההכרה שיש לנו, ויש דברים אחרים שהיחס אליהם נובע מפנימיות הלב; אין הם בנויים על מה שאדם מבין ויודע ואין הם תלויים בכך – ההסברים המושכלים והמודעים הם רק כיסויים לטעם האמיתי, שהוא למעלה מהשכלה ודעת. במובן זה, כשם שהאדם אינו נזקק לשום סיבה והתבוננות כדי לאהוב את עצמו ואת השייך לעצמו על פי תפיסתו, כך אין הוא צריך להתבוננות נוספת כאשר הוא מרגיש שה׳ הוא חייו ממש, האני הפנימי שלו.

וְלָכֵן מָשִׁיחַ בָּא בְּהֶיסַּח הַדַּעַת (סנהדרין צז,א). כפי שנאמר, הגאולה וביאת המשיח הם היציאה מן הגלות בכל מובניה ודרגותיה – גילוי הניצוץ הפנימי, האור האלוקי העצמי. גאולה זו מקבילה בתוך האדם לגילוי נקודת פנימיות הלב, לדרגת ההרגשה הפנימית שלמעלה מהדעת. לכן, ביאת המשיח היא בהיסח הדעת, משום שאז קורים דברים שאינם נובעים ממה שאנו יודעים ומכירים אלא ממקור עמוק יותר, נעלם, שאינו מגיע דרך הדעת אלא בהיסח הדעת.

היסח הדעת היסח הדעת מוסבר כאן לא במובן של שכחה וחוסר תשומת לב, אלא במובן של העדר הצורך לעסוק בבחינת הדעת. ביאת המשיח היא הזמן של "עין בעין יראו". כל עוד אדם אינו רואה את הדבר לפניו עליו לעשות חישובים היכן הוא נמצא, ואז השכל והדעת הם הגורם הפעיל, החשוב. אבל כאשר הדבר נמצא לנגד העיניים, שוב אין צורך בדעת. ביאת המשיח תהיה בעת היסח הדעת – בעצם התגלותו הוא יסיח את הדעת; כי מעתה המציאות האלוקית היא המציאות שרואים עין בעין, ואין צורך עוד להסתכל בדעת שידענו קודם לכן.

וכבר היה לעולמים מעין זה במתן תורה בליקוטי אמרים (פרק לו) מבואר שכל הגילויים שיהיו לעתיד לבוא כבר היו בשעת מתן תורה, במעמד הר סיני. גם אז המעמד היה של גלות עיניים, שבו זכינו כולנו לראות. כפי שנאמר על דבר ה׳ שברא את העולם, שהוא נצחי ושהוא ממשיך להידבר כל עוד ימי העולם,[19] כך אומרים גם על דבר ה׳ של התורה, דבר ה׳ המגלה את עצמו בעולם, שאף הוא "קול גדול ולא יסף".[20] הקול שדיבר בהר סיני עדיין מדבר, ההתגלות ההיא עדיין מתגלה, אלא שאנו ככלל שוב איננו רואים ושומעים זאת. במעמד הר סיני זכינו כולנו לראות פנים בפנים. מעמד הר סיני הוא לכן מעמד של גלות העיניים שאינה מקרה פרטי אלא גילוי מלמעלה, באופן שהכול רואים. וכך ויותר מכך יהיה כאשר נחזור כולנו, ובקביעות, אל היכולת הזו לשמוע את דבר ה׳ בתוך העולם, לראות "כי פי ה׳ דִּבֵּר". התגלות זו תהיה יציאתה הכללית של השכינה מהגלות והשביה, שלא תהיה עוד חזרה על המחזורים החולפים של גלות וגאולה, אלא מאורע המשנה את העולם

לִכְלָלוּת יִשְׂרָאֵל. לכל אדם יכולה להיות גאולה פרטית משלו, שבה מתגלה נקודת פנימיות ליבו. הגאולה הפרטית הזו אינה ממתינה לעת קץ, והיא יכולה לבוא לכל אדם בזמנו שלו. ואולם כאשר מדברים על ביאת המשיח מדברים על גאולה כללית, שהיא שינוי לכול ולתמיד; לא רק לאדם פרטי בעניין פרטי, אלא לכללות הנפש של כללות ישראל.

וְהִיא, גילוי נקודת פנימיות הלב לכללות ישראל, היא **גִּילּוּי בְּחִינַת נְקוּדָה פְּנִימִית הַכְּלָלִית,** של כלל העולמות והמציאות, **וִיצִיאַת הַשְּׁכִינָה הַכְּלָלִית מֵהַגָּלוּת וְהַשִּׁבְיָה לָעַד וּלְעוֹלְמֵי עוֹלָמִים.** יש קשר הדוק בין גאולה פרטית של אדם אחד לגאולה של כלל ישראל ולגאולה של כללות העולמות. כל המאורעות הכלליים, למן פרשת השבוע ועד למאורעות ההיסטוריים הגדולים החקוקים בהווייתו של העם, מתרחשים בכל עת ושבים ונחקקים בתוך הווייתו של האדם הפרטי. המחזור של הירידה למצרים והיציאה ממנה, של גלות וגאולה, הוא גם מחזור חייו של הפרטי של כל אדם. אלא שאם בגאולה הפרטית יש גילוי פרטי השייך לאדם מסוים ולזמן ומצב מסוים, הרי בגאולה הכללית יהיה הגילוי כמו שכתוב: "ונגלה כבוד ה' וראו כל בשר יחדו כי פי ה' דִּבֵּר" (ישעיה מ,ה). הקב"ה נמצא פה, בעולם, כפי שהיה קודם שנברא העולם וכפי שיהיה לאחר קיום העולם. השינוי וההתגלות הם רק בהכרה שלנו. כאשר אדם פרטי רואה זאת – זו גאולת נפשו שלו; כאשר העולם כולו רואה זאת – זוהי הגאולה הכללית לעולם כולו.

וְכֵן כָּל נִיצוֹץ פְּרָטִי מֵהַשְּׁכִינָה שֶׁבְּנֶפֶשׁ כָּל אֶחָד מִיִּשְׂרָאֵל יוֹצֵאת מֵהַגָּלוּת וְהַשִּׁבְיָה לְפִי שָׁעָה בְּ'חַיֵּי שָׁעָה' זוֹ תְּפִלָּה[21] **וַעֲבוֹדָה שֶׁבַּלֵּב.** כאמור, גם כעת בכל אדם בפרט יש מעין כולו מכאן ולהבא; יחול שינוי גמור של ההוויה, שינוי שאינו הפיך עוד, שבו יהפוך הכול להיות אחר מכמו שהיה.

בין גאולה פרטית לגאולה כללית ישנו הבדל, שהוא לכאורה רק הבדל של סגנון, בין ספרי הלכה לספרי חסידות. במקום שבספרי ההלכה משתמשים בלשון 'קשה' או 'יש להקשות', בספרי חסידות הלשון היא בדרך כלל 'יש להבין'. לכאורה התוכן זהה – שואלים שאלה ומקבלים תשובה – אבל ההבדל הוא מהותי. כאשר משתמשים בלשון 'יש להקשות' מקבעים את הקושי עצמו. הקושי נשאר קיים בתור תופעה: אנו יודעים שיש כאן קושי, ואנו יודעים שיש לו פתרונות. כאשר נגיע שנית לאותו מקום נתקל שוב באותו קושי ושוב יהיה קשה, רק שהפעם נדע, על כל פנים, שיש גם תירוץ. לעומת זאת, הלשון 'יש להבין' מבטאת מהות אחרת של קושיה ותירוץ, שבה התירוץ לא רק מתרץ את הקושיה אלא מבטל אותה לגמרי, באופן שאחר התירוץ אין יותר קושיה. לשם דוגמה: כאשר איננו מבינים פירושה של מילה מסוימת, ואחר כך מסבירים לנו, הקושי אינו קיים עוד. הקושי הזה מסולק מעיקרו, ואנו לא ניתקל בו שוב. במובן זה, 'גאולה פרטית' היא קושיה ותירוץ מהמין הראשון: קושיה ותירוץ בצידה; יש גלות ויודעים שיש גאולה, נמצאים במצרים אבל יודעים שאחרי ארבע מאות שנה יוצאים משם. לעומת זאת, הגאולה האחרונה היא בבחינת גאולה כללית המעבירה את עניין הגלות לצמיתות. לאחר שרואים את הדברים בבחינה זו של "עין בעין יראו", "כי פי ה' דִּבֵּר" – מאותה שעה השאלה היכן מרכז החיים אינה קיימת עוד. כל עוד נמצאים בחשכה צריכים לעבוד ולהתייגע כדי

מעומקא דלבא מבחינת נקודה הפנימית הנגלית מהערלה ועולה למעלה לדבקה בו בתשוקה עזה בבחינת למען חייך והוא גם כן בבחינת היסח דעת האדם כי בחינה זו היא למעלה מדעת האדם והתבוננותו בגדולת ה' רק היא בחינת מתנה נתונה מאת ה' מן השמים מהארת בחינת פנים העליונים כמו שכתוב יאר ה' פניו אליך וכמו שכתוב ומל ה' אלוקיך כו'.

יא אב פשוטה **• אך מודעת זאת כי אתערותא דלעילא היא באתערותא דלתתא דוקא בבחינת העלאת מים נוקבין כמו שאמרו רבותינו זכרונם לברכה אין טפה**

אותה גאולה מן הקליפות כולן; אלא שגאולה פרטית זו באה רק לפי שעה, ואין היא קניין נצחי בנפש. גאולה מעין זו תלויה בעבודת התפילה של הנפש, וכל עוד האדם עוסק בכך **מֵעוּמְקָא דְּלִבָּא** (מעומק הלב), **מִבְּחִינַת נְקוּדָּה הַפְּנִימִית הַנִּגְלֵית מֵהָעָרְלָה**, כאשר האדם מתפלל מעומק הלב שלו, מתגלה נקודת פנימיות הלב שלו מכל הכיסויים, **וְעוֹלָה לְמַעְלָה לְדָבְקָה בּוֹ**, בקב"ה, **בִּתְשׁוּקָה עַזָּה**. כאשר פנימיות הלב מתגלה מזדהה האדם בכל הווייתו עם נקודת הפנימיות הזו, שהיא הניצוץ האלוקי שבקרבו. **בִּבְחִינַת "לְמַעַן חַיֶּיךָ"**. כשהוא מרגיש שהקב"ה הוא חייו האמיתיים ממש. היחס שלו אל הקב"ה אינו כאל דבר נפרד, מרוחק, אלא כפי שאדם מתייחס אל חייו שלו, אל המקור והמהות הפנימית של החיים שלו עצמו. זוהי נקודת הגאולה – שהיא מעין הגאולה השלמה – העשויה לבוא בזמן התפילה.

וְהוּא גַּם כֵּן, כמו הגאולה הכללית שתהיה בביאת המשיח, **בִּבְחִינַת הֶיסַּח דַּעַת הָאָדָם. כִּי בְּחִינָה זוֹ** של הגאולה שבתפילה **הִיא לְמַעְלָה מִדַּעַת הָאָדָם וְהִתְבּוֹנְנוּתוֹ בִּגְדוּלַּת ה'**. יש דרגה בעבודת התפילה שבה מגיע האדם, בעבודה של התבוננות וריכוז, להתפעלות, לאהבה וליראה הבאות מן ההכרה. אבל כאן מדובר בדרגה גבוהה יותר, שבה ההתפעלות באה מעבר לשכל המוכר, מעבר למה שאדם יכול לדעת ולהתבונן, דרגה שהיא בעצם קפיצה מעבר להכרה. בנקודה זו מפסיק האדם לחשוב אפילו על היחס בינו ובין הקב"ה, כיוון שבה מתגלה פנימיות הנפש בעצמה והרי היא למעלה ממחשבה והתבוננות. דרגה זו היא לכן בבחינת "היסח הדעת", שכן בדרגה זו הדעת מוסחת, מוסטת הצידה, והפעילות הנפשית אינה נובעת ממבנה הכרתי כלשהו, אלא מעבר לכל מבנה, מעבר לכל מחיצה בין נקודת הלב של האדם ובין הקב"ה; באותה שעה נעשה הכול גלוי, חשוף, בינו ובין ה'.

לדעת היכן נמצא המוקד, אבל כאשר רואים אותו – השאלה אינה קיימת.
כל גילוי וגאולה פרטית משאירים תחומים, צדדים, שאינם מוארים; כל עוד הגילוי איננו שלם הוא במובן מסוים רק חיצוני. הוא קיים רק בבחינה מסוימת ובצד מסוים, ובזמן ומצב אחר עשויים לשוב ולמצוא שהנקודה הפנימית מכוסה שוב. ואולם בגאולה הכללית – כאשר "ומל ה' אלהיך את לבבך", כאשר "עין בעין יראו" – יהיה הגילוי שלם: גילוי עצמי שאין אחריו הסתר, תשובה שאין אחריה קושיה, גאולה שאין אחריה גלות.

רַק הִיא בְּחִינַת מַתָּנָה נְתוּנָה מֵאֵת ה' מִן הַשָּׁמַיִם. כאמור, יש בתפילה אהבה ויראה שאדם מגיע אליהן על ידי עבודתו שלו, במחשבה והתבוננות ב"יגיעת נפש ויגיעת בשר".[22] אבל את הדרגה של גילוי פנימיות הנפש בתפילה אין אדם מקבל כשכר עבודה, אלא רק כמתנה. מתנה אי אפשר לתבוע כמו שתובעים שכר של עבודה; מתנה גם אינה תלויה, כמו השכר, בעבודה שאדם השקיע. אדם עובד את עבודתו ומגיע למה שמגיע, וזהו שכר עבודתו. ואז, לפעמים, בלא קשר למה שהוא יודע, למה שלמד והבין – נותנים לו שעה אחת, רגע אחד, של הרגשה אמיתית, בלתי אמצעית, של "כי הוא חייך" ממש, וש"אין עוד מלבדו" באמת, והריהי בבחינת גאולה לפי שעה.

מֵהֶאָרַת בְּחִינַת פָּנִים הָעֶלְיוֹנִים, כְּמוֹ שֶׁכָּתוּב: "יָאֵר ה' פָּנָיו אֵלֶיךָ" (במדבר ו,כה). המתנה הזו היא מ"הארת פנים העליונים" – כאשר הקב"ה, כביכול, פונה לפתע ומסתכל אל מישהו, ומחייך אליו. גילוי פנימיות הלב בתוכו של האדם תלוי בגילוי הפנים של מעלה. בתפילה אדם עובד על גילוי פנימיות ליבו, הוא יוצר את המוכנות לגילוי הפנימיות, וכאשר ה' מאיר פניו – מתעוררת ומתגלה, לפי שעה, נקודת פנימיות ליבו של האדם.

וּכְמוֹ שֶׁכָּתוּב בגאולה העתידה, הכללית: **"וּמָל ה' אֱלֹקֶיךָ** אֶת לְבָבְךָ **כּוּ'"** (דברים ל,ו). גם כעת, ב'חיי שעה' היא התפילה, הגילוי של פנימיות הלב הוא דרגה כה גבוהה עד שכל כמה שאדם יתאמץ, בחשק ברצייה ובהתבוננות – הוא לא יוכל להגיע אליה. רק ה' לבדו הוא שמגלה את נקודת לבבו; הוא הנותן לו את האפשרות להתייחס אליו באמת, כאשר הוא מעמיד אותו במעמד ובמצב של הארת פנים.

אַךְ מוּדַעַת זֹאת כִּי 'אִתְעָרוּתָא דִּלְעֵילָּא' (התעוררות מלמעלה) **הִיא בְּ'אִתְעָרוּתָא דִּלְתַתָּא'** (התעוררות מלמטה) **דַּוְקָא.** הארה זו היא אמנם מתנה מלמעלה, ובלשון הזהר "אתערותא דלעילא", כלומר אינה שכר ותוצאה טבעית לפי ערך דרגתו ועבודתו אלא כמתנה מלמעלה. ואולם גם מתנה מלמעלה אינה יכולה לבוא ללא שום קשר להוויה של מטה. אין אדם יכול לצפות שהארה זו תבוא אליו ללא שום הכנה מצד הווייתו הפרטית; גם מתנה אין אדם יכול לקבל אם אינה כלל לפי ערכו ומהותו.

ההתעוררות מלמטה היא, בלשון המקובלים,[23] **בִּבְחִינַת הַעֲלָאַת 'מַיִם נוּקְבִין', כְּמוֹ שֶׁאָמְרוּ רַבּוֹתֵינוּ זִכְרוֹנָם לִבְרָכָה:**[24] **אֵין טִפָּה יוֹרֶדֶת מִלְמַעְלָה כּוּ'** שאין עולים כנגדה טפיים. הדימוי הגשמי הוא שטיפת הגשם היורדת מלמעלה היא המים הדכורין (זכרים), והמים העולים

התעוררות מלמעלה שלא על ידי התעוררות מלמטה אכן, קורה לפעמים שבני אדם מקבלים חסד חינם; למרות שבעצם לא מגיע להם, הם זוכים, כמקדמה, להארה ולהתעוררות מיוחדת שכלל אינה לפי ערכם. הבעיה של הארה כזו היא שהאדם אינו מוכן לכך, ולכן היא גם אינה פועלת בו פעולה קיימת כפי שפועלת ההארה שהוא התכונן והתעלה לקראתה. המטרה של חסד חינם זה הוא לתת הזדמנות, להראות לאדם שיש גם דברים אחרים. אדם יכול לחיות שלושים או שמונים שנה במרתף בלי לדעת

יורדת מלמעלה כו׳. ולכן צריך האדם לעשות בעצמו תחלת מילה זו להסיר ערלת הלב וקליפה הגסה ודקה המלבישות ומכסות על בחינת נקודת פנימית הלב שהיא בחינת אהבת ה׳ בחינת למען חייך שהיא בגלות בתאוות עולם הזה שהם גם כן בבחינת למען חייך בזה לעומת זה כנזכר לעיל והיינו על ידי נתינת הצדקה לה׳ מממונו שהוא חיותו ובפרט מי שמזונותיו מצומצמים ודחיקא ליה שעתא טובא שנותן מחייו ממש ובפרטות אם נהנה מיגיע כפיו שאי אפשר שלא עסק בהם פעמים רבות בבחינת נקודת פנימית הלב מעומקא דלבא כמנהג העולם בעסקיהם במשא ומתן וכהאי גוונא

מלמטה, מהתהום, הם המים הנוקבין. כשטיפות הגשם יורדות אל המים שלמטה אפשר לראות כמו טיפות של מים העולות מלמטה כביכול לקראת טיפות הגשם שמלמעלה. והדימוי שרואה בזה הזהר הוא שהמים התחתונים מצידם כמו מתמתחים וקופצים כלפי מעלה כדי שהמים העליונים ירדו מלמעלה. כך בכל סדרי העולם, בגשמיות וברוחניות, כל נתינה והשפעה מלמעלה מותנית בהקדמה של התעוררות ונכונות מלמטה. וכלשון המצויה כאן ובכל מקום: ״אתערותא דלעילא היא באתערותא דלתתא״. שכל התעוררות מלמעלה היא על ידי מעשי בני האדם למטה, אשר כפי מעשיהם והכנתם מקבלים הם והעולם כולו את ההשפעה ממרום.

וְלָכֵן, למרות ההבטחה הכללית לעתיד ״ומל ה׳ אלהיך את לבבך״, ולמרות שגם כעת בעת רצון יכולה להיות התעוררות מלמעלה להסיר את העורלה הדקה מפנימיות הלב בעת התפילה, **צָרִיךְ הָאָדָם לַעֲשׂוֹת בְּעַצְמוֹ תְּחִלַּת מִילָה זוֹ, לְהָסִיר עָרְלַת הַלֵּב וּקְלִיפָּה הַגַּסָּה וְדַקָּה הַמַּלְבִּישׁוֹת וּמְכַסּוֹת עַל בְּחִינַת נְקוּדַת פְּנִימִית הַלֵּב.** אדם צריך לעשות בעצמו כל מה שהוא יכול מלמטה, עד כמה שידו מגעת, להסיר את הכיסוי.

שֶׁהִיא בְּחִינַת אַהֲבַת ה׳ בְּחִינַת ״לְמַעַן חַיֶּיךָ״. יש דרגות שונות ואופנים שונים באהבת ה׳ כל עוד אין נקודת הלב נמצאת שם. אבל כאשר אהבת ה׳ היא ״למען חייך״, כאשר אדם מרגיש שאין לו שום דבר אחר בחייו, שבזה תלויים חייו – פירושו של דבר שנקודת הלב שלו נמצאת שם. אולי מסתתרת, אבל היא שם.

רגש האהבה הזה, ״למען חייך״, נמצא אצל כל אדם, אלא שאין הוא מתגלה באהבת ה׳ כיוון **שֶׁ**נקודת ליבו **הִיא בַּגָּלוּת בְּתַאֲווֹת עוֹלָם הַזֶּה, שֶׁהֵם גַּם כֵּן בִּבְחִינַת ״לְמַעַן חַיֶּיךָ״**

הצדקה כנתינה לה׳ מסופר על הצדיק רבי שמחה בונם מפשיסחא שהתארח פעם אצל אחד מחסידיו, שהיה יהודי חשוב ואביון ומיוסר. כשהתארח שם דאג שיאכילו וילבישו את בעל הבית ויתקנו את דירתו, כך שהמראה החיצוני על כל פנים השתנה. לפני שנסע ביקש הצדיק לתת לו מתנה. הוא רוצה, שיש עליה למרתף, שיש שמיים בחוץ; ואז נפתח לו פתח קטן לראות שיש גם שמיים. הוא כמובן לא יישאר שם, אבל הוא ישמור משהו, סוג של זיכרון וגעגועים, שיכולים להביא בהמשך למעגל נוסף, שהפעם תהיה בו הכנה כלשהי מלמטה, בבחינה של 'העלאת מים נוקבין'.

בְּ"זֶה לְעוּמַּת זֶה", כַּנִּזְכָּר לְעֵיל (בתחילת האיגרת). אצל כל אדם, לפי עניינו, ישנם הדברים שהם לדעתו תמצית חייו, שתחושתו היא שעליהם אינו מוכן לוותר, שבלעדיהם הוא משולל מכל חיותו; וכאשר תחושה זו מצויה בתוך תאוות ובענייני עולם הזה, היא אינה מצויה באהבת ה'. ומה שנדרש אז האדם הוא להוציא את נקודת ליבו מהחיים האחרים, הזרים האלה, ולכוון אותה אל מקור החיים האמיתי, שבקדושה. זוהי העבודה מלמטה של הסרת עורלת הלב הנדרשת מהאדם עצמו.

וְהַיְינוּ, ובאופן מעשי אפשר לעשות זאת **עַל יְדֵי נְתִינַת הַצְּדָקָה לַה' מְמָּמוֹנוֹ, שֶׁהוּא חַיּוּתוֹ.** כספו של אדם מגלם, במובן מסוים, את חיותו. הן מצד היגיעה, שאדם משקיע בגופו ובנפשו בהשגת הכסף, והן משום שהכסף הוא ערך חליפין שבאמצעותו יכול אדם לקנות את כל ענייני עולם הזה שהוא חושק בהם. ולכן כאשר הוא נותן את הכסף לצדקה, לשם שמיים, זהו בעצם ויתור על ה'חיים' שלו – למען ה'. אף על פי שמקבל הצדקה בפועל הוא פלוני האביון, הרי ביסודה הצדקה היא תמיד נתינה לה'. שהרי אמיתה של הצדקה היא שאין הנותן מצפה לתגמול כלשהו לא מהמקבל ולא בכלל; וזוהי אמיתה של הנתינה לה', כנתינה לקודש, הנבדל מכל ענייני העולם והישות שלו בכללם.

וּבִפְרַט מִי שֶׁמְּזוֹנוֹתָיו מְצוּמְצָמִים, וּדְחִיקָא לֵיהּ שַׁעְתָּא טוּבָא[25] (ודחוקה לו השעה מאוד). שבאותו זמן מצבו הכלכלי דחוק ביותר, שאין לו שום דבר של מותרות, **שֶׁנּוֹתֵן מֵחַיָּיו מַמָּשׁ**. כאשר הכסף אינו חשוב לאדם, כאשר הוא נותן את העודפים, זו גם כן צדקה (שהרי בכסף זה היה יכול לקנות דברים אחרים), אבל זו צדקה שאינה מגיעה לנקודת חייו. אבל אדם שנותן כאשר הוא בעצמו זקוק לכסף הזה – לא בשביל מותרות אלא לצורך חייו – באותה שעה הוא נותן חתיכה מחייו ממש.

וּבִפְרָטוּת אִם נֶהֱנֶה מִיגִיעַ כַּפָּיו. יש הבדל בין אדם שעבד ויגע בהשגת כספו ובין זה שלא טרח בהשגתו. מי שכספו, בין מעט ובין הרבה, בא לו בירושה או במתנה, מי שחי מקצבה או מסיוע אחר, יחסו אל הכסף הוא כאל דבר העשוי לשימוש. אבל מי שטרח בעצמו, שמסר את כוחו ונפשו בהשגת הכסף, יחסו אל הכסף הוא כאל חייו ממש.

שֶׁאִי אֶפְשָׁר שֶׁלֹּא עָסַק בָּהֶם פְּעָמִים רַבּוֹת בִּבְחִינַת נְקוּדַּת פְּנִימִית הַלֵּב מֵעוּמְקָא דְלִבָּא (מעומק הלב), **כְּמִנְהַג הָעוֹלָם בְּעִסְקֵיהֶם בְּמַשָּׂא וּמַתָּן וּכְהַאי גַּוְונָא** (וכגון זה). כאשר אדם עובד ומרוויח בעצמו את הכסף, הוא משקיע בזה לא רק את זמנו ומרצו, אלא את נשמתו ממש. בין משום שיגע בו יגיעת גוף ונפש, ובין משום שהייתה לו הנאת הנפש

כך אמר, לקיים גם מצוות צדקה. תמה אותו איש ואמר לו: "רבי, כל מה שנתת עד כה לא הספיק?" אמר לו הצדיק: "כל מה שנתתי לך היה בשביל עצמי. לא יכולתי לראות יהודי שנמצא במחסור כזה, ליבי כאב לראות בייסוריו, ונתתי מה שנתתי כדי שארגיש יותר טוב. עכשיו, לאחר שהרגעתי את תחושת הרחמים שלי – אתה שבע, לבוש כהוגן, יש קצת פרנסה – זה הזמן לתת צדקה". כלומר, מהותה של הצדקה היא דווקא כשהיא צדקה לה', ואם היא איננה לה', אם היא ממלאת גם צורך אחר של נותן הצדקה, אין היא צדקה בשלמות.

והרי עתה הפעם כשמפזר מיגיעו ונותן לה׳ בשמחה ובטוב לבב הנה בזה פודה נפשו משחת דהיינו בחינת נקודת פנימית לבבו שהיתה בבחינת גלות ושביה בתוך הקליפה גסה או דקה כמו שכתוב מכל משמר נצור לבך משמר פירוש בית האסורים ועתה נפדה מהחיצונים בצדקה זו וזה גם כן לשון פריעה ענין פריעת חוב שנתחייב ונשתעבד לחיצונים שמשלו בו על נקודת פנימיות לבבו וזהו ושביה בצדקה.

יב אב פשוטה

יד אב מעוברת

• וזהו צדק לפניו יהלך לפניו הוא מלשון פנימיות ויהלך הוא מלשון הולכה

מהיגיעה ומהרווח, הרגשתו היא שחייו תלויים בדבר. הכסף הזה בשבילו אינו רק ערך חליפין: לפעמים כל פרוטה נושאת עימה זיכרונות של כאב לב ורציית לב, חתיכה של נפש וחיים, וכשהוא מוסר את הכסף הזה הוא מוסר מנפשו וחייו ממש.

וַהֲרֵי עַתָּה הַפַּעַם כְּשֶׁמְּפַזֵּר מִיגִיעוֹ וְנוֹתֵן לַה׳ בְּשִׂמְחָה וּבְטוּב לֵבָב. זו דרגה נוספת, שהוא נותן כל זאת לא מתוך הרגשה של כורח וכאב על האובדן, אלא בלב שלם, מתוך שמחה של מצווה.

הִנֵּה בָּזֶה פּוֹדֶה נַפְשׁוֹ מִשַּׁחַת (מגיהינום). נתינת הצדקה לה׳ היא כנתינת כופר כדי לפדות את נפשו מעונש גיהינום או עונש אחר.[26]

דְּהַיְינוּ, באופן פנימי יותר, כשהוא פודה את **בְּחִינַת נְקוּדַּת פְּנִימִית לְבָבוֹ, שֶׁהָיְתָה בִּבְחִינַת גָּלוּת וְשִׁבְיָה בְּתוֹךְ הַקְּלִיפָּה גַּסָּה אוֹ דַּקָּה.** נתינת הצדקה, ובמיוחד כאשר הוא נותן מחייו ממש, איננה רק תיקון חיצוני בפעולות הנפש, בלבושיה ואפילו בכוחותיה, אלא היא גאולת עצם נקודת פנימיות לבבו, של עצם עצמו.

למרות שעל עורלת הלב נאמר "ומל ה׳ אלהיך וגו׳", מכל מקום צריך האדם לעשות משהו בעצמו כדי להשתחרר ולהסיר ממנו את עורלת הלב. ומה שיכול אדם לעשות הוא לשחרר ולנתק את עצמו ככל יכולתו מן הדברים שבהם השקיע קודם לכן את נפשו וחייו; כאשר הוא נותן לה׳ משהו שעד כה היה בשבילו חייו ממש – הוא עושה עד כמה שיכול אדם לעשות כדי לפדות את נפשו.

כְּמוֹ שֶׁכָּתוּב: "מִכָּל מִשְׁמָר נְצוֹר לִבֶּךָ" (משלי ד,כג). בדרך כלל מפרשים את הפסוק, שתשמור את לבך שמירה מעולה יותר משאתה שומר כל משמר אחר.[27] אמנם כאן הוא מפרש אחרת: **"מִשְׁמָר" פֵּירוּשׁ בֵּית הָאֲסוּרִים.** והפירוש הוא, שאדם צריך להיזהר שליבו

הצדקה כפריעת החוב והשחרור מהשביה

כל צדקה, אפילו פרוטה שאינה חשובה בעיניו של אדם, כאשר הוא נותן אותה לצדקה זהו דבר בעל ערך, שהרי הנותן החליט בכך שיש משהו חשוב יותר מה'אני' שלו. ואולם הערך המשמעותי יותר של הצדקה הוא כאשר אדם נותן לא את מה שהוא רוצה, ולא את מה שהוא יכול, אלא דווקא את מה שהוא מרגיש שהוא חייב – לעצמו, לחיצוניות שנדמית לו כעצמו – שהוא מרגיש שאיננו יכול בלעדיו.

לא יהיה בבית האסורים (=במשמר). יש כמה מיני בתי סוהר: יש בתי סוהר של מציאות העולם, ויש בתי סוהר של רצִיות ושל תשוקות הנפש הבהמית. וכל אלה מחזיקים את נקודת לבבו של האדם כלואה ב'משמר', ולא תוכל לראות ולהרגיש בהרגשתה העצמית את חיותה האלוקית.

וְעַתָּה, כשנתן צדקה באופן הזה, **נִפְדָּה** ליבו, נקודת הפנימיות שבו, **מֵהַחִיצוֹנִים** (הקליפות), הם כל ענייני העולם הזה שבהם הייתה אסורה נקודת ליבו, שהם חיצוניים וטפלים לקדושה.

בִּצְדָקָה זוֹ שנותן. ונמצא שנתינת הצדקה היא אקט השחרור מהשעבוד לאנוכיות, לרצייה של 'אני' לשם 'אני', של מסירת נקודת הלב לדברים אחרים.

בדרך כלל המציאות היא שליבם של אנשים חלוק, "חציו לה' וחציו לכם", והשאלה האמיתית איננה איזה חלק גדול יותר, אלא איזה חלק חשוב יותר לאותו אדם. כל זמן שהחלוקה היא: מה שחשוב הוא לי, ומה שאינו חשוב הוא לה' – פירושו של דבר שהלב מצוי ב'משמר', במאסר ובגלות. אבל כשאדם נותן את מה שחשוב בעיניו, גם אם לא הגיע לגאולה, הוא על כל פנים שובר את בית האסורים.

וְזֶה גַּם כֵּן לְשׁוֹן פְּרִיעָה, כפי שנאמר, יש מילה ופריעה בעורלת הלב. קודם הוסבר שהפריעה היא הסרת הקליפה הדקה מעל נקודת פנימיות הלב, ואולם לפי האמור שאת הפריעה עושים על ידי נתינת הצדקה, אפשר להוסיף מובן אחר ללשון 'פריעה', והוא: **עִנְיַן פְּרִיעַת חוֹב, שֶׁנִּתְחַיֵּב וְנִשְׁתַּעְבֵּד לַחִיצוֹנִים שֶׁמָּשְׁלוּ בּוֹ עַל נְקוּדַּת פְּנִימִיּוּת לְבָבוֹ.** כל אדם, לפי דרכו ועניינו, מוליד את מלאכי החבלה שלו,[28] ואלה מושלים על נקודת פנימיות ליבו. אדם ששעבד את נקודת ליבו לעניינים חיצוניים נעשה, כביכול, בעל חוב לכל הכוחות הללו של הרע וההסתר, וכאשר הוא נותן צדקה הוא כמו פורע את חובותיו ומשתחרר מהשעבוד לחיצוניים.

וְזֶהוּ, כאן חוזר אדמו"ר הזקן לביאור הכתובים שבהם פתח את האיגרת: **"וְשָׁבֶיהָ בִּצְדָקָה".** שעל ידי הצדקה יכול האדם לפדות את נקודת פנימיות ליבו מהשביה והגלות שהייתה נתונה בהן.

וְזֶהוּ "צֶדֶק לְפָנָיו יְהַלֵּךְ" (תהלים פה,יד). השאלה שנשאלה בתחילת האיגרת הייתה, מה משמעות השימוש במילה "יהלך" במקום "ילך". והוא מסביר: **"לְפָנָיו" הוּא מִלְּשׁוֹן פְּנִימִיּוּת, וְ"יְהַלֵּךְ" הוּא מִלְּשׁוֹן הוֹלָכָה.** "יהלך" הוא פועל יוצא, לומר שהצדק יגרום לאחר ללכת. **שֶׁמּוֹלִיךְ** הצדק, היא מצוות הצדקה, **אֶת פְּנִימִית הַלֵּב לַה'.**

כאשר אדם לוקח את אותו דבר שהוא מוכרח לעשות, שאין לו דרך אלא לעשות אותו, ואותו הוא נותן לקב"ה – בזאת הוא נפרע מהשעבוד שלו לכל אותם חיצונים. כאשר הנתינה מגיעה למקום שבו זה כואב, למקום שבו אדם פורץ גם את גבולות המחויבות שלו – הנתינה הזו היא שחרור; הוא פורע מה שהוא חייב לחיצונים ויוצא לחופש.

שמוליך את פנימית הלב לה׳ ואחר כך ישים לדרך ה׳ פעמיו כמו שכתוב והלכת בדרכיו אחרי ה׳ אלהיכם תלכו בכל מעשה המצות ותלמוד תורה כנגד כולן שכולן עולין לה׳ על ידי פנימית הלב ביתר שאת ומעלה מעלה מעלייתן לה׳ על ידי חיצונית הלב הנולד מהתבונה והדעת לבדן בלי הארת פנים מלמעלה אלא בבחינת הסתר פנים כי אין הפנים העליונים מאירים

וְאַחַר כָּךְ, על פי המשך הפסוק שם, **"יָשֵׂים לְדֶרֶךְ ה׳ פְּעָמָיו"**. השלב הראשוני הוא השלב שהוסבר עד כאן, של הנתינה מתוך ׳חייך׳, שהיא כאמור המעוררת מלמעלה את ה׳פריעה׳ והגילוי של נקודת פנימיות הלב. זו היא נקודת הראשית, הקפיצה של נחשון אל הים. אי אפשר להתחיל ללכת אם אין עוברים את השלב הזה של קריעה, של שבירת המסגרות של מחויבויות וסדרים קודמים. שכן, כאשר פנימיותו של אדם נמצאת בגלות והוא מרגיש שם טוב ונוח, אם הוא לא יקפוץ אל הים – בלי לדעת מה יהיה – הוא לא יצא משם לעולם. רק אחר כך "ישם לדרך פעמיו", רק אז אפשר להתחיל ללכת לא רק בנקודת הלב, אלא בכל כוחות הנפש.

אין זה אומר שמי שנותן צדקה, ואפילו באופן הפנימי ביותר, תכף ומייד ייפתח לו פתח בשמיים ויראה מראות אלוקים; ייתכן, וייתכן שלא. אבל המאמר מדגיש שבלא השלב הזה של הנתינה הפנימית – בוודאי לא ייפתח. הנתינה הזו של מה שבאמת חשוב ויקר לליבו – יכולה לפתוח פתח, ובפתח הזה הוא יכול לשים לדרך פעמיו.

כְּמוֹ שֶׁכָּתוּב: "וְהָלַכְתָּ בִּדְרָכָיו" (דברים כח,ט). ההידבקות בה׳ היא דרך שצריך ללכת בה. בעולם הזה אין עמידה בדרך ה׳. גם כאשר נמצאים בנקודה פנימית שבפנימית, משם צריך ללכת הלאה, "ללכת בדרכיו".

ובמקום אחר כתוב: **"אַחֲרֵי ה׳ אֱלֹהֵיכֶם תֵּלֵכוּ"** (דברים יג,ה). הדרך הזו אינה תמיד מוארת באור פניו של הקב"ה. היא יכולה להיות גם דרך שהולכים בה "אחרי ה׳", דרך המדבר, בדרך שאין הקב"ה מאיר בה את פניו, לפעמים ארבעים שנה ולפעמים כל החיים. "אחרי

היחס בין ערכה המוחלט של המצווה לכוונה אמנם המצווה היא תמיד מצווה, בין שהייתה כוונה בעשייתה ובין שלא הייתה כוונה כלל, שאדם בקושי ידע שהוא עושה מצווה. החלוקה בין טוב לרע, בין מצווה לעבירה, היא חלוקה שאינה סובייקטיבית אלא מהותית. גם כשאדם עושה טוב בטעות, בשכחה ובמקרה, זה עדיין מעשה טוב. ההבדל בין מצווה למצווה מתבטא בעוצמה, בסדר הגודל שלהן, שהולך וגדל ככל שהמעורבות הפנימית של האדם רבה יותר. בהשאלה מתחום אחר, אפשר לומר שהמצוות (וגם העבירות) הן כמו גדלים מוחלטים, והכוונה מוסיפה את החזקה. החזקה אינה משנה את הגודל המוחלט, היא רק מעלה אותו בחזקה. כך הכוונה אינה משנה את הערך המוחלט של המעשה, אלא רק מעלה אותו לדרגה גבוהה יותר; וככל שהכוונה היא פנימית ומעולה יותר – היא מעלה איתה את המצווה גבוה ופנימה יותר.

ה'" היא הדרך שהולכים בה בדרכיו גם כשלא רואים משמעות לדברים, גם כאשר לא רואים ולא שומעים שום דבר מהצד השני – ובכל זאת הולכים.[29]

באופן מעשי ההליכה בדרך ה' היא **בְּכָל מַעֲשֵׂה הַמִּצְוֹת וְתַלְמוּד תּוֹרָה כְּנֶגֶד כּוּלָּן.**[30] כאשר אדם מקיים בדרך חייו את כל המצוות שהוא יכול, וכאשר הוא לומד תורה בכל הזמן שנותר לו.

שֶׁכּוּלָּן, בין המצוות ובין לימוד התורה, **עוֹלִין לַה' עַל יְדֵי פְּנִימִית הַלֵּב, בְּיֶתֶר שְׂאֵת וּמַעְלָה מַעְלָה מֵעֲלִיָּיתָן לַה' עַל יְדֵי חִיצוֹנִית הַלֵּב.** כאשר אדם הולך בדרך ה' מכוח האהבה הבאה מפנימיות הלב שלו, העלייה של המצוות והתורה שלו היא למעלה מעלה יותר מעלייתן מכוח האהבה הבאה מחיצוניות הלב.

הכלל לגבי עלייתן של התורה והמצוות שעושה האדם מבואר בליקוטי אמרים (פרקים לח–מא), שתורה ומצוות "בלא דחילו ורחימו לא פרחא לעילא" (שתורה או מצווה שנעשית בלא אהבה ויראה אינה עולה למעלה). התורה אמנם תורה, והמצווה היא מצווה, אבל אם הן לא נעשות מתוך כוונת הלב – מאהבת ה' ויראת ה' – הן אינן עולות למעלה אל ה', אלא נשארות בעולם שלנו, היכן שנעשו.

אמנם למעלה מכל דרגה של כוונה בהכרה ומודעות היא ה'כוונה' של האדם כאשר הוא עושה דבר מנקודת פנימיות הלב. גם בדרגה הגבוהה ביותר של מודעות, המעורבות של האישיות המודעת מגיעה עד לדרגה מסוימת, עד לסדר גודל מסוים, ומשם והלאה היא נעצרת. מה שאין כן כאשר אדם נותן את כל ליבו לדבר, את פנימיות ליבו, הוא הולך ועולה מעל ומעבר לכל הדרגות האחרות.

לעומת הפנימיות, 'חיצוניות הלב' היא רגש **הַנּוֹלָד מֵהַתְּבוּנָה וְהַדַּעַת לְבַדָּן, בְּלִי הֶאָרַת פָּנִים מִלְמַעְלָה, אֶלָּא בִּבְחִינַת הֶסְתֵּר פָּנִים.** אדם שעושה את המצוות בכוונה של חיצוניות הלב, בוודאי שעושה את המצוות בכוונה אמיתית, אלא שהכוונה הזו אינה תחושה ישירה של הארת פנים של מעלה אלא תחושה שמתקבלת דרך המחשבה ודרך הכרה והבנה אינטלקטואלית. כאשר יש הארת פנים, כאשר רואים עין בעין, אין צורך בכלים של תבונה ודעת כדי לדעת על הדבר – פשוט רואים, פנים בפנים. רק כאשר יש הסתר

הכוונה שמפנימיות הלב הבעש"ט היה מתאר ציור כזה: בן אדם הולך בשוק כל היום, שוכח את הכול, את ה' ואת תורתו, שוכח שהוא בכלל יהודי, וכך הוא הולך עייף וטרוד, ופתאום הוא נזכר – זמן מנחה! והוא נאנח אנחה אחת: איפה הוא עומד בעולם... האנחה הזו, אומר הבעש"ט, כל הרקיעים מזדעזעים ממנה. מפני שבאותו רגע הוא באמת נגע בנקודת פנימיות הלב, ולכן הערך של הדבר שהוא עושה באותו רגע גדול לאין ערוך יותר. יכול להיות שמתפילת המנחה שיתפלל אחר כך הוא לא יבין מילה, ועדיין היא יכולה להיות מעל ומעבר לתפילה שיתפלל אדם אחר בפירוש המילות והדקדוק ואפילו עם כל כוונות האר"י ז"ל.[31] שכן אותה כוונה שישנה בנקודת הלב הפנימית, שאדם מכניס את כל נפשו בתוכה – היא מעבר לכל כוונה שבהכרה ודעת ושבחיצוניות הלב.

למטה אלא באתערותא דלתתא במעשה הצדקה הנקרא שלום. וזהו שכתוב פדה בשלום נפשי דייקא. וזהו גם כן הטעם שנקרא הצדקה שלום לפי שנעשה שלום בין ישראל לאביהם שבשמים כמאמר רבותינו זכרונם לברכה דהיינו על ידי פדיון נפשותיהן הם חלק ה׳ ממש מידי החיצונים ובפרט צדקת ארץ ישראל שהיא צדקת ה׳ ממש כמו שכתוב תמיד עיני ה׳ אלהיך בה והיו עיני ולבי שם כל הימים והיא שעמדה לנו לפדות חיי נפשנו מעצת החושבים לדחות פעמינו ותעמוד לנו לעד לשום נפשנו בחיים אמיתים מחיי החיים לאור באור החיים אשר יאר ה׳ פניו אתנו סלה אמן כן יהי רצון:

פנים, כאשר אין רואים, אנו זקוקים לבנות את ההכרה באמצעים אינטלקטואליים, בהבנה ובדעת, ואלה אינם מעוררים את הפנימיות אלא את חיצוניות הלב.

וזה המובן של "צדק לפניו יהלך". שכן אותה כוונה, המוליכה ומעלה את כל התורה והמצוות למעלה יותר מכל כוונה שבחיצוניות הלב, היא הכוונה של פנימיות הלב המתעוררת על ידי מעשה הצדקה.

כִּי אֵין הַפָּנִים הָעֶלְיוֹנִים מְאִירִים לְמַטָּה אֶלָּא בְּאִתְעָרוּתָא דִלְתַתָּא, כשיש תחילה התעוררות של האדם מלמטה, **בְּמַעֲשֵׂה הַצְּדָקָה**. כאשר אדם עושה צדקה, ועושה אותה באמת, הוא שובר כאמור את קליפות ה׳אני׳ שלו יותר מבכל מצווה אחרת, ומגלה את נקודתו הפנימית – ומכאן הוא זוכה לגילוי והארת פנים של מעלה.

הַנִּקְרָא ׳שָׁלוֹם׳. מעשה הצדקה נקרא ׳שלום׳,[32] משום שהוא עושה שלום בין העולמות והדרגות. ההסבר הפשוט הוא, שכאשר מי שיש לו נותן למי שאין לו, הם משתווים ומשלימים ביניהם; ועוד יש לומר, שהצדקה נקראת שלום כיוון שהיא פותחת ומגלה את הקשר הפנימי בין מעלה ומטה, ואת המהות הפנימית שבתוכה מתבטלים הניגודים בין מעלה ומטה. כאמור הקשר של חיצוניות הלב הוא לכל היותר בגדר של ׳שביתת נשק׳, של הסכמה מסוימת ושיתוף פעולה זמני, בעוד הקשר שיוצרת הצדקה, המעוררת את פנימיות הלב – נקרא שלום.

וְזֶהוּ שֶׁכָּתוּב: "פָּדָה בְשָׁלוֹם נַפְשִׁי".[33] פדות הנפש משביה היא על ידי הצדקה הנקראת שלום.

"נַפְשִׁי" דַּיְיקָא. נפשי הוא מונח שיש לו במקרא משמעויות שונות. במובן המצומצם מדובר בנפש לעומת הגוף, שאז הנפש היא פנימיותו של האדם, שאותה הוא פודה ומגלה במעשה הצדקה. אך נפש היא גם כינוי ל׳אני׳, לעצמי.[34] ולכן "פדה בשלום נפשי" מובנו פדותו של האדם עצמו, ולא של האחר. לכאורה, כאשר אדם נותן צדקה לעני הוא פודה את נפשו של העני, אך כאן ההדגשה היא שהוא פודה את נפשו שלו,[35] ויותר מזה, את פנימיותו, את נקודת פנימיות ליבו.

וְזֶהוּ גַּם כֵּן הַטַּעַם שֶׁנִּקְרָא הַצְּדָקָה ׳שָׁלוֹם׳, לְפִי שֶׁנַּעֲשֶׂה שָׁלוֹם בֵּין יִשְׂרָאֵל לַאֲבִיהֶם שֶׁבַּשָּׁמַיִם, כְּמַאֲמַר רַבּוֹתֵינוּ זִכְרוֹנָם לִבְרָכָה (תוספתא פאה פרק ד הלכה כא). מעשה הצדקה יוצר שלום כללי, הוא יוצר השלמה לא רק בין האנשים למטה אלא גם בין

נשמות ישראל והקב"ה, אשר מכוח הצדקה וגילוי פנימיות הלב מתעלות מתוך העולם ומתאחדות ומתקשרות עימו.

דְהַיְינוּ עַל יְדֵי פִּדְיוֹן נַפְשׁוֹתֵיהֶן, הֵם חֵלֶק ה' מַמָּשׁ, מִידֵי הַחִיצוֹנִים. אדם פודה את עצמו מהשבי ומהשעבוד לרע על ידי שהוא לוקח משהו שיקר וחשוב בעיניו וליבו נתון בו – ונותן אותו לה'. באותה שעה הנפש, שהייתה שבויה ומשועבדת לכוחות אחרים ("החיצונים"), מתקשרת לקב"ה בהתקשרות פנימית מהותית.

וּבִפְרָט צִדְקַת אֶרֶץ יִשְׂרָאֵל. הצדקה המסוימת, שלגביה נכתבה האיגרת הזו, היא צדקת ארץ ישראל, כלומר כספים שהיו אוספים כדי להחזיק את ההתיישבות החסידית שעלתה באותן שנים לארץ ישראל בראשותו של רבי מנחם מענדל מוויטבסק.

לצדקת ארץ ישראל יש מעלה מיוחדת בכך **שֶׁהִיא צִדְקַת ה' מַמָּשׁ. כְּמוֹ שֶׁכָּתוּב** לגבי ארץ ישראל: **"תָּמִיד עֵינֵי ה' אֱלֹהֶיךָ בָּהּ"** (דברים יא,יב); **"וְהָיוּ עֵינַי וְלִבִּי שָׁם כָּל הַיָּמִים"** (מלכים א ט,ג). ארץ ישראל היא הארץ המיוחדת לה' במובן זה שפנימיותו (עיניו וליבו) של ה' נתונים שם, בהבדל מכל הארצות המקבלות רק מבחינת החיצוניות. ולכן הצדקה הניתנת לעניי ארץ ישראל היא "צדקת ה'" ביתר שאת.

וְהִיא שֶׁעָמְדָה לָנוּ לִפְדּוֹת חַיֵּי נַפְשֵׁנוּ מֵעֲצַת הַחוֹשְׁבִים לִדְחוֹת פְּעָמֵינוּ. הערה זו קושרת את הדברים גם לאירועים שאירעו באותו זמן: ההתנגדות לחסידות, המלשינות והמאסר של אדמו"ר הזקן.[36] לומר, שזכות צדקת ארץ ישראל עמדה לנו גם במאבקנו על מעמדה של תורת החסידות ודרכי החסידים, ולפדות ולהציל את נקודת היהדות הפנימית שגילתה החסידות מיד המתנגדים לדרך החסידות.

הסיום, כמו ההתחלה, הוא בדברי מליצה המשובצים מובאות מן הכתובים: **וְתַעֲמוֹד לָנוּ לָעַד לָשׂוּם נַפְשֵׁנוּ בְּחַיִּים אֲמִיתִּיִּם.** הם החיים הנובעים **מֵחַיֵּי הַחַיִּים,** מהחיים של החיים, ממקור וממתנת החיים כולם (כי יש גם חיים שאינם אמיתיים, כאשר אינם מתקשרים אל חיי החיים). ובהתקשרות זו זוכים גם חיי האדם למטה **לֵאוֹר** (להאיר) **בְּאוֹר הַחַיִּים, אֲשֶׁר יָאֵר ה' פָּנָיו אִתָּנוּ סֶלָה,**[37] **אָמֵן כֵּן יְהִי רָצוֹן.**

איגרת זו, שנכתבה אל החסידים כדי לעורר על נתינת הצדקה, מסבירה את משמעותה הפנימית של מצוות הצדקה, לא מהצד של מקבל הצדקה אלא מצידו של הנותן. הוסבר כיצד נתינת הצדקה היא חלק מעבודת ה' הפנימית של האדם. עבודת ה' הנפשית היא בעיקרה עבודת האהבה, לעורר את האהבה לה' ככוח המניע לקיום המצוות ולימוד התורה, וכגורם המרים את התורה והמצווה ואת נפש האדם למעלה מהמציאות המעשית שבה נעשו. בתחילת האיגרת הוסבר שיש שתי בחינות באהבת ה', חיצונית ופנימית. את האהבה החיצונית יכול האדם לגלות בכוח התבוננותו ודעתו, אך גילויה של נקודת הלב הפנימית איננה בכוח האדם מלמטה, אלא במובן מסוים רק מכוח האלוקי מלמעלה. עם זאת, כאשר האדם עושה מלמטה דבר אשר חורג מכוחותיו ואפשרויותיו המודעים, כמו נתינת הצדקה שנותן מחיי נפשו ממש – הוא אז יכול לעורר על כל פנים את הארת האין סוף מלמעלה, שתגלה את פנימיות ליבו ואת כוחות האין סוף שבתוך נשמתו שלו.

איגרת ה

איגרת זו נכתבה לכלל החסידים, כנראה בשנת תקס״ב, לעוררם לנתינת הצדקה, ואף היא, כמו האיגרות שקדמו לה, עוסקת במשמעות הפנימית של נתינה זו. יתר על האגרות הקודמות מתרחב עניינה של האיגרת הזו אל כמה מהנושאים העקרוניים והבסיסיים בקבלה ובחסידות: מהות האותיות, אותיות הדיבור האנושי והאותיות האלוקיות בפנימיותן ובחיצוניותן, היחס שבין האורות והכלים בכלל, מהות השם והיחס בין השם והדבר עצמו. ובהשלכת הדברים לעבודת ה׳ של האדם, בתורה ובגמילות חסדים, ואיך דווקא הצדקה וגמילות החסדים הן הממשיכות את אותיות הדיבור האלוקי משמו של הקב״ה עד לעולם המעשה הזה.

איגרת ה

יג אב פשוטה
טו אב מעוברת

ויעש דוד שם ופירש בזוהר הקדוש משום שנאמר ויהי דוד עושה משפט וצדקה לכל עמו כו׳ בכה רבי שמעון ואמר מאן עביד שמא קדישא בכל יומא מאן דיהיב צדקה למסכני כו׳.

ויובן בהקדים מאמר רבותינו זכרונם לברכה על פסוק כי ביה ה׳ צור עולמים בה׳ נברא עולם הזה ביו״ד נברא עולם הבא. פירוש שהתענוג שמתענגים נשמות הצדיקים ונהנין מזיו השכינה המאיר בגן עדן עליון ותחתון

נאמר: **"וַיַּעַשׂ דָּוִד שֵׁם"** (שמואל ב ח,יג). על פי המשך הפסוק, הפירוש הפשוט הוא שדוד עשה שם לעצמו בגבורתו, "בְּשֻׁבוֹ מֵהַכּוֹתוֹ אֶת אֲרָם בְּגֵיא מֶלַח שְׁמוֹנָה עָשָׂר אָלֶף". ואולם כאן מפורש הכתוב בכיוון אחר, על פי פירוש הזהר, המתייחס אל הפסוקים שבהמשך הפרק.

וּפֵירֵשׁ בַּזּוֹהַר הַקָּדוֹשׁ (חלק ג קיג,ב): **מִשּׁוּם שֶׁנֶּאֱמַר** בהמשך הפסוקים **"וַיְהִי דָוִד עֹשֶׂה מִשְׁפָּט וּצְדָקָה לְכָל עַמּוֹ כוּ׳"** (שם פסוק טו). שדוד 'עשה' את ה'שם' על ידי שעשה משפט וצדקה לכל עמו.

העולם הזה והעולם הבא את העולם הזה אנו מכירים, זה העולם והמציאות שאנו חיים בהם כעת. לעומת זאת, על העולם הבא אנו יודעים פחות. 'עולם הבא' הוא מושג שיש לו מובנים ומשמעויות שונות.[2] במובן הפשוט, העולם הבא הוא העולם שבא אחרי העולם הזה בממד של הזמן. אמנם לגבי מהותו של עולם הבא יש חילוקי דעות, בעיקר בין התפיסות המיוצגות על ידי הרמב"ם מצד אחד ועל ידי הרמב"ן והמקובלים מצד שני, ואולם לכל הדעות העולם הבא הוא דרגה אחרת של מציאות, הבאה אחרי המציאות של העולם שלנו והשונה ממנה שינוי מהות יסודי. לא הכול מסכימים שהעולם הבא הוא עולם רוחני דווקא, אבל לדעת הכול זהו עולם בדרגה אחרת, שבו היחסים בין חומר ורוח מקבלים מעמד ומשמעות אחרים. בהגדרה רחבה כולל המושג 'עולם הבא' גם את גן עדן. אמנם גן עדן בכל דרגותיו הוא מציאות שקיימת גם עתה, בזמן של העולם הזה, ואולם לגבי כל אדם בפרט הוא מציאות שהוא מגיע אליה לאחר חייו בעולם הזה, שכן עניינו של גן עדן – שהוא שכרו ותוצאות מעשיו של האדם בעולם הזה. ומשום כך, בהבחנה האמורה כאן, בין עולם הזה לעולם הבא, משויך גן העדן לצד העולם הבא.

'מקום' גן עדן גן עדן אינו 'מקום' מסוים שעל מנת להגיע אליו צריכות נשמות בני אדם ללכת כך וכך קילומטרים אחרי מותם. גן עדן הוא אמנם מקום, אבל לא בהגדרה פיזית אלא כמושג מופשט; במובן של מרחב משמעות, של תשתית להוויה שבה דברים מסוימים מתרחשים. משהו מעין זה יש גם

ומבאר בזהר שם: **בָּכָה רַבִּי שִׁמְעוֹן וְאָמַר: מַאן עָבִיד שְׁמָא קַדִּישָׁא בְּכָל יוֹמָא? – מַאן דְּיָהֵיב צְדָקָה לְמִסְכְּנֵי כוּ׳** (מי עושה את השם הקדוש בכל יום? – מי שנותן צדקה לעניים). "ויעש דוד שם" מובן אפוא לא במובנו הפשוט, שעשה שם לעצמו, אלא שכביכול עשה את שמו של הקב"ה. וצריך להבין בדברי הזהר, מה זאת אומרת 'לעשות שם לקב"ה'? מהו בכלל עניינו של השם, ומהו לעשות את השם? ועוד יש להבין בדברי הזהר – כיצד קשורה עשיית השם לעשיית משפט וצדקה? הבנת כל אלה בפירוש מאמר הזהר הזה הוא עניינה של האיגרת, כדלהלן.

וְיוּבַן בְּהַקְדִּים מַאֲמַר רַבּוֹתֵינוּ זִכְרוֹנָם לִבְרָכָה[1] **עַל פָּסוּק "כִּי בְּיָהּ ה׳ צוּר עוֹלָמִים"** (ישעיה כו,ד)**: בְּאוֹת ה׳ נִבְרָא עוֹלָם הַזֶּה,** באות **יו"ד נִבְרָא עוֹלָם הַבָּא.** האותיות יו"ד וה"א משם הוי"ה מהוות בעצמן את השם י"ה, שהוא "צור עולמים", תבנית היסוד היוצרת את העולמות: האות ה"א את העולם הזה והאות יו"ד את העולם הבא.

פֵּירוּשׁ, מה היא מהות גן עדן בהשוואה לעולם הזה, ומה משמעות האמירה שנברא באות יו"ד? **שֶׁהַתַּעֲנוּג שֶׁמִּתְעַנְּגִים נִשְׁמוֹת הַצַּדִּיקִים וְנֶהֱנִין מִזִּיו הַשְּׁכִינָה.** גן עדן, להבדיל מעולמנו, הוא המקום שבו מתגלה זיו השכינה, ושבו מתענגות הנפשות מגילוי זה לאחר חיי העולם הזה. וכמתואר בדברי חכמים: "צדיקים יושבים ועטרותיהם בראשיהם ונהנים מזיו השכינה" (ברכות יז,א ועוד).

הַמֵּאִיר בְּגַן עֵדֶן עֶלְיוֹן וְתַחְתּוֹן. באופן כללי מדברים על שתי דרגות של גן עדן, 'גן עדן עליון' ו'גן עדן תחתון'. אמנם במקומות אחרים[3] מבואר שהביטוי 'גן עדן עליון' ו'גן עדן

בשימוש הלשון הרגילה שלנו לגבי דברים קרובים יותר. כאשר אנחנו אומרים, למשל, שאין מקום לדעה כזו וכזו, אין אנו רוצים לומר שדעה כזו אינה נכנסת במרחב כזה וכזה של סנטימטרים, אלא שלדעה הזו אין מקום במרחב המחשבה שלנו, אין לה תשתית הגיונית עובדתית או אחרת שבה היא יכולה להתקיים. גן עדן הוא, לפי זה, המקום שבו מתקיימת דרגה מסוימת של הוויית נפש שמתענגת מזיו השכינה.

גילוי זיו השכינה בגן עדן אמנם אין מקום, לא בעולם הזה ולא בעולם הבא, בלי שכינה; אין במציאות הוויה מנותקת, שאין חיות אלוקית בתוכה. אבל יש הבדל בגילויה של החיות האלוקית, שהוא ההבדל העקרוני בין העולם הזה וגן עדן. העולם הזה הוא עולם שבו השכינה היא, מטבע הדברים, בהסתר. אנחנו רואים שולחן וכיסא וקיר, ואין אנו רואים את זיו השכינה. עולמנו הוא עולם של חומר, שבו החומר הוא הגילוי המרכזי, שהברירות והוודאות שבו הן דרך ועל ידי חומר. יש עולמות אחרים, שאינם חומריים, שגם הם עולמות ללא גילוי שכינה. למשל, העולם הרוחני של המתמטיקה הוא עולם שאין בו הארה של זיו השכינה, כמו בעולם החומר הגס. זהו אמנם עולם יותר דק, רוחני, אבל העובדה שהוא רוחני אינה עושה אותו גם לקדוש ולמוכשר יותר מעולם החומר להתגלות השכינה. גן עדן, לעומת זאת, הוא המקום שבנוי להתגלות השכינה; שכל עניינו ומהותו שהוא מגלה באותם דברים שנוצרו ושאירעו בעולם הזה את אור השכינה שבתוכם.

הוא שמתענגים בהשגתם והשכלתם שמשכילים ויודעים ומשיגים איזה השגה באור וחיות השופע שם מאין סוף ברוך הוא בבחינת גילוי לנשמתם ורוח בינתם להבין ולהשיג איזה השגה כל אחד ואחד לפי מדרגתו ולפי מעשיו

תחתון' אין משמעו שהם דווקא שניים, אלא שיש דרגות שונות של גן עדן זו למעלה מזו, ומעל לגן עדן העליון יש גן עדן בדרגה גבוהה עוד יותר, וכן הלאה. וכך מבינים שם את מאמר התלמוד "תלמידי חכמים אין להם מנוחה לא בעולם הזה ולא בעולם הבא" (ברכות סד,א), שגם בגן עדן עולים תלמידי החכמים מדרגה לדרגה בהשגת התורה, לא דרגה אחת ולא שתיים אלא אין ספור מדרגות, באופן שאין הם נחים במדרגה כלשהי, כי לכל מדרגה יש מדרגה למעלה ממנה.

הוּא שֶׁמִּתְעַנְּגִים בְּהַשָּׂגָתָם וְהַשְׂכָּלָתָם שֶׁמַּשְׂכִּילִים וְיוֹדְעִים וּמַשִּׂיגִים. השגת הנפש בגן עדן פירושה השגה שכלית פנימית של הדברים בכל כוחות השכל.[4] שכן, יש דרגות של השכלה שבהן אדם יודע את הפרטים, יכול לחזור על המילים, אבל עדיין אינו משיג בשלמות את הדבר. אפשר לראות זאת אצל ילדים, אבל גם אצל מבוגרים: הוא לומד וחוזר על הדברים, אבל כאשר מבררים מה הוא השיג, מתברר שאין לו מושג על מה הוא

לפי מדרגתו הדבר מעורר שאלה, שהתלמוד שם אותה בפיו של איוב: "ריבונו של עולם, בראת שור פרסותיו סדוקות, בראת חמור פרסותיו קלוטות... בראת צדיקים בראת רשעים" (בבא בתרא טז,א). איוב שואל: מדוע בראת חיות שהן טהורות וחיות שהן טמאות? ובאותו אופן, מדוע בראת אנשים צדיקים ואנשים רשעים? בליקוטי אמרים (פרקים יד ו כז) מוסבר שאין הכוונה שהקב"ה בורא אנשים שהם צדיקים ואנשים שהם רשעים, שאין התניה מוקדמת מי יהיה צדיק ומי יהיה רשע; אלא הכוונה שיש הבדל בין הנשמות ביכולת לפתח את הכיוון הזה – להיות צדיק, להגיע לדרגות של קדושה – ובזה אין כל האנשים שווים. כל אדם נולד עם נשמה ייחודית, וכשם שיש בני אדם הנולדים עם כישרון למוזיקה ויש כאלה עם כישרון למתמטיקה, כך יש כאלה שנולדים עם הכישרון לקדושה. וכשם שלא כל אדם שנולד עם כישרון למוזיקה הופך למוזיקאי גדול, כך לא כל אדם שנולד עם הכישרון לקדושה הופך להיות צדיק.

המרווח שבין דרגתו המולדת של האדם לבין הדרגה שהוא מגיע אליה בפועל, הוא־הוא מה שקובע את העונג שיש, כביכול, לקב"ה מאותו אדם (ואשר הארה ממנו היא שכרו של אותו אדם בעולם הבא). שהרי הקב"ה עושה את האנשים שונים זה מזה, כמו שהוא עושה את כל היצורים שונים זה מזה, משום שהוא רוצה אותם שונים זה מזה. כביכול, הוא נהנה מכל אחד מהם באופן אחר, שונה.

בליקוטי אמרים[5] נאמר, שמה שאומר יצחק ליעקב אבינו: "ועשה לי מטעמים כאשר אהבתי" (בראשית כז,ד), הוא מאמר השכינה לבניה, לכלל ישראל ולכל אחד בפרט. ומסביר ש"מטעמים" הוא לשון רבים, שני מיני מטעמים שמהם כביכול נהנה הקב"ה: האחד ממאכלים ערבים ומתוקים והשני ממאכלים חריפים או חמוצים; האחד, מאותם אנשים שהעונג שהם גורמים למעלה הוא מתוק, כשהם מעלים לה' אהבת ה' ויראת ה', תורה ומצוות. והשני, שטעמם הוא חריף וחמוץ, שאין להם אהבה ואין להם יראה, והם

מדבר. ובמקום שאין הבנה ואין דעת, שאין קליטה פנימית של הדברים אל תוך הנפש, גם לא תיתכן הנאה. יכולים להיות רגשות אחרים, עמומים, אבל עונג יכול להיות רק כאשר יש השגה ממשית ופנימית.

אֵיזֶה הַשָּׂגָה בְּאוֹר וְחַיּוּת הַשּׁוֹפֵעַ שָׁם מֵאֵין סוֹף בָּרוּךְ הוּא, בִּבְחִינַת גִּילּוּי לְנִשְׁמָתָם וְרוּחַ בִּינָתָם. ההשגה של נשמות הצדיקים בגן עדן אינה השגה של זיו השכינה כפי שהוא, בכל מלוא היקפו. באופן זה הוא מעבר להשגתו של כל אדם, ובכלל זה גם הצדיקים היושבים בגן עדן. ההשגה בגן עדן היא לפיכך מסויגת, רק "איזה השגה", הארה מוגבלת המותאמת לכל נפש.

לְהָבִין וּלְהַשִּׂיג אֵיזֶה הַשָּׂגָה, כָּל אֶחָד וְאֶחָד לְפִי מַדְרֵגָתוֹ וּלְפִי מַעֲשָׂיו. יכולת ההשגה בגן עדן תלויה בשתי הגדרות: האחת – "לפי מדרגתו", שזו הגדרת מהותה ודרגת שלמותה של הנשמה; והשנייה – "לפי מעשיו", הגדרה התלויה במעשיו של האדם ובדרך חייו בעולם הזה.

ההגדרה הראשונה, "לפי מדרגתו", היא הדרגה והמהות שבה נוצרה הנשמה מתחילה. למרות שהמקור הראשון, הבסיס של כל הנשמות, הוא שווה, הרי בגילוין במציאות יש הבדלים בין הנשמות. הקב"ה יוצר אנשים שונים זה מזה, שאינם נמצאים בדרגה אחת. וככל שמהות הנשמה בדרגה גבוהה יותר, היא יכולה להשיג השגה גבוהה יותר.

בקושי מתגברים שלא לחטוא בפועל. אנשים אלה, כאשר הם עובדים את ה', מעלים גם את הספקות שלהם וגם את החולשות והתאוות שלהם, ואפילו את החטאים שלהם, כאשר הם מתחרטים עליהם.

יכול להיות אדם שבקושי מסוגל לקרוא את האל"ף בי"ת, אך בכל דרגה, כשהוא מתגבר על המכשול של הווייתו שלו ומגיע לפתח אותה עד מלוא האפשרויות שלה – הוא 'שעשועים פנימיים' אצל הקב"ה; והאדם הגדול בענקים, שיכול היה לעשות הרבה ולא עשה – הוא אינו 'שעשועים' אצל הקב"ה. אילו היה הקב"ה רוצה אינטליגנציה, הוא היה בורא עוד כך וכך מלאכים; אילו היה רוצה בריות שתהיינה מופשטות מכל גשמיות ויעבדו אותו בכלות הנפש – הוא היה בורא עוד כמה מיליארדי שרפים; אבל העובדה היא שהוא רוצה בבני אדם, באותו מרווח של מאבק פנימי, באותו ייחוד מסוים ובלתי ניתן לשחזור.[6]

הקב"ה רוצה מכל אדם דבר ייחודי, ששום אדם אחר אינו יכול לתת אותו. מבחינה זו, העונג הפוטנציאלי שיש באדם כמשה רבינו ובאחרון קטני השבטים הוא שווה ממש – כאשר הוא עושה את מה שהקב"ה תובע ממנו שיעשה. התועלת שיש מפלוני הקטן במיצוי ההוויה שלו היא באותה דרגה של שלמות כמו בגדול שבגדולים במיצוי ההוויה שלו. בני אדם הם כמו הצבעים, כמו הטעמים השונים, שהם שווים בערכם, הגם שיש ביניהם גדולים וקטנים, כאלה שחשיבותם רבה לגבי דברים אחרים וכאלה שחשיבותם פחותה. כל אחד מהם לעצמו הוא הוויה יחידה במינה, ועונג מיוחד במינו, אצל הקב"ה.

אמרו חכמים,[7] שלכל צדיק יש בגן עדן חופה משל עצמו, כדי שלא ייכווה זה מחופתו של חברו. בגן עדן, אף יותר מאשר בעולם הזה, יש לכל אדם עולם והוויה מיוחדת משל עצמו, שונה משל כל אדם אחר. בעולם הזה, למרות השוני, יכולים בני אדם לדלג מזה לזה ולהבין זה את זה, ואילו בעולם הבא מקבל כל אחד את העולם הבא שלו, המיוחד לו, שבו אחר אינו יכול להיכנס כלל.

ולכן נקרא עולם הבא בשם בינה בזוהר הקדוש והשפעה זו נמשכת מבחינת חכמה עילאה שהוא מקור ההשכלה וההשגה הנקרא בשם בינה והוא קדמות השכל קודם שבא לכלל גילוי השגה והבנה רק עדיין הוא בבחינת העלם והסתר

ההגדרה השנייה הקובעת את דרגת גן עדן היא "לפי מעשיו". מעשיו של האדם, או המצוות שהוא עושה בעולם הזה, אף על פי שעיקר חשיבותן היא מעבר להתייחסותן אל נפש האדם – הארתן פועלת על נפשו ונעשית לה בבחינת לבוש.[8] בלבוש הזה מגיעה הנפש לגן עדן, ועל ידו היא מקבלת ומשיגה שם את זיו השכינה. שכן כדי שהנפש, שהיא נבראת, תוכל ליהנות מזיו השכינה, שהוא אלוקי, היא זקוקה למדיום מסוים שיעשה את המעבר ואת התרגום של הקדושה מבחינת האין סוף אל בחינתה ומדרגתה שלה. גם בעולם הבא, גם לאחר היפרדותה מהגוף, הנפש היא עדיין נפש פרטית, מוגדרת ומוגבלת, וכל כמה שתהיה רוחנית ומופשטת עדיין השגתה מוגבלת בגדרי עצמה. לבוש המצווה הוא אפוא האמצעי שעל ידו נבנה המגע שלה עם האלוקי, וזהו "לפי מעשיו", שההשגה ועונג הנשמות בגן עדן תלויים במצוות ובמעשים הטובים שעשתה הנפש בעולם הזה.

המצווה היא הכלי לצוותא עם האלוקי גם בעולם הזה כמו בעולם הבא, תפקידה של המצווה הוא להיות הכלי של ה"צוותא",[9] של החיבור בין האנושי והאלוקי, בין המוגבל ובין האין סוף. ההבדל הוא, שבעולם הזה עושים את המצווה ויוצרים את הקשר, אף על פי שבגלל מגבלות העולם הזה ואטימותו אין חווים אותו; ובעולם הבא, כשאין יכולים עוד לעשות אותו, יכולים לחוות אותו.

האטימות של העולם הזה היא, לפי זה, חלק מהותי מהיותו המקום שבו עושים את המצוות. שכן, אדם שהיה משיג את מהותו של הקשר שהוא יוצר במצווה – היה נשרף. הווייתו המוגבלת של האדם בגופו אינה מסוגלת להכיל את האור, הוא לא יכול היה להמשיך להתקיים כנפש בגוף אילו היה משיג משהו ממהותה של המצווה. ולכן, כדי שאדם לא יישרף במצווה שהוא עושה, כדי שיוכל להמשיך ולעשות בחייו יותר ממצווה אחת, הוא חייב לעשות אותה מאחורי מסך ומסתור. לכן "שכר מצוה בהאי עלמא ליכא" (קידושין לט,ב), כי את שכר המצווה, כלומר ההשגה והחוויה של הקשר עם הקב"ה, אי אפשר להשיג בעולם הזה, בעת שעושים אותו. היה מישהו שנתן לזה משל: אנשים שעוסקים בריתוך עובדים תמיד מאחורי מסך כהה, שאם לא כן היו מתעוורים מחמת הזוהר והחום של הלהבה. יכולתו של המרתך לעשות את המלאכה תלויה בעיוורונו החלקי, בכך שהוא אינו רואה בשלמות מה שהוא עושה. צד מהותי של היותנו בעולם הזה עומד על היותנו לא מודעים, אפילו במידה שנפשנו יכולה להשיג, לדברים שאנו עושים.

בין חכמה לבינה בתהליך המחשבה הרגיל שלנו, אין אנו יכולים בדרך כלל להבחין בין שלב החכמה לשלב הבינה. התהליך הוא רציף ומהיר מדי, והתוצאה שאנו מקבלים מורכבת תמיד משניהם יחד.[10] רק לעיתים נדירות, כאשר התהליך הוא איטי ביותר, בין משום שהנושא כבד מדי ובין משום שהאדם נמצא במצב של טשטוש מסוים, ניתן לחוות את המעברים הללו שבין החכמה והבינה. אפשר להבחין אז בין התרשמויות של חכמה,

וְלָכֵן נִקְרָא עוֹלָם הַבָּא בְּשֵׁם בִּינָה בַּזֹּהַר הַקָּדוֹשׁ. גן עדן הוא כאמור מקום ההשגה באלוקות; והשגה שלמה, באופן שהנפש מתענגת בהשגה, היא בבינה. לכן עולם הבא הוא בעיקרו מקום הבינה, המקום שבו מבינים ומתענגים בזה.

וְהַשְׁפָּעָה זוֹ, שבבחינת הבינה, **נִמְשֶׁכֶת מִבְּחִינַת חָכְמָה עִילָּאָה** (עליונה), **שֶׁהוּא,** החכמה, היא **מְקוֹר הַהַשְׂכָּלָה וְהַהַשָּׂגָה, הַנִּקְרָא בְּשֵׁם בִּינָה.** כמו בכוחות הנפש, החכמה היא הדרגה הקודמת לבינה, המשפיעה ומאירה בבינה.

והמחבר מסביר מעט בעניין החכמה: **וְהוּא,** החכמה היא **קַדְמוּת הַשֵּׂכֶל, קוֹדֶם שֶׁבָּא לִכְלַל גִּילּוּי הַשָּׂגָה וַהֲבָנָה** בבינה, **רַק עֲדַיִין הוּא בִּבְחִינַת הֶעְלֵם וְהֶסְתֵּר.** החכמה היא הדרגה הקודמת, הנעלמת, שלפני ההשכלה וההבנה, כמו הרעיון לפני שנחשב, לפני שהגיע לדרגה של חשיבה גלויה, רציונלית. את השכל בדרגת היסוד הזו, שהיא ראשיתה של ההשגה, אין אנו יכולים להשיג כשלעצמו, שכן בדרגה הזו ההשגה היא עדיין בהעלם. אנו יכולים, לפעמים, להרגיש משהו: שיש אידיאה בתוכנו שאין אנו קולטים אותה בשלמות, אלא קולטים רק ראשית, ניצוץ ממנה. תחושה זו, שאינה השכלה אלא רק תחילתה של השכלה, מצביעה על כל פנים על מציאותה הנעלמה של דרגת החכמה.

כשאדם מקבל תמונות, השגות שאין להן כשלעצמן כל משמעות, ובין התהליך שבא אחר כך, שבו התמונות הללו עוברות תהליך של עיבוד, השוואה וניתוח, במה שאנו מכירים כתהליך המחשבה וההבנה הרציונלית. כאמור, במציאות אין השגה שהיא רק חכמה ואין השגה שהיא רק בינה, כשם שאין אנשים שהם רק חכמים או רק נבונים. ההבדל בין אנשים שאנו קוראים להם חכמים לאנשים הנקראים נבונים הוא איזה חלק בתוכם מודגש יותר. אבל אדם שאחד החלקים חסר בו, הרי או שאינו יכול כלל לקלוט דברים חדשים, או שאינו יכול כלל לפתח את הרעיונות שלו – וכמובן, מצב כזה אינו נורמלי אלא הוא מצב של פגם ומחלה.

ביחס שבין החכמה והבינה, החכמה היא הגרעין הראשון שממנו מתחיל תהליך ההכרה, ואולם גם בהמשך התהליך מצויות תמיד נקודות החכמה כנקודות אקסיומטיות, הנכונות בכל שלב ודרגה של המחשבה. זהו צד נוסף בהגדרת החכמה: ככוח של הכרת האמת. בדרגת הבינה אפשר לבנות מכשירים כדי להגדיר מה נכון ומה אינו נכון, ואולם כאשר מגיעים לשורש הדברים, לקביעה האחרונה מה אמת ומה אינו אמת, הקביעה היא קביעת החכמה. הדבר נכון לא רק בתחום המחשבה האינטלקטואלית. בכל התחומים ישנו הכושר הזה להחליט: 'דבר זה נכון', 'דבר זה יפה' – ובכל התחומים שייך הכושר הזה לדרגת החכמה. ההגדרה של ה'גאון' מתייחסת בכל התחומים להגדרה זו של דרגת החכמה, לאמור ליכולת ההכרה העליונה, בסקירה אחת. הדבר נכון לגבי האיש שיכול להחליט ברגע אחד מהו עסק טוב ומה אינו עסק טוב, כמו לגבי האיש שיכול לראות מייד שמבנה כזה של משוואה הוא נכון או בלתי נכון. בכל התחומים ישנם כמובן גם אנשים אחרים, שתפקידם וכשרונם הוא לנתח את המערכות הללו ליחידות אינטלקטואליות, למבנים שאותם יכול כל אחד להשיג – שכן החכמה במהותה היא פסיבית, ואם אין בתוכו של האדם, או בסביבתו, יכולת מסוימת של תרגום המושגים הללו לשפה מובנת, שיכולה לעבור הלאה מדבר לדבר, תישאר הגאונות הזו בנקודת החכמה, בבחינת העלם והסתר.

רק שמעט מזעיר שם זעיר שם שופע ונמשך משם לבחינת בינה להבין ולהשיג שכל הנעלם ולכן נקרא בשם נקודה בהיכלא בזוהר הקדוש וזו היא תמונת יו״ד של שם הוי״ה ברוך הוא ונקרא עדן אשר עליו נאמר עין לא ראתה כו׳ ונקרא אבא יסד ברתא.

פירוש כי הנה התהוות אותיות הדבור היוצאות מה׳ מוצאות הפה אינן דבר מושכל ולא מוטבע בטבע מוצאות הללו להוציא מבטא האותיות על ידי ההבל והקול המכה בהן על פי דרך הטבע ולא על פי דרך השכל

רַק שֶׁמְּעַט מִזְּעֵיר שָׁם זְעֵיר שָׁם[11] **שׁוֹפֵעַ וְנִמְשָׁךְ מִשָּׁם לִבְחִינַת בִּינָה, לְהָבִין וּלְהַשִּׂיג שֵׂכֶל הַנֶּעְלָם.** השכל שבחכמה הוא נעלם, ורק מעט ממנו, כמו נקודה בלבד, נמשך ומתגלה בבינה.

וְלָכֵן נִקְרָא בְּשֵׁם ׳נְקוּדָּה בְּהֵיכָלָא׳ (נקודה בהיכל) **בַּזֹּהַר הַקָּדוֹשׁ.**[12] הבינה היא ההיכל והחכמה היא הנקודה שבהיכל. החכמה כשלעצמה היא כנקודה בלבד ללא ממדים, וכך היא מתגלה בתוך ההיכל ובתוך המציאות: כנקודת מגע, כנקודת חפיפה כלשהי בין מקורו הנעלם של השכל ובין הנפש החושבת. בתהליך ההבנה הולכת הנקודה הזו שבהיכל וגדלה, הולכת ומאירה, עד שהיא ממלאה את ההיכל.

וְזוֹ, דהיינו החכמה המאירה בבינה, **הִיא תְּמוּנַת** (צורת) האות **יוּ״ד**[13] **שֶׁל שֵׁם הוי׳ בָּרוּךְ הוּא.** ארבע האותיות של שם הוי״ה מסמלות את עשר הספירות (כמבואר באגרת התשובה פרק ד), ואות היו״ד שבתחילת השם מציינת את ספירת החכמה. כפי שמבואר בדברי חז״ל ובספרי הקבלה,[14] הצורה של האותיות הכתובות מבטאה את מהותן הפנימית. צורתה של האות יו״ד היא הקרובה ביותר לצורת הנקודה (שהרי מהות נקודה בלבד אי אפשר לצייר), המסמלת את נקודת החכמה (״נקודה בהיכלא״). הקוצים של היו״ד, שמוסיפים מלמעלה ומלמטה, הם הוספות על נקודת החכמה, המסמלים את יכולתה של החכמה להתקשר להוויות אחרות, מלמעלה ומלמטה.

וְנִקְרָא, החכמה עצמה, **׳עֵדֶן׳ אֲשֶׁר עָלָיו נֶאֱמַר: ״עַיִן לֹא רָאָתָה כוּ׳״.**[15] גן עדן הוא שני דברים: גן ועדן, וכמו שכתוב: ״ונהר יוצא מעדן להשקות את הגן״ (בראשית ב,י) – יש עדן, יש נהר שיוצא מעדן, וישנו הגן שמקבל מהנהר היוצא מעדן. המקום שבו נמצאות הנשמות ונהנות מזיו השכינה הוא הגן, בעוד שעל ׳עדן׳, המקור הנעלם של הגן, נאמר:

מזעיר שם זעיר שם לשון בלתי רגילה זו אומרת שאין זה צמצום אחד, מצד אחד ובדרגה אחת, אלא צמצום בדרגות וצדדים שונים (״מזעיר שם זעיר שם״) של אור החכמה הנעלם. משמעות אחת של הדברים היא שאין כאן דרגה אחת פשוטה של צמצום וירידה, כזו שאפשר לקשור ולשחזר כלפי מעלה, אלא מהלך מורכב יותר שאין שכל הבינה יכול

"עין לא ראתה וגו'". עדן הוא נקודת החכמה שאותה כשלעצמה אי אפשר להשיג, אלא רק את השפעתה שבבחינת הנהר, היא הבינה ("רחובות הנהר").

עד כאן עסקה האיגרת ביו"ד של שם הוי"ה שבה נברא העולם הבא, דהיינו ביחס שבין החכמה והבינה (היו"ד והה"א הראשונה שבשם הוי"ה), הקרויים 'אבא' ו'אמא'. ולהלן תעסוק האיגרת גם בחלקו השני של המדרש, בה"א שבה נברא העולם הזה, דהיינו ביחס בין ה'אבא' וה'בת', שהוא היחס בין החכמה והמלכות (בין היו"ד והה"א האחרונה שבשם).

וְנִקְרָא החכמה גם: **'אַבָּא יְסַד בְּרַתָּא'** (האב יסד את הבת).[16] החכמה מתוארת גם בהתייחסותה על ה'בת', היא מידת המלכות, הה"א האחרונה שבשם הוי"ה.

הביטוי "אבא יסד ברתא" הוא כעין תרגום בלשון הזהר של הפסוק: "ה' בחכמה יסד ארץ, כונן שמים בתבונה" (משלי ג,יט). משמעות הדברים היא שדרגת החכמה, שהיא הדרגה הגבוהה ביותר (בספירות כמו גם בנפש), נקשרת ל"ארץ", היא הדרגה הנמוכה והגשמית ביותר, בעוד התבונה שהיא למטה מהחכמה מתייחסת ל"שמים", לעולם הרוחני והגבוה יותר. לכאורה צריך היה להיות להפך, שהחכמה הגבוהה תשפיע בעולם הרוחני והבינה הנמוכה ממנה תאיר בעולם הגשמי – ואולם, כפי שיוסבר להלן (וכן במקומות רבים בחסידות), היא הנותנת, שדווקא החכמה שהיא 'קדמות השכל', שאינה מושכלת ואינה נתפסת כלל בתחום כוחות הנפש המודעים – מתגלה דווקא בדרגה הנמוכה ביותר, היא דרגת המלכות שלמטה מכוחות השכל והרגש. המלכות היא הארץ שלמטה, ובנפש היא הדיבור, המילים והאותיות של הדיבור, היוצאות מן הנפש פנימה החוצה.

כדי לבאר יותר התייחסות מיוחדת זו שבין ה'אב' וה'בת', בין החכמה והמלכות, ייכנס כאן אדמו"ר הזקן לביאור עמוק וייחודי של מהות האותיות הרוחניות, על דרך משל מהאותיות הגשמיות שאנו מבטאים.

פֵּירוּשׁ, כִּי הִנֵּה הִתְהַוּוּת אוֹתִיּוֹת הַדִּבּוּר אצל האדם, **הַיּוֹצְאוֹת מֵה'** (מחמשת) **מוֹצְאוֹת הַפֶּה.** המבטא של עשרים ושתיים אותיות הדיבור נוצר על ידי חמשת מוצאות הפה: הגרון, החיך, הלשון, השיניים והשפתיים. יציאתן של האותיות מהמוצאות, והגייתה המיוחדת של כל אחת מהן, **אֵינָן דָּבָר מוּשְׂכָּל.** התהליך של הגיית האותיות אינו תהליך מושכל, שאדם חושב ומודע למה שהוא עושה. כשאדם מדבר הוא אינו חושב על כך שהוא רוצה לבטא אותיות מסוימות, אלו ולא אחרות, וכיצד הוא יעשה זאת.

וְלֹא מוּטְבָּע בְּטֶבַע מוֹצָאוֹת הַלָּלוּ, לְהוֹצִיא מִבְטָא הָאוֹתִיּוֹת עַל יְדֵי הַהֶבֶל וְהַקּוֹל הַמַּכֶּה בָּהֶן עַל פִּי דֶּרֶךְ הַטֶּבַע. ביטוין של האותיות גם איננו דבר טבעי הטבוע במוצאות הפה,

להשכילו. ועוד, שצמצום וחיתוך זה של אור החכמה לא מעוות ומשנה אותו, אלא משאיר אותו, עם כל הצמצומים, באותה שלמות יחסית שיש לו למעלה, בהעלם; שעם הקטנתם וצמצומם של הדברים הם נשארים בתבניתם המקורית, כלי מתאים תמיד לקבל עוד ועוד מדרגת החכמה בקדמותה ובשלמותה.

כגון השפתים על דרך משל שאותיות בומ"פ יוצאות מהן אין הטבע ולא השכל נותן ליציאת מבטא ארבע חלקי שינויי ביטוי אותיות אלו על פי שינויי תנועת השפתים שמתנועעות בהבל אחד וקול אחד הפוגע בהן בשוה ואדרבה שינוי התנועות שבשפתים הוא לפי שינוי ביטוי האותיות שברצון הנפש לבטא בשפתים כרצונה לומר אות ב׳ או ו׳ או מ׳ או פ׳ ולא להיפך שיהיה רצון הנפש וכונתה לעשות שינוי תנועות השפתים כמו שהן מתנענעות עתה בביטויי ארבע אותיות אלו. וכנראה בחוש שאין הנפש מתכוונת ויודעת לכוין כלל שינוי תנועות השפתים בשינויים אלו

במובן זה שהקולות הללו ולא אחרים חייבים להגיע לידי ביטוי. געיית הפרה מוטבעת בטבע הפרה – הפרה יוצרת קול מסוים, שהוא געיית הפרה, ואינה יוצרת קול אחר. החמור אינו שר כציפור לא משום שאינו רוצה בכך, אלא משום שמיתרי הקול שלו אינם עשויים להשמיע קולות כאלה. וכך גם חמשת מוצאות הפה של האדם, שהן תנודות הבסיס המוטבעות בקול האדם. לעומת זאת, המילים והאותיות שאנו חוטבים ומעצבים ממוצאות הפה – אינן מוטבעות ואינן נובעות ממהותם של כלי הדיבור, אלא זהו דבר התלוי ברצוננו, שלא על פי דרך הטבע.

וְלֹא עַל פִּי דֶּרֶךְ הַשֵּׂכֶל. אין קשר מושכל בין תוכן הדברים לבין אותיות הדיבור המשמשות לביטויו של אותו תוכן.

כְּגוֹן מוצא **הַשְּׂפָתַיִם עַל דֶּרֶךְ מָשָׁל, שֶׁאוֹתִיּוֹת בּוּמָ"ף** (האותיות בי"ת, ו"ו, מ"ם, פ"א) **יוֹצְאוֹת מֵהֶן, אֵין הַטֶּבַע וְלֹא הַשֵּׂכֶל נוֹתֵן לִיצִיאַת מִבְטָא אַרְבַּע חֶלְקֵי שִׁנּוּיֵי בִּיטּוּי אוֹתִיּוֹת אֵלּוּ,**

ביטוי האותיות מהרצון וקדמות השכל

הדיבור שלנו איננו ככלי מכני המשמיע את הקולות שהוא בנוי להשמיע. בכלי נשיפה, למשל, הסוג והמבנה של הכלי מרעידים את עמוד האוויר שבתוכו באופן מסוים, וזהו הדבר שקובע את הקול שהוא משמיע. אילו היה הדיבור שלנו באופן זה, כי אז האותיות שהיינו מבטאים היו על פי הכוונה והמחשבה שלנו ובאופן שאנו מתכוונים, כפי שאנו עושים דרך כלים מכניים שונים.[17] ואולם הדיבור שלנו איננו כזה: לא אנו מכוונים אותו אלא הוא מתכוונן כאילו מאליו, מתוך תבניות שהן פנימיות יותר מתבניות ההכרה שלנו. כאשר אנו מדברים איננו חושבים על המכניקה ועל המבנה של יצירת אותיות הדיבור; אנו חושבים לכל היותר על תוכן הדברים, בעוד הכלים, האותיות שבהם התוכן הזה מתבטא, נוצרים ממילא. מצד אחד אין מבטא האותיות מוכתב מהמבנה הגופני, הטבעי; ומצד שני הוא גם איננו המשך ישיר של המחשבה המושכלת. מבטא האותיות הוא יצירה לעצמה, שאינה נובעת מאותיות ההכרה אלא מהאותיות של אותן דרגות הקודמות להכרה.

בתהליך הדיבור, של העברת תוכן מדבר לדבר, ישנם שני מנגנונים שונים הפועלים זה לעומת זה, בהתאמה מסוימת. האחד הוא המנגנון החושב את התכנים, את שניתן לכנות ה'אור' של המושגים; והמנגנון האחר הוא המפעיל את המבנים ה'מכניים' של כלי הדיבור, ה'כלים' המבטאים את התכנים הללו. שני המנגנונים

עַל פִּי שִׁינּוּיֵי תְּנוּעַת הַשְּׂפָתַיִם שֶׁמִּתְנוֹעֲנְעוֹת בְּהֶבֶל אֶחָד וְקוֹל אֶחָד הַפּוֹגֵעַ בָּהֶן בְּשָׁוֶה. אותיות בומ"פ נוצרות על ידי השפתיים, המגבילות ומעצבות את ההבל והקול הפשוט. ההבל הבסיסי שווה בכל אחת מהאותיות, והוא משתנה על ידי תנועת השפתיים במבטא כל אחת מאותיות בומ"פ. ואולם, כפי שנאמר, העיצוב שעושות השפתיים כשהן יוצרות את האותיות, שקול מסוים היוצא מהגרון מרעיד את השפתיים בצורה מסוימת, איננו מושכל וגם איננו מוטבע בגוף.

וְאַדְּרַבָּה, לא רק שאין צורת ביטוי האותיות מכוונת על פי הטבע או השכל, אלא **שִׁינּוּי הַתְּנוּעוֹת שֶׁבַּשְּׂפָתַיִם הוּא לְפִי שִׁינּוּי בִּיטּוּי הָאוֹתִיּוֹת שֶׁבִּרְצוֹן הַנֶּפֶשׁ לְבַטֵּא בַּשְּׂפָתַיִם כִּרְצוֹנָהּ, לוֹמַר אוֹת ב' אוֹ ו' אוֹ מ' אוֹ פ'.** שהשפתיים לא מבטאות את האותיות על פי שכל חיצוני (ואפילו טבע חיצוני להן), אלא על פי צורת האותיות עצמן כפי שהן ברצונה הפנימי של הנפש. שם, ברצון הפנימי של הנפש כבר קיימות האותיות, והן אך מועתקות אל מציאות העולם החיצוני במוצאות הפה וכו'.

וְלֹא לְהֵיפֶךְ, שֶׁיִּהְיֶה רְצוֹן הַנֶּפֶשׁ וְכַוָּונָתָהּ לַעֲשׂוֹת שִׁינּוּי תְּנוּעוֹת הַשְּׂפָתַיִם כְּמוֹ שֶׁהֵן מִתְנַעְנְעוֹת עַתָּה בְּבִיטּוּיֵי אַרְבַּע אוֹתִיּוֹת אֵלּוּ. כאמור, שהנפש אינה מבטאת את האותיות ברצונה ובכוונתה, אלא האותיות מתבטאות ממילא, על פי תבניות פנימיות שבקדמות הנפש ("האותיות שברצון הנפש").

וְכַנִּרְאֶה בְּחוּשׁ, קשה להבין אבל אפשר לחוש בדבר, **שֶׁאֵין הַנֶּפֶשׁ מִתְכַּוֶּונֶת וְיוֹדַעַת לְכַוֵּין כְּלָל שִׁינּוּי תְּנוּעוֹת הַשְּׂפָתַיִם בְּשִׁינּוּיִים אֵלּוּ.** אדם אינו מודע לפעולות שהוא עושה כדי לבטא אותיות מסוימות, כיצד הוא מבטא אות כזו ואות אחרת, כיוון שהמנגנון הזה הוא למעלה משכלו. הוא מדבר, והדיבור מפעיל כאילו מעצמו את הפה, הגרון והשפתיים וכו'.

פועלים לא זה כתוצאה מזה, בהדרגתיות ישירה, אלא כשתי פעולות שהן מקבילות אבל לא זהות זו לזו; קיים קשר בין מה שאדם חושב לבין מה שהוא אומר, ואולם הקשר הזה אינו רק קשר של השתלשלות, מהמחשבה אל אותיות הדיבור, כאשר אותיות הדיבור רק מגלות את מה שהיה באותיות המחשבה. יש לאותיות הדיבור שורש כשלעצמן, ולכן אין הן רק מקבלות מהמחשבה התחתונה (כמו כלי מכני), אלא גם משפיעות על המחשבה ועל הנפש, כפי שרואים מפעם לפעם, עד שדברים שלא היו מצויים אפילו במחשבה מתגלים לפתע בדיבור.

הדברים ניכרים יותר בכתיבה מאשר בדיבור. אמנם גם בדיבור קורים אותם תהליכים, אלא שבכתיבה נשאר רושם קיים של הדברים, ואדם יכול להשוות בין מה שהתכוון לומר ובין הכתוב. ומסתבר שגם בפתק קטן – וכל שכן ביצירות ספרותיות גדולות – יש הבדל בין המחשבה ובין הכתוב, ששני אלה אינם פועלים בהתאמה גמורה. להבדל הזה יש שני צדדים. מצד אחד ישנו פיחות הנובע מהמעבר בין הדרגות שבסדר ההשתלשלות, מעבר שגורם תמיד לאיבוד מסוים של נתונים, לקלקול מסוים של המקור. ישנו צמצום – מהמחשבה הטהורה לאותיות המחשבה, ומאותיות המחשבה לאותיות הדיבור – ובכל שלב מקבל התוכן הטהור ביטוי נוקשה יותר ובהיר פחות. כל אדם מרגיש בכך, שאי אפשר לבטא בשלמות,

ויותר נראה כן בביטוי הנקודות שכשהנפש רצונה להוציא מפיה נקודת קמץ אזי ממילא נקמצים השפתים ובפתח נפתחים השפתים ולא שרצון הנפש לקמוץ ולא לפתוח כלל וכלל ואין להאריך בדבר הפשוט ומובן ומושכל לכל משכיל שמבטא האותיות והנקודות הוא למעלה מהשכל המושג ומובן אלא משכל הנעלם וקדמות השכל שבנפש המדברת ולכן אין התינוק יכול לדבר אף שמבין הכל:

וְיוֹתֵר נִרְאֶה כֵּן בְּבִטּוּי הַנְּקוּדוֹת (התנועות), **שֶׁכְּשֶׁהַנֶּפֶשׁ רְצוֹנָהּ לְהוֹצִיא מִפִּיהָ נְקוּדַּת 'קָמַץ' אֲזַי מִמֵּילָא נִקְמָצִים הַשְּׂפָתַיִם, וּבְ'פַתָּח' נִפְתָּחִים הַשְּׂפָתַיִם.** כך הוא בנוסח האשכנזי של ביטוי תנועות הקמץ והפתח. וזהו אחד ההסברים לשמות 'קמץ' ו'פתח'.

וְלֹא שֶׁרְצוֹן הַנֶּפֶשׁ המודע הוא **לִקְמוֹץ וְלֹא לִפְתּוֹחַ כְּלָל וּכְלָל.** כלומר: הדיבור אינו תוצאה של החלטת הנפש לקמוץ את השפתיים בקמץ וכו'.

וְאֵין לְהַאֲרִיךְ בְּדָבָר הַפָּשׁוּט וּמוּבָן וּמוּשְׂכָּל לְכָל מַשְׂכִּיל, שֶׁמִּבְטָא הָאוֹתִיּוֹת וְהַנְּקוּדוֹת הוּא לְמַעְלָה מֵהַשֵּׂכֶל הַמּוּשָּׂג וּמוּבָן. יש פעולות אחרות של הגוף – בתנועות הידיים, בשימוש בכלי עבודה וכיוצא בזה – שאדם יוצר תנועה ופעולה מסוימת כפי שהתכוון.

בדיבור או בכתיבה, את מה שחשב ובאופן שחשב. ואולם יש גם צד שני להבדל בין הדיבור והמחשבה: מפעם לפעם מתברר לאדם שחשב מחשבה ואחר כך כתב אותה, שמה שהוא כתב לא רק שלא היה פחות בערכו ממה שחשב, אלא במובן מסוים אפילו מעולה ממנו. לפעמים השוני הוא בדקויות ולפעמים הוא משמעותי, ואולם בעיקרי הדברים אדם מגלה במה שאמר או כתב משמעויות שלא היו גלויות במחשבה שקדמה, ופעמים שהתוצאה המפתיעה היא טובה יותר ממה שציפה, עד שהיוצר עצמו עומד משתומם אל מול יצירתו.

נראה שתהליך הדיבור הוא יותר מאשר תהליך פשוט של השתלשלות, שבו המופשט והטהור הולך ויורד, הולך ומאבד את דקויותיו, את הבהירות ואת התוכן הפנימי שלו. מתברר שהמנגנון השני, זה שמפעיל את המכניקה של הדיבור והכתיבה, פועל בצורה עצמאית למחצה, שלא דרך סדר המדרגות (שכל, מידות, מחשבה ודיבור) – ובתוך התהליך המכני־גרידא לכאורה של הדיבור או הכתיבה מופיע משהו נוסף, חדש, שלא היה קיים בשכל ובמחשבה, אלא כבר ברצון הפנימי ו'קדמות השכל'.

סוד הדיבור וה'מדבר' למרות שבצד מסוים הדיבור הוא דרגה פשוטה מאוד, דרגת ה'מלכות' והמעשה שאין לה כל תוכן ומשמעות משל עצמה, עם זאת יש סוד לאותיות הדיבור הללו, שדרגתו גבוהה כל כך עד שאינה מושגת כלל בשכל הגלוי. משורש הנפש, שאינו גלוי לכוחות הנפש, הוא מגיע אל הדיבור בפועל אל תוך העולם הגשמי.

אכן, בדרגה מסוימת נראה הדיבור ככלי מכני בלבד שיש לו משמעות נייטרלית, והמחשבה נראית ככלי היצירה המגלה את הייחוד האנושי. ואף על פי כן, ייחודו של האדם מוגדר דווקא כ'מדבר', ומובן שאין מדובר בהגדרה של יכולת מכנית בלבד, של השמעת הקולות. להשמיע את הקולות הללו אפשר ללמד גם תוכי ובעלי חיים אחרים, אבל עדיין אין זה

לעומת זאת, בדיבור ובביטוי האותיות מתגלה נוסף על זה ביטוי עצמי, פנימי, שמקורו למעלה מכוחות הנפש הגלויים.

אֶלָּא מִשֵּׂכֶל הַנֶּעְלָם וְקַדְמוּת הַשֵּׂכֶל שֶׁבַּנֶּפֶשׁ הַמְדַבֶּרֶת. מסקנת הדברים היא ששורש הדיבור בנפש הוא מ'השכל הנעלם' שלמעלה מהשכל הגלוי; בבחינת נקודת החכמה עצמה המגלה את השורש הפנימי, העצמי, שלמעלה מזה הגלוי שבשכל.

וְלָכֵן אֵין הַתִּינוֹק יָכוֹל לְדַבֵּר, אַף שֶׁמֵּבִין הַכֹּל. יש גיל שבו התינוק מבין מה שמדברים אליו, אבל עדיין אינו יכול לדבר בעצמו. למרות שיש לו מה לומר (והוא אכן מבטא זאת בדרכים אחרות), ויש לו את כלי הקול המכניים להשמיע את כל הקולות – בכל זאת אין הוא יכול לדבר. שכן, כפי שנאמר, המנגנון של הדיבור, של יצירת המילים, איננו זהה למנגנון של ההבנה וההשגה. ההבנה של הדיבור ויצירת הדיבור אינם אותו דבר. יצירת הדיבור היא סוד לעצמו, הנובע מדרגה גבוהה מאוד שהתינוק עדיין לא הגיע אליה. כדי להגיע לדרגה זו יש צורך בבשלות נפשית, שהיא מעבר ליכולת הטכנית לדבר.

עד כאן הוסבר מאמר חז"ל על הפסוק "כי בי־ה ה' צור עולמים" – שבאות ה"א נברא העולם הזה ובאות יו"ד נברא העולם הבא. הוסבר שהעולם הבא, שהוא מקום הבינה

מעלה אותם לדרגת 'מדבר'. מצד שני, גם אי אפשר לומר שיכולת הדיבור היא מדד לדרגה של מחשבה. יש בעלי חיים שיש להם, עד כמה שאנו יכולים להעריך מתוך התנהגותם, דרגה גבוהה למדי של אינטליגנציה, ואולם ברור שהאינטליגנציה הזו אינה מגיעה לביטוי בדיבור. מסתבר שיש מעבר מסוים, מוגדר מאוד, בין קולותיהם של בעלי החיים לבין מושג הדיבור, שהוא מעבר לסוג אחר של יחסים סמליים. הקולות של בעלי החיים הם קולות טבעיים, קולות המוטבעים בתוך מהותו של בעל החיים. לקולות הללו יש לפעמים גם משמעות סמלית מסוימת, המבטאה בעיקר אמוציות. אפשר לומר שלשון בעלי החיים היא שפה של מילות קריאה, שאין בה כלל שמות עצם. הדיבור האנושי לעומת זאת, לא רק כאמצעי של קומוניקציה אלא כאמצעי לביטוי של תכנים, הוא דרגה ייחודית אנושית, שבשורשה היא גבוהה יותר מתהליך החשיבה עצמו. הגדרתו של האדם כמדבר, כיוצר סמלים, מושגים ומונחים, היא מהותית יותר מהגדרתו כחושב – היא משייכת את הווייתו לדרגה אחרת לגמרי מדרגתם של שאר בעלי החיים.

מסתבר שיש משמעות פנימית ועמוקה מאוד דווקא למילים, לכלי המושגים, לסמלים היסודיים של הדיבור. המילים אינן רק כלי להעביר תוכן. למילה עצמה יש מטען ומשקל מסוים. המילה לעצמה, הצירוף של מילים, כבר כולל בתוכו אופן וכיוון מסוים של חשיבה. מפעם לפעם אף נוצרות מילים חדשות, כדי שאפשר יהיה לבטא תכנים חדשים והבנות חדשות שלא היו קודם. שוב ושוב מתברר כמה חשובות המילים שמשתמשים בהן. השימוש במילה מסוימת הוא עצמו מהווה אפשרות של חשיבה, עד שללא מילים יסודיות, בכל תחום שהוא, אין קיום לכל מחשבה ולכל השגה בתחום זה.[18] פירושו של דבר, שהמילים, הכלים הטכניים לכאורה, הן כשלעצמן טובעות תכנים. אין אלו תכני מחשבה גלויים ומפורשים, אלא תכנים הנובעים, כפי שנאמר, מ"קדמות השכל".

יד אב פשוטה / טז אב מעוברת

אך האותיות הן בבחינת חומר וצורה הנקרא פנימית וחיצונית כי הגם שמקורן הוא מקדמות השכל ורצון הנפש זו היא בחינת צורת שינוי המבטא שבכ״ב אותיות אבל בחינת החומר וגוף התהוותן והוא בחינת חיצוניותן הוא ההבל היוצא מהלב שממנו מתהוה קול פשוט היוצא מהגרון ואחר כך נחלק לכ״ב הברות וביטוי כ״ב אותיות בה׳ מוצאות הידועות אחה״ע מהגרון גיכ״ק מהחיך כו׳ ומבטא ההבל הוא אות ה׳ אתא קלילא כו׳ והוא מקור החומר וגוף האותיות טרם התחלקותן לכ״ב ולכן אמרו רבותינו זכרונם לברכה שעולם הזה נברא בה׳:

טו אב פשוטה

והנה הגם שהיא ה׳ תתאה ה׳ אחרונה שבשם הוי״ה ורבותינו זכרונם לברכה דרשו זה על פסוק כי ביה היינו לפי שמקורה

שבו נהנים מהשגת זיו השכינה, נברא באות יו״ד, היא החכמה שמשפיעה בבינה. והוסבר שהעולם הזה נברא באות ה״א, שגם בה משפיעה החכמה, שהרי ״אבא יסד ברתא״. ולהלן יבואר מה המיוחד בהשפעת החכמה בדיבור דווקא, שלא כהשפעת החכמה בבינה ובעולם הבא. מהי השפעה מיוחדת זו מלמעלה־מעלה המגיעה נמוך כל כך, אל אותיות הדיבור ה׳גשמיות׳? מה יש באותיות הללו שנובע ממקום גבוה ונעלם כל כך?

אַךְ הָאוֹתִיּוֹת הֵן בִּבְחִינַת חוֹמֶר וְצוּרָה, הַנִּקְרָא פְּנִימִית וְחִיצוֹנִית. האותיות, כמו רוב הדברים במציאות, מורכבות מחומר ומצורה (מושגים המופיעים במשמעות זו בעיקר בספרות של ימי הביניים), שהם כעין הפנימיות והחיצוניות של האותיות. ה׳צורה׳ היא המהות הפנימית והתוכן של הדבר, וה׳חומר׳ הוא החיצוניות, המבנה והמסה החומרית שמקבלים את התכונות הללו. על דרך משל, לחומר כמו עץ אפשר לתת צורות שונות: שולחן, כיסא, לוח או מקל. וכמובן גם העץ עצמו מורכב מחומר וצורה. הצורה היא מכלול התכונות של העץ, הקשיות, הגמישות והאיכות שלו; ויש החומר עצמו. האות, בין הכתובה ובין המדוברת, גם היא בעלת הוויה כפולה. יש בה הוויה גבוהה מאוד שהיא הוויית הסמל שלה; העובדה שלאותיות מסוימות יש משמעות, ושצירופן יוצר משמעויות. ויש המבנה המכני־חומרי של האות, כיצד היא נוצרת בפועל ובאיזו חומריות היא קיימת, בין בקול גשמי ובין בכתב ובכל צורה אחרת.

חומר וצורה באותיות המחשבה במקומות אחרים[19] מדובר על ׳אותיות המחשבה׳, שהרי איננו רק מדברים במילים, אנו גם חושבים במילים ובמושגים מוגדרים. כמו לדיבור גם למחשבה יש ביסודו של דבר מבנה חומרי, אף שהוא מבנה מעודן יותר, אשר במקום בכלים כמו מיתרי קול, ריאות וכיוצא בזה הוא משתמש בצירופים חשמליים או כימיים היוצרים את תהליך החשיבה במובנה הפיזי. ובעומק יותר, גם במציאות הרוחנית ישנה הבחנה בין חומר וצורה, בין תבניות של מושגים ודרכי חשיבה ובין התכנים הפנימיים שהם מבטאים.

כִּי הֲגַם שֶׁמְּקוֹרָן של האותיות וצורתן ופנימיותן **הוּא מִקַּדְמוּת הַשֵּׂכֶל וּרְצוֹן הַנֶּפֶשׁ, זוֹ הִיא בְּחִינַת צוּרַת שִׁינּוּי הַמִּבְטָא שֶׁבְּכ"ב אוֹתִיּוֹת.** צד זה של צורת האותיות הוא הנמשך ומקבל מדרגת קדמות השכל הבלתי מושגת. זהו הצד המהותי, הפנימי, של האותיות, שבו הן נבדלות ומיוחדות זו מזו, שבו הן יוצרות את הפלא הגדול של הסמל למושג המופשט, שהוא סוד הדיבור. הסוד שבכוחו לגלות את ההשגה השכלית, אבל הוא עצמו למעלה ממנה עד שאי אפשר להשיגו.

אֲבָל בְּחִינַת הַחוֹמֶר וְגוּף הִתְהַוּוּתָן, וְהוּא בְּחִינַת חִיצוֹנִיּוּתָן – הוּא הַהֶבֶל הַיּוֹצֵא מֵהַלֵּב, שֶׁמִּמֶּנּוּ מִתְהַוֶּה קוֹל פָּשׁוּט הַיּוֹצֵא מֵהַגָּרוֹן. ה'חומר' של האותיות, הנושא את כל הצורות של הדיבור, הוא בעיקרו הקול הפשוט המתהווה מהבל ונשיפת האוויר שיוצא מהגרון.

וְאַחַר כָּךְ נֶחְלָק לְכ"ב הֲבָרוֹת וּבִיטּוּי כ"ב אוֹתִיּוֹת, בְּה' (חמשת) **מוֹצָאוֹת** הפה **הַיְּדוּעוֹת.** שהן: האותיות **אחה"ע מֵהַגָּרוֹן, גיכ"ק מֵהַחֵיךְ כו',** בומ"ף מהשפתיים, דטלנ"ת מהלשון, זסשר"ץ מהשיניים. תנועת האוויר, הקול הפשוט העובר דרך הגרון ומיתרי הקול, מתחלק אחר כך בחמשת מוצאות הפה. אלה מקבלים את הקול הבסיסי, ה'חומר' של האותיות, ומעצבים אותו בצורות שונות. מוצאות הפה עושים רק את השינוי הצורני של האות, בעוד ה'חומר' של האות הוא הקול, הבל האוויר הפשוט היוצא מהגרון.

וּמִבְטָא הַהֶבֶל בעצמו, הקול הבסיסי, ללא המעצורים של מוצאות הפה, **הוּא אוֹת ה',** שלכן נקראת **אָתָא קַלִּילָא כו'** דלית בה מששא[20] (אות קלילה שאין בה ממשות). שכך היא האות ה"א, נשיפה של אוויר בלא שום השתתפות של מוצאות הפה השונים, בלי המעצורים והגוונים השונים הנישאים על הקול הפשוט; ולכן היא אות שאין בה ממש. את שאר האותיות מבטאים על ידי שעוצרים את ההבל הפשוט בצורות שונות, ואילו מבטא האות ה"א הוא כמו ההבל עצמו קודם שעוצרים אותו.

ולכן האות ה"א **הוּא מְקוֹר הַחוֹמֶר וְגוּף הָאוֹתִיּוֹת טֶרֶם הִתְחַלְּקוּתָן לְכ"ב** אותיות. האות ה"א היא צורת הבסיס, צורת המקור, שאחר כך מעוצבת בצורות השונות. לפיכך היא כמו 'אם' ושורש לכל שאר האותיות.

וְלָכֵן אָמְרוּ רַבּוֹתֵינוּ זִכְרוֹנָם לִבְרָכָה שֶׁעוֹלָם הַזֶּה נִבְרָא בְּה'. העולם הזה נקרא 'עולם הדיבור', והדיבור הוא, כפי שנאמר, המבנים והצורות השונות שמקבלת האות ה"א. בבסיסו ובשורשו הראשון העולם הזה הוא לכן ההבל האחד שהוא האות ה"א.

וְהִנֵּה הֲגַם שֶׁהִיא, אות ה"א הזו, שהיא ההבל המהווה את חומר אותיות הדיבור, היא **ה' תַּתָּאָה** (תחתונה) שהיא **ה' אַחֲרוֹנָה שֶׁבְּשֵׁם הוי"ה.** שהרי בשם הוי"ה יש פעמיים ה"א – הה"א הראשונה היא הבינה, והה"א האחרונה היא המלכות. ומה שנאמר לגבי האות ה"א, שהיא מקור אותיות הדיבור, מתייחס לאות ה"א האחרונה שבשם – ואילו **רַבּוֹתֵינוּ זִכְרוֹנָם לִבְרָכָה דָּרְשׁוּ זֶה,** שביו"ד נברא עולם הבא ובה"א נברא עולם הזה, **עַל פָּסוּק: "כִּי בְּיָהּ** וגו'"! המדרש מתייחס אפוא לאות יו"ד ולאות ה"א הראשונה, הצמודה ליו"ד ומקבלת ממנה, ולא לה"א האחרונה.

וראשיתה לבא לבחינת גילוי מהעלם היו"ד הוא מושפע ונמשך מבחינת ה' עילאה שיש לה התפשטות אורך ורוחב להורות על בחינת בינה שהיא התפשטות השכל הנעלם בבחינת גילוי והשגה בהרחבת הדעת והשפעתה מסתיימת בלב וכמו שכתוב בתיקונים דבינה לבא ובה הלב מבין ומשם יוצא ההבל מקור גילוי גוף האותיות הדבור המתגלות בה' מוצאות מהעלם היו"ד ותמונת ה' תתאה בכתיבתה גם כן בהתפשטות אורך ורוחב מורה על התפשטות בחינת מלכותו יתברך

והתשובה לשאלה זו – **הַיְינוּ לְפִי שֶׁמְּקוֹרָהּ וְרֵאשִׁיתָהּ** של הה"א התחתונה **לָבֹא לִבְחִינַת גִּילוּי מֵהֶעְלֵם הַיּוּ"ד,** שהרי כל האותיות של שם הוי"ה מגלות בצורות שונות את הנקודה הראשונית, הנעלמת, שאותה מסמלת האות יו"ד. **הוּא מוּשְׁפָּע וְנִמְשָׁךְ מִבְּחִינַת ה' עִילָּאָה.** ששתי אותיות אלה, השנייה והאחרונה שבשם הוי"ה, זהות לא רק בדרך מקרה. בלשון הקבלה, ה"א עליונה וה"א תחתונה הן האם והבת, הבינה והמלכות. ומשמעות הדברים, שכל השפעה הנובעת מהיו"ד לה"א התחתונה צריכה לעבור דרך ה"א העליונה. ה"א התחתונה היא לכן השתקפות והשלכה של הה"א העליונה.

שֶׁיֵּשׁ לָהּ, לאות ה"א, **הִתְפַּשְּׁטוּת אוֹרֶךְ וְרוֹחַב.**[21] בשם הוי"ה יש ארבע אותיות שהן בעצם רק שלוש אותיות שונות: י', ה', ו'. אם מתבוננים בצורת האותיות הכתובות, נמצא כי לאות י' אין בעצם ממדים כלל. היא נקודה בלבד; לאות ו' יש ממד של אורך; ולאות ה' יש ממדים של מרחב, הן אורך הן רוחב.

לְהוֹרוֹת עַל בְּחִינַת בִּינָה, שֶׁהִיא הִתְפַּשְּׁטוּת הַשֵּׂכֶל הַנֶּעְלָם בִּבְחִינַת גִּילּוּי וְהַשָּׂגָה בְּהַרְחָבַת הַדַּעַת. יו"ד היא חכמה; החכמה עצמה אינה מושכלת, אי אפשר להעמיק או להרחיב בה – יש בה רק נקודה אחת, נתפסת או בלתי נתפסת. ה"א ראשונה היא בינה, התפשטות והרחבה של השכל הנעלם באופן של השגה והבנה. בהמשך מגיע תהליך הגילוי וההרחבה לדרגה נוספת, הנקראת 'הרחבת הדעת'. ההרחבה אל תחום הדעת

אותיות שם הוי"ה מורות על תהליך ההתהוות המשמעות המופשטת של צורת האותיות הגשמיות היא ארבע תנועות: צמצום, התפשטות, המשכה והתפשטות. האות י', הנקודה, היא תכלית הצמצום, כוללת כל הדברים בנקודה אחת שאין בה ממדים וחלוקה לפרטים. האות ה', שיש לה אורך ורוחב, שיש לה שטח, מבטאת תנועה של התפשטות ושל התפרטות. האות ו', שתמונתה קו, מבטאת תנועה של המשכה והעברה, והאות ה' האחרונה מבטאת שוב, באופן אחר, תנועה של התפשטות.

בינה ליבא הלב אינו יכול לקלוט את החכמה אלא רק את הבינה, שכן החכמה כשלעצמה אינה ניתנת למניפולציה, להשלכות וליישומים, ולכן היא גם אינה יוצרת רגשות. קיימת אמנם 'הרגשה' של עצם התגלות ההכרה, שאותה יוצר ניצוץ החכמה, אלא שהרגשה זו לעצמה אין בה שום תוכן שניתן להתרחבות ולהתפשטות. על דרך משל: אדם נתקל בחיה טורפת. הדבר הראשון שהוא קולט הוא נקודת

היא התפשטות שאינה רק בתחום האינטלקט אלא גם בהתקשרות המושכל אל כוחות הרגש שבנפש, אל הלב.

וְהַשְׁפָּעָתָהּ מִסְתַּיֶּימֶת בַּלֵּב, וּכְמוֹ שֶׁכָּתוּב בַּתִּיקּוּנִים (הקדמת תיקוני זהר [יז,א]): **דְּבִינָה לִבָּא וּבָהּ הַלֵּב מֵבִין** (שהבינה היא הלב ובה הלב מבין). היחס של "בינה לבא" מבטא, מעבר ליחס הכללי של מוח ולב, קשר פרטי יותר, האומר שדווקא דרגת הבינה (ולא החכמה) קשורה אל הלב. הבינה היא הלב, כי כל עניינה ותכליתה של הבינה הוא להגיע אל הלב, להיות לב. המבחן של הבינה, אם האדם באמת הבין, הוא בהרגשת הלב; אם הגיע הדבר לליבו – הוא הבין.

וּמִשָּׁם, מן הלב, מן ההרגשה הברורה היוצאת מן הלב, **יוֹצֵא הַהֶבֶל** הגשמי, שהוא **מְקוֹר גִּילּוּי גּוּף** וחומר **הָאוֹתִיּוֹת הַדִּבּוּר הַמִּתְגַּלּוֹת בְּה' מוֹצָאוֹת.** אף בגשמיות ממש יוצאת הרוח, היא ההבל, מן החזה אל מוצאות הפה המעצבות ממנה את האותיות.

מֵהֶעְלֵם הַיּוּ"ד. כל התהליך הזה של יצירת ההבל, מקור גוף האותיות, יונק בשורשו מהעלם היו"ד, מהחכמה הסתומה העליונה. לעומת ה'צורה' ו'פנימיות' האותיות הקשורות ישירות לנקודת החכמה ("אבא יסד ברתא"), ב'חומר' ו'חיצוניות' האותיות יש מעבר בשלבים, מעבר הדרגתי בכל סדר ההשתלשלות: מנקודת העלם היו"ד (חכמה) דרך ההבנה (בינה) והרגשת הלב (מידות) עד הגילוי באותיות הדיבור. כעין הסדר הזה נמצא גם בפעולת הדיבור הגשמי: פעולת הלב יוצרת את תנועת הריאה, היוצרת את תנועת האוויר, שהוא ההבל – מקור גוף האותיות.

וּתְמוּנַת ה' תַּתָּאָה (תחתונה) **בִּכְתִיבָתָהּ,** שהרי היא נכתבת כמו הה"א העליונה, היא הבינה, **גַּם כֵּן בְּהִתְפַּשְּׁטוּת אוֹרֶךְ וְרוֹחַב.** כפי שהוסבר בבינה, שהיא התפשטות אורך ורוחב של נקודת החכמה, כך בה"א התחתונה, שצורתה **מוֹרָה עַל הִתְפַּשְּׁטוּת בְּחִינַת מַלְכוּתוֹ יִתְבָּרֵךְ.** ה"א האחרונה מבטאת את מידת המלכות, וצורתה (שיש לה אורך ורוחב) מורה על התפשטות ההארה האלוקית ממהות הספירות שבאצילות (שאצילות בכללה היא בחינת חכמה, ונקודה) בעולמות הנבראים.

ההכרה – שזה אריה. ואולם אם נקודת ההכרה הזו אינה נמשכת היא אינה יוצרת שום דבר נוסף; הוא יודע שזה אריה, נקודה. רק כאשר הוא מגיע להבנה, כאשר הוא מפתח את הנקודה הזו, כאשר הוא חושב ומתבונן בכך שהאריה הוא חיה טורפת וכי הוא עשוי לתקוף ולסכן אותו – יכולה להיווצר גם אמוציה, והאיש יתחיל לפחד. אדם איננו יכול לבנות יחס לדברים רק משום שהוא רואה אותם. כל זמן שהם אינם מובנים באופן כלשהו, הם חסרי משמעות. נוסף להכרה הטהורה דרוש חומר

נוסף, נפח של משמעות, שרק על ידו יכולה להיווצר התייחסות. החכמה היא נקודת הכרה טהורה שהכול בה הוא מהות אחדותית אחת, שאין לה שום אפשרות של התפרטות, של יצירת מבנים והגדרות. לעומת זאת, ההרחבה של הבינה מאפשרת יצירת יחסים והרגשות. אדם אינו מתייחס לדברים שהוא רואה, בשכל כמו בעין, מבלי להבין; הדברים עוברים דרכו מבלי להשאיר רושם, מבלי להתלבש בכוחות הנפש האחרים. ולכן, "בינה לבא" – השפעתה של הבינה דווקא מגיעה עד הלב.

מלכות כל עולמים למעלה ולמטה ולד׳ סטרין המתפשטות ונמשכות מאותיות דבר ה׳ כמו שכתוב בקהלת באשר דבר מלך שלטון כמו שנתבאר במקום אחר. [ולהבין מעט מזעיר ענין ומהות אותיות הדבור באלהות שאין לו דמות הגוף ולא הנפש חס ושלום כבר נתבאר בדרך ארוכה וקצרה (בלקוטי אמרים חלק ב׳ פרק י״א וי״ב עיין שם)]:

התפשטותה של המלכות מתבטאת בכך שהיא **"מַלְכוּת כָּל עוֹלָמִים"** (תהלים קמה,ג), מתפשטת בכל העולמות, במובן זה שהיא המקיימת ומחיה את כל העולמות לדרגותיהם ולפרטיהם.[22]

לְמַעְלָה וּלְמַטָּה וּלְד׳ סִטְרִין (ולארבעת הצדדים). אלו שש הקצוות של ממדי העולם, בגשמיות וגם ברוחניות. התפשטותה של המלכות בששת הקצוות היא המקיימת את ממדיו של העולם, את המסגרת ואת האופי של העולם כפי שהוא.

הַמִּתְפַּשְּׁטוֹת וְנִמְשָׁכוֹת מֵאוֹתִיּוֹת דְּבַר ה׳. כפי שמבואר בשער היחוד והאמונה, האותיות של דבר ה׳ (בעשרה מאמרות), בצירופיהן השונים, הן הבוראות והמהוות את כל העולמות ופרטי העולמות. הרי ש"מלכותך" – המלכות והדיבור האלוקי – היא זו שיוצרת ומקיימת את כל העולמות.

כְּמוֹ שֶׁכָּתוּב בְּקֹהֶלֶת (ח,ד): **"בַּאֲשֶׁר דְּבַר מֶלֶךְ שִׁלְטוֹן", כְּמוֹ שֶׁנִּתְבָּאֵר בְּמָקוֹם אַחֵר.**[23] ההגדרה של המלכות היא ההגדרה של השלטון, ותמצית השלטון תלויה ועומדת על

הדיבור, המלכות והשלטון אלה שלושה צדדים, שלוש הגדרות שונות, לדבר אחד. הדיבור הוא קומוניקציה, השלטון הוא המסר, והמלכות היא הנגלה, הפועל היוצא. השלטון הוא הרצייה היוצאת אל החוץ, הדיבור הוא הכלי הפנימי של השלטון, הוא האופן שבו הפנים יוצא החוצה, והמלכות, בהיקף הגדול, היא מה שקוראים עולם המעשה, העולם שבו הדברים יוצאים אל הפועל.

דמות הגוף ודמות הנפש המשל של ביטוי האותיות הוצג כאן כמשל גשמי, אבל אדמו״ר הזקן מוסיף ומדגיש שבנמשל האלוקי "אין לו דמות הגוף ולא הנפש". שכן השאלה אינה רק על גשמיות האותיות, על הצד החיצוני שלהן, אלא גם על הצדדים הפנימיים של המשל, שאינם דווקא גשמיים וחומריים. לפעמים נראה כי הבעייתיות במשלים היא ההגשמה בלבד – ולא היא. לקב"ה אין דמות הגוף, אבל גם אין לו דמות הנפש. ולכן, כפי שאסור לנו לתאר את הקב"ה בדמות הגוף כך אסור לנו לתאר אותו בדמות הנפש, כמהות רוחנית. לרוחני כמו לגשמי יש הגדרה מסוימת, וממילא היא אינה מתייחסת אל האלוקי. החומר והרוח כאחד שייכים אל תחום העולמות, והאלוקי שעומד נבדל מנגד – איננו שייך לא לחומר ולא לרוח.

ההצדקה היחידה לדבר על הקב"ה כעל 'רוחני' היא כאשר מגדירים את הרוחני ככל מה שאיננו חומרי. ואמת היא, שבאותה מידה ניתן היה להגיד שהקב"ה הוא 'חומרי' אם היינו מגדירים חומרי ככל מה שאיננו רוחני. ומכל מקום ההדגשה כאן היא שאין לו דמות הגוף ולא הנפש, חס ושלום.

'דבר המלך', על היכולת לגלות ולהעביר את הרצון הפנימי החוצה. מלכות אינה כפייה. אפשר להכריח אנשים ואפשר להרוג אנשים, אבל זו אינה מלכות. מהות המלכות והשלטון עומדים על כך שרצונו ודברו של המלך נעשה; לא בכפייה אלא בהעברת הרצון באופן שהחוץ מתייחס ומקבל השפעה מן הפנים. השלטון הוא לכן תוצאה של דיבור, של קומוניקציה; כאשר אין קומוניקציה לא יכול להתקיים שלטון. מי שאינו יכול לבנות קומוניקציה אינו יכול להיות מלך. שהרי כל עניינה של המלכות היא כשיש שלטון, כשיש ביטוי חיצוני, בפועל, של הרצון הפנימי.

[וּלְהָבִין מְעַט מִזְּעֵיר עִנְיַן וּמַהוּת אוֹתִיּוֹת הַדִּבּוּר בֶּאֱלֹהוּת. בהערת סוגריים מעיר כאן אדמו"ר הזקן הערה כללית לגבי עצם השימוש במשל של הדיבור ואותיות הדיבור הגשמיות. הבעיה עולה עקב העיסוק המרובה לא רק בעצם המשל אלא בפרטי פרטיו הגשמיים: בהבל היוצא מן הריאה, במיתרי הקול, במוצאות הפה, בשפתיים, בחיך וכו'. והשאלה היא איך מתייחסת כל ה'גשמיות' הזו לנמשל האלוקי?

שֶׁאֵין לוֹ דְּמוּת הַגּוּף וְלֹא הַנֶּפֶשׁ חַס וְשָׁלוֹם. הדימויים הם דימויים גשמיים חומריים, ולקב"ה הרי אין גוף ולא דמות הגוף, ואיך אפשר להשתמש במשל גשמי כל כך?

כְּבָר נִתְבָּאֵר בְּדֶרֶךְ אֲרוּכָּה וּקְצָרָה (בְּלִקּוּטֵי אֲמָרִים, חֵלֶק ב' פֶּרֶק י"א וי"ב עַיֵּין שָׁם)]: הלשון "בדרך ארוכה וקצרה" לקוחה מנוסח השער של ספר ליקוטי אמרים (ספר התניא), שניסח אדמו"ר הזקן בעצמו, והיא מתייחסת גם לליקוטי אמרים חלק ב, הוא 'שער היחוד והאמונה'. לכאורה זו רק הפניה פשוטה למקום אחר שבו הוא מסביר את הדברים, ועם זאת אדמו"ר הזקן מעלה כאן את השאלה ואף מוסיף "עיין שם", שכן

אותיות הדיבור באלוקות ההסבר לשאלה המוצגת כאן, כיצד ניתן להשתמש במשל גשמי ואנושי לגבי הקב"ה, עומד בבסיס כל הדיון כאן; לא רק בשאלה אם ניתן להשתמש בדימויים אלה, אלא גם בשאלה מה הן ההגבלות, ומהו האופן הנכון שבו ניתן להשתמש בהם. ההנחה הבסיסית היא, שעם כל ההרחקות והשוני הווייתנו היא "בצלם אלהים" (בראשית א,כז), ולכן "מבשרי אחזה אלו־ה" (איוב יט,כו) – לכן יש לנו רשות להתבונן בתוך עצמנו, בתוך הווייתנו שלנו, ולראות שם השתקפות של האלוקי. האדם מתייחס אל האלוקי כמו שסמל מתייחס אל המהות – זה אינו זה, אבל יש יחס מסוים ביניהם; כמו סימן שאדם עושה בנייר, המבטא משהו: אם הוא תו של נגינה הוא מבטא צליל, אם הוא מספר הוא מבטא כמות, או משקל, או גודל מסוים וכיוצא בזה. הסימן איננו הצליל או המשקל, אבל הוא מתייחס אליהם ומבטא אותם.

השימוש בסמלים במחשבה המופשטת מאפשר לנו להגיע למגע גם עם תכנים שאין לנו מגע ישיר איתם. ואולם המגע הזה יהיה נכון כל עוד אדם יודע שהסמל והמהות הם שני דברים לחוד. שכן יכול לקרות שמתוך עיסוק מרובה בסמלים שוכחים שאלו הם רק סמלים; שאין עוסקים כאן בהוויות של ממש אלא רק בסמלים של הוויות. אפשר לבנות רעיונות בעזרת סמלים, אפשר ליצור התייחסות לסמלים, כל עוד נשמר קשר בין הסמלים לבין המהויות וכל עוד מבחינים היטב בין זה לזה. לכן, כאשר חושבים ומדברים בסמלים, חשוב לא להשאיר את הדברים כסמלים בלבד, של חומר הדיבור וצורת הדיבור, אלא לנסות

טז אב פשוטה / יז אב מעוברת

יאך ביאור הענין למה אמרו רבותינו זכרונם לברכה שעולם הזה דוקא נברא בה׳. הנה ידוע לכל חכמי לב כי ריבוי העולמות וההיכלות אשר אין להם מספר כמו שכתוב היש מספר לגדודיו ובכל היכל וגדוד אלף אלפין

בירורה של בעיה זו הוא חשוב לגבי הדברים הנאמרים באיגרת זו, וכוונתו היא שבמקום זה על הקורא לעיין בעומקה של שאלה זו, שכן ה״דרך ארוכה וקצרה״ עוברת דרך שם.

אַךְ בֵּיאוּר הָעִנְיָן, לָמָּה אָמְרוּ רַבּוֹתֵינוּ זִכְרוֹנָם לִבְרָכָה שֶׁעוֹלָם הַזֶּה דַּוְקָא נִבְרָא בה׳. השאלה היא: כיוון שכל העולמות נבראו בדיבור, מצירופי אותיות הדיבור העליון, צריך היה לומר שכל העולמות נבראו באות ה״א – ולמה נאמר שדווקא העולם הזה, הנמוך והחומרי, נברא בה״א?

הִנֵּה יָדוּעַ לְכָל חַכְמֵי לֵב[25] **כִּי רִיבּוּי הָעוֹלָמוֹת וְהַהֵיכָלוֹת אֲשֶׁר אֵין לָהֶם מִסְפָּר.** עד עתה דובר על חלוקה כוללת של שני עולמות: עולם הזה ועולם הבא, או עולם גשמי ועולם רוחני. חלוקה זו היא גולמית מאוד, ואין היא מתייחסת אלא אל תפיסת המציאות הפשוטה ביותר. על דרך משל, באותו אופן אנחנו מדברים על ״חרקים״. יש מאות אלפי מינים של חרקים שונים זה מזה. אבל מכיוון שלנו אין כל משא ומתן איתם אין לנו עניין בהבדלים

ולראות את הקשר, לנסות ולהביא את הדברים גם להפשטה.

באיגרת זו הוסבר שהדיבור מורכב באופן כללי משתי שכבות – חומר וצורה – שהן, בעצם, שלוש דרגות: הדרגה האחת היא חומר הדיבור, גלי הקול או אותיות הכתיבה (שכמותו בדיבור האלוקי הוא צד ה׳גוף׳ [לעומת ׳נפש׳] שבכל מציאויות העולם). הדרגה השנייה היא הסמלים, שהם מהותו הפנימית של הדיבור. אותן צורות מופשטות המהוות את הכלי לא במובן המכני שלו, אלא כסמל שיוצר כלי, כמושג שיכול להכיל בתוכו תוכן מופשט. והדרגה השלישית היא התוכן עצמו המתבטא בתוך הסמלים הללו. אם להסתכל על הדברים בסדר הירָרכי, מלמעלה למטה: הדרגה העליונה היא הדרגה של הסמלים היסודיים, והיא הדרגה של ׳קדמות השכל׳; הדרגה השנייה היא התוכן המגיע למחשבה מסודרת בדרגת הבינה, העושה סדר בסמלים הללו; והדרגה השלישית היא הדרגה של הכלים ה׳מכניים׳ המבטאים את הסמלים הללו כלפי חוץ.

המלכות, הדיבור, היא מצד אחד הדרגה התחתונה שבכל הוויה, שכן המלכות היא מה שיכול לעבור מהוויה אחת אל הוויה אחרת. כדי ליצור מכנה משותף עם הוויות אחרות יש צורך להשתמש במדיום פשוט ככל האפשר. אדם איננו יכול להעביר לאחר את פנימיותו ללא אמצעי שיכול לשאת את התוכן הזה, שיכול לעבור את החלל הריק שבין ׳אני׳ אחד ל׳אני׳ אחר, והאמצעי הזה חייב להיות משהו פשוט מאוד, חומרי – כמו הקול, כמו כתמי הדיו וכיוצא בזה. ומצד שני, ישנה הדרגה האחרת שבדיבור, שהיא מהותו הנסתרת, אותה מערכת המהויות הסמליות, הבסיסיות, הנובעות במקורן מהדרגה הגבוהה ביותר של הנפש.

המודל הזה של הדיבור מסביר במידה מסוימת את הפרדוקס של המצווה המעשית, שהוא חלק מן הפרדוקס הכולל של ״מאן איהו רב

ביניהם: כמה פרקים יש ברגל האמצעית של מין זה וכמה במין אחר. אין להבדלים הללו ולאחרים כל משמעות עבור החיים הרגילים שאנו מנהלים, ולכן בשבילנו כולם חרקים. כך גם ביחסנו לעולמות העליונים: כיוון שאין לנו 'עסק' איתם, ולא עם המלאכים שבהם, אנו מתייחסים אליהם בדרך כלל כאל יחידה אחת. ואולם לעיתים אנו זקוקים לדעת ולהתייחס גם לריבוי האין סופי של העולמות, לגודלם ולגיוון הרב שבתוכם.

כְּמוֹ שֶׁכָּתוּב "הֲיֵשׁ מִסְפָּר לִגְדוּדָיו" (איוב כה,ג). גדודי המלאכים מקבילים למה שקוראים ה'היכלות' של מעלה. שניהם מבטאים מהויות רוחניות, אולם אין הם ביטויים זהים: היכל הוא ביטוי המתייחס לבחינה של 'עולם' (מקום) ברוחניות, והגדוד לבחינה של 'נפש'. הגדוד או ההיכל מגדירים מהות ומבנה כולל למספר מסוים של הוויות, בדומה למה שקוראים בתחומים אחרים 'שדות', למשל: ביטוי מתמטי המגדיר תחום של מספרים שחוקים מתמטיים מסוימים חלים עליהם.

וּבְכָל הֵיכָל וּגְדוּד יש מספר גדול של הוויות הכלולות בו. **אֶלֶף אַלְפִין וְרִבּוֹא רִבְבָן מַלְאָכִים** (על פי דניאל ז,י), שהם הפרטים ופרטי הפרטים שבתוך ההיכל והגדוד הללו.

במקומות אחרים[26] מדובר על כך ש"לגדודיו אין מספר", שלמספר הגדודים אין גבול; אבל בכל גדוד יש מספר מוגדר של מהויות (אף שהוא מספר גדול). כאמור הגדוד הוא הגדרה, שדה, ולכן בהכרח כמות הפרטים שבו מוגדרת ומוגבלת. לעומת זאת מספר הגדודים, מספר אפשרויות ההגדרה, הוא בלתי מוגבל, אין סופי.

איהו זעיר"[24] (מי שהוא הגדול הוא הקטן); שהתחתון הוא העליון, שהמלכות היא הכתר; שהמהות שבמקורה היא למעלה מעלה, נפעלת דווקא במעשה הגשמי, הנמוך ביותר. מהותו של הדיבור היא שצורות נמוכות מאוד מבטאות סמלים בדרגה גבוהה מאוד, לעיתים בדרגה גבוהה כל כך שהמחשבה המודעת אינה יכולה לעסוק בתוכנם אלא רק לצרף אותם ולייחס אותם זה לזה. במובן זה, המהות הפנימית של הדיבור קשורה אל נקודת הראשית של כל ההוויה. זהו הקשר שדובר בו של "אבא יסד ברתא", של נקודת החכמה היוצרת את הוויית המלכות.

הפרדוקס נוצר מהמורכבות המהותית שיש בדיבור. במקום קו אחד יש שני קווים, שני קשרים, היוצרים את מהותה של המילה. קשר אחד הוא קשר בדרך השתלשלות ארוכה ומורכבת: מן החכמה אל הבינה, מן הבינה אל הרגש ומן הרגש אל הרצון להתבטא ועד לביטוי בפועל; סדר זה חייב לעבור דרך כל המדרגות כדי להגיע עד לקצה. הקשר הנוסף הוא הקשר שבו מבטאה המילה את החכמה העליונה, שהיא יונקת ישירות מן ההכרות הראשוניות. משום ששני הקשרים הללו קיימים, יכולה המילה להיות חלק מסדר ההשתלשלות, ויחד עם זאת לכלול בתוכה כמות גדולה כל כך של אינפורמציה שאינה לפי ערך ההשתלשלות, אשר מתגלה במילה בדילוג על כל הסדר שמעליה, כעומדת בפני עצמה.

הדיבור מכיל אפוא את שני הדברים: גם את החכמה העליונה, 'קדמות השכל', וגם את הדרגה הנמוכה ביותר, דרגת החומר; ושניהם יחד יוצרים את 'העולם' בהיקף הגדול, ואת העולם שלנו בפרט. משום כך העולם שלנו, שהוא הנמוך שבנמוכים, דווקא הוא המקום שבו אנו יכולים לנגוע בנקודת החכמה שמעבר לכל העולמות. דווקא משום שהוא נמוך כל כך, שכולו מילים וצירופי אותיות, אפשר בו ועל ידו לגעת בשורש כל ההוויה.

ורבוא רבבן מלאכים וכן נפש רוח נשמה חיה יחידה מדרגות לאין קץ ובכל עולם והיכלות מריבוי היכלות שבאצילות בריאה יצירה הנה כל ריבויים אלו ריבוי אחר ריבוי עד אין קץ ממש הכל נמשך ונשפע מריבוי צירופי כ״ב אותיות דבר ה׳ המתחלקות גם כן לצירופים רבים עד אין קץ ותכלית ממש כמו שכתוב בספר יצירה שבעה אבנים בונות חמשת אלפים וארבעים בתים מכאן ואילך צא וחשוב מה שאין הפה יכול לדבר כו׳ והגם שיש במעלות ומדריגות המלאכים ונשמות כמה וכמה מיני מעלות ומדריגות חלוקות לאין קץ גבוה על גבוה הנה הכל נמשך לפי חילופי הצירופים והתמורות בא״ת ב״ש כו׳ (וכמו שנתבאר בפרק י״ב)

וְכֵן בנשמות (שאינן בגופים), שיש ריבוי נשמות שונות בכל העולמות וההיכלות. ובכל אחת חמש הדרגות: **נֶפֶשׁ, רוּחַ, נְשָׁמָה, חַיָּה, יְחִידָה,**[27] **מַדְרֵגוֹת לְאֵין קֵץ.** גם הנשמה אינה יחידה אחת, אלא רצף של חמש יחידות יסודיות; מלמטה, מן הכוח המתייחס אל הגוף הגשמי, ועד לדרגה הגבוהה ביותר המאוחדת באין סוף. וכל קטע ברצף לאין ספור הזה הוא יחידה ומהות שלמה לעצמה.

וּבְכָל עוֹלָם וְהֵיכָלוֹת מֵרִיבּוּי הֵיכָלוֹת שֶׁבַּעולמות **אֲצִילוּת בְּרִיאָה יְצִירָה,** שהם העולמות הרוחניים שלמעלה מעולם העשייה, יש ריבוי לאין ספור של פרטים ו׳נפשות׳.

הִנֵּה כָּל רִיבּוּיִים אֵלּוּ, רִיבּוּי אַחַר רִיבּוּי עַד אֵין קֵץ מַמָּשׁ. אף על פי שכל עולם והיכל יש לו גדר וגבול וקץ, הרי לריבויים של העולמות אין קץ. הַכֹּל נִמְשָׁךְ וְנִשְׁפָּע מֵרִיבּוּי צֵירוּפֵי כ״ב אוֹתִיּוֹת **שהם** דְּבַר ה׳, הַמִּתְחַלְּקוֹת גַּם כֵּן לְצֵירוּפִים רַבִּים עַד אֵין קֵץ וְתַכְלִית מַמָּשׁ. העולמות כולם, הגשמיים והרוחניים, מקבלים את קיומם ואת חיותם מהצירופים של עשרים ושתיים האותיות. כל פרט במציאות הוא צירוף אחר, מיוחד, של האותיות.

כְּמוֹ שֶׁכָּתוּב בְּסֵפֶר יְצִירָה,[28] בספר יצירה מתואר, בדרך של משל, כיצד נוצרים הצירופים הרבים מעשרים ושתיים אותיות. וכך נאמר שם: ״שתי אבנים בונות שני בתים וכו׳...

ריבוי העולמות בעינינו גם בעולם העשייה המוכר לנו יותר, הגשמי והרוחני, ישנו ריבוי תחומים ופרטים שקשה לשער. לשם דוגמה, בתוך עולם העשייה הרוחני יש ׳היכל׳ שאנו קוראים לו מוזיקה, הכולל את כל האפשרויות והמדרגות שיש בתחום זה; ויש ׳היכל׳ שקוראים לו מתמטיקה, וכיוצא בזה. ומכל שכן בעולמות הרוחניים שמעל לעשייה, היצירה הבריאה והאצילות ולמעלה יותר. רק כדי לסבר את האוזן: בהיקף של עולם העשייה הגשמי, כדור הארץ שלנו הוא פחות מאשר גרגר אבק. וכפי שמתואר, כל המציאות הגשמית היא גם פחות מזה לגבי העולמות הרוחניים שמעליה.

מספר שינויי הצירופים החשבון של ספר יצירה הוא חשבון פשוט, שאינו ממצה את כל שכבות הצירופים שבמציאות. שכן מעבר לחישוב המתמטי הפשוט יש לכל אות ולכל צירוף של אותיות גם משמעויות ומטענים נוספים. יש צירופים יסודיים וצירופים משניים, יש קשרים ישרים וקשרים רחוקים יותר; וכן יש משמעויות לסדרן של האותיות, למקורן ולקשרים שהיו ושיהיו להן. לשם דוגמה, יש

שִׁבְעָה אֲבָנִים בּוֹנוֹת חֲמֵשֶׁת אֲלָפִים וְאַרְבָּעִים בָּתִּים". האבנים הן, על דרך משל, האותיות, והבתים הם המילים. "שתי אבנים בונות שני בתים", כלומר שתי אותיות מצטרפות בשני צירופים שונים, היוצרים שתי מילים; לשלוש אותיות יש שישה צירופים שונים, היוצרים שש מילים; ולשבע אותיות יש כבר חמשת אלפים וארבעים צירופים, וכן הלאה. וממשיך ספר יצירה: **מִכָּאן וְאֵילָךְ צֵא וַחֲשׁוֹב**, כאשר מוסיפים עוד ועוד אותיות, מגיעים למספרים גדולים כל כך **מַה שֶּׁאֵין הַפֶּה** (האנושי) **יָכוֹל לְדַבֵּר** ואין האוזן יכולה לשמוע.[29] שכן הנוסחה הזו מחשבת רק כמה צירופים יש לאותיות שונות, אבל כאשר חוזרים על האותיות בכפילויות שונות ובסדרים שונים – מספר הצירופים נעשה גדול כל כך שכבר אי אפשר לחשב אותו, ובעצם הוא אין סופי.

וְהַגַּם שֶׁיֵּשׁ בְּמַעֲלוֹת וּמַדְרֵיגוֹת הַמַּלְאָכִים וּנְשָׁמוֹת כַּמָּה וְכַמָּה מִינֵי מַעֲלוֹת וּמַדְרֵיגוֹת חֲלוּקוֹת לְאֵין קֵץ, גָּבוֹהַּ עַל גָּבוֹהַּ. כאשר מדברים על צירופים גשמיים – מספר הכיסאות, מספר האבנים, הכוכבים וכיוצא בזה – יכול להיות מספר גדול, אבל עדיין הפרטים שבו הם במדרגה אחת, במישור אחד של הוויה. אבל כאשר מדברים במדרגות הרוחניות, במדרגות המלאכים והנשמות, הרי הם חלוקים זה מזה לא רק במישור אחד אלא במישורים רבים ושונים של הוויה.

הִנֵּה הַכֹּל, כל חילוקי המדרגות וריבוי הפרטים, **נִמְשָׁךְ לְפִי חִילּוּפֵי הַצֵּירוּפִים וְהַתְּמוּרוֹת**. כפי שמבואר בשער היחוד והאמונה, האותיות של התמורות אינן אותיות של הדבר המקורי אלא אותיות שהוחלפו לפי מנגנון מסוים. אותיות המקור, שהן הכוחות הבסיסיים שבהם נברא העולם, הן האותיות של עשרת המאמרות שבהם נברא העולם; ואולם כדי להחיות ולקיים כל אחד מאין ספור הנבראים באין ספור המקומות והזמנים, בעליונים ובתחתונים, מתחלפות אותיות המקור ומתפרטות ומסתעפות מן המאמרות היסודיים.

דוגמה לתמורות וחילופים אלה הם התמורות **בא"ת ב"ש כו' (וּכְמוֹ שֶׁנִּתְבָּאֵר** בשער היחוד והאמונה **בְּפֶרֶק י"ב)**. כלומר: אל"ף מתחלפת בתי"ו, בי"ת בשי"ן וכו' (ויש בדומה לזה סדר תמורות של אלב"ם, שבו אל"ף מתחלפת בלמ"ד ובי"ת במ"ם וכן הלאה). לכל סדר

חומרים שבהם אין כל חשיבות לסדר שבו כותבים את הנוסחה הכימית שלהם. אין הבדל בין ICaN ובין aNIC. זה אותו חומר עצמו, וצורת הכתיבה שלו היא רק עניין של מוסכמה. לעומת זאת יש נוסחאות כימיות, בעיקר בתחום הכימיה האורגנית, שבהן יש משמעות לא רק למספר החומרים וכמותם, אלא גם לסידור שלהם, לאופן שבו הם בנויים במרחב. יש חומרים 'שמאליים' ויש חומרים 'ימניים' – אלו חומרים שמורכבים בדיוק מאותם המרכיבים ובאותם היחסים, אלא שהמרכיבים שלהם מסודרים בצורה שונה, ולכן הם שני חומרים שונים. יכולים להיות שני חומרים שהם זהים מבחינה כימית אבל הם שונים מצד העבר שלהם, בדרך שבה הם נוצרו. ועוד דוגמה מתחום אחר: על פי הדקדוק יכולות להיות שתי מילים זהות שמשמעותן שונה משום שהן שייכות לשני שורשים שונים. במובן זה, צירופי האותיות אינם צירופים אינדיפרנטיים של נקודות חסרות משמעות. ייחודה של כל אות, לבד מזאת שהיא אות אחת מכ"ב אותיות, הוא במקום המיוחד לה בצירוף, בדרך שבה היא הגיעה אל הצירוף – דרך תמורות, גימטריות, ועוד ועוד.

אך דרך כלל הנה כולם בעלי חכמה ודעת ויודעים את בוראם מפני היות חיותם מפנימיות האותיות הנמשכות מבחינת חכמה עילאה וכנזכר לעיל.

· אך העולם הזה השפל עם החיות שבתוכו קטן מהכיל ולסבול אור וחיות מבחינת צורת האותיות ופנימיותן להאיר ולהשפיע בו בלי לבוש והסתר כמו שמאירות ומשפיעות לנשמות ומלאכים רק ההארה יח אב מעוברת

של חילוף יש משמעות מסוימת; כיצד אות זו או אחרת מגיעה אל מקומה בתוך המבנה? על ידי איזו תמורה? דרך איזה שער עברה? לכל הדברים הללו יש משמעות שמשנה את מהות הצירוף החדש, והמשמעויות הללו מצטרפות ומתווספות על המשמעויות היסודיות של האותיות הפשוטות.

אַךְ דֶּרֶךְ כְּלָל, מעבר לכל השינויים וההבדלים בין הנשמות ובין המלאכים ושאר יצורי העולמות העליונים, **הִנֵּה כּוּלָּם בַּעֲלֵי חָכְמָה וָדַעַת.** במציאות של העולם שלנו אפשר לומר שרק בני האדם הם יצורים בעלי חכמה ודעת, ואולם בעולמות אחרים יש הוויות רבות וכולן הן הוויות מודעות ומשכילות.[30]

וְיוֹדְעִים אֶת בּוֹרְאָם. ההכרה של ההוויות העליונות היא בתמציתה הכרת הבורא. הם יודעים, בידיעה מיידית, בלתי אמצעית, שיש להם בורא.

מִפְּנֵי הֱיוֹת חַיּוּתָם של העולמות העליונים **מִפְּנִימִיּוּת הָאוֹתִיּוֹת הַנִּמְשָׁכוֹת מִבְּחִינַת חָכְמָה עִילָּאָה** (עליונה) **וְכַנִּזְכָּר לְעֵיל.** כפי שהוסבר, יש באותיות שני צדדים: פנימיות וחיצוניות,

יודעים את בוראם הידיעה הזו, שהם "יודעים את בוראם", היא במובן מסוים כל מהות ההכרה שיש להם. שכן מצד אחד, בהיותם שייכים לעולמות הגבוהים, השקופים כלפי החיות האלוקית שבהם, הם חשים אותה ומודעים לה – לא כדבר רחוק שמספרים עליו, או כהתגלות של פתע, אלא כדבר שהוא מציאות החיים המוחשית שלהם. אך מצד שני, בניגוד לאדם, הם יצורים אוטומטיים שאינם יכולים להתייחס בעצם אל שום דבר שמעבר להווייתם, למקורם ולתכליתם. ומשום כך, אף שהם "יודעים את בוראם" הם אינם יודעים דברים אחרים, ואינם יכולים להבין צדדים אחרים של המציאות.

הדברים נכונים לא רק לגבי הברואים העליונים שמצד הקדושה, אלא במובן מסוים גם לגבי ה'מזיקים' למיניהם. בתלמוד נאמר, שמקובל בידינו ששדים אינם מוציאים שם שמיים לבטלה.[31] כלומר, אף שהם מזיקים, ואפילו כאשר הם גורמים לאדם לעבור עבירות, הרי הם עושים זאת משום שזה הוא תפקידם, ואין הם יכולים לחרוג מתפקיד זה, ולכן הם אינם מוציאים שם שמיים לבטלה. בדומה לזה מבואר בליקוטי אמרים (פרק כד), שהאדם יכול לרדת נמוך יותר מכל קליפה כאשר הוא עובר על רצונו של הקב"ה. המזיקים, למרות שהם מפתים את האדם לעבור על רצונו של הקב"ה, הם עצמם אינם יכולים לעבור על רצונו, אין בתוך מהותם מנגנון שמאפשר זאת. רק במהותו של האדם יש משהו מיוחד, משהו מיסוד האין סוף, המאפשר לו לעלות לאין סוף וגם לרדת לאין תכלית.

הכרת האלוקות בעולמות הרוחניים העולם

או חומר האותיות וצורת האותיות. האותיות הן מצד אחד הוויות חומריות – ואין זה משנה אם הן הוויות חומריות הנראות לעין, כמו אותיות הכתב, או שהן אותיות הדיבור הניתנות לשמיעה, או אותיות בגלים אלקטרומגנטיים. כל אלה הן אותיות גשמיות. זהו הצד של חיצוניות האותיות. ויש צד של פנימיות האותיות, הוא המשמעות הסמלית שמאחוריהן. ומכיוון שהעולמות הרוחניים, העליונים, הם עולמות החיים מפנימיות האותיות, אין לגביהם בעצם חציצה מבחינת גוף האותיות. בעולמות אלה שחיותם מפנימיות האותיות, שעולמם הוא בלא חציצה מהותית, הרי הזרימה שבין עולם למשנהו, בין דרגה לדרגה, היא זרימה גלויה; יש העברה ברורה של מסרים מעולם אחד לשני. ולכן בכל דרגה, ולכל נברא שבאותם עולמות, יש הכרה של סדר ההשתלשלות, של מעבר הוויות מדרגה אחת לדרגה שנייה – ולכן יש לכל היצורים הרוחניים הללו הכרה בדרגה שמעליהם ומשם עד לקצה העליון.

אַךְ הָעוֹלָם הַזֶּה הַשָּׁפֵל, עִם הַחַיּוּת שֶׁבְּתוֹכוֹ, קָטָן מֵהָכִיל וְלִסְבּוֹל אוֹר וְחַיּוּת מִבְּחִינַת צוּרַת הָאוֹתִיּוֹת וּפְנִימִיּוּתָן, לְהָאִיר וּלְהַשְׁפִּיעַ בּוֹ בְּלִי לְבוּשׁ וְהֶסְתֵּר כְּמוֹ שֶׁמְּאִירוֹת וּמַשְׁפִּיעוֹת לִנְשָׁמוֹת וּמַלְאָכִים. מאחר שהעולם שלנו הוא שפל, כלומר מוגבל ביכולתו לקלוט את האור שלמעלה ממנו, לכן אינו יכול לקלוט מסר ישיר של פנימיות האותיות; אין הוא יכול להגיע להתייחסות ישירה אל המהות הפנימית, והוא נאלץ להיעזר בצורות אחרות, חיצוניות, שהן מעין תרגום. אדם מרגיש שהוא מאמין, שהוא מקושר, אבל כל זה חיצוני, לא מתייחס אל הרוחני עצמו אלא למה שהוא יכול לדמות בנפשו. לעומת זאת, אצל הנשמות והמלאכים זו השגה ישירה, בערך כמו ההשגה שלנו ששולחן הוא שולחן.

של פנימיות האותיות מקביל במובן מסוים לעולם של המחשבה, למילים כפי שהם במחשבה לפני שהן מגיעות לצורות של דיבור. בין המילים הללו של המחשבה יש רצף; הן אינן נפרדות זו מזו על ידי הלבושים החיצוניים. במילים היוצאות החוצה יכול להיות הסתר, יכול להיות שהמילים מסתירות אחת מהשנייה, ומכל שכן שהן מסתירות את המחשבה ופנימה למחשבה. אבל כאשר אדם חושב מחשבה, ואפילו חלק של מחשבה, המחשבה עדיין קשורה בתהליך הפנימי של הנפש. הצורות המופשטות של אותיות המחשבה קשורות כולן זו לזו. למרות שאינן זהות וגם אינן דומות זו לזו, אין ביניהן מבנים קשוחים היוצרים חציצה, ולכן הן כולן מהוות שדה אחד שבו כל הדברים קשורים זה בזה בקשר סיבתי מסוים.

העולם הגשמי שלנו סובל מסוג של נתק; הוא כביכול 'נגמר' בנקודה מסוימת ואינו יכול להמשיך מעבר לה אלא על ידי 'קפיצה'. מכיוון שיש נתק בין עולם לעולם, ואין העברה ישירה לעולם ומציאות גבוהים יותר, הרי שכל התייחסות של אמונה דורשת, מצד מהותה, סוג מסוים של דילוג מעל מחסום, שאי אפשר לעבור אותו בדרך של התבוננות ישירה.

השגה ישירה בעולם שלנו בעולם שלנו יש דוגמאות רבות לדברים שאותם אין אנו מסוגלים לקלוט בקליטה ישירה, אלא רק דרך מדיום מסוים של תרגום. כושר הראייה הישיר שלנו מוגבל לאורך גלים מוגדר. מעבר לזה, משני הקצוות, איננו רואים, ואם אנו רוצים לראות אנו זקוקים למכשיר שיתרגם את התחושה הישירה לתמונה שאנו יכולים

וההשפעה באה ונשפע לעולם הזה מבחינת חומר וגוף האותיות וחיצוניותם שהוא בחינת ההבל המתחלק לשבעה הבלים שבקהלת שעליהם העולם עומד כמו שכתוב בזוהר הקדוש והוא מוצא פי ה׳ המתלבש בעולם הזה וכל צבאיו להחיותם ובתוכו מלובשת בחינת צורת אותיות הדבור והמחשבה ממדותיו הקדושות ורצונו וחכמתו וכו׳ המיוחדות באין סוף ברוך הוא בתכלית (וזה שאמר האר״י ז״ל שבחינת חיצוניות הכלים דמלכות דאצילות המרומזות בה׳ של שם הוי״ה ברוך הוא הם ירדו ונעשו נשמה לעולם העשיה)

רַק הַהֶאָרָה וְהַהַשְׁפָּעָה בָּאָה וְנִשְׁפָּע לָעוֹלָם הַזֶּה מִבְּחִינַת חוֹמֶר וְגוּף הָאוֹתִיּוֹת וְחִיצוֹנִיּוּתָם. העולם התחתון שלנו יכול לקלוט רק את חומר וחיצוניות האותיות. **שֶׁהוּא,** כפי שהוסבר לעיל בדרך משל מהדיבור האנושי, **בְּחִינַת הַ׳הֶבֶל׳,** נשיפת האוויר הגולמית, היוצאת מן הריאה ומהווה את ה׳חומר׳ המעוצב אחר כך בחמשת מוצאות הפה.

הַמִּתְחַלֵּק לְשִׁבְעָה הֲבָלִים שֶׁבְּקֹהֶלֶת (א,ב). הבל הדיבור האלוקי מתחלק באופן כללי לשבעה הבלים. וכן דורשים חז״ל[32] מן הפסוק בספר קהלת: ״הבל הבלים אמר קהלת הבל הבלים הכל הבל״; ״הבל״ – אחד, ״הבלים״ – עוד שניים, ״הבל הבלים״ – עוד שלושה, ״הכל הבל״ – הרי שבעה.

שֶׁעֲלֵיהֶם הָעוֹלָם עוֹמֵד, כְּמוֹ שֶׁכָּתוּב בַּזֹּהַר הַקָּדוֹשׁ.[33] ׳הבל׳ מובן כאן לא במשמעות המטפורית של לא־כלום, אלא כמהות מסוימת שמחזיקה את העולם. עם זאת, מהות זו המעמידה את חומר העולם היא ביחס למהות הפנימית כהבל וכלא־כלום.

וְהוּא מוֹצָא פִּי ה׳ הַמִּתְלַבֵּשׁ בָּעוֹלָם הַזֶּה וְכָל צְבָאָיו לְהַחֲיוֹתָם. מוצא פי ה׳, מקור הדיבור האלוקי שהוא המקור לחיי העולמות, הוא ההבל הפשוט, מקור הדיבור.

הביטוי ״מוצא פי ה׳״ לקוח מלשון הכתוב, ״כי לא על הלחם לבדו יחיה האדם כי על כל מוצא פי ה׳ יחיה האדם״ (דברים ח,ג). ומפרש הבעש״ט שלא הלחם מחיה את האדם אלא מוצא פי ה׳ שבלחם, הוא מקור הדיבור האלוקי מעשרה מאמרות שבהם נברא העולם.[34]

וּבְתוֹכוֹ, בתוך ההבל שהוא בחינת חיצוניות וחומר האותיות, **מְלוּבֶּשֶׁת בְּחִינַת צוּרַת אוֹתִיּוֹת הַדִּבּוּר.** כמו באותיות הדיבור שלנו, ההבל אינו אלא החומר המלביש את ה׳צורה׳,

לראות. מובן שבתהליך התרגום נוצרות נקודות של נתק, של מכשול, שאינן מעבירות את המסר הפנימי כפי שהוא, אלא בצמצומים ובשינויים.

באופן אחר אפשר להגדיר את גבולות ההבנה כיכולת לעבור שלב מסוים של הפשטה. אדם שכלי ההבנה שלו מוגבל, ואין הוא יכול לקלוט דרגה כזו של הפשטה, חייבים להעביר לו את הדבר באמצעות משל ודוגמה. כל חברה מניחה דרגה מסוימת של הפשטה, שהיא חלק מהמסד שלה; כגון, ששתיים ועוד שתיים הם ארבע. ואולם יש אנשים היכולים להבין ששני דגים ועוד שני דגים הם ארבעה דגים, אבל ששתיים ועוד שתיים שווה ארבע הוא עבורם מושג מופשט מדי שאין הם יכולים להבינו.

היא מכלול התכונות שמקבל ההבל בביטוי האותיות שבהן מתגלה מהותן הסמלית הפנימית. **וְכֵן הוּא גַּם בְּאוֹתִיּוֹת הַמַּחֲשָׁבָה,** שהם פנימיות לאותיות הדיבור, ואף בהן מלובשת המהות הפנימית של צורת האותיות.

מִמִּדּוֹתָיו הַקְּדוֹשׁוֹת, המידות, הספירות, של הקב"ה. הדיבור האלוקי, כמו הדיבור האנושי, נובע מהמידות – כפי שאדם חושב ומדבר כאשר יש לו יחס רגשי לדבר. כאשר אדם אוהב דבר או ירא ממנו, מכוח זה הוא חושב ומדבר עליו. **וּ**מידות אלה נובעות מדרגות גבוהות יותר בנפש, הן **רְצוֹנוֹ וְחָכְמָתוֹ וכו'.** ובספירות הן בחינות הכתר והחכמה שעל פיהן מתגלות המידות.

הַמְיוּחָדוֹת בְּאֵין סוֹף בָּרוּךְ הוּא בְּתַכְלִית.[35] בין הקב"ה ומידותיו יש קשר פנימי של אחדות מלאה ומוחלטת, העובר גם אל פנימיות האותיות.

בחיצוניותו הבל הדיבור הוא משב של רוח. רוח שהייתה יכולה, למשל, לסובב גלגל קטן. ואולם אין היא זהה לסתם רוח, שכן חשיבותו של הבל הדיבור אינה במהותו החיצונית, אלא במהותו הפנימית. אין הוא רק רוח, הוא כלי חיצוני למעבר של תוכן פנימי; כל תנודה שלו נושאת על גבה אות של דיבור. ולכן, למרות שהדיבור בחיצוניותו הוא הוויה גשמית גמורה, הרי בפנימיותו הוא סמל של מחשבה המבטא אהבה, הכרה, ואף את מהותו הפנימית העצמית של האדם המתלבש בו.

להלן יובאו הדברים שנאמרו לגבי פנימיות וחיצוניות האותיות, גם בלשון הקבלה. הדבר חשוב כדי שמי שמצוי במושגים אלה יוכל לקשור את הדברים שנאמרו לעיל בלשון מופשטת (ובמובן מסוים לשון חדשה) עם עולם המושגים שהוא מצוי בו. ועוד, שהוא פותח את הדברים להבנות נוספות במישורים אחרים.

(וְזֶה שֶׁאָמַר הָאֲרִ"י ז"ל:[36] **שֶׁבְּחִינַת חִיצוֹנִיּוּת הַכֵּלִים דְּמַלְכוּת דַּאֲצִילוּת, הַמְרוּמָּזוֹת בה'** אחרונה **שֶׁל שֵׁם הֲוָיָ"ה בָּרוּךְ הוּא, הֵם יָרְדוּ וְנַעֲשׂוּ נְשָׁמָה לְעוֹלָם הָעֲשִׂיָּה).** חיצוניות הכלים של מלכות דאצילות היא מה שנקרא כאן ההבל של אותיות הדיבור האלוקי. וכפי שהוסבר, ההבל הזה הוא שמחיה את העולם שלנו, ובלשון האריז"ל: נעשה נשמה לעולם העשייה.

כפי שמבואר בעץ חיים, הארה של עולם האצילות מחיה גם את כל העולמות שלמטה ממנו – בריאה, יצירה ועשייה. ואולם יש הבדל בין עולם האצילות לעולמות האחרים: בעולם האצילות מאירה החכמה בעצמה, העוברת ומחיה את כל דרגות עולם האצילות. ואילו בעולמות בריאה, יצירה ועשייה אין דרגת החכמה עוברת אליהם ישירות, אלא דרך התלבשות בבחינת 'חיצוניות הכלים': של 'אמא' בעולם הבריאה, 'זעיר אנפין' בעולם היצירה, וה'מלכות'-הדיבור בעולם העשייה. נמצא, שחיצוניות הכלים של מלכות האצילות, הבל הדיבור האלוקי, נעשתה נשמה וחיות לעולם העשייה.

החיות האלוקית שבתוך העולמות נקראת גם שכינה,[37] על שום שהיא שוכנת בהם ומחיה אותם, בבחינת נשמה נסתרת להם. כאשר אומרים שהחיות בעולמות היא מבחינת חיצוניות הכלים, הכוונה היא שהחיות איננה ניכרת בגלוי אלא היא מצועפת ומסותרת,

וכן כתבו בתקונים שהיו"ד הוא באצילות כו' וה' תתאה מקננת בעשיה:

עד שאין רואים את מהותה הפנימית אלא רק את הפעולות וההשלכות החיצוניות שלה. בייחוד בעולם שלנו, עולם העשייה, מצויה השכינה בהסתר, באופן שאין רואים את החיות האלוקית שבדברים אלא רק את הכלים, את אופני הביטוי החיצוניים שלה (לפיכך 'גילוי שכינה' בעולם העשייה הוא נדיר שבנדיר; רק באנשים מיוחדים ובזמנים מיוחדים, ורק בבית המקדש, הייתה השראת השכינה באופן של גילוי לכול[38]).

וְכֵן כָּתְבוּ בַּתִּקּוּנִים.[42] מעין הדברים הללו נאמרו בתיקוני הזהר.

שכל אחת מארבע האותיות של שם הוי"ה מתגלה בתוך אחד מארבעת העולמות: **שֶׁהַיּוּ"ד** של שם הוי"ה **הוּא בְּ**עולם **הָאֲצִילוּת כּוּ',** ה"א עליונה (ראשונה) בעולם הבריאה, ו"ו בעולם היצירה, **וְה' תַּתָּאָה** (תחתונה) **מְקַנֶּנֶת בְּ**עולם **הָעֲשִׂיָּה.** הרי שהה"א האחרונה שבשם הוי"ה היא המחיה את העולם הזה, הוא עולם העשייה. הה"א האחרונה היא כאמור המלכות והדיבור; וביתר דיוק, בלשון שנאמרה כאן, ההבל וחיצוניות הדיבור. כלומר שהדיבור בבחינתו הגולמית והחיצונית ביותר הוא המחיה ומהווה את העולם שלנו.

חיצוניות הכלים להבין יותר מה היא 'חיצוניות הכלים': בכל כלי יש כפילות מהותית, ישנו החלק ה'פנימי', שבו נמצא התוכן שהוא מטרת קיומו של כלי זה; וישנו החלק ה'חיצוני', המשמש כלפי חוץ, ביחס שבין הכלי ובין המשתמש בו. הדבר נראה בפשטות בכלים גשמיים: לכל כלי יש פנימיות וחיצוניות. לדוגמה, לסיר יש חלק פנימי שהוא חלקו הפונקציונלי, החלק המשמש להכיל את התוכן, וכל השאר הוא קליפה חיצונית בלבד. לו ניתן היינו עושים סיר שיהיה רק כלי קיבול של תוכן, אלא שכדי שכלי הקיבול הזה יוכל להחזיק מעמד במציאות הוא צריך שיהיה לו עובי וממשות מסוימת. כל החיצוניות, העביות, של הכלי, הוא כוח חיצוני לצורך פנימי. במובן זה, ככל שהכלי מורכב יותר וככל שהוא נמוך יותר, נעשה החלק התכליתי קטן יותר ביחס למכלול המבנה הנחוץ כדי שהתכלית הזו תוכל להתקיים.

דברים אלה נכונים גם לגבי כלים מופשטים, כמו מילים. כפי שנאמר כבר, בכל מילה ובכל אות יש חלק מהותי תוכני, ויש חלק חיצוני שהוא החלק הנחוץ לשם העברת התוכן כלפי חוץ. ככל שהחוץ הוא חיצוני יותר, כך הכלים צריכים להיות עבים יותר ומורכבים יותר, והיחס שלהם אל התוכן הפנימי רחוק יותר. אפשר לבטא רעיון גדול בעשר מילים, אבל כדי שהרעיון הזה יוכל לעבור הלאה, החוצה ולמטה יותר, יש צורך ביותר מילים, ובמילים חיצוניות יותר, השייכות לתחומים אחרים, כמו משלים ומשלים למשלים. ייתכן שיהיו רק שני משפטים רלוונטיים, אבל כדי להגיע לאותם שני משפטים צריך לבנות מבנה גדול ומורכב ביותר. למבנים הללו, הנחוצים לקיומו של הכלי, קוראים בלשון הקבלה 'חיצוניות הכלים'.

גילוי השכינה מחיצוניות הכלים השכינה, החיות האלוקית שבדברים, מצויה בכל מקום והיא גם 'מדברת', כלומר מחיה כל דבר במציאות. אלא שבתוך העולם שלנו היא זקוקה לאופני ביטוי חיצוניים; היא אינה יכולה לדבר עימנו פנים בפנים משום שהתגלותה אינה במילים משמעותיות לנו. לכן אין היא גלויה אלא נסתרת, בהיותה מלובשת ב'חיצוניות הכלים'.

לסיכום הדברים שנאמרו על הדיבור האלוקי, החומר והצורה, ההבל והתוכן המסתתר בו: העולמות כולם הם דבר ה'. הקב"ה מדבר אל העולמות, וזה הוא קיומם וחיותם. ההבדל בין העולם שלנו לעולמות העליונים, בין העולם הזה לעולם הבא, הוא שהעליונים שומעים כביכול את הדיבור ומבינים משהו, בעוד העולם שלנו שומע רק קולות. על דרך משל, כמו שאדם שומע קולות מדברים אבל אינו מבין את המדובר; ופעמים שאף אינו מבין שהקולות הללו הם קולות של דיבור, ואינו מנסה להתייחס כלל אל המילים כאל סמלים. כאשר מי שאינו יודע כלל את המושג של קריאה וכתיבה רואה דף כתוב, הוא רואה קשקושים; הוא רואה שיש סדר בקשקושים, שהם מסודרים בשורות ויש רווחים ביניהם, אבל זה כל מה שהוא רואה. בדרך כלל ילדים עוברים את הקו הזה בגיל שלוש. בעוד ילד בן שנתיים, או פחות, רואה רק קשקושים, ילד בן שלוש כבר מסוגל להבין שהקשקושים הללו מבטאים תוכן. הוא עדיין אינו יודע לקרוא, אבל הוא כבר יודע שיש משמעות לדברים. במובן זה העולם שלנו קולט רק את הצורות החיצוניות של הדיבור, את הגוף והחומר של האותיות, ואילו העולמות העליונים קולטים משהו גם מהתוכן הפנימי, מהרוחניות ומהצורה הפנימית של האותיות. מה שאנו יכולים לעשות בעולם הזה הוא לנסות לראות שה"קולות", המראות שאנו רואים, הם רק מבנים חיצוניים,

עם זאת, גם בעולם שלנו טבועים אופנים של גילוי שכינה,[39] ובאופן כללי יש שני אופנים כאלה: האופן האחד הוא גילוי שכינה הנובע מזה שהחומר כביכול נאנס להופיע בצורה משמעותית. כאשר החומר, שהוא גלוי לעיני כול, משתנה ומקבל צורות בלתי רגילות, הוא מעביר על ידי כך משמעות שהיא גם כן גלויה לכול. גילוי כזה הוא התגלות בדרך של נס. והאופן השני הוא גילוי שכינה באדם, כאשר השינוי חל באדם, נפקחות עיניו והוא רואה את הנסתר. בספר מלכים מתוארת שיחה בין הנביא אלישע ונערו. הנער רואה את צבא ארם ופוחד, ואלישע אומר לו: "אל תירא, כי רבים אשר אִתנו מאשר אותם" (מלכים ב ו,טז). והוא מתפלל אל ה' שיפקח גם את עיני הנער, וה' אכן מגלה את עיניו – "וירא והנה ההר מלא סוסים ורכב אש" (שם יז). הסוסים ורכב האש לא נוצרו בשביל שהנער יראה אותם. הם היו קיימים גם לפני שנגלו לעיניו, אלא שהוא לא ראה אותם. זהו גילוי שכינה של גְּלוֹת עיניים, שהוא שינוי בתוך מהותו של האדם, לעומת הגילוי בדרך של נס, שהוא שינוי במהותו של העולם. פעמים ששני

אופנים אלה מצטרפים יחד, כמו שהיה במעמד הר סיני. מצד אחד היה שם אילוץ של החומר, שינוי במהותו של העולם כאשר ה' ירד על הר סיני; אבל עוד קודם לכן מסופר ש"קרבנו לפני הר סיני", שנעשה שינוי (זמני אמנם) במהותנו שלנו, באופן שיכולנו לראות מעבר לדרגה מסוימת, ורק לאחר מכן חל שינוי גם במהותו של העולם. השינוי במהות העולם נקבע בו לתמיד, בעוד השינוי במהות שלנו היה חולף. ומשמעות הדברים, שה' ממשיך לדבר בהר סיני את "אנכי ה' אלהיך", "קול גדול ולא יסף",[40] באותה עוצמה ובאותה אמת – אלא שאנחנו איננו שומעים עוד באותו אופן. אכן, גם כעת ייתכן שיש מי ששומע באותו אופן, ויש מי ששומע רק בת־קול, רק הד של הד.[41] ואולם בדרך כלל עניינו של עולם העשייה שלנו הוא שאין החיות שבו גלויה. נשמתו של העולם, השכינה, מלובשת בו בבחינת חיצוניות הכלים; ובלשון אחרת, בחומר ובגוף האותיות וחיצוניותן, בהבל הדיבור האלוקי שאותו מסמלת הה"א האחרונה שבשם הוי"ה.

יז אב פשוטה
יט אב מעוברת

והנה באדם התחתון למשל מי שהוא חכם גדול להשכיל נפלאות חכמה ומצמצם שכלו ומחשבתו באות אחד מדבורו הנה זה הוא צמצום עצום וירידה גדולה לחכמתו הנפלאה ככה ממש על דרך משל ויתר מזה לאין קץ היה צמצום גדול עצום ורב כאשר בדבר ה' שמים נעשו בששת ימי בראשית וברוח פיו כל צבאם היא אות ה' של שם הוי"ה ברוך הוא אתא קלילא כמו שכתוב בהבראם בה' בראם היא מקור התשעה מאמרות שנמשכו ממאמר ראשון בראשית דנמי מאמר הוא היא בחינת חכמה הנקראת ראשית

וגם אם איננו שומעים אנו צריכים לדעת שכל זה הוא דיבור שיש לו משמעות, שזהו דבר ה' המיועד אלינו.

מכאן, לאחר הקדמת הביאור הארוך במאמר חז"ל שבה"א נברא עולם הזה וביו"ד נברא עולם הבא, והביאור הייחודי על אודות מהות האותיות, חוזר אדמו"ר הזקן אל הצד התכליתי של האיגרת, לעורר על נתינת הצדקה.

וְהִנֵּה בָּאָדָם הַתַּחְתּוֹן לְמָשָׁל, מִי שֶׁהוּא חָכָם גָּדוֹל לְהַשְׂכִּיל נִפְלְאוֹת חָכְמָה. המסוגל להשיג השגות גבוהות ורחבות מעבר להשגת רוב בני האדם, באופן הנפלא מהשגתם, **וּמְצַמְצֵם שִׂכְלוֹ וּמַחֲשַׁבְתּוֹ בְּאוֹת אֶחָד מִדִּבּוּרוֹ.** כאשר אדם כזה אינו מניח למחשבה שלו לפעול במלוא ההיקף, לבטא את עצמה בכל ההיקף שלה, אלא שהוא מצמצם אותה שתתבטא רק באופן אחד, במילה אחת, באות אחת. **הִנֵּה זֶה הוּא צִמְצוּם עָצוּם וִירִידָה גְּדוֹלָה לְחָכְמָתוֹ הַנִּפְלָאָה.** האות האחת היא צמצום לאין ערוך לגבי כל מה שיש באותו אדם. להמחיש יותר את הדברים, כאשר חמור נוער הוא מבטא אות אחת, ובכך הוא מבטא את רוב חכמתו; מעבר לזה אין לו הרבה מה לומר. אבל כאשר החכם הגדול, שיש בו אוצרות חכמה ופליאה, אומר רק אות אחת, זהו צמצום גדול; במקום שחכמתו תתגלה בכל היקפה היא מתגלה בתוך נקודה אחת בלבד.

כָּכָה מַמָּשׁ עַל דֶּרֶךְ מָשָׁל, וְיָתֵר מִזֶּה לְאֵין קֵץ. המשל הוא "ככה ממש" משום שהוא בתחום האנושי המוכר ולכן הוא ממש; אבל הוא רק "על דרך משל" שכן המשל מסביר רק חלק מאותם יחסים כפי שהם קיימים בנמשל. המרחק בין אות אחת מדיבורו של

"בראשית" היא חכמה היחס בין המאמר "בראשית" לשאר המאמרות הוא כמו היחס בין ספירת החכמה לספירות האחרות. ספירת החכמה היא גרעין, נקודה והבזק של הכרה, הכולל בתוכו את כל ההבנה והידע שיתפתחו ויתגלו בהמשך, בתהליכי ההבנה וההרגשה. כך גם המאמר "בראשית ברא" הוא המאמר הראשון, היסודי, שבו נברא העולם בכללו, בעוד המאמרות הבאים אחריו רק מפרטים ומגלים את הכלול בו. כשם שהוויית הגרעין כוללת בתוכה את כל מה שיהיה אחר כך בעץ הגדול, כך המילה "בראשית" כוללת בתוכה את הבריאה כולה. אלא שכפי שהעץ אינו מופיע בדוגמתו ובצורתו בגרעין, והוא מקבל

האדם לכוח המחשבה שלו הוא גדול, אבל הוא עדיין ניתן לתפיסה, בעוד בנמשל, אצל הקב"ה, הוא גדול לאין שיעור יותר ממה שאנו יכולים להשיג.

הָיָה צִמְצוּם גָּדוֹל עָצוּם וָרַב,[43] **כַּאֲשֶׁר "בִּדְבַר ה' שָׁמַיִם נַעֲשׂוּ" בְּשֵׁשֶׁת יְמֵי בְרֵאשִׁית "וּבְרוּחַ פִּיו כָּל צְבָאָם"** (תהלים לג,ו). כל העולם, כל מה שנברא בששת ימי בראשית, בעליונים ובתחתונים, אינו אלא רוח פיו של הקב"ה. ורוח פיו **הִיא אוֹת ה' שֶׁל שֵׁם הֲוָיָ"ה בָּרוּךְ הוּא,** אות ה"א אחרונה שבשם, הנקראת **אָתָא קַלִּילָא** (אות קלה) שאין בה ממש,[44] שאין בה היגוי מסוים אלא היא מבטאה את ההבל שלפני ההתחלקות בחמשת מוצאות הפה (הבל שאמנם כולל את כל האותיות בשורשן, אבל כשלעצמו, במציאות שלנו, הוא כלום, אין בו ממשות אפילו של אות אחת).

כְּמוֹ שֶׁכָּתוּב: **"אֵלֶּה תוֹלְדוֹת הַשָּׁמַיִם וְהָאָרֶץ בְּהִבָּרְאָם"** (בראשית ב,ד). ודורשים:[45] אל תקרי "בהבראם" אלא **'בה' בְּרָאָם'.** שבאות ה"א ברא הקב"ה את השמיים והארץ.

צריך לזכור שאות ה"א של הקב"ה איננה כמו אות ה"א של האדם. בהברת הה"א של האדם ניתן, במאמץ גדול, לכבות נר; ואילו האות ה"א שאומר הקב"ה בוראת את כל העולמות, בכל דרגותיהם לאין קץ. המשל נועד רק להמחיש את היחס: כשם שהה"א שלנו היא מעט מזער לגבי כל מה שאנו יכולים לומר, ולגבי כל התכנים שהם מעל ומעבר למה שיכולים לומר, כך הה"א של הקב"ה, שהיא מקור השמיים והארץ, היא משהו מצומצם וקטן לאין ערוך לגבי הדיבור האלוקי ומה שהוא יכול לבטא ולברוא, ובוודאי לגבי המהות האלוקית עצמה.

ואות ה"א זו **הִיא מְקוֹר הַתִּשְׁעָה מַאֲמָרוֹת שֶׁנִּמְשְׁכוּ מִמַּאֲמָר רִאשׁוֹן,** שהוא **"בְּרֵאשִׁית", דְּנַמִּי מַאֲמָר הוּא** (שגם הוא מאמר). כפי שנזכר בפרקי אבות,[46] "בעשרה מאמרות נברא העולם", שהם עשר אמירות הכתובות במעשה בראשית (בראשית פרק א). וכבר שאלו בתלמוד,[47] והלוא רק תשע פעמים נזכר שם "ויאמר אלהים"? והתשובה היא: "בראשית נמי מאמר הוא".[48] כלומר שהכתוב בתחילה "בראשית ברא וגו'" (בראשית א,א) גם הוא נחשב מאמר. עניינו של מאמר זה, והיחס בינו לשאר המאמרות, יבואר לקמן.[49]

הִיא בְּחִינַת חָכְמָה הַנִּקְרֵאת רֵאשִׁית. המאמר הראשון, "בראשית", מרמז על פי הקבלה לספירת החכמה, שהיא הספירה הראשונה הנקראת "ראשית".[50]

הזיהוי של "בראשית ברא" כחכמה מופיע בתרגום ירושלמי, המתרגם "בחכמתא ברא". המובן הפשוט של "בחכמתא ברא" הוא שהקב"ה ברא את העולם על ידי החכמה; על

צורות אחרות שלכאורה אינן מצויות בגרעין, כך גם במעשה הבריאה. ההבדל אינו רק בין קטן וגדול, שמתחילה הכול מצוי בנקודה אחת שאחר כך גדלה ומתרחבת. ההוויה הנמצאת בגרעין היא רק רמז, 'קוד', המכוון אחר כך את התפתחות היצירה כולה לפרטיה. הצורות הנמצאות בגרעין הן צורות של כעין התבטאות ראשונית בלבד, אשר צריכות לעבור שלבים נוספים של התפתחות והתגבשות, של מעבר דרך אפשרויות שונות וגורמים שונים, עד שהן תגענה לצורות הבוגרות והמוגדרות בהמשך. הבריאה אמנם אינה יכולה להמציא דבר חדש שלא היה בגרעין, אבל יש דרך גידול מיוחדת ומשמעותית לכל אחד מן הפרטים; יש גורמים

אך אז היתה המשכה וירידה זו בלי אתערותא דלתתא כלל כי אדם אין לעבוד כו׳ רק כי חפץ חסד הוא ועולם חסד יבנה וזהו בהבראם באברהם כי חסד לאברהם כו׳.

כ אב מעוברת **• אך אחר בריאת האדם לעבדה כו׳ אזי כל אתערותא דלעילא לעורר מדת**

דרך משל, כמו אדם שעודר במעדר. משמעות הדברים היא הרחקה גדולה עוד יותר בין הקב״ה עצמו ובין החכמה. אצל האדם כוח החכמה הוא כוח פנימי ראשוני, המבטא יותר מכול את עצמות הנפש, בעוד הביטוי ״בחכמתא ברא״ אצל הקב״ה מעמיד את החכמה על דרך משל כמו כלי גשמי שמשתמשים בו, שריחוקו מהאדם עצמו הוא הריחוק הגדול ביותר, שאף אין הוא מבטא כלל את מהות האדם שפועל בו.

עם זאת, הדימוי של החכמה ככלי ומכשיר לרצונו של הקב״ה ולקב״ה עצמו, אשר ברצונו הוא מתלבש בו ובורא בו את כל העולמות,[51] הוא משמעותי לגבי המשך האיגרת. במובן זה, תכלית קיומנו ועבודתנו בעולם היא לעורר את הרצון הזה אצל הקב״ה, את הרצון להיות חכם בחכמה וכו׳, את הרצון לרדת ולהתייחס אל מעשה בראשית.

אַךְ אָז, בראשית הבריאה, **הָיְתָה הַמְשָׁכָה וִירִידָה זוֹ**, לברוא ולהוות את העולם בחכמה, ומחכמה לדיבור, **בְּלִי אִתְעֲרוּתָא דִלְתַתָּא** (התעוררות מלמטה) **כְּלָל. כִּי ״אָדָם אַיִן לַעֲבוֹד כו׳״** (בראשית ב,ה). שהרי בבריאה הראשונית עדיין אין מי שיעורר את הרצון מלמטה, ולכן הייתה אז הבריאה בבחינה של התעוררות מלמעלה בלבד, שהקב״ה נותן את עצמו מתוך עצמו בלי התייחסות אל האחר ואל הצורך של האחר.

רַק ״כִּי חָפֵץ חֶסֶד הוּא״ (מיכה ז,יח). בדרך כלל יש לרגש האהבה אובייקט, מושא אהבה. האובייקט מעורר את האהבה, ואז – באתערותא דלתתא אתערותא דלעילא – מתעוררת האהבה מלמעלה לאהוב ולתת למושא האהבה. ואולם במידה זו של החסד והאהבה יש גם שכבה גבוהה יותר, מה שקוראים בספרי המחשבה של הראשונים ״טבע הטוב להיטיב״. כלומר, האהבה היוצאת מעצמה, התלויה באדם האוהב בעצמו ולא באובייקט של האהבה. דרגה זו של חסד עליון, של הענקה שאינה מתייחסת למקבל, לדעתו ולקיומו, היא דרגה של אהבה שכמו עולה על גדותיה, שהיא חייבת לגלות את עצמה כלפי חוץ, לא משום שיש סיבה אלא רק משום ״כי חפץ חסד הוא״.

שונים הגורמים לגרעין לגדל גזע, או ענף, או פירות. וכך גם בכל פרטי הבריאה, כולם צריכים לעבור דרך מסוימת בתוך המציאות, שלבים שונים, שראשיתם בתשעה המאמרות הפרטיים של ימי הבריאה.

חסד לאברהם החסד של אברהם חל על כל אדם, הוא אינו בודק אם הוא ראוי לקבל וכמה ומה הוא ראוי לקבל. נתינת החסד שלו נובעת מן הצורך הפנימי שלו לתת ולא מהמציאות של האחר, העומד בחוץ. כמו שמתואר במדרש, אברהם יושב בפתח האוהל ומחפש, אולי ימצא איזה אורח שיוכל לקיים בו הכנסת אורחים. הכנסת האורחים שלו אינה באה כתגובה לכך שיש אנשים רעבים המתדפקים על דלתו, אלא מפני שהוא עצמו

וְ"עוֹלָם חֶסֶד יִבָּנֶה" (תהלים פט,ג).[52] מתחילתו נברא העולם בחסד, כמתנה שנותנים מחמת אהבה – לא משום שמבקשים, לא משום שמעוררים מלמטה (כי לא היה אז מי שיעורר) – אלא כמתנת חינם.

וְזֶהוּ מה שדרשו חז"ל (בראשית רבה פרשה יב,ט) על הכתוב: "אֵלֶּה תוֹלְדוֹת הַשָּׁמַיִם וְהָאָרֶץ **בְּהִבָּרְאָם**", שהן אותיות **בְּאַבְרָהָם**. כלומר שהבריאה היא בזכותו של אברהם. רעיון כעין זה מופיע בכמה מקומות בדברי חז"ל: שיש אדם שהעולם כולו כדאי לו; שהקב"ה בורא עולם גדול, עם רבבות אלפי נבראים, אך ורק כרקע עבור אדם אחד, ואותו אדם הוא 'מצדיק' את קיומם של כל אותם נבראים וכל אותם עולמות.

ומדוע דווקא אברהם? – **כִּי "חֶסֶד לְאַבְרָהָם כו'"** (מיכה ז,כ). אברהם הוא בחינת מידת החסד, הוא המייצג את מידת החסד האלוקית הראשונית,[53] ולכן דווקא אברהם הוא הצדיק שבשבילו, כביכול, הייתה תחילת הבריאה. כאמור, ראשית הבריאה היא כולה חסד, חסד חינם שאינו בא מכוחו של המקבל אלא מפני שהנותן הוא חפץ חסד ולכן הוא נותן. כזו הייתה מידת החסד של אברהם.[54]

כאן מגיע אדמו"ר הזקן אל סיכומה המעשי של האיגרת, הקושר את הדברים המופשטים שהוסברו אל צד ה'עבודה' והמעשה.

אַךְ אַחַר בְּרִיאַת הָאָדָם, שתפקידו הוא, בלשון הכתוב **"לְעָבְדָהּ כו'"** (בראשית ב,טו). עבודתו של האדם – "לעבדה ולשמרה" – היא תכלית הכוונה של בריאתו, ובריאתו של האדם היא תכליתה של הבריאה כולה. ומעתה, רק עבודת האדם מעוררת את הכוונה והרצון העליון לבריאה.

אֲזַי כָּל אִתְעֲרוּתָא דִלְעֵילָּא (התעוררות מלמעלה), השפעה והתגלות של הקב"ה מלמעלה, **לְעוֹרֵר מִדַּת חֶסֶד עֶלְיוֹן, הוּא בְּאִתְעֲרוּתָא דִלְתַתָּא** (בהתעוררות מלמטה), שצריך להקדים לה את עבודת האדם למטה.

הבריאה הראשונה של העולם, הדחיפה הראשונה, באה אמנם מכוח רצונו של הקב"ה בעצמו; אבל מאז והלאה יש יחסי גומלין בין הקב"ה והעולם. יחסים אלו הם הדדיים, דבר קשור בדבר, כל פעולה שנעשית מעוררת פעולה כנגדה מהצד השני.

סובל מכך שאין לו אורחים. מעין זה סיפרו על רבי חיים מצאנז, שמעולם לא שכב לישון לפני שחילק לצדקה את כל הכסף שהיה בבית. יום אחד שכב על מיטתו ולא יכול היה להירדם, ולבסוף קרא לשמש ואמר לו: "חפש, כנראה יש עוד כסף בבית ולכן איני יכול להירדם". ובאמת מצא השמש מכתב אחד שהרבי עוד לא ראה, והיה שם כסף, ותכף חילקו את הכסף והרבי יכול היה לישון. מה שלא נתן לרבי לישון לא היה המחסור של פלוני, אלא הכסף שהיה מונח אצלו ולא חלקו לצדקה. זהו ה'מחסור' שבבחינת עצמו, הצורך של עצמו לתת ולהיטיב, בבחינת "טבע הטוב להיטיב". וכפי שנאמר, זוהי המידה של ראשית הבריאה, בהבראם – באברהם.

חסד עליון הוא באתערותא דלתתא בצדקה וחסד שישראל עושין בעולם הזה לכן אמרו רבותינו זכרונם לברכה כל האומר אין לו אלא תורה בלי גמילות חסדים אפילו תורה אין לו אלא לעסוק בתורה ובגמילות חסדים כי הנה הגם דאורייתא מחכמה נפקת ובאורייתא מתקיים עלמא ובאינון דלעאן בה כי בדבורם ממשיכים הארות והשפעות (נוסח אחר והשראות) **חכמה עילאה מקור התורה לבחינת אותיות הדבור שבהן נברא העולם כמאמר רבותינו זכרונם לברכה אל תקרי בניך אלא בוניך הרי המשכה זו**

למעשה, כמעט כל מנגנון חי מבוסס על מערכות יחסים כאלה. ולא רק חי, אלא אפילו מנגנון של שעון מטוטלת רגיל מבוסס על שני כוחות שפועלים זה מול זה: כוח מניע שמפעיל אותו, וכוח המטוטלת שמווסת ומרסן אותו. פעולתו הקבועה של השעון היא בעצם ביטוי של היחסים ההדדיים בין שני הכוחות הללו. ואולם, יש דבר אחד נוסף שאינו שייך למערך הזה. כדי שהשעון הזה יתחיל לעבוד הוא צריך לקבל דחיפה ראשונה שחייבת לבוא מחוץ למערכת. למרות שמהרגע השני ואילך נוצרת פעילות הדדית המזינה את עצמה, נקודת ההתחלה אינה שייכת אליה. כך מפעיל הקב"ה את העולם – את ההפעלה הראשונה הוא נותן מעצמו, "כי חפץ חסד הוא" ו"עולם חסד יבנה", ומשם והלאה תלויה המשכת החיות בהתייחסות ההדדית של מטה ומעלה, אתערותא דלתתא ואתערותא דלעילא.

מה היא הפעולה מלמטה שמעוררת את החסד העליון מלמעלה? כיוון שההתעוררות מלמעלה אינה בנויה על הרגשה של החיסרון מלמטה, היא אינה מתעוררת על ידי זה שאדם אומר 'אני צריך' או 'חסר לי' (ביטויים כאלה יכולים לעורר שוב את 'חסד החינם', אבל לא את הפעלת המנגנון שממשיך את קיומו של העולם, את הרצון העליון להשפיע חסד שכולל גם חסד זה) אלא, כמו שאר המידות העליונות, הוא מתעורר דווקא על ידי הקרוב והדומה לו. כלומר, כאשר אדם עושה מעשה בעולם התחתון הוא מעורר מעין זה בכל העולמות כולם. כמו שאומרים בשם הבעש"ט[55] על הפסוק "ה' צלך על יד ימינך" (תהלים קכא,ה): כפי שהצל של אדם עושה מה שהאדם עושה – שהאדם מרים

תנועת המטוטלת פעולתה של המטוטלת פשוטה יחסית בדומם, ואולם היא מורכבת יותר בחי ועוד יותר במדבר. אצל האדם, שיש בו נפש אלוקית ממש ושמחשבתו קדמה למציאות העולם, יש קצוות מעורפלים בדימוי זה. האם התנועה הראשונה חייבת לבוא מלמעלה או שהיא יכולה לבוא גם מלמטה? לכאורה היא חייבת לבוא מלמעלה, אבל זה לא פשוט, לא חד משמעי. ועוד, האם התנועות תהיינה תמיד שלובות? האם התנועה מלמטה תהיה לעולם רק עד היכן שממנו מגיעה התנועה מלמעלה, כמו במטוטלת ובמים (בחוק כלים שלובים), או שישנה היתכנות ואפילו תכלית שהיא תגיע גבוה יותר, עמוק יותר, מנקודת ההתחלה? גם זה לא ברור, לא חד משמעי. לא משום שלא הצלחנו להבין, אלא משום שהתשובות הן כנראה גבוהות יותר מיכולתנו לנסח דבר בהבנה וידיעה.

ה' צלך סיפרו על הצדיק ר' זושא מאניפולי

את ידו וגם הצל מרים את ידו וכו׳ – כך ה׳ כביכול מתנהג עימנו.

כל השפעה של הקב״ה למטה, אל העולם שאינו נחשב אצלו לכלום, היא השפעה של צדקה וחסד, ועל כן כל השפעה של החסד העליון מתעוררת דווקא **בִּצְדָקָה וָחֶסֶד שֶׁיִּשְׂרָאֵל עוֹשִׂין בָּעוֹלָם הַזֶּה.** שכל המשכת החסד העליון לקיום העולמות ולהשפעה בהם תלויה במעשה הצדקה וחסד שאדם עושה למטה, ונותן לאחרים שהם דלים וחסרים. ואם בני אדם אינם עושים צדקה וחסד למטה, גם כשעוסקים בתורה ומדקדקים בשאר המצוות, אין החסד העליון נמשך עליהם מלמעלה.

וְלָכֵן אָמְרוּ רַבּוֹתֵינוּ זִכְרוֹנָם לִבְרָכָה (יבמות קט,ב)**: כָּל הָאוֹמֵר אֵין לוֹ אֶלָּא תּוֹרָה,** היינו **בְּלִי גְּמִילוּת חֲסָדִים, אֲפִילּוּ תּוֹרָה אֵין לוֹ, אֶלָּא** צריך אדם **לַעֲסוֹק בְּתוֹרָה וּבִגְמִילוּת חֲסָדִים.** למרות ש״תלמוד תורה כנגד כולם״, והעוסק בתורה פטור באותה שעה מכל מצווה שיכולה להיעשות על ידי אחרים – אף על פי כן, מי שאומר שאין לו אלא תורה, והוא חושק בתורה ועוסק בה כל הזמן, ולגבי גמילות חסדים הוא אומר שאין זה העניין שלו, ושיעשו זאת אחרים – באותה שעה לא רק שאין לו גמילות חסדים, אלא גם תורה אין לו.

והסבר הדברים: **כִּי הִנֵּה הֲגַם דְּאוֹרַיְיתָא מֵחָכְמָה נָפְקַת** (שהתורה מחכמה יוצאת)[56]**,** התורה באה מן החכמה האלוקית העליונה. **וּבְאוֹרַיְיתָא מִתְקַיֵּים עָלְמָא** (ובתורה מתקיים העולם),[57] **וּבְאִינּוּן דְּלָעָאן בָּהּ** (ובאלה שמדברים, שלומדים ועוסקים בה).[58]

כִּי בְּדִבּוּרָם מַמְשִׁיכִים הֶאָרוֹת וְהַשְׁפָּעוֹת (**נוּסַּח אַחֵר: וְהַשְׁרָאוֹת**) **חָכְמָה עִילָּאָה, שֶׁהִיא מְקוֹר הַתּוֹרָה, לִבְחִינַת אוֹתִיּוֹת הַדִּבּוּר שֶׁבָּהֶן נִבְרָא הָעוֹלָם, כְּמַאֲמַר רַבּוֹתֵינוּ זִכְרוֹנָם לִבְרָכָה: אַל תִּקְרֵי 'בָּנַיִךְ' אֶלָּא 'בּוֹנָיִךְ'** (ברכות סד,א). על ידי הלימוד והדיבור בתורה מעבירים תלמידי החכמים את החכמה האלוקית אל דרגת הדיבור שבו נברא העולם.[59] לימוד התורה כמוהו אפוא כבריאת העולם, בדיבור האותיות והמילים של החכמה האלוקית. ולומדי התורה, הם תלמידי החכמים, נקראים לכן לא רק ״בניך״ אלא ״בוניך״, בשל היותם בונים, בהגייתם את האותיות והמילים של התורה, את האותיות ואת המילים שמהן נברא ונבנה העולם.

הֲרֵי הַמְשָׁכָה זוֹ, מהחכמה האלוקית אל הדיבור שבורא ואל העולם הגשמי שנברא,

שכל ימיו חי בצמצום גדול. והיה במקומו יהודי פשוט, שאמנם לא הכיר את ר׳ זושא אבל ראה לפניו יהודי הגון, צנוע וירא שמיים ואביון גדול, והיה נוהג להניח בכל פעם כמה מטבעות בתוך תיק הטלית של ר׳ זושא. לאחר זמן ראה אותו יהודי שהוא מצליח בכל מעשיו. וככל שנתן יותר ראה שהצליח יותר, עד שבמשך הזמן התעשר עושר גדול. יום אחד בא אותו יהודי לבית הכנסת וראה שרבי זושא איננו. שאל עליו, ואמרו לו שר׳ זושא נסע אל הרבי שלו. אמר אותו יהודי בליבו: ומה כשאני נותן לתלמיד אני מקבל ככה, אם אתן לרב בוודאי אקבל יותר! קם ונסע למגיד הגדול ממזריטש ונתן לו מתנה גדולה. ואולם הפעם, ככל שנתן יותר הצליח פחות. משראה שהוא מידלדל והולך פנה בייאושו לרבי זושא וביקש הסבר. אמר לו ר׳ זושא: ״פשוט מאוד. קודם ראית יהודי מסכן, ולא בדקת מיהו ואם הוא ראוי אלא נתת לו, וכך גם נהג איתך הקב״ה – לא בדק מי אתה ואם אתה ראוי, אלא נתן לך.

היא בחינת ירידה גדולה ולזה צריך לעורר חסד עליון הנמשך כמים ממקום גבוה למקום נמוך באתערותא דלתתא בצדקה וחסד תתאה שממשיכים חיים וחסד להחיות רוח שפלים ונדכאים. וזהו שכתוב אל יתהלל חכם בחכמתו כו׳ כי אם בזאת יתהלל כו׳ כי אני ה׳ עושה חסד כו׳ כי החסד הוא הממשיך חיי החכמה למטה ואם לאו הרי נקראת חכמתו לבדו בלי המשכת חיים ממנה חס ושלום.

הִיא בְּחִינַת יְרִידָה גְּדוֹלָה. וְלָזֶה, כדי שייברא העולם הגשמי וכדי שיומשך לו שפע גשמי, אין די בלימוד ודיבור בתורה, אלא **צָרִיךְ לְעוֹרֵר חֶסֶד עֶלְיוֹן.** לימוד התורה אמנם פועל בהתעוררות מלמטה, הוא מוריד את החכמה העליונה לאותיות הדיבור שמדבר לומד התורה, אבל כדי לעוררו לרדת אל העולם הגשמי ממש, שאינו לפי ערך, אין די בכך וצריך לעורר מלמטה את מידת החסד העליונה.

שכן טבעו של החסד שהוא **הַנִּמְשָׁךְ כַּמַּיִם, מִמָּקוֹם גָּבוֹהַּ לְמָקוֹם נָמוּךְ.** יש הבדל בין החסד והחכמה. החכמה, במהותה ובטבעה, מתייחסת אל השווה לה; חכמה מתייחסת לחכמה, והחכמה כשלעצמה אינה רוצה דווקא לרדת ממדרגתה. לעומת זאת, מהותה של מידת החסד שהיא יורדת מלמעלה למטה. על דרך משל, כאשר אדם מדבר עם חברו בחכמת התורה, צריכים שניהם להיות בקירוב באותה דרגה; ולעומת זאת, לגמול חסד אפשר גם עם מי שנמוך ורחוק הרבה יותר. הדימוי הקבוע של החסד הוא המים, וטבע המים שהם נמשכים ויורדים ממקום גבוה למקום נמוך. יש דברים שאם מניחים אותם במקום גבוה הם יישארו שם, אבל המים אינם נשארים, ואם רק יש להם דרך הם ירדו למטה. בשום דרגה המים אינם נעצרים – הם יורדים ויורדים נמוך ככל שניתן. וזו המהות של החסד, שהוא נותן ונותן וחוזר ונותן. נמיכותו של המקבל אינה מונעת ממנו לקבל את החסד;

ועכשיו, כשאתה מתחיל לבדוק – גם הקב״ה בודק!״ לכן היו אנשים שבכוונה לא הקפידו בנתינת הצדקה, ונתנו גם לעניים שידעו בהם שאינם הגונים מתוך אותה כוונה עצמה: שהקב״ה ינהג עימם באותה מידה.

דיבור האדם בתורה אינו מגיע אל העולם הגשמי הדיבור האלוקי כשלעצמו אכן בורא ממש את העולם הגשמי, אבל לא הדיבור האנושי, שנשאר בתחום הדיבור ואינו מגיע נמוך יותר לתחום המעשה ממש. כאשר אדם מעביר דבר מדרגת החכמה למילים, זוהי ירידה קטנה יחסית: לוקחים דברים שהם בדרגה אחת של הפשטה ומעבירים אותם לדרגה פחותה של הפשטה, ושתי הדרגות הן עדיין בתחום ההוויה האנושית. לעומת זאת, הפער שבין החכמה האלוקית והעולם הגשמי הוא לאין ערוך גדול ומשמעותי יותר. ולכן, אף שהאדם יכול לברוא כפי שנתבאר ׳עולמות׳ על ידי הדיבור בתורה, אין אלו עולמות גשמיים ממש, אלא עולמות של מציאות רוחנית למעלה, ובוודאי לא בדרגת העולם הגשמי שלנו. ולכן, כדי להוריד את החכמה לדרגת העולם הגשמי צריך האדם לעורר גם חסד עליון שידלג על הפער הזה וימשיך את המבנה הרוחני של אותיות הדיבור בתורה אל תוך העולם הגשמי ממש.

אדרבה, ככל שמישהו נמוך יותר ומסכן יותר, המצווה לעשות איתו חסד גדולה יותר.

והחסד העליון נמשך **בְּאִתְעֲרוּתָא דִלְתַתָּא** (בהתעוררות מלמטה), שכאמור צריכה בעצמה להיות מעשה של חסד. דהיינו, **בִּצְדָקָה וְחֶסֶד תַּתָּאָה** (תחתון) **שֶׁמַּמְשִׁיכִים חַיִּים וְחֶסֶד לְהַחֲיוֹת רוּחַ שְׁפָלִים וְנִדְכָּאִים** (על פי ישעיה נז,טו). כאשר האדם מפרנס את המסכנים, לפי הדרגה שלו, הוא מעורר במעשה זה את הקב"ה שיפרנס גם הוא את כל המסכנים והחסרים בערך הדרגה שלו.

וְזֶה שֶׁכָּתוּב: "אַל יִתְהַלֵּל חָכָם בְּחָכְמָתוֹ כו', כִּי אִם בְּזֹאת יִתְהַלֵּל כו', כִּי אֲנִי ה' עֹשֶׂה חֶסֶד כו'" (ירמיה ט,יב). ההדגשה היא על ה"חסד". **כִּי הַחֶסֶד הוּא הַמַּמְשִׁיךְ חַיֵּי הַחָכְמָה לְמַטָּה.** מה שנפעל בעולמות העליונים איננו נשאר שם, אלא נמשך ויורד ומשפיע בתוך המציאות של מטה.

מובן מה שנאמר שמי שאינו גומל חסדים אינו משפיע למטה, לעולם, אבל עדיין צריך להבין – מדוע "אפילו תורה אין לו"? מה פגום בתורה שלו? ולכן מוסבר כאן: **וְאִם לָאו,** אם אין הלומד עושה שתורתו תפעל גם בתוך המציאות, **הֲרֵי נִקְרֵאת חָכְמָתוֹ לְבַדּוֹ.** כדי שהתורה תהיה חלק מן המערך הכולל של המציאות, וביתר דיוק – כדי שהתורה אכן תהווה את ההתקשרות בין המעלה והמטה, היא זקוקה לכך שהאדם יפעל וישפיע על ידה, לא רק בתוך המציאות הפרטית שלו עצמו אלא בכל העולם כולו. נתינת הצדקה ועשיית החסד היא הביטוי לכך שאדם שם לב אל האחר, היא יוצרת את המערך הכולל של ההתייחסות החוצה, אל האחר. אם אדם לומד תורה במנותק, כהוויה מבודדת לעצמה, זו תהיה חכמתו שלו, אבל זו אינה תורת ה'. שהרי מהותה של התורה היא בהיותה הוראה, הדרכה והמשכה אל תוך העולם. ומשעה שהאדם מנתק את התורה מכל זה, היא נעשית נושא מופשט ככל נושא אינטלקטואלי אחר.

בְּלִי הַמְשָׁכַת חַיִּים מִמֶּנָּה חַס וְשָׁלוֹם. כאשר התורה אינה תורת חיים, היא תורה מתה.

כל האומר אין לי אלא תורה אפילו תורה אין לו עתה ניתן להבין מאמר זה שהובא לעיל. מי שאין לו אלא תורה אינו יוצר עולמות אמיתיים. הוא יוצר עולמות מופשטים, תאורטיים, עולמות כפי שהם מצויים בלימוד התורה. מה שמעורר העיסוק של אדם זה בתורה הוא שגם הקב"ה יהיה עוסק בתורה כביכול, אבל אין הוא מעורר אותו שיהיה בורא עולמות. התורה היא אכן תבנית היסוד של העולמות, אבל הווייתה כשלעצמה היא בדרגה גבוהה מאוד. לכן, מצד עצמה, היא אינה יוצרת חיים ממשיים בתוך המציאות של העולם שלנו. כדי להביא חיים חדשים ממש אל העולם הזה, צריך ליצור מעגל של חסד, ואת מעגל החסד יכול האדם ליצור רק כאשר הוא בעצמו עושה חסד.

ועוד, ש"גם תורה אין לו" – שכן גם התורה הזו שהוא לומד אינה מגיעה אליו, אל נשמתו שלו. תורה כזו אינה עוברת מן הקב"ה אל העולמות, כי היא אינה יכולה לעבור את הפער שבין האלוקי לעולם. כדי שתורת ה' תהיה באיזו מידה גם תורת האדם, כדי שיהיה ללומד התורה מגע אמיתי וחי עימה, צריך שהתורה תרד גם אל עולמו הממשי של האדם שלמטה. מי שאין לו מגע אמיתי עם התורה עוסק במה שקוראים 'טקסטים', וכאשר אדם עוסק בטקסטים, אין כל הבדל אילו טקסטים הם. כשאדם אומר: איני

יח אב פשוטה • ובזה יובן מה שכתב האריז"ל שיש שני מיני נשמות בישראל נשמות תלמידי חכמים העוסקים בתורה כל ימיהם ונשמות בעלי מצות העוסקים בצדקה וגמילות חסדים. דלכאורה הרי גם תלמידי חכמים צריכים לעסוק בגמילות חסדים כמאמר רבותינו זכרונם לברכה שאפילו תורה אין לו אלא שהתלמידי חכמים שתורתן עיקר ורוב ימיהם בה ומיעוט ימיהם בגמילות חסדים הנה פעולת אתערותם דלתתא לעורר חסד עליון להמשיך ולהוריד אור אין סוף המלובש בחכמה עילאה מקור תורת ה' שבפיהם הוא רק לעולם הנשמות שבבריאה על ידי עסק התלמוד ולמלאכים שביצירה על ידי לימוד המשנה יען היות חיות הנשמות והמלאכים נשפעות מצירופי אותיות הדיבור היא תורה שבעל פה ומקור האותיות הוא מחכמה עילאה כנזכר לעיל

העוסק בתורה באופן זה עוסק באותיות מתות, שלא שופעים בהן חיים של מעלה. כאשר אדם עוסק בתורה בלי גמילות חסדים, כאשר הוא אינו משפיע חיים למטה, גם הקב"ה אינו משפיע חיים בתורה שהוא לומד.

וּבָזֶה יוּבַן מַה שֶּׁכָּתַב הָאֲרִיזַ"ל,[60] **שֶׁיֵּשׁ שְׁנֵי מִינֵי נְשָׁמוֹת בְּיִשְׂרָאֵל, נִשְׁמוֹת תַּלְמִידֵי חֲכָמִים הָעוֹסְקִים בַּתּוֹרָה כָּל יְמֵיהֶם, וְנִשְׁמוֹת בַּעֲלֵי מִצְוֹת הָעוֹסְקִים בִּצְדָקָה וּגְמִילוּת חֲסָדִים.** הנשמות הן שונות זו מזו, ויש חלוקות שונות בין הנשמות. חלוקה בסיסית ביותר היא החלוקה בין הנשמות שהן בבחינת ראשים, שתפקידן בעולם מקביל לתפקידו של הראש בגוף, והן נשמות תלמידי החכמים וכו', ובין הנשמות של מצוות, של צדקה וגמילות חסדים, שתפקידן מקביל לתפקידם של איברים אחרים בגוף. זו חלוקה בין שני מחנות ששניהם עובדים את הקב"ה, איש איש על מחנהו, לפי המהות המיוחדת שלו.

החלוקה הזו אינה פשוטה, שיש אנשים שתפקידם לעסוק בתורה ואחרים שתפקידם לעסוק בגמילות חסדים. **דִּלְכְאוֹרָה, הֲרֵי גַּם** אלה שנשמתם היא במחנה של **תַּלְמִידֵי חֲכָמִים צְרִיכִים לַעֲסוֹק בִּגְמִילוּת חֲסָדִים,** ואינם יכולים להסתפק בלימוד התורה. **כְּמַאֲמַר רַבּוֹתֵינוּ זִכְרוֹנָם לִבְרָכָה,** כפי שמוכח מאותו מאמר חז"ל דלעיל, **שֶׁ'אֲפִילוּ תּוֹרָה אֵין לוֹ'.** שאם התלמיד חכם אינו עוסק גם בגמילות חסדים – גם תורה אין לו. משמע, לא רק שאין תלמיד חכם פטור מלעסוק בחלק חברו (גומל חסדים), אלא שאם אינו עושה כך גם חלקו שלו (תורה) אינו מתקיים בידו.

רוצה להתעסק בצדקה וחסד, אני מעוניין רק בתורה, כהפשטה – גם הקב"ה, כביכול, שומר את התורה אצלו, ומה שיש לו לאותו אדם איננו בעצם תורה. כדי שהתורה תהיה תורה למטה כמו למעלה, היא צריכה מתחילה לבוא יחד עם גמילות חסדים.

מחנות הנשמות אמר אחד הצדיקים, שזה כמו ביחידות הצבא. כאשר חייל המוצב ביחידה אחת עובר על דעת עצמו ליחידה אחרת, הוא עומד למשפט צבאי בעוון עריקה. כך אדם שצריך לעשות צדקה ועוסק במקום זה בתורה, או להפך, נחשב עריק.

אֶלָּא כך יש לפרש: **שֶׁהַתַּלְמִידֵי חֲכָמִים, שֶׁתּוֹרָתָן עִיקָּר וְרוֹב יְמֵיהֶם בָּהּ, וּמִיעוּט יְמֵיהֶם בִּגְמִילוּת חֲסָדִים,** כלומר, אין החלוקה הזו מוחלטת, ואין היא אלא אומרת היכן היא נקודת הכובד של כל אדם. מהו עיקר עיסוקו שבו הוא משקיע את עיקר זמנו ורוב כוחו, במה בייחוד מתבטא תפקידו בתוך המציאות.

הִנֵּה פְּעוּלַּת אִתְעֲרוּתָם דִּלְתַתָּא, ההתעוררות שהם יוצרים בעבודתם למטה, **לְעוֹרֵר** מלמעלה **חֶסֶד עֶלְיוֹן, לְהַמְשִׁיךְ וּלְהוֹרִיד אוֹר אֵין סוֹף הַמְלוּבָּשׁ בְּחָכְמָה עִילָּאָה** (עליונה), שהיא **מְקוֹר תּוֹרַת ה' שֶׁבְּפִיהֶם.** כפי שהוסבר, כדי שלימוד תורה יהיה אמיתי, ולא רק עיסוק אינטלקטואלי, צריך להמשיך בלימוד התורה את המהות האלוקית עצמה שלמעלה מן החכמה. המשכה זו מלמעלה מעלה למטה היא כאמור החסד העליון המתעורר על ידי הצדקה והחסד שעושה האדם למטה.

אמנם, אצל תלמידי החכמים שגמילות החסדים היא אצלם במיעוט, ההמשכה שהם מעוררים אינה מגיעה עד למציאות התחתונה שלנו, אלא **הוּא רַק לְעוֹלַם הַנְּשָׁמוֹת שֶׁבְּ**עולם ה**בְּרִיאָה, עַל יְדֵי עֵסֶק הַתַּלְמוּד.** עולם הבריאה הוא עולם השכל, שבו התייחסות הנבראים אל הבורא ואל עולמם היא התייחסות שכלית. זהו גם עולם התלמוד, של תפיסת התורה והבנתה בדרך השכל. ולכן נאמר שעל ידי לימוד התלמוד ממשיכים תלמידי חכמים את התורה אל עולם הבריאה. **וְלַמַּלְאָכִים שֶׁבְּ**עולם ה**יְצִירָה עַל יְדֵי לִימּוּד הַמִּשְׁנָה.** עיקרה של המשנה הוא פסיקת ההלכה, מה מותר ומה אסור. זה הוא גם עיקרו של עולם היצירה, עולם המידות והמלאכים, כי המשנה וההלכה עיקרן הוא בקביעה מעין זו, שיש דעות שעל פיהן נוצרת ההתייחסות אל הדברים – לא כחשיבה בלבד אלא כהרגשה, בעד או נגד, המביאה לידי מעשה.

תורתו של התלמיד־חכם מאירה בעולמות הרוחניים העליונים, בבריאה (גן עדן העליון) וביצירה (בגן עדן התחתון), אבל האור הזה אינו מאיר בעולם הזה הגשמי. וכך גם בנפש האדם, מאירה התורה הזו את השכל ואת הרגש, אבל אין היא מגיעה ומשפיעה בעולם המעשה.

יַעַן הֱיוֹת חַיּוּת הַנְּשָׁמוֹת וְהַמַּלְאָכִים שבעולמות בריאה ויצירה **נִשְׁפָּעוֹת מִצֵּירוּפֵי אוֹתִיּוֹת הַדִּיבּוּר, הִיא תּוֹרָה שֶׁבְּעַל פֶּה** (התלמוד והמשנה)**, וּמְקוֹר הָאוֹתִיּוֹת הוּא מֵחָכְמָה עִילָּאָה, כַּנִּזְכָּר לְעֵיל.** כפי שהוסבר באיגרת זו, התורה המתלבשת בצירופי המילים והאותיות, דהיינו ב'צורת' האותיות, היא התורה שבעל פה שלומדים ומשכילים תלמידי החכמים. ואולם מקור וחומר האותיות, בחינת הבל הדיבור, אינו מתגלה אלא מכוח החכמה העליונה עצמה ("אבא יסד ברתא") שלמעלה מהשכלת והבנת השכל המאירה בעולמות בריאה ויצירה.

במובן זה, כאשר תלמיד חכם עוסק בתורה הוא יוצר מילים וצירופים של אותיות. העולמות העליונים, עולם הבריאה ועולם היצירה, יכולים לקבל את התוכן והמסר של האותיות הללו, מה שאין כן העולם שלנו שאיננו יכול להתייחס אל התוכן הפנימי של האותיות ללא ה'חומר' החיצוני הנושא את המילים. אותיות התורה של התלמיד־חכם הן לפיכך משמעותיות עד נקודה מסוימת, ואינן נקלטות ופועלות מתחת לדרגה זו.

אך להמשיך ולהוריד הארה וחיות מבחינת הבל העליון ה׳ תתאה לעולם הזה השפל שהוא צמצום גדול ביתר עז לא די באתערותא דלתתא של תלמידי חכמים העוסקים מיעוט ימיהם בצדקה וגמילות חסדים אלא על ידי אתערותא דבעלי מצות העוסקים רוב ימיהם בצדקה וגמילות חסדים (וכמו שנתבאר בלקוטי אמרים בחלק א׳ פרק ל״ד) ולכן נקראו תמכי אורייתא והן בחינות ומדרגות נצח והוד להיותן ממשיכין אור התורה למטה לעולם העשיה. ובזה יובן למה נקרא הצדקה בשם מעשה כמו שכתוב והיה מעשה הצדקה שלום על שם שפעולתה להמשיך אור ה׳ לעולם העשיה.

כדי להמשיך את האותיות למטה יותר צריכה גם ההשפעה לרדת מדרגה גבוהה יותר, וכפי שיוסבר להלן:

אַךְ לְהַמְשִׁיךְ וּלְהוֹרִיד הֶאָרָה וְחַיּוּת מִבְּחִינַת הֶבֶל הָעֶלְיוֹן, ה׳ תַּתָּאָה, לָעוֹלָם הַזֶּה הַשָּׁפֵל, שֶׁהוּא צִמְצוּם גָּדוֹל בְּיֶתֶר עֹז. כדי להמשיך את ההארה גם מבחינת הבל העליון, של חומר האותיות, היורדת עד לעולם העשייה החומרי, **לֹא דַּי בְּאִתְעֲרוּתָא דִּלְתַתָּא שֶׁל תַּלְמִידֵי חֲכָמִים הָעוֹסְקִים** רק **מִיעוּט יְמֵיהֶם בִּצְדָקָה וּגְמִילוּת חֲסָדִים.** ההתעוררות מלמטה של התלמיד־חכם, שעוסק רק במקצת זמנו וכוחו בגמילות חסדים, אין בה כוח להמשיך את חומר האותיות למטה כל כך, עד לעולם הזה השפל.

אֶלָּא רק **עַל יְדֵי אִתְעֲרוּתָא דְּבַעֲלֵי מִצְוֹת, הָעוֹסְקִים רוֹב יְמֵיהֶם בִּצְדָקָה וּגְמִילוּת חֲסָדִים (וּכְמוֹ שֶׁנִּתְבָּאֵר בְּלִקּוּטֵי אֲמָרִים, בְּחֵלֶק א׳ פֶּרֶק ל״ד).** רק אלה שעיקר זמנם וכוחם מושקעים בגמילות חסדים, שגמילות החסדים היא עיקר עניינם ומאודם בעולם

המשכת אור התורה לעולם המעשה שלנו בזמננו יש דוגמאות רבות ומוחשיות, שלא היו בזמנים קודמים, לקומוניקציה שאינה יכולה להיקלט. לא רק לתכנים שאינם עוברים מעבר לדרגה מסוימת, אלא גם לגופי אותיות שאין אנו יכולים לקלוט אותן. היום עובר רוב המסר בעולם בגלים אלקטרומגנטיים, בצורה זו או אחרת. את רובם של המסרים הללו אין לנו, כבני אדם, כל אפשרות לקלוט באופן ישיר, לא משום שאין אנו יכולים לקלוט את משמעות הדברים אלא משום שאין לנו כלים כדי לקלוט את ׳חומר׳ האותיות של המסרים הללו. גוף האותיות של גלי רדיו למשל אינו אומר לנו שום דבר, הוא עובר מעלינו, לידינו ובתוכנו בלא שנרגיש בדבר. בדומה לזה, על דרך משל, אדם שלומד תורה יוצר כביכול שידור גדול, ההולך ומידבר בכל העולמות. השידור הזה מידבר תאורטית גם בעולם שלנו, אבל העולם שלנו אינו בהכרח קולט אותו. אין זו בעיה של מקום, שהעולם שלנו נמצא במקום שאין השידור מגיע אליו, שהוא נמצא על קואורדינטות אחרות, אלא זו בעיה של קליטה. כלי הקליטה של ברואי העולם שלנו אינם מסוגלים לקלוט את המסרים הללו, ולכן האותיות הללו עוברות דרכנו כאילו לא היו קיימות. העולם יכול להיות מלא תורה, כמו שהוא מלא מנגינות וקולות בכל השפות, אבל מי שאין בידו מכשיר מתאים לא יוכל לקלוט דבר מכל אלה. מה שעלינו לעשות הוא לכן ליצור מכשיר שיכול לתרגם את הגל

הזה, שמבטאים בכל מהותם את הפעולה הממשית של המשכת השפע העליון עד למטה מטה – הם אלה שממשיכים את אור הרצון והחכמה האלוקיים למטה עד לעולם הזה.

וְלָכֵן נִקְרְאוּ נשמות בעלי המצוות, העוסקים בצדקה וגמילות חסדים – **'תָּמְכֵי אוֹרַיְיתָא'** (תומכי התורה).[61] כאן מובן הביטוי לא בהיקף החברתי, דהיינו אלה שתומכים בתלמידי חכמים או במוסדות של לימוד תורה, אלא במובן של התומכים בתורה עצמה, המעמידים את התורה בתוך המציאות שלנו.

וְהֵן, על דרך הקבלה, **בִּבְחִינוֹת וּמַדְרֵגוֹת** הספירות **נֶצַח וְהוֹד, לִהְיוֹתָן מַמְשִׁיכִין אוֹר הַתּוֹרָה לְמַטָּה לְעוֹלָם הָעֲשִׂיָּה.** הספירות 'נצח והוד' נקראות 'תרין שוקין' (שתי הרגליים),[62] המגיעות מעיקרו של הגוף עד לקרקע. הרי ש'תמכי אורייתא' הם הרגליים של התורה. התורה היא במובן זה בניין־על הבנוי על תשתית מסוימת. ללא התשתית הזו לא יכול בניין העל להתייחס כלל אל העולם, אל המציאות; הוא נמצא כביכול רק בדברים שהם מעבר למציאות שלנו. כדי שיהיה הדבר למציאות, צריך לבנות את הרגליים שהוא יוכל לעמוד עליהן. תפקידם של בעלי צדקה הוא אפוא המשך לתפקידם של תלמידי החכמים. תלמידי החכמים יוצרים אורות בעולמות עליונים, ובעלי הצדקה ממשיכים את ההארה הזו לעולם שלנו.

וּבָזֶה, במה שהוסבר לעיל, **יוּבַן לָמָּה נִקְרָא הַצְּדָקָה בְּשֵׁם מַעֲשֶׂה, כְּמוֹ שֶׁכָּתוּב: "וְהָיָה מַעֲשֵׂה הַצְּדָקָה שָׁלוֹם"** (ישעיה לב,יז). והוא מסביר: **עַל שֵׁם שֶׁפְּעוּלָּתָהּ לְהַמְשִׁיךְ אוֹר ה' לְעוֹלָם הָעֲשִׂיָּה.** כפי שהוסבר, אור ה' שבתורה, כשלעצמו, מאיר בעולם הבריאה ובעולם היצירה, אבל לא בעולם העשייה. בעולם העשייה נמשך אור ה' רק מכוחה של מצוות הצדקה, ולכן נקראת הצדקה "מעשה הצדקה".

הנושא הזה באופן הניתן לקליטה. במובן זה, תלמידי החכמים הם אלה שיוצרים את האותיות והמילים שעוברים בכל העולמות, ובעלי הצדקה וגמילות חסדים יוצרים את האופן שבו ייקלטו האותיות הללו, את הכלי שיכול לתרגם את הדברים מדרגת הוויה גבוהה לדרגת הוויה שהיא בעלת משמעות בתוך המציאות הנמוכה שלנו.

אף כל המצוות המעשיות הן כמצוות הצדקה בהיקף רחב יותר, הדברים אמורים לא רק במצוות הצדקה אלא בכל המצוות המעשיות. כפי שמבואר בחלק ליקוטי אמרים,[63] כל המצוות הן בחינה של מצוות הצדקה, כעין 'גמילות חסדים' שהקב"ה (והאדם) גומל עם העולם. כאשר אדם לוקח פרי של עץ אתרוג ומקיים בו את המצווה הוא הופך דבר שהיה פרי, צמח ככל הצמחים, לאובייקט של קדושה. עם זאת, ההענקה וההמשכה השלמה והנמוכה ביותר היא דווקא במצוות הצדקה. במצוות האחרות העולם אינו מרגיש ואינו מגלה את הנתינה, ולכן אפשר לומר שגם אינו מקבל אותה בשלמות. לעומת זאת במצוות הצדקה, כאשר נותנים פרוטה לעני או כאשר מחייכים לאדם או מספרים לו בדיחה מפני שהוא עכשיו במצב רוח רע, הוא באותה שעה נושא של מצווה כמו האתרוג שמנענעים, אבל החסד שנעשה בו – הממון שקיבל, התועלת שבו, נחת הרוח – הם ממשיים וגלויים למטה כמו למעלה.

וזהו דקדוק לשון זוהר הקדוש מאן דעביד שמא קדישא דעביד דייקא כי באתערותא דלתתא בצדקה וחסד תתאה מעורר חסד עליון להמשיך אור אין סוף מבחינת חכמה עילאה יו"ד של שם לה' של שם בחינת הדבור ורוח פיו יתברך כדי להשפיע לעולם העשיה ועל דרך משל להבדיל הבדלות אין קץ כמו שאדם אינו מדבר אלא לאחרים (ולא כשהוא בינו לבין עצמו) ואז מצמצם שכלו ומחשבתו בדבורו אליהם והמשכילים יבינו:

וְזֶהוּ דִּקְדּוּק לְשׁוֹן זוֹהַר הַקָּדוֹשׁ: מַאן דְּעָבֵיד שְׁמָא קַדִּישָׁא (מי שעושה את השם הקדוש), והוא מדייק בלשון: **'דְּעָבֵיד' דַּיְיקָא** (שעושה דווקא). הביטוי נראה מוזר לכאורה. מה זאת אומרת "לעשות את השם"? אלא יש לומר שזהו ביטוי מקביל למה שנאמר לעיל לגבי מעשה הצדקה התלויה במעשה דווקא. כלומר, הוא לוקח את ההשפעה העליונה ומוריד אותה אל מציאותו של עולם העשייה.

כִּי בְּאִתְעֲרוּתָא דִּלְתַתָּא, על ידי התעוררות מלמטה, **בִּצְדָקָה וְחֶסֶד תַּתָּאָה** (תחתונים), שעושה האדם בעולם המעשה, הוא **מְעוֹרֵר חֶסֶד עֶלְיוֹן לְהַמְשִׁיךְ אוֹר אֵין סוֹף מִבְּחִינַת חָכְמָה עִילָּאָה.** החסד העליון שמתעורר מלמעלה מעלה על ידי מעשה הצדקה למטה גורם להמשיך את אור האין סוף מדרגת החכמה (שבה הוא מתגלה), שהיא אות **יוּ"ד שֶׁל שֵׁם** הוי"ה, **לאות ה' שֶׁל שֵׁם** הוי"ה. ומה"א העליונה לה"א התחתונה, שהיא **בְּחִינַת הַדִּבּוּר וְרוּחַ פִּיו יִתְבָּרֵךְ, כְּדֵי לְהַשְׁפִּיעַ לְעוֹלָם הָעֲשִׂיָּה.** נמצא שעל ידי מעשה של צדקה וחסד שאדם משפיע לאדם אחר שלמטה ממנו, מתעורר החסד העליון (שלמעלה מהשכל) להשפיע מאור אין סוף דרך כל הדרגות, מדרגת החכמה ועד לאותיות הדיבור ולהשפעה בעולמות העשייה הגשמית.

וְעַל דֶּרֶךְ מָשָׁל, כדי להסביר מדוע דווקא הדיבור ורוח פיו (שהוא חומר הדיבור) הם הכלי להשפיע למטה לעולמות. **לְהַבְדִּיל הַבְדָּלוֹת אֵין קֵץ** שיש בין האדם התחתון (המשל) לקב"ה (הנמשל). **כְּמוֹ שֶׁאָדָם אֵינוֹ מְדַבֵּר אֶלָּא לַאֲחֵרִים (וְלֹא כְּשֶׁהוּא בֵּינוֹ לְבֵין עַצְמוֹ),** כשהוא בינו לבין עצמו אדם חושב, כדי לגלות ולברר לעצמו את הבנתו והרגשתו, אבל כשהוא פונה לאדם אחר הוא מדבר. הדיבור הוא הכלי שבו אדם יוצא מעצמו. ובנמשל, הדיבור הוא הכלי שבו בורא הקב"ה את העולם שהוא נעלם בו, את העולם שהוא כביכול מציאות ה'אחר' לאלוקי.

וְאָז, כשאדם מדבר לאחרים הוא **מְצַמְצֵם שִׂכְלוֹ וּמַחֲשַׁבְתּוֹ בְּדִבּוּרוֹ אֲלֵיהֶם.** במעבר מהשכל אל הדיבור לצורך האחרים יש צמצום עצום של ההשכלה כפי שהיא באדם עצמו אל המעט שבמעט שמבטאות המילים של הדיבור שעוברות אל האחר, מה שהוא יוכל לקבל מהן. בנמשל, ה'אחר' הזה הוא עולם העשייה הגשמי, שבו הקב"ה נעלם, והמעט שמתגלה הוא חיות העולם שנברא באותו דיבור.

וְהַמַּשְׂכִּילִים יָבִינוּ. לא ברור למה התכוון אדמו"ר הזקן בדברי סיכום אלה – "והמשכילים יבינו". כ"ק אדמו"ר זי"ע מעיר[64] שאולי הכוונה היא למשפט האחרון, "ועל דרך משל וכו'",

שהמשכילים יבינו ממנו לגבי האיגרת כולה. בתחילת האיגרת מובא הכתוב "ויעש דוד שם", ובאיגרת לא מתברר בפירוש מהו "שם" זה. וכן בהמשך, "מאן דעביד שמא קדישא בכל יומא – מאן דיהיב צדקה למסכני" (מי שעושה את השם הקדוש בכל יום – מי שנותן צדקה למסכן). ואכן במשפט הסיום הוא מדבר על הדיבור באדם שמיועד לאחר ולא לאדם עצמו. ומבואר בחסידות שכך הוא גם השם: שמו של אדם אינו עבור האדם עצמו, אלא עבור האחר שיקרא לו בשמו. ואם כן, עניין הדיבור הוא ממש כעניין השם – הכלי והלבוש שממשיך את העצמות החוצה (ובעומק יותר, שמקיים בכך את כל מציאות החוץ, מציאות העולמות וכל שיש בהם)[65] – ו'לעשות את השם' פירושו, אם כן, להוריד את השם אל עולם העשייה שלנו. ההבדל בין שני המושגים הוא שמושג ה'דיבור' (המאמרות) מבטא את בריאת העולמות והמשכת החיות אל הנבראים, ומושג ה'שם' מדגיש את הגילוי האלוקי אל העולמות הנבראים. אם הדיבור מבטא את ההארה האלוקית שבוראת את העולמות, השם מבטא את העצמות האלוקית שמתגלה בתוך בריאה זו.[66]

בכללה עסקה האיגרת בדיבור האלוקי, שכדי להמשיכו אל העולם שלנו אין די בעצם הדיבור בו בלימוד התורה, אלא יש להוסיף גם את נתינת הצדקה. והוסבר שבלימוד התורה מגלים את ה'צורה' והמסרים של הדיבור האלוקי, אבל כדי לגלות גם את 'חומר' הדיבור האלוקי, שעל ידו דווקא יורד הדיבור לעולם המעשה הזה, יש לקיים את מצוות הצדקה; ולא רק כעניין צדדי לעומת לימוד התורה, אלא כעניין עיקרי בפני עצמו, כפי שאדם עושה דבר שהוא עיקר עניינו, שבזה הוא מוסר את נפשו ומאודו. כשאדם נותן את חייו ונפשו ממש לאחר, שאין לו ושאינו יכול לשלם לו דבר בתמורה, רק כך מעוררת הצדקה את עצם החסד העליון להשפיע אלוקות לעולם התחתון שלנו ממש.

אכן, גם בלימוד התורה עצמו יש מעין אותה צדקה שמורידה את הלימוד באמת אל העולם ואל הנפש. כשאדם אומר תורה הקב"ה כביכול אומר כנגדו,[67] דהיינו מוריד אותה אל העולמות; והוא עושה זאת בהתאמה למה שהאדם עשה. כשאדם יושב ולומד בינו לבין עצמו, זו תורה שמתייחסת לעצמו. למרות שהוא אומר אותה בדיבור בפה, יש הבדל בין דיבור שאדם מדבר לעצמו לבין דיבור המכוון אל אחר. ולא רק בדיבור, אלא אפילו במחשבה – יש הבדל בין מחשבה שאדם חושב בינו לבין עצמו לבין מחשבה שהוא מתכוון להעבירה אחר כך לאחרים. המחשבה המכוונת היא מחשבה מנווטת, העשויה מראש לפי ערכו ועניינו של המקבל. והתוספת הזו של הכיוון, של ההתייחסות וההתאמה אל האחר – היא היא עניינה של מצוות הצדקה. הצדקה מיוחדת בזה שהיא אינה רק מצווה שבין אדם למקום, אלא מצווה שמתייחסת גם אל האדם האחר, והיא לכן מכוונת לפי ערכו ועניינו של המקבל. וכן נאמר על הפסוק "אשרי משכיל אל דל":[68] שאדם צריך להשכיל ולכוון את הנתינה ואת אופן הנתינה לפי ערכו ועניינו של המקבל, שתהיה לפי צורכו ולא נתינה בעלמא. ומתוך כך, מתוך תורה שיש עימה נתינה של צדקה, יורדת התורה ומתגלה בגוף האותיות והמילים, בעולמות המעשיים והגשמיים שלנו.

וזהו "ויעש דוד שם" על ידי "משפט וצדקה", שבהם ממשיכים את אור ה' שבתורה, שהוא שמו של הקב"ה,[69] אל עולמות המעשה.

וכך, כפי הסברו של אדמו"ר הזקן, 'עושים' את השם הגדול, שם הוי"ה. כשאדם מגיע לעולם הבריאה – בלימוד התורה, בכוונה עליונה – הוא כותב את הה"א הראשונה; כשהוא בעולם היצירה – באהבה וביראה – הוא כותב את האות ו"ו; וכשהוא מגיע לכאן, לעולם הזה – על ידי שהוא עושה "משפט וצדקה" הוא עושה את הה"א האחרונה, ואת השם כולו.

איגרת ו

מסגרתה המעשית של איגרת זו היא התעוררות לנתינת הצדקה – צדקה בכלל וצדקה עבור החסידים שבארץ ישראל בפרט. אכן, תוכנה הפנימי של האיגרת, כרוב האיגרות בספר זה, היא עבודת ה׳ הנפשית של האדם, אשר מעשה הצדקה הוא הכנה אליה. באיגרת זו יושם הדגש על שכר הצדקה שהיא מידת האמת באהבה וביראת ה׳, מהי אותה אמת וכיצד להגיע אליה. יוסבר שהדרך היא על ידי הרחמים, ויוסבר מהם הרחמים בעבודת ה׳, וכיצד להגיע אליהם; בהתבוננות, ובעיקר דרך הצדקה וגמילות חסדים.

איגרת זו נכתבה כפי הנראה בשנת תק״ס או תקס״א, אחרי הדפסת ספר התניא, כפי הנראה מן ההפניות אליו באיגרת.

איגרת ו

יט אב פשוטה
כא אב מעוברת

זורע צדקה שכר אמת (במשלי י״א). פירוש ששכר זריעת הצדקה היא מדת אמת וכתיב תתן אמת ליעקב ושבחא דקודשא בריך הוא מסדר נביא כו׳ כמו שכתוב בזוהר הקדוש פירוש שהקדוש ברוך הוא הוא הנותן מדת אמת ליעקב וצריך להבין וכי אין אמת ביעקב חס ושלום עד שהקדוש ברוך הוא יתן לו מלמעלה:

אך הנה מודעת זאת דמדת יעקב היא מדת רחמנות ועבודת ה׳ במדת רחמנות היא הבאה מהתעוררות רחמים רבים בלב האדם על ניצוץ אלקות שבנפשו הרחוקה מאור פני ה׳ כאשר הולך בחשך הבלי עולם

״זוֹרֵעַ צְדָקָה שֶׂכֶר אֱמֶת״ (בְּמִשְׁלֵי י״א,יח). פֵּירוּשׁ: שֶׁשְּׂכַר זְרִיעַת הַצְּדָקָה הִיא מִדַּת אֱמֶת. לכאורה צריך השכר להיות מעין העבודה, ולכן על מעשה החסד צריך גם השכר להיות בבחינת החסד. וכמו שכתוב: ״רֹדף צדקה וחסד ימצא חיים צדקה וכבוד״ (משלי כא,כא). ולכן מה שאומר הכתוב, ששכר הצדקה הוא מידת האמת, צריך פירוש.

וּכְתִיב: ״תִּתֵּן אֱמֶת לְיַעֲקֹב״ (מיכה ז,כ), **וּשְׁבָחָא דְקוּדְשָׁא בְּרִיךְ הוּא** (ושבחו של הקב״ה) **מְסַדֵּר נָבִיא כוּ׳.** הכתוב ״תתן אמת ליעקב״ אינו תפילה או בקשה, אלא סיפור דברים, סיפור שבחו של הקב״ה, שהוא נותן אמת ליעקב. **כְּמוֹ שֶׁכָּתוּב בַּזּוֹהַר הַקָּדוֹשׁ** (חלק ג קלא,ב). שהכתוב ״מי אל כמוך... תתן אמת ליעקב... אשר נשבעת לאבותינו״, מונה את י״ג מידות הרחמים העליונות של הקב״ה,[1] שהנביא מזכירן כפי שאנו מזכירים אותן בתפילה, בדרך של שבח לקב״ה, שהוא נוהג במידות אלו של רחמים רבים.

פֵּירוּשׁ, השבח ב״תתן אמת ליעקב״ הוא **שֶׁהַקָּדוֹשׁ בָּרוּךְ הוּא הוּא הַנּוֹתֵן מִדַּת אֱמֶת לְיַעֲקֹב.** השבח אינו רק שהקב״ה נותן לנו (ליעקב) את מה שהוא נותן במידת האמת, אלא יותר מזה: שהוא נותן את מידת האמת עצמה ליעקב.

הרחמים, התפארת והאמת יעקב הוא גם מידת התפארת והאמת, ויש להבין מה הקשר בין התפארת והאמת למידת הרחמים. בין מידת החסד ומידת הרחמים, אף על פי שהן נראות כמידות דומות וקרובות, יש חלוקה מהותית מאוד. החסד הוא המופע החיצוני של האהבה – הוא בעצם הוצאה לחוץ של האהבה, בבחינת מתנה מן האוהב לנאהב. האהבה קיימת אצל האוהב, ואף שהיא יכולה להתחזק או להיחלש בהתאמה לתכונות של הנאהב, הרי במהותה היא אינה תלויה באובייקט שלה. היא תלויה יותר באוהב מאשר בנאהב. גם נתינת החסד אינה מותנית בצורך של המקבל אלא יותר של הנותן; היא אינה נתינה למי שנזקק אלא למי שנאהב, גם אם אין הוא צריך לכך. לעומת זאת, רחמים

וְצָרִיךְ לְהָבִין – וְכִי אֵין אֱמֶת בְּיַעֲקֹב, חַס וְשָׁלוֹם, עַד שֶׁהַקָּדוֹשׁ בָּרוּךְ הוּא יִתֵּן לוֹ מִלְמַעְלָה? לכאורה מדוע נזקק יעקב למתנת האמת? וכי קודם לכן אין לו אמת? ובייחוד שכידוע יעקב עצמו הוא מידת האמת. המובן הפשוט של הדברים, "תתן אמת ליעקב, חסד לאברהם", הוא שכך דרכו של הקב"ה – שהוא נותן אמת ליעקב שזו מידתו, כפי שהוא נותן חסד לאברהם שזו מידתו; שהוא נותן ומוסיף לכל אחד כפי מידתו שלו ולא במידה אחרת. וכמו שכתוב: "ובלב כל חכם לב נתתי חכמה" (שמות לא,ו), שפירושו שמי שהיה חכם הוסיף לו הקב"ה חכמה באותו נושא. וכן בספר דניאל (ב,כא), שהקב"ה "יָהֵב חכמתא לחכימין ומַנדעא לידעי בינה" (נותן חכמה לחכמים ודעת ליודעי בינה). הקב"ה אינו נותן חכמה לטיפשים, למרות שהם לכאורה צריכים לה יותר; כשם שכסף אין מלווים לעניים אלא לעשירים, שיכולים להחזיר.

בהמשך יסביר זאת אדמו"ר הזקן באופן יסודי ופנימי יותר. ותחילה יקדים לברר מהי מידת הרחמים בעבודת ה', ולאחר מכן מהי מידת האמת, ולבסוף מה הקשר של האמת והרחמים לצדקה.

אַךְ הִנֵּה מוּדַעַת זֹאת דְּמִדַּת יַעֲקֹב הִיא מִדַּת רַחֲמָנוּת.[2] כשמדברים על האבות, לא רק כאנשים פרטיים אלא כמהות רוחנית של מידה מסוימת[3] – אברהם הוא מידת החסד והאהבה, "אברהם אֹהֲבִי"; יצחק הוא מידת הגבורה והיראה, "פחד יצחק"; ויעקב הוא מידת הרחמים.

וַעֲבוֹדַת ה' בְּמִדַּת רַחֲמָנוּת הִיא הַבָּאָה מֵהִתְעוֹרְרוּת רַחֲמִים רַבִּים בְּלֵב הָאָדָם עַל נִיצוֹץ אֱלֹקוּת שֶׁבְּנַפְשׁוֹ, הָרְחוֹקָה מֵאוֹר פְּנֵי ה', כַּאֲשֶׁר הוֹלֵךְ בְּחֹשֶׁךְ הַבְלֵי עוֹלָם. מהי עבודת ה' במידת הרחמים? בעשיית המצוות הדבר מובן יותר – יש מצוות שמקיימים מאהבה, יש מיראה, ויש מצוות כמו צדקה שמקיימים במידת הרחמים. ואולם כאשר מדברים על עבודת ה' במובן של התייחסות האדם אל הקב"ה, מה מקום יש למידת הרחמים? אפשר להבין התייחסות של אהבה ושל יראה לקב"ה, אבל כיצד ניתן להבין התייחסות של רחמים כלפיו? ומבאר כאן אדמו"ר הזקן, שלרחם על הקב"ה פירושו לרחם על הניצוץ האלוקי שבאדם. על שורש נשמת האדם שהוא חלק אלו־ה ממש, שיורד להתלבש בגוף הגשמי "בחושך ובהבלי העולם" – עליו אפשר וראוי להרגיש רחמים.

קשורים תמיד להתייחסות אל האחר. כדי לרחם על אדם יש צורך בהבנה ובהתייחסות מסוימת אליו, אל מהותו ועניינו. נתינה שמתוך רחמים היא אובייקטיבית ואמיתית משום שהיא מתייחסת למה שנזקק לו זה שמרחמים עליו. המורכבות הזו של מידת הרחמים קשורה גם למידת התפארת, לאמור להתייחסות הדדית ולהרמוניה, וגם למידת האמת, להתייחסות אובייקטיבית לצרכים ולמציאות אמיתית.

הרחמנות לא על עצמו, על ה'אני' שלו

הרחמנות היא, במובן מסוים, רחמנות על נשמתו של האדם, אבל לא על הנשמה כמהות וכ'אני' פרטי אלא על בחינת האלוקי שבנשמה, ששוקעת וטובעת בתוך מצולת הגלות, בתוך

והתעוררות רחמנות זו היא באה מהתבונה והדעת בגדולת ה׳ איך שאפילו העולמות העליונים למעלה מעלה עד אין קץ כלא ממש חשיבי קמיה

היתרון הזה של מידת הרחמים קשור לכך שמידת הרחמים היא בקו האמצעי, ׳בריח התיכון׳,[5] שיכול להגיע רחוק יותר, היכן שרגשות אחרים אינם מתעוררים ואינם משפיעים. הדבר נכון כלפי מטה ונכון גם כלפי מעלה. הוא נכון, כפי שנאמר, לגבי מצבי נפש נמוכים, והוא נכון גם כלפי הניצוץ האלוקי שבאדם. יכול להיות שאדם אינו מכיר את הניצוץ האלוקי, את הנשמה האלוקית שבתוכו, אבל הוא יכול לרחם על הניצוץ האלוקי הזה שנמצא בגלות. מעטים האנשים שאצלם הניצוץ האלוקי הוא האדון. אצל רוב האנשים הוא נמצא בשבי, לפעמים בגלות קשה ובזויה. וכשאדם חושב על כך שהקב״ה נמצא בתוכו – אבל לא כמלך אלא כשבוי, כמי שנאלץ לסייע לאדם ולהיות עמו בהרהורים שפלים ובמעשים מגונים – הוא יכול להגיע לכך שירחם עליו. ההתבוננות והכנת הנפש להתעוררות הזו – היא עבודת ה׳ במידת הרחמים.

וְהִתְעוֹרְרוּת רַחֲמָנוּת זוֹ, על ניצוץ האלוקות שבו, **הִיא בָּאָה מֵהַתְּבוּנָה וְהַדַּעַת** (מההבנה והידיעה) **בִּגְדוּלַּת ה׳**. כלומר, ההתבוננות המביאה להרגשת אלוקות היא כשאדם חושב על הדבר עד שהוא מבין אותו היטב (וזוהי התבונה), וכשהוא מעמיק בהבנה עד שהוא מתקשר אל הנושא ברגשותיו ובכל נפשו (וזוהי הדעת). ההתבוננות היא ב׳גדולת ה׳׳,

האדם. אחד המשלים שהביאו לדבר הוא לבן מלך שנפל בשבי ובגלות. בן המלך שנמצא בגלות הוא מסכן וראוי לרחמים, אבל עיקר הרחמים אינם על בן המלך באופן אישי, אלא על המלך שבנו נפל לשבי, ועל המלכות שבן המלך שלה נמצא במקום כזה. ולכן, גם אם בן המלך ׳התרגל׳ למצבו כשבוי וכגולה, כשהוא עצמו מפסיק להרגיש את צער וסבל הגלות, ואף חש שהוא מצוי בשלווה ובמנוחה – גם אז הרחמנות אינה פחותה. מידת הרחמים בעבודת ה׳ היא לפיכך לא רחמים על אדם פרטי, אני או אחר, אלא רחמנות כוללת, רחמנות על ״גלות השכינה״, שגלות האדם וגלות נפשו היא רק ביטוי ומקרה פרטי שלה.

יתרונה של העבודה במידת הרחמים לעבודה במידת הרחמים יש גם יתרונות על פני העבודה במידת האהבה או היראה, שכן היא עבודה שאינה דורשת בסיס רגשי ואפילו הכרתי מוקדם. ולכן, כפי שנזכר במקומות אחרים,[4] יכולה מידת הרחמים לשמש כנקודת התחלה בעבודת ה׳ גם במקום שאין האהבה אפשרית, וכפי שדרשו שם מהכתוב ״יעקב אשר פדה את אברהם״ (ישעיה כט,ב): יעקב הוא מידת הרחמים ואברהם הוא האהבה, והרחמים הם שפודים, מעוררים ומגלים, את האהבה. יכול להיות שאדם אינו מוצא בתוכו אהבת ה׳ ואף לא יראה מפניו, אבל גם אז יכול הוא להרגיש רחמנות על הניצוץ האלוקי שנמצא בתוכו. מידת האהבה דורשת מידה מסוימת של קירוב הדעת; האוהב צריך להיות בסוג מסוים של התקשרות עם הנאהב, ורק אז יכולה להיבנות האהבה. אין אהבה בחלל ריק – האהבה צריכה להתייחס אל דברים מסוימים, אין אנו יכולים לאהוב דבר שאיננו יודעים אותו. מה שאין כן מידת הרחמים: כדי לרחם על אדם איננו צריכים להכיר או להעריך

דהיינו לא במהות האלוקות, שבה אין שום השגה, אלא בהתפשטות והארת המהות האלוקית בעולמות.

וההתבוננות היא: **אֵיךְ שֶׁאֲפִילוּ הָעוֹלָמוֹת הָעֶלְיוֹנִים,** לא רק הקרובים והידועים לנו, אלא **לְמַעְלָה מַעְלָה עַד אֵין קֵץ,** כולם **כְּלָא מַמָּשׁ חֲשִׁיבֵי קַמֵּיהּ** (כלא ממש נחשבים לפניו). כלומר אינם נחשבים לפניו. ההתבוננות הזו היא כפולה: מצד אחד בגדולת ה׳, ומצד שני בחושך ובאפסות של כל העולמות; התחתונים והעליונים, הנבראים והנאצלים, הנחשבים כולם לגבי הקב"ה בעצמו – כאילו אינם.

מדוע יש להתחיל את ההתבוננות בצד המעלה, בגדולת ה׳? על דרך משל, כדי לעורר רחמים על פלוני שהיה פעם עשיר גדול ועכשיו הוא מקבץ נדבות, צריך קודם להבין כמה הוא היה עשיר, ומה זאת אומרת להיות עשיר. ומשל אחר: כאשר רואים ילדים הסובלים מפיגור, בדרך כלל מרחמים עליהם. אבל אם חושבים על כך, יש להניח שהילד הזה איננו מרחם על עצמו. הוא אינו מרגיש את עצמו מסכן, משום שהוא אינו יודע כלל שהוא צריך להיות מסכן, שצריך לרחם עליו; בשבילו אלה הם החיים. בדומה לזה, כדי שאדם ירגיש רחמים על הניצוץ האלוקי שירד כל כך, הוא צריך קודם כול להתבונן בגדולה האלוקית האין סופית שהיא מקומו הראוי של הניצוץ האלוקי. רק אחר כך ניתן להתרשם מהמרחק בין האלוקי האין סופי ובין העולמות הנבראים שבהם שבוי הניצוץ האלוקי, עד כמה הוא רחוק.

אותו. עצם העובדה שהוא נמצא במצוקה מעוררת רחמים, כמעט כמו רפלקס אנושי. לדוגמה, הולך אדם ברחוב, והוא מחליק ושובר רגל. האנשים שסביבו אינם מכירים אותו, אין ביניהם שום קשר, ואף על פי כן תמיד יימצאו אנשים שיזדרזו להגיש עזרה. התייחסות של רחמים אינה דורשת לאהוב את זה שמרחמים עליו, ולכן היא חלה גם על אנשים שהם רחוקים בתכלית וגם על אלה שאינם אנשים כלל. אדם יכול לרחם גם על חתול פצוע; הוא לא אוהב אותו, הוא יכול אפילו למאוס בו, ועדיין לרחם עליו.

רחמנות על הניצוץ האלוקי בתלמוד (יומא לה,ב) מסופר על רבי אלעזר בן חרסום שהיה מעשירי הארץ ובעל אחוזות גדול, שהיה נוהג להתלבש כאיש פשוט וללכת ממקום למקום ללמוד תורה. פעם אחת ראו עבדיו, באחת העיירות שלו, אדם שהולך בטל, והכריחו אותו לעבוד בשביל האדון הגדול (שבעצם היה הוא עצמו). התחנן רבי אלעזר שיניחוהו, ולא הניחוהו. בדומה לזה מסופר6 על רבי טרפון, שעבדיו תפסוהו 'גונב' מהכרמים שלו, וכיוון שלא הכירוהו היכו אותו מכות נמרצות. סיפור כזה קיים במובן מסוים גם בתוך כל אדם: הקב"ה מחיה את העולם ואת האדם בכל דרכי החיים, הוא 'בעל הכרם'; ואף על פי כן עושה האדם בניצוץ האלוקי שבו כרצונו – משעבד, מכה ומגדף אותו, וכביכול מכריח אותו להשתתף ולסייע בדברים שהם לא רק השפלה לכבודו, אלא אף נגד רצונו ממש. אילו היה הקב"ה מתגלה אל האדם באין סופיותו, בכל פארו וגדולתו – איש לא היה עומד בפניו. אבל הקב"ה כביכול מתחפש ומסתתר בתוך מערכות העולם, באופן שבני אדם מתקשים לראות זאת. בעל הבית נמצא פה, בפנינו, אבל אנחנו איננו יודעים שהוא בעל הבית, ולכן אנו עושים בו כרצוננו.

כי כל שפעם וחיותם אינו רק מזיו והארה מאות אחד משמו יתברך כמאמר ביו"ד נברא עולם הבא כו'. והנה בזיו והארה זו שהוא התפשטות החיות משמו יתברך להחיות עליונים ותחתונים הוא שיש הבדל והפרש בין עליונים לתחתונים שעולם הזה נברא בה' וכו' וכן כל שינויי הפרטים שבכל עולם ועולם. הוא לפי שינויי צירופי האותיות. וכן שינויי הזמנים בעבר הוה ועתיד

כִּי כָּל שִׁפְעָם וְחַיּוּתָם של העולמות. כל מה שיש בהם, בעולם שלנו ובעולמות העליונים הרוחניים לאין קץ, **אֵינוֹ רַק מִזִּיו וְהֶאָרָה מֵאוֹת אֶחָד מִשְּׁמוֹ יִתְבָּרֵךְ**. יש כאן כמה הרחקות: ראשית, החיות והמציאות של כל העולמות נובעת לא מן הקב"ה בעצמו אלא רק מהארה; שנית, ההארה אינה אלא משמו. ושמו, כמו שמו של אדם ביחס לאדם עצמו, אינו אלא סימן חיצוני שדרכו יכולים אחרים להתייחס אליו; ושלישית, ההארה אינה משמו ממש, אלא רק מאות אחת משמו. שהרי הרכבת האותיות יוצרת שלמות מסוימת של משמעות, ואות אחת היא רק מרכיב אחד, חלק, שכבר אינו נושא את המשמעות הכוללת.

כְּמַאֲמַר חז"ל **בְּיוּ"ד נִבְרָא עוֹלָם הַבָּא כוּ'.**[7] באות יו"ד שבשם הוי"ה, האות הקטנה מכל האותיות, המסמלת את הצמצום בתכלית עד היות נקודה בלבד, נבראו כל העולמות העליונים, הם העולמות הרוחניים שכולם הם בחינת 'עולם הבא', לפי שבהם מתקיימות הנשמות אחרי חיי הגוף בעולם הזה.

וְהִנֵּה בְּזִיו וְהֶאָרָה זוֹ, שֶׁהוּא הִתְפַּשְּׁטוּת הַחַיּוּת מִשְּׁמוֹ יִתְבָּרֵךְ לְהַחֲיוֹת עֶלְיוֹנִים וְתַחְתּוֹנִים, הוּא שֶׁיֵּשׁ הֶבְדֵּל וְהֶפְרֵשׁ בֵּין עֶלְיוֹנִים לְתַחְתּוֹנִים. רק בהארה המצומצמת המתפשטת ממנו ניכרים ההבדלים בין עולמות גבוהים ועולמות נמוכים, בין זמנים שונים ובין ההוויות העליונות והשפלות, אבל לא בבורא עצמו. ביחס אליו כל ההבדלים הללו, שעבורנו הם כל העולם, הם חסרי כל חשיבות, בטלים ובלתי נחשבים כלל. רק בהארה

ביו"ד נברא עולם הבא, בה"א נברא העולם הזה כפי שנתבאר באיגרת הקודמת בהרחבה, ההבדל העקרוני שבין העולמות העליונים והתחתונים קשור להבדל שבין שתי האותיות הללו. חיותו של העולם הזה נובעת מגוף וחומר האותיות, שאותן מבטאה האות ה"א האחרונה שבשם (היא המלכות, הארץ) וחיות העולמות העליונים נובעת מהצורה והתוכן שמסמלות האותיות, שאותן מבטאה האות יו"ד (בחינת חכמה).

לקרב את הדברים להבנה מסוימת: ההבדל בין העולמות העליונים והתחתונים הוא ההבדל בין עולמות שיש בהם הכרה ותחושה ישירה של האלוקי בתוך מציאותם, באופן שלעולם אין הם יכולים להתרחק מעבר לגבול מסוים, ובין עולם הבנוי כך שאין שום דרך של הסתכלות ישירה או של יצירת מגע ישיר עם האלוקי. לנו, ליצורים שבתוך העולם הזה, אין ראייה ותחושה ישירה של האלוקי. כדי להגיע לנקודה כלשהי של מגע אנו חייבים לבנות מבנה שיעקוף את המגבלות הללו, על ידי חקירה והפנמה או על ידי אמונה. על דרך משל: גם בתוך העולם שלנו יש דברים ויש תופעות שאנו מכירים מתוך מגע ישיר, ואיננו נזקקים לשום דבר נוסף כדי לדעת שהם נמצאים. בהיקף מסוים אנו מכירים באופן זה את העולם החומרי שסביבנו, ואף מציאויות וחוויות רוחניות מסוימות, שאותן אנו מרגישים באופן אישי וממשי. לעומת זאת

המגיעה אלינו, זו שאנו רואים, רואים שבזמן מסוים ובמקום מסוים היא זוהרת יותר ובזמן ובמקום אחרים היא זוהרת פחות. וכפי שבאור השמש המאיר על הארץ יש כל הזמן שינויים – יש מקומות ומהויות שמקבלים יותר אור ויש שמקבלים פחות – אבל כל ההבדלים הללו ניכרים רק באור ובזיו השמש שעל הארץ, ולא בשמש עצמה.

שֶׁעוֹלָם הַזֶּה נִבְרָא בְּאוֹת ה' וכו', שלא כעולם הבא שנברא ביו"ד. אם כן רק בהארה המגיעה אל העולמות, שהיא אותיות משמו ודיבורו, יש הבדל, בהתאמה לעולמות הנבראים מהן.

החלוקה בין העולם הזה והעולם הבא, או בין העולמות העליונים והעולמות התחתונים, היא החלוקה הכוללת ביותר של המציאות. וחיותם וקיומם של שני עולמות אלה, הכוללים את המציאות כולה, אינה אלא משתי אותיות (יו"ד וה"א) שבשם הוי"ה. כמו שתי אותיות בלבד שמבטא אדם ביחס לאדם בעצמו – זהו היחס בין כל העולמות, עליונים ותחתונים, ובין הקב"ה בעצמו.

וְכֵן כָּל שִׁינּוּיֵי הַפְּרָטִים שֶׁבְּכָל עוֹלָם וְעוֹלָם. כאמור, ההבדלים הגדולים בין העולמות העליונים ובין העולמות התחתונים מתבטאים בהבדל בין האותיות ה"א ויו"ד שבשם, וכאן מוסיף המחבר שאף כל פרטי השינויים שבכל עולם ועולם **הוּא לְפִי שִׁינּוּיֵי צֵירוּפֵי הָאוֹתִיּוֹת.** עולם העשייה לבדו כולל עולמות אין ספור. עולם העשייה החומרי לבדו כולל הרי את הקוסמוס כולו, וחלק קטן ובלתי נחשב בו, כמו כדור הארץ, כולל אין ספור של פרטים. כל הפרטים הללו המצויים בעולמות וההבדלים ביניהם, באופיים ובצורתם, נובעים משינויים בצירופי האותיות של הדיבור האלוקי הבורא אותם.

וְכֵן שִׁינּוּיֵי הַזְּמַנִּים בְּעָבָר הֹוֶה וְעָתִיד. שבכל זמן משתנה הבריאה ומתחדשת בכל פרטיה. הבריאה שהייתה בעבר אינה זו שבהווה, וזו שבהווה אינה זו שתהיה בעתיד. וכל שינוי, כמו שינויי המקום וההוויה, הוא שינוי נוסף בצירופי האותיות.

יש דברים (גם בתחום החומר) שאין אנו חיים אותם באופן ישיר, אלא רק לומדים באופן עקיף על מציאותם. אין אנו רואים אותם, אבל אנו מאמינים את עצמנו להתייחס אל מציאותם כאילו היינו רואים. אל התחומים הללו אין אנו יכולים להגיע אלא באמצעות דבר אחר, שמתרגם את המסרים ומדלג מעבר לתחושות וההכרות הראשוניות שלנו.

לא רק האדם, אלא גם חיות הקודש והמלאכים העליונים ביותר אינם משיגים את המהות האלוקית, כמו שכתוב: "כי לא יראני האדם וחי".[8] עם זאת, בעולמות העליונים משיגים על כל פנים את ההארה האלוקית, את ההתפשטות של החיות האלוקית בנבראים, בכל עולם לפי דרגתו. בעולמות התחתונים, לעומת זאת, אנו רואים את הנבראים אך לא את החיות האלוקית שבהם; את הכלי המסתיר ולא את האור שבו. תפיסת המציאות הראשונית הממשית שלנו היא של הגשמיות; וכדי לראות מעבר לדברים, כדי שרוחניות, וכל שכן אלוקות, תהיה מציאות עבורנו, אנו זקוקים לעבודה, למאמץ, לאימון.

וזה שנאמר שהעולם הזה נברא בה"א וכו' – הבריאה כולה היא אותיות, צירופים של אותיות. בשביל מי שנמצא בעולם הזה המציאות היא של גוף וחומר האותיות; ובשביל מי שנמצא בעולמות העליונים המציאות היא של האור והמשמעות שיש באותיות.

ושינויי כל הקורות בחילופי הזמנים הכל משינויי צירופי האותיות שהן הן המשכת החיות ממדותיו יתברך שמו (כמו שנתבאר בלקוטי אמרים חלק ב׳ פרק י״א) אבל לגבי מהותו ועצמותו יתברך כתיב אני ה׳ לא שניתי בין בבחינת שינויי ההשתלשלות מרום המעלות עד למטה מטה שכמו שהוא יתברך מצוי בעליונים כך הוא ממש בשוה בתחתונים (וכמו שנתבאר בלקוטי אמרים חלק א׳ פרק נ״א) ובין בבחינת שינויי הזמן שכמו שהיה הוא לבדו הוא יחיד ומיוחד לפני ששת ימי בראשית כך הוא עתה אחר הבריאה והיינו משום שהכל כאין ואפס ממש לגבי מהותו ועצמותו וכמו אות אחד מדבורו של אדם או אפילו ממחשבתו לגבי כללות מהות הנפש השכלית ועצמותה

וְשִׁינּוּיֵי כָּל הַקּוֹרוֹת, האירועים המתרחשים **בְּחִילּוּפֵי הַזְּמַנִּים.** כפי שיש צירופי אותיות היוצרים את הוויית הברואים בעולם, כך יש צירופי אותיות היוצרים את הנהגת העולם, את מה שקרה, קורה ויקרה בזמנים השונים.

הַכֹּל מִשִּׁינּוּיֵי צֵירוּפֵי הָאוֹתִיּוֹת של הדיבור האלוקי בעשרה מאמרות, **שֶׁהֵן הֵן הַמְשָׁכַת הַחַיּוּת מִמִּדּוֹתָיו יִתְבָּרֵךְ שְׁמוֹ (כְּמוֹ שֶׁנִּתְבָּאֵר בְּלִקּוּטֵי אֲמָרִים חֵלֶק ב׳,** הוא שער היחוד והאמונה, **פֶּרֶק י״א).** מבואר שם שהתגלות המידות ופעולתן בתחתונים, בששת ימי בראשית, נקראת בשם מאמר וצירוף אותיות. שכן, לא תיתכן פעולה מהמידות בלי צירופי האותיות. כל אות היא כוח בריאה מסוים, אופן מסוים, והן מצטרפות זו לזו כדי ליצור מהויות. כל צירוף יוצר מהות אחרת, שונה, במקום ובזמן. מציאותם של כל פרטי העולמות, וההגדרות וההבדלים בין דבר לדבר ובין עולם לעולם, הם כולם תוצאה של שינויים בהארה; שאין ההארה זורמת ופועלת בכל עת באותה מידה, אלא היא משתנה מזמן לזמן וממקום למקום.

שינויי הזמן כפי שנראה ביתר פירוטי במקומות אחרים, אדמו״ר הזקן מתייחס אל הזמן כפי שמתייחסים אל הממדים האחרים של ההוויה (׳עולם שנה נפש׳[9]). במובן זה הזמן הוא מהות נבראת,[10] שיש לו הוויה וקיום משל עצמו (ולא רק ביחס למקום). יש רגעים טובים ויש רגעים רעים; יש שנים של חסד ויש שנים של דין;[11] יש זמנים כלליים, שכל העולם חש בהם, ויש זמנים פרטיים, שרק אדם מסוים נמצא בהם ומתייחס אליהם. לא כל אדם יכול לחוש בטיבו של הזמן ובהבדל בין זמנים שונים, בדיוק כשם שלא כל אדם יכול לחוש בהבדלים שבין בני אדם או אפילו בין חפצים. אפילו כדי להבחין בין אבנים, לאיזו יש ערך ואיזו חסרת ערך, צריך להיות ׳מבין׳.

לתפיסה זו של הזמן יש משמעות חמורה מבחינתנו. המשמעות היא שכל רגע, כל קטע של זמן, הוא יחיד במינו – צירוף חד פעמי שאינו דומה לרגע הבא, שאינו ניתן להכפלה ואינו ניתן להשבה. ולכן, אם אדם איבד או השחית את הרגע הזה, גם אם יעשה כנגדו עשר שנים של מעשים טובים, הוא לא יוכל להשיבו; הרגע המסוים הזה חסר, או פגום, לנצח. יהיו רגעים דומים לו, אבל הם יהיו אחרים. משמעות הביטוי השגור ׳להרוג זמן׳ נעשית, לפי זה, ממשית. להרוג יום, שעה או רגע זה כמו להרוג אדם. נכון שיש עוד כמה מיליארדים כאלה, אבל האיש המסוים והמיוחד הזה, כמו גם הרגע המיוחד הזה – איננו חוזר!

אֲבָל לְגַבֵּי מַהוּתוֹ וְעַצְמוּתוֹ יִתְבָּרֵךְ כְּתִיב (מלאכי ג,ו): **"אֲנִי ה' לֹא שָׁנִיתִי"** (לא השתניתי). כל המשמעות שיש להבדלים בין העולמות מתייחסים לעולם הנברא, להוויה הנגלית, אבל מבחינת המהות האלוקית – אין שום הבדל בין עליונים לתחתונים, ובין לפני בריאת העולם לאחריה. בריאת העולם – העולם החומרי, ולא פחות ממנו העולם הרוחני בכל דרגותיו, שכל כולו מערכות שונות ונבדלות זו מזו – איננו מהווה שום שינוי לגבי הקב"ה בעצמו, לא בעצם מציאותו ולא בכל מה שקורה באותו עולם.

בֵּין בִּבְחִינַת שִׁינּוּיֵי הַהִשְׁתַּלְשְׁלוּת, מֵרוּם הַמַּעֲלוֹת עַד לְמַטָּה מַטָּה. מהעולמות העליונים שבעליונים, שאין לנו שום השגה בהם, עד למטה מטה בעולם הגשמי (ולמטה יותר בעולמות הרע וכו'). **שֶׁכְּמוֹ שֶׁהוּא יִתְבָּרֵךְ מָצוּי בָּעֶלְיוֹנִים כָּךְ הוּא מַמָּשׁ בְּשָׁוֶה בַּתַּחְתּוֹנִים.** ההבדל בין הדרגות הוא באור, בהתגלות – מה רואים וכמה רואים בכל עולם ועולם – אבל לא לגבי עצם הנוכחות האלוקית האין סופית המצויה בכל העולמות בשווה. בין בעולמות העליונים שבהם היא ניכרת ביותר, ובין בעולמות התחתונים, ועד לעולם הזה שלנו שבו אין היא ניכרת ואין היא מורגשת כלל (על כל פנים לא בתחושה ראשונית) – בכולם היא נמצאת בשווה ממש. הקב"ה נמצא בעצם בכל המהויות, בכל ההוויות, בכל הזמנים, ברוחניות ובגשמיות. וזו המשמעות ש"לא שניתי" – שרק התגלותו משתנה ממקום למקום, אבל עצם מציאותו אינה משתנה.

(וּכְמוֹ שֶׁנִּתְבָּאֵר בְּלִקּוּטֵי אֲמָרִים חֵלֶק א' פֶּרֶק נ"א). שם מדובר על 'השראת השכינה' לעומת מציאות השכינה. השראת השכינה עניינה הוא גילוי השכינה, וגילוי שכינה מתייחס לדרגה מסוימת ולמקום מסוים דווקא, ששם היא מתגלה. מה שאין כן לגבי מציאותה של השכינה, שלא שייך לומר שהיא נמצאת במקום אחד יותר מבמקום אחר.

וּבֵין בִּבְחִינַת שִׁינּוּיֵי הַזְּמַן, שֶׁכְּמוֹ שֶׁהָיָה הוּא לְבַדּוֹ הוּא יָחִיד וּמְיוּחָד לִפְנֵי שֵׁשֶׁת יְמֵי בְרֵאשִׁית, כָּךְ הוּא עַתָּה אַחַר הַבְּרִיאָה. כמו שמבחינתו אין הבדל בין עולם לעולם, כך אין מבחינתו הבדל בין שעה לשעה, בין לפני היות עולם ובין אחר היות עולם.

וְהַיְינוּ, כיצד יכול להיות הדבר שגם עתה, לאחר שנברא העולם, הקב"ה הוא לבדו ממש כמו שהיה לפני כן? **מִשּׁוּם שֶׁהַכֹּל כְּאַיִן וְאֶפֶס מַמָּשׁ לְגַבֵּי מַהוּתוֹ וְעַצְמוּתוֹ.** הגדולים והקטנים, הגבוהים והנמוכים, כולם כאחד אינם תופסים מקום אצלו. לכל השינויים בין דבר לדבר, בין דרך לדרך, יש חשיבות בתוך העולם, אבל כולם אינם משמעותיים כלל מבחינתו של הקב"ה.

וּכְמוֹ, על דרך משל, **אוֹת אֶחָד מִדִּבּוּרוֹ שֶׁל אָדָם אוֹ אֲפִילוּ מִמַּחֲשַׁבְתּוֹ,** מאותיות המחשבה (שהיא קרובה יותר לעצמותו של האדם מדיבורו), **לְגַבֵּי כְּלָלוּת מַהוּת הַנֶּפֶשׁ הַשִּׂכְלִית וְעַצְמוּתָהּ.** כמו המשל שהובא למעלה,[12] כל העולמות אינם אלא כשתי אותיות מבחינתו של הקב"ה. ועל פי המשל אפשר לקבל מושג על היחסים בין הקב"ה ובין כל העולמות. כמו היחס של אות אחת שאדם מדבר או חושב לגבי כל מה שהוא חושב או יכול לחשוב בפועל; ועוד יותר לגבי המחשבה שיכול לחשוב בכוח; ועוד יותר לגבי הנפש בעצמה.

על דרך משל לשכך את האזן ובאמת אין ערוך אליך כתיב וכמו שנתבאר במקום אחר (בלקוטי אמרים חלק ב׳ פרק ט׳) עיין שם. וזהו שאומרים המלך המרומם לבדו מאז פירוש כמו שמאז קודם הבריאה היה הוא לבדו הוא כך עתה הוא מרומם כו׳ ומתנשא מימות עולם פירוש שהוא רם ונשא למעלה מעלה מבחינת זמן הנקרא בשם ימות עולם והיינו לפי שחיות כל ימות עולם הוא רק מבחינת המלך כו׳ וכמו שנתבאר במקום אחר. ואי לזאת הרחמנות גדולה מאד מאד על הניצוץ השוכן בגוף החשוך והאפל

אכן המשל הזה אינו מבטא את מלוא המרחק שבנמשל, אלא הוא רק **עַל דֶּרֶךְ מָשָׁל, לְשַׁכֵּךְ אֶת הָאֹזֶן.** הנפש האנושית, הגם שבכוחה לחשוב ולדבר דיבורים לאין קץ, היא בעצמה מוגבלת. ולכן לוקה המשל הזה, כמו כל המשלים והדימויים האנושיים, בחיסרון מהותי, שהמשל הוא לעולם מוגבל והנמשל האלוקי הוא בלתי מוגבל. המשל נועד רק ׳לשכך את האזן׳, כלומר לאפשר לאדם לשמוע ולהבין משהו, מעין ובדומה לאותו דבר, אף על פי שאת הדבר עצמו אין הוא יכול להבין בשום אופן.

וּבֶאֱמֶת, ״אֵין עֲרוֹךְ אֵלֶיךָ״ כְּתִיב (תהלים מ,ו). **וּכְמוֹ שֶׁנִּתְבָּאֵר בְּמָקוֹם אַחֵר (בְּלִקּוּטֵי אֲמָרִים חֵלֶק ב׳** [שער היחוד והאמונה] **פֶּרֶק ט׳) עַיֵּין שָׁם.** שבאמת אין שום משל שמתייחס לדברים ומבטא אותם בכל מלוא המשמעות. אנחנו משתמשים במשלים כאלה שיש לנו יחס אליהם, שאנו יכולים איכשהו לקלוט אותם, אבל לגבי הנמשל – ״אין ערוך אליך״. ׳ערוך׳ הוא יחס, גדול או קטן, ו׳אין ערוך׳ פירושו שאין יחס כלל, אפילו לא יחס של קטן מאוד אל גדול מאוד. כאשר יש ערך, אפילו אחד לאלף אלפי אלפים, הרי למרות שאלו סדרי גודל שונים לחלוטין, מכל מקום יש ׳ערך׳, יש יחס כלשהו ביניהם. אבל ׳אין ערוך׳ פירושו שלהתייחסות אין כל משמעות מבחינתו. אין כאן גדול מול קטן אלא שני צדדים שאינם ניתנים כלל להיחשב באותו מישור של מציאות. במובן זה אין לנו, ולא יכול להיות לנו, שום דוגמה ומשל אמיתי למהות אין סוף.

וְזֶהוּ שֶׁאוֹמְרִים בברכת ׳יוצר אור׳ שבסדר התפילה[13] **״הַמֶּלֶךְ הַמְרוֹמָם לְבַדּוֹ מֵאָז״. פֵּירוּשׁ, כְּמוֹ שֶׁמֵּאָז, קוֹדֶם הַבְּרִיאָה, הָיָה הוּא לְבַדּוֹ הוּא.** ׳מאז׳ מתייחס לקודם הבריאה, קודם

הזמן אצל הקב״ה כתוב אמנם ש״אלף שנים בעיניך כיום אתמול כי יעבֹר ואשמורה בלילה״ (תהלים צ,ד), ולכאורה יש זמן אצל הקב״ה, ויש לו ערך גם לזמן שלנו – ערך של אלף שנים לגבי יום אחד, שהוא יחס קטן מאוד, אבל עדיין הוא יחס וערך. אך אם לדייק בדימוי של ״כיום אתמול כי יעבור״, אפשר לומר שיש הבדל בין היום ובין יום אתמול. ״יום אתמול״ איננו עוד זמן, אלא רק זיכרון של זמן, מחשבה על זמן. וכן ״אשמורה בלילה״ איננה כמו אשמורה ביום, אלא היא גם כן שום דבר. ייתכן שבשביל מי שער בלילה גם אשמורה בלילה היא זמן, אבל בשביל מי שישן בלילה – היא שום דבר, כאילו לא היה זמן כלל. במובן זה אלף שנים הן ״כיום אתמול כי יעבור״, כיום שעבר, כזיכרון שחולף במישור אחד. וזהו בדיוק מה שנאמר כאן על ״המתנשא מימות עולם״: ימות עולם כולם חולפים ועוברים

הזמן. וכך מופיע בכמה מקומות בדברי חז"ל,[14] ש'מאז' אינה נקודת זמן כלשהי, אלא הכוונה היא דווקא לטרם היות העולם והזמן.

וכשם שקודם הבריאה היה הוא לבדו, **כָּךְ עַתָּה,** לאחר שנברא העולם והוא מציאות קיימת ומתפתחת, עדיין **הוּא מְרוֹמָם כו',** ונבדל מכל העולמות. ההדגשה היא על "לבדו מאז", שלא זו בלבד שאין אלוהים אחרים, כוח אחר, מלבדו, אלא שאין עוד מציאות מלבדו, אין עוד ממש.

וכמו שאומרים בהמשך נוסח הברכה שם: **וּ"מִתְנַשֵּׂא מִימוֹת עוֹלָם". פֵּירוּשׁ, שֶׁהוּא רָם וְנִשָּׂא** בבדידותו **לְמַעְלָה מַעְלָה מִבְּחִינַת זְמַן הַנִּקְרָא בְּשֵׁם 'יְמוֹת עוֹלָם'.** הקב"ה מתנשא מן 'העולם' לא רק בבחינת המקום, אלא גם בבחינת 'ימות עולם'. 'יום' הוא פרק הזמן הבסיסי והמוחשי ביותר, ו'ימות עולם' פירושו הזמן של העולם; לא זמן מסוים אלא הזמן בכלל, שכן הקב"ה נמצא מעל ומעבר לבחינת הזמן.

וְהַיְינוּ לְפִי שֶׁחַיּוּת כָּל יְמוֹת עוֹלָם, בחינת הזמן בכלל, **הוּא רַק מִבְּחִינַת "הַמֶּלֶךְ" כו',** מבחינת ספירת המלכות. כאמור, הזמן אף הוא מהות נבראת, חלק ממכלול המציאות הנבראת. מידת המלכות האלוקית היא המידה התחתונה ביותר, בבחינת הלבושים הנפרדים,[15] ולכן ממנה נובעים כל העולמות הנבראים, הנפרדים כביכול מהמהות האלוקית, ובכלל זה גם מהות הזמן. **וּכְמוֹ שֶׁנִּתְבָּאֵר בְּמָקוֹם אַחֵר,**[16] שמידת המלכות היא היחידה שיש לה הטיות של זמן, "מֶלֶךְ־מָלָךְ־ימלוך",[17] הווה עבר ועתיד. הווה אומר, שמכל הספירות רק המלכות מתייחסת אל מציאות הזמן ופרטי הזמן שבעולם הנברא, מה שאין כן שאר מידותיו של הקב"ה, העליונות יותר.

וְאִי לָזֹאת, כאשר אדם מתבונן בכל זאת, זוהי ההכנה לעבודת ה' במידת הרחמים. שכן כאשר אין לאדם דעת בגדולה האלוקית, אין הוא יכול להגיע גם לרחמים. רק כאשר הוא משיג, עד כמה שהוא יכול, את הגדלות האלוקית שהיא אין סופית, למעלה מעלה מכל מה שיש בעולם הזה, או אז **הָרַחֲמָנוּת גְּדוֹלָה מְאֹד מְאֹד עַל הַנִּיצוֹץ** האלוקי, שהוא מעצם המהות האלוקית, **הַשּׁוֹכֵן בְּגוּף הֶחָשׁוּךְ וְהָאָפֵל.** הגוף שלנו, על כל מעלותיו ויתרונותיו, איננו אלא בשר, שההבדל הביולוגי בינו לבין בשר הפרה הוא קטן מאוד. ונמצא שהנשמה שלנו, שהיא כאמור מרום המעלות, שוכנת בתוך חתיכת בשר.

במקום אחר, במישור אחר, שאין לו שום ערך לגבי "המתנשא".

הניצוץ השוכן בגוף ב'שבחי הבעש"ט'[18] יש סיפור על בנו של המגיד מזלטשוב שהיה חולה מאוד והתעלף, והאנשים היו סבורים שמת. לאחר זמן (שלושה ימים) התחיל להזיע ונשמתו חזרה לגופו, וכשהבריא סיפר מה שאירע לו. הסיפור הוא סיפור ארוך, ואין כאן מקומו, אך בסופו מסופר שפטרו אותו בית דין של מעלה, ובאו שני אנשים ולקחו אותו איתם עד שראו נבלה מוסרחה המוטלת על האשפה, ואמרו לו להיכנס בנבלה הזו, ולא רצה, והיכו אותו שייכנס בעל כורחו, וכשנכנס התחיל להזיע וחזרה אליו נשמתו. הסיפור הזה מראה כיצד רואה הנשמה, לאחר שהתנתקה מעט, את הגוף החומרי.

משכא דחויא העלול לקבל טומאה ולהתגאל בכל התאוות רחמנא ליצלן לולי שהקדוש ברוך הוא מגן לו ונותן לו עוז ותעצומות ללחום עם הגוף ותאותיו ולנצחן וזהו שאומרים אדון עוזנו כו׳ מגן ישענו כו׳.

וכפי שבספרי הקבלה נקרא גוף האדם **׳מִשְׁכָא דְחִוְיָא׳** (עור הנחש).[19] כתוב שהקב״ה עשה "לאדם ולאשתו כתנות עור וילבִּשם" (בראשית ג,כא), ומובא בזהר[20] שפשט את עורו של הנחש והלביש בו את האדם – ונמצא שגופו של האדם הוא בחינת עור הנחש הקדמוני. ובהיקף הרחב יותר, הוא הקליפה המכסה ומלבישה את הנפש בעולם הזה.[21]

הכינוי הזה, ׳משכא דחִויא׳, מורה על כך שגוף האדם אינו סתם גשמיות, אלא הוא **הֶעָלוּל לְקַבֵּל טוּמְאָה, וּלְהִתְגָּאֵל בְּכָל הַתַּאֲווֹת רַחֲמָנָא לִיצְלַן** (השם יצילנו). הגוף האנושי הוא גוף כמו גוף הבהמה. ומכיוון שבשונה מהבהמה לאדם אין מעצורים בטבעו, והוא מסוגל לרדת גם למטה מגשמיות החומר, אל תחום הרע והחטא, עלול גוף האדם להתגאל בכל התאוות אף יותר מן הבהמה.

לוּלֵי שֶׁהַקָּדוֹשׁ בָּרוּךְ הוּא מָגֵן לוֹ וְנוֹתֵן לוֹ עוֹז וְתַעֲצוּמוֹת לִלְחוֹם עִם הַגּוּף וְתַאֲוֹתָיו וּלְנַצְּחָן.[22] כל כך נמוך יורד הניצוץ, שלולא הקב״ה עוזרו אין הוא יכול לצאת ולעלות למקומו.

גוף האדם – משכא דחִויא הביטוי ׳עור הנחש׳ קושר את הדברים, כמובן, לחטא עץ הדעת. בתלמוד (שבת קמו,א) נאמר שבחטא עץ הדעת בא הנחש על חוה והטיל בה זוהמה, במעמד הר סיני כשקיבלו ישראל את התורה נסתלקה זוהמתם, וכשחטאו בעגל חזרה שוב. כלומר, מנקודת החטא הגוף האנושי אינו עוד גוף בלבד אלא הוא עצמו משמש כגורם רע. שהרי החומר מצד עצמו (כמו גם הרוח מצד עצמה) הוא ניטרלי, ואינו מהווה מכשול ומחיצה בפני האלוקי, ואולם הגוף שלנו בקשר שלו אל ׳עור הנחש׳ ולחטא עץ הדעת אינו עוד ניטרלי, הוא נעשה מצד עצמו כלי מועד לפורענות. במובן זה, אין אנו יכולים להתייחס אל הגוף שלנו כמו שאנו מתייחסים לשאר דברים וחפצים בתוך המציאות – כאל עצמים ניטרליים, שאין להם מצד עצמם נטייה ורצייה לצד זה או אחר. לאבנים בעולם הזה אין שום משמעות של טוב ורע, אפשר לבנות בהן בית כנסת ואפשר לבנות בהן בניינים אחרים. מה שאין כן הגוף שלנו, ׳משכא דחִויא׳, יש לו הטיה ראשונית לצד הטומאה. אין זה אומר שהוא אינו יכול ללכת לקדושה (שהרי הוא קליפת נוגה), אבל נטייתו הראשונית היא לצד הטומאה, ואם אין משקיעים בו מאמץ מודע ומכוון – הוא ילך לצד הטומאה ולא לצד הקדושה.

הקב״ה נותן לו עוז כשנאמר ש"הקב״ה עוזרו" אין הכוונה שיורד מלאך מן השמיים ומתערב במהלך הדברים. עזרתו של הקב״ה מתבטאת בעיקר בכך שיש יתרון מהותי לאור על החשך. היתרון הזה ישנו תמיד, תמיד הקב״ה עוזרו, אלא שעזרה זו אינה ניכרת אלא כאשר האדם מצליח להביא את הדברים למגע, להעמיד אותם יחד. יותר מזה – רק כאשר הכוחות הם במובן מסוים שקולים, אז מתקיימת ההבטחה שהקב״ה עוזרו; אז ניתן לו הכוח ללחום עם הגוף ותאוותיו ולנצחם. אכן כדי להגיע לנקודה זו זקוק האדם להשקיע

מדוע אנו זקוקים לעזרתו של הקב"ה? מדוע אין אנו יכולים להסתדר לבד? משום שהגוף שלנו אינו ניטרלי אלא מושך את האדם אל תחום הקליפה והרע. האדם איננו יכול להתעלם מגופו; גם אם הוא יתעלם, הגוף לא יניח לו. כשמניחים חפץ כלשהו במקום מסוים אפשר להניח שהוא יישאר באותו מקום, מה שאין כן לגבי הגוף – אי אפשר להניח את הגוף, אפילו במקום טוב, ולשבת בשקט. אפילו לאחר יום הכיפורים, לאחר שאדם עשה תשובה גדולה ונתכפרו לו כל עוונותיו והריהו כקטן שנולד, גם אז אין הוא יכול לסמוך על גופו ולהניח שמעתה הוא ילך רק בדרך טובים. במובן מסוים, מה שאפשר לעשות עם כל בהמה אין אנו יכולים לעשות עם הגוף שלנו, ומשום כך אנו זקוקים לעזרתו של הקב"ה.

וְזֶהוּ שֶׁאוֹמְרִים, בנוסח התפילה, בהמשך ברכת 'יוצר אור': **"אֲדוֹן עוּזֵּנוּ כו' מָגֵן יִשְׁעֵנוּ כו'".** כפי שנזכר כבר, איגרת זו בנויה בהקבלה מסוימת לברכת 'יוצר אור'. תחילה בא השבח שמשבחים אותו, "המרומם לבדו וכו'", ועל ידי זה באים להתעוררות הרחמים ומבקשים "ברחמיך הרבים רחם עלינו". והתעוררות הרחמים בלב האדם אינה זו שמושיעה אותו כשלעצמה, אלא היא רק בחינת התעוררות מלמטה, וכדי להיוושע באמת צריכה לבוא ההתעוררות מלמעלה, העזרה וההגנה של הקב"ה מפני כוחות הרע והעוז וההתעצומות ללחום בו ולנצחו. ועל זה משבחים אותו: "אדון עוזנו צור משגבנו מגן ישענו משגב בעדנו". ה"עוז" מתוכנו (כוח הממלא), וה"מגן" עלינו (כוח הסובב, המקיף).

מאמץ רב ומתמיד, ורק לאחר שהאדם מצליח להשוות בנפשו את הנתונים של טוב מול רע – אז הקב"ה עוזרו שיהיה יתרון האור על החושך; באופן שבפועל, על כל פנים, תהיה לו שליטה על הגוף והנפש הבהמית. הבעיה אצל הרבה בני אדם היא שאין הם מצליחים להביא את הדברים לשיווי משקל, שאין הם מגיעים לאותה נקודה שבה הכוחות הם שקולים – ובאופן זה אין אפשרות ש'יהיה הקב"ה עוזרו'.

ההתבוננות המביאה לרחמים יש לשים לב לדיוק לשונו של אדמו"ר הזקן. הוא מדבר על הניצוץ השוכן "בגוף החשוך והאפל וכו'", "העלול לקבל טומאה וכו'", אך אין הוא מדבר בפירוש על מי שהוא רשע וחוטא וכיוצא בזה. שכן הדברים הללו (המתאימים לכל שיטתו בספר התניא, 'ספר של בינונים') מיועדים לרבים, ולכן צריכים להתחיל מהנקודה הבסיסית ביותר; לא לדבר על מקרה מסוים, אלא על מצבו הבסיסי של האדם באשר הוא אדם. ברור שלאדם שחטא והחטיא את נשמתו, שכביכול הכריח את הקב"ה לחטוא עימו, יש מקום להרגיש בושה ורחמים, עד היכן הוא השפיל אותו. ואולם, כאן רצונו להתייחס גם לאנשים שלא חטאו, לעורר את הבושה והרחמים גם לגבי אלה שלא ביזו אותו בכל אלה, ולכן ההתייחסות היא לעצם המצב של נפש אלוקית בגוף. על דרך משל: המלך נמצא בגלות, בשבי, ומוסרים אותו בידי תינוק, לא חכם ולא טיפש וקצת רשע, אשר יכול לעשות בו כרצונו; לתת לו חופש ליום אחד, או לרכב עליו במקום על סוס, או לתת לו סוכריה. הרחמנות על המלך אינה רק על כך שהוא מבוזה בפועל, אלא על עצם העובדה שהמלך תלוי בזה שפלוני השפל יחליט מה הוא רוצה לעשות עם נשמתו, עם הניצוץ האלוקי שבו: אם הוא יניח לו לרגע או יכריח אותו להשתתף עימו במעשה מכוער ומגונה. העובדה שיש לאדם השוכן בגוף החשוך והשפל את הדרור,

והנה מודעת זאת דיש ב׳ מיני דחילו ורחימו הראשונות הן הנולדות מהתבונה והדעת בגדולת ה׳ ובדברים המביאין לידי אהבת ה׳ ויראתו והאחרונות הן הבאות אחר כך מלמעלה בבחינת מתנה וכמו שנתבאר במקום אחר על פסוק עבודת מתנה אתן את כהונתכם שהיא מדת אהבה וכן הוא גם כן ביראה. כ אב פשוטה כב אב מעוברת

וְהִנֵּה מוּדַעַת זֹאת[24] **דְּיֵשׁ ב׳ מִינֵי דְּחִילוּ וּרְחִימוּ** (יראה ואהבה). אהבת ה׳ ויראת ה׳ אינן מסוג אחד, ובאופן כללי יש שני סוגים, שתי דרגות, של אהבה ויראה שאדם מגיע אליהן בעבודת ה׳.

הָרִאשׁוֹנוֹת הֵן האהבה והיראה **הַנּוֹלָדוֹת** מן ההכרה האנושית, **מֵהַתְּבוּנָה וְהַדַּעַת בִּגְדוּלַּת ה׳ וּבִדְבָרִים הַמְּבִיאִין לִידֵי אַהֲבַת ה׳ וְיִרְאָתוֹ.** על פי האופן והמידה של הכרתו השכלית בגדולת ה׳ מגיע האדם לאהבה ויראה – אם ברוממותו של ה׳ והדר גאונו, ההתעוררות היא של יראה; אם בגדולה ובחסד וברחמי ה׳, ההתעוררות היא של אהבה. וככל שהכרתו של האדם מפותחת יותר, בידע ובעומק ההבנה, היא מעוררת אהבה ויראה בדרגה גבוהה ושלמה יותר.

את כוח ההכרעה כביכול, זהו עומק השבי של המלך, ועל זה הרחמנות גדולה כל כך.

הרחמים בשורשם הפנימי קשורים בדרגה הגבוהה ביותר, בדרגת הכתר העליון. משם נובעים הרחמים כיחס הכללי, הראשוני ביותר, של הקב״ה אל המציאות.[23] העובדה שהקב״ה בכלל מחיה את העולם, שהוא נמצא בתוך המציאות – היא עצם נקודת הרחמים. כמובן, יש הבדל בדרגה: יש רחמים בעולם היצירה שבו הקב״ה נמצא ומחיה את המלאכים שביצירה, ויש רחמים בעולם שלנו שבו הקב״ה מחיה גם את הרשעים. אבל במהות היחס של רחמים אין משמעות להבדלים הללו, ולכן מגיעה המידה הזו מקצה לקצה של המציאות. הדברים מתקשרים למה שייאמר גם בהמשך, שדווקא על ידי מידת הרחמים יכול האדם להגיע מקצה לקצה, מלמטה מטה ועד למעלה מעלה. גם מי שנמצא בתחתית הירידה יכול לתפוס, על כל פנים, שצריך לרחם; גם כאשר ההתבוננות בגדולת ה׳ אינה אומרת לו שום דבר, לא אהבה ולא יראה, הוא עדיין מסוגל להבין ולעורר את הניצוץ הראשון הזה של רחמים. וכאשר אדם מעורר את מידת הרחמים, הוא יכול לעלות איתה גם למעלה מעלה, כיון שגם שם עדיין שייכת מידת הרחמים. הרחמים הם בסיס לכל עבודת ה׳; מתוך תחושת הרחמים אדם מסוגל לצאת מן הגדרים שלו, והיציאה הזו היא הפתח להתעלות בכל הקווים של עבודת ה׳, גם באהבה וביראה.

עבודת מתנה התפיסה שיש אהבה ויראה שמקבלים מלמעלה, בבחינת מתנה, מצויה גם בנוסח התפילה שלנו. אנו מבקשים: ״ויחד לבבנו לאהבה וליראה את שמך״,[25] וכיוצא בזה. ונשאלת השאלה, הכיצד מבקשים על אהבה ויראה? והלוא מקובל בידינו ש״הכל בידי שמים חוץ מיראת שמים״ (ברכות לג,ב ועוד)? ועוד: אם זו באמת מתנה מלמעלה, שאינה תלויה במה שאדם עושה מלמטה, מדוע אין היא מתחלקת בשווה בין כל בני האדם? והתשובה היא, כפי המבואר כאן, שמדובר בשתי דרגות שונות של אהבה ויראה. יש דרגה של אהבה ויראה שנקנית

וְהָאַחֲרוֹנוֹת, המין השני, **הֵן הַבָּאוֹת אַחַר כָּךְ.** רק לאחר שאדם הגיע לאהבה וליראה שכליות, רק לאחר שהוא עשה כל מה שבכוח ההכרה שלו כדי להגיע לאהבה ויראה, רק אז הוא זוכה לאהבה ויראה אחרות לגמרי, שאינן באות ישירות מעבודתו בהתבוננות וכו׳ אלא **מִלְמַעְלָה בִּבְחִינַת מַתָּנָה.** האהבה והיראה השניות באות מלמעלה, ולא כאהבה ויראה הראשונות שבאות מלמטה, מעבודת האדם. הן אינן המשך ישיר למדרגות האהבה והיראה הקודמות, כשלב שבא בהכרח לאחר השלב הקודם ומכוחו, אלא מכוח אחר, מכוח וממהות של מעלה, כמתנה ולא כשכר.

וּכְמוֹ שֶׁנִּתְבָּאֵר בְּמָקוֹם אַחֵר[30] **עַל פָּסוּק: "עֲבוֹדַת מַתָּנָה אֶתֵּן אֶת כְּהֻנַּתְכֶם"** (במדבר יח,ז). **שֶׁהִיא,** "כהונתכם", **מִדַּת אַהֲבָה.** במקומות אחרים מבואר שעבודת הכהן היא בחסד לעומת עבודת הלוי שהיא בגבורה.[31] "כהונתכם" היא אפוא כינוי כללי לעבודת האהבה; ואת הכתוב יש להבין אפוא: שיש עבודת אהבה שהקב"ה נותן אותה במתנה.

וְכֵן הוּא גַּם כֵּן בְּיִרְאָה. כמו האהבה, יש גם דרגה של יראה שאדם זוכה לה כמתנה מלמעלה. הכלל הוא שיש שני סוגים של מידות, של רגשות, כלפי הקב"ה, שיש ביניהן הבדל מהותי: בין הרגשות הנובעים מכוח ההכנה וההכרה האנושית, לבין מה שאדם מקבל מלמעלה, ממעל ומעבר להווייתו שלו.

לאדם מכוח עבודתו שלו. על אהבה ויראה כזו אין מתפללים, משום שאת זה הקב"ה אינו נותן, את זה צריך האדם לעשות בעצמו. אדם מחליט שהוא רוצה, והוא מעמיק דעתו ומתבונן בגדולת הבורא וכיוצא בזה – ועל ידי כך הוא מגיע לאהבה וליראה. זו אינה דרך קלה, זו דרך ארוכה וקשה של עבודה ועוד עבודה; אבל זו דרך שאינה בידי שמיים אלא בידי האדם.

ויש אהבה ויראה אחרות, הבאות מלמעלה, והן בבחינת מתנה. אין פירושו של דבר שאדם מקבל את האהבה והיראה האלו במתנה מהקב"ה, ללא שום הקדמה והתעוררות מצידו. יש אמנם מקרים כאלה, אלא שהם נדירים ביותר וכרוכים בשינוי סדרי עולם.[26] אהבה ויראה אלו מקבל אדם שהוא ראוי ושייך לדבר; לאחר שהוא מילא את חלקו, את כל מה שביכולתו באהבה הראשונה – אז, פעמים כן ופעמים לא, מוסיף לו הקב"ה בתוספת מרובה את האהבה והיראה השנייה, שלא כפי ערך עבודתו.

הכלל "הכל בידי שמים חוץ מיראת שמים" אין משמעו שהקב"ה אינו יכול, אלא שהוא אינו רוצה לקבוע את בחירתו של האדם. ולכן, בהיקף גדול יותר, עדיין הכול בידי שמיים, ובכלל זה גם יראת שמיים. הקב"ה ברא את העולם כמערכת שבה יראת שמיים אינה חלק ממערכת האילוצים שלה, שהיא אינה חלק מסדרי ההשתלשלות של הטבע, אך יחד עם זאת אין היא נפרדת ממנה. המציאות היא לכן מורכבת: יש אופן שהקב"ה נותן לאדם במתנה אהבה ויראה; ויש להפך, שהקב"ה שולל מאדם את הבחירה החופשית, כמו "ואני אקשה את לב פרעה".[27] כלומר, הקב"ה אינו שולל את עצם הבחירה, אבל הוא מקשה את ליבו של מי שכבר הקשה את ליבו, כשם הוא נותן אהבה ויראה למי שכבר יש לו אהבה ויראה. ובלשון הכתוב: "יהב חכמתא לחכימין" ו"אם ללצים הוא יליץ".[28] כמו כן, יש גם אופן שהקב"ה נותן אהבה ויראה גם למי שאין בו, בסוג של אשראי, שצריך יהיה לשלם אותו בעתיד.[29] וביסודו של דבר, הבחירה נשארת בידיו של האדם, אלא שלפעמים הקב"ה נותן לו תוספת על מה שיש בידו, כמתנה מלמעלה.

והנה ודאי אין ערוך כלל בין הראשונות שהן תולדות השכל הנברא לגבי האחרונות שהן מהבורא יתברך שמו. ולכן הן הן הנקראות בשם אמת כי חותמו של הקדוש ברוך הוא אמת שהוא אמת האמיתי וכל

וְהִנֵּה וַדַּאי אֵין עֲרוֹךְ כְּלָל בֵּין הָרִאשׁוֹנוֹת, שֶׁהֵן תּוֹלְדוֹת הַשֵּׂכֶל הַנִּבְרָא, לְגַבֵּי הָאַחֲרוֹנוֹת שֶׁהֵן מֵהַבּוֹרֵא יִתְבָּרֵךְ שְׁמוֹ. ההבדל הוא בכך שהראשונות, כיוון שהן תולדות של ההכרה האנושית הנבראת, הן מוגבלות על ידי תחומי ההכרה; ואילו האחרונות, שהן ניתנות מן הקב"ה, יכולות להינתן בלי הגבלה. ההבדל המהותי אינו בהגדרות של עוצמת הרגש, אלא בהבדל שבין רגשות הבאים לאדם מתוכו ובין אלו הבאים מלמעלה ממנו. הרגשות הבאים מתוכו, מתוך הכרתו שלו, מוגבלים על ידי היכולות האנושיות הפרטיות שלו. אדם יכול לשער לעצמו דברים רק בתוך ההיקף המסוים של מהותו הפרטית, אין הוא

הרגשות שהן אמת והרגשות שאינן אמת

במדרש (בראשית רבה פרשה ח,ה) מסופר, שכאשר ביקש הקב"ה לברוא את האדם נתקבצו המלאכים חבורות חבורות והביעו את דעתם בעד ונגד, אם לברוא או לא לברוא את האדם. מידת האמת אמרה: "אל יִבָּרֵא, שכולו שקרים". הקב"ה אמנם לא שמע בקולה, וכמו שכתוב "ותשלך אמת ארצה" (דניאל ח,יב), אבל אמת היא אמת, האדם באמת מלא שקרים. השקרים הם מסוגים שונים ובדרגות שונות. יש שקרים פשוטים, והם השקרים שאדם משקר לאחרים. שקרים כאלה ניתנים לבדיקה ולכן הם קלים יותר לחשיפה. ויש שקרים חמורים יותר, שלאדם עצמו וגם לאחרים הרבה יותר קשה להתייחס אליהם, והם השקרים שאדם משקר לעצמו. כאן, כיוון שהאדם עצמו משמש בכל התפקידים – הוא העד והוא הדיין והוא בעל הדין – אין לו כלי מידה נכון כדי למדוד את הדברים. הבעייתיות של שקרים אלו היא גם הבעייתיות שישנה בחוויות של שקר. חוויות של שקר אינן בהכרח חוויות שאדם מעמיד פנים כאילו הוא אוהב או ירא, כאילו הוא מתפלל; חוויות שקר יכולות להיות גם כאשר אדם באמת סבור שהוא אוהב וירא את ה', ואז הבעיה היא חמורה עוד יותר.

אמר צדיק אחד בכעין בדיחה מרירה: עדיף בעיניי אדם שאומר שהוא צם שלושה ימים מאדם שאכן צם שלושה ימים רצופים. שכן זה שמשקר לאחרים הוא עצמו לפחות יודע שהוא משקר, ולכן הנזק לנפשו אינו גדול כל כך, הוא יכול לצאת ממנו; אבל זה שצם שלושה ימים יכול להכניס את עצמו לשקר הרבה יותר חמור. לא שקר עובדתי – אם הוא אכל או לא אכל – אלא שקר עמוק יותר על איכות ומהות עצמו. שקר כזה, כיוון שאין דרך לבחון אותו גם אין דרך לצאת ממנו. זו בעיה חמורה אצל כל מי שעוסק בעבודת ה', שמנסה לבנות הבנות ותחושות לגבי הקב"ה. אכן, במובן מסוים המאבק הגדול של עבודת ה' הוא בנקודה הזו. לא בבעיות של אהבה ויראה אלא בבעיות של אמת: האם אותם הדברים שאדם חושב ומרגיש הם אמיתיים? בנקודה זו יש הבדל גדול בין עבודת ה' שבאה מכוחו של האדם ובין דרך העבודה שהוא מקבל כמתנה מלמעלה. בכל מה שאדם יוצר מכוחו ישנו חשש תמידי של שקר ושל זיוף. הבעיה הזו היא פנימית שבפנימית, והיא קיימת בכל דרגה, דרגה למעלה מדרגה, שכבה לפנים מחברתה. אין כאן מבנה פשוט של העמדת פנים, אלא תהליכים מורכבים של מִרמה בדקויות זו מעל לזו, ודרך כל הדקויות

יכול לחרוג מעבר לה. ולכן גם האהבה והיראה שהוא יוצר בהכרתו מתייחסים בהכרח אל אותה דרגה ואל אותה מתכונת. לעומת זאת, האהבה והיראה שאדם מקבל מלמעלה יכולות להיות מעבר למידתו וערכו, ובמובן מסוים מעבר למידה וערך בכלל, שהרי הן באות ומקבלות מהאלוקי האין סופי ולא מן הנברא המוגבל.

ואולם ההבדל המשמעותי יותר, שאליו מתייחסת איגרת זו, נוגע למידת האמת של הרגשות. משום שהאהבה והיראה הנוצרות מתוך ההכרה האנושית תלויות במגבלותיו של האדם, והמגבלה המהותית ביותר של הווייתו היא חוסר הוודאות לגבי אמיתותם של הדברים שהוא מרגיש.

וְלָכֵן הֵן הֵן, היראה והאהבה האחרונות, הבאות מן הקב"ה, **הַנִּקְרָאוֹת בְּשֵׁם אֱמֶת, כִּי חוֹתָמוֹ שֶׁל הַקָּדוֹשׁ בָּרוּךְ הוּא אֱמֶת** (שבת נה,א), וכל מה שבא ממנו, שייך לו וקשור אליו חתום בחותמו, שהוא 'אמת'. חותמו של הקב"ה אמת מפני **שֶׁהוּא אֱמֶת הָאֲמִיתִּי, וְכָל**

הללו יכול בן אדם לחיות חיים שלמים של כזב בלי לדעת שכל זה הוא כזב.

הדברים אמורים בעיקר לגבי עבודת ה', שכן ביחסים בין אישיים אין אנו נזקקים לביקורת בדקות כזו לגבי אמיתותם של דברים. יש גבול מסוים שממנו והלאה אין צורך עוד לבדוק ולבחון את מידת האמת הפנימית של ההתייחסות. כאשר אדם אוהב את רעהו אין הוא צריך לעורר שוב ושוב את השאלות: האם אני אוהב אותו או את עצמי? באיזו מידה האהבה הזו היא השתקפות של התרחשות פנימית? באיזו מידה אני מכזב רק כדי להיות במצב רוח טוב? באיזו מידה זו רק תגובה להתייחסות של מישהו אחר? וכיוצא בזה. כיוון שהמערכת מתפקדת כראוי – בין שזו משפחה, בין שזה מקום עבודה או כל מערכת בין אישית אחרת – זו בעצמה ראיה לנכונותם של הדברים, ואין אנו זקוקים ליותר מזה. מה שאין כן לגבי עבודת ה' – כאשר אדם אינו עומד לפני מישהו הזקוק לאהבתו, הזקוק לקבל ממנו תגובה; כאשר לאדם אין נקודת אחיזה בתוך המציאות, כאשר הוא הנידון והוא הדין והוא הדיין – הקשיים בקביעת האמת הם לאין ערוך חמורים יותר.

הבעיה היא, שכל מה שההכרה וה'אני' של אדם יכולים ליצור מותנה במערכת ההתניות העצומה שה'אני' כפוף אליה. כל מה שאדם עושה, כמעט בכל דרגה, הוא על תנאי: והיה אם כך וכך, אז יהיה כך וכך. כאשר מנסים להתייחס אל התחום שמעבר לאותה התניה, נעשית בעיית האמת כמעט ללא מוצא, ובאותה שעה היא הבעיה החמורה ביותר שהאדם צריך להתמודד איתה.

האמת לאמיתו שלו הבעיה אם אדם אוהב או ירא היא מטרידה פחות; הבעיה החמורה יותר היא לזקק מתוך הרגשות הקיימים כמה מזה הוא אמת. להגיע אל "האמת לאמיתו" הוא בעצם דבר בלתי אפשרי, ולכן מצויה אצל אדמו"ר הזקן הגדרה מפוכחת מאוד: 'האמת לאמיתו שלו' (ראו ליקוטי אמרים פרק יג). ובמילים אחרות: האמת האובייקטיבית מבחינה סובייקטיבית. זו לא הגדרה 'נקייה', אבל זו הגדרה מציאותית מאוד. אדם מגיע, מבחינת הווייתו כמות שהיא כעת, לקצה גבול יכולתו לבחון את האמת – וזו ה'אמת לאמיתו שלו'. ייתכן שמחר, מוחרתיים או בעוד שנה הוא יגלה שגם זה לא היה האמת, אולם לא מפני שזה היה שקר – באותה שעה, מבחינת הווייתו שלו, זו הייתה כל ה'אמת לאמיתו' שלו.

האמת שבנבראים כלא חשיבי קמיה אך איזה הדרך שיזכה האדם לאמת ה' הנה הוא על ידי שיעורר רחמים רבים לפני ה' על הניצוץ שבנפשו שהיא מדתו של יעקב מבריח מהקצה אל הקצה דהיינו מרום המעלות עד למטה מטה להמשיך אמת ה' לעולם השפל הזה החשוך

הָאֱמֶת שֶׁבַּנִּבְרָאִים כְּלָא חֲשִׁיבֵי קַמֵּיהּ (אינה נחשבת לפניו). מעין הדברים הללו אומר הרמב"ם בתחילת חיבורו: "הוא שהנביא אומר 'וה' אלוהים אמת' (ירמיה י,י) – הוא לבדו האמת, ואין לאחר אמת כאמיתו. והוא שהתורה אומרת 'אין עוד מלבדו' (דברים ד,לה), כלומר אין שום מצוי אמת מלבדו כמותו" (הלכות יסודי התורה פרק א הלכה ב). דווקא בנקודת האמת הדברים מחודדים: אין חצי אמת, אין אמת קטנה ואמת גדולה; או שדבר הוא אמת, ואז הוא אמת מקצה לקצה, או שהוא אינו אמת. במובן זה, האמת האמיתית, השלמה והמוחלטת, היא רק הקב"ה, וכל שאר הגדרות האמת הן יחסיות. כלומר: אם הן אמת הרי זה משום שהן מתייחסות באופן מסוים, בהתניה מסוימת, דרגה אחר דרגה, אל האמת שמזוהה עם הקב"ה.

אמת שאנו קובעים לגבי דברים, בכל הדרגות, היא רק ייחוס של דברים בתוך המציאות זה כלפי זה. דבר פלוני אמיתי כמו דבר אחר, וכיוצא בזה. כך אנו בונים את תפיסת המציאות שלנו, כאשר אנו מייחסים דברים אל אבות האמיתות וכך הלאה, עד למעלה מעלה. ואולם בתוך עצמנו, באשר אנו בני אדם עקובים ומפותלים, רצופים רמיות וכזבים, באשר כל הווייתנו היא מתחלפת, לא קבועה ולא אמיתית – אין בתוכנו שום מבחן מוחלט של אמת. כאשר אנו מנסים להעמיד בתוכנו דברים זה מול זה, להשוותם זה מול זה, אלו תמיד אמיתות שרק מתייחסות זו לזו, אבל אינן מגיעות למקום יציב יותר. במובן זה, רק על הקב"ה אנו אומרים: "אמת ויציב ונכון וקיים וישר ונאמן וכו'",[32] כמו בניין קומות שבראשו "ה' אלהיכם אמת". חותמו של הקב"ה אמת, וככל שדבר הוא יותר אמת הוא יותר קשור לקב"ה. ולכן אנו מחפשים, וחוזרים ומחפשים, את האמת; כי האמת היא הסימן הרשום על כל דבר שקשור לקב"ה, על כל דבר שבא ממנו.

אַךְ אֵיזֶה הַדֶּרֶךְ שֶׁיִּזְכֶּה הָאָדָם לֶאֱמֶת ה'? כלומר לאהבה ויראה אלו שהן 'אמת', כי הן בבחינת מתנה מלמעלה. אמנם נאמר שצריך להקדים להן את האהבה והיראה הראשונות,

חותם האמת ההבדל המהותי בין המידה שנוצרת על ידי האדם לבין זו שהקב"ה נותן, אינו בגודל ובעוצמה, וגם לא בזעזוע ובתנועת הנפש הנובעת מאותה תחושה. ואם לא בעוצמה ולא במידת ההשפעה, במה נבחנת המתנה האלוקית? – המתנה האלוקית ניכרת בדבר אחד: בחותמו של הקב"ה שעליה, שהוא חותם האמת. כלי המתכת שאנו יוצרים מורכבים מתערובות של מתכות – הרבה מתכות פשוטות, ולפעמים גם כסף וזהב. ומכיוון שקשה להבחין אילו מתכות נמצאות – יכול להיות כלי גדול ומרשים, ורובו בדיל ונחושת – משום כך נוהגים להטביע על כלי הכסף והזהב חותם. לא כל כך כדי לומר מה זה, אלא בעיקר כדי להעיד שזה אמיתי. כך חותמו של הקב"ה מעיד על האמת של

הבאות מכוח עצמו, ואולם לא די בכך. ההכנה הזו היא תשתית שאי אפשר בלעדיה, אבל גם לאחר שאדם מגיע לכך, אין זה מבטיח שיזכה לאהבה וליראה מלמעלה. מן האהבה והיראה הראשונות לשניות יש דילוג שהאדם אינו יכול לעבור אותו על ידי מספר מוגדר של צעדים, שהרי הן אינן תוצאה ותשלום על עבודה ופעולה מצידנו, אלא בבחינת מתנה. ומתנה אי אפשר לדרוש, אבל צריך לבקש.

הִנֵּה הוּא, הדרך והבקשה לזכות לאמת ה', **עַל יְדֵי שֶׁיְּעוֹרֵר רַחֲמִים רַבִּים לִפְנֵי ה'.** יש דברים הבנויים על יחסים דו צדדיים, על נתינה ולקיחה; מה שאין כן במתנה, המבטאת יחס חד צדדי. האביון שעומד ומבקש צדקה אינו מציע שום דבר בתמורה, הוא רק מעורר רחמים; ורחמים מבקשים עבור מתנת חינם ולא עבור מה שמגיע. כך, כאשר אנו מבקשים מתנה מהקב"ה אנו צריכים לעורר רחמים. אין זה משנה באיזו דרגה אדם נמצא, הוא צריך לעורר רחמים משום שהוא מבקש את האמת, שכל מה שיש בידו אינו יכול לשלם עבורה.

מספרים על צדיק אחד שבזקנותו היה אומר: "שבעים שנה אני עובד את ה', ועוד לא הגעתי למילה אחת של אמת; הקב"ה צריך לרחם על איש זקן כמוני ולתת לו מתנת חינם".

עַל הַנִּיצוֹץ שֶׁבְּנַפְשׁוֹ. והרחמים בעבודת ה', כפי שנאמר, אינם על הוויית האדם, על ה'אני' שלו, אלא על הניצוץ האלוקי, על החלק האלוקי, שנמצא בגלות בתוכו.

שֶׁהִיא, מידת רחמים זו, היא **מִדָּתוֹ שֶׁל יַעֲקֹב,** שעליה נאמר **"מַבְרִיחַ מֵהַקָּצֶה אֶל הַקָּצֶה",**[33] **דְּהַיְינוּ מֵרוּם הַמַּעֲלוֹת עַד לְמַטָּה מַטָּה.** האבות, אברהם יצחק ויעקב, מבטאים שלושה קווים בעבודת ה':[34] קו החסד, קו הגבורה וקו הרחמים. את הקווים הללו מסמלים הבריחים של המשכן: הבריח העליון, הבריח התחתון והבריח האמצעי, שעליו כתוב שהוא "מבריח מן הקצה אל הקצה". הבריח התיכון הוא מידת הרחמים, מידתו של יעקב, שהיא המידה הממוצעת בין החסד והגבורה. נמצא שדווקא מידת הרחמים היא זו שיכולה להגיע למעלה מעלה עד אין קץ ולמטה מטה עד אין תכלית.[35] לכל מידה אחרת יש הגבלות, ורק מידת הרחמים אינה מוגבלת: הן כלפי מעלה, משום שכלפי הקב"ה גם המהויות העליונות ביותר זקוקות לרחמים; והן כלפי מטה, במובן זה שגם הברייה השפלה ביותר עדיין יכולה לקבל רחמים.

כאמור, על ידי התעוררות הרחמים ניתן **לְהַמְשִׁיךְ אֱמֶת ה' לָעוֹלָם הַשָּׁפֵל הַזֶּה הֶחָשׁוּךְ.**

הדברים. יכול להיות שהוא אינו נראה שונה, אבל החותם הופך אותו להיות שונה במהות מכל הדברים. אם יש לאדם רגע אחד של נקודה כזו, הרגע הזה קובע אחר כך לגבי כל ההוויה, אם הייתה זו הוויה אמיתית, התייחסות אמיתית. דברים אחרים הם 'מעין', 'כמו', 'אפשר לשער', 'בדומה' – אבל הדבר הזה הוא אמת.

אסור לרחם עליו מה שנאמר במקומות אחרים, שיש אנשים שאסור לרחם עליהם,[36] אינו מבטא מגבלה של מידת הרחמים, אלא להפך: דווקא משום שאין גבול לרחמים צריך לאסור לרחם עליהם. את האהבה אין אנו צריכים להגביל באופן חיצוני, מפני שאם פלוני הוא משוקץ ומתועב, ממילא אין אוהבים אותו – אבל לרחם אפשר על כל אחד.

וכמו שכתוב כי אשב בחשך ה' אור לי וזהו כי גבר עלינו חסדו כו'. אך התעוררות רחמים רבים לפני ה' צריכה להיות גם כן באמת וגם כשהוא באמת שלו איך יוכל על ידי אמת שלו לעורר רחמים עליונים מאמת ה'.

אך העצה לזה היא מדת הצדקה שהיא מדת הרחמים על מאן דלית ליה מגרמיה להחיות רוח שפלים כו' ובאתערותא דלתתא אתערותא

כלומר, על ידי התפילה והבקשה בהתעוררות הרחמים אנו יכולים להגיע לנקודה של עבודה בבחינת האמת; להגיע לנקודה של מגע, לרגע אחד של אהבה ושל יראה שתהיה בבחינת "לעבדך באמת".

וּכְמוֹ שֶׁכָּתוּב: "כִּי אֵשֵׁב בַּחֹשֶׁךְ ה' אוֹר לִי" (מיכה ז,ח). שגם בחושך של העולם השפל הזה מאירה האמת האלוקית על ידי מידת הרחמים.

וְזֶהוּ שכתוב במקום אחר: **"כִּי גָבַר עָלֵינוּ חַסְדּוֹ** וֶאֱמֶת ה' לְעוֹלָם **כוּ'"** (תהלים קיז,ב). "גבר עלינו חסדו" פירושו: מעבר למידה שאנחנו זכאים לה. וזה מה שאנו מבקשים בהתעוררות הרחמים: שמידת האמת, אמת ה', תגיע עד לדרגה הזו שאנו נמצאים בה, הגם שאיננו זכאים ולא מגיע לנו. הרחמים הם אפוא הכלי לקבל את מתנת האמת.

אַךְ הִתְעוֹרְרוּת רַחֲמִים רַבִּים לִפְנֵי ה' צְרִיכָה לִהְיוֹת גַּם כֵּן בֶּאֱמֶת. כשאדם בא לעורר את מידת הרחמים כדי להמשיך "אמת ה' לעולם", אל ה'אני' הקטן, הנמוך והשפל וכו', התנאי הוא שזה צריך להיות במידת האמת. לא די שאדם יאמר את הנוסח שכתוב

מידת האמת גם היא מקצה לקצה מידתו של יעקב עוברת מן הקצה אל הקצה גם בבחינת האמת.[37] בכל הוויה ובכל דרגה במציאות יש נקודת אמת משלה. וכמו הרחמים גם האמת יכולה לרדת עד למטה מטה, משום שדבר הוא אמת גם אם אין אוהבים אותו וגם אם אין מסכימים אתו. אנחנו יכולים להיות נגד, אנחנו יכולים לא לקבל, אנחנו יכולים גם לא להסתכל, והדבר עדיין אמת.

האמת, כמו הרחמים, היא הקו האמצעי העובר מבעד לכל אלה, ומבריח מן הקצה אל הקצה. מעין זה אפשר למצוא גם בתחומי מחשבה אחרים, מושגים שעוברים זה ליד זה ואינם נחתכים, אינם מגבילים זה את זה. כך קו האמת עובר דרך כל ההוויות ואינו נפגם ואינו משתנה מהן; אם דבר הוא נכון – הוא נכון; אם דבר הוא אמת – אין שום דבר שיכול לעשותו ללא־אמת. זהו חותמו של הקב"ה.

לכל אשר יקראוהו באמת כבר עמדו על כך, שכל הפסוקים במזמור קמה בתהלים ('אשרי') בנויים משני חלקים המשלימים ומוסיפים זה על זה. יוצא מן הכלל הוא פסוק יח, שחלקו השני אינו מוסיף אלא מגביל ומתנה על חלקו הראשון: "קרוב ה' לכל קֹראיו" – ואז באה ההגבלה, "לכל אשר יקרָאֻהו באמת". כאשר קוראים אל ה' שיפנה אלינו, שירחם עלינו, שייתן לנו אהבה ויראה מלמעלה – התנאי הוא שתהיה הבקשה באמת.[38]

ויש לשאול: וכי אפשר שהבקשה והתפילה בעניין זה לא יהיו באמת? גם בזה יש דרגות, ואמנם הדרגה הראשונית, המצויה יותר, היא

בסידור, אלא הוא צריך לומר את הדברים באמת, באופן שהם מבטאים את נקודת האמת שלו – את החסר האמיתי שלו, את הרצון האמיתי, את הבקשה באמת.

וְגַם כְּשֶׁהוּא בֶּאֱמֶת שֶׁלּוֹ, אֵיךְ יוּכַל עַל יְדֵי אֱמֶת שֶׁלּוֹ לְעוֹרֵר רַחֲמִים עֶלְיוֹנִים מֵאֱמֶת ה'? כפי שנאמר, יש "אמת ה'" ויש אמת של האדם. אדם יכול להגיד דבר שהוא אמת מבחינתו, ואפילו מבחינה אנושית כללית, אבל הוא איננו אמת ה'. אנו מבקשים באמת שלנו, היחסית והמוגבלת, דבר שהוא מעל ומעבר, מוחלט ואין סופי. אנו מבקשים מגע עם המוחלט, אבל מתוך התייחסות שהיא בעצמה מוגבלת ואנושית. כיצד ניתן על ידי כך לעורר ולהגיע אל האמת האלוקית?

אַךְ הָעֵצָה לָזֶה, כיצד לצאת מן המבוך, **הִיא מִדַּת הַצְּדָקָה.** כאן חוזר אדמו"ר הזקן לנקודה שבה פתח את האיגרת, ל"זורע צדקה". לבעיה הזו שאין לה פתרון מכוח החוויה האנושית יש פתרון בתחום המעשה. שכן, כפי שנאמר, החוויה הנפשית שיכול האדם להגיע אליה מתוכו תהיה תמיד חוויה סובייקטיבית. ולעומת זאת, המעשה בפועל הוא מעשה אובייקטיבי שנעשה בעולם, בלי קשר לכל מה שאדם מרגיש.

שֶׁהִיא מִדַּת הָרַחֲמִים עַל מַאן דְּלֵית לֵיהּ מִגַּרְמֵיהּ (על מי שאין לו מעצמו) כלום. צדקה היא כאשר נותנים למי שאין לו לשלם עבור מה שנותנים לו.

לְהַחֲיוֹת רוּחַ שְׁפָלִים וּלְהַחֲיוֹת לֵב נִדְכָּאִים (ישעיה נז,טו). מטרת הצדקה היא להחיות ולרומם את השפל. כאשר נותנים צדקה במידת הרחמים אין בודקים מיהו המבקש. את האיש הרעב אין אנו שואלים – האם הוא ראוי לקבל? האם חטאיו גרמו לו? אם הוא רק שפל, אם הוא רק חסר – הרי הוא ראוי לרחמים וראוי לקבלת הצדקה.

שאדם משקר – כלומר שהוא אומר דבר אחד ומתכוון לדבר אחר, כגון כאשר הוא קורא מה שכתוב בסידור והדברים אינם נוגעים לו כלל. אם מתבוננים בדברים שכתובים בסידור, אלו דברים נוראים: הצהרות גדולות, התחייבויות, דברים אינטימיים, שאדם לא היה מעז להגיד כמותם לאדם אחר בלי להתכוון ברצינות, בלי שתהיה לדברים נגיעה בהווייתו הפנימית. אבל כשאומרים את אותם הדברים מתוך הסידור, יש לנו 'היתר' של חז"ל: צריך להתפלל שלוש פעמים ביום, צריך בכל יום להגיד כל מה שכתוב בסידור. וכשיום אחר יום אדם מתפלל ומשבח ומבקש בשקר, הוא לומד שככה צריך.

האמת אינה משתנה במקומות אחרים מגדיר אדמו"ר הזקן את האמת כמה שאינו משתנה; הרגשה וחוויה שאינה עומדת בכל דרגה ובכל זמן, איננה באמת. כפי שנזכר כמה פעמים, העובדה שאדם יכול להתפלל ומייד לאחר מכן לחשוב ולעשות דברים אחרים (ואפילו לחטוא), היא סימן שהתפילה לא הייתה אמת. ואין מדובר במי שרק מוציא את המילים מפיו, כהבל בלבד, אלא גם בזמן שהייתה חוויה – אם לאחריה יכול אדם לחזור למה שהיה לפניה, כאילו לא התפלל, סימן שהחוויה לא הייתה ב"אמת ה'".[39] שכן ברגע שדבר הוא בשביל אדם בהירות אמיתית, הוא איננו יכול לסטות מהבהירות הזו; ואולם כל עוד החוויה היא חוויית האמת הסובייקטיבית שלו, באותו רגע ובאותו מצב, עד כמה שהוא יכול להגיע – הוא עדיין נמצא באותו פער בלתי ניתן לגישור שבין האמת שלו לאמת ה'.

דלעילא ה' מעורר ישנים ומקיץ נרדמים הם בחינת רחמים רבים וחסדים עליונים הנעלמים לצאת מההעלם אל הגילוי והארה רבה לאור באור החיים אמת ה' לעולם (וזה) [וזהו] לשון זריעה הנאמר בצדקה להצמיח אמת העליון אמת ה' ובפרט בצדקה וחסד של אמת שעושים עם ארץ הקדש תבנה ותכונן במהרה בימינו אמן לקיים מה שכתוב אמת מארץ תצמח על ידי זריעת הצדקה בה וחסד ורחמים רבים הנאספים ונלקטים לתוכה הם מעוררים גם כן חסדים עליונים הצפונים ונעלמים (בנוסח אחר בה)

הבעיה שאדמו"ר הזקן בא לפתור היא, איך להביא לאובייקטיביזציה של הרחמים. כל עוד אדם מרחם על עצמו בתוך עצמו, כל זמן שמידת הרחמים שלו מתבטאת בכך שהוא חווה רגש של רחמים, הוא נמצא בתחום הסגור של נפשו. אולם ברגע שהוא נותן צדקה בפועל למי שהצדקה נחוצה לו, הוא עושה דבר שיש לו קיום אמיתי, אובייקטיבי, ואשר איננו קשור כלל לדרגת החוויה שהייתה לו. נתינת הצדקה נוגעת, במובן זה, ב"אמת ה'"; היא כבר איננה 'אמת שלו' בלבד, היא נוגעת באמת האמיתית האובייקטיבית, אמת ה'. החוויה היא 'אמת שלו', אבל המעשה הוא ממשי, אובייקטיבי בכל קנה מידה, ולכן הוא בבחינת "אמת ה' לעולם".

וּבְאִתְעָרוּתָא דִּלְתַתָּא אִתְעָרוּתָא דִּלְעֵילָּא, על ידי התעוררות מלמטה, כשאדם נותן צדקה לאדם אחר שאין לו, באה התעוררות של מעלה, של צדקה **שֶׁה' מְעוֹרֵר יְשֵׁנִים וּמֵקִיץ נִרְדָּמִים,**[40] **הֵם בְּחִינַת רַחֲמִים רַבִּים וַחֲסָדִים עֶלְיוֹנִים הַנֶּעֱלָמִים, לָצֵאת מֵהַהֶעְלֵם אֶל הַגִּילּוּי, וְהֶאָרָה רַבָּה לֵאוֹר בְּאוֹר הַחַיִּים**[41] **אֱמֶת ה' לְעוֹלָם.** ה"רחמים רבים" ו"חסדים עליונים הנעלמים" הם מה שקוראים המידות שבכתר, המידות שבאריך אנפין, שלמעלה מבחינת חכמה ובינה.[42] המידות הללו הן, במובן מסוים, מידותיו של הקב"ה עצמו; לא המידות שבהן מונהג העולם בפועל אלא המידות הנעלמות, העצמיות שלו. והמידות הללו, שהן "אמת ה'", הן 'ישנות', כלומר אינן מתגלות למטה, בדרך הנהגת העולם. אבל על ידי התעוררות מלמטה הן 'מתעוררות' מהשינה, לצאת מההעלם ולהאיר בהארה הנגלית באמת ה'.

וְזֶהוּ לְשׁוֹן זְרִיעָה הַנֶּאֱמַר בִּצְדָקָה. כמובא בתחילת האיגרת: "זורע צדקה שכר אמת". עניינה של הזריעה, כמו בזריעת הזרע בארץ הגשמית, הוא שאדם משקיע בדברים,

הצדקה היא אמת ה' יותר משאר המצוות כל המצוות המעשיות מוציאות את האדם מגדרי החוויה הנפשית האישית, ונוגעות בעולם האובייקטיבי, ואולם מצוות הצדקה מיוחדת בכך שהיא אינה רק משיקה לעולם אלא עוברת אליו כולה. כאשר אדם מניח תפילין, זהו גם מעשה אובייקטיבי; כשאישה מדליקה נרות שבת, היא מדליקה נרות אובייקטיביים. ואולם (מעבר לשאלה אם התפילין היו כשרות וכיוצא בזה) מבחנן של המצוות הללו הוא בשמיים. מבחינה אובייקטיבית הנחת התפילין לא עשתה שום שינוי בעולם שלנו; כל השינוי, המשמעות של המצווה הזו, נמצא בעולמות העליונים, הרוחניים. אמנם אדם עשה את

ומה שהוא מרווית, מה שצומח, הוא בריבוי גדול על ההשקעה. הצדקה אף היא במובן זה זריעה; אדם נותן משהו בתוך הגשמיות והוא זוכה **לְהַצְמִיחַ אֱמֶת הָעֶלְיוֹן, אֱמֶת ה׳**. כפי שנאמר, האמת העליונה אינה יכול להגיע אלא במתנה ולא כשכר, כי אין שום דבר שאדם יכול לעשות שיהיה בערך לאמת ה׳. אף על פי כן, יש מעשה שהוא בבחינת אתערותא דלתתא לאמת ה׳. כלומר, אין הוא תוצאה ישירה של אותו מעשה, אבל הוא מתאפשר על ידו, הוא מכין את הכלי שבו יוכל הדבר לחול. והמשל לזה הוא הזריעה. אנחנו ׳זורעים׳ צדקה, ולכאורה התוצאה היא שהכסף שלנו הלך לפלוני, אבל באתערותא דלתתא אתערותא דלעילא – מצמיחה אותה הצדקה הזו אצלנו משהו גדול לאין ערוך, בבחינת ״אמת ה׳״.

וּבִפְרָט בִּצְדָקָה וְחֶסֶד שֶׁל אֱמֶת שֶׁעוֹשִׂים עִם אֶרֶץ הַקֹּדֶשׁ, תִּבָּנֶה וְתִכּוֹנֵן בִּמְהֵרָה בְּיָמֵינוּ אָמֵן. כאמור, מבחינה מעשית נועד המכתב לעורר על נתינת הצדקה בעיקר לצורך היישוב החסידי שבארץ ישראל. קבוצת החסידים שעלתה לא מכבר הייתה זקוקה לתמיכה, ורבי מנחם מענדל מוויטבסק[43] שעמד בראש הקבוצה מינה את אדמו״ר הזקן על איסוף הכספים עבורם.[44] הדבר לא היה פשוט, שכן ליושבי חוץ לארץ, שחיו בעצמם במחסור מתמיד, היה צריך להסביר מדוע הם צריכים להעביר את הצדקה לארץ רחוקה ולבעיות שהיו רחוקות מהם.

לְקַיֵּם מַה שֶּׁכָּתוּב: ״אֱמֶת מֵאֶרֶץ תִּצְמָח״ (תהלים פה,יב)**, עַל יְדֵי זְרִיעַת הַצְּדָקָה בָּהּ**, בארץ ישראל. אדמו״ר הזקן מדבר על הצד הרוחני של מצוות הצדקה, שאותו מקבל מי שנותן את הצדקה. הצדקה היא כמו הזריעה, המצמיחה את המידות במידת האמת – את המידות האמיתיות, האלוקיות. הזריעה היא בארץ ועיקר הארץ היא ארץ ישראל, שהיא שלמות בחינת הארץ, ועל כן שלמות הצמיחה היא כאשר הזריעה היא בארץ ישראל. ׳ארץ׳ היא תמיד בחינת המלכות. יש ׳ארץ תחתונה׳ ו׳ארץ עליונה׳, שהיא המלכות העליונה, וארץ ישראל היא המכוונת והמתאימה בכל הדרגות כלפי הארץ העליונה,[45] באופן שהיא עליונה לגבי שאר הארצות – שכולן מקבלות דרכה את ההשפעה מן הארץ העליונה. ומשום כך זריעת הצדקה בארץ ישראל דווקא מצמיחה את האמת ביתר שאת ובאופן כללי ופנימי יותר.

וְחֶסֶד וְרַחֲמִים רַבִּים הַנֶּאֱסָפִים וְנִלְקָטִים לְתוֹכָהּ, הֵם מְעוֹרְרִים גַּם כֵּן חֲסָדִים עֶלְיוֹנִים הַצְּפוּנִים וְנֶעֱלָמִים (בְּנוּסַח אַחֵר: בָּהּ). כפי שהוסבר, על ידי מעשה הצדקה, שזורעים

המעשה הפיזי כהלכתו, אבל מה שקובע את רמתו, עד כמה היה אמיתי, זו בחינת האמת שלו. לעומת זאת, ערכה של מצוות הצדקה נקבע לא על ידי העושה אלא על ידי מקבל הצדקה; ומקבל הצדקה הוא קודם כל בשר ודם בעולם שלנו. מצוות הצדקה אינה צריכה לפעול על מלאכים עליונים, שאין בידינו קנה מידה לגביהם ואין אנו יכולים להעריך מה באמת פעלנו; במעשה הצדקה אנו יודעים: שפלוני לא היה לו לחם ועכשיו יש לו לחם. המעשה הזה הוא לפיכך ביטוי של מידת הרחמים באמת, שכבר אינה רק אמת שלו; ובאותה שעה יכולים רחמים אלו לעורר גם את הרחמים שמבחינת ״אמת ה׳״.

כמו שכתוב אשר צפנת כו׳ לכוננה ולהקימה וזהו שכתוב בצדקה תכונני:

חסד ורחמים בארץ, בגשמיות ובפועל ממש, מעוררים את החסדים העליונים הנעלמים, שיושפעו לנו ברחמים ובבחינת מתנה מלמעלה.

כְּמוֹ שֶׁכָּתוּב: "מָה רַב טוּבְךָ **אֲשֶׁר צָפַנְתָּ** כו׳" (תהלים לא,כ). "רב טובך" הוא הטוב שלך, השכר הצפון והנעלם דווקא.[46] כפי שהוסבר, הצמיחה היא במהותה מן ההעלם. אדם זורע גרעין והגרעין נעלם בארץ, כביכול מפסיק להתקיים. ואחר כך צומח צמח שלם, אילן נושא פירות, שאינם בדמותו ובערכו של הגרעין כלל. כך זריעת הצדקה בארץ, גם אם לא הייתה במידת האמת, מצמיחה את האהבה והיראה הבאות מלמעלה, מהאין סוף, במידת האמת שלהן.

לְכוֹנְנָהּ וְלַהֲקִימָהּ, וְזֶהוּ שֶׁכָּתוּב: "בִּצְדָקָה תִּכּוֹנָנִי" (ישעיה נד,יד), את הארץ. כאשר זורעים בארץ מקימים לא רק את פלוני המקבל (ואת הנותן) אלא את הארץ, השכינה, עצמה. ובייחוד, צדקת ארץ ישראל קשורה ישירות להקמת השכינה מעפרה. ארץ ישראל בין הארצות היא המקבילה של כנסת ישראל בהיקף האנושי ושל השכינה בהיקף אחר. ולכן כאשר אדם בונה את הארץ הגשמית, כשהוא נותן צדקה ליושביה, הוא מקים את הארץ לא רק במובן הגשמי המצומצם, אלא הוא מקים את הארץ העליונה ואת כללות הקומה של כנסת ישראל בכל המשמעויות ובכל הדרגות עד למעלה מעלה.

איגרת זו עסקה בשתי נקודות עיקריות. הנקודה האחת הייתה לבאר איך עובדים את ה׳ במידת הרחמים – וכי יש מקום לרחם, כביכול, על הקב״ה? והוסבר שהרחמים הם על הניצוץ האלוקי שבתוכנו, על חלק אלו־ה ממעל שנמצא בכל מיני מקומות נמוכים ובזויים שהאדם מכניס אותו לשם. כמו שתיארו זאת במשנה (סנהדרין פרק ו משנה ה): "בשעה שאדם מצטער שכינה מה הלשון אומרת כביכול? – קלני מראשי, קלני מזרועי" (אוי לי מראשי אוי לי מזרועי). כלומר, השכינה מצטערת בצערו של אדם מישראל משום שהאדם מישראל הוא איבר של השכינה. וכך צריך גם אדם לראות את עצמו, לא כדבר לעצמו אלא כחלק השכינה. אמרו שהתפילה הגבוהה ביותר שאדם יכול להתפלל על עצמו היא כאשר הוא מבקש 'למען שמו', כשהוא מרגיש רחמים על הניצוץ האלוקי, על איבר השכינה שנמצא בתוכו, ומבקש בשבילו.[47] כמו שכתוב: "עמו אנכי בצרה" (תהלים צא,טו) ו"בכל צרתם לו צר" (ישעיה סג,ט); הקב״ה כביכול משתתף איתנו בצרה, ואנחנו כביכול משתתפים איתו בביזיון. צערו של העולם, בכל צורותיו, מקבל כעת משמעות עמוקה יותר, באשר הוא בעצם צערו של הקב״ה. צערו של האדם, חסרונו, הוא חסרונה של השכינה, והרחמים שהוא מבקש הם לכן, בסופו של דבר, על שכינתו של הקב״ה. זוהי העבודה במידת הרחמים.

הנקודה השנייה הייתה נקודת האמת: כיצד יכול אדם להגיע אל מעבר לחוויות הסובייקטיביות שלו, למרות שהן אמיתיות מבחינתו, אל חוויות אמיתיות במוחלט, שהן ב"אמת ה׳"? והתשובה היא קודם כול לבקש רחמים, כי בחינה זו אינה יכולה לבוא אלא

במתנה מלמעלה. ועוד, שבקשת הרחמים צריכה להיות באמת (כפי הכלל ש'אתערותא דלתתא' צריכה תמיד להיות מעין 'אתערותא דלעילא' שרוצה להמשיך[48]). והדרך לעשות זאת היא בנתינת הצדקה, בבחינת "זורע צדקה שכר אמת". הסבר זה הוא מעין מאמר חז"ל: "פתחו לי פתח אחד של תשובה כחודה של מחט וכו'" (שיר השירים רבה ה,ב). הדימוי הזה הוא כפול משמעות. החור של המחט הוא קטן, אבל הוא עובר מקצה לקצה. וכך אומר הקב"ה: אתם פתחו לי פתח, קטן ככל שיהיה – ובתנאי שיהיה מפולש, שיעבור מקצה אחד לקצה השני – ועל ידי זה ייפתחו לכם כל שאר הפתחים. השאלה היא איך יכול אדם לפתוח פתח שיהיה באמת מפולש לצד השני? שהרי לכאורה אנחנו סגורים במבוך ללא מוצא; אנו עובדים בעצמנו על עצמנו בתוך עצמנו, וכל מה שאנו יכולים לראות ולחוות הוא בעצם רק מה שמשתקף בתוך ההוויה שלנו. כיצד, אם כן, ניתן להגיע לנקודה של בהירות שעוברת מעבר לנו? והתשובה היא: על ידי שאדם מעורר רחמים בפועל ממש, על ידי מעשה בתוך המציאות האובייקטיבית, הגשמית – הוא עושה דבר שהוא באמת מפולש מקצה לקצה. אפילו שהוא קטן שבקטנים בערך העולמות, הוא נוגע בנקודה אובייקטיבית שעוברת מעבר לכל העולמות, אל האלוקי. ומאותה נקודה יכולים עכשיו להיכנס גם הדברים הגדולים באמת, שהם החסדים העליונים – "רב טובך אשר צפנת ליראיך".

איגרת ז

איגרת זו,[1] אף היא מהאיגרות המזרזות ומחזקות לנתינת הצדקה עבור החסידים שבארץ ישראל. אכן, בתוכנה הפנימי, כפי שהיא מופיעה כאן, היא מאמר חסידות בפני עצמו העוסק בנושא מוגדר אחד: הקשרים המיוחדים שבין המצוות והנשמות. מעבר לקשר הכולל, העקרוני, שבין כלל המצוות לכלל הנשמות, יש גם קשרים פרטיים, אישיים, של מחויבות ושל גורל, בין נשמות מסוימות למצוות מסוימות. הדברים מבוססים על ביאורם של כמה פסוקים שזוכים כאן להארה חדשה.

האגרת נכתבה בשנת תקנ"ח, כפי הנראה מסיום האיגרת (שאינו מופיע ב'איגרת הקודש' שבתניא[2]).

איגרת ז

כא אב פשוטה
כג אב מעוברת

אשרינו מה טוב חלקנו ומה נעים גורלנו כו׳ ה׳ מנת חלקי וכוסי וגו׳. חבלים נפלו לי וגו׳. להבין לשון חלקנו וגורלנו צריך לבאר היטב לשון השגור במאמרי רבותינו זכרונם לברכה אין לו חלק באלהי ישראל כי הגם דלכאורה לא שייך לשון חלק כלל באלקות יתברך שאינו מתחלק לחלקים חס ושלום. אך הענין כמו שכתוב ביעקב ויקרא לו אל אלהי ישראל פירוש כי הנה באמת הקדוש ברוך הוא כשמו כן הוא כי אף דאיהו ממלא כל עלמין עליונים ותחתונים מרום המעלות עד מתחת לארץ הלזו החומרית כמו שכתוב הלא את השמים ואת הארץ אני מלא אני ממש דהיינו מהותו ועצמותו כביכול ולא כבודו לבד

בסדר התפילה אומרים: **"אַשְׁרֵינוּ מַה טּוֹב חֶלְקֵנוּ וּמַה נָּעִים גּוֹרָלֵנוּ** וּמַה יָּפָה יְרֻשָּׁתֵנוּ".[3] וכן בכתוב: **"ה' מְנָת חֶלְקִי וְכוֹסִי** אַתָּה תּוֹמִיךְ גּוֹרָלִי" (תהלים טז,ה). ובפסוק הבא אחריו: **"חֲבָלִים נָפְלוּ לִי** בַּנְּעִמִים אַף נַחֲלָת שָׁפְרָה עָלָי". "חבלים" הם החלקים,[4] או המחוזות,[5] אשר נפלו בחלקי.

לְהָבִין לְשׁוֹן "חֶלְקֵנוּ" וְ"גוֹרָלֵנוּ". הצד השווה בכל המובאות הללו הוא ה'חלק' וה'גורל' שלנו. שהרי מן הכתוב משמע שיש דבר, 'חלק', שאנו מקבלים כמו בגורל, דבר השייך ומגיע לאדם פלוני ואינו מגיע לאדם אחר; כמין הארה מיוחדת, מתנה טובה, שאנו מקבלים מהקב"ה. והשאלה היא מה משמעות הביטויים הללו, "חלקנו" ו"גורלנו", בהקשר הזה ובכלל. וכדי להבין את הדברים צריך להקדים ולהסביר דברים בהיקף רחב יותר.

צָרִיךְ לְבָאֵר הֵיטֵב לָשׁוֹן הַשָּׁגוּר בְּמַאַמְרֵי רַבּוֹתֵינוּ זִכְרוֹנָם לִבְרָכָה: אֵין לוֹ חֵלֶק בֵּאלֹהֵי יִשְׂרָאֵל.[6] כאשר אדם עושה מעשה חמור ביותר, אומרים ש"אין לו חלק באלוקי ישראל". הביטוי אמנם שגור, אבל שגירותו אינה מסבירה אותו. עיקר הבעיה הוא כיצד להבין את הביטוי "חלק" לגבי הקב"ה.

כִּי הֲגַם דְּלִכְאוֹרָה, לֹא שַׁיָּיךְ לְשׁוֹן חֵלֶק כְּלָל בֶּאֱלָקוּת יִתְבָּרֵךְ, שֶׁאֵינוֹ מִתְחַלֵּק לַחֲלָקִים חַס וְשָׁלוֹם. ניתן לדבר על חלק ונחלה בארץ, כי הארץ מתחלקת לחלקים; אך איך ניתן לדבר על חלק באלוקי ישראל? וכי האלוקי מתחלק לחלקים, שאפשר לומר שלפלוני יש חלק בו?

להבין לשון השגור סוג שאלה כזה הוא אופייני לדרך החסידות, ויותר מזה הוא במובן מסוים אחת ההגדרות של חסידות בכלל. נקודת החסידות אינה בחידושים, אלא ביכולת לראות בדברים ישנים משמעות חדשה. זו היכולת לקחת דבר שכל אדם מכיר, דבר שרואים אותו כל החיים – ולראות אותו באופן אחר. לשאול עליו את השאלה: מה

אַךְ הָעִנְיָן, לביאור העניין צריך להקדים ולבאר פסוק אחר, שגם הוא קשה להבנה. **כְּמוֹ שֶׁכָּתוּב בְּיַעֲקֹב: "וַיַּצֶּב שָׁם מִזְבֵּחַ וַיִּקְרָא לוֹ אֵל אֱלֹהֵי יִשְׂרָאֵל"** (בראשית לג,כ). המפרשים כולם מתקשים בהבנתו של פסוק זה – מי קרא למי? רש"י מפרש כפשוטו, שיעקב קרא למזבח על שום הנס, שיהיה שבחו של הקב"ה נזכר בקריאת שם המזבח. ולפי זה פירוש השם הוא: מי שהוא א־ל הוא אלוקים לי, ששמי ישראל (רמב"ן שם). ואולם, כפי שגם רש"י מביא בהמשך, חז"ל מפרשים אחרת: שהקב"ה, "אלהי ישראל", קרא ליעקב "אל" (מגילה יח,א). פירוש זה הוא תמוה ביותר, שהרי איך אפשר לקרוא לאדם בכינוי כזה? ואכן, בהמשך האיגרת יבאר המחבר את הדברים ואף יחזור לבאר פסוק זה עצמו. וקודם לכן, כדי לבאר כל זאת, יש להקדים ולברר כמה נקודות ביסודות האמונה:

פֵּירוּשׁ, כִּי הִנֵּה בֶּאֱמֶת הַקָּדוֹשׁ בָּרוּךְ הוּא כִּשְׁמוֹ כֵּן הוּא. "הקדוש ברוך הוא", הכינוי המצוי בפי חז"ל, הוא בתוך עצמו הגדרה שיש בה לכאורה שתי אמירות סותרות. הוא 'קדוש', כלומר זה שנבדל, שנמצא מהעבר האחר של המציאות ואיננו מתחבר לשום דבר אחר במציאות;[7] והוא 'ברוך', שהוא נמשך למטה בתוך הדברים.[8] לכאורה היה מקום לומר, שאם הוא נמשך בעולמות הוא איננו באמת 'קדוש' ונבדל מהם; ואם הוא 'קדוש' הוא איננו מצוי ממש בעולמות. ואת זה בא לומר הכינוי: שכן הוא קדוש וברוך גם יחד.

כִּי אַף דְּאִיהוּ (שהוא) **מְמַלֵּא כָּל עָלְמִין** (ממלא את כל העולמות), **עֶלְיוֹנִים וְתַחְתּוֹנִים, מֵרוּם הַמַּעֲלוֹת עַד מִתַּחַת לָאָרֶץ הַלֵּזוּ הַחוּמְרִית. כְּמוֹ שֶׁכָּתוּב: "הֲלֹא אֶת הַשָּׁמַיִם וְאֶת הָאָרֶץ אֲנִי מָלֵא"** (ירמיה כג,כד). במקומות אחרים בחסידות[9] מדובר על כך שיש שני פסוקים שהם לכאורה דומים, אך נבדלים במשמעותם: הפסוק שנזכר כאן, "הלא את השמים ואת הארץ אני מלא", והפסוק מספר ישעיה (ו,ג): "מְלֹא כל הארץ כבודו". לכאורה שניהם מדברים בכך שהקב"ה ממלא את כל העולמות, ואולם האחד מדבר על "אני", כלומר הקב"ה בעצמו; והשני מדבר על "כבודו" בלבד. כבודו הוא הארה, השראה, התייחסות כלפיו (והדבר מודגש עוד יותר בתרגום יונתן "זיו יקריה" – רק זיו והארה ממנו בלבד). והבדל נוסף, שהכתוב הראשון מדבר על השמיים והארץ, על עליונים ותחתונים כאחד, בעוד הכתוב השני, "מלא כל הארץ כבודו", מדבר על הארץ דווקא. ומבואר שהכתוב "מלא כל הארץ כבודו" מדבר על 'אור הממלא כל עלמין', לאמור החיות האלוקית הממלאה ומחיה כל דבר בתוך מציאותו, ההארה הנכנסת ומחיה אותו בתוך גבולותיו ומהותו המיוחדת לו. הארה זו כמובן אינה מהותו ועצמותו של הקב"ה, אלא רק כוח מסוים המתפשט ממנו להחיות את הנבראים. לעומת זאת בכתוב השני, "אני מלא", פירושו 'אני עצמי', 'אני ממש', ולכן אין הוא מדבר על בחינת 'ממלא כל עלמין', אלא על הקב"ה עצמו, **"אֲנִי" מַמָּשׁ, דְּהַיְינוּ מַהוּתוֹ וְעַצְמוּתוֹ כִּבְיָכוֹל וְלֹא כְּבוֹדוֹ לְבָד.** הרי שהקב"ה

בעצם משמעותו של דבר זה? מה זה אומר לי? כך נוהג אדמו"ר הזקן כאן, לגבי הביטוי המקובל "אין לו חלק באלוקי ישראל", כאשר הוא מעלה את השאלה: מה זאת אומרת "חלק באלוקי ישראל"? בהסברת הדברים הללו, ובמשמעות שיש להם עבור כל אחד, תעסוק איגרת זו.

אף על פי כן הוא קדוש ומובדל מעליונים ותחתונים ואינו נתפס כלל בתוכם חס ושלום כתפיסת נשמת האדם בגופו על דרך משל כמו שנתבאר במקום אחר באריכות. ולזאת לא היו יכולים לקבל חיותם ממהותו ועצמותו לבדו כביכול רק התפשטות החיות אשר הקדוש ברוך הוא מחיה עליונים ותחתונים הוא על דרך משל כמו הארה מאירה משמו יתברך שהוא ושמו אחד וכמו שכתוב כי נשגב שמו לבדו רק זיוו והודו על ארץ ושמים וגו'.

בעצמו, ולא רק כבודו, ממלא את הכול, את הארץ ואת השמיים כאחד. התייחסות זו של הקב"ה בעצמו אל העולמות, אל השמיים והארץ, נקראת 'אור הסובב כל עלמין'. היא הארה אין סופית שמייצגת את הקב"ה כשלעצמו, שכל ההבדלים בין חלקי העולמות ודרגותיהם בטלים כלפיה ואינם נחשבים כלל, שכלפיה השמיים והארץ שווים כאחד.

אַף עַל פִּי כֵן, אור עצמי זה, למרות שהוא ממלא את כל המציאות לפרטיה, **הוּא קָדוֹשׁ**, והיינו **מוּבְדָל מֵעֶלְיוֹנִים וְתַחְתּוֹנִים.** כשם שהוא ממלא את העליונים והתחתונים הוא גם נבדל מהם בתכלית. 'קדוש' פירושו הנבדל בעצם, האחר לחלוטין, זה שנמצא מעבר לכל ההגדרות, שהוא נעלה לגמרי, שאין שום תווך בינו ובין דברים אחרים. הגדרת ה'קדוש' אינה מתייחסת כאן להרגשת הקדושה אלא למהותה העצמית, שהיא מעבר לכל התחומים, מעבר לעולמות העליונים והתחתונים כאחד ומעבר לכל דרגה ומציאות שהיא.

וְאֵינוֹ נִתְפָּס כְּלָל בְּתוֹכָם חַס וְשָׁלוֹם. הנבראים העליונים, ככל שיהיו עליונים, נתפסים בדרך כלשהי בתוך העולמות התחתונים; העולמות של מטה יכולים באופן מסוים לקלוט אותם, להיות כלי להם. אבל הקב"ה עצמו, אף על פי שהוא ממלא את הכול, כשלעצמו אינו נתפס ואינו נוגע בכלום.

כִּתְפִיסַת נִשְׁמַת הָאָדָם בְּגוּפוֹ, עַל דֶּרֶךְ מָשָׁל, כְּמוֹ שֶׁנִּתְבָּאֵר בְּמָקוֹם אַחֵר בַּאֲרִיכוּת.[10]
ההקבלה של היחס, בין הקב"ה והעולם ובין הנפש והגוף באדם, היא עתיקה ומופיעה אצל חז"ל כדימוי בשני הכיוונים.[11] ואף על פי כן, למרות ההקבלה והצדדים השווים, יש הבדל יסודי אחד. הנשמה לא רק מצויה בגוף וממלאה את הגוף, היא גם בונה עם הגוף יחסים וקשרים דו סטריים. הנשמה מחיה את הגוף, מפעילה את הגוף, אבל מצד שני הגוף מפעיל את הנשמה, או על כל פנים משפיע עליה. בין הגוף והנפש יש השפעה הדדית, יש אפילו הזדהות מסוימת, עד שה'אני' האנושי הוא בעצם הרכבה של הגוף והנפש גם יחד. כאשר הגוף רעב הנפש לא יכולה שלא להיות מושפעת, כאשר מישהו

אינו נתפס כלל בתוכם כמשל בלבד, גם במציאות הגשמית יש דברים שנמצאים בכל העולם ואף אחד לא מרגיש אותם. גלי רדיו נמצאים בכל מקום, כל חדר שאנו נמצאים בו מלא מהם – והראיה, שאם יביאו מכשיר שיכול לקלוט אותם נוכל גם לשמוע אותם. ומצד שני, אנו הולכים בתוכם ללא כל הפרעה, ואין זה משנה לגבינו כלל מה משדר גל הרדיו הזה, אם בכלל. גל הרדיו נמצא במובן מסוים 'קרוב', סביבנו ובתוכנו ובכל מקום, ויחד עם זה הוא 'רחוק', הוא לעולם אינו נתפס, אינו נפגש איתנו, הוא נבדל לחלוטין מאיתנו.

מקבל סטירה על פניו הגשמיות הנפש נפגעת אף יותר מהגוף. לכן נאמר שהנשמה 'נתפסת' בתוך הגוף. לעומת זאת, כאשר מדברים על הקב"ה והעולם, אף על פי ש"את השמים ואת הארץ אני מלא", שהווייתו מצויה בכל מקום ובכל עניין, אין היא נתפסת בתוך העולם. ההתייחסות בין הקב"ה והעולם היא חד סטרית לחלוטין. הווייתו ממלאה את המציאות, אבל המציאות אינה עוטפת אותה, אינה נוגעת בה. גם בהיותו קרוב מכל קרוב עדיין הוא רחוק מכל רחוק.

הקדושה, הנבדלות המהותית של הקב"ה, אינה רק כדברי קהלת (ה,א), "האלהים בשמים ואתה על הארץ", שהרי הקב"ה בעצמו אינו בשמיים יותר משהוא בארץ; הקב"ה ממלא גם את השמיים וגם את הארץ, ואף על פי כן הוא נבדל ובלתי נתפס, בארץ כמו בשמיים. הוא קיים לגביהם, שהרי כל הווייתם אינה אלא ממנו, אבל אין הם תופסים בו שום תפיסה ואין הם משפיעים בו מטוב ועד רע. ולכן, עם היותו ממלא ומחיה את הכול – הוא נשאר תמיד 'הקדוש', הרחוק והנבדל.

וּלְזֹאת לֹא הָיוּ יְכוֹלִים העולמות **לְקַבֵּל חַיּוּתָם מִמַּהוּתוֹ וְעַצְמוּתוֹ לְבַדּוֹ כִּבְיָכוֹל.** העולמות אינם יכולים לקבל את חיותם הפרטית באופן ישיר מן המהות האלוקית עצמה. מהותו ועצמותו הן הקדוש שנמצא מעבר, שכאשר מדברים עליו – שוב אין שום דבר אחר. בין העולם ובין מהותו העצמית של הקב"ה אין שום ערך, יש פער שאיננו ניתן לגישור בשום דרך ובשום מספר של צעדים. מהותו העצמית של הקב"ה איננה משמעותית לגבי פרטיו וממדיו של העולם; אין שום צד של דמיון שיכול להעמיד את מציאות העולם יחד עם מציאות הקב"ה, אין הם קיימים כלל באותו מישור של הוויה, ולכן אי אפשר לדבר על התייחסות ואי אפשר לדבר על השפעה.

רַק הִתְפַּשְּׁטוּת הַחַיּוּת אֲשֶׁר הַקָּדוֹשׁ בָּרוּךְ הוּא מְחַיֶּה עֶלְיוֹנִים וְתַחְתּוֹנִים הוּא עַל דֶּרֶךְ מָשָׁל כְּמוֹ הֶאָרָה מְאִירָה מִשְּׁמוֹ יִתְבָּרֵךְ. מה שמשפיע ומחיה את העולם כפי שהוא היא רק הארה. ואם לדייק, זו אף אינה הארה של המהות האלוקית עצמה אלא הארה של שמו. השם, כמו שמו של אדם, אף הוא סוג של הארה חיצונית. השם לא נצרך לאדם כשלעצמו אלא רק לאחרים לקוראו בשמו, להתייחס אליו. ועם זאת, השם נבדל מכל הארה אחרת בהיותו מצביע על האדם עצמו. כך שמו של הקב"ה בוודאי איננו הקב"ה, אבל הקורא אותו בשמו, מכוון למהותו ועצמותו דווקא.

שֶׁהוּא וּשְׁמוֹ אֶחָד. שמו של הקב"ה, שמו הגדול, הוא יותר מכינוי שבו אנו מכנים אותו; הוא הארה ראשונית הנובעת ממהותו ומעצמותו. מהות זו של השם היא אחת עם המהות העליונה לא משום שהיא זהה לה, אלא משום שהיא אינה נפרדת ממנה, וכמו שנאמר במדרש ש"עד שלא נברא העולם היה הקדוש ברוך הוא ושמו הגדול בלבד".12 כלומר, שאף על פי ששמו אינו מהותו ועצמותו, שהוא רק התגלות והארה, אף על פי כן הוא מעל ומעבר לכל העולמות ולכל המדרגות; ולכן יש בכוח הארה זו, של שמו הגדול, להחיות את כל העולמות.

וּכְמוֹ שֶׁכָּתוּב: "כִּי נִשְׂגָּב שְׁמוֹ לְבַדּוֹ" (תהלים קמח,יג). שגם שמו של הקב"ה הוא נשגב לבדו, נבדל מהבריאה. **רַק זִיווֹ**, או כלשון המשך הפסוק, **וְ"הוֹדוֹ עַל אֶרֶץ וְשָׁמָיִם וְגוֹ'".**

והארה זו מתלבשת ממש בעליונים ותחתונים להחיותם ונתפסת בתוכם על ידי ממוצעים רבים וצמצומים רבים ועצומים בהשתלשלות המדרגות דרך עלה ועלול וכו׳.

כב אב פשוטה **• והנה הארה זו אף שלמעלה היא מאירה ומתפשטת בבחינת בלי גבול**
ותכלית להחיות עולמות נעלמים לאין קץ ותכלית כמו שכתוב באדרא
כד אב מעוברת **רבא אף על פי כן ברדתה למטה על ידי צמצומים רבים להחיות הנבראים**

כלומר רק זיוו והודו של שמו על ארץ ושמיים. שמו של הקב״ה נמצא לבדו ואיננו מקבלים ממנו, אנו מקבלים רק הארה משמו, זיו מכבודו.

ביטוי לכך נמצא באמירה: ״ברוך שם כבוד מלכותו לעולם ועד״.[13] אין אנו אומרים ״ברוך שמו״, או ״ברוך כבודו״, אלא ״ברוך שם כבוד מלכותו״ – שלושה נסמכים אחד על השני. כל זה בא להדגיש את הריחוק של הקב״ה עצמו, שהוא קדוש ונבדל מהעולמות שאותם הוא מחיה.

וְהֶאָרָה זוֹ, ולא המקור בעצמו, היא **מִתְלַבֶּשֶׁת מַמָּשׁ בָּעֶלְיוֹנִים וְתַחְתּוֹנִים לְהַחֲיוֹתָם.** זו נקודת ההבדל בין הקב״ה המחיה את העולם ובין הנשמה המחיה את הגוף. שלא כמו הנפש, שהיא עצמה מתלבשת בגוף, הקב״ה אינו מתלבש בעצמו בעולם אלא רק הארה של הארה, ׳זיו כבודו׳, היא נשמת העולם המחיה ומתלבשת בתוכו. אנחנו איננו מסוגלים להתייחס אל המאור. למרות שהוא נמצא, למרות שהוא משפיע, לגבינו הוא

ממוצעים וצמצומים רבים על דרך משל, כאשר אדם מסיק אש בתנור נפט, הוא בעצם מסיק באנרגיה של השמש; אך מכיוון שהאנרגיה של השמש במקורה היא גדולה מדי, חזקה ועצומה מכדי שאנו נוכל לקבל ממנה, היא עברה דרך מסוימת של ממוצעים וצמצומים, של הארה והארה של הארה, בדרגה שנייה ושלישית וכו׳ עד שהיא מתגלה, למשל, בנפט. סביב כל תחנת כוח, במרחקים שונים ממנה, מצויים שנאים רבים שתפקידם לצמצם את המתח החשמלי לדרגה שאפשר לנו להשתמש בו. אילו חיברנו לבית שלנו כבל חשמל ישירות מתחנת הכוח – היו כל המכשירים שלנו נשרפים מייד. בשמש אין אנו יכולים להסתכל, אבל אנו יכולים להסתכל בירח, משום שהירח מאיר רק בהארה של הארה ולא בהארה עצמה.

כמו כן, באים הצמצומים הרבים לצמצם את ההארה האלוקית כדי שתחיה את המציאות ולא תשרוף אותה. אחד ההסברים בדברי חז״ל איך מתו חילות סנחריב, הוא שהקב״ה פתח את אוזניהם והם שמעו את שירת המלאכים (ראו סנהדרין צה,ב). וזו אינה הארה של הקב״ה, זו בסך הכול שירת המלאכים, אבל גם זה היה מספיק כדי שברגע אחד יהפכו כולם לפגרים מתים. בכמה מקומות בתנ״ך רואים שאנשים מפחדים לראות אפילו מלאך. כך למשל מנוח אבי שמשון משוכנע שמי שרואה מלאך מת. לכן המלאך צריך להתכסות ולהסתתר כדי שאדם יוכל לראות אותו. במובן זה אנו, בעולם שלנו, איננו רואים את הדבר עצמו אלא רק מה שבא מכוחו ומכוח כוחו. וזה הוא כל סדר ההשתלשלות, של סיבה לסיבה וכו׳, עד שבריבוי עצום של מדרגות

אינו מושפע וכביכול איננו מצוי. ואת החיות שבתוכנו – הרצונות, ההכרות, התחושות והכוחות – אנו מקבלים רק מהארה ומהארה של הארה.

וְהִיא נִתְפֶּסֶת בְּתוֹכָם. ההארה האלוקית המתלבשת בנבראים (׳ממלא כל עלמין׳) והנתפסת בתוכם אף היא מתלבשת בהם רק **עַל יְדֵי מְמוּצָּעִים רַבִּים וְצִמְצוּמִים רַבִּים וַעֲצוּמִים, בְּהִשְׁתַּלְשְׁלוּת הַמַּדְרֵגוֹת דֶּרֶךְ עִלָּה וְעָלוּל וכו׳.** ההארה הזו אינה מאירה במישרין אל העולמות, ובוודאי לא אל העולם הגשמי שלנו. היא מאירה דרך ממוצעים שונים, מעולם לעולם ומדרגה לדרגה. כל דרגה היא צמצום לגבי הדרגה שמעליה וכל צמצום הוא הגדרה, סינון מיוחד שהאור צריך לעבור בו כדי להתלבש באותה דרגה ובאותו נברא בפרט.

וְהִנֵּה הֶאָרָה זוֹ, אַף שֶׁלְּמַעְלָה הִיא מְאִירָה וּמִתְפַּשֶּׁטֶת בִּבְחִינַת בְּלִי גְּבוּל וְתַכְלִית, לְהַחֲיוֹת עוֹלָמוֹת נֶעֱלָמִים לְאֵין קֵץ וְתַכְלִית, כְּמוֹ שֶׁכָּתוּב בְּ׳אִדְּרָא רַבָּא׳.[14] האור האלוקי עצמו הוא אין סופי, ואין סופיותו מגיעה לביטוי בכך שהוא מחיה עולמות רבים לאין ספור. בהיקף הכולל שלה מתגלה ההארה בעיקר בעולמות העליונים, שהם בהגדרתם מהויות כלליות יותר. בעולמות הללו כל אחת מההוויות ה׳פרטיות׳ היא עולם שלם, סוג שלם של מהויות. לעומת זאת, העולם שלנו הוא עולם פרטי, מקרה פרטי, אפשרות אחת מכל המערכות של העולמות.

אַף עַל פִּי כֵן, בְּרִדְתָּהּ לְמַטָּה, עַל יְדֵי צִמְצוּמִים רַבִּים. ההארה האלוקית יורדת למטה, במובן זה שהיא מצטמצמת צמצום אחר צמצום. כאמור, כאשר ההארה האלוקית מצטמצמת מגיעה ההארה לדרגה שאותה יכול כל עולם לקבל ולהתקיים מכוחה.

המושגים: ממוצעים, צמצומים, השתלשלות וכו׳ כל אחד מהביטויים השונים במשפט זה: ׳ממוצעים רבים׳, ׳צמצומים עצומים׳, ׳השתלשלות המדרגות׳, ׳עילה ועלול׳, הוא נושא לעצמו. פירוטם של ביטויים אלה והחילוקים ביניהם – באיכותם, באופנם, בדרגתם וכו׳ – הם חלק ניכר מהעיסוק ב׳סדר ההשתלשלות׳ בספרי הקבלה. משפט זה אכן טומן בתוכו תמצית וסיכום דברים בהיקף גדול, אלא שאין הוא נכנס כאן לפרטם של דברים. הסבר פשוט לדברים הוא:
׳ממוצעים׳ הן המדרגות שבין מדרגה עליונה לתחתונה, שיש להן שייכות גם למדרגות העליונות וגם למדרגות התחתונות; ׳צמצומים׳ הם הקטנה מהותית של האור עד שאין רואים מלמטה את הדרגה שלמעלה; ׳רבים׳ – היינו רבים בכמות; ׳עצומים׳ היינו באיכות, עד שהאור שאחר הצמצום אינו רק קטן יותר אלא הוא סוג אחר מזה שהיה לפני הצמצום; ׳השתלשלות׳ ו׳עילה ועלול׳ מבטאים את ירידת האור בדרך של סיבתיות, בדרך קרובה ומתייחסת בין הדרגות, שבה המדרגה העליונה היא סיבה למדרגה התחתונה ממנה, ולכן גם מושגת על ידה.

עולמות עליונים לאין קץ לעומת העולם שלנו על דרך משל: המספרים מתחלקים לקבוצות, כגון: כל המספרים הרציונליים, או כל המספרים האי זוגיים, וכיוצא בזה. הקבוצות או השדות הללו חלקם חופפים, חלקם רק נוגעים זה בזה או חותכים זה את

והיצורים והנעשים היא נחלקת דרך כלל למספר תרי"ג כנגד תרי"ג מצות התורה שהן הן תרי"ג מיני המשכות הארה זו מאור אין סוף ברוך הוא להאיר לנשמת האדם הכלולה מרמ"ח אברים ושס"ה גידים אשר בעבורה הוא עיקר תכלית ירידת והמשכת הארה זו למטה לכל הנבראים והיצורים והנעשים שתכלית כולן הוא האדם כנודע:

באיזה גדר של הוויה, היא מחיה ומקיימת את ההוויה הזו. ולכן נאמר שהירידה והצמצום של ההארה היא **לְהַחֲיוֹת הַנִּבְרָאִים וְהַיְּצוּרִים וְהַנַּעֲשִׂים.** כלומר, להחיות את העולמות המשתלשלים זה מזה, שהם באופן כללי: עולם הבריאה, עולם היצירה ועולם העשייה.

הִיא, הארה זו שמחיה את העולמות, **נֶחְלֶקֶת דֶּרֶךְ כְּלָל לְמִסְפַּר תַּרְיָ"ג** (613). שהם תרי"ג גוונים, תרי"ג נתיבים, שבהם האור נמשך כלפי מטה. ומספר זה הוא **כְּנֶגֶד תַּרְיָ"ג מִצְוֹת הַתּוֹרָה.** כל אחת מתרי"ג המצוות מאפיינת את אחד הנתיבים הללו. היא, במובן מסוים, הנתיב והאפיון של אותה הארה אל מציאות העולמות.

את תרי"ג המצוות אפשר להגדיר כמכלול המפגשים בין הקב"ה והאדם, בין רוחניות וגשמיות, בין אלוקות ועולמות. בתור שכאלה מייצגות תרי"ג המצוות את שורשי ויסודי זה. כל שדה כזה הוא עולם שלם, הכולל לפעמים אין ספור מספרים המתחלקים לאין ספור קבוצות. ויחד עם זה, הם כלל מסוים. לעומת זאת, מספר פרטי כלשהו – אחת, או שלוש, או שמונה־עשר אלף – הוא מספר פרטי השייך למסגרות מסוימות ומוגדרות. כמו כן בעולמות, לעומת העולם הפרטי והמוגדר שלנו יש עולמות מופשטים וכוללים, שהם לאין ערוך מרובים במספר, בכמות ובהיקף, והם מקבלים את חיותם מההארה האלוקית בבחינה כוללת ועליונה יותר.

הצמצום מהארה אין סופית להחיות עולמות רוחניים למרות שההארה, בשורשה ובמהותה, היא אין סופית, כשהיא יורדת היא מצטמצמת ומתחלקת לחלקים מוגדרים. עם זאת, גם החלקים המוגדרים הם אין סופיים בתוך עצמם. המעבר הוא מאין סוף בלתי מוגדר ובלתי מוגבל לבחינות של אין סוף שהן במובן מסוים מצומצמות, מוגדרות ומוגבלות.

לשם דוגמה: מספר המספרים המתחלקים ב־777 הוא אין סופי, אף על פי שזו קבוצה מצומצמת, מוגדרת, מתוך שורת כל המספרים. ואפשר לבנות הגדרות מצומצמות עוד יותר, שיהיו רק חלק, תת קבוצה, מתוך מערכת מורכבת וגדולה יותר.

ויש דברים שהם אין סופיים מבחינת היקפם ומהותם, אבל לא אין סופיים מבחינת איכותם. למשל: בני אדם חלוקים זה מזה, בין השאר, משום שגופיהם תופסים שטח מוגדר, ואין שני בני אדם תופסים אותו שטח באותו זמן. לעומת זאת, המלאכים, שאינם נכנסים לתוך הגדרים הגופניים הללו, נבדלים זה מזה באופן אחר, בבחינת מהותם ואופיים. לכן יכול להיות מלאך שהוא גדול מהלך ת"ק שנה, ומלאך שהוא שליש עולם.[15] כלומר, מלאך יכול להיות אין סוף במרחב, ואף על פי כן הוא מוגדר מבחינת מהותו בהגדרה מסוימת ומצומצמת. אלו הן הגדרות שמצד אחד יכולות להיכנס לגדר ומידה של מספרים, ומצד שני הן בבחינת אין סוף.

כל מצווה כנגד חלק בעולם כל מצווה מבטאת מהות מסוימת בעולם. יש מצוות

העולמות. כל אחת מבטאת מהות מסוימת במציאות, וכלל התרי"ג – גם אם אין זה ניכר לכול – את כלל מציאות העולמות.

שֶׁהֵן הֵן תַּרְיָ"ג מִינֵי הַמְשָׁכוֹת הֶאָרָה זוֹ, מֵאוֹר אֵין סוֹף בָּרוּךְ הוּא. בהארה האלוקית יש תרי"ג אורות, שהם תרי"ג סוגים כלליים (המתפרטים אף הם לפרטים ופרטי פרטים) המכוונים כנגד תרי"ג מצוות. על דרך משל, כשם שהאור מתחלק למספר מסוים של גוונים וצבעי יסוד המתפרטים ומצטרפים לאין ספור פריטי גוונים.

לְהָאִיר לְנִשְׁמַת הָאָדָם הַכְּלוּלָה מֵרְמַ"ח (248) **אֵבָרִים וּשְׁסָ"ה** (365) **גִּידִים,** שהם יחד 613 (=תרי"ג). כפי שהאדם, שהוא התכלית והמטרה של ההארה האלוקית לעולמות, כלול מתרי"ג, כך גם ההארה אליו כלולה מתרי"ג. ולא רק גופו של האדם כלול מרמ"ח ושס"ה, אלא גם נשמתו של האדם, בהקבלה לגופו, מורכבת מחלקים בסיסיים במספר תרי"ג.

אֲשֶׁר בַּעֲבוּרָהּ, בעבור הוויית האדם, **הוּא עִיקַּר תַּכְלִית יְרִידַת וְהַמְשָׁכַת הֶאָרָה זוֹ לְמַטָּה, לְכָל הַנִּבְרָאִים וְהַיְּצוּרִים וְהַנַּעֲשִׂים,** עולמות בריאה יצירה ועשייה וכל הנבראים והיצורים שבהם, שהן בחינת 'מטה' לגבי עולם האצילות. **שֶׁתַּכְלִית כּוּלָּן הוּא הָאָדָם, כַּנּוֹדָע.** הוא האדם התחתון, נפש בגוף, הנמצא בעולם העשייה התחתון. ולכן תהליכי ההארה וההשתלשלות הנועדים לקיים אותו ואת עולמו עוברים דרך כל העולמות העליונים.

שכיחות, שכל אדם מקיים אותן בכל יום; יש מצוות שמקיימים אותן רק אנשים מסוימים בזמנים מסוימים ובמקומות מסוימים; ויש מצוות שבכל זמן נראות כבלתי מציאותיות ובלתי מעשיות לחלוטין. יש מצוות לא תעשה שאדם פוגש תדיר, כמו "לא תרצח" או "לא תנאף", ויש מצוות לא תעשה כמו "לא יזח החשן מעל האפוד".[16] ומכל מקום, כל מצווה מבטאת חלק מסוים של המציאות. זה יכול להיות חלק ניכר וגלוי שכל אחד נוגע בו, וזה יכול להיות חלק שכמעט אין רואים אותו והוא מתבטא במצווה כזו, נדירה שבנדירה. כיוון שכל חלק של ההוויה, בין גלוי ובין נסתר, יש לו התבטאות מסוימת, היא יכולה להתגלות גם במצווה שאפשרותנו המעשית להיתקל בה היא קטנה, ואפילו בלתי מעשית לחלוטין. משל לדבר: ההתייחסות שיש לאדם רגיל אל גז ההליום, בחיי היום יום שלנו היא מזערית, כמעט איננו פוגשים בו ואיננו עוסקים בו. ואולם בתוך מציאות אחרת, כגון בתוך השמש, יש לגז הזה חשיבות עצומה. אין הוא דבר שאפשר לומר, "מה אכפת לנו אם הוא קיים"; כי אם הוא איננו, אין שמש! כמו כן, יכול להיות דבר שהמגע שלו עם חייו הפרטיים של אדם אינו ניכר כלל, אבל בהיקף אחר הוא חשוב ומשמעותי ביותר. כלומר חשיבותו של דבר בהיקף הגדול של המציאות יכולה להיות שונה לגמרי מנקודת המגע שלו עם הווייתו הפרטית.

תכלית כולן הוא האדם יש תרי"ג מיני הארות, תרי"ג מצוות ותרי"ג מרכיבים בתוך הווייתו של האדם. הקשר ביניהם איננו מקרי, 'לאחר מעשה', אלא הוא קשר מהותי סיבתי. תכלית כל הנבראים, הנוצרים והנעשים, על כל עולמותיהם והיכלותיהם, על כל הקיים והמתרחש בהם, היא באדם שיש בו תרי"ג איברים והוא עובד את ה' בתרי"ג מצוות התורה. כל אלה – לא רק כדור הארץ, לא רק היקום הפיזי כולו, גדול ככל שיהיה, אלא ההוויה כולה, השמיים ושמי השמיים – אינם אלא כאמצעי עזר, פיגומים, כדי לקיים את מהות האדם. הכתוב "אנכי עשיתי ארץ ואדם עליה בראתי" (ישעיה מה,יב)[17] אינו מדבר בשני

כג אב פשוטה
כה אב מעוברת

והנה מספר זה הוא בדרך כלל. אבל בדרך פרט הנה כל מצוה ומצוה מתחלקת לפרטים רבים לאין קץ ותכלית והן הן גופי הלכות פרטיות שבכל מצוה שאין להם מספר כמו שכתוב ששים המה מלכות הן שישים מסכתות כו׳ ועלמות אין מספר הן ההלכות כו׳ שהן המשכת רצון העליון כו׳ וכן הוא ממש בנשמת האדם כי הנה כל הנשמות שבעולם היו כלולות באדם הראשון ודרך כלל היתה נשמתו נחלקת למספר תרי״ג רמ״ח אברים ושס״ה גידים אך דרך פרט נחלקת

גם אם אין האדם הדבר הגדול שבכל העולמות, לא בכמות ולא מכל בחינה אחרת, הוא בוודאי החשוב ביותר, שכן אליו מכוונת כל המציאות. כל הארת החיות לעולמות, מראשית הכול, מתייחסת ומתאימה להווייתו של האדם על כל מרכיביה; והווייתו של האדם, מצידה, מתאימה לדמות של מעלה לשמותיה ולהארות הזורמות ממנה. תרי״ג מצוות הן לכן הביטוי המעשי האנושי של כל אופני וגוני ההארה האלוקיים, ובמובן מסוים של המהות האלוקית עצמה בעולמות.

וְהִנֵּה מִסְפָּר זֶה (תרי״ג) **הוּא בְּדֶרֶךְ כְּלָל, אֲבָל בְּדֶרֶךְ פְּרָט הִנֵּה כָּל מִצְוָה וּמִצְוָה מִתְחַלֶּקֶת לִפְרָטִים רַבִּים לְאֵין קֵץ וְתַכְלִית. וְהֵן הֵן גּוּפֵי הֲלָכוֹת פְּרָטִיּוֹת שֶׁבְּכָל מִצְוָה, שֶׁאֵין לָהֶם מִסְפָּר.** המספר של תרי״ג מצוות הוא מספר של תרי״ג הכללות. יש הרבה מצוות שהן מכלול שלם של דינים והוראות, וגם מצוות שהן מסוימות ופרטיות יותר כוללות מספר רב של פרטים לביצוע וכמעט אין ספור של גוונים ואפשרויות.

כְּמוֹ שֶׁכָּתוּב: ״שִׁשִּׁים הֵמָּה מְלָכוֹת״ (שיר השירים ו,ח), ודורשים חז״ל:[18] **הֵן שִׁשִּׁים מַסֶּכְתּוֹת כוּ׳** (מסכתות הש״ס).[19] והאמור בהמשך הפסוק, **״וַעֲלָמוֹת אֵין מִסְפָּר״**, דורשים חז״ל: **הֵן הַהֲלָכוֹת כוּ׳.** דהיינו ההלכות וההוראות המעשיות, הפרטיות, המתגלות ומתחדשות בכל פעם ובכל מצב, שהן מרובות לאין מספר.

דברים, שכן הארץ היא רק המכשיר, הרקע, עבור ההוויה היחידה שיש לה משמעות, היא הווייתו של האדם המקיים בחייו תרי״ג מצוות. כמשל בלבד: השקעה גדולה של כוח אדם, זמן וממון מושקעת היום בפיתוח של מאיצי חלקיקים. יוצרים מבנה גדול, יקר מאוד, שאורכו יכול להגיע לקילומטרים, וכל כולו עשוי כדי לבדוק איך מנצנץ חלקיק מסוים שכל משך הקיום שלו הוא אחד חלקי עשר בחזקת עשרים של שנייה. לכאורה אין שום יחס בין זה לזה, לא בבחינת המקום ולא בבחינת הזמן; ואף על פי כן, הנצנוץ הזה הוא התכלית והמטרה, וכל הבניין הגדול אינו משמש אלא לזה. במובן זה, מבנה העולמות כולם הוא כעין ניסיון שהקב״ה בונה; הוא מקים מבנה ענק שכל תכליתו היא לאפשר את קיומה של המהות הזו שקוראים לה אדם, לאפשר קיומה של מהות כזו שלא ברור כיצד תנהג, שיש מקום לנסות אותה. על דרך משל, כמו שמנסים להעמיד, על ידי מגנטים גדולים, חלקיק בחלל; שהשפעת כל הכוחות עליו תהיה מאוזנת באופן כזה, שידמה כאילו אין עליו שום השפעה של כוחות חיצוניים. במובן זה העולמות כולם, על כל מה שיש בהם, נועדו

שֶׁהֵן הַמְשָׁכַת רְצוֹן הָעֶלְיוֹן כו'. מהותה של הלכה, ובכלל זה ההלכה המתחדשת במשך הדורות, היא המשכה והתגלות של הרצון העליון בעולם שלנו: מה רוצה הקב"ה בחומרים ובגדרים של העולם הזה. כל הלכה, כל פסק דין, הוא ביטוי של פרט מסוים, שלא נתגלה קודם, מהרצון האלוקי.

כמו אור השמש, וכמו סוגים אחרים של השפעה, גם הרצון העליון הוא בתחילה אור כולל אחד. אור זה מתחלק למספר חלקים שגם הם בעלי משמעות כוללת, ואחר כך לפרטים ולפרטי פרטים, עד ל"עלמות אין מספר"; לריבוי הלכות פרטיות המתפרטות עד לנקודות המזעריות ביותר, עד 'אין מספר' פרטים, המדגישים ביתר שאת את אין סופיותה של ההארה הכללית.

וְכֵן הוּא מַמָּשׁ בְּנִשְׁמַת הָאָדָם. גם נשמת האדם, המקבלת את האור האלוקי, את תרי"ג המצוות, היא אור כללי המתפרט לפרטים ופרטי פרטים קטנים. הדבר נכון לגבי כלל הנשמות ולגבי כל נשמה בפרט.

כִּי הִנֵּה כָּל הַנְּשָׁמוֹת שֶׁבָּעוֹלָם הָיוּ כְּלוּלוֹת בְּאָדָם הָרִאשׁוֹן (ראו שמות רבה פרשה מ,ב). על דרך משל בלבד, גם בתחום הפיזי, בתוך גופו של כל אדם מצויים התאים שעתידים להחיות את צאצאיו עד סוף כל הדורות. ישנה המשכיות של התאים ההולכים וגדלים, הולכים ומתפצלים, שהם חלק מגופו של האב הראשון ממש. וביתר שאת נכון הדבר ברוחניות נשמת אדם הראשון, שהוא כללות כל המהות האנושית וכולל בתוכו את כל פרטי וגוני הנשמות שיצאו במשך כל הדורות אל הפועל.

וְדֶרֶךְ כְּלָל הָיְתָה נִשְׁמָתוֹ של אדם הראשון, כמו גופו, **נֶחְלֶקֶת לְמִסְפַּר תַּרְיָ"ג: רְמָ"ח אֵבָרִים וּשְׁסָ"ה גִּידִים** רוחניים, בהקבלה לתרי"ג המצוות.[20] וכך כל נשמה פרטית מצאצאיו נחלקת לתרי"ג, וכלל הנשמות שיצאו ממנו בכל הדורות נחלקות בדרך כלל לתרי"ג שורשי נשמות.

אַךְ דֶּרֶךְ פְּרָט, כמו המצוות הנחלקות בכלל לתרי"ג ובפרט לאין מספר דינים, כך **נֶחְלֶקֶת** נשמתו של אדם הראשון **לְנִיצוֹצוֹת אֵין מִסְפָּר, שֶׁהֵן נִשְׁמוֹת כָּל יִשְׂרָאֵל, מִימוֹת הָאָבוֹת**

לעשות דבר אחד: לאפשר מציאותו של יצור העומד בדיוק במרכז; בין קדושה וטומאה, בין מציאות ה' ובין כל מציאות אחרת. הוויה שיכולה להגיע להכרה של האלוקי, אבל אינה אנוסה להגיע לכך.
ההוויה הזו של האדם ממצה בתוכה את תכלית הכול. אם ה'ניסיון' מצליח הרי היא מרוממת את כבוד ה' בכל העולמות כולם, מקצה לקצה. כאשר ברייה כזו, 'קל שבקלים', מעלה בדעתו: אולי יש אלוקים בעולם! הוא אז מגדל את כבודו של ה' יותר ממאה מיליון מלאכים שכל כולם עשויים רק להגיד את שבחו. כיוון שהוא היחידי שיכול גם להגיד 'אין דבר כזה', כאשר הוא בחר להגיד 'יש אלוקים', כאשר הוא פועל איזו פעולה מכוח זה – זהו כל כבודו ותפארתו של הקב"ה.

תרי"ג איברים כנגד תרי"ג מצוות ההקבלה בין תרי"ג איברים ובין תרי"ג מצוות אינה רק הקבלה במספר הכולל. ישנן גם חלוקות מפורטות יותר – אילו מצוות שייכות לאילו איברים,[21] ואף פנימיות יותר – שבהן מתייחסת כל מצווה לאיבר בנפשו של האדם.

לניצוצות אין מספר שהן נשמות כל ישראל מימות האבות והשבטים עד ביאת המשיח ועד בכלל שיקוים אז מה שכתוב והיה מספר בני ישראל כחול הים אשר לא ימד ולא יספר מרוב.

•והנה שופריה דיעקב מעין שופריה דאדם הראשון שתיקן חטא אדם הראשון והיתה נשמתו גם כן כלולה מכל הנשמות שבישראל מעולם ועד עולם והיה מרכבה לתורה שלמעלה שנקראת בשם אדם כמו שכתוב ועל דמות הכסא דמות כמראה אדם וכו׳ וכמו שכתוב

וְהַשְּׁבָטִים עַד בִּיאַת הַמָּשִׁיחַ וְעַד בִּכְלָל. כל נשמה פרטית היא ניצוץ פרטי מנשמת אדם הראשון. הניצוצות הללו מתפרטים פירוט אחר פירוט; כל פרט יכול להיות בעצמו אב למשפחה ולכמה וכמה אלפים ורבבות של פרטים נוספים, והם בכלל כל הנשמות שהיו ושיהיו מראשית הזמן ועד סוף ההיסטוריה בימות המשיח וכו׳.

שֶׁיְּקוּיַּם אָז, בזמן ימות המשיח, **מַה שֶּׁכָּתוּב: "וְהָיָה מִסְפַּר בְּנֵי יִשְׂרָאֵל כְּחוֹל הַיָּם אֲשֶׁר לֹא יִמַּד וְלֹא יִסָּפֵר מֵרוֹב".**[22] שבימות המשיח, כשם שתהיינה מצוות מרובות שיקיימו, כך יהיה ריבוי נשמות שיקיימו את המצוות. בימות המשיח לא רק שיקיימו את כל תרי"ג המצוות בפועל (כשייבנה בית המקדש ויהיו כל ישראל על אדמתם לא יהיה כל מונע מקיום המצוות) אלא שיהיה אז הזמן של סיום כל העבודה של בירור העולם והעלאת כל הניצוצות על ידי הנשמות הרבות.

וְהִנֵּה אמרו חכמים: **שׁוּפְרֵיהּ דְּיַעֲקֹב מֵעֵין שׁוּפְרֵיהּ דְּאָדָם הָרִאשׁוֹן** (יופיו של יעקב הוא מעין יופיו של אדם הראשון).[23] יעקב אבינו הוא, בכמה מובנים, בדמותו של אדם הראשון. בפשטות, יעקב הוא בחינת אדם הראשון לגבי ישראל. כשם שאדם הראשון הוא האב של האנושות כולה, יעקב הוא האב של ישראל; וכשם שכל בני האדם באים

מלאכי אלוקים עולם ויורדים בו המובן השמיימי הזה של "יופיו של יעקב" מסביר את מדרש חז"ל על הכתוב "מלאכי אלהים עֹלים וירדים בו" (בראשית כח,יב), שהיו המלאכים עולים ומסתכלים בדיוקן של מעלה, ויורדים ומסתכלים בדמות דיוקנו של יעקב למטה (חולין צא,ב). כלומר המלאכים היו עולים ויורדים בסולם לראות את הפלא של דיוקנו של יעקב, שהוא מעין דמות של מעלה.

מהות ישראל – אתם קרויים אדם מהות זו של עם ישראל היא, במובן מסוים, מהות האדם הראשונית המתנקזת דרך האישיות של יעקב, שלא תתפזר עוד בצורותיה המעוותות של האנושות, אלא תתרכז בתוך המהות המתוקנת של ישראל. על ישראל, בכלל ובפרט, מוטל התפקיד להחזיר לאדם את הדמות הראשונית, המתוקנת, של "צלם אלהים". הגדרה זו של עם ישראל אינה קלה. כמו יעקב אבינו, צריך כל אדם מישראל, בכל הדורות, לדאוג לשמור את הפרופורציות, את יופייה ואת שלמותה של דמות האדם. זה המובן של "אתם קרויים אדם"

מאדם הראשון, ורק ממנו, כך כל נשמות ישראל הם מיעקב, מכל יעקב ורק מיעקב, שהוא השורש שממנו צומח כל עם ישראל.

צד פנימי יותר לקשר שבין יעקב לאדם הראשון הוא, **שֶׁיַּעֲקֹב** **תִּיקֵּן חֵטְא אָדָם הָרִאשׁוֹן.** יעקב הוא במובן זה חזרה אל האדם שלפני החטא. אדם הראשון היה יציר כפיו של הקב"ה, ולכן היה מושלם. זו המשמעות הפנימית של הלשון "יופיו של אדם הראשון", שהיה אדם מושלם, אדם יפה ונשמה יפה, ששומרת על הפרופורציות האלוקיות. ההגדרה של יופי, בכל המובנים, היא הרמוניה ושמירה על יחסים נכונים; והחטא הוא במובן זה שיבוש ועיוות של היחסים הללו. החטא הוא כמו מום, לא רק בחיסרון של איבר אלא גם כאשר איבר מסוים אינו נמצא ביחס הנכון כלפי שאר האיברים. וכמו המום הגופני, גם המום הרוחני הוא איבוד של ההרמוניה, שהאדם אינו חי עוד ביחסים הנכונים, והחלקים המרכיבים את הווייתו אינם מתייחסים עוד זה לזה כפי שהם צריכים להתייחס. במובן זה, "שופריה דיעקב כעין שופריה דאדם הראשון", שכן יעקב הוא תיקון וחזרה אל הדמות הראשונית של האדם – "יופיו של אדם הראשון" – כפי שהיה קודם החטא.

וְהָיְתָה נִשְׁמָתוֹ של יעקב **גַּם כֵּן כְּלוּלָה מִכָּל הַנְּשָׁמוֹת שֶׁבְּיִשְׂרָאֵל מֵעוֹלָם וְעַד עוֹלָם.** כשם שנשמתו של אדם הראשון הייתה מקור לכל האנושות, כך נשמתו של יעקב היא המקור של נשמות כל ישראל; הוא זה שמתחיל את המהות החדשה של עם ישראל.

וְהָיָה יעקב **מֶרְכָּבָה לַתּוֹרָה שֶׁלְּמַעְלָה, שֶׁנִּקְרֵאת בְּשֵׁם 'אָדָם'.** כאשר אדם נעשה מכשיר וביטוי גמור עבור דבר מה – אידיאה, דיבור אלוקי – אומרים שהוא נעשה בחינת 'מרכבה', אמצעי הביטוי והכלי שבו ועל ידו הדבר מתגלה. במובן זה יעקב, כביטוי של שלמות דמות האדם, היה מרכבה לדמות האדם של מעלה, שהיא התורה. כפי שדרשו חכמים[24] על הכתוב "זאת התורה אדם" (במדבר יט,יד) – שהתורה היא ציור דמות האדם השלמה.

כְּמוֹ שֶׁכָּתוּב בתיאור מעשה המרכבה: **"וְעַל דְּמוּת הַכִּסֵּא דְּמוּת כְּמַרְאֵה אָדָם וכו'"** (יחזקאל א,כו). ה"דמות" המתגלה על המרכבה היא דמות ה' המתגלה אל העולם. היא הרצון והחכמה והחסד אלוקי וכו' המתלבש ומתגלה בתוך תרי"ג מצוות התורה, אשר

(יבמות סא,א ועוד), שאתם אלה הנושאים את דמות האדם; בתוך העיוות שיש בכל עולם ועולם, אתם אלה שצריכים לשמור את ההרמוניה האלוקית של מהות אדם.

האבות הן הן המרכבה במדרש (בראשית רבה פרשה מז,ו; פב,ו) מופיע הביטוי "האבות הן הן המרכבה". משמעות הביטוי מובנת מתוך הקשר שבו מופיעה המרכבה בדברי הנביא,[25] כמרכבת הכבוד של הקב"ה. 'מרכבה' בכלל היא הכלי שבו הרוכב נע בתוך המציאות, אבל המרכבה איננה ישות לעצמה, אין לה רצון ושיקול דעת משל עצמה; היא רק הכלי והמכשיר שדרכו ועל ידו נע הרוכב ממקום למקום. כאשר אומרים ש"האבות הן הן המרכבה" אומרים שהאבות שהגיעו לשלמות תיקונם נעשו מרכבה לשכינה עצמה.

התורה בדמות האדם כיוון שהתורה בנויה סביב תרי"ג מצוות, וכיוון שתרי"ג המצוות מכוונות כנגד תרי"ג המרכיבים של דמות האדם השלמה, הרי שאף התורה, בכללותה

וזאת לפנים בישראל כו׳ אין זאת אלא תורה כו׳ שהיתה כלולה ומלובשת בנשמת ישראל סבא הכלולה מכל הנשמות וזהו ויקרא לו אל אלוקי ישראל. אל לשון המשכת ההארה מאור אין סוף ברוך הוא מההעלם אל הגילוי להאיר בבחינת גילוי בנשמתו וכמו שכתוב אל ה׳ ויאר לנו ואחריו כל ישרי לב

הן כ"דמות כמראה אדם". דמות האדם היא התבנית שבה מתמקדת ההארה האלוקית.

וּכְמוֹ שֶׁכָּתוּב: "וְזֹאת לְפָנִים בְּיִשְׂרָאֵל כו׳" (רות ד,ז), ודרשו: **אֵין "זֹאת" אֶלָּא תּוֹרָה כו׳.**[26] **שֶׁהָיְתָה כְּלוּלָה וּמְלוּבֶּשֶׁת בְּנִשְׁמַת יִשְׂרָאֵל סָבָא** (הוא ישראל אבינו) **הַכְּלוּלָה מִכָּל הַנְּשָׁמוֹת.** כפי שנאמר, נשמת יעקב – "ישראל סבא" – היא המכלול של כל שישים ריבוא הנשמות שבישראל, בכל דרגותיהן ובכל גלגוליהן. מהות זו אמנם מקופלת ומכווצת בנשמתו, באופן שאין פרטיה גלויים כלפי חוץ, ועם זאת היא כוללת את כל מהות ישראל על כל פרטיהם. מהות ישראל, שהיא כאמור מהות אדם, היא גם דרך ההתגלות של מהות התורה, שהיא ההארה האלוקית הפנימית אל העולם, מכלול הנתיבים והדרכים שבהם מתגלה האלוקי בעולם.

וְזֶהוּ, ביאור הפסוק שנזכר בתחילת האיגרת, **"וַיִּקְרָא לוֹ אֵל אֱלוֹקֵי יִשְׂרָאֵל"**. כפי שנזכר

ופנימיותה, היא דמות אדם. דמות האדם ודמות התורה, אף שהם שונים בביטוי החיצוני שלהם, הם זהים בתבנית הפנימית בכל פרטיהם. אם לתת לזה דימוי, בטלסקופ יש נקודת מוקד זעירה ושם יכולה להתמקד דמות של כוכב או של גלקסיה שלמה. כל האור שבא מאותו כוכב מתמקד בתבנית הקטנה, אבל התבנית הזו אינה עצמאית ונבדלת, היא דמותו ממש של אותו כוכב. בדומה לכך, יש דמות למעלה ודמות למטה, ושתיהן דמות כמראה אדם.

אדם שהוא בדמות של מעלה בדומה לזה נאמר על שת שאותו הוליד אדם "בדמותו כצלמו" (בראשית ה,ג), שהרי קודם הולידו אדם וחווה 'יצורים' אחרים.[27] כדי שאדם יוליד 'אדם', דמות כדמותו השלמה ולא דמויות מעוותות, הוא צריך בעצמו, בפנימיותו ובשלמותו, להיות בדמות אדם, וכך גם ההארה היוצאת ממנו תהיה בדמות אדם. אבל כאשר אדם חוטא הדמות הפנימית שלו מתעוותת, והיצירות שהוא יוצר הן דמויות מפלצתיות, מעוותות; הוא יוצר אז מיני קופים ו'רוחין ולילין', אבל לא אדם. במובן זה, מכל הבנים שהוליד אדם הראשון לא היה אחד שחזר אל הדמות הראשונית, השלמה, שהייתה "בצלם אלהים"; רק לאחר זמן, דרך תהליך של בירור מצד אחד ועשייה מצד שני, נמצא אדם שדמותו כעין "שופריה דאדם הראשון". רק אז מופיעה שוב דמות שהיא דמות אדם בשלמות, שהיא "בצלם אלהים". יעקב הוא דמות שלמה של מהות האדם, ולכן הוא מכוון כנגד הדמות של מעלה, כנגד התורה וכנגד הדמות של נותן התורה. הציר של כל העולמות הוא אותן שתי דמויות: הדמות של מעלה והדמות של מטה; והמעבר בין שתי הדמויות הללו הוא ההתרחשות הפנימית שפועמת בכל העולמות.

ישנה תופעה אופטית מעניינת. כאשר אור עובר דרך חור קטן הוא יוצר בצד השני דמות מוקטנת של מקור האור הראשון. נקב קטן

שם, הפירוש הוא שהקב"ה קרא ליעקב "אל", והשאלה הייתה, איך אפשר לומר זאת? ומוסבר כאן שהדמות הנקראת במעשה המרכבה "דמות כמראה אדם", המבטאת את ההתגלות האלוקית הכללית כלפי העולמות, בנויה במתכונת של "דמות אדם". הדמות הזו היא דמות האדם של מעלה, וכנגדה ישנה הדמות של מטה, שהיא יעקב. יעקב הוא אפוא התבנית המגדירה את המהות ואת הסוד של האלוקות המופיעה בתוך העולמות. בלשון אחרת, יעקב הוא מרכבה לאלוקי ישראל, ובמובן זה אפשר גם לקרוא לו "אל".

כעת יסביר אדמו"ר הזקן ביתר פירוט את הביטוי "אל" (מהכתוב "אל אלהי ישראל"):

'אֵל', השם 'אל' הוא השם המתייחס למידת החסד.[28] ובמובן זה 'אל' הוא **לְשׁוֹן הַמְשָׁכַת הַהֶאָרָה מֵאוֹר אֵין סוֹף בָּרוּךְ הוּא, מֵהַהֶעְלֵם אֶל הַגִּילּוּי, לְהָאִיר בִּבְחִינַת גִּילּוּי בְּנִשְׁמָתוֹ.** מידת החסד היא ההארה היוצאת מההעלם אל הגילוי; הכוח הכולל של הוצאת דברים מן הפנים כלפי חוץ. **וּכְמוֹ שֶׁכָּתוּב: "אֵל ה' וַיָּאֶר לָנוּ"** (תהלים קיח,ז). כלומר, 'אל' עניינו ההארה מה' אלינו, מהסתום אל הגלוי.

ישראל, הכולל כאמור את ישראל העם, הוא מרכבה לשכינה, וכמרכבה לשכינה הוא בטל עד כדי הזדהות מוחלטת עם השכינה עצמה. וזהו "ויקרא לו אל אלהי ישראל", במובן זה שיעקב הוא עכשיו הכלי, האופן, שבו מתגלה האלוקי בתוך העולם.

וְאַחֲרָיו כָּל יִשְׁרֵי לֵב,[29] הם כל אחד מישראל. מה שהיה קיים בישראל סבא, בדמות הבסיס, נמצא במובן מסוים בכל אחד מישראל.

שמאירה בו השמש ייצור תמיד עיגולים מושלמים; למרות שלכאורה יכול היה להעביר גם צורות אחרות הוא חוזר תמיד אל הצורה המקורית שלו, ויוצר שוב ושוב את דמות העיגול. אפשר להיווכח בכך כאשר מעבירים בנקב אור של נורת להט חשמלית; אפשר אז לראות בתוך נקודת האור השתקפות של חוט הלהט. בין מקור האור ובין הצורה המשתקפת בנקב יש הבדלים גדולים, ועם זאת שניהם בנויים באותה דמות בסיסית. וכעין זה למעלה: יש דמות על הכיסא – "דמות כמראה אדם" – והיא עוברת בגלגולי כל העולמות, בצמצום וכיווץ, דרך מסכים וחרירים קטנים, עד שגם למטה נוצרת "דמות כמראה אדם". אמנם, כיוון שהדמות של מטה מושלכת על דבר מסוים, שאיננו שלמות, היא יוצרת דמות שאינה דומה, ואפילו לא דומה לדומה, לדמות המקורית. לשם דוגמה: בגיאומטריה אנליטית אפשר לבנות כל צורה. אפשר לבנות למשל צורה של שבלול; בונים את הנוסחה באותיות ובמספרים וכאשר היא מושלכת בתוך מערכת קואורדינטות מסוימות היא יוצרת דמות של שבלול. ברור שהנוסחאות אינן נראות כמו שבלול, ועם זאת הן שייכות ומכוונות לדמות של השבלול. במובן זה התורה, כפי שהיא בדמות של מעלה, היא כעין אותה מערכת של משוואות ושל מילים, המבטאת את דמות האדם העליון. וכאשר היא מושלכת אל תחום העולם החומרי, היא יוצרת דמות אדם של מטה. "זאת התורה אדם" – התורה היא דמות אדם, אלא שדמות האדם של התורה אינה נראית כמו דמות האדם שלנו, ואף לא כמו דמות האדם שעל הכיסא. עם זאת, כל אחת מדמויות ה'אדם' הללו מבטאת בשפתה המיוחדת את הצורה, שבין כל הצורות הפרטיות – היא צורת אדם.

ישרי לב בחירת המונח הזה היא משמעותית משום שבכל אדם מישראל ישנה תבנית היסוד של ישראל סבא, של אבינו הראשון, שהוא

העוסקים בתורה ובמצות מאיר אור ה' אין סוף ברוך הוא בבחינת גילוי בנשמתם וזמן גילוי זה ביתר שאת ויתר עז ההארה במוחם ולבם הוא בשעת התפלה כמו שנתבאר במקום אחר.

הָעוֹסְקִים בַּתּוֹרָה וּבַמִּצְוֹת. שכן התורה והמצוות הם הכלים שבהם יכול האדם ללכת בדרך הישרה ולקבל את האור אשר **מֵאִיר אוֹר ה' אֵין סוֹף בָּרוּךְ הוּא בִּבְחִינַת גִּילּוּי בְּנִשְׁמָתָם.** גילוי זה יכול לחול אפוא בכל אדם מישראל ובכל זמן; גם אם לא תמיד הוא יתגלה בתפיסת המכלול הגדול של דמות אדם, מכל מקום, בשעה מסוימת ובמדרגה ידועה יכול אותו אדם להיות הכלי בתוך העולם הזה להארה של דמות האדם של מעלה.

וּזְמַן גִּילּוּי זֶה בְּיֶתֶר שְׂאֵת וְיֶתֶר עָז הַהֶאָרָה בְּמוֹחָם וְלִבָּם הוּא בִּשְׁעַת הַתְּפִלָּה, כְּמוֹ שֶׁנִּתְבָּאֵר בְּמָקוֹם אַחֵר.[30] כאמור, זמן הלימוד או מעשה המצווה אינו בהכרח זמן גילוי ההארה

בחינת דמות האדם השלם, כעין דמות האדם של מעלה. אלא שבעולם הזה וברוב בני האדם יש עיוותים שונים, עיוותים ומומים של הגוף וביתר שאת עיוותי הנפש, ולכן הוא מדבר על 'ישרי לב', על מי שיכול לשמור על דמות האדם שבו ישרה ולא לתת לה להתעוות. וישרי 'לב' דווקא, שכן העיוות הוא בעיקר עיוות של הלב. השכל מצד עצמו, כשאינו מוטה על ידי הלב, קולט את הדברים כמו שהם; ואלה שיכולים להעביר את הדברים שהם מבינים כפי שהם, בלי עקמימות, ישר אל הלב – הם הנקראים כאן 'ישרי לב'.

ישרי לב העוסקים בתורה ובמצוות ההדגשה היא שאצל אדם מישראל גילוי ההארה הוא על ידי תורה ומצוות. אכן יש אנשים, צדיקי עליון, שאור ה' מאיר עליהם בכל מה שהם עושים, בדברים גדולים ובדברים קטנים. מעין זה, כמשל בלבד: יש אנשים שיש להם חן מיוחד וכל מה שהם עושים הוא תמיד יפה. אדם כזה אינו צריך להתאמץ במיוחד כדי למצוא חן, ואף אינו צריך ללמוד כיצד לעשות זאת – כל מה שהוא עושה עשוי בחן. בדומה וביתר שאת, יש אדם שהוא דמות שלמה, בדמות של מעלה, וכל מה שהוא עושה מאיר באור אלוקי. אנשים מיוחדים אלה, שמגיעים להיות בחינה של מרכבה לשכינה, אינם מאירים רק בעשיית המצוות, מפני שכל מה שהם עושים הוא ממילא קדושה, חכמה ורצון אלוקי; כל תנועה, כל דיבור ומחשבה שלהם מכוונים כלפי מעלה בלבד.

ואולם כל אדם מישראל, גם כאשר אינו במדרגת שלמות זו, מאיר בו אור ה' כאשר הוא מכוון את עצמו בתוך המצווה והתורה. ההארה הזו, הגם שהיא בבחינת "גילוי בנשמתם", אינה מופיעה בדרך כלל כחוויה מודעת. לא משום שההתגלות וההתקשרות הן בעוצמה פחותה; אדרבה, עוצמת ההתקשרות שעל ידי תורה ומצוות היא באמת גדולה יותר מכל אופן אחר של אחדות עם ה'. בשעה שאדם לומד תורה או מקיים מצווה הוא מתאחד עם הקב"ה בעצמו במעשה אחד, במחשבה אחת וברצון אחד. ואולם כיוון שהתורה והמצוות הן גם מבנים בתוך העולם הזה, חייבת המודעות של האדם, בשעה שהוא עוסק בהם, להיות בתוך אותם המבנים. התורה היא גם מבנה אינטלקטואלי, וכאשר אדם לומד תורה, המאמץ והמעורבות האינטלקטואלית שלו בלימוד אינה מאפשרת לו להרגיש באותה שעה את הצד של גילוי אור אין סוף שבתורה. מבחינה מסוימת אף אסור לו באותה שעה לתת את עצמו לחוויה כזו, כדי לא לשבש

כחוויה בנפש, היכולה אפילו להפריע. הזמן הראוי לזה, להתגלות אור ה' בליבו ובמוחו של אדם, הוא זמן ושעת התפילה. זמן התפילה, וכמובן התפילה עצמה, מסירים את המסכים ובונים את הקשר החי והמוחש בין האדם ובין הקב"ה. פתיחת השערים הזו היא כפולה: פתיחת שערים מלמעלה, ולא פחות מזה – פתיחת שערים למטה, בלב ונפש האדם. במהלך החיים הרגיל מכסה שטף החיים את הכול, אבל בשעת התפילה ובזמנים המסוגלים לכך – כאשר קיים הצירוף של עת רצון של מעלה עם עבודת התפילה של מטה – יכולה ההארה האלוקית להתגלות בנשמה, בתוך כלי מוחו וליבו של האדם.

עד כאן דובר על ההארה האלוקית, שכאשר היא יורדת למטה בעולם שלנו היא נחלקת לתרי"ג חלקים כנגד תרי"ג מצוות, ועל ידי כך הוסברה משמעות המושג "חלק באלוקי ישראל". חלק זה הוא חלק מן ההתגלות האלוקית המתגלה בכללותה בתורה ובמצוות, שהן אכן מתחלקות לחלקים רבים שכל אחד מהם הוא "חלק באלוקי ישראל". להלן

את כושר המחשבה האינטלקטואלי, שהוא חלק הכרחי ומהותי בעצם הדבקות בה' על ידי התורה. וכך גם לגבי מעשה המצוות, צריך אמנם לשאוף להרגשה ולחוויה פנימית במצוות, אבל עם זאת, כדי שהמצווה תוכל להיעשות כראוי, צריכה החוויה הפנימית להיות כבולה בתוך גבולות מוגדרים מאוד.
לאחר הציווי על הדלקת הנרות במנורה נאמר בתורה: "ויעש כן אהרן" (במדבר ח,ג). ומפרש רש"י: "להגיד שבחו של אהרן שלא שינה". ושאלו, מהו השבח בזה? אמרו לו עשה כך וכך, ולמה ישנה? והסביר צדיק אחד: אילו רבי לוי יצחק מברדיטשוב היה מצווה להדליק את המנורה, הרי מרוב התרגשות היה בוודאי מחליק על המעלות, שופך את השמן ומפיל את המנורה. לאהרן הכהן הייתה בוודאי התלהבות לא פחות מלרבי לוי יצחק, ואף על פי כן הוא יכול היה להגביל בתוכו את ההתרגשות ולהדליק את המנורה כמצוותה. וזה מה שאומר רש"י: "מגיד שבחו של אהרן שלא שינה". בשביל מי שאינו יודע ואינו מרגיש, זו אמירה חסרת משמעות, אבל בשביל אהרן הכהן, שהרגיש את כל ההארה האלוקית שבדבר – זהו שבח גדול. הבעיה הזו היא בעיה מהותית, משום שתחושה ומודעות לגילוי אור אין סוף שבעשיית המצווה עלולות

להפריע לקיומה של המצווה כראוי. לכן הזמן של לימוד תורה והזמן של מעשה המצווה, שהוא הזמן שבו מאיר אור ה' בנשמתו של האדם, אינו בהכרח הזמן שבו אדם יכול להיות מודע לכך, שבו הוא יכול להרגיש את מלוא עוצמת ההארה הזו.

הגילוי ביתר שאת בשעת התפילה שלא כשעת הלימוד, שעת התפילה היא הזמן המיועד להרגשת הלב. אם אדם מרגיש בזמן התפילה שהקב"ה ממלא אותו, והוא קופץ מרוב התלהבות, אין זה מפריע לתפילה – אדרבה, זו היא פנימיותה של התפילה, בעוד המילים שאומרים בתפילה הן רק כלים חיצוניים עבור הרגשת הלב וההתלהבות, השלבים בסולם שבהן עולים בעבודת האהבה. ידוע על אנשים בכל הדורות שבזמן התפילה, כמו בזמן שמקבלים הארה אלוקית, לא יכלו מחמת רוב ההתלהבות לעמוד במקום אחד.[31] שכן זהו הזמן שבו נחשף האדם להארות ולהרגשות כאלה שהוא אינו יכול להישאר במקומו ובמעמדו הקודם; שהוא חייב לזוז, לקפץ, ואין הוא יכול להישאר שווה נפש כלפי ההרגשות שממלאות אותו.

כד אב פשוטה / כו אב מעוברת

• והנה אף שגילוי זה על ידי עסק התורה והמצות הוא שוה לכל נפש מישראל בדרך כלל כי תורה אחת ומשפט אחד לכולנו אף על פי כן בדרך פרט אין כל הנפשות או הרוחות והנשמות שוות בענין זה לפי עת וזמן גלגולם ובואם בעולם הזה וכמאמר רבותינו זכרונם לברכה אבוך במאי הוי זהיר טפי אמר ליה בציצית כו׳ וכן אין כל הדורות שוין

יוסבר גם לשון הכתוב בתחילה: ״חלקנו״ ו״גורלנו״. מה משמעות החלק שלנו, הגורל שלנו? מה היא השייכות של החלק המסוים לאדם מסוים, וששייכות זו נקראת ״גורלנו״?

וְהִנֵּה אַף שֶׁגִּילּוּי זֶה, עַל יְדֵי עֵסֶק הַתּוֹרָה וְהַמִּצְוֹת, שהוא הגילוי של פנימיות הרצון העליון, שבו נוצר קשר הזהות בין האדם ובין האלוקי. שכן מעשה המצווה מבטא, כאמור, הן את מהות האדם, הן את הרצון האלוקי והן את העולם (שהוא ביטוי אחר של הרצון האלוקי); וכאשר עוסק האדם בתורה ובמצווה בעולם הוא מגלה את פנימיות הרצון האלוקי הכוללם יחד.

הוּא שָׁוֶה לְכָל נֶפֶשׁ מִיִּשְׂרָאֵל בְּדֶרֶךְ כְּלָל, כִּי תּוֹרָה אַחַת וּמִשְׁפָּט אֶחָד לְכוּלָּנוּ (על פי במדבר טו,טז). המכלול של התורה והמצוות מתאפיין בזה שהוא איננו מתחלק. התורה בכללה אינה מיועדת לסוג מסוים של אנשים ולא לאחרים. כל ישראל, בכלל ובפרט, הם בתוך החיוב ללכת בדרך הזו, ושום אדם מישראל אינו חופשי לצאת מן החיוב הזה.

אַף עַל פִּי כֵן, בְּדֶרֶךְ פְּרָט אֵין כָּל הַנְּפָשׁוֹת אוֹ הָרוּחוֹת וְהַנְּשָׁמוֹת שָׁווֹת בְּעִנְיָן זֶה. מה שנאמר קודם היה לגבי המכלול של עם ישראל, שכן בין כל היהודים יש דמיון כללי גדול מאוד – כולם בני אדם, לכולם היסטוריה וייעוד ותורה אחת. ואולם בפרט יש ביניהם הבדלים אינדיבידואליים רבים, ומצד זה אין הנפשות שוות.

מעבר לחלוקה הפשוטה בין בני אדם השונים זה מזה יש גם חלוקה פנימית יותר, הקשורה בדרגות הנפש: נפש רוח ונשמה. נפש האדם אינה יחידה אחת, חד גונית וחד מהותית, אלא יש בה מספר יחידות שונות, זו למעלה מזו. היחידות הללו הן, במובן מסוים, יחידות פריקות. כלומר, ייתכן שאדם יפגום או יתקן או יעשה דברים בבחינת הנפש שלו, אך לא בבחינת הרוח, ולהפך. וכן ייתכן שבדרגת הנפש הוא שייך לצד אחד, בדרגת הרוח לצד אחר ובדרגת הנשמה למהות אחרת. ומשום כך, יכול להיות ששני אנשים השווים זה לזה בדרגה אחת, יהיו שונים בדרגה אחרת. על דרך משל, יש

גלגול משל פשוט, אם כי לא מפואר, להבין מהו גלגול, הוא תלמיד שנשאר כיתה. תלמיד נמצא שנה בבית ספר כדי למלא תפקידים מסוימים; ואם מאיזו סיבה הוא אינו מספיק את כל מה שהיה צריך, מחזירים אותו שוב לאותה כיתה. ואם הוא לא מספיק גם בפעם השנייה מחזירים אותו בשלישית וברביעית. כל אדם צריך להשלים בתוך מכלול החיים שלו, בתוך מערכת אחת ושנייה ויותר של גלגולים, את דמות האדם של נשמתו.

הוי זהיר טפי כעין זה חש כל אחד בתפילה, כאשר חלק מסוים בתפילה – מילה, משפט, עניין – נוגע בייחוד לנפשו, חודר למהותו

כלי נגינה שיש להם צליל יסודי משותף, בעוד בצלילים העיליים שלהם הם נבדלים זה מזה.

פירוט נוסף, אישי, בין הנפש והמצווה הפרטית הוא **לְפִי עֵת וּזְמַן גִּלְגּוּלָם וּבוֹאָם בָּעוֹלָם הַזֶּה.** בכל עת שהנשמה מתגלגלת ומגיעה לעולם הזה היא מגיעה אל תוך מערכת שונה של זמן ומקום. וכאשר אדם נמצא בזמן מסוים ובמקום מסוים יש דברים שחלים עליו יותר ודברים שחלים עליו פחות. לדוגמה: אדם מישראל שחי בזמן המקדש חי בעולם יהודי שונה מזה שיש לנו היום. וגם היום, יהודי שחי בארץ ישראל חי בתוך מציאות שונה של תורה ומצוות מיהודי שחי בחוץ לארץ.
כמו כן, תלוי הדבר באיזו דרגה ועם אילו מטענים קודמים מגיעה הנשמה אל העולם. שכן רק מיעוט הנשמות, בייחוד בדורותינו אלה, הן נשמות 'חדשות', כלומר נשמות שזו להן ירידה ראשונה אל העולם. רוב מוחלט של הנשמות הן נשמות 'ישנות', שחוזרות בגלגול שני או שלישי וכו' אל העולם הזה. במובן זה גם בשביל אנשים דומים, שנולדו באותו זמן, העולם הוא עולם שונה. כל אחד עם ה'זיכרונות' הטבועים בו ועם התפקיד והתכלית שלמענה ירד לעולם. יש מי שצריך לתקן מכלול שלם של חיים, ואחר, שנמצא בסוף דרך התיקון וההשלמה שלו, צריך לתקן רק נקודה מסוימת אחת.
החזרה הזו, פעם אחר פעם, יוצרת בעצמה דרישות והדגשים מיוחדים, שכן בכל פעם שאדם מצליח בצד אחד הוא יכול גם להיכשל בצד אחר, בגלל הנסיבות החדשות ובגלל מבנה הנפש והגוף החדשים שלו. שהרי כאשר הנפש מגיעה לגוף חדש, יש לה גם בעיות חדשות במערכת ההתקשרות עם הגוף המסוים הזה ועם הסביבה השייכת לו – הבית, המשפחה, החברה, העולם שהוא חי בו. הצירוף של כל הדברים הללו, יחד עם התפקיד המיוחד וכל הדברים שאירעו בדרך, הן ההצלחות הן הכישלונות, יוצר בכל פעם צרכים מיוחדים והדגשים מיוחדים, המיועדים לנפש הזו בגלגול הזה ובמקום הזה.

וּכְמַאֲמַר רַבּוֹתֵינוּ זִכְרוֹנָם לִבְרָכָה (שבת קיח,ב) ששאל רב יוסף את רב יוסף בנו של רבה: **אֲבוּךְ בְּמַאי הֲוֵי זָהִיר טְפֵי?** (אביך, במה היה זהיר ביותר?), באיזו מצווה היה נזהר ומדקדק ביותר? **וַאֲמַר לֵיהּ** (השיב לו)**: בְּצִיצִית כּוּ'.**[32] ברור שאין הכוונה שבמצוות אחרות לא היה נזהר. אדם גדול כרבה בוודאי היה מדקדק בכל המצוות ככל יכולתו. אלא, כפי שמבואר בספרי חסידות,[33] 'זהיר' מלשון זוהר, כלומר באיזו מצווה היה אביך מזהיר, מאיר במיוחד; באיזו מצווה הייתה לו הארת נפש יותר.

וְכֵן אֵין כָּל הַדּוֹרוֹת[34] **שָׁוִין.** מעבר לתפקידים התלויים במהות האדם הפרטי, התלויים

המיוחדת ומרעיד אותו באופן שונה. ובכל פעם שהוא מגיע לאותו עניין בתפילה – הנפש שלו זוהרת. וכך לגבי המצוות, גם כשאדם מקיים את כל המצוות שביכולתו לקיים בהידור, יש מצווה מסוימת שכאשר הוא מגיע אליה הנפש מתלקחת ביתר שאת. אדם מגלה במשך חייו שמצווה מסוימת אחת מושכת אותו במיוחד, ממלאת את ליבו; שבמצווה זו דווקא הוא נתקל שוב ושוב ושבפועל, ברצונו ושלא ברצונו, הוא עוסק בה. וכפי שמבואר, הסימנים הללו מורים שהמצווה הזו שייכת לאותה נקודה שהוא צריך לתקן בעולם הזה, שלשמה ירדה נשמתו בגלגול זה, ובה הוא משלים את תפקידו ואת דמות האדם השלמה שלו.

כי כמו שאברי האדם כל אבר יש לו פעולה פרטית ומיוחדת העין לראות והאזן לשמוע כך בכל מצוה מאיר אור פרטי ומיוחד מאור אין סוף ברוך הוא ואף שכל נפש מישראל צריכה לבוא בגלגול לקיים כל תרי"ג מצות מכל מקום לא נצרכה אלא להעדפה וזהירות וזריזות יתירה ביתר שאת ויתר עז כפולה ומכופלת למעלה מעלה מזהירות שאר המצות. וזהו שאמר במאי הוי זהיר טפי טפי דייקא. והנה יתרון האור הזה הפרטי לנשמות פרטיות

בהיסטוריה ובגאוגרפיה האישית שלו, יש גם תפקידים המיוחדים לדור שלו. תפקידי הדור משפיעים באופן מסוים על כל אדם שחי בדור זה, ומטילים עליו חובות מיוחדות והדגשים מיוחדים.

כִּי כְּמוֹ שֶׁאֵבְרֵי הָאָדָם, כָּל אֵבֶר יֵשׁ לוֹ פְּעוּלָּה פְּרָטִית וּמְיוּחֶדֶת, הָעַיִן לִרְאוֹת וְהָאֹזֶן לִשְׁמוֹעַ, כָּךְ בְּכָל מִצְוָה מֵאִיר אוֹר פְּרָטִי וּמְיוּחָד מֵאוֹר אֵין סוֹף בָּרוּךְ הוּא. מכלול תרי"ג המצוות הוא כמו מכלול תרי"ג האיברים שבגוף. בגוף יש כוח חיים כללי, הקיים באוזן כמו בעין וברגל כמו במוח; עם זאת, יש לכל איבר ייחוד ותפקיד המיוחד לו, שאי אפשר להחליפו באחר. יש צד מסוים של חיים שנמצא במידה שווה בכל התאים בגופו של אדם; למשל, בכל התאים נמצאת מערכת אחידה של גנים המקנה לכולם אופי בסיסי ייחודי שאי אפשר להעבירו לכל אדם אחר. ויחד עם זה, גופו של אותו אדם עצמו מייחד איברים מיוחדים לתפקידים מיוחדים. העין בנויה באופן מסוים וממלאת תפקיד מסוים ששום איבר אחר בגוף אינו יכול למלא. וכך גם בתרי"ג מצוות, כל מצווה היא ביטוי לחיות האלוקית הכללית, אבל היא גם 'איבר' פרטי ייחודי, ויש בה הארה פרטית ייחודית משלה. הדבר נכון גם לגבי הקומה של כלל נשמות ישראל, שאף הן מורכבות בתבנית אדם. יש אדם שהוא בבחינה של 'עין', של צופה לבית ישראל, "עיני העדה"; ויש אדם שהתפקיד שלו הוא תפקיד של רגל, והוא צריך למלא תפקידים אחרים בתוך העולם.

וְאַף שֶׁכָּל נֶפֶשׁ מִיִּשְׂרָאֵל צְרִיכָה לָבוֹא בְּגִלְגּוּל כדי **לְקַיֵּים כָּל תַּרְיָ"ג מִצְוֹת.** כי אפשר היה לחשוב, שאם כל נפש היא רק איבר פרטי היא צריכה לקיים רק מצווה אחת. ואולם התמונה הכללית מורכבת יותר, שכן כל נפש, גם אם במכלול של כלל ישראל וכלל הדורות היא רק פרט של איבר אחד, הרי בפני עצמה היא תמיד מכלול שלם של תרי"ג.

אין כל הדורות שווין בכמה מקומות מבואר שכשם שהכלל היהודי בתוך זמן מסוים הוא דמות שלמה, כך גם כלל ישראל בכל הדורות הם דמות אחת שלמה. במכלול כל הדורות יש כעין חלוקת עבודה: יש דור שמוטלות עליו חובות מסוג אחד, ודור שהחובות שבו הן מסוג אחר. ומשום כך, גם על אדם פרטי שנמצא בדור מסוים מוטלות חובות מיוחדות, שייתכן שלא היו מוטלות עליו אילו היה בדור אחר.

רפואת איברי האדם כנגד המצוות כבר נזכר שההקבלה כאן בין המצוות ובין איברי הגוף איננה מקרית; המצוות נועדו לאדם, שיקיימן, והאדם נברא וחי בעולם כדי לקיים

ולכן, כפי שמבואר בכתבי האר"י ז"ל, צריכה כל נפש לעבור בדרך כזו או אחרת את המכלול של כל תרי"ג מצוות. לכן, אם היא לא עברה את כולן במחזור אחד של חיים, היא צריכה לחזור בגלגול נוסף עד שתשלים את המכלול כולו.

מִכָּל מָקוֹם לֹא נִצְרְכָה אֶלָּא לְהַעֲדָפָה[35] **וּזְהִירוּת וּזְרִיזוּת יְתֵירָה, בְּיֶתֶר שְׂאֵת וְיֶתֶר עָז כְּפוּלָה וּמְכוּפֶּלֶת, לְמַעְלָה מַעְלָה מִזְּהִירוּת שְׁאָר הַמִּצְוֹת.** הלשון "זהירות וזריזות יתירה, ביתר שאת ויתר עז וכו'" מתארת כיצד צריך האדם לנהוג באותה מצווה שהיא, במובן מסוים, המצווה 'שלו'. המשמעות של 'מצווה שלו' היא גם האחריות המוטלת עליו בפרט, לעשות דבר שתלוי רק בו ולא בשום אדם אחר. ובצד אחר, המצווה הזו היא גם נקודת התורפה של הווייתו, באשר היא הייתה כנראה נקודת הפגם בהווייתו הקודמת, והיא עתה נקודת הניסיון של חייו, שבה ינסו להכשילו בחייו ובעבודתו. ולכן הוא נזקק כאן, יותר מבשאר המצוות, להעדפה ולזריזות יתרה וכו'.

וְזֶהוּ שֶׁאָמַר 'בְּמַאי הֲוֵי זָהִיר טְפֵי', 'טְפֵי' דַּיְיקָא. אין הוא נשאל במה היה אביך זהיר, שהרי אדם כמו רבה היה בוודאי זהיר בכל המצוות, אלא במה היה זהיר "יותר", במה הייתה נפשו זוהרת ומאירה באופן מיוחד, יותר משהיא מאירה וזהירה בשאר המצוות. כפי שנאמר, זהו החלק המיוחד, הנחלה הפרטית של הנפש הזו; כאן היא מרגישה, כאן היא מתלקחת, כאן גם יש לה הכוחות לעשייה המיוחדת שלה.

עד כאן הוסבר מהו "חלקנו" באלוקי ישראל. שאין פירוש הדבר שיש חלקים במהות האין סוף, אלא שיש חלקים בבחינת ההתגלות האלוקית; שהיא מתחלקת לאין סוף חלקים המכוונים כלפי כל אחד ואחד מאיתנו. הקב"ה מחלק את נתינתו לחלקים, לתרי"ג חלקים, והחלקים הללו מתייחסים אלינו. כל אדם יש לו חלק ההארה המסוים מאלוקי ישראל השייך לנשמתו שלו. במובן זה, כאשר אומרים על מישהו "שאין לו חלק באלוקי ישראל", הכוונה היא שאין הוא ממלא את חלקו המיוחד לו, שאין הוא מתקשר עם חלקו באלוקי ישראל. ומכיוון שהוא התנתק במובן מסוים מדמות האדם העליונה, הוא איבד את החלק שהיה לו, שהיה אחראי עליו, בבניית דמות הקדושה בעולם.

לאחר שביאר את הביטוי "חלקנו" שעליו שאל בתחילת האיגרת, משלים אדמו"ר הזקן את הדברים בביאור הביטוי הנוסף "גורלנו". מה משמעות הגורל המתייחס ל"חלקנו"?

וְהִנֵּה יִתְרוֹן הָאוֹר הַזֶּה הַפְּרָטִי לִנְשָׁמוֹת פְּרָטִיּוֹת. בחלקו הפרטי של אדם, בחלקה המסוימת שאותה הוא צריך לעבד, גם מתגלים ביתר שאת (יותר מאצל אדם אחר)

את המצוות. על הבעש"ט מסופר שכך היה מרפא חולים. איבר חולה בגופו של אדם, פירושו שאותו אדם פגם באותה מצווה השייכת לאותו איבר. והבעש"ט היה אומר שצריך לדבר עם האיבר שיקבל על עצמו את המצווה הזו, וכאשר הוא יקבל אותה על עצמו הוא גם יוכל להירפא.

תרי"ג מצוות – לבוש לנפש במקומות אחרים מתוארת העבודה הזו כלבוש שהנפש צריכה לארוג לתרי"ג איבריה מתרי"ג מצוות שהיא מקיימת. כי הלבוש הזה, לבוש האורה של הנפש, הוא הלבוש שבו תתקיים הנפש בעולם הבא.

אינו בבחינת טעם ודעת מושג אלא למעלה מבחינת הדעת שכך עלה במחשבה לפניו יתברך ודוגמתו למטה הוא בחינת הגורל ממש:

הכוחות הפרטיים שלו, המהות העצמית שלו.

ההפרש הזה בין אדם לאדם; מה פלוני צריך לעשות, למה יהיו לו כוחות ולמה לא יהיו לו, **אֵינוֹ בִּבְחִינַת טַעַם וָדַעַת מוּשָּׂג, אֶלָּא לְמַעְלָה מִבְּחִינַת הַדַּעַת.** השיקולים מדוע פלוני צריך לעשות מצווה מסוימת ופלוני מצווה אחרת ובפרט המסוים הזה דווקא, אינם שיקולים של מערכת רציונלית שאנו יכולים להשיגה. שיקולים רציונליים אומרים, כיוון שפלוני יש לו כוחות כאלו אז הוא צריך לעשות מצווה פלונית וכיוצא בזה. ואולם השיקולים כאן הם מורכבים יותר, ואין אנו יכולים לרדת לסופם, והם גם קשורים במהות הנפש ובמקורותיה, וברצון האלוקי העליון שהוא למעלה לא רק מיכולתנו להשיג ולדעת את טעמו, אלא מעל ולפני כל מבנה מושכל כלשהו.

שֶׁכָּךְ עָלָה בְּמַחֲשָׁבָה לְפָנָיו יִתְבָּרֵךְ. הביטוי "עלה במחשבה" מבטא בדרך כלל את הרצון שלמעלה מטעם ודעת.[36] והמשמעות היא: הקב"ה רוצה שפלוני יעשה דבר מסוים, והרצון העליון הסתום הזה הוא שקובע את גורלו האישי של אותו אדם – מהו התפקיד שמוטל עליו, מהי המצווה שלו ומהו חלקו בעולם – שאין אנו יכולים להבין.

וְדוּגְמָתוֹ לְמַטָּה הוּא בְּחִינַת הַגּוֹרָל מַמָּשׁ. בעברית של ימינו יש חילוף משמעויות בין גורל ומזל. בלשון חז"ל 'מזל' הוא קו החיים הכולל של האדם,[37] שורשו העליון היורד ומתגלה בחיי האדם בעולמו ובגופו, ואילו 'גורל' הוא מה שעולה בפיס.[38] במובן זה הגורל הוא כמו השרירות של מעלה, שאין לה מבחינת עצמה שום מבנה רציונלי. ולכן, כאשר מדובר על "חלקנו וגורלנו" אין הכוונה לחלק שאדם רוצה בו, או שהוא חושב שהוא ראוי לעשותו, אלא לחלק שהוא נולד איתו או מקבל אותו, כמו פתק שכתוב בו: 'הגורל שלך הוא מצווה פלונית', 'הגורל שלך הוא חלק זה וזה בתורה', 'הגורל שלך הוא דבר זה וזה בחיים'. הגורל בא ומסמן בשבילו נתיב מיוחד, מודגש, בדרך חייו. אין לזה הסבר, טעם וסיבה שקובעת אותו; כפי שאין לשאול למה פלוני הוא פלוני, כך אין לשאול על חלקו, וזה הגורל.

איגרת קטנה זו שעסקה בהיקף המעשי במצוות הצדקה,[39] הסבירה בחלקה הפנימי מהו 'חלקו וגורלו' של כל אדם. חלקו הוא כביכול חלקו באלוקי, וגורלו הוא הקשר שלו לחלקו, קשר של מהות שלמעלה מטעם ודעת. כל חייו של האדם עומדים אפוא

הגורל ממש דוגמה לזה בתוך העולם שלנו, היא כמו שעושים הגרלה. מוציאים פתק, ואין בזה שום טעם רציונלי; התוצאה אינה תלויה בכישרונותיו של מי שהוציא את הפתק ולא בתוכנו של הפתק. הדוגמה כמובן איננה רק דוגמה, יש כאן חזרה והשלמה לפסוקים שהובאו בתחילתה של האיגרת, "מה טוב חלקנו ומה נעים גורלנו".

פורים כפורים המוטיב הזה של גורל מופיע בשני חגים, בפורים וביום הכיפורים. וכבר דיברו על משחק המילים של 'פורים' ו'כִּפּוּרים',

על שני אלה: מצד אחד, החתירה המתמדת להגיע ולמצות את חלקו וגורלו; ומצד שני, הידיעה שחלקו וגורלו הם קביעה של מעלה, ואין לו שום שליטה מה יהיה חלקו וגורלו. אדם מוצא את חלקו, כביכול נתקל בו במהלך חייו, ופעמים שאף איננו מודע לכך שזו הייתה בעצם נקודת המוקד של חייו, ושכל מה שהיה לפניה ואחריה היה רק רקע והכנה. לעולם אין האדם יכול לדעת זאת בוודאות. זהו אחד הדברים שאדם צריך להתפלל עליהם – להשלים את חלקו וגורלו.

המציאה האישית הזו קשורה, כפי שהובא בתחילתה של האיגרת, בשבח ובהודיה: "מה טוב חלקנו ומה נעים גורלנו". השבח איננו על כללות המצוות, אלא על חלקו הפרטי שאותו הוא קיבל באופן מיוחד. אנשים מחפשים את חלקם לפעמים כל חייהם. הסיבה העיקרית שבגללה הלכו והולכים אנשים אל צדיקים היא כדי לשאול את השאלה הזו: מהו חלקי וגורלי; לא היכן עליי להיות זהיר, אלא היכן עליי להיות "זהיר טפי", זהיר ביותר. וכשאדם מרגיש שהוא מוצא את החלק הזה, שהוא מגיע למשהו, הוא מרגיש אליו יחס מיוחד של קרבה, של אושר על המציאה, של תודה על השייכות וההתייחסות; והוא נותן שבח והודיה על שזכה בחלקו.

ועל הקשר ביניהם שעומד על הפור, הוא הגורל. הגורל ביום הכיפורים הוא שעיר אחד לה' ושעיר אחד לעזאזל. ואם מתבוננים בכך, אותו מוטיב עצמו נמצא בפורים. כל המעשה של פורים הוא של שני גורלות המתמודדים זה כנגד זה: מי הולך לה' ומי הולך לעזאזל. הפור נופל על תאריך שהוא דו צדדי; בו ביום מת משה ובו ביום נולד משה, הוא היום של המוות והוא היום של החיים. ואין שום טעם להבדל בין זה לזה, כמו שני השעירים שהיו שווים בקומה ובמראה וכו'.

איגרת ח

איגרת זו עוסקת גם היא, במסגרתה החיצונית, במצוות הצדקה בכלל ובצדקת ארץ ישראל בפרט. בדברי ההתעוררות הפנימית לנתינת הצדקה נכנס אדמו"ר הזקן לצדדים הפנימיים והעמוקים ביותר של עבודת ה' – בתפילה, באהבה וביראה ובדבקות. איגרת זו עוסקת בייחוד בקשר שבין נתינת הצדקה שקודם התפילה לגילוי האלוקי שזוכה לו אותו אדם בתפילה. מה היא אותה התגלות והארה אלוקית בתפילה, ומה הקשר בינה לנתינת הצדקה.

איגרת ח

כה אב פשוטה
כז אב מעוברת

זורע צדקות מצמיח ישועות הנה מה שאומר לשון זריעה במצות הצדקה וכמו שכתוב בפסוק זרעו לכם לצדקה כו'. יובן על פי מה שאמרו רבותינו זכרונם לברכה רבי אלעזר יהיב פרוטה לעני והדר מצלי דכתיב אני בצדק אחזה פניך פירוש כי גילוי אלקותו יתברך המתגלה במחשבתו של אדם וכונתו בתפלתו כל חד לפום שיעורא דיליה הוא בתורת צדקה וחסד ה' מעולם ועד עולם על יראיו כו' כלומר שאור ה' אין סוף ברוך הוא המאיר למעלה בעולמות עליונים בהארה רבה בבחינת גילוי רב ועצום עד שבאמת הן בטלין במציאות וכלא ממש חשיבי קמיה ונכללין באורו יתברך

המכתב פותח בקטע מלשון התפילה: **"זוֹרֵעַ צְדָקוֹת מַצְמִיחַ יְשׁוּעוֹת"** (ברכת 'יוצר אור'). ושואל על כך: **הִנֵּה, מַה שֶּׁאוֹמֵר לְשׁוֹן זְרִיעָה בְּמִצְוַת הַצְּדָקָה.** מה עניינה של לשון זריעה, הלקוחה מתחום אחר, אצל מצוות הצדקה? **וּכְמוֹ שֶׁכָּתוּב** צירוף זה גם **בַּפָּסוּק**: "זִרְעוּ לָכֶם לִצְדָקָה קִצְרוּ לְפִי חֶסֶד" (הושע י,יב).

דבר זה **יוּבַן עַל פִּי מַה שֶּׁאָמְרוּ רַבּוֹתֵינוּ זִכְרוֹנָם לִבְרָכָה** (בבא בתרא י,א): **רַבִּי אֶלְעָזָר יָהֵיב פְּרוּטָה לְעָנִי וַהֲדַר מְצַלֵּי** (רבי אלעזר היה נותן פרוטה [צדקה] לעני ואחר כך מתפלל). **דִּכְתִיב**, שהיה מסתמך על הכתוב: **"אֲנִי בְּצֶדֶק אֶחֱזֶה פָנֶיךָ"** (תהלים יז,טו). שדרש אותו: כאשר אני נותן צדקה, אז אחזה פניך. כלומר, הצדקה היא שלב, תנאי מוקדם, שעל ידו אפשר להגיע לתפילה, שהיא בעיקרה "אחזה פניך", גילוי והארת פנים של הקב"ה שהוא עומד לפניו בתפילה.

דברים אלה צריכים הסבר, כי לכאורה מצוות הצדקה והתפילה אינן שייכות זו לזו כלל. מצוות הצדקה היא מצווה מובהקת שבין אדם לחברו, והתפילה היא המצווה והמעמד המובהקים ביותר שבין אדם למקום. אם כן, מדוע כדי להתפלל צריך להקדים את מצוות הצדקה? ומה הדבר החסר בתפילה שדווקא הצדקה נותנת אותו?

פֵּירוּשׁ, כדי להבין זאת, יש להקדים דברים במהות התפילה. **כִּי גִּילּוּי אֱלֹקוּתוֹ יִתְבָּרֵךְ**

לפום שיעורא דיליה שיעורו של אדם – דמותו ומהותו האנושית ומה למד במשך חייו – כל אלה מגדירים את יכולתו לקבל את הגילוי. הדבר נכון לגבי ההיקף של החוויה וגם לגבי האינטנסיביות שלה. לא די בכך שאדם הוא 'ירא שמיים' בתמימות. כדי שאדם יגיע להתגלות של דברים גדולים הוא צריך גם להבין מה הוא מקבל. בעבר אנשים למדו כיצד לקבל הארה; קרוב לוודאי ש'בני הנביאים' הנזכרים במקרא היו חניכים לעניין זה, ללמוד ולפתח את השיעור האישי כדי לקבל את הארת הנבואה. אכן, הלימוד אינו מכשיר

הַמִּתְגַּלֶּה בְּמַחֲשַׁבְתּוֹ שֶׁל אָדָם וְכַוָּנָתוֹ בִּתְפִלָּתוֹ. התפילה היא התקשרות בינינו ובין הקב"ה, אנו פונים אליו כדי שיפנה אלינו, פנים אל פנים, האדם מול הקב"ה. ובמעמד הזה, מצפה האדם גם להתגלות מלמעלה. התפילה אינה רק אמירה, של בקשה או הודאה; התפילה היא דו שיח, שפירושו לא רק מה שאדם אומר כלפי מעלה, אלא גם מה שהוא מקבל מלמעלה, במחשבתו ובכוונתו בתפילה. המענה הזה אינו מופיע תמיד במילים גלויות ומפורשות, אבל יש הארה כלשהי, והיא המתגלה לאדם בזמן התפילה.

כָּל חַד לְפוּם שִׁיעוּרָא דִּילֵיהּ (כל אחד לפי השיעור שלו). אף שמילות סידור התפילה הן שוות לכולם, הרי הכוונה שבמילים, ומה שמתגלה לאדם בתוך המילים, איננו שווה. אין שני אנשים המקבלים אותו גילוי עצמו; לכל אחד יש אופן משלו ושיעור משלו לקבל את ההתגלות. התפילה אינה יורדת על האדם כמו גשם, שמרטיב בשווה כל מי שיוצא החוצה, אלא כמו דיבור שרבים שומעים וכל אחד מקבל לפי ידיעותיו, הבנתו ומבנהו הרגשי.

הוּא בְּתוֹרַת צְדָקָה, "וְחֶסֶד ה' מֵעוֹלָם וְעַד עוֹלָם עַל יְרֵאָיו וְצִדְקָתוֹ לִבְנֵי בָנִים" (תהלים קג,יז). ההארה מאת ה' שאדם מקבל בשעת התפילה, ההתגלות, ההתעלות והתרוממות הלב, אפילו כלשהי, שאדם מרגיש בתפילה – היא צדקה וחסד מאת ה'. שאין זה מגיע לו על פי דין או בדרך הטבע, כחלק מהמכניזם של התפילה, מעין מסקנה מן העובדה שאדם מתפלל, אלא בבחינת חסד ומתנת חינם.

כְּלוֹמַר, שֶׁאוֹר ה', אֵין סוֹף בָּרוּךְ הוּא, הַמֵּאִיר לְמַעְלָה בְּעוֹלָמוֹת עֶלְיוֹנִים בְּהֶאָרָה רַבָּה, בִּבְחִינַת גִּילּוּי רַב וְעָצוּם. למרות שה' נמצא בכל מקום בשווה, אין הוא מתגלה בכל מקום בשווה. זה ההבדל בין העולמות העליונים לעולמות התחתונים: בעולמות התחתונים יש דרגה נמוכה ומעטה של גילוי, ובעולמות העליונים יש גילוי רב ועצום יותר של ההארה האלוקית.

עַד שֶׁבֶּאֱמֶת הֵן, העולמות העליונים, **בְּטֵלִין בִּמְצִיאוּת וּכְלָא מַמָּשׁ חֲשִׁיבֵי קַמֵּיהּ** (וכלא ממש נחשבים לפניו), **וְנִכְלָלִין בְּאוֹרוֹ יִתְבָּרֵךְ.** העולם שלנו, נוסף על היותו עולם חומרי, הוא עולם של ישות. כלומר, עולם שהווייתו החומרית והרוחנית רואה את עצמה כ'יש', ומרגישה את קיומה וחיותה כנפרדים ועומדים בפני עצמם. אין היא חשה במציאות ובנוכחות האלוקית ואין היא מרגישה עד כמה היא תלויה בה. בעולמות העליונים, לעומת זאת, הגילוי האלוקי הוא גדול כל כך עד שהמציאות שמקבלת אותו בטלה אליו, במובן זה שאינה חווה את עצמה לעומתו, שהיא חשה עצמה כחלק מן האור האלוקי

בלעדי להגיע לנבואה או להתגלות בדרגה אחרת, אלא רק כדי להבין אותה. אפשר לראות זאת בסיפור על נבואתו הראשונה של שמואל. שמואל שומע נבואה, אבל הוא אינו יודע מי קורא לו ומה קורה לו. הוא צריך לקבל הדרכה מעלי שיסביר לו מה היא נבואה ומה עליו לעשות. עם זאת, צריך לזכור שה'שיעור' של האדם לעצמו עדיין אינו מבטיח שההתגלות אכן תגיע. אחרי הכול ההתגלות היא מתנת ה', שאינה תלויה במעשיו של האדם אלא ברצונו הנעלם של הקב"ה.[1]

והן הן ההיכלות עם המלאכים והנשמות שבהן המבוארים בזוהר הקדוש בשמותם למקומותם בסדר התפלה שסדרו לנו אנשי כנסת הגדולה הנה משם מאיר האור כי טוב לעולם השפל הזה על יראי ה׳ וחושבי שמו החפצים לעבדו בעבודה שבלב זו תפלה וכמו שכתוב וה׳ יגיה חשכי והנה ירידת הארה זו למטה לעולם הזה נקראת בשם חסד ה׳ המכונה בשם מים היורדים ממקום גבוה למקום נמוך כו׳:

ולא כמציאות לעצמה כלל. אפשר לומר שהעולמות העליונים אינם אלא צירופים של אורות בלבד, ולכן אין מציאותם נראית להם עצמם אלא כמציאות ארעי, כצללים של מציאות שבעצם איננה קיימת, לעומת העולם שלנו שמציאותו מוחשית כל כך.

וְהֵן הֵן הַהֵיכָלוֹת עִם הַמַּלְאָכִים וְהַנְּשָׁמוֹת שֶׁבָּהֶן. העולמות העליונים, הרוחניים, נקראים בספרי הקבלה ׳היכלות׳, והיצורים וההוויות שבהם הם המלאכים והנשמות.

הַמְבוֹאָרִים בַּזּוֹהַר הַקָּדוֹשׁ[2] **בִּשְׁמוֹתָם לִמְקוֹמוֹתָם,** שמות ההיכלות ומקומם בסדר מבנה כלל ההיכלות **וּבְסֵדֶר הַתְּפִלָּה שֶׁסִּדְּרוּ לָנוּ אַנְשֵׁי כְּנֶסֶת הַגְּדוֹלָה.** עניינה של התפילה בכלל הוא העלייה מן העולם הזה, שלב אחר שלב, כמו סולם המוצב מן הארץ לשמיים.[3] וכמו כן גם פרטיה וחלקיה של התפילה, בסדר שסידרו אנשי כנסת הגדולה, מכוונים כנגד דרגות העולמות וההיכלות העליונים. בספרי הקבלה מצויים גם תיאורים מפורטים ביותר לאן שייך כל חלק בתפילה, לאיזה עולם ולאיזה היכל.[4] סדר התפילה מקביל לסדר העולמות, והמעבר בין חלקי התפילה משקף מעבָר אל מעבֶר למפתן של עולם אחר.

הִנֵּה מִשָּׁם מֵאִיר הָאוֹר כִּי טוֹב[5] **לָעוֹלָם הַשָּׁפָל הַזֶּה.** כאשר אדם עובר, באופן מילולי ורוחני, דרך היכל מסוים, הוא מקבל הארה מבחינתו של אותו היכל.
יש דרגה של התגלות, של השגה של מעלה, שאדם מגיע אליה כאשר הוא מתעלה למעלה עליונה; השגתו שהתעלתה משיגה את הדברים כפי שהם בדרגתם העליונה. ויש דרגה, שעליה מדובר כאן, של הארה היורדת מעולם עליון לעולם תחתון. הארה זו היא

היכלות לשונות הקבלה, בסופו של דבר, אינן אלא משלים ודימויים; שהרי כאשר מדברים על עולם רוחני מדברים על מציאות שאינה כמו העולם החומרי שלנו, אבל יש בה הקבלה מסוימת אליו. בהכרח אנו משתמשים במילים הלקוחות מתוך העולם החומרי שלנו, ואנו משתמשים בהן רק כדי להביא דוגמה שתיתן לנו אחיזה כלשהי בדברים. במובן זה, ההיכל הוא המרחב שבו מצויות התבניות הנכללות בו, המהות הכוללת הוויות פרטיות מסוימות, אנושיות ואחרות; ובעולם רוחני גם ההוויות הן רוחניות, לאמור: מלאכים ונשמות.

ההיכלות הנזכרים בתפילה כאשר אדם מתפלל, וכאשר התפילה שלו היא באמת עליית הנפש, הנפש עוברת ממש בתוך ההיכלות, מהיכל להיכל. אפשר לומר שהאדם עובר בתוך ההיכל, ואפשר לומר שההיכל עובר בתוכו; במהות הדברים אין זה אלא חילוף השם בלבד, שכן לאמיתו של דבר אין כאן הגדרה של מקום ושל אדם הנמצא בתוכו, אלא רק ביטויים שאנו משתמשים בהם לצורך המחשה. מכל מקום, הנפש מגיעה למקום ומצב מסוים בתפילה שהוא היכל מסוים, מדרגה מסוימת של הארה.

בבחינת מתנה מאת העולם העליון, המתגלה לאדם גם בתוך עולמו התחתון. כלומר, למרות שאדם לא עלה לקומה העליונה, משהו יורד מלמעלה ומשפיע עליו השפעה שיש לה משמעות גם בתוך העולם התחתון שהוא נמצא בו.

עַל יִרְאֵי ה' וְחוֹשְׁבֵי שְׁמוֹ[6] **הַחֲפֵצִים לְעָבְדוֹ בַּעֲבוֹדָה שֶׁבַּלֵּב זוֹ תְּפִלָּה** (על פי תענית ב,א). זו הערה משמעותית: ההארה מגיעה למי שחפץ בה, למי שפתוח לקראתה. כי כאמור, ההארה מגיעה לכל אדם לפי שיעורו, לפי מה שהוא מסתכל ומה שהוא מסוגל ובעיקר מה שהוא רוצה לראות. על דרך משל, אדם המטייל בתוך היכל המלך, קולט לפי מה שהוא מצפה לקבל: יש מי שיתפעל מהקישוטים, יש מי שיתפעל מנימוסי השרים ויש מי שמצפה לראות את המלך, לירא ולאהוב אותו.

וּכְמוֹ שֶׁכָּתוּב: "וַה' יַגִּיהַּ חָשְׁכִּי" (שמואל ב כב,כט). ההארה הבאה בזמן התפילה היא הנוגה של מעלה המאיר את החשכה של אותו האדם. החשכה שאדם אינו מודע לה, אינה מאירה לו; רק זו שהוא מצר עליה, שהוא משתוקק להאירה – היא זו שתאיר לו. ועוד ועיקר הנאמר בכתוב זה, שהארה זו אינה מאירה מעצמה, מטבעה, רק מכיוון שהאדם חפץ בה, אלא "וה' יגיה" – רק ממנו וברצונו ובחסדו, כפי שיבואר בהמשך.

וְהִנֵּה יְרִידַת הֶאָרָה זוֹ לְמַטָּה, לָעוֹלָם הַזֶּה, נִקְרֵאת בְּשֵׁם 'חֶסֶד ה'', הַמְכוּנֶּה בְּשֵׁם 'מַיִם',[7] **הַיּוֹרְדִים מִמָּקוֹם גָּבוֹהַּ לְמָקוֹם נָמוּךְ כוּ'.** ההארה מעולם עליון, המתגלה בתוך עולם תחתון, היא בחינה של חסד. וההגדרה של חסד היא: הורדת השפע מגבוה לנמוך, הנתינה מלמעלה למטה, מן העשיר אל העני, ממי שיש לו למי שאין לו. מידות אחרות אינן פועלות כך – כאשר עושים דין, או כאשר חולקים כבוד למישהו, זה אינו בא מלמעלה למטה. משום כך סמלה המובהק של מידת החסד הוא המים, הזורמים תמיד מהגבוה אל הנמוך.

ההארה האלוקית מעולם עליון לעולם תחתון היא תמיד סוג של פריצה אל תוך מציאות אחרת. אם היינו מקבלים את ההארה כפי שהיא בעולם עליון, הרי היינו גם אנו בעולם עליון. כדי שהמקבל יקבל את ההארה העליונה למרות שהוא נמצא בדרגה תחתונה,

וה' יגיה חשכי השפיעה הזו חודרת אל העולם התחתון דרך חלונות שאנו פותחים לו, שהם, בדרך כלל, החלונות של התפילה. התפילה יוצרת נקודות מגע בין העולמות, שדרכן פורצת ההארה העליונה ומתגלה אל תוך העולם התחתון. דימוי גשמי לזה: כאשר ביום מעונן מאוד, שאין רואים בו כלל את אור השמש, נושבת הרוח לפתע, נוצר סדק בעננים ונגלית קרן אור שמש. אף בעולמותיהם הרוחניים של בני אדם קורה שלפתע כיסויים, הסתרים של ימים, לפעמים של שנים ושל דורות, מסתלקים, ואדם זוכה להארה, לגילוי שלא היה קודם בעולמו.

דמיונות בהארה מלמעלה קבלתה של ההארה והגילוי המגיע מעולם אחר אל תוך העולם שלנו מעלה גם חששות רציניים של דמיונות שווא, כלומר האפשרות שמה שנדמה לאדם כחוויית אמת, כהרגשה של מציאות עליונה אובייקטיבית, אינו אלא דמיון שווא. הטעם לחשש זה הוא משום שבהיותנו יצורי מטה אין לנו מילים ודימויים של מעלה, ואנו נאלצים להמשיך ולהשתמש בעולם הדימויים ובכלי המחשבה של מטה. שימושי המילים,

כו אב
פשוטה

והנה מודעת זאת שיש למעלה גם כן מדת הגבורה והצמצום לצמצם ולהסתיר אורו יתברך לבל יתגלה לתחתונים אך הכל תלוי באתערותא דלתתא שאם האדם מתנהג בחסידות להשפיע חיים וחסד כו׳ כך מעורר למעלה כמו שאמרו רבותינו זכרונם לברכה במדה שאדם מודד בה מודדין לו אלא דלכאורה זו אינה מן המדה כי אם להשפיע לו חיי העולם הבא לבד כנגד מה שהוא משפיע חיי עולם הזה

לזה צריך חסד ה׳ היורד, כמו המים, ממקום גבוה למקום נמוך, להשפיע בעולם התחתון ממה שיש בעולם העליון.

וְהִנֵּה מוּדַעַת זֹאת שֶׁיֵּשׁ לְמַעְלָה גַּם כֵּן מִדַּת הַגְּבוּרָה וְהַצִּמְצוּם. כשם שיש מידת חסד של מעלה, כפי שהוסבר, שהיא מידת הנתינה וההשפעה מלמעלה למטה, מן המופשט אל המוחש, מן הנסתר אל הגלוי, ממי שיש לו למי שאין לו – כך יש גם מידת הגבורה של מעלה, שהיא במובן מסוים המידה ההפוכה למידת החסד, **לְצַמְצֵם וּלְהַסְתִּיר אוֹרוֹ יִתְבָּרַךְ לְבַל יִתְגַּלֶּה לַתַּחְתּוֹנִים.** הגבורה היא מידת ההתכנסות, התנועה מן ההיקף אל המרכז, המגבילה את ההשפעה ומסתירה אותה. שתי המידות הללו הן מידות עליונות, מידות קדושות, ולכל אחת מהן יש משמעות ומקום משל עצמה.

מידת הגבורה, היא מידת הדין, מתחילה מן ההגדרה, מכך שיש הגדרות וגבולות בין עולם לעולם, כל אחד לעצמו. כאשר יש הגדרות וגבולות לא זו בלבד שההשפעה אינה יוצאת מחוץ לגבולות, אלא שהיא מסייגת את עצמה בתוך עצמה, ואותה התכנסות והסתגרות היא היא עיקר עניינה של מידת הגבורה.

המצב המתואר כאן הוא שהאדם המתפלל מבטא את האותיות, אומר את המילים וחושב את המחשבות – ומגיע לכך שיהיה עומד על פתחם של העולמות העליונים. מעתה השאלה היא: מה תהיה תגובתם של עולמות אלה? האם הם יפעלו עליו בבחינה של חסד וינדבו לו משלהם באופן שיוכל לקבל (שהרי הם כשלעצמם למעלה ומעבר לאדם)? האם ירשו לו להציץ ולראות משהו מן האור? או שמא הפתח יהיה פתח של גבורה: מי שמך? מי זה אשר ערב ליבו לגשת? שהרי עולם עליון יכול גם לראות את המרחק, לראותו כמי שאינו ראוי ואינו זכאי לקבל דבר. יש אפוא שתי מידות למעלה: מידת החסד להשפיע בריבוי ובגילוי, ומידת הגבורה לסגור ולהסתיר; והשאלה היא: מה קובע אם תתגלה מידת החסד או מידת הגבורה?

ואפילו חוויות פנימיות, אינם יכולים להיות דרכי ההבחנה, משום שהדימויים הם בעצם שווים: השור המשמש דימוי למהות של מעלה נראה בדיוק כמו השור של מטה, המלאך יכול להיראות בדמות אנושית; והשאלה מה באמת ראה האדם היא שאלה שאינה פשוטה. בעולם הגשמי הברור והמוחשי גם השקר הוא פשוט וברור יותר, ולכן קל יותר גם לשומעים וגם לאדם עצמו להבחין בין אמת לשקר. לעומת זאת כאשר החוויות באות מעולם רוחני גבוה

אַךְ הַכֹּל תָּלוּי בְּאִתְעָרוּתָא דִּלְתַתָּא (בהתעוררות מלמטה). ההתעוררות, הפעילות של מטה, מפעילה כנגדה התעוררות והשפעה של מעלה. זהו מחוקי הבריאה וההנהגה האלוקית הבסיסיים ביותר, ככה בנוי העולם וככה עובדים הקשרים בין האלוקי לאדם. כלומר, הדרך שבה המידות האלוקיות מתגלות בעולם – לגבי אדם מסוים כמו לגבי עולם שלם – תלויה במידה רבה מאוד בהתנהגות שלו. כשאנו יוצרים למטה את התבנית, את הצורך והרצון, באה לתוכה ההארה של מעלה.

שֶׁאִם הָאָדָם מִתְנַהֵג בַּחֲסִידוּת, שבמובנה הבסיסי, של חסד, היא **לְהַשְׁפִּיעַ חַיִּים וָחֶסֶד כו'** למי שנזקק להם. **כָּךְ** כעין מידה זו הוא **מְעוֹרֵר לְמַעְלָה**, להשפיע חסד כלפי מטה, אל תוך מציאותו בעולמות.

כְּמוֹ שֶׁאָמְרוּ רַבּוֹתֵינוּ זִכְרוֹנָם לִבְרָכָה: בַּמִּדָּה שֶׁאָדָם מוֹדֵד בָּהּ מוֹדְדִין לוֹ (סוטה פרק א משנה ז). כפי שאדם מתנהג עם אחרים כך מתנהגים עימו מלמעלה, באותה מידה ובאותו אופן. מידת החסד של מעלה מתגלה כאשר אדם מודד במידה זו מלמטה. כאשר הוא נותן למי שמגיע ולמי שלא מגיע לו, כאשר הוא משלם גם מה שאינו מחויב בצדקה וברחמים – על ידי כך הוא מעורר השפעה של מעלה באותה מידה של חסד. מי שמקפיד – מקפידים כנגדו, ומי שאינו מקפיד – אין מקפידים כנגדו (פסחים קי,ב). מי שמנדב לפני התפילה צדקה לעני העומד על פתחו, הרי גם כאשר הוא עצמו עובר על פתחו של עולם עליון, יזכה לכך שהעולם העליון ינדב לו משלו. ולהפך: אדם שנוהג רק על פי שורת הדין, שנותן רק מה שמגיע למי שמגיע, ושאין הוא מרגיש מחויב לתת עוד – נוהגים גם בו באותו אופן.

אֶלָּא דִּלְכְאוֹרָה זוֹ, שאדם נותן צדקה בעולם הזה ומקבל כנגדה הארה של התגלות אלוקית בתפילה, **אֵינָהּ מִן הַמִּדָּה**. אין זה בגדר של מידה כנגד מידה. **כִּי אִם**, קבלת השכר על מעשה צדקה צריכה הייתה **לְהַשְׁפִּיעַ לוֹ חַיֵּי הָעוֹלָם הַבָּא לְבַד כְּנֶגֶד מַה שֶּׁהוּא מַשְׁפִּיעַ חַיֵּי עוֹלָם הַזֶּה**. אנו מצפים שהמידה שכנגד המידה תהיה באותו עניין, וכיוון שהוא משפיע חיים וחסד בעולם הזה, היה מן המידה שיקבל את שכרו מעין זה בחיי העולם הבא (שכן בכלל, העולם הבא הוא מקום השכר על עבודת העולם הזה). חיי עולם הזה וחיי עולם הבא אמנם אינם אותו דבר, אבל שניהם חיי עולם. אכן חיי העולם הזה הם חיים גשמיים וחיי העולם הבא הם רוחניים, והגילוי הרוחני שבהם הוא בוודאי גדול יותר מבחיי העולם הזה, אלא שכך היא המידה: אדם נותן חיים של מטה ככל שהוא יכול, וכנגד זה הוא מקבל חיים של מעלה ככל שאפשר לתת לו. אדם נותן פרוטה בעולם הזה, וכיוון שאצל הקב"ה היד היא גדולה ורחבה יותר, הפרוטה שלו היא גדולה יותר, אך בהיקף הרחב הוא מקבל באותה מטבע, של חיי עולם.

יותר, הרי ככל שהוא גבוה הוא גם דק יותר, ודורש זהירות רבה יותר וחקירה ודרישה לגבי מהותו ואמיתותו של כל דבר. לכן ההגדרות של דרכי עבודת ה' בתפילה, ובמיוחד בדרך חב"ד, הן קשוחות למדי ומגדירות ככל האפשר את החוויות כדי שלא תהיינה חוויות שווא; יש ביקורת וישנם קריטריונים שנועדו להבטיח את האדם, שלא ידמה לעצמו שהוא רואה וחש דברים שאינו רואה אותם, שאינם אמיתיים.

אבל לא להשפיע לו חיי הארת אור ה׳ [נוסח אחר **אין סוף ברוך הוא**] **ממש שיאיר ויגיה חשכו בעבודה שבלב זו תפלה שהיא בחינת ומדרגת תשובה עילאה כנודע שהרי היא למעלה מעלה מכל חיי עולם הבא כמו שאמרו רבותינו זכרונם לברכה יפה שעה אחת בתשובה ומעשים טובים כו׳ וכמו שנתבאר במקום אחר באריכות דעולם הבא אינו אלא זיו והארה וכו׳:**

כז אב פשוטה **אך** הענין הוא על דרך משל כמו שזורעין זרעים או נוטעין גרעין שהשבולת הצומחת מהזרע והאילן ופירותיו מהגרעין אינן מהותן ועצמותן של הזרע והגרעין כלל כי מהותם ועצמותם כלה ונרקב בארץ וכח הצומח שבארץ עצמה [נוסח אחר עצמו] הוא המוציא והמגדל השבולת והאילן

אֲבָל לֹא לְהַשְׁפִּיעַ לוֹ חַיֵּי הֶאָרַת אוֹר ה׳ [נוּסָּח אַחֵר: אֵין סוֹף בָּרוּךְ הוּא] מַמָּשׁ, שֶׁיָּאִיר וְיַגִּיהַּ חָשְׁכּוֹ בַּעֲבוֹדָה שֶׁבַּלֵּב זוֹ תְּפִלָּה. כי ההארה שאדם מקבל בתפילה היא אור ה׳ ממש, אור אין סוף, שאינו עומד בשום יחס להארת החיים המוגבלת המאירה בתוך העולם, בין שהוא עולם הזה ובין שהוא עולם הבא.

שֶׁהִיא, הארה זו שאדם מקבל בשעת התפילה, היא **בְּחִינַת וּמַדְרֵגַת ׳תְּשׁוּבָה עִילָּאָה׳** (תשובה עליונה) **כַּנּוֹדָע.** במקומות אחרים[8] מדובר על כך שיש שתי דרגות של תשובה: ׳תשובה תתאה׳ (תחתונה) ו׳תשובה עילאה׳ (עליונה). בניגוד לתשובה תתאה, הקשורה אל החטא ואל היציאה ממנו, תשובה עילאה איננה קשורה בהכרח בחטא שהיה, אלא לעצם השיבה אל המקור הראשון; להשיב את נשמת האדם, את הניצוץ האלוקי שבו, אל מקור ושורש ההוויה, אל הקב״ה בעצמו. מעלה זו של תשובה היא למעלה גם מכל חיי העולם הבא.

ההארה שאדם זוכה לה בתפילה היא מדרגת תשובה עילאה, שכן כאשר אדם זוכה להארה מתוך עולם עליון אל תוך עולמו – אין הוא חוזר להיות אותו אדם. כמו שכתוב: ״טעמו וראו כי טוב ה׳״, כי לאחר שטועמים ורואים ״כי טוב ה׳״ אי אפשר לחזור לקיום

תשובה תתאה ותשובה עילאה תשובה תתאה היא ביסודה תשובה שאדם עושה מפני שקודם הוא עבר עבירה, ועתה הוא חוזר בו ממעשיו הרעים. תשובה זו נובעת מתוך חרטה, מתוך הכרת המחסור והייסורים, ומשום כך באה התעוררות של צימאון לדברים אחרים. תשובה עילאה היא תשובה ״מרֹב כל״, והשתוקקות הנפש שבה נובעת לא מההסתר שבצד המציאות שלנו אלא מהגילוי של הצד השני. בתשובה תתאה אדם נדחף משום שאינו יכול לשבת עוד באותו מקום, והוא מוכרח לקפוץ למעלה. תשובה עילאה היא תשובה שלווה יותר, אפילו מאושרת מצד מסוים. אמנם גם בה יש הרגשה של מחסור, אבל הוא ממין אחר: לא כשל אדם שכואב לו והוא מחפש מרפא לכאבים, אלא כשל אדם שטעם דבר טוב, ומעתה אין הוא יכול להתקיים עוד בלעדיו.

הקודם; כל מה שהוא רוצה הוא רק ללכת לשם, להיות שוב באותו מקום שבו ראה וטעם – וזוהי תשובה עילאה.

שֶׁהֲרֵי הִיא, התשובה עילאה, **לְמַעְלָה מַעְלָה מִכָּל חַיֵּי עוֹלָם הַבָּא, כְּמוֹ שֶׁאָמְרוּ רַבּוֹתֵינוּ זִכְרוֹנָם לִבְרָכָה: יָפָה שָׁעָה אַחַת בִּתְשׁוּבָה וּמַעֲשִׂים טוֹבִים** בעולם הזה מכל חיי העולם הבא (אבות פרק ד משנה יז).

וּכְמוֹ שֶׁנִּתְבָּאֵר בְּמָקוֹם אַחֵר בַּאֲרִיכוּת,[9] **דְּעוֹלָם הַבָּא אֵינוֹ אֶלָּא זִיו וְהֶאָרָה וכו'.** התיאור של עולם הבא הוא: "צדיקים יושבים ועטרותיהם בראשיהם, ונהנים מזיו השכינה" (ברכות יז,א). כלומר, מה שיש בעולם הבא הוא זיו השכינה, הארה והשתקפות בלבד, לעומת תשובה ומעשים טובים בעולם הזה שבהם הדבקות היא בשכינה בעצמה, אשר מי שדבק בה דבק בקב"ה בעצמו. בעולם הזה ייתכן שלא תהיה בדרגה זו חוויה של התענגות באור ה', אבל מבחינת מהותה היא דבקות אמיתית, שלמעלה ומעבר לכל חיי עולם הבא. והשאלה היא לכן, מדוע זוכה אדם זה לקבל שלא לפי ערך ומידה למה שנתן?

אַךְ הָעִנְיָן הוּא, כאן חוזר אדמו"ר הזקן לנקודת המוצא, להבנת הביטוי "זורע צדקות", וצירוף המושגים 'זריעה' ו'צדקה'.

ויובן **עַל דֶּרֶךְ מָשָׁל: כְּמוֹ שֶׁזּוֹרְעִין זְרָעִים,** כגון של דגן או ירקות, **אוֹ נוֹטְעִין גַּרְעִין** של עץ, **שֶׁהַשִּׁבּוֹלֶת הַצּוֹמַחַת מֵהַזֶּרַע וְהָאִילָן וּפֵירוֹתָיו מֵהַגַּרְעִין אֵינָן מֵהוּתָן וְעַצְמוּתָן שֶׁל הַזֶּרַע וְהַגַּרְעִין כְּלָל.** תהליך הזריעה הוא, שמכניסים גרעין של חיטה ומקבלים שיבולת שלמה; מכניסים גרעין של תפוח, וצומח עץ תפוח. ואולם אין זה תהליך פשוט וישר, שהגרעין עצמו גדל ותופח עד שהוא נעשה עץ. בין הגרעין והעץ יש שלב עלום שבו הגרעין נעלם לגמרי והעץ גדל כביכול מחדש, מן האין.

כִּי מַהוּתָם וְעַצְמוּתָם, של הגרעין או גרגר התבואה, **כָּלֶה וְנִרְקָב בָּאָרֶץ, וְכֹחַ הַצּוֹמֵחַ שֶׁבָּאָרֶץ עַצְמָהּ [נוּסַּח אַחֵר: עַצְמוֹ] הוּא הַמּוֹצִיא וְהַמְגַדֵּל הַשִּׁבּוֹלֶת וְהָאִילָן וּפֵירוֹתָיו.** כפי שאפשר להבחין אם מוציאים גרעין לפני נביטתו, הגרעין עצמו לא זו בלבד שאינו גדל, אלא עובר תהליך של ריקבון עד שהוא כלה לגמרי, עד שמהגרעין שהיה קודם לא נשאר כמעט דבר במציאות. ואם כן, מה שצומח אינו מהגרעין – שהרי הוא כבר בטל

בשתי דרכי התשובה יש תנועת יסוד של 'אינני יכול להישאר היכן שאני', אלא שבאופן האחד בא הדבר מתוך שלילת השלילה, מתוך המלחמה נגד החושך; ובאופן האחר – מתוך חיוב, מתוך הארה.

תשובה עילאה נחשבת לדרגה הגבוהה ביותר בעבודת ה'. בעצם הכול רוצים להגיע לתשובה עילאה, ובכלל זה גם הצדיק הרוצה לזכות להארה גבוהה יותר. הבעיה של הצדיק, לעומת בעל התשובה, שהוא נמצא בשלמות בתוך עצמו, בסוג של הרמוניה פנימית, ולכן אין בו אותה הרגשת חיסרון, ומכוחה יכולת המאבק והקפיצה כלפי מעלה. בבעל התשובה, שמרגיש את המחסור, בוערת התשוקה, עולה בו הלהב לעלות למעלה. תשובה עילאה היא הדרגה שבה גם הצדיק יכול להיות "בעל תשובה"; זוהי תשובה שאין לה סוף, שכל אדם, בכל דרגה, יכול לעלות ולעלות בה.

ופירותיו רק שאינו מוציא ומגלה כחו לחוץ מהכח אל הפועל כי אם על ידי הזרע והגרעין שנרקבין בארץ וכלה כל כחם בכח הצומח שבארץ ונתאחדו והיו לאחדים ועל ידי זה מוציא כח הצומח את כחו אל הפועל ומשפיע חיות לגדל שבולת כעין הזרע אבל בריבוי הרבה מאד בשבולת אחת וכן פירות הרבה על אילן אחד וגם מהותן ועצמותן של הפירות מעולה בעילוי רב ועצום למעלה מעלה ממהותו ועצמותו של הגרעין הנטוע וכן כהאי גוונא בפירות הארץ הגדלים מזרעונין כעין גרעינין כמו קשואים וכהאי גוונא והכל הוא מפני שעיקר ושרש חיות הפירות נשפע מכח הצומח שבארץ הכולל חיות כל הפירות. והגרעינין הזרועים בארץ אינן אלא כעין אתערותא דלתתא הנקראת בשם העלאת מיין נוקבין בכתבי האריז"ל:

ונרקב – אלא מהארץ עצמה. דהיינו: מן הצירוף של החומרים המצויים בארץ, והשמש והאור והאוויר – מכל אלה מתגלה כוח עצום וגדול, הנקרא 'כוח הצומח'.

רַק שֶׁאֵינוֹ מוֹצִיא וּמְגַלֶּה כֹּחוֹ לַחוּץ, מֵהַכֹּחַ אֶל הַפּוֹעַל. אף שהחומרים המרכיבים את גופו של האילן מצויים תמיד, ואף שבכוח הצומח נמצאים בכוח הצמחים כולם, מכל מקום הארץ בעצמה אינה מצמיחה מעצמה, **כִּי אִם עַל יְדֵי הַזֶּרַע וְהַגַּרְעִין שֶׁנִּרְקָבִין בָּאָרֶץ וְכָלֶה כָּל כֹּחָם בְּכֹחַ הַצּוֹמֵחַ שֶׁבָּאָרֶץ, וְנִתְאַחֲדוּ וְהָיוּ לַאֲחָדִים.** גוף הגרעין אמנם נרקב ובטל באדמה, אבל הוא משאיר אחריו משהו, לא רק 'קוד גנטי' אלא כוח ורצון ועניין ליצור ולהצמיח במסלול מסוים, שבו עולה ומתהווה האילן השלם ופירותיו.

השלב של הריקבון, של ביטול הווייתו של הגרעין, הוא הכרחי. תהליך הצמיחה של הגרעין כולל בתוכו את הרס ישותו העצמית; ללא ההרס הזה יישאר הגרעין במצבו הקודם ולא יוכל להצמיח. הדבר נכון לגבי כל דבר חי; תהליך החיים ותהליך הגדילה מחייבים גם מידה מסוימת של שבירת וביטול המצב הקודם. זה שנשאר קיים כמו שהוא, הוא דבר עקר שאינו צומח ואינו מתרבה. אך גם הריקבון לבד אינו יוצר את הצמיחה, שכן יכול להיות גם ריקבון בלא צמיחה. כדי שהגרעין יצמח הוא צריך לעבור תהליך נוסף, יחד עם הריקבון. התהליך הזה הוא חזרתו של הגרעין בריקבונו אל האדמה, באופן שהוא מתאחד עם כוח הצמיחה שלה. כך מעניק הגרעין לכוח הצמיחה את הקוד, את הכיוון והצורה, שהוא נושא בתוכו.

וְעַל יְדֵי זֶה מוֹצִיא 'כֹּחַ הַצּוֹמֵחַ' אֶת כֹּחוֹ אֶל הַפּוֹעַל. תהליך הזריעה הוא, כאמור, הדרך שבה

כוח הצומח בחסידות המושג של 'כוח הצומח' מובן בחסידות ככוח רוחני שנמצא בארץ ונושא בתוכו את כוח האין סוף להצמיח אין ספור צמחים ולגדלם. כוח שהארץ התחתונה (המלכות) מקבלת מהאין סוף כי "נעוץ תחילתן בסופן" דווקא, לברוא יש מאין, גשמי מרוחני (וראו לקמן אגרת כ).

כוח הצומח בטבע ייחודה של תופעה זו בולט לעומת תופעות טבע בתחום הפיזיקלי. בתחום הפיזיקלי יש תמיד יחס מסוים בין הכוח המניע למוּנע, בין האנרגיה הראשונית לאנרגיה המשנית. יש מקור של אנרגיה, אשר יכול לשנות צורה, אבל כל שינוי וכל תהליך גורמים להפחתה באנרגיה, ובוודאי

מגיע כוח הצמיחה הכללי – המצוי באדמה רק בכוח, באופן פוטנציאלי – לידי גילוי בפועל. הכוח הכללי של הצמיחה אינו פועל ואינו מצמיח שום דבר בעצמו משום שאינו כוח פרטי מסוים. מה שעושים כל הזרעים בעולם הוא לעורר, להגדיר ולכוון את כוח הצמיחה הגולמי ובכך לגרום לו להוציא אל הפועל צמח כזה או כזה. הדבר דומה למאגר גדול של מים חיים, שצריך לעשות בו נקב ותעלה כדי שהמים יזרמו ממנו אל מקום ואל צורך מסוים.

וּמַשְׁפִּיעַ כוח הצומח **חַיּוּת לְגַדֵּל שִׁבּוֹלֶת כְּעֵין הַזֶּרַע, אֲבָל בְּרִיבּוּי הַרְבֵּה מְאֹד בְּשִׁבּוֹלֶת אַחַת, וְכֵן פֵּירוֹת הַרְבֵּה עַל אִילָן אֶחָד.** כאשר זורעים חיטה אין מקבלים גרעין תחת גרעין, אלא שיבולת שלמה שיש בה גרעינים הרבה; וכן גרעין הפרי גדל להיות עץ גדול המניב פירות רבים. שכן הצמיחה אינה מכוחו של הגרעין, שנרקב ואיננו קיים עוד כשלעצמו, אלא של כוח הצומח הגדול והכללי.

וְגַם, מעבר לגידול ולריבוי, **מַהוּתָן וְעַצְמוּתָן שֶׁל הַפֵּירוֹת מְעוּלָּה בְּעִילּוּי רַב וְעָצוּם, לְמַעְלָה מַעְלָה מִמַּהוּתוֹ וְעַצְמוּתוֹ שֶׁל הַגַּרְעִין הַנָּטוּעַ.** הגרעין אינו מוציא רק ריבוי גרעינים, הוא מוציא פירות. ולפרי יש טעם וריח וצבע שאין בגרעין, כך שהפרי הוא מהות אחרת, מעולה וגבוהה מהגרעין.

וְכֵן כְּהַאי גַּוְונָא (כגון זה) **בְּפֵירוֹת הָאָרֶץ, הַגְּדֵלִים מִזֵּרְעוֹנִין כְּעֵין גַּרְעִינִין, כְּמוֹ קִשּׁוּאִים וּכְהַאי גַּוְונָא.** שזרע אחד מצמיח צמח שלם המגדל לא רק זרעונים כיוצא בו אלא בעיקר פירות.

וְהַכֹּל הוּא מִפְּנֵי שֶׁעִיקַּר וְשֹׁרֶשׁ חַיּוּת הַפֵּירוֹת נִשְׁפָּע מִכֹּחַ הַצּוֹמֵחַ שֶׁבָּאָרֶץ הַכּוֹלֵל חַיּוּת כָּל הַפֵּירוֹת. ולכן אין זה מפתיע שהגרעין יכול להצמיח מעל ומעבר לגודל ולמהות של עצמו; שכן מה שצומח נובע מכוח הצומח הכללי, שיכול כאמור להצמיח ולגדל פירות לאין גבול.

וְהַגַּרְעִינִין הַזְּרוּעִים בָּאָרֶץ אֵינָן אֶלָּא כְּעֵין 'אִתְעָרוּתָא דִלְתַתָּא' (התעוררות מלמטה). מה שאנו עושים כשאנו זורעים באדמה הוא 'אתערותא דלתתא', אשר כמו כל תהליך של התעוררות מלמטה אינו יוצר דברים בעצמו, אלא רק משמש פתח וזרז להתגלותם של דברים גדולים ומרובים לאין שיעור.

הַנִּקְרֵאת, 'אתערותא דלתתא' זו, התהליך של פעולה קטנה מלמטה, מצד האדם, שמשחררת כוחות גדולים בהרבה מלמעלה – נקראת **בְּשֵׁם 'הַעֲלָאַת מַיִין נוּקְבִין'** (מים נקביים) **בְּכִתְבֵי הָאֲרִיזַ"ל.** השמות השונים הם רק אופנים שונים להביע דבר אחד: כיצד

שאין תוספת על כמות האנרגיה שהוכנסה בתחילה. לעומת זאת, תהליך הצמיחה הוא שונה לגמרי, בעיקר משום שאינו תהליך סיבתי מסודר, אלא מהווה בעצם רק גורם ומעורר של תהליכים בהיקף אחר, גדול לאין ערוך. כפי שנתבאר כאן, העץ הגדול ופירותיו אינם מצומצמים ומרוכזים בתוך הגרעין; הגרעין הוא רק ה'מתג' שמעורר ומפעיל את תופעת הצמיחה. פעולת הזריעה רק משחררת אנרגיה שנמצאת במצב אחר. המנגנון שאנו מפעילים באופן ישיר הוא זעיר מבחינת כוחו, ואינו עומד בשום יחס לדברים הגדולים שקורים לאחר מכן.

כח אב פשוטה

וככה ממש על דרך משל כל מעשה הצדקה שעושין ישראל עולה למעלה בבחינת העלאת מיין נוקבין לשורש נשמותיהן למעלה הנקרא בשם כנסת ישראל ואימא תתאה בלשון הזהר ושכינה בלשון הגמרא הכלולה מכל מדותיו של הקדוש ברוך הוא ומיוחדת בהן בתכלית וראשיתן היא מדת החסד ועל ידי העלאה זו מתעורר חסד ה' ממש שהוא גילוי אורו יתברך לירד ולהאיר למטה לנשמות ישראל בבחינת גילוי רב ועצום

פעולה קטנה מעוררת משהו שלא בערך כלל למה שהכניסה. האדם הכניס פרוטה שלו – והוא מקבל נצח. אין יחס בין הפרוטה, ובין כל מספר של פרוטות, לבין מהות העלייה של 'תשובה עילאה' שהיא למעלה מכל חיי העולם הזה והבא, שהיא נקודת התמצית של המגע עם הקב"ה. כדי להבין זאת הובא והוסבר באריכות המשל של הזריעה והצמיחה, שאיננה רק תופעה של גורם ותוצאה ישירה לו, אלא של גורם שרק מעורר כוחות שהם לאין ערוך גדולים ממנו.

לאחר אריכות הדברים במשל חוזרים אל הנמשל: **וְכָכָה מַמָּשׁ עַל דֶּרֶךְ מָשָׁל, כָּל מַעֲשֵׂה הַצְּדָקָה שֶׁעוֹשִׂין יִשְׂרָאֵל עוֹלֶה לְמַעְלָה בִּבְחִינַת הַעֲלָאַת מַיִין נוּקְבִין לְשׁוֹרֶשׁ נִשְׁמוֹתֵיהֶן לְמַעְלָה.** כאשר אדם נותן צדקה הוא עושה מעשה רוחני שהוא כמו הזריעה הגשמית ממש. ועל ידי כך הוא גורם להעלאה של 'מים נוקבין' למעלה מעלה, עד למקור הנשמה שלו, שהוא מקור נשמותיהם של כל ישראל. העלאה זו היא ה'זריעה' במקור נשמות ישראל, בבחינת הארץ והמלכות של מעלה, אשר היא השורש הרוחני העליון של הארץ והמלכות של מטה.

הַנִּקְרָא, שורש הנשמות למעלה, **בְּשֵׁם 'כְּנֶסֶת יִשְׂרָאֵל'.** 'כנסת ישראל' אינה רק שם כולל לכל היהודים הנמצאים בעולם; זוהי גם המהות של מקור ושורש נשמות ישראל. **וְהִיא** נקראת גם **'אִימָּא תַּתָּאָה'** (אמא תחתונה) **בִּלְשׁוֹן הַזֹּהַר,** משום שהיא מכוונת בתבניתה

ככה ממש על דרך משל זהו מטבע לשון שגור אצל אדמו"ר הזקן, הבא לומר שלמרות שהמשל הגשמי איננו דומה בכול לנמשל הרוחני, והוא רק "על דרך משל", בכל זאת הוא מכל מקום "ככה ממש". "ככה" משום שבתוך העולם שלנו, בהיקף שאנו יכולים לעסוק בדבר – כך הוא הנמשל; ו"ממש" משום שהמשל הגשמי, גם אם אין הוא מקביל בכול לנמשל, הוא מכל מקום ממשי לגבינו, כמו החומר הגשמי בעולם הזה הנתפס בתחושתנו כממשות. הממשות היא מהותית לגבי המשל, שכן בדרך כלל כל כוונתו של המשל אינה רק להסביר דבר להבינו בשכל, אלא בעיקר כדי להבינו ולחוש בו ממשות כמו שאנו חשים לגבי המציאות הגשמית שלפנינו.

המלכות היא שלטון בנפש האדם מידת המלכות היא מה שאנו קוראים שלטון. שלטון הוא, מצד אחד, כוח גדול השולט ומרכז את הכול, ומצד שני – "לית לה מגרמה כלום" (אין

של 'אמא עילאה' (אמא עליונה), היא ספירת הבינה, בהיותה אף היא בחינת 'אמא', המקבלת מהספירות שמעליה ומולידה את מכלול העולמות הנבראים. **ונקראת 'שְׁכִינָה' בִּלְשׁוֹן הַגְּמָרָא,** היא אור ה' השוכן ומתלבש בתוך כל העולמות להחיותם (והמשכה והשכנה זו היא על ידי התלבשות בנשמות ישראל תחילה).

כל הכינויים הללו קשורים יחד ומבטאים מהות אחת הקרויה בספרי הקבלה 'מלכות'. אך כיוון שהיא המהות שמקבלת מכל הבחינות שלמעלה ממנה, והיא המשפיעה לכל הנבראים שלמטה, היא משקפת ריבוי צורות ומופיעה בריבוי צורות, כינויים ושמות. המלכות היא הים הגדול שכל הדברים באים אליו ונאגרים בתוכו, וחוזרים ונולדים ממנו.

הַכְּלוּלָה מִכָּל מִדּוֹתָיו שֶׁל הַקָּדוֹשׁ בָּרוּךְ הוּא, שכולן משפיעות בה, **והיא מְיוּחֶדֶת בָּהֶן בְּתַכְלִית.** המלכות היא כלי הקיבול של המידות כולן, המקבלת את כל המידות וכוללת בתוכה את כולן. אין זו רק אחדות חיצונית, כמו קופסה הכוללת בתוכה כל מה שמניחים בה, אלא אחדות מהותית, שמהותה של המלכות כוללת באחדות אחת את כל הספירות.[10]

וְרֵאשִׁיתָן, של כל המידות הכלולות במלכות, **הִיא מִדַּת הַחֶסֶד.** המידה הראשונה, שהיא עצם ההשפעה והחסד, הכוח שנמצא בכל המידות שאחריו, להתגלות ולהשפיע.

וְעַל יְדֵי הַעֲלָאָה זוֹ. שבנתינת הצדקה שלנו, שהיא כאמור התעוררות מלמטה העולה וגורמת להתעוררות מלמעלה; ה'מים נוקבין' העולים וגורמים את השפעת ה'מים דכורין' מלמעלה. ובדימוי שבו התחילה האיגרת, שהצדקה היא הזריעה וההשקעה בארץ העליונה, בארץ שהיא מידת המלכות ושורש נשמתו שבשורש כל נשמות ישראל, ומשם –

מִתְעוֹרֵר חֶסֶד ה' מַמָּשׁ, שֶׁהוּא גִּילּוּי אוֹרוֹ יִתְבָּרֵךְ לֵירֵד וּלְהָאִיר לְמַטָּה לְנִשְׁמוֹת יִשְׂרָאֵל בִּבְחִינַת גִּילּוּי רַב וְעָצוּם. כמו במשל, כשאדם זורע זרע הוא מצמיח כדמותו; אין אדם זורע אפרסקים ומקבל אבטיחים. כמו כן, אם אדם זרע צדקה וחסד, הוא יצמיח כנגדו חסד עליון. וכאמור, החסד של מטה אינו אלא מראה מקום לחסד של מעלה, שהוא השפעה גדולה באין ערוך לחסד שזרע האדם – כמו הזרע שרק מעורר את כוח הצומח האין סופי שבארץ להצמיח ריבוי ואיכות שאינם בערך כלל לזרע הזרוע.

לה מעצמה כלום).[11] שכן השלטון כשלעצמו הוא כוח ללא תוכן עצמי. לשליטה כשלעצמה אין משמעות, התוכן שלה הוא במהות הזורמת דרכה: אם בחסד, אם בדין וכו'. במובן זה מידת המלכות כלולה מכל המידות, שכולן מבטאות וממשות אותה, והיא הרקע והחומר שבו ודרכו פועלות כל שאר המידות.

המלכות היא דרגת האותיות על פי הקבלה[12] כל אחד מסימני הניקוד מתייחס אל אחת המידות: סֶגול הוא חסד, שְׁוא הוא גבורה, תפארת חולם וכו'. רק מידת המלכות אין לה ניקוד, שכן המלכות היא האות עצמה. התייחסות זו בין האות והניקוד מבטאת פנים נוספים ביחס שבין המלכות והמידות: המלכות היא הקרקע העשויה לקבל בתוכה את הנקודות. היא המהות ההיולית, הגולמית, שמקבלת את כל הצורות המשפיעות בתוכה.

בשעת התפלה על כל פנים כי אף שלגדולתו אין חקר עד דכולא קמיה כלא חשיבי הרי במקום שאתה מוצא גדולתו שם אתה מוצא ענותנותו כמים שיורדין כו'. וזהו שכתוב זרח בחשך אור לישרים חנון ורחום וצדיק דעל ידי שהאדם חנון ורחום וצדיק צדקות אהב גורם לאור ה' שיזרח לנשמתו המלובשת בגופו העומד בחשך שהוא משכא דחויא וזה נקרא בשם ישועה

בְּשְׁעַת הַתְּפִלָּה עַל כָּל פָּנִים. שעת התפילה היא מצד אחד שעת כושר מלמעלה, זמן סגולה של פתיחות וחסד, אך בעיקר היא הזמן שבו אדם מתפלל, ועצם אמירת התפילות וההתכוונות לנאמר בהן פותחת מלמטה את הדלתות. שעת התפילה היא לכן הזמן שבו יכול האדם לקבל את האור הגדול שעורר במעשה הצדקה.

כִּי אַף שֶׁלִּגְדוּלָּתוֹ אֵין חֵקֶר (על פי תהלים קמה,ג)**, עַד דְּכוּלָּא קַמֵּיהּ כְּלָא חֲשִׁיבֵי** (שהכול לפניו כלא, ככלום, נחשב). כיוון שגדולתו וחסדו של הקב"ה הם גבוהים ועצומים מכדי שנוכל להשיגם ולהתייחס אליהם, איזו משמעות יש לכל זה לגבינו? האם בכלל יכול להיווצר יחס בינינו ובין החסד וההשפעה האלוקית?

הֲרֵי בִּמְקוֹם שֶׁאַתָּה מוֹצֵא גְּדוּלָּתוֹ שָׁם אַתָּה מוֹצֵא עַנְוְתָנוּתוֹ.[13] והדיוק על דרך הסוד הוא, ש"גדולתו" היא מידת חסדו, ועניינה של מידת החסד שהיא **כְּמַיִם שֶׁיּוֹרְדִין כו'** ממקום גבוה למקום נמוך. מהותו של החסד היא נתינה והשפעה מן הפנים כלפי חוץ, מלמעלה כלפי מטה. והשפעה זו, ככל שהיא גדולה יותר כך היא יורדת למטה יותר. תכונה זו טבועה במהותו של החסד, שהוא לקטנים ולא לגדולים, למקבלים ולא למשפיעים, למטה ככל שיש למטה יותר. ואם כן, במקום שמתגלה חסדו (גדולתו) של הקב"ה, שם ממש,

בשעת התפילה יש הבדל בין התעוררות ויציאת החסד ובין גילויו בנשמות. יש הרבה דברים שקיימים ופועלים בתוך המציאות, אבל מבחינתנו אין הם ניכרים. יש מאורעות גדולים, שלעומתם מה שקורה בתוכנו הוא חסר משמעות, ועם זאת אין להם השפעה מוחשית ישירה על המתרחש בנו: אם מפני שאינם ניתנים לתפיסה מיידית ואם מפני שדרוש לכך זמן מרובה. במובן זה, בכל עשיית חסד למטה מתעורר ומתגלה הבזק של השפעה מלמעלה. ואולם האור הגדול הזה, חסד ה', איננו מתגלה בהכרח בתוך הנשמה בכל מעלתו ובכל היקפו. גילויו תלוי גם במוכנות של הנשמה. וזמן התפילה, כאשר אדם עומד בריכוז ובהתכוונות כוחות נפשו מול ה', הוא הזמן שבו הוא יכול להרגיש את האור, אם לא את כולו על כל פנים את מקצתו, בכלי התחושה שלו.

ההשגחה הפרטית של מי שגדולתו היא ענוותנותו כאשר תופסים את ההנהגה האלוקית באותם מושגים שבהם תופסים את ההנהגה האנושית, כאשר חושבים על הקב"ה כעל 'מנהל' גדול, אז כמובן שאין לו פנאי להתעסק עם הדברים הקטנים, כיוון שעליו לטפל בעניינים הגדולים – בכך וכך מיליארדים של עולמות – ובנוגע לפרטים, הוא שולח את המנהלים הקטנים והפקידים הזוטרים, והם דואגים לענייניו. התפיסה הזו היא הבסיס לכל עבודה זרה. התפיסה שה' קיים, אלא שהוא כה גדול עד שאין הוא מתייחס ישירות אל מה שקורה בעולם המוגבל והקטן שלנו, וממילא יש מקום לעולם שלם של

באותה מידה עצמה מתגלה ענוותנותו, היא ירידתו "להחיות רוח שפלים ולהחיות לב נדכאים" (ישעיה נז,טו).

לא רק גדולתו, אלא כל מידותיו של הקב"ה הן ביטוי לענוותנותו. מי שבעצמו הוא מעבר לכל המידות, מי שכל המידות הן רק האופן שבו הוא מתייחס אל העולמות, מהווה אותם, מנהיג אותם ומתגלה בהם – הרי שהתגלותו בהן היא ביטוי לענווה, להשפלתו את עצמו באותן המידות הנבדלות ממהותו כדי שנוכל להתייחס אליו, כדי שנהיה בכלל.

וְזֶהוּ שֶׁכָּתוּב: "זָרַח בַּחֹשֶׁךְ אוֹר לַיְשָׁרִים חַנּוּן וְרַחוּם וְצַדִּיק" (תהלים קיב,ד), שפירושו: **דְּעַל יְדֵי שֶׁהָאָדָם חַנּוּן וְרַחוּם וְצַדִּיק צְדָקוֹת אָהֵב,**[14] על ידי זה שהאדם נוהג ברחמנות ועושה צדקה וחסד בכל דרך שיכול, הוא **גּוֹרֵם לְאוֹר ה' שֶׁיִּזְרַח לְנִשְׁמָתוֹ הַמְלוּבֶּשֶׁת בְּגוּפוֹ הָעוֹמֵד בַּחֹשֶׁךְ**. כשם שהוא נותן למי שאין לו, כך הוא מקבל את האור היכן שאין לו. לאמור, לנשמה הנמצאת בחושך, בתוך הגוף המסתיר את האור האלוקי.

שֶׁהוּא, הגוף המסתיר, נקרא בזהר: **'מַשְׁכָא דְּחִוְיָא'** (עור הנחש). לפי כמה ממדרשי חז"ל,[15] לאחר חטא אדם הראשון פשט הקב"ה מן הנחש את עורו ועשה ממנו כותנות לאדם ולחוה. ומאז, מבחינת ההשפעה הרוחנית, מלובשת נשמתו של האדם בעורו של הנחש. כלומר: הגוף שלנו אינו עוד הוויה חומרית ניטרלית, אלא הוא פועל ומופיע בלבוש של קליפה (קליפת נוגה). הוא פועל כך שיראה ויתייחס אל הפרטים של החומר, ולא תהיה לו הכרה ישירה באור ובחיות האלוקית.

ועם זאת, למרות מסך הגוף האטום ומציאות החיים של גלות ולחץ שאינה מאפשרת לאור האלוקי לחדור אל הנשמה – "זרח בחשך אור לישרים" – כאשר האדם נותן צדקה

עבודה זרה. התפיסה היהודית היא, שהקב"ה בעצמו הוא מעבר למושגים שלנו של גדול וקטן, שאינם מתייחסים אליו כלל. שבהשוואה אליו כל ההבדל שאנו רואים בין 'גדול' ל'קטן' הוא חסר משמעות. ולכן אף הפרט הקטן ביותר אינו שונה אצלו מהכלל הגדול ביותר, כולם ראויים לאותה מידה של התייחסות ושימת לב.

לבוש הקליפה של הגוף למרות הבדלי המדרגות שיש בין אנשים שונים – במידה ובאופן שאדם משתמש בגופו, ועד כמה הוא נותן לתערובת של הגוף והנפש להיות מוטה על ידי הגוף לבדו – הרי בעצם היותו נפש בגוף הוא כפוף ומשועבד להשגות הגוף. כיוון שאין הוא משיג אלא דרך ועל ידי כלי ההשגה של הגוף, הוא משועבד לעניינים הגופניים והמתייחסים אל הגוף, ודרכם הוא מכוון את כל מערכות חייו. כל אדם, גם גדול וצדיק, נתון בחשכה של הגוף ושל כלי התחושה שלו. אין זו רק מגבלה חיצונית, של החושים המוגבלים שלנו, אלא מגבלה מהותית הנובעת מכך שהגוף הוא זה שמכוון את הרציות ואת תפיסת המציאות הבסיסית שלנו. ולכן, גם כשהגוף מצד עצמו אינו נוטה לכיוון של רע דווקא, הוא מחשיך ומסתיר את אור הנשמה ואת כל השגותיה ורצונותיה. כך מתאר זאת הרמב"ם (בהקדמתו לפרק 'חלק'), שכשם שהעיוור אינו מסוגל להשיג מהו צבע, מהו כחול ומהו אדום, כך האדם הנתון בגוף, "משכא דחִויא", אינו מסוגל לתפוס מהי מהות שאינה גופנית; ולכן קשה לו לבנות רציות לגבי עבודת ה' שהיא מופשטת ונבדלת מהחומר ומכלי הגוף.

כד אתהפכא חשוכא לנהורא וזהו מצמיח ישועות שישועה זו צומחת מזריעת הצדקה שזורעין בארץ העליונה ארץ חפץ היא השכינה וכנסת ישראל שנקראת כן על שם שמתלבשת בתחתונים להחיותם כמו שכתוב מלכותך מלכות כל עולמים ובפרט מן הפרט כשזורעין בארץ הקודש התחתונה המכוונת כנגדה ממש שהזריעה נקלטת תיכף ומיד בארץ העליונה בלי שום מניעה ועיכוב בעולם מאחר שאין שום דבר חוצץ ומפסיק כלל בין ארצות החיים כי זה שער השמים מה שאין כן בחוץ לארץ ודי למבין:

לעני הוא מעורר את כוח האין סוף מלמעלה, להאיר לנשמה מאור האין סוף שלמעלה מכל האור שבעולמות.

וְזֶה נִקְרָא בְּשֵׁם "יְשׁוּעָה", כַּד אִתְהַפְּכָא חֲשׁוֹכָא לִנְהוֹרָא (כאשר מתהפך החושך לאור). המשמעות של ישועה אינה רק שקורה דבר טוב, אלא שיש הצלה ממצב של מצור ומצוק, כאשר החושך הופך לאור. התגלות האור האלוקי בנפשו של האדם היא לכן ישועה, בעצם העובדה שאור ה' מתגלה בתוך האדם הנתון בחשכת הגוף. זו אינה בהכרח ישועה חיצונית, של חיי הגוף, אבל זו תמיד ישועה פנימית, של נשמת האדם המגששת באפלת עצמו – ופתאום זורח בו אור.

סיום האיגרת חוזר לשאלה שבה פתחה, על הקשר בין 'זריעה' ו'צדקה'.

וְזֶהוּ שנאמר אחרי "זורע צדקות" – **"מַצְמִיחַ יְשׁוּעוֹת", שֶׁיְּשׁוּעָה זוֹ צוֹמַחַת מִזְּרִיעַת הַצְּדָקָה, שֶׁזּוֹרְעִין בָּאָרֶץ הָעֶלְיוֹנָה.** כאשר זורעים בארץ התחתונה מצמיחים, כדוגמתה, דברים חומריים. כגון, כאשר זורעים גרעין חיטה, צומחת שיבולת. אבל כאשר זורעים בארץ העליונה פרוטה של צדקה (שהרי עם היות הצדקה פרוטה גשמית, עניין הצדקה אינו שייך לעולם הגשמי, לארץ התחתונה. אין בצדקה שום חשבון ארצי, אלא חשבון רוחני אלוקי – וזוהי 'הארץ העליונה') אין מקבלים אותה פרוטה פי כמה וכמה, אלא מקבלים הארה של מעלה. וזו היא הישועה: ההארה שמאירה לנפשו של האדם והופכת את החושך לאור. כשם שהצדקה הופכת גשמיות לאור אלוקי, כך הישועה הצומחת ממנה היא אור אלוקי ממש שחודר אל תוך הווייתו שבעולם הזה. הארה זאת נקראת "ישועה" משום שהיא עומדת, בעצם, על מהות של נס – שאדם יכול לראות מעבר לשיעורם של הכלים הרגילים שלו.

והארץ העליונה היא הנקראת **"אֶרֶץ חֵפֶץ"** (על פי מלאכי ג,יב)**,** הארץ שבה הוא חפץ, שאליה הוא פונה, **וְהִיא הַשְּׁכִינָה וּכְנֶסֶת יִשְׂרָאֵל, שֶׁנִּקְרֵאת כֵּן עַל שֵׁם שֶׁמִּתְלַבֶּשֶׁת** (שוכנת) **בַּתַּחְתּוֹנִים לְהַחֲיוֹתָם.** זו היא מהות השכינה, הכוח האלוקי השוכן בתוך כל המציאות בכללה ובפרטיה, לקיימה ולהחיותה. והיא נקראת 'הארץ העליונה' משום שהיא הכלל והמקור והתכלית של כל הארצות כולן; ומשום שבה, בהשלמתה ובחיבורה, חפץ כביכול הקב"ה בעצמו – היא קרויה "ארץ חפץ".

כְּמוֹ שֶׁכָּתוּב: "מַלְכוּתְךָ מַלְכוּת כָּל עוֹלָמִים" (תהלים קמה,יג). "מלכותך", המלכות האלוקית, שהיא כאמור השכינה, היא "מלכות כל עולמים". כלומר שהיא המחיה את העולמות כולם בתוכם, מהעליונים הנעלמים ועד לעולם הזה הגשמי. היא אותה הארה אלוקית מיוחדת שמהווה ומחיה את המציאות הנפרדת כביכול של העולמות.

מכאן התייחסות לצדקה המיוחדת המיועדת לארץ ישראל: **וּבִפְרָט מִן הַפְּרָט כְּשֶׁזּוֹרְעִין בְּאֶרֶץ הַקּוֹדֶשׁ הַתַּחְתּוֹנָה הַמְכוּוֶּנֶת כְּנֶגְדָּהּ,** כנגד הארץ העליונה **מַמָּשׁ.**[16] יש יתרון מיוחד, בנוסף לכל האמור, כאשר נותנים את הצדקה עבור ארץ ישראל. שכן ארץ ישראל, אף על פי שהיא ארץ גשמית, היא 'ארץ הקודש'. כלומר, הארץ המכוונת ישירות כנגד הארץ העליונה, משמעותה ועניינה של ה'ארץ' בשמיים, כפי שהיא למעלה ברצון האלוקי עצמו, שלמעלה מהתלבשותו במציאות התחתונה.

שֶׁהַזְּרִיעָה, שזורעים בארץ הקודש התחתונה, **נִקְלֶטֶת תֵּיכֶף וּמִיָּד בָּאָרֶץ הָעֶלְיוֹנָה, בְּלִי שׁוּם מְנִיעָה וְעִיכּוּב בָּעוֹלָם.** כל צדקה שאדם נותן נזרעת בארץ העליונה, אבל בכל מקום אחר נעשית פעולה זו בשלבים. בין ארצות העמים והארץ העליונה יש ערפל, יש מניעות ועיכובים, והמעבר איננו מיידי, אלא תהליך הדורש זמן. לעומת זאת, ארץ הקדש מכוונת ישירות – ארץ מול ארץ – מול הארץ העליונה. זו הארץ שנמצאת בתהודה מלאה עם הארץ העליונה, עם השכינה של מעלה; ומעשה הצדקה שנעשה בה נקלט ופועל מייד בארץ העליונה, בלא עיכוב.

מֵאַחַר שֶׁאֵין שׁוּם דָּבָר חוֹצֵץ וּמַפְסִיק כְּלָל בֵּין "אַרְצוֹת הַחַיִּים".[17] "ארצות החיים", בלשון רבים, היינו שתי ארצות; יש ארץ החיים במשמעות המושלמת והטהורה, והיא הנקראת כאן 'הארץ העליונה', 'השכינה' ו'כנסת ישראל'. והיא ארץ החיים משום שהחיים שבה הם חיים נצחיים. כנגדה ישנה גם ארץ החיים של מטה, שהיא ארץ ישראל הגשמית. שתי אלו נקראות "ארצות החיים" כי הן קשורות זו בזו, מכוונות זו כלפי זו ופתוחות זו לזו, באופן שאין שום דבר חוצץ ומפסיק ביניהן.

כִּי "זֶה שַׁעַר הַשָּׁמָיִם" (בראשית כח,יז). כפי שאומר יעקב כשהוא רואה את החזון בבית אל: "אין זה כי אם בית אלהים וזה שער השמים". "זה שער השמים" היא הגדרת מהותה של ארץ ישראל, שהיא השער והפתח לשמיים. כיוון שהיא עומדת בהתאמה מול השמיים והיא פתוחה אליהם, כל מה שנעשה בה משפיע בלי עיכוב גם בארץ העליונה.

מַה שֶּׁאֵין כֵּן בְּחוּץ לָאָרֶץ, ששם יש מחיצה ואין התאמה ישירה בין הארץ התחתונה לארץ העליונה. ולכן אין הצדקה בה פועלת בארץ העליונה באופן ישיר, להאיר מייד באור אלוקי לנותן הצדקה בשעת התפילה וכו'. **וְדַי לַמֵּבִין,** ואין הוא מפרט יותר, לפי שאין זה המקום, ובכלל אין זו דרכו של אדמו"ר הזקן לעסוק בענייני קליפות ומניעות, בחוץ לארץ ובכלל.

באיגרת זו דובר על הקשר בין הצדקה והתפילה. כדי להבין זאת הובא משל: "זורע צדקות מצמיח ישועות". כמו הזרע שאדם זורע ומקבל מכוח הצומח שבארץ יותר ובלי

ערך ממה שזרע, כך במצוות הצדקה שקודם התפילה ובכלל מקבל האדם הארה אלוקית שלא לפי ערך מעשה הצדקה. דהיינו, הארה אלוקית אל תוך החושך של הווייתו בעולם הזה, שהיא בחינה של 'ישועה' – אור אלוקי עצמי למעלה מכל הארתו בעולמות, הזה והבא. וזה שנאמר: "אני בצדק אחזה פניך", כשאדם הנוהג במידת הצדקה זוכה לראיית הפנים של מעלה בזמן התפילה.

אדמו"ר הצמח צדק סיפר על עצמו: לאחר הסתלקות סבו אדמו"ר הזקן, שהיה קשור אליו בקשר מיוחד, היה לו במשך זמן צער גדול על שלא זכה לכך שסבו ייראה אליו, ובייחוד שהיה זקוק לו בעצה ובהדרכה. בוקר אחד, בדרכו לבית הכנסת, ניגש אליו אחד מיהודי העיר ובקש ממנו הלוואה דחופה: "היום יום השוק והגויים מתאספים מכפרי הסביבה, ואין לי אפילו פרוטה להתחיל במסחר". הצמח צדק, שהיה בדרכו לתפילה, לא רצה להתעכב ואמר לו שיחזור אליו אחרי התפילה, ואז ייתן לו. נכנס הצמח צדק לבית הכנסת, וכפי שהיו נוהגים אז, הכין את עצמו לפני התפילה עם הטלית על הכתף, ובעודו מסתובב כך התחיל להרהר: היהודי הזה נפשו יוצאת לכסף הזה, ואני מסתובב לי כאן ומנסה להתפלל בדבקות?! והוא תכף הניח את הטלית, רץ לביתו, לקח כל מה שהיה תחת ידו, חיפש ומצא את היהודי ההוא, ונתן לו את הכסף. ואחר כך, סיפר הצמח צדק, כאשר שב לבית הכנסת, זכה בפעם הראשונה מזה זמן רב לראות את פני הסבא, אדמו"ר הזקן.

איגרת ט

איגרת זו עוסקת אף היא במצוות הצדקה, אך שלא כאיגרת הקודמת אין היא עוסקת במשמעותה הרוחנית של הצדקה ובקשר שלה אל התפילה, אלא בעיקר אופן שבו יש לקיים את המצווה. וביתר פירוט: עד כמה צריך אדם לתת מרכושו ומעצמו. התשובה שניתנת באיגרת זו היא: הכול! מה המשמעות של לתת את הכול – כל הכוחות, כל הזמן, כל היקר לאדם? אלו חיים הם, איזו נשמה היא זו שהולכת כל כך רחוק? מהלך כזה לא נשאר בצדקה, הוא נוגע בכל כחלקי החיים, והוא מגיע אל עומק נפשו של האדם. הדרישה לנתינה כזו היא לא קלה, לא קלה לחסידים לקבל את זה ולא קלה לרבי לדרוש זאת מהם. ועל כן מודגשת בה גם אהבת המחבר לחסידים, כנפשו, אשר רק מאהבה כזו אפשר לגשת ולכתוב דברים כאלה.

איגרת ט

כט אב פשוטה
כח אב מעוברת

אהוביי אחיי ורעיי אשר כנפשי באתי כמזכיר ומעורר ישנים בתרדמת הבלי הבלים ולפקוח עיני העורים יביטו לראות להיות כל ישעם וחפצם ומגמתם לכל בהם חיי רוחם במקור מים חיים חיי החיים כל ימי חייהם מנפש ועד בשר דהיינו כל מילי דעלמא ועסקי פרנסה

אֲהוּבַיי אַחַיי וְרֵעַיי אֲשֶׁר כְּנַפְשִׁי. הקרובים ואהובים לי כמו הנפש שלי. הפתיחה כאן היא באופן מיוחד פתיחה של חיבה יתרה, בין היתר משום שבהמשך יאמר דברים שאינם קלים לשמיעה.

בָּאתִי כְּמַזְכִּיר וּמְעוֹרֵר יְשֵׁנִים בְּתַרְדֵּמַת הַבְלֵי הֲבָלִים (על פי קהלת א,ב). "הבלי הבלים" הם כל ענייני עולם הזה שאין להם ערך קיים, שהם חסרי חשיבות וממשות מצד עצמם, אלא שאנשים שקועים בהם, ובאותה עת הם נמצאים במעין תרדמה מן החיים האמיתיים.

וְלִפְקוֹחַ עֵינֵי הָעִוְרִים, יַבִּיטוּ לִרְאוֹת. האיגרת נועדה לעורר את האנשים מתרדמה זו ולהראות להם היכן להשקיע את עצמם, מה הם החיים האמיתיים.

אדם שחי על פי תכלית של הבל משול לעיוור או לישן, ולכן הוא מדבר על "לפקוח עיני עיוורים". שכן האמת היא שיש מטרה ותכלית של אמת לכל דבר, אלא שלפעמים צריך להתעורר מאיזה חלום או דמיון כדי לראות זאת.

אחד הסימנים למטרה אמיתית של חיים הוא שבשורשה היא איננה חלקית, אלא עניין כולל הכובש בהכרח את כל הווייתו של האדם. וכפי שאומר זאת המחבר:

תרדמת הבלי הבלים אין זה בא לומר שאנשים חיים בדרך כלל ללא תכלית. לכל דבר שאדם עושה יש תכלית. אנשים עובדים, בונים ומשקיעים את עצמם בדברים, משום שיש איזו תכלית שמניעה אותם. ואולם התכלית הזו היא לפעמים נקודה של שטות. יש אדם שהולך יום יום לעבוד, וכל התכלית שלמענה הוא עמל שנה שלמה היא כדי שיצא לשבועיים חופש, או כדי שיזכה להעלאה בדרגה. אנשים נוסעים לקצה העולם, וכשמנסים להבין למה באמת הם נוסעים, מהו הדבר שהם כל כך מחכים לו, ששם הם חיים באמת, הרבה פעמים מתברר שזו הייתה נקודה של שטות ולא עוד. לכל אלה קורא כאן אדמו"ר הזקן "הבלי הבלים".

יהודי עד הכיס ביידיש היו אומרים ש"אני בצדק" (תהלים יז,טו) הם ראשי תיבות של "איך נור ייד ביז צו די קעשענע", כלומר 'אני יהודי רק עד הכיס'. להתפלל הוא מוכן, לתורה ומצוות הוא גם כן מוכן – אפשר להבין שזה שייך לקב"ה – אבל מה שנעשה בתוך הכיס זה כבר העסק שלו. היהדות שלו מגיעה עד שם, שם זה כבר לא חל.

עסקי הפרנסה של החסידים צריך לזכור, שבאותם זמנים שבהם נכתבו האיגרות יהודים חיו בדוחק גדול מאוד, דוחק של פרנסה כפשוטו ותנאי קיום צרים וקשים. כשאדמו"ר הזקן מדבר על "עסקי פרנסה"

לִהְיוֹת כָּל יִשְׁעָם, היינו שעייתם, פנייתם, **וְחֶפְצָם וּמְגַמָּתָם**, הרצון והמטרה של חייהם, **לְכָל בָּהֶם חַיֵּי רוּחָם** (על פי ישעיה לח,טז),[1] לכלול, להשקיע, את כל חיי הרוח שלהם **בִּמְקוֹר מַיִם חַיִּים**.[2] הביטוי מופיע בכתובים במובן זה של **חַיֵּי הַחַיִּים**, כלומר המקור הראשון של כל החיים; החיים של החיים, שהוא הקב"ה בעצמו. פירוש הדבר שכל רצונותיהם, כל חשקיהם, כל כוחות נפשם בכל הדרגות – צריכים להיות מכוונים רק למקור הראשון של החיים; רק הוא יהיה הנושא לכל רצונותיהם ורק אליו יתנקזו, ייכללו ויכלו נפשותיהם.

כָּל יְמֵי חַיֵּיהֶם. כאן מגדיר אדמו"ר הזקן את היקף הזמן של ההתקשרות: כל הזמן וכל תחומי החיים. ואת היקף הנפש, האדם, מה בו צריך להיות בהתקשרות הזו – **מִנֶּפֶשׁ וְעַד בָּשָׂר**. מחיי הנפש ועד חיי הגוף ושאר העניינים הגשמיים שאדם עוסק בהם. לא רק חיי הרוח אלא גם חיי הגוף ועניני הבשר של האדם, בריאותו ופרנסתו – הכול.
יש מי שנותן לקב"ה אחוזים, כמו למס הכנסה. הוא מרגיש שחייבים לתת משהו, הוא גם מבין שצריך, אבל העיקר הוא מה שנשאר לעצמו. אבל כאשר אדם מוכן לא רק לתת משהו, אפילו גדול, אלא את הכול – להיכלל בחיי החיים – זו מטרה שיש לה מסקנות. כאשר אין מדברים רק על הצהרות, אלא על כך שבאמת מבצעים את הדברים, יש לכך השלכות על כל תחומי החיים, "מנפש ועד בשר".

ומפרט יותר מה זה "עד בשר", **דְּהַיְינוּ, כָּל מִילֵּי דְּעָלְמָא וְעִסְקֵי פַּרְנָסָה**. שגם בדברים שהם נמוכים וגשמיים, ומשום כך יש בהם כוח משיכה חזק ביותר וקשה מאוד להתעלם מהם – יהיו כלולים באותו החפץ והמטרה האמיתית – ההתכללות בחיי החיים וכו'.
יש להדגיש כאן שאדמו"ר הזקן אינו דורש מאנשים להתעלם מהצרכים הבסיסיים הראשוניים הללו של עצם הקיום. יהודים צריכים להתקיים בעולם הזה ולהתקיים טוב, להיאבק על כך ולא לוותר, אבל עם זאת צריכים הם לזכור מה היא התכלית האמיתית בתוך כל הדברים האלה ומעבר להם.

הוא אינו מתכוון למותרות, אלא לקיום החיים המינימליים. לבד מיוצאי דופן בודדים, חיו רוב היהודים מרוכלות, ממסחר זעיר או ממלאכה פשוטה. מעיסוקים אלו לא מתעשרים, כך שבדרך כלל צריך היה לעבוד קשה, הרבה יותר משמונה שעות ביום, כדי להגיע לקיום מינימלי – ואחרי כל זאת, מעולם לא היה לאדם ביטחון לגבי המשכיותו של הקיום המינימלי הזה.
היו מספרים בדיחות על רב העיירה, שאם לא היה צם כל שני וחמישי היה מת ברעב. אפשר לראות חוזים שעשו קהילות עם רבנים, שבהם הבטיחו לרב 'חצי עז' (כלומר, הזכות לקבל חצי מהחלב של עז מסוימת). ולא משום שהקהילה לא רצתה לתת יותר – לו יכלו היו מרפדים את רבם בזהב – אלא שלא יכלו לתת יותר. לישיבות לא היה כסף אפילו כדי להאכיל את בחורי הישיבה. בחורי ישיבה היו מה שקראו 'אוכלי ימים', בכל ערב הם היו נשלחים לאכול אצל משפחה אחרת, ומזה חיו. ואם נביא בחשבון שבעל הבית עצמו היה עני מרוד, שמלבד האורח היו לו עוד כמה פיות להאכיל, הם נשארו בדרך כלל רעבים.
ולכן, למרות ש"מילי דעלמא" הם כל ענייני העולם, הוא מדבר בייחוד על "עסקי פרנסה", משום שזה היה הדבר שהעסיק את האנשים, הציק להם והטריד את מנוחתם.

לא יהיה כאלו דעבדין לגרמייהו ולא יהיה בית ישראל ככל הגוים דזנין ומפרנסין ומוקרין לנשייהו ובנייהו מאהבה כי מי כעמך ישראל גוי אחד בארץ כתיב דהיינו שגם בעניני ארץ לא יפרידו [נוסח אחר **יפרדו**] **מאחד האמת חס ושלום להעיד עדות שקר חס ושלום בקריאת שמע ערב ובוקר בעינים סגורות ה׳ אחד בארבע רוחות ובשמים ממעל ובארץ מתחת ובפקוח עיני העורים התעיף עיניך בו ואיננו חס ושלום אך בזאת יאות לנו להיות** [נוסח אחר **בהיות**] **כל עסקינו במילי דעלמא לא לגרמייהו**

לֹא יִהְיֶה כְּאִלּוּ דְּעָבְדִין לְגַרְמַיְיהוּ (שעושים הכול בשביל עצמם), **וְלֹא יִהְיֶה בֵּית יִשְׂרָאֵל כְּכָל הַגּוֹיִם דְּזָנִין וּמְפַרְנְסִין וּמוֹקְרִין לִנְשַׁיְיהוּ וּבְנַיְיהוּ מֵאַהֲבָה** (שזנים ומפרנסים ומכבדים את נשיהם ובניהם מאהבה), מאהבת האישה והילדים, שהיא מובנית בטבע הגשמי של האדם. למרות שהבעיות והטרדות של היהודי אינן פחותות (ופעמים אף מרובות) משל הגוי, לא ייתכן שיהודי יחיה אותו סוג של חיים כמו הגוי. אפילו לבעלי חיים יש קשר (לפחות לתקופת מה) עם הצאצאים שלהם, אבל היהודי צריך לדאוג שבקשר שלו יהיה גם משהו אחר, שבכל מה שהוא עושה יהיה איזה יתרון, שאיננו קיים אצל הבהמה וגם לא אצל הגוי.

ההבדל בין יהודי לגוי צריך להיות לא רק בנקודה מסוימת, זו או אחרת, כגון מצווה שזה עושה וזה אינו עושה וכו׳, ואילו בכל שאר הדברים אין הבדל. ההבדל הוא הרי פנימי מהותי, והוא צריך להשתקף בכל דבר שאדם עושה או מרגיש. נקודת ההבדל שמציין כאן אדמו״ר הזקן היא פנימית, לא רק במעשים אלא בעיקר בתחושת הנפש שבתוך המעשים הללו. הגוי, גם כאשר עושה בשביל אחרים, הוא עושה זאת משום שהוא אוהב אותם. ואהבה זו, כפי שמתואר בפרק הראשון של התניא, היא ביסודה אהבת עצמו. הוא אוהב אנשים אחרים ועושה למענם, בהיותם המשך של הישות הפרטית שלו. הישות שלו התרחבה והיא כוללת גם את פלונית ופלוני, את אשתו ובניו, את קרוביו ובני עירו – אך כל אלה הם עתה חלק מההוויה שלו שהוא דואג לה, מגדל ומטפח אותה.

כִּי "מִי כְּעַמְּךָ יִשְׂרָאֵל גּוֹי אֶחָד בָּאָרֶץ" כְּתִיב (דברי הימים א יז,כא). **דְּהַיְינוּ שֶׁגַּם בְּעִנְיְנֵי אֶרֶץ לֹא יַפְרִידוּ [נוּסַח אַחֵר: יִפָּרְדוּ] מֵאֶחָד הָאֱמֶת חַס וְשָׁלוֹם.** יהודי צריך להיות "אחד

להעיד עדות האמירה ש"ה׳ אלהינו ה׳ אחד" היא סוג של עדות. אנחנו, הנשמות שירדו אל הגוף והארץ הזו, מעידות באוזני כל העולם והארץ הזו – שה׳ הוא אחד גם כאן בארץ. בארץ לא רואים זאת, צריך מישהו שיבוא ויעיד שככה זה. ואנחנו באים הנה ומעידים – ככה זה, ה׳ הוא אחד גם כאן, מלמעלה עד למטה (ח) ובכל הצדדים שנראים כנפרדים (ד), הוא היחיד והכול כלול ומאוחד בו בתכלית האיחוד.

לגרמייהו התרגום המילולי הוא "לעצמו", ואולם בחסידות (ראו ליקוטי אמרים פרק א) מייצג המושג תפיסה הכוללת את ההנהגה הטבעית כולה, של הדומם הצומח החי והמדבר. ההנהגה הטבעית היא כשכל פרט

בארץ", כך שגם כאשר הוא נמצא "בארץ", ושקוע בעניינים ארציים גשמיים, שהם לכאורה רחוקים ונפרדים מהקב"ה – עדיין הוא יהיה "אחד", מאוחד עם הקב"ה שהוא המציאות האחת האמיתית. לא רק בשמיים, ששם האחדות האלוקית גלויה, אלא גם בארץ, הנפרדת והמסתירה את האחדות האלוקית.

כדי שלא יבוא **לְהָעִיד עֵדוּת שֶׁקֶר**[3] **חַס וְשָׁלוֹם בִּקְרִיאַת שְׁמַע עֶרֶב וָבוֹקֶר בְּעֵינַיִם סְגוּרוֹת.** כשקוראים קריאת שמע בערב ובבוקר סוגרים את העיניים כשאומרים "**ה' אֶחָד**", ומתכוונים שה' הוא אחד **בְּאַרְבַּע רוּחוֹת וּבַשָּׁמַיִם מִמַּעַל וּבָאָרֶץ מִתַּחַת.** כמו שמבואר בכמה מקומות,[4] הכוונה הזו מצויה במילה "אחד" עצמה. ה־א' (אל"ף) היא 'אלופו של עולם', שהוא אחד בשבעה רקיעים ובארץ, שיחד הם ח' (שמונה), וב־ד' (ארבע) רוחות העולם.

וּבִפְקוֹחַ עֵינֵי הָעִוְרִים, לאחר שקרא קריאת שמע הוא פוקח עיניו. והכוונה היא, כאשר אדם יוצא מהרגע המרוכז של התפילה, של האמירה וההתייחסות אל הקדושה, וחוזר להסתכל ולהתייחס אל העולם, מייד "**הֲתָעִיף עֵינֶיךָ בּוֹ וְאֵינֶנּוּ**" (משלי כג,ה) **חַס וְשָׁלוֹם.** שאין הוא רואה עוד את ה' אחד, אלא את העולם ועניניו וטרדותיו, שהם כמציאות לעצמה הנפרדת כביכול מן האלוקי. באותה שעה שאחר התפילה, כשהוא פוקח את העיניים, אינו רואה עוד את האחדות האלוקית ומתייחס אל העולם ועניניו – הריהו כמעיד עדות שקר. כלומר, העובדה שהדבר אינו מחזיק מעמד לאחר האמירה מעיד שמה שאמר לא היה באמת.[5]

אַךְ בְּזֹאת יֵאוֹת לָנוּ (על פי בראשית לד,כב), מה שראוי, מה שמתאים ונאה לנו כיהודים הוא **לִהְיוֹת [נוּסָּח אַחֵר: בִּהְיוֹת] כָּל עֲסָקֵינוּ בְּמִילֵּי דְעָלְמָא לָא לְגַרְמַיְיהוּ** (כל התעסקותנו בענייני העולם לא לעצמנו).[6] מה שיאות לנו, שגם כאשר אנו נמצאים בארץ איננו מפסיקים להיות "גוי אחד". שגם כאשר אנו עוסקים בענייני העולם אנו קשורים ומאוחדים בה' אחד, באופן שלא יהיה לנו כל רצון בדברים אלה כשלעצמם לעצמנו.

נקודת ההבדל היא, שאצל הגויים יש זמן ומקום ששם מתעסקים באמונה, ואחר כך סוגרים את המקום הזה ויוצאים החוצה, ולאחר שיוצאים אין שום קשר בין מה שהיה בפנים ומה שנמצא בחוץ. ואצל היהודי, יהדותו ואמונתו אינן שייכות לבית הכנסת בלבד. מי שבבית הכנסת אומר דבר אחד ובצאתו מתנהג אחרת, גם בבית הכנסת

עושה בשביל עצמו: הדומם נמצא, הצומח צומח למקום המים והאור, בעלי החיים ובני האדם עושים מה שטוב ונעים ומועיל – וכולם עושים "לגרמייהו". כל זה איננו רע, זה טבעי והכרחי, אבל לא זה מה שנדרש מישראל, לא בשביל זה ירדה הנשמה הקדושה לעולם; וכאשר אדם מישראל נוהג כך – זה איננו ראוי. נכון, גם הוא צריך לדאוג לעצמו, לאשתו וילדיו, אלא שעבורו כל זה צריך להיות רק הדרך והאופן ולא התכלית עצמה. האדם מישראל, ששורשו הוא בעצם מעבר לעולם כולו ולטבעו, צריך גם לחיות באופן הזה; שהמטרה של חייו, בכלל ובפרט, נמצאת מעבר למערכת כולה, לא לגרמייהו אלא למשהו אחר, מעבר. ובמילים אחרות: כלפי הקב"ה בעצמו שמעבר לכל חשבונות העולם.

כי אם להחיות נפשות חלקי אלקות ולמלאות מחסוריהם בחסד חנם שבזה אנו מדמין הצורה ליוצרה ה׳ אחד אשר חסד אל כל היום חסד של אמת להחיות העולם ומלואו בכל רגע ורגע רק שאשתו ובניו של אדם קודמין לכל על פי התורה חוץ מצדיקים שבדור שהן קודמין לבניו וצדיקים שבארץ ישראל קודמין לצדיקים שבחוץ לארץ לבד מזאת שלא הניחו כמותן בחוץ לארץ ודי למבין.

שלו לא היה בקדושה. כשכל מה שאדם אומר וחושב בקדושה הוא מעגל סגור ותחום לעצמו – אין זה ולא כלום. זה כמו משחק שמשחקים ילדים: זה מלך וזה חייל, וכאשר גומרים את המשחק – זה איננו מלך וזה איננו חייל וכו׳. גם בית הכנסת, גם התפילה וגם היהדות בכלל יכולים להיות כמין ׳משחק׳ שאנשים משחקים. ולכן המבחן האמיתי שלנו הוא כאשר אנו יוצאים החוצה: האם נוכל להיות ׳גוי אחד׳, לא רק בשמיים אלא בעיקר ׳בארץ׳?

ולמעשה, מה יעשה ואיך יעשה אדם אם לא ׳לגרמייהו׳? והתשובה היא: **כִּי אִם לְהַחֲיוֹת נַפְשׁוֹת חֶלְקֵי אֱלֹקוּת.** הן נפשות ישראל שהן ״חלק אלו־ה ממעל״; ובכלל, הן ניצוצות הקדושה, בחינת האלוקי שנמצא בכל דבר בעולם. והכוונה של האדם בכל מה שהוא עושה היא להחיות, להמשיך חיים, להשפיע את כוחו וחייו אל אותם חלקי אלוקות. כלומר, התפיסה המופשטת של ההתכוונות אל האלוקי שמעבר לעולם, מוצאת ביטוי מעשי בהתכוונות אל חלקי אלוקות שנמצאים בתוך העולם. ובפשטות, כאשר אדם מפרנס את עצמו ובני ביתו, הוא צריך לחשוב שהוא מחיה לא את עצמו ואת מי שהוא אוהב, אלא את חלקי האלוקות שנמצאים בו ובהם; שהוא אוהב את האלוקי דרך חלקי האלוקות הנמצאים בדברים.

וּלְמַלְאוֹת מַחְסוֹרֵיהֶם של חלקי אלוקות שבעולם, הנפשות וכל הצריך להן, **בְּחֶסֶד חִנָּם.** כל דבר שאדם מישראל עושה בעולם הוא צריך לעשות לא משום שהוא חייב – בשביל עצמו, בשביל קרוביו – אלא כחסד. לעצמו אדם חייב, ועם חברו הוא עושה חסד. ולא רק חסד, אלא ׳חסד חינם׳, בלי חשבון כלשהו, בלי ציפיות לתגמול, לא בעולם הזה ולא בעולם הבא. ולכן, רק כאשר אדם עושה חסד – חסד אמיתי, חסד חינם – הוא יוצא מהמעגל של ׳לגרמייהו׳, ויכול להתייחס ל׳חלקי אלוקות׳.

שֶׁבָּזֶה אָנוּ מְדַמִּין הַצּוּרָה (האדם) **לְיוֹצְרָהּ – ה׳ אֶחָד.** האדם נברא בצלם אלוקים במובן זה שהוא יכול להידמות לקב״ה, אם הוא מתנהג כמותו.

אֲשֶׁר, חסדו של הקב״ה הוא: **״חֶסֶד אֵל כָּל הַיּוֹם״** (תהלים נב,ג), **׳חֶסֶד שֶׁל אֱמֶת׳,**[7] **לְהַחֲיוֹת הָעוֹלָם וּמְלוֹאוֹ בְּכָל רֶגַע וָרֶגַע.** חסד של אמת, חסד אמיתי, הוא חסד חינם, חסד שעושים שלא על מנת לקבל משהו בתמורה. וחסד של אמת הוא חסדו של הקב״ה שבו הוא מחיה ומקיים את העולם בכל רגע מאין ליש, ואינו זקוק לשום דבר בתמורה.

האדם צריך להידבק במידותיו של הקב"ה – כפי שהקב"ה זן ומפרנס את הכול ואינו זקוק לדבר בתמורה, כך צריך האדם לעמול לפרנסתו ולגמול חסד עם הבריות; לא על מנת לקבל משהו לעצמו, אלא כדי "להחיות נפשות חלקי אלקות".

אדמו"ר הזקן מדבר דווקא על פרנסה ועשיית חסד שבהן ניתן להידמות לקב"ה, שכן כדי להתפרנס ולעשות חסד עם הבריות אין צורך להיות חכם ולמדן וירא שמיים; צריך רק לעשות חסד. אבל כאשר מצויים רק בתחום העשייה (ואף עושים טוב) אין זה מורה שאנו מידמים לקב"ה. אולי אנו מידמים לגויים, שגם הם מפרנסים את קרוביהם? ואולי לחיות רעות, שאחרי שהן טורפות ואוכלות, אם אינן יכולות לגמור הכול הן מניחות גם לאחרים? לכן הוא אומר, "שלא יהיו בית ישראל ככל הגויים וכו'", שלא תהיה עשייתם לשם עצמם כלל, אלא "להחיות נפשות חלקי אלקות".

רַק שֶׁאִשְׁתּוֹ וּבָנָיו שֶׁל אָדָם קוֹדְמִין לַכֹּל עַל פִּי הַתּוֹרָה.[8] גם בצדקה יש סדרים של קדימויות. הסדרים הללו אינם סדרים של זכויות מהותיות, אלא סדרי קדימויות פורמליים. ישנם מעגלים של קרבה, וכל הקרוב קודם לקבלת הצדקה. תחילה המשפחה המצומצמת – אביו ואימו, אשתו ובניו – אחר כך המשפחה הרחבה יותר, אחר כך בני העיר, בני הארץ וכן הלאה. נמצא שחובתו של אדם לפרנס את אשתו ובניו אינה שוללת את חובותיו כלפי האחרים, אלא רק קובעת סדר קדימויות (וכפי שמבואר לקמן באיגרת טז, ישנם גם קריטריונים אחרים. למשל: כשדבר מסוים הוא מותרות בשביל אחד וחיים בשביל אחר, משתנה גם סדר הקדימויות).

חוּץ מִצַּדִּיקִים שֶׁבַּדּוֹר שֶׁהֵן קוֹדְמִין לְבָנָיו, וְצַדִּיקִים שֶׁבְּאֶרֶץ יִשְׂרָאֵל קוֹדְמִין לַצַּדִּיקִים שֶׁבְּחוּץ לָאָרֶץ, לְבַד מִזֹּאת שֶׁלֹּא הִנִּיחוּ כְּמוֹתָן בְּחוּץ לָאָרֶץ (על פי ברכות סג,א), **וְדַי לַמֵּבִין.** תוספת זו אינה מופיעה בדפוסים שלנו, אבל היא מצויה ב'לוח התיקון'. האיגרות הללו, המדברות בצדקה, נכתבו ברובן בקשר לצדקת ארץ ישראל, ומובנת אפוא תוספת זו לגבי סדר הקדימויות בנתינת הצדקה, המדברת בצדיקים בכלל ובצדיקי ארץ ישראל בפרט.

חסד חינם חסדו של הקב"ה הוא נתינה שלא לפי חשבון; לא רק חשבון של קבלת תמורה, אלא כל חשבון שהוא. למשל: כאשר אדם עושה חשבון, שאת החסד הוא נותן רק למי שמגיע לו, רק לאנשים יפים, טובים והגונים – גם זה אינו חסד חינם. חסד חינם הוא נתינה גם לזה שהוא שיכור ומסומם ורמאי וגורם רעה לעצמו, שהרי גם הוא זקוק לחסד. ובכך דווקא אנו מידמים לקב"ה. בתלמוד (ברכות יז,ב) מסבירים את הכתוב "אבירי לב הרחוקים מצדקה" (ישעיה מו,יב). מיהם אבירי לב הרחוקים מצדקה? אלה שאינם זקוקים לצדקה של הקב"ה משום שבאמת מגיע להם. אבל אלו יחידים בדורות, כמו רבי חנינא בן דוסא, ואילו השאר נזקקים לצדקה, לחסד חינם של הקב"ה, כדי להתקיים. לא משום שמגיע לנו, לא משום שיש לנו מה להחזיר, אלא כקבצן פשוט, בלי שאלות ובלי תנאים, רק משום שאנו זקוקים. אכן, אנשים לא תמיד מרגישים שהם צריכים את חסד החינם של מעלה. כשאדם בריא ויש לו פרנסה אין הוא מרגיש כיצד הוא מקבל את כל הדברים הללו בחסד חינם. אבל כשמשהו במערכות הללו מזדעזע, גם הוא מתחיל לראות עד כמה הוא נזקק לרחמים, לחסד חינם, על כל נשימה ונשימה.

ל אב פשוטה ▸ על כן אהוביי אחיי שימו נא לבבכם לאלה הדברים הנאמרים בקצרה
כט אב מעוברת מאד (ואם ירצה ה׳ פה אל פה אדבר בם בארוכה) איך היות כל עיקר
עבודת ה׳ בעתים הללו בעקבות משיחא היא עבודת הצדקה כמו שאמרו רבותינו זכרונם לברכה אין ישראל נגאלין אלא בצדקה ולא אמרו רבותינו זכרונם לברכה תלמוד תורה שקול כנגד גמילות חסדים אלא בימיהם שתלמוד תורה היה עיקר העבודה אצלם ועל כן היו חכמים גדולים תנאים ואמוראים. מה שאין כן בעקבות משיחא שנפלה סוכת דוד עד בחינת רגלים ועקביים שהיא בחינת עשיה אין דרך לדבקה בה באמת ולהפכא חשוכא לנהורא דילה [נוסח אחר דיליה] כי אם בבחינת עשיה גם כן שהיא מעשה הצדקה כידוע למשכילים שבחינת עשיה באלקות היא בחינת השפעת והמשכת החיות למטה מטה למאן דלית ליה מגרמיה כלום

עַל כֵּן אֲהוּבַיי אַחַיי שִׂימוּ נָא לְבַבְכֶם לְאֵלֶּה הַדְּבָרִים הַנֶּאֱמָרִים בִּקְצָרָה מְאֹד (וְאִם יִרְצֶה הַשֵּׁם פֶּה אֶל פֶּה אֲדַבֵּר בָּם בַּאֲרוּכָּה). העובדה שהמכתב קצר אינה אומרת שהדברים אינם חשובים ואינם דורשים את מלוא תשומת הלב, אלא שמסיבות שונות אין הוא מאריך בכתיבת הדברים.

אֵיךְ הֱיוֹת כָּל עִיקַּר עֲבוֹדַת ה׳ בָּעִתִּים הַלָּלוּ, בְּ׳עִקְבוֹת מְשִׁיחָא׳. ההיסטוריה היהודית אינה השתלשלות מקרית של מאורעות, אלא תבנית שלמה ומשמעותית של העבודה שצריך עם ישראל לעשות במשך הדורות. התבנית הזו, ככל התבניות המשמעותיות, עשויה בתבנית אדם, שהיא במובן מסוים דמותו של המשיח. כאשר נשלמת עבודת ישראל שבכל הדורות נשלמת גם דמותו של המשיח, ובא המשיח – ובאותה שעה מסתיימת גם ההיסטוריה.[9] משום כן, הזמן הזה, שהוא פרק הזמן האחרון שלפני ביאת המשיח, הוא הזמן של ׳עקבות משיחא׳ של העקבים של המשיח. וזהו הזמן שבמהותו הוא מהות תחתונה של רגליים ועקביים. כמו הרגליים, זהו הזמן שעיקר עבודת ה׳ בו אינו בהשכלה או בהרגשה, אלא בעשייה פשוטה.

הִיא עֲבוֹדַת הַצְּדָקָה, כְּמוֹ שֶׁאָמְרוּ רַבּוֹתֵינוּ זִכְרוֹנָם לִבְרָכָה: אֵין יִשְׂרָאֵל נִגְאָלִין אֶלָּא

פה אל פה אדבר בם בארוכה כפי שמוסבר בהקדמה לספר התניא, יש דברים שאי אפשר לפרטם בכתב. דברים חמורים הנוגעים בנקודות רגישות ואישיות מאוד אצל כל אדם, קשה להתייחס אליהם בכתיבה, באופן כללי. רק באופן אישי, פנים אל פנים ופה אל פה, ניתן וצריך להמשיך ולברר את הדברים. לכן הוא מקצר, ושלא כדרכו הוא מוסיף כאן בקשה מיוחדת לשים לב אל הדברים, כי למרות שהדברים אינם קלים, הם נאמרים מתוך אהבה ואחווה אמיתית.

צדקה היא עיקר העשייה אמנם גם במצוות אחרות ישנה דרגה של עשייה, אלא שבמצוות האחרות נלווית לעשייה גם דרגה מסוימת של כוונת הלב והבנה, עד כדי כך שאומרים

בִּצְדָקָה.[10] הרי שבזמן של סוף הגלות, לקראת הגאולה, עיקר העבודה היא מצוות הצדקה, שעל ידה מגיעה הגאולה.

וְלֹא אָמְרוּ רַבּוֹתֵינוּ זִכְרוֹנָם לִבְרָכָה תַּלְמוּד תּוֹרָה שָׁקוּל כְּנֶגֶד גְּמִילוּת חֲסָדִים, כפי שנאמר במשנה ש"תלמוד תורה כנגד כולם" (פאה פרק א משנה א), ובכלל זה גמילות חסדים, **אֶלָּא בִּימֵיהֶם,** בימי חז"ל, **שֶׁתַּלְמוּד תּוֹרָה הָיָה עִיקַּר הָעֲבוֹדָה אֶצְלָם, וְעַל כֵּן הָיוּ חֲכָמִים גְּדוֹלִים, תַּנָּאִים וְאָמוֹרָאִים.** למרות שכל אדם בכל הדורות חייב באותן המצוות, מכל מקום יש הדגשים שונים לאנשים שונים, למקומות שונים ולדורות שונים. הדורות של חז"ל היו דורות של תורה, שהתורה הייתה אז עיקר העבודה, ולכן היו באותם הדורות אנשים ששייכים ומוכשרים לעבודה כזו.

מַה שֶּׁאֵין כֵּן בְּ'עִקְבוֹת מְשִׁיחָא', שֶׁנָּפְלָה 'סוּכַּת דָּוִד',[11] שזה כינוי למלכות דאצילות היורדת לעולמות בריאה יצירה ועשייה,[12] שיורדת בזמן הזה **עַד בְּחִינַת רַגְלַיִם וַעֲקֵבַיִים, שֶׁהִיא בְּחִינַת 'עֲשִׂיָּה'.** כאמור, יורדת המלכות האלוקית להחיות את העולמות בריאה יצירה ועשייה. בדמות של כלל העולמות, "בריאה" היא הראש, בחינת השכל וההכרה; "יצירה" היא הגוף, הלב, בחינת המידות; והרגליים והעקביים הם בחינת ה"עשייה" והפועל. ובספירות הן חב"ד, חג"ת ונה"י.

אֵין דֶּרֶךְ לְדָבְקָה בָּהּ[13] **בֶּאֱמֶת, וּלְהַפְּכָא חֲשׁוֹכָא לִנְהוֹרָא דִּילָהּ** (ולהפוך את החושך לאור שלה [**נוּסָח אַחֵר: דִּילֵיהּ** (שלו)].

כִּי אִם בִּבְחִינַת עֲשִׂיָּה גַּם כֵּן, שֶׁהִיא מַעֲשֵׂה הַצְּדָקָה. כאשר 'סוכת דוד' היא בדרגה הנמוכה של העשייה, גם העבודה שלנו היא בעשייה. כלומר, יש לפעול בדרגה ובאופן שעיקרם הוא עשייה, והוא במעשה הצדקה.

כַּיָּדוּעַ לַמַּשְׂכִּילִים בתורת הסוד, **שֶׁבְּחִינַת עֲשִׂיָּה בֶּאֱלֹקוּת הִיא בְּחִינַת הַשְׁפָּעַת וְהַמְשָׁכַת הַחַיּוּת לְמַטָּה מַטָּה, לְמַאן דְּלֵית לֵיהּ מִגַּרְמֵיהּ** (למי שאין לו משל עצמו) **כְּלוּם.** עניינו של עולם העשייה הוא דרגת העשייה באלקות, שהיא ההשפעה הנמוכה והרחוקה ביותר, ההשפעה למקום שאין לו שום יחס פנימי אל המשפיע, ולכן זו השפעה של 'חסד חינם', למי שאין לו שום דבר ושום יכולת לשלם ולהשיב בתמורה. על דרך משל, כאשר נותנים למי שיש לו, מצפים באופן כזה או אחר גם לקבל תמורה, אבל כאשר משפיעים למי שאין לו בעצמו כלום – לא מצפים לשום תמורה. השפעה כזו קשורה במידת המלכות

שמצווה בלא כוונה היא כגוף בלא נשמה (ראו ליקוטי אמרים פרק לח). לעומת זאת, במעשה הצדקה אין צורך להבין ואין צורך להתכוון, הצדקה פועלת גם ללא כל כוונה. במצוות אחרות, אנו עושים למטה מעשה שפעולתו ומשמעותו הן בעיקר למעלה; כשמנענעים לולב למטה אין למעשה עצמו שלמטה שום משמעות בעולם הזה; ללא צד המצווה והמשמעות העליונה שבמעשה, אין לזה כל משמעות, אין זה אלא נענוע של ענפי עצים. אבל כאשר נותנים צדקה ומישהו חי מזה – זהו מעשה שהוא משמעותי כשלעצמו גם בתוך העולם הזה, שהוא עושה תיקון ושינוי בעולם, בין שהייתה כוונה לכך ובין שלא הייתה.

וכל הזובח את יצרו בזה ופותח ידו ולבבו אתכפיא סטרא אחרא ומהפך חשוכא לאור השם יתברך השוכן עלינו בבחינת עשיה בעקבות משיחא ויזכה לראות עין בעין בשוב ה׳ ציון כו׳:

(היא העשייה) שכידוע על פי הסוד – אין לה מעצמה כלום. כל מה שיש בה היא מקבלת מהדרגות שמעליה ומשקפת אותם. וכך אצלנו בני האדם, בעולם ובזמן הזה שהוא עקבתא דמשיחא, שהוא דרגת העשייה של המקום והזמן, העבודה הנדרשת מאתנו גם היא בדרגת העשייה שאצלנו – דהיינו נתינת הצדקה שהיא הנתינה למי שאין לו דווקא.

וְכָל הַזּוֹבֵחַ אֶת יִצְרוֹ בָּזֶה, במצוות הצדקה (כמו זביחת הקרבן, שהיא נתינה לשמיים ללא שום כוונת רווח בארץ), **וּפוֹתֵחַ יָדוֹ וּלְבָבוֹ** לתת בלב שלם, שלא על מנת לקבל פרס. ועוד, שמצוות הצדקה אינה רק לפתוח את היד, אלא גם לפתוח את הלב: לחייך, להראות השתתפות בצער, התעניינות במצבו של האחר וכיוצא בזה.[14]

וכאשר אדם נותן צדקה, ובאופן זה, הרי **אִתְכַּפְיָא סִטְרָא אָחֲרָא** (נכפה הצד האחר), הוא היצר הרע, הקליפה. יש באמירה זו שני דברים: האחד הוא ׳אתכפיא׳ – היצר הרע לא הופך לטוב, הוא לא משתכנע שכך טוב לו, אלא הוא נכפה בעל כורחו. והרי זו תמצית עניינה של הצדקה – החסד חינם – לעשות ולתת גם כשאין מבינים ואין מרגישים טעם בדבר. והשני, שב׳אתכפיא׳ של הרע, אפילו השבירה הקטנה שאדם שובר אצלו – היא כבר חלק מהשבירה של הסטרא אחרא, הצד האחר, הרע – בכללו. הוויית הרע היא כעין מחלה השולחת גרורות לכל מקום ולכל אדם, וכשהאדם מתגבר, כשהוא חותך חלק של הרע, הוא פוגע גם בשורש הרע הכללי, בכל מהות הרע.

וּמְהַפֵּךְ חֲשׁוֹכָא (את החושך) **לְאוֹר הַשֵּׁם יִתְבָּרֵךְ, הַשּׁוֹכֵן עָלֵינוּ בִּבְחִינַת עֲשִׂיָּה בְּ׳עִקְּבוֹת מְשִׁיחָא׳**. בזמן הזה, ב׳עקבות משיחא׳, אור ה׳ הוא כאמור אור העשייה. ובאור העשייה שלנו, בנתינת הצדקה, אנו הופכים את החושך של זמן עקבות המשיח לאור וגילוי אלוקי בדרגת העשייה הזו.

וְיִזְכֶּה לִרְאוֹת עַיִן בְּעַיִן בְּשׁוּב ה׳ צִיּוֹן כּוּ׳ (על פי ישעיה נח,ב). שבזכות נתינת הצדקה

אתכפיא סטרא אחרא במצוות הצדקה יש כמה סוגים של יצר הרע: יש יצר הרע של עריות, ויש יצר הרע של גאווה, אבל היצר הבסיסי ביותר, הכולל במובן מסוים את כולם, הוא היצר הרע של האנוכיות. היצר לעשות למען עצמי ולמען הקרובים אליי, ולא לעשות בשביל אחרים שאין לי שום מחויבות כלפיהם. המלחמה הפנימית של עבודת הצדקה היא קודם כול המלחמה ביצר הרע הזה. אדם נותן צדקה למרות שאין לו, למרות שהוא נוטל ומחסר מעצמו. ולכן דווקא במעשה הצדקה, כאשר אדם ״זובח את יצרו״ – הוא זובח את שורש ה״סטרא אחרא״.

השוכן עלינו בבחינת עשייה בעקבות משיחא השמש והירח משנים את מקומם; יש שמש של בוקר ויש שמש של ערב, יש שמש של קיץ ויש שמש של חורף, והן אינן

תהיה הראייה שלנו למטה כמו הראייה של מעלה, עין בעין. כלומר, שלא יהיה עוד הסתר והעלם של עולם העשייה והגשמיות על הרוחניות והאלוקות.[15]

איגרת קצרה זו נכתבה לאנשים מסוימים, לחסידים של אדמו"ר הזקן. ולאנשים האלה הוא אומר: אדם מישראל אינו יכול להרשות לעצמו להיות אדם נורמלי. כשאנו אומרים: "שלא עשנו כגויי הארצות ולא שמנו כמשפחות האדמה וכו'" (בתפילת 'עלינו לשבח'), אין הכוונה רק למי משתחווים ולמי לא משתחווים, אלא איך חיים, מהי מהות החיים, מהי מטרת החיים. כי למרות שבאופן חיצוני ייתכן שאין הבדל בין ישראל לעמים, הרי באופן פנימי, בכוונת הדברים שעושים ושרואים, יש הבדל לאין שיעור. אדם מישראל אינו מציאות בעולם – הוא שליח של בורא עולם; הוא אינו דבר לעצמו, והוא גם אינו עושה דבר למען עצמו, אלא הוא רק בבחינת יד וראש ופה של הקב"ה. והשליחות של הקב"ה היא "להחיות נפשות חלקי אלקות".

מצוות הצדקה חלה על כל אדם מישראל. "אפילו עני המתפרנס מן הצדקה חייב ליתן צדקה".[16] ועוד, שצדקה עושים לא רק בכסף. אנשים זקוקים לכל מיני דברים: מי לשידוך, מי להדרכה, מי לחיוך ולמעט תשומת לב. אדם יכול להיות נהג אוטובוס, למכור כרטיסים ולתת עודף, ויחד עם הכרטיסים הוא יכול להגיד גם "בוקר טוב" שמשנה לאנשים את מצב הרוח. לא הכסף ולא כמות הכסף, אלא הנקודה הזו – שאדם מוסיף לכרטיס עוד משהו – עושה את כל ההבדל בין אדם שחי בשביל עצמו ולמען עצמו, ובין אדם שחי אחרת, "להחיות נפשות חלקי אלקות".

הכלל הגדול של הצדקה הוא להיות ככל האפשר כמו הקב"ה. הקב"ה מפרנס את הכול בחסד חינם, את הכינים כמו את הראמים, וכך צריך גם האדם לפרנס בחסד חינם את הקרובים והרחוקים, את הקטנים והגדולים. לא משום שמגיע להם, ולא משום שמגיעה לו איזו טובה מכך, בגשמיות או ברוחניות, אלא: משום שהוא מצוי כעת למעלה, עליו לעזור למי שנמצא למטה; משום שהוא רואה, הוא צריך להראות למי שאינו רואה; משום שהוא יודע, הוא צריך ללמד למי שאינו יודע.

טבעו של אדם שהוא קרוב לקרובים ורחוק מהרחוקים, ולכאורה הוא איננו יכול להיות כמו הקב"ה – לגמול חסד חינם באמת, בלי שום נגיעה. ואולם כך הוא טבעו של האדם כאשר הוא חי את חייו ככל הגויים, "בתרדמת הבלי הבלים", בתוך העניינים והקשרים

עומדות באותו מקום; יש ירח של תחילת החודש וירח של אמצע החודש והם אינם זהים. כך גם בעולם הרוחני, ה'מאורות' אינם נמצאים תמיד באותו מקום; אור ה' משנה את מקומו, והוא מאיר בכל פעם, בכל דור, בחלון אחר. כאמור, בדורות שלנו ה'חלונות' נמצאים בעולם העשייה, ולכן גם מאבקו של האדם נמצא בעולם העשייה, ובעיקר בתוך המצוות של צדקה וגמילות חסדים. שם, כאשר אנחנו מנצחים, אנו הופכים את החושך לאור. נכון שאדם יכול להפוך את יצרו גם בדברים אחרים, בלי לעשות טובה לשום אדם, ובוודאי גם אז הוא זובח את יצרו. ואולם אז דומה הדבר לאדם הפותח חלון בצד שהשמש אינה נמצאת בו; גם כך ייכנס קצת אור, אבל אין זה דומה למי שפותח את החלון אל מול השמש, שהופך את החושך עצמו לאור.

של העולם הזה. אבל כאשר אדם חי כיהודי שהוא ״גוי אחד בארץ״, שגם בענייני הארץ הוא איננו נפרד מ״אחד האמת״, הרי באותה שעה הוא איננו גומל חסדים לפלוני ופלוני כפי שהם בארץ, וכפי שהם קשורים אליו בקשרי הארץ, אלא מפני שהם ״נפשות חלקי אלקות״. ובאופן זה גם החסד שלו הוא חסד חינם, אשר מדמה הצורה ליוצרה, ה׳ אחד.

איגרת י

איגרת זו עוסקת, כרבות מן האיגרות, במצוות הצדקה. בהלכה נקבע כי לצדקה יש שיעור, דהיינו איזה חלק מהכנסתו צריך אדם לתת לצדקה. ואולם באיגרת זו יבואר שיש זמנים ויש אנשים שרשאים וצריכים לתת יותר מהשיעורים הללו.

בביאור הדברים מתייחס אדמו״ר הזקן לצדקה שאדם נותן כמגדירה את אופייה והיקפה של ה׳צדקה׳ והחסד שהוא מקבל מהקב״ה. וכשאדם זקוק לחסד רב יותר מערכו ומידתו, גם הצדקה שהוא נותן צריכה להיות באופן רב יותר מערכו ומידתו.

על שתי דרגות החסד האלוקי, זו שבמידה וזו שמעבר לה, ועל הצדקה בשתי דרגות אלו, ידובר באיגרת זו.

איגרת י

א אלול פשוטה
ל אב מעוברת

אחר דרישת שלום וחיים פתח דברי יעיר אזן שומעת תוכחת חיים אשר הוכיח ה׳ חיים על ידי נביאו ואמר חסדי ה׳ כי לא תמנו וגו׳ והוה ליה למימר כי לא תמו כמו שכתוב כי לא תמו חסדיך וגו׳. ויובן על פי מה שכתוב בזוהר הקדוש אית חסד ואית חסד אית חסד עולם כו׳ ואית חסד עילאה דהוא רב חסד כו׳. כי הנה מודעת זאת התורה נקראת עוז שהוא לשון גבורה וכמו שאמרו חכמינו זכרונם לברכה תרי״ג מצות נאמרו למשה מסיני מפי הגבורה וכדכתיב מימינו אש דת למו פירוש שהתורה מקורה ושרשה הוא רק חסדי ה׳ המכונים בשם ימין דהיינו המשכת בחינת אלהותו יתברך והארה מאור אין סוף ברוך הוא אל העולמות עליונים ותחתונים על ידי האדם הממשיך האור על עצמו בקיום רמ״ח מצוות עשה

אַחַר דְּרִישַׁת שָׁלוֹם וְחַיִּים, פֶּתַח דְּבָרַי יָעִיר אֹזֶן שׁוֹמַעַת תּוֹכַחַת חַיִּים. הפתיחה, כברוב האיגרות, היא בדברי ברכה ושלום ארוגים מן המקראות.[1]

הדברים שהם "תוכחת חיים" הם הדברים **אֲשֶׁר הוֹכִיחַ ה׳ חַיִּים עַל יְדֵי נְבִיאוֹ**[2] **וְאָמַר: "חַסְדֵי ה׳ כִּי לֹא תָמְנוּ וגו׳"** (איכה ג,כב). על לשון זו נשאלת השאלה: **וַהֲוָה לֵיהּ לְמֵימַר** (והיה לו לומר): **'כִּי לֹא תָמוּ'.** שכן לפי המובן הפשוט של הפסוק "לא תמנו" מתייחס ל"חסדי ה׳", ואם כן צריך היה לומר "תמו", ולא "תמנו" שמובנו 'אנחנו תמנו'. **כְּמוֹ שֶׁכָּתוּב,** במקומות אחרים, כגון בברכת 'מודים' שבתפילת שמונה עשרה: **"כִּי לֹא תַמּוּ חֲסָדֶיךָ וגו׳".**

וְיוּבָן, כדי להבין את שינוי הלשון, ומדוע הדברים הם "תוכחת חיים", יש להקדים ולבאר **עַל פִּי מַה שֶּׁכָּתוּב בַּזֹּהַר הַקָּדוֹשׁ: אִית חֶסֶד וְאִית חֶסֶד** (יש חסד ויש חסד).[3] כלומר יש שני סוגים של חסד. **אִית** (יש) חסד הנקרא: **'חֶסֶד עוֹלָם',** שהוא חסד תחתון **כו׳, וְאִית חֶסֶד עִילָּאָה דְּהוּא** (ויש חסד עליון שהוא) נקרא: **'רַב חֶסֶד'** (על פי שמות לד,ו) **כו׳.**

שניהם חסד אלוקי, חסד של הקב"ה, ואולם 'חסד עולם' הוא חסדו של הקב"ה המתייחס אל העולם, החסד המופיע והפועל בתוך העולם. ואילו 'רב חסד' הוא חסד בדרגה גבוהה

התורה אינה ספר רפואות המשמעות העיקרית של מתן תורה אינה בזה שהיא מלמדת את האדם כיצד להיות בריא ומאושר ואפילו לא כיצד להיות טוב ומועיל יותר. הקב"ה לא הרעיש את כל העולמות כדי לתת לבני האדם 'ספר רפואות'[7] לשיפור מערכות הגוף והנפש. משמעותה של התורה היא התגלות אלוקית עצמית בתוך העולם, ועצם נתינתה הוא גילוי של הרצון האלוקי לבנות קשר, דרך כל העולמות, בין אדם ואלוקים.

יותר, שאינו מוגדר מצד היחס אל העולם אלא מבחינת ה' עצמו, ולכן הוא נקרא 'חסד ה'' – חסדו של ה', שמעבר להגבלות המתייחסות אל העולם.

כדי להבין זאת יש להקדים ולבאר כמה דברים ביחס שבין מידותיו הקדושות של הקב"ה והעולם בכללו.

כִּי הִנֵּה מוּדַעַת זֹאת הַתּוֹרָה נִקְרֵאת 'עוֹז'. כמו שדרשו חז"ל[4] מן הכתוב: "ה' עֹז לעמו יתן וגו'" (תהלים כט,יא). **שֶׁהוּא**, עוז, **לְשׁוֹן גְּבוּרָה**, וביטוי של מידה זו.

וּכְמוֹ שֶׁאָמְרוּ חֲכָמֵינוּ זִכְרוֹנָם לִבְרָכָה: תַּרְיָ"ג מִצְוֹת נֶאֶמְרוּ לְמֹשֶׁה מִסִּינַי מִפִּי הַגְּבוּרָה (מכות כג,ב). לקב"ה יש כינויים רבים – הגדול, הגיבור והנורא ועוד – אבל בהקשר של מתן תורה הוא נקרא "הגבורה". והדבר מורה על כך שנתינת התורה היא בבחינת הגבורה האלוקית.

וּכְדִכְתִיב (וכמו שכתוב) בתיאור של מתן תורה: **"מִימִינוֹ אֵשׁ דָּת לָמוֹ"** (דברים לג,ב). 'אש' היא ביטוי של גבורה,[5] ו'ימין' הוא חסד (לעומת שמאל שהוא גבורה).[6] ואם כן יש לכאורה סתירה פנימית בביטוי "מימינו אש". אם הנתינה היא "מימין", בחסד, גם מה שניתן על ידי החסד צריך להיות חסד ולא 'אש'. ולכן מוסיף אדמו"ר הזקן לפרש:

פֵּירוּשׁ, שֶׁהַתּוֹרָה מְקוֹרָהּ וְשָׁרְשָׁהּ הוּא רַק חַסְדֵי ה' הַמְכוּנִּים בְּשֵׁם 'יָמִין'. חסד הוא הקו של נתינה והשפעה, של תנועה מן הפנים החוצה, מן המקור אל ההיקף, ודרכו היא דרך ההרחבה וההתפשטות (לעומת קו הגבורה, הוא קו הצמצום וההגדרה, שממנו נובע מיקוד הדברים לנקודות מסוימות ולהגדרות מסוימות. כפי שיבואר בהמשך). וחסד וגילוי זה הוא עניינה של התורה.

דְּהַיְינוּ, עניינה של התורה הוא **הַמְשָׁכַת בְּחִינַת אֱלֹהוּתוֹ יִתְבָּרֵךְ וְהֶאָרָה מֵאוֹר אֵין סוֹף בָּרוּךְ הוּא, אֶל הָעוֹלָמוֹת עֶלְיוֹנִים וְתַחְתּוֹנִים.** מהותה של התורה היא היותה קו ההתגלות האלוקית. מעבר לתכנים הנאמרים בה, מעלת התורה היא בזה שהיא הביטוי של אור אין סוף והתגלותו בעולם. התורה היא היד השלוחה לעולם, אצבע אלוקים העוברת את כל המחיצות, מגשרת על התהום שבין אלוקים לאדם ומגיעה אליו עד למטה מטה.

הקשר הזה לא נעשה על ידי הקב"ה באופן חד צדדי לגמרי, הוא נעשה גם **עַל יְדֵי הָאָדָם הַמַּמְשִׁיךְ הָאוֹר עַל עַצְמוֹ, בְּקִיּוּם רְמַ"ח** (248) **מִצְוֹת עֲשֵׂה.** כי לאחר מתן תורה מתקיימת ההתקשרות בין אלוקים ואדם על ידי שיתוף פעולה: מצד אחד – על ידי הארה של הקב"ה הבוקעת את החלל הריק האין סופי ומתגלה בתורה. ומצד שני – על ידי האדם שקושר עצמו אל התורה ואל האלוקי דרך המצווה, הרצון האלוקי שהוא מקיים; שהרי כל עניינה של המצווה הוא בצוותא שהיא יוצרת בין האדם ובין הקב"ה.

עשיית המצווה פועלת את הקשר המצווה מתקיימת, מתממשת, על ידי האדם שעושה אותה, אבל היא אינה נוצרת על ידו. האדם רק מתקשר עם המצווה במעשיו. הוא מפעיל מנגנון קיים, הוא מגלה אור שישנו, שאינו יכול לפעול בלי ההשתתפות שלו. משל לדבר: יש בית מלא מכשירי חשמל, המכשירים מחוברים לחוטים והחוטים למקורות חשמל – אבל אם לא ילחץ מישהו על המתג, שום דבר לא יפעל. מי שלוחץ על

שהן רמ"ח אברים דמלכא. פירוש רמ"ח כלים ולבושים להארה [נראה דצריך לומר להההארה] מאור אין סוף ברוך הוא המלובש בהן (ומאור זה יומשך לו דחילו ורחימו בכל מצוה כנודע) רק שהמשכה זו נתלבשה תחלה במדת גבורתו של הקדוש ברוך הוא המכונה בשם אש שהיא בחינת צמצום האור והחיות הנמשכות מאור אין סוף ברוך הוא כדי שתוכל להתלבש במעשה המצות שרובן ככולן הם בדברים חומריים כציצית ותפילין וקרבנות וצדקה

שֶׁהֵן, רמ"ח מצוות עשה הריהן **רְמַ"ח אֵבָרִים דְּמַלְכָּא** (של המלך).[8] כאמור, תכלית התורה והמצוות היא להמשיך התגלות ונוכחות אלוקית בעולם. ופירושו של דבר, שמעבר לנקודה הבסיסית, שאכן יש גילוי אלוקי, יש ליצור תבנית מוגדרת וכוללת של התגלות האלוקי בעולם. התגלות זו בשלמותה נדמית בכתובים (כגון: יחזקאל א,כו) לדמות האדם שלנו, שיש בה רמ"ח איברים. איברים אלה נקראים 'אברים דמלכא', שכן ההתגלות האלוקית בכלל היא במידת המלכות האלוקית, ופרטי ההתגלות הם כביכול איברים של המלך. ועוד, שרמ"ח האיברים של המלך הם רמ"ח המצוות, דהיינו מצוות המלך המצווה אותנו, ועל ידי עשיית המצוות אנו בונים כביכול את דמותו של המלך בתוך המציאות של העולם הזה.

פֵּירוּשׁ, רְמַ"ח כֵּלִים וּלְבוּשִׁים לַהֶאָרָה [נִרְאֶה דְּצָרִיךְ לוֹמַר: לְהַהֶאָרָה] מֵאוֹר אֵין סוֹף בָּרוּךְ הוּא הַמְלוּבָּשׁ בָּהֶן. ההגדרה של רמ"ח מצוות כרמ"ח איברים מעניקה משמעות נוספת לרמ"ח מצוות, שאין הן כיחידות מבודדות העומדות זו בצד זו, אלא כחלקים ממכלול אורגני. וכשם שאיברי הגוף הם כלים חיצוניים המגלים את כוחות החיות שבנפש, כך המצוות הן כלי ביטוי וכלי קיבול להארה האלוקית המתלבשת בהן. כדי שהאור האלוקי יתגלה בעולם הוא זקוק לכלי, לאופני ביטוי מסוימים, הנקראים 'לבושים'. וכאמור, הלבושים הללו אינם רק ביטויים אקראיים להתגלות אלוקית, אלא הם חלקים ממערך אחדותי היוצר, בשלמותו, את התגלות הקב"ה בתוך העולם.

והמחבר מעיר כאן בסוגריים: **(וּמֵאוֹר זֶה יוּמְשַׁךְ לוֹ,** לאדם שעושה את המצווה, **דְּחִילוּ**

המתג אינו יוצר את האור; הוא רק מחבר, בפעולה כלשהי, בין המערכות.

פעולות פיזיות רבות שאנו עושים נעשות גם הן באופן הזה. בפעולות הפשוטות ביותר, כמו אכילה, אנו עושים רק את חלקנו שלנו, אבל כל מה שקורה הלאה – העיכול, ההטמעה, הפיכת הדברים מצורה לצורה – הוא מנגנון קיים, שאינו נזקק כלל לפעולה אנושית מודעת אלא רק לתפקד כיאות. כשאנו אוכלים אין אנו יוצרים באותה שעה את כל המערכת האנזימטית שגורמת לעיכול, את כל המערכות שיודעות להפוך חומרים מהטבע לגוף אדם. אלו הן מערכות קיימות שרק פעולות עכשיו. כך התפקיד שלנו בעשיית המצוות הוא לעשות פעולות מסוימות, שיגרמו לכל המנגנון המורכב והמופלא הזה להתחיל לפעול.

הגבורה כצמצום גבורה היא אמנם ביטוי של עוצמה וכוח, אבל כאן (ובדרך כלל) מדברים

וּרְחִימוּ [יראה ואהבה] **בְּכָל מִצְוָה כַּנּוֹדָע).** מאור אין סוף הנמשך לעולם במצווה שאדם עושה, נמשך אליו גם משהו אישי שמאיר אל נפשו שלו פנימה. בשביל האדם הארה זו היא חוויה מהותית ואמיתית; זו אינה רק חוויה סובייקטיבית, התרגשות אישית, אלא חוויה של התקשרות אמת, רגשית והכרתית, של מגע ממשי עם האלוקי. עם זאת, אין החוויה, המודעות וההתרגשות, אלא כעין תוצר לוואי של המצווה, אשר לכל היותר מעידה שאכן נוצר הקשר, אבל אין היא מוכיחה דבר לא על מהותו ולא על עוצמתו של הקשר הזה.

נמצא אפוא כי נתינת התורה בכללה – מצוות עשה ומצוות לא תעשה – היא חסד ה׳, במובן זה שהיא ההתגלות האלוקית בעולם, האופן שבו ה׳ מתגלה אל הארץ. נתינת התורה היא בבחינת מתנה מלמעלה למטה, התפשטות והתגלות של האלוקי דרך כל הרקיעים עד למטה בעולם שלנו. לכן זהו חסד ה׳ הגדול ביותר, הנותן לעולם את המתנה שאין למעלה ממנה – את היכולת להגיע לקשר איתו. בתלמוד (שבת קה,א) נאמר ש״אנכי״ הוא ראשי התיבות של ״אנא נפשי כתבית יהבית״. ההבנה הפשוטה היא שהקב״ה אומר: ׳אני בעצמי כתבתי ונתתי את התורה׳. ואולם בדרך הסוד הבינו זאת באופן פנימי יותר, במשמעות: ״אני את עצמי כתבתי ונתתי״.[9] וזו התמצית של נתינת התורה – שהקב״ה נותן, כביכול, את עצמו.

עד כאן דובר על ״מימינו״, על חסד ה׳ שנותן לנו את התורה, שנותן לנו להאיר בכל העולמות כאשר אנו נוגעים, כאשר אנו עושים מצווה. ומכאן ולהלן ידובר על ה״אש״.

רַק שֶׁהַמְשָׁכָה זוֹ נִתְלַבְּשָׁה תְּחִלָּה בְּמִדַּת גְּבוּרָתוֹ שֶׁל הַקָּדוֹשׁ בָּרוּךְ הוּא, הַמְכוּנָּה בְּשֵׁם ״אֵשׁ״, שֶׁהִיא בְּחִינַת צִמְצוּם הָאוֹר וְהַחִיּוּת הַנִּמְשָׁכוֹת מֵאוֹר אֵין סוֹף בָּרוּךְ הוּא, כְּדֵי שֶׁתּוּכַל לְהִתְלַבֵּשׁ בְּמַעֲשֵׂה הַמִּצְוֹת, שֶׁרוּבָּן כְּכוּלָּן הֵם בִּדְבָרִים חוּמְרִיִּים. כדי שהתורה, שיש בה כאמור גילוי של אין סוף בעצמו, תוכל להתגלות בתוך העולם הזה החומרי, בתוך מצוות מוגבלות ומוגדרות באופנים מסוימים דווקא ולא אחרת, היא צריכה לעבור תהליך של צמצום גדול לאין ערוך. וצמצום והגבלה והגדרה אלו של החסד והגילוי הגדול – היא מידת הגבורה, שבה ניתנה התורה בעולם המעשה החומרי.

כְּצִיצִית וּתְפִלִּין וְקָרְבָּנוֹת וּצְדָקָה, הציצית מצמר, התפילין מקלף ודיו, הקרבנות מבעלי

על הגבורה במובן של צמצום והתכנסות. ובאמת הדברים קשורים, שכן הגבורה כביטוי של כוח אינה מתקיימת רק בגלל מציאותו של הכוח, אלא בעיקר בשל הצורה שבה הכוח מופיע ופועל במציאות. פעולתו של כל כוח, בכל תחום, מבוססת על כך שהוא יכול להצטמצם כדי לפעול בנקודה מסוימת במלוא עוצמתו. מסופר על צדיק אחד שעבר עם תלמידיו ליד קטר של רכבת, ואמר להם: ״יודעים אתם מדוע יש לקטר הזה כל כך הרבה כוח? מפני שהוא יכול להחזיק בתוכו את הקיטור!״ כוחו של הקטר אינו נובע מכך שיש קיטור – העולם כולו מלא קיטור – אלא מכוח זה שהקיטור מצומצם ומוגבל. זה מה שיוצר את העוצמה. כוח שאינו מוגדר ואינו מכוון אינו יוצר עוצמה, הוא מתפזר בלי להשאיר כל רושם. ההגדרה המהותית של קו הגבורה היא לכן לא בכוח לעצמו, אלא ביכולת להגדיר ולצמצם אותו; זאת לעומת קו החסד, שהוא ההשפעה והנתינה בהרחבה ובלי הגבלה.

ואף מצות שהן ברוחניות האדם כמו יראה ואהבה אף על פי כן הן בבחינת גבול ומדה ולא בבחינת אין סוף כלל כי אהבה רבה לה׳ בלי קץ וגבול ומדה אין האדם יכול לסובלה בלבו ולהיות קיים בגופו אפילו רגע וכמאמר רבותינו זכרונם לברכה שבשעת מתן תורה שהיתה התגלות אלהותו יתברך ואור אין סוף ברוך הוא בבחינת דיבור והתגלות פרחה נשמתן כו׳:

ב אלול פשוטה
א אלול מעוברת

והנה לפי שהמצות ניתנו לנו על ידי התלבשות במדת גבורה וצמצום ההארה כו׳ לכן רוב המצות יש להן שיעור מצומצם כמו אורך הציצית י״ב גודלין והתפילין אצבעים על אצבעים ומרובעות דוקא והלולב ד׳ טפחים והסוכה ז׳ טפחים והשופר טפח והמקוה מ׳ סאה

חיים וכו׳. ובייחוד מצוות הצדקה, שיש בה משום סיכום של העולם החומרי כולו, כמו שנתבאר במקום אחר.[10]

וְאַף מִצְוֹת שֶׁהֵן בְּרוּחָנִיּוּת הָאָדָם. לכאורה יש גם כמה מצוות שאינן חומריות אלא רוחניות, **כְּמוֹ יִרְאָה וְאַהֲבָה,**[11] שאינן מוגשמות על ידי עשייה גופנית חומרית אלא על ידי עיצוב הנפש, בבניית רגשות אהבה ויראה כלפי הקב״ה.

אַף עַל פִּי כֵן הֵן בִּבְחִינַת גְּבוּל וּמִדָּה וְלֹא בִּבְחִינַת אֵין סוֹף כְּלָל. ייחודו של העולם שלנו אינו רק בכך שהוא חומרי, אלא, בהיקף הרחב יותר, בהיותו מוגבל. גם צדדיהם הרוחניים של האדם ושל העולם אינם בבחינת אין סוף, אלא בגדר וגבול. הם אמנם אינם מוגבלים במידות של אורך ומשקל וכיוצא בזה, אבל במידות ובהגדרות רוחניות השייכות להם הם בהחלט מוגדרים ומוגבלים.

אין האדם יכול לסבול משמע שלא רק חיי הגוף, אלא אף חיי הנפש – האהבה, היראה, האמונה וכיוצא בזה – מוגדרים ומצומצמים. מה שה׳ שואל מאיתנו, גם ברוחניות, הם רק דברים מוגדרים. אין הוא שואל מאיתנו אלא לפי כוחנו, לפי המידות שלנו;[13] והמידות שלנו הן כל כך מסוימות ומוגדרות, עד שכל חריגה קטנה יכולה לערער את כל קיומנו. הדבר נכון בכל התחומים. אין אנו יכולים לקבל לא רוב פורענות ולא רוב טובה, לא הרבה חום ולא הרבה קור. תחום החיים שלנו בגשמיות וברוחניות מרוכז בתוך תחומים מוגבלים ומוגדרים עד מאוד; מכאן ועד כאן יכול אדם לפעול, וקצת הלאה מזה הוא ימות, הוא יתפרק. ומשום כך גם כל מה שניתן לנו, הן בגשמיות הן ברוחניות, הוא מוגבל ומצומצם ביותר.

וכך גם בנתינה הגדולה ביותר, במתן תורה. כדי שהתורה תהיה תורה שנוכל להתקשר עימה וגם לחיות בה, כדי שהתורה לא תהיה עבורנו גילוי קטלני, לא די בכך שהקב״ה מגלה את עצמו; הגילוי הזה צריך להיות גם ״לפי כוחם״, מצומצם ומוגדר, דרגה אחר דרגה, עד לדרגה שבה נהיה גם אנחנו מסוגלים לבנות התייחסות אליו. כך הוא גם בעולם החומרי: מים הם ברכה, חסד ומקור לכל החיים בעולם, אבל מעבר לגבול מסוים הרי זה מבול המוחה את כל היקום אשר על פני האדמה.

כִּי אַהֲבָה רַבָּה לַה', בְּלִי קֵץ וּגְבוּל וּמִדָּה, אֵין הָאָדָם יָכוֹל לְסוֹבְלָהּ בְּלִבּוֹ וְלִהְיוֹת קַיָּים בְּגוּפוֹ אֲפִילוּ רֶגַע. לכאורה לאהבה וליראה כשלעצמן אין גבולות, אבל בפועל האהבה שלנו היא תמיד אהבה קטנה, מוגבלת, כזו שאנו יכולים לשאת אותה. שכן גם אם הנפש עצמה יכולה לשאת אהבה גדולה ועצומה יותר, הרי האדם שבעולם הזה, כמהות של נפש בגוף, אינו יכול לשאת זאת. הצירוף של הנפש והגוף מקטין בהרבה את היכולות של כל אחד בנפרד.

וראיה לדבר, **כְּמַאֲמַר רַבּוֹתֵינוּ זִכְרוֹנָם לִבְרָכָה שֶׁבִּשְׁעַת מַתַּן תּוֹרָה, שֶׁהָיְתָה הִתְגַּלּוּת אֱלֹהוּתוֹ יִתְבָּרֵךְ וְאוֹר אֵין סוֹף בָּרוּךְ הוּא בִּבְחִינַת דִּיבּוּר וְהִתְגַּלּוּת – פָּרְחָה נִשְׁמָתָן כו'.** במתן תורה הייתה התגלות כזו של אין סוף ממש אל תוך העולם, ותגובתם של בני האדם שהגיעו מייד לאהבה ולהתרגשות בלי גבול, הייתה ש"פרחה נשמתן".[12] כבני אדם הם לא יכלו לשאת זאת, הנשמה לא הייתה יכולה להכיל את הרגשות הללו וגם להישאר בגוף.

וְהִנֵּה לְפִי שֶׁהַמִּצְוֹת נִיתְּנוּ לָנוּ עַל יְדֵי הִתְלַבְּשׁוּת בְּמִדַּת גְּבוּרָה וְצִמְצוּם הֶהָאָרָה כו'. המצוות לא ניתנו במופשט ובכללות, אלא ניתנו לנו 'מפי הגבורה', בצמצום ובהגדרה חומרית מסוימת. למרות שהמצווה בעצמה היא הארת אין סוף, אלינו אין המצוות מגיעות בגדר של אין סוף, אלא בגדרים שלנו ושל העולמות. **לָכֵן רוֹב הַמִּצְוֹת יֵשׁ לָהֶן שִׁיעוּר מְצוּמְצָם.** חלק מהותי של כל מצווה הוא השיעור שיש לה; מכאן ועד כאן אנחנו נתבעים, פחות או יותר מהשיעור זו כבר אינה מצווה, ופעמים גם שאין הדבר רצוי ואפילו מזיק.

כְּמוֹ אוֹרֶךְ הַצִּיצִית י"ב גוּדָלִין, וְהַתְּפִילִּין אֶצְבָּעַיִם עַל אֶצְבָּעַיִם, וּמְרוּבָּעוֹת דַּוְקָא, וְהַלּוּלָב אורכו לפחות **ד'** (ארבעה) **טְפָחִים, וְהַסּוּכָּה** גודלה המינימלי **ז'** (שבעה) **טְפָחִים** על שבעה טפחים, **וְהַשּׁוֹפָר** אורכו לפחות **טֶפַח, וְהַמִּקְוֶה** שיעורה לקבל **מ'** (ארבעים) **סְאָה.**[14]

המצוות המעשיות אחת הסיבות לכך שהמצוות הן ברובן גשמיות ולא רוחניות קשורה לדברים אלו. כיוון שהרוחניות ניתנת פחות לצמצום ולהגדרה, כיוון שלגבי רוחניות אין בידינו, בעצם, קני מידה מוגדרים ויעילים, הרי כל ההתייחסות שלנו בתחום הרוחני עשויה להיות פחות משמעותית. כשהקב"ה נותן לנו לעשות ציצית מצמר, שאפשר למדוד אותה בסנטימטרים, אפשר לסמוך על אדם שיעשה כך וכך סנטימטרים של חוט צמר; ובאותה שעה הקשר שנוצר הוא שלם. מה שאין כן כאשר הדרישות הן רוחניות. איך אפשר למדוד אהבה? ולכן דווקא התורה שמגיעה לגשמיות, והמצוות שמגיעות אל החומר, הן הדרך לבנות קשר. על דרך משל, אדם מבוגר רוצה לדבר עם ילד קטן. אם הוא ידבר בלשונו ובדרגתו שלו, ייתכן שמה שהוא אומר יהיו דברי חכמה מפוארת, אבל הם יהיו מעבר לתפיסתו של הילד. לא ייווצר שום קשר, ושום אינפורמציה לא תעבור. כדי לבנות קשר עם מי שקטן ממנו חייב האדם לצמצם את עצמו, במחשבה במושגים ובלשון, עד לדרגה כזו שהמקבל יוכל לבנות אליו יחס. זה מה שקוראים 'גבורה שבחסד' – הצמצום המשמש אמצעי לנתינה, שהוא חיוני לשם העברה והמסירה.

וכן בקרבנות יש להן שיעור מצומצם לזמן כמו כבשים בני שנה ואילים בני שתים ופרים כו׳ וכן במעשה הצדקה וגמילות חסדים בממונו אף שהיא מהעמודים שהעולם עומד עליהם וכדכתיב עולם חסד יבנה אפילו הכי יש לה שיעור קצוב חומש למצוה מן המובחר ומעשר למדה בינונית כו׳ וזה נקרא חסד עולם פירוש חסד אל כל היום המתלבש בעולמות עליונים ותחתונים על ידי אתערותא דלתתא היא מצות הצדקה וחסד שעושים בני אדם זה עם זה ולפי שהעולם הוא בבחינת גבול ומדה מהארץ עד לרקיע ת״ק שנה וכן מרקיע לרקיע כו׳ ושית אלפי שני הוי עלמא כו׳ לכן ניתן שיעור ומדה גם כן למצות הצדקה והחסד שבתורה כמו לשאר מצות התורה

ג אלול פשוטה ▸ **אך היינו דוקא לשומר התורה ולא סר ממנה ימין ושמאל אפילו כמלא נימא**

וְכֵן בַּקָּרְבָּנוֹת, יֵשׁ לָהֶן שִׁיעוּר מְצוּמְצָם לִזְמַן הקרבתם, **כְּמוֹ כְּבָשִׂים בְּנֵי שָׁנָה, וְאֵילִים בְּנֵי שְׁתַּיִם, וּפָרִים** בני שלוש **כו׳**. נמצא שלכל המצוות יש הגדרות המגבילות אותן בתחומים. ובמילים אחרות, כל המצוות ניתנו מפי הגבורה, כלומר: על ידי הגבורה, באמצעותה ובכוחה של הגבורה (=צמצום).

וְכֵן בְּמַעֲשֵׂה הַצְּדָקָה וּגְמִילוּת חֲסָדִים בְּמָמוֹנוֹ. אַף שֶׁהִיא מֵהָעַמּוּדִים שֶׁהָעוֹלָם עוֹמֵד עֲלֵיהֶם (אבות פרק א משנה ב), **וּכְדִכְתִיב: "עוֹלָם חֶסֶד יִבָּנֶה"** (תהלים פט,ג). החסד, כמידת הנתינה וההשפעה שאינה מגבילה עצמה בגבולות, במה שמגיע מלמטה, הוא מהיסודות שהעולם מתקיים עליהם. **אֲפִילוּ הָכִי** (אף על פי כן) **יֵשׁ לָהּ שִׁיעוּר קָצוּב.** גם למצוות הצדקה וגמילות החסדים הנדרשת מאיתנו יש שיעור וגבול, שהוא: **חוֹמֶשׁ**, דהיינו שיש לתת רק חמישית מרכושו או מהכנסתו לצדקה, ולא יותר. **לְמִצְוָה מִן הַמּוּבְחָר**, זה השיעור למי שמקיים את המצווה באופן המובחר. מידה זו היא הגבול העליון, ש״אל יבזבז אדם יותר מחומש". **וּמַעֲשֵׂר** מהכנסתו, **למי** שנוהג **בְמִדָּה בֵּינוֹנִית,** כלומר הראויה לאדם רגיל, **כו׳** (ראו שולחן ערוך יורה דעה סימן רמט סעיף א).

וְזֶה נִקְרָא ׳חֶסֶד עוֹלָם׳. החסד האלוקי המתלבש במצוות שיש להן שיעור קצוב, הוא ה׳חסד עולם׳ הנזכר בתחילת האיגרת – החסד המוגבל בגדרי העולם שהוא פועל בו.

פֵּירוּשׁ, של ׳חסד עולם׳ הוא כמו שכתוב: **"חֶסֶד אֵל כָּל הַיּוֹם"** (תהלים נב,ג). ׳יום׳ הוא המידה של העולם (הם ששת ימי בראשית, הן שש המידות העליונות). החסד הנמשך בתוך ה׳יום׳ הוא החסד הנכנס ו׳מתלבש׳ בתוך המידות של העולם ופועל דרכן, ונקרא משום כך ׳חסד עולם׳.

הַמִּתְלַבֵּשׁ בְּעוֹלָמוֹת עֶלְיוֹנִים וְתַחְתּוֹנִים עַל יְדֵי אִתְעָרוּתָא דִלְתַתָּא (התעוררות מלמטה). כדי שהחסד האין סופי ירד ויתלבש ב׳חסד עולם׳, בתוך גבולות העולמות, כל עולם בגבולותיו, צריך שיהיה משהו שם למטה שיעורר אותו לזה. במובן מסוים חסד זה מותנה בעולמות, במידת ההכנה והנכונות שיש בהם לקבל אותו. ובלשון הזהר, על ידי ׳התעוררות מלמטה׳.

הִיא, ההתעוררות מלמטה לחסד העליון שירד למטה, נעשית על ידי **מִצְוַת הַצְּדָקָה וְחֶסֶד שֶׁעוֹשִׂים בְּנֵי אָדָם זֶה עִם זֶה.** לכאורה, כדי לעורר את חסדו של הקב"ה, היינו צריכים לעשות חסד עם הקב"ה; ומדוע הוא אומר שההמשכה היא על ידי החסד שעושים בני אדם זה עם זה? אכן, הכלל הוא – גם לגבי חסדו של הקב"ה – שהוא ב'מידה כנגד מידה'; אלא שכאן אין המידה כנגד מידה מתייחסת למה שאנו עושים עבור הקב"ה. שהרי מצידו של הקב"ה כשלעצמו זה חסר משמעות, כמו שנאמר, "אם צדקת מה תתן לו וגו'" (איוב לה,ז). מי שמתפלל אינו עושה טובה לקב"ה. מי שמניח תפילין, אין הקב"ה חייב לו דבר. הקב"ה עצמו אינו נזקק לטובתו של האדם ולמצוות שלו, בכל ההיקף שלהן. ולכן, ה'מידה כנגד מידה' לחסדו של הקב"ה הוא החסד שבני אדם עושים זה עם זה, מי שיש לו עם מי שאין לו.

וּלְפִי שֶׁהָעוֹלָם הוּא בִּבְחִינַת גְּבוּל וּמִדָּה. העולם בכללו עשוי בתוך גבולות, וכל מה שיש בו הוא במידה ובגבול, כגון: **מֵהָאָרֶץ עַד לָרָקִיעַ** מהלך **ת"ק** (500) **שָׁנָה, וְכֵן מֵרָקִיעַ לְרָקִיעַ כו'** (חגיגה יג,א). "מהלך חמש מאות שנה" היא מידה גדולה, אבל היא מכל מקום מידה. **וְשִׁית אַלְפֵי שְׁנֵי הָוֵי עָלְמָא כו'** (ששת אלפים שנה מתקיים העולם),[15] גם בממד הזמן נמצא העולם בתוך מידה והגבלה. נמצא שהעולם איננו אין סופי, אלא כולו מורכב במידות וביחסי מידות.

לָכֵן נִיתַּן שִׁיעוּר וּמִדָּה גַּם כֵּן לְמִצְוַת הַצְּדָקָה וְהַחֶסֶד שֶׁבַּתּוֹרָה, כְּמוֹ לִשְׁאָר מִצְוֹת הַתּוֹרָה. לפי שהעולם עשוי במידות וגבולות, והאדם שבגוף במידות וגבולות, לכן אף מצוות הצדקה והחסד ניתנת בגבולות. למרות שבמהותה העליונה היא בלי גבול, למרות שבמהותה היא הפורצת את גבולות הדין – בהיכנסה אל העולם המוגבל גם היא נכנסת למסגרת של גבול. וכפי שהוסבר, במסגרת זו מעוררת הצדקה גם את חסדו של הקב"ה להשפיע בעולם בהתאמה להגבלותיו, וזהו בחינת 'חסד עולם'.

אַךְ הַיְינוּ דַּוְקָא לְשׁוֹמֵר הַתּוֹרָה וְלֹא סָר מִמֶּנָּה יָמִין וּשְׂמֹאל, אֲפִילוּ כִּמְלֹא נִימָא. השיעורים שניתנו למצוות הצדקה – מעשר למידה בינונית וחומש למידה מן המובחר – נאמרו לגבי אדם, שגם בכל שאר הדברים נוהג במידת הדין. כלומר, אותו אדם שאוכל במידת הדין, שישן במידת הדין, שנוהג בעצמו בכל דבר במידת הדין – יכול גם בצדקה לנהוג במידת הדין.

מצווה לשמה אדם עושה את המצוות לשמו של הקב"ה, אבל לא בשביל הקב"ה. וההבדל הוא גדול. כי 'לשמו' פירושו כדי לגדל את שמו של הקב"ה בעולם, להביא להתגלותו בעולם – כגדול, כגיבור, כמלך העולם. ועל ידי גילוי זה להוסיף לחיות ולקיום שמקבל העולם מהקב"ה, שתהיה בשמו, שתגלה אותו כלפי האדם והעולם.

לשומר התורה ולא סר ממנה על הפסוק בישעיה (מו,יב): "שמעו אלי אבירי לב הרחוקים מצדקה" נאמר בתלמוד (ברכות יז,ב), שאלו הם הצדיקים, ש"כל העולם כולו נזונין בצדקה והם נזונין בזרוע". כלומר, יש אנשים שהם "רחוקים מצדקה" במובן זה שאינם זקוקים לצדקה של הקב"ה, כי הם יכולים לתבוע בדין. אנשים אלה, שאינם

אבל מי שהעביר עליו הדרך חס ושלום מאחר שהעוה דרכו לתת מגרעות בקדש העליון שגרע ערכו בחינת המשכתו מה שהיה יכול להמשיך מבחינת אלהותו והארת האור מאור אין סוף ברוך הוא אילו היה שומר התורה ומקיימה כהלכתה הרי מעוות זה לא יוכל לתקן כי אם בהמשכת האור העליון שלמעלה מהעולמות ואינו מתלבש בהן הנקרא חסד עילאה ורב חסד לפי שמאיר ומתפשט בבחינת אין סוף בלי גבול ומדה מאחר שאיננו מצומצם תוך העולמות אלא בבחינת מקיף עליהן מלמעלה

אֲבָל מִי שֶׁהֶעֱבִיר עָלָיו הַדֶּרֶךְ, שסטה מדרך התורה, **חַס וְשָׁלוֹם, מֵאַחַר שֶׁהֶעֱוָה**, עיוות ושינה את **דַּרְכּוֹ**, דרך התורה שהיא דרכו הפנימית שלו. **לָתֵת מִגְרָעוֹת בַּקֹּדֶשׁ הָעֶלְיוֹן,**[17] שעשה פגמים בתוך מבנה הקדושה, ששיבש את זרימת הקדושה.

ופירוש הביטוי "מגרעות בקדש": **שֶׁגָּרַע עֶרְכּוֹ,**[18] **בְּחִינַת הַמְשָׁכָתוֹ מַה שֶּׁהָיָה יָכוֹל לְהַמְשִׁיךְ,**

זקוקים למתנות מעבר למה שמגיע להם, אינם זקוקים לעורר את מידת החסד העליון, 'רב חסד', ודי להם בבחינת 'חסד עולם'.

בחיי בני אדם יש מצבים 'נורמליים' ויש מצבים 'בלתי נורמליים'. מצב נורמלי הוא כאשר מערכת החיים כולה מתנהגת בתוך שלמות הרמונית, כאשר אין שום סטיות מהפעילות התקינה של המנגנון. הדבר נכון בהרבה תחומים: כאשר מנגנון כלשהו פועל בשלמות, ללא שיבושים וללא סטיות, הוא זקוק למינימום של השקעה. זה נכון לגבי כמות השמן שצריך להכניס למכונית, זה נכון לגבי כיוון של פסנתר, וזה נכון לגבי גוף האדם. אדם בריא יכול להסתפק בכמויות מוגבלות, לפעמים זעירות ביותר, של חומרים לגופו. זאת, כל עוד אין הוא זקוק למלא חוסרים שנוצרו עקב סטיות ועיוותים. דברים אלה נכונים גם בחיים הרוחניים. כאשר המערכת כולה היא נורמלית, כלומר כאשר אדם חי בשלמות מסוימת על פי דיני התורה, אין צורך לזעזע אותו. מספיקה אמירה כלשהי כדי לשנות את הכיוון. ואולם כאשר משהו מתערער, כאשר המערכת מפסיקה לפעול בצורה מתואמת, נוצר חסר, נוצר עיוות שצריך לתקן אותו, ולתיקון הזה כבר אין די בכמות המינימלית. כדי להחזיר מכונה שהתקלקלה לשיווי משקל דרושים מאמצים מיוחדים הרבה מעבר לאנרגיה שמשקיעים בפעילותה הרגילה; כדי להחזיר לתפקוד רגיל את גוף האדם שחלה צריך להוסיף לו, בתרופות ובתוספת מזון, בכמויות גדולות בהרבה מאלה המספיקות לקיום הרגיל.

באופן זה היו שהסבירו מדוע דווקא בדורות האחרונים נפוץ יותר לימוד הנסתר, לא רק לגדולים ולחכמים, אלא לכל אחד.[16] ואף בלימוד זה עצמו, היכן שבדורות ראשונים הסתפקו ברמזים ובאמירות כלליות, בזמננו אומרים דברים מפורשים. והסבירו, שבדורות ראשונים, שהיו בריאים וחזקים, היה אדם שומע משהו, רמז של דבר, וזה הספיק למלא את חיי נפשו בכל הנצרך לה. אבל ככל שאנשים נעשו 'חלשים' יותר, הם נזקקו לכמויות גדולות יותר ולאיכויות מיוחדות יותר כדי ליצור את אותו הרושם.

הדבר נכון גם בתחומים אחרים. בתוך מבנה מאוזן אפשר ללמוד מהרמז הקטן ביותר; אפשר לבנות דברים גדולים מדברים זעירים. ואולם בתוך מבנה שאינו מאוזן, יש צורך בהשקעה הרבה יותר גדולה, בהרבה יותר תשומת לב ונתינת דעת. גם בתחום הרגשי, ילד שגדל בבית הרמוני, שלם, אינו זקוק לכך שיראו לו חיבה יתרה; חיוך אחד של ההורים

לפי ערכו, **מִבְּחִינַת אֱלֹהוּתוֹ וְהֶאָרַת הָאוֹר מֵאוֹר אֵין סוֹף בָּרוּךְ הוּא, אִילּוּ הָיָה שׁוֹמֵר הַתּוֹרָה וּמְקַיְּימָהּ כְּהִלְכָתָהּ.** דהיינו אדם שיכול היה, מצד שורש נפשו ומצד כלי נפשו, להגיע למשהו, והיה צריך לעשות דברים בהתאם לכך, אך לא עשה זאת.

הֲרֵי מְעֻוָּת זֶה לֹא יוּכַל לִתְקֹן (על פי קהלת א,טו). את המעוות הזה כבר אי אפשר לתקן בהמשכה הרגילה. כלומר, כאשר אדם צריך לקיים מצווה הוא צריך להשקיע כך וכך כוחות וזמן וכו׳, במידה מסוימת ומוגדרת, כפי הצורך. אבל לאחר שלא קיים את המצווה, והוא בכל זאת רוצה להשלים את החיסרון, אין הוא יכול עוד להסתפק באותה השקעה שהייתה דרושה לקיום המצווה מתחילה.

כִּי אִם בְּהַמְשָׁכַת הָאוֹר הָעֶלְיוֹן, שֶׁלְּמַעְלָה מֵהָעוֹלָמוֹת וְאֵינוֹ מִתְלַבֵּשׁ בָּהֶן, הַנִּקְרָא ׳חֶסֶד עִילָּאָה׳ (חסד עליון) **וְ׳רַב חֶסֶד׳. לְפִי שֶׁמֵּאִיר וּמִתְפַּשֵּׁט בִּבְחִינַת אֵין סוֹף, בְּלִי גְּבוּל וּמִדָּה, מֵאַחַר שֶׁאֵינֶנּוּ מְצוּמְצָם תּוֹךְ הָעוֹלָמוֹת אֶלָּא בִּבְחִינַת מַקִּיף עֲלֵיהֶן מִלְמַעְלָה.** התיקון של המעוות אינו יכול להיעשות מתוך העולם. שכן מתוך העולם אי אפשר לשנות את החוקים

יכול למלא את כל צורכי נפשו למשך עשרות שנים אחר כך. מה שאין כן בתוך מבנה משפחתי מעורער, שם יש צורך להראות חיבה יתרה ותדירה, בליטוף ובנישוק, כדי שהילד לא ירגיש בחוסר. הכלל הוא, שמשעה שמתערער האיזון הראשוני כבר לא מספיקה השקעה הרגילה, ויש צורך בהשקעה יוצאת מהכלל כדי להעמיד את הדבר על מכונו.

מי שהעביר עליו הדרך וכו׳ צריך לשוב ולהזכיר, שהרמה ההתחלתית שספר התניא מדבר עליה היא גבוהה הרבה יותר מרמה שאינה התחלתית במושגים שלנו. כשהוא מדבר כאן על מי שהעביר עליו הדרך וכו׳, אין הוא מדבר על אדם שעבר עבירות חמורות, שנאף או שרצח את הנפש וכיוצא בזה. דברים אלה אינם נתפסים כלל כחלק מהחיים היהודים. לתפיסתו, מי שהעביר והעווה דרכו, אינו אפילו מי שחטא ממש חס ושלום, אלא מי שלפי ערכו נתן ״מגרעות בקודש העליון״.

שגרע ערכו יש כמה סוגים של דין וחשבון שעושים עם אדם. יש דין כמו בבית דין פלילי: אם אדם גנב, אנס או רצח או לא עשה זאת; אם הוא אשם או לא אשם. אבל יש גם חשבון אחר, דק יותר ותובעני יותר. שואלים את האדם לא רק ׳מה עשית ומה לא עשית׳, ׳האם אתה אשם או לא אשם׳, אלא מהו היחס בין מה שהיית יכול לעשות ובין מה שעשית בפועל. מהדין הראשון אפשר לצאת איכשהו. תמיד יש תירוצים טובים. לא רק בבית דין של מטה, גם בבית דין של מעלה: היו לי יצרים, היו לי תנאים קשים, היה עליי לחץ חברתי, לא הרגשתי טוב, וכיוצא בזה. אבל התירוצים כולם אינם שווים כאשר מדברים על שלמות של מערכת. השאלה אז אינה איזה תירוץ ניתן והאם הוא התקבל, אלא: האם הדבר נעשה או לא נעשה? האם זה פועל או לא? כאשר צריך לעשות דבר מורכב מאוד, כמו למשל להפעיל חללית, או לעשות מצווה, או להיות יהודי; ונניח שהיו סיבות טובות לפגם: אדם היה עייף, התרופף בורג קטן ונוצרה סטייה קטנה – החללית לא תגיע לאן שהייתה צריכה להגיע! אף אחד אינו אשם במובן המשפטי, ומבחינת הדין הפלילי אפשר להוכיח שהאדם היה בסדר, הוא היה אנוס מבחוץ ומבפנים והיו לו סיבות טובות, אבל כאשר מדברים על השלמות של המבנה – של מבנה הנפש ושל מבנה הקדושה – נעשו ״מגרעות בקדש העליון״. בתוך מציאות הקודש נעשה חיסרון, פער, בין מה שאותו אדם היה יכול וצריך לעשות לפי ערכו ובין מה שעשה בפועל.

מריש כל דרגין עד סוף וכו׳ וכשהאדם ממשיכו למטה במעשיו ואתערותא

של מציאותו, והחיסרון של יום אתמול הוא דבר שאין לו תיקון בתוך חוקי המציאות. התיקון וההשלמה של מה שלא נמשך ולא נעשה בזמנו ובמקומו ניתן להיעשות רק בכוח של חסד שבא מבחוץ, מֵעֵבר לאותה מציאות, ושאינו נכנס אל תוכה אלא מקיף אותה ואת חוקיה בכללה. מהאור המקיף, שאינו מיוחד ומתייחס לשום נקודה של זמן ומקום, ניתן להמשיך באופן כלשהו לכל אדם בכל זמן ומקום. בהמשך יסביר המחבר כיצד יכול האדם למטה לעורר ולהמשיך גם מהאור המקיף אל תוך חייו בעולם.

רב חסד, המקיף על העולמות מלמעלה ׳חסד עולם׳ הוא האור השופע בתוך מהותו הנורמלית של העולם ובהתאמה לכלים שלו. האורות והכלים בנויים בהקבלה זה לזה, כך שאין הם יכולים להיות נפרדים יתר על המידה. אם האור גדול מעל ומעבר למידת הכלי, הכלי יישבר; ואם האור מועט מיכולת הקיבול של הכלי, הכלי יחנוק אותו. בתוך כל עולם, כמו בתוך כל אדם, יש דרגה מסוימת של אור שמתאימה לכלי של הווייתו. האיזון הזה הוא חלק ממהותו וקיומו של העולם. לעומת זאת החסד העליון, הנקרא ׳רב חסד׳, הוא חסד שבא בבחינת אין סוף. משום כך הוא אינו יכול להיות חסד שבתוך העולם, משום שהעולם אינו יכול להכיל אין סוף. העולם והאין סוף אינם יכולים להתייחס זה לזה באותו קנה מידה. האין סוף, מצד הגדרתו, אינו יכול להצטמצם, אינו יכול להיכנס לשום מידה וכלי. ההתייחסות בין האור והעולם היא לכן כזו שהאור הוא ׳מקיף׳ עליו מלמעלה.

מקיף ופנימי, אורות וכלים, באור עצמו כפי שהוסבר,[19] כאשר מדברים על יחסים של אור פנימי ואור מקיף אין מדברים ביחסים שתלויים במקום, או בכל ממד שמתחום החומר. גם בתחום הרוחני לעצמו אנו מדברים על מושגים של אורות וכלים, אורות בכלים ואורות שמקיפים לכלים, כאשר האור הוא התוכן והכלי הוא המבנה הרוחני שמכיל אותו. דוגמה לדבר: יש תוכן, רעיון, ולרעיון הזה יש מילים שמביעות אותו. בין המילים ובין הרעיון יש יחס מסוים, שהוא היחס בין האור (הרעיון) והכלי (המילים). כדי שהמילים תהיינה משמעותיות, והתוכן יהיה גלוי, צריך להיות יחס קרוב, תואם, בין התוכן ובין המילים. במילים אחרות: המילים מקיפות ומלבישות את התוכן, ואז הן יכולות לבטא אותו. ואולם כאשר המילים אינן מסוגלות להקיף את האור, אנו אומרים שהאור אינו נמצא בתוך הכלים, אלא מקיף עליהם. באותה שעה אין התקשרות פנימית, והתוכן נמצא מעבר לגבול החוויה וההתקשרות.

אין זה אומר שבדרך של מקיף אין השפעה והתייחסות כלל, אלא שההשפעה אינה השפעה פנימית – מוכרת, מובנת ומושכלת – אלא השפעה בדרך של מקיף, בדרך של חוויה סתומה, של הכרה בלתי מובנת. אמנם גם במקיפים יש דרגות:[20] יש מקיפים עליונים שאינם מצויים בשום תודעה, וכמעט שאין להם משמעות אישית עבור כל אדם; ויש מקיפים ׳קרובים׳ יותר, שאמנם אין אנו יכולים לקלוט ולהשיג אותם בפנימיות, אבל בצורות אחרות אנחנו מושפעים מהם. למשל: כאשר מדברים אל אדם כך שהוא אינו שומע כלל את הדברים, הדברים הנאמרים לא יגיעו לשום קליטה פנימית. ואולם אם מדברים אל אדם בשפה שאינה מובנת לו,

מֵרֵישׁ כָּל דַּרְגִּין עַד סוֹף כל דרגין **וכו'** (מראש כל המדרגות ועד סוף כל המדרגות). ההשפעה שבבחינת המקיף פועלת תמיד על המערכת כולה, כיוון שהיא השפעה שבבחינת אין סוף לגבי כל דרגה במערכת, נמוכה או גבוהה, והיא לכן מקיפה וכוללת את כולן כאחת.

וּכְשֶׁהָאָדָם מַמְשִׁיכוֹ, את החסד העליון האין סופי, **לְמַטָּה, בְּמַעֲשָׂיו וְ'אִתְעָרוּתָא דִּלְתַתָּא'**. המשכת האור המקיף איננה כמו האור הפנימי. את האור המקיף בעצם איננו ממשיכים, אלא רק מעוררים מלמטה. כביכול מעוררים התעניינות, מכינים את הכלים – ואז בזמן ובאופן שלו הוא נמשך ומשפיע. הכלל הוא שההתעוררות מלמעלה, עד אין סוף, תלויה בהתעוררות מלמטה. המעשים והכוונות של האדם למטה יוצרים התעוררות והשפעה של אור אין סוף מלמעלה.

לפעמים יש קליטה 'מקיפה' של הדברים, ולמרות שאין הוא מבין אפילו מילה אחת, הוא עדיין יכול לקבל משהו מן הטון והצליל של הדברים, להבחין בין שלילה ובין הסכמה. באותה שעה, הגם שהקליטה הפנימית היא בלתי משמעותית, החלק המקיף יכול להיות בעל השפעה רבה, שכן לא כל השפעה היא פנימית – יש 'אווירה', יש הרגשות ומצבי רוח, ישנן החברה והסביבה, וכל אלה אינם משפיעים בצורה מודעת מכוונת, אבל הם ללא ספק משפיעים. אדרבה, פעמים שהשפעתו של המקיף חזקה ומשמעותית יותר מזו של הפנימי. לדוגמה, ידוע שיש הבדל גדול אם אדם שומע בדיחה כשהוא בפני עצמו, או כשהוא נמצא בתוך קהל גדול שבו כולם צוחקים. אין ספק שבתוך קהל צריך להבין הרבה פחות כדי לצחוק הרבה יותר, שכן בתוך הקהל ישנה גם השפעה של המקיף. השפעה של המקיף יכולה להיות כזו שתעבור גם כשההשפעה הפנימית היא מזערית, כשאדם איננו מבין את הדברים הנאמרים, ואפילו כאשר איננו מבין כלל את השפה.

שתי ההשפעות הללו שונות בדרכי הפעולה שלהן. האחת ניתנת להגדרה ולניתוח, והשנייה פועלת בצורה כזו שאיננו יודעים להגדיר מה קרה ואיך קרה. פעמים פוגשים אישיות גדולה, שומעים כמה דברים והם עושים רושם גדול. אחר כך, כשמנסים לנתח את הדברים, אין מוצאים דבר להיאחז בו: המילים הן מילים רגילות, המשפטים פשוטים, וקשה להגדיר מה בדיוק השפיע כל כך חזק. שכן לא התוכן הפנימי הוא שיצר את ההשפעה, אלא המקיף. ידוע שאל הרבי מליובאוויטש זי"ע הגיעו אנשים רבים שלא הבינו את שפתו, וגם כשהבינו בדרך כלל לא יכלו לשמוע; ואף על פי כן, אין שום ספק לגבי ההשפעה הרבה שעברה ונקלטה. בעולם החסידי בכלל, אופן הקליטה של החסיד שבא אל הצדיק הוא בדרך כלל קליטה של מקיף. אנשים באים אל הצדיק, בקושי שומעים הברות בודדות, ומה ששומעים אינם מבינים – ואף על פי כן הם מקבלים דבר גדול, שאחר כך הם חיים עימו ומכוחו במשך שנים.

כיצד ממשיכים אור אין סוף לכאורה יש סתירה פנימית בתוך הדברים: כיצד יכול האדם המוגבל להשפיע על האין סוף? כיצד יכול מעשה של האדם לבקוע את גבולות המוגבל ולהתייחס באופן כלשהו לאור אין סוף? אמנם, כפי שנאמר במקומות אחרים, גם אם האדם אינו יכול להגיע לאין סוף, הוא יכול על כל פנים להגיע לפריצת הגבולות של הסופי; גם אם הוא אינו יכול להתייחס ישירות ובשלמות אל בחינת האין סוף, הוא יכול להתייחס אל ה"בלי גבול" שנמצא בתוכו. ברגע שהוא מצליח לפרוץ את הגבולות של עצמו, הרי הוא נמצא בהתייחסות כלשהי גם אל האין סוף המוחלט.

דלתתא אזי אור עליון זה מאיר ומתפשט תוך העולמות ומתקן כל מעוות וכל מגרעות שניתנו בקדש העליון ומחדש אורן וטובן ביתר שאת ויתר עז בבחינת אור חדש ממש לכן אמרו במקום שבעלי תשובה עומדין וכו׳.

ד אלול פשוטה
ב אלול מעוברת

• והנה עיקר התשובה הוא בלב כי על ידי החרטה מעומקא דלבא מעורר עומק אור העליון הזה אך כדי להמשיכו להאיר בעולמות עליונים ותחתונים

אֲזַי אוֹר עֶלְיוֹן זֶה מֵאִיר וּמִתְפַּשֵּׁט תּוֹךְ הָעוֹלָמוֹת, וּמְתַקֵּן כָּל מְעֻוָּת וְכָל מִגְרָעוֹת שֶׁנִּיתְּנוּ בַּ׳קֹּדֶשׁ הָעֶלְיוֹן׳, וּמְחַדֵּשׁ אוֹרָן וְטוּבָן בְּיֶתֶר שְׂאֵת וְיֶתֶר עָז, בִּבְחִינַת אוֹר חָדָשׁ מַמָּשׁ. התיקון והשלמת החסר במערכת הפנימית יכולים לבוא רק על ידי המשכה של האור המקיף; לא של ׳חסד עולם׳ שעל פי מידה, אלא של ׳רב חסד׳ שמבחינת האין סוף. כי מאחר שהוא בבחינה של אין סוף, הוא משלים את כל החסרונות ועושה אותם כביכול מחדש. האור הזה, שבא מחוץ למערכת, נקרא ׳אור חדש׳, לעומת האור הישן שהינו כוח החיות של העולמות כמות שהם. האור הישן הוא האור הבנוי והנתון בתוך ההגדרות והחוקים של העולם; חוקי הטבע וחוקי הנפש, ובמובן מסוים אפילו חוקי התורה והמצוות, עד למעלה מעלה. ולכן, כאשר יש חיסרון וקלקול במציאות, אין המציאות יכולה להיתקן עוד בכוחה שלה עצמה, אלא רק על ידי אור שבא מחדש מהיכן שכלל העולם נברא מתחילה, באופן שכל העולם כביכול נברא עתה מחדש, ובמלוא השלמות.

לָכֵן אָמְרוּ חז״ל: **בִּמְקוֹם שֶׁבַּעֲלֵי תְשׁוּבָה עוֹמְדִין וכו׳** צדיקים גמורים אינם עומדין.[22] משום שעל ידי התשובה, שהיא מעשה התיקון והשלמת הפגמים, מגיע אדם להמשכה של אור בדרגת האין סוף, ודרגה זו היא למעלה ממה שממשיך אותו אדם (הצדיק) ששמר

אור עליון מתקן כל מעוות כאשר מערכת שאמורה להיות מושלמת נפגמת יש בזה כשל מהותי, שלכאורה אינו ניתן לתיקון שלם. אמנם יש בדברי חז״ל רשימות מסוימות של דברים שהם ״מְעֻוָּת לא יוכל לתקֹן״,[21] ומכאן אפשר ללמוד לכאורה כי השאר ניתן לתיקון, ואולם דברים אלה מתייחסים לאמצעים שניתן לנקוט כדי שהמערכת לא תסבול יותר מדי. בעומקם של דברים, כל פגם הוא ״מעוות לא יכול לתקון״, ואין דרך אמיתית לתקן אותו בשלמות. כאשר מתייחסים אל החיים כאל מצבור סתמי של מעשים, אפשר תמיד להוסיף ולהחליף מה שחסר ופגום. אבל כאשר ההתייחסות אל מאורעות החיים היא כאל נקודות יחידאיות המתייחדות במערכות של זמן ומקום, אין תחליף אמיתי לחיסרון ולפגם. עבירה שנעשתה בזמן מסוים ובמקום מסוים, מעשה טוב שלא נעשה, הם דברים שלא ניתן להחזיר. כשם שאי אפשר להחזיר את הרגע שעבר, כך אי אפשר לתקן פגם שנעשה, ואי אפשר להשלים חיסרון שנוצר.

לכן חוזר המחבר ומדגיש כאן, שכדי לתקן את הדברים שהם ״מְעֻוָּת לא יוכל לתקֹן״ חייבים לעבור אל בחינת האין סוף, מ׳חסד עולם׳ ל׳רב חסד׳, שלגביו כל הגבולות – של זמן ומקום, אדם ומעשה – משתווים. ההשלמה האמיתית אפשרית רק על ידי הנגיעה באין סוף, היכן שהחוקים והגבולות של העולם אינם תקפים עוד.

מקום שבעלי תשובה עומדים כפי שהוסבר, פעולתה של התשובה איננו רק תיקון הפגם

תמיד על הדרגה והגבולות שלו. הצדיק הוא זה שהגיע לאופטימום ההוויה שלו, הוא זה שמיצה את כוחותיו, את יכולתו ואת תנאי ההוויה שלו עד למקסימום. אבל בעל התשובה, שנוגע באין סוף, יכול לעבור אף מעבר לגבולות הללו.

וְהִנֵּה עִיקַּר הַתְּשׁוּבָה הוּא בַּלֵּב. עיקרה של התשובה איננו במעשה מסוים – כמו תענית או קרבן וכו׳ – אלא במה שנעשה בתוך ליבו של האדם.

כִּי עַל יְדֵי הַחֲרָטָה מֵעוּמְקָא דְּלִבָּא (מעומק הלב). החרטה מעומקא דליבא היא הנקודה שבה, לאחר שאדם עשה בנפשו ככל יכולתו, הוא עושה עוד. הביטוי ׳מעומק הלב׳ מדגיש שאין המדובר בדרגת תשובה שמספקת את האנשים מבחוץ, מבחינת היחסים החברתיים החיצוניים, אלא שינוי מהותי, פריצת האדם אל מעבר לגבולותיו שלו, מעבר למה שהוא עצמו יכול לעשות. וזהו, כאמור, התנאי לכל תיקון והשלמה אמיתיים.

ועל ידי שמגיע באמת לעומק לבבו שלו הריהו **מְעוֹרֵר עוֹמֶק אוֹר הָעֶלְיוֹן הַזֶּה.** הביטוי מזכיר ביטוי דומה בספר יצירה: ״עומק רום״ (פרק א משנה ה). זהו ביטוי פרדוקסלי, המבטא בדיוק את הנקודה הזו של הפריצה אל האין סוף. האדם מגלה בתוך מעמקי עצמו את מהות האין סוף, ומשם הוא יכול להגיע אל העומק העליון, אל עומקה של המציאות, אל מה שנמצא מעבר למציאות הגלויה. זה הטעם לכך שבימי התשובה קוראים את פרק קל מתהלים, המתחיל במילים ״ממעמקים קראתיך ה׳״. כי מתוך העומק האנושי מגיעים עד לרום ההארה העליונה; מתוך החרטה שבעומק פנימיות הלב, באותה הנקודה שנוגעת לאותו אדם באמת, שהוא מרגיש שכל חייו תלויים בה[23] – משם הוא ממשיך את האור העליון באמת.[24]

והחזרת המצב לקדמותו; שכן כדי שדבר זה יקרה צריכה להיות המשכה של הארה חדשה, ומעבר לגדרי המציאות, שרק היא יכולה להסביר את המהות הבלתי הגיונית של התשובה. ההארה החדשה יוצרת עולם שהוא במובן מסוים שלם יותר מהעולם הקודם, שכן עתה מאיר בו אור חדש, אין סופי, מעל ומעבר למה שהתגלה בעולמות מתחילתם. לכן המקום החדש, שאותו יצר בעל התשובה, גדול יותר וגבוה יותר מעולמו של הצדיק. הצדיק יודע איך להתייחס אל עולם מוגדר, אל עולם של כללים שהוא יכול לעמוד בהם, אבל בעולם של התשובה, שהוא למעלה מן ההגדרה, שם הוא אינו יכול לעמוד.

ממעמקים קראתיך ״ממעמקים קראתיך״

מבטא את פעולתו וקריאתו של האדם מתוך אותה נקודה פנימית שלו שאין בה שום חשבונות, שבה מוכן האדם לתת גם את מה שאינו חפץ לתת. שכן כל זמן שאדם מוותר על מה שהוא ממילא אינו צריך, הרי אלו דברים קלי ערך, מעשים חיצוניים בלבד; לפעמים מרשימים מבחוץ, אבל חסרי ערך אמיתי. מה שיכול להיראות לאדם אחד כקרבן גדול אינו בהכרח נכון לגבי אדם אחר. יש אדם שבשבילו לא לאכול זה סבל נפשי ממש, ויש אדם שאחת היא לו אם יאכל או לא יאכל. בתלמוד נאמר ש״טובה מרדות אחת בלבו של אדם יותר מכמה מלקיות״ (ברכות ז,א), כלומר שכאב לב פנימי מכאיב הרבה יותר מכל כאב חיצוני. שכן לכאב חיצוני יש גבולות, ואנשים בדרך כלל יכולים לעמוד בו, אבל לכאב פנימי

צריך אתערותא דלתתא ממש בבחינת מעשה דהיינו מעשה הצדקה וחסד בלי גבול ומדה דכמו שהאדם משפיע רב חסד פירוש ח"ס דלי"ת דהיינו לדל ואביון דלית ליה מגרמיה כלום ואינו נותן גבול ומדה לנתינתו והשפעתו. כך הקדוש ברוך הוא משפיע אורו וטובו בבחינת חסד עילאה הנקרא רב חסד המאיר בבחינת אין סוף בלי גבול ומדה תוך העולמות עליונים ותחתונים שכולם הם בבחינת דלי"ת אצלו יתברך דלית להון מגרמיהון כלום וכולא קמיה כלא חשיבי ועל ידי זה נתקנו כל הפגמים שפגם האדם בעונותיו למעלה בעולמות עליונים ותחתונים. וזהו שכתוב עשה צדקה ומשפט נבחר לה' מזבח לפי שהקרבנות הן בבחינת שיעור ומדה וגבול.

אַךְ כְּדֵי לְהַמְשִׁיכוֹ לְהָאִיר בְּעוֹלָמוֹת עֶלְיוֹנִים וְתַחְתּוֹנִים צָרִיךְ אִתְעָרוּתָא דִּלְתַתָּא מַמָּשׁ, בִּבְחִינַת מַעֲשֶׂה. אכן, התשובה היא קודם כול מהפך פנימי בליבו של האדם, אבל כדי שלמהפך הפנימי יהיה קיום וממשות בתוך המציאות, צריך האדם לתת לו ביטוי בתוך עולם המעשה. כדי שאור אין סוף יגיע אל תוך העולמות ותהיה לו נקודת אחיזה ממשית בתוכם, לא די בכך שאדם ירגיש דברים בתוכו; הוא צריך לעשות מעשה מסוים באותו כיוון, לחרוט חריטה מסוימת בתוך המציאות החיצונית, כדי לסמן לו את המקום.

דְּהַיְינוּ, מהו אותו מעשה, **מַעֲשֵׂה הַצְּדָקָה וְחֶסֶד בְּלִי גְּבוּל וּמִדָּה.** כמובן, מעשה של אדם איננו יכול להיות בלי גבול ומידה ממש, שהרי אצל האדם גם הבלי גבול הוא מוגבל. ואולם, כפי שכבר נאמר, אצל האדם יכול להיות בלי גבול ביחס למהותו המוגבלת שלו. אם יש גבולות האדם יכול לצאת מהם. ובכך, כאשר הוא פורץ את מסגרת ההגבלה הקיימת, הוא יכול לעשות משהו שהוא מעין האין סוף.

דִּכְמוֹ שֶׁהָאָדָם מַשְׁפִּיעַ רַב חֶסֶד. אדם יכול להשפיע חסד רב, יתר על המידה שהוא מחויב בה.

פֵּירוּשׁ הדברים: המילה 'חסד' מורכבת מהמילה **ח"ס** (חָס) ומהאות **דָּלֶי"ת.** וכשקוראים את הדל"ת כמילה (בלשון הארמית), המשמעות היא: חס על דְּלֵית ליה (שאין לו).[25]

אין גבולות, אין תיחום שפנימה לו שוב אין כואב יותר. בייסורי הגוף אפשר לומר שלגוף כואב אבל לא לנפש, שבשכבות חיצוניות הדבר נוגע בנפש אבל בפנימיותה היא נשארת כפי שהייתה, מה שאין כן בעומק הלב. לכן המבחן של 'ממעמקים', אם התשובה היא פנימית באמת, הריהו בכך שאדם מוכן לתת גם את מה שאינו יכול לוותר עליו; כאשר הוא מגיע אל אותן נקודות שהן נקודות השבירה שלו, ששם הוא מרגיש שאיננו מחזיק מעמד עוד, וכשהוא עובר את השלב הזה – הוא מגיע לנקודה שממנה יכול להיות "ממעמקים קראתיך".

אינו נותן גבול ומידה לנתינתו על מה שאומרים בברכת המזון, "ואל תצריכנו... לא לידי מתנת בשר ודם ולא לידי הלוואתם", אמרו ש"הלוואתם" אינו נוסף על "מתנת בשר ודם", אלא בא לפרש מהי מתנת בשר ודם. מתנת בשר ודם היא בדרך כלל בגדר

דְּהַיְינוּ שמהות החסד היא שהוא נותן **לְדַל וְאֶבְיוֹן.** ודל הוא מי **דְּלֵית לֵיהּ מִגַּרְמֵיהּ** (שאין לו משלו) **כְּלוּם. ומכיוון** שלדל אין מה לתת בתמורה לכן הנותן **אֵינוֹ נוֹתֵן גְּבוּל וּמִדָּה לִנְתִינָתוֹ וְהַשְׁפָּעָתוֹ.** 'חסד' מהותי, אמיתי, הוא דווקא בנתינה לדל, לזה שאין לו משל עצמו כלום, שלא מגיע לו דבר ואין הוא יכול לשלם דבר עבור הנתינה. בתנאים אלה הנתינה אינה תלויה כלל בכוח זכותו של המקבל (ובמה שהנותן יכול לקבל ממנו), אלא בחסד גמור, חסד חינם בלא שום הגבלה מצד הנותן.

כָּךְ הַקָּדוֹשׁ בָּרוּךְ הוּא מַשְׁפִּיעַ אוֹרוֹ וְטוּבוֹ בִּבְחִינַת חֶסֶד עִילָּאָה הַנִּקְרָא 'רַב חֶסֶד', הַמֵּאִיר בִּבְחִינַת אֵין סוֹף, בְּלִי גְּבוּל וּמִדָּה, תּוֹךְ הָעוֹלָמוֹת עֶלְיוֹנִים וְתַחְתּוֹנִים. ההתעוררות של מטה יוצרת התעוררות מלמעלה; הפעולה מלמטה יוצרת הפעלה מלמעלה. כאשר האדם נותן לדל בלי הגבלה של השיעורים והמידות של יכולתו, גם הקב"ה עושה כך, ונותן גם הוא בבחינת "רב חסד" לעולמות כולם.

שֶׁכּוּלָּם, כל העולמות, **הֵם בִּבְחִינַת דְּלֵי"ת אֶצְלוֹ יִתְבָּרֵךְ, דְּלֵית לְהוֹן מִגַּרְמֵיהוֹן** (שאין להם משל עצמם) **כְּלוּם, וְכוּלָּא קַמֵּיהּ כְּלָא חֲשִׁיבֵי** (והכול לפניו כלא נחשב). כל העולמות הם כדלים כלפי הקב"ה, אינם נחשבים לכלום כלפי הבורא המחיה אותם מאין ואפס גמור.

וְעַל יְדֵי זֶה נִתְקָנוּ כָּל הַפְּגָמִים שֶׁפָּגַם הָאָדָם בַּעֲוֹנוֹתָיו לְמַעְלָה בְּעוֹלָמוֹת עֶלְיוֹנִים וְתַחְתּוֹנִים. אם האדם נותן בלי גבול גם הקב"ה נותן בלי גבול. והבלי גבול של הקב"ה, שבא בהתייחסות אל הבלי גבול של האדם, הוא זה שיכול לתקן ולהשלים את כל הפגמים שפגם האדם – הן הפגמים שפגם אותו אדם בפרט והן כלל הפגמים שפגמו בני האדם באשר הם בני אדם; הן למעלה במציאות העליונה, בשורש הדברים, והן למטה ממש, בתוצאה ובתכלית של כל הדברים, בעולם הזה התחתון והחומרי שבו אנו אמורים בתכלית הכול לבנות דירה לקב"ה.

וְזֶהוּ שֶׁכָּתוּב: "עֲשֹׂה צְדָקָה וּמִשְׁפָּט נִבְחָר לַה' מִזָּבַח" (משלי כא,ג). לעשות צדקה ומשפט למטה, בין בני האדם, הוא מעשה מובחר ורצוי אף יותר מאשר זביחת הקרבן לה' שלמעלה.

לְפִי שֶׁהַקָּרְבָּנוֹת הֵן בִּבְחִינַת שִׁיעוּר וּמִדָּה וּגְבוּל. לקרבנות יש הגדרות וגבולות: איזו

של הלוואה, כמו השקעה בעסק, כעין הפקדה בבנק של מטה או בבנק של מעלה. לכן ההדגשה כאן היא ששלמות החסד היא כאשר נותנים לדל – כלומר מתנת חינם שאין מצפים לתמורה בעבורה, לא בגשמיות ולא ברוחניות. חסד כזה הוא "רב חסד", המגיע גם לדל שאין לו שום זכות. בסיפור של אברהם עם המלאכים,[26] כמו בסיפורים רבים על אנשים שהיו גדולים במידת החסד, מודגש שהניסיון לא היה בעני תלמיד חכם, נעים הליכות ומכיר תודה, ואפילו בסתם עני, אלא בעני כזה שיש כל הסיבות שלא לסבול אותו. סיפור דומה לזה מסופר על אביו של הבעש"ט, שכדי לנסותו בא אליו אליהו הנביא בדמות עני שהגיע בשבת באופן שהיה ברור שהוא חילל את השבת; ואף על פי כן הוא קיבל אותו, האכילו והשקהו, ולא אמר לו מילה בעניין חילול השבת. ומסופר שבזכות מצווה זו נולד לו הבעש"ט.

מה שאין כן בצדקה שיוכל לפזר בלי גבול לתקן עונותיו. ומה שאמרו המבזבז אל יבזבז יותר מחומש היינו דוקא במי שלא חטא או שתקן חטאיו בסיגופים ותעניות כראוי לתקן כל הפגמים למעלה. אבל מי שצריך לתקן נפשו עדיין פשיטא דלא גרעה רפואת הנפש מרפואת הגוף שאין כסף נחשב וכל אשר לאיש יתן בעד נפשו כתיב.

ה אלול פשוטה / ג אלול מעוברת ‹ והנה מדת חסד זו בלי גבול ומדה נקראת על שמו של הקדוש ברוך הוא חסדי ה׳ כדכתיב וחסד ה׳ מעולם ועד עולם כו׳ כי הגם שכל ישראל הם רחמנים וגומלי חסדים ברם יש גבול ומדה לרחמי האדם. אבל הקדוש ברוך הוא נקרא אין סוף ברוך הוא ולמדותיו אין סוף כדכתיב כי לא כלו רחמיו וכו׳. וזה שאמר הנביא אחר החורבן והגלות חסדי ה׳ כי לא תמנו וגו׳. פירוש לפי שלא תמנו שאין אנו תמימים ושלמים בלי שום חטא ופגם בנפש ובעולמות עליונים על כן צריכין אנו להתנהג בחסדי ה׳ שהם בלי גבול ותכלית כדי לעורר עלינו רחמים וחסד עילאה שהוא רב חסד ורחמים בלי גבול ותכלית כמו שכתוב כי לא כלו רחמיו וגו׳.

בהמה יש להקריב, בת כמה, מתי מקריבים, מתי אוכלים וכו׳; ואם אדם שינה, בפחות או ביותר, הקרבן פסול. **מָה שֶׁאֵין כֵּן בִּצְדָקָה, שֶׁיּוּכַל לְפַזֵּר בְּלִי גְּבוּל לְתַקֵּן עֲוֹנוֹתָיו.** הקרבן, כמו הצדקה, בא לכפר על עוונותיו של האדם, אלא שהקרבן מכפר רק בשיעור ומידה, דהיינו במקרים ובאופנים המסוימים שהם על פי דין התורה. לעומת זאת, הכפרה של הצדקה באה ממקום גבוה יותר, במובן מסוים אף למעלה מהרצון המוגדר במצוות, משורש הרצון כשלעצמו שיכול להשלים ולמלא את פרטי הרצון שהחסיר האדם בקיום המצוות. זו מהותה של הצדקה דווקא, שהיא אינה לפי מידה, שאינה משתלמת לפי מה שמגיע אלא כמתנת חינם דווקא. ומשום שהיא אינה במידה היא ממשיכה מבחינת חסד ה׳ שבלי מידה, שיכול להשלים ולמלא את כל הפגמים.

על דברים אלה, שיש לתת לצדקה בלי גבול, אפשר לשאול: **וּמַה שֶּׁאָמְרוּ** חז״ל: **הַמְבַזְבֵּז אַל יְבַזְבֵּז יוֹתֵר מֵחוֹמֶשׁ** מנכסיו לצדקה.[27] דברי חז״ל, וכן נפסק להלכה, אינם רק מגבילים את החובה, אלא משמעות הדברים היא שאסור לתת יותר.

הַיְינוּ, והתירוץ הוא, שדברי חז״ל אמורים **דַּוְקָא בְּמִי שֶׁלֹּא חָטָא.** מי שלא חטא איננו זקוק לסוג כזה של מתנת חינם לצורך תיקון נפשו. ולכן גם הצדקה שהוא נותן איננה צדקה לצורך תיקון ורפואת הנפש, אלא צדקה רגילה, ולכן היא נכנסת לגדרי המצווה שעל פי ההלכה.

אוֹ שֶׁתִּקֵּן חֲטָאָיו בְּסִיגּוּפִים וְתַעֲנִיּוֹת כָּרָאוּי לְתַקֵּן כָּל הַפְּגָמִים לְמַעְלָה. כשאדם תיקן את מה שפגם בסיגופים ובתעניות, הוא כבר מתוקן לפי איזשהו חשבון, ובמובן מסוים מתוקן על פי דין, כמו בהבאת הקרבן.[28] ולכן אף הוא איננו זקוק לחסד ה׳ שלא לפי מידה.

אֲבָל מִי שֶׁצָּרִיךְ לְתַקֵּן נַפְשׁוֹ עֲדַיִין, פְּשִׁיטָא דְּלָא גָּרְעָה רְפוּאַת הַנֶּפֶשׁ מֵרְפוּאַת הַגּוּף. אדם כזה אינו נותן צדקה כמקיים מצוות עשה של צדקה, אלא כמי שעושה לרפואת הגוף. שֶׁבמקרה כזה **"אֵין כֶּסֶף נֶחְשָׁב"** (דברי הימים ב ט,כ), **"וְכֹל אֲשֶׁר לָאִישׁ יִתֵּן בְּעַד נַפְשׁוֹ" כְּתִיב** (איוב ב,ד). כל אדם בונה לעצמו תקציבים: כמה הוא מקציב לכל אחד מהצרכים שלו ושל אחרים. ואולם כאשר האדם נאבק על נפשו, על עצם קיומו, כל התקציבים הללו מאבדים את משמעותם והוא ייתן את כל מה שיש לו, ויותר מכך, בעד נפשו.

וְהִנֵּה מִדַּת חֶסֶד זוֹ, בְּלִי גְּבוּל וּמִדָּה, נִקְרֵאת עַל שְׁמוֹ שֶׁל הַקָּדוֹשׁ בָּרוּךְ הוּא – 'חַסְדֵי ה''. כְּדִכְתִיב: "וְחֶסֶד ה' מֵעוֹלָם וְעַד עוֹלָם עַל יְרֵאָיו **כוּ'"**.29 ההגדרה כאן של 'חסדי ה'' איננה מורה על מי שעושה אותם, שאלו הם החסדים שעושה הקב"ה, אלא זו הגדרה של מהות החסדים, שהם חסדים בלי גבול ומידה. ה' הוא אין סופי וכך חסדיו הם אין סופיים, בלי גבול ומידה.

כִּי הֲגַם שֶׁכָּל יִשְׂרָאֵל הֵם רַחֲמָנִים וְגוֹמְלֵי חֲסָדִים (על פי יבמות עט,א), **בְּרַם יֵשׁ גְּבוּל וּמִדָּה לְרַחֲמֵי הָאָדָם, אֲבָל הַקָּדוֹשׁ בָּרוּךְ הוּא נִקְרָא 'אֵין סוֹף בָּרוּךְ הוּא' וּלְמִדּוֹתָיו אֵין סוֹף, כְּדִכְתִיב: "כִּי לֹא כָלוּ רַחֲמָיו וכו'"** (איכה ג,כב). גם אדם שהוא בטבעו רחמן וגומל חסדים, יש לרחמיו גבול שמעבר לו הוא איננו מרחם עוד. לעומת זאת, לרחמים של הקב"ה אין גבול בשום צד ובחינה.

וְזֶה שֶׁאָמַר הַנָּבִיא אַחַר הַחוּרְבָּן וְהַגָּלוּת (במצב שהעולם בכלל, והנשמות בפרט, אינם בשלמות): **"חַסְדֵי ה' כִּי לֹא תָמְנוּ וגו'"**. כאן חוזר אדמו"ר הזקן לתחילתה של האיגרת – מה פירוש "חסדי ה' כי לא תמנו"?

פֵּירוּשׁ: לְפִי שֶׁ"לֹּא תָמְנוּ" – שֶׁאֵין אָנוּ תְּמִימִים וּשְׁלֵמִים בְּלִי שׁוּם חֵטְא וּפְגָם. למילה 'תם' יש שתי משמעויות, שהן כמעט הפוכות. משמעות אחת היא שמשהו נגמר, כלה, והמשמעות השנייה היא שלמות. וכאן מבין אדמו"ר הזקן את המילה במשמעות השנייה, ולפי זה הפירוש הוא: "חסדי ה' כי לא תמנו", אנו מבקשים את חסדי ה' בגלל שאנחנו "לא תמנו", שאיננו שלמים.

בַּנֶּפֶשׁ וּבְעוֹלָמוֹת עֶלְיוֹנִים. כל פגם שאדם יוצר בחטאיו הוא פגם כפול: פגם בנפשו שלו ופגם בעולמות העליונים. הפגם הוא בכל העולמות, אלא שבעולמות התחתונים אין הוא ניכר כעת, אלא רק בשורש הרוחני שבעולמות העליונים.

עַל כֵּן, משום שאיננו שלמים, **צְרִיכִין אָנוּ לְהִתְנַהֵג בְּ'חַסְדֵי ה'', שֶׁהֵם** חסדים **בְּלִי גְּבוּל וְתַכְלִית.** מפני ש'לא תמנו', שיש בהווייתנו חסרים ופגמים שצריך למלא ולהשלים אותם ב'חסדי ה'' דווקא, הלא מוגבלים – לכן אנו חייבים לנהוג במצוות הצדקה בדרך של 'חסדי ה'', לתת בלי הגבלה.

כְּדֵי לְעוֹרֵר עָלֵינוּ רַחֲמִים וְ'חֶסֶד עִילָּאָה' (חסד עליון) **שֶׁהוּא 'רַב חֶסֶד' וְרַחֲמִים בְּלִי גְּבוּל וְתַכְלִית. כְּמוֹ שֶׁכָּתוּב: "כִּי לֹא כָלוּ רַחֲמָיו וגו'"**. רחמיו וחסדיו העליונים, כביכול העצמיים, של הקב"ה, הם בלי גבול. ורק בכוחם אנו יכולים להשלים את החיסרון והפגם שנעשה

וזהו שאמרו רבותינו זכרונם לברכה אין ישראל נגאלין אלא בצדקה שיעשו גם אם יהיו פטורים מדינא כי אין בן דוד בא כו':

בנפשנו ובעולם. וכאמור הדרך היחידה לעורר חסדים אלה היא על ידי חסד בלי גבול מצידנו; על כל פנים חסד שמעבר למידות שלנו, מידות הנפש ומידות הממון שיש לנו.

וְזֶהוּ שֶׁאָמְרוּ רַבּוֹתֵינוּ זִכְרוֹנָם לִבְרָכָה: אֵין יִשְׂרָאֵל נִגְאָלִין אֶלָּא בִּצְדָקָה, שֶׁיַּעֲשׂוּ גַּם אִם יִהְיוּ פְּטוּרִים מִדִּינָא (מן הדין).[30] בשביל הגאולה, כדי לצאת מהמצב ש'לא תמנו', יש לתת צדקה גם באופן ובכמות שמן הדין פטורים מלתת.

כִּי כפי שאמרו חז"ל: **אֵין בֶּן דָּוִד בָּא כו'** עד שתכלה פרוטה מן הכיס (סנהדרין צז,א).[31] כאן מובן מאמר חז"ל זה שבן דוד (המשיח) בא לא משום הדלות ואוזלת היד של המקבל (רש"י שם), אלא כאשר הנותן ייתן בלי גבול, "עד שתכלה פרוטה מן הכיס" שלו, שמן הדין אין חייבים לתת עד כדי כך.

איגרת זו, כאיגרות נוספות בספר זה, עסקה בצידה הרוחני הנפשי של מצוות הצדקה, בפעולתה בנפש האדם שנותן את הצדקה ובעולמות העליונים. אך באופן מיוחד התמקדה איגרת זו בנגיעת האין סוף שבמצווה זו – היכולת שיש בה לעורר לא רק את כוח החיות האלוקי השופע בעולמות, אלא את כוח האלוקי האין סופי שמעבר לעולמות, את החסד העצמי, האין סופי. ומבואר שאנו צריכים לחסד זה דווקא משום שאיננו שלמים, שעולמנו הוא חסר כל כך שכבר אין בכוחנו לתקן ולהשלים זאת בעצמנו, ואנו זקוקים לחסד העליון, חסדו של הקב"ה בעצמו, שיושפע מחדש לעולמנו וישלים אותנו.

כוחה זה של מצוות הצדקה מתגלה רק כאשר היא נעשית על ידי האדם באופן שעובר על מידותיו, מידות והגבלות נפשו וגופו וממונו – ועושה ונותן את היקר והחשוב לו באמת. לא רק מה שהוא יכול לתת, ושהוא צריך לתת על פי ההלכה, אלא יותר מזה. ה'יותר מזה' – זה מה שמעורר מלמעלה את "חסדי ה'", את החסד האלוקי העצמי והאין סופי, זה שיכול להשלים ולרפא אותנו גם אם "לא תמנו".

ומסיים את האיגרת, שכמו ההשלמה הפרטית – כך הגאולה הכללית של ישראל מבין האומות, ושל השכינה מגלותה, תלויה בקיומה של מצוות הצדקה באופן זה.

אין בן דוד בא נכתב במשלי: "איש חכם נשפט את איש אויל, ורגז ושחק ואין נחת" (כט,ט). ומבואר במדרש[32] שזה משל לקב"ה וישראל: כאשר הוא מכה אותם הם אינם מבינים ואינם מגיבים, וכאשר הוא מחייך אליהם גם אז הם אינם מגיבים. ומעתה (בייחוד בדור שלנו, לאחר שעברנו צורר קשה יותר מהמן, וגם ישועות גדולות), לאחר שכל הדרכים אינן מביאות לשינוי, לא ברוב טובה וגם לא ברוב רעה – נראה שאין הגאולה יכולה לבוא אלא באופן של יציאה מחוץ לתחומים. אין דרך להשלים את מה שנותר אלא על ידי חסדי ה', שהם רוב חסד בלי גבול.

איגרת יא

איגרת זו[1] היא אחת האיגרות הקשות בספר, ולא מפני הקושי בהבנת הדברים, אלא בשל הקושי של המסר, לקבל את הדברים ולחיות בהם. שכן, הדרישה שיש באיגרת זו היא להתמסרות מוחלטת לאלוקות, ולוויתור לכאורה על כל רצון אחר בענייני העולם, ובכלל זה אף הדברים הנוגעים והבסיסיים ביותר בחיי האדם – חייו וחיי משפחתו.

אדמו"ר הזקן לא כתב את הדברים כדרך שאדם כותב ומקבל דברים על עצמו, אלא במכתב לחסיד או לחסידים. מתוך הדברים נראה שהוא אכן מאמין שחסידיו שייכים למסרים אלה ואף יכולים לקיימם.

בהסבר דרישתו, למה הוא מתכוון וכיצד נוגעים הדברים לכל אחד, הוא נוגע בסוגיות היסוד של החיים: פשר הרע והייסורים, האמונה בהשגחה האלוקית על כל אדם ובכל עת ובכלל זה האמונה שהכול לטובה ואין רע יורד מלמעלה. בבירור הדברים מורה אדמו"ר הזקן כיוון לחסידים, כיצד לחזק ולהפנים את האמונה באופן שתשנה את ההתייחסות הנפשית למציאות, ואף תשנה את מציאות החיים עצמה.

איגרת יא

ו אלול פשוטה
ד אלול מעוברת

להשכילך בינה כי לא זו הדרך ישכון אור ה' להיות חפץ בחיי בשרים ובני ומזוני כי על זה אמרו רבותינו זכרונם לברכה בטל רצונך כו' דהיינו שיהיה רצונו בטל במציאות ולא יהיה לו שום רצון כלל בעניני עולם הזה כולם הנכללים בבני חיי ומזוני וכמאמר רבותינו זכרונם לברכה שעל כרחך אתה חי:

לְהַשְׂכִּילְךָ בִּינָה,[2] **כִּי לֹא זוֹ הַדֶּרֶךְ יִשְׁכּוֹן אוֹר ה', לִהְיוֹת חָפֵץ בְּחַיֵּי בְּשָׂרִים וּבְנֵי וּמְזוֹנֵי.**[3] הפתיחה היא באמירה חד משמעית: אור ה' אינו שוכן ומתגלה באדם שהחפץ שלו, רצונו הפנימי,[4] נתון בענייני העולם, שבכללם הם: 'בני חיי ומזוני'; הילדים, הבריאות והפרנסה. השכנת אור ה' באדם היא הגילוי של ה' בשכלו של האדם, בהרגשתו ובתחושותיו הבסיסיים. אך כאשר הצינורות הללו תפוסים בענייני העולם, שתמיד הם דחופים וממשיים יותר, אין אור ה' יכול להתגלות בהם. אור ה' הוא מופשט, והוא לכאורה לא כאן ולא דחוף. לכן כדי לחוש בו ולהתקשר אליו צריך האדם מרחב נקי – של זמן ושל נפש. מי שנפשו וחפצו קשורים כל הזמן בענייני העולם הממשיים – לעולם לא יגיע אפילו לחשוב על אור ה' ברצינות, וודאי שלא לחוש בו. זאת ועוד, בעניין אור ה' אין מקום

בני חיי ומזוני 'בני' הם הילדים של אדם, 'חיי' הם החיים והבריאות שלו, 'מזוני' הם כל ענייני הפרנסה. סביב שלושת אלה מתנהלים החיים הבסיסיים של כל אדם; בהם שמחים ובחסרונם סובלים, עליהם חולמים ועליהם נאבקים, כל אחד באופן ובהעדפה שלו.

לא זו הדרך וכו' לכאורה, כיוון שאומר שאין זו הדרך להיות חפץ בחיי בשרים, היה מקום לומר שיש דרך כזו ושהוא בא לשלול אותה. ואיך אפשר לומר כך? ומבאר כ"ק אדמו"ר זי"ע, על פי המבואר בשם הרב המגיד (מובא בליקוטי תורה דברים ט,ד) על דברי חז"ל "שלא יאמר אדם 'אי אפשי (אין רצוני) לאכול בשר חזיר'... אלא (יאמר) 'אפשי, אבל מה אעשה ואבי שבשמים גזר עלי'"[5] – שאכן יש דרך עבודה כזו. ובאיגרת זו בא לומר שלא זו הדרך ישכון אור ה'.

לא זו הדרך להיות חפץ בחיי בשרים אין זו הטפה לסגפנות, אבל זו דרישה מכל אדם לבחון היכן הוא נמצא, היכן באמת נמצא מרכז חייו. אדם יכול לאכול פת במלח ולישון על הארץ, ועדיין להיות שקוע בחיי בשרים, ויכול לאכול בשר ודגים ולשתות יין משובח, ולא להיות זולל וסובא. השאלה אינה מה הוא עושה ומה אין הוא עושה, אלא היכן נמצאת הרגשת מוקד החיים והחוויות שלו.

על כרחך אתה חי לכל אדם יש התחייבויות

לפשרות ולשיתוף, שיהיה גם 'אור ה'' וגם 'בני חיי ומזוני'. אור ה' הוא הרי גילוי אור אין סוף שאי אפשר שיתגלה עם עוד דבר בעולם – שאם כן אזי לא יהיה גילוי 'אין סוף'. שאלת היסוד של אור ה' היא: מה התכלית? מה הנקודה הפנימית שאדם רוצה בחייו? כל עוד מה שרוצה האדם, ואפילו בצורה המעודנת ביותר, הוא בתוך התחום של "חיי בשרים", הרי אין זה חשוב עוד מהי האידיאולוגיה ומהי התיאולוגיה שלו. לא משנה מה הוא מדבר ומה הוא חושב. אלו רק משחקים אינטלקטואליים ואמוציונליים, שבאמת הם חסרי משמעות לגביו. ולכן השאלה הראשונה היא, היכן נמצא מרכז החיים שלו? מה באמת נוגע לו? היכן היא "נקודת הלב"[6] שלו.

כִּי עַל זֶה אָמְרוּ רַבּוֹתֵינוּ זִכְרוֹנָם לִבְרָכָה: בַּטֵּל רְצוֹנְךָ מפני רצונו **כו'** (אבות פרק ב משנה ד), **דְּהַיְינוּ**, אדמו"ר הזקן מדגיש את חלקו הראשון של מאמר חז"ל זה, "בטל רצונך", שהוא כמאמר בפני עצמו, **שֶׁיִּהְיֶה רְצוֹנוֹ בָּטֵל בִּמְצִיאוּת, וְלֹא יִהְיֶה לוֹ שׁוּם רָצוֹן כְּלָל בְּעִנְיְנֵי עוֹלָם הַזֶּה כּוּלָּם, הַנִּכְלָלִים בִּ'בְנֵי חַיֵּי וּמְזוֹנֵי'.** הכוונה ב"בטל רצונך" היא ביטול עצם רצונך, ולא רק רצון מסוים שבו רצון ה' הוא אחר. "בטל רצונך" מתפרש כאן כמו בהקשר כללי של 'ביטול במציאות', לאמור לא שיש לאדם רצון והוא מבטל אותו בנקודות מסוימות, אלא שאין רצונו קיים במציאות כלל.

וּכְמַאֲמַר רַבּוֹתֵינוּ זִכְרוֹנָם לִבְרָכָה: שֶׁעַל כָּרְחֲךָ אַתָּה חַי (אבות פרק ד משנה כב). כאשר לאדם אין רצון לחיי עולם הזה כשלעצמם, הרי שכל התעסקותו ב'בני חיי ומזוני' היא רק באופן של "על כרחך אתה חי". הוא חי, מגדל ילדים ודואג לבריאותו וכו' לא משום שזה מה שהוא רוצה וחושק בו, אלא כמלאכה שמוטלת עליו, מפני שזה רצון ה'. אין זה אומר שצריך לשנוא את המלאכה הזו, אבל גם אין זה אומר שאדם צריך להיות שקוע בתוך הדברים ולהוט אחריהם. אין לו אלא לעשות את המלאכה ולהשתדל לעשותה כראוי.

הנובעות מהעובדה שיש לו גוף ושהוא כפוף להשפעות הפיזיולוגיות של הגוף; הוא צריך לאכול ולשתות, לישון ולהתלבש, ואין אדם יכול לחיות בלי להתחשב בדברים אלו. ויש הרבה אנשים שעוסקים בדברים אלה, בחלקם על כל פנים, רק משום שהם חייבים, בין שהם רוצים ובין שאינם רוצים בכך. אנשים רבים הולכים יום יום לעבודה בהרגשה כזו של 'על כרחך'; אינם שונאים זאת יותר מדי, מסתדרים איכשהו, אבל אין עושים זאת בתשוקת נפש אלא משום שצריך, כחלק ממסגרת החיים.

כאמור, אין זה אומר שאדם אינו צריך לעשות דברים בחייו, וכי אסור לו ליהנות בעולמו. ואולם השאלה היא, מהי הנקודה החשובה בשבילו? את זה צריך לברר ולהגדיר מתחילה בבהירות רבה. שכן כל המשך הדברים, באיגרת זו בפרט ובנושאים אלו בכלל, עומד על נקודת מוצא מסוימת; וכאשר נקודת המוצא היא שונה, כל ההסברים אינם יכולים להועיל עוד. היכולת לשאת רע, היכולת להצדיק את הדין, עומדת על כך שיש הגדרה, שיש מבנה של מה חשוב ומה אינו חשוב. הדבר נכון בכל הדרגות, לא רק בעולמות העליונים. כדי שאפשר יהיה להתייחס, גם בדרגות הפשוטות ביותר, למציאות של שכר ועונש – צריך להיות בסיס של הכרה בכך שהחטא הוא חטא. מי שאינו מרגיש שהחטא הוא חטא, כל עונש יהיה יותר מדי עבורו.

וביאור העניין הוא רק אמונה אמיתית ביוצר בראשית דהיינו שהבריאה יש מאין הנקראת ראשית חכמה והיא חכמתו שאינה מושגת לשום נברא הבריאה הזאת היא בכל עת ורגע שמתהוים כל הברואים יש מאין מחכמתו יתברך המחיה את הכל וכשיתבונן האדם בעומק הבנתו ויצייר בדעתו הווייתו מאין בכל רגע ורגע ממש

דברי פתיחה אלה של האיגרת באו כהקדמה לדברים גבוהים יותר שייאמרו בהמשך. ישנה מטרה רוחנית, נעלה, להגיע לדבקות ולהשכנת אור ה' בנפש, והדרך ה'מעשית' לזה, בביטול הרצון האישי, נראית כבלתי מושגת. המשך האיגרת יקשור את הדברים: כיצד ניתן להגיע לכך בעבודת הנפש בכלים שיש בידינו, של התבוננות ואמונה.

וּבֵיאוּר הָעִנְיָן. מהו הרקע, מהי ההבנה המאפשרת התייחסות כזו אל החיים, של "על כרחך אתה חי", של הוצאת הרצון האישי בכל ענייני העולם הזה.

הוּא רַק אֱמוּנָה אֲמִיתִּית. אמונה 'אמיתית' היא אמונה שמגיעה למיצוי. הן מצד המאמין, שהאמונה חודרת אל תוך כל חיי נפשו, והן מצד נושא האמונה, הממצה את משמעות הדברים.

אמונה אמיתית היא האמונה **בְּיוֹצֵר בְּרֵאשִׁית.** ההדגשה היא על 'בראשית'. **דְּהַיְינוּ,** שהוא מאמין **שֶׁהַבְּרִיאָה** היא **יֵשׁ מֵאַיִן, הַנִּקְרֵאת 'רֵאשִׁית חָכְמָה'.** ה'אין' שלפני היות ה'יש' נקרא 'ראשית', שהיא דרגת החכמה. ה'אין' כאן הוא מושג השייך עדיין לתחום ההכרה. כלומר אין זה האפס, מה שאינו קיים כלל, אלא מה שאינו בהכרה, שאינו ניתן להשגה. נקודת האין הזו היא נקודת ראשית ההכרה, ההברקה הראשונה של החכמה, אשר ממנה נבנה ומתפתח אחר כך העולם של שכל ומידות. וכאשר תהליך זה נעשה לא בתוך הנפש, אלא בבריאת העולמות, הריהו העברה מן האין אל המציאות של העולמות

הבריאה בכל עת ורגע הדברים באים להוציא מתפיסות אחרות של בריאת העולם. לא רק שלא כדעתם של אלה המדמים את הבריאה לבניית בית, שלאחר שנבנה אינו נזקק עוד לבנאי, אלא גם כדעת המדמים את הבריאה ליצירה של שעון, שלאחר שהשען סיים את מלאכתו השעון הולך לבדו, אלא שצריך בכל פעם לכוון אותו ולפעמים גם לתקן. יש הרואים כך את בריאת העולם: מפעם לפעם הקב"ה מציץ, בודק מה קורה, קצת מושך, קצת מזיז, אבל בסיכומו של דבר העולם מתנהל לו מעצמו. לעומת זאת, התפיסה כאן אומרת שבריאת העולם היא תהליך מתמיד; אין כאן רק התערבות מפעם לפעם, אלא יצירה מחדש, מן ה'אין', של עצם התהליך בכל עת ורגע.

הבריאה יש מאין נאמר כאן שהבריאה היא "יש מאין מחכמתו יתברך". בנפש האדם יש הבדל בין החכמה לשאר כוחות הנפש. כוחות הנפש האחרים מקבלים 'יש' מסוים ומשנים אותו: משכל למידות וממידות למחשבה דיבור ומעשה. עצם הוויית הדבר אינה מתחדשת אלא רק צורתו, דרך התבטאותו כלפי האחר. החכמה, לעומת זאת, מקבלת מן ה'אין' ומעבירה אותו ל'יש'. החכמה היא התחדשות

הנבראים. וכמו המופיע בתרגום ירושלמי על המילים "בראשית ברא" – "בחוכמא ברא"; שמציאות העולם מתחילה בחכמה האלוקית, ועל ידי החכמה.

וְהִיא חָכְמָתוֹ שֶׁאֵינָהּ מוּשֶּׂגֶת לְשׁוּם נִבְרָא. שהרי כאמור, דרגה זו היא 'אין' לגבי הבריאה, כיוון שאינה מושגת לשום נברא. זו היא חכמתו של הקב"ה, בורא העולם, שמעבר לתחומים שלנו ושל כל העולם הנברא.

האמונה האמיתית ביוצר בראשית אינה רק שכך נברא העולם מראשיתו, אלא ש**הַבְּרִיאָה הַזֹּאת הִיא בְּכָל עֵת וָרֶגַע.** וזו היא משמעות הלשון 'יוצר בראשית' בזמן הווה, לומר שֶׁגם עכשיו, בכל רגע, **מִתְהַוִּים כָּל הַבְּרוּאִים יֵשׁ מֵאַיִן מֵחָכְמָתוֹ יִתְבָּרֵךְ הַמְחַיָּה אֶת הַכֹּל.** התפיסה שהבריאה איננה חד פעמית היא אחד מעקרונות החסידות. הקב"ה אמנם התחיל את הבריאה בנקודת זמן מסוימת, אבל מאז הוא ממשיך ופועל אותה ללא הפסקה. הקב"ה "מחדש בכל יום תמיד מעשה בראשית", בכל רגע ורגע מתחדשת כל הוויית העולם וזורמת מה'אין' 'ליש', מהחכמה האלוקית הבלתי מושגת אל ההוויות הידועות והמוכרות לנו.

וּכְשֶׁיִּתְבּוֹנֵן הָאָדָם בזאת **בְּעוֹמֶק הֲבָנָתוֹ, וִיצַיֵּיר בְּדַעְתּוֹ הֲוָיָיתוֹ מֵאַיִן בְּכָל רֶגַע וָרֶגַע מַמָּשׁ.** כדי להגיע לאמונה האמיתית צריך להתבונן, והוא אומר כאן כיצד יש להתבונן: "בעומק הבנתו, ויצייר בדעתו וכו'". "בעומק הבנתו" – שיש להתבונן באופן אינטלקטואלי, עד כמה שהוא יכול. ואחר כך צריך הוא גם ש"יצייר בדעתו", כלומר לתת להבנה השכלית צורה שאפשר להתייחס אליה, שתהיה לה גם משמעות רגשית. "ממש" – להתבונן בכך שאין הדברים הללו רק דברי משל ומליצה; שעניין זה, שהווייתנו היא מ'אין' בכל רגע – הוא ממש כך!

לאחר ההתבוננות בכך, איך העולם כולו, והוא עצמו בכלל, מקבל בכל רגע את חיותו וכל קיומו מהקב"ה; לא דרך מנגנון כזה או אחר, אלא שהקב"ה בעצמו מחליט עכשיו, על הרגע הזה, של ההוויה הפרטית –

אמיתית, מן ה'אין' שלא היה במציאות קודם לכן, אל 'יש' המתהווה מחדש בכל עת.

כפי שנתבאר בשער היחוד והאמונה (פרקים א–ב), המשמעות של דימוי בריאת העולם על ידי דיבור ("ויאמר אלהים...", "הוא אמר ויהי") לעומת דימוי של מעשה, היא שבדיבור לא די באמירה חד פעמית, אלא יש להמשיך ולומר אותו. ברגע שמפסיקים לדבר יש שקט, אין כלום. כך הקב"ה בורא באומר את העולם וחוזר ואומר, והעולם נברא מחדש.

יתבונן האדם בעומק הבנתו... ממש ישנו סיפור מראשית החסידות על אברך שברח מבית חותנו (שהיה מן המתנגדים), ושהה זמן מה אצל הרבי. כשחזר כעס עליו חותנו: "לשם מה הלכת? מה למדת?" אמר לו החסיד: "למדתי שיש אלוקים בורא עולם". צחק החותן, קרא לאישה המשרתת ושאל אותה: "אמרי, מי ברא את העולם?" והיא ענתה: "הקב"ה, כמובן". אמר לו החותן בכעס: "בשביל זה נסעת? בשביל ללמוד מה שכל משרתת יודעת?" אז אמר לו החתן: "היא אומרת, ואני יודע!" לזה מתכוון אדמו"ר הזקן כאן כשהוא אומר "ממש".

האיך יעלה על דעתו כי רע לו או שום יסורים מבני חיי ומזוני או שארי יסורין בעולם הרי האין שהיא חכמתו יתברך הוא מקור החיים והטוב והעונג והוא העדן שלמעלה מעולם הבא רק מפני שאינו מושג לכן נדמה לו רע או יסורים אבל באמת אין רע יורד מלמעלה והכל טוב רק שאינו מושג לגודלו ורב טובו

הָאֵיךְ יַעֲלֶה עַל דַּעְתּוֹ כִּי רַע לוֹ, אוֹ שׁוּם יִסּוּרִים מִ'בְּנֵי חַיֵּי וּמְזוֹנֵי', אוֹ שְׁאָרֵי יִסּוּרִין בָּעוֹלָם. הרי אם הקב"ה בעצמו הוא הפועל ישירות את המציאות הזו, היא לא יכולה להיות באמת מציאות של רע. אין בזה הכחשה של מציאות הייסורים, אבל כפי שהוא אומר כאן, יחד עם הרגישות לייסורים יכולות להתפתח בנפש גם הכרות ורגישויות נוספות, גבוהות יותר, שיכולות לגרום לאדם שלא יעלה על דעתו כלל שרע לו ושהוא סובל ייסורים בעולם.

הֲרֵי הָ'אַיִן' שֶׁהִיא חָכְמָתוֹ יִתְבָּרֵךְ, המהווה כאמור את כל המציאות בכל רגע, **הוּא מְקוֹר הַחַיִּים וְהַטּוֹב וְהָעוֹנֶג.** החכמה האלוקית אינה רק מושג אינטלקטואלי, וגם אינה רק ראשית ההוויה, היא משקפת במובן מסוים את פנימיות המהות האלוקית; היכן שמקור ההוויה ומקור החיים הוא גם מקור הטוב ומקור העונג.

וְהוּא בחינת **הָ'עֵדֶן' שֶׁלְּמַעְלָה מֵעוֹלָם הַבָּא.** 'עולם הבא' הוא העולם הבא לנפש אחר חיי העולם הזה, והוא הנקרא 'גן עדן', המקום שבו מתענגת הנפש. גן עדן הוא המקום שבו ההארה האלוקית היא גלויה, ושבו הנשמה משיגה וחווה אותה ומתענגת בה. מקורו של גן עדן הוא העדן, ככתוב: "ונהר יֹצֵא מעדן להשקות את הגן" (בראשית ב,י). במובן זה, העדן הוא המקור והמעיין שממנו נובע הנהר. ועל פי הסוד: העדן הוא נקודת החכמה, הנהר הוא הבינה, והגן הוא בחינת המלכות.[7] גן עדן הוא לפיכך המקום שבו מושגים

המודעות לייסורים אדמו"ר הזקן אינו אומר זאת מפני שאינו יודע מה הם ייסורים. מבלי להיכנס לפרטים של היסטוריה אישית, אנשי המעלה הם בדרך כלל גם אנשים בעלי רגישות יתרה, גם לייסורים. שהרי ייסורים הם תולדה של מבנה נפש ומבנה של חיים מורכבים; של מודעות ושל התייחסות בין כוחות נפש שונים. כדי להרגיש אפילו כאב פשוט דרושה דרגה מסוימת של מודעות ושל רגישות (אפילו בתחום הביולוגי, ככל שיצורים הם פשוטים יותר כך הם חסרים יותר חוש לכאב). הרגישות הזו הולכת ומתחדדת ככל שמתעלה הוויית האדם, ולא להפך. אם כן, כאשר אדמו"ר הזקן מדבר על ייסורים בעולם הוא יודע ומרגיש את הדברים, ואף ביתר שאת מאחרים. אלא שהוא מוסיף ואומר שיש עוד רגישויות, עוד רמה של מציאות שאפשר לחיות בה; ושלא רק איש המעלה יכול להיפתח אליה.

החיים והטוב והעונג שלושה אלה, החיים והטוב והעונג, מקבילים למושגים מתחום אחר, של המועיל והרצוי והערב, והם נמצאים יחד רק בנקודת ה'אין' של המציאות, היא נקודת החכמה. כלומר, היכן שהנכון מבחינה קיומית הוא הנכון גם מבחינה מוסרית וגם מבחינה חווייתית.

מלמעלה הכל טוב רק שאינו מושג הדברים אינם דברי צידוק, לומר שכל רע הוא טוב וכל כאב הוא תענוג. אם אדם חושב שמה שקורה

הטעמים האלוקיים, מה שאין כן העדן עצמו, שעם היותו המקור לכל ההשגה והתענוג של גן עדן, אינו מושג ומובן כשלעצמו.

רַק מִפְּנֵי שֶׁאֵינוֹ מוּשָּׂג, העדן שלמעלה מהגן אינו מושג.[8] בנקודה זו, של החכמה המהווה את כל המציאות בכל רגע, אין לנו השגה והרגשה. **לָכֵן נִדְמֶה לוֹ רַע אוֹ יִסּוּרִים.** כיוון שאין אנו רואים את מקורם של הדברים והאירועים, נדמים לנו דברים מסוימים כרע וכייסורים. כאשר בתוך תפיסתנו את המציאות יש 'חורים', חלקים שאין אנו מבינים – אנו מתייחסים אליהם כאל רע וייסורים.

אֲבָל בֶּאֱמֶת אֵין רַע יוֹרֵד מִלְמַעְלָה.[9] באלוקי שלמעלה מן העולם, ב'אין' שאיננו מושג, אין רע. יש רק טוב. לכן גם כאשר יורדת ההשפעה ומתגלה בעולם היא איננה רעה בעצם, אלא רק נדמית כך מפני שאין אנו משיגים. הרע מתקיים בהעדר לכאורה, בשלילה, של המציאות האלוקית. אבל אם מאמינים שהאלוקי הוא המהווה ומחיה את כל המציאות ואין עוד מלבדו – לא ייתכן שירד רע מלמעלה.

וְהַכֹּל טוֹב, רַק שֶׁאֵינוֹ מוּשָּׂג לְגָדְלוֹ וְרֹב טוּבוֹ. ההבדל בין מאורעות 'טובים' ו'רעים' לתפיסתנו הוא באיזו מידה אנו מרגישים את הטוב. זו אינה הגדרה אובייקטיבית, אלא הגדרה התלויה בתחושתנו הסובייקטיבית. מה שנראה לנו כחושך, כייסורים, ככאב, איננו רע במהותו, אלא שתפיסתנו אינה מסוגלת לקלוט את הטובה שבדבר. ככל שאנו משיגים פחות במקור הדברים, ככל שהדברים שאנו חווים מנוכרים לנו, אנו מרגישים יותר ייסורים. בשלב ראשון ההתייחסות היא טריוויאלית, בשלב הבא היא שעמום, ובשלב נוסף הדברים הם לא נעימים, מכאיבים ומייסרים.

מלמעלה יש רק טוב, אלא שלפעמים הוא בתוך הגבולות שלנו ולפעמים הוא מעבר להם. כל הווייתנו האנושית, הגופנית וגם הרוחנית, מצויה בתוך מנעד קטן למדי. תחום

לו הוא ייסורים, אם הוא מרגיש בכאב, הרי באמת כואב לו, לא רק בדמיון. רע אכן אינו יורד מלמעלה, אבל כאב בהחלט יכול להיות. ולכן גם כשאנו משיגים, כביכול, את ההנהגה האלוקית, עדיין יש הרבה דברים שכואבים ושאינם נעימים, אבל הם אינם רעים. השינוי הוא ביחס, כיצד מתייחסים אל הדברים. השאלה אינה אם כואב לאדם, אלא אם רע לו. הייסורים קיימים במציאות, משום שהם אינם תלויים רק בחוסר ההבנה שלנו. לעומת זאת, ההתייחסות לייסורים ולרע ניתנת במידה מסוימת ללימוד ולחינוך.

בחייו של כל אדם יש תהליכים של לימוד שדברים מסוימים, שהם בלתי נעימים, אינם בהכרח רעים. כל אחד לומד שזריקה כואבת היא דבר טוב ומציל חיים. כל אדם עובר בחייו תהליכים, אפילו פיזיולוגיים, של חינוך לטעמים שונים; יש טעמים שבאופן מיידי אינם ערבים, אבל בחינוך של חוש הטעם מגיעים לכך שהם ערבים עוד יותר מהטעמים הפשוטים. הדבר נכון גם בתחומים אחרים – במוזיקה, בשירה, בקריאה, יש תמיד שלב של לימוד, שדורש זמן וכרוך במידה מסוימת של ייסורים; וככל שהנושא מופשט ודק יותר הדבר לוקח זמן רב יותר. וכמובן, יש שלבים שאנשים לעולם אינם עוברים אותם, ולעולם אינם יכולים להרגיש את הערבות שבהם. יש מעט אנשים שיכולים להתרגש מנוסחה מתמטית, בעוד רוב האנשים, גם אלה שמבינים מתמטיקה, לא יעברו לעולם את השלב הזה.

וזהו עיקר האמונה שבשבילה נברא האדם להאמין דלית אתר פנוי מיניה ובאור פני מלך חיים ועל כן עוז וחדוה במקומו הואיל והוא רק טוב כל היום

ז אלול פשוטה

• ועל כן ראשית הכל שישמח האדם ויגל בכל עת ושעה ויחיה ממש באמונתו בה׳ המחיה ומטיב עמו בכל רגע ומי שמתעצב ומתאונן מראה בעצמו שיש לו מעט רע ויסורין וחסר לו איזה טובה והרי זה ככופר חס ושלום ועל כן הרחיקו מדת העצבות במאד חכמי האמת. אבל המאמין לא יחוש משום

הטמפרטורה שבו אנו חשים בטוב הוא מצומצם מאוד; כמה מעלות למעלה או כמה מעלות למטה וכבר אנו מרגישים שלא בנוח, קר לנו מדי או חם לנו מדי. וכך בכל תחומי החיים. כל דבר שאנו מקבלים, גם כשאנו מבקשים אותו, הוא טוב בטווח מוגבל מאוד, ומעבר לזה הוא חסר משמעות או בלתי נעים ומכאיב.

וְזֶהוּ עִיקַּר הָאֱמוּנָה שֶׁבִּשְׁבִילָהּ נִבְרָא הָאָדָם, לְהַאֲמִין דְּלֵית אֲתַר פָּנוּי מִינֵּיהּ (שאין מקום פנוי ממנו). האדם חי בתוך עולם שיש בו חושך וכאב, משום שיש בו הסתר והעלם של המהות האלוקית, וכאשר למרות זאת הוא מאמין שהקב״ה נמצא, שאין מקום פנוי ממנו, הוא מקיים בכך את התכלית שבשבילה נברא הוא ונברא העולם. האמונה ש״לית אתר פנוי מיניה״ איננה רק מופשטת, יש לה גם השלכות אמוציונליות ומעשיות. האמונה אינה יכולה לגרום לכאב שלא יהיה כאב, לרע שלא יהיה רע, אבל היא יכולה להשפיע על ההתייחסות האנושית כלפי הדברים, וממילא היא יכולה לגרום לכך שהייסורים לא יהיו ייסורים.

ו**״בְּאוֹר פְּנֵי מֶלֶךְ חַיִּים״** (משלי טז,טו). לא רק שאין מקום פנוי ממנו, אלא שמציאותו בתוך החיים שלנו היא מציאות של חיים; שהחיים שלנו הם ממנו, מאור פניו, מרצונו וחפצו בנו ובטוב לנו. הדיוק הוא שכאשר ההארה היא הארת פנים – ״פני מלך״ – אז השפעת החיים והטוב היא גלויה וניכרת.

וְעַל כֵּן, ״עוֹז וְחֶדְוָה בִּמְקוֹמוֹ״ (דברי הימים א טז,כז).[10] במקומו של הקב״ה, בכל מקום שמגלים שהוא בו, שם ״עוז וחדוה״. מה שאין כן למטה, במקום ההסתר, שם יכול להיראות לעיני בשר גם רע.

חלק מזה תלוי בחוסר היכולת שלנו לראות את התמונה הגדולה, לדעת את מכלול הסיבות והתוצאות. חוסר יכולת זה גורם לנו לראות דברים למקוטעים, לראות תמונה חלקית בלבד. לפעמים, ברבות הימים, מגיעה התמונה הזו לידי השלמה מסוימת, ואז יכול אדם לחשוב ולהרגיש מחדש את מאורעות העבר. ואולם ביסודו של דבר, בהיקף הגדול, ולגבי כל אדם באשר הוא אדם, הייסורים אינם תלויים בחוסר יכולתו הפרטית לקלוט את הדברים, אלא בעצם היותו אדם נברא. וגם אם טורח הקב״ה לפעמים לתת את מתנותיו בצמצום ובהגבלה כזו שאנו יכולים להבין ולהסתגל אליהן, הרי באופן בסיסי הדברים אינם מושגים, וחיי העולם הזה מהווים משום כך תשתית מתמדת לכאב ולייסורים.

העצבות נובעת מחוסר אמונה מידת

הוֹאִיל וְהוּא רַק טוֹב כָּל הַיּוֹם.[11] כשם שנוכחותו של הקב"ה בחיות שהוא נותן היא בכל מקום ובכל זמן, כך גם השמחה שאנו שמחים בה צריכה להיות בכל מקום ובכל זמן.

וְעַל כֵּן, רֵאשִׁית הַכֹּל שֶׁיִּשְׂמַח הָאָדָם וְיָגֵל בְּכָל עֵת וְשָׁעָה, וְיִחְיֶה מַמָּשׁ בֶּאֱמוּנָתוֹ בַּה', הַמְחַיֶּה וּמֵטִיב עִמּוֹ בְּכָל רֶגַע. תמצית הדברים היא ש"צדיק באמונתו יחיה" (חבקוק ב,ד). כלומר שחייו של האדם המאמין, ההולך בדרך הצדיקים – נובעים וקשורים באמונתו בה'. לא רק במשמעות הפשוטה, שהוא חי על פי התכנים של האמונה, אלא במשמעות זו שחיוניותו, רצונותיו ותשוקותיו נתונים בתוך האמונה. שהאמונה היא המוקד של חייו, שבה מצויות הרגשותיו הפנימיות ביותר, החיוניות ביותר. 'יחיה' לא רק במובן שאינו מת, אלא במשמעות של עונג החיים ואושר החיים; שהאמונה בה' שמחיה ומטיב עימו בכל רגע, היא היא חייו – העונג, ההתרגשות, השאיפה והסיפוק שיש לו.

וּמִי שֶׁמִּתְעַצֵּב וּמִתְאוֹנֵן, מַרְאֶה בְּעַצְמוֹ שֶׁיֵּשׁ לוֹ מְעַט רַע וְיִסּוּרִין וְחָסֵר לוֹ אֵיזֶה טוֹבָה. כאשר אדם עצוב הוא מכריז בכך שלא טוב לו, שחסר לו. **וַהֲרֵי זֶה כְּכוֹפֵר חַס וְשָׁלוֹם.** שכן מי שמכריז שלא טוב לו במצב מסוים, מכריז, בעצם, שהקב"ה אינו נמצא שם; הוא כביכול מרחיק את הקב"ה מאותה נקודת זמן ומקום. שהרי נאמר "עֹז וחדוה בִּמְקֹמוֹ"; נוכחותו של הקב"ה היא בעצמה עוז ושמחה, היא עצם הגדרת הטוב, וכאשר אדם טוען שהמציאות אינה חיובית, הוא מכריז כביכול שהקב"ה אינו נוכח ואינו שייך לאותה נקודה, והרי זה ככופר חס ושלום.

וְעַל כֵּן הִרְחִיקוּ מִדַּת הָעַצְבוּת בִּמְאֹד חַכְמֵי הָאֱמֶת. חכמי הסוד, המקובלים וכל גדולי החסידות שללו מכול וכול את מידת העצבות כמידה רעה שיש להתרחק ממנה בתכלית, עד לקצה האחרון. התוצאה של העצבות היא תמיד חוסר התקדמות, אי יכולת להתמודד ושקיעה בכל המובנים. העצבות היא לעולם מידה רעה, ואין זה משנה מה מקורה ומה עומד מאחוריה.

בכלל זה גם העצבות מחמת עבירה או מצבו הרוחני הלא טוב, שהיא גרועה אף יותר מהעבירה עצמה. העבירה יכולה גם להיות מנוף לעשות תשובה, ואילו העצבות היא לעולם מנוף כלפי מטה, ומצד עצמה אין שום דרך לצאת ממנה. יתר על כן: העצבות

העצבות שמדובר בה כאן היא בדרך כלל הביטוי הרגשי לתפיסה של 'מגיע לי יותר'. כשאדם מרגיש שהוא קיבל מה שמגיע לו, שמכים אותו מפני חטאו, הוא יכול להרגיש את הכאב, אבל הוא אינו עצוב בשל כך. אדם עצוב כאשר הוא מרגיש שעשו לו עוול. אנשים מתמרמרים על הרע האנושי ועל הרע בכלל, לא משום שהוא קיים אלא משום שהם אינם יכולים להתייחס אליו ולקבל אותו. על סמך השאלות הללו אנשים נכנסים לאמונה ויוצאים מאמונה. כמובן, בעיית הרע מורכבת יותר משאלות הפרט: מה מגיע ומה לא מגיע לו. כל אדם בתחומו שלו יכול להצדיק או שלא להצדיק עליו את הדין. אלא שפתרונות אלו הם נקודתיים, למצב ולאדם מסוים. ואילו כאן עושה אדמו"ר הזקן את החשבון הגדול של הטוב והרע, לאמור: התפיסה הכללית שיש רע בעולם נובעת ביסודה מחוסר באמונה.

יסורין בעולם ובכל עניני העולם הן ולאו שוין אצלו בהשוואה אמיתית ומי שאין שוין לו מראה בעצמו שהוא מערב רב דלגרמייהו עבדין ואוהב את

אינה רגש סטטי, שכשם שבא כך הוא עובר, אלא היא מייצרת ומגדלת את עצמה וגורמת לאדם לשקוע בה יותר ויותר.

אֲבָל הַמַּאֲמִין לֹא יָחוּשׁ[12] **מִשּׁוּם יִסּוּרִין בָּעוֹלָם.** משום שהוא מאמין בה' וסומך עליו, ויודע שמה שבא מלמעלה אינו אלא טוב. האמונה אינה משנה את העובדה שדברים כואבים, אבל היא משנה את ההתייחסות אליהם. הדבר דומה לילד קטן הבוכה בחושך מפני שהוא מרגיש לבד ומפחד מפני הבלתי נודע, אבל כשהוא יודע ש'אבא כאן' אין הוא חושש עוד. כך אנו בעולם הזה, נמצאים בחושך ואיננו רואים את האור האלוקי, ולכן מרגישים ייסורים וכאבים. ותמצית תחושת האמונה היא כשאדם שומע כביכול את קול ה': 'אני כאן'. האמונה היא ש"לית אתר פנוי מיניה" – שהוא כאן! ואף שלמראית העין החושך נשאר חושך, והכאב נשאר כאב, אבל באמונה שהקב"ה כאן – זה אינו מפחיד עוד; יש כאן משמעות גדולה יותר, השגחה העוטפת ומכילה את הכול.

ולכן **בְּכָל עִנְיָנֵי הָעוֹלָם, הֵן וְלָאו שָׁוִין אֶצְלוֹ בְּהַשְׁוָואָה אֲמִיתִּית.** אדם שמאמין באמת, 'הן' ו'לאו' צריכים להיות שווים אצלו: היעדרו או מציאותו של כל דבר אינם צריכים

בהשוואה אמיתית בדברים אלה יש, כנראה, התייחסות למאמר הבעש"ט על הכתוב: "שויתי ה' לנגדי תמיד".[13] אם נוכחותו של ה' היא "לנגדי תמיד", התגובה היא "שויתי" מלשון השתוות. שבכל דבר שקורה עימו הכול שווה אצלו, בין אם משבחים אותו בני אדם ובין אם מבזים אותו. וכן בכל שאר דברים, כגון אם אוכל מעדנים או שאוכל שאר דברים, הכול שווה בעיניו. שמכיוון שכל כוונתו בחייו לשם שמיים, הרי מצד עצמו אין חילוק. ומסיים הבעש"ט: "וזו מדרגה גדולה מאוד".

הן ולאו שוים אם לנתח את הדברים בצורה מוחשית יותר: כאשר קורה אסון, מורכבת ההתייחסות שלו משני חלקים. החלק האחד הוא ההתייחסות אל המקרה מבחינה אובייקטיבית; והחלק השני, האישי, הוא ההתייחסות וההרגשה הסובייקטיבית. כשאדם קורא בעיתון מודעה על פטירתו של פלוני שאין הוא מכיר אישית, הוא בדרך כלל אינו טורח אפילו לומר "ברוך דיין האמת"; הוא יודע שאנשים מתים בעולם. אבל ככל שאותו נפטר הוא מודע קרוב יותר, ההתייחסות משתנה. המוות כתופעה הוא אותו מוות, בין שהמת הוא אחד ממיליארד סינים ובין שהוא האדם הקרוב והיקר ביותר. ההבדל בין המקרים תלוי במעורבות האישית שיש לנו עם אותו נפטר. אדם אינו בוכה על כך שיש מוות ורע בעולם, אלא מתמרמר על כך שכואב לו; אדם אינו בוכה על העולם, אבל הוא בוכה על עצמו. מה שנאמר כאן, ש"הן ולאו שָׁוִין אצלו", פירושו שהוא יכול להתייחס לכל הדברים של העולם הזה בחלקם האובייקטיבי בלבד, בעוד התייחסותו האישית נתונה לקב"ה לבדו. שם נמצאות המודעות, ההתרגשות והאכפתיות שלו, בעוד לגבי כל שאר הדברים – הן ולאו שווים.

ערב רב אותם 'ערב רב' שהצטרפו לבני ישראל בעלותם ממצרים, ובוודאי חלקם נשארו עימנו עד היום, מופיעים שוב ושוב

לעשות שום שינוי, כישלונות או הצלחות אינם משנים את ההתייחסות. כלומר: מציאותו של ה' היא ממשית ומשמעותית כל כך, שכלפי כל שאר המציאות הוא מתייחס בשוויון נפש גמור. לא שהוא מכחיש את קיומם של הדברים והמאורעות, אלא הוא רואה אותם בלי לקבוע התייחסות נפשית אליהם. זו היא דרך הסתכלות שאינה מעורה במאורעות החיים, שאינה רואה אותם כדבר של מהות. זו ראייה מרוחקת של עובדות בלבד, שביניהן יש כאלה שהוא מבין וכאלה שאינו מבין.

וּמִי שֶׁאֵין שָׁוֶה לוֹ, מַרְאֶה בְּעַצְמוֹ שֶׁהוּא מֵ'עֵרֶב רַב' דִּלְגַרְמַיְיהוּ עָבְדִין (ראו ליקוטי אמרים פרק א). כשיצאו בני ישראל ממצרים יצאו עימם בני עמים אחרים שהצטרפו לעם ישראל, ונקראו 'ערב רב'.[14] ה'ערב רב' גם הם עובדים את הקב"ה, אבל לא משום שזו מהותם (כישראל), אלא לצורך עצמם, "לגרמייהו". הוא עובד ה' משום שכעת זה מה שמשרת אותו. לעומת זאת, אצל יהודי האמת הפנימית היא להיות עובד ה', ואם הוא אינו כך הרי זה משום שכעת אינו מתנהג כיהודי.

וְאוֹהֵב אֶת עַצְמוֹ. "אוהב את עצמו" היא הגדרה שנוגעת בעיקר למסקנות הרגשיות. השאלה היא היכן נקודת המרכז, לפי מה מודדים את הערכים. וכאשר אדם "אוהב את עצמו" הרי נקודת המרכז, קנה המידה המוחשי לגבי כל דבר, הוא 'אני'. במילים אחרות: מה שנוח לי, מה שטוב לי – זו הגדרת הטוב; ומה שלא נוח לי, לא נעים לי – זו הגדרת הרע.

במדרשים ובכל הספרות היהודית[15] כאלה שזהותם היהודית אינה שלמה. הם מתנהגים כמו יהודים ועושים כל מה שיהודי צריך לעשות, ואף על פי כן הקשר הפנימי שלהם אל היהדות איננו קשר מהותי. הם קשורים מפני ההרגל, או משום שכעת נוח ומתאים להם להיות יהודים. אבל כל אימת שזה איננו נוח להיות ישראל – הם אינם נוהגים כיהודים. 'ערב רב' אינה בהכרח הגדרה של ייחוס. יכול להיות אדם שמבחינת ייחוסו הוא כולו ישראל, ואף על פי כן מבחינת מהות נפשו יש לו נשמה של 'ערב רב'; שהוא שייך לתערובת הזו שנתערבה בישראל.

עובד את עצמו או עובד את ה' השאלה המהותית של עבודת ה' היא, האם אדם עובד את ה' מפני שהוא אוהב את ה', או מפני שהוא אוהב את עצמו? יש אופן של עבודת ה' שהוא סוג של השקעה לטווח ארוך. יש אדם שמשקיע במניות שיניבו פירות בעוד שלושים שנה, ויש מי שמשקיע ב'מניות' שיניבו פירות לעולם הבא. אדם כזה יבדוק בכל עת מה נרשם לו בפירות ובקרן הקיימת; וכשהוא ירגיש שאינו מקבל את הקרן והפירות כפי שציפה, הוא יכול להחליט – כמו שעושה כל משקיע – שההשקעה אינה טובה, והוא צריך לעבור לקרן השקעות אחרת. השאלה היא, מהי נקודת התכלית: אם התכלית היא לעבוד את ה', אז הכול כדאי. ואם התכלית היא לחיות טוב יותר, אז יש הרבה דרכים, כל אחד לפי המושגים שלו, שביניהן יש גם דרך של עבודת ה'; כאשר אדם עובד את ה' משום שהוא חושב שזו דרך מבטיחה יותר מאשר דרכים אחרות.

בדתות אחרות תפיסה כזו היא לגלית. בין האדם ובין ה'אלים' יש כעין חוזה של נתינה וקבלה. אדם מתחייב לתת כך וכך דברים, ובתמורה הוא זכאי לקבל דברים אחרים; ולפי זה הוא יכול גם לתבוע את האל שלו אם הלה אינו ממלא את תפקידו לשביעות

עצמו לצאת מתחת יד ה׳ ולחיות בחיי הגוים בשביל אהבתו את עצמו ועל כן הוא חפץ בחיי בשרים ובני ומזוני כי זה טוב לו ונוח לו שלא נברא כי עיקר בריאת האדם בעולם הזה הוא בשביל לנסותו בנסיונות אלו ולדעת את אשר בלבבו אם יפנה לבבו אחרי אלהים אחרים שהם תאוות הגוף המשתלשלים מסטרא אחרא ובהם הוא חפץ או אם חפצו ורצונו לחיות חיים אמיתים המשתלשלים מאלוקים חיים אף שאינו יכול

הדרישה כאן היא דרישה התחלתית גבוהה מאוד, גם מאנשים שנוהגים בכל הכשרות, במצוות שבין אדם לחברו ובמצוות שבין אדם למקום. שכן כדי שאדם באמת יגיע לכך – שכאשר קורה לו אסון הוא לא ירגיש שקורה לו אסון – צריכה נקודת העבודה שלו להיות בתכלית הנקיות. כל עוד נשאר בה משהו מאינטרס ה׳אני׳ שלו, הוא עדיין בבחינה זו של ׳אוהב את עצמו׳.

לָצֵאת מִתַּחַת יַד ה׳ וְלִחְיוֹת בְּחַיֵּי הַגּוֹיִם בִּשְׁבִיל אַהֲבָתוֹ אֶת עַצְמוֹ. כאשר נקודת המוצא שלו היא אהבת עצמו, מה נוח ומה טוב לו – הוא אז יוצא מתחת ידו של הקב״ה. אהבת עצמו היא סוג של עבודה זרה, שכן היא מעמידה מרכז אחר, ערך מוחלט אחר, ביחס אל המציאות, במקום המרכז האחד שיכול ושצריך להיות – הקב״ה לבדו. ועבודה זרה, גם כשהיא בדקות שבדקות אינה פחות עבודה זרה מפסל שמשתחווים לו. אדרבה, אותו אדם שיכול ללגלג על פתאים המשתחווים לפסלי עץ ואבן, לא יוכל לראות את עצמו כשהוא במצב דומה, כשהוא משתחווה לעצמו.

וְעַל כֵּן הוּא חָפֵץ בְּחַיֵּי בְּשָׂרִים וּ׳בְנֵי׳ וּ׳מְזוֹנֵי׳, כִּי זֶה טוֹב לוֹ. שלושה אלה – הבנים, החיים והפרנסה – גם כשהם נעשים בכשרות וביושר, הם מקיימים ומשמשים את הוויית האדם בעולם הזה, ולכן מבטאים את אהבת עצמו. אדם החפץ ומשתוקק לאלה יכול להיות גם אדם שנקרא ׳דתי׳, שומר מצוות ומתפלל. הוא הולך לבית הכנסת משום שזה נוח ואולי גם נעים לו, בערך כמו שאדם אחר הולך להרצאה או לקונצרט. הבעיה כאן אינה בכך שאדם עבר על איסור כזה או אחר, אלא בכך שתמצית ומרכז חייו, מה שטוב לו – הם חייו שלו עצמו.

וְנוֹחַ לוֹ שֶׁלֹּא נִבְרָא,[16] **כִּי עִיקַּר בְּרִיאַת הָאָדָם בָּעוֹלָם הַזֶּה הוּא בִּשְׁבִיל לְנַסּוֹתוֹ בְּנִסְיוֹנוֹת אֵלוּ.** האתגר הגדול של האדם איננו רק לחיות את המציאות אלא לעמוד מולה. האדם

רצונו. כמו שמתאר זאת הנביא: ״והיה כי ירעב והתקצף וקלל במלכו ובאלהיו״ (ישעיה ח,כא). זו מערכת שגם אם אינה ׳טבעית׳ במובן הפיזי, הרי היא פועלת על פי אותם כללים: משקיעים כדי לקבל, ומקבלים לפי מה שמשקיעים. יש היום עולמות שלמים של מיסטיקה שבנויים על פי אותו כלל. המטרה שלשמה אדם עושה מה שעושה היא כדי לקבל תענוגות, וההבדל הוא רק בסוג התענוגות; יש מי שעוסק בדברים מסוימים כדי שיהיו לו תענוגות ׳בשריים׳, ויש מי שעוסק בדברים אחרים כדי שיהיו לו תענוגות רוחניים. אך זהו הבדל של העדפה בלבד, ולא הבדל מהותי.

לא נברא כדי להיות חלק מהמציאות, הנשמה לא ירדה אל הגוף כדי להיות ולהרגיש כמו הגוף; היא ירדה אל הגוף ואל העולם הזה כדי להוכיח משהו שאי אפשר לדעת מתוך העולם כשלעצמו, כמו ניסיון – שאם הוא מצליח הוא מוכיח משהו חשוב מאוד, ואם אינו מצליח הוא לא מוכיח את הדבר. אבל אותו אדם שאינו מעמיד את עצמו כלל בניסיון, שכלל אינו מנסה לצאת מגדרי העולם הזה – נוח לו שלא נברא.

וְלָדַעַת אֶת אֲשֶׁר בִּלְבָבוֹ. כאשר אדם עומד במצב של ניסיון, מתברר שהיה משהו בליבו פנימה, משהו גדול וחשוב מכל העולם שבחוץ.

אִם יִפְנֶה לְבָבוֹ אַחֲרֵי אֱלֹהִים אֲחֵרִים. המושג 'אלהים אחרים' אינו כולל רק פולחנים דתיים אחרים, או שהייה במקדשים שונים, אלא גם היקף אנושי כללי. כשם ששמות האלילים משתנים מזמן לזמן – פעם קראו להם "בעל" ו"עשתורת" והיום קוראים להם בשמות אחרים – כך גם צורתם ודרך עבודתם משתנות. **שֶׁהֵם תַּאֲווֹת הַגּוּף הַמִּשְׁתַּלְשְׁלִים מִסִּטְרָא אָחֳרָא.** יש אלילים של כוח, ממון, שלטון, תאווה וגופניות, שאינם צריכים שום צורה פולחנית מיוחדת כדי לעבוד אותם. **וּבָהֶם הוּא חָפֵץ,** שבהם נמצאת פנימיות רצונו ובהם הוא מתענג באמת. אם פונה ליבו של אדם אחרי אלהים אחרים אלה, הוא לא עמד בניסיון, הוא הלך עם מראיתו ויצרו של העולם, הוא נהג כחלק מן העולם הגשמי ולא הוכיח שום דבר מעבר לזה.

אוֹ אִם הוא עומד בניסיון ומוכיח שיש משהו מעבר לכל מראית העולם הזה, **שֶׁחֶפְצוֹ וּרְצוֹנוֹ לִחְיוֹת חַיִּים אֲמִיתִּיִּם**[17] **הַמִּשְׁתַּלְשְׁלִים מֵאֱלוֹקִים חַיִּים.** כשאדם קושר את עצמו לכל מיני הטעיות ותחליפים של חיים, הוא חי חיים שאינם אמיתיים; ואילו כאשר המקור הראשון וגם העכשווי היחיד לכל החיים, המטרה והרצון, הוא הקב"ה, מקור החיים האמיתי – אזי הוא חי "חיים אמיתיים". הניסיון של חיי העולם הזה הוא בכך שהם אינם מגלים את החיות האלוקית שבהם, ואף מסתירים אותה. משום כך, כדי לעמוד בניסיון על האדם לחיות במובן מסוים נגד העולם ומה שהוא אומר. לעולם הזה יש קני מידה של חיים ושל הצלחה בחיים – כמה כסף היה לו, אם היה בריא או חולה, אם זכה להערכה ולכבוד מצד הבריות – והניסיון הוא: האם הוא יכול להעמיד את עצמו בקני מידה אחרים, כגון איזה קשר היה לו עם הקב"ה?

אַף שֶׁאֵינוֹ יָכוֹל. תוספת זו היא משמעותית מאוד עבורנו. אם לדייק בלשונו, מה שנאמר במשפט הקודם לא היה שמי שעומד בניסיון הוא זה שחי חיים אמיתיים וכו', אלא מי

מהו ניסיון האמונה ניסיון האמונה הוא האתגר הגדול שמעמיד בפנינו העולם. הדבר החשוב אינו אם אנו מאמינים או לא מאמינים במציאות ה', שכן אמונה במציאות ה' יכולה גם להיות דבר שולי בחייו של האדם. השאלה המרכזית היא: היכן נמצאת האמונה – האם היא נמצאת במרכז החיים, במרכז ההוויה והחוויה של האדם? המבחן הוא כשאדם חי באמונתו, שכל מה שהוא עושה וכל מה שהוא מרגיש נובעים מכוח זה שהוא חי באמונת ה'. באותה שעה שכל ענייני העולם הזה, אף על פי שהם מתרחשים סביבו והוא מגיב אליהם כפי הצורך, הרי הם שווים מבחינת ההתייחסות הרגשית־האישית כלפיהם.

(צריך עיון. ובאיזה כתבי יד ליתא תיבות אלו [אף שאינו יכול] ובנוסחא אחרת מצאנו כך. "או אם חפצו ורצונו אף שאינו יכול לחיות חיי אמיתים כו'". ולפי נוסחא זו נראה שתיבות [אף שאינו יכול] הוא מאמר מוסגר). ויאמין שבאמת הוא חי בהם וכל צרכיו וכל עניניו משתלשלים באמת בפרטי פרטיותיהם שלא מסטרא אחרא כי מה' מצעדי גבר כוננו ואין מלה כו' ואם כן הכל טוב בתכלית רק שאינו מושג ובאמונה זו באמת נעשה הכל טוב גם בגלוי שבאמונה זו שמאמין שהרע הנדמה בגלוי כל חיותו הוא מטוב העליון שהיא חכמתו יתברך שאינה מושגת והיא העדן שלמעלה מעולם הבא הרי באמונה זו נכלל ומתעלה באמת הרע המדומה בטוב העליון הגנוז:

ש"חפצו ורצונו לחיות וכו'". שכן לא כל אדם יכול באמת לחיות באופן הזה של "צדיק באמונתו יחיה", אבל כל אדם יכול, על כל פנים, לרצות ואף לחפוץ (ברצון פנימי) שכך יהיה.

לפי זה ניתן להבין שאיגרת זו נכתבה לא לאנשים שבאמת מרגישים וחיים כך, שלהם אין זה נחוץ. ואף לא לאנשים שאינם יכולים כלל להתייחס לנקודה הזו, שבשבילם זה חסר משמעות. אלא למי שאף שאינו יכול – הוא חפץ ורוצה בכך. דווקא כאן הוא מקום העבודה, כאן יש מקום להצבת מטרות ולמאבקים. המאבקים פעמים שהם מצליחים ופעמים שהם נכשלים, אבל כל זמן שהם קיימים – יש עם מי לדבר, ויש על מה לדבר.

(צָרִיךְ עִיּוּן, וּבְאֵיזֶה כִּתְבֵי יָד לֵיתָא (אין) **תֵּיבוֹת אֵלּוּ [אַף שֶׁאֵינוֹ יָכוֹל]. וּבְנוּסְחָא אַחֶרֶת מָצָאנוּ כָּךְ: "אוֹ אִם חֶפְצוֹ וּרְצוֹנוֹ אַף שֶׁאֵינוֹ יָכוֹל לִחְיוֹת חַיֵּי אֲמִיתִּיִּם כו'". וּלְפִי נוּסְחָא זוֹ נִרְאֶה שֶׁתֵּיבוֹת [אַף שֶׁאֵינוֹ יָכוֹל] הוּא מַאֲמָר מוּסְגָּר).**

וְיַאֲמִין שֶׁבֶּאֱמֶת הוּא חַי בָּהֶם, בחיים האמיתיים הקשורים באלוקי, **וְכָל צְרָכָיו וְכָל עִנְיָנָיו מִשְׁתַּלְשְׁלִים בֶּאֱמֶת, בִּפְרָטֵי פְּרָטִיּוּתֵיהֶם, שֶׁלֹּא מִ'סִּיטְרָא אַחֲרָא'** אלא מהאלוקי, מצד הקדושה והטוב. גם כשאדם אינו רואה ואינו מרגיש כך, עליו להאמין שבאמת כך הוא. שהחיים שהוא חי – לא רק בכללות אלא בכל פרטי הפרטים שלהם – הם חיים מהאלוקי ועם האלוקי בלבד. שכל צרכיו וכל ענייניו באים מהקב"ה ולא משום צד אחר, זה שבעולם קוראים: המקרה, הגורל, המזל, הכלכלה, החברה, או בכל שם אחר שאנשים נותנים לזה.

כִּי "מֵה' מִצְעֲדֵי גֶבֶר כּוֹנָנוּ" (תהלים לז,כג).[18] שכל מה שקורה לאדם הוא מאת ה' ובהשגחתו. וכמאמר חז"ל (חולין ז,ב): אין אדם נוקף אצבעו מלמטה אלא אם כן מכריזין עליו מלמעלה, שנאמר: "מה' מצעדי גבר כוננו".

וְ"אֵין מִלָּה בִּלְשׁוֹנִי הֵן ה' יָדַעְתָּ כֻלָּהּ" (תהלים קלט,ד). לא רק המעשים אלא גם הדיבורים, המילים שאדם אומר, ואף המחשבות ואפילו הרצון לחשוב – הכול מהקב"ה.

וְאִם כֵּן הַכֹּל טוֹב בְּתַכְלִית, רַק שֶׁאֵינוֹ מוּשָּׂג. האמונה היא שה' מוליך כל צעד וצעד

של האדם, וכל מה שהקב"ה עושה – לטוב הוא עושה; ואם האדם אינו רואה כך את הדברים הרי זה משום שאינו משיג ומבין. יכול להיות שאדם אינו משיג מהלך או מבנה מסוים במציאות משום שהוא מסובך מכדי יכולת ההשגה שלו, ולכן הדבר נראה לו כרע, כעוול שנעשה לו. האמונה היא, שגם מה שנראה כחושך וכדבר שלילי, גם זה 'הארה' וגם בזה מגלה הקב"ה את מציאותו ואת דרכיו הטובות. מה שנראה לנו כהבדל בין טוב לרע הוא רק הבדל בין שני סוגים של טוב. בין טוב ברמה נמוכה שגם אנו יכולים להבין אותו, ובין טוב בדרגה אולי גבוהה יותר שאיננו מסוגלים להבין אותו. מעין זה נאמר בתלמוד על 'ייסורים של אהבה' (ברכות ה,א); ישנם ייסורים שאינם באים כעונש על חטא, אלא כדי לגלות אהבה יתרה.

וּבֶאֱמוּנָה זוֹ בֶּאֱמֶת, נַעֲשֶׂה הַכֹּל טוֹב גַּם בְּגָלוּי. וכשאדם מאמין באמת שכך הוא הדבר, הוא יגיע לכך שהדבר אף יתגלה ויורגש לו כטוב גם בגלוי.

והוא מסביר כיצד: **שֶׁבֶּאֱמוּנָה זוֹ, שֶׁמַּאֲמִין שֶׁהָרַע הַנִּדְמֶה בְּגָלוּי** (שמה שבגלוי הוא נדמה כרע), **כָּל חַיּוּתוֹ הוּא מִטּוּב הָעֶלְיוֹן, שֶׁהִיא חָכְמָתוֹ יִתְבָּרֵךְ שֶׁאֵינָהּ מוּשֶּׂגֶת.** כשאדם מגיע לדרגה זו שהוא מזהה את הרע, והוא מאמין באמת (ולפחות רוצה להאמין באמת) שזה אינו רע אלא טוב נסתר – כבר נוצר שינוי. שכן הוא על כל פנים יודע שכאן נמצא פתרון, גם אם הוא אינו רואה אותו. אם להביא לזה דימוי: הולך ילד קטן ופוגש מסכה, מסכה מוזרה ומאיימת; אבל ברגע שהוא יודע שמתחת למסכה המאיימת נמצא אביו, אין הוא מפחד עוד. אדם מפחד מפני המאיים, הזר, זה שהוא כוח עצמאי שרירותי; אבל מרגע שהוא מפנים את הידיעה שמה שהוא רואה אינו אלא צעיף ומסתור, שאין זה כוח שרירותי לעצמו, אלא אביו, הקב"ה, מצוי בתוכו – הרי המאיים איננו מאיים עוד, והזר איננו זר עוד.

וְהִיא הָ'עֵדֶן' שֶׁלְּמַעְלָה מֵעוֹלָם הַבָּא. כפי שהעדן הוא המקור הנעלם, ש"עין לא ראתה", לכל העונג המושג שבעולם הבא ('גן עדן'), כך מה שאינו מובן בעולם הזה, שנראה אולי כרע וכייסורים, הוא גבוה יותר ומקור לכל מה שנראה כטוב ונעים בעולם הזה.

הֲרֵי בֶּאֱמוּנָה זוֹ נִכְלָל וּמִתְעַלֶּה בֶּאֱמֶת הָרַע הַמְדוּמֶּה בְּטוּב הָעֶלְיוֹן הַגָּנוּז. כאן יש מעבר נוסף, עד לקצה האחר. היכולת לראות את העולם באופן של "שויתי" היא גם המפתח

האתגר של שויתי האתגר הזה נמצא בחיים של ייסורים כמו בחיים של רווחה; אדרבה, הניסיון של העושר, של הכבוד והרווחה, כנראה קשה יותר מהניסיון של השפלות, החיסרון והעוני. המתנות שאדם מקבל מרוב טובה יכולות להפוך לחיסרון ולגורם של השחתה כאשר אדם אינו יודע איך לקבלן. הסכנה אינה רק שאדם יגיע לגאווה. עלולה להיות פגיעה בעצם יכולת הפעולה של אותו אדם. כאשר אדם אינו נתון תחת ביקורת כלשהי, עצמית או חיצונית, הוא חדל ליצור וחדל להיות בעל ערך כלשהו.

האתגר של "שויתי" אומר שאין צורך לבקש מהקב"ה הלוואה לא מצד זה ולא מצד זה, וגם אין צורך לבקש מהקב"ה שייקח ממנו את מה שקיבל. עליו רק להאמין ש"מה' מצעדי גבר כוננו", שהכול בא מידי שמיים והכול הוא טוב בתכלית, אף על פי שאינו מובן.

לראות את הטוב שבתוך הרע; וכך הרע, לא רק שאינו רע עוד, אלא הוא עצמו הופך להיות הטוב הנראה והנגלה.

איגרת קצרה זו עסקה בשאלה הגדולה: איזו היא הדרך שבה ישכון אור ה' באדם? התנאי שהציב אדמו"ר הזקן כבר בתחילה נראה כבלתי אפשרי – שלא יהיה לאדם שום רצון פנימי בענייני העולם הזה, שום חשק והתקשרות נפשית, אלא לעניין האלוקי. כשהוא מנסה להסביר זאת לחסידים הוא מגיע לאמונה, כי רק האמונה האמיתית ביוצר בראשית בכל עת יכולה לעזור לאדם להעביר את התייחסות פנימיות נפשו מענייני העולם אל האלוקי המהווה הכול. להסיח דעתו מהקשיים ומהייסורים, שלא לשקוע לעצבות בשל כך, אלא רק בטוב ובעונג שיורד מלמעלה, גם אם אינו מושג.

גם זה נראה קשה. לא כל אדם יכול לחיות כך, לא כל אדם יכול שלא להתייחס לסבל ולייסורים הנוגעים לו ולקרובים אליו. אלא שבכוח האמונה הוא יכול, על כל פנים, לשנות את ההתייחסות לדברים. ייסוריו של האדם הם הרי כפולים: הוא סובל מן הרע, במידה מסוימת, אבל בעיקר הוא סובל מן ההרגשה שאין לזה תכלית, שזה לא מגיע לו, שזהו מבוך שאין לו פתרון ואין לו משמעות. והאמונה משנה, בוודאי, את החלק הזה של הייסורים, שהוא העיקרי והקשה ביותר. האמונה מספרת שגם הרע והייסורים הם ביסודו של דבר טוב, ואפילו עונג, בדרגה גבוהה מאוד. כל החלוקה בין מה שנראה לנו כטוב או כרע היא למעשה חלוקה בין שתי שפות שונות. את השפה של הטוב אנו מבינים (בחלקה), ואת השפה המורכבת יותר, של מה שאנו רואים כרע, אין אנו מסוגלים להבין. ולכן אל החלק הזה אנו מתייחסים באמונה – באמונה השלמה ביוצר בראשית, שאין רע יורד מלמעלה, ומתוך כך מאירים גם הדברים הללו.

ייסורים יכולים להיות גם חבל הצלה יש נקודה נוספת, הנמצאת בתחום ההתייחסות שלנו אל הדברים. כאשר אנו מניחים שמה שקורה לנו הוא חסר סיבה וחסר מטרה, גם התגובה שלנו תהיה בדרך כלל בלתי נכונה. אם איננו יכולים לייחס את הדברים אל המציאות שמסביב, אל העתיד, איננו יכולים גם להגיב באופן הראוי. אנו מתמרמרים במקום שאין צורך להתמרמר, או נופלים לעצבות משתקת במקום שצריך לפעול. אדם טובע, ומרגיש שזורקים לו משהו על הראש. הוא מרגיש מדוכא ומושפל: לא די שהוא נאבק על חייו, עוד נותנים לו מכה בראש! אבל אילו לא היה כל כך ממורמר – שהעולם מלא רשע ואטימות ולמה הוא הולך למות – הוא היה רואה שהמכה שקיבל בראשו היא חבל ההצלה שזרקו אליו, והיה מגיב אחרת.

האמונה היא – שיש פתרון כאשר אדם מרגיש שלבעיה אין פתרון, הוא נעשה משותק, ובמקום לחפש מוצא הוא הולך ושוקע מטה מטה. עצם הידיעה שלבעיה יש פתרון יוצרת שינוי מהותי בהתייחסות; וגם אם הבעיה לא תיפתר בשלמות, חלק מסוים בוודאי ייפתר. הסוד הגדול, הכמוס ביותר, של הפצצה האטומית, התגלה כאשר הפצצה הראשונה התפוצצה. והסוד היה: שהדבר הוא אפשרי. מכאן והלאה, עם ריגול ובלי ריגול, זו הייתה רק שאלה של זמן.

כך גם לגבי בעיית החיים: כל עוד אנו רואים

ככל שהאמונה חזקה יותר, שכך הדבר באמת – משתנים הדברים גם במציאות הממשית. אי אפשר להסביר זאת, זה לא מוגדר בשפתנו, לא מוחלט – אבל המאמין יודע במשך הזמן שכך הדברים באמת.

בכמה מקומות בתניא מדבר אדמו"ר הזקן על מטרות שאדם יכול להציב לפניו. וגם אם לא ישיגן היום – אולי מחר, אולי פעם ואולי אף פעם לא – אבל הריהו כבר הולך בדרך הזו, וכבר נקרא שמו עליה.

את העולם כשרירות של רע שנופל עלינו, כמהלך חסר סיבה ותכלית של אלקטרונים, אין בעצם פתרון למה שקורה בעולם. אפשר למצוא פתרונות מקומיים לשאלות מסוימות, אבל לא ייעשה כל ניסיון למצוא את פתרונות היסוד, שכן הנחת היסוד היא שלבעיות אין פתרון מצד מהותן. ואולם כאשר אדם מאמין ב"יוצר בראשית" ובכך ש"אין רע יורד מלמעלה", הוא מניח שיש פתרון; שמה שנראה כרע הוא בעיה קשה, אבל לא בעיה שאין לה פתרון. ייתכן שהפתרון אינו מצוי בידו כעת, אבל עצם הידיעה שהפתרון קיים, היא עצמה דרגה של פתרון.

פתרונן של הבעיות, גם בהיקף הרחב ביותר – פתרון המוות ופתרון הרע (שיהיה רק לעת קץ הימים) – בנוי בעיקרו לא על שינוי הדברים בתוך המציאות, אלא על שינוי היחס שלנו אל הדברים. אפשר לשים אדם בגן עדן, אבל אין זה אומר שיהיה לו גן עדן. לא רק האדם צריך להיכנס לגן עדן, גם גן עדן צריך להיכנס לתוכו של האדם, שאם לא כן, אדם לא ידע שהוא בגן עדן. אם יביאו סוס לתערוכה של רמברנדט, הוא לא ייהנה מהאמנות – לא בגלל חיסרון בציורים, אלא בגלל חיסרון ביכולת ההשגה של הסוס. צריך מידה מסוימת של גְלוּת עיניים כדי שאדם ידע היכן הוא, כדי שיבין את פשר הדברים שהוא עובר דרכם.

איגרת יב

איגרת זו עוסקת כולה בביאור פסוק אחד מספר ישעיה, המדבר על שתי דרגות במצוות הצדקה. כמו באיגרות אחרות, העיסוק במצוות הצדקה הוא בתחום ההתייחסות הנפשית הפנימית של נותן הצדקה, ושתי הדרגות הללו הן שתי דרגות בעבודת הנפש ובנפש עצמה: דרגה אחת היא בטבעה של הנפש והעבודה על פי טבעה, והדרגה השנייה, העמוקה יותר בנפש, מתגלה כאשר אדם עושה עבודה שמעבר לטבעו, ואפילו בניגוד לטבעו.

הדוגמה הבסיסית לשתי דרגות אלה היא במצוות הצדקה, בשתי דרגות בהן ניתן לקיים מצווה זו. ואולם האיגרת ממשיכה הלאה, אל התפילה והדבקות שבאה בהמשך, ואל ההארה האלוקית שאדם זוכה לה מלמעלה אשר היא בהתאמה לדרגה שבה קיים את המצווה מלמטה.

איגרת יב

ח אלול פשוטה
ה אלול מעוברת

והיה מעשה הצדקה שלום ועבודת הצדקה השקט ובטח עד עולם. להבין ההפרש שבין מעשה לעבודה ובין שלום להשקט ובטח כו' על פי מה שאמרו רבותינו זכרונם לברכה על פסוק עושה שלום במרומיו כי מיכאל שר של מים וגבריאל שר של אש ואין מכבין זה את זה כלומר שמיכאל שר של חסד הנקרא בשם מים היורדים ממקום גבוה למקום נמוך והוא בחינת ההשפעה והתפשטות החיות מעולמות עליונים לתחתונים ובחינת אש שטבעה לעלות למעלה היא בחינת הגבורה והסתלקות השפעת החיים ממטה למעלה שלא להשפיע רק בצמצום עצום ורב והן מדות נגדיות והפכיות זו לזו והיינו כשהן בבחינת מדות לבדן.

"וְהָיָה מַעֲשֵׂה הַצְּדָקָה שָׁלוֹם וַעֲבוֹדַת הַצְּדָקָה הַשְׁקֵט וָבֶטַח עַד עוֹלָם" (ישעיה לב,יז). על פסוק זה נשאלות כמה שאלות, כדלהלן:

לְהָבִין הַהֶפְרֵשׁ שֶׁבֵּין "מַעֲשֶׂה" לַ"עֲבוֹדָה" וּבֵין "שָׁלוֹם" לְ"הַשְׁקֵט וָבֶטַח כו'". הפסוק בנוי משני חלקים שאינם זהים. החלק הראשון מדבר על "מעשה הצדקה", על נתינה של צדקה באופן של "מעשה", ואשר שכרו "שלום"; והחלק השני מדבר על נתינת צדקה באופן של "עבודת הצדקה", ששכרה "השקט ובטח עד עולם". מהו ההבדל בין "מעשה" ל"עבודה"? ומה בין "שלום" ל"השקט ובטח"?

תחילה יש להקדים ולהבין מהו השלום. **עַל פִּי מַה שֶּׁאָמְרוּ רַבּוֹתֵינוּ זִכְרוֹנָם לִבְרָכָה**[1] **עַל פָּסוּק: "עוֹשֶׂה שָׁלוֹם בִּמְרוֹמָיו"** (איוב כה,ב). שצריך לעשות שלום למטה, בעולם הזה שיש בו קנאה ותחרות ומלחמה, זה ברור; השאלה היא מה המשמעות של עשיית שלום "במרומיו"? איזה ריב ומלחמה יש בין המלאכים ובין המידות העליונות שצריך לעשות שם שלום?

כִּי מִיכָאֵל שַׂר שֶׁל מַיִם וְגַבְרִיאֵל שַׂר שֶׁל אֵשׁ[2] **וְאֵין מְכַבִּין זֶה אֶת זֶה.** בין המלאכים אין מריבה, אבל יש הבדלים. שהרי גם המציאות העליונה אינה חד משמעית ואינה אחדותית גמורה; גם שם יש הבדלים, ואפילו ניגודים. המלאך מיכאל והמלאך גבריאל שניהם מלאכים קדושים. המלאך מיכאל הוא 'שר של ישראל' ובמובן מסוים גם המלאך גבריאל. שניהם 'מחנות שכינה' העומדים באותו צד, בצד של ישראל; ואף על פי כן, הם כה שונים זה מזה עד שצריך לעשות שלום ביניהם. הדימוי הוא שהאחד הוא מלאך של מים והאחר הוא מלאך של אש. מים ואש, גם כמהויות רוחניות, הם שני ניגודים שלכאורה מבטלים זה את זה. ולכן, כדי שמיכאל וגבריאל יוכלו להיות יחד באותו

מקום ולעשות את עבודתם מבלי להפריע זה לזה ומבלי לסתור זה את זה, צריך הקב"ה לעשות שלום ביניהם.

כְּלוֹמַר, שֶׁמִּיכָאֵל הוא **שַׂר שֶׁל חֶסֶד הַנִּקְרָא בְּשֵׁם מַיִם.** מובן שבשמיים הרוחניים אין מים ואין אש גשמיים, יש מהויות רוחניות; מהות של חסד ומהות של גבורה. החסד נקרא מים משום שטבע המים, כמו החסד, שהם **הַיּוֹרְדִים מִמָּקוֹם גָּבֹהַּ לְמָקוֹם נָמוּךְ.** המים תמיד יורדים למטה, מנקודה גבוהה לנקודה נמוכה, ממקום שיש בו מים למקום שאין בו, וזו גם מהות החסד.

וְהוּא בְּחִינַת הַהַשְׁפָּעָה וְהִתְפַּשְּׁטוּת הַחַיּוּת מֵעוֹלָמוֹת עֶלְיוֹנִים לַתַּחְתּוֹנִים. זו מהות החסד, הגשמי או הרוחני: שהוא יורד מלמעלה למטה, שמי שיש לו נותן למי שאין לו, מן המרכז לפריפריה, מן המהות הפנימית למהות החיצונית.

וּבְחִינַת אֵשׁ, שֶׁטִּבְעָהּ לַעֲלוֹת לְמַעְלָה, הִיא בְּחִינַת הַגְּבוּרָה וְהִסְתַּלְּקוּת הַשְׁפָּעַת הַחַיִּים מִמַּטָּה לְמַעְלָה. הגבורה פועלת בכיוון הפוך למידת החסד. היא צנטריפֶּטָלית, מן הפריפריה אל המרכז, מלמטה למעלה. כמובן, מעלה ומטה כאן אינם עניין גאוגרפי, אלא רוחני; המעלה והמטה הם בעלי משמעות רק כאשר מניחים שה'מעלה' הוא המקום החשוב יותר, המלא יותר, וה'מטה' הוא החסר שאליו יש התפשטות.

שֶׁלֹּא לְהַשְׁפִּיעַ רַק בְּצִמְצוּם עָצוּם וָרָב. לעומת מידת החסד, שהיא הנותנת והמשפיעה הכול החוצה, מידת הגבורה היא המידה המצמצמת את ההשפעה כלפי המרכז. אין זה צמצום מתוך רשעות, אלא מתוך דין; לתת למי שמגיע לו בלבד ולא לתת למי שלא מגיע לו. הגבורה היא הכוח לצמצם ולרכז בנקודה החשובה והמשמעותית בעליל, והמסקנות הנובעות מכך הן: צריך לקצץ ולמעט כל מה שנמצא בהיקף, שלא בנקודת המרכז; חבל על כל מה שנשפך, חבל על כל הענקה שאינה מחויבת, וכיוצא בזה.

וְהֵן, שתי המידות, החסד והגבורה, **מִדּוֹת נֶגְדִּיּוֹת וְהָפְכִּיּוֹת זוֹ לְזוֹ.** מידת החסד פועלת מתוך ההנחה שבמקום שאין – צריך לתת, ומידת הגבורה פועלת בהנחה שבמקום שאין – לא צריך לתת; מי שאין לו כנראה שאיננו ראוי, כנראה שלא מגיע לו, ולכן ההנחה היא שצריך להשאיר את הדברים כפי שהם, מצומצמים במרכז. מידת החסד פועלת כלפי זה שהווייתו היא 'חסר לי', בעוד מידת הדין מתייחסת אל ההוויה של 'מגיע לי'; אלו שתי נקודות השקפה שונות ומנוגדות מקצה לקצה.

וְהַיְינוּ, מתי המידות מתנגדות זו לזו? – **כְּשֶׁהֵן בִּבְחִינַת מִדּוֹת לְבַדָּן.** כאשר המידות

מעלה ומטה, חסד וגבורה במושגים מתחום אחר אפשר לומר, שה'מעלה' הוא אנרגיה גבוהה וה'מטה' הוא אנרגיה נמוכה. במובן זה, החסד הוא השפיעה מן הרמה הגבוהה אל הרמה הנמוכה; והגבורה היא להפך, ההתרוקנות, כשמסביב הולכים הדברים ומתכנסים פנימה אל נקודת המרכז שלהם.

הגבורה והדין אינן קליפה מידת הדין אינה שלא לתת כלל. המידה שלא לתת כלל היא מידה של רשעות, של קליפה, ואילו מידת הדין היא מידה של קדושה. אחת ההגדרות של הקליפה היא שהיא לוקחת ואינה נותנת כלל. ולכן, מקום של העדר כל נתינה איננו מקום של קדושה.

ו אלול מעוברת

· אך הקדוש ברוך הוא עושה שלום ביניהם דהיינו על ידי גילוי שמתגלה בהן הארה רבה והשפעה עצומה מאד מאור אין סוף ברוך הוא אשר כשמו כן הוא שאינו בבחינת מדה חס ושלום אלא למעלה מעלה עד אין קץ אפילו מבחינת חכמה בינה דעת מקור המדות ואזי המדות נגדיות של מיכאל וגבריאל נכללות במקורן ושרשן והיו לאחדים ממש ובטלים באורו יתברך המאיר להם

אינן חשופות להארת השכל שלמעלה מהן (המוליד אותן), כאשר הן מצויות בתוך מציאות אמוציונלית לחלוטין, באותה שעה הן ניגודים בלתי מתפשרים. שכלים יכולים להבין שכלים אחרים, יכולים להתקשר ולקבל במובן מסוים זה את קיומו של זה, אבל בין האמוציות לבדן אי אפשר לפשר, אי אפשר לחבר ביניהן שיהיו יחד ויפעלו כיחידה אחת.

אַךְ הַקָּדוֹשׁ בָּרוּךְ הוּא עוֹשֶׂה שָׁלוֹם בֵּינֵיהֶם, שלום והשלמה בין הניגודים, **דְּהַיְינוּ עַל יְדֵי גִּילּוּי שֶׁמִּתְגַּלֶּה בָּהֶן הֶאָרָה רַבָּה וְהַשְׁפָּעָה עֲצוּמָה מְאֹד מֵאוֹר אֵין סוֹף בָּרוּךְ הוּא.** השלום של הקב"ה אינו רק מניעה של סכסוך. כדי שמים ואש לא יכבו זה את זה די לתת לכל אחד מקום משלו, להגביל כל אחד בתחום ובתפקיד משלו. עושים זאת בפוליטיקה, כמו גם בתחומים אחרים: מפרידים בין הצדדים עד שהם אינם יכולים לגעת זה בזה ולהזיק זה לזה. ואולם השלום שעושה הקב"ה הוא כמעט הפוך: במקום להפריד הוא מחבר את ההפכים יחד, בשלום ובשלמות אחת.

והוא מעיר כאן לגבי הכינוי "אור אין סוף": **אֲשֶׁר כִּשְׁמוֹ כֵּן הוּא, שֶׁאֵינוֹ בִּבְחִינַת מִדָּה.**

חסד וגבורה בין אנשים החילוק בין שתי המידות הללו הוא גם חילוק בין אנשים: יש אדם שהולך בכל עניין בהרחבה ובנתינה, ויש אדם שהכול אצלו במידת הצמצום והדקדוק; יש אדם שהוא פזרן, שנותן ונותן, ויש אדם שהוא חסכן, שנותן רק לפי ההכרח.

הקב"ה עושה שלום על ידי גילוי חיבור רגיל של ניגודים נעשה על ידי גילוי שמבטל ומנטרל את הניגודיות ביניהם; כאשר כל אחד מן הצדדים השונים אינו מתבטא במיוחדותו ובבלעדיותו, ומשום כך יש "שלום" ביניהם. אכן שלום כזה, הבנוי על שבירה של הדמויות שרבו זו עם זו, יש גם בבית הקברות; אלה ששוכבים בבית הקברות כבר אינם נלחמים זה בזה. ואולם כאן מדובר על שלום של חיים, ושלום כזה אינו בנוי רק על שבירת הצדדים המנוגדים והמפרידים, אלא על ההרמוניה, לאמור על מתח שמתקיים בין הניגודים, שנשארים באיזשהו קיום; ועל מהות משותפת, חזקה יותר, שכופה עצמה על הניגודים, שכלפיה המידות הנגדיות משתוות. המהות הזו שכלפיה הכול משתווה – היא מהות האין סוף. כלפי האין סוף אין גדול וקטן, אין ימין ושמאל; בצילו נמצאים כולם בשלום.

שאינו בבחינת מידה כאשר אנו מדברים על דבר כלשהו, מתארים אותו ונותנים לו שם, אנו גם אומרים בכך שהוא אינו ההפך מזה. כל אמירה, ככל שהיא חיובית ומפליגה, כוללת בתוכה גם הגבלה מסוימת. ולכן, על פי האמת, אין דבר שאפשר לומר על הקב"ה.

אור אין סוף נקרא 'אין סוף' משום שהוא אין סופי, בלתי מוגבל, בלתי מוגדר, אינו נכלל או מתייחס למידה כלשהי, ולכן אי אפשר לדבר בו לא בצד הדין ולא בצד החסד.

חַס וְשָׁלוֹם. התוספת "חס ושלום" באה להדגיש את החומרה שבעצם העלאת האפשרות לדבר על אין סוף ברוך הוא בקשר לכל כינוי או מידה שיהיו. לא רק להתכוון, אלא אפילו לומר את המילים אי אפשר. יש דברים שאמנם אינם הגיוניים כאשר חושבים עליהם, אבל אפשר להתייחס אליהם; ויש דברים – כמו ייחוס מידה לאין סוף ברוך הוא – שעצם אמירתם, אפילו כאפשרות ששוללים אותה, היא מזעזעת.

אֶלָּא אור אין סוף הוא **לְמַעְלָה מַעְלָה עַד אֵין קֵץ,** לא רק למעלה מהמידות אלא **אֲפִילוּ מִבְּחִינַת חָכְמָה בִּינָה וָדַעַת** שהן **מְקוֹר הַמִּדּוֹת.** אור אין סוף הוא הארה עליונה, למעלה מעלה; למעלה מהגדרות המציאות (המידות) ואף למעלה ממקור הגדרות המציאות.

המידות, אשר עיקרן החסד והגבורה, הן המידות שבהן מתייחס הקב"ה אל העולם, ולכן הן המידות והממדים שבהן מתנהל העולם שלנו. חב"ד הן מקור המידות והמקור הנעלם של המציאות שלנו. עם זאת, גם חב"ד, עם היותן מקור למידות, הן עצמן גם כן בבחינת מידה וגבול. לכן יש להוסיף שאור אין סוף הוא למעלה גם מבחינת חב"ד, להדגיש שאינו בבחינת מידה כלשהי.

וַאֲזַי הַמִּדּוֹת נֶגְדִּיּוֹת שֶׁל מִיכָאֵל וְגַבְרִיאֵל נִכְלָלוֹת בִּמְקוֹרָן וְשָׁרְשָׁן וְהָיוּ לַאֲחָדִים מַמָּשׁ, וּבְטֵלִים בְּאוֹרוֹ יִתְבָּרֵךְ הַמֵּאִיר לָהֶם בִּבְחִינַת גִּילּוּי. כאשר מתגלה ההארה שלמעלה אף משורש ומהות המידות, מתבטלות בה המידות ונעשות כמהות אחת ממש, כפי שהיו במקורן באחדות האלוקית, קודם שבאו לידי גילוי ופעולה בעולם.

בתלמוד (ברכות לג,ב) מסופר על אדם אחד שעמד ושיבח את הקב"ה: "הגדול הגבור והנורא והאדיר והעזוז והיראוי החזק והאמיץ והודאי והנכבד". שמע אותו רבי חנינא ונזף בו: "זהו, האם סיימת כבר את כל השבחים של הקב"ה? אנו, גם את השלושה שאנו אומרים (היינו הגדול, הגיבור והנורא), אילו לא אמרם משה רבינו בתורה ובאו אנשי כנסת הגדול ותיקנו אותם בתפילה – לא היינו יכולים לומר!" כלומר, זה שאנו אומרים "הגדול הגיבור והנורא" אין זה מפני שזה מה שיש לומר על הקב"ה, אלא מפני שזה מה שיש לנו רשות לומר (שהקב"ה כביכול אמר); אבל מצד האמת, גם 'הגדול' 'הגיבור' 'והנורא' אי אפשר לומר.

אם היינו צריכים לפנות אל הקב"ה באופן הראוי, הרי "לך דומיה תהִלה" (תהלים סה,ג). אלא, כיוון שאנו רוצים להתפלל, וכיוון שניתנה לנו הרשות, אנו אומרים מה שמרשים לנו לומר. משל לדבר: תינוק קטן, שעדיין אינו יודע לדבר ואינו יודע להגיד "אבא", גם כשהוא מוציא קולות פטפוט סתמיים אביו רווה נחת ממנו, מפני חיבתו. כך אנו, למרות שבעצם אין לנו מילים ראויות, אנו מתפללים ואומרים מה שלימדו אותנו לומר: "הגדול הגיבור והנורא".

כשהמידות הנגדיות נכללות במקורן מביאים משל לזה: למלך יש שרים רבים ושונים. השרים הללו, הן מצד טבעם והן מצד תפקידם, נמצאים במחלוקות. אין זו בהכרח יריבות אישית, אבל זו מחלוקת לגבי הדרך שבה יש

בבחינת גילוי ואזי מתמזגים ומתמתקים הגבורות בחסדים על ידי בחינה ממוצעת קו המכריע ומטה כלפי חסד היא מדת הרחמים הנקראת בשם

'לעשות שלום' פירושו, אם כן: תוספת הארה שמביאה את הדברים, דוחפת אותם, אל נקודת השורש שלהם. ואכן, מעין זה הוא גם תיאור אחרית הימים, כאשר "לא ישא גוי אל גוי חרב וגו'" (ישעיה ב,ד). לא משום שאנשים ייעשו חכמים או פחדנים יותר, אלא משום שתוספת ההארה – "וראו כל בשר יחדָו כי פי ה' דִבר" (שם מ,ה) – תקרב את כל המהויות זו לזו, עד שההבדלים והניגודים ביניהם לא יקבעו עוד את מהות היחס ביניהם.

וַאֲזַי מִתְמַזְּגִים וּמִתְמַתְּקִים הַגְּבוּרוֹת בַּחֲסָדִים. כאשר דברים רק חוזרים אל המקור באופן שאין עוד ניגוד ביניהם, יכול להיות שהם מפסיקים לתפקד בכלל. המלאך מיכאל והמלאך גבריאל אינם פועלים עוד לא כזה ולא כזה – הם דוממים. ואולם הבעיה כאן

לנהוג בממלכה. לשר הממונה על המלחמה יש נקודת ראות שונה מזו של השר הממונה על החינוך; השר הממונה על ההכנסה רואה את הדברים אחרת מהשר הממונה על ההוצאה. אכן, כל זאת כאשר הם נמצאים לבדם בשטח, אז נמצאים הם במחלוקת תמידית שלכאורה אין לה פתרון. ואולם כאשר נכנס המלך, הם כולם כורעים ומשתחווים ומתבטלים לפניו. הם שוכחים שיש ביניהם חילוקי דעות, ואז הם מגלים פתאום שאין ביניהם שום ניגוד, ושהדרך לעשות את הדברים מורכבת בשלמות מכל הדרכים והרצונות של כל אחד מהם. ההסבר לכך הוא, שכאשר נכנס המלך הם חוזרים אל מקורם ושורשם. לאמור: הם חוזרים לשורש ותמצית תפקידם, שהוא היותם עושי רצונו של המלך. הם מגלים שתפקידם אינו גילוי אופיים ועניינם שלהם, אלא שירות המלך ומילוי רצונו. כך גם ה'מידה', כאשר היא מגלה את מקורה ושורשה היא מגלה את החוויה הפנימית, את הרצייה הפנימית שבתוכה. ולמרות שלכל מידה יש אופן אחר של התגלות, הרי בגילוי המהות הפנימית שבה נעשה ההבדל בין המידות ובין המופעים השונים שלהן חסר משמעות.

כל הצורות בעולם, בין הרוחניות ובין הגשמיות, עברו תהליך מסוים של התפתחות מגרעין מהותי פשוט. ככל שהיחס בין התוך ובין החוץ נעשה רחוק יותר, נוצר ריבוי גדול יותר של צורות ובנות צורות. וככל שהדברים חוזרים אל המקור הראשון הם נעשים פשוטים יותר, הולכים ומאבדים את השוני ואת ההבדל ביניהם, וחוזרים ומתמקדים בנקודה הפנימית. מרכיבי היסוד הם אותם מרכיבים, וככל שעולים בדרגה גבוהה יותר של הפשטה מגיעים למרכיבי יסוד יותר ויותר אחידים, עד למרכיב יסודי אחד שבו נעשים ההבדלים חסרי משמעות. תופעה דומה מצויה גם בעולם החומרי: הצורות הסופיות של הדברים הן בשורשן דבר אחד; בין חתיכת עץ לבין בנזין מזוקק יש הבדל גדול, אבל ביסודם שניהם פחמימות. ולכן, הדרך שבה מצרפים חומרים שונים דומה למה שנאמר כאן: חותרים להגיע גבוה ככל האפשר, אל מרכיבי היסוד של כל אחד מהחומרים, ושם לנסות לייחס אותם אחד עם השני – כי רק שם אפשר לצרף אותם יחד וליצור מהות חדשה, שתכלול ותבטא את שתי המהויות המנוגדות.

באחד הפרקים המרכזיים בליקוטי אמרים, העוסק באהבת ישראל (פרק לב), נמצא אותו רעיון עצמו לגבי הנשמות. אנשים עשויים לשנוא זה את זה כל עוד הם נמצאים רחוק מן השורש, ואולם ככל שהם מתקרבים אל השורש, ככל שהנפש ושורש הנפש הוא יותר משמעותי עבורם, יהיו השנאה והפירוד בלתי

אינה כיצד להביא דברים לדמימה גמורה, אלא כיצד להביא אותם לפעול כך שלא יפעלו זה כנגד זה אלא זה עם זה. לשם כך צריך שיהיה מיזוג בין המידות, החסד והגבורה, באופן שהגבורות מתמתקות בחסדים. הגבורה היא חריפה, חותכת דברים באופן חד, קשה ולא תמיד נעים. והמיזוג עם החסד ממתיק את הגבורה, מטה אותה לצד החסד, באופן שברור שהחיתוך וההגבלה הם בכוונה ולתכלית של טוב וחסד. באותה שעה שאדם יודע שדבר קשה שהוא עובר מכוון לטוב לו – חוויית הקושי והסבל מתמתקת.

עַל יְדֵי בְּחִינָה מְמוּצַּעַת, קַו הַמַּכְרִיעַ וּמַטֶּה כְּלַפֵּי חֶסֶד, הִיא מִדַּת הָרַחֲמִים. כאשר שתי המידות הללו נוגעות זו בזו, לא בבחינת יריבות אלא בבחינת הרמוניה, הן מגלות מידה חדשה, ממוצעת, היא מידת הרחמים. מידת הרחמים היא במהותה סינתזה של חסד וגבורה; אבל כמו שמודגש כאן, היא קו המכריע שאיננו עומד בדיוק באמצע, אלא מטה כלפי חסד.

אפשריים, והאהבה ממשית ועזה יותר.

מתמזגים ומתמתקים מדוע המיזוג הוא המתקת הגבורות בחסדים? הסבר אחד קשור למהותה של מידת הרחמים הממזגת ביניהם, ה"מטה כלפי חסד", כפי שיבואר להלן. אך יש גם הסבר כולל יותר, המתייחס לעצם קיומו של המיזוג בין המידות. עניין זה הינו חלק מנושא רחב יותר, של הגדרת עולם התיקון לעומת עולם התוהו. עולם התוהו הוא העולם הקודם לעולם שלנו, העולם שהיה ואיננו קיים עוד, אחר שהמבנים שלו לא החזיקו מעמד ונפלו. מהותו של עולם התוהו, "עולם הנְקודים" (נקודות), היא שהמידות שבו מצויות כל אחת בנפרד בפני עצמה. הוא יצא מתחום האחדות שיכלה להחזיק את הדברים יחד ('עולם העקודים') ולא הגיע לאחדות חדשה. מצב זה, שבו אין לניגודים שום יכולת להגיע להתקשרות, להשלמה או למיזוג ביניהם, איננו יכול להחזיק מעמד, והוא נשבר. שכן המידות שאינן מגבילות זו את זו, המידות הנמצאות כל אחת בכל שלמותה וטהרתה עד הקצה האחרון, בלא שום פשרות, אינן יכולות להתקיים בתוך מציאות שהיא מוגבלת במהותה. נתינה בלתי מוגבלת, בדיוק כמו גבורה בלתי מוגבלת, יכולה להיות מסוכנת ואפילו קטלנית. אפשר לראות מעין זה אצל ילדים קטנים: אצל ילדים המידות עדיין אינן ממוזגות אחת בשנייה, הדחפים היסודיים הרבה יותר נקיים וחד משמעיים; וזו הסיבה, למשל, שבגללה נמנעים מלתת לילדים קטנים חיות קטנות לשחק בהן, משום שמרוב אהבה הם עלולים להרוג אותן. עולם התיקון הוא, ביסודו, העולם שלנו, העולם שהולך ומתקן את המציאות שלו. בעולם התיקון יש לכל כוח מידות המגבילות אותו; לכל דין יש הגבלה שאין מותחים את הדין מעבר לה, לכל אהבה יש הגבלה כדי שלא תחנוק את הנאהב. בעולם התיקון אין למעשה מידות טהורות, אלא כל מידה היא מיזוג כלשהו של כל המידות בתוכה: יש חסד שבגבורה וגבורה שבחסד וכיוצא בזה. לעומת זה, עולם התוהו הוא עולם של דין, שהכוחות שבו נפרדים לחלוטין זה מזה, שהגבול ביניהם בלתי עביר לחלוטין, וכל אחד מהם מתוח ללא גבול בתוך עצמו. ולכן עולם התיקון, שיש בו מיזוג של המידות, הוא בחינה של "המתקת הגבורות בחסדים".

בחינה ממוצעת שלוש המידות חסד גבורה ותפארת מסודרות בבעין המשולש של תזה אנטיתזה וסינתזה. וכפי שנאמר ב'פתח אליהו' (הקדמת תיקוני זהר, יז,א): "חד אריך וחד

תפארת בדברי חכמי האמת לפי שהיא כלולה מב׳ גוונין לובן ואודם המרמזים לחסד וגבורה ולכן סתם שם הוי״ה ברוך הוא שבכל התורה מורה על מדת התפארת כמו שכתוב בזוהר הקדוש לפי שכאן הוא בחינת גילוי אור אין סוף ברוך הוא הארה רבה ביתר שאת משאר מדותיו הקדושות יתברך.

ט אלול פשוטה
ז אלול מעוברת

• והנה אתערותא דלעילא לעורר גילוי הארה רבה והשפעה עצומה הנזכר לעיל מאור אין סוף ברוך הוא לעשות שלום הנזכר לעיל היא באתערותא

הַנִּקְרֵאת בְּשֵׁם 'תִּפְאֶרֶת', בְּדִבְרֵי חַכְמֵי הָאֱמֶת.[5] חכמי האמת, הם חכמי הקבלה, מזהים את מידת הרחמים עם 'תפארת'. תפארת אינה מילה נרדפת לרחמים, היא מילה בעלת משמעות לעצמה. לכן יש לומר שהקשר של תפארת לרחמים הוא קשר פנימי המורה על משמעות נוספת ועל צדדים נוספים במהות הדברים, כפי שיבואר לקמן.

לְפִי שֶׁהִיא כְּלוּלָה מִ־ב' (שני) **גְּוָונִין, לוֹבֶן וְאוֹדֶם, הַמְרַמְּזִים לְחֶסֶד וּגְבוּרָה.**[6] השם 'תפארת' מוסיף למידת הרחמים את המשמעות של יופי והרמוניה. הרמוניה לעולם אינה עשויה מגוון אחד, מסוג אחד וממהות אחת, היא תמיד תוצאה של צירוף הרמוני בין ניגודים, או לפחות בין שונים – בין צלילים, צבעים, צורות או תנועות נפש. בצירוף ההרמוני אין הניגודים נלחמים זה בזה, ולא מתבטלים זה בזה, אלא מחזקים ומייפים זה את זה, ופועלים בהשלמה של מהות אחת ומטרה אחת.

וְלָכֵן סְתָם שֵׁם הֲוָיָ"ה בָּרוּךְ הוּא שֶׁבְּכָל הַתּוֹרָה מוֹרֶה עַל מִדַּת הַתִּפְאֶרֶת, כְּמוֹ שֶׁכָּתוּב בַּזּוֹהַר הַקָּדוֹשׁ (חלק ג יא,א). כפי שמבואר בכמה מקומות,[7] שמותיו של הקב"ה[8] מתייחסים אל הספירות: שם 'א־ל' למידת החסד, שם 'אלוקים' לגבורה, שם 'הוי"ה' למידת התפארת וכו'.[9] וכפי שמבואר[10] שם הוי"ה מיוחד מכל השמות בכך שלבד משייכותו לספירת התפארת הוא השם הפנימי שבכל השמות (שם העצם, המבטא את המהות בעצמה ולא את פעולותיה[11]),

קצר וחד בינוני" (אחד ארוך אחד קצר ואחד בינוני). ביחס לאמור כאן משמעות הדבר היא, שהשלישי איננו רק עומד באמצע, במובן זה שהוא לא קיצוני כמו הראשון וגם לא כמו השני, שכן דבר יכול להיות באמצע רק משום שהוא חסר את היכולת להגיע לאחד מהצדדים. לשם דוגמה: בין לתת הרבה ובין לא לתת כלום אפשר לתת קצת, אבל הקצת הזה, כאמצע, יהיה פגום משני הצדדים, כי למי שצריך הרבה נתנו מעט מדי, ולמי שלא צריך לתת נתנו יותר מדי. על אמצע כזה שאלו פעם את הרבי מקוצק: מדוע הוא כל כך קיצוני? ואז הוא לקח את השואל אל החלון המשקיף אל הרחוב ואמר לו: "ראה, בצד ימין ובצד שמאל של הרחוב הולכים בני אדם, באמצע הולכים הסוסים!" בקו אמצע כזה הולך מי שאיננו יכול להחליט באיזה קו ללכת. אבל מידת הרחמים איננה רק קו אמצע, אלא היא מידה נוספת המכילה בתוכה את שתי המידות יחד, במעין סינתזה המגלה את מה שמעבר לשתיהן ולכן כוללת אותן יחד.

מטה כלפי חסד אפשר להגדיר זאת כך: מידת החסד היא לתת לכול, מידת הדין היא לתת למי שמגיע לו (ולא לתת למי שלא מגיע לו), ומידת הרחמים היא לתת למי שזקוק. נתינה

המבטא את האור המתלבש בתוך הכלים של הספירות.[12] לפיכך מופיע שם הוי"ה בצירוף השמות האחרים – כמו: "הוי"ה אלוקים", "הוי"ה צבאות" וכיוצא בזה – המבטאים יחד את הצירוף של האור והכלי. ואולם כאשר מופיע שם הוי"ה סתם, כלומר לבדו בלא צירוף שם אחר, הוא מורה על האור והכלי המיוחד לו, היא ספירת התפארת.

לְפִי שֶׁכָּאן, במידת התפארת, **הוּא בְּחִינַת גִּילּוּי אוֹר אֵין סוֹף בָּרוּךְ הוּא, הֶאָרָה רַבָּה בְּיֶתֶר שְׂאֵת מִשְּׁאָר מִדּוֹתָיו הַקְּדוֹשׁוֹת יִתְבָּרַךְ.** כאמור, המיוחד בספירת התפארת הוא, שהיא מגלה בתוכה אור גדול ופנימי יותר משאר המידות. וכמבואר, כדי שדבר יהיה באמת ממוצע בין צדדים שונים, הוא צריך להיות גדול וכולל יותר; הוא צריך לנבוע מהשורש שקדם לניגודים היכן שהם עדיין אחד. ובמובן מסוים, עליו לא רק להיות אור גדול יותר, אלא אור שהוא מבחינת הבלי גבול, שבהארתו מתבטלים הגבולות.

וְהִנֵּה אִתְעָרוּתָא דִּלְעֵילָּא (התעוררות של מעלה) **לְעוֹרֵר גִּילּוּי הֶאָרָה רַבָּה וְהַשְׁפָּעָה עֲצוּמָה, הַנִּזְכָּר לְעֵיל, מֵאוֹר אֵין סוֹף בָּרוּךְ הוּא,** כדי **לַעֲשׂוֹת שָׁלוֹם הַנִּזְכָּר לְעֵיל.** כאמור, כדי לעשות שלום צריכה להיות התעוררות שמלמעלה משני הצדדים שעושים שלום ביניהם. וכדי לעשות שלום במידות העליונות צריכה להיות התעוררות של אור אין סוף ממש מלמעלה.

הִיא בְּאִתְעָרוּתָא דִּלְתַתָּא (בהתעוררות של מטה). ככלל הידוע שהתעוררות של מעלה תלויה בהתעוררות מלמטה שמעוררת אותה. ההתעוררות מלמעלה באה מלמעלה מעלה, מהבורא, מהמקור הראשון; וההתעוררות מלמטה באה מהאדם שבגוף ובעולם הזה, שעושה עבודה מלמטה. לא עבודה בכוחות של מעלה אלא בכוחו שלו דווקא, התחתון האנושי והמוגבל. למה זה כך? – כי כך רצה הרצון העליון, מעבר לכל ההסברים, שהפועַל הקטן שלמטה יעורר את האור הגדול, את הפועַל האמיתי מלמעלה. קטן כמה שיהיה, כמעט שאינו משנה במקומו, ובלבד שיהיה מעין האור והפועל שיבוא מלמעלה.

של חסד אינה תלויה במקבל אלא בנותן בלבד; בעל החסד נותן לא משום שהמקבל זקוק לכך, אלא מפני שהנותן רוצה לתת. לשם דוגמה: מי שהוא 'מכניס אורחים' מכניס את כולם – עשירים ועניים, הגונים ובלתי הגונים – ומשקה ומאכיל את כולם.[3] הנתינה של מידת הגבורה היא למי שחייבים לתת לו. לאישה ולילדים חייבים לתת – ולכן נותנים להם; למי שאין חייבים – לא נותנים. לא שאין נותנים כלל, אבל נותנים, אפילו צדקה, כמה שחייבים, כמה שמגיע, ולא עוד. מידת הרחמים היא מידת הנתינה למי שזקוק. כלומר, גם למי שלא מגיע לו, וגם מעבר לגבול ולחובה, אם יש בכך צורך. אדרבה, כיוון שמידת הרחמים מתייחסת אל האחר, אל מה שהוא צריך, היא נתינה שלא לפי מידות והגבלות אף באופן פנימי יותר. שכן באופן זה כל ההגבלה היא מצד המקבל, בעוד מצד מידותיו של הנותן היא אינה מוגבלת כלל. ומשום כך, משום שיש ברחמים צד של נתינה והתפשטות (בחינת חסד) שאין אפילו בחסד כשלעצמו, נאמר שהיא "מטה כלפי חסד".[4]

התעוררות מלמטה לעיתים רחוקות מאוד זוכה אדם למתנה שלא לפי ערך ולא לפי יחס למצבו ומהותו. בדרך כלל צריך האדם

דלתתא במעשה הצדקה והשפעת חיים חן וחסד ורחמים למאן דלית ליה מגרמיה כלום ולהחיות רוח שפלים כו'.

ומודעת זאת מה שאמרו רבותינו זכרונם לברכה על העוסק בתורה לשמה משים שלום בפמליא של מעלה ובפמליא של מטה. פמליא של מעלה הם השרים והמדות הנזכרים לעיל שהן ההיכלות עליונים בעולם הבריאה שבזוהר הקדוש ופמליא של מטה הן ההיכלות התחתונים ובפרט עולם הזה השפל המעורב טוב ורע מחטא אדם הראשון והרע שולט על הטוב

והיא, ההתעוררות מלמטה להבאת השלום ממעלה, **בְּמַעֲשֵׂה הַצְּדָקָה וְהַשְׁפָּעַת חַיִּים חֵן וָחֶסֶד וְרַחֲמִים**,[13] שמעשה הצדקה אינו רק בנתינת כסף, אלא גם בהשפעה רוחנית של חן וחסד ורחמים. גם באופן שבו נותנים את הכסף וגם כהבעה של ההרגשות כשלעצמן, שפעמים אדם נזקק לזה לא פחות מהממון. **לְמַאן דְּלֵית לֵיהּ מִגַּרְמֵיהּ כְּלוּם** (למי שאין לו מעצמו כלום), **וּלְהַחֲיוֹת רוּחַ שְׁפָלִים כו'**. כאמור, הכלי של האור ה'עושה שלום' היא מידת הרחמים, וכדי לעורר את מידת הרחמים מלמעלה צריך לעורר ולעשות את מידת הרחמים מלמטה. כלומר לתת למי שאין לו בגלל שהוא שפל, בגלל שחסר לו, שזוהי כאמור הפעולה של מידת הרחמים. וכאשר אדם מרחם מלמטה מרחמים עליו מלמעלה. על הכתוב "ונתן לך רחמים ורחמך"[14] אומרים, שהקב"ה נותן לך את מידת הרחמים, וכאשר אתה משתמש בה – אז הוא מרחם עליך.

אופן נוסף של המשכת מידה עליונה זו של רחמים ותפארת הוא על ידי התורה, שהיא במידת התפארת.[15]

להכין למטה לא רק את המקום ואת הכלים, אלא גם את הדרך שבה יוכל האור לעבור ולהתגלות. כאשר יש יחידות שלמות שקשה מאוד לפרק אותן, צריך לחתוך חתך במקום אחד, ומאותו המקום שבו חותכים נפרס הדבר ומתחלק. השאלה היכן פורסים, באיזה צד, באיזה מקום – על זה מורה ההתעוררות מלמטה. היא המתווה את התוואי שדרכו זורמת ההתעוררות מלמעלה.

פמליא של מעלה ופמליא של מטה באדם גם באדם יש כעין שתי מערכות כאלה, מערכת של מעלה ומערכת של מטה. דוגמה אחת ליחס בין שתי המערכות הוא היחס בין גוף ונפש: פמליא של מעלה היא בחינת הנפש ופמליא של מטה בחינת הגוף. כך הסביר הבעש"ט כיצד הוא מרפא חולים במקום שרופאים אחרים לא הצליחו. הוא אמר שהוא מרפא את ה'פמליא של מעלה', את המערכת העליונה של הנפש (האלוקית, והקשר שלה עם האלוקי), ועל ידי כך ממילא מתרפאה גם ה'פמליא של מטה', המערכת התחתונה, הנפשית והגופנית.

עירוב הטוב והרע אפשר לומר שהקב"ה יצר עולם של אפשרויות, והאדם (אדם הראשון והאדם בכלל) בחר בשלב מסוים, כאשר הוא חטא, בדמות הזו של עולם, כדי לחיות בו. מאותה שעה, אין בעולם הזה טוב שאין בו מזיגה כלשהי של רע, ואין רע שאין בו

וּמוּדַעַת זֹאת מַה שֶּׁאָמְרוּ רַבּוֹתֵינוּ זִכְרוֹנָם לִבְרָכָה,[16] **עַל הָעוֹסֵק בַּתּוֹרָה לִשְׁמָהּ: מֵשִׂים שָׁלוֹם בְּפָמַלְיָא שֶׁל מַעְלָה וּבְפָמַלְיָא שֶׁל מַטָּה.** העיסוק בתורה לשמה אף הוא ממשיך הארה מאור אין סוף העושה 'שלום' בפמליא של מעלה ושל מטה. 'פמליא' היא מערכת של כוחות שיש בה ניגודים, כמו שמאל וימין וכו' שכדי שהיא תפעל נכון צריך לעשות שלום ביניהם. ומערכת כזו יש בשורש הדברים הנעלם למעלה, ויש מערכת כזו למטה.

ובעולמות: **'פָּמַלְיָא שֶׁל מַעְלָה' – הֵם הַשָּׂרִים וְהַמִּדּוֹת הַנִּזְכָּרִים לְעֵיל,** מיכאל וגבריאל שנזכרו במה שהובא לעיל מן התלמוד, **שֶׁהֵן הַהֵיכָלוֹת עֶלְיוֹנִים בְּעוֹלַם הַבְּרִיאָה** שֶׁנזכרים **בַּזּוֹהַר הַקָּדוֹשׁ.** ובזהר מבואר יותר שהם ההיכלות העליונים שבעולם הבריאה.

'וּפָמַלְיָא שֶׁל מַטָּה' – הֵן הַהֵיכָלוֹת הַתַּחְתּוֹנִים, שבעולמות היצירה והעשייה. פמליא של מטה אינה רק העולם התחתון הגשמי הזה, אלא גם עולמות בדרגות רוחניות שונות המתייחסות אליו. הכלל של הפמליא של מטה, של ההיכלות התחתונים, מוגדר בכך שהם היכלות נגזרים העומדים למטה מן ההיכלות העליונים, ובעמדה של מקבלים כלפיהם.

וּבִפְרָט, עיקר ה'פמליא של מטה' הוא **עוֹלָם הַזֶּה הַשָּׁפָל הַמְעוֹרָב טוֹב וָרָע.** הגדרתו המהותית של העולם הזה אינה היותו עולם חומרי או קשור לעולם חומרי, והיא גם אינה תלויה כלל בממדים של חלל וזמן, אלא בתופעה מיוחדת שיש בעולם הזה, שאינה קיימת בשום עולם אחר: העירוב של הטוב והרע.[17]

מֵחֵטְא אָדָם הָרִאשׁוֹן. חטאו של אדם הראשון לא יצר את הרע, אלא יצר את העירוב של הטוב והרע בעולם הזה, שאינם נבדלים עוד זה מזה.

וְהָרַע שׁוֹלֵט עַל הַטּוֹב. בעולם הזה העירוב של הטוב והרע אינו שוויוני, אלא באופן שהרע שולט וגובר על הטוב. שכן משעה שהטוב והרע מעורבים יחד, יש לרע אפילו יתרון מסוים ביכולת להשתלט על הטוב. כאשר צדיק ורשע, טוב ורע, נפגשים, טבע

צד מסוים של טוב; הטוב והרע חופפים זה את זה ובלולים זה בזה, עד שלעיתים אין אפשרות להבחין מהו הגדול ביניהם. משמעות הדבר מבחינתנו היא בעיקר ביחס לבחירה. אם לפני החטא היה עיקר הקושי בבחירה בין טוב לרע, כעת הקושי הוא להכיר מהו טוב ומהו רע. הטוב והרע אינם מצויים כל אחד במקום לעצמו, ואין עליהם שלט מזהה, אלא הם מעורבים זה בזה, מקבלים זה מזה וגם נראים דומים זה לזה. אילו הטוב והרע היו נפרדים, היו לטוב כל המעלות ולרע כל החסרונות. אבל כעת, מה שטוב אינו בהכרח יפה, מה שטעים יכול להיות מזיק, וכיוצא בזה. כך גם בבני אדם: כמעט שאין אדם טוב שהוא כולו טוב כמו שאין אדם רע שהוא כולו רע. התערובת היא עמוקה כל כך עד שלא רק אנשים אחרים אינם יודעים היכן הטוב והיכן הרע, אלא גם אדם בתוך עצמו אינו יכול להיות בטוח מהו טוב ומהו רע. על זה נאמר בדברי הנביא האחרון, לאחר גלות בבל: "ושבתם וראיתם בין צדיק לרשע בין עֹבד אלהים לאשר לא עבדו" (מלאכי ג,יח). כלומר שבזמן הזה צריך לשוב ולהסתכל, שוב ושוב, כדי שאפשר יהיה להבחין מיהו צדיק ומיהו רשע, מהו טוב ומהו רע.

טמאים ביד טהורים בתפילת 'על הניסים' אומרים: "מסרת גיבורים ביד חלשים ורבים ביד מעטים וטמאים ביד טהורים ורשעים ביד צדיקים וזדים ביד עוסקי תורתך". ושואלים:

כמו שכתוב אשר שלט האדם באדם כו׳ ולאום מלאום יאמץ וכנראה בחוש באדם התחתון הנקרא בשם עולם קטן שלפעמים הטוב גובר ולפעמים להיפך חס ושלום ואין שלום בעולם עד עת קץ שיתברר הטוב מהרע לידבק בשרשו ומקורו מקור החיים ברוך הוא ואזי יתפרדו כל פועלי און ורוח הטומאה יעבור מן הארץ כשיתברר מתוכו בחינת הטוב המחייהו

העולם הזה שלרשע יש יתרון. בספר קהלת מופיע המשל על ה"עיר קטנה ואנשים בה מעט, ובא אליה מלך גדול וסבב אֹתה ובנה עליה מצודים גדֹלים. ומצא בה איש מסכן וחכם ומלט הוא את העיר בחכמתו" (ט,יד-טו): "מלך גדול" זה יצר הרע, ו"איש מסכן וחכם" – זה יצר טוב (נדרים לב,ב). זה היחס ביניהם כשהם נפגשים בעיר הקטנה, בחיי העולם הזה, ה׳מסכן׳ לעומת ה׳מלך גדול׳, עם היתרון שיש למלך על המסכן. במקום אחר אומר התלמוד על היצר הטוב שאלמלא הקב"ה עוזרו אין יכול לו (קידושין ל,ב), כלומר שאם היה הדבר תלוי רק במאזן הכוחות הטבעיים היה יצר הרע מנצח.

כְּמוֹ שֶׁכָּתוּב: "אֲשֶׁר שָׁלַט הָאָדָם בְּאָדָם לְרַע לוֹ" (קהלת ח,טו).[18] מה שנאמר שם הוא שכאשר שולט ה׳אדם דקליפה׳ ב׳אדם דקדושה׳, הרי בסופו של דבר זהו "לרע לו" – לאדם דקליפה. אך מכל מקום, עולה מן הדברים שמצב זה של ׳אשר שלט האדם דקליפה׳ הוא המציאות של העולם התחתון שלנו, שבו הרע מעורב בטוב ויכול לשלוט בו.

וכפי שנאמר לגבי יעקב ועשו: **"וּלְאֹם מִלְאֹם יֶאֱמָץ"** (בראשית כה,כג). אשר כפי שמבואר בליקוטי אמרים (פרק יב), מדבר הכתוב גם במלחמה הפנימית, בתוך האדם, בין נפש האלוקית לנפש הבהמית, בין טוב לרע.

וְכַנִּרְאֶה בְּחוּשׁ בָּאָדָם הַתַּחְתּוֹן (האדם בעולם הזה, נפש בגוף) **הַנִּקְרָא בְּשֵׁם ׳עוֹלָם קָטָן׳.**[19] שהרי זה עניינו של האדם, שהוא כולל בתוכו את העולם כולו. ולכן, כדי לדעת ולהבין מה קורה בעולם הגדול – בעולמות הגשמיים וביתר שאת בעולמות הרוחניים – יכול אדם להסתכל בתוכו פנימה ולראות שם מה יש בעולמות: מה הם הכוחות הפועלים,

מסרת "גיבורים ביד חלשים" הוא אכן נס; אך מהו הנס כאשר מסרת "רשעים ביד צדיקים"? וההסבר הוא כפי שנתבאר כאן: לרשע יש הרבה יתרונות, הוא לא בוחל באמצעים, אין לו עכבות פנימיות והוא עושה מה שהצדיק אינו יכול ואינו מוכן לעשות. ומשום כך, במאבק החומרי ביניהם, היכן שאין הבחנה בין טוב לרע, יש לו יתרון בסיסי; ואם בכל זאת הצדיק והטוב מנצח – זהו נס.

כשהרע יעבור מן הארץ כאמור, מהות הרע כשלעצמו היא מהות ההעדר, הפגם, השלילה. ואם כן נשאלת השאלה: כיצד הוא מתקיים? התשובה היא שהוא קיים משום שהוא תמיד מעורב בטוב. הרע יונק מן הטוב, לוקח ממנו פירורים ומשתמש בהם על ידי כך שהוא מעוות אותם עד שכוח החיים שבהם הולך אל הרע במקום אל הטוב, להגדילו ולהעצימו. ולכן אם אפשר היה לבודד את הרע ולהוציא ממנו את הטוב, לא היה עוד צורך לעשות מלחמה, הוא היה מת בעצמו.

על דרך משל: לטפילים בטבע אין שום יכולת

כיצד הם מתייחסים זה לזה, מה התכלית ומה המשמעות. היתרון של 'העולם הקטן' על העולם הגדול הוא שאת העולם הקטן אנחנו מכירים מתוך עצמנו, בחושים שלנו, ישירות ולא על ידי מתווכים.

וכל אדם יכול לראות בתוך עצמו **שֶׁלִּפְעָמִים הַטּוֹב גּוֹבֵר וְלִפְעָמִים לְהֵיפֶךְ**, הרע מתגבר, **חַס וְשָׁלוֹם**.

וְאֵין שָׁלוֹם בָּעוֹלָם. כפי שמבואר בליקוטי אמרים, וכפי שרואים במוחש, בתוך האדם יש מלחמה תמידית בין הטוב והרע המעורבים בו; לעולם אין השלמה, לעולם אין הכוחות הסותרים שבתוך האדם מגיעים להשלמה. וכך גם בעולם בכללו, יש 'מלחמת עולם' בלתי פוסקת בין כוחות הקדושה ובין הכוחות ה'אחרים', כאשר לפעמים אלה גוברים ולפעמים האחרים.

עַד עֵת קֵץ. כמו באדם גם בעולם, השניות הזו היא חלק מהמבנה הבסיסי של המציאות; ולכן השלמה אמיתית, מהותית, היא בעצם בלתי אפשרית בתוך המציאות כפי שהיא. אמנם לעת קץ הימים, לאחר שייגמרו הזמן ומציאות העולם הזה, כאשר כל מבנה המציאות ישתנה, אז יגיע גם ה'שלום' לעולם.

שֶׁיִּתְבָּרֵר הַטּוֹב מֵהָרַע. כפי שנאמר, הבעיה של העולם הזה היא העירוב של הטוב והרע, ולכן תיקונו של העולם הוא בבירור והפרדת הטוב מהרע. ומה יקרה לאחר הבירור? הטוב יעלה **לִידָּבֵק בְּשָׁרְשׁוֹ וּמְקוֹרוֹ מְקוֹר הַחַיִּים בָּרוּךְ הוּא.** ובאשר לרע – **אֲזַי יִתְפָּרְדוּ כָּל פּוֹעֲלֵי אָוֶן וְרוּחַ הַטּוּמְאָה יַעֲבוֹר מִן הָאָרֶץ,**[20] **כְּשֶׁיִּתְבָּרֵר מִתּוֹכוֹ בְּחִינַת הַטּוֹב הַמְחַיֵּיהוּ.** הרע, רוח הטומאה, יונק את כל החיים והקיום שלו באמצעות הטוב המעורב בו. ולעת קץ, כאשר ייגמרו כל הבירורים והטוב ייפרד לחלוטין מן הרע, יעבור מן הארץ כל עצם קיומו של הרע, לא יהיה לו כל קיום עוד.

כל עבירה שהיא, כדי שיהיה לה קיום, כדי שמישהו יעשה אותה, צריך להיות בה צד של טוב. כגון: שזה טעים, שזה נעים וכיוצא בזה. לו אוכל לא כשר היה גם לא טעים, אף אחד לא היה אוכל אותו; וכך לגבי שאר העבירות. לצד הטוב שייכים כל הדברים

של קיום עצמאי; לווירוס אין כל קיום לעצמו, הוא קיים רק בתוך תא חי שהוא נטפל אליו; שם הוא חי, גדל ומתרבה, ומשעה שמוציאים אותו מן התא החי הוא אינו מתקיים עוד. דוגמה נוספת מתחום אחר: נניח שלגנבים לא היו שותפים בתחום ה'אפור', ואף אחד לא היה קונה מהם את הרכוש הגנוב; באופן זה לא היו הגנבים יכולים להתקיים. הגנב חי מזה שיש מישהו שקונה ממנו ויש מישהו שקונה ממי שקונה ממנו, דרגה אחר דרגה. אם אפשר היה לנתק את שרשרת הקיום הזו של 'העולם התחתון' מהכלכלה הלגיטימית, היה העולם התחתון, וכל מה שקשור אליו, מפסיק ממילא להתקיים, ולא היה צורך במלחמה נוספת.[21] הרע הוא כמו שקר; ושקר מוחלט, שהוא כולו שקר, שאין בו שום דבר של אמת, איננו יכול להתקיים במציאות. השקר עצמו הוא שלילה של מציאות, וכדי שהוא יתקיים צריך להכניס בו מרכיבים של אמת. השקר שיכול להתקיים רק משנה את היחסים בין המרכיבים ומעוות את הקשרים ביניהם, אבל אין הוא יוצר מציאות חדשה שהיא כולה שקר.

ח אלול מעוברת

ובירור זה יהיה גם כן על ידי גילוי אלקותו למטה בהארה רבה והשפעה עצומה כמו שכתוב כי מלאה הארץ דעה את ה׳ ונגלה כבוד ה׳ כו׳ וזהו בכללות העולם לעתיד אך באדם התחתון בכל עת מצוא זו תפלה או שאר עתים מזומנים להתבודד עם קונו כל אחד לפי מעשיו זוכה למעין בירור זה על ידי עסק התורה לשמה וכן על ידי הצדקה כמו שאמרו רבי אלעזר יהיב פרוטה לעני והדר מצלי דכתיב אני בצדק אחזה פניך

הטובים: היופי, החן, העריבות והתועלת, ולצד הרע כל הדברים האחרים; ובמציאות שלנו הם מעורבים. התערובת הזו (שמתחילה מעץ הדעת טוב ורע) היא החיות של כל מציאות הרע בעולם, וכאשר מלאכת הבירור וההפרדה ביניהם תסתיים – יסתיים גם קיומו של הרע בעולם.

וּבֵירוּר זֶה לעתיד לבוא **יִהְיֶה גַּם כֵּן עַל יְדֵי גִּילּוּי אֱלֹקוּתוֹ לְמַטָּה בְּהֶאָרָה רַבָּה וְהַשְׁפָּעָה עֲצוּמָה. כְּמוֹ שֶׁכָּתוּב: "כִּי מָלְאָה הָאָרֶץ דֵּעָה אֶת ה׳"** (ישעיה יא,ט), **"וְנִגְלָה כְּבוֹד ה׳ כו׳"** (שם מ,ב). הבירור הגמור והמוחלט של הטוב מהרע יכול להיות רק על ידי גילוי והארה אלוקית רבה ועצומה מעבר לכל המתגלה כרגיל בתוך העולם. כאשר מאיר האור הגדול, הוא שואב אל תוכו את כל האורות הקטנים (כמשל הידוע של להבת הנר השואפת ונכבית בלהבת האש הגדולה). כאשר "ונגלה כבוד ה׳ וגו׳", שלא בערך הארתו בעולמות של עכשיו, יישאבו כל ניצוצי וחלקי הקדושה מהיכן שהם מצויים ומשוקעים – בתוך הקליפות וההסתר, בתוך החומר והוויות החולין – ויעלו וידבקו בו. ובאותה שעה יתבטל הרע לגמרי ולא יוכל להתקיים עוד.

התגלות זו עצמה, המבררת את הטוב מהרע, היא זו שעושה שלום בעולם, כאשר כל החילוקים והפערים בעולם יתמזגו וישלימו זה את זה בכלל ההארה הגדולה. לכן נקראת הארה זו ׳סוכת שלום׳,[22] שכן התגלות זו חופפת ומקיפה את המציאות עד שכל חלקי המציאות מתבטלים בתוכה, וממילא מתבטלים כל החילוקים והניגודים ביניהם.

וְזֶהוּ בִּכְלָלוּת הָעוֹלָם לֶעָתִיד. בהיקף של ימי העולם בכלל יסתיים הבירור רק לעת קץ העולם, לעתיד לבוא, כאשר תסתיים עבודת כל הדורות.

אַךְ בָּאָדָם הַתַּחְתּוֹן. כל אדם הוא ׳עולם קטן׳. העולם הקטן שבאדם מכיל לא רק את

עת מצוא זו תפילה זמן התפילה הוא הזמן שבו מתייחד האדם עם קונו, שבו נעלמים מן התודעה לזמן מה ההסתרים, המניעות והמלחמה הפנימית בתוכו של האדם. בזמן כזה יוצא הרע מן האדם ועוזב אותו לרגע, שום דבר רע לא עולה על ליבו ומחשבתו, והוא יכול להרגיש את הבהירות שהינה, בעצם, מעין עולם הבא בתוך העולם הזה שלו.

מסופר על הצדיק ר׳ חיים מצאנז שהייתה לו רגל חולה, כנראה מפצע שלא הגליד בילדותו, והוא סבל ממנה ייסורים גדולים. פעם, כשהיה אצל הצדיק ר׳ נפתלי מרופשיץ,

הגאוגרפיה ואת הזואולוגיה של העולם הגדול, אלא גם את ההיסטוריה שלו. כל אדם כולל בתוכו את אירועי העבר, כמו גלות מצרים ויציאת מצרים, וכל אדם מכיל בתוכו גם את אירועי העתיד של הגילוי וההארה הגדולה "כי מלאה הארץ דעה את ה' וגו'".
אכן, ב'עולם הקטן' אין האירועים ההיסטוריים הללו מופיעים בכל התוקף ובכל ההיקף (כמו שהייתה יציאת מצרים בזמנו, וכמו שתהיה הגאולה לעתיד לבוא), אלא רק באופן חלקי, באותו חלק יחסי של אותו אדם, ואף זה רק בזמנים מסוימים.

בְּכָל עֵת מְצוֹא,[23] בכל עת שהקב"ה נמצא לאדם, **זוֹ תְּפִלָּה.** זמן התפילה, אצל כל אדם, הוא זמן של גילוי והארה אלוקית מ'עת קץ', שבו מתגלה לו כבוד ה' מעין הגילוי שיהיה לעתיד. שכן זמן התפילה – הן מצד הזמן, שהוא זמן המוכשר לזה, והן משום שמתפללים בו – הוא זמן של בהירות והתגלות שבו מקבלים הטוב והרע את הכיוון שלהם, והניגודים משלימים ביניהם.

אוֹ שְׁאָר עִתִּים מְזוּמָּנִים לְהִתְבּוֹדֵד עִם קוֹנוֹ, מלבד התפילה יש עוד אופנים שבהם יכול אדם להגיע לנקודה כזו של בהירות. יש אופן של התבודדות, כאשר אדם מפנה את עצמו מכל דבר ומתבודד עם הקב"ה. התבודדות זו אינה קשורה במקום ובזמן ובדבר מסוים שאדם עושה, אלא רק בכך שאין הוא עוסק בשום דבר אחר, שהוא נמצא במחשבתו עם הקב"ה לבדו ולא עוסק בשום דבר אחר שיפריע לאור האמת להתגלות בו.

כָּל אֶחָד לְפִי מַעֲשָׂיו זוֹכֶה לְמֵעֵין בֵּירוּר זֶה עַל יְדֵי עֵסֶק הַתּוֹרָה לִשְׁמָהּ. אופן אחר הוא בלימוד התורה לשמה. עניינו של לימוד התורה לשמה הוא שאדם עוסק בדבר נקי, שמאיר את כל המציאות בבהירות שנמצאת בתוכו. אבל אם הוא עוסק בתורה שלא לשמה, אם הוא לכלך את התורה עצמה, אין היא מאירה עוד בשבילו.

וְכֵן עַל יְדֵי הַצְּדָקָה, אף היא דרך להגיע אל הבהירות המתגלה בתפילה. **כְּמוֹ שֶׁאָמְרוּ** בתלמוד:[24] **רַבִּי אֶלְעָזָר יָהֵיב פְּרוּטָה לְעָנִי וַהֲדַר מְצַלֵּי** (היה נותן פרוטה לעני ואחר כך מתפלל), **דִּכְתִיב** (שכתוב): **"אֲנִי בְּצֶדֶק אֶחֱזֶה פָנֶיךָ"** (תהלים יז,טו). בצדקה עצמה אין התגלות של אור אלוקי, אבל הצדקה היא נקודה של התחלה שממנה הוא יכול לצאת אל התפילה ולגלות את האור. ואכן כך מנהג ישראל, לתת צדקה לפני התפילה, כהכנה והכשרה לקראת הגילוי וההתעלות של התפילה.
הדברים אמורים לגבי כל דרגה של מעשה, שאיננו דורש שום תנאי של הכנה ולכן הוא התחלה, ואולם ביתר שאת אמורים הדברים במעשה הצדקה. שכן עניינה של הצדקה שהיא פותחת את הגבולות – בין אדם לאדם, בין רכושו לרכושם של אחרים – וכאשר

התפלל בדבקות ובהתפשטות הגשמיות כדרכו, רקע ברגליו ורקד. והרבנית, שלא יכלה לראות בסבלו, נכנסה לבעלה הצדיק ואמרה לו: "למה אתה מרשה לו לרקוע ברגלו החולה ואינך אומר לו לפחות שירקע ברגלו הבריאה?" השיב לה הצדיק: "הייתי אומר לו, אילו הוא היה יודע בשעת התפילה באיזו רגל הוא רוקע!" שכן אצלו, בשעת התפילה הכול נעלם; הרע והייסורים אינם נמצאים עוד בתוך התחושות ובתוך מערך המחשבה והשיקולים שלו.

היא בחינת גילוי הארה והשפעת הדעת והתבונה להתבונן בגדולת ה׳ ולהוליד מזה דחילו ורחימו שכליים כנודע ועל ידי זה נברר הטוב לה׳ ונפרד הרע כמו שכתוב מצרף לכסף וכור לזהב ואיש לפי מהללו. פירוש לפי הילולו את ה׳ בעומק הדעת להוליד דחילו ורחימו ככה נברר הטוב ונפרד הרע כבירור ופירוד הסיגים מכסף וזהב במצרף וכור.

י אלול פשוטה
ט אלול מעוברת
והנה מודעת זאת שישראל בטבעם הם רחמנים וגומלי חסדים מפני היות נפשותיהם נמשכות ממדותיו יתברך אשר החסד גובר בהן על מדת הדין והגבורה והצמצום וכמו שכתוב גבר חסדו על יריאיו שלכן נקראת הנשמה בת כהן כמו שכתוב בזוהר הקדוש. והנה הצדקה הנמשכת מבחינה זו

נפתחים הגבולות למטה, כלשהו, הם נפתחים גם מלמעלה להאיר לו כבר בחיי העולם הזה שלו מאורות עולם הבא שלו.

הִיא, ההארה שמתגלה לאדם בתפילה כפי שתואר, **בְּחִינַת גִּילּוּי הֶאָרָה וְהַשְׁפָּעַת הַדַּעַת וְהַתְּבוּנָה, לְהִתְבּוֹנֵן בִּגְדוּלַּת ה׳ וּלְהוֹלִיד מִזֶּה דְּחִילוּ וּרְחִימוּ** (יראה ואהבה) **שִׂכְלִיִּים כַּנּוֹדָע**. עניינה של ההארה המתוארת כאן הוא קודם כול הארה של הדעת והתבונה, של ההתבוננות בגדולת ה׳ כפי שהיא מתגלה בהתבוננות בעולמות. התבוננות זו מולידה, כפי שמתואר במקומות רבים בחסידות, רגשות של אהבת ה׳ ויראת ה׳ שכליות, כלומר רגשות שמתקשרים אל ההתבוננות ואל נושאי ההתבוננות והידיעה, שגדלים וצומחים מהם.

וְעַל יְדֵי זֶה נִבְרָר הַטּוֹב לַה׳ וְנִפְרָד הָרַע. אהבה ויראה אלו, הנקראות ׳דחילו ורחימו שכליים׳, הן המבררות את הטוב מהרע וכו׳. השכל לבדו אינו עושה בירור, אין לו את המעורבות הנפשית במציאות, את העניין והכוח לפעול בה. גם הרגש לבדו אינו מברר, אין הוא יכול להבחין בעצמו בין הטוב והרע, לאן המציאות שהוא מרגיש באופן ממשי כל כך הולכת, מה יהיה השלב הבא, מה הכיוון, מה יביא לטוב ומה יביא לרע. ולכן רק ביראה ובאהבה השכליות – נברר הטוב ונפרד מהרע.

שבירת הגבולות בצדקה נתינת צדקה צריכה להיות נתינה שיש בה ממש. משהו שחשוב לאדם, משהו שהוא צריך – ושאף על פי כן הוא נותן אותו. רבי אלעזר היה עני מרוד, ולכן בשבילו גם נתינה של פרוטה הייתה נתינה של ממש. מספרים על ׳היהודי הקדוש׳ שכאשר חלה בנו והמצב היה לאחר ייאוש, אמר לאשתו שתיתן לצדקה את כל אשר לו: את הממון, את הבית, את הבגדים, את כל הרכוש. עניינו של מעשה הצדקה הוא דווקא כאשר האדם עושה שלא לפי הגבולות, לא לפי השכל, בלי שום התחשבות בעצמו ובצרכיו; ובאותה שעה נפעל כך מלמעלה גם לגביו, בהארה ובפתיחה של הגבולות.

הבירור שהוא בדחילו ורחימו שכליים כאשר החיים הדתיים מבוססים על אמונה (שהיא במהותה אינה בהירה), כאשר הרגשות אינם מוארים בתמונה בהירה של ההכרה – גם הבירור שנעשה בעולם הוא חלקי ואקראי. מה שאין כן כאשר האהבה והיראה יונקות מן ההכרה ומוארות על ידה, אין אז מקום

כְּמוֹ שֶׁכָּתוּב: "מַצְרֵף לַכֶּסֶף וְכוּר לַזָּהָב וְאִישׁ לְפִי מַהֲלָלוֹ" (משלי יז,ג). **פֵּירוּשׁ** הפסוק לפי מה שנתבאר הוא: **לְפִי הִילּוּלוֹ אֶת ה',** בתפילה, בהתבוננות **בְּעוֹמֶק הַדַּעַת לְהוֹלִיד דְּחִילוּ וּרְחִימוּ** (אהבת ה' ויראת ה') – **כָּכָה נִבְרָר הַטּוֹב וְנִפְרָד הָרַע,** על דרך משל **כְּבֵירוּר וּפֵירוּד הַסִּיגִים מִכֶּסֶף וְזָהָב בְּמַצְרֵף וְכוּר.** לזהב יש מצרף, לכסף יש כור, ולאדם יש תפילה. וכשם שהזהב מתברר מן הסיגים באש המצרף וכו', כך מתברר הטוב שבאדם כאשר הוא מהלל את ה' בתפילה. התפילה היא עבודת האדם בהתבוננות בעומק הדעת שמולידה ומצמיחה את האהבה והיראה. וכידוע שאהבה היא כסף ויראה היא זהב, היינו שהן בחינת הכסף והזהב בנפש האדם,[25] מהות הטוב שבו; אלו מתבררים אפוא בשעת התפילה, ומעמידים את האדם כולו בצד הקדושה.

וְהִנֵּה מוּדַעַת זֹאת שֶׁיִּשְׂרָאֵל בְּטִבְעָם הֵם רַחֲמָנִים וְגוֹמְלֵי חֲסָדִים,[26] והטעם הוא: **מִפְּנֵי הֱיוֹת נַפְשׁוֹתֵיהֶם נִמְשָׁכוֹת מִמִּדּוֹתָיו יִתְבָּרַךְ, אֲשֶׁר הַחֶסֶד גּוֹבֵר בָּהֶן עַל מִדַּת הַדִּין וְהַגְּבוּרָה וְהַצִּמְצוּם. וּכְמוֹ שֶׁכָּתוּב: "גָּבַר חַסְדּוֹ עַל יְרֵאָיו"** (תהלים קג,יא). במידות העליונות שבאצילות, וכן הוא בכל המידות שבצד הקדושה (ובנפש האדם), הקו האמצעי – בין קו הימין וקו השמאל – אינו בדיוק באמצע, אלא נוטה לצד ימין; יש בו יותר ימין מאשר שמאל, יותר חסד מאשר גבורה. במובן מסוים צד הקדושה כולו שייך לצד הימין, וצד השמאל כפוף ומשרת את הימין.

שֶׁלָּכֵן נִקְרֵאת הַנְּשָׁמָה "בַּת כֹּהֵן", כְּמוֹ שֶׁכָּתוּב בַּזֹּהַר הַקָּדוֹשׁ (חלק ב צה,א). על הפסוק "ובת כהן כי תהיה לאיש זר וגו'" (ויקרא כב,יב) נאמר בזהר: "בת כהן" היא הנשמה, ו"כי תהיה לאיש זר" כאשר היא יורדת לעולם להתלבש בגוף ובנפש הבהמית; ועל דרך זו מבוארת שם כל הפרשה. ולענייננו, "כהן" הוא בכל מקום צד החסד (לעומת הלוי שהוא גבורה), ולכן "בת כהן" היא הנשמה האלוקית העליונה, השייכת לצד החסד, כמו המידות העליונות, הקדושות, הנוטות בכללן לצד החסד.[28]

וְהִנֵּה הַצְּדָקָה הַנִּמְשֶׁכֶת מִבְּחִינָה זוֹ. כאשר אדם נותן צדקה מפני שזהו טבע נפשו: שהוא

במציאות לתערובת של טוב ורע. כאשר ההרגשה היא ברורה, כאשר רואים מצד אחד את הדרך שבה יורדים לתהום ומצד שני את הדרך שבה עולים למעלה, הרי אין מאבק בין הדרכים; הטוב עולה למקום שהוא שייך, והרע מפסיק מעצמו להתקיים. התערובת והמאבק קיימים רק באפלה, במקום שאין רואים ואין יודעים; ובמקום שיש הארה, ככל שהיא רבה יותר כך מתבררים ומתלבנים הדברים.

מצרף לכסף ביכולת התפילה להיות "מצרף לכסף", לאהבה, נבחנת התפילה. לא בחוויה האישית שהייתה או לא הייתה, אלא בשאלה: האם נעשה או לא נעשה שינוי בנפש? האם פעלה התפילה כמו המצרף והכור, ומשהו התברר מתוכו? אם התפילה הייתה כראוי, האדם שלאחר התפילה אינו אותו אדם. משהו בתוכו התברר, וחלק נוסף מתוך מהותו שייך עכשיו לקודש, לאהבת ה' וליראת ה'.

החסד גובר הדבר מתבטא גם באותו מאמר חז"ל ששלושה סימנים יש באומה

נקראת בשם מעשה הצדקה כי שם מעשה נופל על דבר שכבר נעשה או שנעשה תמיד ממילא והיא דבר ההווה ורגיל תמיד ואף כאן הרי מדת החסד והרחמנות הוטבעה בנפשות כל בית ישראל מכבר מעת בריאותן והשתלשלותן ממדותיו יתברך כמו שכתוב ויפח באפיו כו׳ ואתה נפחת בי ומאן דנפח כו׳ וגם בכל יום ויום בטובו מחדש מעשה בראשית וחדשים לבקרים כו׳. אך לשון עבודה אינו נופל אלא על דבר שהאדם עושה ביגיעה עצומה נגד טבע נפשו רק שמבטל טבעו ורצונו מפני רצון העליון ברוך הוא כגון לייגע עצמו בתורה ובתפלה עד מיצוי הנפש כו׳. ואף כאן במצות הצדקה ליתן הרבה יותר מטבע רחמנותו ורצונו וכמו שאמרו רבותינו זכרונם לברכה על פסוק נתן תתן אפילו מאה פעמים וכו׳.

מרחם, שהוא גומל חסדים, מפני שבמובן מסוים הוא אינו יכול לעשות אחרת. **נִקְרֵאת** אז נתינת הצדקה **בְּשֵׁם "מַעֲשֵׂה הַצְּדָקָה".**

כִּי שֵׁם מַעֲשֶׂה נוֹפֵל עַל דָּבָר שֶׁכְּבָר נַעֲשָׂה, אוֹ שֶׁנַּעֲשֶׂה תָּמִיד מְמֵילָא, וְהִיא דָּבָר הַהוֹוֶה וְרָגִיל תָּמִיד. כפי שיבואר בהמשך, ההבחנה היא בין 'מעשה' ל'עבודה'. 'מעשה' הוא מנגנון טבוע בנפש, תהליך קבוע שיש בו משתנים אבל במהותו ובעיקרו הוא נשאר; הוא נעשה בעבר והוא שב ונעשה בשינויים ידועים בהווה.

וְאַף כָּאן, הֲרֵי מִדַּת הַחֶסֶד וְהָרַחֲמָנוּת הוּטְבְּעָה בְּנַפְשׁוֹת כָּל בֵּית יִשְׂרָאֵל מִכְּבָר, מֵעֵת בְּרִיאוּתָן וְהִשְׁתַּלְשְׁלוּתָן מִמִּדּוֹתָיו יִתְבָּרֵךְ, כְּמוֹ שֶׁכָּתוּב: "וַיִּפַּח בְּאַפָּיו כו'" (בראשית ב,ז), וכפי שאומרים בברכות השחר: **"וְאַתָּה נְפַחְתָּהּ בִּי"**; ובספר הזהר:[29] **"וּמַאן דְּנָפַח כו'".** וכפי שמבואר בליקוטי אמרים (פרק ב), לעומת העולם כולו שנברא בדיבור, הנשמה האלוקית ניתנה באדם בנפיחה. דיבורו של אדם איננו רוחו ממש, אלא רק צורות שונות שהוא יוצר דרך מוצאות הפה, בעוד נפיחת האוויר היא עצם רוח החיים שהאדם מוציא מתוכו. כך על דרך משל למעלה: נפש האדם שהקב"ה נפח באפיו היא חלק אלו־ה ממעל ממש, לעומת העולם כולו שהינו רק דיבור, ביטוי מסוים, חיצוני, של המהות האלוקית. משום כך טבועות בנפשות ישראל אותן התכונות עצמן שמצויות במידות העליונות, שבהן כאמור גוברת מידת החסד על מידת הדין והגבורה.

וְגַם בְּכָל יוֹם וָיוֹם בְּטוּבוֹ מְחַדֵּשׁ מַעֲשֵׂה בְרֵאשִׁית, וכמו שכתוב במגילת איכה (ג,כג): **"חֲדָשִׁים לַבְּקָרִים רַבָּה אֱמוּנָתֶךָ".** כמו הבריאה כולה, גם הנפיחה הזו של הנשמה באדם

זו: רחמנים, ביישנים וגומלי חסדים. ומבואר ששלוש מידות אלו הן כנגד שלוש המידות העליונות:[27] גומלי חסדים – מידת החסד; ביישנים – מידת הגבורה; ורחמנים – מידת הרחמים. נמצא שמידת הגבורה מתגלה בנשמות ישראל בביישנות. הביישנות אכן שייכת למידת הגבורה, לתנועה של הרתיעה וההצטמצמות, ואולם זו גבורה ששייכת לצד החסד ומשרתת אותה. ואף הרחמים שבאמצע הם, בעיקרו של דבר, מידה של

מתחדשת בכל יום ובכל עת, ועימה גם הטבעה זו של המידות העליונות ונתינת הכוח בנפש להתגברות הרחמים והחסד.

אכן, כשם שהבריאה כולה אינה מציאות קבועה מובנת מאליה, אלא מציאות ש'נעשית' מחדש בכל פעם, כך גם המידות הטבעיות שבנפש, כמו מידת החסד, אינן מתקיימות ופועלות מעצמן. אדם צריך לעשות אותן בכל פעם מחדש; לא די שיש בטבעו מידה של חסד, אלא הוא צריך לקום ולתת צדקה, לעשות מעשה של חסד. זה לא מובן מאליו, וזה יכול להיות גם קשה, כאשר המעשה מנוגד למידות אחרות שבנפש (כמו מידת הדין), שגם הן מידות קדושות. אבל היכולת לעשות, הכוח להתגבר גם כשיש מניעה, היא טבועה בנפש, ואין האדם צריך לעשות דבר שכנגד טבעו, שלמעלה מטבעו. וכמו "המחדש בטובו מעשה בראשית"; בכל יום נברא העולם מחדש, בכל יום יש עולם חדש, הגם שהעולם של היום אינו שונה בטבעו מהעולם של אתמול.

אַךְ לְשׁוֹן עֲבוֹדָה אֵינוֹ נוֹפֵל אֶלָּא עַל דָּבָר שֶׁהָאָדָם עוֹשֶׂה בִּיגִיעָה עֲצוּמָה נֶגֶד טֶבַע נַפְשׁוֹ. 'עבודה' היא מה שאדם עושה נגד הטבע ונגד ההרגלים, שהוא משנה ומתקן את טבעו שהיה בו, מה שדורש מאמצים רבים.

רַק שֶׁמְּבַטֵּל טִבְעוֹ וּרְצוֹנוֹ מִפְּנֵי רְצוֹן הָעֶלְיוֹן בָּרוּךְ הוּא, כְּגוֹן לְיַיגֵּעַ עַצְמוֹ בְּתוֹרָה וּבִתְפִלָּה עַד מִיצּוּי הַנֶּפֶשׁ כוּ'. בוודאי, ייתכן שאדם ירצה בטבעו ללמוד תורה, ואף ייהנה מזה. ואולם כשאדם לומד באופן זה הוא עוסק ב'מעשה' הלימוד, ולא ב'עבודת' הלימוד. כשאדם מרגיש שאינו רוצה, שאינו יכול עוד, ובכל זאת הוא לומד משום שזהו הרצון העליון – זוהי עבודה. כשאדם מתפלל ומרגיש ש"כל עצמותי תאמרנה", זאת איננה עבודת התפילה; אבל כאשר עצמותיו רוצות דברים אחרים והוא מבטל את רצונו ואת הוויית ישותו וכוללם ברצון ובהוויה האלוקית – זוהי עבודה.

וְאַף כָּאן בְּמִצְוַת הַצְּדָקָה, ה'עבודה' בנוגע למצוות הצדקה היא: **לִיתֵּן הַרְבֵּה יוֹתֵר מִטֶּבַע רַחְמָנוּתוֹ וּרְצוֹנוֹ.** כאשר אדם מרחם וליבו כואב על העני, וכאשר יש לו והוא יכול לתת, הוא נותן במידה שרחמנותו מחייבת אותו. אבל כאשר אדם נותן יותר ממה שהוא יכול, למרות שאינו רוצה – זוהי "עבודת הצדקה".

וּכְמוֹ שֶׁאָמְרוּ רַבּוֹתֵינוּ זִכְרוֹנָם לִבְרָכָה עַל פָּסוּק: "נָתֹן תִּתֵּן" (דברים טו,י) – **אֲפִילּוּ מֵאָה פְּעָמִים וכו'** (ספרי שם). כאן נמצא הקושי. כאשר אדם בא בפעם ראשונה ומבקש – נותנים לו מתוך רחמים וברצון; וכאשר למחרת הוא בא שוב ומבקש, וחוזר שוב ושוב, הרחמים מתמעטים והסבלנות לאט לאט פוקעת. וכאשר התורה אומרת "אפילו מאה פעמים", הכוונה היא לתת כמה שיהודי צריך, אף על פי שכבר אין רחמים ואין רצון.

השפעת חסד ונתינה.

מבטל טבעו ורצונו מפני רצון העליון מדוע ישנה אדם את מהותו? מה מביא אדם לפעול נגד טבעו ורצונו? לאמיתו של דבר, הדבר היחידי שיכול לגרום זאת לאדם הוא רצונו העליון של הקב"ה. שכן כל סיבה אחרת קשורה בסופו של דבר באיזשהו חשבון, גדול או קטן, של כדאיות, שנושאו הוא בסיכומו של דבר ה'אני'.

יא אלול פשוטה / י אלול מעוברת

◂ וזהו שכתוב והיה מעשה הצדקה שגם הצדקה הנקראת בשם מעשה ולא בשם עבודה אף על פי כן באתערותא דלתתא אתערותא דלעילא מעורר גילוי אור אין סוף ברוך הוא בהארה רבה והשפעה עצומה ונעשה שלום במרומיו וגם בפמליא של מטה רק שבעולם הזה השפל לא יתגלה השלום והבירור ופירוד הרע מהטוב עד עת קץ ולא בזמן הגלות כנזכר לעיל רק בעולם קטן הוא האדם בכל עת מצוא זו תפלה כמו שכתוב בצדק אחזה פניך כנזכר לעיל אך אחר התפלה יוכל להיות הרע חוזר וניעור בקל ולהתערב בטוב כאשר יתהלך בחשכת עולם הזה. אך הצדקה בבחינת עבודה הנה מאשר יקרה וגדלה מעלתה במאד מאד בהיותו מבטל טבעו ורצונו הגופני מפני רצון העליון ברוך הוא ואתכפיא סטרא אחרא

וְזֶהוּ שֶׁכָּתוּב: "וְהָיָה מַעֲשֵׂה הַצְּדָקָה", שֶׁגַּם הַצְּדָקָה הַנִּקְרֵאת בְּשֵׁם 'מַעֲשֶׂה' וְלֹא בְּשֵׁם 'עֲבוֹדָה', אַף עַל פִּי כֵן, זו היא מכל מקום צדקה. **וּבְאִתְעָרוּתָא דִּלְתַתָּא אִתְעָרוּתָא דִּלְעֵילָּא** (בהתעוררות מלמטה התעוררות מלמעלה), על ידי מעשה הצדקה שאדם עושה למטה, כשהוא נותן ומשפיע לאחרים, לא לפי מה שמגיע אלא באופן של צדקה, הוא **מְעוֹרֵר**, בדומה לזה, למעלה **גִּילּוּי אוֹר אֵין סוֹף בָּרוּךְ הוּא בְּהֶאָרָה רַבָּה וְהַשְׁפָּעָה עֲצוּמָה**, מעל ומעבר למידה המאירה בעולמות בדין.

וכפי שנתבאר לעיל, על ידי הארה כזו **נַעֲשֶׂה שָׁלוֹם בִּמְרוֹמָיו**, בפמליא של מעלה, **וְגַם בְּפָמַלְיָא שֶׁל מַטָּה**. בעולם התחתון, שהוא העולם הזה, העולם שלנו.

רַק שֶׁבָּעוֹלָם הַזֶּה, הַשָּׁפֵל, לֹא יִתְגַּלֶּה הַשָּׁלוֹם וְהַבֵּירוּר וּפֵירוּד הָרַע מֵהַטּוֹב עַד עֵת קֵץ, וְלֹא בִּזְמַן הַגָּלוּת כַּנִּזְכָּר לְעֵיל. העולם שלנו אינו רק העולם הרחוק ביותר, הוא גם עולם שיש בו עיוות מסוים של האור העליון, שנוצר על ידי האדם וחטאיו. ולכן כל זמן שרושמם של חטאי האדם ניכר בעולם, לאמור בכל זמן הגלות, אין אותה הארה מתגלה וניכרת בתוך העולם.

רַק בְּ'עוֹלָם קָטָן' הוּא הָאָדָם. גם אם אין ההארה מתגלה בכללותה, בכללות המציאות של העולם הגדול, הרי היא מתגלה באופן חלקי בפרטים מסוימים בתוך האדם, שהוא 'עולם קטן'. ואף זה לא בכל עת ולא בכל הווייתו של האדם, אלא רק **בְּכָל עֵת מְצוֹא זוֹ תְּפִלָּה.** כאמור, על ידי מעשה הצדקה למטה מתעורר אור גדול מלמעלה, אלא שהאור הגדול הזה איננו חודר עד למטה מטה להתגלות בעולם התחתון ובמציאות היומיומית שאנו חיים בה. עם זאת יש כמה תחומים, אזורים, בתוך המציאות, שבהם המסך איננו אטום כל כך, והוא נפתח באופן חלקי מפעם לפעם. תחום כזה הוא התפילה, ובמובן מסוים גם יום השבת.[30] לכן התפילה היא בחינת השבת שבכל יום, והשבת היא מעין עולם הבא בכלל. ולכן בתוך התפילה, וביתר שאת בתוך התפילה של שבת, ייתכנו התבהרויות של "שלום" לא רק "במרומיו" אלא גם "עלינו".

כְּמוֹ שֶׁכָּתוּב: "בְּצֶדֶק אֶחֱזֶה פָנֶיךָ" (תהלים יז,טו), **כַּנִּזְכָּר לְעֵיל.** שההארה של מעלה, המתעוררת מן הצדקה ("בצדק") שעושים למטה, מתגלית בתפילה ("אחזה פניך").

אַךְ כיוון שהצדקה הייתה רק באופן של 'מעשה הצדקה', **אַחַר הַתְּפִלָּה יוּכַל לִהְיוֹת הָרַע חוֹזֵר וְנֵיעוֹר בְּקַל וּלְהִתְעָרֵב בַּטּוֹב, כַּאֲשֶׁר יִתְהַלֵּךְ בְּחֶשְׁכַת עוֹלָם הַזֶּה.** זמן התפילה היה חלון בהיר. באותה שעה היה ברור לו לאדם מה טוב ומה רע, מה צריך לעשות ומה לא. אבל אחר התפילה הוא נופל שוב לתוך מציאות שאינה מאפשרת את הבהירות הזו. העולם הזה חוזר אליו, על כל עיסוקיו וטרדותיו; שוב מתחילים הדברים להתערבב ולהתעמעם, ואדם מוצא את עצמו מהר מאוד באותו מקום שהיה בו קודם לכן. כלומר, כאשר הצדקה הייתה בבחינת 'מעשה הצדקה', שאדם עושה אותו באופן שאינו חורג מטבעו ומרחמנותו, גם ההארה הזו אינה חורגת מטבע העולם ואינה משנה אותו באופן ממשי כך שגם אחר התפילה יישאר רושמה של התפילה לכל היום.

אַךְ הַצְּדָקָה בִּבְחִינַת 'עֲבוֹדָה', כאשר נתינת הצדקה היא עבודה, במאמץ יוצא מן הכלל של שבירה ושינוי הטבע, **הִנֵּה מֵאֲשֶׁר,** מכיוון, שעבודה זו **יָקְרָה וְגָדְלָה מַעֲלָתָהּ בִּמְאֹד מְאֹד** בתוך נפשו של הנותן.

בִּהְיוֹתוֹ מְבַטֵּל טִבְעוֹ וּרְצוֹנוֹ הַגּוּפָנִי מִפְּנֵי רְצוֹן הָעֶלְיוֹן בָּרוּךְ הוּא. טבעו של כל אדם, גם איש המעלה, שהוא קרוב אצל עצמו, שגופו שלו נוגע לו יותר מגופם של אחרים. בחייו של כל אדם יש נקודות של פרשת דרכים, שבהן הוא צריך להחליט: האם הוא מוסיף לעצמו, או נותן לאחרים? וכאשר הוא בוחר לוותר על רצונו הטבעי הגופני מפני הרצון העליון, שלמעלה ומעבר לעולמו, ונותן לאחר – זוהי 'עבודת הצדקה' שלמעלה מהטבע והרצון הגופני.

וְעל ידי זה שאדם כופה את רצונו – **אִתְכַּפְיָא סִטְרָא אָחֳרָא** (נכפה הצד האחר). כל מה שאדם עושה במסגרת טבע נפשו איננו 'עבודה' ואיננו כפייה. בטבעם של כל ישראל יש צד מסוים של טוב ושל רחמים, ולכן פעולה של עשיית טוב, של נתינה לאחר, איננה כרוכה בהכרח במאבק נפשי וביצירת משבר, שכן זהו טבעו. על דרך משל, יש בעלי חיים שבזמנים מסוימים הם נחמדים וחביבים, ובזמנים אחרים הם שורטים. שני המצבים הללו אינם שינוי בטבעו של היצור, אלא הם חלק מטבעו ומהותו. בדומה לכך, בכל אדם טבועות תכונות ורצונות מסוימים שהם חלק מטבעו ומתורשתו, וכל זמן שהוא פועל במסגרתם הוא איננו כופה את טבעו ואיננו שובר דבר בתוך עצמו. ב'עבודה', לעומת

אתכפיא סטרא אחרא – בכל העולמות
כשאדם פועל באופן שהוא כופה את 'הצד האחר', זו פעולה שחורגת מעבר לפעולה על צד הקליפה שבתוך עצמו; ולכן זו איננה רק כפייה זמנית ומקומית, אלא זו כפייה כללית של הרע בתוך כל המציאות. שכן כאשר אדם פועל מתוך טבעו, הוא פועל בתוך מסגרת הרצון שלו ובשביל עצמו, אשר עדיין עומד במרכז המציאות. גם כשהוא נותן הוא עושה זאת משום שהוא רוצה ומשום שבסופו של דבר הוא זה שמקבל. ואולם כאשר הוא כופה את הסטרא אחרא שבתוכו, ואת מהות עצמו בכלל, משפיעה הפעולה הזו מעבר להווייתו הפרטית על מהות הרע שבכלל המציאות.

ואזי אסתלק יקרא דקודשא בריך הוא כו' וכיתרון האור מן החשך דוקא כנודע. אי לזאת אין הרע יכול להיות עוד חוזר וניעור בקלות כל כך מאליו רק אם האדם יעוררנו וימשיכנו על עצמו חס ושלום. וזהו שכתוב השקט ובטח עד עולם. השקט הוא מלשון שוקט על שמריו דהיינו שהשמרים נפרדים לגמרי מן היין ונופלין למטה לגמרי והיין למעלה זך וצלול בתכלית. ועל דרך זה הוא בעבודת הצדקה השמרים הן בחינת תערובת רע שבנפשו נברר ונפרד מעט מעט עד שנופל למטה למקורו ושרשו

זאת, הוא מגיע להתנגשות ולעימות עם הצדדים האחרים של טבעו, ומאחר שהוא אינו יכול לשכנע אותם, הוא כופה אותם בעל כורחם; וזהו "אתכפיא סטרא אחרא".

וַאֲזַי אִסְתַּלֵּק יְקָרָא דְקוּדְשָׁא בְּרִיךְ הוּא כו' (מתעלה כבודו של הקב"ה) בכל העולמות. חכמים אמרו[31] שכאשר ביקש הקב"ה לברוא את האדם, טענו לפניו מלאכי השרת: "מה אנוש כי תזכרנו?" לשם מה לברוא יצור כזה שהוא חלש ומסוכן ומועד לפורענות? ואף על פי כן, ברא הקב"ה את האדם. ומאז עומדת בריאת האדם במבחן מתמיד – את דבריו של מי הוא יצדיק? הקב"ה הימר כביכול על האדם, הוא מאמין בו ומשקיע בו. ולכן, בכל פעם שהאדם מגיע לנקודה של עימות והוא מנצח וכופה את הסטרא אחרא – הוא מעלה ומרומם את כבודו של הקב"ה למעלה מעלה.

וְ"כִּיתְרוֹן הָאוֹר מִן הַחֹשֶׁךְ" (קהלת ב,יג) **דַּוְקָא כַּנּוֹדָע.** האור שבא מתוך העימות והניצחון על הסטרא אחרא הוא אור שבא מן החושך. האור הזה לא רק דחה את החושך, אלא במובן מסוים יצא מתוכו ממש, ולכן יש לאור זה יתרון רב על פני האור הרגיל הנמצא בעולמות. אור כזה מגלה בתוכו מהות גבוהה יותר ונבדלת יותר מכל מה שנמצא בתוך העולמות.

אִי לְזֹאת, אֵין הָרַע יָכוֹל לִהְיוֹת עוֹד חוֹזֵר וְנֵיעוֹר בְּקַלּוּת כָּל כָּךְ מֵאֵלָיו. כאשר מעשה המצווה (והצדקה והתפילה) היו על פי טבעו של האדם, כאשר התפילה הייתה יפה ונעימה לו, כאשר הייתה בלי מאבק ורצון מיוחדים, הרי הוא חוזר לאחר התפילה לחייו הרגילים, לאותו מקום שהיה בו קודם. ההתעלות שהייתה בתפילה לא עשתה שינוי קבוע אלא לשעתה בלבד. מה שאין כן כאשר היו הצדקה והתפילה בבחינת 'עבודה', הרי גם אם ההארה לא תמשיך להאיר לו באותו אופן – חל שינוי מסוים במהותו, שנשאר גם לאחר התפילה. האדם שאחר התפילה אינו אותו אדם, הוא השתנה עד שכבר אין הוא מזדהה ואין הוא שייך באותו אופן אל כוחות הרע ששלטו בו קודם.

יתרון האור מן החושך בחסידות מבואר בכמה פנים היתרון שיש לאור כאשר הוא בא מן החושך. יש כמובן יתרון הכרתי, שהאור ניכר ומשפיע יותר כאשר הוא מופיע בניגוד לחושך, אחרי החושך או בצידו. כמו לשמחה מן העצבות, לבריאות מן החולי, לחכמה מן הסכלות וכיוצא בזה. ואולם, יש גם יתרון פנימי יותר, באשר האור שבא מן החושך מאיר במובן מסוים את החושך עצמו. התפיסה היא שהאור הגבוה יותר, הגדול יותר, אינו

רַק אִם הָאָדָם יְעוֹרְרֶנּוּ וְיַמְשִׁיכֶנּוּ עַל עַצְמוֹ חַס וְשָׁלוֹם. האדם אכן נמצא כעת באווירה אחרת, הוא איננו מושפע ואיננו נתון עוד לאותם כוחות כפי שהיה קודם, אבל צריך לזכור שהבחירה החופשית עדיין בידו. הוא אולי איננו מודע לכך, אבל הוא עלול תמיד להחליט, מסיבות אלו או אחרות, שהוא הולך לחטוא. על דרך משל, אדם יכול לצאת מהביצה וללכת במסילה ישרה ויבשה, היכן שהרפש אינו דבק בו עוד; אבל גם אז אי אפשר למנוע ממנו לחזור ולקפוץ אל הביצה. במובן זה גם הצדקה הגדולה ביותר אינה מזכה את האדם בחסינות מתמדת. ועם זאת נוצר שינוי, נוצר שיווי משקל חדש בתוך חייו, שאיננו בטל ונשטף סתם כך בזרם החיים כשלעצמם.

וְזֶהוּ שֶׁכָּתוּב לגבי "עבודת הצדקה": **"הַשְׁקֵט וָבֶטַח עַד עוֹלָם". "הַשְׁקֵט" הוּא מִלְּשׁוֹן "שׁוֹקֵט עַל שְׁמָרָיו",**[32] **דְּהַיְינוּ שֶׁהַשְּׁמָרִים נִפְרָדִים לְגַמְרֵי מִן הַיַּיִן וְנוֹפְלִין לְמַטָּה לְגַמְרֵי, וְהַיַּיִן לְמַעְלָה זַךְ וְצָלוּל בְּתַכְלִית.** אדמו"ר הזקן מפרש כאן בהדגשת המילה "על", כלומר שהיין אינו מעורב בשמרים אלא נמצא מעליהם. בשלבים הראשונים של הכנת היין ותסיסתו השמרים מעורבים עם היין, וגם לאחר שהתסיסה פוסקת, במשך זמן מה, השמרים עדיין מרחפים בגובה היין. בשלב זה היין עכור, וגם טעמו אינו משובח. רק לאחר שבמשך זמן מה ישב היין בשקט, ללא תסיסה ותנועות אחרות, הוא "שוקט על שמריו", כלומר השמרים שוקעים למטה והיין שלמעלה נשאר צלול לגמרי.

וְעַל דֶּרֶךְ זֶה הוּא בַּעֲבוֹדַת הַצְּדָקָה: הַשְּׁמָרִים הֵן בְּחִינַת תַּעֲרוֹבֶת רַע שֶׁבְּנַפְשׁוֹ. השמרים בנפש – מה שנקרא במקומות אחרים ה"שאור שבעיסה" (ברכות יז,א ועוד) – הם היצר המתסיס את האדם, המשנה ומעוות את מהותו וצורתו הראשונית. ועל ידי עבודת הצדקה **נִבְרָר וְנִפְרָד מְעַט מְעַט, עַד שֶׁנּוֹפֵל לְמַטָּה לִמְקוֹרוֹ וְשָׁרְשׁוֹ.** הפרדת השמרים מן היין היא המשל להפרדת הרע מן הטוב. השמרים הם הפסולת והרע שיורדים למטה, והיין הוא הקדושה שעולה למעלה.[33]

בעיית האדם איננה בעיית מציאות הרע אלא בעיית תערובת הרע – העובדה שהרע נמצא בתוך החיים, בתוך כל מה שאדם עושה וחושב. משום כך גם התיקון הוא בכך שהטוב והרע נפרדים. הטוב נעשה טוב יותר, צלול וקדוש יותר; והרע, אם נשאר, נעשה גס יותר, נפרד יותר ודוחה יותר. כמו במשל, האדם זוכה ל"השקט", לאותו שקט פנימי שבו הטוב והרע אינם מעורבים עוד. ואולם כמו במשל, אפשר תמיד לחזור ולבחוש ביין שהשמרים שקעו בתוכו, ולהעלות שוב את השמרים אל תוך היין. עם זאת, מעתה יהיה הדבר תלוי במעשה רצוני של האדם, שירצה להביא את הרע, אבל הרע לא יקפוץ עוד מעצמו ולא יבוא אליו בעל כורחו.

זה הנגלה אלא זה הנסתר מאיתנו. להשגתנו המצומצמת ברור שמה שאיננו משיגים הוא גדול וגבוה יותר ממה שאנו משיגים; מה שאנו רואים הוא רק חלק קטן לאין ערוך ממה שאיננו רואים. כך האור שבא מן החושך מבטא הארה כזו שהייתה קודם בתחום החושך וההסתר, הארה מן העצמות האלוקית שהיא בהגדרתה בבחינת "ישת חשך סתרו" (תהלים יח,יב).

וכמו שכתוב ותשליך במצולות ים כל חטאתם:

וּכְמוֹ שֶׁכָּתוּב: "וְתַשְׁלִיךְ בִּמְצוּלוֹת יָם כָּל חַטֹּאתָם" (מיכה ז,יט).[34] וייעשו המים בהירים וצלולים. ההדגשה כאן היא על "במצולות ים", כלומר בעומק הים, במקום שאי אפשר לעלות משם. ולזאת זוכה האדם ב"עבודת הצדקה"; כאשר ההארה והבהירות שהוא זוכה לה אינה ארעית אלא קבועה, שאינה יכולה להיעכר בקלות אחר שהרע הושלך ונכבש במצולות ים, במקום שלא ישוב ויעלה בנקל.

איגרת זו עסקה במצוות הצדקה ובהשפעתה על נפש האדם ועל עבודת ה' שלו, בתורה ובמצוות ובייחוד בתפילה. נאמר שנתינת הצדקה בכלל, שהיא נתינה שלא על פי דין, גם למי שלא מגיע לו ושלא יכול לשלם עבורה, מעוררת השפעה מלמעלה גם כן שלא לפי גבול ומידה, כביכול מעבר למה שמגיע לאדם על פי דין. הארה גדולה זו היא ההארה שעושה 'שלום', כשכל הניגודים מתבטלים ומשלימים בצילה. ונאמר שכשם שבקיום מצוות הצדקה יש שתי דרגות – 'מעשה הצדקה' ו'עבודת הצדקה' – כך גם בהארה של מעלה המתעוררת מחמתה יש שתי דרגות: האחת שעושה שלום במרומיו וגם עלינו בעולם הזה, אלא שאין היא מתגלה בעולם הזה בשינוי טבעו ומנהגו הגלוי (אלא רק באופן שהאדם יכול לגלותו באופן זמני, בזמנים ובהשתדלות מיוחדים, כמו בשעת התפילה), והשנייה, אשר כמו 'עבודת הצדקה' המבטלת את טבעו הבסיסי של האדם ומגלה את נקודתו הנסתרת, היא חודרת ומגלה את הסתר העולם ואף קובעת בו סדר חדש, למטה כמו למעלה, באופן של 'השקט ובטח עד עולם'.

איגרת יג

איגרת זו, שנכתבה כנראה בשנת תקנ"ב, היא חלקה הראשון של איגרת שנועדה לעורר את החסידים לתת למגבית צדקה מיוחדת, על ידי שליח מסוים שנשלח לשם כך.[1]

אכן עיקר עניינה של האיגרת, והוא הנדפס כאן, עוסק בנפש האדם, זו שמתבקשת לתת יותר משיש בידה ולעשות יותר משהיא יכולה, וזאת משום שיש בתוכה כוחות כאלה – גם אם אין רואים זאת וגם אם האדם עצמו אינו מודע לכך.

כדי לעורר את הכוחות הללו צריך לדעת על קיומם. האם הם קיימים בכל אדם? היכן הם נסתרים? כיצד מעוררים אותם, מלמטה ומלמעלה? בתשובה לשאלות אלו עוסקת האיגרת הזו.

איגרת יג

יב אלול פשוטה
יא אלול מעוברת

מה רב טובך אשר צפנת ליראיך וגו'. הנה בכלל עובדי ה' יש ב' בחינות ומדרגות חלוקות מצד שורש נשמתם למעלה מבחינת ימין ושמאל דהיינו שבחינת שמאל היא מדת הצמצום וההסתר בעבודת ה' כמו שכתוב והצנע לכת כו' במסתרים תבכה כו'

האיגרת פותחת בביאור פסוק מתהלים המדבר על השכר שהקב"ה נותן לבני אדם. את השכר נותן הקב"ה לבני אדם בעבור מעשים טובים שהם עושים ועל פי האופן והכוונה שבהם הם עושים אותם. מה שחשוב לאדמו"ר הזקן אינו השכר אלא עבודת הנפש שאותה מגלה השכר, ואת זה יברר דרך ביאור הכתוב:

"מָה רַב טוּבְךָ אֲשֶׁר צָפַנְתָּ לִּירֵאֶיךָ פָּעַלְתָּ לַחֹסִים בָּךְ נֶגֶד בְּנֵי אָדָם" (תהלים לא,כ). בפסוק שני חלקים: האחד עוסק ב"יראיך" והשני ב"חֹסים בך". כפי שיאמר בהמשך, "יראיך" וה"חֹסים בך" הם שני סוגים של בני אדם, ותחילה יבאר מה מהותו של כל אחד ובמה הם חלוקים.

הִנֵּה בִּכְלַל עוֹבְדֵי ה' יֵשׁ ב' (שתי) **בְּחִינוֹת וּמַדְרֵגוֹת חֲלוּקוֹת.** בתניא מדובר רבות על החלוקה בין הצדיק והבינוני, בין עובד אלוקים לאשר לא עבדו. החלוקות הללו הן כולן חלוקות של דרגות, לאמור הבדל במעלה, הבדל בעוצמת האישיות וברמתה, הבדל בדרגת ההתגלות האישית. הצדיק והבינוני אינם נמצאים באותו מישור של עבודה, אלא זה למעלה מזה; אין הם עוסקים באותן הבעיות באופנים שונים אלא בבעיות שונות. כאן, לעומת זאת, המדובר בסוג אחר של חלוקה: חלוקה בין אנשים הנמצאים באותו מישור, אלא שהם נבדלים באופי, באישיות, ובדרך שבה הם ניגשים אל דברים ומתייחסים אליהם.

בכלל עובדי ה' יש בחינות מחולקות אפשר כמובן לשאול, לשם מה עלינו לעסוק בשאלות כאלו של סיווג? לשם מה עלינו לדעת על סוגים אחרים של אנשים, שאינם כמונו? אכן, לבד מהוראה כללית, בייחוד בתחום הקדושה, שטוב לו לאדם לדעת – יש בזה טעם נוסף. ביטא זאת אחד הצדיקים, שפירש את הכתוב "לא תשנא את אחיך בלבבך" (ויקרא יט,יז) כך: לא תשנא את אחיך משום שהלב שלו איננו כמו הלב שלך. יש אדם שיש לו נטייה מסוימת, דקות של השגה והתייחסות לדבר מסוים, וכשהוא רואה אנשים אחרים שאינם מצויים באותה התייחסות, נדמה לו שמשהו לא בסדר אצלם, חורה לו שהם אינם כמוהו. ולכן, כדי להבין שאנשים יכולים להיות שונים זה מזה, ואפילו שוני גדול, ואף על פי כן להיות כולם עובדי ה'; כדי להבין שעבודת ה' אינה עשויה תמיד בתבנית אחת ובאופי אחד – צריך לדעת

התפיסה העקרונית היא, שאם אדם אחד היה יכול למלא בשלמות את מקומו של אדם אחר, הקב״ה לא היה בורא אותו. לכל אדם יש צד מסוים, נקודה מסוימת שאיננה קיימת בשום אדם אחר. ולכן, מצד אחד אפשר לומר שכמספר שורשי הנשמות – שישים ריבוא – כך מספר הסוגים של בני אדם. עם זאת, ישנן חלוקות כוללות יותר; ישנה החלוקה לשנים עשר שבטים,[2] שכל אדם מישראל שייך בשורש נפשו לאחד מהם; ישנה החלוקה של שבעים (״בשבעים נפש ירדו אבֹתיך מצרימה״[3]) שהיא גם החלוקה של שבע המידות (כשבעת קני המנורה).[4] ואולם החלוקה הכוללת ביותר היא החלוקה לשתיים, לשתי בחינות ומדרגות שונות.

מִצַּד שׁוֹרֶשׁ נִשְׁמָתָם לְמַעְלָה. החלוקה אינה רק חלוקה חיצונית, של אופי וצורת התנהגות, אלא חלוקה שיסודה בשורש הנשמה.

מִבְּחִינַת יָמִין וּשְׂמֹאל. החלוקה כאן היא ׳לרוחב׳, ולכן היא אינה חלוקה של מעלה ומטה, אלא של ימין ושמאל. ימין ושמאל לא במובן הגשמי, אלא בכיוונים רוחניים, של דרך השתלשלות מחשבתית ורגשית בכיוון זה או אחר.

דְּהַיְינוּ, מה ההבדל בין שמאל וימין: **שֶׁבְּחִינַת שְׂמֹאל הִיא מִדַּת הַצִּמְצוּם וְהַהֶסְתֵּר בַּעֲבוֹדַת ה׳.** צד השמאל הוא, באופן כללי, צד הגבורה, היראה והדין. כמובן, אין אלו ביטויים של רע לעומת טוב. אלו ביטויים של התכנסות, של הצטמצמות מן ההיקף אל המרכז, של כיווץ והסתר (ולכן עלולים להיראות כביטויים קשים של הסתר וחוסר נתינה, ואפילו של רע). בעבודת ה׳, צד השמאל הוא תמיד הצד המתייחס בעיקר אל מה שקורה בפנים, בצד הפנימי של הבית, בתוך הקירות, בתוך הגבולות וההגדרות.

כְּמוֹ שֶׁכָּתוּב: ״וְהַצְנֵעַ לֶכֶת עִם אֱלֹהֶיךָ״ (מיכה ו,ח). יש דרך בעבודת ה׳ שהיא ב׳הצנע לכת׳, של מי שעושה את הדברים בסתר, בִּפנים. זה בעיקר עניין של אופי, של אדם שאינו מפרסם בחוץ את מחשבותיו ואת מעשיו, שהדבר מפריע לו והוא איננו זקוק לזה. ובעניינים של קדושה, ׳הצנע לכת׳ יש בזה גם מעלה.

וכמו שכתוב: **״בְּמִסְתָּרִים תִּבְכֶּה נַפְשִׁי כו׳״** (ירמיה יג,יז). כביכול גם אצל הקב״ה יש פנים של התגלות, של ״עֹז וחדוה במקֹמו״, ויש פנים של הסתר, שבהם ״במסתרים תבכה נפשי״. הפסוק מבטא צד של אופי, של מי שאינו מגלה את ענייניו ברבים. כשהוא במסתרים,

שיש אנשים אחרים ויש דרכים אחרות.

והצנע לכת עם אלוקיך לעומת אנשים שמשקיעים מאמצים כדי ׳לפרסם׳ את יראת השמיים שלהם, יש המשקיעים מאמצים גדולים עוד יותר כדי להסתיר זאת. אצל חסידי חב״ד מדברים על ׳בליטות׳, שנחשבת לדבר מגונה. בליטות לאו דווקא של מידות מגונות, אלא גם של מידות טובות. כאשר יש לאדם מידה טובה, והוא ואחרים יודעים שיש לו מידה טובה – זו היא ׳בליטה׳. אצל חסידי קוצק, בשלבים מסוימים, היו החסידים עושים אף תחבולות שונות כדי להיראות בעיני עצמם ובעיני הבריות כקלים ופוחזים (ואף זה צריך זהירות רבה, שלא יהיה גם הוא צד של ׳בליטה׳). ההנחה היא, שמה שאדם עושה עם ה׳ אלוקיו זה עניינו שלו לבדו, ואנשים אחרים אינם צריכים לדעת

כל העוסק בתורה בסתר כו׳. והנה ממדה זו נמשכה גם כן בחינת הצמצום והגבול בעבודת ה׳ כמו בצדקה להיות נידון בהשג יד והמבזבז אל יבזבז יותר מחומש וכהאי גוונא בתלמוד תורה ושארי מצות די לו שיוצא ידי חובתו מחיוב מפורש שחייבתו התורה בפירוש לקבוע עתים כו׳. אך בחינת ימין היא מדת החסד וההתפשטות בעבודת ה׳ בהתרחבות בלי צמצום והסתר כלל כמו שכתוב ואתהלכה ברחבה כו׳ וממנה נמשך גם כן מה שאמרו רבותינו זכרונם לברכה זרוק מרה בתלמידים כו׳ (צריך עיון. ונראה שצריך להיות קודם אך בחינת ימין כו׳) **וגם בלי צמצום וגבול כלל ואין מעצור לרוח נדבתו בין בצדקה ובין בתלמוד תורה ושארי מצות ולא די לו לצאת ידי חובתו בלבד אלא עד בלי די כו׳:**

במקום שראוי לבכות – הוא בוכה. אבל הוא איננו בוכה בפומבי, אין הוא מגלה את רגשותיו ואת חוויותיו, אלא שומר אותם בינו לבין עצמו.

וכך בעסק התורה, כמו שאומרים רבותינו ז״ל: **״כָּל הָעוֹסֵק בַּתּוֹרָה בַּסֵּתֶר כו׳״** (על פי מועד קטן טז,ב). יש אדם שעוסק בתורה בסתר לא מפני שהוא מתבייש לגלות, אלא מפני שכזה הוא, וכזה הוא לימוד התורה שלו, שאינו מעניינם של אחרים.

שלוש מובאות אלה מקיפות את כל התחומים של עבודת ה׳: תורה, תפילה ומצוות. ״הצנע לכת״ היא העבודה וההליכה במעשה המצוות; ״במסתרים תבכה״ היא עבודת התפילה בבכי ובתחנונים; ו״העוסק בתורה בסתר״ הוא לימוד התורה. שכן החלוקה בין שתי הבחינות של עובדי ה׳ שמדובר בה אינה בין דרגות ובין תחומים שונים של עבודת ה׳, אלא באופי שבו עושים את אותם הדברים עצמם. ולכן מצויה החלוקה הזו בכל התחומים: בתורה, בתפילה ובמעשה המצוות.

וְהִנֵּה מִמִּדָּה זוֹ, שמבחינת השמאל, **נִמְשְׁכָה גַּם כֵּן בְּחִינַת הַצִּמְצוּם וְהַגְּבוּל בַּעֲבוֹדַת ה׳.** המידה של צניעות והסתר היא גם מידה של צמצום ושימת גבולות בעבודת ה׳. כל אופן של הימנעות מדבר – מלעשות, מלגלות, מלחשוב ומלדבר – נובע מצד השמאל; מכוח ההגבלה והדין והגבורה. גם ביטוי הגבורה איננו בהתפרצות של כוח אלא דווקא בהתאפקות ובהימנעות מלפרוץ. כך מידת הדין וכך ב׳הצנע לכת׳.

על כך. המסורת ארוכת השנים של ׳צדיקים נסתרים׳[5] בנויה על כך שיש דרך כזו, ויש אנשים כאלה שחיים בכוונה ב׳הצנע לכת׳, שהם אינם רוצים שאנשים אחרים ידעו מי הם ומה הם יודעים ויכולים לעשות. ובכל מקום נחשב הדבר למעלה גדולה.

הצמצום והגבול בעבודת ה׳ אין זה משום שפלוני הוא קמצן שאינו נותן ואינו עושה מה שצריך לעשות, אלא משום שאופיו ועבודתו בנויים על חוק וסדר, על משמעת פנימית וחיצונית, על כך שדברים צריכים להיעשות בתוך המידות ולא מחוץ למידות. בשביל אדם כזה יש לגדר ולהגדרה חשיבות גדולה, עד שהקו המנחה את עבודתו הוא השמירה על הגבולות והגדרים. הדבר מתבטא לא רק במה שהוא מתרחק מן הרע, אלא גם באופן שהוא עושה טוב: בתוך התחומים ובתוך הגבולות.

כְּמוֹ בְּמִצְוַת הַצְּדָקָה, כפי שהיא מוגדרת בהלכה: **לִהְיוֹת נִידּוֹן בְּהֶשֵּׂג יָד.**[6] למצוות הצדקה יש גדר בהלכה – לתת כמה שתשיג ידו, אבל לא יותר מזה. אדם מחשב כמה יש לו, כמה הוא יכול להרשות לעצמו לתת – ואת זה הוא נותן.

כמאמר: **וְהַמְבַזְבֵּז אַל יְבַזְבֵּז יוֹתֵר מֵחוֹמֶשׁ.**[7] שהמוציא לצדקה לא יוצא יותר מחמישית מהכנסתו (מנכסיו), שלא יגיע למצב שיצטרך בעצמו לבריות.

וּכְהַאי גַּוְונָא (וכמו כן) **בְּתַלְמוּד תּוֹרָה וּשְׁאָרֵי מִצְוֹת, דַּי לוֹ שֶׁיּוֹצֵא יְדֵי חוֹבָתוֹ מֵחִיּוּב מְפוֹרָשׁ שֶׁחִיְּיבַתּוּ הַתּוֹרָה בְּפֵירוּשׁ,** כפי שמוגדר בהלכה. וכגון בתלמוד תורה: **לִקְבּוֹעַ עִתִּים כו'.** שמצווה על כל אדם לקבוע לו זמנים קבועים ביום ובלילה שבהם יעסוק בתורה, שנאמר "והגית בו יומם ולילה".[8] אדם כזה קובע מסגרות ללימוד התורה שלו; יש לו זמנים קבועים ושיעורים קבועים, והוא ידקדק בזה ולא יוותר בשום אופן על השיעור הקבוע שלו. את מרצו ואת כוחו הוא ישקיע בעמידה מדויקת בזמנים ובשיעורים שקבע לעצמו.

אַךְ בְּחִינַת יָמִין בנשמות **הִיא מִדַּת הַחֶסֶד וְהַהִתְפַּשְּׁטוּת בַּעֲבוֹדַת ה', בְּהִתְרַחֲבוּת בְּלִי צִמְצוּם וְהֶסְתֵּר כְּלָל, כְּמוֹ שֶׁכָּתוּב: "וְאֶתְהַלְּכָה בָרְחָבָה כו'"** (תהלים קיט,מה).[9] לעומת תנועת הצמצום, ההתכנסות וההסתגרות שמצד השמאל, קיימת הפתיחה, ההתרחבות והיציאה מן הגבולות מצד הימין. אדם כזה, כשהוא עושה מצווה, לומד או מתפלל, איננו מקפיד על שמירת הגבולות הקבועים, אלא הוא מרחיב והולך בכל מקום שישנה אפשרות. וממילא, עבודה כזו שאינה נעצרת בגבולות אינה נשארת ב'הצנע לכת'; עבודה כזו – העולם רואה.

וּמִמֶּנָּה נִמְשָׁךְ גַּם כֵּן מַה שֶּׁאָמְרוּ רַבּוֹתֵינוּ זִכְרוֹנָם לִבְרָכָה: זְרוֹק מָרָה בַּתַּלְמִידִים כו'.[11] את הדברים הללו אמר רבי יהודה הנשיא כצוואה לבנו הגדול, רבן גמליאל, כשמסר לו סדרי נשיאות: "נהוג נשיאותך ברמים, זרוק מרה בתלמידים". דברים אלה מבטאים צד של גבורה, של הקפדה על גבולות ועל איכויות בלי פשרות.

(צָרִיךְ עִיּוּן, וְנִרְאֶה שֶׁצָּרִיךְ לִהְיוֹת קוֹדֶם "אַךְ בְּחִינַת יָמִין כו'"). כפי הנראה, המשפט הקודם נדפס שלא במקומו, כי הוא מתייחס, לפי העניין, למה שנאמר קודם, לבחינת השמאל.

וחזרה אל בחינת הימין: **וְגַם בְּלִי צִמְצוּם וּגְבוּל כְּלָל, וְאֵין מַעֲצוֹר לְרוּחַ נִדְבָתוֹ, בֵּין בִּצְדָקָה וּבֵין בְּתַלְמוּד תּוֹרָה וּשְׁאָרֵי מִצְוֹת, וְלֹא דַּי לוֹ לָצֵאת יְדֵי חוֹבָתוֹ בִּלְבַד, אֶלָּא עַד בְּלִי דַּי** (על

מידת החסד וההתפשטות בעבודת ה'
לכאורה צריך היה להיות, שבכל הקשור לעבירות ולענייני עולם הזה יהיה האדם במידת הגבורה והצמצום, וכאשר הוא מגיע למצוות – יהיה במידת החסד וההתרחבות. אלא שבמציאות אנשים בנויים אחרת. אנשים בנויים לפי אופי מסוים, ואותו אופי מכתיב לאדם כיצד הוא נוהג בכל מה שהוא עושה, בין בקדושה ובין בעניינים אחרים. אדם אינו יכול להיות בטבעו קמצן בכל דבר חוץ מאשר במצוות; אדם איננו יכול להיות בהרחבה רק במצוות. כאשר אופיו של אדם הוא מכונס וסגור, הוא מכונס וסגור בכל תחומי החיים שלו. אכן, היו אנשים שיכלו לשבור את האופי ואת מהות עצמם בנקודות מסוימות,[10] ואולם הדבר הוא קשה מאוד.

יג אלול פשוטה

והנה כל איש ישראל צריך להיות כלול מב׳ בחינות אלו ואין לך דבר שאין לו מקום ולכן מצינו כמה דברים מקולי בית שמאי ומחומרי בית הלל ללמדנו שאף בית שמאי ששרש נשמתם מבחינת שמאל העליון ולכן היו דנין להחמיר תמיד בכל איסורי התורה. ובית הלל שהיו מבחינת ימין העליון היו מלמדין זכות להקל ולהתיר איסורי בית שמאי

פי מלאכי ג,י) **כו׳**. אדם כזה, שהוא מצד הימין, עושה כל דבר בהרחבה מעבר למה שנדרש. הוא יודע שיש גבולות, אבל הגבולות אינם נחשבים בעיניו, ולכן הוא פורץ אותם: בין בצדקה שהוא נותן מעבר למה שהוא צריך ויכול, ובין בלימוד התורה ובשאר מצוות. אין הוא עושה כדי לצאת ידי חובה, כי הוא איננו חי בתוך הרגשת חובה אלא בתוך הרגשת התנדבות, בתוך הרגשת נתינה והשפעה שלעולם אינה מספקת. לעולם אין הוא מרגיש די, אלא הוא פורץ ויוצא הלאה והלאה, עד בלי די. זהו האיש של בחינת הימין.

וְהִנֵּה כָּל אִישׁ יִשְׂרָאֵל צָרִיךְ לִהְיוֹת כָּלוּל מב׳ (משתי) **בְּחִינוֹת אֵלּוּ.** החלוקה הזו של הימין והשמאל אינה נמצאת בשלמות בתוך המציאות. כמעט אין אדם שהוא טיפוס מובהק של צד אחד בלבד. בדרך כלל אנשים רק נוטים יותר לצד כלשהו, פעמים באופן קיצוני יותר ופעמים פחות. יתרה מזאת, אנו אף נדרשים לעבד את טבע נפשותינו כדי לצרף את הבחינות הללו ולא להיות בנויים על קו אחד בלבד. חלק מתפקידנו בעולם הוא לנסות ולחיות בתוך עצמנו גם את הצדדים האחרים, שאינם טבעיים ומובנים מאליהם עבורנו.

וְאֵין לְךָ דָּבָר שֶׁאֵין לוֹ מָקוֹם (אבות פרק ד משנה ג). כפי שהודגש כבר, אין זו חלוקה בין מידות טובות ומידות שאינן טובות, אלא חלוקה בין מידות שונות שלכל אחת הזמן, המקום והפרופורציות המתאימים לה. לכל דבר בתוך המציאות יש מקום, וכך גם בתוך נפשו של אדם. זו רק שאלה של הזמן, המקום והאופן המתאים – כדי שכל צד בנפשו של אדם יגיע לביטוי. אכן, אצל כל אדם יש יותר מקום לצדדים מסוימים, שהם פעילים יותר בתוך נפשו, אבל גם לצדדים אחרים ישנם המקום והזמן הראויים.

אין לך דבר שאין לו מקום לשם דוגמה: יש אנשים שמדברים בהרחבה, בהרחבת ההסברים ובהרחבת העניינים; ויש אנשים שמדברים בדרך צמצום, שכל משפט שלהם כולו תוכן מכוון, אומרים מה שצריך ולא יותר. האמת היא ששתי הדרכים הן דרכים נכונות של השפעה, אלא שצריך לדעת היכן ומתי להשתמש בכל אחת מהן. היו חכמים שכאשר דיברו הם עשו זאת בהרחבה גדולה ובהסברים ארוכים, וכאשר כתבו היה זה בדרך קצרה.[12] וכן לקטן – בגיל או בדעת – צריך להסביר בהרחבה גדולה, אבל אם מסבירים כמו כן לאדם שמבין מדעתו, וחוזרים ומסבירים לו דברים שהוא כבר מבין ויודע – הרי זה מעשה שאינו במקומו, שלא יועיל ואף יזיק וימאיס.

להתיר איסורי בית שמאי ישנו הסיפור המפורסם, על אודות שמאי והלל עצמם, באותו גר שבא להתגייר על מנת שיהיה כהן

ואם אדם אינו יכול בשום אופן לגלות בתוכו צד מסוים, פירושו של דבר שבהיקף הגדול אין הוא ממלא את תפקידו בשלמות. האדם השלם הוא זה שיכול לגלות בתוכו את כל הצדדים והמידות, אך לא באופן שהם סותרים ומפריעים זה לזה, אלא באופן שלכל אחד יש מקום, שהוא יודע מתי והיכן להשתמש בכל מידה.

וְלָכֵן מָצִינוּ כַּמָּה דְּבָרִים מִקּוּלֵּי בֵּית שַׁמַּאי וּמֵחוּמְרֵי בֵּית הִלֵּל.[13] למרות שבדרך כלל בית שמאי פוסקים להחמיר ובית הלל להקל, זה איננו עקבי לחלוטין, ויש מקומות שבהם בית שמאי מקילים ובית הלל מחמירים.

לְלַמְּדֵנוּ, שֶׁאַף בֵּית שַׁמַּאי, שֶׁשֹּׁרֶשׁ נִשְׁמָתָם מִבְּחִינַת שְׂמֹאל הָעֶלְיוֹן. לכל נשמה למטה יש שורש ומקור למעלה במידות העליונות, שממנו היא מקבלת את אופייה ותכונותיה. כאשר שורש הנשמה הוא מן המידות השייכות לקו השמאל, יתבטא הדבר גם באדם למטה: באופיו, בשיקוליו ובדרך ראייתו את הדברים. הדבר מסביר גם מדוע יש קבוצות של אנשים שחושבים ומרגישים באופן דומה (גם אם לכאורה אינם קשורים זה בזה), לעומת קבוצות אחרות. וכגון אותם חכמים שהיו שייכים לבית שמאי, לעומת אותם חכמים שהיו שייכים לבית הלל.

ובית שמאי היה שורש נשמתם שייך לקו השמאל, **וְלָכֵן הָיוּ דָּנִין לְהַחְמִיר תָּמִיד בְּכָל אִיסּוּרֵי הַתּוֹרָה.** כאמור, צד השמאל הוא צד הגבולות וההגדרות, צד הזהירות והחשש, ועל כן נטייתם היא להחמיר, להגביל ולגדור את הדברים.

וּבֵית הִלֵּל שֶׁהָיוּ מִבְּחִינַת יָמִין הָעֶלְיוֹן, הָיוּ מְלַמְּדִין זְכוּת לְהָקֵל וּלְהַתִּיר אִיסּוּרֵי בֵּית שַׁמַּאי. בליקוטי אמרים (פרק ז) מוסבר ש'איסור' הוא מלשון אסור וקשור. כאשר עושים מצווה בדבר, באדם מסוים (ולא רק מצווה, אלא כל עיסוק של יהודי בענייני העולם, כמו אכילה וכו') המטרה היא להעלות את הדבר ואת כל הקשור בו מתוך העולם הניטרלי אל הקדושה. הפסק שדבר מסוים הוא 'אסור' פירושו שהדבר והמעשה קשורים אל מציאות החומר והקליפה ואי אפשר לשחררו ולהעלותו, ולכן אין ליהודי לעסוק בו. והפסק ש'מותר' אומר שאפשר; אם עושים מאמץ, אם מתכוונים נכון – אשר להעלות את האור והקדושה שיש בדבר מתוך העולם ולדבקם באלוקי. ולכן בית הלל היו 'מלמדים זכות';

גדול (שבת לא,א). שמאי הזקן דחה אותו מייד כראוי לו, והלל קיבל אותו, אבל אמר לו שלפני שהוא נעשה כהן גדול מן הראוי שילמד מה עניינו של כהן זה ומה הוא צריך לעשות. ואכן, לאחר שלמד מעט הבין אותו גר עצמו שאין הוא יכול להיות כהן גדול. הסיפור הזה מבטא את ההתייחסות שאינה פשוטה בין שני הצדדים. לכאורה, שמאי צדק והלל לא צדק; לפי כל ההגדרות ההלכתיות, את הגר הזה לא היה צריך לקבל. אדם שבא להתגייר על תנאי, ועל תנאי כגון זה, אין מן הראוי לגייר אותו. ואף על פי כן, הלל מנסה ללכת על הגבול, לנסות ולהתיר, לנסות ולהרחיב ככל האפשר. זהו טבעה של מידת החסד, שמהלכת על גבול הסיכון, שמנסה להקל, להגמיש, לפרוץ את הגבולות. אכן יש גבול שבו הגמישות מאבדת את התוכן הפנימי והופכת להיות הפקרות. לפיכך אין זה פשוט להסיק מן הסיפור מסקנה כוללת, כגון: שצריך להיות רך כהלל ולא קפדן כשמאי, ואף לא להפך.

שיהיו מותרים מאיסורם ויוכלו לעלות למעלה אף על פי כן בכמה דברים היו בית שמאי מקילין מפני התכללות שרש נשמתם שהוא כלול גם מימין וכן שורש נשמת בית הלל כלול גם משמאל כידוע דרך ומדות קדש העליון דלית

הם ראו את הקשיים והבעיות, הבינו למה בית שמאי אוסרים, אבל בכל זאת חיפשו דרך כיצד להתיר את האיסורים, לשחרר את הדבר מקשריו אל הקליפות ולדבקו בקדושה.

שֶׁיִּהְיוּ מוּתָּרִים מֵאִיסּוּרָם וְיוּכְלוּ לַעֲלוֹת לְמַעְלָה. ההגדרה של החסד כמקל ושל הגבורה כמחמירה אינה ביחס לאדם, אלא ביחס למציאות. כשאנו אומרים שדבר מסוים הוא אסור ההדגשה אינה על כך שהוא אסור לפלוני, אלא על כך שהוא אסור בעצמו. וכאשר מתירים אותו, הרי זה כמו התרת אסורים, שמתירים את האסיר מכבליו והוא יוצא לחופשי ויכול לעלות למעלה.

בדרך כלל היו בית שמאי מחמירים, משום שהם שייכים לבחינת השמאל והדין; ומצד זה הגישה היא, שלא כל אחד יכול לעלות לקדושה, אלא רק מי שבאמת עומד בהגדרות. ובית הלל מקילים, משום שגישתם הבסיסית היא לקבל גם שלא לפי ההגדרות והגבולות.

אַף עַל פִּי כֵן, בְּכַמָּה דְּבָרִים הָיוּ בֵּית שַׁמַּאי מְקִילִין, מִפְּנֵי הִתְכַּלְּלוּת שֹׁרֶשׁ נִשְׁמָתָם, שֶׁהוּא כָּלוּל גַּם מִיָּמִין. נשמתם של בית שמאי שייכת אמנם לצד השמאל, ובקצה סדר ההשתלשלות, היכן שאומרים ועושים דברים, השמאל נראה נפרד מהימין. אבל בשורש,

שאלה דומה היא השאלה, מיהו הרופא הטוב? האם הרופא שמתיר הכול – לשתות ולאכול ולנהוג כפי שאדם רוצה – או הרופא שאוסר ואוסר ואוסר? האם המהנדס רחב הלב, שהעלים עין מהעובדה שהבניין אינו עומד בכל דרישות התקן, הוא איש טוב? והלוא האיש הטוב הזה הוא גם אחראי לכל מה שעלול לקרות אם הבניין יתמוטט! יש אנשים שהם רחבים בכל דבר, וקל להם להתייחס בהרחבה ולנהוג בהרחבה, ויש אנשים אחרים שקל להם להתייחס בחומרה, להקפיד על שמירת הגבולות. וכאמור, הדבר מורה על נטייה, על גישתו של האדם כלפי הדברים; אבל מבחינת הדברים עצמם אין זה אומר מה הנכון ומה הטוב.

אסור ומותר בגלגולים בקשר לדברים הללו יש סיפורים רבים של גלגולי נשמות וניצוצות קדושים שהיו בתוך שאלות של איסור והיתר.[14] הייתה שאלה על בהמה או עוף, ופסקו לאיסור, או שדחו את השאלה, והדבר הגיע אל הצדיק, והוא הזדעק: "הייתכן?! באווז הזה התגלגלה נשמה, וחיכתה חיים שלמים לרגע הזה, ואתם אוסרים אותו ושולחים אותו למחזור נוסף של חיים בתור באווז ואף גרוע מזה!" והרבי מבקש לחזור ולדון, ולהשתדל ככל האפשר להתיר אותו, כדי שיוכל לעלות ולצאת מן המעגל הזה.

להקל או להחמיר – האם יש אמת אחת? כשאנו אומרים שאלו מחמירים ואלו מקילים, אין מדברים על פסיקה שגויה או על עיוות הדין. שכן המציאות אינה כזו שלכל שאלה יש רק תשובה נכונה אחת; לפעמים לאותה שאלה עצמה יש כמה תשובות נכונות, וצריך לבחור. יש אנשים שבטבעם רואים את הצדדים השחורים – מה עלול להיות – והם חוששים, ולכן פוסקים להחמיר. ויש אנשים שאינם חוששים, שהם רואים את סיכויי ההצלחה, והם יפסקו בדרך כלל להקל.

מהיכן שיוצאים השמאל והימין, הם כלולים זה בזה; הם בעצם מהות אחת שמתפצלת בעולמות.

וְכֵן שׁוֹרֶשׁ נִשְׁמַת בֵּית הִלֵּל כָּלוּל גַּם מִשְּׂמֹאל. ולכן, כיוון שבשורש הם כלולים כאחד, גם למטה בקצוות שום דבר איננו חד צדדי לחלוטין. וכפי שמתבטא הדבר גם בהלכה, שיש דברים שבהם בית שמאי מקילים, ויש שבהם בית הלל מחמירים, אפילו יותר מבית שמאי.

כַּיָּדוּעַ דֶּרֶךְ וּמִדּוֹת קֹדֶשׁ הָעֶלְיוֹן, המידות הקדושות כפי שהן למעלה – כלומר כאשר אינן מעורבות ומלובשות בעולמות התחתונים – כך הן גם למטה ובכל מקום, עד שהדבר נעשה אחד מסימניה המובהקים של הקדושה: **דְּלֵית תַּמָּן** (שאין שם) **קִיצּוּץ וּפֵירוּד חַס וְשָׁלוֹם.** כל מידה שהיא מצד הקדושה לא יכולה להיות כרותה ומנותקת ממקורה וממידות אחרות. ולאידך גיסא, בכל מקום שהדברים כרותים, כשהם אינם יכולים להתייחס ולהתחשב זה בזה – זהו סימן שאינם מצד הקדושה. בכל מקום שמוצאים קיצוניות שאיננה יכולה להשיג ולהתכלל בדבר אחר, פירושו של דבר שזו אינה קדושה, שזו בחינה של טומאה. ואכן, על בית שמאי ובית הלל נאמר בתלמוד (יבמות יד,ב) ש"לא נמנעו בית שמאי מלישא נשים מבית הלל, ולא בית הלל מבית שמאי; ללמדך שחיבה וריעות נוהגים זה בזה". למרות המחלוקת לא היה ביניהם פירוד ושנאה. וזהו סימנה של הקדושה: כאשר אנשים שאינם מאופי אחד, שאינם מסכימים בדעות זה עם זה, יכולים להיות ביחד, להיות נכללים זה בזה.

להביא לכך דוגמה מוחשית: אפשר להגיע להסכמה מסוימת על כך שצבע כחול הוא כחול ואדום הוא אדום, וכיוצא בזה; אבל כאשר מבקשים מאנשים לבחור בחירה אישית בצבע מסוים – כל אחד יבחר צבע אחר. כל בחירה תהיה נכונה, שכן כל אחד יבחר את מה שקרוב ושייך לשורש הנשמה שלו. כמו כן, יש אדם שכשהוא לומד דף גמרא הוא יבין כמו רש"י, ויש מי שלומד ומקשה כמו התוספות. אין זה אומר שלזה יש יותר שכל ולזה יש פחות; כל זה הוא בסך הכול גילוי, איך כל אחד מהם רואה ותופס את הדברים.

כאשר יש קיצוץ ופירוד כאשר רואים מישהו שאינו יכול לסבול אדם אחר או מידה אחרת – זהו ביטוי של חיסרון בנפשו. לפעמים זו קליפה גמורה, ולפעמים רק שורש של רע. אפשר לראות זאת גם בתוך התחום של תורה ועבודת ה'. כאשר אדם רואה רק צד אחד בתורה, ואינו מבין ואינו נוגע בצד אחר – התורה שלו היא תורה קצוצה ופרודה. שכן כאשר אדם שייך לקדושה, הרי גם אם בעיקרו ובעניינו הוא שייך לעניין אחד, הוא יכול להכיל ולהבין גם דברים אחרים. אבל כשיש בראשו של אדם רק דבר אחד, אפילו כולו קודש – זהו שורש רע. כמבואר בספרי הקבלה, התהליך של שבירת הכלים, של יצירת האפשרות של רע, היה בנקודה זו עצמה: כאשר המידות העליונות מקוצצות, כשהן אינן יכולות עוד להתייחס לקיומן של מידות אחרות.

רשות היחיד ורשות הרבים על דרך חלוקת הרשויות בשבת – רשות היחיד ורשות הרבים – ישנה בספרים[15] חלוקה דומה למעלה, ברוחניות, בין רשות היחיד, שהיא רשותו ומקומו של הקב"ה, וכנגדה רשות הרבים, שהיא מקום העולמות. שכן כל מה שקשור לקדושה ולאלוקי קשור לאחדות, ולא

תמן קיצוץ ופירוד חס ושלום וכל המדות כלולות זו מזו. ולכן הם מיוחדות זו בזו כידוע ליודעי ח"ן וכדכתיב באברהם שהוא מדת החסד והאהבה עתה ידעתי כי ירא אלהים אתה על ידי שלבש מדת הגבורה ויעקוד את יצחק בנו ויקח את המאכלת כו'. ומה שאמר הכתוב אברהם אוהבי ופחד יצחק הנה ההפרש וההבדל הזה הוא בבחינת גילוי והעלם שבמדת יצחק הפחד הוא בבחינת גילוי והאהבה מסותרת בבחינת העלם והסתר וההיפך במדת אברהם אבינו עליו השלום

וְכָל הַמִּדּוֹת כְּלוּלוֹת זוֹ מִזּוֹ, וְלָכֵן הֵם מְיוּחָדוֹת זוֹ בָּזוֹ, כַּיָּדוּעַ לְיוֹדְעֵי חֵ"ן (חכמת נסתר). כתוב בספרים[16] שכאשר המידות אינן יכולות להתאחד ולהתכלל זו בזו, כאשר כל מידה היא נפרדת לעצמה – זהו עולם התוהו ושבירת הכלים. עולם ומציאות שאינם יכולים להתקיים, שאינם מתקיימים אלא כשברים של מה שלא יכול היה להתקיים. זאת לעומת עולם התיקון, שבו המידות מתכללות זו בזו, כאשר במידת החסד יש משהו מהגבורה ובמידת הגבורה יש משהו ממידת החסד, וכיוצא בזה. שכן, לו היו המידות פרודות לגמרי – מידת החסד הייתה כולה חסד, ומידת הגבורה כולה אך ורק גבורה – לא הייתה כל אפשרות למגע וקשר בין החסד והגבורה. בקדושה, למרות שיש לכל מידה גוון בסיסי אחד, הגוון הבסיסי הזה הוא מורכב, ולכן הוא מתקשר גם עם צדדים אחרים וצבעים אחרים, עד שכולם יחד משלימים את התמונה האחת של האחדות.

וּכְדִכְתִיב (וככתוב) **בְּאַבְרָהָם, שֶׁהוּא** הביטוי האנושי השלם ('מרכבה') של **מִדַּת הַחֶסֶד וְהָאַהֲבָה,** לאחר שעמד בניסיון העקדה, אומר לו הקב"ה: **"עַתָּה יָדַעְתִּי כִּי יְרֵא אֱלֹהִים אַתָּה"** (בראשית כב,יד). וההדגשה היא על "ירא אלהים" ולא אוהב וכו'. הניסיון של אברהם איננו במידת החסד, אלא דווקא במידה ההופכית. כאשר באים אליו המלאכים (בדמות אנשים) ביום השלישי, כאשר הוא חולה וכואב, זה אינו ניסיון בשביל אברהם; להפך, ייתכן שהיה קשה לו יותר ביומיים הקודמים, כשלא באו אליו אורחים. הדבר נכון לגבי כל הניסיונות שלו. בכולם הדרישה ממנו היא לעשות משהו נגד האופי שלו,

יכול להיות שם קיצוץ ופירוד. רק בעולמות, היכן שמציאותו של ה' אחד היא נסתרת, נראה כאילו יש רבים ונפרדים.

התכללות המידות – בין אדם לבהמה זהו גם ההבדל בין האדם לבין הבהמה (ושאר היצורים בעולם). הבהמה בנויה כולה על מידה אחת ואי אפשר לבקש ממנה שתהיה במידה אחרת. הנמר הוא "עז כנמר", הוא טורף ונושך ואין הוא יכול לנהוג בחסד וברחמים, והכבש הוא כנוע ומעורר רחמים ולעולם אין הוא נושך וטורף. האדם, לעומת זאת, יכול להיות גם כך וגם כך. היכולת הזו היא ייחודו וגם פארו של האדם. כשאדם הולך לפי מידה אחת – זו תאוות הלב שלו; וכשהוא יכול להחליף את מידתו במקום שנחוץ – זהו פארו. כאשר מכניסים את היד לפה של נמר, הוא ינשוך, אין ספק בכך. אבל

לשבור את טבעו והרגליו הקודמים: למן היציאה מאור כשדים, היציאה והניתוק של כל הקשרים, ועד לעקדה, שבה מוכיח איש החסד "כי ירא אלהים" הוא.

עַל יְדֵי שֶׁלָּבַשׁ מִדַּת הַגְּבוּרָה כמו שמתואר בכתוב: **"וַיַּעֲקֹד אֶת יִצְחָק בְּנוֹ... וַיִּקַּח אֶת הַמַּאֲכֶלֶת** לִשְׁחֹט אֶת בְּנוֹ" (שם פסוקים ט–י). בעקדה נוהג אברהם ההפך מאברהם. אברהם הוא כולו חסד, ועקדת יצחק שעניינה התגברות וכבישת האדם את עצמו, על דחפיו ורגשותיו ודעותיו עד הקצה האחרון – היא כולה גבורה. דווקא משום כך מדגיש הניסיון את שלמותו של אברהם. זה שאברהם הוא "אברהם אֹהבי" ידוע מכבר, אבל עכשיו מתגלה שהוא גם "ירא אלהים", והגילוי הזה משנה ומעלה לאין ערוך את כל מה שהיה קודם. כיוצא בזה גם בצד השני: אדם שנוהג במידת הגבורה, אין יודעים אם אצלו זו סתם תכונת נפש, שהוא סגור ומצומצם בתוך עצמו ושומר את המידות והגבולות, או שזה מצד הקדושה והתכללות המידות. אבל כאשר הוא מגלה גם צד אחר, של אהבה והרחבת הדעת, הוא גם מגלה שכל מה שהיה קודם לא היה סתם מרה שחורה אלא גבורה שבקדושה.

וּמַה שֶּׁאָמַר הַכָּתוּב: "אַבְרָהָם אוֹהֲבִי" (ישעיה מא,ח), **ועל יצחק** נאמר **"פַּחַד יִצְחָק"** (בראשית לא,מב). מכיוון שהמידות הקדושות כלולות זו בזו, מדוע מגדיר הכתוב ומייחד כל אחד מהאבות במידה לעצמה: אברהם במידת האהבה והחסד, ויצחק במידת הדין והפחד?

הִנֵּה הַהֶפְרֵשׁ וְהַהֶבְדֵּל הַזֶּה הוּא בִּבְחִינַת גִּילּוּי וְהֶעְלֵם. ההגדרה של אברהם כאיש החסד אינה שוללת ממנו את מידת היראה, כשם שהגדרת יצחק בצד היראה אינה שוללת ממנו את מידת האהבה. אברהם איננו רק חסד ויצחק איננו רק גבורה. ההבדל ביניהם הוא בגלוי ובנעלם, איזו היא המידה הגלויה ואיזו הנסתרת שבנפשם.

שֶׁבְּמִדַּת יִצְחָק הַפַּחַד הוּא בִּבְחִינַת גִּילּוּי וְהָאַהֲבָה מְסוּתֶּרֶת, בִּבְחִינַת הֶעְלֵם וְהֶסְתֵּר. וְהַהֵיפֶךְ בְּמִדַּת אַבְרָהָם אָבִינוּ עָלָיו הַשָּׁלוֹם. שאצלו החסד הוא הגלוי והיראה נסתרת. וכשאנו מאפיינים אדם במידה מסוימת, אנו אומרים שהמידה הזו היא הנגלית, היא המידה הדומיננטית באישיותו ובחייו. אבל במהותו הפנימית של אותו אדם יש מכל המידות.

אדם של קדושה, גם אם הוא ידוע כקנאי ומוכיח, יכול להתגלות גם כאוהב ורחמן.

מי שאין בו התכללות המידות הרבי מפשיסחא ביטא זאת בחריפות, באומרו: "מי שהוא רק חסד – הוא נואף, מי שהוא רק ירא שמים – הוא כומר, מי שהוא גבורה לבד – הוא רוצח". כמובן שאין הכוונה שכך הוא בפועל ממש, אבל בדקות, כל ביטוי של ה'אני' אצל האדם הוא לעומת ואפילו על חשבון אחרים. וכאשר אדם הוא כולו במידה אחת, הרי כל מה שהוא עושה במידה הזו הוא התגלות של ה'אני' שלו, של האופי שלו, של הרצונות והדחפים שלו. כל עוד מבטאות המידות את אופיו שלו, אין זה חורג מגדר של שעשוע בתוך מהות עצמו. לכן כה חשובה הנקודה של 'ירא אלוקים' לגבי אברהם, שכן דווקא בכך מתגלה יתרונו על שאר האוהבים, מלאכים ונשמות.

יד אלול פשוטה

▸ וזהו שאמר דוד המלך עליו השלום מה רב טובך וגו׳ כלומר שמדת הטוב והחסד אשר היא בבחינת העלם והסתר אצל כל מי ששורש נשמתו מבחינת שמאל הנקראת בשם יראיך כמדת בית שמאי. הנה אף שהוא טוב הגנוז וצפון אף על פי כן הוא רב וגדול מאד כמו מדת הגדולה והחסד ממש שמבחינת ימין ושתיהן הן מבחינת גילוי בלי גבול ומדה ושיעור. וזהו שכתוב מה רב טובך כלומר בלי גבול ומדה בין הטוב אשר צפנת ליראיך ובין אשר פעלת לחוסים בך שהם בעלי הבטחון שמבחינת ימין וחסדם וטובם הוא גם כן בבחינת גילוי והתפשטות נגד בני אדם ולא בבחינת צמצום והסתר כלל. (ומה שכתוב ליראיך ולא ביראיך היינו משום שכל מה שהוא בבחינת העלם בכל נשמה הנה בחינה זו אינה מלובשת תוך הגוף במוחו ולבו אלא הוא בבחינת מקיף מלמעלה

וְזֶהוּ שֶׁאָמַר דָּוִד הַמֶּלֶךְ עָלָיו הַשָּׁלוֹם, כאן חוזר אדמו״ר הזקן אל הפסוק שהתחיל בו: **״מָה רַב טוּבְךָ אֲשֶׁר צָפַנְתָּ לִירֵאֶיךָ״** (תהלים לא,כ). **כְּלוֹמַר: שֶׁמִּדַּת הַטּוֹב וְהַחֶסֶד, אֲשֶׁר הִיא בִּבְחִינַת הֶעְלֵם וְהֶסְתֵּר אֵצֶל כָּל מִי שֶׁשּׁוֹרֶשׁ נִשְׁמָתוֹ מִבְּחִינַת שְׂמֹאל, הַנִּקְרֵאת בְּשֵׁם ״יְרֵאֶיךָ״, כְּמִדַּת בֵּית שַׁמַּאי, הִנֵּה אַף שֶׁהוּא טוֹב הַגָּנוּז וְצָפוּן**, הנסתר ולא הגלוי, **אַף עַל פִּי כֵן הוּא רַב וְגָדוֹל מְאֹד, כְּמוֹ מִדַּת הַגְּדוּלָּה וְהַחֶסֶד מַמָּשׁ שֶׁמִּבְּחִינַת יָמִין.** ההדגשה היא על ״רב טובך״, שהטוב הזה אשר צפנת, למרות שאין נראה כך בגלוי, הוא רב וגדול במובן מסוים אף יותר ממידת החסד הגלויה.

וּשְׁתֵּיהֶן, שתי בחינות החסד, הן הגלויה והן הנסתרת, **הֵן מִבְּחִינַת גִּילּוּי, בְּלִי גְּבוּל וּמִדָּה וְשִׁיעוּר.** שהרי זהו עניינה של מידת החסד: הגילוי וההתפשטות ללא גבול. ואף החסד הנסתר אצל אותם אנשים שהם בבחינת ״יראיך״, אף הוא חסד באותו אופן עצמו. זו רק שאלה של המקום המתאים והצורך בכך שאף אצלם היא תתגלה, ובאופן של בלי גבול ומידה ושיעור.

וְזֶהוּ שֶׁכָּתוּב ״מָה רַב טוּבְךָ״, כְּלוֹמַר שפירוש ״רב טובך״ הוא **בְּלִי גְּבוּל וּמִדָּה.** והכוונה היא לשתי בחינות הטוב: **בֵּין הַטּוֹב ״אֲשֶׁר צָפַנְתָּ לִירֵאֶיךָ״**, שהוא הטוב הנסתר, **וּבֵין**

בעלי הבטחון אכן, גם אצל ׳יראיך׳ יש ביטחון, אבל כמו שהיו אומרים על תושבי ליטא – ״הוא קודם סופר את הכסף ואחר כך מאמין שקיבל את הסכום בשלמות״. לעומתו, ׳בעל הבטחון׳ הוא האיש שאצלו החיים הם פתוחים: יהיה טוב, יהיה בסדר; ולכן הוא יכול לתת ולחלק – את הצדקה, את התכונות שלו, את זמנו, את עצמו – בלי שום חשבונות. יש אצלו בסיס של אמון, של מסירות ושל חוסר חשבון, שקשורים זה בזה.

מקיף מלמעלה ׳מקיף׳ ו׳פנימי׳ אינן הגדרות שמתייחסות למקום, לא לגבי הכוחות הפועלים בעולמות ובוודאי לא לגבי כוחות הנפש.[17] בלשון זמננו אפשר לומר, שפנימי ומקיף זו החלוקה בין חלקה הגלוי של הנפש הנמצא בתחום המודע, וחלקה הנעלם הנמצא בתחום העל מודע שלה. מבחינה זו אפשר לומר שרובנו חיים את רוב חיינו רק בחלק קטן של נשמתנו, בעוד רובה של הנשמה נמצא מחוץ לנו. פעמים שאנשים חיים רק

"אֲשֶׁר פָּעַלְתָּ לַחוֹסִים בָּךְ", שֶׁהֵם בַּעֲלֵי הַבִּטָּחוֹן שֶׁמִּבְּחִינַת יָמִין. ה"חוסה בך" הוא זה שבוטח בה', בעל הביטחון שהולך עם הקב"ה בלי חשבונות. לעומתו, זה שהוא ירא כל ימיו הם בחשבונות ובהגדרות; הוא יעשה כל דבר עם כמה וכמה מקדמי בטיחות, הוא יבחר רק בנתיב שמוכח ומובטח מראש, לאחר שיהיו לו כל ההצדקות הראויות.

וְחַסְדָּם וְטוּבָם, של "יראיך", **הוּא גַּם כֵּן בִּבְחִינַת גִּילּוּי וְהִתְפַּשְּׁטוּת.** וכמו שאומר המשך הכתוב: **"נֶגֶד בְּנֵי אָדָם"** – בפני בני אדם, **וְלֹא בִּבְחִינַת צִמְצוּם וְהֶסְתֵּר כְּלָל.** באלה כמו באלה נמצאת מידת החסד, "רב טובך", ללא כל הבדל. יש הבדל במידת הנגישות ומידת הבהירות של המידה לגבי בני אדם אחרים, אבל אין כל הבדל במציאותה וביכולתה להופיע בבחינת גילוי והתפשטות.

להלן מוסיף אדמו"ר הזקן הערה שנלמדת מדיוק לשוני, אך מאירה את הדברים כולם במשמעות פנימית יותר. אפשר לשאול: **(וּמַה שֶּׁכָּתוּב "לִירֵאֶיךָ" וְלֹא "בִּירֵאֶיךָ".** הוסבר שבתוך "יראיך" צפונה בחינה של רוב חסד, ואם כן צריך היה לכתוב "ביראיך", שפירושו 'בתוך יראיך'. ומדוע כתב "ליראיך"?

והוא משיב: **הַיְינוּ מִשּׁוּם שֶׁכָּל מַה שֶּׁהוּא בִּבְחִינַת הֶעְלֵם בְּכָל נְשָׁמָה.** כפי שהוסבר, שבנפשו של כל אדם יש חלקים גלויים וחלקים נעלמים, שאינם ניכרים בדרך כלל בפעולותיה ובביטוייה של הנשמה.

הִנֵּה בְּחִינָה זוֹ, הנעלמת, היא אינה גלויה, משום שהיא **אֵינָהּ מְלוּבֶּשֶׁת תּוֹךְ הַגּוּף בְּמוֹחוֹ וְלִבּוֹ, אֶלָּא הוּא בִּבְחִינַת מַקִּיף, מִלְמַעְלָה.** החלקים הגלויים בנפשו של אדם הם אלה המלובשים בתוכו, בתוך גופו וכוחות נפשו, השכל והמידות ("מוחו ולבו") ומתבטאים על ידם. את החלקים הללו של נפשו האדם חושב ומרגיש בצורה פעילה ומודעת. לעומת זאת, על החלקים הנעלמים בנפשו, שאינם מלובשים בתוכו, אנו אומרים שהם נמצאים אצלו בבחינת מקיף. הם משפיעים עליו, כי אם לא היו משפיעים כלל אי אפשר היה לומר שהם שייכים אליו, אבל ההשפעה הזו אינה השפעה ישירה וגלויה, אלא בבחינת מקיף מלמעלה. העלם כזה איננו רק העלם כלפי הבריות, אלא הוא העלם במובן עמוק יותר, שאינו מתגלה ישירות ובמפורש גם כלפי אותו אדם עצמו. הוא מתגלה רק באופן

עם זכר לקיומה של הנשמה, חלק כלשהו של חיוניות שכמותו מופיע גם אצל בעלי החיים, וכל השאר נמצא רק בכוח מחוץ להווייתם. ככל שאדם הוא אדם גדול יותר, קדוש יותר, פירושו של דבר שהוא מודע ומשתמש בחלקים נוספים של נשמתו.

לדברים אלה יש השלכות מרחיקות לכת בכמה תחומים. למשל: הדבר מעמיד תפיסה פנימית של שוויון בין בני האדם. גם בהלכה יש ביטוי לתפיסה זו, במה שנאמר "מאי חזית דדמא דידך סומק טפי?" (מה ראית שדמך אדום יותר),[18] כלומר במה אתה טוב יותר מאדם אחר? אדם שנחשב לתלמיד חכם גדול וצדיק, ולעומתו אדם שנחשב לעם הארץ, טיפש ועבריין; ולפי זה, אם צריך להחליט מי נדחה מפני מי, מי מבין שניהם ימות – אין לתלמיד החכם שום יתרון. השוויון הזה של הנשמות הוא שוויון הנשמה כשלעצמה, למרות שמבחינת התגלות הנשמה בפועל ישנם הבדלים גדולים.

ומשם היא מאירה למוחו ולבו לעתים הצריכים להתעוררות בחינה זו שתתעורר ותאיר למוחו ולבו כדי לבא לידי מעשה בפועל ממש).

ואמר על כן אשר רב טוב לבית ישראל הצפון והגלוי הוא בבחינת בלי גבול ומדה לפי ערך נפשותם המלובשת בגוף לכן גם אתה ה׳ תתנהג עמהם במדת חסדך הגדול בלי גבול ותכלית הנקראת רב חסד. דאית חסד ואית חסד. אית חסד עולם שיש כנגדו ולעומתו מדת הדין חס ושלום למעט ולצמצם חסדו וטובו. אבל חסד עליון הנקרא רב חסד אין כנגדו מדת הדין למעט ולצמצם רוב חסדו מלהתפשט בלי גבול ותכלית כי הוא נמשך מבחינת סובב כל עלמין וטמירא דכל טמירין הנקרא כתר עליון

שבו הוא רואה את הדברים, באווירה שהוא נמצא בה, או שאינו מתגלה כלל. אבל הוא מכל מקום מצוי לו, וגם מתגלה ומשפיע כפי שיבואר בהמשך.

וּמִשָּׁם הִיא מְאִירָה לְמוֹחוֹ וְלִבּוֹ לְעִתִּים הַצְּרִיכִים לְהִתְעוֹרְרוּת בְּחִינָה זוֹ, שֶׁתִּתְעוֹרֵר וְתָאִיר לְמוֹחוֹ וְלִבּוֹ כְּדֵי לָבֹא לִידֵי מַעֲשֶׂה בְּפוֹעַל מַמָּשׁ). כפי שנאמר, סימנה של הקדושה הוא שחלקה הנעלם־המקיף של הנשמה לא נשאר תמיד בתור שכזה. גם מידה שהיא הפוכה מכל המידות הגלויות בנפשו, מידה הנמצאת רק בהעלם ובהיקף של אישיותו, גם היא מתגלה לעיתים בפועל בהכרתו וברגשותיו, וכמובן במחשבתו ובמעשיו. כגון: אדם שהוא בבחינת הגבורה, שצד החסד נעלם בו, גם אצלו מתגלה מפעם לפעם, היכן שצריך, מידה של חסד ואהבה, של פתיחות ויציאה מן הגבולות.

וְאָמַר עַל כֵּן, אֲשֶׁר "רַב טוּב" לְבֵית יִשְׂרָאֵל[19] **הַצָּפוּן וְהַגָּלוּי.** מידת הטוב והחסד, הנכונות לתת בלי גבול ומידה, נמצאת כאמור אצל כל אחד מישראל. **הוּא בִּבְחִינַת בְּלִי גְּבוּל וּמִדָּה לְפִי עֵרֶךְ נַפְשׁוֹתָם הַמְלוּבֶּשֶׁת בַּגּוּף.** מידה זו גדולה ממידת הנפש המתגלה בחיי העולם הזה הגופניים. הנפש מתגלה בכלים, וכאשר הכלים הללו הם כלים חומריים מוגבלים,

הכוחות הנסתרים בנפש מציאותם של כוחות נסתרים בנפש, בצדדים ובעוצמות שאדם אינו מודע להם, היא הבסיס לגישה החינוכית שמצויה בספר התניא, הן לגבי החינוך העצמי והן בכלל. כשלומדים בספר התניא מתעוררת השאלה, כיצד ניתן לבוא אל אנשים בדרישות מפליגות כל כך, הנראות לפעמים כאילו אינן קשורות כלל למצבו של אותו אדם. והתשובה היא, כאמור, שלכל אדם יש נשמה קדושה עם כל המעלות וכל הכוחות. ולכן, כאשר אדם בא לחנך את עצמו לדברים גדולים, הוא אינו נזקק לבנות מהות חדשה לנפשו; כל מה שנדרש ממנו הוא לגלות את הכוחות הנמצאים אצלו מכבר, בבחינת המקיף. במובן מסוים, ספר התניא כולו בא לבנות את מערכת היחסים בין חלקה הנגלה של הנפש ובין חלקה הנסתר; כדי שהאדם יוכל לגלות את הכוחות הצפונים בו לא רק

גם ערכה של הנפש המתגלה בהם הוא קטן ומצומצם בערך חלק הנפש הנעלם, שאינו מתגלה בכלים אלה כעת.

לָכֵן, כיוון שבכל אחד מישראל קיימת בכוח מידה זו של 'רב טוב' בלי גבול ומידה, ביחסו אל ה' – **גַּם אַתָּה ה' תִּתְנַהֵג עִמָּהֶם בְּמִדַּת חַסְדְּךָ הַגָּדוֹל בְּלִי גְּבוּל וְתַכְלִית הַנִּקְרֵאת "רַב חֶסֶד".** כשם שישראל מגלים בתוכם, או שבכוחם בעת הצורך לגלות, את בחינת החסד שמעבר למדידה והגבלה, כך כביכול מתבקש הקב"ה להתנהג עימם באותה בחינה של חסדו הגדול האין סופי, הנקרא "רב חסד".

דְּאִית חֶסֶד וְאִית חֶסֶד (שיש חסד ויש חסד). כפי שמבואר בזהר,[20] יש שתי דרגות כלליות של חסד: **אִית** (יש) **'חֶסֶד עוֹלָם',** חסד שמתייחס אל גדרי העולם ומוגדר על ידם. בחינת חסד זו היא **שֶׁיֵּשׁ כְּנֶגְדּוֹ וּלְעוּמָּתוֹ מִדַּת הַדִּין, חַס וְשָׁלוֹם, לְמַעֵט וּלְצַמְצֵם חַסְדּוֹ וְטוּבוֹ.** 'חסד עולם' הוא החסד המצוי והמוגבל בתוך מציאות העולם; יותר מזה, הוא חלק ממציאות העולם, שיש בה גם ממידת הדין והצמצום. תבנית העולם היא במהותה תבנית מוגבלת – שום דבר בה אינו הולך ואינו מתרחב בלי גבול, כל כוח מוגבל על ידי כוחות אחרים וכל מציאות מוגבלת על ידי מציאויות אחרות. לשם דוגמה: במידת החסד, גם של אדם שהוא בעל חסד ואוהב גדול של הבריות, יש בהכרח גבולות של מידת הדין שמגבילים את חסדו. הוא אוהב את הבריות, אבל יש כאלה שגם לו קשה לאהוב; הוא נותן לכולם, אבל יש סכומים שגם הוא לא ייתן, ויש כאלה שגם הוא יודה שלא מגיע להם. זוהי המידה של 'חסד עולם', של חסד המוגבל בתוך הממדים והגדלים של המציאות.

אֲבָל 'חֶסֶד עֶלְיוֹן', שהוא למעלה מהמערכת הפנימית של העולמות, **הַנִּקְרָא "רַב חֶסֶד", אֵין כְּנֶגְדּוֹ מִדַּת הַדִּין לְמַעֵט וּלְצַמְצֵם רוֹב חַסְדּוֹ מִלְּהִתְפַּשֵּׁט בְּלִי גְּבוּל וְתַכְלִית. כִּי הוּא נִמְשָׁךְ מִבְּחִינַת 'סוֹבֵב כָּל עָלְמִין',** שלמעלה ומעבר למציאות העולם, **וּ'טְמִירָא דְּכָל טְמִירִין'** (הנעלם מכל הנעלמים) **הַנִּקְרָא 'כֶּתֶר עֶלְיוֹן'.** כמו הכתר שלמעלה מהראש ושסובב אותו, כך ה'סובב כל עלמין' הוא למעלה לגמרי מכל העולמות, בבחינת מקיף ונבדל מכל הווייתם. החסד המגיע מבחינת הכתר העליון הוא לכן חסד שאיננו מוגבל. זהו חסד של האין סוף, שאין שום דבר כנגדו, שום דבר שמגביל אותו. 'חסד עולם' הוא ממידת החסד של המידות הפנימיות, המתייחסות זו לזו ומוגבלות אחת על ידי השנייה,

במצבי לחץ יוצאים מן הכלל, אלא גם בחיי היום יום שלו.

בלי גבול ומדה לפי ערך נפשותם אין "בלי גבול ומדה" בהוויית האדם, הנברא והמוגבל במהותו. ולכן מוסיף כאן המחבר "לפי ערך נפשותם המלובשות בגוף". הרעיון מופיע במקומות רבים בכתבי אדמו"ר הזקן: כיצד יכול האדם לעורר מלמעלה את הארת האין סוף? שהרי כל התעוררות והשפעה מלמטה חייבת להיות מעין ובאופן ההתעוררות מלמעלה. ותשובתו היא, שעצם הפריצה של הגבול, שאדם מצליח לצאת מהגבול של עצמו, אפילו בנקודה קטנה – זוהי ההתעוררות מלמטה שמעוררת את האין סוף שלמעלה, המוחלט, להאיר ולהשפיע אל תוך מציאותו של האדם למטה.

וזהו שכתוב תסתירם בסתר פניך וגו' תצפנם בסוכה וגו':

ולעומתו 'חסד עליון' נובע מן הרצון הפנימי, הרצון הפשוט שבשורש כל כוחות הנפש, שאין כנגדו ואין בערכו שום כוח המגביל אותו.

באופן זה יש להבין את הכתוב, "מה רב טובך אשר צפנת ליראיך". בכל נפש מישראל – בין אלה שהטוב נגלה בהם ובין אלה שהוא נעלם בתוך מידת הגבורה הגלויה בהם – יש מידה של 'רב טוב', כלומר רב טוב הנמצא מעבר למידת הטוב הקבועה, הגלויה; הנמצא מעבר לגבולות הנפש, אבל פועל בתוך הנפש. ובמידה זו של 'רב טוב' הם מעוררים, באתערותא דלתתא, את מידת החסד העליון, והשפעת 'רב חסד' להשפיע בלי הגבלה.

וְזֶהוּ שֶׁכָּתוּב הכתוב הממשיך את הפסוק שבו נפתחה האיגרת, "מה רב טובך אשר צפנת ליראיך..." – **"תַּסְתִּירֵם בְּסֵתֶר פָּנֶיךָ וגו'... תִּצְפְּנֵם בְּסֻכָּה וגו'"** (תהלים לא,כא). ביטויים אלה הם ביטויים של החסד העליון, 'רב חסד', שהוא צפון ומוסתר בבחינת הכתר העליון, הסוכה ומקיף. החסד הזה יכול להתגלות גם אצל אותם יהודים שהם בבחינת השמאל, שמידת הדין מסתירה אצלם את מידת החסד. שכן את החסד העליון הזה אין דין שמבטל או מגביל.

איגרת זו היא במובן מסוים מאמר קטן בשבחם של ישראל. בישראל יש סוגים שונים של יהודים: יש יהודים בבחינת הימין, שרואים בהם תכונות טובות, של חסד, אהבה ונתינה; ויש יהודים בבחינת השמאל, שלא רואים בהם את אותם דברים; שרואים סגירות, צמצום, דין והקפדה. ונאמר כאן, שמצד מהותם הקדושה של ישראל אין בעצם הבדל וחיתוך גמור ביניהם. ייתכן שיש הבדל בגילוי, במה שרואים בהם כעת, אבל במהותם הם כלולים זה בזה, באופן שבכל אחד יש את הצדדים כולם, הן של הגבורה הן של החסד, שיכול להתגלות אצל כל אחד באופן של השפעה ונתינה בפועל, שלא לפי מידה וגבול.

הוספת כ"ק אדמו"ר זי"ע באיגרת זו הושמט לחלוטין כל החלק הפרטי השייך ליישום בפועל. כ"ק אדמו"ר זי"ע התייחס לכך בהערותיו והוסיף דברים קצרים המסכמים את המשכה של האיגרת:[21]

המורם מאגרת הקדש הנ"ל, שהייתה על ידי ציר כו' לגביית הצדקה, דאפילו אלו שהם עובדי ה' בזה ששרשם מהשמאל, ואפילו הם כבית שמאי – צדיקים גמורים (שאין מוכרחים לצדקה על דרך מה שנתבאר באגרת הקדש סימן י), "כי לא תמנו" – "רב וגדול מאד" החסד שבהם, ו"לעתים הצריכים" "בא לידי מעשה בפועל ממש".

וכמפורש בסיום האגרת הקדש שלא נדפס "על ידי הרבנים שיחיו בני הגאון המחבר ז"ל נ"ע" וזו לשונה:

ואחר הדברים האלה נפשי בשאלתי לעורר רב טוב הצפון בלב כל אנשי שלומנו מן ההעלם אל הגילוי לבא לידי מעשה למלאות ידם לה' ביד מלאה ורחבה על ידי ציר נאמן מוסר כתב זה כו' ודי למבין כמו שכתוב באיגרת, ואין אני כותבו מחמת שלא נצרך ודי למבין.

הלוא כה דברי אוהב נפשם דורש שלומם מלב ונפש חפיצה,

שניאור זלמן בן לאדוני אבי מורנו הרב ר' ברוך.[22]

איגרת יד

ייחודה של איגרת זו, כנראה משנת תקל״ו,[1] העוסקת אף היא במצוות הצדקה, בכך שהיא עוסקת בצדקה של ארץ ישראל, ובארץ ישראל בכלל. בשנת תקל״ז עלתה קבוצה גדולה של חסידים ומשפחותיהם בראשותו של רבי מנחם מענדל מוויטבסק לארץ ישראל כדי לגור בה. הייתה זו העלייה הגדולה המאורגנת הראשונה לאחר תקופה ארוכה שבה עלו רק מעטים ובודדים.[2] הסיוע שהיה נחוץ, כדי לקיים פיזית את האנשים וכדי לשמור על ייחודה של הקהילה החסידית הקטנה, היה גדול ביותר. לאדמו״ר הזקן היה עניין מיוחד בצדקה זו, הן משום חיבת הארץ ויושביה והן משום שמנהיגה של העלייה היה אז מנהיגה של התנועה החסידית שאדמו״ר הזקן קיבל אותו במובן מסוים כרבו וכיורשו של רבו המגיד ממזריטש.

איסוף הכספים ושליחתם לארץ ישראל היה עניין קשה ומסובך. ככלל היו הקהילות החסידיות מדולדלות מבחינה כלכלית; כבר מתחילתן הן לא נבנו על אנשים שהיו עמודי תווך כלכליים, והרדיפות מבית ומחוץ רק הרעו את המצב. אף שליחת הכספים לארץ ישראל, אז חלק מן האימפריה העות׳מנית אשר הייתה בעימות מתמשך עם הרוסים, הייתה מבצע מורכב ומסוכן.[3] כל אלה חברו יחד למעמסה גדולה, הן על הרבי והן על החסידים בכלל, ואיגרת זו היא עדות למאמצים הגדולים שהושקעו בכך.

כדרך האיגרות הללו מן הרבי אל החסידים, משמשת המטרה המעשית מסגרת לענייני חסידות המבוארים דרכה. איגרת זו מבארת את המעלה המיוחדת שיש לצדקה בארץ ישראל, ומתוך כך את עניינה של ארץ ישראל ושל ה׳ארץ׳ בכלל – מה עניינה של ההשפעה לארץ, ושל היום המיוחד שבו מתחדשת ההשפעה בכל שנה; מה עניינו של ממד הזמן בכלל, ושל ראש השנה כראשו של ממד זה בפרט.[4]

איגרת יד

טו אלול פשוטה
יב אלול מעוברת

לעורר את האהבה הישנה וחבת ארץ הקדש להיות בוערת כרשפי אש מקרב איש ולב עמוק כאלו היום ממש נתן ה׳ רוחו עלינו רוח נדיבה בהתנדב עם למלאות ידם לה׳ ביד מלאה ורחבה בריבוי אחר ריבוי מדי שנה בשנה הולך ועולה למעלה ראש כמדת קדש העליון המאיר לארץ הקדש המתחדש ומתרבה תמיד כדכתיב תמיד עיני ה׳ אלהיך בה מרשית השנה ועד אחרית שנה דהאי ועד אחרית כו׳ אינו מובן לכאורה שהרי באחרית שנה זו מתחלת שנה שניה ואם כן הוה ליה למימר לעולם ועד:

אך הענין יובן על פי מה שכתוב ה׳ בחכמה יסד ארץ שיסוד הארץ העליונה היא בחינת ממלא כל עלמין והתחתונה היא ארץ חפץ

לְעוֹרֵר אֶת הָאַהֲבָה[5] **הַיְשָׁנָה**[6] **וְחִבַּת אֶרֶץ הַקֹּדֶשׁ.** האיגרת פותחת בכך שצריך לעורר את האהבה הישנה לארץ הקודש, שאולי התיישנה והיא רדומה כעת.

לִהְיוֹת בּוֹעֶרֶת כְּרִשְׁפֵּי אֵשׁ מִקֶּרֶב אִישׁ וְלֵב עָמוֹק, כְּאִלּוּ הַיּוֹם מַמָּשׁ נָתַן ה׳ רוּחוֹ עָלֵינוּ, רוּחַ נְדִיבָה בְּהִתְנַדֵּב עָם, לְמַלֹּאות יָדָם לַה׳ בְּיָד מְלֵאָה וּרְחָבָה.[7] כאשר נתקבלה ההחלטה בין החסידים לעזור לאחיהם שבארץ ישראל, הייתה ההתלהבות רבה. ואולם בשנה שלאחר מכן ובזו שאחריה פחתה ההתלהבות, ונעשה קשה יותר לאסוף את אותם הסכומים. המכתב הזה בא לעורר את החסידים לא רק לתת, אלא גם להרגיש את אותה ההתלהבות שהייתה להם בפעם הראשונה, ואף יותר מכך.

קדש העליון המאיר לארץ הקדש הביטויים "למעלה ראש" ו"קדש העליון" מרמזים בקבלה לספירת החכמה, שהיא "ראשית" ו"קדש", ו"ארץ הקדש" מרמזת לספירת המלכות. וכפי שיבואר בהמשך, "ה׳ בחכמה יסד ארץ" – ספירת החכמה מאירה לארץ, היא ספירת המלכות.

עיני ה׳ אלהיך בה אף בכתוב זה נמצא אותו רמז ליחס הקבלי בין החכמה והמלכות. 'עיני ה׳' היא בחינת החכמה, ו'בה' היא הארץ, בחינת המלכות.

מהות הזמן ויחידות הזמן כפי שיבואר בהמשך, הביטוי "מרשית השנה ועד אחרית שנה" בא לומר שהשנה אינה הגדרה של פרק זמן סתמי אלא היא יחידת זמן משמעותית. השנה אינה כמו חלק ממחזור קצוב וקבוע

בְּרִיבּוּי אַחַר רִיבּוּי מִדֵּי שָׁנָה בְשָׁנָה. שבכל שנה תהיה תוספת על השנה שקדמה לה. הבקשה היא שאנשים לא רק שלא יפחיתו ממה שהבטיחו מראש, או ממה שהם רגילים לתת, אלא שתהיה תוספת. שכן כדי לשמור על החידוש יש ליצור בכל פעם משהו מעין אותה פעם ראשונה, לאמור להוסיף בכל פעם במשהו על מה שהיה בפעם הקודמת.

הוֹלֵךְ וְעוֹלֶה לְמַעְלָה רֹאשׁ,[8] **כְּמִדַּת קֹדֶשׁ הָעֶלְיוֹן,** בדברי חכמים[9] מצויה התפיסה ש"מעלים בקודש". סימנה של הקדושה הוא כאשר מוסיפים והולכים, ובכל מקום שאין תוספת, שאין התקדמות ועלייה – יש לעומת זה שקיעה, והפך הקדושה.

הַמֵּאִיר לְאֶרֶץ הַקֹּדֶשׁ, הקודש של מעלה מאיר ומשפיע לארץ הקודש, היא ארץ ישראל, למטה. **הַמִּתְחַדֵּשׁ וּמִתְרַבֶּה תָּמִיד.** זוהי מידת הקודש, ומידתה של ארץ הקודש, שההשפעה היא בהתחדשות, בהוספה ובריבוי תמיד. ומצד האדם מתבטאת ההתייחסות הזו בעלייה מתמדת בהתייחסות הנפשית, במודעות ובהתלהבות ובהוספה בפועל בנתינה לארץ הקודש הגשמית.

להארת קודש העליון בארץ ישראל ישנו ביטוי בכתוב, שאותו יבאר אדמו"ר הזקן בהמשך האיגרת: **כְּדִכְתִיב** (ככתוב): **"תָּמִיד עֵינֵי ה' אֱלֹהֶיךָ בָּהּ, מֵרֵשִׁית הַשָּׁנָה וְעַד אַחֲרִית שָׁנָה"** (דברים יא,יב). הכתוב מזכיר את מעמדה המיוחד של ארץ ישראל, שאינה כשאר הארצות, אלא "ארץ אשר עיני ה' אלהיך בה וגו'", שיש בה השגחה והתייחסות מיוחדת.

על כתוב זה נשאלת השאלה: **דְּהַאי,** שכתוב זה, **"וְעַד אַחֲרִית כו'" אֵינוֹ מוּבָן לִכְאוֹרָה, שֶׁהֲרֵי בְּאַחֲרִית שָׁנָה זוֹ מַתְחֶלֶת שָׁנָה שְׁנִיָּה, וְאִם כֵּן הֲוָה לֵיהּ לְמֵימַר** (היה לו לומר) **'לְעוֹלָם וָעֶד'!** כי לכאורה משמעות הכתוב היא – תמיד; והשאלה היא, מה בא הביטוי המיוחד "מרֵשית השנה ועד אחרית שנה" להוסיף? מה המשמעות של ההפסק הזה בין שנה לשנה, ושל חלוקת הזמן לפרקים מוגדרים?

אַךְ הָעִנְיָן יוּבַן עַל פִּי מַה שֶּׁכָּתוּב: "ה' בְּחָכְמָה יָסַד אָרֶץ" (משלי ג,יט). ועל פי הקבלה: 'בחכמה' זו ספירת החכמה, ו'ארץ' זו ספירת המלכות.

שֶׁיְּסוֹד הָאָרֶץ הָעֶלְיוֹנָה הִיא בְּחִינַת 'מְמַלֵּא כָּל עָלְמִין'. 'הארץ העליונה' היא המהות הרוחנית העליונה של הארץ הגשמית שלנו, והיא ביטוי של ספירת המלכות האלוקית.

של יחידות לא משמעותיות שממנו קוטעים חלק כלשהו – יומיים, שבעה ימים, שלוש מאות שישים וחמישה ימים – אלא הזמן נתפס כעין הוויה אורגנית, שיש לה ראש ויש לה רגל, השומרת על מהותה רק בתור יחידה שלמה. ואם חותכים אותה – כל חלק הוא כבר מהות אחרת. חוט של מאה מטרים אפשר לחתוך לשני חוטים של חמישים מטרים, אבל אם חותכים יצור חי לשניים, יש ראש בצד אחד ויש רגליים בצד שני, ואף אחד מהם איננו עוד יצור חי. השינוי איננו רק שינוי בממדים אלא הוא שינוי במהות. וכך "מרשית השנה ועד אחרית שנה" אינה רק הגדרה של פרק זמן, של כך וכך ימים, אלא הגדרת היחידה המסוימת של שנה, שיש לה ראשית ויש לה גם אחרית.

המכוונת כנגדה ממש ונקראת על שמה ארץ החיים הנה הוא נמשך מהמשכת והארת חכמה עילאה מקור החיים העליונים כדכתיב החכמה תחיה בעליה וכו' והארה והמשכה זו היא מתחדשת באור חדש ממש בכל שנה ושנה

וכידוע שספירת המלכות היא זו שיורדת מהמהות האלוקית של הספירות אל תוך העולמות. כל ההוויה וההשפעה אל העולמות, עד לארץ הגשמית שלמטה, הכול הוא על ידי ספירת המלכות שאינה משפיעה רק מלמעלה אלא יורדת אל תוך העולמות ומחיה ומנהיגה אותם מתוכם. ועל כן נקראת המלכות, הארץ העליונה, 'ממלא כל עלמין'. כלומר הכוח האלוקי האימננטי השורה בתוך המציאות, הארץ, והמהווה ומחיה אותה.

וְהארץ הַתַּחְתּוֹנָה הִיא 'ארץ הקודש', 'ארץ ישראל' התחתונה, הנקראת **'אֶרֶץ חֵפֶץ'** (על פי מלאכי ג,יב), היא **הַמְכוּוֶּנֶת כְּנֶגְדָּהּ,** כנגד הארץ העליונה, **מַמָּשׁ.** כמובן, אין הכוונה להתכוונות גאוגרפית, שהרי 'הארץ העליונה' אינה נמצאת כלל בגאוגרפיה, אלא הכוונה היא שהן נמצאות בקשר של כעין תהודה זו עם זו: ארץ ישראל הגשמית מול המהות העליונה הנקראת 'ארץ'. ומשום כך יש תמיד העתק משמעויות בין המושגים: 'שכינה', 'מלכות', 'כנסת ישראל' ו'ארץ ישראל'.

וְנִקְרֵאת עַל שְׁמָהּ, הארץ התחתונה, ארץ ישראל, נקראת בשמה של הארץ העליונה, היא המלכות האלוקית – **'אֶרֶץ הַחַיִּים',**[11] הארץ שמקבלת ומשפיעה חיים. יש אפוא שתי ארצות שנקראות 'ארץ החיים': למעלה ולמטה. כשם שהארץ העליונה מקבלת ומשפיעה את החיים העליונים, כפי שיבואר בהמשך, כך גם הארץ

ארץ חפץ 'ארץ חפץ' היא הארץ אשר ה' חפץ בה. בחסידות מבואר ש'חפץ' הוא פנימיות הרצון, ו'ארץ חפץ' היא הארץ שהקב"ה רוצה בה ברצון פנימי ביחס לשאר הארצות,[10] אשר הן כמו אחוריים ומסגרת לה. ארץ חפץ היא לפיכך תמצית הארץ, התכלית של כל הארצות, והיא ארץ הקודש שבה מכוונת ההשגחה העליונה וכל הארצות מושגחות ומקבלות דרכה.

החכמה והאינטלקט חשוב לומר, שכאשר מדובר על בחינת החכמה, ובהיקף הגדול על בחינת המוחין, יש להימנע מלזהות את הדברים (כפי שנוטים לעשות באופן פשטני) עם האינטלקט. אין הכוונה לומר שאין קשר בין הדברים, אבל בכל זאת אין זה ממצה אותם. האינטלקט הוא גילוי של המוחין, אבל אינו מהותם. מעין הדברים האלו אפשר לומר גם על המוח. את המוח אי אפשר להגדיר בתור אינטלקט. המוח הוא משכנה של המחשבה, של האינטלקט, אבל המוח הוא הרבה יותר מאשר חלקו האינטלקטואלי – הוא מרכז החיים, מרכז התפקוד של כל ההוויה החיה. במובן זה מוח של עכביש ומוח של אדם משמשים אותה פונקציה, בתור מרכז החיים הראשוני של כל מה שקורה בהווייתו של היצור כיצור חי. כמו כן, וביתר שאת, כאשר מדברים על 'חכמה' הכוונה אינה להשכלה בלבד אלא, בהיקף הגדול, למקור הראשון של החיים.

אור חדש בכל שנה משמעות הדברים היא שאין זמן דומה לחלוטין לזמן אחר, כמו שאין אדם דומה בדיוק לשום אדם אחר, ואין מקום הזהה בדיוק למקום אחר. נדמה לנו שאין שוני, שיש מהות אחידה של זמן שאפשר לחלק

התחתונה, ארץ ישראל, היא הארץ שמקבלת ומשפיעה באופן ישיר וממשי את החיים לכל העולמות.

הִנֵּה שפע זה של החיים מלמעלה **הוּא נִמְשָׁךְ מֵהַמְשָׁכַת וְהֶאָרַת "חָכְמָה עִילָּאָה"** (החכמה העליונה)**, מְקוֹר הַחַיִּים הָעֶלְיוֹנִים. כְּדִכְתִיב** (כמו שכתוב): **"הַחָכְמָה תְּחַיֶּה בְעָלֶיהָ וכו'"** (קהלת ז,יב). ספירת החכמה היא הספירה הראשונה, העליונה מעשר הספירות, המקבלת ראשונה מהאין סוף האלוקי ה'סובב כל עלמין' ומשפיעה אותו באור ה'ממלא כל עלמין', שהוא כאמור בחינת ה'ארץ העליונה'. ומשום כך, לגבי העולמות החכמה היא המקור והראשית לכל הקיום והחיים.

וְהֶאָרָה וְהַמְשָׁכָה זוֹ מהחכמה לארצות החיים **הִיא מִתְחַדֶּשֶׁת בְּאוֹר חָדָשׁ מַמָּשׁ בְּכָל שָׁנָה וְשָׁנָה.** הארת החיים לעולמות היא אמנם מתמדת (שאלמלא כן היו העולמות מפסיקים להתקיים), אבל היא אינה הארה קבועה חד גונית, אלא היא הארה המתחדשת בכל פעם, והחידוש הבולט ביותר שלה הוא "בכל שנה ושנה". בכל שנה יש התקשרות אחרת בין מעלה ומטה, נוצרת הוויה חדשה שלא הייתה קודם. מובן, שבשנה החדשה יש גם חזרה על כמה צדדים של השנה הקודמת, יש צדדים של דמיון וגם של שוני, אבל במהותה כל יחידה של זמן היא הוויה לעצמה. לשם דוגמה, כל הילדים של זוג הורים אחד קשורים ודומים זה לזה: ילד מספר שניים דומה בכמה צדדים לילד מספר אחד, אבל ביסודו של דבר אין כאן המשך של דבר אחד, אלא יש בכל פעם הפסק בין ההוויה הקודמת להוויה החדשה. כמו כן, בין שנה לשנה יש הפסק; גם השנים עשויות להיות דומות זו לזו; אבל בעצם כל שנה היא אור חדש ממש.

אותו, כמו שהשעון מחלק, ליחידות קצובות השוות זו לזו. אולם ראייה זו נובעת מתפיסה חיצונית לגמרי של מהות הזמן. באופן חיצוני כזה אפשר לתפוס גם את ממד המקום. כאשר דנים על מקום רק מצד המידות החיצוניות שלו אפשר לומר שמדן ועד אילת יש כך וכך קילומטרים, וכל קילומטר זהה לחברו. אבל האמת היא שכאן יש הר וכאן יש עמק, כאן יש צמחים מסוג אחד וכאן מסוג אחר, וכל מקום הוא מקום בפני עצמו; אי אפשר לעשות ברמת הנגב מה שרוצים לעשות בכינרת! יש הרבה כוכבים, כולם נראים אותו דבר, אבל הקב"ה "מונה מספר לכוכבים לְכֻלָּם שמות יקרא" (תהלים קמז,ד); לכל אחד יש שם לעצמו, כל אחד הוא מהות לעצמו. גם לגבי בני אדם אפשר לדבר על מספרים – שני בני אדם, מאה בני אדם, מיליון בני אדם – ויש לזה משמעות חיצונית מסוימת. אבל כאשר מדברים בתוכנם של אותם מספרים, כל אדם הוא הוויה לעצמו. באופן זה מדובר כאן על יחידות הזמן; כל יחידת זמן היא הוויה לעצמה – הוויה של חיים, הוויה של משמעות, שמתחילה ומסתיימת, שנולדת וגוועת, ולא הייתה ולא תהיה כמותה לעולם.

לתפיסה הזו יש משמעות מפליגה לגבי כל מה שאדם עושה, ובפרט בעבודת ה'. מכאן נובע כי יש חשיבות לא רק למה שאדם עושה בחיים, אלא גם לזמן שבו הוא עושה את הדברים. אם אדם אינו עושה דבר בזמן מסוים אין הוא יכול להתנחם במה שהוא אומר: 'אעשה זאת מחר', 'אעשה זאת בשבוע הבא', לפי שהמחר לא יהיה זהה לזמן העבר. היום הזה, הרגע הזה, לא יחזור עוד לעולם. מה שייעשה ביום אחר כבר יהיה שייך ליום האחר ולמהותו של היום האחר.

כי הוא יתברך וחכמתו אחד בתכלית היחוד ונקרא בשם אור אין סוף ברוך הוא שאין סוף ואין קץ למעלת וגדולת האור והחיות הנמשך ממנו יתברך ומחכמתו בעילוי אחר עילוי עד אין קץ ותכלית לרום המעלות למעלה מעלה

יג אלול מעוברת

ובכל שנה ושנה יורד ומאיר מחכמה עילאה אור חדש ומחודש שלא היה מאיר עדיין מעולם לארץ העליונה כי אור כל שנה ושנה מסתלק לשרשו בכל ערב ראש השנה כשהחדש מתכסה בו ואחר כך על ידי תקיעת שופר

כִּי הוּא יִתְבָּרֵךְ וְחָכְמָתוֹ אֶחָד בְּתַכְלִית הַיִּחוּד. ובלשונו של הרמב"ם: "הוא היודע והוא הידוע והוא הדעה עצמה כו'" (הלכות יסודי התורה פרק ב הלכה י). כיוון שכל ידיעתו היא שהוא יודע את עצמו, הרי שהוא וידיעתו ודעתו – הכול אחד. ועם ההגבלות שיש להגדרה הזו,[12] פירושו של דבר שהחכמה (הידיעה, ההכרה) האלוקית והמהות האלוקית מאוחדות במהות אחת.

וְנִקְרָא בְּשֵׁם 'אוֹר אֵין סוֹף בָּרוּךְ הוּא', שֶׁאֵין סוֹף וְאֵין קֵץ לְמַעֲלַת וּגְדוּלַּת הָאוֹר וְהַחַיּוּת הַנִּמְשָׁךְ מִמֶּנּוּ יִתְבָּרֵךְ וּמֵחָכְמָתוֹ, בְּעִילּוּי אַחַר עִילּוּי עַד אֵין קֵץ וְתַכְלִית, לְרוּם הַמַּעֲלוֹת לְמַעְלָה מַעְלָה. הכלי של החכמה הוא, עד כמה שאפשר לומר זאת, כלי של אין סוף. כיוון שהחכמה העליונה אינה ישות לעצמה בשום צד, כיוון שהיא שקופה לחלוטין, לכן היא כלי להארת והשפעת האין סוף. היא הארה שבאה מלמעלה מעלה מה'סובב כל עלמין', ומגיעה עד למטה מטה בתחתית העשייה. היא הארה שבכל מקום ובכל אופן היא מגלמת את האין סוף – אין סוף של נתינה בכמותה ובאיכותה, אין סוף של סבלנות ואין סוף של רוממות.

השפעתה האין סופית של החכמה מעוררת שאלה לגבי הקשר בין החכמה והארץ ("ה' בחכמה יסד ארץ"). שהרי לכאורה יש שתי אפשרויות: או שאין כל קשר, כלומר שהחכמה אכן בלתי נתפסת לחלוטין ובלתי קיימת לגבי מציאות העולמות; או שיש קשר, ואז היה האור העליון מכלה את המציאות.

הוא וחכמתו אחד מדוע מתייחסת האחדות הזו לחכמה דווקא? מדובר על כך שחכמה היא אותיות "כח מה" (ראו ליקוטי אמרים פרק יח ועוד), שמובנו – הכוח הראשוני ביותר של החיים שעדיין אינו מובחן לעצמו, שאיננו מכיר את עצמו כ'אני' לחוד. ולכן מדרגת החכמה, אף שהיא אינה זהה עם מהות הנפש (וכמובן החכמה העליונה, חכמתו של הקב"ה, אינה זהה עם מהותו), היא מכל מקום מאוחדת איתה, באשר אין לה כשלעצמה שום ישות נבדלת וכל תפיסה של 'אני' כשלעצמה.

הוא וחכמתו אחד בכל הספירות במקומות אחרים מבאר אדמו"ר הזקן שאחדות זו שבחכמה (ובדעת, בלשונו של הרמב"ם) קיימת בכל הספירות העליונות, ולא רק בחכמה. שבכל הספירות, התגלותו ופעולתו בספירה היא את עצמו ובעצמו בלבד, שהרי אין עוד מלבדו בגלוי במרחב הזה של הספירות. ואחת הסיבות שהוא מדבר על החכמה דווקא היא

הדרך שבה אנו מצליחים בכל זאת לשמור קשר היא, כפי שמבואר במקומות אחרים, בדרך של "רצוא ושוב". כלומר, השפיעה אינה באה בדרך של השפעה רצופה, אחידה, אלא בדרך של פעימות; כמו החיות השופעת בגופנו, בפעימות הלב ובנשימה, וכמו בתחומים רבים בעולמנו. באופן זה פועמת גם הנתינה האלוקית אל העולמות: בדרך של פעימות הבאות והולכות, הנוצרות וגוועות, מיום ליום ומשנה לשנה.

וּבְכָל שָׁנָה וְשָׁנָה יוֹרֵד וּמֵאִיר מֵחָכְמָה עִילָּאָה[13] (מהחכמה העליונה) **אוֹר חָדָשׁ וּמְחוּדָּשׁ, שֶׁלֹּא הָיָה מֵאִיר עֲדַיִין מֵעוֹלָם לָאָרֶץ הָעֶלְיוֹנָה.** האור שבא בראש השנה של כל שנה הוא אור חדש, שמעולם לא היה ולעולם לא יחזור. זוהי הפעימה של הנתינה האלוקית, של נתינה במנות קצובות שאינן דבוקות ואינן קשורות זו בזו, שכל אחת מהן היא מהות חדשה לגבי הפעימות האחרות. לפעימות הללו יש מקצבים שונים; יש מקצבים גדולים מאוד של אלף שנה, יש מקצבים קטנים מאוד של רגעים, אבל המקצב המשמעותי ביותר שהחיים שלנו בנויים עליו הוא הקצב של השנה. כל שנה היא כמו פעימת לב; הגוף חי מפעימה אחת עד לפעימה הבאה, ואף זו תחלוף ותבוא אחרת במקומה.

הכתוב "מרשית השנה ועד אחרית שנה" מבטא אפוא מהות של שנה שיש לה ראשית ויש לה אחרית, של פעימת חיים שמתחילה ומסתיימת. השנה החדשה אינה רק תאריך הכתוב בלוח השנה אלא היא התגלות, היא השתנות ממשית של דברים, שאינם כמו שהיו. מה שהיה איננו עוד, ומה שישנו בשנה החדשה הוא מהות חדשה שלא הייתה קודם לכן.

כִּי אוֹר כָּל שָׁנָה וְשָׁנָה מִסְתַּלֵּק לְשָׁרְשׁוֹ בְּכָל עֶרֶב רֹאשׁ הַשָּׁנָה, כְּשֶׁהַחֹדֶשׁ מִתְכַּסֶּה בּוֹ. ראש השנה הוא החג שחל בראש חודש, בזמן שהחודש (הירח החדש) מכוסה ונעלם בו.[14] הדבר איננו מקרי; הוא מבטא את מהותו של יום ראש השנה, שבתחילתו הכול נעלם, השנה הקודמת נעלמת וגוועת, בדומה לאדם שגומר את מנת החמצן שקיבל, ואם לא יבוא משהו חדש – דם חדש, חיים חדשים – יהא זה סופם של החיים. התיאור הזה הוא התיאור של ערב ראש השנה, שאז השנה הקודמת הולכת ונמוגה עד שהיא מגיעה לנקודה שבה היא מסתלקת לשורשה, חוזרת אל השורש הראשון שאיננו מתייחס עוד אל המציאות שלנו.

משום שהחכמה היא כידוע בחינת אצילות בעולמות, ובחינת הספירות שבכל עולם.

השנה כיחידת זמן השנה היא יחידה לעצמה, בחינת יצור חי, על כמה וכמה משמעויות שיש לדבר. בהיקף הגדול זה נכון לגבי כל קטע של זמן, אשר נתפס כיחידאי וכבלתי חוזר. הביטוי 'להרוג זמן' מבטא בדיוק נקודה זו: כאשר הורגים זמן באמת הורגים אותו. אין זה כמו שחושבים, שמחליפים רגע ברגע אחר, הורגים שנה ויש תמורתה שנה אחרת; השנה האחרת היא אחרת, מהות שונה, שאינה קשורה לשנה הקודמת ואינה יכולה להיות תמורה לה. דבר זה הוא בדיוק כמו ששני אנשים שונים זה מזה, ואף שייתכן שאחד יכול לעשות מעין מלאכתו של השני, בכל זאת אין שום אדם יכול למלא בשלמות את מקומו של אדם אחר, משום שאינו אותו אדם. מי שהרג את הנפש יכול לנסות לכפר על חטאו – אבל אינו יכול להחזיר את האיש שהרג.

והתפלות נמשך אור חדש עליון מבחינה עליונה יותר שבמדרגת חכמה עילאה להאיר לארץ עליונה ולדרים עליה הם כל העולמות העליונים והתחתונים המקבלים חיותם ממנה דהיינו מן האור אין סוף ברוך הוא וחכמתו המלובש בה כדכתיב כי עמך מקור חיים באורך נראה אור דהיינו אור המאיר מחכמה עילאה מקור החיים (וכנודע ליודעי ח"ן שבכל ראש השנה היא הנסירה ומקבלת מוחין חדשים עליונים יותר כו׳) ובפרטי פרטיות כן הוא בכל יום ויום

וְאַחַר כָּךְ, ביום ראש השנה עצמו, **עַל יְדֵי תְּקִיעַת שׁוֹפָר וְהַתְּפִלּוֹת, נִמְשָׁךְ אוֹר חָדָשׁ עֶלְיוֹן.** התפילות של ראש השנה ותקיעת השופר מלוות את הלידה של הזמן החדש. מבשרות אותו, מעוררות אותו ואף מכוונות אותו.

מִבְּחִינָה עֶלְיוֹנָה יוֹתֵר, שֶׁבְּמַדְרֵגַת חָכְמָה עִילָּאָה. השנה החדשה נמצאת קודם ראש השנה בכוח במדרגת החכמה העליונה, באפשרות עליונה וגדולה יותר מהשנים הקודמות. שכן הזמן שעובר הולך ומתקדם, הולך ומצטבר, והפוטנציאל של השנה החדשה הוא תמיד גדול יותר.

לְהָאִיר לְ'אֶרֶץ עֶלְיוֹנָה' וְלַדָּרִים עָלֶיהָ,[17] **הֵם כָּל הָעוֹלָמוֹת הָעֶלְיוֹנִים וְהַתַּחְתּוֹנִים הַמְקַבְּלִים חַיּוּתָם מִמֶּנָּה.** 'הארץ העליונה' היא מאגר החיים הכולל של כל העולמות, וה'דרים עליה' הם העולמות כולם. כפי שאנחנו מקבלים את חיינו הגשמיים, באופן ישיר או עקיף,

קולות השופר לתקיעת השופר יש כמה קולות. קול אחד הוא 'תרועת מלך', ההכרזה על המלכות החדשה, על הזמן החדש שמגיע, על עולם חדש שנפתח. וכך, לאחר תפילת ערבית של ראש השנה אנו קוראים את הפסוקים: "שאו שערים ראשיכם ושאו פתחי עולם ויבֹא מלך הכבוד". ואולם קול השופר (בשברים ובתרועות) הוא גם קול פעייתה של היולדת; מאה קולות השופר[15] כנגד מאה פעיות שפועה היולדת.[16] האישה היולדת משמיעה קול צעקה, קול של כאב; היא אינה משמיעה קולות ערבים המענגים את השומעים. וכך הוא גם קול השופר, קול של עולם שנקרע, שצועק ובוכה ומיילל. גם הוא, כמו קול היולדת, הינו קול שיש בו תערובת – של שמחה ושל פחד, של כאב וחרדה ותקווה.

עם מעלת האור גובר גם הסיכון הבחינה העליונה יותר של השנה החדשה אינה מתבטאת בהכרח בפועל, וייתכן שיקרה גם להפך, לפי שעם הזמן הולך וגדל גם הסיכון שהשנה החדשה תהיה קשה יותר. כאשר אדם יושב על הקרקע אין לו מאין ליפול ולהינזק; אך כאשר הוא עולה לקומה גבוהה, הוא נמצא במצב מסוכן יותר. כל שנה חדשה היא לפיכך אפשרות גדולה יותר, אך גם סיכון גדול יותר.

הנסירה יש לזכור שיום ראש השנה אינו היום של בריאת העולם, אלא היום השישי לבריאת העולם, שבו נברא האדם. "זיכרון ליום ראשון" הוא היום הראשון שבגדר הזיכרון, תחילת הזמן המודע, הזמן שיש לו משמעות וחוויה – והוא הזמן המתחיל עם האדם. ביום הזה, אחד הדברים המשמעותיים ביותר הוא הנסירה, החיתוך של אדם וחוה. לחיתוך הזה יש משמעות סמלית מרחיקת לכת מעבר ליצירתה של האישה. היחס

מן הארץ שלנו, הגשמית־התחתונה, כך, בהיקף מורכב ורחב יותר, כל העולמות כולם צומחים מן המהות של המלכות האלוקית, היא 'הארץ העליונה'.

דְּהַיְינוּ, מִן הָאוֹר אֵין סוֹף בָּרוּךְ הוּא וְחָכְמָתוֹ הַמְלוּבָּשׁ בָּהּ, כְּדִכְתִיב: "כִּי עִמְּךָ מְקוֹר חַיִּים בְּאוֹרְךָ נִרְאֶה אוֹר" (תהלים לו,י). **דְּהַיְינוּ אוֹר הַמֵּאִיר מֵחָכְמָה עִילָּאָה** שהיא **מְקוֹר הַחַיִּים.** ה'ארץ' אינה משפיעה מעצמה אלא מאור אין סוף המתלבש בה, שמקורו למעלה מעלה במקור כל החיים וכל התענוגים.[18] ואם כן, האור המתחדש בראש השנה אינו המשך והשתלשלות מהשנה הקודמת, של אור שכבר ירד לעולם ומלובש בתוכו (בכוח או בפועל), אלא הוא אור חדש לגמרי הנובע מהמקור הראשון, שהוא מקור החיים.

(וְכַנּוֹדָע לְיוֹדְעֵי חֵ"ן [חכמה נסתרת] היא חכמת הקבלה, **שֶׁבְּכָל רֹאשׁ הַשָּׁנָה הִיא הַ'נְסִירָה' וּמְקַבֶּלֶת מוֹחִין חֲדָשִׁים עֶלְיוֹנִים יוֹתֵר כוּ').** על פי הקבלה,[19] ה'נסירה' היא אחד הנושאים המרכזיים בראש השנה. באופן הפשוט 'נסירה' היא התיאור של בריאת האישה. האדם נברא דו פרצופי, ובריאת האישה היא בעצם החלוקה, הנסירה, של צלע (במובן של צד) אחת ממנו והפרדתה כמהות לעצמה. בהיקף הגדול זו הפרדת המלכות כביכול מהמהות האלוקית, להיות מהות לעצמה על ידי שהיא מקבלת מוחין לעצמה. הפרדה זו היא הראשית והתשתית לבריאת והוויית כל העולמות, הנובעים וחיים מן המלכות.

וּבִפְרָטֵי פְּרָטִיּוּת כֵּן הוּא בְּכָל יוֹם וָיוֹם. כמו השנה ביחידות הזמן הגדולות, כך הוא ביחידות הקטנות, ש"מחדש בטובו בכל יום תמיד מעשה בראשית".[22] בכל יום ישנה התחדשות גמורה של ההוויה ממקור החיים. כל יום הוא זמן חדש ועולם חדש שלא

של אדם וחוה, של איש ואישה, הוא אב טיפוס ליחס שחוזר בכל רמות המציאות, עד למעלה מעלה. לפני הנסירה האישה היא חלק מדמות כללית של אדם, שכולל בתוכו גם אישה. בדמות הכללית הזו האישה אינה הוויה נבדלת לעצמה, כשם שהאיש אינו הוויה לעצמו, והנסירה היא שיוצרת את ההוויה החדשה, המסוימת והמוגדרת. יצירת האישה והפיכתה להוויה נפרדת היא הסמל של יצירת המלכות, ה'ארץ'. זהו תהליך שבו הופכת מערכת הספירות ממערכת סגורה בתוך עצמה והמשלימה את עצמה, למערכת שיש לה מבנה חדש של יחסים, וממילא גם של צמיחה ויציאה כלפי חוץ. הנסירה בונה את ספירת המלכות, שלב אחר שלב, כדמות לעצמה.[20] וכך, במקום שתהיה רק דמות ראי חסרת משמעות, היא מקבלת עכשיו מהות ומשמעות לעצמה והופכת להיות בחינת 'אם כל חי'.

ה'נסירה', בניין המלכות, מתוארת בקבלה כתהליך שבו מקבלת המלכות מוחין חדשים שלא על ידי זעיר אנפין (מערך הספירות של שש המידות), כי אם מהבינה עצמה.[21] שכן בהיות המלכות (אישה) מחוברת לספירות שמעליה (אדם), היא מקבלת מוחין דרכו וממנו. על דרך משל: לרגל של אדם אין הכרה ודעה משל עצמה. ההכרה שיש לה היא ההכרה הכללית של אותו האדם, של הראש והגוף שמעליה, ועל פי זה היא פועלת. לכן התהליך של הנסירה, של יצירת המלכות כהוויה ופרצוף לעצמו, היא תהליך שבו מקבלת המלכות מוחין משל עצמה.

המוחין שמקבלת המלכות בראש השנה הם החיות החדשה מבחינת החכמה העליונה המחדשת את הארץ כבריאה חדשה. מהות זו היא השנה החדשה שנולדה בראש השנה, הפעימה החדשה שתהיה חיי המציאות מראשית השנה הבאה ועד אחריתה.

נמשכין מוחין עליונים יותר בכל תפלת השחר ואינן מוחין הראשונים שנסתלקו אחר התפלה רק גבוהין יותר ודרך כלל בכללות העולם בשית אלפי שנין כן הוא בכל ראש השנה וראש השנה.

טז אלול פשוטה **• וזהו שכתוב תמיד עיני ה׳ אלהיך בה שהעינים הם כינוים להמשכת והארת**

היה קודם, על כל המשתמע מזה. וכמו הדין שעומד בו כל העולם בראש השנה, כך בכל יום הוא עומד בדין אם יש בו הצדקה שיהיה יום חדש.[23]

נִמְשָׁכִין מוֹחִין עֶלְיוֹנִים יוֹתֵר. המשכת המוחין, כפי שנתבאר לעיל, היא ההשפעה הפנימית של היום החדש שהיא מעולה ומפותחת יותר מזו של היום הקודם. ואם אדם לא קלקל את נפשו, הוא באמת זוכה לכך שבכל יום תהיה לו התגלות חדשה ועלייה מדרגה לדרגה, מיום ליום.

בְּכָל תְּפִלַּת הַשַּׁחַר. בתפילת השחר, הן מצד סגולת הזמן והן מצד התפילה שאדם מתפלל אז, נמשכים לעולם ולנפשו המוחין החדשים של היום החדש.

וְאֵינָן מוֹחִין הָרִאשׁוֹנִים שֶׁנִּסְתַּלְּקוּ אַחַר הַתְּפִלָּה של אתמול, **רַק גְּבוֹהִין יוֹתֵר.** העיקרון

ראש השנה הוא יום הדין התפיסה הזו של ראש השנה כפעימה של חיים חדשים, הנובעים שוב מהמקור הראשון של כל המציאות, מסבירה גם מדוע נתפס יום זה כ׳יום הדין׳. וכפי שמבטאים זאת אותם פסוקים שכבר נזכרו: "תקעו בחדש שופר בכסה ליום חגנו. כי חֹק לישראל הוא משפט לאלהי יעקב" (תהלים פא,ד–ה). ראש השנה מתחיל בסיומה של השנה הקודמת. האינרציה של השפעת החיים מן השנה הקודמת נגמרת, ומעכשיו צריך להמשיך חיים חדשים. הנקודה הזו היא נקודה של דין: לתת או לא לתת, מגיע או לא מגיע. אם חפצים אנו בחיים, עלינו להצדיק ביום הזה את הקיום הכללי והפרטי שלנו. ביום הזה – ובמובן מסוים בכלל הימים הנוראים – יש כעין נתינה על תנאי לעולם. ועלינו מוטל להסביר: מדוע מגיעה לנו עוד שנה? מה מצדיק את המשך הקיום לשנה הבאה? הדין הוא מעבר לשאלה אם אדם חטא או לא חטא, אלא הוא עומד על שאלה יסודית יותר: האם העבר מצדיק את העתיד? האם מה שהיה בשנה הקודמת נותן טעם להמשך, או לא? הדין הזה הרבה יותר מאיים, כי הוא מעמיד את עצם הקיום בשאלה. כשעושים איתנו חשבון של מעשים טובים ולא טובים שעשינו, ייתכן שנצטרך לתת את הדין. אבל אם אינו עומדים בחשבון של ראש השנה – אולי כלל לא תהיה עוד שנה! על דרך משל: החקלאי בודק בתחילת העונה את מטע הבננות ועושה חשבון לגבי כל נטיעה: האם הפירות שנתן העץ בשנה הקודמת הצדיקו את ההשקעה במים, בקרקע, בעבודה? האם יש סיכוי טוב יותר לשנה הבאה? ולפי זה הוא מחליט אם לתת לצמח הזה עוד שנה או לא. כל זה נובע מן התפיסה של השנה, ושל הזמן בכלל, כדבר שצריך בכל פעם להיווצר מחדש, וכדי שיהיה לו צידוק הוא צריך להיות טוב יותר ומעולה יותר ממה שהיה קודם.

להרגיש כיצד מחדש בכל יום מעשה בראשית למרות שכל יום הוא יצירה חדשה, עולם חדש, בדרך כלל אין אנו מרגישים בכך, ויש לכך כמה סיבות: האחת, שבדרך כלל אנחנו עסוקים; וכשאדם עסוק בדבר מסוים

הוא שהעולם צריך ללכת הלוך וגדול, הלוך וטוב, מעלה מעלה, מיום ליום. בכל יום הוא צריך לקבל הארה גבוהה יותר, גדולה יותר. מה הוא עושה איתה – זה כבר עניינו של העולם, שהרי הוא יכול גם לקלקל וללכלך אותה. אבל היום כשלעצמו הוא תמיד גבוה יותר מהיום הקודם.

וְדֶרֶךְ כְּלָל, בִּכְלָלוּת הָעוֹלָם, במחזור הרחב ביותר של קיום העולם, שהוא **בְּשִׁית אַלְפֵי שְׁנִין** דהווי עלמא (בששת אלפים שנה שקיים העולם). בהמשך למחזורים של שבעת ימי השבוע ושבע שנות השמיטה וכו', מדברים על המחזור הגדול ביותר, של ששת אלפים שנה והאלף השביעי.[24]

כֵּן הוּא בְּכָל רֹאשׁ הַשָּׁנָה וְרֹאשׁ הַשָּׁנָה. כמו ההתחדשות שבהיקף הגדול של ששת אלפים שנה, כך הוא בכל ראש השנה.

וְזֶהוּ שֶׁכָּתוּב: "תָּמִיד עֵינֵי ה' אֱלֹהֶיךָ בָּהּ", שֶׁהָעֵינַיִם הֵם כִּינּוּיִם לְהַמְשָׁכַת וְהֶאָרַת אוֹר הַחָכְמָה. בשפה העברית יש לכל הביטויים השייכים להסתכלות – כמו "לתת עיניים בדבר", "לראות את דברי פלוני" וכיוצא בזה – משמעות של השגה שכלית בדברים, של מחשבה והכרה. ובפרט, העיניים וחוש הראייה מתייחסים לדרגת החכמה.

הוא אינו מרגיש את הזמן שעובר, אין הוא שם לב לשינויים שמתרחשים סביבו. סיבה שנייה היא שהתחושה לזמן, לקיומו ולייחודו, דורשת רגישות מיוחדת. והסיבה השלישית היא, שכל דבר שאינו משתנה בקפיצות גדולות אין אנו חשים בו. מי שחי ליד ילד שגדל אינו יכול לראות אותו גדל, ורק מי שלא ראה אותו תקופה ארוכה יכול לחוש כמה גדל. ולכן, למרות שיש שינוי בין יום ליום ואין יום דומה לחברו, מהלך ההשתנות הוא בדרך כלל בקו רצוף, ללא קפיצות חדות, ומשום כך אין אנו יכולים לחוש בו. אכן, קורה לפעמים שיש שינוי גדול, ובאותה שעה אדם באמת קם בבוקר עם הרגשה שהיום העולם הוא אחר לגמרי.

עם זאת, יש ללא ספק אנשים שיש להם את היכולת לראות את שינויי הזמן, כפי שבכל תחום יש אנשים שמצויים ושמבינים בו, והם יכולים להבחין מייד בשינויים שאנשים אחרים אינם רואים. מי שמבין ביהלומים רואה מייד את ההבדלים הקטנים, את הדברים המיוחדים שאנשים אחרים אינם מודעים להם כלל. וכן הוא לגבי הזמן: יש אנשים שיכולים לתפוס את מהותו של הזמן, כפי שאנשים אחרים תופסים את העיקרון של מכונה או תוכנית מחשב, ואחרים – את מהותו של אדם מסוים. אנשים אלה יכולים להרגיש את מהותו המיוחדת של זמן מסוים כמכלול, מראשה לסופה, ומשום כך הם יכולים במובן מסוים לראות גם מה שיהיה בזמן. כך למשל סיפרו על החוזה מלובלין, שהיה יכול לראות כבר מתחילת השנה איזו שנה היא תהיה, מה יקרה בה וכיוצא בזה.

רק גבוהין יותר העיקרון הזה נובע מאותה תפיסה שכל יום הוא יחידה חדשה, מהות חדשה של זמן. הזמן איננו מרחב סתמי שבו קורים דברים, אלא הוא בריאה חדשה ממש, בריאה מעצמות האלוקות ממש, שאין שם רע וכישלון כלל אלא עילוי למעלה מעילוי. פירושו של דבר, שכל זמן חדש ועולם חדש הוא מחזור חדש, ניסיון נוסף ומשוכלל יותר שבנוי על היום הקודם, שלמד ממנו ומהווה את השליבה העליונה ממנו בסולם העולה אל האלוקי.

אור החכמה שלכן נקראו חכמים עיני העדה ואוירא דארץ ישראל מחכים והארה והמשכה זו אף שהיא תמידית אף על פי כן אינה בבחינה ומדרגה אחת לבדה מימי עולם אלא שבכל שנה ושנה הוא אור חדש עליון כי האור שנתחדש והאיר בראש השנה זה הוא מסתלק בערב ראש השנה הבאה לשרשו. וזהו שכתוב מרשית השנה ועד אחרית שנה לבדה ולכן כתיב מרשית חסר א׳ רומז על הסתלקות האור שמסתלק בליל ראש השנה עד אחר התקיעות שיורד אור חדש עליון יותר שלא היה מאיר עדיין מימי עולם אור עליון כזה

שֶׁלָּכֵן נִקְרְאוּ חֲכָמִים "עֵינֵי הָעֵדָה".[25] כשם שהעיניים לגוף הם איבר הראייה כך החכמים לעדה הם אלה שחכמתם 'רואה' עבור העדה; הם אלה שצריכים לראות את הדברים ולהבין אותם, הם אלה שממשיכים את אור החכמה אל התופעות שבמציאות.

וַאֲוִירָא דְּאֶרֶץ יִשְׂרָאֵל (האוויר של ארץ ישראל) **מַחְכִּים.**[26] משום ש"עיני ה׳ אלהיך בה", היא החכמה האלוקית המאירה בה, לכן היא עצמה נעשית מהות של חכמה המשפיעה חכמה לנמצאים בה, ומשם – לכל העולם כולו. כעין זה נאמר בתלמוד (תענית י,א): ש"ארץ ישראל נבראת תחילה, וכל העולם כולו נברא לבסוף... ארץ ישראל משקה אותה הקדוש ברוך הוא בעצמו, וכל העולם כולו על ידי שליח". הנקודה היא שבארץ ישראל יש הארה של הראשית, של החכמה האלוקית עצמה; וכשם שמהחכמה מקבלים כל שאר הספירות והכוחות, כך מארץ ישראל מקבלות כל שאר הארצות.

וְהֶאָרָה וְהַמְשָׁכָה זוֹ אַף שֶׁהִיא תְּמִידִית, שאינה נפסקת לעולם, **אַף עַל פִּי כֵן אֵינָהּ בִּבְחִינָה וּמַדְרֵגָה אַחַת לְבַדָּהּ מִימֵי עוֹלָם, אֶלָּא שֶׁבְּכָל שָׁנָה וְשָׁנָה הוּא אוֹר חָדָשׁ עֶלְיוֹן.** תמיד "עיני

חכמה ובינה – ראייה ושמיעה במקומות אחרים מבואר בהרחבה ההבדל בין חכמה ובינה. דרגת החכמה מתייחסת לעין ולחוש הראייה, בעוד דרגת הבינה לחוש השמיעה. אחד ההבדלים בין שמיעה לראייה הוא שכאשר אדם רואה הוא רואה במבט אחד תמונה שלמה, וכאשר הוא שומע תיאור מפי אחרים הריהו שומע חלקים חלקים, פרודים ונבדלים, שצריך לצרף אותם כדי להשלים את התמונה. יתרונה של החכמה על הבינה הוא ביכולתה להשיג דבר בשלימות, כתמונה אחת. מי שאינו יכול לראות את התמונה בשלמותה יכול להיות מוכשר ואינטליגנטי, יכול לפתור בעיות שעומדות בפניו, אבל אינו חכם. אפשר לראות דוגמאות לזה בכל התחומים. יש שחקני שחמט שיכולים לראות את כל הלוח בתמונה אחת, בעוד אחר יכול לראות רק כלי אחד, מהלך אחד או שניים, אבל אינו יכול לקחת בחשבון מה שיקרה מעבר לזה. כך קורה לא רק במשחקי שחמט – בתחומים רבים אדם עושה מהלך מוצלח, אבל אין הוא שם לב שיש עוד חלק בלוח, עוד גורמים ומשפיעים בתוך המערך הגדול, שהוא אינו יכול לתפוס את כולו. לכן נקראים החכמים 'עיני העדה', משום שהם אלה הרואים את התמונה הכוללת, הם אלה שיכולים לכוון ולתאם את כל האנשים המוכשרים וה'עיוורים' כדי להשלים את התמונה הגדולה.

בכל שנה הוא אור חדש עליון בכל חידוש, בכל תוספת, יש מרכיב של עלייה, שכן כל חידוש נבנה על גבי מה שהיה קודם. ולכן נאמר על זקני תלמידי חכמים שככל שהם מזדקנים דעתם מתיישבת עליהם.[27] העובדה שאנשים מפסיקים להתפתח אינה מחויבת

ה' אלהיך בה", אבל המבט הוא בכל פעם אחר. בכל שנה יש הבטה חדשה באופן אחר, שצריך להיות טוב ומעולה מהקודם לו.

כִּי הָאוֹר שֶׁנִּתְחַדֵּשׁ וְהֵאִיר בְּרֹאשׁ הַשָּׁנָה זֶה הוּא מִסְתַּלֵּק בְּעֶרֶב רֹאשׁ הַשָּׁנָה הַבָּאָה לְשָׁרְשׁוֹ. סוף השנה הוא סיומה של יחידת הזמן, של יחידת החיים והחיות המיוחדת של שנה זו. השנה כאילו מתה, אין עוד השפעה של חיות בעולם. החיות של השנה הקודמת מסתלקת מן העולמות וחוזרת אל מקורה ושורשה שלמעלה מהם.

וְזֶהוּ שֶׁכָּתוּב: "מֵרֵשִׁית הַשָּׁנָה וְעַד אַחֲרִית שָׁנָה" – לְבַדָּהּ. ההשפעה המסוימת הזו היא לאותה שנה בלבד, והיא אינה ממשיכה לשנה הבאה. אין שנה מעבירה לחברתה דבר. כל שנה מתחילה מחדש מההתחלה, בלא שום 'נכסים' קודמים.

וְלָכֵן כְּתִיב "מֵרֵשִׁית" חָסֵר א', מלשון 'רש', עני. "רשית השנה" היא לפיכך גם עונייה של השנה.[29] **רוֹמֵז עַל הִסְתַּלְּקוּת הָאוֹר שֶׁמִּסְתַּלֵּק בְּלֵיל רֹאשׁ הַשָּׁנָה.** הזמן של ליל ראש השנה, מכניסת היום ועד התקיעות, נתפס כזמן שהעולם נמצא בהתעלפות, בלי חיות – ובלשון המקובלים: ב'דורמיטא' (בתרדמה)[30] – כשהוא שומר רק על 'קיסטא דחיותא', על קליפה חיצונית בלבד של חיות. אבל חיים פנימיים הוא איננו מקבל עד שנולד הזמן החדש.[31]

עַד אַחַר הַתְּקִיעוֹת, למחרת בבוקר. התקיעות הן 'תרועת מלך', הקול המכריז על המלך החדש, על הזמן החדש (המלכות) שמגיע.

שֶׁאָז יוֹרֵד אוֹר חָדָשׁ, עֶלְיוֹן יוֹתֵר, שֶׁלֹּא הָיָה מֵאִיר עֲדַיִן מִימֵי עוֹלָם אוֹר עֶלְיוֹן כָּזֶה. כאמור, האור החדש איננו רק שינוי. הוא צריך להיות אור עליון יותר, בהתאם לקו החיים הפנימי, שהוא קו מתמיד של עלייה והתעלות, גם אם לא תמיד ניכר הדבר.

היוצר יחד לבם כפי שנאמר במשנה (ראש השנה פרק א משנה ב), "בראש השנה כל באי העולם עוברין לפניו כבני מרון, שנאמר: 'היוצר יחד לבם המבין אל כל מעשיהם'".[28] בראש השנה מתקבצת השנה כולה בנקודה אחת. כל האנשים וכל ההוויות של השנה נסקרים במבט אחד. הנקודה הזו של התקבצות הזמן, שבה רואה הקב"ה את כל העולם בסקירה אחת, היא הנקודה שיש בה כביכול רק אטום אחד של זמן. אחר כך הזמן מתפשט ומתרחב, והוא נסקר בראייה שנייה, בתוצאות של הדברים, במה שאנו רואים כמציאות הראלית. "מרשית השנה ועד אחרית שנה" הוא המכלול של השנה, שנסקרת תחילה במבט אחד חדש, ואחר כך היא נפרטת לפרטים ופרטי פרטים המשתלשלים זה מזה.

המציאות. לגידול בגשמיות יש גבולות, ולכן הוא נפסק; אבל לגידול הרוחני אין גבולות. הסיבה שלעיתים קרובות גם הגידול הרוחני נפסק היא משום שהגידול הרוחני אינו קורה מעצמו. כדי לדעת יותר אדם צריך ללמוד; כדי להבין יותר הוא צריך להתבונן, ואם הוא אינו עושה דבר מכל אלה – הוא אינו גדל.
הרעיון הוא שכל שנה היא אור חדש, עליון, שאינו כמו הקודם. ולכן, מי שמתחדש הולך יחד עם הזמן, הולך וגדל ומתעלה עם הזמן, ולהפך: מי שאינו מתחדש הולך ושוקע, לעומת הזמן שהולך ומתעלה. זו הסיבה שאדם אינו יכול להישאר באותו מקום שבו היה בשנה הקודמת, ומי שלא עולה בהכרח יורד למטה. במובן מסוים הדבר נכון לגבי כל דבר בעולם שלנו: אי אפשר שדבר יישאר בקו שווה: או שהוא עולה או שהוא יורד.

והוא מתלבש ומסתתר בארץ החיים שלמעלה ושלמטה להחיות את כל העולמות כל משך שנה זו אך גילויו מהסתר הזה תלוי במעשה התחתונים וזכותם ותשובתם בעשרת ימי תשובה ודי למבין:

וְהוּא מִתְלַבֵּשׁ וּמִסְתַּתֵּר בְּ'אֶרֶץ הַחַיִּים'. החיים החדשים, המגיעים מהאין סוף בהסתכלות החכמה, עוברים בתוך 'ארץ החיים' כמו בתוך מוליך, בתוך מהות מתווכת. אין אנו מקבלים את האור החדש ישירות אל תוך התודעה והתחושה שלנו, אלא רק לאחר שהוא מסתתר ומתלבש ב'ארץ החיים' **שֶׁלְּמַעְלָה** – היא בחינת מלכות דאצילות, **וְשֶׁלְּמַטָּה** – היא ארץ ישראל. **לְהַחֲיוֹת אֶת כָּל הָעוֹלָמוֹת כָּל מֶשֶׁךְ שָׁנָה זוֹ.** בכל שנה ושנה יש יניקה של כל החיים והברכה לעולם הזורמים דרך הארץ העליונה ישירות אל הארץ התחתונה, היא ארץ ישראל, וממנה שופעים בכל העולם.

אַךְ גִּילּוּיוֹ מֵהַהֶסְתֵּר הַזֶּה תָּלוּי בְּמַעֲשֵׂה הַתַּחְתּוֹנִים. האור החדש הזה, שלא היה כמותו מעולם, שהוא גבוה מכל מה שהיה קודם, עדיין מסתתר בראש השנה, שמור כמו בתוך כספת. מלמעלה ניתנו כל ההוראות, הכול מוכן לתת שנה חדשה ועליונה שלא הייתה כמותה מעולם; אבל כדי שהיא תתגלה מתוך ה'כספת', ותשפיע ממש בתחתונים, יש צורך בפעולה מלמטה. החידוש והשינוי מלמעלה יכול להיקלט למטה רק כאשר יש שם, למטה, חידוש ושינוי כעין זה.

וּזְכוּתָם וּתְשׁוּבָתָם בַּעֲשֶׂרֶת יְמֵי תְשׁוּבָה. הזכות והתשובה (ואפשר לפרש 'זכותם' גם מלשון זַכּוּת) המכינה את הנפש והעולם לקבל את הארת השנה החדשה, היא בעיקרה העבודה של עשרת ימי תשובה שבין ראש השנה ליום הכיפורים. העבודה של תשובה והיטהרות לקראת שינוי והתחדשות מצד האדם למטה, אשר מכשירה את האדם להשתתף בתהליך ההתחדשות הכוללת הבאה מלמעלה בזמן הזה.

יש מבנה וסדר בתוך המציאות. יש תהליכים טבעיים, גשמיים ורוחניים שהולכים שלב אחר שלב בדרך מסודרת, ובכללם גם המנגנונים שאומרים: מי שעשה מצווה מיטיבים לו, ומי שעשה עבירה מרעים לו. כל אלה גם מלבישים ומסתירים את האור החדש, וכנגדם עומדת התשובה. התשובה היא הניסיון לשבור את המנגנון הרוחני העליון ואת המנגנון הנפשי שאומרים: "הנפש החֹטאת היא תמות" (יחזקאל יח,ד). התפיסה ש"תשובה קדמה לעולם"[32] משמעה שהתשובה אינה חלק מהמבנה ומהחוקים של העולם, אבל היא

תלוי במעשה התחתונים החיים החדשים מסתתרים בתוך המרכיבים הקיימים, הקודמים, של העולם. האור החדש אינו צובע את השושנים בצבע אחר. שכן גם אם האורות הפנימיים הם חדשים, הם עוברים דרך המנגנונים של המציאות הקיימת; ובתוך המנגנון, המקוריות והייחודיות מסתתרת. לעולם אין אנו יכולים לראות דבר חדש אלא לאורו של דבר ישן. אנו קולטים דברים על ידי כך שאנו מייחסים דבר לדבר, ודבר שהוא חדש לחלוטין, שאין אנו יכולים לייחס אותו לשום דבר קיים – איננו נקלט כלל. זו אגב הסיבה

נטועה בתוכו כאפשרות לשבור את החוקים הללו. החוקים אינם חדלים להתקיים, הם ממשיכים את קיומו ומציאותו של העולם, אבל התשובה המאירה דרכם ומעבר להם מגלה את האור החדש העליון שלא היה כמותו, ואת העולם החדש שנברא עכשיו מכוחו.

וְדַי לַמֵּבִין. שכן למרות אריכות הדברים בעניין זה לא באה האיגרת לדבר על ראש השנה, והדברים מוסברים בקיצור ובאופן שמובן למי שמבין ויודע את הרקע וההקדמות הנחוצות.

עיקר עניינה המעשי של האיגרת היה לעורר את חיבת הארץ, לייקר את יושביה ולזרז את החסידים להשתתף עימם ולסייע להם בכל מאודם. ויחד עם זה, כדרך כל איגרותיו של הרבי וראייתו הפנימית הנצחית, חורגים הדברים שהוא כותב הרבה מעבר לזמנם ולמקומם.

עיקר עניינה של האיגרת, על כל פנים בחלקה העיקרי שהודפס כאן ב'אגרת הקדש', היה ההתחדשות. התחדשות החיות בתחילת השנה, וכנגדה ההתחדשות וההוספה שצריך האדם ליצור בעצמו. הוא דורש מהחסידים לתת צדקה באותו אופן של התחדשות, שוב ושוב בכל שנה ובכל פעם – באופן של חידוש, של הוספה ועלייה לגבי הפעם הקודמת, משום שישנו חידוש כללי: השנה מתחדשת, העולם מתחדש, והאדם רק מתחדש כנגדם, ועל ידי כך מגלה את החידוש והעילוי שמשפיע הקב"ה בכל המציאות. ולכן הוא מדבר על ה'ארץ', על 'ארץ החיים', שהיא המקור ממנו מתחיל החידוש.

הקשר בין ההתחדשות הכללית של השנה החדשה ובין ההתחדשות האישית של כל אדם – הוא תמציתה של האיגרת הזו. אם האדם לא יחדש את ההוויה שלו, השנה שלו תהיה לא רק כמו השנה הקודמת, אלא גרועה ממנה. כפי שהוסבר, משנה לשנה הולך האור וגדל, ובכל פעם הוא גבוה ומעולה יותר. וכשיש אור גדול יותר, גם הדרישות גדולות יותר, וגם אפשרות הכישלון נעשית בכל פעם גדולה יותר. עם הפוטנציאל גדל גם הסיכון. אפשר לראות זאת בכל התחומים, למן תחומי הטכנולוגיה ועד לתחומי המחשבה והרגש. ככל שהאפשרויות גדלות, ככל שההבטחות גדלות, כן חמורה יותר השאלה: מה עשה בזה האדם? לשם דוגמה: בעבר, כאשר מישהו רצה להשפיע על הבריות, היה צריך לעמול הרבה כדי שהדברים יעברו מאיש לאיש. אבל כעת, באמצעי הקומוניקציה ההמונית, הוא יכול להשפיע לטוב, וביתר שאת – למוטב, במהירות ובקלות לאין שיעור. העולם של היום נוטה לתנודות הרבה יותר חריפות. הוא פתוח ומוכן יותר לקבל דברים, אבל גם אפשרויות הכישלון גדולות יותר. כאמור, התנועה הפנימית של

שהלשון הקבלית – ובמובן מסוים כל לשון שמנסה לעסוק בדברים שאין דוגמתם בעולם הזה, שאין להם שמות בעולמנו – היא לשון מגומגמת, שאינה רהוטה ואינה חד משמעית. כדי לתאר דבר שהוא חדש לחלוטין אנו יכולים לכל היותר לומר שהוא איננו דומה לשום דבר אחר, וגם אז אנו עדיין משתמשים באותם כלים של מחשבה. לכן כל זמן שאנו מצידנו, מלמטה, איננו משנים משהו בתוכנו, אין אנו יכולים לתפוס ולקבל שום דבר חדש מלמעלה: לא רעיון חדש, וגם לא זמן ושנה חדשים.

הזמן היא תנועה של התעלות, של הוספה בקודש, ואדם שאינו רוצה שהתנועה הזו תדחוף אותו החוצה ולמטה צריך להתקשר לאותה תנועה על ידי כך שהוא עצמו מוסיף בקודש, ובייחוד – כשהוא מוסיף בארץ הקודש, המכוונת כנגד 'ארץ החיים'.

נתינת הצדקה ליושבי ארץ הקודש, ובפרט כשהם אנשים הראויים לזה, יוצרת שותפות עם הארץ שהיא מקור החיים, ומכוח השותפות הזו מקבל אף הנותן הארה חדשה של חיים עליונים יותר. מי שרוצה לקבל מארץ החיים צריך לפתוח צינור בינו לבין הארץ. את הצינור הזה פותחים על ידי הנתינה משם לכאן; וכאשר הצינור פתוח, כאשר הברכה זורמת דרכו, היא זורמת לשני הכיוונים. ולפי שבתחילת כל שנה המאגר והמעבר שהיה שייך לשנה הקודמת נגמר, צריכים בכל שנה לפתוח מחדש את המעבר; צריכים בכל פעם ליצור מעבר חדש, עליון יותר, על ידי הוספה ועלייה על מה שהיה קודם, כדי לעלות ולהתחדש עם השנה החדשה.

איגרת טו

׳איגרת׳ זו לא נכתבה כפי הנראה כאיגרת אלא כביאור בדרך החסידות לאחד הנושאים המרכזיים ביותר בתורת הסוד. חשיבותו של ביאור זה היא כפולה: הן מצד הנושא שהוא עוסק בו – עשר הספירות – שהוא בסיס לכל תורת הסוד, והן מצד הדרך שהוא עוסק בנושא – דרך החסידות – המוסברת כאן לראשונה ביסודיות ובשיטתיות.

האיגרת מצוטטת הרבה בספרי החסידות, בשל היותה אחד המקורות הראשונים בחסידות הנותן הסבר בסיסי לכל אחת מהספירות, בפרט ובכלל. במקומות רבים היא נקראת גם בשם "דבור המתחיל להבין משל ומליצה", ובקצת מקומות "במה שנתבאר בענין ואנכי עפר ועפר", "להבין דברי חכמים וחידותם", "בענין הספירות" ועוד.

את הביאור פותח אדמו"ר הזקן בהקדמה שבה הוא מסביר את דרכו, דרך החסידות, בהבנת הספירות העליונות (כמו גם מושגים נוספים מן הקבלה). דרך זו מיוחדת בכך שהיא מסבירה את המושגים לא רק בתוך עולם הקבלה, זה ביחס לזה, כדרך ספרי הקבלה, אלא מנסה לקרב את הדברים אל שכל האדם ונפשו, אל הדרך שבה הוא חווה את עצמו ואת חייו בעולם הזה. דרך זו מבוססת בעיקר על הקשר ועל ההקבלה המבנית שבין נפש האדם ובין ההוויה האלוקית, עד למעלה מעלה. ובהסברת הקשר הזה, עם ההגבלות והאזהרות שיש להתייחס בהן אל הדברים, נפתח הביאור.

איגרת טו

יז אלול פשוטה
יד אלול מעוברת

להבין משל ומליצה דברי חכמים וחידותם בענין הספירות מודעת זאת בארץ מפי קדושי עליון נשמתם עדן לקרב קצת אל השכל מאי דכתיב ומבשרי אחזה אלוה שהכוונה היא להבין קצת אלהותו יתברך מנפש המלובשת בבשר האדם ועל פי מאמר רבותינו ז"ל על פסוק ברכי נפשי וגו' מה הקב"ה כו' אף הנשמה כו' ועל פי מאמר הזהר על פסוק ויפח באפיו נשמת חיים מאן דנפח מתוכיה נפח

"לְהָבִין מָשָׁל וּמְלִיצָה דִּבְרֵי חֲכָמִים וְחִידוֹתָם" (משלי א,ו)[1] **בְּעִנְיַן הַסְּפִירוֹת.** כאן מייחס אדמו"ר הזקן את הפסוק מספר משלי ללימוד הקבלה, ובפרט לנושא הספירות. לומר שהדברים האמורים בדברי המקובלים בעניין זה, הן בכתובים והן בעל פה, הם דברי משל ומליצה וכו', כלומר שדברים אלו אין להבינם כפשוטם אלא רק כמשל שצריך להבין ממנו את הנמשל, כמליצה שצריך להבין את המשמעות שמאחוריה. ואף "דברי חכמים", הדברים שאומרים חכמי הקבלה בהסבר הדברים הללו, הם דברי חידות שרק החכם והמבין מדעתו יכול לדעתם.

מוּדַעַת זֹאת בְּאָרֶץ.[3] הם דברים עליונים שידיעתם תהיה בהסבר זה גם בארץ, דהיינו בהלבשה במחשבה ובמושגים אנושיים. **מִפִּי קְדוֹשֵׁי עֶלְיוֹן נִשְׁמָתָם עֵדֶן,** הם רבותיו אדמו"רי החסידות הראשונים.[4] לומר, כי למרות שהדברים שיאמר בהמשך אינם ציטוט מדברי רבותיו, הם מקור הדברים שייאמרו בהמשך.

ה'סודות' של פנימיות התורה אין כאן כוונה ליצור סודות על מנת להסתיר את הדברים, אלא שנושאים אלה מצד עצמם, כיוון שהם עוסקים בהוויות רוחניות שאינן מצויות בתוך המרחב הגשמי והלשוני הרגיל, אין דרך אחרת לבטא אותם. במובן מסוים זו משמעות הסוד שיש בדברים; רק מי שחכם ומבין מדעתו, רק מי שיודע את הדברים בדרך כלשהי דרך חווייתו האישית, יכול להבין את הדברים בפנימיותם, ואילו בשביל האחר אלו משלים ומליצות, חידות ו'סודות' שאין הוא מסוגל להבינם. הוא יכול, לכל היותר, לעסוק בקשרים שבין הדברים, איך הם מתייחסים זה לזה, במקור זה לעומת מקור אחר וכו'.

פתיחת הסודות בתורת החסידות החסידות, מתחילתה, שאפה לפתוח את המחסום הזה בתורת הסוד (פנימיות התורה), ובהיקף רחב יותר, לגלות את המשמעות הפנימית בכל מה שעושים: במצוות, בתפילה, בלימוד ובכל דבר. הרבה מהתיאורים על התגלותו של הבעש"ט הם תיאורים כאלה, של פתיחת תורת הסוד לראייה פנימית ולתחושה ממשית של הדברים. ואכן, אצל הבעש"ט היו הגילויים בעיקר חווייתיים; אמיתיים

לְקָרֵב קְצָת אֶל הַשֵּׂכֶל. חידושו של אדמו״ר הזקן היה לקרב את הדברים לא רק אל הלב אלא גם אל השכל. וכמבואר בליקוטי אמרים ובשאר מקומות, שהעבודה בדרך חסידות חב״ד היא על ידי השכל, בחכמה בינה ודעת, ועל ידו להשפיע גם במידות (ברגשות). ודרך זו היא אכן קירוב אמיתי וליותר אנשים, כי אחר שהלבישו את הדברים הללו בשכל הם נעשים קרובים ונגישים יותר, גם למי שאין לו חוויה אישית מוקדמת.

מַאי דִּכְתִיב (מה שכתוב) **״וּמִבְּשָׂרִי אֶחֱזֶה אֱלוֹהַּ״** (איוב יט,כו). כתוב זה מבטא תפיסה כללית, שכל ידיעתנו את האלוקות ואת המציאות בכלל נובעת מידיעתנו את עצמנו. הטעם הפשוט לכך הוא, שכך פועלת ההכרה האנושית, שאין לנו מושגים ואין לנו מילים אלא מתוך עצמנו, ואנו משליכים אותם על כל דבר אחר. ואולם הטעם הפנימי יותר הוא שכך הדברים באמת, שהאדם עשוי בדמות כל המציאות (׳עולם קטן׳) ובתבנית האלוקית המהווה ומנהיגה את המציאות, וכמו שכתוב ״ויברא אלהים את האדם בצלמו, בצלם אלהים ברא אֹתו״ (בראשית א,כו). תפיסה זו עומדת ביסוד הדרך החסידית בהבנת האדם ובהתייחסותו אל האלוקי – שהאדם יכול מתוך ידיעת עצמו לדעת גם באלוקות,[5] וכן להפך, מתוך ידיעת האלוקות לדעת על עצמו. ואולם מובן שהדברים אינם פשוטים, ויש להיזהר הרבה בלימוד זה, וכפי שיבואר בהמשך.

ומדייק אדמו״ר הזקן בדברים, **שֶׁהַכַּוָּונָה הִיא לְהָבִין קְצָת אֱלֹהוּתוֹ יִתְבָּרֵךְ מִנֶּפֶשׁ הַמְלוּבֶּשֶׁת בִּבְשַׂר הָאָדָם.** הצד הדומה, שממנו יהיה הלימוד כאן, איננו תבנית הבשר והגוף,[6] אלא הנפש המלובשת בגוף.

וְעַל פִּי מַאֲמַר רַבּוֹתֵינוּ ז״ל[7] **עַל פָּסוּק ״בָּרְכִי נַפְשִׁי** אֶת ה׳ **וגו׳״** (תהלים קג,א) – **מַה הקב״ה** מלא את העולם **אַף הַנְּשָׁמָה** מלאה את הגוף. המאמר יוצר הקבלה בין האלוקי המלובש בעולם ומחיה אותו ובין נפש האדם המלובשת בגוף ומחיה אותו.

וְעוֹד לימוד מצד אחר, **עַל פִּי מַאֲמַר הַזֹּהַר**[8] **עַל פָּסוּק ״וַיִּפַּח בְּאַפָּיו נִשְׁמַת חַיִּים״** (בראשית ב,ז) – **מַאן דְּנָפַח מִתּוֹכֵיהּ נָפַח** (מי שנופח – מתוכו הוא נופח). כשאדם מדבר הוא

וחזקים מאוד, אבל עדיין תלויים באישיותו של המשפיע וביכולתו להעביר את החוויה החיה. אכן לגילוי השיטתי, השכלי, השייך להיקף רחב הרבה יותר של אנשים, הגיעו הדברים בעיקר בתורתו של אדמו״ר הזקן. איגרת זו היא דוגמה לכך, וההקדמה מניחה את היסודות, האפשרויות וההגבלות, של התבוננות כזו.

על התקרבותו של המגיד ממעזריטש לבעש״ט מסופר סיפור ארוך, ובסופו מסופר ששאל אותו הבעש״ט אם יש לו ידיעה בחכמת הקבלה, ואמר לו כן. ואמר הבעש״ט למשרת שייתן לו ספר ׳עץ חיים׳, והראה לו הבעש״ט מאמר אחד. ואמר לו הרב המגיד: ״אקח לעיין ולהתיישב וכו׳״. ואחר כך אמר לבעש״ט ז״ל את הפשט במאמר זה. ואמר לו הבעש״ט: ״אינך יודע כלום וכו׳״. ואמר לבעש״ט: ״הפשט הנכון הוא כמו שאמרתי, ואם יודע מעלתו פשט אחר יאמר לי ואשמע האמת עם מי״. ואמר לו הבעש״ט: ״עמוד על רגליך״, ועמד. ובמאמר הזה היו כמה שמות מלאכים, ומייד שאמר הבעש״ט את המאמר נתמלא כל הבית כולו אורה ואש הייתה מלהטת סביבותיו, וראו בחוש את המלאכים הנזכרים וכו׳. ואמר לו הבעש״ט: ״הפשט היה כמו שאמרת, אבל הלימוד שלך היה בלי נשמה״.[2]

ואפילו נפש דעשיה היא באה מזיווג זעיר ונוקבא דעשיה והמוחין שלהם שהם בחינת חיה ונשמה דזעיר ונוקבא שהן הן אחוריים דכלים דזעיר ונוקבא

מעביר מחשבה, רעיון, ומקצת הבל פנימי. אבל כשאדם נופח אוויר מתוכו, הוא מוציא את עצם תוכו מתוכו.

ולמעלה, אצל הקב"ה, הנפיחה של נפש האדם שונה מכלל הבריאה. הבריאה בכללותה נבראה בדיבורו של הקב"ה. הדיבור הוא חיצוני לגבי המדבר – המדבר אל הזולת אכן מעביר לו ידע, משמעות וכו', שאינם המדבר עצמו אלא הארות שלו, ידיעותיו והרגשותיו וכו'. מה שאין כן הנפיחה – "ויפח באפיו נשמת חיים" – שהקב"ה נופח בו כביכול את נשמתו שלו. ולפיכך נשמת האדם היא המשכה מנשמת החיים של הקב"ה ממש (ה"חלק אלו-ה ממעל ממש").

נמצא שנפשו של האדם היא בשורשה מהות פנימית שבפנימית – למעלה מהעולמות, למעלה מהאורות ומכל הגילויים שבעולמות. ויחד עם זאת, היא מהות נבראת – המלובשת ומתגלה בעולמות ואפילו בגוף גשמי, שאפשר להתבונן בה בשכל ואפילו בשכל אנושי; וההתבוננות הזו היא כהתבוננות באלוקי בעצמו, ועל כן נאמר בה "מבשרי אחזה אלו-ה".

וַאֲפִילוּ נֶפֶשׁ דַּעֲשִׂיָּה. כאשר מדובר על נפש שהיא חלק אלוקי, שאותה נפח כביכול הקב"ה מתוכו ממש, אין מדובר רק על נפשות גבוהות במיוחד, על נפשות ששייכות לעולם האצילות (המיוחד והמאוחד באלוקות), אלא גם על נפשות נמוכות יותר, ואפילו על נפשות השייכות לעולם העשייה (הנמוך וה'נפרד' כביכול לגמרי מאלוקות). אכן כפי שיוסבר בהמשך, דווקא אפשרות זו, שפנימיות אלוקות תתלבש בתוך מציאות נפש שבעשייה, מגלה את עומק הקשר של נפש האדם לאלוקי, עומק שמעבר לכל גילויי

נפש דעשיה הביטוי 'נפש דעשייה' הוא הדרגה הנמוכה ביותר של התגלות הנפש. 'עשייה' היא הדרגה הנמוכה ביותר בארבעת העולמות (ממעלה למטה: אצילות, בריאה, יצירה, עשייה) ודרגת ה'נפש'[9] היא הנמוכה מבין חמש דרגות הנפש (ממטה למעלה: נפש, רוח, נשמה, חיה, יחידה). דרגת הנפש שייכת לעולם העשייה, דרגת הרוח ליצירה וכו'. עם זאת, למרות שעולם העשייה הוא מקומה של הנפש, שה'נפש' עשויה מה'חומרים' של העשייה, ייתכן שגם דרגת הרוח ודרגות גבוהות יותר יתגלו בעולם העשייה. לדוגמה, 'נפש דעשייה' מתגלה באדם כאשר הוא עושה את המצוות המעשיות (עשייה) בקבלת עול בלבד, לא מתוך הרגשה, אהבה ויראה, ולא מתוך הבנה בערך הדברים, אלא רק משום שהקב"ה ציווה לעשותם (נפש). ואולם כשאדם עושה מצווה מתוך הזדהות רגשית, זוהי כבר דרגת הרוח; ואם הוא עושה זאת מתוך הזדהות שכלית זו כבר דרגת הנשמה וכו', המתגלות כעת גם בעולם העשייה.

חיה ונשמה דזעיר ונוקבא בלשון הקבלה יש מערכות שונות של מונחים. אמנם בדרך כלל מתייחסת כל אחת למערך אחר במציאות, כגון: המונחים אצילות, בריאה, יצירה, עשייה –מתייחסים אל מערך העולמות; המונחים חסד, גבורה וכו' (והפרצופים זעיר ונוקבא וכו') – אל מערכות הספירות; והמונחים נפש, רוח, נשמה וכו' – אל הנפש. ואולם בספרי

העולמות והנפשות בשכל ובמידות; עומק ורום שלגביו כל ההבדלים בין הנפשות הם חסרי משמעות.

הִיא, נפש דעשייה של האדם, **בָּאָה מִזִּיווּג זְעֵיר וְנוּקְבָא דַעֲשִׂיָּה.** כלומר מזיווג, חיבור, זעיר אנפין (שש הספירות, המידות) והמלכות של עולם העשייה. הנפש נמשכת להתגלות ולהתלבש בכל עולם מזיווג הספירות של אותו עולם, כלומר שהיא בעצמה ממהות הספירות המאוחדות באלוקות. כמו בזיווג הגשמי, הילד שנולד מזיווג אביו ואימו הוא ממהות אביו ואימו. אין הוא רק הארה או ביטוי שלהם או של אחד מהם כמו מחשבה או דיבור של אדם, אלא ממהותם ממש.

וְהַמּוֹחִין שֶׁלָּהֶם, של זעיר ונוקבא של העשייה. כלומר ספירות השכל של עולם העשייה. כי לכל עולם יש עשר ספירות השייכות לו, ובהן גם ספירות השכל, חכמה ובינה. הנקודה החשובה כאן היא שספירות השכל, המוחין שבכל עולם, הם הכלי שבו נמשכת ומתגלה ההשפעה שבאה מלמעלה להם. ואם כן, המוחין של העשייה כבר מקבלים וקשורים למוחין שביצירה ושבבריאה ושבאצילות, עד למעלה מעלה באור אין סוף.[10]

שֶׁהֵם, המוחין של זעיר ונוקבא, **בְּחִינַת חַיָּה וּנְשָׁמָה דִּזְעֵיר וְנוּקְבָא.** ישנה הקבלה בין הספירות ודרגות הנפש (=נפש, רוח, נשמה, חיה, יחידה). הדרגות 'חיה' ו'נשמה' הן המוחין (חכמה ובינה), ו'רוח' ו'נפש' הן זעיר ונוקבא. "חיה ונשמה דזו"נ" הן לפיכך המוחין וספירות השכל של העשייה.[11]

שֶׁהֵן הֵן, הכפילות "הן הן" מורה שאין זה רק דימוי והשאלה אלא זהות ממש, שאפילו הנפש (של האדם) בעולם העשייה קשורה בקשר פנימי ומהותי אל **אֲחוֹרַיִים דְּכֵלִים דִּזְעֵיר אַנְפִּין וְנוּקְבָא דַּאֲצִילוּת**, של עולם האצילות. המוחין של העשייה הם רק אחוריים של כלים של הספירת שבאצילות. שדרכן משפיעות הספירות העליונות שבאצילות לעולמות.

אחוריים וכלים 'אחוריים' בלשון הקבלה והחסידות העוסקים בזה כלולות כל המערכות ומתקשרות זו בזו, והמונחים אינם בלעדיים עוד לתחום אחד, אלא כל מערכת מונחים יכולה להתייחס לכל דבר. הדבר מעניק לכל המונחים משמעות רחבה, עמוקה ומורכבת יותר, של עומק לפנים מעומק, שכך נכתבת ונחשבת תורת הקבלה. ואולי ערבוב המושגים כאן נועד להורות על החיבור בין נפש האדם והספירות העליונות. שבפנימיותם הספירות והנשמות קשורות ובנויות כביכול באותו קוד, שמאפשר לנו ללמוד מזה לזה, באופן של "מבשרי אחזה אלו־ה" ו"מאן דנפש מתוכיה נפח".

הם הצד האחורי – כלומר הצד או האופן הפונה כלפי חוץ. ובדרך ההשתלשלות, של ירידה מדרגה לדרגה, הדרגה שמשפיעה למטה והחוצה היא אחוריים לגבי הדרגה הפנימית שאינה יורדת, שהיא כמו גוף ועצם הדבר (ובלשון הקבלה הם נה"י לעומת חג"ת וחב"ד).[12] ו'כלים' הם לעומת האורות – כי העולמות בכלל, גם בעולם האצילות, הם מציאות של אורות בכלים. אין האור מתגלה אלא כשהוא בכלי, ואין לכלי משמעות וחיות אלא כשיש בו אור. ואם כן כאשר מדברים על אחוריים, במובן של השפעה כלפי חוץ, כלפי מטה, ההשפעה היא על ידי הכלים. לדוגמה, אותיות ומילים הן כלים ביחס למשמעות שיש בהן. וכאשר אדם צריך להסביר דבר

דאצילות שהם אלהות ממש שבתוכם מאיר אור אין סוף ברוך הוא המלובש וגנוז בחכמה דאצילות דאיהו וגרמוהי חד באצילות ועל כן גם בנשמת האדם מאיר אור אין סוף ברוך הוא מלובש וגנוז באור החכמה שבה להחיות את האדם וממנה יוכל האדם להבין קצת בספירות העליונות שכולן מאירות בנשמתו הכלולה מהן.

יח אלול פשוטה
טו אלול מעוברת

• אך צריך להקדים מה ששמעתי ממורי עליו השלום על פסוק ואנכי

שֶׁהֵם, הכלים שבאצילות, **אֱלֹהוּת מַמָּשׁ.** המיוחד בעולם האצילות הוא שאין הוא נפרד מהאלוקות ('אצילות' מלשון אצל, שהוא אצל האלוקי ואין הוא נראה כנפרד ממנו). ולכן, בהסתכלות העולמות מלמטה עולם האצילות אינו עולם כלל אלא אלוקות – החכמה האלוקית, החסד האלוקי וכו'. במשל מנפש האדם, את מעשיו ואפילו את דיבוריו ומחשבותיו של האדם אפשר לראות כנפרדים ממנו. ולעומת זאת, אל כוחות נפשו של אדם, שכלו ומידותיו, אי אפשר להתייחס כנפרדים ממנו; מבחינתו של אדם אחר – הם הם האדם עצמו.[13]

שֶׁבְּתוֹכָם מֵאִיר אוֹר אֵין סוֹף בָּרוּךְ הוּא, האור המאיר בכלים שבאצילות הוא אור אין סוף עצמו. לא האור המוגבל שבעולמות הנבראים, אלא האור האלוקי שהוא אין סופי ובלתי מוגבל. ומשום כך חדור עולם האצילות כולו באור האלוקי, ללא שום הגבלה, עד שכולו אחדות אלוקית אחת.

הַמְלוּבָּשׁ וְגָנוּז בְּחָכְמָה דַאֲצִילוּת. אור אין סוף מאיר ומלובש בעולם האצילות, אך אף זאת רק על ידי התלבשותו הראשונית בספירת החכמה שבאצילות. וטעם הדבר מבואר בליקוטי אמרים,[14] שאור אין סוף הוא האחד באמת שהוא לבדו ואין זולתו, ומדרגת החכמה בלבד היא היכולה לקלוט משהו ממהות זו. שהרי החכמה עצמה אינה מהות דבר, אלא רק הבזק של עצם הקליטה, הקולטת את הדבר עצמו בלי להגדירו (ככל

לאדם אחר ('רב לתלמיד') הוא מעביר מילים, שבהן יכולה לעבור משמעות, אך אין הוא יכול להעביר משמעות טהורה.

בעולם האצילות ישנה נקודה שהיא אצילות שבאצילות, חכמה שבחכמה, שבה מלובש וגנוז תחילה אור אין סוף.

חכמה דאצילות בספרים מבואר שעולם האצילות בעולמות הוא כמו החכמה שבספירות,[15] בחינת ההתבטלות הגמורה של כל ישות ומציאות אל האלוקי המתגלה בו. ואולם מצד שני (מלמעלה למטה) עולם האצילות הוא 'עולם', שהוא ראשית, מקור ושורש לכל העולמות הנבראים וכו'. ולכן אף

שכולן מאירות בנשמתו הכלולה מהן יש כאן שתי אמירות: שהספירות כולן מאירות בנשמתו, ושהיא כלולה מהן. הספירות כולן מאירות בנשמתו משום שיש בנשמתו כוחות בדמותן של הספירות, והם משקפים, בכללם ובפרטיהם, את הספירה המתאימה. והיא כלולה מהן, שכן אין כאן רק מבנה דומה של

הנבראים) בגדרי עצמה שאין לה. במובן זה, הגם שהחכמה מקבלת רק 'חלק', הבזק בלבד, זהו הבזק של אור אין סוף המאוחד עם אור אין סוף באחדות פשוטה שאינה מתחלקת. ומכאן היכולת של החכמה דווקא להלביש אין סוף.

דְּאִיהוּ וְגַרְמוֹהִי חַד בַּאֲצִילוּת (שהוא והכלים הם אחד באצילות).[16] כאמור, עולם האצילות מאוחד בקב"ה עצמו. לא רק האור שבאצילות, שהוא כאמור אור אין סוף, אלא גם הכלים שבאצילות, שמלבישים את האור ומסתירים אותו – גם הם גילוי אלוקי. ומוסבר, שכיוון שגם הכלים שבאצילות הם חלק אלוקי ממש, הרי אף ההסתר שהם מסתירים ומגדירים את האור הוא גילוי אלוקי, הגילוי של כוח ההסתר וההגדרה האלוקית, האין סופית.[17] ומכל מקום הכלים שבאצילות, הם כלי הספירות שבאצילות, מאוחדים בו בעצמו.

וְעַל כֵּן, גַּם בְּנִשְׁמַת הָאָדָם, אפילו ב'נפש העשייה', **מֵאִיר אוֹר אֵין סוֹף בָּרוּךְ הוּא, מְלוּבָּשׁ וְגָנוּז בְּאוֹר הַחָכְמָה שֶׁבָּהּ,** שבנשמה, **לְהַחֲיוֹת אֶת הָאָדָם.** אור אין סוף הוא מקור כל החיות בכלל ובפרט, והוא נמשך ומתגלה בספירת החכמה שבאצילות,[18] וממנה בספירת החכמה שבכל עולם, עד לכוח החכמה שבנפש. שכן כאמור, בכוח החכמה שבנפש מתלבשת החיות שלמעלה ממנה, היא נקודת ה'אין' שהיא גם ראשית ה'יש', המקבלת ממה שמעבר על מנת להחיות את ה'יש' מה'אין'. ונמצא שחיותה הפנימית של הנפש, גם זו שבעולם העשייה, היא אור אין סוף, האור האלוקי עצמו המלובש בחכמה.

ולכן **מִמֶּנָּה,** מנשמתו, **יוּכַל הָאָדָם לְהָבִין קְצָת בִּסְפִירוֹת הָעֶלְיוֹנוֹת, שֶׁכּוּלָּן מְאִירוֹת בְּנִשְׁמָתוֹ הַכְּלוּלָה מֵהֶן.** לאחר שהראה אדמו"ר הזקן כיצד נשמת האדם קשורה למעלה לאלוקות ולגילוייה בעשר הספירות העליונות, הוא חוזר למה שפתח בו, לדרך החסידות בהבנת הספירות, האומרת שמנשמתו יכול האדם ללמוד ולהבין בספירות העליונות עצמן.

אַךְ צָרִיךְ לְהַקְדִּים. לאחר שהוסבר שישנה הקבלה בתבנית, ואף קשר מהותי, בין נפש האדם וההוויה האלוקית, בא אדמו"ר הזקן לסייג את הדברים.

מַה שֶּׁשָּׁמַעְתִּי מִמּוֹרִי עָלָיו הַשָּׁלוֹם, מה ששמע אדמו"ר הזקן ממורו הרב המגיד ממזריטש,

הספירות אלא חלק ממהותן ממש, ובעצם חלק מהמהות האלוקית המתלבשת בספירות; ובמהות הפנימית כלולות תמיד ומחוברות ומאוחדות ומוקפות כל ההתגלויות והצורות החיצוניות.

כמוסבר בהרחבה במקומות אחרים, המושג של התכללות שייך תמיד לתחום הקדושה,[19] כי ההתכללות של הפרטים, של כל צורות ההתגלות, היא הכלי לגלות את האור הפנימי שלמעלה מכל ההתגלויות. ומכאן שמנשמת האדם אפשר לראות בהתבוננות השכל ולהבין הבנה אמיתית בספירות העליונות, למרות שהיא מצומצמת בכלי הנפש והשכל האנושי.

הלימוד הוא מהדומה, אך גם ממה שאינו דומה כלל הנחת היסוד שעל פיה אנו לומדים על האלוקי מנפש האדם היא אמיתית. ואולם, כחלק מאותה אמת, עלינו לדעת שהדברים שאנו מסוגלים להבין מצומצמים ורחוקים לאין שיעור ממהותם העצמית. הנפש שלנו היא אלוקית, היא חלק אלוקי, אבל בשום אופן אין זה אומר שהאלוקי הוא כמו הנפש

עפר ואפר שאמר אברהם אבינו עליו השלום על הארת נשמתו המאירה בגופו מאור חסד עליון והיא מדתו מדת אהבה רבה (נוסח אחר שבה היה) **שהיה אוהב את הקב"ה אהבה גדולה ועליונה כל כך עד שנעשה מרכבה להקב"ה וסלקא דעתך אמינא שבחינת חסד ואהבה שלמעלה בספירות העליונות היא מעין וסוג מהות מדת אהבה רבה של אברהם אבינו עליו השלום רק שהיא גדולה ונפלאה ממנה למעלה מעלה עד אין קץ ותכלית כנודע ממדות העליונות שאין להם** [נוסח אחר קץ] **סוף ותכלית מצד עצמן כי אור אין סוף ברוך הוא מאיר ומלובש בתוכם ממש ואיהו וגרמוהי חד.**

עַל פָּסוּק: "וְאָנֹכִי עָפָר וָאֵפֶר" (בראשית יח,כז), **שֶׁאָמַר אַבְרָהָם אָבִינוּ עָלָיו הַשָּׁלוֹם עַל הָאָרַת נִשְׁמָתוֹ הַמְּאִירָה בְּגוּפוֹ מֵאוֹר חֶסֶד הָעֶלְיוֹן.** אברהם אבינו, שנשמתו הייתה גבוהה באצילות, בוחר לציין דווקא את ריחוקו מהאלוקי המתגלה בספירות. הוא אומר על עצמו ועל מידת החסד שלו שהיא כ"עפר ואפר" ביחס למידת החסד העליון האלוקית. מדוע? והרי מעלת נשמתו של אברהם הייתה למעלה מעלה, כמה שאפשר לנשמתו של אדם להגיע? את זה יסביר להלן:

וְהִיא, הארת נשמתו שהייתה ביטוי גמור להארת החסד העליון, היא **מִדָּתוֹ** המיוחדת של אברהם אבינו, שהיא **מִדַּת 'אַהֲבָה רַבָּה',** אהבה גדולה, **(נוּסָּח אַחֵר: שֶׁבָּהּ הָיָה) שֶׁהָיָה אוֹהֵב אֶת הקב"ה אַהֲבָה גְּדוֹלָה וְעֶלְיוֹנָה כָּל כָּךְ עַד שֶׁנַּעֲשָׂה מֶרְכָּבָה להקב"ה.** במקומות אחרים[20] מבואר שאהבה גדולה ('אהבה רבה'), בשונה מאהבה קטנה ('אהבה זוטא'), היא אהבה שאינה עוד התייחסות של האדם אל עצמו, שטוב לו באהבה זו וכו', אלא היא התייחסות אל נושא האהבה בלבד – ואף בזאת, לא אל גילוייו ופעולותיו, אלא אליו בעצמו אף שאינו מוגדר ואינו מושג. ואברהם אבינו, שהיה אוהב את הקב"ה באהבה כזו, גדולה ועליונה כל כך, בביטול גמור של עצמו – הייתה אהבתו מזדהה ומאוחדת בייחוד גמור באהבתו של הקב"ה בעצמו. כלומר, אהבה כשל אדם שאינו רוצה דבר לעצמו, אלא מה שרוצה הקב"ה הוא רוצה, מה שאוהב הקב"ה הוא אוהב

שלנו. חשוב לומר את הדבר, משום שהוא חלק מהאמת. כשם שאמת הוא הצד הדומה והקשור, כך אמת הוא הנבדל, מה שאינו דומה ואינו קשור, מה שנשגב וקדוש מאיתנו. הדגשת הקשר והדמיון חשובה כדי שיהיו לנו כלים להבין, ועל ידי כך לפעול בדרך נכונה; ומאידך חשובה תפיסת הנבדלות, ההכרה שהמרחק הוא אין סופי, לאין ערוך מעבר להשגתנו – בשביל הצניעות, בשביל היראה ובשביל האמת, שההבנה שתהיה לנו תהיה אמיתית ולא דמיונית.

שנעשה מרכבה – נשמה של אצילות בנשמת כל אדם מאירות הספירות העליונות. ואולם לגבי האבות נאמר יותר מזה – שהיו "מרכבה".[21] בכל אדם ישנו ניצוץ אלוקי (המלובש בחכמה), אבל הניצוץ הזה הוא רק נקודה עלומה המצויה בכוח נשמתו – שאין לה ציור, דמות, הגדרה, יכולת להתייחס אל גילוייה של הנפש – ולכן יכול להיות שלא תהיה לה

וכו׳. וזהו מה שנאמר כאן, שאברהם נעשה מרכבה להקב״ה, שאהבתו הייתה כלי גמור לאהבתו העליונה של הקב״ה.

וְסָלְקָא דַעְתָּךְ אֲמִינָא (ועולה על דעתך לומר) **שֶׁבְּחִינַת חֶסֶד וְאַהֲבָה שֶׁלְּמַעְלָה, בִּסְפִירוֹת הָעֶלְיוֹנוֹת, הִיא מֵעֵין וְסוּג מַהוּת מִדַּת אַהֲבָה רַבָּה שֶׁל אַבְרָהָם אָבִינוּ עָלָיו הַשָּׁלוֹם.** מובן לנו שהאהבה העליונה (שבאצילות, של הקב״ה), אינה בערך מידת החסד והאהבה של אדם רגיל. האהבה של אדם קשורה אל הגוף ואל מציאותו כישות עצמאית נפרדת, והיא לכן מוגבלת במה שאדם רוצה וחושב שהוא רוצה לעצמו. היא בהכרח חלוקה ונפרדת מהאהבה העליונה הן בנושאים והן בהיקפים. אבל אהבתו של אברהם אבינו, שכאמור לא הייתה מוגבלת בהגבלות אלה, שהייתה בטלה מכל אלה, יכול היה לעלות על דעתנו שהיא מעין וסוג האהבה האלוקית של ספירת החסד.

רַק שֶׁהִיא, מידת האהבה העליונה, **גְּדוֹלָה וְנִפְלָאָה מִמֶּנָּה,** מאהבת אברהם אבינו, **לְמַעְלָה מַעְלָה עַד אֵין קֵץ וְתַכְלִית.** כלומר, אפשר היה לחשוב שהמידות העליונות הן מעין וסוג המידות של אברהם, וכל ההבדל ביניהן הוא רק בהיקף ובגודל. ומסביר ביתר פירוט מה עלול היה לעלות על הדעת לומר:

כַּנּוֹדָע מִמִּדּוֹת הָעֶלְיוֹנוֹת שֶׁאֵין לָהֶם [נוּסָח אַחֵר: קֵץ] סוֹף וְתַכְלִית מִצַּד עַצְמָן. אין סופיותן של המידות העליונות הוא ״מצד עצמן״. אף כי גם המידות העליונות הן מידות, מדודות ומוגבלות, הגבלתן היא ההגבלה שהן מגבילות אחת את השנייה, כגון החסד מוגבל על ידי הגבורה בכך שאיננו גבורה. ואולם החסד מצד עצמו, הגבורה מצד עצמה – הן חסד וגבורה לאין סוף. החסד הוא נתינה והשפעה לאין שיעור, ללא שום הגבלה של כוח הנתינה, של המהות הניתנת וכו׳. וכן הגבורה היא כוח הגבלה וצמצום אין סופי מצד עצמו, מה שמתבטא ביכולתה של הגבורה להגביל את החסד האין סופי.

כִּי אוֹר אֵין סוֹף בָּרוּךְ הוּא מֵאִיר וּמְלוּבָּשׁ בְּתוֹכָם מַמָּשׁ, וְאִיהוּ וְגַרְמוֹהִי חַד (הוא וכליו, מידותיו, הם אחד).[22] המיוחד במידות העליונות שבאצילות הוא שהאור המלובש בהן הוא אור אין סוף האלוקי ממש, ובאופן שהוא מאוחד בהן ומתגלה בהן באין סופיותו. למרות שהכלים בדרך כלל, עם היותם מגלים את האור, הם גם מסתירים ומגבילים

כל השפעה גלויה על הווייתו וחייו של האדם. מה שאין כן ׳מרכבה׳, היא הדרגה העליונה שהגיעו אליה האבות (ובדרגה מסוימת אף כל הצדיקים שבכל הדורות), כאשר לא רק ניצוץ עלום אלא הנפש בכללה – כל דרגות הנפש וכל כוחות הנפש – נמצאת בפועל באחדות ובהתבטלות גמורה אל האלוקי. ועוד יותר מזה, אף לבושי הנפש שבגוף, כל מחשבותיהם דיבוריהם ומעשיהם, נעשו כלי גמור לביטוי ולגילוי אלוקי בעולם. הרי שלעומת הדרגה הנמוכה שדובר בה קודם, ׳נפש דעשייה׳, דרגת האבות הייתה של ׳נשמה דאצילות׳, שהנשמה כפי שהיא באצילות, מרכבה למידות העליונות של האצילות, מתגלה בפועל בגוף ובעולם הזה. אצל כל אחד מהאבות היה הביטול במידה ובצד מסוים השייכים למהותו ולחייו. אצל אברהם הוא במידת החסד, אצל יצחק בגבורה ואצל יעקב בתפארת. ומשום כך מדובר כאן על הארת נשמתו של אברהם אבינו ״המאירה בגופו מאור חסד העליון״.

מה שאין כן בנשמת האדם המלובשת בחומר שיש למדותיה קץ וגבול. אבל מכל מקום סלקא דעתך אמינא שמדותיה הן מעין וסוג מדות העליונות ולזה אמר ואנכי עפר ואפר דכמו שהאפר הוא מהותו ועצמותו של העץ הנשרף שהיה מורכב מד׳ יסודות אש רוח מים עפר וג׳ יסודות אש מים רוח חלפו והלכו להם וכלו בעשן המתהוה מהרכבתן כנודע ויסוד הד׳ שהיה בעץ שהוא העפר שבו היורד למטה ואין האש שולטת בו הוא הנשאר קיים והוא האפר והנה כל מהות העץ וממשו וחומרו וצורתו באורך ורוחב ועובי שהיה נראה לעין קודם שנשרף עיקרו היה מיסוד העפר שבו רק שאש מים רוח כלולים בו כי העפר הוא חומרי יותר מכולן ויש לו אורך ורוחב ועובי מה שאין כן באש ורוח וגם המים הם מעט מזעיר בעץ וכל ארכו ורחבו ועוביו הכל היה מן העפר והכל שב אל העפר שהוא האפר הנשאר אחרי שנפרדו ממנו אש מים רוח והנה כמו שהאפר אין לו דמיון וערך אל מהות העץ הגדול באורך ורוחב ועובי קודם שנשרף לא בכמותו ולא באיכותו אף שהוא [הוא] מהותו ועצמותו וממנו נתהוה כך על דרך משל אמר אברהם אבינו עליו השלום על מדתו מדת החסד והאהבה המאירה בו ומלובשת בגופו דאף שהיא [היא] מדת האהבה וחסד העליון שבאצילות המאיר בנשמתו שהיתה מרכבה עליונה אף על פי כן ברדתה למטה להתלבש בגופו

אותו – הכלים שבעולם האצילות שונים בכך שהם אינם מסתירים אלא רק מגלים את האור. ומכיוון שהאור הוא אין סופי, הרי גם הכלים, המידות שבאצילות, הם אין סופיים. כשם שהאור מאוחד תמיד עם מקורו, ואין לו קיום כלל בנפרד למקור – כך גם הכלי בעולם האצילות, שאין לו מציאות נפרדת ומסתירה, הוא כמו האור ומגלה את המהות האלוקית האין סופית.

מַה שֶּׁאֵין כֵּן בְּנִשְׁמַת הָאָדָם הַמְלוּבֶּשֶׁת בַּחוֹמֶר, הוא הגוף החומרי בעולם הגשמי, **שֶׁיֵּשׁ לְמִדּוֹתֶיהָ קֵץ וּגְבוּל.** נשמת האדם מלובשת בכלי של גוף חומרי, מוגדר ומוגבל בגבולות החומר. ולכן אף מידותיה הרוחניות מתייחסות בערך כלשהו לגבולות אלו, ובמובן זה הן אינן אין סופיות כמו המידות העליונות.

אֲבָל מִכָּל מָקוֹם, סָלְקָא דַּעְתָּךְ אֲמִינָא (יעלה על דעתך לומר) **שֶׁמִּדּוֹתֶיהָ,** של נשמת האדם, **הֵן מֵעֵין וְסוּג מִדּוֹת הָעֶלְיוֹנוֹת.** עדיין יכול לעלות על הדעת, שגם אם הן אינן בסדרי הגודל של האצילות, הן מעין אותן איכויות.

יש כאן שני קטבים: מצד אחד "מבשרי אחזה אלו-ה" ו"מאן דנפח מתוכיה נפח", וכפי שהוסבר שיש קשר של דמיון ואפילו יותר מזה בין נפש האדם וכוחותיה ובין ההתגלות האלוקית בעשר הספירות. ומצד שני ברור שיש פער אין סופי בין אור אין סוף המלובש באצילות ובין נשמת האדם המלובשת בגוף חומרי. כדי להבין את היחס הזה, שהוא הבסיס כמעט לכל העיסוק (בעיקר בחסידות) בתורת הסוד והספירות, ולשלול את מה

שעלול היה לעלות על הדעת לומר, הביא אדמו"ר הזקן מה ששמע ממורו הרב המגיד. ועתה יסביר זאת:

וְלָזֶה אָמַר אברהם אבינו: "**וְאָנֹכִי עָפָר וָאֵפֶר**". ופירוש הדברים: **דִּכְמוֹ שֶׁהָאֵפֶר הוּא מַהוּתוֹ וְעַצְמוּתוֹ שֶׁל הָעֵץ הַנִּשְׂרָף, שֶׁהָיָה מוּרְכָּב** קודם שנשרף **מִד'** (מארבעה) **יְסוֹדוֹת: אֵשׁ, רוּחַ, מַיִם, עָפָר.** שהם היסודות שמהם מורכב כל דבר במציאות החומרית.[23] **וְג'** (ושלושה) **יְסוֹדוֹת – אֵשׁ, מַיִם, רוּחַ – חָלְפוּ וְהָלְכוּ לָהֶם וְכָלוּ בֶּעָשָׁן הַמִּתְהַוֶּה מֵהַרְכָּבָתָן, כַּנּוֹדָע.** שהעשן העולה מבערת העץ מורכב משלושה יסודות אלו, אשר בשעה שהעץ נשרף הם שעוזבים את העץ. **וִיסוֹד הַד'** (הרביעי) **שֶׁהָיָה בָּעֵץ, שֶׁהוּא הֶעָפָר שֶׁבּוֹ,** הוא **הַיּוֹרֵד לְמַטָּה,** שהוא כבד וחומרי מהם, **וְאֵין הָאֵשׁ שׁוֹלֶטֶת בּוֹ, הוּא הַנִּשְׁאָר קַיָּים, וְהוּא הָאֵפֶר** הנשאר אחר הבערה.

וְהִנֵּה, ויותר מזה, לא רק הפרדה סתמית בין המרכיבים הייתה כאן, אלא הפרדה מהותית. שכן **כָּל מַהוּת הָעֵץ וּמַמָּשׁוֹ וְחוֹמְרוֹ וְצוּרָתוֹ, בְּאוֹרֶךְ וְרוֹחַב וְעוֹבִי, שֶׁהָיָה נִרְאֶה לָעַיִן קוֹדֶם שֶׁנִּשְׂרַף, עִיקָּרוֹ הָיָה מִיסוֹד הֶעָפָר שֶׁבּוֹ, רַק שֶׁ**היסודות **אֵשׁ מַיִם רוּחַ כְּלוּלִים בּוֹ.** גם קודם שנשרף העץ היה יסוד העפר העיקרי בו. העפר היה כעין חומר בסיסי, ושאר היסודות רק נתנו בו את הצורה – הגודל, הצבע, הריח והטעם המיוחדים לעץ.

כִּי הֶעָפָר הוּא חוֹמְרִי יוֹתֵר מִכּוּלָּן, וְיֵשׁ לוֹ אוֹרֶךְ וְרוֹחַב וְעוֹבִי, שהם ממדי החומרי, **מַה שֶּׁאֵין כֵּן בְּאֵשׁ וְרוּחַ,** שלכאורה אין בהם ממדים אלה. **וְגַם הַמַּיִם,** שממדים אלה משתנים ואינם קבועים בהם, **הֵם מְעַט מִזְּעֵיר בָּעֵץ. וְכָל אָרְכּוֹ וְרָחְבּוֹ וְעוֹבְיוֹ הַכֹּל הָיָה מִן הֶעָפָר וְהַכֹּל שָׁב אֶל הֶעָפָר** (על פי קהלת ג,כ), **שֶׁהוּא הָאֵפֶר הַנִּשְׁאָר** מן העץ **אַחֲרֵי שֶׁנִּפְרְדוּ מִמֶּנּוּ – אֵשׁ מַיִם רוּחַ.**

וְהִנֵּה, כְּמוֹ שֶׁהָאֵפֶר אֵין לוֹ דִּמְיוֹן וְעֵרֶךְ אֶל מַהוּת הָעֵץ הַגָּדוֹל בְּאוֹרֶךְ וְרוֹחַב וְעוֹבִי קוֹדֶם שֶׁנִּשְׂרַף, לֹא בְּכַמּוּתוֹ וְלֹא בְּאֵיכוּתוֹ, אַף שֶׁהוּא [הוּא] מַהוּתוֹ וְעַצְמוּתוֹ וּמִמֶּנּוּ נִתְהַוָּה. העץ השרוף איננו עץ מוקטן. הוא רק אפר. והאפר, למרות שמקורו מן העץ, איננו דומה לעץ. למרות שחומר האפר הוא במהותו אותו החומר שהיה העץ, וגם הכמות היא בעצם אותה הכמות, אף על פי כן, אם מסתכלים על העץ הגדול נושא הפירות וכו', ועל ערמת האפר – אין לכאורה כל קשר ודמיון ביניהם. להביא דוגמה קרובה יותר לליבנו, אם לוקחים שעון וכותשים אותו עד שיהיה לאבק, לכאורה שום דבר מהשעון לא הלך לאיבוד. המתכת, הזכוכית, הזרחן – הכול נשאר. ואף על פי כן, אי אפשר לבנות כל יחס בין האבק והשעון.

כָּךְ עַל דֶּרֶךְ מָשָׁל אָמַר אַבְרָהָם אָבִינוּ עָלָיו הַשָּׁלוֹם עַל מִדָּתוֹ, היא המידה המיוחדת לו, העיקרית אצלו, **מִדַּת הַחֶסֶד וְהָאַהֲבָה הַמְּאִירָה בּוֹ וּמְלוּבֶּשֶׁת בְּגוּפוֹ. דְּאַף שֶׁהִיא [הִיא],** מידת החסד שלו, היא **מִדַּת הָאַהֲבָה וְחֶסֶד עֶלְיוֹן שֶׁבַּאֲצִילוּת הַמֵּאִיר בְּנִשְׁמָתוֹ. שֶׁ**כאמור **הָיְתָה** נשמתו **מֶרְכָּבָה עֶלְיוֹנָה** שמעבירה את המידות העליונות אל המציאות של העולם הזה, מבלי להתערב ומבלי לשנות. **אַף עַל פִּי כֵן בִּרְדְתָּהּ לְמַטָּה,** כאשר מידת החסד שבאצילות יורדת למטה **לְהִתְלַבֵּשׁ בְּגוּפוֹ** החומרי של אברהם אבינו, שבעולם העשייה

על ידי השתלשלות העולמות ממדרגה למדרגה על ידי צמצומים רבים אין דמיון וערך מהות אור האהבה המאיר בו אל מהות אור אהבה וחסד עליון שבאצילות אלא כערך ודמיון מהות העפר שנעשה אפר אל מהותו ואיכותו כשהיה עץ נחמד למראה וטוב למאכל על דרך משל ויותר מזה להבדיל באלפים הבדלות רק שדברה תורה כלשון בני אדם במשל ומליצה:

יט אלול פשוטה
טז אלול מעוברת

והנה כללות העשר ספירות שבנשמת האדם נודע לכל [בדרך כלל. בכתב יד ליתא] שהמדות נחלקות בדרך כלל לז׳ מדות

הגשמי, אין היא מתלבשת בו במישרין, כפי שהיא בעולם האצילות, אלא בהכרח היא יורדת **עַל יְדֵי הִשְׁתַּלְשְׁלוּת הָעוֹלָמוֹת מִמַּדְרֵגָה לְמַדְרֵגָה עַל יְדֵי צִמְצוּמִים רַבִּים.** ועם הירידה מעולם האצילות לעולם שלנו עוברת היא בהכרח את מה שעובר האור האלוקי שמחיה את העולמות, דהיינו את כל מערך ההשתלשלות וההסתר והצמצומים, דרגה אחר דרגה, עד שנעשה לחומר ולגשמיות של עולם הזה. וכפי שאין ערך ודמיון בין העולם הזה לדרגת עולם האצילות כך **אֵין דִּמְיוֹן וְעֵרֶךְ מַהוּת אוֹר הָאַהֲבָה הַמֵּאִיר בּוֹ**, באברהם אבינו כאשר הוא בעולם החומרי, **אֶל מַהוּת אוֹר אַהֲבָה וְחֶסֶד עֶלְיוֹן שֶׁבַּאֲצִילוּת, אֶלָּא כְּעֵרֶךְ וְדִמְיוֹן מַהוּת הֶעָפָר שֶׁנַּעֲשָׂה אֵפֶר אֶל מַהוּתוֹ וְאֵיכוּתוֹ כְּשֶׁהָיָה עֵץ נֶחְמָד לְמַרְאֶה וְטוֹב לְמַאֲכָל.**[24] שאין שום צד דומה ביניהם, לא במראה בטעם ובריח ולא בתפקוד.

עַל דֶּרֶךְ מָשָׁל זה שהביא בשם המגיד, **וְיוֹתֵר מִזֶּה לְהַבְדִּיל בַּאֲלָפִים הַבְדָּלוֹת.** שההפרש בין העץ והאפר קטן ביחס להפרש שבין מידת החסד האלוקית למידת החסד של אברהם, בפער גדול כל כך שהוא ממש נבדל ממנו; ולא פעם אחת, אלא אלפי הבדלות כאלו, דרגה מעבר לדרגה, שכל אחת מהן גבוהה מחברתה כל כך עד שהיא נבדלת ואינה מושגת כלל על ידה.

רַק שֶׁדִּבְּרָה תּוֹרָה כִּלְשׁוֹן בְּנֵי אָדָם בְּמָשָׁל וּמְלִיצָה. מה שנאמר בתורה בפיו של אברהם

תפקיד המשל בחשיבה המופשטת, במושגים האלוקיים כשאנו באים להשוות בין דבר לדבר, אנו בהכרח חייבים להתייחס לדברים שיש לנו השגה בהם, שאנו מכירים אותם מתוך עצמנו ומתוך העולם שלנו. כשאנו רוצים לקבל מושג וחוויה של מרחק, של הפרשי גודל ומהות, אנו יכולים לייחס לכך את הקצוות הקיצוניים ביותר שבתוך התפיסה שלנו, ולא יותר. אף כאן, אנו מעמידים את האילן הצומח, שהוא שיאם של המורכבות והשכלול של עולם החומר, לעומת ה"עפר ואפר" שהוא החומר הדומם בצורתו הנמוכה והגולמית ביותר. בתוך התחום החומרי אין הפרש גדול מזה, ולכן כשאברהם אבינו מדבר על ההבדל בין מידת החסד שבו לחסד שבאצילות הוא מתבטא כך, אף שבוודאי כוונתו היא על דרך משל בלבד וכו׳.

משל מנפש האדם לימוד זה אינו מבוסס רק על כך שמקור ושורש המידות שבנפש

אבינו – "ואנכי עפר ואפר" – אינו אלא משל במושגים שבני אדם יכולים לדבר ולחשוב עליהם. שכן באמת המרחק גדול הרבה יותר, באופן שנבדל לגמרי מהמושגים שאנו יכולים להתייחס אליהם.

ולמה בכל זאת, עם כל המרחק, מדברת התורה במשלים כאלה מנפש האדם? כי למרות כל ההבדלים, האדם ונפש האדם הם מציאות מיוחדת בתוך כלל הבריאה, עם מעמד מיוחד וקשר מיוחד עם הבורא – שאם לא כן לא הייתה כל משמעות לאמירה "מבשרי אחזה אלו-ה". כלומר, שיש דרך להתבונן ולהבין בספירות העליונות על ידי נפש האדם המלובשת בגופו, ועם כל הזהירות וההתחשבות במרחק הגדול כל כך שיש בין המשל לנמשל – נאמר כאן, בסיכומו של דבר, שיש דרך, שנפש האדם (ולא רק של אברהם אבינו) היא דוגמה ומודל מסוים להבין בו את הספירות העליונות.

לאחר ההקדמה, שעסקה כאמור בדרך שבה חושבים ולומדים על הדברים בחסידות, מגיעים אל עיקרה של האיגרת – הסבר על עשר הספירות.

כללות עשר הספירות נחלקות, כפי שמוסבר בליקוטי אמרים (פרק ג) לשניים: שכל ומידות. ספירות השכל – חכמה בינה ודעת – הן כוחות ההכרה, שעל ידן מכירים את המציאות ומתמצאים בה. והמידות, הן התחושות וההתייחסויות הרגשיות והמעשיות אל הדברים. איגרת זו עוסקת בעיקר במידות ובהן היא פותחת, וספירות השכל נזכרות רק בהמשך ואף זאת בעיקר מצד היותן מקור ושורש למידות.[25]

באופן כללי ביותר, יש באיגרת זו שלושה מעגלים של הסבר על הספירות. הראשון, העוסק רק במידות, מסביר את המידות כפי שהן בחיצוניות נפשו הבהמית-שכלית של האדם. השני עוסק בפנימיות אותן המידות, ונוגע גם בשכל ובעיקר בדעת שהיא, כפי שיבואר, פנימיות כל המידות. והמעגל השלישי, העיקרי והמפורט ביותר, עוסק בכל עשר הספירות כפי שהן בנפש האלוקית, וכפי שהן (קרוב עד כמה שאנו יכולים להשיג) הספירות העליונות בעצמן.

וְהִנֵּה כְּלָלוּת הָעֶשֶׂר סְפִירוֹת שֶׁבְּנִשְׁמַת הָאָדָם, נוֹדַע לַכֹּל [בְּדֶרֶךְ כְּלָל – בִּכְתַב יָד לֵיתָא] שֶׁהַמִּדּוֹת נֶחֱלָקוֹת בְּדֶרֶךְ כְּלָל לז׳ (לשבע) **מִדּוֹת,** שהן על פי סדרן מלמעלה למטה: חסד,

הן הספירות העליונות, שהרי במובן מסוים לעולם כולו, הדומם והצומח וכו׳, יש שורש ומקור בעולמות העליונים, הרוחניים – ומה מוֹתר האדם? אלא שלא כשאר הברואים, נפש האדם היא תבנית שלמה. לא צד מסוים, חלק מקוטע, אלא הוויה הכוללת בתוכה באופן מסוים (רחוק ככל שיהיה) את מכלול המרכיבים (הספירות) של עולם האצילות: גם החסד וגם הגבורה, גם השכל וגם המידות וכו׳. ולכן, גם כאשר הפרטים אינם דומים כלל, באלף אלפי הבדלות, מכל מקום משהו ביחסים ביניהם נשאר. יד שמאל שלנו אינה דומה לשמאל של מעלה וימין אינה דומה לימין, אבל היחס בין שמאל לימין, באופן מסוים נשאר קיים למרות כל ההבדלים.

ונקודה נוספת היא, שהנפש האלוקית שבאדם, מלבד היותה במקורה גבוהה יותר מכל דבר במציאות, היא שומרת על משהו מהייחוד שלה בכל הדרגות שהיא יורדת ומתלבשת בהן. גם כשהיא בגוף החומרי היא אלוקית, היא

וכל פרטי המדות שבאדם באות מאחת מז׳ מדות אלו שהן שורש כל המדות וכללותן שהן מדת החסד להשפיע בלי גבול ומדת הגבורה לצמצם מלהשפיע כל כך או שלא להשפיע [נוסח אחר כל עיקר] כלל ומדת הרחמים לרחם על מי ששייך לשון רחמנות עליו והיא מדה ממוצעת בין גבורה לחסד

גבורה, תפארת (או: אהבה, יראה, רחמים), נצח, הוד, יסוד ומלכות. **וְכָל פְּרָטֵי הַמִּדּוֹת שֶׁבָּאָדָם בָּאוֹת מֵאַחַת מִז׳ מִדּוֹת אֵלּוּ, שֶׁהֵן שׁוֹרֶשׁ כָּל הַמִּדּוֹת וּכְלָלוּתָן.** כי למעשה יש אין ספור רגשות וגוני רגשות. אין שני אנשים החשים אותה תחושה בדיוק, ואף אותו אדם עצמו מרגיש בכל פעם בצורה שונה ובגוון שונה. הסיבה לכך היא שבמציאות ההרגשות שאנו מרגישים אינן רגשות טהורים אלא מורכבים. כלומר, גם כאשר אנו מגדירים הרגשה מסוימת כאהבה, כאשר היא מתייחסת לדוגמה לאדם מסוים ולמערכת שלמה של יחסיו האישיים, היא לעולם איננה אהבה לבד; יש בה גם חשש וקנאה השייכים ליראה, רחמים ויופי השייכים לרחמים ולתפארת, ניצוח השייך לנצח, שליטה או קבלה השייכים למלכות וכו׳. הצירופים וצירופי הצירופים הללו יוצרים בכל פעם גוון אחר של רגש, והם הרגשות שאנו מרגישים בפועל. ועם זאת יש לכל אלה מספר מסוים, מוגדר, של שורשים, שהן שבע המידות.

להלן מדובר על המידות בצד הפעולה שלהן. כגון, אדם שיש בו מידת החסד – כיצד הוא פועל, כיצד הוא מתנהג, מה רואים כאשר מסתכלים מבחוץ. ובהמשך האיגרת ידובר גם על הצד הפנימי שבמידות, מה מרגיש אותו אדם הנמצא ופועל במידת החסד, מהי המידה הפנימית שמניעה אותו להתנהג ולפעול כך. להבחנה זו יש ביטוי גם בשמות של המידות, כגון חסד בחיצוניות ואהבה בפנימיות.

שֶׁהֵן, ולהלן יפרט את המידות אחת לאחת: **מִדַּת הַחֶסֶד לְהַשְׁפִּיעַ בְּלִי גְּבוּל.** מידת החסד היא מידת ההתפשטות, התנועה מן המרכז החוצה, בגדילה, בנתינה, בהשפעה וכו׳. ההגדרה כאן, "להשפיע בלי גבול", אינה דווקא לגבי מידת החסד של הקב"ה, שהוא אין

גבוהה יותר, היא אחרת. אכן יש בזה הבדלים בין אנשים, הבדלים התלויים במעלת הנפש ובמעשיהם ודרך חייהם: ככל שמעלת הנפש גבוהה יותר, וככל שהאדם בחייו לא קלקל, הרי גם למטה נשארת הנפש באותה תבנית, במעין אותו צירוף כפי שהיא למעלה, בעולם היצירה והבריאה ואפילו באצילות (אצל אותם בני עלייה שהם נשמה של אצילות).

פרטי המדות שבאדם בדרך משל: למרות שבמציאות יש אין ספור צבעים וגוונים, ואין צבעו של עלה דומה לחלוטין לחברו, ואין צבע השמיים של יום אחד זהה לצבעם ביום אחר (ידוע שעינו של אדם מסוגלת להבחין בכמיליון גוונים) – ישנם רק שלושה צבעי יסוד (אדום, כחול וצהוב) שערבובם ביחסים שונים הוא היוצר את כל הגוונים שבמציאות.

מידת הרחמים הבלתי מוגבלת אכן, מצד אחר מבואר שהגבלה זו של מידת הרחמים היא הגבלה הנובעת מן המקבל, שלפי מחסורו

סוף ומידותיו הן אין סופיות, אלא לעצם מידת חסד, שזו מהותה בכל מקום – להשפיע בלי גבול. כלומר, מידת החסד מצד עצמה היא השפעה בלי גבולות, והגבולות – מידת ההשפעה, כיוון ההשפעה וכו׳ – הן הגבלות הנובעות מהשפעתן של מידות אחרות וממגבלות המציאות שבה היא משפיעה.

וּמִדַּת הַגְּבוּרָה לְצַמְצֵם מִלְּהַשְׁפִּיעַ כָּל כָּךְ, אוֹ שֶׁלֹּא לְהַשְׁפִּיעַ [נוּסַח אַחֵר: כָּל עִיקָּר] כְּלָל. מידת הגבורה היא הפכה של מידת החסד. הכלל הוא שהמידות נמצאות תמיד יחד, בשילוב והתייחסות מסוימת זו כלפי זו. המציאות של מידות נפרדות, שכל אחת עומדת לעצמה, אינה קיימת במציאות. ולכן כאשר מדברים על מידות החסד והגבורה אנו תמיד מייחסים אותן אחת לשנייה, החסד מוגדר על ידי הגבורה והגבורה על ידי החסד וכן הלאה. במובן זה של היחס בין המידות, מידת הגבורה מתבטאת בצמצום ההשפעה של החסד; צמצום חלקי, שלא להשפיע ללא גבול, או צמצום לחלוטין, שלא להשפיע כלל.

הגדרה עצמית יותר של הגבורה היא בהיותה התנועה של הצטמצמות והתכנסות: תנועה מן החוץ פנימה אל תוך ההגדרות וההגבלות. זאת לעומת התנועה ההפוכה של ההתפשטות מן הפנים החוצה, של ההתפרצות מעבר לגבולות, של מידת החסד.

וּמִדַּת הָרַחֲמִים לְרַחֵם עַל מִי שֶׁשַּׁיָּיךְ לְשׁוֹן רַחֲמָנוּת עָלָיו. כמו מידת החסד גם מידת הרחמים היא מידה של נתינה, ואולם שלא כמו החסד, הרחמים מתייחסים ונמדדים לפי המקבל. אין זו נתינה של הכול לכל אחד אלא דווקא של מה שחסר ולמי שחסר, דהיינו למי ששייך לרחם עליו. בעוד הנתינה של החסד באה מהדחף הפנימי לתת, להשפיע מן התוך החוצה, כמעט ללא התייחסות אל מי שמקבל את ההשפעה – ברחמים המוקד הוא האובייקט של הנתינה, המקבל, והנתינה היא לכן מוגבלת; אל מקבל מסוים שחסר לו וצריך לקבל, ולפי צורכו ויכולתו של אותו מקבל.

וְהִיא מִדָּה מְמוּצַּעַת בֵּין גְּבוּרָה לְחֶסֶד. כאמור, עשר הספירות מתייחסות זו אל זו, משפיעות ומקבלות זו מזו, מגבילות ומגדירות זו את זו. הממוצע כאן אינו פשרה, במובן של מכנה משותף בין שני ניגודים (שהוא בדרך כלל הנמוך משני הקצוות), והוא גם אינו

וצרכיו תתעורר מידת הרחמים עליו. ואולם מצד הנותן יש צד במידת הרחמים שעושה אותה כמעט בלתי מוגבלת. בנתינה של החסד נחוץ שתהיה מידה מסוימת של התייחסות אישית, ובאופן פנימי יותר שתהיה הרגשה של אהבה. מידת החסד אינה מוגבלת על ידי המקבל, אם הוא ראוי או צריך לאותה מתנה (לפי שהיא אינה אלא הביטוי של הדחף הפנימי לתת), אבל ישנה הגבלה פנימית, אם הנותן מרגיש אהבה; ולא תמיד ולא כלפי כל אחד אפשר להרגיש אהבה. מה שאין כן ברחמים, הרחמים תלויים בגורם אחר, בחיסרון שיש במקבל. אם חסר לו – שייך לרחם עליו ולתת לו. מצד זה אין מגבלה לרחמים. לאהוב, יכול אדם לאהוב רק אדם כמוהו, שהוא יכול להשיג את המשותף ביניהם – בשכל, בשורש הנשמה, במטרות וכו׳. אך לרחם, הוא יכול לרחם על כל דבר, גם על חתול רטוב ועל עץ שבור. ויותר מזה: ברחמים הריחוק והחיסרון שבמקבל לא רק שאינם מכשול בנתינה, אלא הם אף סיבה לה. מי שחסר מרחמים עליו ונותנים לו, ומי שחסר הרבה – נותנים לו יותר.

שהיא להשפיע לכל גם למי שלא שייך לשון רחמנות עליו כלל מפני שאינו חסר כלום ואינו שרוי בצער כלל ולפי שהיא מדה ממוצעת נקראת תפארת כמו בגדי תפארת על דרך משל שהוא בגד צבוע בגוונים הרבה מעורבים [בו בכתב יד ליתא] בדרך שהוא תפארת ונוי. מה שאין כן בגד הצבוע בגוון אחד לא שייך בו לשון תפארת

ואחר כך בבוא ההשפעה לידי מעשה דהיינו בשעת ההשפעה ממש צריך להתיעץ איך להשפיע בדרך שיוכל המקבל לקבל ההשפעה כגון שרוצה להשפיע דבר חכמה ללמדה לבנו אם יאמרנה לו כולה כמו שהיא בשכלו לא יוכל הבן להבין ולקבל רק שצריך לסדר לו בסדר וענין אחר דבר דבור על אופניו

רק צללית, השתקפות הנובעת משני הקצוות, אלא הוא מהות לעצמה. ומהות שלישית זו, לא רק שאינה נמוכה מהן, אלא היא אף גבוהה יותר משני הניגודים ולפיכך כוללת אותם ויכולה להכיל ולמצע את שניהם.

שֶׁהִיא, מידת החסד, **לְהַשְׁפִּיעַ לַכֹּל, גַּם לְמִי שֶׁלֹּא שַׁיָּךְ לְשׁוֹן**[27] רַחֲמָנוּת **עָלָיו כְּלָל, מִפְּנֵי שֶׁאֵינוֹ חָסֵר כְּלוּם וְאֵינוֹ שָׁרוּי בְּצַעַר כְּלָל.** ההשפעה שבאה מהחסד, השפעה מתוך אהבה, אינה מפני שמושא האהבה זקוק לאותה נתינה, אלא מפני שהנותן רוצה לממש את אהבתו על ידי נתינה. ומשום כך אין נתינה זו מתחשבת במקבל – אם הוא צריך, אם הוא רוצה, אם הוא ראוי. מה שאין כן מידת הרחמים, המשלבת גם את מידת הגבורה, את ההגבלה וצמצום הנתינה, שמגבילה את הנתינה למי שחסר וצריך לקבל.

וּלְפִי שֶׁהִיא מִדָּה מְמוּצַּעַת – נִקְרֵאת תִּפְאֶרֶת.[28] **כְּמוֹ בִּגְדֵי תִּפְאֶרֶת** (של יופי, שמתפארים בו) **עַל דֶּרֶךְ מָשָׁל, שֶׁהוּא בֶּגֶד צָבוּעַ בִּגְוָונִים הַרְבֵּה מְעוֹרָבִים [בּוֹ – בִּכְתַב יָד לֵיתָא] בְּדֶרֶךְ שֶׁהוּא תִּפְאֶרֶת וְנוֹי. מַה שֶּׁאֵין כֵּן בֶּגֶד הַצָּבוּעַ בְּגָוֶון אֶחָד, לֹא שַׁיָּיךְ בּוֹ לְשׁוֹן תִּפְאֶרֶת.** התפארת היא היפה, והיפה מתגלה על ידי הרמוניה, ביחסים נכונים בין דברים. יש הרמוניה של צבעים, של צורות או של צלילים שונים, ויש הרמוניה בין אנשים ובין כוחות הנפש. וכמו שקו אחד, או צליל אחד, אינו יכול להיות הרמוני, כך גם רגש אחד, כוח נפש אחד, לא יכול להיות תפארת. תפארת מצויה תמיד בשילוב הניגודים, באופן שבו הם מתייחסים זה לזה, מצטרפים ונפרדים, מדגישים ומעלימים, אבל תמיד בתוך ההתייחסות המשלימה ביניהם. אכן צירופים יכולים להיות גם לא יפים, צורמים ומכוערים. ואולם זה

היא מִדָּה ממוצעת יחסים אלה מתקיימים בכל מערך הספירות, ומתוארים בצורה מילולית וגרפית בלשון המופיעה בתיקוני זהר ('פתח אליהו'): "חד אריך וחד קצר וחד בינוני" (אחד ארוך ואחד קצר ואחד בינוני). על פי זה מחלקים באופן גרפי את כלל הספירות לשלושה קווים אנכיים: קו הימין, קו השמאל וקו האמצע.[26] באופן כללי קו הימין (הספירות: חכמה חסד נצח) הוא הקו של ההשפעה וההתפשטות, היוזמה והאקטיביות; קו השמאל (הספירות: בינה גבורה הוד) הוא קו הגבורה, ההגבלה וההתכנסות, הקבלה

הצד השני של אותו דבר, כי היופי נבנה, ניכר, דווקא מן המקום שיכול להיות גם כיעור.

שלוש ספירות אלה – חסד גבורה תפארת – הן ספירות היסוד, המסכמות את מכלול ההתייחסות אל האובייקט, של ימין-שמאל-אמצע; מלמטה למעלה, מלמעלה למטה והתנועה ההרמונית, הלוך ושוב. ובלשון אחרת הן המשולש הבסיסי של התזה, אנטיתזה וסינתזה.

שלוש הספירות הבאות הן ספירות משנה. שכן אין הן קובעות את היחס הרגשי אלא רק את ההתייחסות אל ההתייחסות, כיצד להמשיך ולפעול את מה שנקבע בספירות היסוד. ועם זאת, בדרגה משנית, אף הן יסודיות במובן זה שהן נמצאות תמיד, בכל הרגשה ובכל השפעה שעוברת בנפש.

וְאַחַר כָּךְ, כאשר מדברים על סדר בספירות, מה קודם ומה מאוחר, אין מדברים על עצם הוויית הספירות, אלא על ההשפעה העוברת בהן. ראשית ההשפעה מתקבלת מלמעלה, אחר כך היא נבנית בתוכנו בהבנה ובהרגשה, ואחר כך **בְּבוֹא הַהַשְׁפָּעָה לִידֵי מַעֲשֶׂה**, לדיבור ולמעשה המכוונים החוצה אל האחר, היא עוברת בספירות נצח והוד.

דְּהַיְינוּ בִּשְׁעַת הַהַשְׁפָּעָה מַמָּשׁ צָרִיךְ לְהִתְיַיעֵץ אֵיךְ לְהַשְׁפִּיעַ בְּדֶרֶךְ שֶׁיּוּכַל הַמְקַבֵּל לְקַבֵּל הַהַשְׁפָּעָה. בין הדחף לפעול ולהשפיע (שהוא בספירות חסד גבורה תפארת) ובין הנתינה והקבלה בפועל (שהוא בספירות יסוד ומלכות) צריך להיות שלב של הכנה, שהוא בספירות נצח והוד. בשלב זה חל המעבר מה'מה' אל ה'איך'. איך ניתן להשפיע לו, איך הוא יכול לקבל? ההורים בוודאי אוהבים את התינוק ורוצים לתת לו, והתינוק בוודאי ראוי וצריך שיתנו לו, אבל ההורים אינם יכולים לתת לו את האוכל שלהם. ישנו שלב של העברה והכנה של האוכל באופן ובמידה שהתינוק יכול לקבל.

ובדוגמה מופשטת יותר: **כְּגוֹן שֶׁרוֹצֶה לְהַשְׁפִּיעַ דְּבַר חָכְמָה לְלַמְּדָהּ לִבְנוֹ, אִם יֹאמְרֶנָּה לוֹ כּוּלָּהּ כְּמוֹ שֶׁהִיא בְּשִׂכְלוֹ, לֹא יוּכַל הַבֵּן לְהָבִין וּלְקַבֵּל, רַק שֶׁצָּרִיךְ לְסַדֵּר לוֹ בְּסֵדֶר וְעִנְיָן אַחֵר, דָּבָר דָּבוּר עַל אוֹפְנָיו,**[29] **מְעַט מְעַט**. דוגמה זו מבטאת את הרצון לתת, שהרי האב בוודאי רוצה להשפיע טוב לבנו, ויחד עם זה את הקושי בהעברת ההשפעה, שכן יש הבדל גדול בין שכל האב ושכל הבן הקטן. כדי שהבן הקטן יוכל לקבל, לא די לשפוך עליו את מה שהאב יודע. צריך לחלק את הדברים ולסדרם באופן אחר, לא כפי שהאב מבין אלא כפי שהבן יכול להבין. כאן צריך להתחיל מהבן – מה הוא רוצה, מה הוא יודע, כיצד הוא חושב.

והפסיביות; וקו האמצע (הספירות: דעת תפארת יסוד) הוא הממוצע.

שכל האב ושכל הבן ההבדל בין שכל האב ושכל הבן, בין שכל גדול וקטן, הוא ההבדל בין שכל ממש, שבו הדברים מסודרים בכעין תמונה מורכבת, ובין שכל שקולט את הדברים רק באופן ראשוני. התמונה שבשכל האב מורכבת מפרטים רבים שנרכשו ונבנו בה במשך זמן, ודברים הנראים לו כפשוטים ומובנים מאליהם אינם מובנים כלל אצל הבן. כאשר הוא צריך להעביר את הדברים אל הבן,

מעט מעט ובחינת עצה זו נקראת נצח והוד שהן כליות יועצות וגם [נוסחה **אחר והן] תרין ביעין המבשלים הזרע שהיא הטפה הנמשכת מהמוח דהיינו דבר חכמה ושכל הנמשך משכל האב שלא יומשך כמו שהוא שכל דק מאד במוחו ושכלו רק ישתנה קצת מדקות שכלו ויתהווה שכל שאינו דק כל כך כדי שיוכל הבן לקבל במוחו והבנתו והוא ממש על דרך משל כטפה היורדת מהמוח שהיא דקה מאד [מאד] ונעשית גסה וחומרית ממש בכליות ותרין ביעין וגם נצח והוד נקראים שחקים ורחיים ששוחקים מן לצדיקים כמו הטוחן [חטים] ברחיים על דרך משל שמפרר החטים לחלקים דקים מאד כך צריך האב להקטין השכל ודבר חכמה שרוצה להשפיע לבנו ולחלקם לחלקים רבים ולומר לו מעט מעט במועצות ודעת וגם בכלל**

וּבְחִינַת עֵצָה זוֹ, כיצד להתאים את ההשפעה אל המקבל, **נִקְרֵאת** בספירות **נֵצַח וְהוֹד**. **שֶׁהֵן כְּלָיוֹת יוֹעֲצוֹת** (על פי ברכות סא,א).[30] לספירות ולכוחות נפש אלו יש כמה דימויים בגוף האדם. ב'פתח אליהו' מדובר על 'תרין שוקין' (שתי השוקיים, הרגליים), בהקבלה לשתי הידיים שהן חסד וגבורה. וכאן, בהמשך לדברים על אודות ההשפעה והעצה כיצד להשפיע, מדובר על "כליות יועצות".

בתלמוד שם מוסבר שהכליות יועצות את הלב, ביצר טוב או ביצר רע. כלומר שהכליות יועצות את הלב כיצד להתייחס ולנהוג ברגשות שלו – מה להרגיש ומה לא להרגיש בפועל, ובהמשך, לפעול או לא לפעול לפי הרגשות.

וְגַם [נוּסָח אַחֵר: וְהֵן], דימוי אחר (או המשך הדימוי הקודם, תלוי בנוסח) בגוף האדם לשתי הספירות נצח והוד, הם **תְּרֵין בֵּיעִין** (שני ביצים, אשכים) **הַמְבַשְּׁלִים הַזֶּרַע, שֶׁהִיא** במקורה **הַטִּפָּה הַנִּמְשֶׁכֶת מֵהַמּוֹחַ.** גם כאן הדימוי הוא לטיפת הזרע, שהיא ההשפעה הפנימית והעצמית ביותר שיכול האדם להשפיע. מקורה במוח, בדקות גדולה שעל גבול הגשמי והרוחני, והיא יורדת בגוף עד שהיא מגיעה להיות טיפת זרע גשמית. והמקום בגוף שבו הופכת ה'טיפה', התנועה הרוחנית גשמית של מחשבה ותחושה עצבית לטיפת זרע ממש, היא ב'תרין בעין'.

דְּהַיְינוּ, וכן הוא גם בדימוי רוחני יותר: **דְּבַר חָכְמָה וְשֵׂכֶל הַנִּמְשָׁךְ מִשֵּׂכֶל הָאָב** אל הבן הקטן, **שֶׁלֹּא יוּמְשַׁךְ כְּמוֹ שֶׁהוּא** אצל האב **שֵׂכֶל דַּק מְאֹד בְּמוֹחוֹ וְשִׂכְלוֹ, רַק יִשְׁתַּנֶּה קְצָת**

הוא חייב לפרק את התמונה, לחשוף מחדש את הפרטים ולבנות אותם בסדר ובאופן אחר המתאים אל יכולתו של הבן לקלוט אותם. ועוד, יש דברים שהבן אינו מסוגל כלל להבין את טעמם הפנימי, ואם יאמר האב את הדברים סתם כך, בלא טעם, הבן לא יקבל אותם. ומשום כך צריך לגלות טעמים אחרים, שאינם הטעם הפנימי. וכאן נשאלת השאלה איזה טעם לומר, כי יש סברה להביא טעם זה אף כי אינו נכון בשלמותו, ויש סברה אחרת שטעם זה יכול להזיק וצריך להביא טעם אחר וכו'. ודרך מחשבה זו – איך לומר ואיך להטעים את הדברים, מצד סברה זו או זו – היא הנקראת "כליות יועצות".

מְדַקּוּת שִׂכְלוֹ וְיִתְהַוֶּה שֵׂכֶל שֶׁאֵינוֹ דַּק כָּל כָּךְ, כְּדֵי שֶׁיּוּכַל הַבֵּן לְקַבֵּל בְּמוֹחוֹ וַהֲבָנָתוֹ. שכל דק הוא שכל מופשט, שהמושגים שלו (המילים ומושגי המחשבה שלו) אינם מתייחסים ישירות אל מציאות חומרית אלא אל מערכות גבוהות ורוחניות יותר. השכלה בדרגה זו אינה יכולה להיות מושגת בפשטות בשכל שמושגי המחשבה שלו מבוססים בעיקר על תפיסה גשמית של המציאות. כדי להעביר שכל דק לשכל שאינו דק כל כך, צריך לעבות את המושגים, על ידי הורדה ברמת ההפשטה, ועל ידי משלים ודוגמאות קונקרטיות.

וְהוּא מַמָּשׁ עַל דֶּרֶךְ מָשָׁל כְּטִפָּה הַיּוֹרֶדֶת מֵהַמּוֹחַ, שֶׁהִיא דַּקָּה מְאֹד [מְאֹד] וְנַעֲשֵׂית גַּסָּה וְחוּמְרִית מַמָּשׁ בַּכְּלָיוֹת וּתְרֵין בֵּיעִין. כמו השכל, גם טיפת הזרע נמצאת במוח, כמקור רוחני לטיפה הגשמית, אך כפי שהיא במוח היא אינה יכולה להוליד ילדים. כדי שתוכל לעבור, להיקלט במציאות חומרית ולהוליד בגשמיות ממש, היא צריכה להתעבות ולקבל צורה חומרית בעצמה.

ועוד דימוי: **וְגַם נֶצַח וְהוֹד נִקְרָאִים 'שְׁחָקִים' וְ'רֵחַיִם' שֶׁשּׁוֹחֲקִים מָן לַצַּדִּיקִים.**[31] דימויים אלה מדגישים את היותם של נצח והוד שניים. 'שחקים' ו'רחיים' הם כפולים. שכן כדי לטחון, כדי לחלק, צריך שניים, שני כוחות שפועלים אחד כנגד השני; לא יכולים להיות רחיים מאבן אחת. וכן ברוחניות, כגון בהשכלה רחבה ומופשטת, כשרוצים לחלקה ולפרטה (כדי להעבירה לאחר), צריך סברה לכאן וסברה לכאן, עצה מצד זה ועצה מצד זה. רק כך אפשר להגיע לניסוחים ולהבנות קונקרטיות יותר.

כְּמוֹ הַטּוֹחֵן [חִטִּים] בְּרֵחַיִם עַל דֶּרֶךְ מָשָׁל שֶׁמְּפָרֵר הַחִטִּים לַחֲלָקִים דַּקִּים מְאֹד, כָּךְ צָרִיךְ הָאָב לְהַקְטִין הַשֵּׂכֶל וּדְבַר חָכְמָה שֶׁרוֹצֶה לְהַשְׁפִּיעַ לִבְנוֹ, וּלְחַלְּקָם לַחֲלָקִים רַבִּים, וְלוֹמַר לוֹ מְעַט מְעַט בְּמוֹעֵצוֹת וָדַעַת. זה מה שעושה כל מחנך: לוקח רעיון כולל, ומחלקו לחלקים קטנים שניתנים להעברה. וכל זאת לעשות "במועצות ודעת", שהחלוקה והארגון מחדש של החומר יהיה "במועצות", בהתייעצות כיצד לעשות זאת (כנזכר לעיל), "ודעת", בהתקשרות כוח הדעת של הנותן במקבל (וכמבואר בהמשך ובמקומות אחרים שהדעת הוא מלשון חיבור, כמו "והאדם ידע את חוה").

וְגַם בִּכְלָל, עד כאן דובר על הספירות נצח והוד, בהתייחסות אל המניעות הפנימיות המהותיות של ההשפעה – אם בהשכלה, שצריך לחלקה ולהתאימה אל המקבל, אם כהרגשה, ואם כהשפעה גשמית ממש, שצריך לשנותה ולהגדירה מחדש לכלי המקבל. להלן יתייחס המחבר למניעות חיצוניות, שאינן קשורות להשפעה עצמה אלא להתנגדות

נצח והוד גם בהרגשות כמו הדימוי של שכל האב היורד לבן, כך גם במידות, באהבה וביראה. כאשר האהבה היא בתוך האדם עצמו, היא יכולה להיות דקה ורגישה לאין שיעור, אבל כאשר צריכים לייחס אותה אל אדם מסוים, אל מציאות חיצונית מסוימת, צריכה האהבה להתחלק, להתייחס, אל מציאות מוגדרת. כאשר אוהבים אדם מסוים, אי אפשר לתת לו כל דבר, להביע כל דבר שהאוהב אוהב בעצמו, אלא צריך להתחשב במה שהמקבל רוצה ובמה שהוא יכול לקבל. וזה השלב של נצח והוד, שבו צריך לחלק ולצמצם ולהתאים.

בחינת נצח הוא לנצח ולעמוד נגד כל מונע ההשפעה והלימוד מבנו מבית ומחוץ. מבית היינו להתחזק נגד מדת הגבורה והצמצום שבאב עצמו שהיא מעוררת דינים ברצונו על בנו לומר שאינו ראוי לכך עדיין (בכתב יד נרשם חסר)

של המציאות (במיוחד החומרית) לכל שינוי ולכל העברה מתחום לתחום. כל תנועה בתוך העולם שלנו דורשת מאמץ, דורשת התגברות על השכבות והמבנים הקודמים שאינם מוכנים לזוז ולהשתנות. הזרע שצריך להפוך לצמח צריך להתגבר על שכבות של אדמה וסלעים כדי לעבור אל האור שבחוץ; וכן רעיון חדש צריך להתגבר על שכבות של דעות קדומות, הרגלים ומושגים קיימים, כדי לעבור מנקודת ההברקה של החכמה אל ההבנה והלאה אל המימוש והשכנוע של אדם אחר.

עד כאן עסק המחבר בנצח ובהוד יחד, ומכאן במידת הנצח: **בְּחִינַת נֶצַח הוּא לְנַצֵּחַ וְלַעֲמוֹד נֶגֶד כָּל מוֹנֵעַ הַהַשְׁפָּעָה.** נצח מלשון ניצחון. הרצון והכוח לנצח הוא כוח נפש בפני עצמו. מעבר לחסד, לאהבה ולרחמים, שהם כאמור כוחות נפש המתייחסים בתוכן מסוים אל הזולת, ישנו כוח שהוא עצם הרצון לנצח. אדם עומד בתחרות, במאבק, ובלי קשר למהות הדבר שהוא נאבק עליו – הוא רוצה להתגבר ולנצח. הכוח הזה, לנצח, הוא כוח חזק מאוד בנפש – לפעמים חזק יותר מכל רצון שנובע מהכרה והרגשה, חשק או יראה ביחס לדבר. משתמשים בכוח הזה בתחרויות ספורט; כדי להוציא מאדם יותר, מעמידים לפניו אנשים שהוא יתחרה בהם, ומתברר שברגעי השיא של המאמץ, הכוח

כוח הנצח שורשו גבוה מאוד הכוח של הנצח, להתגבר על השכל ואפילו על הרגש האומר אחרת, מורה על כוחו של הנצח, הנובע מעצמות הנפש שלמעלה מהשכל והרגש, ובמובן מסוים אפילו למעלה מכוח התענוג שבנפש. שכן עם היותו ענף החסד, יוצרת ההתנגדות הצטברות של כוחות הסוחפים עימם את האדם בעצמו, לפעול ולעשות למרות כל כוח ואמירה אחרת.[32]

ספירת ההוד במקומות אחרים מבואר שההוד, כמו הנצח, גם הוא כוח של התגברות על מכשול, של התרסה אל מול המציאות, אבל בקו השמאל. כלומר, בהתגברות של עמידה במקום, שלא להיכנע, שלא לסגת, שלא להתפרק – אפילו כאשר אין סיכוי, אפילו במחיר של חורבן ומוות, רק שלא לאבד את הנקודה העצמית שעליה הוא נאבק.

נצח והוד תמיד יחד חשוב לומר שהסבר מפורט, לנצח והוד בנפרד, אינו נחוץ ומשמעותי כמו שהוא בחסד ובגבורה, שכן לגבי הנצח וההוד עיקר הדברים אמור בשתי המידות יחד. פעולתן המשותפת היא להביא את הדברים אל הפועל, למרות המניעות מבית ומחוץ, מצד האדם ומצד המציאות. אין חילוק במטרות ואף לא באופי הפעולה – אין הן בעצם אלא שני הצדדים של אותה פעולה עצמה. שלא כמו החסד והגבורה הנבדלות בתוכן הפנימי, הנצח וההוד נבדלות רק בצד החיצוני. אין הן עוסקות בתוכן הדברים,

הזה של תשוקת הניצחון הוא מכריע. הוא יכול להביא את האדם אל מעבר למה שהוא חושב ומרגיש שהוא יכול.

להוצאה לפועל של מעשה, דיבור ואפילו מחשבה, גם כשהדבר רצוי ונכון, יש מניעות. וכדי להתגבר על המניעות הללו צריך התגברות מיוחדת – לא בשכנוע נוסף, שכלי או רגשי, אלא בכוח גולמי יותר, כמו הנצח – לנצח ולעשות את הדבר למרות הקשיים והמניעות.

וְהַלִּימּוּד מִבְּנוֹ. כגון בדוגמה שהובאה קודם, שגם בדבר שבוודאי רוצים וחושקים בו, כמו השפעת השכל לבנו, יש מניעות בהוצאת הדבר לפועל, שצריך ל'נצח' אותן.

להשפעה כזו יש מניעות משני כיוונים: **מִבַּיִת וּמִחוּץ.** יש מניעות חיצוניות, כמו מגבלות של מרחק וזמן, כמו התנכלות של אנשים ורשויות וכיוצא בזה. וכן **מִבַּיִת, הַיְינוּ לְהִתְחַזֵּק נֶגֶד מִדַּת הַגְּבוּרָה וְהַצִּמְצוּם שֶׁבָּאָב עַצְמוֹ, שֶׁהִיא מְעוֹרֶרֶת דִּינִים בִּרְצוֹנוֹ עַל בְּנוֹ, לוֹמַר שֶׁאֵינוֹ רָאוּי לְכָךְ עֲדַיִין.** קורה שאדם רוצה לעשות דבר, ואף מסכים לדבר בשכלו, אך מצד שני יש שיקולים ורגשות שמונעים ממנו לעשות זאת. וכדי להוציא את הדבר אל הפועל הוא צריך להתגבר על ההיסוס הפנימי, על המחשבות והרגשות המעורבים, ואף על פי כן לעשות את הדבר בפועל. התגברות כזו היא מצד הנצח שהוא ענף החסד, כוח ההשפעה והפעולה, שמתגבר על השיקולים שלא לפעול. בהקשר זה, למרות שאין הוא מדבר על זה כאן, היא מידת ההוד. ההוד שהיא ענף הגבורה היא להתגבר על הקולות הדוחפים את האדם לעשות דברים – ולא לעשותם, למרות שיש סברה וחשק לעשות.

(בִּכְתַב יָד נִרְשַׁם חָסֵר). וכך נראה שחסרים חלקים בהסבר. תחילה, לגבי מה שנאמר לעיל "מבית ומחוץ" ואין הוא מוסבר אלא "מבית". ובעיקר, שבכלל עשר הספירות אין מדובר כאן על מידת ההוד בפרטות, אלא רק על המכלול של נצח והוד.

בהכרה ובמשמעות הרגשית שלהם, אלא רק בצד האופרטיבי – כיצד להעביר את התכנים, כיצד לבצע ולהתגבר על המניעות המעכבות מלבצע. לכן אין עומק ואין פירוט בשונות שלהן, שכן כל ההבדל הוא בדרך הפעולה, כשהתוכן הפנימי הוא זהה.

ספירות נה"י לעומת ספירות חג"ת הספירות נצח והוד (ובמובן מסוים גם היסוד) הן אמנם מידות משניות ביחס לחסד ולגבורה, ונמוכות יותר בסדר הספירות, אך יחד עם זאת, בפועל, פעמים שהן חשובות יותר. על דרך משל באדם, אדם שיש לו הכרה רחבה, והתעוררות של אהבה ויראה, ואף רוצה לבטא את האהבה ולהשפיע רוב חסד וכו' – אם יש אצלו חיסרון בנצח והוד, לא יקרה שום דבר. החכמה, האהבה, החסד – שום דבר מזה לא יצא לפועל, לא במעשה לא בדיבור ובמובן מסוים אף לא במחשבה. אדם כזה יישאר תקוע, ושום דבר מכוחותיו ומרצונותיו לא יוכל להתפתח, להתייחס, לגדול, להשתנות וכו'. ויש גם יתרון פנימי למידות אלה. ב'פתח אליהו' נמשלו המידות חסד וגבורה לידיים, יד ימין ויד שמאל, והמידות נצח והוד לרגליים. הידיים הן עליונות יותר, הן עושות מלאכות עדינות, הן כותבות, הן מגלות את פנימיות ודקות הנפש, והרגליים לעומתן הן גסות וגולמיות. אך יחד עם זאת האדם עומד על רגליו ולא על ידיו (ראו לעיל איגרת א). ברגליים יש כוח רב יותר ובסיסי יותר, שהוא המעמיד את כל המבנים הגבוהים שבאים אחריו.

ובחינת יסוד היא על דרך משל ההתקשרות שמקשר האב שכלו בשכל בנו בשעת למודו עמו באהבה ורצון שרוצה שיבין בנו ובלעדי זה גם אם היה הבן שומע דבורים אלו עצמם מפי אביו [שמדבר בעדו ולומד לעצמו. בכתב יד קדש אדמו"ר בעל צמח צדק נשמתו עדן (בדרוש כי ידעתיו סעיף י"ג שהועתק שם לשון זה) ליתא תיבות אלו] לא היה מבין כל כך כמו עכשיו שאביו מקשר שכלו אליו ומדבר עמו פנים אל פנים באהבה וחשק שחושק מאד שיבין בנו וכל מה שהחשק והתענוג גדול כך ההשפעה והלימוד גדול שהבן יוכל לקבל יותר והאב משפיע יותר כי על ידי החשק והתענוג מתרבה ומתגדל שכלו בהרחבת הדעת להשפיע וללמד לבנו (וכמו על דרך משל בגשמיות ממש רבוי הזרע הוא מרוב החשק והתענוג ועל ידי זה ממשיך הרבה מהמוח ולכן המשילו חכמי האמת לזיווג גשמי כמו שיתבאר).

וּבְחִינַת יְסוֹד, היא המידה השלישית לנצח והוד (בהקבלה לתפארת שהיא השלישית לחסד וגבורה). **הִיא עַל דֶּרֶךְ מָשָׁל הַהִתְקַשְּׁרוּת.** המערך של שלוש הספירות – נצח הוד יסוד – הוא מערך ההשפעה בפועל, אל המציאות. הנצח וההוד מכינים את ההשפעה – מפרקים את תוכני ההשפעה, מתגברים על הקשיים והמניעות, בקירוב עד כמה שניתן עד להתקשרות עצמה, ולא עד בכלל. והיסוד הוא ההתקשרות בעצמה. עדיין לא הקבלה (שהיא המלכות, הפועל הגמור), אבל כבר ההתקשרות הממשית, העצמית, שמעבר לכל ההרגשות וההכנות לקראתה. ההתקשרות אף היא כוח נפש, שכן בעצם ההתקשרות, בין מצד הנותן ובין מצד המקבל (יסוד הזכר או יסוד הנקבה), ישנה התייחסות נפשית שיש לה השפעה מכריעה על הנתינה. ה'הרגשה' של היסוד היא בעיקרה תחושה של עונג, העונג שבעצם ההתקשרות, עונג עצמי שבו מתגלה העצמי ומתחבר אל העצמי האחר.

לשם דוגמה: **שֶׁמְּקַשֵּׁר הָאָב שִׂכְלוֹ בְּשֵׂכֶל בְּנוֹ בִּשְׁעַת לִמּוּדוֹ עִמּוֹ בְּאַהֲבָה וְרָצוֹן, שֶׁרוֹצֶה שֶׁיָּבִין בְּנוֹ.** זו דוגמה לכך שההתייחסות הנפשית של עצם ההתקשרות – האהבה, הרצון, העונג – היא משמעותית לגבי ההשפעה בפועל. אין מדובר כאן באהבה וברצון שיש לאב להשפיע לבנו, אלא באהבה וברצון המתגלים בעצם ההתקשרות, באותה שעה שהמשפיע והמקבל מתחברים ונעשים מהות אחת.

וּבִלְעָדֵי זֶה, ללא ההתקשרות של מידת היסוד, **גַּם אִם הָיָה הַבֵּן שׁוֹמֵעַ דִּבּוּרִים אֵלּוּ עַצְמָם מִפִּי אָבִיו [שֶׁמְּדַבֵּר בַּעֲדוֹ** (בעד עצמו) **וְלוֹמֵד לְעַצְמוֹ**, בינו לבין עצמו. שזו בדיוק הדוגמה לאינפורמציה שמתגלה בלי התקשרות, ולכן בדרך כלל היא גם אינה עוברת. **בִּכְתַב יַד קֹדֶשׁ אַדְמוּ"ר בַּעַל 'צֶמַח צֶדֶק' נִשְׁמָתוֹ עֵדֶן (בִּדְרוּשׁ "כִּי יְדַעְתִּיו" סְעִיף י"ג**[33] **שֶׁהוּעְתַּק שָׁם לָשׁוֹן זֶה) לֵיתָא תֵּיבוֹת אֵלּוּ] לֹא הָיָה מֵבִין כָּל כָּךְ כְּמוֹ עַכְשָׁיו, שֶׁאָבִיו מְקַשֵּׁר שִׂכְלוֹ אֵלָיו וּמְדַבֵּר עִמּוֹ פָּנִים אֶל פָּנִים, בְּאַהֲבָה וְחֵשֶׁק, שֶׁחוֹשֵׁק מְאֹד שֶׁיָּבִין בְּנוֹ, וְכָל מַה שֶּׁהַחֵשֶׁק וְהַתַּעֲנוּג**

גָּדוֹל[34] **כָּךְ הַהַשְׁפָּעָה וְהַלִּימּוּד גָּדוֹל. שֶׁהַבֵּן יוּכַל לְקַבֵּל יוֹתֵר וְהָאָב מַשְׁפִּיעַ יוֹתֵר, כִּי עַל יְדֵי הַחֵשֶׁק וְהַתַּעֲנוּג מִתְרַבֶּה וּמִתְגַּדֵּל שִׂכְלוֹ בְּהַרְחָבַת הַדַּעַת לְהַשְׁפִּיעַ וּלְלַמֵּד לִבְנוֹ.** עצם ההתקשרות, הגם שעל פי רוב אינה מודעת כלל, היא כוח עצום שמוסיף ומשנה את מה שקורה ומה שעובר עד לתמצית התוכן העובר.

העונג של ההתקשרות איננו מושכל, הוא איננו מבטא את השכל שבנתינה ואף לא את האהבה שהיא מבטאת. כפי שהוסבר לגבי הנצח וההוד שאין הן עוסקות בתוכן הנתינה אלא רק בהעברתו, אף מידת היסוד איננה קשורה למהות ותוכן הנתינה אלא לעצם ההתקשרות. וכדוגמה המובאת כאן, של האב המשפיע לבנו – האב מתקשר לבנו לא משום שהבן חכם וכו׳ ולא משום שהאב אוהב אותו וכו׳ אלא משום שהבן הוא מעצמותו של האב. בנתינה של אב לבנו יש בסופו של דבר, אחרי כל ההרגשות והמחשבות, אהבה ונתינה עצמית. תוכן הנתינה, יהיה מה שיהיה – שכל, אהבה, ואפילו גערה – נישא על גבי ההתקשרות העצמית, על גבי אותם ניצוצות של עצמיות שעוברים ומתקשרים זה בזה. האב והבן היא דוגמה, אך כך הוא תמיד בבחינת היסוד, בהתקשרות בין איש ואישה, בין רב ותלמיד, בין עשיר ועני וכו׳. בבחינה הזו של היסוד, כאשר חלה ומתרגשת ההתקשרות, מה שמתקשר ועובר הוא מעצם המשפיע ומעצם המקבל.

(וּכְמוֹ עַל דֶּרֶךְ מָשָׁל בְּגַשְׁמִיּוּת מַמָּשׁ, בדימוי הגופני, מידת היסוד היא האיבר שבו מתחברים ומתקשרים האיש והאישה. וגם בדימוי זה **רִבּוּי הַזֶּרַע הוּא מֵרוֹב הַחֵשֶׁק וְהַתַּעֲנוּג, וְעַל יְדֵי זֶה מַמְשִׁיךְ הַרְבֵּה מֵהַמּוֹחַ וְלָכֵן הִמְשִׁילוּ חַכְמֵי הָאֱמֶת** [תורת הנסתר] כל השפעה רוחנית, כל חיבור, ייחוד ואיחוד של קצוות, **לְזִיוּוּג גַּשְׁמִי כְּמוֹ שֶׁיִּתְבָּאֵר).** המשל הגשמי מבטא אף יותר מהרוחני את חשיבותו ועוצמתו של היסוד. מידת היסוד היא כאמור ההתקשרות בעצמה, ההתקשרות העצמית של הנותן והמקבל. ובנקודת ההתחברות הזו, בלא קשר למהות הדבר שעובר, ישנו כידוע רוב חשק ותענוג.[35] התענוג הזה הוא הביטוי הרגשי-נפשי של ההתקשרות עצמה, והוא המורה על עוצמתה של ההתקשרות. רוב העונג או מיעוטו איננו מוצר לוואי, שאפשר איתו או בלעדיו, אלא הוא כמו ההתקשרות בעצמה – משמעותי ביותר לאיכות וכמות הדבר שעובר, הן מצד היסוד המשפיע והן מצד היסוד המקבל. כפי שהראה גם בדימוי הרוחני-שכלי, מה שקורה בנקודת החיבור, היסוד, משפיע גם על שורשי הנתינה, מהדרגות הגבוהות ביותר. הוא יכול להביא להמשכה מדרגות גבוהות ועלומות עוד יותר משהיו קודם, לצירופים חדשים ולריבוי ולעוצמה באין ערוך. שכן, כפי שהוסבר, עצם החיבור מגיע אל נקודת העצם של הנפש והאדם, ומשם מקבלים כל הכוחות כולם.

מדוע נקראת ההתקשרות ׳יסוד׳? בהיותה סיכום כל הדברים וכל הכוחות שבנפש (כי המלכות היא כבר במקבל) ההתקשרות היא גם היסוד שעליו בנויים כולם מתחילה. ויותר מזה, כפי שהוסבר, מידת היסוד אינה רק סיכום סתמי של כל הדברים, שכן בעצם ההתקשרות שביסוד מתגלה נקודת העצם של הנפש, דהיינו נקודת היסוד של כל הכוחות וגילויי הנפש שבספירות.

יז אלול מעוברת • **והנה מדות אלו הן בחינות חיצוניות שבנפש ובתוכן מלובשות מדות פנימיות שהן בחינות אהבה ויראה כו׳ דהיינו על דרך משל באב המשפיע לבנו מחמת אהבתו ומונע השפעתו מפחדו ויראתו שלא יבא לידי מכשול חס ושלום.**

ומקור ושרש מדות אלו הפנימיות והחיצוניות הוא מחב״ד שבנפשו כי לפי שכל האדם כך הן מדותיו כנראה בחוש שהקטן שהחב״ד שלו הן בבחינת קטנות כך כל מדותיו הן בדברים קטני הערך וגם בגדולים לפי שכלו יהולל

עד כאן המעגל הראשון, החיצוני (שנגע רק בשש המידות, לא בספירות השכל מצד אחד ולא בספירת מלכות מצד שני).[36] להלן יבואר המעגל השני, הפנימי יותר.

וְהִנֵּה מִדּוֹת אֵלּוּ הֵן בְּחִינוֹת חִיצוֹנִיּוֹת שֶׁבַּנֶּפֶשׁ, וּבְתוֹכָן מְלוּבָּשׁוֹת מִדּוֹת פְּנִימִיּוֹת. ׳חיצוניות׳ היא הגדרה של פעולה והתנהגות כלפי חוץ וכלפי האחר; ו׳פנימיות׳ מתייחסת למניעים הפנימיים של הפעולה וההשפעה, למה מצידו משפיע המשפיע, ופנימה מזה היא מתייחסת לתכונותיו העצמיות של מי שפועל.

שֶׁהֵן בְּחִינוֹת אַהֲבָה וְיִרְאָה כו׳. אהבה היא פנימיות לחסד ויראה היא פנימיות לגבורה, וכן הוא בשאר המידות – תפארת ורחמים, ואף באותן מידות שאין לפנימיותן שם בפני עצמו (נצח הוד יסוד) ישנה מהות שהיא פנימיות לגבי חיצוניותן.

דְּהַיְינוּ, עַל דֶּרֶךְ מָשָׁל בְּאָב הַמַּשְׁפִּיעַ לִבְנוֹ מֵחֲמַת אַהֲבָתוֹ וּמוֹנֵעַ הַשְׁפָּעָתוֹ מִפַּחְדּוֹ וְיִרְאָתוֹ שֶׁלֹּא יָבֹא לִידֵי מִכְשׁוֹל חַס וְשָׁלוֹם. האהבה היא הטיה נפשית, חיובית, של האוהב אל האהוב; הסימפטיה, המשיכה להיות יחד והרצון שיהיה לו טוב. כל זה מביא לפעולה של התקרבות ונתינה בגשמיות וברוחניות, שעל ידי כך באה האהבה למילויה. ולהפך ביראה, החשש והפחד שלא לפגוע ולא להיפגע, המביאה לפעולה של מניעת הנתינה והקרבה, שלא לשנות ושלא להרוס, לשמור את הקיים.

פנימיות וחיצוניות המידות אין אלו רק שתי הגדרות לאותו הדבר עצמו. התפיסה היא שהמידות הפנימיות הן אכן פנימיותן של המידות החיצוניות, אבל יחד עם זאת הן מידות לעצמן במובן זה שהן עומדות בפני עצמן ולא רק כפנימיות למידות החיצוניות. וכן המידות החיצוניות עומדות לעצמן, במובן זה שיש להן שורש ויניקה פנימית לעצמן, גם שלא על ידי המידות הפנימיות. מעין אותו מודל נמצא גם ביחסים בין הספירות בדרגות שונות, כגון ביחס בין ספירות השכל והמידות. השכל הוא פנימיות המידות במובן זה שהוא המוליד ומכוון את המידות, אך יחד עם זאת יכול להיות לו ביטוי חיצוני גם שלא דרך המידות; ולמידות יש שורש הוויה שאיננו עובר דרך השכל, שנמצא אף למעלה מהשכל. ובדומה לזה, כפי שהוסבר לעיל, הוא ביחס שבין המידות עצמן – בין אבות המידות חסד גבורה תפארת, לבין המידות נצח הוד יסוד.

מקור ושורש המידות הוא חב״ד התפיסה הזו, שההכרה היא מקור ושורש המידות,

דוגמה זו מיוחדת בכך שאין מדובר בה על אובייקט של אהבה לעומת אובייקט של שנאה ופחד. האובייקט הוא אחד – הבן שרוצים בטובתו. וההבדל הוא בהרגשה כלפיו, אהבה וחסד מצד אחד ויראה וזהירות מצד שני. יתרונה של דוגמה זו הוא בכך שהיא מבודדת ומדגישה את המידות הנפשיות עצמן (פנימיות), האהבה לעומת היראה, מבלי לערב גורמים אחרים. ועוד ועיקר, כל הלימוד והמשל כאן מכוון הרי לספירות של מעלה, ואף שאצל האדם יכולה להיות גם יראה אחרת, יראה שהוא ירא מפני האחר שירע לו, אצל הקב"ה שאין 'אחר', היראה היא באופן הזה דווקא. כלומר, זהו המשל האנושי ליראה האלוקית.

וּמְקוֹר וְשֹׁרֶשׁ מִדּוֹת אֵלּוּ, הַפְּנִימִיּוֹת וְהַחִיצוֹנִיּוֹת, הוּא מֵחַבָּ"ד (חכמה בינה דעת) **שֶׁבְּנַפְשׁוֹ.** חכמה בינה ודעת הן ספירות השכל, והן המרכיבות את ההכרה שלנו. וההכרה השכלית היא המקור והמוקד בנפש שביחס אליו מתפתחות הן ההרגשות הפנימיות והן המידות שבהן מתנהג האדם ופועל כלפי חוץ.

כִּי לְפִי שֵׂכֶל הָאָדָם כָּךְ הֵן מִדּוֹתָיו. בין השכל והמידות ישנם קשרים, שכמובן שונים מאדם לאדם, אבל בהיקף הגדול הם קבועים. הבנה מסוימת מביאה להרגשה מסוימת, והבנה רחבה יותר, עמוקה יותר, תביא גם לרגשות עמוקים ורחבים יותר. לדוגמה, אדם האוהב אדם פלוני, אם יתבונן ויגלה בו מעלות נוספות וסיבות נוספות לאהוב אותו, גם רגש האהבה יגדל. יותר מזה, אם שכלו של אדם יכיר מציאויות שלא הכירן קודם, בבירור ובמוחש יותר, הוא יפתח גם רגש של אהבה או של יראה אליהן. ומכאן דרך רחבה של עבודת ה', המיוסדת על ההתבוננות בגדולת ה', בברואיו ובעולמותיו, עד למעלה מעלה, כדי להגיע מתוך הממשות של הכרתו גם לאהבתו ויראתו.

כַּנִּרְאֶה בְּחוּשׁ, לא רק בהתבוננות בדקויות הנפש, בדברים המושגים רק לאדם עצמו, אלא בהסתכלות במציאות המוחשית לכול. **שֶׁהַקָּטָן, שֶׁהַחַבָּ"ד שֶׁלּוֹ הֵן בִּבְחִינַת קַטְנוּת, כָּךְ כָּל מִדּוֹתָיו הֵן בִּדְבָרִים קְטַנֵּי הָעֵרֶךְ.** ילד קטן שחושב ומתעניין בדברים קטנים – בצעצועים, בממתקים – אף מידותיו מתייחסות לאותם דברים ולסדר הגודל שלהם. אין זה אומר

היא מורכבת. שכן ההכרה איננה יוצרת את המידות, את ההרגשות, אלא את האובייקטים שאליהם מתייחסות המידות. המידות קיימות בנפש, שורשן הוא פנימי מאוד, פנימי יותר ממציאות השכל, אבל כדי שהמידה תתגבש כצורה כלשהי היא צריכה גרעין של הכרה, משהו שאפשר להיות בעדו או נגדו, שאפשר לבנות התייחסות כלפיו, לסמן מטרות ולהוציאן לפועל. ההכרה הזו אינה חייבת להיות התבוננות מעמיקה, כזו המתוארת בספרים שיש להתבונן בה לפני התפילה וכיוצא. די בעצם מציאותה של הכרה כלשהי במציאותו של דבר כדי שהמידות תיערכנה סביב, להתייחס ולהתפתח כאהבה ויראה כזו וכזו.

אכן, כיוון שהמידה אינה נוצרת ממש על ידי השכל, אלא רק מתגלה ומתפתחת על ידו, אין הופעת המידות, עומקן ועוצמתן, תלויה רק בשכל. ייתכן שאצל אדם מסוים יהיה שכל קטן ורגש גדול, אמיתי ופנימי, ואצל אדם אחר יכול שכל רחב ומשוכלל להיות כמעט בלתי רלוונטי מבחינה רגשית.

איש כי לפי רוב חכמתו כך הוא רוב אהבתו וחסדו וכן שאר כל מדותיו פנימיות וחיצוניות מקורן הוא מהחב"ד שבו והעיקר הוא הדעת שבו הנמשך מבחינות החכמה ובינה שבו כנראה בחוש כי לפי שינוי דעות בני אדם זה מזה כך הוא שינוי מדותיהם.

שתשוקתו או פחדו הם קטנים. אדרבה, יכולה להיות אצלו תשוקה עזה לדבר קטן, או כעס גדול ופחד נורא מדבר של שטות. ועם זאת, עדיין סדר הגודל הוא קטן ומצומצם גם אם הוא עצמו אינו יודע זאת באותה שעה.

וְגַם בִּגְדוֹלִים, באנשים גדולים בגיל, יכול להיות ששכלם עסוק בדברים קטנים וכך יהיו גם מידותיהם. ולהפך, כששכלו של אדם עוסק בדברים גדולים גם רגשותיו יהיו בהתאם. והכלל הוא: **"לְפִי שִׂכְלוֹ יְהֻלַּל אִישׁ"** (משלי יב,ח).

כִּי לְפִי רוֹב חָכְמָתוֹ כָּךְ הוּא רוֹב אַהֲבָתוֹ וְחַסְדּוֹ, וְכֵן שְׁאָר כָּל מִדּוֹתָיו, פְּנִימִיּוֹת וְחִיצוֹנִיּוֹת, מְקוֹרָן הוּא מֵחַבָּ"ד שֶׁבּוֹ. באופן הבסיסי ביותר, הכרתו של אדם קובעת לאיזו מציאות יתייחסו מידותיו – כלפי מה הוא יפתח רגש של אהבה ובמה הוא ישפיע בגשמיות וברוחניות. ההכרה מהי מציאות ומהי ממשות בתוך תפיסת העולם שלו היא הבסיס לכל מה שבא אחר כך בנפש; מה ירגיש, מה יחליט לומר ולעשות ומה יעשה.

וְהָעִיקָּר, כשעוסקים בקשר של המוחין למידות, הספירה העיקרית, החשובה יותר בקשר הזה, **הוּא הַדַּעַת שֶׁבּוֹ, הַנִּמְשָׁךְ מִבְּחִינוֹת הַחָכְמָה וּבִינָה שֶׁבּוֹ.** דעת אין פירושה רק ידע, האינפורמציה שאנשים יודעים. הדעת היא ספירה לעצמה, כוח נפש מיוחד לעצמו מבין שלוש ספירות השכל. מקומה של הדעת בשכל הוא בקו האמצעי, למטה מהחכמה והבינה, והיא לפיכך הכוח המחבר את החכמה והבינה והממשיך את החכמה והבינה אל המידות (ובעצם למגע עם הנפש). ולכן, כאשר מדברים על השכל כמקור ושורש המידות, העיקר היא הדעת.

החכמה היא הראשית, המביאה מן האין את ההברקה הראשונה של ההכרה אל תוך הנפש, והבינה היא המפתחת והמגדילה אותה לתמונת מציאות מסוימת. המשל לחכמה ובינה הוא אב ואם: האב נותן את הטיפה הראשונית, כמין נקודה שאין רואים בה ציור והגדרה, והאם קולטת את הטיפה ומפתחת ומגדלת אותה בתוכה עד ללידה. השלב הזה

לפי שכלו יהולל איש במקומות אחרים בחסידות[37] מבואר ש'איש' הוא אחד מארבע לשונות שבהן נקרא האדם – אדם, איש, גבר, אנוש – המכוונות כנגד דרגות בני האדם וכנגד הדרגות באדם עצמו. 'איש' הוא במובן זה דרגת המידות באדם (לעומת 'אדם' שהיא דרגת השכל), ולפי זה פירוש הכתוב הוא שלפי שכלו של אדם כך הן מידותיו – ואדם גדול, שחושב על דברים גדולים, גם רגשותיו יהיו בהתאם.

מוחין (חב"ד) בבחינת קטנות וגדלות עד כאן דובר על מוחין שעוסקים בדברים קטנים או בדברים גדולים, אולם הדברים הם עמוקים ומורכבים יותר. שכן גדלות אין פירושה רק שחושבים על דברים גדולים ומופשטים יותר. גדלות פירושה, בעיקר, שמשתנים היחסים

הוא השלב הראשון של ההכרה, של יצירת האובייקט. השלב השני הוא שלב המיון – היכן שמים את האובייקט? איזו תווית, איזו התייחסות נותנים לו? הדבר הזה הוא טוב או רע? האם אני בעד או נגד, וכמה אני בעד או נגד? הקביעה הזו, נקיטת העמדה האישית כלפי האובייקט (שהיא עדיין נביעה שכלית ולא רגשית) – היא עניינה של ספירת הדעת. קביעת העמדה וההתייחסות שיש בדעת אינה שייכת למידות ממש, אהבה ויראה, אבל היא כבר כוחן של המידות האלה. זה קורה בשכל, בהעלם, ב'עיבור', אבל באופן שכבר ניכרת החלוקה ביניהן, כמקור ושורש הרגשות הנמצאים בדעת עצמה.[38] וזהו שנאמר שמבין ספירות השכל עיקר שורש המידות היא הדעת, שכן השכל שאין בו דעת, אפילו יש בו הבנה אינטלקטואלית עמוקה של הנושא, יכול שלא לעורר רגשות כלל, ושלא יהיה לו כל קשר לרגשות שאותו אדם פועל על פיהם.

בהמשך ידובר על הדעת כהתקשרות. שכן, השכל לעצמו הוא קר ומנותק – השכל לעצמו והאדם לעצמו. אדם יכול להבין דבר, ואפילו להבינו היטב, ואף על פי כן אין זה בהכרח נוגע אליו. הוא יכול להבין שיפה לאנשים לנהוג כך וכך, ועדיין אין זה אומר שום דבר אישי לגביו. והחלק הזה, של התקשרות השכל אל האדם עצמו, מה זה אומר לו – הוא חלק הדעת.

כַּנִּרְאֶה בְּחוּשׁ, שהעיקר הוא הדעת, **כִּי לְפִי שִׁינּוּי דֵּעוֹת בְּנֵי אָדָם זֶה מִזֶּה כָּךְ הוּא שִׁינּוּי מִדּוֹתֵיהֶם**. אפשר לראות דבר זה אצל אנשים, שיש אובייקט זהה בהכרתם, ואף על פי כן הרגשות שיפתחו אנשים שונים כלפיו יהיו שונים. שכן הדעת, ההתקשרות האישית שבה מתקשר האדם אל מה שהבין בשכלו, היא זו שמשנה ומחליטה אילו הרגשות ואילו מסקנות תהיינה.

עשר הספירות מתגלות בנפש האדם בדרגות שונות, חיצוניות ופנימיות יותר ויותר. עד כאן הוסבר על המידות בשני שלבים. בשלב הראשון דובר על המידות כפי שהן בהופעתן החיצונית ביותר, כפי שהן בנפש הבהמית החיונית וכפי שהן פועלות בתוך העולם, ובשלב השני דובר על פנימיותן של אותן מידות, כגון האהבה הפנימית המביאה להשפעת החסד החיצונית וכן הלאה. ובשלב השלישי, שעליו ידובר להלן, ידובר על מידות הנפש האלוקית, המידות שאינן מתייחסות אל ענייני העולם אלא ישירות אל האלוקי.

בין השכל והמידות. אצל הקטן המידות הן העיקר – הוא חי במידות וחושב ופועל על פי המידות, עד כדי כך ששכלו, אף שהוא האובייקט לרגשותיו, מכוון בעצם על ידי הרגש. לא שאין לשכל השפעה על רגשותיו, אלא שאין זו מכוונת אלא באה ממילא. אצל הגדול לעומת זאת (וזו ההגדרה הפנימית, האמיתית, של גדול ושל בוגר) יש לשכל מעמד לעצמו, שאין הוא בא ומכוון מחמת הרגש (מוחין דקטנות) אלא מכוח השכל בעצמו (מוחין דגדלות). במובן זה אצל הגדול המצב הוא הפוך – השכל הוא הקובע והמכוון את הרגש. אף כאן אין זה אומר שהרגש אינו משפיע על השכל, אלא שאין זו השפעה של הולדת דבר חדש אלא של גילוי הקיים, של העצמה והרחבה, של המשך המשמעות והמטרה.

כ אלול פשוטה
יח אלול מעוברת

• והנה כל זה הוא רק על דרך משל לבד כי כל זה הוא בנפש השכלית התחתונה שבאדם הבאה מקליפת נוגה אך באמת לאמיתו בנפש העליונה האלהית שהיא חלק אלוה ממעל כל המדות פנימיות וחיצוניות הן לה' לבדו כי מחמת אהבת ה' ומרוב חפצו לדבקה בו הוא חפץ חסד כדי לידבק במדותיו כמאמר רבותינו ז"ל על פסוק ולדבקה בו הדבק במדותיו וכן במדת הגבורה להפרע מן הרשעים ולענשם בעונשי התורה וכן להתגבר על יצרו ולקדש את עצמו במותר לו

וְהִנֵּה כָּל זֶה, כל מה שנאמר עד עתה בעניין הספירות בנפש האדם, **הוּא רַק עַל דֶּרֶךְ מָשָׁל לְבַד. כִּי כָּל זֶה הוּא בְּנֶפֶשׁ הַשִּׂכְלִית הַתַּחְתּוֹנָה שֶׁבָּאָדָם הַבָּאָה מִקְּלִיפַּת נוֹגַהּ.**[39] כפי שהוסבר בתחילת הפרק, המשל הם כוחות הנפש באדם והנמשל הן הספירות העליונות. כאשר מדובר על הנפש האלוקית ש"מתוכיה נפח" שהיא "חלק אלו-ה ממעל ממש" – המשל הוא יותר ממשל בלבד. הנושא והקשריו הם אחד במשל ובנמשל. ואולם כאשר מדובר על הנפש השכלית (והבהמית) שמקליפת נוגה, הנבדלת כביכול מהאלוקות, שכל ענייניה הם ישות ועניני עולם הזה – הרי זה על דרך משל בלבד. כגון מידת האהבה שבנפש השכלית יכולה להיות גם אהבה אחרת, אהבת אדם וכו', ולאו דווקא אהבת ה'.

אַךְ בֶּאֱמֶת לַאֲמִיתּוֹ, במשל המדויק והקרוב יותר אל הנמשל, שהוא כאמת לאמיתו לעומת המשל שמנפש השכלית. **בְּנֶפֶשׁ הָעֶלְיוֹנָה הָאֱלֹהִית, שֶׁהִיא חֵלֶק אֱלוֹהַּ מִמַּעַל** ממש (ליקוטי אמרים פרק ב). **כָּל הַמִּדּוֹת** של הנפש האלוקית, השכל והמידות, **פְּנִימִיּוֹת וְחִיצוֹנִיּוֹת,** בהרגשה הפנימית ובהשפעתן כלפי חוץ, **הֵן לַה' לְבַדּוֹ.** הספירות שבנפש הבהמית הן משל בלבד משום שהן מתייחסות אל העולם ומתגלות בצורות של העולם, שהוא רק חיקוי ודמיון למציאות האמיתית, היא מציאות הקדושה. לעומת זאת, הספירות שבנפש האלוקית הן אמת משום שהן מתגלות בהתייחסותן לה' לבדו.

נפש השכלית המושג 'נפש השכלית' (בשונה מ'נפש הבהמית') אכן אינו מבואר בספר התניא (אלא רק נזכר בכמה מקומות, כגון בליקוטי אמרים פרק מב ובמאמר 'חינוך קטן'), ואולם הוא מבואר במאמרים אחרים של אדמו"ר הזקן.[40] ומבואר שם, שאכן אפשר לדבר על שלוש נפשות באדם: נפש בהמית, נפש אלוקית, ונפש השכלית המקשרת בין הנפש הבהמית לנפש האלוקית. עם זאת, נפש השכלית, כמו הנפש הבהמית, שייכת לכלל המציאות של העולם ושל קליפת נוגה, לעומת הנפש האלוקית השייכת בעצם לאלוקות ורק מתלבשת בעולם.[41] הנפש הבהמית, כשמה, היא כוח החיות של החלק הבהמי שבאדם: הגוף, החושים וההתייחסות האמוציונלית אל הדברים. לעומת זאת, הנפש השכלית מתייחסת אל הכוח השכלי שיש באדם, הוא השכל האנושי שיכול להשיג גם הפשטה ורוחניות וגם מציאות אלוקית בעולם, ובכך גם להבין ולהתקשר עם הנפש האלוקית. ומשום כך, כאשר מדובר כאן על הנפש שאפשר לראות בה את כל שיעור הקומה של עשר הספירות, השכל והמידות, וכן שהשכל הוא מקור המידות, הוא מדבר על הנפש השכלית דווקא.

באמת לאמיתו הנפש האלוקית ומידותיה אינן רק אמת, אלא הן "אמת לאמיתו". כלומר

כִּי מֵחֶמַת אַהֲבַת ה', שהאדם אוהב את ה', היא פנימיות החסד, **וּמֵרוֹב חֶפְצוֹ לְדָבְקָה בּוֹ, הוּא חָפֵץ** לעשות **חֶסֶד כְּדֵי לִידָּבֵק בְּמִדּוֹתָיו, כְּמַאֲמַר רַבּוֹתֵינוּ ז"ל** (ספרי דברים פיסקא מט) **עַל פָּסוּק "וּלְדָבְקָה בוֹ"** (דברים יא,כב) – **הִדָּבֵק בְּמִדּוֹתָיו.** כאן שונה המידה של הנפש האלוקית מזו של הנפש השכלית התחתונה. כי בנפש התחתונה, המתייחסת אל העולם, פירוש החסד הוא לאהוב ולהשפיע ולהשלים חסרונו של האחר, אבל בנפש האלוקית המתייחסת לה' לבדו הרי אין השפעה שאפשר להשפיע לו וחיסרון שצריך להשלים בו. ולכן, כפי שקורה לפעמים גם אצל בני אדם, כאשר האדם שאוהבים אינו קטן מאיתנו במובן זה שאנו יכולים להשפיע לו מה שחסר לו, אלא גדול באין ערוך מאיתנו – אנו מהפכים את מידת החסד שלנו, ובמקום להשפיע לו אנו מצטרפים אל מידת החסד שלו, להשפעה ממנו. במובן זה מידותיה של הנפש האלוקית הן בהכרח באופן כזה: ההידבקות במידות העליונות, של הקב"ה.

וְכֵן בְּמִדַּת הַגְּבוּרָה של הנפש האלוקית, חיצוניות היראה, הדבקה ומזדהה עם מידת הגבורה האלוקית, שהיא **לְהִפָּרַע מִן הָרְשָׁעִים וּלְעָנְשָׁם בְּעוֹנְשֵׁי הַתּוֹרָה.** הרשעים הם העוברים על רצון ה', ומידת הדין של מעלה (הגבורה) מתגלה בדיני התורה, שהעושה כך דינו כך וכו'. והאדם הדבק במידותיו של הקב"ה הוא המקיים את דיני התורה שבידי אדם, להיפרע מן הרשעים וכו'.

וְכֵן, ביטוי נוסף למידת הגבורה של הנפש האלוקית, **לְהִתְגַּבֵּר עַל יִצְרוֹ וּלְקַדֵּשׁ אֶת עַצְמוֹ בַּמּוּתָּר לוֹ** (על פי יבמות כ,א). אין צורך לחפש רשעים בחוץ דווקא כדי להידבק בגבורה העליונה. לכל אדם יש גם רשע בפנים, הוא היצר הרע שלו. אכן אין מדובר כאן על רשע ממש, שיש לעונשו בעונשי התורה, שהרי כלל הוא, בייחוד בספר התניא, שאין אדמו"ר הזקן מדבר ברשעים אלא בבינונים, שלא עברו עבירה וכו', וכמבואר בפרקים הראשונים של ספר זה. ולכן גם כאן, אין הוא מדבר על רשעים שעוברים על מה שאסור,

אין הן רק אמת ביחס למידות הנפש הבהמית, כנמשל למשל, אלא בצד מסוים הן אמת לאמיתו, אמת באמת. כפי שנאמר מתחילה, הבסיס ללימוד זה של "מבשרי אחזה אלו־ה", שאפשר לראות וללמוד על האלוקי מנפש האדם, הוא בצד אחד משום שיש דמיון מִבני בגוף האדם, וביתר שאת בנפשו, אל המהויות של מעלה, ומצד שני משום שנפשו של האדם היא "חלק אלו־ה ממעל ממש". כלומר, אין כאן רק דמיון, אלא מהות ממש של הספירה העליונה שעוברת מהאלוקי וקיימת בנפשו האלוקית של האדם. אכן, מהות זו, כיוון שהיא מתגלה בתוך מהותה הנבראת והמוגבלת של הנשמה, אין לה כשלעצמה כל ביטוי וכל משמעות. העולם הנברא כולו אינו כלי שיכול לבטא מהות אלוקית זו. וזה שנאמר כאן שכל מידות הנפש האלוקית "הן לה' לבדו", פירושו שאין הן מתגלות ביחס לעולם אלא רק ביחס לה' לבדו – ומבואר בליקוטי אמרים שהוא על ידי לבושי התורה והמצוות. שכן התורה היא גילוי הרצון והחכמה האלוקית ממש, כפי שהיא מצומצמת באין ערוך בתוך ענייני העולם החומרי. ואף שאין השכל האנושי יכול תמיד לעקוב אחר הקשר הזה, מכל מקום כאשר מקיימת הנפש האלוקית, המלובשת בגוף ובעולם, את מצוות התורה – היא מגלה באמת לאמיתו את האלוקי שבה בתוך העולם הזה.

ולעשות גדר וסייג לתורה מפני פחד ה׳ ויראתו פן יבא לידי חטא חס ושלום וכן לפאר את ה׳ ותורתו בכל מיני פאר ולדבקה בשבחיו בכל בחינות נפשו דהיינו בהתבוננות שכלו ומחשבתו גם בדיבורו וכן לעמוד בנצחון נגד כל מונע מעבודת ה׳ ומלדבקה בו ונגד כל מונע מלהיות כבוד ה׳ מלא את כל הארץ כמלחמות ה׳ אשר נלחם דוד המלך עליו השלום

אלא על "לקדש עצמו במותר לו" (אף שבוודאי אמורים הדברים גם במתגבר על יצרו שלא לעבור עבירה ממש).

וְעוד מצד הגבורה, **לַעֲשׂוֹת גָּדֵר וּסְיָיג לַתּוֹרָה, מִפְּנֵי פַּחַד ה׳ וְיִרְאָתוֹ פֶּן יָבֹא לִידֵי חֵטְא חַס וְשָׁלוֹם.** פנימיות הגבורה היא היראה שלא יבוא לידי חטא וכו׳. והחיצוניות היא לעשות גדר וסייג גם במותר לו כדי שלא יתקרב אפילו לאסור לו.

וְכֵן לְפָאֵר אֶת ה׳, היא מידת התפארת של הנפש האלוקית, לפאר את ה׳. אם מידת התפארת של הנפש השכלית הייתה הפאר והיופי של העולם, התפיסה ותחושת ההרמוניה שבמציאות, הרי התפארת של הנפש האלוקית היא בחיות האלוקית המהווה ומחיה את המציאות שהיא מופלאה והרמונית וכו׳. ואף למעלה מזה, היא פארו של ה׳ בעצמו, כי לנפש האלוקית יש תפיסה של אלוקות גם מעבר לגדרי העולם, מעבר לגשמי ולרוחני כאחד, והיא מפארת ומשבחת אותו גם בזה.

וְתוֹרָתוֹ בְּכָל מִינֵי פְּאֵר. כיוון שהתגלות עצמותו של הקב"ה היא דווקא בתורה, הרי עיקר פארו שיכול אדם לחשוב ולדבר בו – הוא בתורתו. את שבחו של הקב"ה אין אנו

להתגבר ולקדש את עצמו במותר לו עיקר ההתגברות היא דווקא ב"מותר לו". להתגבר על היצר בענייני איסור זו קליפה גסה, ואדם שחי בסך הכול חיים יהודיים, בתפיסת עולם, בהתייחסות, באורח חיים וחברה יהודית, לא מגיע בדרך כלל להתמודדות כזו. המאבק האמיתי של האדם הוא בתחום המותר; באוכל הכשר, באשתו הכשרה, בחבריו, במצוות שלו ובלימוד התורה שלו, כיצד הוא עושה זאת, כמה, באיזו התייחסות נפשית ועוד.

ועוד, שגם ההתקדשות היא דווקא במותר לו. שכן קדוש הוא נבדל, ואין אדם מגיע לקדושה אלא כשהוא מבדיל את עצמו מגדריו הקודמים, שהם ה"מותר לו". ולא במותר לו רק על פי השולחן ערוך, אלא כל אחד כפי מה שהוא מתיר לעצמו, כפי שהוא תופס ומרגיש את מצבו, בין יותר ובין פחות.[42] וכאשר הוא מקדש עצמו במותר לו, הוא יוצא מתוך הגדרים האלה ונעשה לגבי עצמו ומצבו – 'קדוש'.

התורה בתפארת אף בסדר הספירות שייכת התורה למידת התפארת. כפי שבמידת החסד דובר על האהבה וההשפעה ובמידת הגבורה דובר על הדין, הצמצום וההתגברות, כך במידת התפארת מדובר על התורה. וכמבואר על הפסוק המתאר את מתן תורה "מימינו אש דת למו" (דברים לג,ב) – "מימינו" הוא החסד שמצד הימין להשפיע אור אין סוף ו"אש" היא הגבורה לצמצם ולגלות את האור האין סופי בתורה ומצוות בעולם הזה. התורה היא הבריח התיכון, המבריח מן הקצה (העליון) לקצה (התחתון). לא רק אהבת ה׳ ויראת ה׳ שאין הנפש יכולה לשאתן, אלא המשכת

יכולים להשיג, ועל פי האמת "לך דֻמִיָּה תהִלה" (תהלים סה,ב). לכן האופנים שבהם אנו יכולים לשבח את הקב"ה הם רק אלו שהקב"ה בעצמו הזכיר וכינה לעצמו בתורתו על ידי נביאיו וחכמיו (ראו ברכות לג,ב).

וּלְדָבְקָה בִּשְׁבָחָיו הנזכרים בתורתו בְּכָל בְּחִינוֹת נַפְשׁוֹ, דְּהַיְינוּ בְּהִתְבּוֹנְנוּת שִׂכְלוֹ וּמַחֲשַׁבְתּוֹ גַּם בְּדִיבּוּרוֹ. דהיינו בעיקר בתפילה, שיש בה אהבה בכל נפשו והתבוננות בשכלו ובלבושי שכלו, במחשבה ובדיבור.

וְכֵן, במידת הנצח של הנפש האלוקית, **לַעֲמוֹד בְּנִצָּחוֹן נֶגֶד כָּל מוֹנֵעַ מֵעֲבוֹדַת ה' וּמִלְּדָבְקָה בּוֹ.** הניצחון הוא כמו הניצחון במלחמה ובתחרות, שהוא כפי שהוסבר כוח בפני עצמו בנפש. גם בנפש האדם יש מלחמה בין הטוב והרע, בין הנפש האלוקית והנפש הבהמית. הנפש האלוקית רצונה וחפצה לעבוד את ה' ולהידבק בו, אלא שהעולם בכלל והנפש הבהמית בפרט אינם מסכימים לזה ומנסים למנוע שלא יהיה כן בפועל. והכוח של עצם הניצחון על הכוחות המונעים מעבודת ה' הוא כוח הנצח שבנפש האלוקית.
תפיסה זו של המלחמה קיימת גם בספירות העליונות. אף כי לכאורה אי אפשר לדבר על התנגדות וניצחון לגבי הקב"ה – הרי כאשר אין מדובר במהות הדברים ושורשם, אלא על השלב של הוצאת הדברים אל הפועל, יש גם בתוך המידות הקדושות שיקולים אחרים, וההחלטה לעשות את הדבר[43] יש לה בהכרח התנגדות, ובזה יש מלחמה.

וְנֶגֶד כָּל מוֹנֵעַ מִלִּהְיוֹת כְּבוֹד ה' מָלֵא אֶת כָּל הָאָרֶץ, כְּמִלְחֲמוֹת ה'[44] אֲשֶׁר נִלְחַם דָּוִד הַמֶּלֶךְ עָלָיו הַשָּׁלוֹם. כמו שהיה בזמן דוד המלך, שגילם את המהות הפנימית של מלך ישראל, שאז היו המלחמות החיצוניות של עם ישראל – מלחמות ה'.

עצמות אלוקות ממש לעולם הזה באופן המתקיים, בתורה ובמצוות.

המלחמה במידות נצח והוד במידות העליונות יותר, בחסד בגבורה ובתפארת, ההתרחשות היא פנימית יותר, בעצם יצירת כוחות הקדושה ומניעתם של כוחות אחרים. בנצח (ובהוד) עובר המאבק על הוצאת הדברים החוצה, אל הפועל, וכאן זו כבר מלחמה של ממש. כמו במלחמה למטה, המלחמה היא רק לאחר שכבר הוגדרו הקווים, שזהו האויב ועל זה נלחמים, כאשר אין עוד מקום לדיבור ולשינוי (מאויב לאוהב). כך, בשלב זה של הוצאת הדברים למעשה, כאשר צריך לבחור צד, להגיד כן ולהגיד לא – מגיעים גם לשלב של מלחמה. כל עוד הדברים הם בהרגשות ומחשבות אפשר לומר סברות לכאן ולכאן ואפשר להרגיש הרגשות מורכבות, אבל כאשר דברים מגיעים לפועל, צריך להחליט. ואם הוא מפריע ומתנגד, צריך לעשות מלחמה, להתנגד ולהכריע.

לעמוד נגד כל מונע – גם במידת ההוד הדברים הללו שנאמרו כאן בקשר לנצח נוגעים גם לספירת ההוד (ובהמשך ידובר בצדדים נוספים שיש בהוד). ההבדל ביניהם הוא, שהנצח הוא הכוח לעשות את הדבר בפועל, וההוד הוא כוח העמידה שלא לעשות אחרת או שלא להימנע מעשייה כלל. וכמו במלחמה בעולם שלנו – יש מלחמת התקפה שבה הולכים וכובשים את האויב, הולכים ועושים את הדברים, וזו היא מידת הנצח; ויש מלחמת הגנה שבה נלחמים, עד מוות, שלא לסגת מהגבולות, וזו היא מידת ההוד.

וכן להשתחוות ולהודות לה' אשר מחיה ומהוה את הכל והכל בטל במציאות אצלו וכולא קמיה כלא חשיב וכאין ואפס ממש ואף שאין אנו משיגים איך הוא הכל אפס ממש קמיה אף על פי כן מודים אנחנו בהודאה אמיתית שכן הוא באמת לאמיתו ובכלל זה גם כן להודות לה' על כל הטובות אשר גמלנו ולא להיות כפוי טובה חס ושלום ובכלל זה להודות על כל שבחיו ומדותיו ופעולותיו באצילות ובריאות עליונים ותחתונים שהם משובחים עד אין תכלית [נוסח אחר חקר] ונאים וראוים אליו יתברך ויתעלה והוא מלשון הוד והדר

המלחמה היא בנפש פנימה וגם בחוץ, בעולם, בין אנשים ומדינות וכו'. החוץ והפנים הם כמשל ונמשל זה לזה. פעמים הדברים מתוארים בנפש והם שייכים גם בעולם, ופעמים הם מתוארים בעולם, כמלחמות של עמים זה בזה וכו', והדברים אמורים גם בנפש.

וְכֵן מידת ההוד שבנפש האלוקית, משמעות ההודאה היא **לְהִשְׁתַּחֲווֹת וּלְהוֹדוֹת לה'**, הקשר בין ההשתחוויה להודאה מצוי הרבה, כגון בלשון התפילה (ב'עלינו לשבח'): "ואנחנו כורעים ומשתחווים ומודים וכו'", ובתפילת שמונה עשרה שההשתחוויה היא בברכת 'מודים', ועוד. שהתוכן הפנימי בשניהם הוא הביטול; ההשתחוויה מסמלת את ההתבטלות, ובייחוד במשמעותה המקורית – בפישוט ידיים ורגליים. כשאדם מכופף ומשטח את קומתו ככל האפשר הוא מבטא בכך את ביטול מציאותו וישותו כדבר נפרד לעצמו. וכן ההודאה, כפי שיבואר בהמשך, היא ביטול והשתחוויה רוחנית – לא במובן השכלי ואפילו לא הרגשי, אלא החוויה של התבטלות הישות בתוך המהות האלוקית.

אֲשֶׁר מְחַיֶּה וּמְהַוֶּה אֶת הַכֹּל, וְהַכֹּל בָּטֵל בִּמְצִיאוּת אֶצְלוֹ, וְכוּלָּא קַמֵּיהּ כְּלָא חֲשִׁיב (והכול לפניו כלא נחשב) **וּכְאַיִן וְאֶפֶס מַמָּשׁ.** ככל שאדם מפנים יותר את התפיסה שה' הוא בעצם הכול – הכוחות, החיים, ההוויה, ובכלל זה הוא בעצמו – הוא משתחווה ומודה ומתבטל לה'.

וְאַף שֶׁאֵין אָנוּ מַשִּׂיגִים בדעתנו **אֵיךְ הוּא הַכֹּל אֶפֶס מַמָּשׁ קַמֵּיהּ** (לפניו), שכן הכרת הנברא במהותה אינה מסוגלת להשגה כזו שאין היא קיימת בה. השכל האנושי, הגיונותיו ומושגיו

השתחוויה והודאה ויש שמדייקים בזה שתי דרגות: כריעה והשתחוויה, כנגד שתי הדרגות הודאה וברכה. ההודאה בדומה לכריעה היא מדרגת 'ביטול היש' (וכמו ההודאה שבהשכמת הבוקר, ב'מודה אני' ו'הודו לה''), וההשתחוויה היא הביטול שבברכות תפילת שמונה עשרה, ה'ביטול במציאות' (ראו ליקוטי תורה דברים א,א–ב ועוד).

הודאה – כמו מודים חכמים לרבי מאיר במקומות אחרים[45] מבואר שהודאה היא כמו "מודים חכמים לר' מאיר".[46] חכמים מודים לא משום שהם מבינים את דעתו של רבי מאיר ושוכנעו בנכונות דבריו, כי אז כבר הייתה זו דעתם שלהם ולא היו צריכים להודות לו. 'מודים' פירושו שאין מבינים, שאין מרגישים הזדהות עם דעתו, ואף על פי כן מודים שהוא צודק. כך בינינו ובין הקב"ה יש כביכול מחלוקת – אנו תופסים שהעולם הוא 'יש' והקב"ה הוא 'אין', ומהצד שלו התפיסה

הבסיסיים ביותר, מבוססים על קיומו של 'אני', שהוא אוהב ושהוא חושב וכו'. וביטול של 'אני', כמו ביטול של כל ה'יש', הוא בלתי נתפס בשכל ואף לא ברגשות הנולדים מן השכל. יש כמובן השגה שכלית שצריך להתבטל ושיכול להיות דבר כזה, אבל שיהיה ביטול ממש, בפועל, בידיעה ובהרגשה באמת – לזה כאמור אין השכל מסוגל.

אַף עַל פִּי כֵן מוֹדִים אֲנַחְנוּ בְּהוֹדָאָה אֲמִיתִּית שֶׁכֵּן הוּא בֶּאֱמֶת לַאֲמִיתּוֹ. למרות שאי אפשר להשיג זאת, אפשר להודות בזה. כוח ההוד הוא אפוא כוח מיוחד בנפש, שיכול להודות ולהסכים עם הדבר אף על פי שאין הוא משיגו בשכלו.

וּבִכְלָל זֶה, משמעות נוספת שיש במידת ההוד, **גַּם כֵּן לְהוֹדוֹת לַה' עַל כָּל הַטּוֹבוֹת אֲשֶׁר גְּמָלָנוּ וְלֹא לִהְיוֹת כְּפוּיֵי טוֹבָה חַס וְשָׁלוֹם.** הוד והודאה מלשון תודה, להודות לה', כפי שמלמדים אפילו ילדים קטנים להגיד תודה ולא להיות כפויי טובה. אכן כמידה של הנפש האלוקית, להגיד תודה לקב"ה, יש בזה תפיסה כוללת, של השגחה אלוקית כוללת כול, בכלל ובפרט, ששום דבר אינו 'טבעי' ומובן מאליו. שכל דבר – אור היום, האוויר שאנו נושמים בכל רגע והאוכל שאנו אוכלים – הכול הוא מתנה מהקב"ה, טובה שהוא משפיע עלינו. ואם אין אנו מודים – בברכה, בתפילה, בהידבקות בו – אנו כפויי טובה.

וּבִכְלָל זֶה, כלולה במידה זו מעלה גבוהה עוד יותר, **לְהוֹדוֹת עַל כָּל שְׁבָחָיו וּמִדּוֹתָיו וּפְעוּלּוֹתָיו בַּאֲצִילוּת וּבְרִיאוֹת עֶלְיוֹנִים וְתַחְתּוֹנִים שֶׁהֵם מְשׁוּבָּחִים עַד אֵין תַּכְלִית [נוּסָח אַחֵר: חֵקֶר], וְנָאִים וּרְאוּיִם אֵלָיו יִתְבָּרֵךְ וְיִתְעַלֶּה.** זו כבר אינה רק תודה פרטית על טובתו לנו, אלא תודה והודאה במובן של שבח – השבח שאינו קשור רק ליחסו אלינו בפרט ולברואיו בכלל, אלא אליו בעצמו, כשלעצמו, שהוא גדול וגיבור וכו', ואל פעולותיו שברא את כל העולמות הגדולים והנפלאים עד אין חקר. הדברים קשורים למה שנאמר למעלה על ההוד ככוח השמירה על מציאות הקדושה. זהו השבח שאינו יוצר או מגלה דברים שלא היו אלא רק מתייחס אל הדברים הקיימים, מהלל ומשבח אותם, ובכך מקיים ושומר עליהם בתוך התודעה ובתוך המציאות.

וְהוּא מִלְּשׁוֹן הוֹד וְהָדָר (תהלים קד,א ועוד). מובן זה של ההוד רחב יותר מהמובן של תודה, כי הוא מתייחס אל הבורא בעצמו שההוד הוא שבח והדר לו.

היא הפוכה, הוא ה'יש' והעולם הוא 'אין'. ומסבירים את ההבדל, שאנו תופסים את המציאות ב'דעת תחתון', מלמטה, ולכן העולם הזה הוא הממשות והוודאות שלנו ומציאות ה' היא הבלתי נתפסת; אך יש גם 'דעת עליון', הידיעה מלמעלה, שם הקב"ה הוא הממשות והוודאות והעולם הוא החידוש הבלתי מובן. במובן זה, "מודים אנחנו לך" פירושו: איננו מבינים, איננו מסוגלים לראות כמוך בדעת עליון, אבל אנחנו מבטלים את דעתנו, את הרגשתנו הבסיסית של מציאותנו ומציאות העולם – ומודים לך שאתה צודק. ההוד הוא במובן זה כוח ההתבטלות: ביטול ההשגה, ביטול הידיעה, ביטול ההרגשה וביטול של עצם מציאותנו כישות עצמאית עצמית.

הנצח וההוד כהוצאת הקדושה אל הפועל בעולמות המובן של ה'הוד' הוא, אולי יותר מכל הספירות, חמקמק, לא ברור ולא חד-משמעי. כפי שהוסבר כאן, משמעות אחת של

וכן במדת צדיק יסוד עולם להיות נפשו קשורה בה' חיי החיים ולדבקה בו בדביקה וחשיקה בחשק ותענוג נפלא ובמדת מלכות לקבל עליו עול מלכותו ועבודתו כעבודת כל עבד לאדונו באימה וביראה

ומן הנצח וההוד אל מידת היסוד:

וְכֵן בְּמִדַּת צַדִּיק יְסוֹד עוֹלָם (על פי משלי י,כה). את ספירת היסוד מבטאת דמות ה'צדיק' ופעולתו בעולם. ייחודו של הצדיק אינו בכך שהוא מלמד תורה (חכמה) או בכך שהוא משפיע לעולם טובה בגשמיות וברוחניות, אלא בהיותו מקשר את האנשים אל הקב"ה; הוא הקשר בין מעלה ומטה, בין העולם והקב"ה.

וכן בנפש כל אדם, מידת היסוד היא **לִהְיוֹת נַפְשׁוֹ קְשׁוּרָה בַה' חַיֵּי הַחַיִּים וּלְדָבְקָה בּוֹ.** כפי שנאמר לגבי מידת היסוד שבנפש הטבעית, בהתקשרות בין בני אדם – בין איש לאשתו, בין אב לבנו וכו' – כך בנפש האלוקית היא ההתקשרות אל הקב"ה.

בִּדְבִיקָה וַחֲשִׁיקָה בְּחֵשֶׁק וְתַעֲנוּג נִפְלָא. ההרגשה של מידת היסוד היא העונג בעצמו. בחסד התחושה היא של אהבה ושל חפץ להשפעה והתקרבות, בגבורה היא של יראה

ההוד, יחד עם הנצח, היא של הכנה להוצאת התכנים אל הפועל, למרות ההתנגדות שיש תמיד כלפי השלב הזה. הנצח היא המידה של ההוצאה והגילוי בפועל של העצמי (אף למעלה מיכולתו להבין וכו'), ומידת ההוד היא הצד השני של אותו דבר, החזקת הדבר שיתקיים בפועל, שמירת הדבר כביטוי בפועל של העצמי. דהיינו, שעם כניסת האלוקי בפועל אל העולמות, בדיבור ובעשייה, שומרת עליו מידת ההוד שיתקיים, שלא יתקלקל. היא נלחמת לשמור על גבולות הקדושה בביטול הישות (כי הישות, של האדם והעולם, היא זו שפורמת את גדרות הקדושה), כי ה'יש' האנושי הוא בהכרח מבטל את ה'יש' האלוקי, וכדי לשמור את ה'יש' האלוקי שנוצר כאן עכשיו צריכה הישות להשתחוות (להתבטל) ולהודות. זו משמעות ההודאה, שהמודה והמשבח אינו חושב עוד על ישותו ומה שחסר לו, אלא על מה שההוא נותן לו; אין הוא כעת 'יש' לעצמו, אלא רק המחזיק והמקיים כאן למטה את ה'יש' האלוקי.

צדיק הוא יסוד ישנו קשר נוסף בין הצדיק ומידת היסוד. הצדיק הוא זה שעומד בין שאר האנשים (והעולם בכלל) ובין הקב"ה, כמו מידת היסוד העומדת בין המידות (זעיר אנפין) ובין המלכות, בין המשפיע ובין המקבל. כל ההשפעה למלכות עוברת ביסוד, אלא שיש הבדל בין היסוד ובין המלכות. ביסוד ההשפעה עדיין איננה מקובעת ומוגדרת כמו שהיא במלכות, היא איננה כזו שהתקבלה כבר אלא כזו שלפני הקבלה, ולכן הצדיק שביסוד יכול לשנות, להרחיב ולהעמיק, לתקן ולהמתיק את המציאות לפני שהיא נקבעת במלכות.[47]

העונג והעצמי שבהתקשרות עצם ההתקשרות היא גם ההתקשרות העצמית, העצם שמתקשר בעצם. ולכן דווקא העונג, שהוא הביטוי הפנימי והעצמי ביותר של הנפש, הוא התחושה של ההתקשרות. שאר כוחות הנפש, הכוחות שלפני היסוד, הן הארות, השכלות, השפעות, הרגשות – אבל עדיין כל אחד נמצא לעצמו. רק המלכות היא כבר התוצאה, שמתחילה מעגל קיום לעצמו, והיסוד הוא נקודת החיבור הממשית היחידה שבתוך כל המערך. דווקא בנקודת החיבור הזו

ושל ריחוק וכו׳, אבל ביסוד היא העונג בעצמו. כי היסוד הוא בעצם ההתקשרות – לא במה שעובר, שמקבלים או נותנים או מתייחסים וכו׳, אלא בעצם הדבקות בקב״ה. וזוהי גם מידת ה׳צדיק׳ – העונג הנפלא, העצמי, שיש בעצם הדבקות, בעצם ההיות עם הקב״ה (ולא במה שמקבלים ממנו).

ומן היסוד למלכות:

וּבְמִדַּת מַלְכוּת לְקַבֵּל עָלָיו עוֹל מַלְכוּתוֹ וַעֲבוֹדָתוֹ. כוח הנפש המיוחד השייך למידת המלכות של הנפש האלוקית הוא הכוח לקבל את המלכות, את השלטון האלוקי, עליו. ובלשון חכמים: ״שיקבל עליו עול מלכות שמים״ (ברכות פרק ב משנה ב ועוד).

כַּעֲבוֹדַת כָּל עֶבֶד לַאֲדוֹנוֹ. העבד עושה את רצון אדונו למרות שאינו מבין למה. אין זה משנה כלל מהי דעתו הפרטית, ואם יש לו דעה בכלל. הוא עושה משום שהוא עבד העושה את רצון אדונו. וכך הוא בנפש, קבלת עול מלכות שמיים היא כשאדם עושה לא משום שהוא מבין ולא משום שהוא מסכים שהדבר חשוב וכו׳, אלא משום שהוא עבד המקבל את המשמעת והמרות של הקב״ה, ומשום כך הוא עושה.

בְּאֵימָה וּבְיִרְאָה. למרות הנאמר, שהמלכות וקבלת העול היא מידה וכוח בפני עצמו בנפש,

מורגש העצם, לאמור נקודת המהות שלמעלה מכל ההגדרות והתפיסות הכוללת ומחברת את הכול, וההרגשה בנקודה זו היא התענוג הגדול.

כל קישור, חיבור, זיווג, הוא תענוג: כאשר אנשים שהיו נפרדים נפגשים, זהו תענוג; כאשר אותיות מתחברות למילים ומילים מתחברות למשפטים, כאשר מביעים משמעות מסוימת, זהו תענוג;[48] כאשר אנו מרגישים את חיבור וייחוד הקב״ה והשכינה, במצווה, בתורה, בתפילה ובמחשבה – זהו תענוג גדול ונפלא. כי היכן שמתגלה העצם זהו תענוג, והיכן שמתגלה החיבור של עצם בעצם, ומתגלה העצם שלמעלה משניהם, הכוללם יחד – זהו תענוג עוד יותר גדול. במובן זה מידת היסוד שבנפש האלוקית, קשר הנפש עם ה׳, מגלה את התענוג בדרגה הגבוהה והפנימית ביותר.[49] לגבי כל מידות הנפש האלוקית נאמר שהמידה שבנפש מזדהה עם המידה האלוקית העליונה. אכן, ביסוד הדבר מודגש ביתר שאת, שכן בהתקשרות הזו כשלעצמה, בייחוד ובאיחוד ממש, אין (כמעט) הבדל בין מעלה ומטה, בין משפיע ומקבל: ככל שהחיבור שלם יותר, העונג וההתקשרות של מטה הם הם העונג וההתקשרות של מעלה.

מידת המלכות ביסודה היא עצם השלטון

המשמעות של מידת המלכות העליונה היא של היות מלך.[50] המלכות בעצמה אין לה שום תוכן מסוים, היא איננה באופן מיוחד שום דבר מכלל הכוחות הפועלים בעולם (הן הספירות); לאו דווקא השפעה של חסד או חכמה, לאו דווקא הגדרה של חוקים, לא של אהבה ולא של יראה. שכן משום שהמלכות היא הכול היא לא שום דבר מסוים; היא במובן מסוים כמו השפעה מקיפה, שמעצם היותה מתקיים כל העולם. ועם זאת יש כוח אחד, שכמותו קיים גם בנפש שלנו, שאפשר להגדירו ככוח המלכות, והוא השלטון. כוח השלטון מבטא את היחס, אבל ללא שום אפיון, כי מהות השלטון אינה דווקא להעניש או לתת או לוותר וכו׳ – הוא מתבטא בכל אלה ועוד, אך לא באחד מאלה בייחוד.

מידת המלכות היא הראשונה והיא האחרונה

כפי שהמלכות האלוקית היא ראשון והיא

כא אלול פשוטה

•ומקור ושורש כל המדות הן מחכמה בינה דעת דהיינו החכמה היא מקור השכל המשיג את ה׳ וחכמתו וגדולתו ומדותיו הקדושות שמנהיג ומחיה בהן כל העולמות עליונים ותחתונים ובינה היא ההתבוננות בהשגה זו באורך ורוחב

קשורה המלכות במידת הדין והיראה.[52] כאמור, מלכות היא על מי שנפרד דווקא. אין אדם מלך על איבריו ואין הוא מלך על בניו, אלא על ה׳עם׳. שמירת המרחק בין המלך והעם, הדיסטנס, היא מהותית בקיום המלכות; "אין מלך בלא עם",[53] אין מושג המלך יכול להתקיים ללא ההבדלה והריחוק בינו ובין העם. וכאמור, כוח ההגבלה והשמירה על הגבול שייך לקו השמאל ולמידת היראה. היראה, שבעיקרה היא כלפי מה שמעבר לגבול, הלא-נודע, הנבדל והנשגב – היא היוצרת את תחושת האימה והיראה בלב.

עד כאן עסקה האיגרת במידות, ומכאן ועד סופה היא תעסוק בספירות השכל, חכמה בינה ודעת.

וּמְקוֹר וְשׁוֹרֶשׁ כָּל הַמִּדּוֹת הֵן מֵחָכְמָה בִּינָה דַּעַת. כפי שנאמר לעיל לגבי הנפש השכלית והבהמית, כך הוא בנפש האלוקית, בהתייחסות אל האלוקי. ההכרה במציאות היא המקור והשורש לכל בניין המידות – ההתייחסות אליה, הרגשות, המסקנות והפעולות.

וכך הוא בספירות העליונות. המידות העליונות הן בניין העולם: מידת החסד היא הנתינה וההשפעה האלוקית האין סופית, הגבורה היא צמצומה והגבלתה של הנתינה הזו בכלים ובעולמות, וכן הלאה עד המלכות שהיא הדיבור הבורא והמנהיג בפועל. ומבואר כאן שהמקור והשורש לכל ההשפעה והבריאה הזו הן ספירות השכל, חכמה בינה ודעת, שהן כמו ראייתו הבנתו ודעתו את העולמות שהוא רוצה לברוא – הכרה שמביאה להתייחסות, והתייחסות שמביאה לבריאה בפועל.

דְּהַיְינוּ, כעת יפרט המחבר כל אחת משלוש ספירות המוחין: **הַחָכְמָה, הִיא מְקוֹר הַשֵּׂכֶל הַמַּשִּׂיג אֶת ה׳.** החכמה עצמה איננה השכל אלא המקור לשכל שמתגלה בבינה ובדעת. את ה׳, האין סוף בעצמו, אי אפשר להשיג בשכל, ולכן החכמה שאיננה שכל, שאיננה עדיין שום דבר מסוים, היא הפתח והמפתח לשכל להשיג את ה׳.

אחרון,[51] היא הכתר והיא המלכות, היא הרצון הראשון והתוצאה המוגמרת – כך גם בנפש האלוקית: מידת המלכות היא הרצון הראשון, שאדם כופה על עצמו, על נפשו וגופו, לעשות את הרצון האלוקי לפני כל ההסברים החשקים והפחדים, והיא גם הכוח האחרון, עצם העשייה בפועל – הדיבור באותיות התורה ומעשה המצווה – לאחר ובנפרד מכל הכוונות שבמוח ושבלב.

מדוע מתחיל במידות ומסיים במוחין אפשר לשאול, מדוע באיגרת זו מתחיל המחבר במידות ומסיים במוחין, בניגוד לביאור בנושא זה בליקוטי אמרים (פרק ג) שם מתחיל במוחין וממשיך במידות? ואפשר לומר, על פי הנזכר בהערת כ"ק אדמו"ר זי"ע לסוף האיגרת,[54] שכאן עיקר עיסוקו הוא במידות, ובמוחין הוא עוסק רק כ"מקור ושורש כל המדות" (ואולי יש לומר שהטעם הוא משום שכאן

וְחָכְמָתוֹ וּגְדוּלָּתוֹ וּמִדּוֹתָיו הַקְּדוֹשׁוֹת. הקב"ה בעצמו "לית מחשבה תפיסא ביה" (אין שום מחשבה תופסת בו), ועם זאת יכולה להיות השגה והכרה מסוימת בהתלבשותו בספירות (שהן כמו כוחות הנפש של האדם, שעצמות הנפש מתלבשת ומתגלה בהן[56]).

שֶׁמַּנְהִיג וּמְחַיֶּה בָּהֶן כָּל הָעוֹלָמוֹת עֶלְיוֹנִים וְתַחְתּוֹנִים. אף בספירות העליונות בעצמן אין השכל האנושי יכול להשיג, אלא רק באופן שהן מנהיגות ומחיות את העולמות, העליונים והתחתונים. נמצא שהשכל האנושי משיג בעצם בעולמות התחתונים, וכמשל לנמשל לומד על העולמות העליונים, ולמעלה מזה וכמשל לנמשל, לומד על הספירות העליונות בעצמן. ואולם החכמה היא רק מקור השכל הזה – על דרך משל כמו המראה עצמו שרואה אדם עוד לפני הוא קולט וחושב על מה שהוא רואה.

וּבִינָה הִיא הַהִתְבּוֹנְנוּת בְּהַשָּׂגָה זוֹ. בבינה יש כבר מרחב. החכמה הייתה כמו הבזק של אור המאיר עולם שלם, אבל הוא מהיר כל כך עד שאין שהות להסתכל ולהתבונן במה שרואים. זו מהות החכמה, שהיא קליטת הדבר עצמו, החי עכשיו, וההבזק הוא בהכרח הבזק בלבד כי אחריו כבר יבוא הבזק שני שונה ממנו. כמשל בלבד, כל תמונה שאנו רואים היא תמונה של מה שהיה; תמונה של מה שהווה, שחי כעת, אי אפשר בעצם לקבל. מה שחי רק נצרב בהבזק של אור בבינה ויוצר את התמונה של מה שהיה, ובה עצמה ההבזק כבר אינו מאיר – אבל דווקא משום כך יש בה את השהות והמרחב להתבונן, לחשוב ולנתח את הרושם של הבזק החכמה, ולבנות תמונה מסוימת המנסה לתאר את הארות החכמה ולהתייחס אליהן.

בְּאוֹרֶךְ וְרוֹחַב וְעוֹמֶק בִּינָתוֹ. השגת החכמה, עם היותה כוללת הכול בעצמה, הריהי מבחינת המודעות וההכרה של המשכיל כמו נקודה. כל מה שאנו יודעים על הנקודה הוא שהיא נמצאת, אבל אין אנו יודעים עליה דבר, לא מי ולא איך.[57] הנקודה עצמה היא רק היא, ללא ממדים. רק ההתבוננות של הבינה בונה את הממדים של אורך, רוחב ועומק המושכל. משום כך האות המייצגת את החכמה היא האות יו"ד, הנראית כנקודה בלבד ללא ממדים, והאות של הבינה היא האות ה"א, שיש לה ממדים של אורך רוחב וכו'.[58] אורך הבינה היא ההתפשטות מלמעלה למטה, היכולת להביא דבר אל תוך גבולות הולכים ומצטמצמים, להוריד את ההשגה ולהסבירה גם בדרגות נמוכות למי שאינו מצוי בתוך אותו עולם מושגים והרגשות; רוחב הבינה היא יכולת ההתפשטות לכל הצדדים,

הלימוד הוא "מבשרי אחזה אלו־ה", ועיקר הלימוד מ'בשרי' הוא במידות שהן בחינת ה'בשר' שבנפש,[55] והן המוחש והמורגש לנו ובהן עיקר הלימוד 'מבשרי אחזה'. מה שאין כן בליקוטי אמרים שם, שעיקר הנושא הוא הקשר בין מוחין ומידות, ב'מוח שליט על הלב' ובעבודת ה' על ידי המוחין המשפיעים ומשנים את המידות).

חכמה ובינה – אב ואם המשל ליחס בין חכמה ובינה הוא כמו בין האב והאם. האב נותן טיפה, גרעין אחד שכל מה שהוא עושה הוא רק לתת את הגירוי והפקודה המתאימה, ומכאן ואילך כל המבנה הממשי שבתוך המרחב נעשה באם: הגידול, ההתרחבות, התפצלות ובניין האיברים. התהליך הזה צריך מרחב וצריך זמן, ואת זה מקבל גרעין החכמה בבינה.

ועומק בינתו להבין דבר מתוך דבר ולהוליד מהשגה זו תולדותיה שהן מדות אהבה ויראה ושארי מדות הנולדות בנפש האלהית המשכלת ומתבוננת בגדולת ה׳ כי לגדולתו אין חקר ויש בחינת גדולת ה׳ שעל ידי התבוננות הנפש האלהית בה תפול עליה אימתה ופחד שהיא יראה תתאה שהיא בחינת מלכות

שהיא היכולת להבין בהרחבה, בהכללות גדולות ובפרטים רבים, והיכולת להסביר את הדבר בצדדים ובאופנים שונים;[59] ועומק הבינה, הנקראת גם ׳פנימיות בינה׳, היא היכולת לתפוס את תמצית ושורש ההשכלה. היכולת להבין את תמצית המושג, מעבר למשלים ולהסברים הבאים ״לקרב אל השכל״ וכו׳; היא ההבנה שבאה לאחר התבוננות ועיון ממושכים, התופסת את עיקר ותמצית הדבר.[60]

לְהָבִין דָּבָר מִתּוֹךְ דָּבָר.[61] החכמה היא הקליטה, ולכן היא בעצמה פסיבית, ומעבר לעצם הקליטה אין היא מוסיפה דבר. מה שאין כן הבינה, שעיקרה הוא ההוספה, הבניין והיצירה – היא יכולה להשכיל דבר נוסף שלא נגלה באור החכמה; דבר נוסף מתוך הדבר שהיה.

בחסידות מבואר[62] ש׳דבר מתוך דבר׳ הוא השגת ה׳סובב כל עלמין׳ מתוך ה׳ממלא כל עלמין׳. ׳ממלא כל עלמין׳ היא החיות האלוקית המלובשת בעולם, מהווה ומחיה אותו כפי שהוא לדרגותיו ובפרטיו, והיא הדבר שהחכם רואה בתוך הדברים (״איזהו חכם? – הרואה את הנולד״, כל דבר מהיכן נולד). ו׳סובב כל עלמין׳ היא המהות האלוקית שמעבר, שאינה נגלית בתוך הדברים, שאותה אין החכמה רואה ממש – אבל הבינה מבינה, על דרך דבר מתוך דבר, שיש גם מציאות אלוקית מעבר למה שנגלה. והבנה זו בעיקר היא המולידה את האהבה האין סופית לה׳, ואת היראה העליונה והביטול המוחלט, כפי שיבואר בהמשך.

מכאן ישוב המחבר לדבר על המידות כפי שהן נולדות מההתבוננות, ובקשר שבין המידות והשכל.

וּלְהוֹלִיד מֵהַשָּׂגָה זוֹ תּוֹלְדוֹתֶיהָ. ההשגה היא החכמה והבינה, שהן כמו האב והאם, והמידות הן התולדות. וכפי שהחכמה והבינה הן בגדולתו (חסדו) של הקב״ה ושאר המידות העליונות, כך תולדות השכלה זו הן אהבה לה׳ ויראה מה׳ וכו׳. שהרי הכלל הפשוט הוא שההתבוננות באהבה מולידה אהבה, ההתבוננות בגבורה מולידה יראה וכו׳.

שֶׁהֵן, תולדות ההשגה הן: **מִדּוֹת אַהֲבָה וְיִרְאָה.** אהבה ויראה הן אבות כל המידות, שכל שאר המידות הן השלכות וצירופים שונים של אותן מידות יסוד.

עבודת ההתבוננות של הנפש האלוקית

בביאור הנוגע לנפש הבהמית דובר על ההכרה שבעצם היותה היא היסוד שסביבו וביחס אליו נבנות וגדלות המידות, ולא על ההתבוננות הפעילה היוצרת את המידות.

לעומת זאת, בביאור הנוגע לכוחות הנפש האלוקית מפורט יותר הביאור הנוגע לחכמה ולבינה בקשר להתבוננות המולידה את המידות, שכן בנוגע לנושאים הרוחניים, ובעיקר האלוקיים, אין הכרתם ואין האהבה

נאמר כאן 'אהבה' ו'יראה' שהן, כפי שנאמר באיגרת זו, פנימיות המידות. שכן מדובר כאן על ההולדה של המידות מן ההשגה, וזו מתחילה תמיד מן הפנימיות, מעצם המידה והתחושה, בלא שום מסקנה ותנועה עדיין, ורק אחר כך מתפתחת המידה ומוסיפה גם צד חיצון שהוא החסד והגבורה.

וּשְׁאָרֵי מִדּוֹת, תפארת נצח הוד יסוד ומלכות, **הַנּוֹלָדוֹת בַּנֶּפֶשׁ הָאֱלֹהִית,** והמתייחסות אל האלוקי בלבד.

על כל מידות הנפש האלוקית נאמר כאן שהן נולדות מן השכל. שכן בדרך כלל בלא השכל וההתבוננות אין נולדות המידות האלוקיות, אלא שאר מידות שאינן בקדושה. התחושות שיש לאדם בעולם הזה, לגופו ולאנשים שסביבו, נולדות מעצם היותו בעולם. במתכוון ושלא במתכוון הוא נתקל בדברים, בחושיו ובהכרתו, וממילא מולידה ההכרה הזו התייחסות לאותם דברים. מה שאין כן במידות הנפש האלוקית, בדרך כלל אין הכרתו של אדם 'נתקלת' בגדולת ה', במלאכים קדושים וכיוצא בזה. על אלה צריך לעבוד, להתבונן בעיון ולהבין דבר מתוך דבר, עד שנבנית הכרה כזו שיכולה להיות נבדלת מהמציאות הגשמית הממשית ולקבל צורה ומרחב ממשי ומוחשי לעצמה; שיש בה ראש וגוף, שמאל וימין, שיכולה לעורר ולהוליד כאמור את ההתייחסות הרגשית אצל האדם – באהבה ויראה ובשאר המידות אל האלוקי.

הַמַּשְׂכֶּלֶת וּמִתְבּוֹנֶנֶת בִּגְדוּלַּת ה'. מבואר[63] שהכינוי 'גדולה' מבטא את החסד כשהוא פועל ובורא את העולם בעשרה מאמרות וכו'.[64] וכידוע שהתבוננות באלוקי אינה יכולה להיות במהותו ועצמותו, אלא רק בכוחו ובחיותו שמהווה ומחיה את העולמות וכל אשר בהם.

כִּי לִגְדוּלָּתוֹ אֵין חֵקֶר,[67] גדולתו של הקב"ה היא אין סופית, ועם היותה מושגת כמציאות – אי אפשר לנפש להכילה, אי אפשר להתייחס אליה כאל אחד הנבראים, אלא כהתייחסות אל האלוקי, דהיינו אל הקדוש, המרומם, האחד.

להתבוננות בגדולת ה' אין השלכות רגשיות חד משמעיות. כפי שרואים גם בתחומים אחרים שבעולם הזה, הרגש הנולד מההתבוננות בנושא מסוים תלוי בזווית ובהקשר שמתבוננים בו, וכך גם להתבוננות בגדולת ה' יכולות להיות תוצאות רגשיות שונות. להלן יבאר אדמו"ר הזקן ויפרט את כל התולדות הרגשיות של התבוננות זו, שהן בכללן שתיים ובפרטן ארבע: בכללן הן האהבה והיראה, ובפרטן הן יראה תתאה ויראה עילאה, אהבה זוטא ואהבה רבה (יראה תחתונה ויראה עליונה, אהבה קטנה ואהבה גדולה).

וְיֵשׁ בְּחִינַת גְּדוּלַּת ה' שֶׁעַל יְדֵי הִתְבּוֹנְנוּת הַנֶּפֶשׁ הָאֱלֹהִית בָּהּ תִּפּוֹל עָלֶיהָ אֵימָתָה וָפַחַד, שֶׁהִיא 'יִרְאָה תַּתָּאָה' (תחתונה) **שֶׁהִיא בְּחִינַת מַלְכוּת.** יש התבוננות שאדם מתבונן בגדולת

והיראה להם מתעוררת ממילא ומעצמה, ולכן דווקא בנוגע לנפש האלוקית יש צורך בעבודה של התבוננות, של הבאת ובניית הדבר הנוסף, האלוקי שמעבר, אל תוך ההכרה ואחר כך אל התייחסות המידות, אהבה ויראה.

ההתבוננות ב'גדולת ה'" 'הגדולה' היא מידת החסד האלוקי,[65] הראשונה מבין המידות הכוללת במובן מסוים את כולן. ולכן ההתבוננות בגדולת ה' פירושה ההתבוננות במידות שהן 'עלמא דאתגליא' (העולם

ויש בחינת גדולת ה׳ שממנה באה יראה עילאה יראה בושת ויש בחינה שממנה באה אהבה רבה ויש בחינה שממנה באה אהבה זוטא

ה׳, שהיא בחינה של חסד, ואף על פי כן מה שהיא מעוררת היא יראה. כי יראה תחתונה וראשונית זו נובעת מההתגלות האלוקית בעולם (הגדולה), כל אחד בעולם ובמציאות הנוכחית שלו. התבוננות זו, שהיא מכוונת בעצם אל המלכות האלוקית, מעוררת את ההתייחסות אל הקב״ה כאל המלך. היותו מלך הוא אופן גילויו ונוכחותו בעולם הנמוך הזה, הנפרד כביכול מהאלוקי, וההתייחסות אל המלך היא בראשיתה היראה התתאה. יראה תתאה היא היראה הראשונית, ובעצם התחושה הראשונית שיש כאן משהו. לא ברור מה ואיך, אבל ברור מספיק שהוא אמיתי וממשי. כפי שאומר רבן יוחנן בן זכאי לתלמידיו: ״יהי רצון שתהא מורא שמים עליכם כמורא בשר ודם כו׳״.[68] כלומר, אין צורך להשיג את כל מלוא המשמעות של גדולת ה׳ שאין לה חקר כדי לעורר את היראה. העיקר היא ממשות התפיסה, כמו שאדם תופס נוכחות של אדם אחר, אפילו זו תפיסה במידות ובמושגים אנושיים וארציים בלבד.

תחושת הנוכחות הזו, שאדם מרגיש שאין הוא לבד, יש בכוחה לשמור מפני החטא אף יותר מאהבה ויראה עליונות יותר. ולכן נקראת יראה זו גם ׳יראת חטא׳ ו׳יראת העונש׳, וכפי שמסיים שם רבן יוחנן – ״תדעו, כשאדם עובר עבירה אומר: שלא יראני אדם״. יראה תתאה היא נמוכה גם במובן זה שהיא איננה יראה מפני הקב״ה בעצמו, אלא היראה שאדם ירא על עצמו, מה יקרה לו. בין שהוא ירא בפשטות מפני העונש, ובין בדקות יותר, שהוא חושש מפני החטא, שהוא מורד בקב״ה ונפרד ממנו ומי יודע מה יהיה עליו.

וְיֵשׁ בְּחִינַת התבוננות ב**גְדוּלַּת ה׳ שֶׁמִּמֶּנָּה בָּאָה ׳יִרְאָה עִילָּאָה׳** (עליונה), **יִרְאָה בּוֹשֶׁת.** יש אופן התבוננות אחר, גבוה הרבה יותר, שממנו באה היראה העליונה. אם יראה תתאה היא ההתייחסות הראשונית, הקשורה אל המציאות התחתונה המיידית, יראה עילאה היא ההתייחסות הגבוהה ביותר, תכלית כל מה שיכול האדם להגיע בהרגשתו כלפי הקב״ה. תכלית ההשגה של גדולת ה׳ היא התפיסה שכמה שהוא גדול, לאין ערוך יותר מכל גודל שאנו יכולים לשער – הוא בעצמו מעל ומעבר לכל זה. התפיסה שכל המציאות המושגת אינה אלא דבר ה׳ – דיבור מסוים שלו, משפט שהוא אומר, מחשבה שהוא

הגלוי).[66] ועוד, שאף בין המידות החסד והגדולה היא מידת ההשפעה והגילוי לעומת הגבורה שהיא מידת ההסתר והצמצום, ולכן עצם הדבר שמתבוננים בו הוא תמיד הגדולה והגילוי, המצומצם ומוגדר ומכוון על ידי המידות האחרות.

יראה תתאה היא במלכות המלכות היא כאמור השלטון מצד אחד והציות מצד שני. יראה תתאה איננה מתייחסת להבנת טעמי הדברים ומשמעותם ואף לא לחוויה שיש בהם, אלא לעצם עשייתם – שלא לעבור על מה שאסור, ולעשות את מה שמצווים לעשותו. ועוד, כפי שמבואר בחסידות, המלכות לגבי הקב״ה בעצמו היא כמו שם, כמו הארה. לא הוא בעצמו אלא פעולה והארה שלו בלבד. וכך היא היראה תתאה כאמור, שאינה מתייחסת אל הקב״ה אלא אל התגלותו הנוגעת אליי.

חושב, ולא יותר – ואילו הוא בעצמו אין כל מחשבה וכל הרגשה של האדם תופסת שם, מלבד יראה גדולה ונוראה שנופלת עליו מלמעלה.

יראה זו נקראת גם 'יראת בושת', שכן התגובה הנוספת של יראה זו היא בושה. כל בושה היא תגובה פנימית של יראה, שבה לא יראים מפני מה שיעשה לי ואפילו לא מפני מה שיחשוב עליי, אלא מפנימיותו: שאין אני יכול לעמוד לפניו אם עשיתי כך וכך, ואפילו סתם כך, ללא שעשיתי דבר – מי אני כשלעצמי שאהיה נוכח במציאותו! על דרך משל, כמו הבושה מפני אדם גדול וצדיק, שהיא בושה מפני פנימיותו, כשלעצמו, ולא מפני חיצוניות שאנו משיגים.[69]

וְיֵשׁ בְּחִינָה, בהתבוננות בגדולת ה', **שֶׁמִּמֶּנָּה בָּאָה 'אַהֲבָה רַבָּה'** (גדולה). באופן כללי, התגובה של היראה באה מתפיסת הגדול שהוא נשגב, מרומם ונבדל; כמו מפני המלך היושב על כיסא רם ונישא. והתגובה של אהבה באה דווקא מהכרת הקִרבה – מההכרה שהגדולה היא מקור כל החיות וההוויה, שכל מה שקיים וקורה בא ממנו, כל הטוב והאור והעונג ממנו, והאהבה היא הרצון וההשתוקקות אליו, עוד ועוד, מטוב אל טוב יותר, פנימי יותר, להתקרב ולהידבק בו עצמו.

ה'אהבה רבה', אהבה גדולה, היא כמו היראה העליונה, המתייחסת אליו בעצמו. מעבר לכל התלבשות שלו בעולמות, בצורה והגדרה כלשהי, ומעבר לכל הטוב והעונג שהוא מעניק ומאיר לי, ישנה האהבה העצמית שלו, הגדולה לאין סוף כשם שהוא עצמו גדול לאין סוף.

וְיֵשׁ בְּחִינָה בהתבוננות **שֶׁמִּמֶּנָּה בָּאָה 'אַהֲבָה זוּטָא'** (קטנה). ההתבוננות בגדולת ה' שממנה מתפתחת האהבה זוטא היא ההתבוננות במה שמושג בשכל, במה שמורגש, במה שיש. לעומת ההתבוננות של אהבה רבה, שעיקרה להגיע אל הקצה, אל המקום שממנו רואים את הבלתי מושג, ההתבוננות של אהבה זוטא היא ההתבוננות שמתכוונת להשיג; שבונה את ההשגות עד כמה שאפשר, עם כל הפרטים, שסוגרת את כל הקצוות, עד שהתמונה היא ממשית וקרובה כל כך שההתייחסות הרגשית היא מובנת מאליה, בלתי נמנעת.

אהבה זו נקראת 'קטנה' מפני שהיא מוגבלת בכלים, הן כלי הנפש של האוהב והן הכלים וההגדרות של נושא האהבה. זוהי אהבה שנוצרת כאמור על ידי ההתבוננות והציור שבשכל, ולכן היא מתייחסת רק אל ההארה האלוקית שמתלבשת בעולמות הנתפסים

אהבה רבה היא מתנה אף שמדובר כאן על התבוננות המביאה לאהבה רבה, מבואר במקומות אחרים שאהבה זו איננה בעצם אהבה שיוצר אותה האדם. האדם יכול ליצור ולחדש אהבה שמתייחסת אליו ואל העולם, במקום שיש להשגתו אחיזה ותפיסה, אבל כשם שאין לו השגה במהותו ועצמותו של הקב"ה כך אין הוא יכול ליצור רגש אליו. אהבה זו, כפי שמוסבר, היא "עבודת מתנה",[70] אהבה שבאה מלמעלה, מהקב"ה, כי היא אהבה שלו, בסדרי הגודל שלו, שלנו כבני אדם יש לכל היותר (ואולי) את הכלי לקבל אותה, ואף זאת רק בעצמות נפשנו שלמעלה מהתלבשות בשכל ומידה. ואת הכלי הזה יכולה ההתבוננות להכין, להרחיב ולנקות, כדי לקבל את האהבה אם וכאשר תבוא.

וכן במדות החיצוניות שהן חסד כו׳

ובכולן צריך להיות מלובש בהן בחינת הדעת שהוא בחינת התקשרות הנפש הקשורה ותקועה בהשגה זו שמשגת איזה ענין מגדולת ה׳ שממנה נולדה בה איזה מדה מהמדות כי בהיסח הדעת כרגע מהשגה זו מסתלקת גם כן המדה הנולדה ממנה מהגילוי בנפש אל ההעלם להיות בה בכח ולא בפועל

בשכל, לעומת האהבה רבה שהיא התייחסות של עצמות הנפש שלמעלה מכל כוחות הנפש הפרטיים אל עצמות האלוקות שלמעלה מכל התלבשות בעולמות.

וְכֵן בַּמִּדּוֹת הַחִיצוֹנִיּוֹת שֶׁהֵן חֶסֶד כו׳, כפי שנתבאר במידות הנפש הבהמית, כך גם במידות הנפש האלוקית יש חיצוניות ופנימיות. וההתבוננות בגדולת ה׳, כשם שהיא מביאה לדרגות האהבה והיראה הפנימיות, כך היא מביאה גם לחיצוניות המידות, כמו חסד וגבורה וכו׳.

יש צורך לומר זאת, כי לכאורה חיצוניות המידות באה מפנימיות המידות, שמחמת אהבת ה׳ הוא חפץ חסד וכו׳. אכן, כפי שהוסבר לגבי מידות הנפש הבהמית, המידות החיצוניות אינן רק השלכה חיצונית של המידות הפנימיות, אלא יש להן שורש קיום לעצמן. ולעניין זה יש לומר שיש להן גם שורש עצמאי בהתבוננות, וכפי שיש התבוננות בגדולת ה׳ המביאה לאהבה, יש התבוננות המביאה לחסד. מה שקורה פעמים רבות הוא שגם כשאין מצליחים על ידי ההתבוננות לעורר רגש של אהבה וכו׳, יכולים להגיע לחיצוניותו של אותו רגש, למסקנה של אותה מידה, דהיינו מלהיות חפץ חסד ועד לפעולה של חסד.[72]

וּבְכוּלָּן, בכל אופני ההתבוננות המתוארים לעיל, **צָרִיךְ לִהְיוֹת מְלוּבָּשׁ בָּהֶן בְּחִינַת הַדַּעַת,** היא הספירה השלישית בספירות השכל. דובר על החכמה ועל הבינה, שהן כמו אב ואם המולידים את המידות, ואם כן מה מקומה של הדעת? האם גם לדעת יש תפקיד בכל התהליך הזה של הולדת המידות? אכן, כפי שיסביר המחבר כאן (וכפי שהסביר בליקוטי אמרים סוף פרק ג), לא זו בלבד שיש לדעת תפקיד עיקרי בזה, אלא שבלעדי הדעת לא תיתכן כלל הולדה של המידות.

שֶׁהוּא, הדעת, **בְּחִינַת הִתְקַשְּׁרוּת הַנֶּפֶשׁ.** הדעת היא הכוח שבתוך השכל הקושר ומחבר אותו אל המידות מצד אחד ואל עצם הנפש שלמעלה מהשכל מצד שני.

דחילו ורחימו ורחימו ודחילו (יראה ואהבה ואהבה ויראה) בחסידות מבואר שארבע דרגות אלו, ביראה ובאהבה, הן ארבע דרגות זו למעלה מזו בעבודת ה׳. וסדרן מלמטה למעלה הוא: יראה תתאה, אהבה זוטא, אהבה רבה ויראה עילאה. וכן הוא בלשון שיש אומרים אותו בנוסח של "לשם יחוד": "דחילו ורחימו ורחימו ודחילו". ועוד מבואר שסדר זה הוא גם הסדר הכללי של העולמות והספירות, כפי שנמצא בארבע אותיות שם הוי"ה.[71]

כמו התפארת לגבי החסד והגבורה כך הדעת ביחס לחכמה ולבינה – אין היא כוח שלישי נוסף, באותו המישור, אלא כוח שלישי המתבטא בקשר שבין השניים. הדעת היא אכן כוח של שכל, גבוה ועלום כשלעצמו, המתגלה רק בקשר ובחיבור שהוא יכול ליצור בין החכמה והבינה,[73] ולמטה יותר בין השכל והמידות[74] ובין השכל וכוח המחשבה הדיבור והמעשה. במובן מסוים, בכל קומת הנפש, הכוח המקשר, המעביר מסרים ומסקנות, אזהרות ואינטואיציה של תחושות פנימיות, מצד לצד ומכוח לכוח בנפש – הוא כוח הדעת.

הַקְּשׁוּרָה וּתְקוּעָה בְּהַשָּׂגָה זוֹ. כיצד יוצרים ומגלים את הדעת? בדיוק כפי שהיא פועלת בנפש. דהיינו, כאשר לא נותנים להשגה לעבור סתם כך, אלא קושרים אותה ומחזיקים בה, תוקעים בה את הנפש למשך זמן. הדבר עובד הן על נקודת החכמה לקושרה לבינה, והן על הבינה לקושרה למידות.

שֶׁמַּשֶּׂגֶת אֵיזֶה עִנְיָן מִגְּדוּלַּת ה', שֶׁמִּמֶּנָּה נוֹלְדָה בָּהּ אֵיזֶה מִדָּה מֵהַמִּדּוֹת. אין די בהשגה בגדולת ה' כדי שתיוולד ממנה אהבה או יראה, אלא צריך להתבונן באותה השגה, בנתינת הדעת ובתשומת לב. כפי שנזכר לגבי המידות של הנפש הבהמית, טבע המידות הוא שהן נולדות מההכרה – ההכרה זורמת לה והמידות נולדות ומתייחסות אליה. ואולם ברור שלא כל מה שחולף בהכרה, כמו לא כל מה שהעין רואה, יוצר התייחסות רגשית עמוקה. וכאן הוא מקומה של הדעת: היכן שיש דעת, היכן שאכפת, היכן שההכרה נתקעת – שם נולדות המידות.

כִּי בְּהֶיסֵּחַ הַדַּעַת כְּרֶגַע מֵהַשָּׂגָה זוֹ מִסְתַּלֶּקֶת גַּם כֵּן הַמִּדָּה הַנּוֹלָדָה מִמֶּנָּה, ברגע שהדעת מוסחת מהנושא, ברגע שאין חושבים על הדבר יותר, גם המידה, האהבה או היראה שנולדה מאותה הכרה, מסתלקת. כדי שהמידה תתקיים ותהיה פעילה היא צריכה כל הזמן את הקשר אל ההכרה; אהבת ה' צריכה את ההשגה בגדולת ה', יראת ה' צריכה את ההשגה בגדולת ה' באופן אחר וכו'. הדבר מודגש במיוחד לגבי מידות הנפש האלוקית, שבה התייחסות המידות היא אל השגה מופשטת, שאיננה חלק טבעי וראשוני מחיי העולם הזה. כדי שהשגה תוליד מידה היא צריכה להיות בנויה היטב בחכמה בינה ודעת, דהיינו הציור צריך להיות ברור, מוחשי וממשי ומחובר אל הנפש, כמו המציאות הגשמית היום יומית. וכדי להחזיק בהשגה זו צריך להשקיע מאמץ מתמיד של תקיעת הדעת, שלא להסיח את הדעת ממנה.

מֵהַגִּילּוּי בַּנֶּפֶשׁ אֶל הַהֶעְלֵם לִהְיוֹת בָּהּ בְּכֹחַ וְלֹא בְּפוֹעַל. המידה שנולדה בנפש האלוקית היא אמיתית, כפי שההשגה בגדולת ה' היא אמיתית וכפי שהנפש האלוקית היא אמיתית

והאדם ידע את חוה אשתו המובן של דעת כהתקשרות ואפילו כזיווג מצוי בכמה מקומות במקרא, כמו "והאדם ידע את חוה אשתו" (בראשית ד,א) וכמו "רק אתכם ידעתי מכל משפחות האדמה" (עמוס ג,ב). ואף בכל מקום, הדעת מבטאת סוג של הכרה פנימית יותר – לא רק הבנה אלא הכרה שחודרת בכל כוחות הנפש, ולכן יש לה מובן של אמפטיה, של אכפתיות, של כוח פועל ומפעיל ועוד. ואפילו בלשון זמננו, כידיעה של אינפורמציה,

ולכן נקרא הזיווג בלשון דעת מפני שהוא לשון התקשרות וזהו בחינת דעת תחתון [נוסח אחר הדעת התחתון] המתפשט במדות ומתלבש בהן להחיותן ולקיימן ויש בחינת דעת העליון שהוא בחינת התקשרות וחיבור מקור השכל המשיג עומק המושג שהוא כנקודה וכברק המבריק על שכלו שיתפשט למטה ויבא עומק המושג לידי הבנה בהרחבת הביאור באורך ורוחב שהיא בחינת בינה הנקראת רחובות הנהר כמו שיתבאר במקומו:

וקיימת. ולכן בהיסח הדעת אין המידה מתבטלת כמו דמיון חולף, אלא רק מסתתרת בנפש, להיות בכוח ולא בפועל. ומשמעות הדבר היא, שגם אם ברגע מסוים של היסח הדעת אין חשים בה, ברגע שאדם ישוב וייתן את דעתו לזה היא תשוב ותצא מן הכוח אל הפועל באותו מקום שהייתה קודם, ואין היא צריכה להיוולד ולגדול מחדש לגמרי.

וְלָכֵן נִקְרָא הַזִּיווּג בִּלְשׁוֹן דַּעַת, כלשון הכתוב: "והאדם ידע את חוה אשתו" (בראשית ד,א). **מִפְּנֵי שֶׁהוּא לְשׁוֹן הִתְקַשְּׁרוּת.** הזיווג הוא התקשרות, הזכר מתקשר עם הנקבה, המשפיע עם המקבל. וכפי שהוסבר לעיל לגבי מידת היסוד, התקשרות זו אינה ההשפעה, אלא התקשרות המשפיע עצמו במקבל. ההשפעה בלבד היא הארה, 'רוחניות' (כמו הרב המלמד את התלמיד), אבל כדי שתהיה השפעה עצמית, כדי שיהיה בן, צריך להיות זיווג, התקשרות והתחברות עצמית של המשפיע במקבל. וכך גם בדעת, ההבנה השכלית לבד, כמה שתהיה עמוקה ורחבה, איננה יכולה להוליד את המידות. כי המידה, כמו הבן-הילד, איננה רק הארה של השכל אלא מהות לעצמה, וכדי שתיוולד אהבת ה' צריכה להיות דעת, צריך להיות זיווג. הדעת במובן הזה היא ירידת השכל בעצמו אל תוך המידות והתקשרותו בהן, כאשר הוא מפסיק להיות שם רק שכל מנותק ונעשה נוגע, אישי, הוא מתחבר אל האישיות ונעשה חלק ממנה. רק אז, כאשר אכפת מהדבר, כאשר הנפש לא יכולה שלא להתייחס, נולדות המידות – האהבה הקטנה והגדולה, היראה התחתונה והעליונה – והנפש כולה מתנהלת מעתה באופן אחר.

וְזֶהוּ בְּחִינַת 'דַּעַת תַּחְתּוֹן' [נוּסָח אַחֵר: הַדַּעַת הַתַּחְתּוֹן] הַמִּתְפַּשֵּׁט בַּמִּדּוֹת וּמִתְלַבֵּשׁ בָּהֶן לְהַחֲיוֹתָן וּלְקַיְּימָן. במקומות אחרים[75] מבוארות שתי הדרגות שבדעת: 'דעת תחתון' ו'דעת עליון'. בספירות העליונות הן שתי דרגות, שני אופנים, בידיעתו של הקב"ה את המציאות: הידיעה כפי שהיא מתלבשת בעולמות (היא ההשגחה האלוקית כפי שהיא

פירושה הוא שלב נוסף מעבר להבנה – שלב של זיכרון, של סדר בדברים ושל התייחסות והתקשרות הנפש אליהם (וכידוע שבלי התקשרות כזו, בלי החוויה, אין אנו זוכרים ואין אנו יכולים להגיע שוב אל אותה הכרה).

הכרח החיבור בין חכמה ובינה חיבור החכמה והבינה הוא מוכרח אף יותר מחיבור השכל והמידות, עד כדי כך שלמעשה אין קיום ומשמעות לחכמה ללא הבינה ולהפך.[77] אפשר לראות מעין הדבר אצל אנשים מסוימים שהם בעיקר 'חכמים' ואצל אחרים

נתפסת בכלים ובמושגים של העולמות), וידיעתו העצמית כביכול כפי שהיא מעבר ובמקיף לעולמות. ומעין שתי הדרגות הללו מצויות גם בדעת שבנפש האלוקית – 'דעת תחתון' היא הידיעה בגדולת ה' וכו' כפי שמתגלה בתוך ודרך העולמות, והיא המתפשטת ומתלבשת במידות, המולידה ומחיה את המידות כמבואר לעיל.

וְיֵשׁ בְּחִינַת 'דַּעַת הָעֶלְיוֹן', שֶׁהוּא בְּחִינַת הִתְקַשְּׁרוּת וְחִיבּוּר מְקוֹר הַשֵּׂכֶל הַמַּשִּׂיג עוֹמֶק הַמּוּשָּׂג, שֶׁהוּא כִּנְקוּדָּה וּכְבָרָק הַמַּבְרִיק עַל שִׂכְלוֹ (נקודת החכמה), **שֶׁיִּתְפַּשֵּׁט לְמַטָּה וְיָבֹא עוֹמֶק הַמּוּשָּׂג לִידֵי הֲבָנָה בְּהַרְחָבַת הַבֵּיאוּר בְּאוֹרֶךְ וְרוֹחַב, שֶׁהִיא בְּחִינַת בִּינָה הַנִּקְרֵאת רְחוֹבוֹת הַנָּהָר.**[76] לעומת החכמה שהיא כמעיין, נקודת המקור שממנה נובעים המים (ההארה, ההשכלה) ומופיעים מן ה'אין', הבינה היא כמו הנהר המתרחב והנמשך לאורך. 'דעת העליון' היא אפוא המחברת את החכמה והבינה; את נקודת ההמצאה, ההברקה הראשונה של ההכרה, אל הניתוח והבניין של ההכרה באורך וברוחב כמבואר לעיל.

ואולם החיבור הזה אינו מתרחש מאליו. כדי שהוא יקרה, כדי שהחכמה תרד להצטמצם בבינה, כדי שהבינה תתבטל במשהו (ולא רק כדי לקבל מן החכמה אלא כדי לקבל את החכמה), צריכה להיות השפעה והתגלות מלמעלה משתיהן, שבה יתבטלו שתיהן ויתחברו כאחד – והשפעה זו היא השפעת ה'דעת העליון'. וכפי שנתבאר לעיל בעניין התפארת, למרות שהדעת היא, בציור המקובל של הספירות, באמצע ולמטה מהחכמה והבינה, היכולת שלה לחבר ביניהן מעידה ששורשה למעלה משתיהן. וכן מבואר שהדעת קשורה עם ספירת הכתר,[78] שבה מתבטלות החכמה והבינה כמהויות נפרדות ומתחברות כאחד.

כמו בנפש האלוקית, אפשר לומר ש'דעת העליון' היא הארת כוח הרצון שבנפש, במובן זה שאנו רוצים ומעוניינים בדבר. בתוך הרצון הזה, הגם שאין לו עדיין ציור וטעם מושכל, נמצאות החכמה והבינה כאחד, כפירוט וגילוי של אותו רצון; כל אחת מהספירות תגלה אותו באופן אחר, אבל בשלב הקמאי שבתוך הרצון כשלעצמו – הן עדיין מאוחדות, אין הבדל ביניהן, שתיהן רוצות כביכול באותו הדבר.

כְּמוֹ שֶׁיִּתְבָּאֵר בִּמְקוֹמוֹ. לא ברור לאיזה מקום התכוון המחבר. אולי כוונתו למקומות בספר התניא, ואולי למאמרים אחרים, שנדפסו בספר ליקוטי תורה (על פי הערת כ"ק אדמו"ר זי"ע[79]).

במאמר זה – "להבין משל ומליצה... בענין הספירות" – נתבארו אחת לאחת כל עשר הספירות. ואולם אפשר לומר, שיותר משעסקה האיגרת בעשר הספירות עצמן, היא עסקה בדרך שבה אנו מבינים אותן, דהיינו בהקבלה בין כוחות הנפש לספירות, כמשל

שהם בעיקר 'נבונים'. אדם 'חכם' הוא זה שיש לו הברקות, הארות חדשות, אבל אם לא יהיה אדם אחר, 'נבון', שייקח את הדברים ויעשה איתם משהו, הם ילכו לאיבוד בלי שתהיה להם כל השפעה. ומצד שני, אדם היודע לבנות ולפתח, אם אין הוא מקבל נקודה של רעיון מבחוץ הוא יסתובב במשך הזמן סביב לעצמו ולא יוכל לקדם ולפתח דבר משמעותי. החיבור בין חכמה ובינה הוא לפיכך מקור כל ההתרחשות והחיות בנפש, כמו חיבור המעיין לנהר.

לנמשל. החל מההקדמה הארוכה לאיגרת, שעסקה בהצגת המשל – הוא נפש האדם, בייחודה ובמגבלותיה כמשל לספירות האלוקיות – ובהמשך, במעבר המיוחד במינו שנעשה כאן בין משל לנמשל וחוזר חלילה, בין מערכות שונות ברמות שונות שבהן מוסברות עשר הספירות, מן השלב המוחשי ביותר של המשל ועד למופשט ביותר שבו נוגעים ומזוהים כמעט המשל והנמשל.

תחילה, מלמטה למעלה, הוסברו הספירות (מידות) כפי שהן בנפש האדם הטבעית (הבהמית שכלית), ולמעלה כפי שהן מתבטאות כלפי חוץ, אל העולם – דהיינו מידות החסד הגבורה וכו' המשפיעות והמגדירות את ההשפעה כלפי העולם. לאחר מכן הוסברו אותן ספירות וכוחות נפש בפנימיותן, לא כפי שהן נראות ופועלות אלא כפי שהן לעצמן, מידת האהבה והיראה וכו', וכפי שהן מקבלות משורשן ומקורן. בשלב זה נזכרו והוסברו אף ספירות השכל – חכמה בינה ודעת – שהן מקור ושורש המידות אהבה ויראה וכו'. ומכאן עברה האיגרת למערך הספירות הפנימי יותר כפי שהוא בכוחות הנפש האלוקית, שהוא כנמשל למשל, ושוב הוסברו כל המידות, אחת לאחת – תחילה המידות ואחר כך ספירות השכל, וכיצד על ידי ההתבוננות ונתינת הדעת למציאות האלוקית אפשר להוליד ולבנות את המידות האלוקיות, לאהבה וליראה אותו.

ובתוך כל אלה, במשל ובמליצה, מסתתרות ומתגלות בכל פעם הספירות העליונות, ספירותיו של הקב"ה בעצמו כפי שהן בעולם האצילות – מהמשל הגולמי ביותר, בנפש הבהמית, שבה ההסתר הוא גדול אבל המשל הוא מוחשי, ועד לספירות שבנפש האלוקית (שהיא חלק אלוקי ממש), שבה המשל הוא דק כל כך, כמעט כנמשל בעצמו. כי מי (מלבד הקב"ה בעצמו) יכול לעמוד על ההפרש בין האהבה שהנפש האלוקית אוהבת את ה' ובין האהבה שה' אוהב את הנפשות? בין חכמתה ובינתה של הנפש המתבוננת בגדולתו של ה', בבריאתו ובהשגחתו על כל העולמות, האוהבת אותו ויראה מלפניו, ובין חכמתו ובינתו וכל מידותיו הקדושות, הבוראות ויוצרות ומשגיחות על כל בריותיו ויצוריו ומעשיו?

אכן לא תמיד מתגלה הנפש האלוקית בעולם הזה בכל הזַכות והזהות הזו עם הספירות העליונות. אדרבה, בדרך כלל מתגלים כוחותיה בהסתר ובעיוות מסוים – בגלל הגוף, בגלל הנפש הבהמית, ובגלל גלות השכינה בכלל. ואולם כפי שהוסבר בהקדמה לאיגרת, גם מעבר לכל הבעיות הללו, גם אדם כאברהם אבינו שהיה 'מרכבה' – שגילוייה של נפשו האלוקית היו בו בכל השלמות, שלא הייתה בו תנועה, בין בגשמיות ובין ברוחניות, שלא הייתה ביטוי מוחלט למידות העליונות – אומר על עצמו: "ואנכי עפר ואפר".

במקומות אחרים מבואר "כי לא מחשבותי מחשבותיכם" (ישעיה נה,ח) – שיש הבדל מהותי בין מחשבתו של אדם למחשבתו של הקב"ה (מעבר לנושא ולהיקף שחושבים עליו). נקודת הבדל אחת היא, שמחשבתו של הקב"ה בוראת את המציאות שהיא חושבת עליה, מה שאין כן מחשבתו של אדם. ויש לומר שכן הוא גם במידות. מידותיו של הקב"ה הן שורש כל המציאות, וכפי שמבואר בחסידות לגבי הפסוק "כי ששת ימים עשה ה' את השמים ואת הארץ" (שמות כ,י) שהכוונה שבאמצעות שש המידות, מידה

בכל יום, נברא העולם. לעומת זאת מידותיו של האדם משנות לכל היותר את תחושתו הפנימית, את התייחסותו שלו אל המציאות. את ההפרש הזה מבטא הביטוי "ואנכי עפר ואפר", שכן גם אם מידת החסד של אברהם מזוהה לחלוטין עם מידת החסד האלוקי, שאין הוא אוהב ואין הוא משפיע אלא את האהבה והחסד האלוקי, אף על פי כן מהות אהבתו היא רק צל של האהבה העליונה, נקודה ומסקנה של תהליך שאת כל עומקו, גודלו ומשמעותו אין לשער כלל, וכמו האפר שנשאר מהעץ הגדול ביחס לעץ עצמו, לגודלו, לצורתו ולטעמו וכו'.

ועם זאת, המדובר באיגרת זו הוא "להבין משל ומליצה וכו'" – ולהבין בפשטות, בשכל אנושי דווקא. דבר זה הוא אפשרי לאדם רק כאשר המידות שבנפש הן המידות שלו, בציור נפרד, בתחושה שהוא מרגיש את עצמו. רק על דרך משל הוא יוכל להבין מכאן והלאה על הנמשל. התפיסה של המידות העליונות, אחר כל ההסברים, היא לפיכך תפיסה שאפשר לתארה בלשון הזהר כ"מטי ולא מטי", נוגע ואינו נוגע. כאשר אנו תופסים אין אנו תופסים אלא משל ומליצה שאינם אלא כעפר ואפר, ואם אנו רוצים לתפוס באמת – כבר אין אנו תופסים ואין אנו מבינים דבר.[80]

איגרת טז

איגרת זו אף היא מהאיגרות העוסקות בצדקה. האיגרת נכתבה כנראה בסביבות שנת תקנ"ד[1] בקשר למגבית עבור צדקת ארץ ישראל. המיוחד באיגרת זו, שהיא מכוונת לבני קהילה מסוימת שאדמו"ר הזקן שמע על מצוקתם הכלכלית המיוחדת בשנה זו, ואף על פי כן הוא מבקש מהם שלא להימנע גם הפעם מנתינת הצדקה לאחיהם שבארץ ישראל.

מתוך כך נוגעת האיגרת בשאלה עד כמה צריך אדם ללכת בנתינת הצדקה, גם כשאין לו והוא צריך לתת מצורכי חייו ממש. כל זאת על פי הדין ולפנים משורת הדין, על פי הנגלה ועל פי הנסתר, גם כשקשה קצת וגם כשקשה יותר.

איגרת טז

לאנשי קהלת וכו׳

כב אלול פשוטה
יט אלול מעוברת

אהוביי אחיי ורעיי אשר כנפשי הנה לא נעלם ממני צוק העתים אשר נתדלדלה הפרנסה ובפרט הידועים לי ממחניכם אשר מטה ידם בלי שום משען ומשענה וממש לווים ואוכלים ה׳ ירחם עליהם וירחיב להם בצר בקרוב ועם כל זה לא טוב הם עושים לנפשם לפי הנשמע אשר קפצו ידם הפתוחה מעודם עד היום הזה ליתן ביד מלאה ועין יפה לכל הצטרכות ההכרחיים לדי מחסורי האביונים נקיים אשר עיניהם נשואות אלינו ואם אנו לא נרחם עליהם חס ושלום מי ירחם עליהם וחי אחיך עמך כתיב ולא אמרו חייך קודמין אלא כשביד אחד קיתון של מים וכו׳ שהוא דבר השוה לשניהם בשוה לשתות להשיב נפשם בצמא. אבל אם העני צריך לחם לפי הטף ועצים וכסות בקרה וכהאי גוונא כל דברים אלו קודמין לכל מלבושי כבוד וזבח משפחה בשר ודגים וכל מטעמים של האדם וכל בני ביתו ולא שייך בזה חייך קודמין מאחר שאינן חיי נפש ממש כמו של העני שוה בשוה ממש כדאיתא בנדרים דף פ׳.

לְאַנְשֵׁי קְהִלַּת וכו׳. איגרת זו היא מהאיגרות הפרטיות יותר, שנכתבה לקהילה מסוימת ובעקבות אירועים מסוימים. אמנם משהוכנסה האיגרת לספר התניא שבדפוס, הושמטו הפרטים המסוימים ואין מציינים כאן איזו קהילה זו ולאילו מאורעות רומזים הדברים.

אֲהוּבַיי אַחַיי וְרֵעַיי אֲשֶׁר כְּנַפְשִׁי. דברי פתיחה אלה אינם רק מליצה. הם מבטאים את יחסו של אדמו״ר הזקן לחסידיו, ואת מהות היחסים בחסידות בכלל בין רבי לחסידים.

הִנֵּה לֹא נֶעְלַם מִמֶּנִּי צוּק הָעִתִּים אֲשֶׁר נִתְדַּלְדְּלָה הַפַּרְנָסָה, ההתייחסות היא כאמור לזמנים ואירועים מסוימים הידועים לו, שבגללם נעשתה הפרנסה קשה יותר, והאנשים בכלל נעשו עניים יותר. **וּבִפְרָט הַיְּדוּעִים לִי,** אנשים מסוימים שהוא מכיר, **מִמַּחֲנֵיכֶם,** מאותה קהילה, **אֲשֶׁר מָטָה יָדָם בְּלִי שׁוּם מַשְׁעֵן וּמַשְׁעֵנָה,**[3] שנשארו ללא שום מקור

אהוביי אחיי ורעיי בפירוש הדברים יש לומר, שהוא אוהב אותם כמו שאדם אוהב את אחיו ואת רעיו. אהבת אח ואהבת רע הם שני אופנים שונים של אהבה.[2] אהבת האח היא אהבה קבועה שאין לה הפסק, כי הקשר בין אחים הוא קשר שאנשים נולדים איתו ואין הוא נפרד לעולם, ואהבה זו, אף שלפעמים היא אינה גלויה, קיימת תמיד. לעומת זאת הֵרֵע (החבר, הרעיה) איננו מחובר מתחילה כמו האח, ואולם אהבתו, דווקא משום שאין הקשר קבוע ומובן מאליו, יכולה להיות ברמה גבוהה הרבה יותר של רגשות, ולהגיע גם לאחדות

פרנסה שאפשר להישען עליו. **וּמַמָּשׁ לוֹוִים וְאוֹכְלִים.** שכל פרנסתם כעת היא מהלוואות קטנות המספיקות לצורכי אותו יום בלבד, ואין להם שום ביטחון ותקווה ליום מחר.

ה' יְרַחֵם עֲלֵיהֶם וְיַרְחִיב לָהֶם בַּצָּר להם **בְּקָרוֹב.** בהתייחסו למצבם הקשה, הוא קודם כול מברך אותם שה' ירחם עליהם וירחיב להם, כלומר יוציא אותם מצרותיהם. ההתבטאות ש"ה' ירחם עליהם וכו'" קשורה לאמור בהמשך האיגרת, שכאשר ירחמו הם על העניים מהם, ירחם ה' עליהם וכו'.

וְעִם כָּל זֶה, קשיי הפרנסה שהוא מבין אותם היטב, **לֹא טוֹב הֵם עוֹשִׂים לְנַפְשָׁם,** לעצמם. וכפי שהסביר המחבר באיגרות הקודמות, שהתועלת בנתינת הצדקה אינה רק לעני המקבל, אלא אף יותר מזה לנותן בעצמו. ועוד יש לפרש "לנפשם" במובן של חייהם הרוחניים. שכאשר אדם אינו עושה את המצווה הוא פוגם בחיי הנפש שלו.

לְפִי הַנִּשְׁמָע אֲשֶׁר קָפְצוּ יָדָם הַפְּתוּחָה מֵעוֹלָם עַד הַיּוֹם הַזֶּה, שעד היום הייתה ידם פתוחה **לִיתֵּן בְּיָד מְלֵאָה וְעַיִן יָפָה**[4] **לְכָל הִצְטָרְכוּת הַהֶכְרֵחִיִּים לְדֵי מַחְסוֹרֵי**[5] **הָאֶבְיוֹנִים נְקִיִּים,** שהם נקיים מנכסיהם, שאין להם נכסים כלל. כוונתו לחסידים שעלו לארץ ישראל בעליית החסידים בשנת תקל"ז, וסבלו מעוני ומרדיפות אף יותר משאר עניי ארץ ישראל, ועבורם היא מגבית הצדקה שאדמו"ר הזקן מתייחס אליה באיגרת זו. **אֲשֶׁר עֵינֵיהֶם נְשׂוּאוֹת אֵלֵינוּ, וְאִם אָנוּ לֹא נְרַחֵם עֲלֵיהֶם חַס וְשָׁלוֹם, מִי יְרַחֵם עֲלֵיהֶם? "וְחֵי אָחִיךָ עִמָּךְ" כְּתִיב.**[6]

וְלֹא אָמְרוּ חז"ל על פסוק זה, "וחי אחיך עמך", **שֶׁ'חַיֶּיךָ קוֹדְמִין', אֶלָּא כְּשֶׁבְּיַד אֶחָד קִיתוֹן שֶׁל מַיִם וְכוּ'.** בתלמוד (בבא מציעא סב,א) מובא מקרה של שני אנשים שהיו מהלכים בדרך, וביד אחד קיתון של מים. אם שותים שניהם – מתים, ואם שותה אחד מהם – מגיע ליישוב. ולימד רבי עקיבא שבמקרה זה – "חייך קודמים לחיי חבירך". **שֶׁהוּא דָּבָר הַשָּׁוֶה לִשְׁנֵיהֶם בְּשָׁוֶה לִשְׁתּוֹת לְהָשִׁיב נַפְשָׁם בַּצָּמָא.** מקרה זה, שבו צריך אדם להעדיף את חייו על חיי חברו, הוא מקרה מיוחד, שבו שניהם שווים במחסור, והמחסור של שניהם הוא עניין של חיי נפש, שאם יחיה את חברו – ימות הוא.

אֲבָל אִם הֶעָנִי צָרִיךְ לֶחֶם לְפִי הַטַּף וְעֵצִים להסקה **וּכְסוּת בַּקָּרָה וּכְהַאי גַּוְונָא** (כגון זה), דברים שהם חיי נפש, שבפשטות אין הוא יכול לחיות בלעדיהם. **כָּל דְּבָרִים אֵלּוּ קוֹדְמִין לְכָל מַלְבּוּשֵׁי כָבוֹד וְזֶבַח מִשְׁפָּחָה בָּשָׂר וְדָגִים וְכָל מַטְעַמִּים**[7] **שֶׁל הָאָדָם וְכָל בְּנֵי בֵיתוֹ.** שאדם יכול לחיות גם בלעדיהם, אם כי בצמצום.

וְלֹא שַׁיָּיךְ בָּזֶה 'חַיֶּיךָ קוֹדְמִין' מֵאַחַר שֶׁאֵינָן חַיֵּי נֶפֶשׁ מַמָּשׁ כְּמוֹ שֶׁל הֶעָנִי שָׁוֶה בְּשָׁוֶה מַמָּשׁ כִּדְאִיתָא בִּנְדָרִים דַּף פ' עמוד ב. התלמוד דן במקרה שהמעיין בעיר אין בו כדי להספיק מי

מהותית ופנימית יותר. ואם כן, כשאדמו"ר הזקן אומר "אחיי ורעיי" הוא מתכוון לשתי אהבות אלה יחד – לאהבה קבועה ובלתי ניתנת לשינוי מצד אחד, ולאהבה חמה, עזה ופנימית מצד שני.

אשר כנפשי כמו שאדם אוהב את נפשו שלו. שכן לפני שהוא בא לומר דברים שהם מקצת תוכחות שקשה לשומען, הוא מקדים לומר דברי קירוב עד שנראים הדברים כעין תוכחות שאדם אומר לעצמו, שהוא תמיד דבר המתקבל יותר.

כג אלול פשוטה **• והנה זהו על פי שורת הדין גמור. אבל באמת גם אם הוא ענין דלא שייך**
כל כך האי טעמא ראוי לכל אדם שלא לדקדק להעמיד על הדין רק לדחוק
כ אלול מעוברת **חייו וליכנס לפני ולפנים משורת הדין ולדאוג לעצמו ממאמר רבותינו ז״ל**
שכל המדקדק בכך סוף בא לידי כך חס ושלום וגם כי כולנו צריכים לרחמי שמים בכל עת באתערותא דלתתא דוקא בכל עת ובכל שעה לעורר רחמינו על הצריכים לרחמים וכל המאמץ לבבו וכובש רחמיו יהיה מאיזה טעם שיהיה גורם כך למעלה לכבוש וכו׳ חס ושלום

שתייה עבור כל הנמצאים בעיר, ובמקרה זה היא אומרת שבני העיר קודמים, וכיוצא בזה בהמתם ובהמת אחרים – בהמתם קודמת, כביסתם וכביסת אחרים – כביסתם קודמת. אבל אם צריך לבחור בין מים לכביסת בני העיר ובין מים לשתיית אחרים – שתיית האחרים קודמת לכביסת בני העיר. כלומר, בכל מקום שהנותן שווה למקבל – הוא קודם, אין הוא חייב למסור את נפשו עבור נפש של אחר וגם אין הוא חייב למסור את נוחיותו עבור נוחיותו של אחר וכו׳. אבל במקום שאין שוויון, שעצם חייו של האחר עומדים מול כל צורך אחר אצלו – אין אומרים ״חייך קודמים״.

וְהִנֵּה זֶהוּ עַל פִּי שׁוּרַת הַדִּין גָּמוּר. כאשר מחסר מצרכיו שאינם צורכי נפש ממש כדי ליתן לצדקה שהיא צורך נפש, אין זה לפנים משורת הדין אלא כך יש לנהוג על פי דין.

אֲבָל בֶּאֱמֶת גַּם אִם הוּא עִנְיָן דְּלָא שַׁיָּיךְ כָּל כָּךְ הַאי טַעְמָא (טעם זה). העוני בין חסידי רוסיה היה במקרים רבים לא פחות מאשר בארץ ישראל, וההעמדה של אוכל נפש לעומת אוכל נפש לא הייתה שאלה תאורטית. ואף על פי כן, אומר אדמו״ר הזקן **שֶׁרָאוּי לְכָל אָדָם שֶׁלֹּא לְדַקְדֵּק לְהַעֲמִיד עַל הַדִּין,** לשקול ולמדוד אם אכן העוני הוא שווה בשווה ורק אז לתת, **רַק לִדְחוֹק חַיָּיו וְלִיכָּנֵס לִפְנַי וְלִפְנִים מִשּׁוּרַת הַדִּין.** שגם אם על פי דין אין הוא צריך לתת, שכן חייו קודמים, מכל מקום טוב יותר שלא לדקדק בחשבון, ובכל מקרה לדחוק ולתת אפילו לפנים משורת הדין.

ומדוע, הלוא הדין כאן הוא הגיוני וצודק? אלא שיש דבר נוסף שצריך לקחת בחשבון בנתינת הצדקה, והוא – **וְלִדְאוֹג לְעַצְמוֹ.** שכאמור בכל איגרות הקודש, יש לנתינת הצדקה משמעות שהיא מעבר למישור הסוציאלי של עזרה לזולת. ומשמעות זו נוגעת קודם כול לו עצמו, לנותן הצדקה. **מִמַּאֲמַר רַבּוֹתֵינוּ ז״ל**[8] **שֶׁכָּל הַמְדַקְדֵּק בְּכָךְ סוֹף בָּא לִידֵי כָּךְ חַס וְשָׁלוֹם.** מי שמדקדק עם אחרים, אחרים מדקדקים עימו. וגם אם כעת אין הוא במעמד של נזקק – גלגל סובב הוא בעולם, ויכול להיות שמחר יזדקק הוא לרחמים, ואז ידקדקו עימו וכו׳. ואולם מעבר לזה, מתייחסים הדברים למישור פנימי יותר, שבין אדם לעצמו ובין אדם לקב״ה. כי כל מעשה של אדם, גם בין אדם לחברו, הוא מעשה בין האדם לקב״ה; וכשאדם מדקדק כך, הוא מדקדק גם עם מי שמנהיג כך את העולם ואותו בכלל.

וְגַם כִּי כּוּלָּנוּ צְרִיכִים לְרַחֲמֵי שָׁמַיִם בְּכָל עֵת. גם מי שאינו זקוק כעת לרחמי העשירים

או הרופאים, צריך משהו. ודברים שאנשים נזקקים להם, בין שהם צורכי הגוף ובין שהם צורכי הנפש, בסופו של דבר רק הקב"ה יכול לעזור. ובאמת, האדם כלפי הקב"ה הוא תמיד במעמד של נזקק, של חסר. ומי שאינו מראה עצמו ואינו מרגיש בכל עת חסר וזקוק לרחמים, הוא או מורד במלכות או טיפש.

ורחמי שמיים מעוררים **בְּאִתְעֲרוּתָא דִלְתַתָּא** (בהתעוררות מלמטה) **דַּוְקָא.** האופן שבו אנו יכולים להשפיע על הרחמים העליונים, ובכלל על הנהגת הקב"ה עימנו, הוא על ידי ההתעוררות מלמטה. ההתעוררות מלמטה פירושה שמעוררים את אותו עניין שיבוא מלמעלה, או משהו ממנו, מתוך התחום והיכולת שלנו. הן בכך שהפעולה מלמטה מתחילה בפועל את אותה פעולה מלמעלה, והן בכך שהיא מכינה את הכלים אצלנו מלמטה כדי לקבל מאותו דבר, בפרט ובנוגע אלינו.

בְּכָל עֵת וּבְכָל שָׁעָה, שהרי את הרחמים מלמעלה אנו צריכים תמיד, בכל עת ובכל מצב.

לְעוֹרֵר רַחֲמָיו עַל הַצְּרִיכִים לְרַחֲמִים. התעוררות מלמטה, במובנה העמוק, אינה רק תחינה ובקשה על מה שאנו צריכים, אלא לפעול בעצמנו את אותה פעולה. כמבואר במקומות אחרים, זוהי התפיסה הפנימית של התפילה בחסידות, שאינה רק בקשה אלא יצירת הדבר בעצמו על ידי דיבורנו אותו; ולא באופן שמכוון אותו אלינו דווקא, אלא כלפי הצורך הכללי באותו דבר בעולם, ובאופן כולל ומופשט יותר כלפי צורכה וחסרונה של השכינה. וכן הוא בכל התעוררות מלמטה – אין אנו באים לעורר את הרחמים עלינו דווקא, באותו עניין מסוים שאנו זקוקים לו,[9] אלא את הרחמים בכלל, על אחינו בני ישראל הזקוקים לרחמים ועל השכינה הזקוקה לרחמים רבים.

ומכלל הן שומעים את הלאו: **וְכָל הַמְאַמֵּץ לְבָבוֹ וְכוֹבֵשׁ רַחֲמָיו, יִהְיֶה מֵאֵיזֶה טַעַם שֶׁיִּהְיֶה, גּוֹרֵם כָּךְ לְמַעְלָה לִכְבּוֹשׁ וכו',** ואין הוא רוצה אפילו לבטא במילים את האפשרות הזו, **חַס וְשָׁלוֹם.** כשאנו מעוררים בתוכנו את הרחמים על הצריכים לרחמים – אנו מעוררים רחמים עליונים עלינו; וכאשר להפך, מאמצים את הלב וכובשים את הרחמים שלנו על אחרים – מעוררים כך מלמעלה לכבוש את הרחמים העליונים שלא יושפעו לנו חס ושלום.

עד כאן הוסבר טעם אחד, מדוע יש לתת צדקה גם כשאין חייבים לעשות זאת מן הדין: כדי לעורר מלמעלה את הנתינה שלא על פי דין, שאז שורה עלינו מציאות כללית אחרת – מציאות של רחמים, של נתינה לפנים משורת הדין. ונוסף לטעם זה, השייך לכל אדם, יש טעם נוסף, שעליו ידבר בהמשך, השייך למי שחסר, שזקוק לכפרה, לרפואה,

התעוררות מלמטה הכלל ש"באתערותא דלתתא אתערותא דלעילא", שעל ידי ההתעוררות מלמטה מתעוררים הרצון וההשפעה האלוקית מלמעלה, הוא אחד היסודות הבסיסיים שעל פיהם מתנהל העולם. ההשלכות שיש לכלל זה הן גם היסוד שעליו בנויים החיים הדתיים שלנו; של משמעות ויכולת ההשפעה בהתייחסות בינינו ובין הקב"ה.

ומה גם כי אדם אין צדיק בארץ אשר יעשה טוב תמיד ולא יחטא והצדקה מכפרת ומגינה מן הפורענות וכו׳ ולזאת היא רפואת הגוף ונפש ממש אשר עור בעד עור וכל אשר לאיש יתן בעד נפשו בשגם אנו מאמינים בני מאמינים כי הצדקה אינה רק הלואה להקב״ה כדכתיב מלוה ה׳ חונן דל וגמולו ישלם לו בכפליים בעולם הזה דשכר כל המצות ליכא בעולם הזה לבד מצדקה לפי שהוא טוב לבריות כדאיתא בקדושין סוף פרק קמא וגם יש לחוש לעונש חס ושלום כשחבריו נמנים לדבר מצוה והוא לא נמנה עמהם כנודע ממאמר רבותינו ז״ל ולשומעים יונעם ותבוא עליהם ברכת

לפרנסה וכו׳. במצב זה נתפסת הצדקה כרפואה וכהצלה – שאין אדם שם לה גבולות, וכל אשר לו ייתן בעד נפשו.[10]

וּמַה גַּם ״כִּי אָדָם אֵין צַדִּיק בָּאָרֶץ אֲשֶׁר יַעֲשֶׂה טּוֹב תָּמִיד (במצוות עשה) **וְלֹא יֶחֱטָא** (במצוות לא תעשה)״ (קהלת ז,כ). אין אדם שחי בעולם הזה ואין לו מגע עם הרע והקליפה – בחטאים שחטא ובמעשים טובים שלא עשה, בנטיות הלב ובחולשות שלו. נקודות מגע אלה הן גם הפתח לכל מיני רע ופורענויות הבאות לאדם.

וְהַצְּדָקָה מְכַפֶּרֶת וּמְגִינָּה מִן הַפּוּרְעָנוּת וכו׳.[11] הצדקה מכפרת, מכסה וסוגרת את אותם הפתחים, שלא תבוא בהם הרעה לאדם שחטא.

דווקא הצדקה מכפרת על החיסרון בקיום המצוות משום שמהותה היא הוספה בקיום המצוות, ובייחוד כשהיא הוספה לפנים משורת הדין.[12]

וְלָזֹאת הִיא רְפוּאַת הַגּוּף וְנֶפֶשׁ מַמָּשׁ, אֲשֶׁר ״עוֹר בְּעַד עוֹר וְכֹל אֲשֶׁר לָאִישׁ יִתֵּן בְּעַד נַפְשׁוֹ״.[13] כיוון שהצדקה מגינה ומצילה מן הפורענות, בגשמיות וברוחניות, הרי היא כמו רפואה ממש. וכפי שלגבי רפואה אדם נותן את כל אשר לו, ואין הוא הולך להתייעץ עם הרב עד כמה הוא צריך להפריש מנכסיו; ולא רק מנכסיו אלא גם מגופו ממש, ״עור בעד עור״,[14] הוא ייתן בשביל רפואת גופו.

בְּשֶׁגַּם אָנוּ מַאֲמִינִים בְּנֵי מַאֲמִינִים[15] **כִּי הַצְּדָקָה אֵינָהּ רַק** הלוואה לעני אלא היא **הַלְוָאָה לְהקב״ה, כִּדְכְתִיב: ״מַלְוֵה ה׳ חוֹנֵן דָּל וּגְמֻלוֹ יְשַׁלֶּם לוֹ״** (משלי יט,יז). מפורש בכתוב, שהחונן דל ונותן לו צדקה הרי הוא כמלווה לקב״ה, וגמולו ישלם לו – הקב״ה יחזיר

בשגם אנו מאמינים עם זאת, כפי שרומז אדמו״ר הזקן כאן וכפי שרואים במציאות, הדברים אינם פשוטים ומובנים לכל אחד, וכדי שאדם יפעל מכוחן של דרשות אלו הוא צריך להאמין שכן הוא. ראשית, משום שההלוואה אינה משתלמת מייד, ובינתיים חסר לו. ובייחוד, שהקב״ה אינו מודיע לאדם כשהוא משלם ועל מה הוא משלם. הקב״ה משפיע בדרכים שונות, לא תמיד מובנות לנו ולא תמיד עם כתובת למי ולמה. ולכן, למרות שדבר זה כתוב במקרא ושנוי בדברי חכמים, צריכים להיות מאמינים בני מאמינים, דהיינו בעלי אמונה שורשית ומוטבעת בנפש, כדי שאדם יחיה כך בפועל, ויסכן את המעט שיש לו, על סמך זה.

לו את הלוואתו.[16] נמצא שנתינת הצדקה לא רק שהיא בעצם נתינה לעצמו, לכפרתו ורפואתו, אלא היא כביכול נתינה לקב"ה, ובעצם היא אינה נתינה כלל אלא רק הלוואה שיקבל אותה חזרה בתוספת מרובה לפי ערך הנותן.

ומה שה' ישלם לו יהיה **בְּכִפְלַיִים:** פעם אחת בעולם הבא, כשכר כל המצוות, ועוד מובטח לו גם תשלום ההלוואה **בָּעוֹלָם הַזֶּה.** בזמן שהוא חי בעולם הזה ואף בענייני העולם הזה, שאם נתן ממון ישולם לו בממון וכו'.

דִּשְׂכַר כָּל הַמִּצְוֹת לֵיכָּא (איננו) **בָּעוֹלָם הַזֶּה לְבַד מִצְדָקָה, לְפִי שֶׁהוּא טוֹב לַבְּרִיּוֹת,**[17] **כִּדְאִיתָא בְּקִדּוּשִׁין סוֹף פֶּרֶק קַמָּא** (לט,ב–מ,א). הכלל בכל המצוות הוא שאת שכר המצוות אין מקבלים בעולם הזה אלא רק לעולם הבא, דהיינו בעולם הנשמות בגן עדן וכו', ובשלמות רק לעתיד לבוא. טעם אחד לכך הוא שהעולם הזה איננו כלי לקבל בו את שכר המצוות. למצווה, כהתקשרות עם האלוקי בדרגה הפנימית והמהותית ביותר, אין ביטוי בעולם הזה מלבד בעצם מעשה המצווה,[18] שהוא עצם ההתקשרות. אבל לשכר, כלומר לידיעה ולעונג שיש באותה התקשרות, אין כלים, הגדרות ותפיסות בעולם הזה. רק בעולמות רוחניים גבוהים יותר, כמו ביצירה (גן עדן התחתון) או בבריאה (גן עדן העליון) וכו', שאין שם הגבלות חומריות והתפיסות הרוחניות דקות יותר, אפשר לקבל משהו משכר המצווה. יוצאת מכלל זה היא מצוות הצדקה. שכן מצוות הצדקה, לבד מהיותה התקשרות עם האלוקי ככל המצוות, יש לה גם ביטוי ממשי של עשיית טוב לאדם אחר בעולם הזה. ולכן, מצד ההתקשרות שיש בה השכר הוא אכן לעולם הבא בלבד, אבל מצד היותה "טוב לבריות" יש לה שכר גם בעולם הזה. כי עשיית הטוב הגשמי יוצרת כלי גשמי, מעין אותו דבר, לקבל את ההשפעה של מעלה.

וְגַם יֵשׁ לָחוּשׁ לְעוֹנֶשׁ חַס וְשָׁלוֹם כְּשֶׁחֲבֵרָיו נִמְנִים לִדְבַר מִצְוָה וְהוּא לֹא נִמְנֶה עִמָּהֶם כַּנּוֹדָע מִמַּאֲמַר רַבּוֹתֵינוּ ז"ל[19] על הפסוק "וחסרון לא יוכל להמנות" (קהלת א,טו) – "זה שנמנו חבריו לדבר מצווה והוא לא נמנה עמהם". כלומר שמלבד השכר שהפסיד כנזכר למעלה, יכול להיות שגם יגיע לו עונש על שלא קיים את המצווה.

אכן, בדרך כלל אין עונש על ביטול מצוות עשה, אלא רק כשעובר על מצוות לא תעשה. שכן עניינו של העונש הוא לתקן את הפגם שעשה אדם[20] בעבירה, אבל לא להשלים את חסרון ההמשכה של מצווה שלא עשה[21] (שהרי ההמשכה הזו יכולה להיעשות על ידי המצווה בלבד, ולא בשום דרך אחרת). אכן, כאמור גם בזה יוצאת מהכלל מצוות הצדקה, שהחיסרון מצד זה שהוא 'לא טוב לבריות' הוא הניכר בעולם הזה וניתן לתיקון וכו'. ועוד, כמו שמדייק כאן, שיש לחוש לעונש דווקא כאשר חבריו נמנים וכו' והוא לא נמנה עמהם. שכן כאשר חבריו נמנים, כלומר חושבים יחד ועושים את המצווה, והוא לא נמנה עמהם, הריהו פוגם בדבר טוב שבמובן מסוים היה שייך אליו. ועל 'פגם' זה יש לחוש שיתוקן באופן זה של עונש חס ושלום.

וְלַשּׁוֹמְעִים יוּנְעַם, אחר שהזכיר עונש וחסרון שכר למי שלא ישמע וכו', הוא מסיים שלשומעים בקולו לתת את הצדקה, למרות חסרון הכיס – יונעם **וְתָבוֹא עֲלֵיהֶם בִּרְכַּת**

טוב בכל מילי דמיטב הטיבה ה׳ לטובים וישרים כנפשם ונפש הדורש שלומם מכל לב ונפש:

טוֹב, בְּכָל מִילֵּי דְּמֵיטַב (בכל הדברים הטובים), **הֵטִיבָה ה׳ לַטּוֹבִים וִישָׁרִים** (על פי תהלים קכה,ד).

כְּנַפְשָׁם וְנֶפֶשׁ הַדּוֹרֵשׁ שְׁלוֹמָם מִכָּל לֵב וָנֶפֶשׁ.

איגרת זו באה לעורר על נתינת הצדקה גם במצבים כאלה שהנותן בעצמו הוא חסר ונזקק. דבר אחד הוא לתת לצדקה מן המותרות, ממה שאדם אינו צריך לחייו ממש אלא לאיכות חייו, ודבר אחר הוא כאשר הוא מתבקש לתת באופן שיחסר ואף יסכן את חייו וחיי משפחתו ממש. אכן, כאשר עומדים בפשטות חיים מול חיים, הלכה היא שאדם צריך לבחור בחייו שלו. ואולם במציאות, הדברים בדרך כלל מורכבים יותר; מה קורה בצד השני, אצל העני, אין הוא יודע בדיוק (בייחוד כשמדובר בעניי ארץ ישראל), והוא צריך להניח שהמצב קריטי ובסכנת חיים ממש. מה שאין כן אדם אצל עצמו, יודע בדרך כלל אם הוא יכול למשוך עוד יום, להרוויח משהו קטן, ללוות מפלוני וכו׳. ואף על פי כן, אדם מתלבט: אם ייתן הוא יסכן את המעט שיש לו, ומי יודע מה יהיה מחר? והאם הוא רשאי בכלל? ולזה בא אדמו״ר הזקן באיגרת זו, בכוחו ובסמכותו של הרבי (רבי של חסידים) – לומר שאף על פי כן לא יימנע מלתת. ואדרבה, דווקא הנתינה הזו שהוא נותן לאחר, מוסר את נפשו על הדבר ואינו מדקדק בחשבון, היא תעורר רחמי שמיים עליו, בלי חשבונות, להושיעו מהמחסור והצרה שהוא מצוי בה.

ודבר נוסף: המקרה המיוחד כאן הוא שאין זו בקשה חדשה לנתינת צדקה, אלא בקשה להמשיך מנהג קיים.[22] אדם היה רגיל לתת בכל זמן מסוים, והיה מקום לומר שמכיוון שנשתנה המצב ועתה אין לו, אולי לא ייתן בינתיים. ובא אדמו״ר הזקן לומר שאף על פי כן לא יפסיק, דווקא משום שכבר הורגל לתת וחזקה היא בידו. ובמיוחד שאין זה מנהגו הפרטי, אלא מנהג כלל החסידים, חבריו, שנמנו יחד לדבר המצווה, ואם הוא לא נמנה עימהם, הרי הוא פורש לא רק ממנהגו הטוב אלא מדרכי הציבור בכלל.[23]

איגרת יז

איגרת זו, מהמאוחרות ששלח אדמו"ר הזקן לכלל החסידים (בשנת תק"ע), עוסקת אף היא במצוות הצדקה. שלא כאיגרת הקודמת שפנתה לאנשי קהילה אחת במצב מסוים, איגרת זו היא מהאיגרות הקבועות ששלח אדמו"ר הזקן עם השליח שהיה עובר בקהילות בכל שנה לאסוף את כספי הצדקה. לאחר דברי פתיחה (שלא הודפסו כאן) עוסקת איגרת זו בפן העקרוני של שכר מצוות הצדקה. אף שבשכרה של הצדקה עוסקות גם איגרות אחרות, הרי זה בעיקר בשכר המצווה בעולם הזה, מתוך כוונה לעודד את נותני הצדקה בפועל ולחזק את ביטחונם. לעומת זאת, הדגש באיגרת זו הוא דווקא על שכר המצווה לעולם הבא. וההבדל המהותי הוא, שבעולם הבא אמנם אין עושים עוד מצוות, אך יכולים לקבל את האור והמשמעות של המצוות שנעשו בעולם הזה. השכר לעולם הבא הוא אפוא השכר במובן האמיתי שלו, לא כתמריץ ועידוד להמשך הפעולה, אלא השכר שניתן בגמר הפעולה, כתשובה של מעלה וכהשלמה של המעשה התחתון, בהתגלות והרגשת תענוג אין קץ שאין כל העולם הזה, המוגבל, יכול להכילו. מתוך כך ידובר באיגרת זו בשכר העולם הבא ובדרגות העולם הבא בכלל: בגן עדן ובעולם התחייה, ובקשר שיש לכל אלה למצוות הצדקה.

איגרת יז

כד אלול פשוטה
כא אלול מעוברת

נודע דבאתערותא דלתתא שהאדם מעורר בלבו מדת החסד ורחמנות על כל הצריכים לרחמים אתערותא דלעילא לעורר עליו רחמים רבים ממקור הרחמים להשפיע לו הפירות בעולם הזה והקרן

נוֹדָע[1] דִּבְאִתְעֲרוּתָא דִלְתַתָּא[2] (בהתעוררות מלמטה). התעוררות במובן של התחלת התנועה או ההארה. ובמציאות העולמות המורכבת ממעלה ומטה יש תנועה מלמטה ויש תנועה מלמעלה. כאשר התנועה, ההארה, הפעולה, מתחילה מלמטה היא עולה למעלה, וכאשר היא מתחילה למעלה היא יורדת למטה. באופן כללי, ההתעוררות מלמטה מתחילה על ידי האדם וההתעוררות מלמעלה על ידי הקב"ה, ושתי אלה כרוכות זו בזו ומביאות זו לזו, ויחד הן מהוות את תנועת החיים באדם ובעולמות.

אכן, כאן המובן של מושגים אלה שונה במקצת. אין מדובר על שני מקורות לפעולתו של האדם בעולם, אלא על פעולה ושכרה, פעולתו של האדם למטה ושכרה הבא מלמעלה. ושכר זה – לא כמנוף להמשך העבודה מלמטה ("שכר מצווה – מצווה") אלא כמהות לעצמה, כהשלמת מהות הצדקה שהייתה חסרה במעשה האדם מלמטה.

באתערותא דלתתא אתערותא דלעילא בדרך כלל מסבירים בחסידות את המושגים 'אתערותא דלתתא' ו'אתערותא דלעילא' כהתרחשות שבנפש האדם. כאשר המקור הוא באדם עצמו, שחושב שדבר זה ראוי לעשותו או להרגישו וכו' והוא פועל בנפשו לעורר את הדחף לפעול את הדבר, זוהי 'אתערותא דלתתא'. וכאשר המקור הראשון בא מלמעלה – מרצון או חסד של מעלה, שיכול להתבטא במקרה שקורה לאדם, במראה שרואה, בתחושה שהוא מרגיש מבלי לדעת מדוע, לכאורה ללא קשר למה שעשה או שחשב קודם – זוהי 'אתערותא דלעילא'. אכן, עם היות כל צד מקור לעצמו, הכלל הרצוי הוא ש"באתערותא דלתתא אתערותא דלעילא", כלומר – כאשר תחילת ההתעוררות היא מלמטה, היא מביאה באותו עניין להתעוררות וחיות מרובות לאין ערוך יותר הבאות מלמעלה.

שהאדם מעורר בלבו עיקרה של ההתעוררות מלמטה היא התעוררות הלב. שהרי מה שחשוב (ומעורר) למעלה (אצל הקב"ה) איננה הכמות שאדם נותן או לומד וכו' – כל זה אינו נחשב אצל הקב"ה שהוא אין סוף וכול יכול – אלא מה שהאדם נותן מעצמו, המאמץ שהוא משקיע, הקושי, הצער והניצחון האישיים שלו. וכל זה מתרחש בעיקר בלב.

רחמים רבים ממקור הרחמים ההתעוררות מלמעלה היא של "רחמים רבים", אשר כמבואר במקומות אחרים הם אין סופיים, הבאים "ממקור הרחמים" שלמעלה גם

שֶׁהָאָדָם מְעוֹרֵר בְּלִבּוֹ. ההתעוררות מלמטה מתחילה בהתעוררות הלב דווקא. שהרי גם המעשה בפועל של נתינת הצדקה וכו' מתחיל בעבודת הנפש, שעיקרה הוא לעורר את דחיפת הלב, הרגש והרצון.

עוד אפשר לדייק, שההתעוררות מלמטה היא גם כאשר ההתעוררות היא רק בלב ולא יצאה עדיין לפועל, להשפיע **מִדַּת הַחֶסֶד וְרַחֲמָנוּת עַל כָּל הַצְּרִיכִים לְרַחֲמִים**, כבר אז היא מעוררת **אִתְעֲרוּתָא דִלְעֵילָּא** (התעוררות מלמעלה), **לְעוֹרֵר עָלָיו רַחֲמִים רַבִּים מִמְּקוֹר הָרַחֲמִים.** ההתעוררות מלמעלה מתייחסת אל ההתעוררות מלמטה, הן בעניין והן ביחס אל מי שעורר אותה, אל מי שנעשה כלי בהתעוררותו לקבל את ההשפעה מלמעלה. ולכן, אם אדם התעורר ברחמים על אדם אחר, הוא מעורר מלמעלה את הרחמים עליו עצמו.

לְהַשְׁפִּיעַ לוֹ הַפֵּירוֹת בָּעוֹלָם הַזֶּה וְהַקֶּרֶן לָעוֹלָם הַבָּא (על פי פאה פרק א משנה א). השפעה זו מלמעלה, ממקור הרחמים, מופיעה בשני אופנים – הקרן והפירות. קרן ופירות הם מושגים מהתחום של דיני ממונות: הקרן היא ערך הנכס בעצמו, והפירות הם הרווחים, כמו פירות העץ, מה שהנכס מרוויח מבלי שהוא בעצמו חסר. כמו כן בהשפעה האלוקית יש שני אופנים אלה של קרן ופירות. ההשפעה של ה'פירות', שאינה מחסירה מהקרן (מהמאור), היא הארה בלבד הנכנסת בכלי המקבל. משום כך מתייחסת השפעה זו אל העולם הזה, המוגבל והנמוך. לעומתה, ההשפעה של ה'קרן' היא הביטוי העצמי של המשפיע ולא הארה בלבד, השפעה שאינה מגבילה את עצמה לכלי של מקבל כלשהו, ולכן היא ההשפעה המתייחסת אל העולם הבא, שאיננו מוגבל באותן הגבלות.

ממידת הרחמים העליונה.[3] וכפי שנתבאר,[4] למעלה (אצל הקב"ה) יש שתי דרגות של רחמים: יש רחמים שבסדר ההשתלשלות, הם מידת הרחמים שבעשר הספירות, והם רחמים מוגבלים שכן יש כנגדם מידת הדין המצמצמת. ויש "רחמים רבים", או "רחמים עליונים", שלמעלה מסדר ההשתלשלות, למעלה מהגבלות העולמות, שאין להם שיעור והגבלה כלל.[5]

מדוע מדובר כאן על "רחמים רבים" דווקא? יש לומר, על פי הידוע שההתעוררות מלמעלה היא תמיד כעין ההתעוררות מלמטה, שאכן במובן מסוים בכל רחמים יש ממהות האין סוף. שהרי כשאדם מרחם ונותן צדקה זוהי נתינה שאינה מכוח החוק ואינה לפי חשבון והגבלה. עם זאת, כאשר לרחמים של אדם יש מקור מלמעלה, המקור הזה הוא טעם וסיבה המגבילים אותו, אבל כאשר הרחמים באים בהתעוררות מלמטה אין להם מצד עצמם גבולות כלל. ונמצא שדווקא כאשר ההתעוררות מלמטה קודמת להתעוררות מלמעלה, אז ההתעוררות מלמעלה היא של "רחמים רבים ממקור הרחמים" האין סופי כנזכר.

עולם הזה ועולם הבא ההבחנה בין 'עולם הזה' ל'עולם הבא' איננה מוחלטת וחד משמעית. זו הבחנה יחסית שמשתנה לפי היקף ההסתכלות, ועוד ידובר בזה באריכות בהמשך האיגרת. באופן הפשוט, המתייחס אל המציאות הנוכחית, העולם הזה הוא העולם הגשמי שאנשים חיים בו בגופם, ולכן המציאות של גן עדן למשל היא בחינת 'עולם הבא' שהנשמה מגיעה אליו רק בשלב הבא אחרי חיי העולם הזה הגופניים. ואולם באיגרת

לעולם הבא. פירוש הפירות היא השפעה הנשפעת ממקור הרחמים וחיי החיים ברוך הוא ונמשכת למטה מטה בבחינת השתלשלות העולמות מלמעלה למטה כו׳ עד שמתלבשת בעולם הזה הגשמי בבני חיי ומזוני כו׳ והקרן הוא כמו שכתוב רחבה מצותך מאד והוה ליה למימר מצותיך לשון רבים (וגם לשון רחבה אינו מובן) אלא מצותך דייקא היא מצות הצדקה שהיא מצות ה׳ ממש מה שהקב״ה בכבודו ובעצמו עושה תמיד להחיות העולמות

פֵּירוּשׁ, הַ׳פֵּירוֹת׳ הִיא הַשְׁפָּעָה הַנִּשְׁפַּעַת מִמְּקוֹר הָרַחֲמִים וְחַיֵּי הַחַיִּים בָּרוּךְ הוּא. אף על פי שהשפעת ׳פירות׳ היא רק הארה מן ה׳קרן׳, שאינה מחסרת מהקרן עצמה, היא הארה הנמשכת מהמקום הגבוה ביותר, **וְנִמְשֶׁכֶת לְמַטָּה מַטָּה בִּבְחִינַת הִשְׁתַּלְשְׁלוּת הָעוֹלָמוֹת מִלְמַעְלָה לְמַטָּה כו׳.** הביטוי ׳השתלשלות העולמות׳ מגדיר תחום, שהוא תחום העולמות וההארה האלוקית המחיה את העולמות (ולא האלוקי בעצמו), וכמו כן את מהות הקשר בין העולמות, שהוא קשר של השתלשלות. העולמות משתלשלים זה מזה, כטבעות השלשלת האחוזות זו בזו, ראשו של תחתון בתחתיתו של עליון, המקבל ממנו כל מה שהוא יכול לקבל ומשיג בו כל מה שהוא יכול להשיג. יש יחס מסוים בין החוליות, העולם העליון הוא סיבה לעולם התחתון, והתחתון יכול בהכרח להשיג את הסיבה הזו. העולם העליון הוא אפוא עליון אבל אין הוא נבדל לגמרי מהעולם התחתון.

עַד שֶׁמִּתְלַבֶּשֶׁת בָּעוֹלָם הַזֶּה הַגַּשְׁמִי, שהוא העולם התחתון בכל השתלשלות העולמות. כי דווקא ההארה הנמשכת מלמעלה ביותר, ממקור הרחמים שלמעלה מעלה, היא המגיעה נמוך יותר, למטה מטה עד לגשמי ממש.

בִּבְנֵי חַיֵּי וּמְזוֹנֵי כו׳. הם כלל ענייניו של האדם בעולם הזה הגשמי: "בני" הם הבנים של האדם, לידתם וגידולם; "חיי" הם אורך החיים, ענייני הבריאות והרפואה; ו"מזוני" הם המזונות, הפרנסה. כל השפעה משמעותית וממשית בעולם הזה, היא בהכרח השפעה באחד מאלה: בני חיי ומזוני.[6]

זו, המבוססת על התפיסה הקבלית הרחבה יותר, המושג של ׳עולם הזה׳ כולל גם את כל דרגות גן העדן, שהרי גם כעת הן מתקיימות עבור הנשמות שאינן בגופים. ואף במהות הדברים, גן עדן אינו מהות אחרת מהעולם הזה, הוא סוג של השתקפות והשלכה של מציאות העולם הזה בתוך עולם רוחני; מה שיש בעולם הזה – זה מה שיש בגן עדן, לא יותר. לעומת זאת בשלבים הבאים, של ׳תחיית המתים׳ וכו׳, מדובר על מהות אחרת לגמרי של עולם, ולזה מתייחס אדמו״ר הזקן כאן במושג ׳עולם הבא׳. ועוד ידובר בזה בהמשך האיגרת.

השפעה בעולם הזה ובעולם הבא חלוקת ההשפעה של שכר הצדקה לשני אופנים אלה מקבילה, כפי שיבואר בהמשך, לחלוקה הכוללת ביותר של ההשפעה וההארה האלוקית: בין אור ה׳סובב כל עלמין׳ ואור ה׳ממלא כל עלמין׳. השפעת הפירות היא השפעת אור הממלא כל עלמין. לאמור, השפעה הנמשכת בהשתלשלות העולמות, מדרגה לדרגה; הדרגה העליונה משפיעה מה

וכל אלה הם רק פירות מן הקרן, שמקבל כל אדם לפי צרכיו ומקומו שלו, אבל אינם מבטאים את עניינה של המצווה עצמה, אינם מהווים את השכר שלה עצמו, את הביטוי לרצונו העצמי של הקב"ה הנמצא בה.

וְהַקֶּרֶן הוּא כְּמוֹ שֶׁכָּתוּב: "רְחָבָה מִצְוָתְךָ מְאֹד" (תהלים קיט,צו). ה'קרן' היא כאמור ההשפעה האלוקית העצמית, שלכאורה אין שום כלי ועולם יכולים לבטא ולהכיל אותה. יש רק דבר אחד שהוא כביכול גדול ורחב דיו לקבל אותה – והוא המצווה. וכמו שכתוב "רחבה מצותך מאד", המצווה היא רחבה מאוד, ו'מאוד' הוא, כמבואר במקומות אחרים – בלי סוף.

מובן זה אף מדויק בלשון הכתוב – "מצותך", בלשון יחיד, שכן **וַהֲוָה לֵיהּ לְמֵימַר** (והיה לו לומר): **"מִצְוֹתֶיךָ", לְשׁוֹן רַבִּים.** שאם הכוונה היא למצוות שהקב"ה מצווה אותנו, הרי יש מצוות רבות, תרי"ג מצוות, ומדוע מדבר הכתוב על מצווה אחת?

(וְגַם לְשׁוֹן רְחָבָה אֵינוֹ מוּבָן). מה משמעות "רחבה" אצל מצווה? המושג לקוח מהעולם הגשמי, וצריך להבין מהי משמעותו לגבי המצווה. וגם, מדוע דווקא "רחבה" ולא ארוכה או גבוהה וכו'?

לשאלה אחרונה זו יתייחס אדמו"ר הזקן רק בסופה של האיגרת, וכאן יחזור לשאלה הראשונה, למה נאמר "מצותך", בלשון יחיד.

אֶלָּא "מִצְוָתְךָ" דַּיְיקָא. הכוונה אינה לכלל המצוות, אלא למצווה מסוימת שהיא במיוחד שלך ("מצותך"), שאותה אתה עושה. **הִיא מִצְוַת הַצְּדָקָה, שֶׁהִיא מִצְוַת ה' מַמָּשׁ, מַה שֶּׁהַקָּבָּ"ה בִּכְבוֹדוֹ וּבְעַצְמוֹ עוֹשֶׂה תָּמִיד לְהַחֲיוֹת הָעוֹלָמוֹת.** חיות כל העולמות היא לגבי הקב"ה צדקה. שהרי מהותה של מצוות הצדקה היא הנתינה שאינה מותנית ואינה מוגבלת בזכותו של המקבל ובמה שהוא נותן בתמורה, וכזו היא נתינתו של הקב"ה שהוא אין סוף, שאין עוד מלבדו, שאין כל העולמות נחשבים ואין להם כל ערך ביחס לקב"ה המחייב אותו לתת – ונמצא שכל קיום וחיים שהוא נותן הם אך צדקה וחסד אין סופיים מצידו. ומוסיף המחבר "תמיד", שכן הצדקה שהקב"ה עושה להחיות את

שהיא יכולה להשפיע, והדרגה התחתונה מקבלת ממנה מה שהיא יכולה לקבל, לפי הכלים שלה וכו'. השפעת הקרן לעומת זאת היא השפעת אור הסובב כל עלמין, השפעה נצחית שמעבר למציאות העולמות, הכוללת את העולמות כולם ויותר מזה, כפי שיבואר בהמשך.

רחבה מצותך מאד בדרך כלל[7] מבואר כתוב זה – "לכל תכלה ראיתי קץ רחבה מצותך מאד" – בקשר ליחס בין מעשה המצוות ובין ההרגשה של כלות הנפש. לעומת כלות הנפש בהשגתה, באהבתה וביראתה, בעולם הזה ובכל דרגות גן עדן, שיש לה גבול ("לכל תכלה ראיתי קץ"), המצוות הן רחבות מאוד, בלי גבול. כלומר, בקיום המצוות והלימוד בהן נעשה האדם כלי קיבול לקבל "מאד", בלי סוף.[8] אמנם כאן ההתייחסות היא שונה במקצת, שכן ההתייחסות באיגרת זו היא לא למעשה המצווה אלא לשכרה. אך כפי שיבואר בהמשך, עיקרו של שכר המצווה (הקרן) הוא השפעה אלוקית אין סופית כמצווה עצמה.

ויעשה לעתיד ביתר שאת ועז וכמו שכתוב ושמרו דרך ה' לעשות צדקה כו' כמו דרך שהולכים בה מעיר לעיר על דרך משל. כך הצדקה היא בחינת גילוי והארת אור אין סוף ברוך הוא סובב כל עלמין שיאיר ויתגלה עד עולם הזה באתערותא דלתתא בתורת צדקה וחסד חנם לעתיד

העולמות היא תמידית. וכמבואר בשער היחוד והאמונה, שחיות והיווי העולמות צריכים להיות תמידיים, בכל עת מחדש.

וְיֵעָשֶׂה לֶעָתִיד לבוא, בזמן תחיית המתים, כפי שייאמר בהמשך. שתהיה אז התגלות החיות בעולמות **בְּיֶתֶר שְׂאֵת וְעֹז.** שלא כמו עכשיו, שהיא בחלישות, להחיות העולמות כפי שהם בלבד. כי בגילוי רב יותר לא יוכלו העולמות לעמוד, ויתבטלו מחמת הגילוי. ואולם לעתיד לבוא, משיוכן האדם והעולם לכך, תהיה ההתגלות בעולמות ביתר שאת ועוז.

וּכְמוֹ שֶׁכָּתוּב "וְשָׁמְרוּ דֶּרֶךְ ה' לַעֲשׂוֹת צְדָקָה כו'" (בראשית יח,יט). הצדקה היא 'דרך ה'', הדרך שבה הולך ה' מחביון עוזו למעלה ומשפיע ומתגלה בעולם. הדרך הזו היא באופן כללי על ידי כלל המצוות,[10] ובפרט על ידי מצוות הצדקה, כפי שיבואר בהמשך. ואם כן, מה שכתוב "ושמרו דרך ה' וכו'" פירושו הוא שכאשר אדם שומר את המצוות לעשות צדקה וכו' – הוא שומר ומקיים את דרך ההשפעה והגילוי האלוקי בעולם. ועוד, שהוא מכין ובונה את הדרך שבה יתגלה ה' לעתיד ביתר שאת ועוז.

דרך עליונה זו היא **כְּמוֹ דֶּרֶךְ שֶׁהוֹלְכִים בָּהּ מֵעִיר לְעִיר עַל דֶּרֶךְ מָשָׁל,** כדי להגיע ממקום למקום יש דרך שצריך ללכת בה, וברוחניות אלה השלבים והאופן שבהם נעשה הדבר.

כָּךְ הַצְּדָקָה הִיא ה'דרך' ממהות האין סוף, הנעלם, הנבדל מכל מציאות העולמות, שיהיה

מצות ה' ממש הצדקה שעושה הקב"ה להחיות את העולמות אינה רק צדקה, אלא היא נקראת "מצוות הצדקה". ובטעם הדבר אפשר לומר שכשם שהמצווה מיוחדת משאר המעשים בכך שהיא מבטאת את פנימיות רצונו של הקב"ה, כך החיות שהוא משפיע לכלל העולמות עד לעולם התחתון שלנו היא פנימיות רצונו, באשר בזה מתקיים רצונו העצמי העליון (להיות לו דירה בתחתונים). אכן, לגבי כל המצוות נאמר שהקב"ה מקיים אותן (כגון בברכות ו,א), אלא שבכל המצוות הכוונה היא לפרטים, לכניסתו של הקב"ה, של רצונו הפנימי העצמי, אל תוך פרט בעולמות הקיימים – בדבר זה במצווה זו ובדבר זה במצווה אחרת – ולעומת זאת במצוות הצדקה שלו הקב"ה מקיים את עצם המציאות התחתונה. בשאר המצוות מותנית והירידה האלוקית במעשה האדם שעושה גם הוא את המצווה, בצוותא עם הקב"ה. מה שאין כן מצוות הצדקה של הקב"ה, כשהוא מקיים ומחיה את עצם מציאות העולמות התחתונים, הריהי בייחוד המצווה שלו ממש.[9] אכן גם האדם מקיים את מצוות הצדקה, כמו הקב"ה, וכאמור בתחילת האיגרת כשהוא מעורר בליבו את מידת החסד וכו'. ואף באדם מיוחדת מצוות הצדקה מכל המצוות, כי פנימיות כל מצוות שעושה האדם היא הצדקה. לכל שאר המעשים שעושה האדם יש גם סיבה בעולם הזה, כי יש לו צורך בזה או תענוג בזה וכו', לבד ממעשה המצווה (כשנעשית בכוונה הראויה לשם שמיים) שאין לה סיבה בעולם הזה, ועל כן היא

בְּחִינַת גִּילּוּי וְהֶאָרַת אוֹר אֵין סוֹף בָּרוּךְ הוּא, שהוא ביחס לעולמות בחינת **סוֹבֵב כָּל עָלְמִין, שֶׁיָּאִיר וְיִתְגַּלֶּה עַד עוֹלָם הַזֶּה.** הצדקה היא אפוא 'דרך ה'', הדרך שבה נמשך אור אין סוף הבלתי מוגבל, הסובב כל עלמין, אל תוך העולם הזה המוגבל. כיוון שכל מציאות העולמות והנבראים נחשבת כאין ממש לגבי אור אין סוף הסובב כל עלמין, לכן הצדקה היא שיכולה לדלג על הגבולות, על מה שלא מגיע, ולהחיות גם את מי שאין לו מה לתת חזרה, את השפלים באמת. רק הצדקה היא הדרך לעבור את הפער הזה, לחבר סובב וממלא.

הצדקה מסבירה את הדרך מלמעלה למטה, לתת ולגלות. ואולם אין די בזה, עדיין חסר הצד האחר, והוא היכולת של המטה לקבל. אך דבר זה הוא לכאורה בלתי אפשרי, שהרי העולם הוא מוגבל בהגדרתו, וכיצד יתגלה בו אור אין סוף הבלתי מוגבל?

כאן חוזר אדמו"ר הזקן למה שנאמר בתחילת האיגרת, שהנתינה הזו ממקור הרחמים, להשפיע את הפירות והקרן, היא **בְּאִתְעֲרוּתָא דִלְתַתָּא** (בהתעוררות מלמטה). כלומר, רק כשאדם מעורר בליבו את מידת החסד והרחמים, וכשהוא יוצא מעצמו ומהגדרים שלו ונותן בתורת צדקה וחסד למי שאין לו – הוא יכול לקבל מלמעלה את הארת האין סוף **בְּתוֹרַת צְדָקָה וְחֶסֶד חִנָּם.**

לֶעָתִיד. הארת אין סוף זו, ביתר שאת ועוז, תהיה רק לעתיד ולא בזמן הזה. הזמן הזה הוא בעיקרו הזמן של 'לעשותם', הזמן שבו עושים את המצוות, ורק 'ולמחר', לעתיד, יהיה הזמן של 'לקבל שכרם', בגילוי המשמעות והאור האלוקי של העשייה שהייתה. הזמן הזה איננו הזמן המוכשר לגילויים; אדרבה, העשייה בשלמותה יכולה לבוא דווקא מתוך ההסתר,[13] והזמן של ההתגלות הוא הזמן שיהיה לעתיד, כאשר לא תהיה עוד עשייה.

בבחינת צדקה ממש, כמתנת חינם שנותן האדם לעולם, לשכינה.

דרך ה' למעלה יותר, דרך ה' היא הדרך שבה יורד והולך האור האלוקי האין סופי, העצמי, הבלתי מוגדר, אל שם הוי"ה. כי שם הוי"ה הוא התבנית הראשונית, התחילה והשורש להתהוות בפועל של כל המציאות.[11] ואם כן, 'דרך ה'' היא קודם כול הדרך העלומה מן האין סוף הבלתי מוגדר והבלתי נתפס אל התבנית הראשונית שהיא שם הוי"ה, וממנה אל כל העולמות המתהווים ומשתלשלים ממנה.

הארת אין סוף בהתעוררות מלמטה לכאורה יש כאן סתירה פנימית, שהרי אם הארת האין סוף היא בגלל אתערותא דלתתא, היא כבר איננה צדקה וחסד חינם! אלא שכפי שנאמר, כדי שהשפעת האין סוף תבוא מלמעלה היא צריכה להיות בצדקה וחסד חינם דווקא, וכדי שהיא תתקבל למטה, כדי שהנפש תוכל לקבל הארה זו – צריכה להיות ההתעוררות מתאימה מלמטה. ושני אלה מצטרפים דווקא במצוות הצדקה: כי מהות ההתעוררות מלמטה היא הצדקה שאדם עושה (ובייחוד כשהוא מעורר בליבו את מידת הרחמים לתת בחסד חינם), ואף שהיא מוגבלת בכמותה – כל מהותה היא הבלי גבול; ולכן אף הצדקה שהקב"ה עושה לעומתו, אף שהתעוררותה היא מההתעוררות שלמטה, היא איננה כמידתה אלא כמהותה – אין סוף ממש.[12]

בתחיית המתים ביתר שאת ויתר עז לאין קץ מבחינת גילוי (הארה) [ההארה] בגן עדן התחתון והעליון שהרי כל נשמות הצדיקים והתנאים והנביאים שהם עתה בגן עדן העליון ברום המעלות יתלבשו בגופותיהם לעתיד ויקומו בזמן התחייה ליהנות מזיו השכינה לפי שההארה והגילוי שבגן עדן היא בחינת ממלא כל עלמין שהוא בחינת השתלשלות ממדרגה למדרגה על ידי

בִּתְחִיַּת הַמֵּתִים בְּיֶתֶר שְׂאֵת וְיֶתֶר עָז לְאֵין קֵץ מִבְּחִינַת גִּילּוּי (הֶאָרָה) [הַהֶאָרָה] בְּגַן עֵדֶן הַתַּחְתּוֹן וְהָעֶלְיוֹן. למונח 'עתיד' בהקשר זה יש בדרך כלל שני מובנים: פרטי וכללי. פרטי, הוא העתיד הפרטי של כל נפש,[14] לאחר חייה בעולם הזה בגוף הגשמי, כשהיא נמצאת בגן עדן. בעתיד זה הנפש אינה בגוף, ולכן אינה מוגבלת בהגבלות הגוף ויכולה לקבל הארה וגילוי מעל ומעבר למה שיכלה בהיותה בגוף. ואולם, כפי שייאמר בהמשך, גילוי זה הוא במהותו עדיין מוגבל, ואילו הגילוי העצמי האין סופי, שבו מדובר כאן, יהיה רק בעתיד הכללי, שיהיה בזמן תחיית המתים. ההבדל ביניהם הוא, שהעתיד שיש לכל נשמה בגן עדן אינו שונה במהותו מהמציאות של העולם הזה שהיה לה. מה שמתגלה שם הוא בעצם מה שהיה בעולם הזה, רק שבעולם הזה אין רואים בגלל מגבלות חיצוניות, כמו הגוף הגשמי וכו'. ומה שכתוב בכמה מקומות שהצדיקים עולים מדרגה לדרגה בגן עדן, מגן עדן תחתון לגן עדן עליון וכו', הוא אך גילוי פנימי ודק יותר ויותר של אותן המעלות עצמן. לעומת גן עדן, הזמן של תחיית המתים – למרות שהוא לכאורה חזרה מסוימת אל מציאות העולם הזה (של נפש בגוף) – יהיה מציאות שונה לחלוטין, מהות של עולם אחר, שיתגלה בו מה שאינו מתגלה ואינו יכול כלל שיתגלה בעולם הזה.

והראיה לזה, שהגילוי והשכר בתחיית המתים הוא למעלה מגן העדן, שתחיית המתים

צדיקים, תנאים, נביאים: מדייק כ"ק אדמו"ר זי"ע: "צדיקים" הכוונה בעיקר למעלה שבקיום המצוות, "תנאים" בלימוד התורה, ו"נביאים" לגילוי אלוקות (נדפס ב'שיעורים בספר התניא').

זמן התחייה התפיסה של 'עולם הבא' כאן היא בכללה תפיסת המקובלים,[17] שתכלית הכול היא המציאות של 'תחיית המתים', שתהיה בסוף כל ההיסטוריה, ושבה יחזרו הנפשות לגופים (אף כי מובן שלא יהיה זה כפי שהדבר עכשיו, אלא באופן מזוכך ושונה. הצד השווה יהיה רק חידוש הקשר בין הגוף והנפש). גן עדן לפי תפיסה זו הוא שלב ממוצע, שבו ממתינות הנפשות שסיימו שלב מסוים בעולם הזה, משתלמות ומתכוננות לעתיד לבוא.

ליהנות מזיו השכינה נאמר כאן שהשכר הוא "ליהנות וכו'". הגדרה זו נכונה במובן מסוים לגבי כל שכר, כי תשלום השכר הוא ההנאה, הגשמית או הרוחנית, שאדם מקבל מן העבודה שנעשתה. וכך גם בכלל הדברים עד למעלה מעלה, השכר הוא תמיד ה'שוב' לעומת ה'רצוא', כמו התשובה לשאלה, ההשלמה והמענה לשלב הקודם, והוא תמיד השלב של העונג. על דרך משל, בכל יצירה אומנותית, במוזיקה, בסיפור וכדומה, ישנו השלב הראשון שבו נבנות הציפיות ושבו מתפתח מתח מסוים. שלב זה ביצירה אינו בהכרח מענג, ואפילו תובע מן האדם, ואולם אחר כך בא השלב של מילוי הציפיות, של התרת המתיחות, והוא השלב שמגלה את

לא תהיה רק לאלה שחיים בעולם הזה אלא גם לנשמות שבגן עדן, ובכלל אלה אף לנשמות הנמצאות במעלה הגבוהה ביותר שם. **שֶׁהֲרֵי כָּל נִשְׁמוֹת הַצַּדִּיקִים וְהַתַּנָּאִים וְהַנְּבִיאִים,** שהייתה עבודתם ומעלתם בעולם הזה גבוהה מאוד. ואין מדובר בסוג מסוים דווקא של מעלה וגילוי, שביחס אליו תהיה תחיית המתים גדולה יותר, אלא בכל סוג ודרגה: "הצדיקים, והתנאים, והנביאים".

שֶׁהֵם, נשמותיהם, **עַתָּה בְּגַן עֵדֶן הָעֶלְיוֹן בְּרוּם הַמַּעֲלוֹת.** ככל שהייתה גבוהה מעלתם ועבודתם בעולם הזה כך גבוהה מעלתם ומעלת הגילוי שמגיע אליהם בגן עדן.[15]

ולעתיד לבוא **יִתְלַבְּשׁוּ בְּגוּפוֹתֵיהֶם לֶעָתִיד וְיָקוּמוּ בִּזְמַן הַתְּחִיָּה לֵיהָנוֹת מִזִּיו הַשְּׁכִינָה.**[16] ונמצא שמעלת הגילוי שתהיה בזמן התחייה תהיה עוד יותר מכל מעלות גן עדן.

לְפִי שֶׁהַהֶאָרָה וְהַגִּילּוּי שֶׁבְּגַן עֵדֶן הִיא בְּחִינַת 'מְמַלֵּא כָּל עָלְמִין' (ממלא כל העולמות). ההבדל המהותי בין הגילוי בגן עדן לגילוי שיהיה בתחיית המתים הוא שהגילוי בגן עדן הוא אור הממלא כל עלמין בלבד.

שֶׁהוּא, אור ה'ממלא כל עלמין' שבגן עדן, **בְּחִינַת הִשְׁתַּלְשְׁלוּת מִמַּדְרֵגָה לְמַדְרֵגָה עַל יְדֵי צִמְצוּמִים עֲצוּמִים.** גם האור הממלא כל עלמין הוא אור אלוקי, שהוא במקורו אין סופי, עצום ורב לאין ערוך מכל מה שיכולים העולמות להכיל ולהתייחס. וכדי שהוא יוכל 'למלא' את העולמות, להיכנס לתוך ההגדרות וההגבלות שלהם, הוא צריך לעבור צמצומים רבים ועצומים – ולא רק בין האין סוף שמעבר לעולמות לעולמות בכלל, אלא אף בין עולם לעולם. מהעולמות הרוחניים העליונים, שהם כמעט שקופים לָאין סוף, ועד לעולם המעשה הגשמי, האטום, שאינו מגלה אלוקות כלל, יש מדרגות רבות שכל אחת מהן מעלימה ומצמצמת כמעט לחלוטין את זו שמעליה. וכך השתלשלות האור האלוקי מעולם לעולם מתוארת כהשתלשלות ממדרגה למדרגה על ידי צמצומים עצומים.

העונג שביצירה. ועוד, שה'שוב' הוא הרי המשכה מלמעלה מעלה, וכמו בנפש, למעלה ופנימה לכל דבר היא דרגת העונג העצמי הנמשכת ב'שוב' ומתגלה למטה.

ממלא כל עלמין וסובב כל עלמין באור האלוקי יש שתי בחינות: האור ה'ממלא כל עלמין' והאור ה'סובב כל עלמין'. היחס ביניהם, על כל השלכותיו, הוא אחד הנושאים הנידונים ביותר במאמרי האדמו"ר הזקן, והוא חודר כמעט לכל הבחנה מהותית בין דברים. שכן כיוון שהמציאות כולה מורכבת מאורות וכלים, מגדירה הבחנה זו את היחס הראשוני ביותר של האור אל הכלי: בין האור הנכנס, המוגדר בכלי, ובין האור שמעבר שאיננו נכנס ואיננו מוגדר על ידי הכלי. האור הממלא כל עלמין הוא האור המתייחס, המחיה והמהווה את העולמות כפי שהם, והסובב כל עלמין הוא מה שמעבר. והיחסים ביניהם הם היחסים שבונים את הוויית המציאות שלנו בכל הדרגות: בין הפנים והחוץ, בין הגבולי והאין סופי, בין העצמי הנעלם ובין ההארה והגילוי וכן הלאה. יחס זה מבטא גם את ההבדל המהותי בין הגילוי של גן העדן והגילוי שיהיה בזמן התחייה: בין גילוי האור כפי שהוא מתייחס אל העולמות ומוגדר בהם, ובין האור בעצמו שמעבר למציאות העולמות כפי שהם, הנעלם כעת מכל העולמות, ואשר יתגלה רק לעתיד, בתוך המציאות האחרת שתהיה בתחיית המתים.

צמצומים עצומים וכמאמר רבותינו ז"ל ביו"ד נברא עולם הבא והיא בחינת חכמה עילאה הנקראת עדן העליון המשתלשלת ומתלבשת בכל העולמות כמו שכתוב כולם בחכמה עשית כו' והחכמה תחיה כו' ובגן עדן היא

וּכְמַאֲמַר רַבּוֹתֵינוּ ז"ל (מנחות כט,ב): **בְּיוּ"ד נִבְרָא עוֹלָם הַבָּא,** הוא עולם הבא של גן עדן, שצמצום אור האין סוף בו הוא עצום כל כך, עד הקצה האפשרי (שפחות מזה כבר אינו אור כלל), שנמשל לאות יו"ד שאינה אלא נקודה.

האותיות הן כלי הבריאה של הקב"ה, כפי שהאותיות הן כלי הדיבור שלנו. כפי שבדיבור שלנו יוצרות האותיות משמעויות ומסרים, כך בדיבור האלוקי יוצרות האותיות את הוויית העולמות ואת משמעותם. כמבואר באריכות בשער היחוד והאמונה, ישנן אותיות יסוד, המגדירות כלל של עולם ועולמות, ומתפרטות אחר כך לאותיות רבות ולצירופי אותיות היוצרים את הריבוי ופרטי הפרטים שבעולמות. אחת מההגדרות של אותיות יסוד אלה היא מאמר חז"ל זה, שבאות יו"ד נברא העולם הבא (ובאות ה"א נברא העולם הזה). המשמעות של האות יו"ד היא צמצום, כפי שציור האות יו"ד הוא בעצם ציור של נקודה. הנקודה, בהשוואה לשאר האותיות שיש להן מרחב לאורך ולרוחב, היא צמצום המרחב למינימום האפשרי. ומשמעות האמירה שביו"ד נברא העולם הבא היא שבצמצום המקסימלי נברא העולם הבא. עולם הבא הוא העולם שבו מתגלה לנו האור האלוקי, והגילוי במגבלות שלנו הוא הרי צמצום עד כמה שאפשר של האור האין סופי.

וְהִיא בְּחִינַת חָכְמָה עִילָּאָה (העליונה). אות היו"ד מסמלת את ספירת החכמה.[18] החכמה, כמו אות היו"ד, היא ספירה ללא ממדים, ללא מרחב, ללא כלי. מדברים על נקודת החכמה כניצוץ, כפעימה והבזק של אור שכשלעצמו איננו נתפס, איננו מוגדר. כמו בנפש האדם, הארת החכמה כשלעצמה, קודם שנקלטה בספירות שלמטה ממנה, איננה שום דבר מושג, לא השכלה ולא חוויה. היא רק התחלה, ראשית של כל מערך ההשתלשלות וההתגלות.

החכמה כממוצע באופן אחר אפשר לומר, שכיוון שהחכמה היא החיבור והממוצע בין המעלה והמטה, בין ה'סובב כל עלמין' וה'ממלא כל עלמין', הרי היא, ככל ממוצע, מורכבת ומבטאת את שני הדברים שהיא ממוצעת ביניהם. דהיינו, "כולם בחכמה עשית" מבטא את בחינת הסובב כל עלמין, ו"החכמה תחיה" מבטא את בחינת הממלא כל עלמין, האור האלוקי המתלבש בכל דבר ומחיה אותו וכו'.

גילוי ההשגה בגן עדן כל השגה שאנו משיגים היא על ידי כלים ומכשירים מסוימים. אדם מקבל השגה כפי שהוא מקבל אוכל: האוכל צריך לעבור כך וכך שינויים פיזיים וכימיים עד שהוא יכול להיספג ולהיכלל בגוף. כך המושגים הרוחניים צריכים לעבור שינויים, להתפרק, להתאים את עצמם לכלים של הנפש על מנת שיוכלו להתחבר איתה. בעולם הזה הנפש נמצאת בגוף ובמושגי הגוף; היא חיה בעולם הזה, רואה את תמונותיו ושומעת את קול המונו המחריש: אני המציאות! אבל בגן עדן, כשהיא משתחררת מהגוף ומתרחקת מקולו של העולם – היא יכולה לראות את

הַנִּקְרֵאת ׳עֵדֶן הָעֶלְיוֹן׳. מבואר בספרים[19] ש׳עדן׳, ׳גן׳ ו׳נהר׳ אינם מהות ומקום אחד, אלא דרגות שונות ושלבים בהתגלות, וכמו שכתוב: ״ונהר יוצא מעדן להשקות את הגן וגו׳״ (בראשית ב,י). ׳עדן׳ היא נקודת החכמה; ה׳נהר׳ הוא ההמשכה (הבינה) המתפשטת ומתרחבת מנקודת החכמה, ואף מתפצלת לדרכים ואופנים שונים; ו׳הגן׳ הוא מקום הגילוי (המלכות). ומכל מקום, נקודת ההתחלה, הנביעה שמשם מתחיל הגילוי של גן עדן בכל הדרגות, היא נקודת החכמה הנקראת ׳עדן העליון׳.

הַמִּשְׁתַּלְשֶׁלֶת וּמִתְלַבֶּשֶׁת בְּכָל הָעוֹלָמוֹת. החכמה היא נקודת המעבר שבין האין סוף והעולמות, המעבירה את האין סוף אל העולמות. ובאשר האין סוף הוא מקור החיות ומקור הקיום היחיד במציאות, אף נקודת החכמה איננה רק נקודת הראשית של ההשתלשלות אלא היא מצויה ומתלבשת בכל נקודה בעולמות, כמקור חיותה ומקור קיומה.

כְּמוֹ שֶׁכָּתוּב: ״כּוּלָּם בְּחָכְמָה עָשִׂיתָ כו׳״ (תהלים קד,כד), שראשית הכול מלמעלה היא נקודת החכמה, **וְ״הַחָכְמָה תְּחַיֶּה כו׳״** (קהלת ז,ב). שהיא נמצאת ומחיה כל עולם וכל דבר עד למטה מטה.

שני הכתובים המובאים כאן מבטאים את ההסתכלות על החכמה, האחד מלמעלה והשני מלמטה. ״כולם בחכמה עשית״ היא ההסתכלות מלמעלה, מהאין סוף, שבה החכמה היא כמו ׳עשייה׳ לגבי האין סוף. על דרך משל בנפש האדם, כוח העשייה הוא הכוח הנמוך ביותר, שהחיות שיש בו מהנפש היא המעטה והמצומצמת ביותר, כאין ממש לגבי הנפש עצמה. וכך גם החכמה מלמעלה היא כמו העשייה המצומצמת לגבי דרגות האין סוף שלמעלה מהחכמה. והכתוב השני, ״והחכמה תחיה״, מבטא את ההסתכלות מלמטה, שלגביה החכמה היא המקור העליון המחיה את הכול.

וּבְגַן עֵדֶן הִיא בִּבְחִינַת גִּילּוּי הַהַשָּׂגָה. החכמה נמצאת כאמור בכל דבר, אבל בגן עדן היא מתגלה בהשגה. גן עדן איננו בהכרח מקום אחר, הוא לכל היותר מקום בהגדרה רוחנית. לאמור מצב שהנפש נמצאת בו, כמו במעמד של צופה, שבו היא רואה ומשיגה כל דבר שקודם לכן, בהיותה חלק מזה, לא יכלה לראות.

הדברים קרוב יותר לכפי שהם בעצמם; לא מרוסקים ומעובדים בצורות העולם הזה, אלא דברים כהווייתם, אור וגילוי אלוקי.

כתוב בספרים[20] שאוויר גן עדן מתפשט סביב כל אדם בכל עת (ונרשמים בו כל מחשבותיו ודיבוריו הטובים בתורה ומצוות), אלא שבהיות האדם בעולם הזה וכו׳ אין הוא יכול לקלוט את הדברים, לראות ולחוש ולהתענג בהם. הם שייכים אליו ומתייחסים אליו ואל חייו כל הזמן, אך עם זאת נמצאים סביבו ולא מודעים ולא מורגשים בכוחות נפשו. ולהיות בגן עדן – פירושו להיות במצב שניתן לקבל ולחוות את הדברים בתוכו. לכן, ייתכן שאף בחיי עולם הזה בגופו יכול אדם להיות ברגישות מיוחדת ובזַכּוּת נפש כזו שהוא יוכל לחוות משהו מגן העדן שלו. וכך בכל פעם שהוא עולה לדרגה גבוהה יותר של גן עדן, מגן עדן תחתון לגן עדן עליון וכו׳, הוא עובר למצב נפש אחר, שיכול לקבל לתוכו דרגה גבוהה יותר של השגה וחוויה מאותו ׳אוויר׳ גן עדן שסביבו. שכן כל העליות הן בתוך גן עדן התחתון והעליון הפרטי שלו, וכל עלייה היא רק השגה והפנמה עמוקה וזכה יותר באותם הדברים.

בבחינת גילוי ההשגה לכל חד לפום שיעורא דיליה כנודע שעונג הנשמות בגן עדן הוא מהשגת סודות התורה שעסק בעולם הזה בנגלה כדאיתא בזוהר הקדוש פרשת שלח ובגמרא בעובדא דרבה בר נחמני.

לְכָל חַד לְפוּם שִׁיעוּרָא דִילֵיהּ (לכל אחד לפי השיעור שלו). ההשגה בגן עדן אינה שווה לכולם, אלא לכל אחד באופן ובדרגה המיוחדת לו. גם מקום גשמי חווה כל אדם באופן המיוחד לו, וביתר שאת בהגדרתנו את גן עדן כגילוי, הגילוי הוא לכל אחד לפי השיעור שלו – לפי המידות, היכולת, הרקע הקודם וכו׳ של כל אחד. הרי שאין גן עדן אחד, אלא יש גן עדן אישי לכל אדם, שהוא משיגו לפי יכולתו ומצבו באותה שעה, דרגה למעלה מדרגה.

כַּנּוֹדָע שֶׁעוֹנֶג הַנְּשָׁמוֹת בְּגַן עֵדֶן הוּא מֵהַשָּׂגַת סוֹדוֹת הַתּוֹרָה. העונג של גן עדן הוא עונג של השגה. כוח העונג בנפש הוא אמנם גבוה מאוד, בדרגת ה׳כתר׳ שלמעלה מהשגת השכל, אבל התגלותו היא בהשגה ובהרגשה של כוחות הנפש הפנימיים.[21] כשלעצמו העונג הוא במקיף של הנפש, בסוד הנסתר שאינו מתגלה, והוא מתגלה כאשר הסוד הזה מושג; כאשר אדם מבין את הדבר, משיג אותו, רוכש אותו בשכלו ובחווייתו – אז הוא חווה את העונג שהיה נסתר בו. וכך בכל פעם שאדם משיג את הסוד שהיה נסתר ממנו, דרגה למעלה מדרגה, הוא מגלה את העונג, דהיינו את גן העדן הגבוה יותר.

והם סודות התורה **שֶׁעָסַק בָּעוֹלָם הַזֶּה בַּנִּגְלֶה.** מהיכן זוכה האדם לגילוי הסודות בגן עדן? שהרי כמבואר, בכל דרגות גן עדן אדם אינו לומד ואינו משיג דבר חדש, הוא רק משיג בדרגות גבוהות יותר את מה שכבר השיג קודם. אבל את ההשגה הראשונה, את עצם התפיסה בדברים, ניתן להשיג רק בעולם הזה, בתורה שעסק בה ״בעולם הזה בנגלה״ – דווקא בעולם הזה ודווקא בחלק הנגלה שבתורה. שכן כשאדם עוסק בנסתרות, בפנימיות התורה, אין לו מושג ממשי במה שהוא עוסק. הוא אומר מילים וחושב על מושגים מופשטים ומיחסם זה לזה, ואין הוא יודע ממש במה מדובר. האופן היחיד שבו יכול אדם להשיג השגה ממשית בעניינים אלוקיים הוא כאשר הם מלובשים בעולם הזה, לאמור בנגלה שבתורה – המחליף פרה בחמור, העושה ציצית מצמר וכו׳. רק כאשר האדם בעולם הזה, נפש בגוף, חי את הדברים האלה עצמם, יודע וחש אותם – יכול הוא לתפוס גם את השכל והרצון האלוקי המלובש בהם. אדם שחי בעולם הזה יודע בדיוק מהו חמור ומהי פרה, וכשהתורה מדברת על המחליף פרה בחמור הוא יודע ממש במה מדובר.

סודות התורה הם סודות האלוקות אין מדובר בסודות קטנים אלא ב״סודות התורה״, דהיינו בסוד הפנימי, הגדול ביותר שמסתיר העולם – הוא הקב״ה בורא העולם. כי בכל דבר, בכל פרט בעולם, מסתתרת החיות האלוקית המחיה והמהווה אותו. ובגילוי הסוד האלוקי הזה, בכל דרגות העולם, נמצא העונג שאין דוגמתו בהשגות העולם הזה כלל, אלא רק בהשגות גן עדן.

אכן, ההשגה הממשית בעולם הזה היא בנגלה בלבד, במבנים של עולם הזה שמבטאים את החכמה האלוקית, אבל אין היא השגה בפנימיות הדברים, באלוקי שבהם. השגה פנימית כזו אינה יכולה להיות במקום שבו עושים את הדברים. אי אפשר גם לעשות וגם להרגיש – מי שעושה אינו מרגיש ומי שמרגיש כבר אינו יכול לעשות. הדברים נכונים גם ביחס הכולל שבין חיי העולם הזה ובין חיי גן עדן: בעולם הזה שבו הוא עושה ממש ולומד ומבין את המצוות איך לעשותן, אין הוא מרגיש ומבין את גודל המעשים וקדושתם. ובגן עדן, כאשר הוא מרגיש כבר אין הוא יכול לעשות עוד. האופן היחידי שבו יכולה להיות הבנה ותחושה ממשית בסודות התורה, הוא כאשר אדם יבין בגן עדן את סוד הנגלה שהבין בעולם הזה. רק כך מצטרפת ממשות ההבנה ודיוקה אל הסוד האלוקי שבה ואל העונג הנעלם שמתגלה בה.

כִּדְאִיתָא (כנמצא) **בַּזּוֹהַר הַקָּדוֹשׁ פָּרָשַׁת שְׁלַח** (חלק ג קסג,א), שם מדובר על לימוד התורה של הנשמות בגן עדן, שהוא אופן של לימוד תורה בעולם רוחני. **וּבַגְּמָרָא** (בבא מציעא פו,א) **בְּעוּבְדָא** (במעשה) המסופר שם **דְּרַבָּה בַּר נַחְמָנִי.** על מחלוקת שהייתה ב'מתיבתא דרקיע' (בישיבה של השמיים, כלומר בגן עדן[22]) בדיני נגעי צרעת. הדין הוא שאם הבהרת קדמה לשיער לבן שבה הריהו סימן טומאה, ואם השיער הלבן קדם לבהרת הריהו טהור. ונשאלה שם השאלה: מה הדין בספק? הקב"ה אומר טהור, ומתיבתא דרקיע אומרים טמא. ואומרים שם: מי יכריע במחלוקת זו? ומשיבים – רבה בר נחמני. מסיפור זה נראה שיש לימוד והשגה של התורה בגן עדן, ושנושאי הלימוד הם אותם הנושאים הנלמדים בישיבות שבעולם הזה. עם זאת, אין הלימוד שם באופן שהוא למטה, שהרי למעלה אין גוף ואין נגעים שבגוף, ואין הלכה למעשה ואין מעשה וכו'. אלא, כפי שמתואר בכמה מאמרי חסידות,[23] נראה שהלימוד שם הוא באותם הדברים כפי שהם בדרגתם הרוחנית הגבוהה (בכל גן עדן לפי מעלתו). שהרי כל דבר של תורה משתלשל מלמעלה מעלה דרך כל העולמות עד שהוא מגיע לעולם התחתון שלנו, ובכל עולם יש לו מציאות ומשמעות בכלים ובמושגים של אותו עולם. ככל שהעולם גבוה יותר כך המשמעות היא עליונה יותר, מופשטת ורחבה יותר; ואולם אחר כל הדברים, כאשר באים לקבוע הכרעה, לאמור לא רק לחוות את הדברים ולהשיג יותר את משמעותם, אלא לקבוע הלכה ממש, להכריע בין דעות, צריך לרדת אל העולם שלנו, לשאול את רבה בר נחמני, שעדיין הוא בעולם הזה ועוסק בתורה הנגלית, ועדיין ממשות הדברים מושגת ונוגעת לו.

נמצא שהגילוי בגן עדן הוא אכן גילוי, אבל דווקא משום שאין הוא עוסק בדברים עצמם אלא בגילויים שלהם, דהיינו באור ה'ממלא כל עלמין', ההארה המצומצמת הנתפסת ומתגלה בכלים ובגדרים של העולמות.

הסוד המתגלה בעולם הזה כלל הוא ש"נעוץ תחילתן בסופן", והסודות הגבוהים ביותר, שאינם מתגלים לא בשכל ולא ברגש, מתלבשים דווקא במעשה. ונמצא שבנגלה שבתורה, העוסקת בעולם המעשה ובדברים גשמיים, נעוצים שורשי כל הסודות והגילויים שבכל העולמות. ואם כן, כאשר אדם עוסק בנגלה שבתורה בעולם הזה, הוא אוחז בשני אלה: בהשגה הממשית ביותר ובתכנים העמוקים ביותר הנעוצים בה.

אבל גילוי ההארה שבתחיית המתים יהיה מבחינת סובב כל עלמין שאינה בבחינת צמצום ושיעור וגבול אלא בלי גבול ותכלית כמו שנתבאר בלקוטי אמרים פרק מ״ח ביאור ענין סובב כל עלמין שאינו כמשמעו כמו עיגול חס ושלום אלא שאינו בבחינת התלבשות וכו׳ ועיין שם היטב.

• וזהו שאמרו רבותינו ז״ל ועטרותיהם בראשיהם ונהנין כו׳ עטרה היא בחינת כה אלול פשוטה
מקיף וסובב ונקרא כתר מלשון כותרת והוא בחינת ממוצע המחבר הארת כב אלול מעוברת

אֲבָל גִּילּוּי הַהֶאָרָה שֶׁבִּתְחִיַּית הַמֵּתִים יִהְיֶה מִבְּחִינַת ׳סוֹבֵב כָּל עָלְמִין׳, האור האלוקי שלמעלה מהעולמות, שסובב ומקיף את כל העולמות. ולכן אין ההתגלות של האור הזה יכולה להיות בעולם הזה ולא בשום עולם, אלא רק במציאות האחרת שתהיה בתחיית המתים.

שֶׁאֵינָהּ בִּבְחִינַת צִמְצוּם וְשִׁיעוּר וּגְבוּל אֶלָּא בְּלִי גְּבוּל וְתַכְלִית. ההארה שתתגלה אז תהיה זו שלמעלה מכל הגדרים והגבולות, מאור הסובב כל עלמין שלפני הצמצומים בגדרי העולמות. פירוש הדבר שתהיה זו התגלות אחרת, לא כפי שאנו מכירים ומשיגים בעולמות של היום. אכן, בעולם שלנו קשה לשער כיצד יכולה להיות התגלות כזו, אין לנו אפילו משל לזה. ובכל זאת, ניתן לשער שהיא כעין השגה של הנפש את עצמה – לא של פעולות הנפש ולא של כוחות הנפש, אלא של עצם הנפש. התגלות כזו היא לא כפי שאנו יודעים ומשיגים כעת, בידיעה שאנו יודעים את מה שמחוץ לנו, שהוא צריך להיכנס ולהתלבש בגדרי כוחות ההשגה שלנו, אלא כעין ההשגה שאנו יודעים ומשיגים את עצמנו.

כְּמוֹ שֶׁנִּתְבָּאֵר בְּלִקּוּטֵי אֲמָרִים פֶּרֶק מ״ח בֵּיאוּר עִנְיַן ׳סוֹבֵב כָּל עָלְמִין׳, שֶׁאֵינוֹ כְּמַשְׁמָעוֹ בהקשר הגשמי **כְּמוֹ עִיגּוּל חַס וְשָׁלוֹם, אֶלָּא שֶׁאֵינוֹ בִּבְחִינַת הִתְלַבְּשׁוּת** והשגה בשכלו ומחשבתו של האדם **וְכוּ׳, וְעַיֵּין שָׁם הֵיטֵב.** ההתייחסות בליקוטי אמרים פרק מח למושג ׳סובב כל עלמין׳ היא לחוסר הבנה שיכולה להיות למושג זה כאשר מסתכלים בו כפי

אינו כמשמעו כמו עיגול חס ושלום מה שנאמר שם, בפרק מח, הוא דוגמה לבעיה של הפשטת מושגי הקבלה מגשמיותם, בעיה שיש לה התייחסות מרובה בתורת חסידות חב״ד. המושגים שאנו חושבים בהם, כמו המילים שאנו מדברים בהן, לקוחים מתוך מציאות גשמית או כזו שמתייחסת למציאות גשמית. לא שאין הם נכונים גם במציאות הרוחנית, אלא שהבנתם שונה שם. תפיסת המחשבה שלנו מתחילה מהמציאות הגשמית, שזו נקודת ההתחלה בהתפתחות של רוב בני האדם. ולכן, ככל שאנו חושבים על מציאויות מופשטות יותר ונבדלות יותר מהחומר, אנו זקוקים למאמץ רב יותר כדי להתנתק מהמובן הגשמי של המילים והמושגים. אנו צריכים ללמוד להתייחס לאותם מושגים באופן שונה, לסגל להם מובן והקשר אחר.

הבעיה היא בעיה של כל חשיבה מופשטת, אבל היא חמורה יותר ביחס לקבלה. כיוון

שמסתכלים במציאות גשמית. אפשר לחשוב שהוא כמין אור וישות גשמית שסובבים מבחוץ ולא מבפנים (וכפי שניתן להבין בטעות מציורי העיגולים המצויים בכמה ספרי קבלה). ואולם מי שחושב רק במושגים אלה אינו יכול לתפוס כלל את מהות המושג הרוחני 'סובב כל עלמין'. אדמו"ר הזקן מסביר שם ש'סובב' ו'ממלא' הן הגדרות התפיסה שלנו – 'ממלא' הוא מה שמתלבש בתוך הכלים וכוחות הנפש שלנו, וה'סובב' הוא מה שאיננו מתלבש בהם משום שהוא מעבר ליכולתם להגדירו, או ליכולת הגדרה כלשהי. אך שלא כהבנה הגשמית של ה'סובב', אין הכוונה שהוא איננו נמצא בפנים אלא בחוץ, שכן העובדה שאין רואים אותו או מרגישים בו אינה אומרת שהוא לא נמצא. אדרבה, כמבואר שם, מציאותו של ה'סובב' היא בכל מקום, ובתוך כל דבר היא משמעותית אף יותר ממציאות ה'ממלא'. ה'ממלא' מתייחס לתכונות מסוימות, להגדרות שצריך להתבונן כדי להכירן ולזהותן, אבל ה'סובב' הוא עצם קיום הדבר – כלומר הוא אינו נמצא כהארה והשלכה מצומצמות, נתפסות, אלא נמצא בעצם הדברים, כדבר בעצמו. ועם זאת, כפי שמבואר כאן, אין הארה זו יכולה להיתפס בשכלנו כעת אלא רק לעתיד לבוא, בתחיית המתים, כשיהיה גילוי עצמי של הנפש בגוף ובו גילוי עצמי של אור אין סוף, הוא הארת ה'סובב כל עלמין'.

וְזֶהוּ שֶׁאָמְרוּ רַבּוֹתֵינוּ ז"ל (ברכות יז,א) על העולם הבא (והכוונה כאן לעולם של תחיית המתים): "צדיקים יושבים **וְעַטְרוֹתֵיהֶם בְּרָאשֵׁיהֶם וְנֶהֱנִין** מזיו השכינה". **'עֲטָרָה' הִיא בְּחִינַת מַקִּיף וְסוֹבֵב, וְנִקְרָא 'כֶּתֶר' מִלְּשׁוֹן כּוֹתֶרֶת.** על דרך משל, הכתר והעטרה הוא מה שנמצא על הראש, דהיינו למעלה ומעבר להארה המוגבלת המתגלה ומתלבשת בתוך הראש. ולכן נקראת ספירת ה'כתר' – מלשון כותרת ומקיף.[24] כפי שהכתר שעל ראש האדם איננו איבר מאיבריו, ואיננו נחשב או נספר בין איבריו, כך ספירת הכתר נבדלת משאר הספירות, שהן ככלים המגדירים את הכוחות הפנימיים, שכל ומידות, ואיננה כאחת מהן.

וְהוּא, הכתר, **בְּחִינַת מְמוּצָּע הַמְחַבֵּר הֶאָרַת הַמַּאֲצִיל אֵין סוֹף בָּרוּךְ הוּא לַהֲנֶאֱצָלִים.** ה'כתר' הוא תמיד הממוצע בין העולמות (הכתר של הבריאה הוא גם המלכות של האצילות

שהקבלה אינה מבוססת על השתלשלות מחשבתית, הגיונית, מנקודה מוכרת כלשהי, אלא על קבלת דברים כפי שהם, לפיכך היא מבוטאת במבנים מושגיים העומדים בפני עצמם. המילים הן כאמור אותן מילים כמו בעולם הגשמי, אפילו היחס ביניהם מזכיר יחסים מעין אלה בעולם גשמי, ואף על פי כן מדובר בדברים אחרים לגמרי. והחשש שדברים יובנו לא נכון, שיוסקו מסקנות לא נכונות בעליל, הוא לפיכך גדול מאוד.

אכן, כל עוד העיסוק בקבלה הוא במבנים המחשבתיים כפי שהם וכפי שהם מתייחסים זה לזה בלבד (כפי שמצוי בכמה דרכים בלימוד הקבלה), הסכנה היא פחותה; ואולם משעה שמנסים להבין את הדברים באופן פנימי ומופשט, ומנסים להסיק מסקנות מעשיות ואישיות, כפי שבאה החסידות לעשות, צריך להיזהר יותר, וצריך להיות מודעים יותר לבעיות אלה.

המאציל אין סוף ברוך הוא להנאצלים ולעתיד יאיר ויתגלה בעולם הזה לכל הצדיקים שיקומו בתחייה (ועמך כולם צדיקים כו'). וזה שאמרו רבותינו ז"ל עתידים צדיקים שיאמרו לפניהם קדוש כי קדוש הוא בחינת מובדל שאינו בגדר השגה ודעת כי הוא למעלה מעלה מבחינת החכמה ודעת שבגן עדן כי החכמה מאין תמצא כתיב הוא בחינת כתר עליון הנקרא אין בזוהר הקדוש והשפעתו והארתו בבחינת גילוי הוא דוקא כשהנשמה תתלבש בגוף זך וצח

וכו'). ולמעלה מהעולמות, הוא ממוצע בין המאציל לנאצלים, כלומר בין הקב"ה בעצמו ובין העולם העליון ביותר, הוא עולם האצילות.

בכל ממוצע יש משני הצדדים שהוא ממוצע ביניהם. ואף בכתר יש תמיד כפילות (עתיק ואריך, רצון ותענוג) המבטאת את שני הצדדים הללו: העליון והתחתון, מן המאציל ומן הנאצלים. הכתר הוא, מצד אחד, הסובב הנבדל משאר הספירות, ומצד זה הוא שייך למאציל; ומצד שני הוא מוגדר כסובב ומקיף של ספירות אלה דווקא, של נשמה זו ושל אדם זה דווקא (וכן מדויק מהלשון "עטרותיהם" – שלהם), ובצד זה הוא שייך אל הנאצלים.

ולהיותו הממוצע המחבר את הארת המאציל לנאצלים, יש לומר שההארה המתגלה ממנו היא הארה מעצמות המאציל, ולא הארה המצומצמת במחשבתו או דיבורו ומעשיו, ואף לא בחכמתו או בינתו וכו'. הארה זו אף אינה יכולה להתלבש בשום כוח פרטי מכוחות נפשו של האדם, גדולים ככל שיהיו, אלא רק בעצם נפשו או בביטוייה המיוחדים של עצם הנפש, כמו העונג והרצון, כמבואר במקומות אחרים.

וְאולם **לֶעָתִיד יָאִיר וְיִתְגַּלֶּה בָּעוֹלָם הַזֶּה לְכָל הַצַּדִּיקִים שֶׁיָּקוּמוּ בַּתְּחִיָּה** (ולא רק לצדיקים המיוחדים, אלא לכל אדם מישראל, כמו שכתוב: **"וְעַמֵּךְ כֻּלָּם צַדִּיקִים לְעוֹלָם יִירְשׁוּ אָרֶץ"**[25]). לעתיד לבוא, בזמן התחייה, יהיה הגילוי שונה הן בכך שהוא יהיה בעולם הזה (ולא בעולם רוחני כגן עדן), כלומר במקום התחייה, היכן שהנפשות ישובו אל הגופים, והן בכך שהוא יהיה לכל נשמות ישראל שיקומו אז בתחייה. כי בתחיית המתים יקומו לא רק הצדיקים המיוחדים, אלא כל ישראל שהיו בכל הדורות[26] – שכן בתיקון ובסיכום השלם של העולם שיהיה אז, ישובו כל הנפשות האלוקיות באופן המתוקן והשלם אל הגופים שהיו בהם, שבהם עסקו בתורה ובמצוות בעולם הזה, ויהיו בפועל במעלה העליונה השייכת להם. ולפיכך, יהיה הגילוי אז לכולם בשווה. שלא כגילויים של גן עדן

ועמך כולם צדיקים כתוב זה מבטא בחסידות[27] את התפיסה, שמה שנאמר ומיוחס בכמה מקומות לצדיקים, שייך במובן מסוים לכל עם ישראל, ולא רק בזמן התחייה אלא בכל זמן. התפיסה היא שבכל אדם מישראל יש משהו מן הצדיק, כלומר שיש בכוחו של ה'בינוני' להיות כמו הצדיק, במעלתו ובהרגשתו, ושיש בו מעין אותם כוחות שבצדיק. ומבואר שלעתיד לבוא, בהשלמת ותיקון המציאות כולה, אף תתגלה בכל אדם בחינת הצדיק בפועל.

המתייחסים לכל נשמה בפרט, מוגבלים למעשיו והשגותיו וחייו של אותו אדם בעולם הזה – לעתיד לבוא בתחיית המתים יהיה הגילוי האלוקי העצמי שווה לכולם, כהארת המקיף וגילוי העצמי, וכל אחד בנקודת שלמותו ייגע אז באותה עצמות עצמה.

וְזֶה שֶׁאָמְרוּ רַבּוֹתֵינוּ ז"ל (בבא בתרא עה,ב): **עֲתִידִים צַדִּיקִים שֶׁיֹּאמְרוּ** (המלאכים[28]) **לִפְנֵיהֶם קָדוֹשׁ.** המדובר בזמן התחייה, שתהיה אז מעלת הנפשות שבגופים למעלה מכל הנבראים. והמלאכים, המבטאים את התייחסות הבריאה והשבח שלה לקב"ה, כשליחים של הבריאה וכביטוי שלה – יאמרו אז בהתייחסם אל הנשמות בגופים: "קדוש".

כִּי קָדוֹשׁ הוּא בְּחִינַת מוּבְדָּל. 'קדוש' הוא לא רק גבוה יותר, אלא גבוה כל כך שאין כל יחס וערך אליו. 'קדוש' מבטא את הפלגת ההתייחסות מעבר למה שניתן, את היחס והשבח אל הנושא הנשגב ביותר, שכל מה שניתן להגיד בו הוא שהוא נבדל ומעבר לכל מה שמושגי ומדובר בו. 'קדוש' הוא לפיכך השבח של הקב"ה בעצמו. וכשהמלאכים אומרים לפני הנשמות שיהיו אז בגופים – 'קדוש', פירוש הדבר שהן נשגבות ונבדלות מהם כפי שהאלוקי נבדל מהם ומכל הנבראים.

שֶׁהקדוש **אֵינוֹ בְּגֶדֶר הַשָּׂגָה וָדַעַת,** מה שמושג בהשגה ודעת איננו נבדל. ההשגה בחכמה ודעת היא השגה שכלית, שהיא בהגדרתה השגה של האור בכלי, כלומר תפיסת המציאות בגבולות ובהגדרות שלנו ותפיסת היחסים בין המציאויות בהגדרות של סיבה ותוצאה, משפיע ומקבל וכו'. ואם כן, הקדוש והנבדל איננו בגדר השגה ודעת.

כִּי הוּא לְמַעְלָה מַעְלָה מִבְּחִינַת הַחָכְמָה וָדַעַת שֶׁבְּגַן עֵדֶן. כאמור, ההשגה בגן עדן היא השגה בחכמה ודעת, שהיא השגת ה'ממלא כל עלמין'. החכמה למעלה היא ראשית ההשתלשלות, ראשית חדירת האור הפנימי, וכן בנפש החכמה היא השגתו של אור פנימי זה. ובגן עדן מגיעה הנפש למיצוי השגת החכמה, להשגת כל מה שהיא יכולה וששייך אליה באור ה'ממלא כל עלמין', אבל לא למעלה מזה.

כִּי "הַחָכְמָה מֵאַיִן תִּמָּצֵא" כְּתִיב (איוב כח,יב). למעלה מהחכמה הוא ה"אין", המקור הנעלם של החכמה. החכמה "תמצא" מהאין, בדרך מציאה בלבד, לא כתוצאה הגיונית של מהלכים שנעשו אלא כמציאה הבאה פתאום; לא מתוך סיבה כלשהי אלא מתוך האין. שכאמור, החכמה היא ראשית ההשתלשלות, ולמעלה מהחכמה הוא האין הנעלם שאין לו סיבה.

הוּא בְּחִינַת כֶּתֶר עֶלְיוֹן הַנִּקְרָא 'אַיִן' בַּזּוֹהַר הַקָּדוֹשׁ.[29] ה'אין' הבלתי מושג הוא הכתר, הנקרא 'אין' לא משום שאיננו קיים אלא משום שהוא 'נבדל' ואיננו מושג ונתפס בחכמה ובכוחות הנפש.

עם זאת, נאמר ש"החכמה מאין תמצא", שהחכמה ומה שמושג בה באים משם, מה'אין' של הכתר. ובמובן זה, גם אם הכתר נעלם ונבדל מהשגת הנפש, הוא מכל מקום מקור ההשפעה לנפש, והנפש משיגה זאת (בדרך נעלמה, לא בחושיה וכוחותיה המודעים), שיש משהו נסתר מעבר להשגתה, שהוא המקור למה שהיא משיגה בחכמה ודעת וכו'.

וְהַשְׁפָּעָתוֹ וְהֶאָרָתוֹ של הכתר **בִּבְחִינַת גִּילּוּי הוּא דַּוְקָא כְּשֶׁהַנְּשָׁמָה תִּתְלַבֵּשׁ בְּגוּף זַךְ וְצַח**

אחר התחייה כי נעוץ תחלתן בסופן דוקא וסוף מעשה במחשבה תחלה כו׳ כנודע. אך אי אפשר להגיע למדרגה זו עד שיהא בגן עדן תחלה

אַחַר הַתְּחִיָּה. כעת, כשההשגה האלוקית היא בכוחות הנפש הרוחניים, בשכל ובמידות, אין דרך להשיג את מה שמעבר לשכל ולחכמה, את אור הכתר הנבדל וה׳סובב כל עלמין׳. ומה שנאמר כאן נשמע כמו פרדוקס: מתי תוכל הנשמה להשיג את מה שמעבר גם לרוחני? רק כאשר תשוב אל הגוף החומרי! – אכן, כפי שיבאר המחבר בהמשך, אין זה פרדוקס אלא רק הבנה עמוקה יותר במהות הגוף והחומר.

אין הוא אומר רק ״גוף״, אלא מדגיש ״גוף זך וצח״ ו״אחר התחייה״. בזמן הזה הגוף הוא עכור ואינו זך, הוא מסתיר ואינו מגלה כלל, אך בזמן שלאחר התחייה יהיה הגוף (והעולם הגשמי בכלל) ״זך וצח״. משהו מהותי בהוויית העולם ישתנה – משהו שבמציאות הנוכחית, של העולם הזה, קשה לנו אפילו לחשוב עליו. יהיה אז שינוי והבדל מהותי כל כך שמה שכעת מסתיר, הוא דווקא יגלה, עד שהבלתי אפשרי כעת – גילוי אור אין סוף הסובב כל עלמין – יהיה אז למציאות.

אך עדיין צריך להבין מדוע תלוי הגילוי הזה, של המקיף שלפני ההתחלה, בהתלבשות בגוף הגשמי דווקא. ולכן מוסיף: **כִּי נָעוּץ תְּחִלָּתָן בְּסוֹפָן**[34] **דַּוְקָא.** ההתחלה קשורה אל הסוף דווקא (ולא אל כל נקודה אחרת באמצע הדרך). כלומר, התחלת הכול, מה שקדם לכל דרגות העולמות, הוא הכתר ה׳סובב כל עלמין׳ – קשור אל סוף כל העולמות, הוא

תחיית המתים – תיקון השבירה והמיתה
תחיית המתים קשורה בזה שהגוף יהיה ״זך וצח״, כלומר מתוקן. שכן כמבואר בספרים,[30] המיתה קשורה לחטא,[31] ול״שבירת הכלים״[32] של עולם התוהו, ותחיית המתים לתיקון החטא והשבירה בכלל. המיתה היא שבירת הכלים (הם הגופים), שאינם יכולים עוד להחזיק ולגלות את האור (היא הנפש), אך כאשר הכלים מיתקנים (בתיקון השלם שבגמר כל העבודה בעולם הזה) והגוף הופך להיות ״זך וצח״, המגלה את אור הנפש – זוהי תחיית המתים.

בתחיית המתים יהיה גילוי אור אין סוף הסובב כל עלמין.[33] הכלים נשברו כאמור לאחר שלא יכלו להחזיק את האור הרב של עולם התוהו – אך אחר התיקון, שיהיה אז באדם ובעולם בכלל, יאיר ויתגלה האור של התוהו המתוקן, דהיינו האור המקיף הסובב כל עלמין, שהוא למעלה מהאור הפנימי המלובש עתה בכוחות הנפש של האדם.

גילוי אור הסובב בתחיית המתים הגילוי שיהיה בתחיית המתים יהיה בהכרח גילוי אור הסובב כל עלמין. שהרי הגילוי יהיה לנפש ולגוף כאחד, שלכן חזרו ונתחברו, וגילוי לנפש ולגוף כאחד הוא רק אור הסובב והמקיף. לגבי האור הפנימי (כמו בגן עדן, והמתגלה בעולם הזה) יש הבדל בין דרגה לדרגה של נפש, ובוודאי בין גוף לנפש – יש דרגה שהנפש יכולה לקבל והגוף אינו יכול (כמו בגן עדן). אבל לגבי האור הסובב כל עלמין, כיוון שהוא מעבר ונבדל מכל דרגות העולמות, אין כל הבדל בין דרגה לדרגה, בין גשמיות לרוחניות, בין גוף לנפש. בקבלת האור הפנימי יש יחס בין הנותן והמקבל, הם אינם נבדלים זה מזה, מה שאין כן באור הסובב, הנבדל, היחס הוא בהכרח חד צדדי, הארה רבה ועצומה שאינה

העולם והמציאות הגשמית שבעולם הזה דווקא. בלשון הקבלה הוא הקשר בין הכתר והמלכות,[35] ובנפש הוא הקשר בין הרצון העליון ובין העשייה.

וְ"סוֹף מַעֲשֶׂה בְּמַחֲשָׁבָה תְּחִלָּה"[36] כּוּ' כַּנּוֹדָע.[37] הוא לשון אחרת ל"נעוץ תחילתן בסופן", ובמובן מסוים הוא הקשר השני באותו מעגל – מצד אחד נעוץ תחילתן בסופן ומצד שני קשור הסוף להתחלה. כלומר, לא רק שהתחלה מתבטאת ומתגלה בסוף, אלא גם סוף המעשה מצד עצמו הוא המוכשר לגלות את ההתחלה יותר מכל הנקודות שבאמצע.[38] משמעות הדבר היא, שהמעשה הגשמי, עם שהוא גס ואטום ומסתיר את הרוחניות שיש בה גילוי אלוקות, הוא הוא המבטא את האלוקות שאף למעלה מהרוחניות. העולמות הרוחניים (כל עולם לפי דרגתו) מגלים את האור האלוקי שבהם, את האור האלוקי שמחיה אותם ומתגלה בהם, אבל אין הם משיגים ואין הם מגלים את האור האלוקי כשלעצמו, שמעבר להם, שלא עובר בהם. עולם המעשה החומרי לעומת זאת, דווקא משום שאין האור האלוקי שמהווה ומחיה אותו מתגלה, דווקא משום שאין המציאות שלמעלה ממנו יכולה להתגלות בו, משום שהמרחק גדול מדי – הוא זה שמסוגל לגלות את האין סוף עצמו: את האור והמשמעות שמעבר לכל המרחקים הללו, את האין סוף שיכול לדלג גם על המרחק האין סופי ולהוות את הגשמי.

אַךְ אִי אֶפְשָׁר[39] **לְהַגִּיעַ לְמַדְרֵגָה זוֹ,** של זמן התחייה וגילוי אור הסובב כל עלמין, **עַד שֶׁיְּהֵא בְּגַן עֵדֶן תְּחִלָּה.**[40] גן עדן אינו רק מקום המתנה, שבו מעבירות הנשמות את הזמן עד תחיית המתים. לגן עדן יש תפקיד של הכנת הנשמה לקראת הגילוי העיקרי, האמיתי,

מוגבלת במהותו של המקבל.

אם להביא משל ודימוי לזה, מעין גילוי של אור מקיף בעולם הזה, הוא מה שאנו קוראים 'אווירה'. אדם מגיע למקום מסוים והוא מושפע מהאווירה המיוחדת לאותו מקום. אין כאן מסר אינטלקטואלי מסוים, אינפורמציה או משמעות שנקלטת וניתנת לניתוח עיוני, אלא משהו מופשט, בלתי נתפס, שעובר ממילא, ללא יחס אל מאמץ והכנה ואפילו ללא יכולת של המקבל לקבל. כאשר יש נתינה של דברים מוגדרים ומשמעות מסוימת יש הבדל בין מקבל למקבל, לא כל אחד יכול לקבל אותו דבר; אבל כאשר הנתינה היא של 'מקיף' אין הבדל בין מקבל אינטליגנטי יותר או פחות, בין מי שיודע יותר או פחות, שכן ההשפעה אינה עוברת כלל דרך כליו של המקבל.

נעוץ תחילתן בסופן בנפש התחלת כל מה שקורה באדם הוא ברצון הפשוט, שאיננו מתלבש עדיין בשום כוח מסוים, שאין לו הסבר ואין לו ציור מוגדר, ואת הרצון הזה בעצמו מבטא כוח המעשה דווקא שהוא הסוף של כל מה שקורה בנפש. המעשה איננו דווקא החומר, אבל המעשה הוא תמיד הסוף, התוצאה, המציאות שמתקבלת בסיכום הכול (המלכות).

כמובן, באדם אין זה תמיד כך. לא כל רצון מגיע אל תכליתו במעשה. יש קלקולים וטעויות, יש רצונות שאינם מגיעים לפועל ויש מעשים שאינם מבטאים את הרצון הראשון אלא קלקול שקרה בדרך – אהבה או יראה נפולה, דמיונות בדרגה מסוימת של מציאות שאינה קיימת, וכיוצא באלו. אבל אצל הקב"ה, שכל כוח הוא גם פועל, שאין משהו 'אחר' באמצע בין הרצון והמעשה – "נעוץ תחילתן בסופן" דווקא.

להשיג בחינת חכמה עילאה (כו') [אפשר צריך לומר כל חד] כפום שיעורא דיליה וטל תורה מחייהו והקיצות היא תשיחך כו' ודי למבין.

האין סופי שיהיה אז. כל גילוי צריך הכנה, שהרי מהותו של הגילוי הוא הקבלה בכלים, וגם אם נתינת האור יכולה לבוא מלמעלה, הכנת הכלים חייבת להיעשות מלמטה, קודם הגילוי וכהכשרה אליו. וכפי שחיי העולם הזה מכינים את הגילוי בגן עדן, כך גן עדן הוא הכנה לגילוי שיהיה בזמן התחייה. הנפש עולה שם ללא הפרעות מצד הגוף ומשיגה יותר ויותר ("מחיל אל חיל"), בהשגת כל מה שאפשר להשיג באור ה'ממלא כל עלמין', עד שהיא מוכנה להשיג את מה שאי אפשר להשיג – אור ה'סובב כל עלמין'. תכלית ידיעת ה'ממלא כל עלמין' היא ידיעת מציאותו של ה'סובב', ידיעת הכלים המכשירים והמכינים לקראת ידיעת הדבר עצמו, המתגלה באור ה'סובב כל עלמין'.

לְהַשִּׂיג בְּחִינַת חָכְמָה עִילָּאָה (עליונה). החכמה העליונה היא ראשית הגילוי האלוקי (כפי שבנפש היא ראשית כל תהליך בנפש), והשגתה על ידי האדם היא תכלית ותמצית מה שניתן להשגה.

(כו') [אֶפְשָׁר צָרִיךְ לוֹמַר: כָּל חַד] במקום "כו'" שלכאורה אינו מובן, צריך להיות "כ"ח" – כלומר "כל חד", כל אחד,[41] **כְּפוּם שִׁיעוּרָא דִּילֵיהּ** (כפי השיעור, המידה, שלו). גילוי החכמה העליונה בגן עדן וגילוי אור ה'ממלא כל עלמין' בכלל הוא לכל אחד לפי המידה שלו, לפי הכלים שלו. שהרי זו מהותו של אור הממלא, שהוא ממלא ונכנס בכלים, ולכן גילויו והשגתו הם אצל כל אחד לפי הכלים שאותם הוא ממלא, דהיינו לפי שורש נשמתו ודקות שכלו ולפי ידיעותיו וכו'.

כ"ק אדמו"ר זי"ע מוסיף כאן את המשפט דלהלן, הנראה חסר במקום זה בנוסח האיגרת שלפנינו, כאשר היא עוברת מהדיבור על ההשגה בגן עדן להשגה ולמצב של תחיית המתים: "וּלְאַחֲרֵי כָּל זֶה יָקוּם בִּתְחִיַּית הַמֵּתִים עַל יְדֵי טַל תּוֹרָה, כְּמַאֲמַר רַבּוֹתֵינוּ ז"ל" **וְטַל תּוֹרָה מְחַיֵּיהוּ.** כאן מוסיף אדמו"ר הזקן שכבה נוספת לדברים. החכמה העליונה, שנזכרה לעיל, המתגלה בכל דרגות העולמות, היא התורה – וגילויה בעולמות הוא על

גילוי אור הסובב כל עלמין לעתיד לבוא אכן, כעת אור ה'סובב' הוא בלתי ניתן להשגה, הוא הכולל הכול ותמצית הכול, מעבר לכל הכלים ולפרטים המוכרים והמורגשים. לשם דוגמה, כוחות החיים שבנפש מתגלים באיברים השונים בגוף – בכוח הראייה בעין, בכוח ההילוך ברגל, בכוח המחשבה בראש וכו' – אבל עצם החיים, ובוודאי עצם הנפש, אינם יכולים להתגלות בשום איבר ובשום כוח פרטי. כך, אור ה'סובב כל עלמין' אינו יכול בעצם להתגלות בשום דרגה של עולם. כדי שהבלתי־אפשרי הזה ישתנה צריך לחול שינוי לא בפרט מסוים, קטן או גדול, אלא שינוי המציאות כולה, הפיכתה בכללה למשהו אחר. כמובן אין שינוי כזה יכול לחול מעצמו, אלא הוא בעיקרו שינוי הבא מלמעלה, ואולם ההכשרה לזה מלמטה חייבת להיות במיצוי כל מה שאפשר לתקן תחילה. כלומר, כדי להשיג את הבלתי אפשרי צריך קודם להשיג את כל האפשרי, לתקן את כל הצריך תיקון, להשלים את כל הפגום, כדי שלא יהיה שום דבר בחוץ, שום קצה בלתי סגור, שום חילוק

ידי לימוד התורה, הן בעולם הזה הן בגן עדן (במתיבתא דרקיע, כמבואר לעיל באיגרת זו). ועל פי מאמר רז"ל "כל העוסק בטל תורה טל תורה מחייהו",[42] מובן שהעיסוק בתורה בעולם הזה ובגן עדן[43] הוא לא רק הקדמה והכנה לתחיית המתים, אלא הוא עצמו מחיה את המתים.

באופן אחד[44] מוסבר הדבר, שהטל, כמו הגשם, הוא השפעה מלמעלה, אך שלא כמו הגשם הוא השפעה שאיננה פוסקת, כי אין היא תלויה במעשיהם של התחתונים. וכפי שהוסבר, השפעה כזו שאיננה לפי ערך המקבל, שכלפיה הגשמיות והרוחניות, הגוף והנפש, השמים והארץ, הכול אחד – היא השפעת והארת ה'סובב כל עלמין'. והארה זו, שמאחדת את הניגודים של גוף ונפש, היא זו שמחיה את המתים.

בחינת 'טל' זה שבו יחיו המתים לעתיד לבוא נמצאת גם עתה, בתורה. בתלמוד (שבת פח,ב) מסופר שכאשר שמעו ישראל את הדיברות במתן תורה יצאה נשמתם על כל דיבור ודיבור, עד שהחזירה להם הקב"ה בטל שעתיד להחיות בו את המתים. הרי שבמתן תורה, ובתורה בכלל, יש שני הדברים – מצד אחד הגילוי הזה שהנשמה איננה יכולה לשאת כפי שהיא בעולם הזה, שהיא כלה ויוצאת מהגוף להיכלל בו, ומצד שני הכוח[45] שיכול להחזיק אותה בגוף ובעולם, לקבל את הגילוי ולא להתכלות.

"וַהֲקִיצוֹתָ (בתחיית המתים) **הִיא** (התורה) **תְשִׂיחֶךָ כו'"** (משלי ו,כב), **וְדַי לַמֵּבִין.** מוסיף, שלאחר תחיית המתים, כאשר "הקיצות", בנפש ובגוף מזוכך – אף אז התורה "היא תשיחך".[48] כלומר, שתהיה חיותך מהתורה שעסקת בה בעולם הזה ובגן עדן; לא רק להקים את המתים אלא אף להחיותם, לתת בהם את החיות וההשפעה והעונג שמבחינת ה'סובב כל עלמין'.

לאחר העיון בשכר המצווה, הפירות והקרן, שהוא בסיכומו של דבר הצדקה שעושה הקב"ה, חוזר אדמו"ר הזקן לעניין שפתח בו, מצוות הצדקה שעושה האדם. מצוות הצדקה שעושה הקב"ה היא "דרך ה'", הדרך שבה הוא משפיע ומוריד את אור האין סוף למטה, ומצוות הצדקה שעושה האדם היא הכלי בתוך העולם שיכול לקבל אור זה.

בלתי פתור. רק אז, כשהכול קשור וסגור יחד, הוא יכול להתהפך בכללו ולהפוך למשהו אחר שלא היה קודם, שהיה בלתי אפשרי, בלתי מציאותי קודם. מיצוי זה של שכלול וגילוי בכוחות הנפש, בהרגשה ובהשגה, בחיי העולם הזה מצד אחד ובחיי גן העדן מהצד השני, חייב אפוא להקדים את גילוי ה'סובב כל עלמין' שיהיה בתחיית המתים.

יצאה נשמתם והחזירה להם בטל וכו' שתי בחינות אלה בתורה הן ה'רצוא ושוב'[46] שבה – כוח ה'רצוא' להתנתק מן העולם ולהידבק באלוקי, וה'שוב' להוריד את האלוקי אל העולם; ה'רצוא' הוא בהשגת התורה בכל מה שניתן להשיג, דרגה למעלה מדרגה, וה'שוב' הוא 'טל תורה' שלמעלה ממה שניתן להשיג ועל כן הוא ה'שוב', שמאחר שאין להשיגו למעלה יותר הוא שב למטה וכו'. ולכן ה'שוב' דווקא הוא הכוח וה'עוז' שמקבל מי שעוסק בתורה לקבל את הגילוי האלוקי בהיותו בגופו בעולם הזה,[47] ומכוח זה אף לעתיד לבוא "טל תורה מחייהו" בתחיית המתים.

כו אלול פשוטה

▸ וזהו רחבה מצותך מאד היא מצות הצדקה שהיא כלי ושטח רחב מאד להתלבש בה הארת אור אין סוף ברוך הוא (וכמו שכתוב לבושו צדקה) אשר יאיר לעתיד בבחינת בלי גבול ותכלית בחסד חנם באתערותא דלתתא זו הנקראת דרך ה׳ וזהו לשון מאד שהוא בלי גבול ותכלית.

וְזֶהוּ "רְחָבָה מִצְוָתְךָ מְאֹד" (תהלים קיט,צו). שתי שאלות נשאלו בתחילת האיגרת על כתוב זה: מדוע "מצותך" בלשון יחיד, ומדוע "רחבה". לשאלה הראשונה התייחס המחבר בתחילה והסביר שהכוונה היא בייחוד למצוות הצדקה, ולשנייה יתייחס עתה, בסיום האיגרת.

הִיא מִצְוַת הַצְּדָקָה, שֶׁהִיא כְּלִי וְשֶׁטַח רָחָב מְאֹד לְהִתְלַבֵּשׁ בָּהּ הֶאָרַת אוֹר אֵין סוֹף בָּרוּךְ הוּא, (וּכְמוֹ שֶׁכָּתוּב: "לְבוּשׁוֹ צְדָקָה"[49]). לבושו של הקב"ה עצמו היא מצוות הצדקה, שרק היא כאמור לבוש רחב מאוד להיות מידה ולבוש לאין סוף. 'מאד', כמבואר בחסידות, משמעותו לאין סוף,[50] ועל כל פנים ללא גבולות. כך הצדקה במהותה איננה מותנית, ולכן איננה מוגבלת בשום דבר שמקבלים בתמורה.

כלי רחב להתלבש בו אור אין סוף השאלה העומדת בבסיס הדברים היא, מהו הכלי שיכול לקבל אין סוף? לאחר שהאריך לומר שהעולמות כולם אינם יכולים להכיל אלא את אור ה'ממלא כל עלמין', ושה'קרן' לעולם הבא (שבזמן התחייה) היא אור ה'סובב כל עלמין' שלמעלה מהגבלת כל העולמות, נשאלת השאלה: מהו אם כן הכלי והעולם שיכול לקבל את האור הזה? הבעיה היא לכאורה בלתי פתירה, שהרי הגדרת מציאותם של כל העולמות היא במידות ובגבולות, וזה שאין לו מידה, שאין לו גבולות, אינו בגדר עולם כלל? התשובה היא, שהעולם אכן איננו מקבל אין סוף, ומה שיכול לקבל הוא אותו חלק עולם שכביכול מפסיק להיות עולם, שמתבטל ממציאותו וישותו כעולם והופך להיות מכשיר בלבד, מרכבה לאין סוף. מהפך כזה יכול להתחולל כעת רק באופן אחד, שהוא על ידי המצווה – כאשר רצונו וחכמתו של הקב"ה חוזרים ומתלבשים בעולם, כאשר רצונו האין סופי, שיכול לרצות גם להגביל ולצמצם את עצמו ב'גבולות', מתלבש בכלים ובהגדרות של העולם הזה. ועדיין אין די בירידה ובהשפעה הזו מלמעלה, צריך שמשהו מתוך העולם יתחבר עם האין סוף וייצור בפועל את החיבור הזה, את הבזק האין סוף שיאיר את העולמות כולם. החדירה של הרצון האלוקי היא המצווה שעושה (שנותן) הקב"ה, ומה שמתחבר אליו בתוך העולם הוא האדם שעושה את המצווה למטה. הקב"ה אכן נותן את המצווה, אבל האדם הוא שגומר אותה, ברצונו שמתחבר עם הרצון האלוקי, במעשה שמתאחד עם המעשה האלוקי. ובאותה שעה ובאותו מעשה, זה איננו עוד רצונו והבנתו והרגשתו של האדם פלוני (כי מה שהוא מבין ומה שהוא רוצה בזה איננו משנה, וככל שימעט ברצון והבנה משל עצמו כך ייטב), אלא הרצון האין סופי המתגלה כאן, בתוך המקום והמעשה הזה. דברים אלה נכונים בכל מצווה, ואולם כאשר מדברים לא רק על מציאות של אין סוף במצווה אלא על 'שכר' המצווה, על השפעה של אין סוף בעולם, על נתינה ובריאה ממשית בגדרי 'עולם', מדברים על מצוות הצדקה דווקא. שכאמור לעיל, הצדקה איננה רק צוותא והתקשרות אלא גם השפעה ונתינה בעולם, וכפי שהיא אצל

אֲשֶׁר יָאִיר לֶעָתִיד, בזמן תחיית המתים כאמור, **בִּבְחִינַת בְּלִי גְּבוּל וְתַכְלִית.** היא ההארה ונתינת השכר לעתיד לבוא, שמשום שהוא מבחינת ה'סובב כל עלמין', מעבר לכל גבול ותכלית, הוא יהיה **בְּחֶסֶד חִנָּם.** כלומר בגדר של צדקה, שהרי אין בעולמות כולם ערך השווה אליו, שיכול 'לשלם' עבורו.

בְּאִתְעֲרוּתָא דִּלְתַתָּא (התעוררות מלמטה) **זוֹ**, היא מצוות הצדקה שעושה האדם למטה, שבמהותה היא חסד חינם, שאדם נותן לאחר בלי גבול ותנאי. ולכן היא **הַנִּקְרֵאת "דֶּרֶךְ ה'".** שהיא, על פי ערכו של האדם, כעין הדרך שבה הקב"ה נותן, בלי גבול ותכלית ובחסד חינם. וכיוון שהיא כעין מצוות הצדקה של הקב"ה הריהי מעוררת מלמעלה ('אתערותא דלעילא') את מצוות הצדקה ממש שעושה הקב"ה שבה יורד האור האלוקי האין סופי אל תוך העולם, עובר ממקום אחד הוא הסובב כל עלמין אל מקום אחר הוא הממלא כל עלמין.

וְזֶהוּ לְשׁוֹן "מְאֹד" ("רחבה מצותך מאד") **שֶׁהוּא בְּלִי גְּבוּל וְתַכְלִית.** המשמעות של 'מאד' בכל מקום היא בלי גבול.[53] והמצווה היא רחבה מאוד, בלי גבול, לעומת חוויית הנפש בהשגת התורה וידיעת אלוקות שיש לה גבול ותכלית.

הקב"ה – שהיא מהות נתינתו ובריאתו את העולמות – כך אצל האדם היא נתינה ממשית למי שאין לו; נתינה של חלק עולם, חומרי וממשי, למי שאין לו. חלק עולם זה, הממשי, יש לו ממדים בעולם, וזהו "רחבה מצותך מאד" – הצדקה בעולם, שיש לה רוחב ממש, והרוחב הזה הוא 'מאד', אין סוף.[51]

רחבה מצותך הממדים של רוחב, אורך ועומק ברוחניות מוסברים בחסידות חב"ד[52] על דרך משל מהשכלה של שכל. 'אורך' הוא כוח השכל לרדת אל תוך גבולות הולכים ומצטמצמים, ולכן על התורה נאמר שהיא "אֲרֻכָּה מארץ מִדָּהּ" (איוב יא,ט), לפי שהיא נמשכת ויורדת למטה מטה. 'עומק' ההשגה, הנקרא גם 'פנימיות בינה', הוא היכולת לתפוס את תמצית ושורש ההשכלה, מעבר למשלים ולהסברים הבאים 'לקרב אל השכל'. ו'רוחב' היא הגדרה של התפשטות לכל הצדדים, עד בלי גבול. מדברים על רוחב ההבנה, על הרחבת הביאור וההבנה וכו', שהוא הכוח להבין ולהסביר דבר בצדדים ובאופנים שונים בלי גבול. הרוחב הוא אפוא 'כלי שטוח', שכן אין הוא מאריך למטה ואין הוא מעמיק למעלה, ולכן הוא כלי וממד של האין סוף. האורך בהגדרתו מצמצם למטה אל תוך הגבולות, העומק יוצא למעלה מהגבולות וממילא אין הוא עוד 'כלי' ומידה, ורק הרוחב הוא כלי שטוח המבטא בהסברים נוספים ובצדדים נוספים לאין מספר את מהות האין סוף בתוך העולמות.

ודווקא המצווה היא 'רחבה'. כי התורה והחכמה אינן תורה וחכמה אם אין מבינים אותן, וכאשר מדברים על השגה והרגשה וחוויה, אפילו הנושא הוא אלוקי ואין סופי, הוא בהכרח אישי ומוגבל בכלי הנפש. מה שאין כן המצווה, שכל מהותה עשיית הרצון, עשייה בפועל (ובהתבטלות ישות הנפש) היא רחבה לאין סוף. אין גבול (עקרוני) לאותיות שיכול אדם לומר, למעשים שהוא יכול לעשות, לאופנים שהוא יכול לעשות אותם וכו'. הגבולות הם רק גבולותיו של העולם הגשמי, של זמן ומקום וגוף, אבל לא גבולות של הדבר מצד עצמו.

אבל לכל תכלה ראיתי קץ תכלה היא מלשון כלות הנפש שבגן עדן שהיא בבחינת קץ ותכלית וצמצום כנ"ל ולכל תכלה הוא לפי שיש כמה וכמה מעלות ומדרגות גן עדן זה למעלה מזה עד רום המעלות כמו שכתב בלקוטי הש"ס מהאריז"ל בפירוש מאמר רבותינו ז"ל תלמידי חכמים אין להם מנוחה כו' שעולים תמיד ממדרגה למדרגה בהשגת התורה שאין לה סוף כו' עד אחר התחייה שיהיה להם מנוחה כו':

אֲבָל "לְכָל תִּכְלָה רָאִיתִי קֵץ", הוא תחילת הפסוק (תהלים קיט,צו): "לכל תכלה ראיתי קץ רחבה מצותך מאד". **"תִּכְלָה" הִיא מִלְּשׁוֹן כְּלוֹת הַנֶּפֶשׁ שֶׁבְּגַן עֵדֶן, שֶׁהִיא בִּבְחִינַת קֵץ וְתַכְלִית וְצִמְצוּם כנ"ל.** כפי שהוסבר, בגן עדן משיגה הנפש באור ה'ממלא כל עלמין', ובהשגה כזו היא מגיעה לכלות הנפש. כלות הנפש פירושו שהנפש מגיעה לקצה יכולתה להכיל ולשאת דבר, וכיוון שכך היא כלה, מפסיקה להתקיים באותה מתכונת והגדרה שהייתה לה קודם (בין בכוח, שהיא מרגישה שהינה בכוחה ואפשרותה לכלות ממש, ושכלים כל רצונותיה השגותיה ורגשותיה הקודמים, אבל אין היא כלה בפועל ממציאותה – ובין בפועל ממש). לכלות הנפש מגיעה הנפש רק בהשגה כזו שנכנסת וממלאת את הכלים וההגדרות שלה, עד שאין הם יכולים להכיל יותר. ודווקא כאשר המושג נכנס ומצטמצם בכלים של כל נפש לפי שיעורה, אז כשהוא מגיע לקצה גבולה – היא מגיעה לכלות נפשה. ובגן עדן, כשההשגה כשלעצמה היא בלי שום הגבלה חיצונית, מגיעה הנפש תדיר ל'כלות הנפש'.

ו**"לְכָל תִּכְלָה"**, מ'לכל' משמע שיש כמה מינים ודרגות של 'תכלה', **הוּא לְפִי שֶׁיֵּשׁ כַּמָּה וְכַמָּה מַעֲלוֹת וּמַדְרֵגוֹת גַּן עֵדֶן, זֶה לְמַעְלָה מִזֶּה עַד רוּם הַמַּעֲלוֹת,** ובכל דרגה של השגה ו'גן עדן' יש אופן ודרגה אחרת של כלות הנפש, זו למעלה מזו. מה קורה לנפש לאחר שהגיעה לכלות הנפש בגן עדן? – היא עולה לגן עדן גבוה יותר. בגן עדן לומדת הנפש ומשיגה עוד ועוד, כל כמה שהמקום נותן, כל כמה שהיא יכולה לקבל באותו מקום (היינו באותו מרחב הגדרות שיש לה, שאיתו הגיעה לגן עדן) עד למיצוי הכלים שלה, ואז כשהיא מגיעה לכלות הנפש, היא עולה לגן עדן גבוה יותר. וכך היא ממשיכה ועולה מכלות הנפש לכלות הנפש ("כל תכלה"), מגן עדן לגן עדן, זה למעלה מזה.

כְּמוֹ שֶׁכָּתַב בְּלִקּוּטֵי הַשַּׁ"ס מֵהָאֲרִיזַ"ל, בְּפֵירוּשׁ מַאֲמַר רַבּוֹתֵינוּ ז"ל: תַּלְמִידֵי חֲכָמִים אֵין לָהֶם מְנוּחָה כו',[54] ומבאר שם שאין להם מנוחה מפני **שֶׁעוֹלִים תָּמִיד מִמַּדְרֵגָה לְמַדְרֵגָה בְּהַשָּׂגַת הַתּוֹרָה שֶׁאֵין לָהּ סוֹף כו'.** תלמידי החכמים שלמדו תורה בעולם הזה ממשיכים ולומדים תורה בגן עדן. ובגן עדן, כאשר אין הגבלות להשגה, הם הולכים ומשיגים עוד ועוד עד מיצוי הכלים וכלות הנפש, ואז עולים לגן עדן גבוה יותר להשגה במכלול גבוה יותר של מושגים וכו'. ומאחר שהתורה אין לה סוף, אף עלייתם ממדרגה למדרגה נמשכת עוד ועוד ללא מנוחה, ללא סוף.

עַד אַחַר הַתְּחִיָּה שֶׁאָז יִהְיֶה לָהֶם מְנוּחָה כו'.[55] העלייה ממדרגה למדרגה היא באור ה'ממלא', שיש בו תמיד מדרגה למעלה מהמדרגה שנמצאים בה. ואולם אחר התחייה, כאשר יהיה הגילוי מבחינת האור ה'סובב', לא יהיו יותר עליות ודרגות, כי גילוי האור שיהיה אז יהיה אור אין סוף הסובב לכל הדרגות, השווה ומשווה קטון וגדול, דרגה לדרגה. זה שאין לו מנוחה הוא זה שרואה שיש עוד משהו, וממילא הוא רואה חיסרון בעצמו ושואף למלא את חסרונו, להגיע לעוד דרגה שהוא יכול להשיגה, ולכן אין הוא יכול לנוח במקומו. אבל הגילוי של אחר התחייה יכלול את כל המדרגות – לא יהיה זה גילוי שייכנס לדרגות ולנפשות, אלא הכול ייכנס אליו, הכול יהיה בו. אז יהיה הכול במנוחה האין סופית של הנוכחות האלוקית העוטפת הכול ונוכחת בכול, של העונג האין סופי שאיננו צריך שום דבר אחר, כי הכול כבר כאן, כעת, נוכח ונרגש.

איגרת זו כולה עסקה בשכר מצוות הצדקה. ואף שגם באיגרות אחרות הייתה התייחסות למה שזוכה האדם מלמעלה בשל הצדקה שהוא נותן למטה, לא היה זה אלא בבחינת פעימה אחת של שכר הצדקה, מה שמתעורר מלמעלה באותה שעה של התעוררות האדם למטה, כשהוא נותן את הצדקה. התייחסות זו היא אל החלק משכר המצווה השייך לחיינו כעת, מה שחשוב לנו ועוזר לנו כעת בעבודה שלנו בעולם הזה. אמנם באיגרת זו מוסבר הנושא בכללותו, בכל המרחב שהוא מתקיים בו. לא רק במה שנוגע לנו כעת, אלא בנושא לעצמו, שכר המצווה, מה שהיה ומה שיהיה עד לקץ הימים.

ומבואר ששכר המצווה איננו רק תשלום חד פעמי שנותנים עבור מצווה שנעשתה, אלא כפי שהמצווה שעושה האדם קיימת לעד, שהרי היא קיום רצונו הפנימי של הקב"ה שלמעלה מהעולם ומהזמן, כך שכר המצווה אף הוא הוויה קיימת לנצח. ויחד עם זאת, מאיר שכר המצווה גם בתוך העולמות, בעולם הזה ובעולמות הרוחניים, בגן עדן, דרגה למעלה מדרגה. שני פנים אלה של שכר המצווה נמשלו ל'קרן' ול'פירות'. ה'קרן' היא שכר המצווה עצמו, אשר כמו המצווה עצמה הוא מעבר לכל העולמות, והרי הוא עצום ורחב מלהיכנס בכל כלי וגדר של עולם הזה, וה'פירות' היא הארת השכר המתגלה ומשפיעה גם בתוך העולמות.

למה חשוב לדעת כל זאת? מובן מדוע חשוב לדעת על שכר המצווה הנוגע לאדם בעולם הזה, שיכול להביא לעשיית עוד מצוות וכו', ואולם מה טעם לעסוק בשכר המצוות לעולם הבא, בגן עדן, וביתר שאת בזמן התחייה, שאיננו שייך עוד למעשה עולם הזה?

בפשטות יש לומר שעצם ההבטחה לעתיד יש בה נתינת כוח לעבודה כבר עתה. ואולם הטעם הפנימי הוא ששלושת השלבים שדובר בהם באיגרת זו – מעשה המצווה, שכרה בעולם הזה ובגן עדן, ושכרה לעתיד לבוא בעולם התחייה – הם בעצם אחד. כפי שנפש האדם היא אחת, כך מה שהיא עוברת בכל השלבים הללו אינו אלא פנים שונים של הוויה אחת, הצריכים זה לזה ואינם מתקיימים זה בלא זה.

מה שנאמר באיגרת זו הוא שהחוט האחד העובר בכל השלבים הללו הוא מצוות הצדקה.

הצדקה היא סוד קיום הבריאה, סוד עבודת הנפש, וסוד תכלית הכול. סוד הקיום הבריאה – שכן אין דרך של השתלשלות, של סיבתיות מושכלת שמביאה לקיומה של הבריאה, אלא רק בהיותה צדקה שעושה הקב"ה עימה לקיימה. סוד עבודת הנפש – כדי שתוכל הנפש בעולם הזה לקיים מצוות צדקה, לרחם ולתת גם למי שלא מגיע לו, גם למי שאין חשק ועונג בנתינה לו. וסוד תכלית בריאת כל העולמות והנשמות, שהיא הצדקה שבה יתגלה לעתיד לבוא הקב"ה בעצמו, לא בהארה מצומצמת דרך גבולות והיעלמות וסדר השתלשלות, אלא באין סופיותו העצמית.

אכן בעולם הזה, המוגבל, שבו מוסתר הנצח והאין סוף, אין אנו יכולים לראות את שלמות הדבר שקורה. אנו עושים את חלקנו ומצפים לישועה, מצפים לשכר. אך אנו חייבים לדעת שהדבר הזה כולו קורה עתה, שמכלול הדברים הללו אחד הוא, בעולם הזה ובעולם הבא, במצווה ובשכרה. כי הקושרת ואוחזת את כל אלה יחד היא הידיעה. כמו בחייו של האדם בעולם הזה, שמה שקושר את האדם של אתמול אל האדם של היום היא המודעות שזהו אני וגם זהו אני, כך בהיקף הגדול, של קיום האדם והעולם הזה והעולם הבא, החיבור הוא בידיעה. ידיעה זו, אף אם אין היא נצרכת לכל מצווה בפרט, צריך הוא שתהיה – ובפעם הזאת, באיגרת הזו, מודיע אותה האדמו"ר הזקן.

איגרת יח

איגרת זו, כמו איגרת טו וכמו האיגרות הבאות אחריה (יט–כ), אינה איגרת במובן הרגיל, שכותב הרבי אל החסידים בעניין מסוים, אלא כעין מאמר המבאר עניין בחסידות. העניין המבואר ב'איגרת' זו הוא שני מיני אהבת ה', זו כנגד זו: 'אהבה בתענוגים' לעומת אהבה של תשוקה וחפץ להידבק בה'.

האהבה היא כנראה הכוח המשמעותי והמשפיע ביותר בחייו של האדם, ובהיקף הפנימי של חיי האדם האהבה היא אהבת ה'. ואכן, החסידות עוסקת הרבה באהבת ה', אולי יותר מכל מידה וכוח נפש אחר; בהגדרותיה, בדרגותיה ובאופניה, בדקות ההבחנה, בכל צד וצירוף אפשרי. ידוע שדרך העיון בנושאים המופשטים, הפנימיים, היא בהעמדה והגדרה של צד אחד מול השני – וכך גם באיגרת זו מבוארת אהבת ה' דרך החילוק וההבחנה בין שתי האהבות הנזכרות.

איגרת יח

כז אלול פשוטה
כג אלול מעוברת

כתיב מה יפית ומה נעמת אהבה בתענוגים. הנה ב׳ מיני אהבות הן הא׳ אהבה בתענוגים דהיינו שמתענג על ה׳ עונג נפלא בשמחה רבה ועצומה שמחת הנפש וכלותה בטעמה כי טוב ה׳ ונעים

מקובל בידינו ש׳איגרות הקודש׳ סודרו על פי סדר העניינים.[1] ואם כן, בייחוד במקרה זה יש לחפש את הקשר הענייני לאיגרות הקודמות. האיגרת הקודמת עסקה בשכר המצווה, בגן עדן ובזמן התחייה, ואפשר לומר שאף איגרת זו עוסקת, לפחות בתחילתה, בסוג של אהבה שאיננו עבודה אלא שכר על עבודה. ועוד אפשר לומר, שאף שתי דרגות השכר שדובר בהן באיגרת הקודמת – ה׳קרן׳ וה׳פירות׳ – מקבילות לשתי דרגות האהבה שידובר בהן באיגרת זו: אהבה בתענוגים ואהבה מסותרת; אהבה בתענוגים הבאה מלמעלה, כמתנה, לאחר העבודה (כמו הקרן), והאהבה המסותרת המצויה בכל זמן בכל יהודי, בשעת העבודה ממש (כמו הפירות). מה שנוסף ומודגש באיגרת זו הוא ההתייחסות אל השכר המתגלה בעולם הזה, והנעשה משום כך לכוח המניע בכל עבודת ה׳ – הוא כוח האהבה בכל דרגותיו, שעל ידו אנו עובדים את ה׳ ואותו אנו מבקשים בעבודה.

כְּתִיב: ״מַה יָּפִית וּמַה נָּעַמְתְּ אַהֲבָה בַּתַּעֲנוּגִים״ (שיר השירים ז,ז). הכתוב מדבר על אהבה מסוג מסוים שהיא ׳אהבה בתענוגים׳, ומכאן שיש גם אהבה מסוג אחר, שאינה בתענוגים.

הִנֵּה ב׳ (שני) **מִינֵי אֲהָבוֹת הֵן.** אף על פי שיש סוגים רבים ודרגות רבות של אהבה, כידוע וכמפורט בספרי החסידות, כאן מדובר בשני מיני אהבות. כאשר מגדירים את האהבה על פי התייחסות חיצונית, כגון על פי מושא האהבה[2] וכיוצא בזה, אכן יש מינים רבים של אהבה; ואולם כאשר מתייחסים אל האהבה עצמה, היא מתחלקת תמיד לשניים. שני

שני מיני אהבות הן כל אהבה שלמה היא התייחסות בין שניים; ואם כן, הרי יש שתי אהבות: זו שמרגיש האחד וזו שמרגיש השני. אף כאשר מדובר באהבת ה׳, יש אהבה שמרגיש האדם, שהוא רחוק ונפרד ורוצה להתקרב ולהיות עם ה׳, ויש אהבה כפי שהיא אצל הקב״ה, שאין נפרד ואין נבדל ממנו. במובן זה יכול גם האדם, בהווייתו העליונה, להרגיש את אהבת ה׳ כפי שהיא מצידו של הקב״ה (בבחינת דעת עליון והרגשה עליונה), והיא האהבה בתענוגים שידובר בה כאן.

יופי ונועם במקום אחר[3] מוסבר גם הקשר בין תחילת הפסוק שהוזכר לעיל, ״מה יפית ומה נעמת״, להמשכו: ״אהבה בתענוגים״, ולמה

סוגים אלה הם שני צדדים בהרגשת האהבה. האחד, כאשר ההרגשה קשורה בתהליך, ברצון להתקרבות ובחוסר השלמות שבמצב הנוכחי שבו אין האוהבים נמצאים יחד במימוש האהבה; והשני מתייחס אל המציאות של היות יחד. האהבה מן הסוג הראשון אינה מתקשרת עם האהוב עצמו אלא עם זיכרונו, עם התשוקה והגעגועים אליו וכו׳, בעוד האהבה השנייה מתייחסת אליו עצמו, בהיותו נוכח.

הא׳ (הראשונה) – לא בקדימה או בשכיחות אלא במעלה – היא **׳אַהֲבָה בְּתַעֲנוּגִים׳. דְּהַיְינוּ,** שנקראת כך משום **שֶׁמִּתְעַנֵּג עַל ה׳ עוֹנֶג נִפְלָא.** אהבה זו נקראת אהבה בתענוגים כי האהבה עצמה היא תענוג. בניגוד לאהבה של געגועים, של תשוקה למלא חיסרון, שיכולה להיות גם אהבה של ייסורים, אהבה בתענוגים היא אהבה שכולה עונג. אין היא חסרה דבר, אין היא דורשת דבר, אלא היא כשלעצמה עונג נפלא. בייחוד אמורים הדברים באהבת ה׳, שכן שלמות כזו של אהבה נצחית, שלעולם אינה חסרה דבר, איננה יכולה להיות באמת בשום דבר אחר. בכל מה ששייך לעולמות המוגבלים והחסרים המצויים תחת הזמן יש תמיד צד של חיסרון, חלק שאיננו כעת בשלמותו, שאין הנפש שלמה בו. רק כאשר התענוג הוא "על ה׳", לא רק למעלה מהעולמות כי אם גם למעלה משמו של הקב"ה המחיה והמהווה את העולמות, כאשר האהבה היא על היות עם ה׳ בעצמו – במשמעות ובתחושה שיש בדבר – העונג הוא "נפלא". ו׳נפלא׳, כמבואר במקומות אחרים, הוא נבדל, שכן העונג על ה׳ הוא נבדל מכל עונג אחר, שיש בתוך ובקשר אל העולמות.

בְּשִׂמְחָה רַבָּה וַעֲצוּמָה, השמחה היא התגלות, לעומת העונג שהוא פנימי. טעמו של העונג יכול להיות בלתי מודע ובלתי מוחש אפילו לאדם עצמו, ולעומת זאת השמחה היא התגלות הטעם הן לעצמו והן כלפי הזולת.[4]

שִׂמְחַת הַנֶּפֶשׁ וּכְלוֹתָהּ בְּטַעֲמָהּ כִּי טוֹב ה׳ וְנָעִים.[5] השמחה היא התגלות – הן במובן זה שכאשר אדם שמח הוא מגלה ומתגלה, והן במובן זה שהגילוי מביא שמחה. ואף כאן, הנפש שמחה כאשר היא טועמת "כי טוב ה׳ ונעים". כמובן שאת הגילוי הזה של טוב ה׳, שהוא המושא של ׳אהבה בתענוגים׳, אין יכולים להשיג בשכל, ובמובן מסוים אף לא ממש ברגש, אלא רק לטעום. הטעימה איננה השגה בתוכנו של הדבר אלא, כמו נקודת החכמה, רק נגיעה, סימן של אור שאחר כך יכולה הנפש לפרשו ולחיות מזיכרונו.[6]

הם "תענוגים" בלשון רבים. ומבואר ש׳יופי׳ ו׳נועם׳ (הוא העונג הפנימי שבהרגשת היופי) מתייחסים תמיד למקום שבו יש השלמה בין שני דברים שונים. היופי (כפי שמוסבר גם לגבי מידת התפארת, הכוללת חסד וגבורה) הוא בשילוב הרמוני של שני צבעים, שני צלילים, תנועות מוזיקליות וכיוצא בזה. וכיוון ש"מה יפית ומה נעמת אהבה בתענוגים", יש לומר שאף אהבה בתענוגים כוללת שני גוונים, שתי תנועות של אהבה, כגון: חסד וגבורה, פנימי ומקיף, אור ישר ואור חוזר וכו׳. ואלו הם "תענוגים", לשון רבים, היות שדווקא היחס וההתאמה ביניהם הם שיוצרים את היופי והנועם, כלומר את הרגשת העונג שבאהבה זו.

נעימות עריבות עד להפליא מעין עולם הבא ממש שנהנין כו׳ ועל זה כתיב שמחו צדיקים בה׳ ולא כל אדם זוכה לזה וזו היא בחינת כהנא ברעותא דלבא שבזוהר הקדוש ועל זה נאמר עבודת מתנה וגו׳ והזר הקרב וגו׳

נְעִימוּת עֲרֵיבוּת[7] **עַד לְהַפְלִיא.** הטעימה "כי טוב ה׳ ונעים" אינה השגה שלמה אלא רק מסר, אשר תמציתו היא שה׳, וכל הקשור אליו, הוא נעים וערב, והוא נעים וערב עוד ועוד "עד להפליא" – כאשר מתגלה הפלא שבדבר, שהוא פלאי ואי אפשר להשיגו. ומה שאין הנפש יכולה להשיג אין היא יכולה לשאת, וזה שנאמר שהיא "שמחת הנפש וכלותה", דהיינו עד כלות הנפש בנעימות ובעֲרֵבות זו. וכפי שנתבאר בביאור לאיגרת הקודמת, שלכלות הנפש מגיעה הנפש דווקא בהשגה שהיא משיגה באור ה׳ממלא כל עלמין׳, באור המושג תחילה בחכמה, אשר בשעה שהוא ממלא את הנפש, בהכרה ובתחושה, עד שאין היא יכולה לשאת יותר – היא מגיעה לכלות הנפש, מצב שבו אין הכלי יכול עוד להכיל את האור.

מֵעֵין עוֹלָם הַבָּא מַמָּשׁ שֶׁנֶּהֱנִין כּו׳ מזיו השכינה **כו׳** (על פי ברכות יז,א). כמבואר באיגרת הקודמת, יש חלוקה כוללת בין זמן של ׳עבודה׳ ובין זמן של ׳שכר׳.[8] העולם הזה הוא בעיקרו זמן של עבודה, של עבודת ה׳ בקיום המצוות, בתורה ובתפילה; והעולם הבא הוא הזמן של קבלת השכר, זמן שבו כבר אי אפשר לעבוד, אבל רואים ומתענגים במה שעשינו בהיותנו בעולם הזה. במובן זה, האהבה עצמה היא ׳עבודה׳[9] – הנעשית בהתבוננות, בזיכוך הנפש ובשינוי מאווייה, ובהשתדלות לממשה בתוך העולם הזה בין בכלי הנפש שלו ובין בדיבור ובמעשה של תורה, תפילה ומצוות. לעומת זאת, התענוג של אהבה בתענוגים הוא ׳שכר׳ ולא עבודה. וגם אם הייתה עבודה המביאה לעונג זה, הוא לא היה המשך ישיר ומובן מאליו של אותה עבודה אלא משהו אחר, נוסף, מתנה. אם כן, ה׳אהבה בתענוגים׳, גם אם טועמים ממנה בעולם הזה, היא איננה חלק ממנו אלא "מעין עולם הבא ממש שנהנין וכו׳".

וְעַל זֶה, על האהבה בתענוגים, **כְּתִיב "שִׂמְחוּ צַדִּיקִים בַּה׳"** (תהלים צז,יב). כלומר, גילוי התענוג שבאהבה, השמחה בה׳, היא שכרם של הצדיקים.

וְלֹא כָּל אָדָם זוֹכֶה לָזֶה. כאמור בליקוטי אמרים לגבי הצדיקים בכלל, שלא כל אדם יכול להיות צדיק, ולא כל אדם זוכה בשכר הצדיקים, שהוא האהבה בתענוגים. כל אדם יכול

׳אהבה בתענוגים׳ – התענוג שמעצם האהבה יכולה להיות אהבה שהעונג שבה בא מדברים חיצוניים שהיא מספקת, ממה שהאדם מקבל ממנה לעצמו, בין בגשמיות ובין ברוחניות, וזו אינה ׳אהבה בתענוגים׳. באהבה בתענוגים ה׳אני׳ שאוהב אינו נמצא כלל כמקבל, וכל ההרגשה קשורה אך ורק למושא האהבה: שהוא נמצא, שהוא גדול וטוב וכו׳, וזה לבד הוא מקור העונג. ומבואר במקומות אחרים (כגון ליקוטי אמרים פרק י) שזו היא עבודת הצדיקים, ׳בני עלייה׳, שכל עבודתם וכל מאווייהם מתייחסים כלפי מעלה ולא אל עצמם, בעוד הם עצמם אינם אלא כלי וצינור לכוחות ולרגשות העליונים העוברים בהם.

להגיע למה שתלוי בעבודה. אם הוא עובד, משקיע זמן ומאמץ, הוא מגיע; אבל למה שמגיע לו כזכייה, כמתנה, לא כל אדם זוכה. הדרגות הבאות מלמעלה, בחסד ה', בבחינת זכייה שלא לפי ערך העבודה, אינן תלויות ברצונו ובעבודתו של האדם, אלא במהות מיוחדת של נשמה וברצון מיוחד מלמעלה, שאינם חלקו של כל אדם.

וְזוֹ הִיא בְּחִינַת כַּהֲנָא (הכהן). הכהן הוא מן המיוחדים והנבדלים בעם שנבחרו לעבוד לפני ה' בעבודה המיוחדת להם. וכשם שבנגלה יש עבודה המסורה לכהנים ולא לשאר ישראל, ואין ישראל יכול להפוך לכהן, כך גם בעבודת ה' הרוחנית יש אנשים מיוחדים, הצדיקים, שיש להם כוחות מיוחדים ועבודה מיוחדת להם. כמו הכהנים[10] הם מלמדים את העם, מדריכים ומנהיגים אותו בדרך עבודת ה', ולהם עצמם יש עבודה המיוחדת להם, שאינה עבודת כל אחד.

בִּרְעוּתָא דְלִבָּא (ברצון הלב), וכפי שֶׁנזכרה בחינה זו **בַּזּוֹהַר הַקָּדוֹשׁ.**[11] מבואר בזוהר, וכן מבואר יותר במקומות אחרים,[12] שעבודת הכהנים, שלא כעבודת הלויים, היא בחשאי ו"ברעותא דליבא". עבודה כזו, שהיא בעיקרה עבודה פנימית של כוונה ומחשבה, תלויה בליבו של כל אדם, והיא לכן שונה מאדם לאדם, לעומת עבודה חיצונית במעשה המצוות שהיא שווה בכל אדם.

'רעותא דליבא' הוא הרצון הפנימי, העצמי, של הלב: לא זה שנוצר ונבנה על ידי השכל בהתבוננות והעמקת הדעת, לא זה שמתייחס ורוצה דברים במציאות החיצונית, אלא זה שרוצה את מה שעצם הנפש רוצה, למעלה וקודם להשגת השכל במציאות שמחוץ לו. וכשעבודת ה' היא 'ברעותא דליבא' פירושו של דבר שאותו רצון פנימי המבטא את עצמות הנפש הוא בגילוי בפועל בנפש, ואז הנפש אינה צריכה להשיג איזה דבר שאין לה, שנסתר ממנה. כשהעבודה היא בכוחות הנפש, השכל והמידות – כאשר מנסה השכל להשיג את מה שלמעלה מהשכל והמידות מנסות להתייחס אל מה שמעבר להתייחסותן הטבעית אל העולם – העבודה אינה אלא רצף של חיפוש וגעגועים, של רצוא ושוב בתוך המרחק הקיים תמיד בין האדם והאלוקי, בין ההתגלות לבין המהות שאינה בהתגלות וכו'. ואולם בעבודה ב'רעותא דליבא' הרי היא כבר שם; משהו גדול הרבה יותר, התפשטות אלוקית מלמעלה מעלה, כובש את הנפש ואת כוחותיה. כך מתואר בזהר, שעבודת הכהן היא בחשאי, בניגוד לעבודת הלוי שהיא ברעש ובשירה, כי זו עבודה שאין בה עוד מאמץ, שאינה צריכה לחתוך, לשבור או לעבור שום פער או מחיצה, כי הכול כאן; בניד של מחשבה עוברת הנפש מעולם לעולם כבן בית המהלך בתוך שלו. עבודה ואהבה זו נקראת 'אהבה בתענוגים', משום שעצם ההימצאות בה היא תענוג שאין דומה לו, שאין האוהב בה זקוק לשום דבר אחר.

וְעַל זֶה, על עבודת הכהנים ועל העבודה הרוחנית המיוחדת ש'ברעותא דליבא', **נֶאֱמַר:** "וְאַתָּה וּבָנֶיךָ אִתְּךָ תִּשְׁמְרוּ אֶת כְּהֻנַּתְכֶם לְכָל דְּבַר הַמִּזְבֵּחַ וּלְמִבֵּית לַפָּרֹכֶת וַעֲבַדְתֶּם, **עֲבֹדַת מַתָּנָה** אֶתֵּן אֶת כְּהֻנַּתְכֶם **וְהַזָּר הַקָּרֵב וגו'**" (במדבר יח,ז). עבודה ואהבה זו היא כמו העבודה המיוחדת לכהנים בנגלה, שהיא עבודה פנימית בתוך בית המקדש. וברוחניות

כי אין דרך להשיגה על ידי יגיעת בשר כמו היראה ששואלין עליה יגעת ביראה ואוי לבשר שלא נתייגע ביראה כמו שכתוב בראשית חכמה וכתיב ביראה אם תבקשנה ככסף וגו׳ מלמד שצריכה יגיעה רבה ועצומה כמחפש אחר אוצרות.

היא העבודה ב׳רעותא דליבא׳, המיוחדת לצדיקים ולאותם אנשים אשר להם היא ניתנה במתנה ולא לאחרים.

כִּי אֵין דֶּרֶךְ לְהַשִּׂיגָהּ עַל יְדֵי יְגִיעַת בָּשָׂר. יש כוחות רוחניים הניתנים במתנה, ויש הניתנים כשכר המגיע לאדם עבור עבודתו. מה שאדם יכול להשיג הוא אף נדרש להשיג, וכל ביאתו לעולם הזה היא על מנת זה, שיעבוד ויתייגע ויקבל שכר על עבודתו – שכר דווקא ולא מתנה.[13] ואולם, ההגבלה בזה היא שהשכר שאדם מקבל על עבודתו הוא מה שמתייחס אל עבודתו, ועבודתו של כל אדם היא לפי כוחותיו ולא מעבר לזה. אדם יכול אפוא להשיג, ביגיעה ובעבודה, דרגות של אהבה ויראה המתייחסות אל האדם והעולם, שכמוהן בצמצום ובהגבלה נמצא גם במרחב חייו של האדם בעולם הזה (ביחס האהבה והיראה שלו לאנשים אחרים וכו׳); אבל את דרגת האהבה הגדולה של ׳אהבה בתענוגים׳, שאין במינה ובערכה בעולם הזה, אין דרך להשיג ביגיעה אלא רק במתנה.

עבודת מתנה הגדרה זו מבטאת את החסד העליון שנותן את הדבר כחסד חינם ולא כתמורה לעבודה. ואולם היא מבטאת גם צד של דין, שכן אי אפשר להשיג את הדבר אלא במתנה, הניתנת אך ורק למי שה׳ חפץ לתת לו, בעוד כל אחד אחר לא רק שאיננו יכול לעשות זאת, אלא אסור לו אפילו לנסות, וכסיום הפסוק – "והזר הקרב יומת".

יגיעת בשר היגיעה היא המאמץ המתמשך כלפי מה שעדיין לא הגענו אליו, שאין אנו מבינים, שאין אנו מרגישים עדיין, והיגיעה המתמשכת דופקת בדלת ובסופו של דבר פותחת אותה. ההנחה בעבודת ה׳ היא שאין הקב"ה נותן לנו תפקיד ועבודה שאין אנו יכולים להם. אין בעיה של כוחות או תשתיות שאין לנו; התפיסה היא שהכול ישנו, הכול בידינו, וכל מה שנחוץ הוא להפעיל מאמץ, להתייגע. היגיעה היא אפוא המפתח; האוצרות ישנם, הדלת ישנה; מה שנדרש מאיתנו הוא רק לפתוח את הדלת, והמפתח הוא היגיעה: יגיעה בתורה, יגיעה בתפילה ויגיעה בעבודת ה׳ בכלל, לכל אחד לפי שיעורו ועניינו.

יגיעת בשר ויגיעת נפש[14] המושג ׳יגיעת בשר׳ מופיע בדברי אדמו"ר הזקן בדרך כלל יחד עם המושג ׳יגיעת נפש׳. ההבחנה ביניהם היא ש׳יגיעת בשר׳ היא ההתגברות על מניעות הגוף והעולם הזה, שהאדם נתון בהן ונמשך אחריהן. כדי שהאדם יוכל לקשר את דעתו ואת מידותיו אל האלוקי, לראות בכל דבר את האלוקי, לאהוב אותו ולירא ממנו ולא מן העולם שהוא נתון בו, עליו לבטש את הגוף ולהכניעו, שלא יהיה ׳יש׳ ועיקר לעצמו. והדרך היא, כמבואר שם, על ידי הרהורי תשובה מעומק הלב, כלומר לא איפוס הגוף והתעלמות ממנו אלא ׳תשובה׳ מהתייחסות זרה של הגוף, ממחשבה דיבור ומעשה שאינם בה׳ ובתורתו; תשובה ׳מעומק הלב׳ הנובעת מפנימיות ועצמות הנפש. לעומת זאת, ׳יגיעת נפש׳ היא היגיעה בהתבוננות בגדולת ה׳, להעמיק ולהתבונן "שעה גדולה רצופה וכו׳". וצריך לשתיהן, כי האור המגיע לעולם הזה הוא גם מועט וגם מוסתר. יגיעת בשר היא בעיקרה להתגבר על ההסתר של

כְּמוֹ מידת **הַיִּרְאָה שֶׁשּׁוֹאֲלִין עָלֶיהָ: יָגַעְתָּ בַּיִּרְאָה? וְאוֹי לַבָּשָׂר שֶׁלֹּא נִתְיַיגֵּעַ בַּיִּרְאָה, כְּמוֹ שֶׁכָּתוּב בְּ**ספר **'רֵאשִׁית חָכְמָה'.**[16] כתוב שם שלאחר פטירתו של אדם שואלים אותו אם בהיותו בגוף התייגע כדי להשיג את מידת היראה. מעצם השאלה משמע שאין הדבר תלוי אלא ביגיעה – ולא רק שאפשר על ידי היגיעה להגיע ליראה, אלא שכל אדם אף חייב בכך, ואוי לו אם לא התייגע.

וּכְתִיב בַּיִּרְאָה: "אִם תְּבַקְשֶׁנָּה כַכָּסֶף וְכַמַּטְמוֹנִים תַּחְפְּשֶׂנָּה, אָז תָּבִין יִרְאַת ה' **וגו'"** (משלי ב,ד–ה). **מְלַמֵּד שֶׁצְּרִיכָה יְגִיעָה רַבָּה וַעֲצוּמָה כִּמְחַפֵּשׂ אַחַר אוֹצָרוֹת.** המשל מובא בליקוטי אמרים (פרק מב): כדרך שמחפש אדם מטמון ואוצר בתחתיות הארץ, שחופר אחריו ביגיעה עצומה, כך צריך לחפור ביגיעה עצומה כדי לגלות את האוצר של יראת שמיים הצפון ומוסתר בבינת הלב של כל אדם מישראל. ומבואר שם שבנפשו של כל אדם מישראל מצויה יראת שמיים נסתרת (היא היראה הכלולה ב'אהבה המסותרת', שלא להיפרד ממנו כלל חס ושלום) וצריך לחפש בתוך עצמו כדי לגלותה, בין כהרגשה ממש של יראה ובין כמסקנה של היראה, בשמירה ודקדוק בקיום התורה והמצוות. התפיסה היא שהיראה (והאהבה) בוודאי ישנה בכל נפש, ולכן אין הדבר תלוי אלא ביגיעה. וכמובא שם מאמר רז"ל: "יגעתי ומצאתי – תאמין".[17]

הבשר וכו' שלא יפריע, ואילו יגיעת נפש היא להתבונן עוד ועוד באור המועט, עד שיאיר לנפש באור מרובה.[15]

וכתיב ביראה וכו' מדוע עובר אדמו"ר הזקן לדבר כאן על יראה, למרות שהאיגרת בכללה עוסקת באהבה? כפי שיסביר בהמשך, התפיסה היא שבכל מה שתלוי באדם תחילת העבודה צריכה להיות ביראה (ולא באהבה). הן משום שהשמירה בפועל על ההכרחי היא בכוח היראה דווקא, והן משום שלאחר היראה בהכרח תבוא גם האהבה, מה שאין כן להפך. זאת ועוד, כאשר מדברים על מה שתלוי באדם, בהשתדלותו וביגיעתו, מדברים על היראה, כמאמר רז"ל: "הכל בידי שמים חוץ מיראת שמים" (ברכות לג,ב). וכיוון שהדבר תלוי באדם, הרי הוא גם מה שנדרש מן האדם. היראה ככוח נפש פועל באדם היא הקו האדום הנדרש ממנו, לעומת האהבה ומעשיה, שהם תמיד משהו שאותו מוסיף האדם מרצונו. ועוד זאת, שדרך היגיעה בעבודת ה' (הן משום שהיגיעה מלמטה היא מה שאפשר והן משום שהיא ההכרח) היא דווקא ביראה ולא באהבה. ומוסבר בחסידות, שכדי לעורר את האהבה די להתבונן בגדולת ה' ובחסדיו שבגדרי העולמות, מה שאין כן ביראה, שכיוון שעיקרה הוא הביטול הריהי דורשת גם הכרה עמוקה והתקשרות (בעצמותו) הבאים על ידי יגיעה דווקא.[18]

בכלל הדבר, צריך להבין שאהבה ויראה אינם שני כוחות נפרדים העומדים כל אחד לעצמו, אלא הם שני צדדים של אותו דבר עצמו. אין אהבת ה' בלי יראה ואין יראת ה' בלי אהבה. כל עבודת ה', כל תפיסתנו את המציאות בכלל ואת האלוקות בפרט, מורכבות מאהבה ומיראה יחד. אך כאשר מדברים על מה שיכול וצריך האדם לעשות כדי להביא לאהבה וליראה, מתחילים ביראה. אמנם יש מקרים, ויש אנשים, שמתחילים באהבה, אך אין זה אלא צורך שעה, מצב מיוחד – גם אם לא נדיר – שבו הרגישות של האדם פתוחה יותר בצד האהבה, והקב"ה מאיר פניו אליו בחסד ובהתעוררות מלמעלה. ואולם אף אז, כאשר ישוב האדם אל נקודת

אבל אהבה רבה זו [אהבה בתענוגים] נופלת לאדם מאליה מלמעלה בלי שיכין ויכוון לה אך ורק אחר שנתייגע ביראת הרוממות והגיע לתכלית מה שיוכל להשיג ממנה לפי בחינת נשמתו אזי ממילא באה האהבה בתענוגים מלמעלה

אֲבָל אַהֲבָה רַבָּה זוֹ [אַהֲבָה בְּתַעֲנוּגִים]. במקומות אחרים מבואר שאלו שתי דרגות באהבה: 'אהבה רבה' ו'אהבה בתענוגים'.

נוֹפֶלֶת לָאָדָם מֵאֵלֶיהָ, מִלְמַעְלָה, בְּלִי שֶׁיָּכִין וִיכַוֵּון לָהּ. 'אהבה בתענוגים' היא, כאמור, עבודת מתנה שאינה תוצאה של יגיעה. מתנה זו לא רק שאי אפשר לקבלה על ידי יגיעה בהכנה ובכוונה, כנזכר, אלא שכאשר היא נופלת מלמעלה הרי זה דווקא כאשר אין מכינים ומכוונים לה. ההכנה שאדם מתכוון לדבר היא בהכרח לפי המושגים והציפיות שלו, לפי מה שהוא חושב ומרגיש שצריך להיות; אך כאשר יש דבר שבא מלמעלה, ממה שמעבר לכל מה שהוא, הרי כל הכנה רק מפריעה, היא חוסמת את הדבר הבלתי צפוי ואינה מאפשרת לו להגיע.

אַךְ וְרַק אַחַר שֶׁנִּתְיַיגַּע בְּ'יִרְאַת הָרוֹמְמוּת'. למתנה זו יש הגבלה, ואין היא מגיעה מאליה לגמרי, בלי קשר לאדם עצמו. אמנם הקשר הזה איננו ישיר, אין זה כמו שכר העבודה המדוד לפי העבודה שנעשתה, אך עם זאת יש התניה מסוימת, עקיפה, עם מה שנעשה למטה: אף שהנתינה מלמעלה היא נתינה חופשית, עצמית – כביכול מה שהקב"ה רוצה לתת, ולא מה שאנו צריכים או זכאים לקבל – מכל מקום מצד האדם, כדי שהוא יוכל

הראשית, דהיינו לעבודה מכוח עצמו, יהיה זה בצד היראה.

אהבה רבה ואהבה בתענוגים אכן בליקוטי אמרים (פרק מג) נאמר שאהבה רבה היא אהבה בתענוגים, אבל במקומות אחרים מבואר שאהבה רבה ואהבה בתענוגים אינם דרגה אחת, ואהבה בתענוגים היא למעלה מאהבה רבה.[19] ומוסבר שיש שתי דרגות באהבה רבה, ואהבה בתענוגים היא הדרגה העליונה של אהבה רבה המתגלה בעונג.[20] במובן זה אהבה בתענוגים היא הצד של מעלה, ואהבה רבה היא הצד המתייחס גם אל המטה, אל הנפש.[21] ולכן, אף שגם היא אהבה עליונה מאוד הבאה מלמעלה, בבחינת מתנה, מכל מקום יש לה שייכות לעבודה של מטה בכך שדרכה לחזר אחר היראה וכו' (כדלקמן). כלומר שגם אם אין היא עצמה נולדת מיגיעה ומעבודה שבשכל, היא קשורה ומחזרת אחר היראה העליונה, שהיא מצידה קשורה ביגיעה כנזכר.

דרגות היראה כמו באהבה כך ביראה יש דרגות ואופנים רבים, שביסודו של דבר הן שתיים: 'יראה תתאה' (תחתונה) ו'יראה עילאה' (עליונה). יראה תחתונה היא הנקראת גם 'יראת העונש' או 'יראת החטא', ויראה עליונה היא הנקראת 'יראת בושת' ו'יראת הרוממות'. ההבדל הבסיסי ביניהן הוא שביראה התחתונה, יראת העונש, אדם מתיירא מן העונש; כלומר: זוהי יראה המתייחסת אל ה'אני', אל מה שיקרה לי. כשם שאדם מתיירא מאדם רע ומפגע רע, כך הוא ירא מפני מה שיבוא עליו אם יעבור על המצוות (ואפילו ביראת חטא ההתייחסות היא אל עצמי: שלא אכשל בחטא וכו').

לקבל וכדי שהדבר יהיה ניכר ומשפיע בתוך עולמו, צריכה להיות הכנה מסוימת של הכלים בנפש. והכלי בנפש שיכול להתייחס לאהבה זו הוא 'יראת הרוממות'.

כשאדם מתבונן בהתבוננות זו של היראה העליונה ויראת הרוממות ביתר עומק וביתר הפשטה, **וְהִגִּיעַ לְתַכְלִית מַה שֶּׁיּוּכַל לְהַשִּׂיג מִמֶּנָּה לְפִי בְּחִינַת נִשְׁמָתוֹ.** שהרי ההשגה היא בכלים, ואין אדם יכול להשיג יותר משיכולים הכלים שלו להכיל. יש כלי השגה שאדם רוכש בחייו: בידע, בלימוד וביגיעת ההשגה, בהפשטה ובדקות התפיסה וכו' – אבל ביסוד כל היכולות וכלי ההשגה שלו מונחת "בחינת נשמתו"; מהות הנשמה שיש לו, שורשה, מאיזה עולם היא מקבלת וכו'. ההדגשה "לפי בחינת נשמתו" מבחינה בין שני אלה. שכן את בחינת נשמתו אדם מקבל מאביו ומאימו ומהקב"ה, ואין לו בחירה ועבודה בזה. מה שאין כן כל העבודה שהיא "לפי בחינת נשמתו", מה הוא עושה עם הכישרונות והיכולות שנולד עימם – כאן הוא יכול וצריך לעבוד, ולהגיע לתכלית מה שיוכל וכו'.

וכשמגיע אדם למיצוי השגתו ולמיצוי תחושת יראת הרוממות שיש בזה, **אֲזַי מִמֵּילָא בָּאָה הָאַהֲבָה בְּתַעֲנוּגִים מִלְמַעְלָה.** כאמור, האהבה בתענוגים היא אהבה שבאה מלמעלה, לא כתוצאה של עבודה מלמטה אלא ממילא ומעצמה. שכן אהבה זו איננה לפי שיעורו של האדם אלא לפי שיעורו של הקב"ה; היא האהבה שלו, האהבה שאוהבים אותו עצמו, שאוהבים את האהבה שלו ולא כפי מה שאנו משיגים ומקבלים ממנה. זוהי אהבה שאין בה השגה, כי "לית מחשבה תפיסא ביה" (אין מחשבה תופסת בו, בעצמו), אלא היא תחושה שהיא כביכול המשכה מתחושתו שלו, מתחושת הדבר כפי שהוא ולא כפי שהוא מושג. וכאמור כדי שתחושה זו הבאה מלמעלה תוכל להיקלט, למצוא הד בתוך

לעומת זאת ביראה העליונה, יראת הרוממות, ההתייחסות היא אל ה' בלבד; כאשר האדם מכיר בכך שה' מרומם ומתנשא ונשגב על הכול לאין שיעור, ומעצם ההכרה הזו נופלת עליו יראה גדולה ועצומה. ביראה כזו אין כלל מקום להרגשת עצמו; כל מציאות עצמו היא כל כך בטלה ובלתי חשובה, עד שהוא מרגיש בושה גדולה לחשוב על עצמו, ובכלל לחשוב משהו ואפילו להיות משהו – וזו היא יראת הרוממות (וכפי שהיא מורגשת באדם נקראת גם 'יראת בושת'[22]).

היראה, הן התתאה והן העילאה, היא כאמור המידות שמתייגעים בה. והיגיעה כדי ליצור אותה היא בעיקר בכוח השכל, בבניית ההכרה שיוצרת את ההרגשה והתגובה של היראה. ההכרה הזו היא ביסודה ההכרה במציאות האובייקטיבית, הממשית, של האלוקי. התפיסה שנוכח כאן משהו אמיתי ממשי, ולא דמיון או השלכה של הנפש, היא יסוד התפיסה של מידת הדין, של גבולות העצמי ומציאות האחר. כך הוא הן ביראת העונש – הפחד והיראה מפני דבר מאיים העלול לפגוע בי; שהוא מופיע בגדרי העולם המושגים לי, אלא שאין לי שליטה בו. וכך ביראת הרוממות – ההכרה במציאות ה' הגדול והנורא שהוא קיים ממש, באותה מידה של ממשות כמו אדם אחר העומד מולי, אלא שהוא גדול ונשגב מעבר לכל דרגה של השגה.

אזי ממילא באה האהבה בתענוגים מה ההבדל בין האהבה העליונה והיראה העליונה? מדוע האהבה באה ממילא, והיראה – ביגיעה? הרי הדרגות השייכות לשתיהן הן, מעצם הגדרתן, למעלה מהשגה. ויש לומר, שההשגה השייכת לאהבה היא השגה של דבר, של משהו חיובי: תואר, פועל – משהו המבטא אהבה

לשכון ולהתייחד עם היראה כי דרכו של איש לחזור כו' כמו שנתבאר בלקוטי אמרים.

כח אלול פשוטה
כד אלול מעוברת
▸ והשנית היא אהבה ותאוה שהנפש מתאוה ואוהבת וחפיצה לדבקה בה' לצרור בצרור החיים וקרבת אלהים טוב לה מאד ובו תחפוץ ורע לה מאד להתרחק

נפשנו, צריכה הנפש להגיע ליראת הרוממות, 'יראה עילאה', עד קצה יכולתה. היראה העליונה, כמו האהבה העליונה, שייכת אף היא, כאמור, לדרגות שלמעלה מההשגה, למעלה מהנפש ולמעלה מהעולמות – לו לעצמו – ולכן רק על ידה ניתן לקלוט משהו מן ה'אהבה בתענוגים' הבאה מלמעלה.

ולאחר שאדם התייגע בהשגה זו ועורר בעצמו את היראה העליונה כפי יכולתו, יכולה לבוא גם האהבה בתענוגים **לִשְׁכּוֹן וּלְהִתְיַיחֵד עִם הַיִּרְאָה, כִּי דַּרְכּוֹ שֶׁל אִישׁ לַחֲזֵר** על אשה **כו'** (קידושין ב,ב), **כְּמוֹ שֶׁנִּתְבָּאֵר בְּלִקּוּטֵי אֲמָרִים** (פרק מג). מבואר שם שהאהבה נקראת 'איש' ו'זכר' (כמו שכתוב [תהלים צח,ג]: "זכר חסדו"), והיראה היא בבחינת אישה (כמו שכתוב [משלי לא,ל]: "אשה יראת ה'"). והכלל ביחסים שבין איש לאישה, כמו גם במשמעות המופשטת של המושגים, שהאיש מחזר אחר האישה, להיות עימה ולהשפיע בה, ולא להפך.

וְהַשֵּׁנִית, האהבה השנייה שבה מדובר באיגרת זו, שונה כמעט בכול מהאהבה הראשונה:

ושאהבה יכולה להתייחס אליו, ובדרגות אלה ההשגה היא אכן בלתי אפשרית. לעומת זאת היראה אינה צריכה, בעצם, להשיג דבר: היא זקוקה רק לעצם ההשגה שהמציאות האלוקית מרוממת מאיתנו ואיננה כמונו. במילים אחרות: היא זקוקה לא להשגת הדבר אלא רק להשגה שאין הוא מושג, להשגת המרחק, להפנמה שהוא עליון ומרומם ומעבר לכול (כלומר: השגת השלילה, שיכולה 'להשיג' גם בדרגות אלו שלמעלה מההשגה) – והשגת הכרה זו היא המעוררת את מידת ותחושת היראה.

דרכו של איש לחזר המשמעות שנוספה לאהבה וליראה בדימוי זה היא שהאהבה היא בבחינת משפיע ביחס ליראה שהיא מקבל, כמו האיש והאישה, הזכר והנקבה, שהם משפיע ומקבל. אם כן האהבה מחזרת אחר היראה משום שהיא בבחינת המשפיע, האקטיבי, והיראה היא המקבל, הפסיבי.[23] במילים אחרות: היראה יוצרת את הכלי, את היכולת לקבל, והאהבה – את האור וההשפעה. לפיכך האהבה מחזרת אחר היראה משום שאהבה ללא יראה היא חסרת ממשות וחסרת ערך; גם אם היא מורגשת וממלאה את כל חללו של עולם, הרי אם אין לה משהו להיתפס בו ולחול עליו, היא כמי שאיננה. האהבה מחזרת אפוא אחר היראה במובן זה שאין היא מתגלה ואינה מקבלת ממשות אלא במקום שיש יראה.

כוח ההשפעה, החסד והאהבה, שואף תמיד להשפיע מלמעלה למטה, אל תוך הגבולות והכלים, כמו המים היורדים ממקום גבוה למקום נמוך. ולכן אף האהבה בתענוגים, שאין ההתעוררות מלמטה מגיעה אליה

הראשונה היא אהבה שלא כל אחד מגיע אליה, ואילו השנייה היא אהבה הנמצאת בכל אחד מישראל; הראשונה היא מתנה שאין דרך להגיע אליה על ידי יגיעה, ואילו על השנייה לא רק שאפשר אלא גם חובה להתייגע; הראשונה היא אהבה בתענוגים, והשנייה לא[24] – לא משום שהיא הפך התענוג, אלא משום שעיקר עניינה אינו להתענג אלא להשיג את מבוקשה, כפי שיבואר בהמשך.

הִיא אַהֲבָה וְתַאֲוָה, שלא כאהבה בתענוגים אהבה זו היא גם תאווה, שהנפש מתאווה לקבל לעצמה משהו שחסר לה.

שֶׁהַנֶּפֶשׁ מִתְאַוָּה וְאוֹהֶבֶת וַחֲפֵיצָה לְדָבְקָה בה',[25] **לִצְרוֹר בִּצְרוֹר הַחַיִּים,**[26] הוא המקום שבו נמצאת הנשמה קודם שהיא יורדת לעולם הזה, צרורה יחד עם ה' ממש שהוא מקור כל החיים. ובהיותה רחוקה משם, בעולם הזה, היא מתאווה להיות שם בדבקות לה'. **וְקִרְבַת אֱלֹהִים טוֹב לָהּ מְאֹד** (על פי תהלים עג,כח) **וּבוֹ תֶּחְפּוֹץ.** מה שחסר כאן לנפש הוא "קרבת אלוקים", שבזה טוב לה, ובהיותה בעולם הזה, מלובשת בגוף ובנפש הבהמית המסתירים ומבדילים אותה מן הקרבה והטוב האלה, היא מתאווה ואוהבת וחפצה וכו' להגיע לשם.

וְרַע לָהּ מְאֹד לְהִתְרַחֵק מִמֶּנּוּ יִתְבָּרֵךְ חַס וְשָׁלוֹם. הצד השני של אהבה זו היא היראה – שלא להתרחק, שלא להיפרד ממנו.[28] כי כאשר הדבר המבוקש עדיין איננו, אלא הוא רק מתאווה ואוהב וחפץ בו, מתלווה לכך בכל עת גם תחושת החרדה מפני הכישלון, החשש שמא המבוקש לא יבוא, חס ושלום. כל עוד המבוקש, האהוב, איננו באותה אחדות גמורה שאותה הוא מבקש, הוא בכעין דמדומים: אור וחום מצד אחד, וחושך וחידלון מצד שני.

לעוררה ולהמשיכה, מכל מקום אם וכאשר היא תתעורר מעצמה, היא תרד למקום שנמצאת שם היראה העליונה. שכאמור היראה, ובמיוחד היראה העליונה, כשם שהיא מגדירה את המעלה לאין ערוך כך היא מגדירה את המטה המתייחס לאותו אין ערוך, כלומר לאותה מעלה עליונה שאליה שייכת האהבה העליונה ש'בתענוגים'. במובן זה, ככל שיראת הרוממות והביטול והשפלות שמרגיש האדם מופלגים יותר, כך יותר תמצא שם האהבה העליונה את מקומה.

מתאוה ואוהבת וחפיצה לדבקה ריבוי הלשונות "מתאוה" "ואוהבת" "וחפיצה" וכו' מתייחס לדרגות הרבות, מלמטה למעלה, שצריכה הנפש לעלות מהעולם הזה הגשמי ועד למקום עליון שבו "קרבת אלהים לי טוב". כשהיא בעולם הזה הגשמי, בהסתר הכמעט מוחלט שבו, היא "מתאווה". כי התאווה היא מה שהגוף והעולם הזה מכיר כדי להשיג לעצמו משהו שחסר לו. למעלה מזה, בעולם גבוה יותר, עולם הרוח והרגש של אהבה ורצון להתקרב ולהשפיע (בחינת עולם היצירה), היא "אוהבת". ולמעלה עוד יותר היא "חפיצה" בפנימיות הרצון: לא בחיצוניותו, שהיא בתאווה וברגש הגלוי, אלא בפנימיות הרגש, כפי שהוא בשורשו ובטעמו שבשכל (בחינת עולם הבריאה). ו"לדבקה בה' וכו'" היא תכלית כל אלה – להיות דבוק בו, להיות אחד איתו וכלול בו (כבעולם האצילות).[27]

האהבה שרע לה מאד להתרחק חשוב לומר שגם אם אין זו אהבה בתענוגים, וגם אם יש כאן געגועים ואפילו כאב וייסורים, אין

ממנו יתברך חס ושלום להיות מחיצה של ברזל מהחיצונים מפסקת חס ושלום ואהבה זו היא מוסתרת בלב כלל ישראל אפילו ברשעים וממנה באה

דווקא ליבוי התשוקה לה׳ מדגיש את היראה שבריחוק ממנו. אהבה זו איננה אפוא אהבה בתענוגים, כי התחושה המתלווה אליה לא רק שאין בה עונג שבסיפוק המבוקש, אלא יש בה גם חרדה שאינה נעימה מפני החשש להתרחק, הרגשה של ״רע לה מאד וכו׳״.

והחשש הוא: **לִהְיוֹת מְחִיצָה שֶׁל בַּרְזֶל**[29] **מֵהַחִיצוֹנִים**, הן הקליפות המסתירות את הקדושה שבפנים, **מַפְסֶקֶת חַס וְשָׁלוֹם** בין הנפש לבין הקב״ה. ״מחיצה של ברזל״ בלשון חז״ל היא המחיצה החזקה והאטומה ביותר.[30] היראה הזו, המוסתרת בנפשו של כל אחד מישראל, היא מפני מחיצה כזו שתהיה מפסיקה בינה ובין הקב״ה. הנפש האלוקית הרי איננה יראה משום דבר; היא קשורה באלוקי ואין היא קשורה בעולם או מקבלת ממנו, ולכן אין בעולם כולו שום דבר היכול לאיים עליה או לפגוע בה – מלבד הפסקת הקשר בינה ובין האלוקי.

זו בשום אופן הרגשה רעה. שכן כל עוד אנו בתוך האהבה הרי יש מגע, יש התייחסות בינינו ובין הקב״ה, אם בהתגלותו ואם בהסתרו, וכל הרגשה שבמגע עם הקודש היא, ביסודו של דבר, הרגשה טובה: אנו עובדים ומחפשים. יכול להיות שקשה לנו, יכול להיות שאנו אפילו מתוסכלים, אבל אין אנו מגיעים לתחום של ההרגשה הרעה, של האימה והייאוש. עם זאת, הרגשות אלו נמצאות, ללא ספק, מעבר לפינה. האהבה הזו יודעת שאם ייפסקו המגע והקשר עלול להיות גם אחרת, ולזה מתייחס אדמו״ר הזקן באומרו ״ורע לה מאד להתרחק וכו׳״. כי כאשר המרחק הופך להיות נתק הוא כבר קשור למושג ה׳רע׳. ואולם כעת, בזמן האהבה, אין כאן אלא אהבה והתקרבות; רק כמו האור המודגש על ידי החושך, כך מודגשת אהבה הזו על ידי האפשרות שיכול להיות גם רע.

מחיצה של ברזל הביטוי לקוח ממאמר חז״ל שאומר ממש ההפך: ״אפילו מחיצה של ברזל אינה מפסקת בין ישראל לאביהם שבשמים״. שכן האמת היא שהקשר בין נשמות ישראל והקב״ה הוא קשר עצמי, שהם דבר אחד ממש שאין שום דבר שיכול לחצוץ ביניהם. את קשר האחדות המהותית הזו מבטאת האהבה המסותרת שבכל נפש מישראל, ובכוחה שלא להינתק מהקב״ה אפילו במסירות נפש ממש. אכן, האהבה הזו (וכן האלוקות שהיא אוהבת) היא נסתרת, אלא שהסתר זה הוא לעינינו בלבד, בעוד לאמיתו של דבר כפי שרואים מלמעלה אין היא קיימת כלל – וזוהי ה׳מחיצה של ברזל׳ שבאמת אינה מפסקת בין ישראל לאביהם שבשמיים. אבל בעוונותינו, לעינינו ובחווייתנו, יכול להיות שתסתיר, ובאותה שעה, עבור הנפש האלוקית – זה רע לה מאוד, ומזה היא יראה.

החיצונים כינוי זה הוא מקובל לקליפה, דהיינו לצד החיצוני של המציאות, שאינו מבטא את מציאות ה׳ הזורמת בה אלא את מציאותה שלה. פנימיות וחיצוניות יש בכל דבר, גם במעשיו של אדם. לדוגמה: כשאדם עושה דבר, בגשמיות או ברוחניות, הצד הפנימי הוא רצונו של האדם מאותו דבר, התכלית שלמענה נעשה (או דובר או נחשב), והחיצוניות היא הכלי והמכשיר שבו נעשה הדבר, שבו הוא מתקיים ופועל. אם כן, הפנימיות מגלה את האדם שעשה

וְאַהֲבָה זוֹ הִיא מוּסְתֶּרֶת בְּלֵב כְּלַל יִשְׂרָאֵל. לאהבה זו יש שני צדדים: היא מוסתרת, והיא נמצאת בכל אחד מישראל. בניגוד לאהבה בתענוגים – שהיא גלויה, שמתענגים בה ושהיא נמצאת רק ביחידים – האהבה המסותרת נמצאת בכל אחד מישראל, והיא מוסתרת.

אֲפִילוּ בָּרְשָׁעִים, שברור שאין אהבת ה׳ גלויה בליבם, שהרי הם רשעים, אף על פי כן היא מתגלה גם בהם **וּמִמֶּנָּה בָּאָה לָהֶם הַחֲרָטָה.** כמאמר רז״ל "רשעים כל ימיהם מלאים חרטה".[34] אותו אדם הוא רשע, הוא עבר עבירה, אבל האהבה הזו, שמוטבעת בתוך נפשו, איננה נותנת לו מנוחה. גם לאחר שגברה עליו הנפש הבהמית ותאוותיה, גם אחרי שכבר אין הוא מרגיש בקדושה ואין הוא חושב עליה כלל, אף על פי כן האהבה הזו עדיין אינה מניחה לו ליהנות, סתם כך, ממה שהוא עושה, וממנה באה לו החרטה. כאן אין המחבר נכנס לכל מורכבותה של נפש האדם, כפי שנעשה הדבר באריכות בליקוטי אמרים, אלא רק לשאלה הנוגעת לאהבה זו: כיצד ייתכן שלמרות שיש באדם אהבה לה׳ ותאווה להתקרב אליו, הוא יכול בפועל להיות רשע, כלומר לעבור על רצון ה׳ ולפעול הפוך מאהבה זו, באופן שמרחיק אותו מהקב״ה ולא מקרבו?

את הדבר, את רצונו ומחשבתו בדבר, ואילו החיצוניות יכולה גם שלא לגלות זאת, שכן ההתייחסות היא אל המכשיר כשלעצמו. כלל הוא שאין פנימיות יכולה להתקיים במציאות ללא חיצוניות. מציאות החיצוניות איננה אפוא רעה כשלעצמה, ואולם אם במקום להיות בטלה ומשרתת לפנימיות היא נעשית תכלית לעצמה אזי היא מקבלת משמעות של 'חיצונים', של רע וקליפה.

'חיצונים' אלה, כאשר הם מצטברים ומתעַבים, נעשים כמו 'מחיצה של ברזל', כלומר מערכת סגורה של דברים שקיימים כאילו לעצמם, בשביל עצמם, עד שאינם מעבירים שום דבר מעבר לזה; כגון תפיסות 'שלמות' של עולם הזה שאינן משאירות שום פתח להסתכלות אחרת, או רגשות עזים שאינם משאירים מקום לשום תחושה אחרת לעבור ולהתרחש בנפש. אמת היא, שאילו הייתה המחיצה אטומה לגמרי, גם לא היה רע לו וכו', משום שהוא לא היה יודע כלל שיש משהו מן העבר השני. אך בפועל המחיצה הזו, ה'מחיצה של ברזל', איננה אטומה לחלוטין; וכשם שהאהבה המסותרת ישנה תמיד, פעמים נסתרת ופעמים מציצה, כך גם המחיצות, בדרגותיהן השונות, מסתירות ומגלות מפעם לפעם. והאדם, שמרגיש את האהבה מצד אחד ואת המחיצה מצד שני, חי בין השתוקקות להידבק בתכלית ובין היראה מפני ה'מחיצה של ברזל', שלא יהיה נבדל בתכלית, חס ושלום.

האהבה המסותרת מכיוון שהיא מוסתרת יכול להיות שאין יודעים על קיומה, וצריך להודיע על כך. ואכן, בספר התניא כולו מודיע זאת אדמו״ר הזקן שוב ושוב, בדרכים שונות ומצדדים שונים: שלכל יהודי יש אהבה לה׳,[31] שבכל אחד יש נפש אלוקית המתאווה לה׳ ואוהבת אותו משום שהיא עצמה חלק ה׳.[32] ועוד הוא מודיע – שכל אחד יכול להיות בינוני,[33] שכל אחד יכול לגלות את האהבה הזו. מה המשמעות של אהבה שהיא מוסתרת, אהבה שאין מרגישים אותה? כפי שמבואר בליקוטי אמרים בכמה מקומות, המשמעות של "מסותרת" מתייחסת לגילוי ההרגשה – כי יש דרגות ומצבים שבהם אדם איננו מרגיש את האהבה שהוא אוהב את ה׳. אבל באופנים אחרים, ברגשות אחרים, ועל כל פנים במחשבה, דיבור ומעשה, יכול כל אדם, בכל מצב ובכל דרגה שיהיה בה, לגלותה.

להם החרטה אך מפני שהיא מוסתרת ונעלמה בבחינת גלות בגוף הרי הקליפה יכולה לשלוט עליה וזהו רוח שטות המחטיא לאדם ועל כן עבודת האדם לקונו היא להתחזק ולהתגבר על הקליפה

אַךְ מִפְּנֵי שֶׁהִיא מוּסְתֶּרֶת וְנֶעֱלָמָה בִּבְחִינַת גָּלוּת בַּגּוּף. אהבת ה' היא האהבה של הנפש האלוקית שבאדם. וכפי שהנפש מוסתרת בהיותה במצב של 'גלות' בתוך הגוף ובמושגיו שבהם הוא חושב ומרגיש, כך האהבה הזו מוסתרת ואינה מתגלה בליבו ובחייו של האדם. גם אם היא מתגלה מפעם לפעם, בזמנים קיצוניים של מבחן והתגלות,[35] היא איננה חלק מהתחושה היום יומית.

ובהיות הנפש בגלות **הֲרֵי הַקְּלִיפָּה יְכוֹלָה לִשְׁלוֹט עָלֶיהָ, וְזֶהוּ רוּחַ שְׁטוּת הַמַּחֲטִיא לָאָדָם.** הגלות כשלעצמה היא קליפה (כיסוי אטום שמסתיר את הקדושה המהווה אותו, ומראה

גלות הגוף הנפש נמצאת בגלות בגוף. גלות פירושה מצב שבו נמצא אדם במקום שאינו שלו, שבו אין הוא מגלה ומבטא את עצמו אלא רק משרת את המקום שהוא נמצא בו: את אנשיו, את שאיפותיו ואף את ערכיו. פעמים שאדם מרגיש את הקושי והתסכול שבגלותו, אך כשהגלות עמוקה יותר יש שהוא מזדהה כל כך עם גלותו עד שכבר אין הוא יודע שהוא בגלות, והוא סמוך ובטוח שאלה הם ענייניו שלו. כך הוא בנפש הנמצאת בגלות בגוף. לגוף יש רצונות וצרכים ויש לו גם השקפת עולם, היינו הדרך שבה הוא רואה דברים ומתייחס אליהם. הנפש הנמצאת בגוף מקבלת בהכרח את הדרך הזו. הגוף החומרי מתייחס אל העולם החומרי, והוא בעיניו הממשות, הוא מה שחשוב. והנפש הנמצאת בגלות בגוף, מחיה את הגוף בכל זה, ואף מוסיפה מכוחה, מחכמתה ומרגישותה, עומק ותחכום בכל אלה. ואולם כל אלה הם ענייניו של הגוף, כי הנפש עצמה היא אלוקית וה'עסק' שלה הוא באלוקות.

אכן, במקומות אחרים[36] מבואר שהגלות איננה רק רע, אלא יש לה משמעות ותכלית פנימית, המתגלה ומתממשת כשיוצאים מהגלות. היציאה מהגלות פירושה בירור ותיקון הגלות, הוצאת ניצוצות הקדושה שהיו במקום הגלות והפיכת הגלות עצמה למכשיר ולמנוף המרימים את הקדושה ביתר שאת. הדברים נוגעים לכל סוגי הגלויות: מגלות ישראל בין האומות ועד גלות הנפש האלוקית בגוף הגשמי ובעולם הזה. ומבואר שדווקא בגוף בעולם הזה יכולה הנפש, על ידי תורה ומצוות, להגיע לדבקות באלוקות בדרגה עליונה ופנימית יותר מכל מה שהיה לה כשלא הייתה בגוף.

רוח שטות הביטוי מתייחס למאמר חז"ל ש"אין אדם עובר עבירה אלא אם כן נכנס בו רוח שטות" (סוטה ג,א). למרות שרצונו העצמי של האדם הוא להידבק באלוקות (היא האהבה המסותרת), יכולה להתלבש בו רוח שטות המכסה ומסתירה את האהבה והרצון האמיתי הזה. 'רוח' הן המידות, ו'שטות' כאשר הן אינן על פי שכל, עד כי נדמה לאדם שהוא רוצה ואוהב דברים אחרים, המפרידים ומרחיקים אותו מדעתו ומרצונותיו האמיתיים. וכאמור, כשאדם נמצא בגלות בגוף הוא מחשיב את רצונו ומושגיו של הגוף כאילו הם רצונותיו שלו – וזוהי רוח השטות של גלות הגוף.

בליקוטי אמרים (פרק כד ועוד) מבואר באופן פנימי יותר, שהאהבה המסותרת, הרצון הפנימי העצמי של האדם להידבק באלוקות, הוא בעצם בלתי ניתן לשינוי. בהיותו ביטוי

במקום זאת כאילו יש לו ישות והשפעה משל עצמו). וכשהקליפה שולטת על האדם עד כדי כך שהוא שוכח את נפשו האלוקית ואת דעתו ורצונותיו הפנימיים, העצמיים, ומזדהה עם הקליפה ורצונותיה – זוהי 'רוח שטות' המחטיאה את האדם. כלומר: רוח הגורמת לו לפעול בניגוד להכרתו ולרצונו הפנימי – מה טוב ומה לא טוב, מה חשוב וחיוני לעצם חייו ומה מסיט אותו ומוביל אותו לאבדון.

וְעַל כֵּן עֲבוֹדַת הָאָדָם לְקוֹנוֹ הִיא לְהִתְחַזֵּק וּלְהִתְגַּבֵּר עַל הַקְּלִיפָּה. לנפש שנמצאת בגלות הגוף, ובגלות בכלל, יש עבודה. ההגדרה של 'עבודה' היא פעולה שיש בה התגברות על קשיים ועל מניעות. עבודת האדם לקונו היא ההתגברות על הסתר הגוף והעולם ועל רוח השטות המרחיקה אותו מעצמו ומאלוקיו. התכלית היא אמנם להתקרב, לממש את האהבה ולהידבק באלוקי; ואולם תחילת העבודה, כשהנפש נמצאת בהסתר הגוף ואין היא רואה ורוצה בגלוי באור ובטוב, אין היא יכולה להיות באהבה עצמה אלא

של הנפש עצמה, שום רצון, תאווה ושכל אינם יכולים לעמוד מולו. לא רק במצבי מבחן קיצוניים, שבהם כל אדם ימסור את נפשו וכל אשר לו ובלבד שלא להיפרד מהקב"ה, אלא גם בכל עת, התפיסה היא שאדם מישראל לעולם לא יעשה במודע מעשה שיפריד אותו מהקב"ה. גם החוטא איננו חוטא משום שהוא רוצה להיפרד מהקב"ה, אלא משום שרוח השטות מביאה אותו לחשוב שגם אם יחטא אין הוא נפרד. רוח השטות איננה נלחמת נגד הרצון הפנימי להידבק באלוקי: היא רק מסיטה אותו מהמסקנות. היא אומרת לו: 'עשה את המעשה ולא תיפרד'; 'עשה כך וכך ועדיין תהיה יהודי טוב'; 'העיקר הוא הלב', וכיוצא באלה.

העבודה – להתחזק ולהתגבר צד נוסף של המושג 'עבודה' הוא ש'עבודה' היא מלמטה, מצד האדם. בניגוד להארות והשפעות שהאדם מקבל מלמעלה, מהקב"ה, העבודה היא מה שהוא עושה בעצמו מלמטה.[37] וכאשר מדברים באיגרת זו על אהבה, 'אהבה בתענוגים' שמקבלים מלמעלה ו'אהבה המסותרת' שכבר נמצאת באדם (שקיבל אותה בירושה), נשאלת השאלה: מה הם, אם כן, העבודה והחלק של האדם בכל זה? וכאן נמצאת התשובה: עבודת האדם היא להתחזק ולהתגבר על הקליפה.

כלומר: התפיסה היא שהאהבה ישנה ואין צורך ליצור אותה או להביאה ממקום אחר, אבל צריך לשבור את הקליפה המסתירה כדי שהיא תתגלה.

אכן, כפי שייאמר בהמשך, הדברים אינם פשוטים כל כך; אין כאן רק קליפה גסה שצריך לשבור אותה ומייד מתגלה האהבה. ההסתר של האהבה המסותרת איננו רק ההסתר הגופני, אלא בעיקר הוא הסתרים רוחניים־נפשיים של שכלים אחרים ואהבות אחרות, ועל אלה קשה הרבה יותר להתגבר. לשם דוגמה: על הרעב של הגוף אפשר להתגבר בקלות יחסית, אבל על מערכות היחסים הנפשיים שאדם בנה כלפי האוכל כמעט בלתי אפשרי להתגבר. וכן הוא ביתר שאת בתחומים אחרים: הדרך להתגבר היא לא רק בהסרתם ודחייתם של ההסתרים, אלא בעיקר בבנייה של מטרות ונושאים אחרים להתייחסות ולאהבה. זאת ועוד: הנפש שהייתה שקועה בגוף, במושגיו ובאהבותיו, ייתכן שכבר איבדה כל יכולת של תפיסה והתייחסות למשהו אחר; כבר אין לה מילים ומושגים לזה. ומשום כך אף כאן, כדי לגלות את האהבה המסותרת כהרגשה גלויה של אהבת ה' לא די בהתגברות על הקליפה, אלא צריך לבנות כלים ויכולות להתייחס אל עולמות ומציאויות עליונים יותר, ששם ה' הוא יותר גלוי, יותר ממשות.

בכל מכל כל דהיינו מתחלה לגרשה מהגוף לגמרי ממחשבה דיבור ומעשה שבמוח ולשון ורמ"ח אברים ואחר כך יוכל גם כן להוציא ממסגר אסיר בחוזק יד דהיינו להיות חזק ואמיץ לבו בגבורים להיות האהבה המסותרת נגלית בגילוי רב בכל כחות חלקי הנפש שבגוף דהיינו

דווקא בגבורה. דהיינו להתחזק ולהתגבר על ההסתר של הקליפה ועל ידי זה, בהמשך, לגלות את האהבה.

בַּכֹּל מִכֹּל כֹּל.[38] ההתגברות על הקליפה צריכה להיות "בכל מכל כל". בפשטות הביטוי הוא חיזוק ל"כל", שיהיה בכל האופנים והצדדים, אך ללא ספק רומז הביטוי למדרש רז"ל[39] על שלושה שהטעימן הקב"ה מעין עולם הבא, ושלא שלט בהם יצר הרע – אברהם, יצחק ויעקב – שכתוב בהם "בכל" "מכל" "כל" וכו'.[40] כלומר, הקב"ה נותן לאבות "כל", הוא השכר על המצוות שעשו, שהוא שלמות כל מה שאפשר לקבל ("הכל"), והאבות מצידם היו שלמים בעבודתם, וכמבואר שהיו מרכבה שלמה למידות האלוקיות, ולא היה אצלם כל רצון ואהבה וכו' לדבר אחר כלל. והרמז הוא, שאותה שלמות שהייתה באבות – "בכל" "מכל" "כל" – מצויה גם אצל הבנים, שיש בכוח כל אחד מהם להתגבר על הקליפה "בכל" "מכל" "כל". ומבואר בליקוטי אמרים (פרק יח ואילך) שהאבות הורישו, במובן מסוים, את אותה שלמות שהגיעו אליה לבניהם אחריהם. וזוהי ירושת האהבה המסותרת שקיימת, כאמור, בכל אחד מישראל; שמכוחה יכול כל אחד לקיים את המצוות בכל השלמות, ולהיות באותו מעשה של מצווה מרכבה ממש, כמו האבות.[41]

דְּהַיְינוּ, מִתְּחִלָּה, בתחילת העבודה, **לְגָרְשָׁהּ,** את הקליפה, **מֵהַגּוּף לְגַמְרֵי מִמַּחֲשָׁבָה דִּיבּוּר וּמַעֲשֶׂה.** מחשבה, דיבור ומעשה הם שלושת לבושי הנפש,[43] דהיינו הדרכים שבהן הגוף מבטא ומגלה את הנפש בתוך העולם הזה הגשמי. **שֶׁבַּמּוֹחַ** (מחשבה) **וְלָשׁוֹן** (דיבור) **וּרְמַ"ח אֵבָרִים** (מעשה). האדם נדרש לגרש את הקליפה "בכל" "מכל" "כל", שהם משלושה לבושי הנפש. ויש לומר: "בכל" שנאמר באברהם מתייחס למעשה, הוא גמילות חסדים, בקו הימין; "מכל" שנאמר ביצחק מתייחס למחשבה, היא העבודה, התפילה, בקו השמאל; ו"כל" הכתוב ביעקב מתייחס לדיבור, הוא התורה, בקו האמצעי.

בליקוטי אמרים מבואר שכל עבודת האדם (הבינוני) היא בלבושי הנפש ולא בכוחות הנפש עצמם. שכן רק בלבושי הנפש, היינו במה שהוא עושה, במה שהוא מדבר ובמה

בכל מכל כל שינוי הלשון בכל אחד מהאבות מורה שאין מדובר באותה השלמות, אלא בשלושה מיני שלמות בעבודה – דהיינו שלושת הקווים שמסמלים האבות: תורה, עבודה וגמילות חסדים.[42]

לגרשה מהגוף לגמרי הדרישה לדחות ולגרש תחילה את המחשבות והאהבות הזרות "לגמרי" צריכה הסבר. לכאורה, מדוע לא יוכלו אהבת ה' ואהבות עולם הזה להתקיים זו בצד זו – וכפי שאדם יכול גם לאהוב מאכל מסוים וגם לאהוב אדם מסוים, ואין אהבות אלה מפריעות זו לזו? ויש לומר שבהתייחסות אל הקב"ה, באהבת ה' ויראת ה', זה שונה ובלתי אפשרי. שכן בין אהבת ה' ואהבת העולם הזה יש סתירה מהותית, ואין הן יכולות בשום אופן לדור

שהוא חושב, יכול האדם לשנות, לעבוד ולתקן; מה שאין כן בכוחות הנפש, במה שהוא מרגיש, אין הבינוני יכול לשנות (רק בעקיפין, דרך לבושי הנפש, הוא יכול במקרים מסוימים להשפיע גם על הרגשות וכו׳). ולכן העבודה שהאדם מחויב בה היא בדברים אלה: שלא לחשוב, לדבר ולעשות דברים מסוימים, ובמקום זאת – לחשוב, לדבר ולעשות דברים אחרים. ותחילת העבודה, כשהאדם עדיין נמצא בפועל בגלות בגוף, כאשר הוא חושב ומדבר את מחשבותיה ואהבותיה של הקליפה, היא לדחות אותן, שלא לחשוב, לא לדבר ולא לעשות אותן.

וְאַחַר כָּךְ, אחר שסילק את המחשבות, הדיבורים והמעשים של עולם הזה, **יוּכַל גַּם כֵּן לְהוֹצִיא מִמַּסְגֵּר אָסִיר.**[44] להוציא את הנפש האלוקית מכול ענייני העולם הזה שהייתה אסורה וסגורה בהם.

בְּחוֹזֶק יָד, שכן אף אם הוסרו הסוגרים החיצוניים, ולכאורה אין עוד מניעות, אין האהבה המסותרת מתגלית מעצמה, אלא צריך להוציאה ״בחוזק יד״, כמו שכתוב ביציאת מצרים ״כי בחֹזק יד הוציאנו ה׳ ממצרים״ (שמות יג,טז ועוד, וכן פעמים רבות ״ביד חזקה״). כדי להוציא את בני ישראל ממצרים לא די היה בהסרת המניעה של מצרים.[45] אכן, אף אחד כבר לא הפריע, אבל בנפשם הגלות נמשכה; הם לא הרגישו שום צורך ותאווה לדבר מה אחר, גבוה יותר, רוחני וקדוש; הם לא ידעו לאן ללכת, הם לא הבינו למה ובשביל מה כל זה. וכך הוא גם בנפש, הסרת המניעות החיצוניות איננה משלימה את החסר הפנימי; בשלב זה עדיין אין לנפש מושגים ורצונות עליונים, של קדושה, לשאוף אליהם. ולכן בשלב זה צריך להוציאה ביד חזקה – כלומר, בכוח הרצון והאמונה לבד – כדי שתתחיל ללכת, לנוע קדימה, למרות שעדיין אין יודעים מדוע ואין מתאווים לשום דבר אחר.

דְּהַיְינוּ לִהְיוֹת חָזָק וְאַמִּיץ לִבּוֹ בַּגִּבּוֹרִים (על פי עמוס ב,טז). לזה צריך אומץ לב וגבורה. לאמץ את ליבו כלפי כל מה שהוא רגיל לאהוב וכלפי הפחדים שלו מפני ה׳ריק׳ והבלתי ידוע. אומץ וסגירה זו של הלב הוא בגבורה, שהיא הכוח האוצר, הסוכֵר והמשמֵר שבנפש.

ובזה נפתחת הדרך **לִהְיוֹת הָאַהֲבָה הַמְסוּתֶּרֶת נִגְלֵית בְּגִילּוּי רַב בְּכָל כֹּחוֹת חֶלְקֵי הַנֶּפֶשׁ שֶׁמְּלוּבָּשִׁים בַּגּוּף,** כוח השכל שבמוח והאהבה והיראה וכו׳ שבלב – במחשבה, בדיבור ובמעשה.

דְּהַיְינוּ, עד כאן דובר בעיקר בהקדמה לעבודה, מה להסיר ולדחות ומה לא לחשוב ולא

בכפיפה אחת. אדם שנפשו קשורה לעולם הזה, בתאוות ובפחדים, אינו יכול להגיע לאהבת וליראת ה׳ אלא בדמיונות. לכל היותר תהיה לו תחושת עראי שתתעורר מפעם לפעם, אבל אין לה בסיס אמיתי ואין לה המשך. הטעם הפנימי לכך הוא שהקב״ה בעצמו הוא נבדל מהכול, ולאמיתו של דבר אין עוד מלבדו. ומשום כך, שום תפיסה אמיתית שלו אינה יכולה לשכון באותם קני מידה, ממדים ומושגים, עם כל דבר אחר. היות שהכלים, כמו כלי האהבה וכו׳, הם אותם כלים – במובן מסוים אדם אוהב את ה׳ באותם כלי נפש שבהם הוא אוהב אדם אחר וכו׳ – אין האהבות הללו יכולות בשום אופן לשכון יחד. כלי שמתייחס לכל דבר בעולם אינו יכול להתייחס באותה שעה גם אל ה׳; קודם כול צריך לנקות כל זכר לאותה אהבה אחרת,

העיקר בשכל ובמחשבה שבמוח שהשכל יחשב ויתבונן תמיד כפי שכלו והשכלתו בבורא יתברך איך שהוא חיי החיים בכלל וחיי נשמתו בפרט ועל כן יכסוף ויתאוה להיות דבוק בו וקרוב אליו כוסף טבעי כבן הכוסף להיות

לעשות, כדי שתתגלה האהבה המסותרת. ומכאן ואילך מפרש אדמו"ר הזקן בפרוטרוט מה יש לעשות.

הָעִיקָּר בַּשֵּׂכֶל וּבַמַּחֲשָׁבָה שֶׁבַּמּוֹחַ. עיקר העבודה היא בשכל ובמחשבה שבמוח. כי יש מחשבה של השכל, היא המחשבה שבמוח, ויש גם מחשבה של המידות, של אהבה ויראה, היא המחשבה שבלב. כאן הוא מקדים את המחשבה שבמוח, שכן בשלב זה, כשהאהבה עדיין מוסתרת והנפש אינה מרגישה ואינה משתוקקת מעצמה, עיקר העבודה הוא בשכל שבמוח.

שֶׁהַשֵּׂכֶל יַחֲשֹׁב וְיִתְבּוֹנֵן תָּמִיד, לא בהרהור אקראי חד פעמי, אלא במחשבה רצינית, בהתבוננות ממושכת שמטביעה בו את הדברים, כך שגם אחר כך, תמיד, תישאר בו רושמה של ההתבוננות.

כְּפִי שִׂכְלוֹ, כל אדם מתבונן בשכל שלו,[47] אם עמוק ואם רחב, אם דק ואם גס, ובלבד שיהיה השכל שלו; בקצב ובדימויים ובכלי המחשבה שבהם הוא חושב בעצמו על דברים הנוגעים לו, הקשורים והמכוונים לשאר חלקי נפשו וכו'.

וְהַשְׂכָּלָתוֹ, במה שהוא יודע, שכבר למד. שכן ההתבוננות באלוקי איננה כמו התבוננות בגשמיות, במה שאדם רואה. אדם רגיל אינו רואה אלוקות בגלוי בכל דבר – הוא רואה עולם, ועל האלוקות הוא צריך ללמוד "מפי סופרים ומפי ספרים" ומן ההתבוננות שלו. זהו עיקר הטעם ללימוד פנימיות התורה בכלל ומאמרי חסידות בפרט, שיהיה לאדם חומר בשכלו להתבונן בו. מקצת מזה, מעין דוגמה לדבר, יובא בהמשך, ובריבוי גדול במאמרי החסידות המבארים את הדברים בהרחבה ובריבוי פרטים. שכן, כפי שמוסבר בספרים,[48] רק אופן זה של התבוננות רבה וממושכת יכול להביא להתעוררות אמיתית של אהבת ה' וכו'.

ורק אז תוכל להתגלות בו אהבת ה'. אם לא, פירוש הדבר שאהבת ה' שלו אינה בעצם אהבת ה', אלא אהבת עצמו או סתם התחממות הנפש, אשר נדמה לו שהיא אהבת ה'.

בשכל ובמחשבה שבמוח התפיסה שהעבודה היא בעיקר בשכל מבוססת על שתי הנחות: האחת, שהשכל שבמוח הוא ביסודו מתוקן ומבורר יותר מהמידות שבלב;[46] והשנייה, ש'מוח שליט על הלב', היינו שיש בכוחו של השכל לשנות ולתקן את המידות ואת הנפש בכלל.

עיקר השליטה שיש לרצונו של האדם היא על השכל ולא על הרגש. אדם יכול להחליט ברצונו איזו מחשבה לחשוב, וגם אם עולים במוחו הרהורים שלא לרצונו הוא יכול להחליט שלא להמשיך ולחשוב בהם, הוא יכול לחשוב מחשבה אחרת. מה שאין כן ברגשות: אדם אינו יכול להחליט שהוא ירגיש כך וכך. ולכן כאשר מדברים על 'עבודה', על מה שהאדם

ונושא ההתבוננות באופן כללי הוא: **בַּבּוֹרֵא יִתְבָּרֵךְ,** ההתבוננות היא בבורא, לאמור: לא בקב"ה בעצמו ובמהותו, שבזה אין לנו השגה שכלית, אלא בהתגלותו כבורא העולם ומנהיגו.

אֵיךְ שֶׁהוּא חַיֵּי הַחַיִּים בִּכְלָל וְחַיֵּי נִשְׁמָתוֹ בִּפְרָט. כדי לעורר יחס של אהבה אליו צריך להתבונן בהתייחסות האהבה שלו אלינו ואל עולמנו – התייחסות המתגלה בנתינה המשמעותית ביותר עבורנו, של חיי העולם שלנו בכלל וחיי נשמתנו שלנו בפרט.
בחייו שלו ובחיי העולם שהוא חי בו יש לכל אדם תפיסה כלשהי, כל אחד לפי דרגתו וסוג החיים שהוא חי. ועל כן יכולה להיות לו גם תפיסה כלשהי במקורם של אותם חיים, ב"חיי החיים בכלל וחיי נשמתו בפרט". זאת ועוד: המבוקש איננו רק השכלה אלא גם גילוי האהבה, ולכן באותה מידה שאדם אוהב את החיים בכלל ואת חיי נשמתו בפרט כך הוא גם יִפַּתח ויגלה אהבה כאשר יחשוב ויתבונן בחיי החיים ובמקורם של החיים הללו, הלוא הוא בבורא יתברך.

וְעַל כֵּן, כאשר יתבונן כנזכר איך שהקב"ה הוא חיי נשמתו, **יִכְסוֹף וְיִתְאַוֶּה לִהְיוֹת דָּבוּק בּוֹ וְקָרוֹב אֵלָיו.** כל אדם אוהב את חייו ואת נשמתו. החיים הם, במובן הפשוט ביותר – האוכל שהוא אוכל, המלאכה שהוא עושה, קשריו עם בני משפחתו, חבריו ומכריו, החוויות שהוא חווה ועוד. כל אלה הם הפרטים המרכיבים את החיים. ובתוך כל אלה ישנם החיים עצמם, שמפעם לפעם, בעת של הצלה גדולה או חוויה פנימית מאוד (הנוגעת לעצם הנפש) יכול אדם לחוש בהם. במובן זה החיים הם משאת נפשו של האדם, למענם הוא עמל ולהם הוא מתאווה כל ימיו; ולכן כאשר יתבונן בשכלו שהבורא הוא חיי החיים הללו – הוא הנותן, המהווה והמקיים אותם – יכסוף ויתאווה להיות דבוק בו.

כּוֹסֵף טִבְעִי כְּבֵן הַכּוֹסֵף לִהְיוֹת תָּמִיד אֵצֶל אָבִיו. גם באהבה שבין בני אדם יש דרגות. הדרגה הראשונית והבסיסית ביותר היא האהבה שאדם אוהב את עצמו ואת חייו שלו (היא האהבה הנקראת בליקוטי אמרים "נפשי אויתיך"[49]), ודרגה גבוהה יותר היא האהבה שאדם אוהב את אביו ואימו, וכמובא בליקוטי אמרים שם "כברא דאשתדל בתר אבוי ואמה דרחים לון יתיר מגרמיה ונפשיה ורוחיה" (=כבן המשתדל אחר אביו

יכול לעשות מכוח עצמו, מלמטה, העיקר הוא העבודה שבשכל ובמחשבה שבמוח.

בבורא יתברך יש מקום לדייק בלשון 'בורא' דווקא, ולא 'יוצר' או 'עושה'. הלשון 'בורא' מתייחסת לעולם הבריאה, ועולם הבריאה דווקא הוא 'יש מאין', לעומת עולם היצירה ועולם העשייה שהם עולמות המשתלשלים מעולם אחר, והם 'יש מיש'. רק עולם הבריאה, שמקורו הוא הקב"ה בעצמו (וליתר דיוק – עולם האצילות המיוחד בקב"ה) הוא 'יש מאין', ולפיכך התבוננות ב'בורא' היא התבוננות באין. משמעותה של ההתבוננות הזו היא ביטול מלא, מוחלט, של העולמות ושל עצמו. כפי שהבורא הוא 'אין' בהשגת הבריאה, שאין הנברא יכול להשיג את הבורא הנבדל ממנו, כך הבריאה היא 'אין' באמת כלפי הבורא, כלולה בו ובטלה בו בתכלית כך שאין עוד מלבדו.

תמיד אצל אביו וכמו אש העולה למעלה תמיד בטבעה למקורה וכל מה שיתמיד לחשוב בשכלו כוסף זה ככה יתגבר ויתפשט כוסף זה גם בפיו ובכל אבריו לעסוק בתורה ומצות לדבקה בהם בה׳ ממש דאורייתא וקודשא בריך הוא כולא חד ועל כוסף זה שבגילוי רב כתיב צמאה נפשי וגו׳ כאדם הצמא למים ואין לו תענוג עדיין כלל וגם על כוסף זה ואהבה זו המוסתרת בנו אנו מעתירים לה׳ להיות בעזרנו להוציאה ממסגר

ואימו, שהוא אוהב אותם יותר מעצמו ונפשו ורוחו). גם אהבה אנושית זו היא טבעית, אם כי איננה מובנת מאליה, שכן זה דורש דרגה מסוימת של התפתחות ושל הכרה מופשטת בדבר שאיננו חומרי ומיידי, שהוא המקור הנעלם לדבר הנראה לעין. ואולם, כפי שמבואר שם, משעה שאדם מכיר בכך יכולה אהבה זו להיות חזקה יותר, ולגבור אף על אהבת "נפשי אויתיך".

וּכְמוֹ אֵשׁ הָעוֹלָה לְמַעְלָה תָּמִיד בְּטִבְעָהּ לִמְקוֹרָהּ. כאן רומז המחבר לדרגה נוספת של אהבה מסותרת, הנזכרת אף היא בליקוטי אמרים (פרק יט). המשל לאהבה זו לקוח אף הוא מטבע העולם, כמו האש העולה וכו׳, ואולם שלא כמו הדרגות הקודמות הטבעי כאן הוא בסיסי יותר, כמו טבע הדומם שאינו מותנה כלל בהבנה ובדעת. והנקודה המשמעותית בזה, המבוארת על פי המשל בליקוטי אמרים שם, שאור הנר (שהוא משל לאור וחיות הנפש) שואף בטבעו לעלות למעלה, להיפרד מהפתילה ולהידבק בשורשו, למרות שעל ידי זה יכבה אורו העצמי ויתבטל במציאות בשורשו. כלומר: לעומת הדרגות הקודמות שהבסיס להן היא אהבת חייו שלו, ובדרגה גבוהה יותר מקור חייו שלו – כאן הדרגה היא גבוהה עוד יותר, כיוון שהוא מוכן למסור אף את חייו שלו, להתבטל מהמציאות, בשביל אהבת ה׳.

וְכָל מַה שֶּׁיַּתְמִיד לַחֲשׁוֹב בְּשִׂכְלוֹ כּוֹסֶף זֶה. כאמור, ברצונו יכול אדם לחשוב בדברים אלה ולהתמיד במחשבה זו למשך זמן. וכשיחשוב כך, שה׳ הוא חיי החיים וחיי נשמתו, ושעל כן צריך לכסוף ולהשתוקק להידבק בו בכל האפשר, **כָּכָה**, כמו שנמשכת המחשבה בזמן ומתפשטת בכל העניינים שחושבים עליהם, **יִתְגַּבֵּר וְיִתְפַּשֵּׁט כּוֹסֶף זֶה** אל מעבר למחשבה שבמוח ובלב **גַּם בְּפִיו** (בדיבור) **וּבְכָל אֵבָרָיו** (במעשה). הכוסף והאהבה המתגלים מחפשים את מימושם; שכן בין שזהו כוסף שבמוח ובין שיש כאן גם השתוקקות שבלב, זו איננה 'אהבה בתענוגים' אלא אהבה של השתוקקות, המחפשת להשלים את החסר. ההשתוקקות היא בנפש וההשלמה היא בגוף, בפה ובכל האיברים, וכפי שהדבר גם בכל השתוקקות בעולם הזה שמילויה, התשובה לה, הוא באמצעות הגוף. אדם חפץ באיזה דבר ומשתוקק לו, ואז הוא עושה מעשה – אומר, הולך, עושה דברים הממשים בדרך כלשהי את השתוקקות נפשו, מרגיעים ומשקיטים את הכוסף. וכך גם באהבת ה׳ מגיע הכוסף, בסופו של דבר, אל מימושו בפה ובאיברי הגוף.

והמימוש וההשלמה הם **לַעֲסוֹק בַּתּוֹרָה וּמִצְוֹת,** ועל ידי זה **לְדָבְקָה בָּהֶם בה' מַמָּשׁ, דְּאוֹרַיְיתָא וְקוּדְשָׁא בְּרִיךְ הוּא כּוּלָּא חַד** (שהתורה והקב"ה – הכול אחד).[50] עם הקב"ה קשה לשוחח כדבר איש אל רעהו, ובוודאי אי אפשר לחבקו או לנשקו. ואולם הקב"ה, ברצונו ובאהבתו, נתן לנפש שבגוף את התורה המלובשת בענייני העולם הזה, אשר בה ביטא והלביש את רצונו וחכמתו באופן הפנימי ביותר. 'פנימי ביותר' פירושו הדבר עצמו בלי מחיצות, ואף לא באמצעות דבר אחר – לא מלאך ולא שליח, לא משל ולא דמיון – אלא הדבר עצמו, עד כדי כך שהנותן והנתינה הם דבר אחד. ולכן כשאדם חושב את מחשבתה של התורה בשכלו, מדבר את מילותיה בפיו או עושה את מצוותיה ברמ"ח איבריו, אזי הוא חושב את מחשבתו הפנימית ביותר של הקב"ה, מדבר את דבריו הפנימיים ביותר ועושה את מעשיו, והרי הוא מאוחד ודבק בו באחדות ובדבקות שאין דוגמתה בעולם הזה. באותה שעה לא רק התורה והקב"ה הם אחד, אלא אף הוא והתורה והקב"ה – הכול אחד.[51]

וְעַל כּוֹסֶף זֶה שֶׁבְּגִילּוּי רַב כְּתִיב "צָמְאָה נַפְשִׁי וגו'" (תהלים מב,ג), **כְּאָדָם הַצָּמֵא לְמַיִם.** אדם אינו יכול, בדרך כלל, להרגיש את הדבקות באותה עוצמה שבה הוא מרגיש את הכוסף (ואם היה מרגיש הייתה זו אהבה בתענוגים), ולכן מצבו התמידי הוא כמצבו של אדם הצמא למים. הצימאון הוא הכוסף, ההרגשה היותר ויותר מוחשית של החסר, ההולכת וגדלה ככל שאדם מתבונן יותר בכך שהקב"ה הוא חיי החיים, שהוא נכסף להידבק בו; ומשום שזה הקב"ה, שהוא אין סוף, אין הוא יכול לממש זאת אלא על ידי התורה, אשר נמשלה משום כך למים.

אך מכיוון שהתורה התלבשה בהסתר העולם הזה, **וְלָכֵן אֵין לוֹ תַּעֲנוּג עֲדַיִין כְּלָל.** הוא לומד תורה ומקיים מצוות, אבל אין הן מרוות את הרגשת הצימאון. הרגשתו כשהוא עוסק בזה יכולה להיות כמי שעוסק בענייני העולם הזה, ואין הוא חש באלוקי שבתוכם. שהרי לא רק התורה, אלא גם האדם עצמו מלובש בגוף ובעולם הזה, את אלה הוא משיג בפשטות וממשות וכלפיהם הוא חש רגשות. רק לעתיד לבוא יוכל אדם להרגיש את הדבקות באלוקי שבתורה ובמצוות שהוא עוסק בהן (כפי שנתבאר באריכות באיגרת הקודמת), וכעת יכול הוא להרגיש זאת רק אם זיכך את גופו ואת חושיו, כשאין חושיו הרוחניים מלאים עוד בענייני העולם הגשמי, ואף אז יכול להרגיש זאת רק מעט מעט.

וְגַם עַל כּוֹסֶף זֶה וְאַהֲבָה זוֹ הַמּוּסְתֶּרֶת בָּנוּ אָנוּ מַעְתִּירִים לה', מתפללים ומבקשים ממנו, **לִהְיוֹת בְּעֶזְרֵנוּ לְהוֹצִיאָהּ מִמַּסְגֵּר.** כאן הוא מוסיף שכדי לגלות אהבה זו לא די בהתבוננות שכלית, כפי שהוסבר עד כאן, אלא צריך גם להתפלל על כך.[52] התפילה, הנקראת גם 'עבודה שבלב' (תענית ב,א), היא העבודה של החדרת ההתבוננות אל הלב, העבודה של שינוי וזיכוך ('עבודה' מלשון עיבוד ותיקון, כמו עיבוד עורות) של תחושות הלב הטבעיות הפונות אל העולם הזה, שתהיינה פונות אל האלוקי ומתייחסות אליו, וכמבואר באריכות במקומות אחרים.

ושיהיה הלב מלא ממנה לבדה ולא תכנס צרתה בביתה שהיא תאות עולם הזה רק שתהיה היא עקרת הבית למשול בצרתה ולגרשה החוצה ממחשבה דיבור ומעשה על כל פנים הגם שלא יוכל לשלחה לגמרי מלבו על כל פנים תהיה היא מוסתרת בבחינת גלות ועבדות לעקרת הבית גברתה להשתמש בה לדברים הכרחים לה לבד כאכילה ושתיה כדכתיב בכל דרכיך דעהו:

וְשֶׁיִּהְיֶה הַלֵּב מָלֵא מִמֶּנָּה, מאהבת ה׳, **לְבַדָּהּ וְלֹא תִּכָּנֵס צָרָתָהּ בְּבֵיתָהּ, שֶׁהִיא תַּאֲוֹת עוֹלָם הַזֶּה, רַק שֶׁתִּהְיֶה הִיא** אהבת ה׳ **עֲקֶרֶת הַבַּיִת לִמְשׁוֹל בְּצָרָתָהּ.** ה׳לב׳ הוא כוח האהבה שבנפש. כוח זה יכול לפעול כלפי העולם – האוכל שיש בו, הכסף, האנשים וכו׳ – והוא יכול לפנות אל האלוקי. כפי שנאמר כבר, ה׳בינוני׳ שעליו הוא מדבר, שצריך לגלות את האהבה המסותרת שבו, אינו יכול לרוקן לחלוטין את הלב מתאוותיו אל העולם הזה, אבל הוא יכול לגרום לכך שהן יהיו זניחות ובלתי פעילות, ולא ישמשו גורם בהחלטות הנפש כיצד לנהוג בפועל.

וּלְגָרְשָׁהּ הַחוּצָה מִמַּחֲשָׁבָה דִּיבּוּר וּמַעֲשֶׂה עַל כָּל פָּנִים. כמבואר בליקוטי אמרים, מלבושי הנפש – המחשבה הדיבור והמעשה – יכול הבינוני לגרש לחלוטין את תאוות עולם הזה וכו׳. לאמור שלא לחשוב ולא לדבר ובוודאי שלא לעשות דבר מכוח תאווה ואהבה לענייני עולם הזה, ובהם גופו ונפשו הבהמית שלו.

הֲגַם שֶׁלֹּא יוּכַל לְשַׁלְּחָהּ לְגַמְרֵי מִלִּבּוֹ, שלא תהיה שם כלל, **עַל כָּל פָּנִים תִּהְיֶה הִיא מוּסְתֶּרֶת בִּבְחִינַת גָּלוּת וַעַבְדוּת לַעֲקֶרֶת הַבַּיִת גְּבִרְתָּהּ, לְהִשְׁתַּמֵּשׁ בָּהּ לִדְבָרִים הֶכְרֵחִיִּם לָהּ לְבַד כַּאֲכִילָה וּשְׁתִיָּה.** אם קודם הייתה אהבת ה׳ מוסתרת, הרי עתה, משהתגלתה, תהיה אהבת עולם הזה, בכל גווניה, המוסתרת. שכאמור, אין הן יכולות לשמש יחד: כשזו עולה זו יורדת, כשזו מתגלה זו מסתתרת.

להתפלל לאהבה כשאדם מתפלל לה׳ לאהבת ה׳, הוא אומר: אני עשיתי כל מה שאני יכול, התבוננתי, למדתי תורה, קיימתי מצוות – עכשיו תעשה אתה; ולא משום שעשיתי משהו גדול, או משום שמגיע לי, אלא משום שבאמת רק אתה יכול. בתפילה מחבר המתפלל את השכל עם מה שלמעלה מהשכל, את ה׳יש׳ והמושג עם ה׳אין׳ שהוא בלתי מוגבל וכול יכול. יש בכך הוראה לכלל עבודת ה׳: כל מה שאנו עושים בהתבוננות ובהתגברות מלמטה הוא רק פתח ומבוא לה׳ שיגמור בעדנו, שכן רק הבורא עצמו יכול באמת להזיז דברים ולהוציאם מן ההסגר וההגדרות של העולם. ואת זאת יכול האדם לפעול רק על ידי התפילה, כאשר הוא מתבטל מכל מה שעשה ומכל מה שהוא ומידבק ומתחבר ככלי גמור אל ה׳ – ואז לא הוא פועל, אלא ה׳ הוא הפועל בו: לפרנס, לרפא וכו׳, וגם לגלות בו את האהבה שה׳ אוהב אותו ושהוא אוהב את ה׳.

גלות תאוות עולם הזה אדמו״ר הזקן משתמש כאן באותה לשון שהשתמש בה קודם לגבי אהבת ה׳ – באותה שעה שאהבת ה׳ מתגלה הרי תאוות עולם הזה מסותרת בבחינת ׳גלות׳ וכו׳. יש כאן היפוך מלא: לעומת גלות הנפש האלוקית ואהבת ה׳ בגוף

כְּדִכְתִיב: "בְּכָל דְּרָכֶיךָ דָעֵהוּ" (משלי ג,ו). שגם בכל ענייני עולם הזה שאינם מצווה מפורשת יהיה האדם עובד את ה', מתקשר לה' ודבק בו. שכאמור, גם אם אין בכוחו לעשותם מכוח אהבת ה', הוא מכל מקום יכול לעשותם שלא מכוח תאוות עולם הזה – ובזה כבר יעבוד את ה' גם בדרכים אלה.

הוראה של "בכל דרכיך דעהו" מובאת בשולחן ערוך כהלכה למעשה,[53] ולא רק כמידת חסידות. אמנם כאן מוסיף לה אדמו"ר הזקן ממד חדש: לא רק שכל מעשיו כאכילה ושתייה וכו' יהיו לשם שמיים ועל כל פנים לא להנאת גופו (כהוראת השולחן ערוך), אלא אף הכוח והתאווה שבנפש שיש בהנאת גופו מדברים אלה יהיו משמשים לעבודת ה'. כלומר: לא שיעשה דברים אלה כמי שכפאו וכו', בלא חיוניות כלל, אלא שישתמש באותו כוח וחיוניות שיש בנפש לדברים אלה בשביל לעשותם כעבודת ה' – וכך יהיה אוכל לא רק כהכרח מגונה, אלא כמצווה (או כמכשיר למצווה) שצריך לעשותה בחיות ובהתלהבות, וחיות והתלהבות אלה יעלו עימהן גם את החיות וההתלהבות הטבעית שיש במעשה. אם כן, כשאדם מתקן ומעלה לא רק את המעשה אלא גם את הנפש של מטה, את החיות והתאווה של העולם הזה, הוא מקיים במלוא המשמעות את הכתוב "בכל דרכיך דעהו".

איגרת-מאמר זו עסקה בשני מינים של אהבת ה', שהן שתי דרכים של עבודת ה'. האהבה האחת היא 'אהבה בתענוגים', כאשר נפש האדם נמצאת למעלה ורואה וחווה את הדברים כפי שהם שם – שהכול טוב, הכול ברור, הכול הוא רצון ה' ועבודת ה'. ואם כן בכל דרכיו רואה האדם רק את רצון ה', וחסד ה' שהוא אוהב עד אין סוף נמצא איתו תמיד, וזוהי "מה יפית ומה נעמת אהבה בתענוגים". והאהבה השנייה היא האהבה המסותרת באדם: כשהאדם נמצא למטה, כשאהבת ה' שלו נסתרת ומה שהוא חווה הוא העולם הזה, התאווה אליו והחרדה ממנו. האדם הזה אינו מרגיש כעת את התענוג שבמציאות ה' בכל דרכיו, ולכן עליו לעבוד קשה בדעתו ובנפשו כדי לדלג על

ובנפש הבהמית, מדובר כאן על גלות הנפש הבהמית ואהבת עולם הזה באהבת ה' של הנפש האלוקית. וכפי שהוסבר שם, גלות איננה רק שבי, שהגולה איננו יכול לצאת ממנו ואיננו יכול לפעול ולעשות בו כרצונו, אלא היא גם בחינה של 'עבדות'. לאמור, הגולה עובד בשביל המקום שהוא גולה בו, הוא נותן את חיוניותו וכוחותיו למישהו אחר, לעניינים אחרים; וכך, בהיפוך המתואר כאן – כוח הנפש הבהמית, בכל הלהט והעוצמה של תאוות עולם הזה, אינו מתבטל, אלא משמש מעתה את אהבת ה'.

בכל דרכיך דעהו כלל זה הוא כמעט כלל הכללים בחסידות. חסידות אינה מצטמצמת למעשים מסוימים בזמנים ובמקומות מסוימים, ואף לא לכוחות נפש מסוימים, אלא בכל דרך שאדם הולך, בגשמיות וברוחניות, בין שהיא מצווה המוגדרת כ'דרך ה'" ובין שהיא 'דרכיך', הדרך שלך כביכול. החסידות אינה מחלקת בין מעשה למעשה ובין מחשבה למחשבה; כל מה שהאדם עושה, ואיך שהוא עושה, הכול יכול להיות עבודת ה'. רק אל לו לאדם להיות טיפש, כי אין זה בא להקל או להכביד עליו, אלא רק לחדור בתוכו – במה שהוא ובמה שהוא עושה – ולחבר בדעתו את הכול אל ה'.

חסר זה, ולמרות הכול לחבר את כל דרכיו אל ה׳. את הכוח לזה – שכן יש כאן צורך בכוח עצום ורב – הוא מקבל דווקא מהמקום שבו האהבה היא נסתרת, והוא מרגיש את החיסרון, הכוסף והצמא לה׳. האהבה היא נסתרת אבל היא אינה זרה לו, היא שלו וחלק ממנו, ולכן כשאין היא מתגלה כאהבה היא מתגלה בחסרון האהבה, כסלידה ויראה מפני המציאות של חוסר אהבה וכתשוקה עזה להשלים את החיסרון. וכוח זה, לא רק שהוא דוחף ומפעיל את האדם, במחשבות בדיבורים ובמעשים של אהבה, אלא הוא גם מוסיף חיות פנימית לנפש הקדושה מהכוחות המסתירים בעצמם; את החיות, הלהט והממשות של תאוות העולם – אל תוך אהבת ה׳ המתגלה דרכם.

איגרת יט

איגרת זו, כאיגרת הקודמת וכזו הבאה אחריה, היא מן האיגרות שהן כעין מאמר חסידות, והן עוסקות בבירור נושא עיוני או דרך בעבודת ה׳ על פי החסידות. אחת הנקודות החשובות והרגישות ביותר בתפיסת העולם היהודית היא הקשר בין התורה כפי שהיא בידינו ובין מקורה של התורה למעלה באלוקות. כיצד משתלשלים הדברים? האם באמת התורה שבידינו, למרות צורתה ה׳פשטנית׳ לכאורה, של הלכות גשמיות וסיפורי מעשיות על בני אדם כמונו, היא חכמתו ורצונו הפנימי של הקב״ה? וכיצד מתרחש המעבר הזה בין מעלה ומטה? הבנת הדברים חשובה מאוד, שכן היא מייקרת את דברי התורה שבכתב ושבעל פה עד לקצה האחרון, דהיינו להגיע להכרה ולהבנה שבכל תג ובכל דקדוק בתורה תלויים כל העולמות, ויותר מזה: שהקב״ה במהותו ובעצמותו נמצא בה. דברים אלה, העוסקים בהשגת האדם, בנבואה ובחכמה ובמהות ההעברה מלמעלה למטה, דרך אחור ופנים, הם דברים קשים להבנה, דקים שבדקים, החודרים מעבר לשכל המובן והמושג. ובאלה עוסקת איגרת זו.

משום חשיבותה של האיגרת היא מובאת הרבה גם בספרי החסידות המאוחרים יותר, ומכונה גם בשם ״דיבור המתחיל עוטה אור כשלמה״; וכן בכינויים הקשורים לתוכן הדברים שבה, כגון: ״בעניין נה״י דאבא״, ״גודל מעלת הפנימיות על החיצוניות״, ״בעניין וראית את אחורי״ ועוד.

איגרת יט

כט אלול פשוטה
כה אלול מעוברת

עוטה אור כשלמה וגו'. הנה בלקוטי תורה של האריז"ל פרשת כי תשא ופרשת ויקרא כתב כי השגת משה רבינו עליו השלום לא היתה בבחינת פנימיות דחכמה עילאה הנקרא אבא דאצילות

האיגרת פותחת בציטוט מתוך הכתובים: **"עוֹטֶה אוֹר כַּשַּׂלְמָה וגו'"** (תהלים קד,ב). דרכו של אדמו"ר הזקן באיגרות הקודש (וכן בהרבה מאמרי חסידות) לפתוח בפסוק, לפעמים גם בדברי חכמים המתייחסים אליו ולעיתים גם בקושיות על הדברים, ואחר כך להתייחס לאותם דברים, להסבירם וליישבם בדרך החסידות. באיגרת זו הקשר בין הפסוק הפותח לאיגרת אינו מוסבר, ואמנם בעיון במקומות אחרים בדברי אדמו"ר הזקן[1] אשר בהם מובא כתוב זה אפשר לראות קשר. "עֹטֶה אור כשלמה" מבטא את הנושא של איגרת זו, את הדרך שבה מגיעים הדברים מלמעלה למטה על ידי התלבשות אור הפנימי בלבוש חיצוני. ה'אור' הוא התוכן הפנימי והעליון, עד למעלה מעלה, והלבוש הוא 'כשלמה', הצורות החיצוניות שבכל עולם ודרגה, שבהן מתלבש האור ויורד ומתגלה ומאיר באותו מקום.

התורה היא האור הגדול, סודו של הקב"ה בעצמו, הנמצא בכל דבר שהקב"ה האציל וברא. מעט מעט מתגלה הסוד – מלמעלה למטה, מעולם לעולם, מזמן לזמן – עד למיצוי כל העולמות בעולמנו הגשמי, התחתון ביותר. על הדרך שבה יורד האור מעולם לעולם, מהעלם להעלם ממנו, ואינו כבה ואינו מאבד מזוהרו ומקדושתו, מספרת האיגרת הזו, ועל כך גם מרמז הכתוב "עֹטֶה אור כשלמה".

ותחילה מקדים אדמו"ר הזקן בירור דברים בנוגע להשגתו של משה רבינו. שהרי על ידו ניתנה לנו התורה, והבנה מסוימת של הדרך שבה השיג הוא את הדברים מאפשרת לנו גם הבנה לגבי הדרך שבה העביר אותם אלינו.

הִנֵּה בְּ'לִקּוּטֵי תּוֹרָה' שֶׁל הָאֲרִיזָ"ל, הוא ספר מכתבי האר"י שהיה נפוץ אצל החסידים הראשונים ושאדמו"ר הזקן מרבה להביא ממנו בכתביו. הספר הוא ליקוט דרשות על סדר פרשיות התורה, הנביאים והכתובים,[2] ומצורף לו ספר נוסף, 'טעמי המצוות', המבאר את הטעם על פי הסוד לכמה מהמצוות הנזכרות בכל פרשה.

פָּרָשַׁת 'כִּי תִשָּׂא' וּפָרָשַׁת 'וַיִּקְרָא' כָּתַב, כבר העירו[3] על כך שהדברים המובאים כאן אינם מצוטטים בלשון שבה הם כתובים שם, אלא רק מובנים מתוך הדברים הנאמרים שם. בפרשת 'כי תשא' על הכתוב "וראית את אחֹרָי" (שמות לג,כג) מוסבר באריכות שמשה הוא מסוד אחורי הדעת דז"א (זעיר אנפין), ולכן נאמר בו "וראית את אחֹרָי

וכו׳״. ובפרשת ׳ויקרא׳ מוסבר באריכות מעין אותם דברים על האל״ף זעירא (הקטנה) שבתיבת ׳ויקרא׳, שמובנה צמצום גדול ובחינת אחוריים לגבי המקור.

הדברים להלן המובאים בשם האר״י ז״ל מנוסחים בלשונו של אדמו״ר הזקן, ויש מקום לפרשם ולהתייחס אליהם כמו לשאר דבריו של אדמו״ר הזקן באיגרת.

וכך בלשונו של אדמו״ר הזקן: **כִּי הַשָּׂגַת מֹשֶׁה רַבֵּינוּ עָלָיו הַשָּׁלוֹם**. השגתו של משה רבינו אינה עניינו הפרטי של משה; משה היה גדול הנביאים, אב לנביאים, במובן זה שכל הנביאים היו תלמידיו, וכל הנבואות שלהם הן בבחינת פרטים ומקבלים מנבואתו של משה. ויותר מזה, כל התורה שבידינו, שבכתב ושבעל פה, מסורה לנו מידו (מנבואתו) של משה רבינו. השגתו של משה היא לפיכך שורש ומקור לכל השגתנו, ולכן חשוב לנו להבין ולברר מהי.

לֹא הָיְתָה בִּבְחִינַת פְּנִימִיּוּת דְּחָכְמָה עִילָּאָה (עליונה). הדרגה הגבוהה ביותר של התגלות היא בחכמה, וכפי שהדבר הוא בנפש – תפיסתה הראשונה של ההשגה, תחילת כניסתה אל הנפש, היא בחכמה, כברק המבריק המקבל את הדבר באחת מן ה׳אין׳ הבלתי מושג. בנקודת התחלה זו מצויה ההשגה בדרגתה הפנימית ביותר, כפי שהיא בכללותה וכפי שהיא בעצמה, עוד לפני שמבינים מה היא ובוודאי לפני שקולטים את משמעותה וכו׳.

הַנִּקְרָא ׳אַבָּא דַּאֲצִילוּת׳. החכמה העליונה נקראת ׳אבא שבאצילות׳, היא החכמה שבאצילות (כידוע ש׳אבא׳ ו׳אמא׳ הם חכמה ובינה) – הספירה הגבוהה ביותר שבעולם הגבוה ביותר.

השגת משה רבינו כאשר מדברים על השגה נמוכה, השגה בדברים שבמציאות הנמוכה, בחינת ההשגה היא פשוטה: אם משיגים או אם לא משיגים אותם. ואולם ככל שההשגה היא גבוהה, מופשטת ופנימית יותר, ובייחוד לגבי ההשגות האלוקיות, כך ההבחנה נעשית מורכבת יותר. מצד אחד, האלוקי בעצמו אינו מושג כלל; ומצד שני, כשם שהוא מחיה את הכול הוא גם יכול להתגלות בכל דרגה. לכן הבחינה הראשונה היא: באיזו דרגה, באיזה עולם מגיעה ההשגה? והבחינה השנייה היא: כיצד היא ההשגה, האם בפנימיות או בחיצוניות? ההבדל בין פנימיות וחיצוניות, באופן הכללי ביותר, הוא ההבדל בין השגת הדבר עצמו לבין השגת המסקנות העולות ממנו. השגה זו של חיצוניות מתפרטת לדרגות רבות, מהדרגות הגבוהות יותר המתבטאות בהתייחסות הכרתית ורגשית, ועד למסקנות של עשייה בפועל. והתשובה המורכבת לשאלות אלה לגבי השגתו של משה רבינו – מובאת כאן כפי שהיא מוגדרת בכתבי האר״י ז״ל.

חכמה ואצילות ספירת החכמה ועולם האצילות אינם רק עוד דרגה בעולמות. כפי שאצילות איננה ממש עולם – כי ביחס לעולמות הנבראים אצילות היא אלוקות ממש, שכל ספירותיה הם כוחות אלוקיים שרק פועלים ומתגלים בעולמות – כך גם החכמה איננה ככל הספירות.[4] דהיינו, החכמה אינה רק כוח וגילוי מסוים, אלא כביכול גילוי של הקב״ה בעצמו (אף שאין הוא מגיע לגילוי ממשי אלא רק בהתלבשות בספירות אחרות). נמצא שההשגה בחכמה העליונה שבאצילות היא השגה, עד כמה שאפשר מצד המקבל, של האלוקי עצמו שבעולמות, ולא רק החיות שהוא מחיה את העולמות.

וכל שכן בספירת הכתר שלמעלה ממנה הנקרא אריך אנפין בבחינת אחוריים דחכמה המתלבשים בבינה המתלבשת בז׳ ספירות תחתונות שנקראות

מדוע מוסיף כאן אדמו"ר הזקן ש'חכמה עילאה' נקראת 'אבא דאצילות', הוספה הנראית לכאורה ככפילות מיותרת? ייתכן לומר, שהביטוי 'חכמה עילאה' מתייחס לא רק לעולם האצילות אלא גם למעלה מאצילות, כחכמה שבעקודים ובאדם קדמון ואף למעלה יותר,[5] ולכן מוסיף כאן שהיא הנקראת 'אבא דאצילות', כלומר חכמה דאצילות.[6] להדגיש שהנאמר על השגת משה רבינו, שלא הייתה בחכמה עליונה, הכוונה גם לחכמה שבאצילות – שאפילו בדרגה זו, הנמוכה יותר, של החכמה העליונה, לא הייתה למשה רבינו השגה.

וְכָל שֶׁכֵּן, שלא הגיעה השגתו **בִּסְפִירַת הַכֶּתֶר שֶׁלְּמַעְלָה מִמֶּנָּה,** מהחכמה, **הַנִּקְרָא 'אֲרִיךְ אַנְפִּין'** (פנים ארוכות).[9] אף כאן חוזרת ההגדרה הכפולה: ספירת הכתר הנקראת אריך אנפין. כידוע ש'אריך אנפין' אף הוא בחינת פרצוף, כמו 'אבא' ו'אמא' וכו'. וצריך לומר זאת, שכן לאחר שאמר המחבר שמשה לא השיג בפנימיות החכמה שבאצילות, אפשר היה לחשוב שבחיצוניות הכתר כן השיג, ולכן אומר שאף בחיצוניות הכתר לא השיג.

ומעתה ידובר במה שהשיג משה רבינו:

'אבא דאצילות' המושג 'אבא' אינו זהה בדיוק למושג 'חכמה'. חכמה היא ספירה המתייחסת לעשר הספירות, ואילו 'אבא' הוא 'פרצוף' המתייחס לפרצופי האצילות (אבא, אמא, זעיר אנפין, מלכות) שכל אחד מהם מבטא מכלול וקומה שלמה של ספירות, הוויה שלמה ומורכבת שחלקיה מאורגנים בסדר מסוים.[7] וכיוון שכאן מדובר על פנימיות וחיצוניות של חכמה, נמצא שמדובר בהכרח בהוויה מורכבת בעלת בחינות וצדדים שונים, ולא בספירה בודדת שהיא כמו הארה נקודתית חד־משמעית.[8]

בספירת הכתר הנקרא אריך אנפין כאן אין מדובר על חיצוניות ופנימיות, שכן אריך אנפין בעצמו הוא חיצוניות הכתר. וכידוע, בכתר יש שני פרצופים: 'אריך אנפין' ו'עתיק יומין', ואריך אנפין הוא חיצוניות הכתר לגבי עתיק יומין[10] שהוא פנימיות הכתר.

כי השגת משה רבינו לא הייתה וכו' ההתייחסות המפורטת למה שלא השיג משה רבינו מעוררת לכאורה תמיהה (שהרי כרגיל השלילה היא כלל שאין בו משמעות לפרטים). ויש לומר שאין כאן שלילה מוחלטת, אלא שעצם הדיבור בדבר מורה שהייתה בנושא זה על כל פנים השגה במציאות הדבר, אף כי לא השגת מהותו הפנימית, וכפי שעוד ידובר בהמשך האיגרת. ועוד יש לומר שהטעם לכך שהוא מזכיר כאן גם את ספירת הכתר הוא כדי לומר, שמקורו של מה שמושג הוא אף למעלה מפנימיות החכמה. ישנן השגות טכניות שעוסקות באופני הגילוי, ולאלה אין בדרך כלל משמעות מעבר לדרגה שבה הן מתגלות; ואולם כאשר מדובר בהשגה פנימית של המהות (אף שהיא מלובשת בחיצוניות של חיצוניות), יש משמעות גם לפנימיות ולשורש שורשה, עד למעלה מעלה. ובוודאי כאן, כאשר מדובר על השגת משה רבינו והשגת התורה שבידינו, חשוב לדעת לא רק מה מושג אלא גם מה אינו מושג, שכן 'לא מושג' זה הוא שורש פנימי של מה שמושג ומתגלה.

כִּי אִם בִּבְחִינַת אֲחוֹרַיִים דְּחָכְמָה, שאינם פנימיות ועצם החכמה אלא מה שמתגלה ומתלבש כלפי חוץ, **הַמִּתְלַבְּשִׁים בַּבִּינָה,** שהיא הלבוש, וכמו הכלי לאור החכמה. ההשגה היא באור שמתלבש, והאור שמתלבש הוא בבחינת האחוריים, כי הפנימיות לעולם אינה מתלבשת. השגתו של משה רבינו הייתה בחיצוניות ובאחוריים של החכמה, דהיינו לא בחכמה כשלעצמה אלא באותו צד של החכמה שבו היא נתפסת בתוך מציאויות אחרות. על דרך משל גשמי: לכל כלי יש תכלית פנימית שהוא משמש לה; הכוס משמשת להכיל נוזלים, הסכין משמש לחיתוך וכו'. ואולם כדי שהכלי יוכל לשמש לתכליתו הוא צריך שיהיה לו צד של 'אחור', צד שמתייחס אל הסביבה החיצונית, כמו גב הכוס וכיוצא בזה. במובן זה, הצד האחורי החיצוני של החכמה הוא מה שמתלבש ומתייחס אל המדרגה המקבלת מהחכמה, היא הבינה.

ואחר שדובר על התלבשות אחוריים של החכמה בבינה הוא ממשיך הלאה:

הַמִּתְלַבֶּשֶׁת בז' (שבע) **סְפִירוֹת תַּחְתּוֹנוֹת.** אחר התלבשות החכמה בבינה מתלבשת הבינה בשבע ספירות המידות: חסד גבורה תפארת נצח הוד יסוד ומלכות.

שֶׁנִּקְרָאוֹת 'זְעֵיר אַנְפִּין' (פנים קטנות). המכלול של שבע הספירות התחתונות הוא יותר מאוסף של ספירות בודדות. כמו בנפש האדם, המידות הן מכלול לעצמו, כמו עולם שלם או אדם כשהוא לעצמו – הן מתנהגות ופועלות כיחידה שלמה אחת שיש לה ראש ורגל,

כי אם בבחינת אחוריים דחכמה אין זה אומר שפנימיות החכמה איננה מושגת כלל, שהרי זו על כל פנים חכמה; אלא שהשגת הפנימיות כשלעצמה איננה ניתנת להעברה, להבנת ולהרגשת הדבר, אף לא באדם עצמו. השגת החכמה היא כמו השגה אינטואיטיבית של מכלול. זהו אובייקט של השגה שאיננו ניתן להגדרה ולניתוח, שאין לנו שום דרך לטפל בו כשלעצמו ואין מכשיר שיכול לתפוס אותו או אפילו לגעת בו. השלב של החכמה בעצמה, של פנימיות החכמה, הוא כמו אור ללא כלי, הוא רק עצם הקליטה, ואל השלבים הנוספים ניתן להגיע רק דרך אחורי החכמה, שהם אותן השלכות, פרויקציות, של הדבר, כפי שהן נקלטות בדרגת הבינה ולמטה.
ההשגה המתלבשת בכלי המשיג היא אפוא השגה של אחוריים. אך לא זו בלבד: ההשגה המדוברת כאן היא השגה המיועדת לעבור הלאה, לתחום אחר, לכלי ההרגשה, המחשבה והדיבור, ומתוך אלה גם לאנשים אחרים, בהבנתם ובהרגשתם וכו'. ההשגה הפנימית היא השגה שנשארת במקומה; היא בעצם רק להיות – להיות במהות הדבר שמשיגים אותו – ומשום כך אין היא יכולה להמשיך ולהתגלות הלאה; מה שמושג בחכמה נשאר בחכמה וכו'. לעומת זאת, השגה של אחוריים יכולה לעבור מדרגה לדרגה. לדוגמה: אדם רואה מראות ואינו יכול לשמוע מראות, אבל הוא יכול לשמוע 'אחוריים' של מראות, דהיינו השפעה ופעולה של מראות שאפשר לשמוע עליהן מפי הרואים, גם אם אין השומעים עצמם רואים אותם. כך כל השגה שיורדת ונמשכת צריכה להיות במסלול של אחוריים, שבו מתלבשים אחורי כל דרגה גבוהה בפנימיות הדרגות הנמוכות ממנה.

ההתלבשות במידות בנפש האדם ההתלבשות בבינה היא התלבשות בשכל, היכן שהדברים ניתנים להכרה, בדרגה של אותיות פנימיות המגדירות ובונות את ההכרה השכלית. וההתלבשות בספירות התחתונות, המידות, היא התלבשות גם בהרגשה. דרגת

זעיר אנפין סוד התורה ומתפשטת עד סוף ד' ספירות התחתונות שהן נהי"מ ושם היתה השגת נבואתו בבחינת פנימיות דהיינו מבחינת פנימיות נהי"מ. אבל למעלה מנהי"מ לא היתה לו שום השגה בפנימיות

פנים ואחור, ויש לה מטרה ודרך לעצמה. מכלול כזה נקרא בקבלה 'פרצוף', ופרצוף זה של ספירות המידות נקרא 'זעיר אנפין', שפירושו בארמית 'פנים קטנות' – 'פנים' כמו 'פרצוף', כמו קומה שלמה, ו'קטנות' משום שהן קטנות ביחס לפנים הגדולות 'אריך אנפין' (פנים ארוכות), השייכות לספירת הכתר המקיפה והכוללת את כל עשר הספירות, מכתר עד מלכות. במובן זה 'זעיר אנפין' היא מעין הקטנה, מיקרוקוסמוס, של המכלול הגדול של 'אריך אנפין'.

סוד הַתּוֹרָה.[11] התלבשות החכמה ב'זעיר אנפין' הוא סוד התורה. הסוד הזה, שהוא בעצם נושאה של האיגרת, הוא האופן הפלאי שבו מגיעה התורה מהדרגה שבה היא חכמתו העצמית של הקב"ה אל הדרגה המתייחסת אל העולם שלנו: למצוות מעשיות, עשה ולא תעשה, ולהגדרה של כל דבר בעולם: מה קדוש ומה טמא, מה מותר ומה אסור, מהי הדרך של כל דבר אל הקודש. זעיר אנפין שבאצילות, בהתייחסו אל העולמות הנבראים, מגדיר כביכול את פניו של הקב"ה הפונות אלינו. ולכן הן 'פנים קטנות', שכן הן המתייחסות אל העולם, לעומת אריך אנפין (הפנים הגדולות) שהן ההסתכלות בהיקף הגדול, כפי שהדברים נראים מלמעלה, מצידו של הקב"ה. הפנים הללו המסתכלות בעולם, עם זה שהן פנים של מעלה, מציירות ומצטיירות בתבנית העולמות ובתבנית של כל דבר שיש בעולמות. וזוהי, במובן מסוים, התורה: ההסתכלות הקדושה המגלה בתוך העולם הקטן והנמוך כיצד הם הדברים באמת, מהי משמעות הכול; ומעבר לכל זה, את התגלותו של הקב"ה בעצמו, המתייחס אלינו בחסדו, בגבורתו, בתפארתו וכו'.

החכמה איננה ניתנת להתייחסות כלל משום שהיא הכרה כללית שאינה מתחלקת, ואילו בדרגת הבינה יש כבר הגדרות שניתן להעמידן אחת מול השנייה ולבנות תמונה של הכרה: מהו הדבר, כיצד הוא וכו'. בדרגת המידות אנו כבר יוצרים התייחסות אישית – אני אוהב את הדבר או מפחד ממנו, זה טוב וזה רע וכו' (חסד גבורה תפארת), ואף מגיעים למסקנות הנוגעות למעשה: אני רץ לשם, אני בורח וכו' (נצח הוד יסוד). ההתלבשות במידות היא התלבשות בדרגה שאינה רק נמוכה יותר אלא גם ממשית יותר. כיוון שתחושת האדם את עצמו היא במידות, שם הוא נמצא, לכן רק כאשר המושג מתלבש במידות הוא מושג באמת, ממש. השכל רק מספר שיש דבר כזה, וזה לכל היותר מעניין; אבל משעה שהדבר מצוי במידות הוא נעשה המציאות הממשית שאדם נמצא בה.

וכן הוא בספירות ובעולמות. המהות האלוקית (אור אין סוף) המלובשת בספירות השכל היא בדרגה שלמעלה מהעולם, כביכול של האלוקי החושב על העולם. במידות, לעומת זאת, מתלבשת החיות האלוקית שמהווה ממש את העולמות ("ששת ימים עשה ה' וגו'", ומבואר בחסידות שהם שש המידות של זעיר אנפין). במובן זה ההשגה שלנו, שהיא חלק מהעולמות ובנויה בגדרי העולמות, אינה יכולה להתייחס ישירות ובאופן ממשי

וּמִתְפַּשֶּׁטֶת החכמה בתוך המרחב של זעיר אנפין **עַד סוֹף ד'** (ארבע) **סְפִירוֹת הַתַּחְתּוֹנוֹת שֶׁהֵן נהי"מ** (נצח הוד יסוד מלכות). גם בתוך זעיר אנפין מתחלקות הספירות לפנימיות וחיצוניות. באופן הכללי ביותר, הספירות חסד גבורה תפארת הן פנימיות, והספירות נצח הוד יסוד מלכות הן חיצוניות. על דרך משל בנפש האדם, מתחלקות המידות לשתיים: המידות חסד גבורה תפארת הן מידות הרגש עצמן, המגדירות את תחושתה הפנימית של הנפש, מה היא עצמה מרגישה. והספירות נצח הוד יסוד, ובמובן מסוים גם המלכות, הן הספירות המייחסות ומעבדות את הדברים כלפי חוץ: מה משמעות הדבר, מה המסקנה, מה עושים עם זה ואיך.

וְשָׁם, בנהי"מ, **הָיְתָה הַשָּׂגַת נְבוּאָתוֹ** של משה **בִּבְחִינַת פְּנִימִיּוּת** ולא חיצוניות, **דְּהַיְינוּ מִבְּחִינַת פְּנִימִיּוּת דנהי"מ.** בכל דרגה, גם בדרגה שהיא בכללותה חיצוניות ואחוריים, יש פנימיות וחיצוניות. ואף בנהי"מ, שהן בכללותן ההתייחסות כלפי חוץ – איך ולמי להשפיע – יש פנימיות. פנימיות נהי"מ, כמו בנפש, היא משמעות ההשפעה כלפי פנים: הטעם, ההנאה והפשר שיש לאדם עצמו בהשפעה שהוא משפיע לאחר.

כאשר נאמר שהשגתו של משה רבינו הייתה בפנימיות נהי"מ של מעלה, משמע שהשגתו הייתה לא בהווייתו הפנימית של הקב"ה (חב"ד חג"ת), אלא רק בתחום השפעתו לעולמות (נהי"מ). אבל בזה הייתה השגתו בפנימיות, כלומר: במשמעות ובטעם הפנימי שיש כביכול לקב"ה בהשפעתו לעולמות. ובמילים אחרות, אם השפעתו של הקב"ה היא בריאת כל העולמות וחיותם, הרי פנימיותה נמצאת בתורה ובדברי הנביאים המתייחסים אל צידו של הקב"ה בהשפעה – אהבתו, נחת הרוח שלו כשנעשה רצונו, ולהפך אם לא נעשה כרצונו חס ושלום – ושם היא השגת נבואתו של משה רבינו.

אֲבָל לְמַעְלָה מנהי"מ לֹא הָיְתָה לוֹ שׁוּם הַשָּׂגָה בִּפְנִימִיּוּת. לא בפנימיות המוחין ואף לא בפנימיות המידות, אבל הייתה לו השגה בפנימיות נהי"מ. וזה ההבדל בין השגת הנבואה אל האלוקי אלא כאשר הוא מלובש בשבע הספירות התחתונות.

סוד הגדרתו של הדבר כ"סוד" (ובכל מקום שבו נזכר ביטוי זה) משמעה שהדברים אינם ברורים וגלויים לגמרי; שיש כאן מהלך נסתר בחלקו, הכולל 'התערבות' של מעלה שאין אנו יכולים להסבירה. וזה "סוד התורה", סוד החיבור בין מעלה ומטה. ה'מטה' היא המציאות שלנו, שאנו מצויים בה ומבינים אותה לפי דרכנו, וה'מעלה' הוא הנעלם, מה שמעבר למסגרות המחשבה וההכרה שלנו; ומכיוון שהחיבור של מעלה ומטה הוא, עד כמה שניתן לראות, בלתי אפשרי – הוא סוד.

פנימיות נהי"מ לשם דוגמה, כפי שאדמו"ר הזקן כותב באריכות בכמה מקומות באגרת הקדש, עיקר משמעותה של מצוות הצדקה היא ביחס לנותן. כביכול הקב"ה אינו מצווה על הצדקה כדי שפלוני יקבל – בשביל זה יש לו דרכים רבות ופשוטות יותר – אלא בעיקר כדי שפלוני ייתן. הנתינה הזו שאדם נותן ממה ששייך לו, מתוך עצמו, למרות שאין הוא חייב לתת ולשני לא מגיע – היא עיקרה ופנימיותה של מצוות הצדקה. וכך בכל השפעה: פנימיותה היא ביחס למשפיע, הטעם והמשמעות שהוא מקבל מן ההשפעה שהוא נותן, וחיצוניותה היא המתייחסת אל המקבל.

כי אם בבחינת אחוריים דחכמה המלובשים בבינה המלובשת ומתפשטת תוך פנימיות דנהי"מ בסוד נובלות חכמה שלמעלה תורה שהיא בבחינת זעיר אנפין וכדכתיב וראית את אחורי ופני לא יראו עיין שם ובשער הנבואה פרק א'. ולכאורה יש להפליא הרי נאמר ולא קם נביא עוד בישראל כמשה ואיך השיג האריז"ל יותר ממנו ודרש כמה דרושים בבחינת פנימיות אפילו בספירות ומדרגות רבות שלמעלה מהחכמה וכתר דאצילות.

של משה רבינו והשגת העולם בכלל, שהיא – כמו קיום העולם – מקבלת מאחוריים של נהי"מ.

ולסיכום, השגתו של משה רבינו הייתה: **כִּי אִם בִּבְחִינַת אֲחוֹרַיִים דְּחָכְמָה הַמְּלוּבָּשִׁים בַּבִּינָה הַמְּלוּבֶּשֶׁת וּמִתְפַּשֶּׁטֶת תּוֹךְ פְּנִימִיּוּת דנהי"מ.** לכאורה יש כאן חזרה על הדברים שנאמרו קודם.[12] וייתכן לומר שחזרה זו באה להדגיש את הדברים גם מן המבט של מטה – לאמור שהפנימיות שמתגלה למטה כוללת בתוכה את כל הסדר עד למעלה מעלה. דהיינו שהשגת פנימיות נהי"מ איננה רק בפנימיות נהי"מ אלא במה שמלובש בהם, החכמה והבינה וכו'. כי כלל הוא בכל השגה פנימית, בכל דרגה, שהיא כוללת ומשקפת את הפנימיות עד למעלה מעלה. האחוריים מתייחסים ומתלבשים בדרגות התחתונות ומשום כך השגתם נפרדת ממה שלמעלה מהם, ובמובן מסוים אף מסתירה את שלמעלה מהם; ולעומת זאת הפנימיות, שאינה מתלבשת במדרגות התחתונות, היא זו שמלבישה את המעלה, ולכן כל הדרגות, עד למעלה מעלה, מתגלות ומשתקפות בה.

בְּסוֹד נוֹבְלוֹת חָכְמָה שֶׁלְּמַעְלָה – תּוֹרָה (על פי בראשית רבה פרשה מד,יז). 'נובלות' הן פירות שנשרו מן האילן קודם שהבשילו כל צורכם. והנמשל הוא שהתורה שבידינו הוא אכן החכמה העליונה, אבל כפי שנשרה ממקומה שלמעלה למטה, ואין היא קשורה עוד ישירות למקור חיותה וגידולה למעלה. אלו עדיין אותם הפירות, אלא שבנשירתם

אחוריים דחכמה המלובשים בבינה המלובשת וכו' כפי שמעיר כ"ק אדמו"ר זי"ע,[13] בחזרת הדברים כאן נזכרות רק חכמה ובינה המלובשות בפנימיות נהי"מ, ולא נזכרות המידות חסד גבורה ותפארת שב'זעיר אנפין'. כלומר, שהבינה מלובשת ישירות בפנימיות נהי"מ, ולא דרך המידות חסד גבורה תפארת. בהמשך לכך אולי אפשר לומר שזה ההבדל בדרך כלל בין ירידת האור בדרך השתלשלות העולמות, לבוראם ולהנהיגם, לבין הארה של התגלות האור בהם. בהשתלשלות מתלבש האור כסדר בכל הדרגות, ואילו בהתגלות יש תמיד דילוג על השלב האחרון (או אף יותר) של ההתלבשות שלפני הגילוי.[14] אף כאן, ההשגה וההתגלות היא דרך ההתלבשות בפנימיות נהי"מ, שלא דרך המידות חסד גבורה תפארת. שכן במידות מתלבשת החיות הבוראת את המציאות בפועל, לעומת המוחין שבהם מלובשים, כביכול, הרעיון, הטעם והשכל של הבריאה. וזו בעצם משמעות הגילוי האלוקי בעולם: כאשר האור והשכל שבדברים מתגלים אל הנבראים לא כפי שהם בפועל

והתנתקותם לכאורה מהעץ אין ניכרת בהם החיות הפנימית של העץ, לא בטעם ולא במראה.

שֶׁהִיא בִּבְחִינַת 'זְעֵיר אַנְפִּין'. כפי שנזכר למעלה, שזעיר אנפין הוא סוד התורה. זעיר אנפין הוא המידות, והמידות הן קביעת ההתייחסות: את זה אני אוהב ומזה אני ירא וכו', זה עושים וזה לא עושים. ובמובן מסוים זהו עיקרה של התורה הנגלית לנו, האמירה על דברים בעולם: זה כשר, זה פסול וכו'. אכן, הקשר של כל זה אל החכמה העליונה אינו ברור ואינו ניכר בעליל, בסוד "נובלות חכמה של מעלה". המקור הוא באמת בחכמה העליונה, אלא שהיא ירדה למטה מטה והתלבשה בלבוש אחר לבוש. וכך גם בנפש באדם, בירידה ובהמשכה של החכמה למידות החיצוניות, המבטאות רק את המסקנה האחרונה שבנפש ביחס לדברים: רוצה או אינו רוצה, כשר או פסול וכו'.

וּכְדִכְתִיב (וכמו שכתוב)**,** דברים אלה, שנאמרו בשם האר"י ז"ל על השגת משה רבינו, נאמרו בלשון הכתוב בפרשת כי תשא: **"וְרָאִיתָ אֶת אֲחֹרָי וּפָנַי לֹא יֵרָאוּ"** (שמות לג,כג). משה ביקש: "הראני נא את כבֹדך" (שמות לג,יח), והתשובה הייתה: אתה יכול להשיג את האחור ולא את הפנימיות.

עַיֵּין שָׁם, בליקוטי תורה של האר"י ז"ל כנזכר בתחילת האיגרת, **וּבְשַׁעַר הַנְּבוּאָה,** גם הוא מכתבי האר"י ז"ל,[15] **פֶּרֶק א'.** שם מבואר בהרחבה מהי הנבואה בכלל, במה מתייחדת נבואת משה רבינו מנבואת שאר הנביאים, ועוד.

עד כאן הובאו דברי האר"י ז"ל, ומעתה ימשיך אדמו"ר הזקן לפתח את הדברים ולבאר כיצד הם מתייחסים אל ההשגה שלנו, המבוססת על פנימיות התורה המסורה בידינו מפי חכמי אמת בזהר הקדוש ובכתבי האר"י ז"ל.

וְלִכְאוֹרָה יֵשׁ לְהַפְלִיא, להתפלא, על הדברים האמורים. **הֲרֵי נֶאֱמַר "וְלֹא קָם נָבִיא עוֹד בְּיִשְׂרָאֵל כְּמֹשֶׁה"** (דברים לד,י)**, וְ**אם כן **אֵיךְ הִשִּׂיג הָאֲרִיזַ"ל יוֹתֵר מִמֶּנּוּ וְדָרַשׁ כַּמָּה דְּרוּשִׁים בִּבְחִינַת פְּנִימִיּוּת, אֲפִילּוּ בִּסְפִירוֹת וּמַדְרֵגוֹת רַבּוֹת שֶׁלְּמַעְלָה מֵהַחָכְמָה וְכֶתֶר דַּאֲצִילוּת?** משה הוא גדול הנביאים, שלא השיג אדם מעולם השגות בדרגה ובהיקף שהשיג משה.

כעת, במעשה הבריאה, אלא כפי שהם בשכל ובטעם הדברים למעלה.

איך השיג האר"י ז"ל יותר ממנו לכאורה השאלה אינה רק על האר"י ז"ל, אלא גם עלינו: כיצד יכולים אנו להתייחס למדרגות גבוהות כאלו ולדבר עליהן? אם משה לא השיג, מניין לנו המילים והמושגים לומר: את זה השיג ואת זה לא השיג וכו'? צריך לומר שיש בזה דרגות פרטיות רבות, שכל אחת מהן היא בבחינת אחוריים וחיצוניות לגבי הדרגה שלמעלה ממנה. באופן כללי אפשר לדבר על שלוש דרגות: השתיים הראשונות הן דרגת הנבואה ודרגת השגת חכמי האמת, שעליהן ידובר בהמשך, והדרגה השלישית היא דרגת כל אדם שיכול לקרוא בספרי הקבלה ולדבר על המושגים הנזכרים בהם. לגבי דרגה זו גם השגתו של האר"י ז"ל היא פנימיות. האר"י ז"ל השיג את הדברים עצמם כפי שלא השיגם אדם לפניו, בכוח חכמתו ורוח הקודש שבו; ולעומת זאת האופן שבו אנו מדברים על הדברים הוא חיצוניות של חיצוניות, כי בעצם

א תשרי פשוטה
כו אלול מעוברת

• אך הענין הוא פשוט ומובן לכל שיש הפרש גדול בין השגת חכמי האמת כרשב״י והאריז״ל שהיא השגת חכמה ודעת ובין השגת משה רבינו עליו השלום ושאר הנביאים בנבואה המכונה בכתוב בשם ראיה ממש וראית את אחורי ואראה את ה׳ וירא אליו ה׳ ואף שזהו דרך משל ואינה ראיית עין בשר גשמי ממש. מכל מקום הנמשל צריך להיות דומה למשל וכתרגום וירא אליו ה׳ ואתגליא ליה וכו׳ שהוא בחינת התגלות שנגלה אליו הנעלם ברוך הוא

ואף על פי כן נאמר כאן שמשה השיג רק בספירות התחתונות ובאחוריים של הספירות שבאצילות, ואילו בכתבי האר״י ז״ל מתוארות דרגות גבוהות בהרבה, לא רק בחיצוניות אלא גם בפנימיות הספירות שבאצילות, ולא רק באצילות אלא גם בדרגות שלמעלה מאצילות.[16]

אַךְ הָעִנְיָן הוּא פָּשׁוּט וּמוּבָן לַכֹּל שֶׁיֵּשׁ הֶפְרֵשׁ גָּדוֹל בֵּין הַשָּׂגַת חַכְמֵי הָאֱמֶת (הכוונה לחכמי תורת הקבלה, חכמת הנסתר, הנקראת חכמת האמת) **כְּרַשְׁבִּ״י** (רבי שמעון בר יוחאי), ההשגות שבספר הזהר, **וְהָאֲרִיזַ״ל,** ההשגות שבכתבי האר״י ז״ל ותלמידיו שהן קומה נוספת על קבלת הזהר.

שֶׁהִיא, ההשגות המסורות לנו מחכמי קבלה אלה, היא **הַשָּׂגַת חָכְמָה וָדַעַת, וּבֵין הַשָּׂגַת מֹשֶׁה רַבֵּינוּ עָלָיו הַשָּׁלוֹם וּשְׁאָר הַנְּבִיאִים בִּנְבוּאָה.** ״ההפרש הגדול״ אומר שאין מדובר כלל באותו סוג של השגה. השגת חכמי האמת היא השגת השכל, חכמה בינה ודעת, והשגת משה רבינו ושאר הנביאים היא השגת הנבואה, ולכן אין כלל מקום להשוות בין הדרגות שהם משיגים. צריכה להיות קודם כול התייחסות לכלי ההשגה, איזה אופן ומהות השגה היא זו, ורק אחר כך ניתן להתייחס ולייחס זו לזו את הדרגות שמשיגים בהשגה.

השגת השכל היא השגה שכמינה אנו מכירים גם בערכנו, ואילו השגת הנבואה היא השגה מסוג אחר, השגה שאין רוב האנשים חווים אותה, ולכן צריך להסבירה קצת.

השגת הנבואה היא **הַמְכוּנָּה בַּכָּתוּב בְּשֵׁם רְאִיָּה מַמָּשׁ,**[18] ומביא לכך דוגמאות מן הכתובים:

אין אנו משיגים את הדברים עצמם אלא רק משיגים שיש דברים כאלה, שיש מי שמשיג אותם וכו׳.[17] כפי שאפשר לראות גם בתחומים אחרים, בשביל אנשים שמצויים בתוך תחום מסוים יש למילים ולמושגים השייכים לתחום הזה משמעות – הם מזהים ומכירים אותם, ויש להם התייחסות הכרתית ואפילו רגשית לגביהם. לעומת זאת אנשים הבאים מבחוץ יכולים לחזור על המילים והמושגים הללו ואף להשתמש בהם באופן מוסכם, אבל בעצם אין להם שום הכרה ותחושה לגביהם. לדוגמה: אנשים יכולים להגיד בפיהם כל מספר שהוא, אבל לרוב האנשים יש תחושה מוגבלת מאוד לגבי כמות וגודל. כמעט כל אדם יכול להעריך ולהתייחס באופן ממשי למספר חמש, אבל לרוב בני האדם אין כל מושג ממשי ביחס לכמות כמו חמש מיליון. ביחס למושגי הקבלה זהו ההבדל בין חכמי האמת, המקובלים, לבין

"וְרָאִיתָ אֶת אֲחֹרָי" (שמות לג,כג) הנאמר במשה רבינו, **"וָאֶרְאֶה אֶת ה'"** הנאמר בנביא ישעיהו (ו,א), **"וַיֵּרָא אֵלָיו ה'"** (בראשית יח,א) שנאמר באברהם אבינו. ההתגלות לנביאים בכל הדרגות מכונה בכתובים 'ראייה'. לא רק נבואת משה רבינו, שהייתה למעלה מכל הנבואות ובמובן מסוים הייתה בדרגה של מתן תורה עצמו, אלא אף נבואת הנביא ישעיהו, שאין הוא מחדש תורה אלא רק מוכיח את העם וקורא לו לשמור את התורה; ולא רק הנבואות המתייחסות לתורה, אלא אף נבואתו של אברהם אבינו שלפני מתן תורה. המשותף לכולן הוא שמכנים אותן בלשון "ראייה".

וְאַף שֶׁזֶּהוּ דֶּרֶךְ מָשָׁל וְאֵינָהּ רְאִיַּית עֵין בָּשָׂר גַּשְׁמִי מַמָּשׁ. שהרי העין הגשמית רואה גשמיות, וראיית הנבואה בוודאי איננה גשמית; ראיית הנבואה היא ראייה גבוהה וזכה כל כך, עד כי מה שהיא רואה זה רק אלוקות. היא איננה רואה גשמיות, ובעצם גם איננה רואה רוחניות: היא רואה את האלוקי – את רצונו וחכמתו, מחשבתו ודיבורו – אמנם כפי שהם מתלבשים באותה דרגה שהנביא מגיע אליה, אבל בעצמם הם מעבר לכל דרגה נבראת. ולפיכך, הראייה הגשמית איננה אלא משל.

מִכָּל מָקוֹם, הַנִּמְשָׁל צָרִיךְ לִהְיוֹת דּוֹמֶה לַמָּשָׁל, ראייה זו של הנבואה צריכה להיות דומה לראייה הגשמית, שהרי כך המשיל אותה הכתוב. וכדי להבין זאת צריך להתייחס למילה אחרת, מופשטת יותר, לראייה.

וּכְתַרְגּוּם אונקלוס את הפסוק **"וַיֵּרָא אֵלָיו ה'"** (בראשית יח,א): **"וְאִתְגְּלִיָא לֵיהּ וְכוּ'"**, **שֶׁהוּא בְּחִינַת הִתְגַּלּוּת,** כלומר **שֶׁנִּגְלָה אֵלָיו הַנֶּעְלָם בָּרוּךְ הוּא בִּבְחִינַת הִתְגַּלּוּת.** להשגת הנבואה, שהיא כאמור כראייה גשמית, קורא התרגום התגלות, שמובנה אינו גשמי. ומכל מקום הראייה הרוחנית היא סוג של ההתגלות.

הראייה, להבדיל מכל חוש אחר, היא לא רק גילוי אלא התגלות (מה שמסביר את כפל לשונו של אדמו"ר הזקן כאן: "התגלות, שנגלה אליו הנעלם ב"ה בבחינת התגלות"). זו אינה התגלות שבה מגלים פרט ועוד פרט ומנסים להסיק ולבנות בשכלנו ציור של הדבר, אלא כאשר הדבר עצמו מתגלה באחת – וכמו בראייה הגשמית, התופסת באופן ישיר מכלול שלם, את מהות הדבר כפי שהוא. רק אחר כך ייתכן שהשכל ינתח את הראייה, ילמד פרטים ויסיק מסקנות; אבל הראייה בעצמה היא התפיסה הכוללת,

אנשים אחרים: המקובלים, העוסקים ומצויים בתחום לא רק בידע אלא גם בשכלול הנפש וזיכוכה, יכולים לחוש במהות הדברים, לחוש בנוכחותם ובפנימיותם. אנשים אלה, גם אם אינם בדרגת הנבואה, הרי הם בוודאי במקום אחר, מיוחד ושונה מכל אדם שיכול רק להגיד את המילים.

הפשטה בתרגום אונקלוס כמעט כלל הוא שבכל מקום שבו התורה מדברת בלשון 'גשמית' משנה זאת התרגום לביטוי מופשט, כדי להרחיק מהגשמיות. הביטוי המופשט הוא אמנם מדויק פחות כמשל, אבל בהיותו מופשט יותר הוא יכול לתווך בין המשל לנמשל, להאיר את המשל ולכוון את ההבנה וההתייחסות כלפי הביטויים המדויקים – הגשמיים – שבתורה.

בבחינת התגלות מה שאין כן בהשגת חכמי האמת שלא נגלה אליהם הויה בבחינת התגלות רק שהם משיגים תעלומות חכמה הנעלם [נוסח אחר בנעלם] **ומופלא מהם ולכן אמרו חכם עדיף מנביא שיכול להשיג בחכמתו למעלה מעלה ממדרגות שיוכלו לירד למטה בבחינת התגלות לנביאים במראה**

הבלתי אמצעית, של מהות הדבר. התגלות פירושה שהדבר עצמו מתגלה – הוא כאן, הוא נוכח – והמגלה הוא באותה שעה סביל בלבד. אם לתאר משהו מעין זה, אדם מגיע למקום חדש עבורו, שהוא עולם בפני עצמו, כמו בית ספר חדש. הוא עדיין איננו מכיר את כל החדרים, איננו מכיר את האנשים ואת מערכות היחסים, אבל הוא נמצא במקום! זהו שלב ההתגלות שהוא מדבר עליו – כשעצם הדבר נמצא, נראה לעיניים, אף על פי שעדיין אין מבינים וכמובן שאין יכולים להסביר לאחרים מה שרואים.

חזון הנבואה, מה שהנביא 'רואה', הוא מציאות שהנביא נזרק לתוכה. בעת הנבואה הוא איננו כאן אלא 'שם', במקום שהוא רואה בנבואתו, בכל חושיו ובכל מציאותו. ישנו שלב שני בנבואה שבו הנביא מביא משם לכאן, שהוא מתאר בלשונו מה שראה. דבר זה כבר תלוי בנביא עצמו, בדרגתו ובמושגיו, אשר דרכם הדברים משתקפים ומתבטאים. ואולם עיקר הנבואה, כפי שמדובר כאן על השגת משה רבינו, הוא עצם אותה נוכחות אלוקית שמתגלה אליו, שהוא נמצא בה באותה שעה.

יתרונה של ההתגלות בדרגה הזו הוא בממשות ובבְּרִירוּת שבה; כפי שאדם רואה וחווה את המציאות הגשמית שהוא נמצא בה, שהיא ממשית בכל המובנים יותר מכל דבר שהוא שומע עליו ומבין שהוא קיים וכיצד הוא פועל וכו'.

הראייה ככוח החכמה במקומות אחרים[19] מתוארת הראייה הרוחנית ככוח החכמה, לעומת הבינה שהיא כשמיעה. החכמה, כידוע, איננה כשאר כוחות הנפש. בעוד בשאר כוחותיה פועלת הנפש דבר מה, בחכמה הנפש רק מתבטלת, מבטלת את תחושת עצמה ומצליחה להיפתח ולחוות את תמונת המציאות בכללה וכשלעצמה, מעבר להתחלקותה לפרטים ולהתלבשותה בכוחות הנפש: הבנה, הרגשה וכו'. ההתגלות שהוא מדבר בה כאן היא כמו נקודת החכמה כשלעצמה – אם אפשר היה להישאר בה ולפתוח ולחוות אותה.

השגת המהות בנבואה, השגת המציאות בחכמה במקומות אחרים בחסידות[20] מבואר שיש שתי דרגות כלליות בהשגה: השגת המהות והשגת המציאות. השגת המהות היא כאשר מהותו של הדבר עצמו שעוסקים בו מושגת ממש, בתפיסה בלתי אמצעית, ללא תיווכים, כפי שאנו משיגים את עצמנו ואת המציאות המוחשית שאנו חיים בה, את כל הדברים שהם חלק מהעולם שלנו ואשר אנו יודעים מתוך עצמנו כיצד הם מרגישים וכיצד הם מתנהגים וכו'. השגת המציאות, לעומת זאת, היא השגת מציאותם של דברים גם אם לא ראינו אותם בעינינו, גם אם אין אנו יודעים ממש ישירות במה מדובר; זוהי ההשגה שלנו בדברים שמישהו אמר לנו שהם קיימים, או שאנו משיגים בשכלנו שהם ישנם. חלוקה זו היא מעין החלוקה כאן בין השגת הנבואה והשגת חכמי האמת.[21] השגת הנבואה היא

מַה שֶּׁאֵין כֵּן בְּהַשָּׂגַת חַכְמֵי הָאֱמֶת שֶׁלֹּא נִגְלָה אֲלֵיהֶם הֲוָיָ"ה, שם הוי"ה בעצמו, **בִּבְחִינַת הִתְגַּלּוּת,** כי בעולם שלנו שם הוי"ה מלובש בשם אלוקים (ובשם אדנות) ואינו נגלה כשלעצמו. מה שהנביא רואה הוא עצם הדבר כפי שהוא בעצמו למעלה, מעבר להגדרות המסתירות של העולם שלנו, בעוד החכם אינו רואה, אלא רק כמו שומע מלמטה על מציאות הדבר מפי הרואים.

רַק שֶׁהֵם, חכמי האמת, **מַשִּׂיגִים תַּעֲלוּמוֹת חָכְמָה הַנֶּעְלָם [נוּסַח אַחֵר: בַּנֶּעְלָם,** ואז יש לקרוא: שהם משיגים מתוך העולם הנעלם] **וּמוּפְלָא מֵהֶם.** הנביא נמצא שם, ולכן הוא משיג בכל חושיו וכוחות נפשו בדיוק כפי שאנו משיגים את העולם והמציאות הגשמית שאנו מצויים בה, ואילו החכם משיג בכוח חכמתו. החכם איננו נמצא ממש במקום שהוא מתאר; הוא מקבל אינפורמציה, הוא מקבל תמונות, ייתכן אפילו שהוא נפגש עם אנשים (או מלאכים) שהיו שם, ייתכן שהוא גם חי את הדברים כאילו היה שם – אבל הוא עצמו איננו שם. ולכן נאמר שהחכם משיג "תעלומות חכמה", כלומר הוא משיג לא את הנגלה אלא את הנעלם. בשבילו הנעלם נשאר נעלם, הוא לעולם איננו מתגלה ממש, אך כוחו של החכם הוא ביכולתו לקחת לעצמו, אל תוך כוחות נפשו, שכלו ומידותיו, גם את מה שנעלם, מה שבעצם נפלא ממנו, ולהבין בו ולהתייחס אליו בדרגות שונות.

וְלָכֵן אָמְרוּ חכמינו ז"ל **חָכָם עָדִיף מִנָּבִיא** (בבא בתרא יב,א), ופשוט שאין הכוונה שהאדם החכם עדיף מהאדם שהוא נביא,[23] אלא לומר שיש גם צד מעלה בחכמה על הנבואה, שֶׁהחכם **יָכוֹל לְהַשִּׂיג בְּחָכְמָתוֹ לְמַעְלָה מַעְלָה מִמַּדְרֵגוֹת שֶׁיּוּכְלוּ לֵירֵד לְמַטָּה בִּבְחִינַת הִתְגַּלּוּת לַנְּבִיאִים בְּמַרְאֵה נְבוּאָתָם.**[24] השגתו של החכם איננה צריכה לחוות את הדברים ישירות, היא יכולה להסתפק בהשגה חיצונית, דרך שליחים ואמצעים, ולכן היא יכולה

השגת המהות: הנביא רואה את הדבר ממש, באופן מוחשי, כמציאות שהוא נמצא בה. ואילו השגת החכם היא השגת המציאות; הוא יכול להשיג בחכמתו ובבינתו שיש דברים מסוימים, והוא גם יכול ללמוד על צורתם ואופיים ואף לפתח רגשות כלפיהם, אך עם זאת אין זו אלא ידיעה חיצונית במציאות הדבר.

ישנו מאמר של אדמו"ר הזקן[22] שבו הוא עוסק בהבדלים בין לימוד הנגלה ולימוד הנסתר, והדברים מקבילים במידת מה לדברים שנאמרו כאן. בלימוד הנגלה אנו עוסקים בעולם הזה, בשור וחמור וציצית מצמר וכו'. ולכן, למרות שהחכמה המלובשת בדברים אלה היא פנימיות החכמה העליונה, כיוון שהיא מלובשת בתוך הדברים של העולם שלנו אנו יכולים להשיג בה השגת המהות ממש. תורת הנסתר, לעומת זאת, איננה מלובשת בסופו של דבר בעולם הזה אלא רק במושגים של עולמות גבוהים ומופשטים יותר, ולכן אין לנו בה השגת המהות אלא רק השגת המציאות. מובן אפוא מדוע מתייחס כאן אדמו"ר הזקן ל'חכמי האמת' ולפנימיות התורה, שכן בעסק התורה הנגלית אין יתרון לנביא, שכן גם החכם משיג בה ידיעת המהות ממש. ואולם בתורת הנסתר, כאשר באים להשיג את הדברים כפי שהם בעולמות העליונים, יש ביניהם הבדל גדול: הנביא משיג כאן השגת המהות, ואילו החכם משיג רק השגת המציאות – והשגה זו, כאמור, לעולם איננה בהתגלות ממש אלא רק ב'תעלומות חכמה', השגה במציאותו של הדבר בעוד מהותו היא לעולם "נעלם ומופלא מהם".

נבואתם כי לא יוכלו לירד ולהתגלות אליהם רק מדרגות התחתונות שהן נהי"מ שהן הן היורדות תמיד ומתגלות מהמשפיע להמקבל בבחינת מוחין וחיות כידוע ליודעי חן שהנהי"מ של העליון מתלבשים בתחתון להחיותו שהן הן כלי ההשפעה והורדת החיות מהעליון לתחתון בכל העולמות והמדרגות ולכן גם כן הן הן המתגלות לנביאים בבחינת התגלות ממש ובתוכן מלובש אור הבינה שהיא בחינת הבנת האלהות מאור [נוסח אחר ואור] אין סוף ברוך הוא ובתוכה מלובשים אחוריים דחכמה שהיא מדרגה שלמעלה מהשכל וההבנה באלהות ברוך הוא כי שם חכמה מורה על מקור השכל וההבנה

להגיע גבוה ורחוק יותר. על דרך משל: יש תייר הנוסע בעצמו למקומות שונים, הולך בהם ברגליו, סובל את הרוח והגשם, את האנשים והחיות, וכך מגלה את המקום; ויש מי שפותח מפות באינטרנט ובתנועת אצבע עובר מארץ לארץ. לאיש שמגיע בעצמו למקום יש ללא ספק חוויה ממשית יותר, אבל הוא מוגבל במגבלות האנושיות שלו, הוא אינו יכול להגיע רחוק מאוד ולהכיר היקף גדול של מקומות. לעומתו, האיש עם הספרים והמפות יכול 'להגיע' רחוק ומהר יותר למקומות רבים יותר לאין ערוך – וזו היא מעין מעלת החכם על הנביא.

כִּי לֹא יוּכְלוּ לֵירֵד וּלְהִתְגַּלּוֹת אֲלֵיהֶם, אל הנביאים, **רַק מַדְרֵגוֹת הַתַּחְתּוֹנוֹת, שֶׁהֵן** הספירות **נהי"מ** (נצח הוד יסוד מלכות). כאמור, השגת הנבואה היא התגלות הדבר בעצמו, שהנביא עולה וחווה אותו במקומו העליון. בזה חייב להיות יחס מהותי ממשי בין המשפיע והמקבל; הם צריכים להיפגש ממש, וזה ייתכן רק במישור המוגבל שאליו יכולה אישיותו של המקבל להתייחס. המקבל אינו יכול לקבל ממהותו העצמית הפנימית של המשפיע, משכלו וממידותיו כפי שהם, אלא רק השלכות ומסקנות שלהם, כלומר חיצוניות שלהם, שהן המידות נהי"מ. לעומת זאת החכם איננו צריך להשיג את המושג בעצמו: הוא יכול לשמוע עליו, לראות תמונות ותרשימים שלו או ליצור סכמות שיתייחסו לשמות וסמלים, ועל ידי זה להתייחס לדרגות גבוהות ורחבות גם בלי קשר ישיר לאישיותו ולמהותו שלו.

שֶׁהֵן הֵן, הספירות נהי"מ, **הַיּוֹרְדוֹת תָּמִיד וּמִתְגַּלּוֹת מֵהַמַּשְׁפִּיעַ לְהַמְקַבֵּל בִּבְחִינַת מוֹחִין וְחַיּוּת, כַּיָּדוּעַ לְיוֹדְעֵי חֵן** (חכמת נסתר), דבר זה הוא כלל בכל מקום בחכמת הקבלה, **שהנהי"מ שֶׁל הָעֶלְיוֹן מִתְלַבְּשִׁים בַּתַּחְתּוֹן לְהַחֲיוֹתוֹ, שֶׁהֵן** הנהי"מ **הֵן כְּלֵי הַהַשְׁפָּעָה וְהוֹרָדַת**

הנהי"מ של העליון מתלבשות בתחתון במקומות אחרים[25] מבואר הדבר על דרך משל: כאשר אדם נמצא בהתרגשות גדולה, כמו התפעמות של אהבה או כעס וכו', באותה שעה אין הוא יכול לדבר, שכן פנימיות ותוקף המידה שהוא חש אינה יכולה להתלבש בדיבור. רק אחרי שעוברת ההתרגשות עצמה הוא יכול לסכם לעצמו במידה מסוימת מה שעבר עליו, ואז הוא יכול גם לדבר על כך. הסיכום של הדברים, המסקנות, היכולת להסתכל עליהם כביכול מבחוץ, להתייחס בזה אל החוץ – אלו הן הספירות נצח הוד

הַחַיּוּת מֵהָעֶלְיוֹן לַתַּחְתּוֹן בְּכָל הָעוֹלָמוֹת וְהַמַּדְרֵגוֹת. מבואר בספרי הסוד שכל השפעה בסדר ההשתלשלות מהעליון לתחתון היא באופן זה: שהספירות התחתונות, הנהי"מ, של העליון מתלבשות בספירות העליונות (במוחין) של התחתון. השפעה של מוחין וחיות איננה יכולה לעבור כמות שהיא, כשם שאדם איננו יכול להעביר את השכלתו או הרגשתו לאדם אחר ישירות, באופן בלתי אמצעי. ההעברה מאדם לאדם נעשית על ידי מילים ודיבור וכו' שנעשים 'מוחין' אצל האחר – דהיינו שהוא קולט, מבין ומנסה להפנים את הדברים ככל יכולתו, להלבישם בחכמה בינה ודעת שלו. הדיבור הוא המלכות, הספירה האחרונה, ובדיבור מתלבשים המידות והמוחין של העליון; ואולם גם כאן אין מתלבשות בדיבור המידות העליונות עצמן, אלא רק המידות התחתונות, האחוריים של המידות הפנימיות, הן נצח הוד יסוד.

וְלָכֵן גַּם כֵּן הֵן, הספירות נהי"מ, **הֵן הַמִּתְגַּלּוֹת לַנְּבִיאִים בִּבְחִינַת הִתְגַּלּוּת מַמָּשׁ.** שהרי השגת הנבואה היא בהתגלות ממש של העליון. והתגלות העליון היא, כאמור, התגלות הנהי"מ שלו בכוחות הנפש של הנביא, באופן שהיא המציאות שלו שהוא רואה ומרגיש.

וּבְתוֹכָן, בתוך הנהי"מ, **מְלוּבָּשׁ אוֹר הַבִּינָה שֶׁהִיא בְּחִינַת הֲבָנַת הָאֱלֹהוּת מֵאוֹר [נֹוסַח אַחֵר: וְאוֹר] אֵין סוֹף בָּרוּךְ הוּא.** ספירות הנהי"מ הן המתגלות לנביאים, אבל בתוכן, בתוך ההתגלות שלהן, מתגלות גם הספירות העליונות יותר, שהן עצם המידות (חג"ת) והמוחין (חב"ד). ולא רק המוחין כפי שהם מקור למידות, אלא אף כפי שהם לעצמם. כי הבינה עצמה איננה רק הבנת העולמות אלא גם הבנת האלוקות – דהיינו האופן שבו האלוקי בעצמו כביכול מצטייר כמהות הניתנת להבנה. ואף שכמובן ציור הניתן להבנה הוא בהכרח השתקפות כלשהי בעולמות, עם זאת יש הבדל, וההבדל הוא בשאלה: מה הוא הנושא? וכאן הנושא של ההבנה הוא אור אין סוף, ולא העולם. העולם הוא רק המשל, הכלים והמושגים, שבהם אנו חושבים על האלוקי.

וּבְתוֹכָהּ, בתוך הבינה העליונה, הפנימית, **מְלוּבָּשִׁים אֲחוֹרַיִים דְּחָכְמָה, שֶׁהִיא מַדְרֵגָה שֶׁלְּמַעְלָה מֵהַשֵּׂכֶל וְהַהֲבָנָה בֶּאֱלֹהוּת בָּרוּךְ הוּא.** באותה דרך של השתלשלות, שבה אחורי המדרגה העליונה מתלבשים בפנימיות הדרגה המקבלת שלמטה, כך גם בין החכמה לבינה. אחוריים של החכמה מתלבשים בפנימיות הבינה, שהיא ההבנה וההשכלה באלוקות, בעוד החכמה עצמה היא למעלה מהשכל וההבנה באלוקות.

כִּי שֵׁם חָכְמָה, שהוא כמבואר (בליקוטי אמרים פרק יח) אותיות 'כח מה', כוח הביטול שאינו מושג ואינו נתפס, הוא **מוֹרֶה עַל מְקוֹר הַשֵּׂכֶל וְהַהֲבָנָה.** היחס בין החכמה והבינה

יסוד, ולכן הן המתלבשות בדיבור, ובדיבור הן מתלבשות בנפש המקבל.

הנהי"מ הן המתגלות לנביאים במקומות אחרים[26] מבואר שההבדל בין נביא לנביא הוא – אילו נהי"מ מתגלים אליהם. שכן אף על פי שכל התגלות הנבואה היא התגלות האצילות, אצל משה רבינו התגלות זו היא בהתלבשות בנהי"מ של האצילות, ואצל הנביאים האחרים ההתלבשות היא בנהי"מ של העולמות הנבראים.[27]

ולכן אמרו בזהר דאורייתא מחכמה נפקת כי טעמי מצות לא נתגלו והם למעלה מהשכל וההבנה. וגם באיזהו מקומן שנתגלה ונתפרש איזה טעם המובן לנו לכאורה אין זה הטעם המובן לנו לבדו תכלית הטעם וגבולו אלא בתוכו מלובש פנימיות ותעלומות חכמה שלמעלה מהשכל וההבנה

הוא בין המושג והבלתי מושג, המעבר בין המציאות והטרום מציאות, בין ה'אין' וה'יש'. המשל המקובל לבינה הוא הנהר: מימי הנהר זורמים ומתפשטים בגלוי, אך הנהר הזה מתחיל במקור נעלם של מים, שהוא החכמה שנמשלה למעיין. הרעיון בדברים אלה הוא לומר שהנבואה, עם היות גילויה והארתה במדרגות התחתונות והחיצוניות של הספירות (ועד לגילויה בתחום העולם הגשמי התחתון), מקורה הוא למעלה מעלה בחכמה העליונה ואף למעלה ממנה – שהרי מהות החכמה שהיא הפתח והכלי לגילוי האין סוף ממש.[28]

עד כאן עסקה האיגרת בהשגת הנבואה בכלל ובהשגתו של משה רבינו בפרט: מה מהותה של השגה זו, באיזו דרגות היא משיגה ובאיזו איכות. ואולם הנבואה אינה עניינו הפרטי של הנביא, אלא היא משמעותית ואף מחייבת את הכלל (וגם את הנביא עצמו כאדם פרטי).[29] סמכותה זו של הנבואה נובעת מהיותה התגלות בלתי אמצעית, ראייה וידיעה ישירה – לא כעדות שמיעה אלא כדבר שאני יודע, שאני ראיתי, שאין בעולם מי שיכול להכחישו.[30] תוכנה של הנבואה הוא הרי הדבר החשוב, ובייחוד – נבואתו של משה רבינו, שהיא הכלי והדרך שבהם נמסרה לנו התורה. ועל כן, מכאן ועד לסופה תעסוק האיגרת בתורה: כיצד היא יורדת מלמעלה מעלה, ממקום שאין כל מחשבה תופסת בו – אל כל אחד מאתנו, אל שכלו והרגשתו, אל מחשבתו דיבורו ומעשיו.

וְלָכֵן אָמְרוּ בַּזֹּהַר[31] **דְּאוֹרַיְיתָא מֵחָכְמָה נָפְקַת** (שהתורה מהחכמה יוצאת). כמו הנבואה הנגלית לנביא כך התורה הנגלית לנו מגיעה למטה, עד הממשות החומרית ממש, ומקורה הנעלם הוא למעלה מההשגה בחכמה העליונה, ואף מעלה ממנה.

אורייתא מחכמה נפקת במקומות אחרים[32] מדובר על מובן אחר לאמירה זו: רק הגילוי ('נפקת') של התורה הוא מהחכמה, אבל שורשה הוא למעלה יותר, בכתר. הדגש הוא שהתורה אכן מלובשת בשכל, אבל שורשה הוא גבוה יותר: ברצון האלוקי הפשוט שלמעלה ומעבר לכל השגה בכלל. אמנם כאן נראה שהדגש הוא על החכמה דווקא, לומר שיש מקור נעלם לתורה המושגת, אבל מקור זה הוא מקור השכל, שעל אף היותו נעלם – הוא שכלי ושייך לתפיסת השכל. לאמירה שיש מקור שכלי נעלם לתורה יש משמעות מרחיקת לכת; שכן אילו הסתפקנו באמירה שהקב"ה בעצמו (כתר וכו') נתן לנו את התורה הנגלית לנו (המלובשת בבינה ומטה), פירושו של דבר היה שהקב"ה נותן לנו רק מסקנות למעשה, רק תבנית מקובעת ששייכת אלינו: כיצד חושבים וכיצד ומה עושים (במובן מסוים היה זה כאילו נתן לנו הקב"ה רק את ה'קיצור שולחן ערוך'). תורה כזו הייתה ספר חשוב, חכם ורגיש, שיכול אף לגרום לאנשים להתעלות רוחנית – אבל לא מעבר לזה. לעומת זאת, האמירה שהקב"ה נתן לנו את התורה ש'מחכמה נפקת' משמעותה

כִּי טַעֲמֵי מִצְוֹת לֹא נִתְגַּלּוּ וְהֵם לְמַעְלָה מֵהַשֵּׂכֶל וְהַהֲבָנָה. החכמה מתלבשת בשכל ובהבנה, אבל טעמי המצוות הם למעלה מהחכמה ואינם מתלבשים ומתגלים בשום שכל והבנה.

כל אחת ממצוות התורה היא גילוי של הרצון האלוקי העצמי, הרצון שהוא בדרגת הכתר שלמעלה מהחכמה ומכל הספירות. ולכן לטעמי המצוות אין לאמיתו של דבר פשר בשום השגה שלמטה מהחכמה. יש טעמים, אבל הטעמים נשארים בדרגת החכמה הנעלמה, באור האין סוף שלמעלה מהכלי, שכשלעצמו אינו יכול להתלבש בשום כלי. רק הארה והשלכה מסוימת של הטעם העצמי מתגלה לפעמים, במקומות מסוימים, בתורה הנגלית לנו, כדלקמן.

וְגַם בְּאֵיזֶהוּ מְקוֹמָן,[35] באותם מקומות בתורה שבכתב ובתורה שבעל פה, **שֶׁנִּתְגַּלָּה וְנִתְפָּרֵשׁ אֵיזֶה טַעַם** למצווה **הַמּוּבָן לָנוּ לִכְאוֹרָה.** לשם דוגמה: במצוות המלך – שלא ירבה לו סוסים כדי ש"לא ישיב את העם מצרימה וגו'" (דברים יז,טז), במצוות כיבוד אב ואם – "למען יאריכון ימיך" (שמות כ,יב), במצוות תפילין – "לאות על ידך ולזכרון בין עיניך" (שם יג,ט) ועוד; וכן בעוד מצוות רבות, כמו ברוב דיני ממונות שיש להם טעם וסברה פשוטים של תיקון החברה וכו'.[36]

אֵין זֶה הַטַּעַם הַמּוּבָן לָנוּ לְבַדּוֹ תַּכְלִית הַטַּעַם וּגְבוּלוֹ. אם מתבוננים בטעמים אלה שנתפרשו, מתברר שאין הם מסבירים את כל טעם המצווה באופן כזה שאחריו אין עוד מה לומר ("תכלית הטעם וגבולו"). כמה מטעמי המצוות שנתפרשו אינם אלא הרחבה של גדרי המצווה והשלכותיה הרוחניות, ויש טעמים הקשורים לסיבות המעשה ולתוצאותיו, אך מכל מקום אין הם ממצים את הדבר עד שאפשר לומר שהוא טעם הדבר, ושאם לא היה הטעם גם לא היה הדבר.

אֶלָּא בְּתוֹכוֹ מְלוּבָּשׁ פְּנִימִיּוּת וְתַעֲלוּמוֹת חָכְמָה שֶׁלְּמַעְלָה מֵהַשֵּׂכֶל וְהַהֲבָנָה. בתוך הטעם המפורש טמון הטעם העצמי, האמיתי, שאי אפשר להגדירו בממד השכל וההבנה הפשוטה אלא רק בדרגה הפנימית–הנסתרת של החכמה, וכמבואר בספרים ש"טעמים בחכמה".[37]

שהוא נתן לנו את אור אין סוף המלובש בחכמה,[33] והיינו – שהוא נתן לנו כביכול את עצמו![34]

האמירה שהתורה מחכמה נפקת (ולא מהכתר) היא משמעותית ביותר גם לגבינו למטה: לומר שהתורה שבידינו אינה רק במסקנות החיצוניות אלא בנקודת החכמה, בנקודה הפנימית שבתורה; כלומר באותו מקום ששם אין היא רק מה שה' מגלה לנו, אלא כביכול גם מה שהיא הוא עצמו. שכן החכמה היא כלי הביטול, אותו כלי שאין בו כלל מציאות משל עצמו, ואשר משום כך אינו מגדיר ומסיים דברים אלא בבחינת ציון, מראה כיוון, לדבר שבעצמו הוא אין סוף.

זאת ועוד, מן התפיסה שיש מקור שכלי נעלם לתורה משתמע שיש טעם לא רק לתורה בכלל אלא לכל פרט, לכל מצווה בתורה. אילו דיברנו רק על מקור התורה שברצון הפשוט לא היינו מדברים כלל על טעמים; אך כעת, כשאנו מדברים על מקור שהוא בחכמה, אנו מדברים על טעמי מצוות – אף על פי שאלה לא נתגלו, שהרי הם במקור השכל הנעלם.

וכן בכל דיבור ודיבור שיצא מפי הקב"ה לנביאים הכתובים בתנ"ך הן דברי תוכחה והן סיפורי מעשיות מלובש בתוכם בחינת חכמת אלהות שלמעלה מהשכל וההבנה כנראה בחוש מענין הקרי והכתיב כי הקרי הוא לפי ההבנה הנגלית לנו והכתיב הוא למעלה מהשכל וההבנה שתיבה זו ככתיבתה אין לה לבוש בבחינת ההבנה ובקריאתה בפה יש לה לבוש

בכל דבר אפשר לדעת ולהבין צדדים שונים: ממה הוא מורכב, מה הוא פועל וכיוצא בזה. אבל כל אלה הם בגדרי הבינה, היינו הבנה של פרטים. כפי שנזכר כבר, הבינה היא כמו שמיעה: אנו שומעים מפה ומשם, מזה דבר אחד ומזה דבר אחר, ולפעמים אנו יכולים גם להרכיב בדעתנו ציור מסוים של הדבר; ואולם רק בראייה רואים את הדבר בכללותו ובעצמו. כך, רק בהבזק שבדרגת החכמה (שנמשלה לראייה) ניתן לתפוס את עצם טעמו של דבר.

דברים אלו מתייחסים לכל דבר בעולם, אבל לגבי טעמי המצוות יש בזה משמעות פנימית ואמיתית יותר. דברים אחרים בעולם הם לעולם סניף ותוצאה של דבר אחר, או כפי שהוסבר בתחילה – 'אחוריים' בדרגה זו או אחרת. משום כך אין להם, בעצם, טעם פנימי עצמי משלהם, אלא רק בקשר שלהם אל דבר אחר, אל מכלול וקו פנימי כלשהו. לעומת זאת, במצוות התורה, לבד מהטעם הכללי שהוא עשיית רצונו של הקב"ה יש בכל מצווה גם טעם פרטי עצמי. כל מצווה כפי שהיא בדיוק, בכל זמן ומצב, היא רצונו הפנימי העצמי של הקב"ה: שיהיה בדיוק כך ומטעם כזה דווקא. נמצא אפוא שבכל מצווה בפרט מלובש טעם ייחודי מ"פנימיות ותעלומות חכמה שלמעלה מהשכל וההבנה".

וְכֵן לא רק במצוות אלא גם **בְּכָל דִּיבּוּר וְדִיבּוּר שֶׁיָּצָא מִפִּי הקב"ה לַנְּבִיאִים הַכְּתוּבִים**

מבחן האמת כיצד אנו יודעים שדבר מסוים הוא אמת? כל הבנה שאנו מגיעים אליה היא רק חיזוק לסברה זו או אחרת, אבל לעולם אין בה כדי להכריע ולומר: זו האמת. התפיסה שדבר מסוים הוא אמת לעולם באה בהארה של החכמה; רק "בחכמה אתבררו"[38] (מתבררים). וזה מה שנאמר כאן: בתוך ה'טעם' הנגלה מלובש הטעם הפנימי, הנעלם, שאיננו מושג בשכל ובהבנה שכן הוא רק תפיסת החכמה כשלעצמה.

חכמת אלוקות שלמעלה משכל והבנה ב"שכל והבנה" אין הכוונה לשכל מסוים כלשהו אלא למעלה ממהות השכל בכלל. ולכן, כאשר מדברים על כל דבר נברא, שהוא דיבור אלוקי שאיננו דיבור של תורה ונבואה, הרי יש בו שכל והבנה. ייתכן שהוא שכל גבוה מאוד (שכל והבנה אלוקיים) שבני אדם רגילים אינם יכולים להשיגו, אבל מכל מקום בשורשו הוא נמצא בגדר מסוים של שכל והבנה – אותו תפקיד, אותו חלק שיש לו במבנה העולמות, הוא בהכרח בשכל ובהבנה שעל פיו נברא ומורכב העולם. שכל זה הוא הקוד והפשר, הטעם האמיתי והפנימי שלו, שאם לא היה – לא היה הדבר. שהרי, כאמור, כל דבר בעולם הוא דרגה מסוימת של 'אחור' המשמש למשהו אחר, המהווה חלק ממבנה שנועד להכיל ולבטא תוכן פנימי. לעומת זאת הדיבור של תורה ונבואה, בהיותו פנימי שבפנימי,[40] הוא תוכן ומשמעות שלמעלה מכל שכל והבנה,

בְּתַנַ"ךְ,[39] **הֵן דִּבְרֵי תוֹכָחָה וְהֵן סִיפּוּרֵי מַעֲשִׂיּוֹת, מְלוּבָּשׁ בְּתוֹכָם בְּחִינַת חָכְמַת אֱלֹהוּת שֶׁלְּמַעְלָה מֵהַשֵּׂכֶל וְהַהֲבָנָה.** גם דיבורו של הקב"ה, בתורה ובכל דברי הנבואה, הוא דיבור פנימי עצמי של הקב"ה. עניינו של הדיבור הפנימי שהוא מגלה את הקב"ה בעצמו; הוא אינו מסתיר אותו כמו הדיבור החיצוני שבו נברא העולם וכו', אלא מגלה אותו דרך ההגדרות של העולם והנפשות – כביכול מה הוא רוצה, מה הוא 'חושב' ו'מרגיש' וכו'. כך בכל מילה ובכל אות בתורה ובנביאים יש טעם פנימי, עצמי, חכמת אלוקות שלמעלה משכל והבנה.

כַּנִּרְאֶה בְּחוּשׁ. למרות שאי אפשר לראות חכמה אלוקית זו בעיני בשר, ואף לא בשכל אנושי, מכל מקום יש סימנים לדבר שאותם אפשר לראות בחושי הראות והשכל.

מֵעִנְיַן הַקְּרִי וְהַכְּתִיב (הקריאה והכתיבה). כמו לכל מילה, גם למילים של הדיבור האלוקי בתורה יש שני מופעים: בכתב ובדיבור, בצורת האותיות הכתובות ובביטוי האותיות בפה. בדרך כלל אין הבדל (הניכר בחוש השמיעה או הראייה) בין הקרי והכתיב: אנו קוראים ומבטאים את מה שכתוב, ומניחים שהמשמעות היא זהה. ואולם יש בתורה מילים לא מעטות שבהן ההבדל הזה ניכר בחוש – מילים שכתובות באופן אחד ונקראות (על פי המסורת שבעל פה) באופן אחר.

בספרי הסוד מבואר שיש משמעות להבדלים אלה. באופן כללי נאמר בספרי חסידות **כִּי הַקְּרִי הוּא לְפִי הַהֲבָנָה הַנִּגְלֵית לָנוּ,** שהאופן שבו אנו מבטאים את המילה בדיבור הוא לפי ההבנה הגלויה שלנו בעולם הזה. **וְהַכְּתִיב הוּא לְמַעְלָה מֵהַשֵּׂכֶל וְהַהֲבָנָה; שֶׁתֵּיבָה זוֹ כִּכְתִיבָתָהּ אֵין לָהּ לְבוּשׁ בִּבְחִינַת הַהֲבָנָה, וּבִקְרִיאָתָהּ בַּפֶּה יֵשׁ לָהּ לְבוּשׁ.** ההבדל בין הקרי והכתיב הוא שהכתיב מבטא את הדבר לעצמו, כפי שהוא כתוב. אני יכול להסתכל בו, אבל אינני שותף להתבטאותו זו. לעומת זאת כאשר אני קורא מילה ומבטא אותה בדיבור

החודר דרך כל העולמות כמשמעות עצמית פנימית המלובשת בכל דבר, וזה מה שמכנה כאן אדמו"ר הזקן בשם "בחינת חכמת אלוקות שלמעלה מהשכל וההבנה".

ההבנה שיש לנו בדברים אלה, בסיפורי המעשיות או בדברי התוכחה שבתורה ובנביאים, היא הבנה של מסגרת חיצונית כלשהי, שיכולה מצד עצמה להיות יפה וחכמה וכו', אבל בתוכה נמצא גם טעם פנימי שאותו אין אנו משיגים. ההבנה הזו קושרת אותנו אל הדברים; אנו יכולים להתייחס אליהם, לזכור אותם, לנהוג על פיהם וכו' – ועל ידי זה עובר אלינו גם הטעם הפנימי. לשם דוגמה: נניח שיש תוכן מסוים, השייך לעולם אחד, שמצליחים לנסח אותו בצירוף של אותיות אשר יש לו משמעות גם בתוך עולם אחר, כגון בדרך של שיר בחרוזים או סיפור מעניין; כל אלה עוברים אל אותו עולם אחר, ובהסתר מעבירים אליו את התוכן הראשוני – תוכן שכשהוא לעצמו אין לו לבוש, והוא בלתי מובן ובלתי מושג.[41] יש שמות קודש שלרוב האנשים אינם אומרים דבר; הם נראים להם כצירוף חסר משמעות של אותיות. ולפעמים יוצרים מאותן אותיות ראשי תיבות (או סוג אחר של קשר) של טקסט משמעותי שכל אדם יכול להתקשר אליו. לשם דוגמה: התפילה הנקראת "אנא בכח", המופיעה בכמה מקומות בסידור התפילה, עם היותה חיבור שירי בעל משמעות – שזור בראשי התיבות של מילותיה שם קדוש, בן מ"ב אותיות.[42]

וכן הענין באותיות גדולות שבתנ"ך שהן מעלמא עילאה ומאירות משם בגילוי בלי לבוש כשאר האותיות.

ב תשרי פשוטה / כז אלול מעוברת

• והנה בחינת חכמת אלהות ברוך הוא המלובשת בתרי"ג מצות התורה נקראת בשם בחינת אחוריים דחכמה כי כל אחוריים שבספירות הן מדרגות החיצונות והתחתונות במעלה שבספירה זו מה שיוכלו לירד ולהתפשט למטה להתלבש בברואים להחיותם ובחינת הפנים היא הספירה עצמה המיוחדת במאצילה אין סוף ברוך הוא בתכלית היחוד

שלי, היא כבר איננה הדבר כשלעצמו, אלא הדבר כפי שאני מבטא אותו; אני עכשיו שותף ומעורב בדרך התבטאותו. באופן פנימי יותר: התיבה הכתובה איננה מתלבשת בנפש. יש אמנם תוכן עלום שיורד ומתלבש בכתיבה זו, אבל אין זו התלבשות דרך שכל והבנה (של מעלה) באופן שיכול להתלבש גם בשכל והבנה של הנפש: זהו התוכן הפנימי, העליון כשלעצמו, כפי שהוא למעלה. לעומת זאת הקריאה של המילה היא כבר בתוך לבוש והתייחסות אנושיים, מה שאומר שגם למעלה מלובשת התבטאות זו בשכל ובהבנה.[43]

כפי שנאמר, את התוכן הפנימי, שהוא בתעלומות החכמה, אי אפשר לראות ולהשיג. אבל כאשר יש שני דברים שכל ההבדל ביניהם הוא שבאחד התוכן הפנימי מלובש ובאחר הוא אינו מלובש – אפשר לראות בחוש שיש הבדל ביניהם. כך אפשר לראות את ההבדל בין הקרי והכתיב; וכשאנו יודעים ממה נובע ההבדל הזה – שכאן החכמה העליונה מלובשת בהבנה ובהשגה וכאן לא – אנו יכולים לראות ב"חוש" שיש במילה זו חכמת אלוקות שלמעלה משכל והבנה.

וְכֵן הָעִנְיָן בְּאוֹתִיּוֹת גְּדוֹלוֹת שֶׁבַּתַּנַ"ךְ שֶׁהֵן מֵעָלְמָא עִילָּאָה (מהעולם העליון) **וּמְאִירוֹת מִשָּׁם בְּגִילּוּי בְּלִי לְבוּשׁ כִּשְׁאָר הָאוֹתִיּוֹת.** בכמה מקומות בתנ"ך יש אותיות מסוימות שהן גדולות (או קטנות) יותר משאר האותיות.[44] השינוי הזה מרמז לכך שהאותיות הללו מדברות גם בשפה אחרת, ברמה אחרת, והן מעבירות אינפורמציה נוספת מדרגה

אותיות גדולות וקטנות בכמה מקומות מבואר שאותיות בכלל הן כלים, והאותיות הגדולות הכתובות בתורה מבטאות כלים גדולים יותר ביחס לאותיות הקטנות, שהן כלים קטנים. כשם שבכלי גדול מאיר אור גדול ורב יותר, כך באותיות הגדולות שבתורה מאיר אור החכמה העליונה בגילוי יותר (בלבוש הבינה, בלא לבוש המלכות כשאר האותיות). לעומתן, האותיות הקטנות מרמזות על צמצום הכלים ביותר, דווקא במקום שאור גדול יותר לאין שיעור מצומצם לכלים אנושיים. האותיות הגדולות הן מעולם עליון, כלומר: הן כלים, אבל לא כלים השייכים לעולם שלנו אלא כלים ממציאות גבוהה יותר, ולכן הן יכולות לקבל גם את אור החכמה שלמעלה משכל והבנה. אין זה אומר שלדברים שם יש שכל והבנה, אלא שיש מציאות עליונה יותר משלנו, אשר בדקות תפיסתה יכולה להכיל גם מציאותו של אור שאיננו בשכל ובהבנה.

גבוהה, שבאופן רגיל אין אנו יכולים לקלוט. עם זאת השוני הזה, שאותו אנו יכולים לראות, מרמז על כל פנים שיש כאן משהו נוסף, פנימי יותר.

גם אם אנו איננו יכולים לתפוס את הדבר, עצם העובדה שיש בעולם שלנו כלים כאלה – שיש כתיב שאיננו קרי – היא עדות למציאותו של הדבר גם באותן מצוות ובאותן אותיות שבהן אין הדבר ניכר.

וְהִנֵּה בְּחִינַת חָכְמַת אֱלֹהוּת בָּרוּךְ הוּא, שהיא בעצמה נעלמה כנזכר לעיל, **הַמְלוּבֶּשֶׁת בְּתַרְיָ"ג מִצְוֹת הַתּוֹרָה**, בנגלה שבתורה, באופן שאנו יכולים להתייחס לדבר; בין בשכל ובהבנה בלימוד התורה ובין בעשיית המצווה בפועל, **נִקְרֵאת בְּשֵׁם בְּחִינַת אֲחוֹרַיִים דְּחָכְמָה.**

כִּי כָּל 'אֲחוֹרַיִים' שֶׁבַּסְּפִירוֹת הֵן מַדְרֵגוֹת הַחִיצוֹנוֹת וְהַתַּחְתּוֹנוֹת בְּמַעֲלָה שֶׁבִּסְפִירָה זוֹ. ספירה איננה חד ממדית, כמו אמירה אחת חד משמעית, אלא נוכחות מורכבת שיש בה חלקים ומדרגות, מעלה ומטה, פנימיות וחיצוניות.[45] ובמבנה מורכב זה – ה'אחור' הוא לעולם עצמי פחות ומתייחס אל החוץ, וה'חיצוני' הוא לעולם גבוה פחות ומגלה פחות מהאור העצמי, הפנימי.

מָה שֶׁיּוּכְלוּ לֵירֵד וּלְהִתְפַּשֵּׁט לְמַטָּה לְהִתְלַבֵּשׁ בַּבְּרוּאִים לְהַחֲיוֹתָם. הפנימיות היא כאמור הדבר כשלעצמו, ואין אף אחד יכול להתייחס אליו; רק לאחוריים, לצדדים החיצוניים, יש יחס אל האחר. על דרך משל, רק האדם עצמו יכול להתייחס אל עצמו, ואין שום אדם אחר יכול להתייחס אליו מלבדו (ואף זאת – רק כשהוא באותה מדרגה פנימית שהוא מכיר במהותו ובעצמותו); כל אדם אחר יכול להתייחס רק ל'אחוריים' שלו. ככל שהוא קרוב יותר הוא יכול להתייחס פנימה יותר, למחשבה ואפילו להרגשה, וכשהוא רחוק הוא יכול להתייחס רק למה שחיצוני יותר, לדיבור שלו ופעמים רק לעשייה גשמית. וכך גם לגבי הספירות: מה שיכול לרדת ולהחיות את הברואים הוא האחוריים שבספירות.

וּבְחִינַת הַפָּנִים הִיא הַסְּפִירָה עַצְמָהּ הַמְיוּחֶדֶת בְּמַאֲצִילָהּ אֵין סוֹף בָּרוּךְ הוּא בְּתַכְלִית הַיִּחוּד. כמו באדם על דרך משל: כוחות נפשו הפנימיים, מה שאדם כשלעצמו משכיל

אחור ואחוריים לגבי הקב"ה האמת היא שלגבי הקב"ה אין 'אחר', שהרי אין עוד מלבדו ממש, שהוא מחיה ומהווה הכול מאין ואפס. ואף על פי כן, היות שיש בספירות הקדושות (המאוחדות בו והמבטאות אותו, את חכמתו, חסדו וכו') פנים ואחור וכו', הרי שבבחינת אחוריים שבהן הוא מהווה ומחיה מציאות שהיא כביכול אחוריים. וכפי שהוסבר, מעצם היות אחוריים בספירות נבראים הברואים הקיימים ומקבלים מבחינה זו, שהרי אצל הקב"ה כוח ההכנה והנתינה אל האחר יוצרים ממילא גם את האחר.

חשיבות הדברים היא בהבנה שלגבי הספירות, האחוריים וכל המשתלשל מהם אינם פחותים במהותם מאשר הפנים. גם היכן שיש פחות גילוי עצמי ויותר השפעה המדברת בשפה אחרת אין משהו אחר – יש רק פנים ואחור, חיצוניות ופנימיות, מעלה ומטה של אותו דבר עצמו.

כגון דרך משל ספירת חכמה שהיא מיוחדת במאצילה אין סוף ברוך הוא בתכלית היחוד כי הקב"ה וחכמתו אחד (כמו שנתבאר לעיל) ומה שמאיר ומתפשט מחכמתו יתברך למטה בתחתונים שהם בעלי גבול ותכלית ומתלבש בהם נקרא אחוריים ונקרא גם כן בחינת עשיה שבאצילות פירוש על דרך משל כמו שבאדם התחתון שיש בנשמתו ה' מדרגות זו למטה מזו שהן בחינות השכל והמדות ומחשבה ודבור ומעשה

או מרגיש – אינו לצורך מסוים אלא מפני שכך הוא עצמו מכיר ומרגיש וכו'. כוחות אלה הם מאוחדים בו: כך הוא חכם וכך הוא אוהב וכו'.

כְּגוֹן דֶּרֶךְ מָשָׁל סְפִירַת חָכְמָה עצמה **שֶׁהִיא מְיוּחֶדֶת בְּמַאֲצִילָהּ אֵין סוֹף בָּרוּךְ הוּא בְּתַכְלִית הַיִּחוּד, כִּי הקב"ה וְחָכְמָתוֹ אֶחָד (כְּמוֹ שֶׁנִּתְבָּאֵר לְעֵיל[47])**. ולכן אין היא כשלעצמה מאירה ומתפשטת בנבראים. כמוסבר שהעצם אינו מתגלה בפנימיותו ועצמותו אלא רק בחיצוניותו.

וּמַה שֶּׁמֵּאִיר וּמִתְפַּשֵּׁט מֵחָכְמָתוֹ יִתְבָּרֵךְ לְמַטָּה בַּתַּחְתּוֹנִים שֶׁהֵם בַּעֲלֵי גְבוּל וְתַכְלִית. התחתונים, הם העולמות הנבראים, יש גבול למציאותם ויש תכלית מוגדרת לקיומם. **וּמִתְלַבֵּשׁ בָּהֶם,** לא רק כאור מקיף להם, המתייחס רק לעצם מציאותם (ולכן אין הוא משנה ואין הוא פועל בהם דבר), אלא כאור פנימי שלהם המתלבש בגבולות ובגדרים

הספירה ומאצילה יותר מהמשל באדם הוא בנמשל בספירות העליונות. לא רק שהן מבטאות את הבורא בעצמו, ולא שום דבר זולתו, אלא אין להן כשלעצמן מציאות כלל בלעדיו. אצל אדם אפשר לדבר על הבנה או הרגשה, ועל האדם שמבין כעל שני דברים; להבנה מסוימת יש משמעות גם במנותק מהאדם שמבין, שכן גם אחרים יכולים להתייחס אליה. מה שאין כן לגבי הספירות העליונות: אין שום ממשות ושום מציאות לספירות בנפרד מן המאציל. מעין משל לדבר: הספירה היא כמו שם. השם, שלא כמו כוח נפש, הוא חסר משמעות כשלעצמו. כל משמעותו ומציאותו באות לו רק מן הקשר אל האדם בעל השם. הדבר דומה לתחושה אישית מאוד שבה מרגישים את אותו אדם, שאיננה שייכת לשום אדם אחר, כמו רמיזה, תנועה אופיינית, חיוך או הבעת פנים השייכים לאותו אדם בלבד, ואי אפשר לחשוב עליהם בנפרד ממנו. וזוהי מעין האחדות שהוא מדבר עליה כאן: אחדות הספירה במאצילה.

בהסבר הפנימי לדבר אפשר לומר, שנושא ההכרה או ההרגשה של הספירה הוא הספירה בעצמה ולא דבר זולתה.[46] שכן הקב"ה הוא אחד באמת ואין מלבדו מציאות כלל, ולכן המושג של חכמתו, של היותו חכם, כולל את עצם מציאותה של החכמה ואת עצם ההוויה של כל מה שמושג בה; דעתו של הקב"ה כוללת את מושג הידיעה ואת כלל המציאויות שיודעים אותן, שהרי הכול נתהווה עם דעתו וכלול ומאוחד בה; וכן חסדו של הקב"ה, שבו הוא משפיע ונותן לאחר, כולל את הנתינה, את המתנה ואת האחר שנותנים לו – הכול כלול ומאוחד בחסדו.

דרך משל ספירת החכמה בעצם כל הספירות שבאצילות (ובכלל) מיוחדות במאצילן, אך הדוגמה שהוא מביא היא מספירת החכמה

שלהם – בעולמות ובנשמות, בחכמתם, בינתם ודעתם וכו׳, ואף בדיבורם ובעשייתם את המצוות כנזכר.

אין הוא אור החכמה עצמה בפנימיותה, אלא **נִקְרָא אֲחוֹרַיִים, וְנִקְרָא גַּם כֵּן בְּחִינַת עֲשִׂיָּה שֶׁבַּאֲצִילוּת.** היא התורה המתגלה לנו, שהיא כאמור "נובלות חכמה של מעלה". מה שמאיר ומתלבש מהחכמה העליונה בעולמות הנבראים התחתונים הוא עדיין חכמה עליונה ותורה, אבל האחוריים של החכמה העליונה. במונחים אחרים זו ה'עשייה שבאצילות'.
כל אחד מארבעת העולמות – אצילות, בריאה, יצירה, עשייה – כולל בעצמו את כולם, ולכן אפשר לדבר על דרגה בעולם האצילות שנקראת 'עשייה שבאצילות'. וכפי שלגבי הספירות הוסבר שהספירות התחתונות הן בחינת אחוריים ביחס לספירות העליונות, כך גם בעולמות 'עשייה שבאצילות' היא האחוריים שבאצילות – כלומר מה שיורד מן האצילות ומתלבש בתחתונים להשפיע בהם חיות.
וכדי להבין באופן מוחשי יותר את המושג 'עשייה שבאצילות' מובא משל מנפש האדם:

פֵּירוּשׁ עַל דֶּרֶךְ מָשָׁל, כְּמוֹ שֶׁבָּאָדָם הַתַּחְתּוֹן, שֶׁיֵּשׁ בְּנִשְׁמָתוֹ ה' (חמש) **מַדְרֵגוֹת זוֹ לְמַטָּה מִזּוֹ, שֶׁהֵן בְּחִינוֹת: הַשֵּׂכֶל וְהַמִּדּוֹת וּמַחֲשָׁבָה וְדִבּוּר וּמַעֲשֶׂה.** חלוקה זו, המצויה בכמה מקומות בתניא,[48] איננה החלוקה הידועה של חמש דרגות הנפש (נרנח"י), אלא חלוקה אחרת המתייחסת אל התגלות הנפש בדרך ההשתלשלות. החלוקה של דרגות הנפש מתייחסת אל דרגות הנפש עצמה, כעין חמש דרגות של נפש או חמש 'נפשות', כמו העולמות וכמו הספירות. כלומר: אלו הן מהויות הקיימות בעצמן, המתייחסות זו לזו

משום שהחכמה היא בעצמה, במהותה, מייצגת את כל הספירות שבאצילות, ובעצם את האצילות בכלל. וכידוע שספירת החכמה היא בחינת האצילות בספירות (בינה בבריאה, זעיר אנפין ביצירה, מלכות בעשייה), ובאצילות דווקא מדובר על אחדות הספירות במאצילן ("איהו וחיוהי חד וכו'").

זאת ועוד – גם החכמה האנושית היא כוח נפש המאוחד בעצם הנפש, בדומה לחכמה העליונה. אף חכמתו של האדם כשלעצמה איננה דבר הנפרד מהאדם; אין היא משיגה או מרגישה דבר שאפשר להתייחס אליו בנפרד מהנפש עצמה. אדרבה: בחכמה לא רק שאין אנו משיגים דבר מה, אלא אנו אף מאבדים את ההשגה שהייתה לנו, שכביכול מתאפסת בכל גילוי של החכמה. את החכמה אפשר לתאר כגילוי, עד כמה שאפשר, של עצם הנפש; כעדות לקיומה של הנפש עצמה שאיננה מתגלה בשום אופן אחר, אלא בחכמה שמיוחדת בה בתכלית. וכך למעלה, בספירות, מגלה ספירת החכמה שבאצילות את האין סוף המתלבש בה.

התחתונים שהם בעלי גבול ותכלית בניגוד לעליונים, התחתונים הם בעלי גבול ותכלית. העליונים הם הספירות של האצילות, ובייחוד החכמה שבאצילות, שהיא כאמור מיוחדת במאצילה ואור אין סוף מתלבש בה, וכפי שהוא עצמו ללא גבול ותכלית כך חכמתו היא ללא גבול ותכלית. ונבדלים מהם התחתונים, שהם בעלי גבול. ההבדל בין עליון ותחתון ברוחניות הוא כמו בין משפיע ומקבל; המשפיע הוא עליון, והמקבל – תחתון. במובן זה המקבל, שלא כמו המשפיע, חייב להיות בעל גבול ותכלית, כי לקבל פירושו לקבל בתוכו, בכלים ובגבולות שלו.

והמעשה היא התחתונה שבכולם שהחיות המתפשט מהנשמה ומלובש בכח המעשה הוא כאין לגבי החיות המתפשט ממנה ומלובש בכח הדבור שהוא כאין לגבי החיות המתפשט ממנה ומלובש במחשבה ומדות ושכל

כח אלול מעוברת **·כן על דרך זה ממש היא בחינת חכמתו יתברך מה שיוכל להתפשט ממנה (להשפיע) [להתלבש] בתחתונים כולם הם כאין לגבי בחינת פנים**

ומקבלות זו מזו, אך לא משתלשלות זו מזו. לעומת זאת החלוקה לשכל, מידות, מחשבה, דיבור ומעשה מתייחסת אל האור העובר ומתגלה בדרגות הנפש וחוצה לה.

בהיותן דרגות של התגלות האור (ולא של המציאות שהאור מתגלה בה) הן דרגות המשתלשלות זו מזו, הקשורות זו בזו כמו עילה ועלול – האור המתגלה בדרגה אחת מתגלה יותר בדרגה אחרת. מצד אחד כל חיותו וקיומו של העלול הוא מהעילה, אך עם זה הוא מספיק קרוב כדי שיוכל להכיר במציאותה של עילתו, ובכך שהיא עילתו ואין לו קיום בלעדיה. כל זה עושה את חמש הדרגות ליחידה אחת; לא חמש נקודות של התגלות אלא מנעד של התגלות, מקצה לקצה, מחכמה ועד עשייה.

וְהַמַּעֲשֶׂה, הדרגה התחתונה של התגלות הנפש, המתגלה במעשה שאדם עושה, **הִיא הַתַּחְתּוֹנָה שֶׁבְּכוּלָּם,** מה שאומר **שֶׁהַחַיּוּת הַמִּתְפַּשֵּׁט מֵהַנְּשָׁמָה וּמְלוּבָּשׁ בְּכֹחַ הַמַּעֲשֶׂה הוּא כְּאַיִן לְגַבֵּי הַחַיּוּת הַמִּתְפַּשֵּׁט מִמֶּנָּה וּמְלוּבָּשׁ בְּכֹחַ הַדִּבּוּר, שֶׁהוּא כְּאַיִן לְגַבֵּי הַחַיּוּת הַמִּתְפַּשֵּׁט מִמֶּנָּה וּמְלוּבָּשׁ בְּמַחֲשָׁבָה וּמִדּוֹת וְשֵׂכֶל.** כפי שנאמר, מדובר כאן לא בדרגות עצמן, השכל והמידות וכו׳, אלא בהתגלות החיות הנמשכת בהן מעצם הנפש. חיות זו מתגלה תחילה בדרגת השכל, בהכרה שיש דבר ומה הוא. הדרגה השנייה היא המידות,

על דרך משל באדם התחתון דרגות אלה מתייחסות לנפש רק על דרך משל, שכן בהתגלות האלוקית המרחק הוא בוודאי גדול לאין שיעור. ואולם כיוון שאין בידינו מושגים יותר ממה שיש בתוכנו, מחכמה ועד עשייה, לכן אנו אומרים ׳חכמה׳ ואומרים ׳עשייה׳ גם לגבי ההתגלות האלוקית, למרות ששם העומד מאחורי המילים הוא עצום לאין ערוך. אנו אומרים ׳חכמה׳, ובאמת זו החכמה ועוד ועוד, לאין שיעור למעלה; אלא שאין לנו מילים ומושגים לומר ולחשוב יותר. את הכתוב "כֻּלָּם בחכמה עשית" (תהלים קד,כד) מבארים[49] בהקשר זה: שהחכמה, שלגבינו היא ראשית הגילוי, היא לגביו כעשייה, כביטוי התחתון ביותר; שכל מרחב ההכרה והקיום שלנו הוא אצלו כדרגת העשייה בלבד, וכמובן לאין שיעור יותר. מעט מזה יכול כל אדם לראות בעצמו: כאשר הוא מתפתח ויכול להשיג יותר בחכמתו, באותה שעה יכולה פסגת ההשגה שהשיג אתמול להיראות לו כבסיס וקרקע של השגתו היום, והוא יכול לראות בעצמו מעין "כֻּלָּם בחכמה עשית" הנאמר כלפי מעלה.

עם זאת, כמו בכל המשלים מנפש האדם, יש גם במשל זה צד אמיתי. כלומר, יתרונו של המשל (מנפש האדם) אינו רק בכך שזה מה שאנו משיגים, אלא אף בכך שמה שאנו משיגים למעלה הוא אכן, באופן מסוים, אמיתי. שכן הגילוי האלוקי מתרחש בעצם בהכרה שלנו, אין מקום אחר שבו מתגלה האלוקי (על כל פנים באופן שהוא משמעותי עבורנו) ולכן תהיה תמיד התאמה מסוימת, שגם שונה מאדם לאדם, בין ההתגלות

כלומר קביעת היחס שלנו אל הדבר – אם זה טוב או רע לי, אם אני רוצה או לא רוצה בזה וכו'. ההבדל הוא עצום. המידה אינה מתייחסת אל כל הנפח של ההכרה אלא רק אל המסקנה האישית־הרגשית. במובן זה, בהקשר של התגלות הנפש, מה שמתגלה במידות הוא נחשב כאין, כבלתי נחשב, ביחס למה שמתגלה בהכרת השכל. הדרגה השלישית, המחשבה, היא כבר לבוש של הנפש. הלבוש מנסה להעביר החוצה, בסמלים ובסימנים, את ההתרחשות הפנימית; אך גם כאן, מה שאדם יכול לחשוב עליו ולהגדיר בכלי המחשבה הוא כאין לגבי ההכרה ותחושת הנפש עצמן. אנו מרגישים משהו עמוק, גדול ומלא, ואנו עושים לו סימן: זה בא לציין את זה, וכו'. הסימנים החיצוניים הללו הם בעלי משמעות למי שמקבל אותם, אבל הם חסרי כל חשיבות ביחס לעצם הדבר שאותו הם מסמלים. וכמו כן גם בנוגע ליחס בין הדיבור למחשבה ובין המעשה לדיבור.

קשרים אלה הם מהותו של קשר ההשתלשלות – שהדרגה התחתונה יותר משתלשלת כולה מהדרגה שמעליה, ולכן אין היא כשלעצמה תופסת שום מקום אצלה; אין בה שום דבר נוסף על מה שהיא מקבלת מן העילה שלה, ולכן היא "כאין" לגביה.[51]

ובחזרה לנמשל:

כֵּן עַל דֶּרֶךְ זֶה, במשל מנפש האדם **מַמָּשׁ, הִיא בְּחִינַת חָכְמָתוֹ יִתְבָּרֵךְ**, המאוחדת באין סוף, במאציל בעצמו, לגבי כל **מַה שֶּׁיּוּכַל לְהִתְפַּשֵּׁט מִמֶּנָּה (לְהַשְׁפִּיעַ) [לְהִתְלַבֵּשׁ**, השפעה שהיא בדרך התלבשות, הנכנסת ומתלבשת בכלי המקבל, ובה מדובר כאן[52]] **בְּתַחְתּוֹנִים כּוּלָּם**, כלומר, בסדר ההשתלשלות כולו, הספירות כולן והעולמות הנבראים כולם, בריאה יצירה עשייה, שנגד שלושת הלבושים מחשבה דיבור ומעשה.

האלוקית ובין ההתגלות בדעתו של האדם. זאת ועוד: ככל שבני אדם מגלים יותר כך מתברר שכפי שאין אנו יכולים להשיג את האמת האלוקית כך אין אנו יכולים להשיג גם את מלוא עומקה ותכליתה של הווייתנו כבני אדם. ככל שאנו משיגים יותר באלוקי כך אנו מגלים יותר גם בעצמנו, ולהפך, עמוק יותר וגבוה יותר. היתרון ב'משל' מנפש האדם הוא שבתוכנו אנו משיגים את הדברים דרך חוויות בלתי אמצעיות, וכשאנו מחזיקים באלה אנו יכולים לנהוג בכל העולמות. עד היכן? כל אחד לפי מה שיש בידו, לפי השיעור שלו. כל זמן שאנו אוחזים בָּאמת בתוכנו אין אנו טועים גם למעלה מעלה (ואם אנו מרמים את עצמנו, גם למעלה אין אנו יכולים עוד להיות בטוחים). עם זאת, כפי שמודגש במקומות אחרים,[50] הדברים הללו אמורים בטווח ההתגלות דווקא, שהוא חמש הדרגות הנזכרות. בטווח הזה מצויה ההשגה שלנו, בטווח הזה מצויה ההתגלות האלוקית. ואולם על הקב"ה בעצמו נאמר: "אני ה' לא שניתי" (מלאכי ג,ו) – לא השתניתי, לא נכנסתי לשום גדר של השגה ותפיסה. בכל דרגה של תפיסת המציאות הקב"ה נראה כביכול אחרת. הוא המחיה והוא המהווה והוא המתייחס אל המציאות שמשיגים, ולכן הוא כביכול משתנה – שכן פעם המציאות חומרית, פעם רוחנית, ופעם איננה כלל. ואולם בכל אלה הוא בעצמו נמצא מעבר לחמש הדרגות, איננו משתנה ואיננו מושג כלל.

המיוחד במאציל ברוך הוא דכולא קמיה כלא חשיב וההשפעה לכל הנבראים כולם שהם בעלי גבול ותכלית נחשבת ירידה וצמצום כביכול לגבי המאציל אין סוף ברוך הוא על דרך משל כמו שנחשבת ירידה וצמצום לשכל האדם המשכיל המצומצם באיזה עשיה גשמיות וחומרית ממש ולכן משה רבינו עליו השלום שהשיג עד אחוריים דחכמה זכה שתנתן על ידו התורה שהיא נובלות חכמה שלמעלה פירוש מה שנובל ממנה ויורד למטה ומתלבש בתורה גשמיות שלנו שעיקרה ותכליתה הוא קיום המצות לא תעשה ועשה בפועל ומעשה ממש כמאמר היום לעשותם

הֵם כְּאַיִן לְגַבֵּי בְּחִינַת פָּנִים, פנימיות החכמה, שהרי כל ההתפשטות היא רק מבחינת אחוריים של החכמה כפי שהוסבר למעלה. והפנים הוא **הַמְיוּחָד בַּמַּאֲצִיל בָּרוּךְ הוּא, דְּכוּלָּא קַמֵּיהּ כְּלָא חֲשִׁיב** (שהכול לפניו כלא נחשב). בכל הדרגות שבהן מתפשטת החיות ההתייחסות היא רק אל אחוריים, בבחינת סימן ומסקנה חיצונית בלבד, שהיא כאמור אינה נחשבת כלל לגבי החיות עצמה אלא אך סימן לה, ומכל שכן לגבי המאציל עצמו, מקור החיות.

וְהַהַשְׁפָּעָה לְכָל הַנִּבְרָאִים כּוּלָּם, שֶׁהֵם בַּעֲלֵי גְּבוּל וְתַכְלִית, נֶחְשֶׁבֶת יְרִידָה וְצִמְצוּם כִּבְיָכוֹל לְגַבֵּי הַמַּאֲצִיל אֵין סוֹף בָּרוּךְ הוּא. הנבראים כולם, העולמות הגשמיים והרוחניים וכל אשר בהם, אשר מבחינתנו הם גדולים ורחבים לאין שיעור, הם כולם בעלי גבול ותכלית. גבול רחב עד מאוד, תכלית נשגבה, אך עדיין גבול ותכלית. ולכן לגבי המאציל, שהוא אין סוף, נחשבת ההשפעה להם (המהווה ומחיה אותם) לירידה ולצמצום.

עַל דֶּרֶךְ מָשָׁל, כְּמוֹ שֶׁנֶּחְשֶׁבֶת יְרִידָה וְצִמְצוּם לְשֵׂכֶל הָאָדָם הַמַּשְׂכִּיל, הַמְצוּמְצָם בְּאֵיזֶה עֲשִׂיָּה גַּשְׁמִיּוּת וְחוּמְרִית מַמָּשׁ. שכלו של האדם המשכיל יכול לעסוק בהשכלות מופשטות מאוד, ברומו של העולם הרוחני ואף יותר מזה. ולכן כאשר שכל האדם הזה יורד לעסוק בעשייה גשמית – כסף, בית, אוכל וכו' – אלה הם ירידה וצמצום גדולים, וכפי שתואר למעלה: ירידה וצמצום של חמש הדרגות, מהתגלות הנפש שבשכל ועד להתגלותה בכוח הנפש המצומצם בעשייה גשמית.

וְלָכֵן מֹשֶׁה רַבֵּינוּ עָלָיו הַשָּׁלוֹם, שֶׁהִשִּׂיג עַד אֲחוֹרַיִים דְּחָכְמָה, זָכָה שֶׁתִּנָּתֵן עַל יָדוֹ הַתּוֹרָה. כאן חוזר אדמו"ר הזקן וקושר את הדברים לתחילת האיגרת, להשגתו של משה רבינו ומהות התורה.

נובלות חכמה שלמעלה יש לשים לב לדיוק בדברים: התורה שלנו היא נובלות 'חכמה' של מעלה, אבל לא נובלות 'תורה' של מעלה. כפי שמבואר בכמה מקומות, התורה עצמה היא למעלה גם מהחכמה העליונה; היא כביכול חקוקה בעצמותו של הקב"ה, למעלה מעלה מכל הגדרה ותפיסה שהיא. למעלה מגדרי העולם הגשמי שלנו ממש כמו למעלה מהחכמה העליונה. עם זאת גילויה של התורה, בכל דרגה, הוא בחכמה. החכמה היא ראשית ועצם הגילוי, וכל הדרגות שלמטה ממנה הן השתלשלות החכמה. כפי שנאמר על האור

"עֹטה אור כשלמה" זו היא דרך ירידת האור, אור החכמה והתורה[53] אל העולמות, והיא על ידי משה רבינו. משה רבינו היה נביא, גדול הנביאים, שבהשגת נבואתו השיג את ממשות הדברים והמשיך אותם אל תוך המציאות התחתונה אשר בה נמצא עם כל ישראל. וכפי שהוסבר, דרך הירידה היא כאשר אחוריים של העליון מתלבשים בתחתון, דרגה אחר דרגה. ולכן, משום שמשה השיג עד אחוריים של החכמה העליונה, יכול היה להמשיך אותה למטה (היינו, שתינתן על ידו התורה). שהרי אילו השיג בפנימיות החכמה לא היה יכול להורידה, כי הפנימיות איננה יורדת – וכמו שאומר הקב"ה למשה: "לא תוכל לראֹת את פני כי לא יראני האדם וחי" (שמות לג,כ). כי מי שרואה את הפנימיות איננו נמצא עוד בין החיים, הוא נכלל בעצמו בחכמה העליונה הבטלה באין סוף ואיננו שייך עוד לבני אדם ולמציאותם בעולם. אבל על ידי "וראית את אחֹרי וגו'" (שם כג), בכך שהשיג גילוי אחוריים של החכמה, זכה משה רבינו שתינתן התורה על ידו.

שֶׁהַתורה שבידינו **הִיא נוֹבְלוֹת חָכְמָה שֶׁלְּמַעְלָה** (על פי בראשית רבה פרשה מד,יז). **פֵּירוּשׁ, מַה שֶּׁנּוֹבֵל מִמֶּנָּה וְיוֹרֵד לְמַטָּה וּמִתְלַבֵּשׁ בַּתּוֹרָה גַּשְׁמִיּוּת שֶׁלָּנוּ.** חכמת התורה שבידינו היא החכמה האלוקית אך לא כפי שהיא למעלה, אלא כפי שירדה והתלבשה בכל דרגות העולמות עד לבחינת התורה שירדה והתלבשה בעולם הגשמי שלנו.

עד כאן דובר על ירידת האור מהחכמה, מראשית גילוי האין סוף עד לדרגת המעשה. ולכאורה אין בזה שום עילוי, רק ירידה וריחוק ועוד הסתר, עד שאי אפשר עוד. ואולם במשפטים האחרונים באיגרת זו מקבלים הדברים תפנית: מה באמת חשוב ומה אינו חשוב, מה באמת למעלה ומה למטה.

שֶׁעִיקָּרָהּ וְתַכְלִיתָהּ של התורה **הוּא קִיּוּם הַמִּצְוֹת לֹא תַעֲשֶׂה וַעֲשֵׂה בְּפוֹעַל וּמַעֲשֶׂה מַמָּשׁ.** להתכוון, בשכל וברגש, לקיים את המצוות ברוחניות – אפשר גם בעולמות עליונים. לשם כך אין צריך גוף ולא צריך עולם הזה. אבל לקיים את המצוות במעשה אפשר רק בעולם הזה הגשמי. ואם כן העובדה שההשתלשלות ממשיכה, שהיא אינה נעצרת בעולם עליון כלשהו אלא הולכת ויורדת עד לעולם הזה, היא סימן לכך שעיקרה ותכליתה של התורה הם בעולם הזה, בקיום המצוות בפועל ובמעשה ממש.

והוא מביא לכך כמה ראיות מדברי חכמים:

כְּמַאֲמַר רבותינו ז"ל (עירובין כב,א) על הכתוב **"הַיּוֹם לַעֲשׂוֹתָם"** (דברים ז,יא) – "היום לעשותם ולא למחר לעשותם וכו'". "היום" הוא זמן ההווה ומצב ההווה. מבחינתנו הכוונה היא למצב של נפש בגוף ובעולם הזה, שרק בו, בגוף הגשמי ובהסתר האלוקי אפשר

המתגלה בדרגות הנפש והעולמות, כך גילויה של התורה – ראשיתה ופנימיותה הם בחכמה העליונה; ומכאן, בדרך השתלשלות כפי שתואר לעיל, מתגלה התורה בחכמה שבכל הדרגות והעולמות, כשבכל דרגה ההתגלות היא כאין לגבי ההתגלות שלמעלה ממנה, עד לחכמה הגשמית שבעולם שלנו. וזה פירוש "נובלות חכמה שלמעלה".

"היום לעשותם" – בעבודה הגשמי הוא תוצר של ההסתר האלוקי הכמעט מוחלט, שבו עבודת ה' אינה מובנת מאליה. ולכן "היום

וגדול תלמוד שמביא לידי מעשה והלומד שלא לעשות נוח לו שנהפכה שלייתו וכו׳ וכל אדם מוכרח להתגלגל עד שיקיים כל התרי״ג מצות בפועל ממש כנודע מהאריז״ל:

לעשות בפועל את המצוות. ו״לא למחר״ הוא העולם הבא, הרוחני, שבו ממשיכה הנפש והכרת ה׳אני׳ שלה להתקיים, אבל ללא הגוף וללא יכולת לקיים את המצוות במעשה.

מ״היום לעשותם״ למדנו שהעשייה בפועל היא בעולם הזה דווקא, אך עדיין אין אנו יודעים אם חשוב הדבר יותר מהחוויה הרוחנית. **וְ**לזאת הוא מביא מאמר נוסף מדברי חז״ל: **גָּדוֹל תַּלְמוּד שֶׁמֵּבִיא לִידֵי מַעֲשֶׂה** (קידושין מ,ב). נחלקו חכמים בשאלה מה גדול, מה חשוב יותר: תלמוד או מעשה? השאלה הזו היא שאלה חשובה העוברת בכל העולמות כולם, ולא רק בעולם שלנו שיש בו מעשה גשמי. באופן כללי יותר אפשר לומר שהשאלה היא: לאיזה כיוון הולכים הדברים? מה היא התכלית? ומסקנת הדברים שם, ש״גדול תלמוד שמביא לידי מעשה״, היא מורכבת. מצד אחד נאמר ש״גדול תלמוד״, אבל ההמשך אומר כמעט את ההפך: מדוע הוא גדול? כי הוא ״מביא לידי מעשה״. הרבה נכתב בזה במאמרי חסידות, ובפשטות יש לומר ש״תלמוד גדול״ מתאר את המציאות. כך בנויים כעת העולמות: הרוחני הוא למעלה מהגשמי, הכללי למעלה מהפרטי, והוא משפיע בו ומפעיל אותו. ו״מביא לידי מעשה״ אומר שתכלית הכול היא המעשה. ונמצא שאמנם בתוך העשייה של העולם הזה ההוראה היא ש״תלמוד גדול״, שכן באופן הזה נצליח יותר במעשינו; אבל בהיקף הגדול, בחשבון האמת הכולל, התכלית היא המעשה, ואף התלמוד אינו גדול אלא משום שהוא ״מביא לידי מעשה״.

למדנו אפוא שהעשייה בפועל חשובה אף יותר מהווייתה הרוחנית, אך עדיין אין אנו יודעים עד כמה. **וְ**לזאת מובא מאמר נוסף מדברי חז״ל: **הַלּוֹמֵד שֶׁלֹּא לַעֲשׂוֹת נוֹחַ לוֹ שֶׁנֶּהֶפְכָה שִׁלְיָיתוֹ וכו׳,**[54] היינו – שלא היה נולד. כיוון שתכלית המציאויות והפעולות הרוחניות, כמו הלימוד והחוויה, היא העשייה הגשמית, נמצא שאם אין החוויה מביאה לעשייה גשמית אין לה הצדקה. לכל השלבים הרוחניים של הכרה והרגשה אין כל ערך ומשמעות, אדרבה: יש להם מעתה משמעות שלילית של הוויה בלתי נכונה, הוויה שלא הגיעה למקום שהייתה צריכה להגיע אליו. כל קיומו של אדם הלומד שלא על מנת לעשות הוא חסר תכלית, והיה נוח לו אילו לא נולד כלל.

לעשותם״ כרוך בהכרח בעבודה, ביגיעה ובמלחמה נגד מניעות וקשיים. העשייה הגשמית של הקדושה אינה כמו הרוחנית. הפעולה הרוחנית, כמו אצל המלאכים, ככל שהיא גבוהה יותר יש בה פחות קושי – היא ורק היא האופן שבו משיגים ומרגישים, חיים ומתקיימים שם. לעומת זאת למטה, בתוך הגשמיות, אשר בה הקדושה כמעט שאינה מורגשת, עבודת ה׳ נעשית כנגד ולמרות החושים שמראים אחרת. אכן, כפי שיוסבר בהמשך, דווקא משום כך מבטאת עבודה זו כוחות נפש גבוהים יותר, וממשיכה מלמעלה אור עליון יותר.

למדנו שהמעשה הוא חשוב כל כך, עד שכל ביאתו של האדם לעולם אינה אלא בשביל זה; ואם אין הוא מגיע לעשיית הקדושה, אין שום טעם ומשמעות בביאתו לעולם בצירוף זה של גוף ונפש. אך עדיין אין אנו יודעים אם חשוב הדבר רק לצירוף זה של הנפש והגוף, או שיש בו חשיבות אף לנפש הקדושה כשלעצמה. ובאופן אחר – אם חשוב הדבר לאדם (נפש בגוף), או כביכול לקב"ה בעצמו, שלצורך זה הוא שולח את הנפש אל העולם הזה שוב ושוב, עד למילוי רצונו העליון. ולכך הוא מוסיף: **וְכָל אָדָם מוּכְרָח לְהִתְגַּלְגֵּל עַד שֶׁיְּקַיֵּים כָּל הַתַּרְיָ"ג מִצְוֹת בְּפוֹעַל מַמָּשׁ, כַּנּוֹדָע מֵהָאֲרִיזַ"ל.**[55] להתגלגל פירושו שהנפש חוזרת להתלבש בגוף אחר למעגל נוסף של חיים בעולם הזה, וכל זה כדי שתוכל להשלים את קיומן של כל המצוות במעשה, בפועל ממש. שהרי ברוחניות יכולה הנפש לקיים את כל המצוות בגלגול אחד של חיים בעולם הזה, ואפילו בלי לרדת לעולם הזה כלל. נמצא אפוא שחשיבות המעשה גדולה כל כך, שאם אין הנפש משלימה כוונה זו בפעם אחת שהיא יורדת לגוף היא צריכה לירד שוב ושוב, כי רק במעשה היא יכולה למצוא את הדבר היחיד שהיא חסרה מהאין סוף עצמו, אשר רק על ידו היא תוכל להתייחד עימו באמת.

איגרת זו עסקה בדרך ירידת וגילוי האור האלוקי מהאין סוף, שלמעלה ומעבר לספירות ולעולמות, אל תוך העולמות, עד לעולם העשייה הגשמי שלנו. הוסבר שהדרך היא דרך השגת הנביאים, החל מהשגת משה רבינו שהוריד וגילה את התורה אל תוך עולמנו, וכלה בשאר הנביאים שהמשיכו וגילו את האלוקי לכל דור באופן הצריך לו והשייך אליו. דרך זו באופן כללי היא התלבשות האור הפנימי באחוריים של דרגת החכמה, והתלבשות אחוריים של החכמה בפנימיות המידות, וכן הלאה עד להתלבשות המקבל. בדרך זו מתגלה תמיד רק הלבוש של האור הפנימי, אלא שבתוכו מלובש האור הפנימי ממש.

מכל הדברים הללו עולה שעיקרה ותכליתה של התורה הם בהתגלותה בעולם העשייה הנמוך והגשמי דווקא. אם כן, מה שתואר בכל האיגרת הזו כירידה, מפנים לאחור ועוד אחור ועוד צמצום ועוד הסתר, איננו תהליך פשוט של ירידה: יש כאן סוד גדול ההולך ומתגלה. כי האור הגדול המאיר בתחילה (פנימיות החכמה העליונה) הוא גילוי עצום, שלא היה ולא יהיה כמוהו; אבל כל כמה שהוא גדול הוא גם מסתיר את האין סוף עצמו, שאינו אור ואינו יכול להתגלות. ואז בא ההסתר, "עֹטֶה אור כשלמה", שלב אחר שלב, באמונה ובזהירות, ביד הנביאים והחכמים וביד כל איש ישראל, עד שנעלם האור כולו מלבד המסקנה האחרונה שנשארת, שירדה והתגלגלה והגיעה עד הנה, והיכולה להתבטא במעשה בלבד. ומעתה, בלי האור, היא מגלה את מה שהסתיר האור הגדול: את הכתר שלמעלה מהחכמה,[56] את האין סוף שאינו יכול להתגלות בשום גבול והגדרה. משמעות זו חשובה לא רק לגבי התכלית אלא גם לגבי הדרך. השאלה שנשאלה בתחילת האיגרת הייתה: מהי הדרך שבה יורדת התורה למטה כל כך? האם נשמרת הקדושה בכל הדרך? וכיצד היא נשמרת על אף כל המסכים וההעלמות? והתשובה היא שדווקא בדרך הזו היא עוברת, כיוון שזו היא התכלית: להגיע עד למטה, לאחור שבאחור, לחיצוני שבחיצוני. ונמצא שלא רק בסיכום הכללי, אלא בכל שלב שבו "עֹטֶה אור כשלמה", שבו

מחליף האחור את הפנים ויורד ומתלבש בתוך דרגה נמוכה יותר, הוא מעביר בכך את תמצית הקדושה; לא את גילוייה, לא את האהבה והיראה הגדולות שלמעלה, שאכן הולכות ומתמעטות – אלא את עצם הקדושה שמעבר לכל ההסברים והתחושות.

ובסיכום כל הדברים הגדולים עומד האדם התחתון וצריך לעבוד את ה׳ בפועל במעשה גשמי. לשם כך הוא צריך (גם אם לא מייד, מכל מקום עליו להיות מוכן לזה כאשר יהיה במעלה ובגדלות כזו) למצוא בתוכו את הכוח לוותר על המעלות, ההשגות והחוויות, על הרכוש הרוחני האישי, על כל מה שיש לו טעם ומראה, על כל מה ש׳ישנו׳ בעולם – בשביל התכלית הזו, שאיננה בעצם שום דבר בעולמו. ולזה מזכיר אדמו״ר הזקן באיגרת זו את משה רבינו. משה שהיה גדול הנביאים והחכמים, שעל ידו ניתנה התורה, היה גם (ובעיקר, עד שזהו המקור לכל מעלותיו האחרות) העניו מכל האדם, הבטל באמת, ״ונחנו מה״.[57] והכוח הזה של הביטול, הנמשך ממשה רבינו בכל ירידות התורה ומקבלי התורה, הוא הכוח המניע את התהליך כולו, והמניע גם כל אדם בפרט, ללמוד וללמד לשמור ולעשות את התורה בפועל ממש. כלומר שלא לחוש ולראות את עצמו כלל, אלא להיות כלי בלבד לקיום התכלית העליונה, שאי אפשר להבינה ולחוותה, עד שאין חוויה ואין הבנה ואין הוא עצמו מציאות נרגשת וקיימת כלל בפני עצמה – רק דבוק ובטל בדבר האמיתי היחיד, באלוקי עצמו, ובאופן היחיד שבו יכול הדבר להתקיים: בקיום התורה במעשה.[58] וכלשון האיגרת בתחילתה – בהשגת ״אחוריים דחכמה המלובשת בבינה המתלבשת בז׳ ספירות תחתונות... ומתפשטת עד סוף ד׳ ספירות התחתונות שהן נצח הוד יסוד מלכות״.

הוספה לאיגרת יט

ההמשך מכאן ועד סוף האיגרת, אף שאינו מסומן באות לעצמו, אינו המשך של האיגרת הקודמת (יט), אלא איגרת או ביאור חסידות קטן לעצמו.

הביאור הוא הוספה מאוחרת ל'אגרת הקדש', שנוספה רק בהוצאה של שנת תר"ס.[1] ונראה שנוספה במקום זה בגלל קשר העניין לאיגרת יט, כעין הוספה וביאור למה שנאמר בה. בייחוד בולט הדבר בסיומה של התוספת, הקושר את הדברים כמעט במפורש לאיגרת זו.

באיגרת יט דובר על ירידת והשתלשלות האור האלוקי שבתורה מהאין סוף ועד לעולם העשייה הגשמי. בתוספת קטנה אך יסודית זו ידובר לא על האור והתוכן היורד, אלא על הכלים דהיינו האותיות שבהן יורד האור – מה הן האותיות הללו, וכיצד הן מתגלות ומורגשות בכל הדרגות שבעולמות ובנפש: במחשבה, בדיבור ובמעשה.

הוספה לאיגרת יט

ג תשרי פשוטה
כט אלול מעוברת

האותיות **הנגלות לנו הן במעשה דבור ומחשבה. דמעשה הן תמונת האותיות שבכתב אשורי שבספר תורה.**

הָאוֹתִיּוֹת הַנִּגְלוֹת לָנוּ. הדברים שיאמר אדמו"ר הזקן בהמשך יעסקו באותיות הנגלות. שכן יש גם אותיות נעלמות, שאינן נגלות, ובהן אין הוא עוסק במאמר זה. בתורה, בנפש האדם ובאלוקי בעצמו יש גלוי וסתום.[3] וכמו בתורה כך גם בנפש יש אותיות, אותיות גלויות ואותיות סתומות.

האותיות עצמן לכאורה אין משמעות להתגלות האותיות כשלעצמן, שהרי המשמעות איננה בהן אלא בתוכן שעובר דרכן. לכאורה האותיות הן רק אמצעי מסוים של קשר, של העברת ידע או הוראות וכו' לאדם אחר, כאשר אנו משתמשים בצירופי אותיות מוסכמים לכך. ואולם מסתבר, ומבואר בספרי הסוד, שהאותיות הן הרבה מעבר לכך. שלא כמו בדרכי התקשורת המכניים הרגילים, יש באותיות ממד נוסף, עמוק ונעלם, אף מעבר לתוכן שהן מעבירות. בתורה, ובהדגשה יתרה בפנימיות התורה (ובתורת החסידות בפרט), מצויה התייחסות מרובה לממד זה של האותיות, הן בהגות הן בדרכי עבודת ה'. התפיסה היא שהאותיות אינן רק מכשיר להעברת אינפורמציה, אלא הן יוצרות את האינפורמציה; אין הן רק מבטאות תובנות והרגשות, כי אם יוצרות אותן ואת המציאות שהן מתארות, הרוחנית ואפילו החומרית. ובעומק יותר, האותיות הן הן אבני הבניין של כל המציאות.

הרחבה זו של תפיסת הדיבור והאותיות מקורה בתפיסה שהדיבור הוא כלי הביטוי האלוקי, ולפיכך הוא כלי הבריאה והשפעת החיות והקיום בכל המציאות. ראייה זו של אותיות הדיבור האלוקי מאצילה גם על הדיבור ואותיות הדיבור שלנו. הדבר מודגש ביתר שאת בחסידות, בהבנה שהדיבור שלנו איננו נפרד מדיבורו של הקב"ה. הוא אכן יכול להיות נפרד וחסר ערך פנימי כאשר הוא נאמר מן השפה ולחוץ; אבל כאשר הוא נאמר מתוך התקשרות פנימית הוא קשור אל הדיבור האלוקי ואל האלוקי עצמו המדבר אותו. באותה שעה האותיות הללו אינן רק הגיית קולות או ציור צורות מוסכמות על הנייר, אלא הן הן הכוחות היוצרים והפועלים בעולם.

במובן זה, המשמעות שאנו מבינים באמצעות האותיות אינה עצם הדבר שעובר בהן, אלא רק ההשגה האישית שלנו במה שעבר, ואילו עצם הדבר נשאר באותיות עצמן. ההתייחסות אל האותיות כשלעצמן היא לכן הניסיון להתחבר אל עצם הדבר, הכולל ונושא בתוכו את כל ההבנות וההשגות השייכות לו.[2] מובנת אפוא ההשתדלות, כפי שמוצאים במקומות רבים בספרי חסידות, להגיע באופנים שונים להתייחסות לא רק אל צירופי האותיות והמשמעויות שלהם, אלא אל האותיות עצמן: איך הן נשמעות, איך הן נראות, איך הן מורגשות – כאותיות בלבד. זהו פשרו של הרצון 'לטעום' את האותיות, להגיע לתחושה

הֵן האותיות שבשלושת לבושי הנפש: **בְּמַעֲשֶׂה דִּבּוּר וּמַחֲשָׁבָה.** לבושי הנפש הם האופנים שבהם הנפש מתגלה; במחשבה היא מתגלה אל עצמה, בדיבור – אל האחר, ובמעשה – אף אל המציאות הנמוכה של הדומם ממש.

דְּמַעֲשֶׂה, הֵן תְּמוּנַת הָאוֹתִיּוֹת שֶׁבִּכְתָב אַשּׁוּרִי שֶׁבְּסֵפֶר תּוֹרָה. התגלות האותיות בעולם המעשה היא במעשה כתיבתן. התפיסה היא שכל אות היא המשכת כוח וחיות פרטיים שאינם נמשכים באות אחרת, והדבר מתבטא בצורה חומרית מיוחדת שיש לכל אות בכתב האשורי שבספר התורה, הניתנת לראיית העין או למישוש ביד.[5]

ההבדל בין כתיבת האותיות להגיית האותיות בפה הוא כהבדל שבין הדיבור והמעשה. האותיות הכתובות הן כמעשה, שלאחר שנעשה יש לו קיום גם בנפרד ממי שעשה אותו, ואילו אותיות הדיבור הן כדיבור, דהיינו שאין להן קיום אלא כאשר מדברים אותן. כפי שהמעשה הוא למטה מהדיבור, כך האותיות הכתובות הן למטה מהנאמרות (וכמו עולם העשייה שלמטה מעולם היצירה). המשמעות של 'למטה' בעולמות הרוחניים הוא מוחשית כמה שאפשר של האותיות עצמן, כצורך חיוני בעבודת ה' בחסידות. על רקע זה מובן העיסוק במאמר זה בהתגלות האותיות בכל הדרגות: במחשבה, בדיבור ובמעשה, וכפי שיוסבר – לא רק במשמעות האנושית שיש למושגים אלה אלא אף במשמעות העליונה, המתייחסת להתגלות האלוקית שבספירות ובעולמות.

אותיות נגלות ונעלמות בדרך כלל מובן שהאותיות הנגלות הן אותיות הדיבור והנעלמות הן אותיות המחשבה. ואולם כאן, כאשר מדובר על 'אותיות הנגלות במעשה דיבור ומחשבה', נראה שהאותיות הנעלמות הן פנימיות יותר מכך. ואולי אפשר לומר האותיות הגלויות הן האותיות של לבושי הנפש – מחשבה, דיבור ומעשה, והאותיות הנעלמות הן האותיות שבכוחות הנפש.[4]

במעשה דיבור ומחשבה – גם בעולמות כמו ברוב מאמרי החסידות אין מדובר כאן רק במישור חיי הנפש, אלא גם בעולמות העליונים, המשמשים 'לבושים' לאור האלוקי. שני מישורים אלה אינם נפרדים: הם ארוגים זה בזה ומפרשים זה את זה; מה שקורה בנפש קורה בעולמות ומה שקורה בעולמות קורה בנפש. הם לא רק משפיעים זה על זה, אלא יותר מזה: הם בעצם אותה התרחשות עצמה. במובן זה, מחשבה דיבור ומעשה מקבילים לעולמות בריאה יצירה עשייה (ועולם האצילות הוא כמו הנפש עצמה): התגלות האותיות במעשה היא במובן הרחב התגלות האותיות העליונות בעולם העשייה ובתחום העשייה, לעומת התחומים הרוחניים, הפנימיים יותר; בדיבור היא גם ההתגלות במכלול עולם היצירה, בתחום הדיבור של מעלה, של יצירת הדברים בצירופי האותיות; והמחשבה היא עולם הבריאה, המחשבה העליונה, היציאה מן האין, כמו המחשבה היוצאת מן האין של הנפש הנעלמה עצמה וכמו הבריאה מן האין המאוחד באלוקות של עולם האצילות. ואכן, התגלות האותיות במחשבה איננה כמו ההתגלות בדיבור ובמעשה; מצד אחד היא כמו המחשבה על הדברים, ובצד הפנימי היא כהתגלות המחשבה לעצמה, שאיננה נרשמת במציאות הגשמית אלא רק ברוחנית הקשורה אליה.

ואותיות הדבור נחקקות בהבל וקול המתחלק לכ"ב חלקים שונים זה מזה בצורתן. שהיא הברת ומבטא הכ"ב אותיות בכל לשון. כי אין הפרש בין לשון הקודש ובין שאר לשונות במהות הברת האותיות כי אם בצירופן. ואותיות המחשבה הן גם כן בכל לשון שאדם מחשב תיבות ואותיות הלשון שהן כ"ב לבד.

שיש שם פחות גילוי אלוקי.[6] לפיכך האותיות הכתובות הן למטה מהאותיות הנאמרות, משום שהכותב אותן יכול להיות נסתר לגמרי, כמו עולם העשייה, שהאלוקי המהווה ומחיה אותו הוא נסתר עד כדי כך שהעולם יכול להרגיש את עצמו נפרד לגמרי. מה שאין כן באותיות הנאמרות, שהאומרן ניכר ומוחש, וכמו עולם היצירה שהאלוקי המהווה אותו מורגש ואינו נסתר בו.

וְאוֹתִיּוֹת הַדִּבּוּר נֶחְקָקוֹת בְּהֶבֶל וְקוֹל הַמִּתְחַלֵּק בחמשת מוצאות הפה **לכ"ב** (לעשרים ושניים) **חֲלָקִים שׁוֹנִים זֶה מִזֶּה בְּצוּרָתָן.** האותיות, כפי שהן מתגלות בדיבור, הן האותיות כפי שאדם אומר ושומע אותן. ואף בהן, כמו באותיות הכתובות, יש כ"ב צורות, שהן הגיות שונות; לכל אות ההגייה המיוחדת לה, המגלה באופן זה את מהותו של אותו כוח שבאות.

שֶׁהִיא הֲבָרַת וּמִבְטָא הכ"ב אוֹתִיּוֹת בְּכָל לָשׁוֹן. כִּי אֵין הֶפְרֵשׁ בֵּין לְשׁוֹן הַקּוֹדֶשׁ וּבֵין שְׁאָר לְשׁוֹנוֹת בְּמַהוּת הֲבָרַת הָאוֹתִיּוֹת כִּי אִם בְּצֵירוּפָן. בזה שונות אותיות הדיבור מהאותיות

שבכתב אשורי שבספר תורה דברים אלה מבוססים על התפיסה שצורת האותיות כפי שהיא כתובה בספר תורה היא צורתן האמיתית, המקורית, המסורה מלמעלה. כשם שלשון הקודש בכללה היא, עד כמה שאפשר לומר כך, לשונו של הקב"ה – הלשון והאותיות שבהן ברא את העולם ושבהן נתן לנו את התורה, שבהן הוא מתגלה אלינו – כך האותיות הללו הכתובות בספר התורה הן צורת האותיות המקוריות של מעלה, הנושאות את כל מלוא המשמעות שיש לאותיות בכל מקום. אמנם כפי שגם ללשונות האחרות יש משמעות וכוח יצירה, אך אין הן בשלמות כאותיות המקוריות שבהן נברא ומתקיים העולם,[7] כך האותיות הנכתבות על נייר או הנדפסות לסוגיהן, משמשות רק כסמלים מוסכמים עבור האותיות המקוריות; צורה זו מסמלת אל"ף, צורה זו בי"ת וכו', אבל אין זה אל"ף ממש. האל"ף עצמה היא האל"ף הכתובה בכתב אשורי שבספר תורה, על פי כל פרטי ההלכה המסורה בתורה שבכתב ומבוארת בתורה שבעל פה לגבי פרטי צורתה של כל אות.

נחקקות בהבל וקול לעומת האותיות שבמעשה, הנכתבות בדיו על הקלף או על חומר כתיבה אחר, אותיות הדיבור "נחקקות בהבל וקול". במקומות אחרים[8] מסביר אדמו"ר הזקן את ההבדל בין מה שהוא קורא 'אותיות הכתב' ו'אותיות החקיקה'. אותיות הכתב הן כמו האותיות הכתובות בדיו על הקלף, ואותיות החקיקה הן כמו האותיות החקוקות באבן (ובתורה הן האותיות החקוקות בלוחות הברית). וכאן נרמז שמעין הבדל זה יש גם בין האותיות הכתובות לאותיות הדיבור הנחקקות בהבל וקול. ההבדל הוא, כפי שמוסבר באותם מקומות, שאותיות הכתב הן דבר נפרד מהקלף שהן כתובות עליו, בניגוד לאותיות החקוקות, על דרך משל, באבן, שהן ממהות האבן ממש; אין הן דבר נוסף, נפרד, אלא הן האבן עצמה,

הכתובות. צורת האותיות הכתובות מיוחדת ללשון הקודש: הבי"ת היא צורת הבי"ת של לשון הקודש דווקא וכו'. באותיות הדיבור, לעומת זאת, מבטא הקול של בי"ת הוא תנועה שכמותה מצויה בכל לשון; וכן בשאר האותיות. אכן, לא תמיד יש הקבלה של אחד לאחד; ייתכן שבלשונות אחרות יהיה צורך בצירוף של אותיות כדי לבטא אות אחת בלשון הקודש ולהפך, אבל ביסודו של דבר העיצורים והתנועות הם כלליים, ביטוי למה שיכולים חמשת מוצאות הפה שבגוף האדם – הלשון, השפתיים, הגרון וכו' – לעשות בקול הפשוט. ההבדל בין הלשונות באותיות הדיבור הוא רק בצירוף האותיות, במילים ובמשפטים הנושאים משמעות.

וְאוֹתִיּוֹת הַמַּחֲשָׁבָה, התגלות האותיות במחשבה היא מופשטת יותר וקשה יותר לתפיסה. במעשה ובדיבור ההתגלות היא בצורות חומריות; ואף שיש להן משמעות רוחנית, היא מתגלה בתוך 'גוף' וכלי חומרי, המובחן ומוגדר בבירור בעולם שלנו. במחשבה, לעומת זאת, אף גוף האותיות הוא רוחני; אין הן מתגלות כאותן האותיות ה'גשמיות' – בקול ובצורה – אלא בכלים רוחניים ודקים של מחשבה. ולכן צריך להדגיש ש**הֵן גַּם כֵּן, בְּכָל לָשׁוֹן שֶׁאָדָם מְחַשֵּׁב תֵּיבוֹת וְאוֹתִיּוֹת הַלָּשׁוֹן, שֶׁהֵן כ"ב לְבָד.** כפי שייאמר בהמשך, במחשבה יש דרגות שונות של התייחסות אל האותיות. בדרגות הנמוכות יותר, הקרובות לדיבור, כאשר אדם חושב על אותיות ומילים של דיבור וכתיבה, למרות שאין הוא הוגה אותן בפיו, הן עדיין אותן כ"ב אותיות; אין מילים ואותיות שונות לדיבור ולמחשבה.

המתעצבת בציור זה. וכמו כן כאן: האותיות הכתובות הן דבר נוסף על האדם שכותב אותן, נפרד ממנו, ואילו האותיות הנאמרות, הנחקקות בהבל וקול, אינן נפרדות מההבל והקול ומן האדם ההוגה אותן.

בהבל וקול המתחלק גילוי אותיות הדיבור והתהוותן נעשים בכמה שלבים: "בהבל" "וקול" "המתחלק וכו'". ה"הבל" הוא, בגשמיות, כמו האוויר שברֵיאה, שעל ידו נוצר הדיבור, ובפנימיות הוא הוויית הדיבור הראשונית, קודם שהאותיות מתגלות כל אחת לעצמה. הרי זה כעין גילוי הנפש עצמה, בחינת ה'שם' של הנפש, שאיננו גילוי ממש ואיננו הנפש ממש אלא הארתה בביטוי הראשוני של הנפש הבאה לגלות את עצמה, אך עדיין לא באיך ולא במה וכו'.[9] ה"קול" הוא המקשר ומחבר את ההבל אל הדיבור. ואולם הקול אף הוא עדיין איננו חיתוך אותיות ממש: הוא רק עושה את החיבור הפלאי הזה בין ההבל הרוחני המופשט, המאוחד בנפש, אל האותיות הגשמיות הנפרדות, כביכול, מהנפש עצמה, ויכולות על כן לעבור הלאה אל הזולת. בספרי הקדמונים מבואר שבקול יש אש ומים, שהם חסד וגבורה, תנועה של התעצמות בעצמי ושל יציאה והתפשטות למרחב. שני אלה יחד, בתנועתם המשותפת, בהיכללותם זה בזה ובחותכם זה את זה, יוצרים את הפלא של העברת העצמי המופשט והכוללם יחד אל הוויית המוגדר, הגבולי והאחר לכאורה.[10] ו"המתחלק" הוא התחלקות הקול הזה והגדרתו בעשרים ושתיים הצורות היסודיות של האותיות. בעוד ההבל איננו נשמע, הקול כבר נשמע; אך עדיין, אין לקול גדר ומשמעות: הוא בגדר קו, המשכה המגיעה מן ה'אין'. ואולם את הקו הזה, בניגוד ל'אין' (שהוא בחינת נקודה), אפשר לחלק, וחלוקתו (על ידי חמשת מוצאות הפה) מגלה את אותיות הדיבור כפי שאנו שומעים ומכירים אותן (בחינת מרחב).

רק שבמחשבה יש בה ג' מיני בחינות אותיות. שהרי כשרואה בספר תורה תמונת האותיות הן מצטיירות במחשבתו וזה נקרא בחינת עשיה שבמחשבה. וכן כאשר שומע אותיות הדבור הן נרשמות במחשבתו ומהרהר בהן וזה נקרא בחינת דבור שבמחשבה ובחינת יצירה. ואותיות המחשבה לבדה בלי הרהור אותיות הדבור נקראות מחשבה שבמחשבה. בחינת בריאה.

ואולם גם במחשבה מופשטת יותר, שאינה משתמשת ישירות באותן מילים ואותיות אלא במושגים והנחות מופשטות של מחשבה, יסוד כל אלה הן אותן כ"ב האותיות בלבד מאל"ף עד תי"ו. הן כללות הכול, אין פחות מהן ואין יותר מהן, הן בגשמיות והן ברוחניות.

כפי שנאמר על האותיות שבדיבור שהן פנימיות יותר מהאותיות שבמעשה, כך יש לומר על האותיות שבמחשבה שהן פנימיות יותר מהאותיות שבדיבור. האותיות שבמעשה יכולות להתקיים כביכול בנפרד לגמרי ממי שעשה אותן, ובבחינה זו הן החיצוניות ביותר. האותיות שבדיבור לעולם אינן נפרדות מן המדבר, המדבר אותן תמיד נוכח. פנימיות יותר הן האותיות שבמחשבה, שלא רק שאין להן קיום מבלעדי החושב אותן, אלא אף הוא אינו יכול שלא לחשוב אותן. אדם יכול לדבר אותיות ויכול שלא לדבר אותן, אבל אדם אינו יכול שלא לחשוב אותיות.

רַק שֶׁבַּמַּחֲשָׁבָה יֵשׁ בָּהּ ג' (שלושה) **מִינֵי בְּחִינוֹת אוֹתִיּוֹת.** כל דרגה כוללת כבר בעצמה את הדרגות שמתחתיה – ככלל הכולל את הפרטים, כמופשט הכולל את כל ביטוייו הקונקרטיים. וכן במחשבה נמצאים שורשי כל מיני האותיות: האותיות שבמעשה, האותיות שבדיבור והאותיות שבמחשבה.

והוא מפרט, ותחילה ה'מעשה שבמחשבה': **שֶׁהֲרֵי כְּשֶׁרוֹאֶה בְּסֵפֶר תּוֹרָה תְּמוּנַת הָאוֹתִיּוֹת** (כאמור לעיל – דווקא כפי שהן כתובות בספר התורה וכו', שאז הן מגלות את עניינן הפנימי של האותיות כפי שהוא בתחום העשייה) **הֵן מִצְטַיְּירוֹת בְּמַחֲשַׁבְתּוֹ, וְזֶה נִקְרָא בְּחִינַת עֲשִׂיָּה שֶׁבַּמַּחֲשָׁבָה.** התגלות האותיות כפי שהיא בעשייה יכולה להיות גם במחשבה, וזוהי 'עשייה שבמחשבה'. אדם חושב במילים, ויש אופן של מחשבה שבה הוא רואה את המילים והאותיות במחשבתו בדמותן החזותית, כפי שהן כתובות. יש אנשים שנוטים יותר למחשבה כזו, הם זוכרים כך דברים ומתייחסים אליהם בדרך הזו; ויש אנשים שנוטים יותר למופשט וחושבים פחות באופן הזה, מלבד כאשר הם באים לעשות את הדבר בפועל, לצייר את האותיות או לחשוב על כך. ויש כאן גם התייחסות

שמו אשר יקראו לו בלשון הקודש הוא נפשו וחיותו בשער היחוד והאמונה (פרק א) נאמר ששמו של כל דבר בלשון הקודש הוא צירוף האותיות שהקב"ה מדבר אותו, והוא נפשו, חיותו והווייתו של אותו דבר. ויש לומר שכשם שהוא בעולם המעשה והדיבור כך הוא גם בעולם המחשבה. כלומר: ברעיונותיה של המחשבה, בהוויותיה, אף קודם שהיא מתלבשת באותיות של דיבור, יש בהם נפש, חיות אלוקית המהווה ומחיה אותם. וחיות

רחבה יותר, להתייחסות כוללת של המחשבה לדרגה של עשייה. כלומר לא רק לפנימיותן של האותיות, הקשורות אל הנפש החושבת, אלא גם לחיצוניותן, שיכולה לעבור הלאה עד להתייחסות אל מה שדומם ממש, לאמור מה שנפרד ממש מהנפש.

ודרגת הדיבור שבמחשבה:

וְכֵן כַּאֲשֶׁר שׁוֹמֵעַ אוֹתִיּוֹת הַדִּבּוּר, הֵן נִרְשָׁמוֹת בְּמַחֲשַׁבְתּוֹ וּמְהַרְהֵר בָּהֶן וְזֶה נִקְרָא בְּחִינַת דִּבּוּר שֶׁבְּמַחֲשָׁבָה. כשאדם חושב על המילים והאותיות כפי שהן נהגות בקול ובדיבור, זהו הדיבור שבמחשבה. דרגה זו היא מופשטת יותר מהמחשבה על צורתן הכתובה של האותיות. כאן יש משקל גם למשמעות המילים, ויותר מזה – למי שדובר אותן, לקולו, לדרך דיבורו, לכוונתו ולאישיותו המתגלים בדיבורו. אף כאן, יש אנשים שמסוגלים יותר למחשבה כזו: לזכור את הקולות ולשמוע בהן את התוכן הפנימי. ואף כאן יש לומר שהכוונה היא פנימית יותר ומתייחסת אל משמעות הדיבור כיוצר הקשר בין עולם לעולם, בין אדם לאדם. אם נאמר שהמעשה הוא האחר והמחשבה היא העצמי, הרי הדיבור הוא המקשר ביניהם.

וּבְחִינַת יְצִירָה. כפי שנאמר,[12] לבושי הנפש – מחשבה, דיבור ומעשה – קשורים ומקבילים לעולמות בריאה, יצירה ועשייה (ועולם האצילות הוא בחינת הנפש עצמה, עשרת כוחות הנפש בהקבלה לעשר הספירות שבאצילות). המעשה הוא בחינת עולם העשייה – התוצאה, המסקנה האחרונה של הדברים, ובחינת הדומם.[13] בגלוי לא נראית בו שום חיות, ולכן הוא נראה ומורגש כנפרד ממקור חיותו. והדיבור הוא בחינת עולם היצירה, האותיות המצטרפות יחד ויוצרות מילים ומשפטים המכילים תכנים, עולמות של משמעות. וכבדימוי שבספר יצירה: האותיות הן כאבנים המצטרפות זו לזו ויוצרות בתים וערים שבהם דרים בני אדם.

ודרגת המחשבה שבמחשבה:

וְאוֹתִיּוֹת הַמַּחֲשָׁבָה לְבַדָּהּ בְּלִי הִרְהוּר אוֹתִיּוֹת הַדִּבּוּר, היא המחשבה המופשטת, שלא באותיות ובמילים המדוברות. **נִקְרָאוֹת מַחֲשָׁבָה שֶׁבְּמַחֲשָׁבָה.** האותיות שבדיבור והאותיות שבמעשה הן אותיות שיש להן לבוש גשמי של צליל ומראה; ולכן גם כאשר חושבים עליהן, חושבים עליהן בלבוש גשמי (דיבור שבמחשבה, מעשה שבמחשבה), ורק מכניסים בהן משמעות. לעומת זאת, לאותיות המחשבה אין לבוש גשמי כלל, ולכן גם כשחושבים עליהן אין שום כלי וציור גשמי שאפשר לחשוב עליו. ישנה משמעות, ישנו תוכן, ועצם הגדרתו באופן זה הוא הכלי וצורת האותיות שהוא בהן. במובן זה הכלי והאור באים כאחד – לא שהם מהות אחת, אלא מפני שאין אנו יכולים להפריד ביניהם. מחשבה כזו זו, כמו החיות שבכל דבר אחר, היא צירוף 'אותיות', אותן כ"ב האותיות שבלשון הקודש, המצטרפות בצירוף מסוים זה המחיה מחשבה מסוימת זו.

ג' בחינות אותיות במקומות אחרים[11] מדובר על שלוש בחינות מעין אלה גם בדיבור ובמעשה, כגון: מחשבה שבדיבור, דיבור שבדיבור ומעשה שבדיבור.

והנה אותיות הדבור ממש הן מתהוות ומקבלות חיותן מאותיות אלו עצמן שבמחשבה. ואף שלפעמים מדבר אדם ומהרהר בדבר אחר. הרי אינו יכול לדבר כי אם אותן דבורים וצירופים שכבר דברם והיו במחשבתו פעמים רבות מאד ונשאר בדיבורים וצירופים אלו הרשימו מהמחשבה שנכנסה בהם פעמים רבות. וזהו בחינת אחוריים וחיצוניות נה"י מפרצוף העליון שנכנס בתחתון להיות לו בחינת מוחין וחיות כנודע:

באה כביכול ישירות מתוך ה'אין' הבלתי מוגדר, מתוך עצם הנפש: כתוכן שבמחשבה בתוך הכלי שבמחשבה, מחשבה שבמחשבה. המשמעות בזה היא הביטוי של הדבר כפי שהוא לעצמו, ביטוי הרעיון עצמו כפי שהוא בנפש עצמה. כלומר: הדיבור והמעשה שבמחשבה מוציאים את הדבר החוצה, בהתייחסות אל הזולת; ואילו הדבר עצמו, ביטויו הפנימי העצמי, הוא באותיות המחשבה שבמחשבה.

בְּחִינַת בְּרִיאָה. ביחס לעולמות, המחשבה שבמחשבה היא בחינת עולם הבריאה. ובהמשך לדימוי הקודם: אם עולם היצירה הוא צירוף האותיות, הרי הבריאה היא בעצם התגלות האותיות, 'יש מאין'.

מכאן נקשרים הדברים אל האיגרת הקודמת (יט). האיגרת הקודמת עסקה בהמשכת החכמה העליונה למטה, עד עולם העשייה, ובסדר ההמשכה – שאחוריים של העליון מתלבשים בתחתון וכן הלאה, דרגה אחר דרגה. ואף כאן, לאחר הקדמת דברים בנוגע לאותיות בכל הדרגות (והעולמות), יוסבר כיצד נעשית המשכת האור באותיות מדרגה לדרגה.

וְהִנֵּה אוֹתִיּוֹת הַדִּבּוּר מַמָּשׁ, כלומר לא הדיבור שבמחשבה אלא הדיבור בעצמו, **הֵן מִתְהַוּוֹת וּמְקַבְּלוֹת חַיּוּתָן מֵאוֹתִיּוֹת אֵלוּ עַצְמָן,** היינו: אותיות הדיבור **שֶׁבַּמַּחֲשָׁבָה.** הכלל הוא שהדיבור מקבל מהמחשבה; אדם איננו יכול לדבר אם אין הוא חושב תחילה על אותו הדבר. אך לא זו בלבד: מחשבה טהורה כשלעצמה אינה מביאה לדיבור; רק מחשבה השייכת לדיבור והמתייחסת אליו – הן בתבניותיה, שהן כתבניות הדיבור, והן בכוונותיה להיות דיבור – יכולה להיות לדיבור. אותיות המחשבה בדרגה הזו נקראות כאן 'אותיות הדיבור שבמחשבה'.

וְאַף שֶׁלִּפְעָמִים מְדַבֵּר אָדָם וּמְהַרְהֵר בְּדָבָר אַחֵר. ואז לכאורה אין הדיבור קשור אל המחשבה,

המחשבה – בחינת בריאה הבריאה היא המעבר מן ה'אין' ל'יש', מן הנעלם הגמור אל ראשית הגילוי, שהוא פנימי ואיננו נפרד אבל הוא כבר גילוי, ונקרא 'הגילוי לעצמו'. וכזאת היא המחשבה, 'הגילוי לעצמו', לעומת הדיבור שהוא 'הגילוי לזולתו'. הגילוי הזה של המחשבה מאוחד עם החושב אותו במובן זה שאין לו קיום בלעדיו, ואף החושב נמצא תמיד עם המחשבה. בניגוד לדיבור, שאדם יכול לדבר ויכול שלא לדבר, לחשוב הוא תמיד חושב, אין הוא יכול להיות בלי מחשבה. ובאופן פנימי יותר, המחשבה מגלה את פנימיות האדם ולכן היא לעולם איננה נפרדת ממנו,

ולכאורה יכול להיות דיבור שאינו מקבל ומתהווה מהמחשבה. **הֲרֵי אֵינוֹ יָכוֹל לְדַבֵּר** את אותם דיבורים כשהוא חושב באותה שעה בדבר אחר, **כִּי אִם אוֹתָן דִּבּוּרִים וְצֵירוּפִים שֶׁכְּבָר דִּבְּרָם וְהָיוּ בְּמַחֲשַׁבְתּוֹ פְּעָמִים רַבּוֹת מְאֹד, וְנִשְׁאָר בַּדִּיבּוּרִים וְצֵירוּפִים אֵלּוּ הָרְשִׁימוּ מֵהַמַּחֲשָׁבָה שֶׁנִּכְנְסָה בָּהֶם פְּעָמִים רַבּוֹת.** ונמצא שבאמת אין דיבור בלי מחשבה; אלא שיכול להיות דיבור שאיננו קשור אל המחשבה שאדם חושב עכשיו, אלא למחשבה שחשב קודם. צירוף כזה אפשרי כאשר מצד אחד המחשבה שהוא חושב כעת איננה מחשבה מוגמרת המביאה לדיבור, אלא 'הרהור',[14] השלב של עליית המחשבה כשהיא עדיין בבחינת מחשבה שבמחשבה בלבד; ומצד שני הדיבור הוא דיבור חיצוני שאינו מבטא את פנימיותה של הנפש, את הרגשתה והשגתה כעת, אלא מסקנות שהדובר כבר הסיק, תבנית מחשבה שכבר חשב אותה בעבר, והיא קיימת בנפשו גם אם אין בה כעת הארה פנימית של נפשו.

וְזֶהוּ בְּחִינַת אֲחוֹרַיִים וְחִיצוֹנִיּוּת נה"י (נצח הוד יסוד) **מִפַּרְצוּף הָעֶלְיוֹן שֶׁנִּכְנָס בַּתַּחְתּוֹן לִהְיוֹת לוֹ בְּחִינַת מוֹחִין וְחַיּוּת כַּנּוֹדָע.** משפט אחרון זה קושר את ההוספה לאיגרת יט. כפי שהוסבר שם, מחשבה ודיבור הם כמו עולם עליון ועולם תחתון, או פרצוף עליון ופרצוף תחתון. אותיות הדיבור שבמחשבה המתלבשות באותיות הדיבור ממש הן, בלשון האיגרת הקודמת, נה"י של הפרצוף העליון המתלבשים בפרצוף תחתון להיות לו מוחין וחיות. לאמור: האחוריים (נה"י) של אותיות המחשבה, שהן הדיבור והמעשה שבמחשבה, יורדות אל הדיבור ונעשות תוכן וחיות של אותיות הדיבור.

ועדיין יש להבין: מה נוסף כאן שלא ידענו קודם? מהי התוספת החשובה כל כך בקטע זה, עד שהוסיפו אותו במקום זה ל'אגרת הקדש' שבספר התניא? ואפשר לומר שחשיבות הדברים היא בהתייחסות לאותיות עצמן. האיגרת הקודמת עסקה בתכנים: בחכמה ובמה שמבינים ומרגישים בה ובירידתה אל העולמות. כאן, לעומת זאת, מדובר בעצם האותיות. דרך תיאור כמעט טכני של ציור האותיות והגייתן נוספה לאיגרת הקודמת משמעות בדרגה אחרת, מהותית מאוד: אף האותיות לעצמן, שהן דוממות וחסרות תוכן לכאורה, עוברות החוצה, אל האחר. והחשיבות היא, שבתוכן כפי שתופסים אותו בשכל, עוברת רק הארה וגילוי מסוים בלבד, בעוד שבאותיות עצמן עוברים הדברים עצמם. וגם כשאין מרגישים בכך, גם כאשר רק מאמינים בדבר, הרי האותיות הללו – במחשבה, בהגייתן בדיבור, ובציורן במעשה – כשהן יורדות מלמעלה למטה הן מביאות את הדבר עצמו, ואף פועלות למטה את הנחשב למעלה.

בניגוד לדיבור שלאחר שנאמר יש לו קיום והבנה לעצמו, גם ללא האדם הדובר אותו. ואף כלפי הזולת כן הוא: המחשבה נשארת סתומה כאדם עצמו, ורק הדיבור יכול להגיע לאחר ולגעת בו.

מדבר אדם ומהרהר בדבר אחר הדיבור מקבל תמיד מהמחשבה, אלא שיש, כאמור, כמה דרגות באותיות המחשבה. ייתכן דיבור שמקבל מאותיות המעשה (ואולי גם הדיבור) שבמחשבה, אשר כמו המעשה הן יכולות להיות נפרדות מהנפש החושבת – ולכן יכול האדם באותה שעה לחשוב על דבר אחר באותיות המחשבה שבמחשבה.

איגרת כ

איגרת הקודש כ היא מיוחדת במינה. ראשית, היא אינה איגרת, אלא כעין מאמר בכתב ידו של אדמו"ר הזקן. כידוע, קובץ 'איגרת הקודש' שבתניא אינו איגרות בלבד,[1] אלא מאסף והשלמה לתורתו הכתובה של אדמו"ר הזקן שנדפסה בספר התניא. אך מלבד זאת, עיקר ייחודו של כתב יד זה הוא בכך שהינו מן האחרונים שכתב אדמו"ר הזקן. וכן מעיד על מאמר זה נכדו, מי שהיה לימים לאדמו"ר הצמח צדק, שהיה עימו בימים שלפני ההסתלקות: "והוא מגוף כתב יד קדש אדמו"ר נ"ע אשר כתב בימים שלפני הסתלקותו בכפר פייענא".[2] ואולם לא רק ברקע לכתיבתו, כי אם גם בתוכנו ובסגנונו מיוחד מאמר זה במינו. האיגרות הקודמות (ובמובן מסוים ספר התניא כולו, כמתואר בהקדמה) נכתבו לאנשים ולמצבים מסוימים, שאדמו"ר הזקן הכיר והתייחס אליהם; ואילו כאן מתגלה כתיבה אישית, עצמית, כפי שאדם מבטא את מחשבותיו שלו באותיותיו שלו.[3] ואכן, דרך כתיבתו של מאמר זה קשה יותר להבנה, ואף הנושאים שהוא עוסק בהם הם מהקשים והעמוקים ביותר בתורת החסידות. זאת ועוד: דברים אלה, שכתבם אדמו"ר הזקן בסיום וסיכום חייו הגשמיים, הם כעין סיכום לכמה מעיקרי תורתו. לא סיכום ממש, שהרי בניין תורת החסידות של אדמו"ר הזקן משוכלל ומגוון, עמוק ורב פנים מכדי שאפשר יהיה לסכמו במאמר אחד קצר – אבל ללא ספק יש בדברים מעטים אלה נוכחות לקווים הפנימיים והבסיסיים ביותר העוברים דרך מאות המאמרים שאמר וכתב בימי חייו.

מקומה של האיגרת בסדר האיגרות קשור לתוכנה.[4] באיגרות הקודמות דובר על ההמשכה מלמעלה למטה, המשכת החכמה העליונה הסתומה אל התורה הנגלית, העוסקת בעולם הזה ובדברים גשמיים ממש. דובר על כך שעם היות המשכה זו ירידה מצד מיעוט האור וצמצום גילויו, היא גם עלייה. זאת משום שהיא מגלה את הכוונה האלוקית העליונה שהיא ראשית כל דבר, שמקומה דווקא למטה. בהמשך לאותם דברים ידובר אף באיגרת זו במעלת המדרגות התחתונות, שבהן דווקא מתגלה האלוקי האין סופי בעצמו.

באיגרת זו מוסיף אדמו"ר הזקן עומק לעומק ומנסה לפענח את מהותה של מעלה זו. מהו הדבר שיש במדרגות התחתונות שהוא גבוה כל כך? האם התחתון הזה הוא תחתון או עליון, ואולי שניהם כאחד? מה יש מעבר לזה ולזה, שאולי איננו 'יש' אלא 'אין'? והמעבר מזה לזה, האם הוא קיים לא רק בכללותו של העולם ובעצם קיומו אלא גם בתוכו, מה שמעיד – וזו הנקודה החשובה ביותר – על נוכחותו של הקב"ה עצמו בתוך עולמו של כל אחד? בשאלות אלו ובמקומות אלו עוסקת האיגרת הזו. וכשאנו לומדים ומנסים להבין את הדברים, גם אם לא נכתבו בפירוש עבורנו, הרי אנו, כחסידיו של אדמו"ר הזקן, מטפסים על כל פנים במעלָה הזה; להתבונן ולהשיג עוד ועוד, כל אחד לפי שיעורו ולמעלה ממנו.

איגרת כ

ד תשרי פשוטה

א תשרי מעוברת

איהו וחיוהי חד איהו וגרמוהי חד בהון. (פירוש עשר ספירות דאצילות חיוהי הן האורות וגרמוהי הן הכלים שכולן אלקות

אִיהוּ וְחַיּוֹהִי חַד אִיהוּ וְגַרְמוֹהִי חַד בְּהוֹן (הוא וחיותו [אורו] אחד הוא וכליו [ספירותיו] אחד בהם). משפט זה, הלקוח בשינוי מהקדמת תיקוני הזהר (ג,ב),[5] הוא משפט הפתיחה, שהוא גם המוטו והמפתח למאמר כולו. ואכן, במקומות רבים בחסידות שבהם מצוטט מאמר זה הוא מובא בשם זה: "דיבור המתחיל איהו וחיוהי חד וכו'".

"איהו" הוא הקב"ה בעצמו, והמשך הדברים צריך אפוא ביאור, שכן האמירה, לגבי כל דבר, שהוא אחד עם הקב"ה היא בלתי מובנת בהסתכלות ראשונה.

(פֵּירוּשׁ, עֶשֶׂר סְפִירוֹת דַּאֲצִילוּת. מה שאחד עם הקב"ה הן עשר הספירות של האצילות. הספירות של האצילות הן מה שמזוהה מבחינתנו עם הקב"ה בעצמו, כי בהן מתלבש הקב"ה כשהוא מגלה את עצמו לעולמות. לבוש זה אינו לבוש 'נברא', שהוא לבוש מסתיר,[6] אלא כעין 'לבוש' שכולו ביטוי אלוקי טהור, בלי שום עכירות של 'ישות' אחרת כלשהי. דהיינו לבוש שהוא מגלה בלבד, שבכל צד שמסתכלים בו רואים אלוקות. עשר הספירות של האצילות הן האופן שבו אנו רואים אלוקות ומתייחסים לאלוקות.

ומפרט: **'חַיּוֹהִי' הֵן הָאוֹרוֹת וְ'גַרְמוֹהִי' הֵן הַכֵּלִים.**[7] אורות וכלים הם שני המרכיבים הבסיסיים ביותר של כל מציאות בעולמות. מהעולם הנמוך ביותר ועד עולם האצילות, אין מציאות שאינה הרכבה של שני אלה, אורות וכלים. 'חיוהי', החיות, הוא כמו האור, שמגלה את מקור האור אבל אינו מציאות לעצמו; ו'גרמוהי' הם הכלים, כמו האיברים שבגוף על דרך משל, שהם כלים לחיות הנפש: הרגל מגלה את כוח ההילוך, הראש את כוח השכל וכו'.

ההבחנה בין האורות והכלים באה להדגיש שלא רק האורות כשלעצמם אינם מוגבלים, ולכן מובן יותר שהם אחד עם האלוקי, אלא גם הכלים. ואכן, על הכלים בעיקר ידבר בהמשך, כיצד הם אחד עם האין סוף.

שֶׁכּוּלָּן אֱלֹקוּת. הספירות שבאצילות, האורות וגם הכלים, הן גילוי אלוקי בלבד. חכמה

חיוהי הן האורות וגרמוהי הן הכלים אדמו"ר הזקן מפרש ש"חיוהי" הם האורות ו"גרמוהי" הם הכלים,[8] כדי לומר שחיות זו המחיה את הספירה אינה רק כמו השפעת כוח וחיות הנפש בגוף, שיש לה מציאות לעצמה, אלא כאור פשוט שאין לו מציאות לעצמו. ואף הכלים אינם מוגדרים ומוגבלים כאיברי הגוף על דרך משל, אלא שהגבלתם היא מופשטת לגמרי, וכפי שיבואר בהמשך.

מה שאין כן בבריאה יצירה עשיה כו'). וצריך להבין היטב איך האין סוף חד עם גרמוהי הן הכלים הרי הכלים הן בבחינת גבול ותכלית כמו שכתוב בעץ חיים. אמנם הכוונה היא לומר שהן אלקות לברוא יש מאין כמו

וחסד של אצילות הם חכמה אלוקית וחסד אלוקי. ומצידנו – שאין אנו משיגים אין סוף ואלוקות מעבר לספירות – זוהי השגת האלוקות. אמנם, במאמר זה מכוונת האמירה "שכולן אלקות" ליותר מכך: לומר שבאמת יש בספירות ובכלים של האצילות גילוי של כוח אלוקי, אין סוף בעצמו, וכמו שיתבאר בהמשך.

מַה שֶּׁאֵין כֵּן בספירות של העולמות **בִּבְרִיאָה יְצִירָה עֲשִׂיָּה כו')**. כי בכל עולם יש עשר ספירות המחיות אותו ומגלות בו אלוקות, אלא שבעולמות הנבראים אין הספירות מאוחדות באלוקי באותה אחדות שלמה כבאצילות.

וְצָרִיךְ לְהָבִין הֵיטֵב, אֵיךְ הָאֵין סוֹף חַד (אחד) **עִם גַּרְמוֹהִי הֵן הַכֵּלִים? הֲרֵי הַכֵּלִים הֵן בִּבְחִינַת גְּבוּל וְתַכְלִית כְּמוֹ שֶׁכָּתוּב** בספר **עֵץ חַיִּים**.[9] למרות שהמדובר בספירות האצילות, עדיין לא מובן: איך יכולה להיות הוויה מוגדרת ומוגבלת, מופשטת ככל שתהיה, אחד עם האין סוף? האין סוף הוא מה שמעבר לכל הגדרה ולכל גבול, ועשר ספירות הן הגדרות של חכמה וחסד וגבורה וכו'?

מה שאין כן בבריאה יצירה עשיה אף על פי שאין עולם בלי אלוקות, ששום דבר אינו יכול להתקיים אלא בתוך האלוקות שמהווה ומחיה אותו מאין ואפס גמור – מכל מקום מצד הנבראים, כפי שהם רואים את המציאות, יש להם גדר של 'אני' שאיננו זהה עם ה'אני' האלוקי. הנברא יכול להיות, גם בראיית עצמו, כפוף לאלוקי, מתבטל אליו, מכשיר בלבד – אבל עדיין הוא תופס את עצמו כדבר בפני עצמו. הנקודה הזו, ככל שהיא קטנה, מעכירה את השקיפות המוחלטת, והביטוי כבר איננו אלוקי. בכל התפיסה שלנו את האלוקי, האחד והאין סופי, יש קנאות שאינה מאפשרת לשום דבר אחר להיות שם; גרגר אחד של 'יש' – והתבטאות של עולם שלם כבר איננה אלוקית במהותה. היא מספרת על האלוקי, משבחת אותו, אבל היא כבר איננה מדברת בשם ה' בגוף ראשון.
השאלה איננה אם יש דבר אחר או שיש רק אלוקות – ברור שיש רק אלוקות. השאלה היא: האם דבר יכול להיות גם הוא עצמו וגם אחד עם האלוקי? והתשובה היא, שזה ישנו רק באצילות. בעולמות הנבראים (בריאה יצירה עשייה) יש או נבראים או אלוקות; כשמסתכלים באלוקי – אין עוד מלבדו, וכשמסתכלים בנבראים – יש נבראים אבל האלוקי אינו נראה (על כל פנים אינו נראה ישירות, בתפיסת המהות).

'וצריך להבין' ביטוי זה[11] הוא אופייני למאמרי חסידות, והוא מבטא סוג של עיון ומחשבה שאינם בהכרח קושיה ותירוץ. הקושיה מייצגת יותר מאשר אי הבנה של דבר: היא אומרת שיש חלל, חור, משהו לא תקין בכל ההבנה שהייתה לנו קודם. אין זה כשלעצמו רע, אדרבה: זהו חלק מתהליך בריא של מחשבה ובניין. אבל מכל מקום, גם לאחר התירוץ עדיין נשארת שם שאלה, כעין הצצה של התוהו, של חוסר הסדר והחושך. וכעין זה נאמר בזהר, שכל קושיה ומחלוקת

השאלה היא כאן על "גרמוהי", על הכלים ולא על האורות.[10] שכן לאור בפני עצמו אין מציאות מוגדרת: הוא רק הארה והתפשטות של האין סוף, ועיקר ההגבלה שיש בספירות נובעת מן הכלים.

אָמְנָם הַכַּוָּונָה הִיא לוֹמַר שֶׁהֵן אֱלֹקוּת לִבְרוֹא יֵשׁ מֵאַיִן כְּמוֹ הָאֵין סוֹף, ההסבר הוא שבאמת, בדיוק הדברים, אור אין סוף אינו אחד עם הכלים, ואולם הזהר מדבר על אחדות אחרת, אחדות של פעולה. גם שני דברים שאינם אחד ממש מכל צד יכולים להתאחד בפעולה שהיא מיוחדת לשניהם בלבד. ואף כאן יש פעולה שרק הקב"ה בעצמו יכול לעשותה: לברוא יש מאין; לא יש מיש כלשהו אחר, אלא חדש שלא היה דבר לפניו, מאין ואפס גמור. ובריאה כזו, של יש מאין, מוצאים גם לגבי הכלים של האצילות ביחס לעולמות הנבראים, שכידוע הנברא ביחס לאצילות שמעליו הוא יש מאין ממש. הסבר זה עומד על התפיסה שקו ההבדל המהותי בין אלוקות לעולם, בין יש לאין, עובר במקום הזה – בין האצילות לבריאה. יש משהו אחר באצילות, שהיא במהותה איננה 'נברא', ולכן דווקא בקו הזה שבין האצילות לבריאה, ובייחוד בכלים של האצילות (שהם ה'עוברים' אל הבריאה[15]), מתגלה כוח האין סוף לברוא יש מאין.

אחדות הפעולה הזו אינה אומרת ששניהם פועלים, כל אחד לחוד, את אותה הפעולה, אלא שאותה פעולה שפועל האין סוף לבדו מתגלה בפועל בכלים של האצילות; שרק בהם יכול הדבר להיות.[16]

היא מסטרא דרע ומחלוקת.[12] 'צריך להבין' היא אמירה שאינה באה לתרץ את הקושיות, ומשום כך היא אינה נושאת עימה את המטען ה'שלילי' של הקושיה והסתירה. התפיסה הכוללת היא שאין בעיה וקושי בדבר עצמו, אלא יש לי בעיה שאיני מבין ולכן 'צריך להבין'. ובאופן פנימי יותר, כפי שמבואר לקמן באיגרת כו, זהו ההבדל בין פנימיות התורה והנגלה שבתורה. הנגלה עוסק בעולם הזה, העולם של החומר והקליפה, ולכן עניינו הוא לפרוק קושיות ולתרץ מחלוקות וכו'; ואילו פנימיות התורה עוסקת בעיקרה בדרגות הגבוהות של המציאות, השקופות יותר, שהאור האלוקי הישר גלוי בהן, ולכן היא חושבת ישר ולא דרך הסתר וקושיה. כמובן אין זה כלל מוחלט, כפי שרואים במאמרים רבים שמתחילים בקושיות וכו'. ואולם אף זאת לרוב בתחילת העיון, כאשר נקודת המוצא היא עדיין בעולם הזה התחתון; ואילו בהמשך העיון, כאשר הוא עובר לתחומים הרוחניים והפנימיים, הלשון ורוח הדברים הם בסגנון של 'וצריך להבין'.

הכלים הם בחינת גבול באחד ממאמריו[13] מביא אדמו"ר הצמח צדק תפיסה שונה. כדי להבין את מאמר הזהר ש"איהו וגרמוהי חד" הוא מסביר שהכלים שבאצילות הם באמת אין סופיים כאין סוף עצמו. הכלי שבאצילות הוא כוח ההגבלה של האין סוף, וכוח ההגבלה של האין סוף חייב להיות אין סופי לא פחות מכוח הגילוי וההארה של האין סוף. ולפי זה, מה שמוגבל הוא לא הכלי אלא הפעולה של הכלי, דהיינו ההגבלה שהוא מגביל את האור, אבל הוא עצמו אין סופי ולכן "חד עם איהו" (אחד עם אין סוף בעצמו). אכן, בהערה בסוף המאמר אומר הצמח צדק, שתפיסתו של אדמו"ר הזקן באגרת הקדש כאן היא שונה, שהכלים הם בעצמם בגבול ומידה. ומוסיף, שעל מאמר זה של אדמו"ר הזקן יש לסמוך ביותר, כיוון שהוא מגוף כתב יד קודשו שכתב

האין סוף ולא בבחינת השתלשלות עילה ועלול לבד ומה שכתב הרמ"ק ענין השתלשלות עילה ועלול וכן הוא בזוהר הקדוש פרשת בראשית היינו בהשתלשלות הספירות בספירות עצמן (בבחינת הכלים) שנקראות בלי מה בספר יצירה שאינן בבחינת יש ומהות מושג וכמו האין סוף

כדי להבין את הדברים הללו, מקדים אדמו"ר הזקן להסביר מהו 'יש מאין'. הסברו הוא כדרך הרבה מהמושגים המופשטים, שאי אפשר להסבירם כשלעצמם אלא רק בהעמדתם מול מושג דומה ומנוגד להם.

וְלֹא בִּבְחִינַת הִשְׁתַּלְשְׁלוּת עִילָּה וְעָלוּל לְבָד. כל דבר במציאות נברא, נוצר או נעשה ממשהו שקדם לו, ובזה יש שני אופנים עיקריים: 'יש מיש' ו'יש מאין'. 'יש מיש' היא דרך ההשתלשלות – דבר משתלשל מדבר,[17] ממציאות אחת נוצרת מציאות אחרת. בסדר ההשתלשלות הקשר בין דבר לדבר הוא קשר סיבתי, הנקרא גם 'עילה ועלול'. לקשר הסיבתי יש שני כיוונים: מלמעלה למטה – נוצר העלול מן העילה; ומלמטה למעלה – משיג העלול את עילתו. לעומת הקשר של עילה ועלול, 'יש מאין' הוא בריאה, חידוש של יש מהאין, מהלא כלום. בין הבורא לנברא אין קשר סיבתי; הנברא איננו התפתחות, השתלשלות, תוצאה של נברא שקדם לו. הבורא ברא את הנברא, אבל הנברא אינו שותף למה שקרה, אין שום תהליך סיבתי או אחר הקודם לו שהוא יכול להתייחס אליו. מה שיש מעבר לו הוא לא חומר, לא סיבה – הוא 'אין'.[18] ולכן גם מלמטה למעלה אין הנברא יכול להשיג את בוראו.

'יש מיש' הוא כמו שאדם יוצר דברים, 'יש' אחד מ'יש' אחר, על דרך משל כמו שאדם יוצר כלי מחומר ומאנרגיה שיש בידו. וכן כלפי מעלה, אדם יכול לחבר מחשבה למחשבה, מהתוצאה אל הסיבה, להתבונן ולהבין את נקודת ההתחלה של תהליך שרואים את תוצאותיו. ועל כן נאמר בספרי הקבלה שקשר ההשתלשלות הוא הקשר שבין העולמות הנבראים, מהבריאה ליצירה ולעשייה וכו', וכן בפרטי פרטים בכל עולם, עד למרחבי עולם העשייה הגשמי שלנו. לעומת זאת הקשר של 'יש מאין' אינו הקשר שבין העולמות אלא הקשר שבין האלוקי לעולמות. זוהי כעין הגדרה של האלוקי, של האין סוף, הבורא יש מאין. וכפי שנאמר כאן, זהו גם הקשר שבין אצילות לעולמות בריאה יצירה ועשייה,

בימים שלפני הסתלקותו וכו', וכנזכר לעיל בהקדמה לאיגרת.[14]

'יש מאין' ואופן הלימוד בפנימיות התורה
במה שייאמר להלן עולה נקודה מעניינת, שהיא אופיינית ללימוד פנימיות התורה. גם לאחר שהגדיר את הספירות שבאצילות כ'אין', שאיננו מושג לעולמות הנבראים, ישוב המחבר ויתייחס אליהן כאל נושא שיש מה לדבר עליו, לתארו ולדון בו, בגדרי ההשגה. אל אותו הדבר עצמו מתייחסים מצדדים שונים; פעם הוא 'אין', מעבר לאפשרות לחשוב עליו, ופעם הוא 'יש' ואנו מדברים וחושבים עליו. בסיס הדברים הוא שבדרגות אלה באמת אין לנו מושג ממשי על מה אנו מדברים. המילים והמושגים הגשמיים הם רק סמלים

שכאמור, האצילות אינה עולם כמו עולם הבריאה וכו', אלא בחינת המופע של האין סוף בעצמו כשהוא בורא את העולמות יש מאין.

וּמַה שֶּׁכָּתַב הרמ"ק (רבי משה קורדבירו)[19] **עִנְיַן הִשְׁתַּלְשְׁלוּת, עִילָּה וְעָלוּל,** גם בקשר שבין הספירות של עולם האצילות, **וְכֵן הוּא בַּזּוֹהַר הַקָּדוֹשׁ פָּרָשַׁת בְּרֵאשִׁית** (חלק א יט,ב ואילך), והרי זה בסתירה לכאורה למה שאומר כאן, שהשתלשלות הייתה רק בעולמות הנבראים. הַיְינוּ, כוונתו היא **בְּהִשְׁתַּלְשְׁלוּת הַסְּפִירוֹת בַּסְּפִירוֹת עַצְמָן,** בינן לבין עצמן ולא ביחס לעולמות הנבראים.

קשר של השתלשלות יכול להתקיים רק בין דברים ששייכים למכלול אחד; לכן הוא קיים בתוך העולמות הנבראים ואיננו קיים בין האלוקי ובין הנבראים. וכשם שהוא קיים בגדרי העולמות הנבראים, הוא קיים גם בגדרי עולם האצילות. מה שנקרא 'עולם האצילות' אכן איננו עולם כמו העולמות הנבראים, אבל הוא עולם במובן של מכלול מסוים – של התגלויות אלוקיות, של ספירות עליונות – והוא עולם ביחס למהות האלוקית בדרגות גבוהות יותר. לכן, בין הספירות שבאצילות לבין עצמן אפשר לדבר על 'השתלשלות',[20] ועדיין מכלול האצילות כולו הוא לגבינו ה'אין' שלמעלה מההשתלשלות ואנחנו חלקי ה'יש' המשתלשלים זה מזה.

(בִּבְחִינַת הַכֵּלִים) של הספירות שבאצילות, שם אפשר לדבר על השתלשלות, ולא בבחינת האורות שבהם. האורות שבאצילות כשלעצמם הם פשוטים בתכלית, הם אור וגילוי האין סוף בעצמו ישירות, גילוי אחד ללא שום חילוקי מדרגות. ומשום כך גם אין לדבר על השתלשלות מדרגה לדרגה באורות, אלא רק בבחינת הכלים.

הערה זו נוגעת בייחוד לאצילות, כיוון ששם ראשית התלבשות האורות בכלים. קודם האצילות אין ממש התלבשות של אורות בכלים, ובעולמות הנבראים שלאחר האצילות גם האור הוא כבר תוצאה של השתלשלות, של אור שכבר התלבש בכלים.

ובחזרה לעשר הספירות שהן אחד עם האין סוף, **שֶׁנִּקְרָאוֹת 'בְּלִי מָה' בְּסֵפֶר יְצִירָה.**[21] ופירוש "בלי מה" – **שֶׁאֵינָן בִּבְחִינַת יֵשׁ וּמַהוּת מוּשָּׂג.** "בלי מה" כמו בלי מהות; ועל כל פנים בלי מהות מושגת.

למרות שמדברים על ספירות במספר מוגדר ועם מהות מוגדרת, הן נקראות "בלי מה". כלומר, הן בעצם למעלה מההשגה שלנו, הנבראים, המוגבלת לתחום ה'יש'. מה שהוא

וציונים למהויות שנושאות את אותו שם. ואף על פי כן, מכיוון שיש קשר בין מעלה ומטה, יש בדרגות אלה ידע ותחושה אמיתיים שיכולים לעבור מדרגה לדרגה, מגשמיות לרוחניות ומדרגה לדרגה ברוחניות. מה שעובר בהסברה זו הוא בעיקר היחסים בין המושגים, ולכן בכל מקום שאנו משנים את נקודת ההתייחסות אנו מסתכלים על הדבר מנקודה אחרת, מדרגה אחרת. ומכל מקום, כיוון שאין אנו רואים ומשיגים את מהות הדבר אלא רק מדברים על מציאותו היחסית, העיסוק צריך להיות זהיר מאוד, והוא מסתמך בעיקר על מידע ועקרונות שנמסרים בקבלה מרב לתלמיד הקרוב לדעתו ומצוי בדקות המחשבה והתחושה הנרכשת במשך הזמן והעבודה.

דלית מחשבה תפיסא ביה כלל וכמו שכתוב ופני לא יראו ונבואת משה רבינו עליו השלום והשגתו היתה מפרק עליון דנצח דז"א ובהשתלשלות העלול הוא מוקף מהעילה ובטל במציאות אצלו כזיו השמש בשמש

'יש' ניתן גם להגדרה ולייחוס, ומה שהוא 'אין' אינו ניתן כלל להשגה; ומהות הספירות היא בתחום ה'אין' שאינו ניתן ל'השגת המהות' אלא רק ל'השגת המציאות'.[22]

והרי זה **כְּמוֹ הָאֵין סוֹף**, האלוקי בעצמו, **דְּלֵית מַחֲשָׁבָה תְּפִיסָא בֵּיהּ** (שאין מחשבה תופסת בו) **כְּלָל**.[23] מבחינת השגתנו מהות הספירות הן כמו האין סוף ממש, שלמעלה ומעבר לעשר הספירות.

וּכְמוֹ שֶׁכָּתוּב: "וּפָנַי לֹא יֵרָאוּ" (שמות לג,כג). משה מבקש מהקב"ה "הראני נא את כבֹדך", והקב"ה עונה לו "וראית את אחֹרי ופני לא יראו". אנו רואים זאת כאמירה כוללת המתייחסת לכלל השגת האדם: את 'פני', הפנימיות, לעולם אי אפשר להשיג. פנימיות היא, על דרך משל, כפי שהאדם הוא בפני עצמו – מה הוא חושב ומה הוא מרגיש כשלעצמו, לעומת התייחסותו אל הזולת, מה הוא מעביר אל האחר. וכפי שאת פנימיותו לעולם אין אדם יכול להעביר לאחר, כך ומכל שכן 'פני' של הקב"ה אינם נראים ואינם מושגים לעולם; ורק את 'אחורי', שהם מה שהוא מגלה, מה שמתייחס אל הנבראים (ואליו בפרט), יכול האדם להשיג.

ספירות האצילות, המאוחדות בו, הן באופן כללי 'פנים' לעומת התגלותו בעולמות, שהיא בחינת 'אחורי' וחיצוניות. ההתגלות בעולמות היא על דרך משל כפי שאדם מדבר אל אדם אחר או עושה מעשה בעולם, וההתגלות באצילות היא כפי שאדם מבין ומרגיש בנפשו. וכפי שבהתגלות כוחות נפשו של אדם, כמו ידיעתו או אהבתו, אי אפשר להבחין בין נפשו ובין הכוחות שהיא מתגלה בהם – הוא ונפשו והכוחות שהיא מתגלה בהם הם אחד – כך באלוקות, ההבנה שבאצילות היא היא ההבנה האלוקית, שהוא המבין; החסד שבאצילות הוא החסד האלוקי, וכו'. זוהי האחדות בינו ובין הספירות שבאצילות, וממילא מה שהוא מבין וכו' אנחנו איננו מבינים.

ההשגה מפרק עליון דנצח דז"א התפיסה הכוללת היא שגם בספירות יש חלוקה פנימית מהפנים החוצה, ויש ספירות שאכן זה בדיוק עניינן – לתרגם, להעביר ולייחס את הפנימי כלפי חוץ. ובהן, בהגדרה, יש יד (כלי, מכשיר) להשגת האחר.

ובפרט: כלל הספירות מתחלקות לשלוש קבוצות, זו למטה מזו: חב"ד חג"ת נה"י (חכמה בינה דעת, חסד גבורה תפארת, נצח הוד יסוד),[24] שהן: ראש תוך סוף – כמו חלוקת הגוף לראש, גוף ורגליים, וחלוקת הנפש לשכל, רגש ומסקנות (מסקנות ביחס לדרגות שלמעלה מהן, אף שכשלעצמן הן אינן משיגות את ההרגשה וההכרה, אלא כאינסטינקט בלבד, לפעול ולהגיב וכו'). שלוש דרגות אלה הן שלוש הדרגות מהפנימי החוצה: ספירות השכל, חב"ד, הן הפנימיות שבפנימיות, המהות שקודם המציאות, כמו ההבנה הפנימית שקודמת למציאות הדבר בנפש. חג"ת הן גוף הדבר, מציאות הדבר בנפש עצמה. ונה"י הן החיצוניות, ההתייחסות אל הדברים בחוץ, אם ומה וכיצד להשפיע.

ואם אפילו משה לא השיג במהות הספירות של האצילות, שהן כאמור 'פני' של הקב"ה, מניין הייתה השגתו, ומניין השגתנו שלנו (החיצונית, אמנם) בדרגות אלה?

וּנְבוּאַת מֹשֶׁה רַבֵּינוּ עָלָיו הַשָּׁלוֹם וְהַשָּׂגָתוֹ הָיְתָה מִפֶּרֶק עֶלְיוֹן דְּנֶצַח דז"א (של זעיר אנפין). כפי שמובא לעיל באיגרת יט בפירוט, השגתו (הפנימית) של משה רבינו לא הייתה בהשגה העצמית, הפנימית, של האצילות, אלא רק בבחינת האחוריים של השגה זו. כלומר, השכל האלוקי, ההבנה האלוקית כשלעצמה, כפי שהיא בספירות חכמה בינה ודעת, איננה מושגת על ידי האדם. מה שמושג הריהו השלכתה וביטויה של אותה השגה במידות שבאצילות, ובלשון הקבלה – בפרצוף זעיר אנפין ('פנים קטנות'), ואף בזה רק בספירות התחתונות של פרצוף ז"א, שהן הספירות נהי"ם (נצח הוד יסוד מלכות), הפונות החוצה אל האחר, אל הנברא והשגתו. וזה מה שהוא אומר כאן: שהשגתו הגיעה, מלמטה למעלה, עד החלק העליון של ספירת הנצח.

ובחזרה לעיקר הדברים, להבין מה שאמר שהספירות הן אלוקות לברוא יש מאין ולא בבחינת השתלשלות, יבאר עוד מהי ההשתלשלות:

וּבְהִשְׁתַּלְשְׁלוּת, הֶעָלוּל הוּא מוּקָף מֵהָעִילָּה וּבָטֵל בִּמְצִיאוּת אֶצְלוֹ. השתלשלות היא, כאמור, קשר סיבתי של עילה ועלול, שהוא קשר מהותי וצמוד שבו אין העלול דבר נפרד מעילתו, אלא הוא כלול בה כולו. ובלשון אדמו"ר הזקן: "העלול הוא מוקף מהעילה" – אין לו מציאות וישות לעצמו, אין לעיני הרואה משהו חדש לכאורה שלא היה קודם כמו זה שנברא יש מאין, אלא בסך הכול השתלשלות והתפרטות של הכלל וההיקף הקיים.

הדברים מובנים יותר על פי משל גשמי, שמובא בכמה מקומות בספר התניא:[25] **כְּזִיו** (אור) **הַשֶּׁמֶשׁ בַּשֶּׁמֶשׁ.** אור בכלל אינו יכול להיות נפרד מהמקור שלו. אין לו כל מציאות כשלעצמו; אם הוא נפרד הוא איננו קיים.

אכן, כפי שמבואר בתניא,[26] לפעמים נראה כאילו הוא נפרד, וכמו אור השמש המאיר על הארץ, אשר נדמה כאילו הוא קיים בנפרד מהשמש – אלא שזה רק משום שאנחנו איננו רואים באותה שעה את השמש עצמה. וכן בנמשל, האור (והדיבור) האלוקי נראה לנו כאילו הוא נפרד וקיים בפני עצמו משום שאיננו רואים באותה שעה את האלוקי

אכן, חלוקה זו לשלושה חלקים נמצאת גם בכל ספירה בעצמה, בבחינת שלושה 'פרקים' שבה. ואם כן "פרק עליון דנצח דז"א" הוא החלק העליון של הספירה העליונה של הספירות החיצוניות. ובמילים אחרות, זו היא הדרגה הגבוהה ביותר במה שניתן בכלל להשגה, ובזה הייתה השגת משה רבינו. ומכל מקום "פני", היינו פנימיות ספירות האצילות, היא בלתי מושגת, כפי שאמר שהן 'בלי מה' כמו האין סוף עצמו. כלומר מה שיש בהן הוא מן העבר שאי אפשר לעבור אליו, שמה שישנו שם הוא 'אין', אינו קיים כלל בתוך הכלים והמושגים של הנבראים.

אמנם, כפי שמבואר שם (איגרת יט) באריכות, הכוונה היא להשגה פנימית במהות הדבר, כמו השגת הנבואה, שאינה עולה למעלה מפרק עליון דנצח דז"א – בעוד השגה חיצונית, במציאות הדברים ומהות חיצוניותם, יכולה להגיע גבוה יותר, וכפי שרואים בהשגת חכמה הקבלה.

כמו שכתוב בפרדס מהרמ"ק ואף גם צמצומים רבים מאד לא יועילו להיות גשם עב כעפר מהשתלשלות הרוחניות משכלים נבדלים אפילו של המלאכים אלא להיות רוח הבהמה מפני שור כמו שנתבאר במקום אחר ועיין שם

המדבר. אבל אם מתבוננים בכך, הרי הקב"ה קיים בכל מקום, ואם כן המשל האמיתי הוא לאור השמש כמו שהוא קיים בשמש עצמה, ושם ברור שאין דבר לעצמו, אלא הוא מוקף בשמש עצמה ואינו ניכר כלל כדבר נפרד.

כְּמוֹ שֶׁכָּתוּב בְּפַרְדֵּס מֵהָרָמָ"ק (שער ו פרק ו), המדבר על השתלשלות הספירות זו מזו. ונאמר שם שבקשר הזה של ההשתלשלות, שבו העלול בטל ונכלל בעילתו, לא יכולה להיווצר מציאות של 'יש מאין', לא בקשר שבין הספירות ולא בקשר של כל הדרגות הרוחניות שבכל העולמות העליונים.

וְאַף גַּם צִמְצוּמִים רַבִּים מְאֹד לֹא יוֹעִילוּ לִהְיוֹת גֶּשֶׁם עָב כֶּעָפָר מֵהִשְׁתַּלְשְׁלוּת הָרוּחָנִיּוּת מִשְּׂכָלִים נִבְדָּלִים שהם רוחניים לגמרי, נבדלים לחלוטין מהמושגים הגשמיים שלנו, ולכן אין הגשמיים משתלשלים מהם. בין 'יש' גדול ל'יש' קטן יש מספר מסוים של שלבים, של צמצומים והשתלשלויות. ואולם בין דברים שאין יחס מוגדר ביניהם, שאינם נמצאים על אותו מישור של מושגים ומחשבה, לא מקשרים כל מספר של צמצומים ומעברים. המעבר מהרוחני לגשמי הוא אפוא דוגמה מוחשית למעבר של 'יש מאין'.

אֲפִילוּ משכלים נבדלים[28] **שֶׁל הַמַּלְאָכִים.** שלא כהשכלה האלוקית עצמה, הכוללת הכול, המלאכים הם הוויות רוחניות מוגדרות; הם השליחים המייחסים את האלוקי, האין סופי הנבדל, אל פרטי העולמות הנבראים. כל מלאך, ואפילו הגדול ביותר, מתייחס רק לחלק

העלול המוקף ובטל בעילתו – משל נוסף במקומות אחרים בספרי חב"ד[27] מובא לזה משל נוסף, נפשי־אנושי, הוא משל הרב והתלמיד. יש שכלו של הרב, האופן שבו הרב מבין את הדבר, ויש שכל התלמיד, האופן שבו התלמיד מקבל ומבין את הדבר. מתחילה, לפני שהרב מלמד בפועל את התלמיד, נמצא כל שכל התלמיד כלול בשכל הרב, שמקיף מכל צד את כל מה שהוא יודע ומה שידע. ואכן, גם אחרי שהרב מלמד את התלמיד, ושכל התלמיד נמצא אצל התלמיד לכאורה בנפרד משכל הרב – עדיין הוא מוקף בשכל הרב. והרי כל השכלת התלמיד היא כמו הארה של שכל הרב, הבטלה לגמרי לגבי שכלו של הרב ואין לה כל מהות לעצמה.

המעבר מהרוחני לגשמי אפשר לומר שהדרך מהאין סוף אל העולמות מורכבת מקטעים רצופים של 'השתלשלות', שיש ביניהם גם נקודות מעבר של 'יש מאין' שבהן מתגלה הפער האין סופי בין מעלה ומטה, פער שאי אפשר לגשר עליו בשום מספר של צעדים. אף שהדברים מורכבים יותר, והם מצויים בכמה פנים בכל מקום לפי ערכו, אפשר באופן כללי מאוד לדבר על שלוש נקודות כאלה. האחת היא בין האין סוף לעולם האצילות, השנייה בין עולם האצילות לעולמות הנבראים, והשלישית בין המציאות הרוחנית למציאות הגשמית. שלוש נקודות אלה, אף כי רב המרחק ביניהן, שייכות לאותה הבחנה מהותית, ואין הן אלא כמשל זו לזו. ולכן, אף שבדרך כלל מדבר מאמר זה

עולם. למשל: חיות המרכבה, פני אריה ופני שור וכו' (ראו יחזקאל א,י), מתייחסים כל אחד אל פן שלם בכלל הבריאה. ואפילו רוחניות מקיפה זו, כיוון שהיא רק פן בבריאה, אינה יכולה להביא בשום מספר של שלבים לבריאת מציאות חומרית ממש.

אֶלָּא לִהְיוֹת רוּחַ הַבְּהֵמָה מִפְּנֵי שׁוֹר. המלאך שהוא 'פני שור' שבמרכבה לא יכול לברוא את השור הגשמי ממש, אלא רק את הרוח של השור הזה.

לכל מציאות חומרית בעולם יש רוחניות המחיה אותה. "רוח הבהמה" היא הרוחניות של הבהמה הפרטית, כעין ההפשטה הפרטית של אותה בהמה מסוימת, ו"פני שור" הוא ההפשטה הכללית של המושג "בהמה", המקור לכל הבהמות והבהמיות באדם ובעולם. בין שני אלה (פני השור ורוח הבהמה הפרטית) יש מרחק עצום – במובן מסוים מלוא המרחק שיכול השכל להשיג, מהמקרה הפרטי הקטן עד לכלל הגדול התופס את מהות הדבר בכל היקפו. ואולם גם המרחב הזה, המקיף ביותר, מגיע עד לרוח הבהמה, אבל לא לבהמה הגשמית ממש. השלב האחרון הזה, מהרוחניות הפרטית המסוימת למציאות הגשמית ממש, איננו שלב נוסף, אלא הוא מעבר מסוג אחר – לא עוד 'יש מיש' אלא 'יש מאין'.

כְּמוֹ שֶׁנִּתְבָּאֵר בְּמָקוֹם אַחֵר[29] **וְעַיֵּין שָׁם.** הפניה זו אל דברים שאמר אדמו"ר הזקן עצמו לא באה כדי להביא מקור לדברים, אלא כדי להוסיף למעיין שם על הדברים שנאמרו כאן. כאן ההדגשה היא על הירידה הגדולה של ה'יש' מה'אין', ואילו במאמר שבתורה אור ההדגשה היא על העילוי שב'יש'. ה'יש' הוא נמוך מאוד, אבל דווקא משום כך יש לומר שמקורו גבוה מאוד. הריחוק הגדול כל כך מעיד לא רק על נמיכות התחתון אלא גם על גבהות מקורו העליון, שהוא גבוה כל כך עד שאין הוא יכול להיות מושג למטה.

על המעבר שבין עולם האצילות לעולמות הנבראים, מגיעים הדברים גם לנקודות האחרות; למעלה מעולם האצילות, ולמטה יותר לנקודה התחתונה ביותר של יצירת החומר הגשמי.

שלא כמעברים העליונים, את המעבר בין הרוחני לגשמי אנו מכירים ומרגישים בתוך העולם שלנו. אנו יכולים לעקוב אחר השתלשלות של צורות גשמיות: חומר הופך לחומר, חומר הופך לאנרגיה, חומר דומם הופך לחומר אורגני, חומרים פשוטים הופכים למכשירים מורכבים וכיוצא בזה. וכן אנו יכולים לעקוב גם אחר השתלשלות רוחנית: תפיסות רוחניות, נפשיות וחברתיות שקשורות זו בזו ומביאות זו לזו, וכן הלאה. אבל המעבר בין הרוחני והגשמי נשאר תמיד נעלם. אנו יודעים שהוא קיים, אבל איננו יכולים לעקוב אחריו ואיננו יכולים לשים את האצבע על הנקודה המדויקת שבה הפך הרוחני לגשמי (ולהפך). הסיבה לכך, כפי שנאמר כאן, היא שהמעבר הזה איננו רק צמצום של האור והחיות, או הוספה באותו הדבר עצמו, אלא מעבר אל תחום אחר לחלוטין, שאין הכוחות והמהויות מהתחום האחד יכולים לעבור אליו. המושג של 'שכלים נבדלים' מבטא את המשמעות הזו של מושכל שנבדל מהעולם החומרי, שאיננו מתגלה בו, שאין שום מושג וקו מחשבה שיכולים לעבור אליו ולא שום מספר של צעדים (צמצומים) שיגיעו ממנו אל החומר. כל הצמצומים, רבים ככל שיהיו, יישארו לעד בתוך תחום השכלים הנבדלים ולא יגיעו לעולם אל החומרי.

ה תשרי פשוטה
ב תשרי מעוברת

• ויש מאין נקרא בריאה בלשון הקודש • והגם שהיש הנברא הוא גם כן כלא חשיב קמיה דהיינו שבטל במציאות לגבי הכח והאור השופע בו מהכלים דעשר ספירות דאבי"ע שהקו אור אין סוף ברוך הוא מאיר בהם וכזיו השמש בשמש כמו שנתבאר בלקוטי אמרים חלק ב'.

כל עוד המקור הוא בתחום ההשגה (וההשתלשלות) יהיה התחתון בטל אליו ולא יהיה 'יש מאין'; אבל כשהמקור הוא גבוה כל כך עד שאינו בכלל השגה – רק אז יכול להיות הנברא ממנו 'יש מאין' בהרגשתו.

וְיֵשׁ מֵאַיִן נִקְרָא 'בְּרִיאָה' בִּלְשׁוֹן הַקּוֹדֶשׁ. הלשון 'בריאה' מתארת את המעבר והקפיצה מ'אין' ל'יש'. כל מספר שלבים של התפתחות, של סיבה ומסובב, אינם יכולים להביא מן הבורא אל הנברא, ובשום מספר שלבים של חשיבה והשגה לא יכול הנברא להשיג את הבורא. וכאמור, מעין אותה קפיצה נמצאת גם בתוך העולמות הנבראים, בין הרוחני לגשמי; בשום מספר של צעדים לא יכול הרוחני להפוך לגשמי, ובשום אופן אין הגשמי יכול להשיג בכלים שלו את הרוחני.

וְהֲגַם שֶׁהַיֵּשׁ הַנִּבְרָא הוּא גַּם כֵּן כְּלָא חֲשִׁיב קַמֵּיהּ (כלא חשוב לפניו), לפני הקב"ה, **דְּהַיְינוּ** שבמצב של היותו לפני הקב"ה הוא **שֶׁבָּטֵל בִּמְצִיאוּת.** כאשר אנו אומרים כי הנברא הוא 'יש מאין', משמע שאין הוא בטל אל הבורא אלא מרגיש עצמו כ'יש'. ומוסבר במשפטים הבאים שאין זה אומר שהוא באמת 'יש' ודבר מה, אלא הוא נראה כ'יש' משום שלמראית עיניו הבורא הוא 'אין', משום שהוא אינו 'לפני' הבורא אלא אחרי מחיצות והסתרים שמעלימים את נוכחות הבורא, כאילו אינו. הנברא הוא 'יש' בצל הבורא, כמו אור קטן המאיר על רקע של צל. אבל 'קמיה', לפניו, כאשר ניטל הצל והאור הגדול מתגלה, כאשר הבורא נראה יחד עם הנברא – אין הוא נחשב, הוא בטל במציאות.

ביטול זה של הנברא אינו רק כלפי מהותו ועצמותו של הקב"ה הנבדל גם מהיותו בורא העולם (כלומר שאינו בגדר העולם והבריאה[32]) כי אם גם **לְגַבֵּי הַכֹּחַ וְהָאוֹר הַשּׁוֹפֵעַ בּוֹ מֵהַכֵּלִים דְּעֶשֶׂר סְפִירוֹת דַּאֲבִי"ע** (של העולמות אצילות בריאה יצירה עשייה), שבהן בורא הקב"ה ומחיה את העולמות. הביטול של הנבראים הוא לפיכך לא רק לגבי עצמותו של

ה'אין' שאיננו 'יש' התפיסה של ה'אין' כאן אינה זהה לאפס, למה שאיננו קיים, אלא למה שהוא בלתי ניתן לתפיסה על ידי הנברא. בלשון אחרת מדבר על כך הרמב"ם כשהוא מדבר על תוארי השלילה.[30] את הבורא אי אפשר לתאר בתארים חיוביים, לומר עליו שהוא כך או כך. איננו יכולים אפילו לומר עליו שהוא ישנו, שכן בכך אנו משייכים אותו להגדרות הקיום וה'יש' כפי שהן במציאות שלנו. האופן היחידי שבו אנו יכולים להגדיר אותו הוא בדרך השלילה, כגון לומר שהקב"ה הוא לא בלתי קיים. כאמור, תפיסה זו היא מעין האמור כאן: שהבורא הוא 'אין' במובן זה שהוא אינו נכנס לשום הגדרה של 'יש'.

בלשון הקודש בלשון הקודש ניתן לדייק

הקב"ה אלא גם לגבי הספירות שבהן הוא מתגלה; ולא רק לגבי האור האלוקי שבספירות אלא אפילו לגבי הכלים של הספירות; ולא רק לגבי הספירות של האצילות אלא גם לגבי הספירות של העולמות – בריאה יצירה עשייה.

יש עשר ספירות של אצילות, שהן עשר הספירות הכלליות, עשר הספירות לגבי כל העולמות. ויש לכל עולם בפרט עשר ספירות: עשר ספירות של עולם הבריאה, עשר ספירות של עולם היצירה ועשר ספירות של עולם העשייה. בכל עולם עשר הספירות הן בחינות האלוקי – החכמה והחסד וכו' האלוקיים – שבהן מתגלה האלוקי באותו עולם. בעולם הבריאה הן חכמת הבריאה וחסד הבריאה וכו', בעולם היצירה – חכמת היצירה וכו', ונמצא שבכל עולם ההתגלות האלוקית שבספירות היא, ביחס לאותו עולם, כבורא לגבי נברא, כנפש לגוף, כאור לכלי, וכמו הרוחני לגבי הגשמי.

שֶׁהַקַּו אוֹר אֵין סוֹף בָּרוּךְ הוּא מֵאִיר בָּהֶם, בספירות. ה'קו' הוא, כמתואר בתחילת ספר עץ חיים, האור המאיר אל תוך החלל שאחר הצמצום. והוא נקרא 'קו' היות שהוא אור פנימי הנכנס בכלים, לעומת ה'עיגול' המבטא את האורות המקיפים שאינם נכנסים לכלים אלא מקיפים עליהם (שמקורם הוא אור אין סוף כפי שהוא לפני הצמצום). הקו הזה הוא אפוא האור האלוקי המאיר לעולמות דרך הכלים של עשר הספירות; בכלי החסד מאיר האור האלוקי את החסד האלוקי, בכלי החכמה את החכמה האלוקית, וכו'. הכלים, הם הספירות שבכל עולם, מתאימים את האור אל אותו עולם; ספירת החסד של עולם הבריאה מגלה אור של חסד השייך לבריאה, וכיוצא בזה. אך מכל מקום, בכל ספירה ובכל עולם מאיר האור האלוקי עצמו, שהוא אור הקו הראשון, הארה מאור האין סוף העוברת בכל דרגות הספירות. ומשום כך, אף על פי שהוא עובר דרך הספירות, בטלים לפניו כל הנבראים כפי שהם בטלים אל הבורא עצמו.

וּכְזִיו הַשֶּׁמֶשׁ בַּשֶּׁמֶשׁ, כְּמוֹ שֶׁנִּתְבָּאֵר בְּלִקּוּטֵי אֲמָרִים חֵלֶק ב, הוא 'שער היחוד והאמונה' (פרק ג). שם מבואר שביטול הנבראים אל הבורא הוא על דרך משל גשמי כביטול אור השמש בשמש. לאור אין שום מציאות כשלעצמו, בנפרד מן המאור, וכך אור הקו וכל הנבראים הקיימים בו בטלים לחלוטין אל האלוקי, המאור והמקור של אור הקו.

המשל, שכבר נזכר במאמר זה, מובא כאן שוב בהדגשה על חוסר הסימטריה שהוא מבטא. אור השמש נראה על פני הארץ כ'יש' ודבר לעצמו משום שאין רואים עימו את השמש עצמה. מה שאין כן מצד השמש, כשהוא נראה עם השמש – הוא אינו כלום.

במשמעות האמיתית והמוחלטת של המילים, ולא רק במה שהתכוון פלוני שאמר דבר מה. זאת מפני שלשון הקודש אינה שפה שאנשים הסכימו ביניהם כי מילה זו משמעותה כך ומילה זו כך, אלא היא הלשון שבה באמת נקראים הדברים. וכמבואר בשער היחוד והאמונה, האותיות והמילים של לשון הקודש הן הבוראות, המהוות והמחיות ממש את הדברים הנאמרים; והמילה שבה נקרא כל דבר, גשמי ורוחני, היא היא מהותו וחיותו. ואף כאן, למרות שיש כמה מילים המשמשות לכאורה במשמעות נרדפת לבריאה – כמו יצירה, עשייה ואפילו האצלה – הרי למילה 'בריאה' דווקא ישנה המשמעות המדויקת של 'יש מאין'.[31]

היינו קמיה דוקא שהיא ידיעתו יתברך מלמעלה למטה. אבל בידיעה שממטה למעלה היש הנברא הוא דבר נפרד לגמרי בידיעה והשגה זו שממטה כי הכח השופע בו אינו מושג כלל וכלל וגם אין ערוך זה לזה כלל וכלל לא מיניה ולא מקצתיה מהערך שמהעלול אל העילה שהעלול יודע ומשיג איזה השגה בעילתו ובטל אצלו על ידי ידיעה והשגה זו וגם במהותם ועצמותם אין הפרש גדול כל כך רק שזה עילה וזה עלול ולא מיניה ולא מקצתיה מההפרש שבין מהות היש הנברא למהות הכח והאור השופע בו להוותו מאין ליש ולכן נקרא יש מאין דוקא

הַיְינוּ קַמֵּיהּ (לפניו) **דַּוְקָא, שֶׁהִיא יְדִיעָתוֹ יִתְבָּרֵךְ מִלְמַעְלָה לְמַטָּה. אֲבָל בִּידִיעָה שֶׁמִּמַּטָּה לְמַעְלָה הַיֵּשׁ הַנִּבְרָא הוּא דָּבָר נִפְרָד לְגַמְרֵי, בִּידִיעָה וְהַשָּׂגָה זוֹ שֶׁמִּמַּטָּה, כִּי הַכֹּחַ הַשּׁוֹפֵעַ בּוֹ אֵינוֹ מוּשָּׂג כְּלָל וּכְלָל.** כשמדברים על השמש יכול להיות אור 'לפני' השמש, בשמש עצמה, ויכול להיות אור רחוק מהשמש הנסתר ממנה. אבל כשמדברים על הקב"ה, איך אפשר להבין את האמירה 'קמיה' (לפניו)? – הרי הקב"ה נמצא בכל מקום, ושום דבר אינו נמצא מאחוריו או מרוחק ממנו?! ולכן הוא מגדיר כאן: 'לפניו' היא ידיעתו של הקב"ה את הנבראים, מלמעלה למטה, שכלפיה כל מציאות הנבראים היא שקופה, בטלה לגמרי; לעומת ידיעת הנבראים, מלמטה למעלה, שהיא ידיעה מוגבלת שאיננה יכולה להשיג את האין סוף האלוקי, ולכן בידיעה זו הנברא הוא 'יש' והאלוקי הבלתי מושג הוא 'אין'.

וְגַם, נוסף על כך שאין ה'יש' הנברא משיג את הכוח המהווה והמחיה אותו, ומשום כך הוא 'יש' ואיננו בטל, **אֵין עֲרוֹךְ זֶה לָזֶה כְּלָל וּכְלָל.** זה דבר אחר: לא רק פער של השגה אלא פער של מהות.

ה'אין' האלוקי וה'אין' הנברא השאלה היא מהיכן מסתכלים. האדם שמסתכל למעלה רואה את ה'אין' האלוקי, כי הוא אינו רואה; ומצד מעלה נראה ה'אין' של האדם (והבריאה) כי הוא בטל ממש אל האלוקי. כפי שנאמר, הבריאה 'יש מאין' מגדירה בעצם חוסר יחס, פער שאין לגשר עליו. ולכן, כשם שמצד הנברא הבורא הוא 'אין', כך מצד הבורא הנברא הוא 'אין'. ואולם יש הבדל גדול: מצד הנברא הבורא הוא 'אין' משום שהוא איננו מושג כלל, וממילא הנברא הוא 'יש'; אבל מצד הבורא ה'אין' הוא אין של אי קיומו של הדבר כדבר מה לעצמו, נפרד ממציאות הבורא, ואילו ה'יש' של הבורא הוא יש ללא הפסקה, 'יש' אחד ללא מציאות של שום 'יש' אחר.

משל גשמי לזה הוא ראי חד־סטרי. מצד אחד הוא שקוף, ומן הצד השני רואה המסתכל את עצמו בלבד, ולא שום דבר מעבר. ובנמשל, מצידו של הקב"ה המציאות היא כולה שקופה, אין לה קיום כשלעצמה, אין היא אלא המשך רצוף אחד של ההארה האלוקית, של אור הקו. ואילו מלמטה רואה המסתכל רק את ישותו והאלוקי אינו נראה, הוא 'אין'.

במקומות אחרים[33] מתייחס אדמו"ר הזקן לשתי ראיות־דעות אלה על פי הכתוב "כי אל דעות ה'" (שמואל א ב,ה). דעה אחת היא 'דעת תחתון', דעת הנברא מלמטה למעלה, ודעה שנייה היא 'דעת עליון', כדעת הבורא מלמעלה למטה. ואולם בפסוק נאמר "כי אל דעות ה'" – לומר שה' מחזיק בשתי הדעות; הוא רואה את העולמות וביטולם מלמעלה, אבל הוא רואה גם את לב האדם מלמטה. שכן

וחשוב לומר את זה ואת זה, כי פער של מהות אומר שה'יש' איננו תעתוע של דמיון אלא מציאות אמיתית שהקב"ה חפץ בה, שיש לה תכלית וקיום עצמי מרצונו הפנימי. והאמירה שהוא 'יש מאין' משום שאיננו משיג (ב'דעת תחתון') את המקור המהווה אותו – חשובה לעבודתו של ה'יש', שיוכל אף על פי כן להתבטל בדעתו, שהרי כל קיומו כ'יש' תלוי בדעתו.

לָא מִינֵּיהּ וְלָא מִקְצָתֵיהּ (לא ממנו ולא ממקצתו) **מֵהָעֶרֶךְ שֶׁמֵּהֶעָלוּל אֶל הָעִילָּה, שֶׁהֶעָלוּל יוֹדֵעַ וּמַשִּׂיג אֵיזֶה הַשָּׂגָה בְּעִילָּתוֹ וּבָטֵל אֶצְלוֹ עַל יְדֵי יְדִיעָה וְהַשָּׂגָה זוֹ.** אם 'יש מאין' הוא יחס של אין ערוך, 'עילה ועלול' הוא יחס של ערך. כלומר העילה נמצאת בתוך תחום הערכים של העלול, בתוך עולם המושגים שלו; אמנם בקצהו העליון, כשיא השגתו, אבל עדיין בתחום שבו הוא יכול להשיג את מציאותה ומהותה כעילה וכמקור של הווייתו – ומשום כך הוא גם מרגיש התבטלות כלפיה.

וְגַם בְּמַהוּתָם וְעַצְמוּתָם, של העילה והעלול, **אֵין הֶפְרֵשׁ גָּדוֹל כָּל כָּךְ, רַק שֶׁזֶּה עִילָּה וְזֶה עָלוּל.** אין הבדל במהות בין העילה והעלול, שהרי הם שייכים לאותו היקף, לאותו מערך של מהות. ואם כן מה בכל זאת ההבדל ביניהם? ההבדל הוא בדרגה: זה למעלה וזה למטה; אבל הן דרגות עוקבות, זה עילה וזה עלול.

וְלָא מִינֵּיהּ וְלָא מִקְצָתֵיהּ, ההפרש בין העילה והעלול איננו 'ממינו', מסוגו ומהותו, ואיננו אפילו 'ממקצתו', **מֵהַהֶפְרֵשׁ,** מהמרחק, **שֶׁבֵּין מַהוּת הַיֵּשׁ הַנִּבְרָא לְמַהוּת הַכֹּחַ וְהָאוֹר הַשּׁוֹפֵעַ בּוֹ לְהַוּוֹתוֹ מֵאַיִן לְיֵשׁ.** כמו העילה, המשפיעה ומהווה את העלול, כך הכוח השופע ב'יש' משפיע ומהווה אותו. ואולם ההבדל הוא שהכוח השופע ב'יש' להוותו נבדל ממנו במהותו, הוא אינו מאותו סוג וסדר גודל כלל, **וְלָכֵן נִקְרָא 'יֵשׁ מֵאַיִן' דַּוְקָא.**

בהיקף הגדול עוד יותר הקב"ה יודע גם בדעת תחתון, ופירוש הדבר שהוא יודע גם את ה'יש' שלמטה, ובידיעה זו הוא 'קיים' והוא חשוב. משמעות הדבר היא שהידיעה שאנחנו יודעים, את עצמנו ואת העולם, איננה שקר גמור, טעות ודמיון כוזב. נכון שיש שקרים ודמיונות, אבל יש גם ידיעה של אמת המתייחסת אל העולם הזה ואל ישויותיו לפרטי פרטיהם, ויש תכלית של אמת בחיים ובעבודה שלנו (בתורה ובמצוות) בתוך כל ה'יש' הזה.

אין ערוך זה לזה פירוש הביטוי הוא שאין שום מושגים וחומרים משותפים לשניהם, שאפשר לומר שבזה יש יותר ובזה יש מעט. ולכן אין שום אופן להעמיד אותם יחד, זה בהשוואה לזה. אין הם יכולים להיות באותו מקום, באותו מרחב של מושגים, ובכל מקום שבו האחד נמצא בהכרח השני אינו נמצא.

עילה ועלול בשכל ומידות העילה והעלול אינם שני דברים נפרדים. הם בעצם צדדים של דבר אחד. מה שיש בזה יש בזה, ולכן הם יכולים להתייחס זה לזה, ורק היקף ויחס הדברים שונה. לשם דוגמה, נאמר ששכל ומידות הם בחינה של עילה ועלול. וידוע הדבר שבמידות יש שכל, השכל של המידות; ובשכל יש מידות, המידות שבשכל. כלומר, יש בזה ובזה שכל ומידות, וההבדל הוא שבשכל גם המידות הן בהיקף של השכל וממינו, ובמידות גם השכל הוא ממין המידות.

'יש' ו'אין' באמת כ"ק אדמו"ר זי"ע מעיר

ו תשרי פשוטה

• והנה ראשית היש הנברא ותחילתו הן הכלים דעשר ספירות דבי"ע וגם האורות נפש רוח ונבראו מבחינת הנשמה דעשר ספירות דבריאה יצירה עשיה שהוא אלקות והן הלמ"ד כלים דמלכות דאצילות

'יש' ביחס ל'אין'; 'יש' משום שהמקור המהווה אותו הוא מהות אחרת, שאיננה מושגת ואיננה נמצאת כלל בתחום מציאותו של ה'יש', ולכן היא 'אין'.

כדי לבאר מה שנאמר בתחילת המאמר, שהספירות הן כאלוקות לברוא יש מאין, הקדים אדמו"ר הזקן והסביר עד כאן מהו 'יש מאין'. והוסבר שהמושג 'בריאה' מתייחס ליש מאין דווקא; מצד אחד עומד ה'יש', הנברא, ומצד שני – מעבר לפער אין סופי ובלתי ניתן להשגה – נמצא ה'אין', הבורא. להלן יבאר שהגבול הזה שבין ה'יש' וה'אין' אינו נמצא רק בין עצמות האין סוף והעולם הזה, אלא הוא עובר גם בהגדרות דקות ומורכבות יותר של 'יש' ו'אין' – מה שנותן מקום, כפי שיתבאר, גם לתפיסה זו של הספירות כאלוקות לברוא יש מאין.

וְהִנֵּה רֵאשִׁית הַיֵּשׁ הַנִּבְרָא וּתְחִילָּתוֹ הֵן הַכֵּלִים דְּעֶשֶׂר סְפִירוֹת דבי"ע (של העולמות בריאה יצירה ועשייה). הביטוי "ראשית היש הנברא ותחילתו" מורה על כך שה'יש הנברא' איננו נקודה אלא טווח רחב למדי של דרגות והגדרות. והקו המבדיל בין הבורא והנברא איננו קו חד משמעי שעובר במקום אחד בלבד, אלא קווים דקים המתפתלים בין העולמות, בין האורות והכלים ובין הגדרות של 'יש' ו'אין', כפי שיבאר לקמן.

'ראשית היש הנברא' הם הכלים של עשר הספירות של העולמות הנבראים: בריאה יצירה ועשייה. הוסבר כבר שלכל עולם יש עשר ספירות, שהן הגילוי האלוקי השייך

כאן[34] שהוא נקרא כך, 'יש מאין', גם אליבא דאמת (על פי האמת).

ובדרך אפשר ניתן להסביר שכך משמע גם מההדגשה שהוא חוזר עליה פעמיים: שמציאות ה'יש' מה'אין' איננה רק משום שהוא איננו משיג את ה'אין' המהווה אותו, אלא שיש ביניהם הפרש של מהות. ואם כן, מציאות ה'יש' איננה רק בדעתו של ה'יש', משום שאיננו משיג את המהווה אותו, אלא היא מציאות אמיתית: לא רק מלמטה למעלה אלא גם מלמעלה למטה.

ההגדרה האמיתית (האובייקטיבית) של 'אין' היא המציאות של ביטול, לאמור מציאות עליונה שאור אין סוף אינו נסתר בה, שהוא חודר בה בכל צדדיה, ועל כן אף היא (על פי האמת) ממהות האין סוף, שאין בה כל גדר של ישות נפרדת לעצמה. 'אין' כזה הוא לא רק בעין ה'יש' התחתון אלא כביכול גם בעין האין סוף, כלומר 'אין' אמיתי.[35] וכך גם ה'יש', כי הפלא הגדול של הבריאה – המרחק העצום לאין ערוך שבין הבורא לנברא, שלא מיניה ולא מקצתיה מהמרחק שבין עילה לעלול – מתבטא בכך שמה'אין' הזה מתהווה ה'יש' הנברא. ואם כן, מציאות ה'יש' איננה רק מחדל של הנברא שאיננו משיג את בוראו, אלא תכלית לעצמה, שיהיה 'יש' כזה.

'יש' נברא ו'יש' באצילות 'יש נברא' מורה שיש 'יש' שאינו נברא. ואכן גם באצילות מדברים על 'יש'[36] (בפשטות, כמו שהחכמה היא 'יש מאין' לגבי למעלה מהחכמה, או שהבינה היא 'יש מאין' לגבי החכמה, וגם

לאותו עולם ואשר מהווה ומחיה אותו: בחכמתו, בחסדו, בגבורתו וכו׳. במובן זה ה׳יש הנברא׳ הוא בעיקרו העולמות הנבראים עצמם וכל אשר בהם, האור האלוקי המאיר בהם הוא אור עשר הספירות השייכות לעולמות אלה, ו׳ראשית היש הנברא׳ הם הכלים של עשר הספירות הללו.

לספירות יש מעמד מיוחד בין האין סוף ובין הנבראים. מצד הנבראים הספירות הן ביטוי של האלוקי, ואין הפרש בין הספירה ובין האלוקי; אך כלפי האין סוף הספירות הן מהויות מוגדרות, אורות בכלים, המתייחסות אל ה׳יש הנברא׳. במובן זה יש לומר שהגבול בין ה׳יש׳ וה׳אין׳ עובר גם בספירות עצמן, ויש מקום לברר היכן בדיוק הוא עובר. ההבחנה הראשונית היא בין האורות והכלים, וזה מה שהוא אומר כאן: שראשית ה׳יש׳ הם הכלים.

אך לא זו בלבד:

וְגַם הָאוֹרוֹת, גם באורות עצמם יש הבחנה, אם כי דקה יותר, של ׳ראשית היש הנברא׳.

שהדרגות **נֶפֶשׁ רוּחַ** שייכות ל׳יש הנברא׳, **וְהֵן נִבְרָאוּ,** כמו הכלים של עשר הספירות, **מִבְּחִינַת** דרגת **הַנְּשָׁמָה דְּעֶשֶׂר סְפִירוֹת דִּבְרִיאָה יְצִירָה עֲשִׂיָּה שֶׁהוּא אֱלֹקוּת.** כמו בנפש האדם שבגוף כך גם באור שבעשר הספירות יש דרגות – נפש, רוח, נשמה. ודרגת הנשמה, הגבוהה יותר, היא בחינת אלוקות ובורא לגבי הכלים ולגבי האור בדרגות נפש ורוח, שהן בחינת ׳יש נברא׳.

וְהֵן הַלָּמֶ״ד (שלושים) **כֵּלִים דְּמַלְכוּת דַּאֲצִילוּת.**[37] הנשמה המחיה בחיות אלוקית את הספירות שבעולמות הנבראים, שהיא דרגת ה׳נשמה׳ שבכל עולם – בריאה יצירה עשייה – מקורה בשלושים הכלים של המלכות שבאצילות.

באופנים אחרים כפי שיתבאר לקמן). ואכן מבואר שיש מובן כללי ל׳יש׳, שבו נקרא כל מה שבא לגילוי, ממקום שאיננו כלל מציאות למקום שהוא בבחינת מציאות. אמנם באצילות וכו׳ אין זו מציאות ׳יש׳ ממש, היינו ׳יש׳ שמרגיש את עצמו כישות נפרדת, אלא רק ביטוי מסוים של האלוקי שיוצר הגדרה ומציאות מסוימת, שעם היותה בטלה אל האלוקי היא מובדלת בעניינה מן האחדות האלוקית – לעומת ׳יש הנברא׳ שהוא ׳יש׳ ממש, שהכלי שלו מסתיר באופן כלשהו את האלוקי עד שהוא מרגיש את עצמו כישות נפרדת ממנו.

׳נפש׳ ׳רוח׳ ׳נשמה׳ באור האלוקי שבעשר הספירות בנפש האדם, דרגת הנפש היא המחיה את הגוף ואת החיים החומריים של האדם (כמו נפש החיה בבעלי החיים), ודרגת הרוח מחיה את חיי הרגש של האדם. ואף שדרגה זו שייכת בעיקרה לחיי הרוח, הרי אלו חיי הרוח של הגשמיות, של הרגשות והתחושות הטבעיות של האדם שבמרכזם ה׳אני׳, הקיום והחוויה שלו: הוא רוצה או לא רוצה, הוא אוהב או ירא וכו׳. לעומת שתי דרגות אלה, דרגת הנשמה היא דרגה ׳אלוקית׳, המיוחדת לנפש האלוקית ולהתייחסות אל מה שמעבר ל׳אני׳ ולעולם. וכמו בנפש האדם כך הוא באור הספירות שבכל העולמות: הדרגות נפש ורוח הן דרגות האור השייך אל העולמות וה׳יש הנברא׳, ודרגת הנשמה שבאור מבטאת את ה׳אין׳ הבלתי מושג, את האלוקי הבורא יש מאין.

וכן באצילות מחיצוניות הכלים דעשר ספירות דאצילות שהן אלקות נבראו ההיכלות דאצילות שמתלבש בהן בחינת העיגולים דעשר ספירות

עולם האצילות בכלל הוא, כאמור, בחינת האלוקות לגבי כל העולמות הנבראים, וממנו נשפע האור האלוקי המתלבש ומחיה בפרט כל אחד מהעולמות. ובין הספירות של עולם האצילות, הספירה שיורדת להתלבש בעולמות הנבראים היא ספירת המלכות. כל מעבר אל ה'יש הנברא', הנפרד והאחר כביכול, הוא תמיד בספירת המלכות. על דרך משל, כמו הדיבור שבאדם, שהוא כוח הנפש המתייחס אל האחר, כך הדיבור האלוקי, הוא המלכות שבאצילות, הוא המידה המתייחסת אל היש הנברא. כמו שנאמר במקומות אחרים, מהות המלכות היא ש"אין מלך בלא עם"[38] – אין מציאות של מלך אלא על עם, על אלה שהם אחרים, רחוקים, שהמלך מתנשא באין ערוך עליהם. כל התפיסה של מלכות ושלטון היא של שלטון על אחר, על כוח אחר, שצריך להרגיש שהוא נפרד כדי שיחול עליו השלטון. מידת המלכות היא לפיכך המפתח למציאותו של 'היש הנפרד' הנברא; וכל מציאות כזו, בכל דרגה לפי ערכה, נובעת באופן כזה או אחר מספירת המלכות.
בספירת המלכות מדובר על הכלים; כי האורות מבטאים את הפנימיות והכלים את החיצוניות, את הצד שמתייחס אל החיצוני והאחר. על דרך משל הדיבור באדם: מה שעובר אל האחר ששומע את הדיבור אינו כוונת ומחשבת המדבר אלא אותיות הדיבור, כלומר הכלים של הדיבור ולא האורות שלו.
ולמה שלושים כלים? כל מערכת של עשר ספירות היא בחינת אלוקות (בהתייחס אל

היכלות דאצילות אכן, שלא כמו ספירת המלכות אין הספירות העליונות של האצילות מתייחסות אל מציאות של 'יש' שהוא אחר ממש. על דרך משל, שלא כמו הדיבור של האדם, המתייחס אל אדם אחר, כוחות הנפש שבאדם – שכלו רגשותיו – אינם גלויים לאדם אחר, אלא הם התרחשות בנפש האדם, בינו לבין עצמו: מה הוא מרגיש, מה הוא מבין וכו'. עם זאת, מדובר כאן על 'חיצוניות הכלים', וההבדל בין חיצוניות הכלים ופנימיות הכלים הוא שפנימיות הכלי היא התייחסות הכלי אל עצמו, אל האור שבו, לקבלו ולהתאחד עימו, ואילו חיצוניות הכלי מתייחסת אל מה שמחוץ לכלי.[40] אם להמשיך את אותו משל, פנימיות הכלי היא עצם התחושה, וחיצוניות הכלי היא ההתייחסות שלי אל התחושה הזו. לדוגמה, פנימיות האהבה היא התחושה של האהבה, תחושת האחר שאני אוהב אותו; וחיצוניות האהבה היא מה שאני מרגיש, תחושת ה'אני' שמקבל מאותה אהבה וכו'. באופן אחר אפשר לתאר ישות כזו (ישות נאצלת) כמו מחשבה שעדיין אינה מגיעה להיות מחשבה במובן המוגדר והמסודר של המושג; היא כבר אינה הנפש וכוחותיה אלא משהו שמקבל מהם, אבל עדיין אינה מגיעה להיות שום דבר במציאות. ובאופן אחר, מופשט יותר, זה כמו מפגש בין שני כיוונים אין סופיים, בלתי מוגדרים, שבעצם היותו הוא מגדיר משהו על הבלתי מוגבל מכאן ומכאן. ומכל מקום, השפעה חיצונית זו אינה יוצאת החוצה ממש (כמו המלכות הבוראת עולמות נבראים ממש), אבל היא 'בוראת' יש ומציאות מסוימת לגבי עולם האצילות; זהו יש שאיננו נברא, יש נאצל, אבל לגבי האור האלוקי הוא בבחינת 'יש'.

אותו עולם), ולכן אין היא השתלשלות גמורה מהעולם שקדם לה אלא קשורה באור שבה אל האלוקות שבאצילות ואל המלכות של עולם האצילות. אמנם אין דומה המלכות של אצילות, המחיה את עשר הספירות של עולם הבריאה, לזו המחיה את הספירות של עולם היצירה או העשייה. והחילוק הוא בין שלוש דרגות בכלים עצמם של המלכות: פנימית, אמצעית וחיצונית. שלוש אלה לעשר הספירות הם שלושים הכלים שבמלכות: עשרת הפנימיים נמשכים להיות נשמה לספירות של עולם הבריאה, עשרת האמצעיים – לעולם היצירה, והחיצוניים – לעולם העשייה.

וְכֵן בַּאֲצִילוּת, גם בעולם האצילות עצמו ישנו מעבר כזה מאלוקות לעולם, מ'אין' ל'יש'. גם באצילות כבר ישנה מציאות של 'יש', שהיא דקה יותר, שהיא אינה מציאות של 'יש נברא' ממש (אלא מה שנקרא במקומות אחרים[39] 'יש נאצל'), אבל בערך פנימיות האצילות אף זה הוא 'יש מאין'.

והמעבר הזה שבאצילות הוא: **מֵחִיצוֹנִיּוּת הַכֵּלִים דְּעֶשֶׂר סְפִירוֹת דַּאֲצִילוּת שֶׁהֵן אֱלֹקוּת.** הספירות, האורות והכלים שבעולם האצילות, הן אלוקות, ומהן **'נִבְרְאוּ' הַהֵיכָלוֹת דַּאֲצִילוּת.** עשר הספירות שבאצילות מגלות ומבטאות אלוקות לא רק לגבי העולמות הנבראים, אלא גם לגבי מציאות שהן בוראות ויוצרות בעולם האצילות עצמו – הנקראת 'היכלות דאצילות' – שאף היא מציאות של 'יש' ביחס הספירות עצמן של האצילות.

שֶׁמִּתְלַבֵּשׁ בָּהֶן בְּחִינַת הָעִיגּוּלִים דְּעֶשֶׂר סְפִירוֹת. היכלות הם, כאמור, היקף של דברים, ולא דברים מסוימים, פרטיים. כך האור המתלבש בהם בכללם, לקיים ולהחיות אותם, הוא בחינת 'עיגולים'; לא אור פנימי אלא אור מקיף היוצר מציאות מקיפה, של היכל.

ל'יש' זה קורא אדמו"ר הזקן "ההיכלות דאצילות". כאמור, בכל עולם יש את העולם עצמו, וישנן עשר הספירות שלו, שהן בחינת ה'אלוקות' לגביו, שכן הקב"ה מהווה ומנהיג אותו דרכן. וכמו בכל עולם כך גם בעולם האצילות יש עשר הספירות של אצילות, שמלבד היותן בוראות את העולמות הנבראים הן 'מאצילות' גם בעולם האצילות היקף מסוים של השפעה הנקרא 'היכלות דאצילות'. היכלות הם כמו עולמות, הכוללים והמכילים כלל מסוים; כעין סביבה, מקום, שבו נמצאים דברים מסוג מסוים וקורים דברים מסוג מסוים. על דרך משל, כמו סוג של בית המכיל בתוכו סוג מסוים של דברים – בית מגורים, סניף של בנק, ולהבדיל, בית כנסת – שבנוי באופן מסוים ובאים בו אנשים מסוימים כדי לעסוק בו באותם דברים שהוא עשוי להם וכו'. 'מקומות' כאלה, שיש בהם גדרים מסוימים (כמו היכל האהבה, היכל התשובה, היכל המשיח וכו'), הם הקרויים היכלות.

בהיכל מתלבשת בחינת העיגולים מעשר הספירות כפי שהוסבר, הארת הקו – האור הפנימי העובר מדרגה לדרגה – יוצרת קשר של השתלשלות בין עילה לעלול, קשר רציף שבו העלול משיג את עילתו, ועל כן הוא לעולם אינו 'יש' נפרד ממנה. הקו הוא דרך האור, שהוא קו אחד מלמעלה עד למטה. לעומת זאת, הארה דרך עיגול ומקיף, כיוון שאין המקבל משיג אותה, דווקא היא יוצרת את מציאות ה'יש'. למרות שהיא בכללה גבוהה יותר מהאור הפנימי, היא מאפשרת את בריאתה של המציאות הרחוקה יותר, הנפרדת כביכול מהמקור העליון. זוהי, כפי שהוסבר,

וגם גופות המלאכים דאצילות שהן בחינת יש וכמו שכתוב ובמלאכיו ישים תהלה. שאינן בבחינת ביטול לגמרי כעלול לגבי עילתו

ז תשרי פשוטה
ג תשרי מעוברת

אך נשמות המלאכים שיצאו מזיווג הנשיקין וכן נשמות האדם שיצאו

וְגַם גּוּפוֹת הַמַּלְאָכִים דַּאֲצִילוּת, שֶׁהֵן בְּחִינַת 'יֵשׁ', נבראו כמו כן מחיצוניות הכלים של הספירות שבאצילות. היכלות האצילות הם בחינת המקום, ובכל מקום יש 'נפש', ישויות שמתקיימות בתוך אותו מקום ומגלות את האור הפנימי שבו, וכאלה הם המלאכים של האצילות.

וּכְמוֹ שֶׁכָּתוּב: "הֵן בַּעֲבָדָיו לֹא יַאֲמִין **וּבְמַלְאָכָיו יָשִׂים תָּהֳלָה**" (איוב ד,יח). פירושו הפשוט של הפסוק הוא על חסרון המלאכים.[43] ו"מלאכיו", המלאכים שלו, שאצלו – הם המלאכים שבאצילות – גם בהם "(לא) ישים תהלה". דהיינו שגם בהם, כמו בעבדיו שבעולמות התחתונים, יש חיסרון מה.

שֶׁאֵינָן בִּבְחִינַת בִּיטּוּל לְגַמְרֵי כְּעָלוּל לְגַבֵּי עִילָּתוֹ. "תהלה" מלשון אור, שאין הארתם בשלמות, שכן אין ביטולם לקדושה בשלמות. כי מאחר שיש להם גוף, המגדיר להם מציאות לעצמה, הריהו מסתיר במשהו את האור האלוקי האין סופי. כפי שנאמר

מציאות ההיכל (כמו עולם, ובמובן מסוים כמו הכלי וכמו הגוף) – הארה שאיננה מצומצמת להיכנס אל תוך הגדרה וכלי מסוימים, ועל כן היא מקיפה מכלול מסוים. ההיקף הזה מסביב לדברים הוא כמו הרקע, התשתית, שעליה הם צומחים ונארגים כל אחד בצורתו הפרטית. אלו הם ההיכלות של האצילות, המקום בתוך עולם האצילות שבתוכו מתקיימים פרטי ה'יש' הנאצלים.

מלאכים דאצילות למלאכים שבאצילות, אף שהם מלאכים עליונים מאוד, יש ישות מסוימת ביחס לספירות עצמן ואור אין סוף המאיר בהן. ישות זו היא ה'גוף' של המלאך, כי גם למלאכים יש נפש וגוף,[41] חומר וצורה, שהם כדוגמת האור והכלי שבספירות. האור של המלאך, הצורה שלו, הוא ביטולו כלפי האלוקי, והגוף שלו הוא גדר המציאות שלו. מלאך הוא מלשון שליח, זה תפקידו. יחד עם זאת יש לו מציאות מסוימת שעל ידה הוא עושה את שליחותו. לקמן[42] נאמר שכאשר

המלאך עושה שליחותו הוא נקרא בשם ה', וכשאינו עושה יש לו שם אחר, כפי עבודתו. כלומר, כאשר הוא שליח זוהי נשמתו של המלאך, ואז הוא בחינת אלוקות (המשך של אלוקות, כמו יד אלוקית) ונקרא בשם ה'. וכאשר אינו שליח – זהו גופו של המלאך, דהיינו הגדר והמסגרת, האופי והאופן הפרטי שבו הוא יכול לעשות את שליחותו. ו'גוף' זה של המלאך הוא ה'יש' של עולם האצילות.

זיווג מהו זיווג רוחני? על דרך משל, כאשר אדם עושה דברים בתחום המעשה – בונה בית, יוצר כלי וכדומה – זוהי עשייה חיצונית לגבי האדם; אין הוא מכניס או מגלה בה את מהותו הפנימית, אלא רק רצון או שכל חיצוני מסוים. לעומת זאת יכולה להיות גם יצירה פנימית יותר, שבה הוא נותן ממהותו העצמית ממש. כגון זה יכול להיות בחינוך, כשהרב מעביר לתלמיד לא רק אינפורמציה אלא אף את התייחסותו הפנימית העצמית. ולא רק בחינוך, אלא גם בדרגות שונות של

בתחילה, ביטול מוחלט יש לעלול לגבי עילתו; כיוון שהוא משיג את עילתו ואת היותה עילתו, היינו המקור הבלעדי לכל קיומו והווייתו, אין הוא מרגיש שום דבר בעצמו שאיננו נובע וקיים מעילתו, ולכן הוא בטל אליה לגמרי. מה שאין כן זה שהוא 'יש'. היש הזה, הרבה או מעט, מתקיים על אותו משהו שאיננו בטל, על הערפל שיש לו בהשגתו את מקורו המהווה אותו.

אחר שדובר על ה'יש' שבאצילות, הם ההיכלות וגופי המלאכים, ידובר בהמשך על ה'אין', על אותן הוויות שבאצילות שהן בחינת אלוקות.

אַךְ נִשְׁמוֹת הַמַּלְאָכִים שֶׁיָּצְאוּ מִזִּיוּוּג הַנְּשִׁיקִין. לעומת גופי המלאכים, נשמות המלאכים אינן 'יש' אלא משהו פנימי יותר, כעין המשכה של אור הספירות עצמן אל תוך מציאות המלאך. המשכה כזו שהיא עצמית ופנימית נקראת 'זיווג נשיקין', כמו הנשיקה באדם שהיא חיבור והתייחסות רוחנית ביחס לזיווג הגופני.

וְכֵן נִשְׁמוֹת הָאָדָם שֶׁיָּצְאוּ מִזִּיוּוּג דזו"נ דַּאֲצִילוּת (של זעיר אנפין ונוקבא שבאצילות). נשמת האדם באצילות היא אף פנימית יותר מנשמות המלאכים שבאצילות. ומשום כך ומשום שהיא מתלבשת בסופו של דבר בגוף גשמי, יוצאת נשמת האדם מזיווג זו"נ לעומת נשמות המלאכים שיצאו, כמבואר למעלה, מזיווג נשיקין.

יצירה רוחנית: בכתיבה, באמנות וכו'. סוג כזה של נתינה פנימית אינו יכול לעבור אלא על ידי "זיווג", שהוא חיבור והתקשרות פנימית הממשיכה מעצמותו למקום אחר. שלא כמו בעשייה חיצונית, שיכולה להיות ללא התקשרות פנימית, כאן צריכה להיות התקשרות, זיווג – הוא בעצמו בה בעצמה.

זיווג נשיקין 'זיווג נשיקין' הוא מושג בקבלה המבטא זיווג רוחני, לעומת הזיווג הגשמי – כמו הנשיקה, על דרך משל, שאינה זיווג ממש, ואף על פי כן היא התקרבות והתאחדות רוחנית המורה על הכוונה וההרגשה לקראת ההתאחדות, פעמים אף יותר מאשר בזיווג הגשמי ממש. ולפי שזיווג הנשיקין הוא בעיקרו זיווג רוחני – של הרגשות, רצונות וכו' – הוא גם מוליד רוחניות, דהיינו נשמות של מלאכים. שהרי המלאך בכלל הוא רוחניות; כמו רגש מסוים, כמו מושג או תפיסה של מצב וכו'. אפילו מלאך של עשייה איננו חומרי ואיננו נתפס בגוף חומרי, אלא רק שייך לתפיסות ולמושגים של עשייה; ואולם המלאך של אצילות, שבו מדובר כאן, הוא רוחניות גבוהה כל כך, דבוקה כל כך באלוקי, שבעצם אין לנו שום התייחסות אליה. מלאכים אלה הם לא המלאכים של העולמות אלא "מלאכיו", המלאכים שלו, של הקב"ה לבדו. ואף אם ב'גופם', בחיצוניותם, יש התייחסות כלשהי אל המציאות של עולמות, ובזה הם 'יש' – הרי בנשמתם ובפנימיותם הם מאוחדים לחלוטין בו עצמו; ולגבי ה'יש', אפילו זה שבאצילות, הם 'אין' ובחינת אלוקות.

נשמות ומלאכים באצילות היחס בין נשמות ומלאכים בכל עולם ומקום הוא שהנשמה היא פנימית לגבי המלאך שבאותו מקום[44] (הנשמה היא מפנימיות הכלים והמלאך הוא מחיצוניות הכלים[45]). המלאך הוא סוג של הארה שהיא גילוי כלשהו כלפי חוץ, והנשמה היא מעין העתקה של כללות העצמות האלוקית, של השתקפות של כל תבנית האצילות עצמה, כפי שהיא בכל עולם.

מזיווג דזו"נ דאצילות קודם שירדו לבי"ע אינן בכלל יש ודבר נפרד בפני עצמו אלא הן מעין בחינת אלקות בצמצום עצום וכעין הכלים דעשר ספירות דאצילות שהן בבחינת גבול על ידי צמצום אור האין סוף הוא הקו המלובש בנפש רוח נשמה שלהם וכמו צמצום הראשון להיות חלל וכו'

ההבדל בין שני סוגי ה'זיווגים' הוא, על דרך משל, כמו ההבדל בין זיווג רוחני לזיווג גופני.[46] זיווג זו"נ הוא כמו הזיווג הגופני באדם, המוליד לא רק רוחניות אלא מציאות גשמית ממש, מציאות של אדם נוסף, שאינו רק הארה רוחנית מהאב או האם אלא העתקה מלאה, ממשית, של האב והאם. וכך למעלה, באצילות, זעיר אנפין ונוקבא הם בחינת הזכר והנקבה המתייחסים לכל העולמות. זעיר אנפין הן 'הפנים הקטנות' של האצילות, המידות המבטאות את פנימיות האצילות בקטנות, באופן שמתייחס על העולמות; והנוקבא היא המלכות, המקור של כל העולמות כפי שהם באצילות, שהיא ה'שכינה' השוכנת בכל דבר ומחיה בחיות אלוקית כל דבר, עד למטה מטה. זיווג זו"נ הוא לפיכך ההגדרה הכוללת ביותר של התאחדות וזיווג המשפיע והמקבל, הקב"ה בעולמות. לעומת הייחוד של נשיקין שהוא פנימי, כעין הכנה בתוך ההוויה האלוקית עצמה לקראת הייחוד, הייחוד של זו"נ הוא הייחוד עם הנוקבא ממש, עם המלכות, עם המציאות והאחר. ומייחוד כזה יוצאות הנשמות המתלבשות בגוף בעולם הזה, להיות הוויה לעצמה – מעין העתקה של האלוקי עצמו, כביכול, בחינת 'בן' לקב"ה.

קוֹדֶם שֶׁיָּרְדוּ הנשמות **לבי"ע** (לעולמות בריאה יצירה עשייה). הנשמות מיועדות לרדת לעולמות בריאה יצירה ועשייה ולהתלבש בגוף הגשמי, אך קודם שהן יורדות יש להן שורש מציאות למעלה, באצילות.

ושם הן **אֵינָן בִּכְלָל 'יֵשׁ' וְדָבָר נִפְרָד בִּפְנֵי עַצְמוֹ, אֶלָּא הֵן מֵעֵין בְּחִינַת אֱלֹקוּת.** הן מעין אלוקות במובן זה שהן אינן נפרדות, שהן חלק אלוקי ושאין בהן שום דבר שאינו אלוקי, אבל הן אינן אלוקות בכל ההיקף האין סופי. יש כאן כבר הגדרה של מלאך פלוני, נשמה

הצמצום אדמו"ר הזקן משתמש כאן במושג הקבלי 'צמצום', משום שהמעבר הזה מהאין סוף אל הנשמות הללו שבאצילות הוא כמו המעבר הראשוני ביותר אל עולם האצילות עצמו (עוד יותר מהמעבר של 'יש מאין' מאצילות לבריאה), והוא כעין הצמצום הראשון המתואר בכתבי האר"י ז"ל. כמו הצמצום הראשון, כך כל צמצום מתייחס באופן כלשהו לשלב המעבר הראשוני מהאין סוף אל הגבולי, שבו האין סוף מפסיק כביכול להיות אין סוף, ולכן הוא נקרא 'צמצום' באשר הצמצום הוא, בעצם, מהות ומקור כל ההגבלות.

הקו 'קו' הוא מושג בקבלה,[47] המתאר את האור המאיר בתוך החלל שאחר הצמצום. הצמצום חל על אור אין סוף;[48] הוא יוצר בו 'חלל' ששם הוא מצומצם ואיננו מתגלה. ובתוך החלל הזה מאיר ה'קו', לאמור האור שאיננו אין סוף כפי שהיה לפני הצמצום. אין זה קו פרטי של חסד או חכמה או גבורה וכו', אלא קו כללי הכולל הכול, את עצם המושג של

פלונית, שכאשר היא תרד למטה, לעולמות הנבראים, להתלבש בכלים של בריאה יצירה עשייה, היא תהיה לנברא. אבל כל עוד היא באצילות היא על דרך משל רק כמו רצון ומחשבה פנימית המתייחסת אל העצמי בלבד, כביכול מציירת ציור במהות העצמית כפי שיהיה בחוץ. ולמעלה, כפי שהוא באצילות, מאוחד רצון זה עם האלוקי הרוצה והחושב זאת, ללא התייחסות עדיין אל גדרי העולמות – איך וכמה וכיצד יהיה הדבר בגדרים אלה.

בְּצִמְצוּם עָצוּם. הנשמות הן מעין אלוקות, אבל בצמצום עצום.

וּכְעֵין הַכֵּלִים דְּעֶשֶׂר סְפִירוֹת דַּאֲצִילוּת. הנשמות שבאצילות הן כמו הכלים של עשר הספירות שבאצילות, שכאמור בתחילת האיגרת הם מאוחדים באלוקות, כחלק מה'אין' האלוקי ולא מה'יש'.

שֶׁהֵן, הכלים של הספירות והנשמות שבאצילות (הדברים להלן נכונים הן לגבי הנשמות והן לגבי הספירות של האצילות, אם כי בהמשך – שבסוגריים להלן ולאחריהם – נראה שהם מתייחסים אל הנשמות), **בִּבְחִינַת גְּבוּל, עַל יְדֵי צִמְצוּם אוֹר הָאֵין סוֹף.** הגבלתן היא מחמת צמצום אור האין סוף, **הוּא הַקַּו.** אור האין סוף המצומצם, המוגבל בממדים של מעלה ומטה וכו', הנכנס אל תוך החלל הפנוי מהאין סוף ומתלבש בכל הכלים והעולמות, הוא הנקרא בלשון הקבלה ה'קו'.

הַמְלוּבָּשׁ בְּנֶפֶשׁ רוּחַ נְשָׁמָה שֶׁלָּהֶם. ה'קו', הוא אור אין סוף המצומצם, מתלבש בכלים. באצילות הכלים הם עשר הספירות של האצילות, ובנשמות הם מדרגות 'נפש' 'רוח' ו'נשמה'. כידוע שמבין חמש דרגות הנפש (נפש רוח נשמה חיה יחידה), שלוש הדרגות של נפש רוח ונשמה הן הדרגות שבהן מתלבש אור הנשמה כאור פנימי, לעומת הדרגות חיה ויחידה שבהן מאיר אור הנשמה כאור מקיף.[49]

וּכְמוֹ צִמְצוּם הָרִאשׁוֹן לִהְיוֹת חָלָל וְכוּ'. הצמצום של ה'קו' המתלבש בספירות ובנשמות שבאצילות הוא כמו המשך לצמצום הראשון.

החשיבות באמירה זו, שהאור המצומצם בכלי הספירות ובנשמות הוא כמו הצמצום

קו, של אור אין סוף שאחר הצמצום. ונקרא 'קו' על דרך משל, כמו הקו לעומת העיגול. על היקפו של העיגול אין שום נקודה שונה מחברתה; אין לו ראש ואין לו סוף, אין שום דבר שאפשר להגיד עליו: לא גודל, לא צד ולא מהות; אין בו שום דבר לעומת דבר, שום דבר שמתייחס לדבר, כי כל צד ו'חלק' בו שווים לכל צד אחר, ולכן הוא המשל לאין סוף. לעומת זאת בקו יש ראש ויש סוף, יש ראש בצד שבו הוא יוצא מעיגול האין סוף, ויש סוף בצד השני והוא המשכתו אל תוך העולמות הנבראים, אל עולמות ה'יש', עד שישותם נעשית גסה כל כך שהיא מסתירה כביכול את האור לגמרי. לעומת העיגול, שהוא שורש כל האורות המקיפים, הקו הוא שורש כל האורות הפנימיים, הנכנסים וממלאים את העולמות והכלים. ה'קו' מבטא אפוא את חדירת האור האלוקי האין סופי אל תחום המוגבל.

הצמצום הראשון 'הצמצום הראשון' הוא מושג יסודי בקבלה,[50] המתאר את השלב הראשון והמשמעותי ביותר בכל סדר

(ואף גם לאחר שירדו הנפש רוח נשמה דאצילות לעולם הזה לצדיקים הראשונים אפשר שלא נשתנה מהותן להיות דבר נפרד מאלקות

הראשון, היא בכך שקו המעבר בין האין סוף למוגבל ולנברא אינו נמצא רק אי שם למעלה בשחר ההשתלשלות, אלא חודר אל תוך הספירות והעולמות והנשמות; שהוא והאין סוף שמעבר לו נמצאים, אפשר לומר, איתנו, בכל מקום, ולא רק מעבר לנו.
בהמשך הדברים מובא מאמר בסוגריים, אגב הדברים שנאמרו. בתיאור סדר השתלשלות המדרגות מהספירות שבאצילות אל העולמות הנבראים נזכר מעמדם המיוחד של ההיכלות עם המלאכים והנשמות שבעולם האצילות. ונאמר שגם בזה יש חלוקה בין ההיכלות וגופות המלאכים לבין נשמות המלאכים ונשמות האדם: ההיכלות וגופות המלאכים הם בחינת 'יש' ביחס לספירות, מה שאין כן הנשמות, שאינן בבחינת 'יש'

ההשתלשלות. תחילת הכול הוא ה' לבדו, ומלבדו אין שום דבר ואין מקום לשום דבר (וצריך לזכור, שמושג האין סוף על פי האמת אינו ניתן לתפיסה על ידינו; אין לנו כלים להתייחס לזה, ולכל היותר אנו יכולים לחשוב בדימויים שונים, כל אחד לפי שיעורו ואישיותו. ובאופן זה יש להתייחס לכל השגה בדברים אלה). כדי שיהיה 'מקום', כלומר אפשרות שיהיו דברים, היה הצמצום. הצמצום עדיין אינו התהוות של איזה דבר, אלא רק צמצום, סילוק כביכול, של נוכחות האין סוף, שיהיה 'חלל' שהוא פנוי כביכול מהאין סוף. את האין סוף הרי אי אפשר לשנות, להקטין, לחלק ולהגביל, כי באותה שעה שנוגעים בו – כבר אין זה אין סוף. ולכן התפיסה של הצמצום הראשון היא של סילוק האור; לא מיעוטו או הגבלתו, אלא סילוקו מכול וכול להיות חלל פנוי מכול. זו מהות הצמצום הראשון.
צריך להבין שכשם שהארת האין סוף היא כוח אלוקי, אף צמצומו הוא כוח אלוקי, ולכן אין החלל הזה פנוי כפשוטו מעצמות האלוקות, אלא רק מהאור וההתגלות האלוקיים. ובמובן זה מגלה אור הקו המאיר אל תוך החלל את שני הצדדים: את אור אין סוף ואת צמצומו. הוא מגלה ומבטא את אור אין סוף, שהרי אין דבר אחר לגלות; אבל הוא מגלה גם את צמצומו, שהרי הוא אור אין סוף שהצמצום מגבילו.

מושג 'הצמצום הראשון' מורה שיש לכאורה צמצומים נוספים. ואכן, בכמה מקומות מדברים גם על צמצומים אחרים בסדר ההשתלשלות. ואולם אין אלה צמצומים באותו מובן מוחלט של הצמצום הראשון, אלא במובן הפשוט של הסתר ומיעוט האור. רק הצמצום הראשון, המתייחס אל האין סוף המוחלט שקודם לכול – הוא בהכרח סילוק גמור, להיות חלל פנוי, כפי שהוסבר. עם זאת, לצמצום הראשון יש מעין 'רעשי משנה', הדים המתפשטים גם במקומות אחרים בסדר ההשתלשלות. ביטוי כזה של צמצום נמצא בכל מקום שיש כעין נגיעה בין האין סוף והגבול; גם אם אין זה אור אין סוף כמו שהוא לפני הצמצום, אלא רק גילויו של אור זה באור הקו. ולפי שגילוי אור אין סוף שבקו נמשך, כאמור, בספירות שבאצילות, הרי כדי שיתהוו הכלים של הספירות – שהם כאמור בעלי גבול – צריך הדבר להיות על ידי צמצום שהוא כמו הצמצום הראשון, להיות חלל וסילוק גמור של האין סוף.

נשמות דאצילות כל הנשמות שורשן באצילות וכל הנשמות מתלבשות ופועלות בגוף גשמי בעולם העשייה, ואולם יש הבדל בין הנשמות באופן מציאותן ובהתגלותן בדרגות שונות. יש נשמות של עשייה, של

ודבר נפרד אלא מעין בחינת האלוקות והספירות. אמנם, הגדרה זו של הנשמות היא דווקא בהיותן עדיין באצילות, ולהלן בסוגריים יתייחס לאפשרות שנשמות מסוימות תרדנה, במצבן זה שבאצילות, לעולמות. ונשאלת השאלה: מה תהיינה אותן נשמות אז, 'יש' או 'אין'?

(וְאַף גַּם לְאַחַר שֶׁיָּרְדוּ הַנֶּפֶשׁ רוּחַ נְשָׁמָה דַּאֲצִילוּת לְעוֹלָם הַזֶּה לַצַּדִּיקִים הָרִאשׁוֹנִים. אופן זה של ירידת הנשמות כפי שהן באצילות לעולמות הוא נחלתם של הצדיקים הגדולים, 'הצדיקים הראשונים', אלה שיש להם מה שקוראים 'נשמה דאצילות'. דהיינו שגם בהיותה בגוף הגשמי הנשמה נמצאת, חושבת ומרגישה כבעולם האצילות.

אֶפְשָׁר[55] **שֶׁלֹּא נִשְׁתַּנָּה מֵהוּתָן לִהְיוֹת דָּבָר נִפְרָד מֵאֱלֹקוּת,** נשמות אלה, גם בירידתן לעולם הזה, הן עדיין באצילות. בכל המופעים שלהן הן תמיד מהות והתגלות אחת, המאוחדת באלוקי כפי שהיא בעולם האצילות.

יצירה ושל בריאה, ויש מיעוט שבמיעוט של נשמות שהן נשמות של אצילות. נשמה של עשייה היא נשמה שהתגבשותה כנשמה פרטית זו, באישיותה, בכוחותיה ובחוויותיה, היא בעולם העשייה. בעולמות גבוהים יותר יש לה שורשים, ניצוצות, אבל כנשמה זו היא קיימת רק בעולם העשייה. וכך בנשמות של יצירה וכו', שמתלבשות בגוף בעולם העשייה, אבל שייכות בעצם עניינן וחווייתן לעולמות גבוהים יותר. מכל אלה מיוחדות הנשמות של האצילות, שאין הן מורכבות ומתלבשות במקומות ובדברים אחרים, אלא כפי שהן בשורשן, באצילות, כך הן בכל מקום. לאמור: באותה אחדות עם האור האלוקי עצמו, לא כפי שהוא מושפע ומואר בהיכלות ובעולמות אלא – כפי שהוסבר כאן לגבי הנשמות שבאצילות – בבחינת ה'אין' לגבי ה'יש' אפילו בעולם האצילות.

במקומות אחרים מחלקים את כלל הנשמות לשתי דרגות: נשמות של אצילות ונשמות של בי"ע (בריאה יצירה עשייה).[51] הנשמות של בי"ע הן רוב הנשמות שבכל הדורות, ונשמות של אצילות הן נשמות הצדיקים המעטים שבכל דור, כמו האבות וכמו רשב"י,[52] ולכן קורא להן כאן אדמו"ר הזקן 'הצדיקים הראשונים'. באותו מקום[53] מבואר שהמייחד את הצדיקים הראשונים האלה היא הדעת שיש להם באלוקות, כלומר שהם יודעים אלוקות בפשטות ובממשות כפי שאנו יודעים את העולם הזה. המציאות האלוקית היא אצלם כמו בראייה בלתי אמצעית, שככה זה בפשטות, מה שאין כן שאר הנשמות של צדיקים ובינונים, שהם 'נשמות דבי"ע', שהמציאות האלוקית היא אצלם כמו דבר ששמעו מאחרים; שאפילו הם מבינים את הדבר ומשוכנעים במציאותו, אין זה באותה ודאות כמו אצל מי שרואה בעצמו. ובשורש הדבר מבואר שכל הנשמות אכן ירדו לעולם הזה, אלא שירידת הנשמות דבי"ע היא בהתלבשות בבריאה יצירה עשייה, ואילו ירידת הנשמות דאצילות היא דרך מעבר בלבד בעולמות בי"ע.[54] כלומר, הנשמות של בי"ע כמו נולדו מחדש, 'נבראו' בעולם הזה כמציאות חדשה שאינה זוכרת ואינה חשה את מציאותה הקודמת באצילות; הן נמצאות בעולם הזה ומלובשות בלבושי העולם הזה המסתירים מהנשמה את האור האלוקי. ואילו הנשמות דאצילות רק עוברות דרך העולמות, אבל אינן מלובשות בהם. העולם הזה קיים לגביהן, אבל לא כמציאות שהן כלואות בתוכה, כלומר חושבות ומרגישות רק דרכה, אלא כמו עולם של מישהו אחר, כמו הסתר שמסתיר למישהו אחר, בעוד בשבילן הכול רק מגלה ומבטא את האלוקי כפי שהוא נראה מלמעלה.

ולכן היו מסתלקות כשרצו לחטוא בטרם יחטאו וקרוב לומר שגם האלפים ורבבות עלמין דיתבין בגולגלתא דאריך אנפין וז"א אינן עלמין ממש כעין ההיכלות דאצילות ובחינת יש אלא כעין נשמות המלאכים שיצאו מזיווג הנשיקין ונקראו עלמין לגבי בחינת הגולגלתא ודיקנא) אך אינן

וְלָכֵן הָיוּ מִסְתַּלְּקוֹת כְּשֶׁרָצוּ לַחֲטוֹא בְּטֶרֶם יֶחֶטְאוּ.[56] נשמות אלה לא נעשו חלק מהעולם הזה, אלא הן כביכול רק נישאות עליו כל עוד הדבר אפשרי. ואולם העולם הזה, כיוון שהאלוקי נסתר בו לגמרי, יכול גם לחטוא, לקבל גם צורה של קליפה, ואין זו סתירה למציאותו. מציאותו היא סדר של דברים שאפשר לראותם כנובעים ומקבלים מהאלוקות, אך אפשר גם לראותם כעומדים בפני עצמם, ולכן מהותו היא שהוא יכול לקבל גם צורה של חטא וקליפה. מה שאין כן בעולמות העליונים, ובוודאי בעולם האצילות, שכל מהותו הוא ביטוי אלוקי ישיר, בלתי אמצעי, שם אין הדבר אפשרי כלל, ולכן נשמה כזו של אצילות יכולה להיות בעולם הזה כל עוד אין בו חטא, כל עוד הוא מסודר באופן שאיננו סותר את הגילוי האלוקי (שגם אם איננו מגלה אותו הוא איננו אומר את ההפך), אבל "כשרצו לחטוא", כאשר רק עלה הדבר כאפשרות, כבר אין הנשמות של האצילות יכולות להיות בו, ומסתלקות ממנו.

אגב שרטוט הקו שבין ה'יש' וה'אין' בעולם האצילות – שעבר, כאמור, בין ההיכלות שבאצילות וגופי המלאכים ששם, שהם 'יש' (יש נאצל), ובין הנשמות ונשמות המלאכים

עלמין דיתבין בגולגלתא כהגדרתם של מושגים רבים בקבלה, גם הגדרה זו של עולמות היא יחסית. שכן ככל שמושג הוא מופשט יותר, כך אין לנו דרך להגדיר אותו אלא ביחס למושגים אחרים, ואותה מילה או מושג עצמם יכולים לשמש ברמות שונות של משמעות, הכול לפי נקודת ההתייחסות. וכך, מה שלגבי האצילות אינו בבחינת 'יש' ונפרד נקרא 'עולמות' ו'יש' לגבי הגולגלתא והדיקנא. גולגלתא שבא"א (אריך אנפין) וז"א (זעיר אנפין) הם, באופן כללי, הכתרים של פרצופים אלה (א"א וז"א). הגולגלתא היא כמו הגולגולת שבגוף, העצם החוֹפָה על המוח שבראש, וברוחניות היא בחינת הכתר המקיף, שלמעלה מכוחות השכל. גולגלתא דא"א היא הכתר של הפנים הארוכות, הגדולות (=אריך אנפין), הוא ההיקף הגדול של המציאות הכולל בתוכו את עולם האצילות, וגולגלתא דז"א היא הכתר של הפנים הקטנות (=זעיר אנפין) שבאצילות, המשפיע הישיר (בקטנות ובצמצום המתחייבים) לכוחות המחיים את העולמות הנבראים והעולם הזה. העולמות שבגולגלתא דא"א וז"א הם אפוא העולמות של הגולגלתא והכתר של האצילות, ולכן הם בחינת עולם ו'יש' לגביהן (כמו ההיכלות של האצילות, שהם עולם ו'יש' לגבי עולם האצילות). אך לגבי עולם האצילות עולמות אלה של הגולגלתא הם כמו הגולגלתא בעצמה – היינו בחינת 'אין' ולא 'יש'.

ה'דיקנא' שנזכר עם הגולגלתא הוא הזקן. וכמבואר ששערות הזקן ('תיקוני דיקנא'), הן בכלל ההמשכה מהמקיף אל הפנימי, מהגולגלתא והכתר אל הכוחות הפנימיים, השכל והמידות. ולכן, לגבי האצילות והעולמות בכלל – הדיקנא הוא כמו הגולגלתא, המעביר ומייצג את הכתר העליון בתוך עולם האצילות ובעולמות הנבראים.

במקומות אחרים[58] מבואר שעולמות אלה

שבאצילות שהן 'אין' – מעיר אדמו"ר הזקן שיש עולמות למעלה מזה, שכמו הנשמות גם הם 'אין' ולא 'יש'.

וְקָרוֹב לוֹמַר שֶׁגַּם הָאֲלָפִים וּרְבָבוֹת עָלְמִין דְּיָתְבִין בְּגוּלְגַּלְתָּא (העולמות היושבים בגולגולת) **דְּאָרִיךְ אַנְפִּין וּזְעֵיר אַנְפִּין,**[57] ה'גולגולת' היא הכתר (שלמעלה מהאצילות), כמו עצם הגולגולת שמעל ומקיף לשכל שבראש. והעולמות שבהם **אֵינָן עָלְמִין** (אינם עולמות) מַמָּשׁ, **כְּעֵין הַהֵיכָלוֹת דַּאֲצִילוּת** (שבאצילות) **וּבְחִינַת 'יֵשׁ',** כמו שנתבאר לעיל, **אֶלָּא כְּעֵין נִשְׁמוֹת הַמַּלְאָכִים שֶׁיָּצְאוּ מִזִּיווּג הַנְּשִׁיקִין.** שבדומה לנשמות ולנשמות המלאכים שנזכרו בהיכלות שבאצילות, אינם בבחינת 'יש' ונפרד כלל, אלא כעין בחינת אלוקות. ובחינות אלו, הרוחניות, באות מזיווג הנשיקין הרוחני. על דרך משל, כמו רגשות הבאים מהנשיקה לעומת הילד ממש הבא מהזיווג הגופני.

וְנִקְרְאוּ אותם עולמות עליונים שבגולגולת **עָלְמִין** [עולמות] מלשון העלם, שהאלוקי נעלם בו ולכן הוא רואה את עצמו כנפרד ו'יש', רק **לְגַבֵּי בְּחִינַת הַגּוּלְגַּלְתָּא וְדִיקְנָא** [הגולגולת והזקן] עצמם**).** אף על פי שעולמות אלה אינם מעלימים את האור האלוקי שבאצילות כלל, מכל מקום נקראו 'עולמות' לפי שהם מסתירים אלוקות בדרגה הגבוהה יותר מאצילות, היא דרגת הגולגלתא והדיקנא.

ובחזרה להמשך הדברים שלפני הסוגריים: דובר על הנשמות, שכמו הספירות שבאצילות הן מעין בחינת אלוקות.

אַךְ אֵינָן, נשמות אלה הן כעין הספירות שבאצילות אך לא כמותן ממש, שהרי הספירות

(היושבים בגולגולת) הם עולמות במצב הקודם להיותם עולמות נבראים, כמו המחשבה הקודמת לדיבור ואף קודם המחשבה. כל העולמות נבראו על ידי הקב"ה בדיבור ובאותיות: העולמות הנבראים – בריאה יצירה עשייה – נבראו באותיות הדיבור; והעולמות הנעלמים, הפנימיים, הם כמו אותיות המחשבה. כפי שהמחשבה היא פנימית באדם, ואינה יוצאת ומתגלה כלפי חוץ, כך העולמות של אותיות המחשבה הם עולמות פנימיים ונעלמים. המחשבה היא פנימית יותר מהדיבור במובן זה שהיא קרובה יותר לאדם עצמו ומבטאת אותו עצמו כלפי עצמו, לעומת הדיבור המתייחס כבר אל הזולת שבחוץ. אכן, גם באותיות המחשבה יש דרגות למעלה מדרגות, דקות ורוחניות יותר ויותר, עד שהן בטלות ומאוחדות עם האדם עצמו אף פנימה מכוחות נפשו, הכרתו ורגשותיו; אין שום חציצה, שום הפרדה בין עצם הנפש ורצונה הפנימי ובין אותן אותיות דקות שבדקות שבהן הוא מביע את עצמו לעצמו. עם זאת, אלו הן בכל זאת אותיות; והאותיות, כל כמה שהן דקות, הן סוג של כלי שמגדיר, בורא ומעביר תכנים ממקום למקום. כך אותיות ועולמות אלו כבר מוגדרים במשהו מתוך האין סוף, ולכן נקראים 'עולמות' לגביו.

שורש הנשמות ומקום גילוין למרות שבמקומות אחרים מדובר על כך ששורש הנשמות גבוה יותר (יותר מכל דבר, חלק אלו־ה ממעל ממש[59]), צריך לומר שכאן אין מדובר על שורש נשמות ישראל בכלל, אלא על התגלות ולידת נשמות מסוימות באצילות (כפי שהנשמות שבבריאה או נשמות שביצירה ועשייה הן התגלות ולידה של נשמה באותו עולם, שתרד להתלבש בגוף). ואם כן, מציאות הנשמה, גם בעולם האצילות, היא של הוויה

אלקות ממש לברוא יש מאין מאחר שכבר יצאו ונפרדו מהכלים דעשר ספירות שבהן מלובש הקו מאור אין סוף שהאור הוא כעין המאור הוא מהותו ועצמותו של המאציל ברוך הוא שמציאותו הוא מעצמותו ואינו עלול מאיזה עילה שקדמה לו חס ושלום ולכן הוא לבדו בכחו ויכלתו לברוא יש מאין ואפס המוחלט ממש בלי שום עילה וסיבה אחרת קודמת ליש הזה וכדי שיהיה היש הזה הנברא בכח האין סוף בעל גבול ומדה נתלבש אור אין סוף בכלים דעשר ספירות דאצילות ומתייחד בתוכן בתכלית היחוד עד דאיהו וגרמוהי חד לברוא בהן ועל ידן ברואים בעלי גבול ותכלית ובפרט על ידי התלבשותן בבי"ע.

של האצילות הן, כמבואר בתחילת המאמר, **אֱלֹקוּת מַמָּשׁ לִבְרוֹא יֵשׁ מֵאַיִן.** כך הוגדר הצד השווה בין האלוקי בעצמו לספירות: היכולת לברוא יש מאין.

מֵאַחַר שֶׁכְּבָר יָצְאוּ הנשמות **וְנִפְרְדוּ מֵהַכֵּלִים דְּעֶשֶׂר סְפִירוֹת, שֶׁבָּהֶן מְלוּבָּשׁ הַקַּו מֵאוֹר אֵין סוֹף.** הנשמות אמנם נמשכו מפנימיות הכלים דאצילות, והן בטלות ואינן ישות נפרדת מהם; אך מכל מקום, מאחר שכבר נמשכו ויצאו מהכלים, הן אינן אותו דבר. וההבדל הוא שהקו מאור אין סוף עצמו, הנושא את כוח האין סוף לברוא יש מאין, כבר אינו מתגלה בהן, אינו פועל דרכן לברוא יש מאין.

שֶׁהָאוֹר הוּא כְּעֵין הַמָּאוֹר. הגם שהוא הארה בלבד, הכלל הוא שהאור הוא מעין המאור. כלומר, משום שאין באור שום דבר מלבד המאור, הוא גם מבטא ומעביר משהו ממהותו של המאור בעצמו. וזה 'מעין המאור', שמה שהוא מאיר הוא ביטוי נקי של מהות המאור.

הוּא, המאור, **מַהוּתוֹ וְעַצְמוּתוֹ שֶׁל הַמַּאֲצִיל בָּרוּךְ הוּא, שֶׁמְּצִיאוּתוֹ הוּא מֵעַצְמוּתוֹ, וְאֵינוֹ עָלוּל מֵאֵיזֶה עִילָּה שֶׁקָּדְמָה לוֹ חַס וְשָׁלוֹם.** שהרי מהותו ועצמותו הוא המאציל והוא

שכבר יצאה ונולדה כמציאות באותו עולם, לעומת הספירות שהן תמיד רק הגילוי האלוקי הבורא והמחיה את אותו עולם.[60]

האור הוא כעין המאור משל עתיק הוא שהקב"ה והחיות הנמשכת ממנו הם כמשל המאור והאור.[61] לשימוש במשל זה יש כמה טעמים, ואחד מהם הוא היחס הזה "שהאור הוא כעין המאור". כמו במשל, לאור אין קיום נפרד מהמאור – לא רק ביצירתו בעבר אלא כל זמן היותו; אם אין המאור מאיר אותו, הוא איננו. אין לו מהות אחרת, תכונות אחרות, שם אחר; אין הוא אלא התגלות מסוימת של המאור, ובמילים אחרות – "האור הוא כעין המאור". אכן, במציאות האור איננו מופיע בפני עצמו אלא מלובש בכלים, וככל שהוא מתרחק מהמאור הוא מתלבש בכלים מרובים ושונים יותר, המסתירים יותר ויותר את מקורו. וכך בנמשל, ה'קו' בכללו הוא קו אור האין סוף, שמקורו באין סוף עצמו. אמנם בעולמות הנבראים, ששם הכלים הם 'יש' ונפרד מהאלוקי, האור כבר איננו מגלה את האין סוף וכוח האין סוף; רק בעולם האצילות, שבו "איהו וחיוהי חד איהו וגרמוהי חד", שהוא והאור והכלי הם באחדות אחת, מתגלה גם בכלים שהאור הוא כעין המאור.

הבורא; ואין בלעדו מישהו שהאציל אותו; הוא מאציל אחרים והוא לבדו המקור הראשון. אכן, מציאות כזו שאינה קיימת בעולמנו, שבו לכל מציאות נמצאת מציאות שקדמה לה, אינה נתפסת בשכלנו האנושי. אך זה בדיוק מה שרצונו לומר כאן: שיש דבר כזה שאינו מהדברים המוכרים לנו, שאינו נברא ואינו נאצל, אלא הוא הבורא והמאציל שמעבר לכל הנברא והנאצל, והוא הוא האלוקי עצמו.

וְלָכֵן הוּא לְבַדּוֹ בְּכֹחוֹ וִיכָלְתּוֹ לִבְרוֹא יֵשׁ מֵאַיִן וְאֶפֶס הַמּוּחְלָט מַמָּשׁ בְּלִי שׁוּם עִילָּה וְסִיבָּה אַחֶרֶת קוֹדֶמֶת לַיֵּשׁ הַזֶּה. כפי שהוא בעצמו אינו נברא מאיזה בורא שקדם לו, כך הוא לבדו – ולא אחד מכל הברואים והנאצלים – יכול לברוא יש מאין וכו׳; שכן קודם לו אין ׳יש׳ אחר, אלא אין ואפס המוחלט ממש.

התפיסה של האלוקי שהוא אחד מקבילה כאן לתפיסה של האלוקי שהוא הבורא יש מאין. שכן רק הוא לבדו – הנבדל בייחודו מכל העולמות, שאין עימו מציאות אחרת – יכול להתחיל מהאפס המוחלט, לברוא יש מאין.

וּכְדֵי שֶׁיִּהְיֶה הַ׳יֵּשׁ׳ הַזֶּה, הַנִּבְרָא בְּכֹחַ הָאֵין סוֹף, בַּעַל גְּבוּל וּמִדָּה. האור הוא כעין המאור, ולכן כשם שהמאור (המאציל) הוא אין סופי כך האור שהוא מאיר הוא מצד עצמו אין סופי. ואולם ה׳יש הנברא׳ הוא בהכרח בעל גבול ומידה – הגדרתו כ׳יש׳ מחייבת שיהיה לו גבול המפריד אותו מהאין סוף. ולשם כך **נִתְלַבֵּשׁ אוֹר אֵין סוֹף בְּכֵלִים דְּעֶשֶׂר סְפִירוֹת דַּאֲצִילוּת** שהם, כאמור, בעלי גבול, **וּמִתְיַיחֵד בְּתוֹכָן בְּתַכְלִית הַיִּחוּד עַד ׳דְּאִיהוּ וְגַרְמוֹהִי חַד׳** (שהוא והכלים אחד): ״איהו״ המאור והאור שמעין המאור, ו״גרמוהי״ הם הכלים של עשר הספירות, ורק בהיותם יחד, בייחוד ובאיחוד גמור, ניתן **לִבְרוֹא בָּהֶן וְעַל יָדָן,** באור המתלבש בספירות ועל ידי הספירות בעלות הגבול, **בְּרוּאִים בַּעֲלֵי גְּבוּל וְתַכְלִית.** הביטוי ״גבול ותכלית״ מורה על כך שגבול הנבראים הוא גם התכלית; השלמת הכוונה בבריאה מגיעה דווקא על ידי הגבול.

וּבִפְרָט עַל יְדֵי הִתְלַבְּשׁוּתָן בבי״ע (עולמות בריאה יצירה ועשייה). עיקר הגבול ותכלית

יש מאין ׳יש מאין׳ אינם רק שני דברים, שני שלבים, ׳אין׳ שאחריו ׳יש׳. הסוד הגדול שבדבר הוא דווקא בהיותם יחד, ׳יש מאין׳ – כלומר ה׳יש׳ שבא מן ה׳אין׳, שמקבל ממנו, שיודע שהוא מ׳אין׳. ׳אין׳ כשלעצמו הוא תפיסה שקיימת כמעט בכל תרבות אנושית; יש אלוקים, אין סוף, אי שם בשמי השמיים.[62] ׳יש׳ כשלעצמו גם הוא תפיסה שמפרנסת כמה עולמות, עולמות של ״כֹּחִי ועֹצֶם ידי״, בין במלוא גסותה של התפיסה ובין בצורותיה הדקות. ואולם התפיסה של ׳יש מאין׳ היא פנימית וכוללת לאין ערוך, והיא מייצגת את עומק תפיסת העולם היהודית של יש השואב בכל הווייתו ומאודו מן האין, שבטל אל האין ויחד עם זה הוא יש ברצון האין. כפי שצוין, החיבור והמעבר הללו של ה׳יש׳ מה׳אין׳ הם נושאו המרכזי של מאמר זה, המתחקה אחר קוויו ומנסה לזהותם ולהגדירם בכל מקום. והייחוד של ׳איהו וחיוהי חד׳ מתגלה כמהותי לנושא המאמר, שכן ייחוד זה הוא הייחוד הפנימי העומד בעומק ובמקור התפיסה של ׳יש מאין׳.

בכמה מקומות מבואר שלמציאות זו יש גם מקבילה בעבודת ה׳. לאמור, ׳יש מאין׳ זו תנועה אלוקית, ׳מעשה אלוקינו׳ הבורא ומחיה את כל העולמות; וכנגדה יש תנועה מלמטה,

ח תשרי פשוטה

ד תשרי מעוברת

•אמנם מודעת זאת שעיקר התהוות היש ודבר נפרד לגמרי הוא ממלכות דאצילות שנעשה עתיק דבריאה כי אין מלך בלא עם וכו׳

ההשתלשלות הם העולמות הנבראים, בריאה יצירה עשייה, ובפרט שבפרט העולם הזה, הוא עולם העשייה הגשמי.

אָמְנָם מוּדַעַת זֹאת שֶׁעִיקַּר הִתְהַוּוּת הַיֵּשׁ וְדָבָר נִפְרָד לְגַמְרֵי. ה׳יש מאין׳ איננו דרגה אחת. כפי שנזכר יש ׳יש׳ בדקות בעולם האצילות, ודרגות גסות יותר של ׳יש׳ נמצאות בעולמות הנבראים. ולכן מדובר כאן על שלוש דרגות נוספות: ׳דבר׳, ׳נפרד׳ ו׳לגמרי׳, המתייחסות לשלושת העולמות הנבראים: בריאה יצירה ועשייה. ככל שהעולמות יורדים בסדר ההשתלשלות הם נעשים אטומים יותר ומוארים פחות, וה׳יש׳ שבהם נעשה גס ונפרד יותר עד שהוא מרגיש עצמו נפרד לגמרי, כאילו אין כוח מעליו המחיה ומהווה אותו.

הוּא מִמַּלְכוּת דַּאֲצִילוּת. בכל עשר הספירות שבאצילות מתלבש אור אין סוף כדי להתייחס אל הברואים בעלי הגבול, ואולם עיקר התהוות ה׳יש׳ הנפרד הוא על ידי ספירת המלכות שבאצילות; היא האוספת ומעבירה את הארת הספירות כולן אל תחום העולמות הנפרדים. וכמו בנפש, שהמלכות היא הדיבור, שהוא זה שמסכם ומוציא את כוחות הנפש – השכל וההרגשות – בלבוש ובצורה כאלה שהאחר יכול לקבלם.

מלבד זה שהמלכות היא הספירה האחרונה מעשר הספירות שבאצילות, ולכן היא התוצאה והמציאות המתקיימת מפעולת כל הספירות, יש גם טעמים פנימיים לכך ש׳מלכות׳ דווקא היא המקור להוויית העולמות הנפרדים:

שֶׁנַּעֲשָׂה עַתִּיק דִּבְרִיאָה. המלכות של האצילות היא הכתר של עולם הבריאה, ופנימיות הכתר היא הדרגה הנקראת ׳עתיק׳ (במובן של מֵעֵבר, הנבדל, כמו "המעתיק הרים".

מעשה האדם (הנקראת ׳אתערותא דלתתא׳ ו׳העלאת מ"ן [מים נוקבין]׳). עבודה זו מוגדרת בכמה מקומות כתנועה הפוכה: במקום ׳יש מאין׳ – ׳אין מיש׳; שכאשר האדם מבטל את ישותו – את רצונו, שכלו או רגשותיו, שבהם הוא תופס ומרגיש את עצמו ואת מה שנראה לו שהוא צריך לעצמו – אל הרצון הבלתי נתפס ואל החכמה הבלתי מושגת של האלוקי, הוא אז מבטל את ה׳יש׳ המוכר והמוחש לו – ל׳אין׳. עם כל ההבדלים, יש בתנועה זו של האדם, שכל אחד חווה אותה מפעם לפעם, בכדי להמחיש – בדרך של "מבשרי אחזה" – את מה שדובר כאן בבריאת ׳יש מאין׳.

המעבר הזה מלמטה, מ׳יש׳ ל׳אין׳, אף שהוא נראה כהפוך לתנועה מלמעלה, הוא על פי האמת זהה לה. שאלה עתיקה היא: מהו ׳יש׳ באמת ומהו ׳אין׳ באמת? היש מאין של הבריאה מוגדר בדרך כלל על פי תפיסת ההשגה שלנו; ה׳יש׳ הוא מה שאנו חשים ותופסים כ׳יש׳, וה׳אין׳ הוא מה שמעבר לזה. אבל האמת היא להפך: ה׳יש׳ האמיתי הוא האלוקי הנצחי המהווה כל דבר, וה׳אין׳ הוא הדמיון הזה שנראה לנו כ׳יש׳. ועבודת האדם להפוך את ה׳יש׳ ל׳אין׳ היא, על פי האמת, להפוך את ה׳יש׳ הלא אמיתי, שהוא בעצם ׳אין׳, ל׳יש׳ האמיתי שרק נראה לנו כ׳אין׳. במילים אחרות: תכלית כל עבודת האדם בעולם היא גם כן לברוא ׳יש מאין׳, כלומר

בצורה השלמה נקראת דרגה זו 'עתיק יומין', מה שמעבר לימי העולם, לממדי העולם). וכמו הכתר הגשמי שעל הראש, שאינו חלק מהאדם כמו הראש או הלב, אלא נמצא מעל לאדם, נבדל ממנו ועם זאת שייך אליו. וכך הכתר ביחס לעשר הספירות; הוא הכתר שלהן, השייך להן, ועם זאת הוא נבדל מהן ומתייחס למה שמעבר להן. ופירוש הדבר הוא שהכתר של כל עשר ספירות הוא הממוצע בין עשר הספירות לבין מה שלמעלה מהן: כתר של אצילות הוא הממוצע בין המאציל לנאצלים; כתר של בריאה – בין בריאה לאצילות וכו'. וכמו בכל ממוצע בין שתי דרגות גם בכתר יש משתי הדרגות שהוא מחבר ביניהן. חיצוניות הכתר מתייחסת אל העולם והספירות שלמטה וכוללת אותם (ונקראת 'אריך אנפין': פנים ארוכות, גדולות, הכוללות), ופנימיות הכתר היא 'עתיק יומין', הנעתק והנבדל מהעולם (ימים) ומעשר הספירות שלמטה, ושייך בעצם למציאות שלמעלה ומעבר לעשר הספירות. במובן זה המלכות דאצילות, שנעשית 'עתיק' לבריאה, היא גם המקור והמשפיע לעולם הבריאה וגם נעתקת ונבדלת ממנו. צירוף זה של השפעה יחד עם ריחוק והבדלה בורא למטה את המציאות של ה'יש' הנפרד: הוא המקבל את השפעת החיות וההוויה, אבל מאחר שהמלכות דאצילות היא לגביו בחינת 'עתיק' ונבדלת הוא אינו מכיר בה, ומרגיש את עצמו כ'יש' ונפרד.

ובאופן אחר מוסבר הדבר: **כִּי 'אֵין מֶלֶךְ בְּלֹא עָם' וכו'.**[63] ביטוי זה מובא בספרים ישנים בהתייחסות לספירת המלכות, ורצונו לומר שכל קיומה ומשמעותה של ספירת המלכות הם כאשר יש עם. עם במובנו היסודי הוא כפשוטו: אנשים שהמלך מולך עליהם, ואין המלך נקרא מלך אם אין לו עם למלוך עליו. ובאופן פנימי יותר מוסבר הדבר[64] דרך משמעות המילה 'עם'. עם מלשון עמעום (כמו גחלים עוממות), הוא זה שמקור חיותו וקיומו אינו מאיר בו בגילוי ובשקיפות אלא בעמימות, בהסתר ובהעלם, ועל כן אין הוא בטל במקורו המאיר בו אלא נראה כנפרד וכדבר לעצמו. "אין מלך בלא עם" פירושו

לגלות בתוך ה'יש מאין' המדומה שבמעשה הבריאה את ה'יש' וה'אין' האמיתי, האלוקי.

דרגות ה'יש' בהרגשתו של האדם מעין כל זה נמצא גם בהרגשתו של האדם. החל מהדרגות הראשוניות ביותר של 'אני קיים' – לא בסתירה לקיום אחר (של האלוקי) ואף לא בנפרד ממנו, אלא בעצם התפיסה של מציאות הדבר; דרך דרגות גסות יותר, שבהן הולכת הישות הזו ונפרדת מהאחדות האלוקית – אדם מרגיש את קיום עצמו כישות וכקיום עצמאי שאינו קשור במציאות שמעליו, ורק שכלו זוכר ומספר לו שיש 'אין' הבורא ואת אחדותו המוחלטת; ועד שבדרגות הנמוכות ביותר, במציאות של 'קליפה', יכול ה'יש' הזה של האני והעולם להרגיש נפרד לגמרי – כאילו שהאלוקי, גם אם הוא קיים, אין לו קשר והשפעה על פרטי ההתרחשויות בתוך העולם, עד כדי כך שהוא עלול גם להיסגר בתוך התחום הזה (הוא הקליפה) שבו חוסר המשמעות של האלוקי הופך לחוסר מציאות, אין עוד מלבד ישותו של ה'יש' וכו'.

אין מלך בלא עם ואין עם בלא מלך אמירה זו מובנת בשני הכיוונים. באופן אחד העם עושה את המלך, ובאופן אחר – המלך עושה את העם. אכן לגבי הקב"ה, שמתחילה אין שום אחר מלבדו וכל הוויית האחר היא 'יש מאין',

וגם ריבוי הנבראים והתחלקותן שנבראו בכח האין סוף יחיד ומיוחד בתכלית הוא על ידי ריבוי האותיות היוצאין ממלכות פי ה׳ וברוח פיו כל צבאם וה׳ מוצאות הפה הן מה׳ גבורות דנוקבא ולזאת נקראת עלמא דאתגליא כי בה נגלה כח אור אין סוף לברוא יש מאין שלא על ידי עילה ועלול

שאין מלך על עצמו, וגם לא על בנים (שהם בטלים לאביהם, שהם בעצם אחד עימו), אלא רק על העם שהם אחרים.[65] במידות האחרות, אף כשהן פועלות על הזולת, אין זה תנאי לקיומן. על דרך משל, אדם יכול להיות איש של חסד, ואם יש בסביבתו אנשים אחרים הוא יכול גם לגלות את חסדו בנתינה וכו׳; אבל גם אם אין הוא מגלה את החסד וכו׳ עדיין הוא איש חסד, בעל תכונות של חסד במהותו העצמית. מה שאין כן במידת המלכות: אם ניטל האחר, זה שמושלים עליו, לא נשאר דבר ממהות המלכות.

המלכות היא שלטון, והשלטון הוא על האחר. אין שלטון כאשר הדבר נעשה ממילא, כמו ידו של אדם שעושה רצונו, שאין לה ברירה ואין לה רצון אחר; רק כאשר יש רצון אחר שצריך לשנותו, בין בכפייה ובין בשכנוע, יש כאן שלטון ומלכות. וכמבואר[66] על לשון התפילה "ומלכותו ברצון קיבלו עליהם", שאין המלכות מתקיימת אלא כאשר היא מתקבלת ברצון על ידי האחר.

וְגַם רִיבּוּי הַנִּבְרָאִים וְהִתְחַלְּקוּתָן, שֶׁנִּבְרְאוּ בְּכֹחַ הָאֵין סוֹף יָחִיד וּמְיוּחָד בְּתַכְלִית. כאן מוסיף אדמו״ר הזקן צד נוסף למהות המלכות, היוצרת את ה׳יש׳ מה׳אין׳: ה׳ הוא אחד, יחיד ומיוחד בתכלית, והבריאה היא ריבוי נבראים המחולקים זה מזה. ואם כן לא רק היות הבריאה ׳יש מאין׳, כי אם גם היותה ריבוי מהאחדות, מיוחד לספירת המלכות.

הוּא עַל יְדֵי רִיבּוּי הָאוֹתִיּוֹת הַיּוֹצְאִין מִמַּלְכוּת, פִּי ה׳. המלכות היא הפה המדבר, פי ה׳ שהאותיות המדברות ובוראות את העולמות יוצאות ממנו. בניגוד לספירות האחרות, שאין בהן אותיות אלא תפיסה פנימית אחת בלתי מחולקת, המלכות היא ריבוי של אותיות. על דרך משל, ראיית החכמה תופסת תמונה אחת כוללת; ואף במידות, עצם

משמעות הדברים היא קיומית. אם הקב״ה איננו מלך, לא רק שהעם איננו נקרא עם, לא רק שאין מתקיימת מערכת היחסים של מלך ועם, אלא אין עם בפשטות, אין כלום. וזה מה שנאמר כאן: עצם קיום כל המציאות של ׳יש מאין׳, עצם זה שיהיה משהו במציאות – עולם, שמיים, בני אדם – תלוי במלכות.

סודן של האותיות האותיות, בכל מקום שהן מגיעות אליו, לעולם אינן משחזרות לחלוטין את הספירות העליונות שהשפיעו בהן, את השכל או הרגש שהן מביעות. זה בלתי אפשרי כיוון שהעולם הוא בבחינת אחר, כמו שהאדם ששומע את הדיבור הוא אחר. אבל יש גם סוד באותיות – הסוד שהוא כוחן של האותיות, שנשמר ועובר מעולם לעולם רק בעצם האותיות (ללא המשמעויות), בהיותן הדבר היחידי, המקורי והממשי שעובר מעולם לעולם, מאדם לאדם. בכל פעם שהן מקבלות משמעות הן מגלות משהו למישהו; אבל מעבר לזה עובר סוד האותיות עצמן, שאין לו משמעות, שכוח ה׳אין׳ טבוע בו ושיכול לגלות וליצור עוד ועוד באותן אותיות.

ה׳ גבורות מושג בקבלה (לעומת ׳ה׳ חסדים׳), המבטא את סך כל סוגי הגבורות המושפעות

התחושה הפנימית היא אחת, כפי שהנפש היא אחת. הדיבור, לעומת זאת, מחלק את ההשכלה או ההרגשה וכו' בריבוי של אותיות ומילים. אמנם גם האותיות והמילים מצטרפות למשמעות אחת; ואולם מה שעובר, עצם הדיבור, הן האותיות בלבד.

כמו שכתוב: "בִּדְבַר ה' שָׁמַיִם נַעֲשׂוּ **וּבְרוּחַ פִּיו כָּל צְבָאָם"** (תהלים לג,ו). "שמים" הם המציאות הרוחנית בכללה, המקור והחיות של המציאות הגשמית שלנו, ו"כל צבאם" הם המלאכים הרבים המעבירים ומחלקים את השפע הרוחני לעולמות. והמלאכים הם רבים משום שהם "ברוח פיו", משום שהם נבראים וקיימים באותיות הדיבור האלוקי, שהן וצירופיהן רבים מאוד.

וה' (וחמשת) **מוֹצְאוֹת הַפֶּה.** הגיית עשרים ושתיים האותיות היא תוצאה של חלוקת הקול לעשרים ושתיים צורות שונות. ואולם שלב קודם לכך הוא חמישה כללים, חמש חלוקות בסיסיות של הקול. ועל פי דוגמת הדיבור האנושי הם חמשת מוצאות הפה: הגרון, החֵך, הלשון, השיניים והשפתיים – היוצרים את עשרים ושתיים האותיות המצטרפות באין ספור צירופים הבוראים את העולמות כולם.

הֵן מה' (מחמש) **גְּבוּרוֹת דְּנוּקְבָא.** מה שמחלק את האור האלוקי, כמו מה שמחלק את הקול האנושי, הן גבורות. הגבורה היא הכוח המפריד והמגביל, בניגוד לחסד שהוא הכוח המחבר והמאחד. לפיכך מה שמחלק וחותך ומגדיר את הקול הפשוט, בחלוקה הראשונית ביותר, לחמש מוצאות הפה – הן חמש הגבורות.

וּלְזֹאת נִקְרֵאת המלכות בשם **עָלְמָא דְּאִתְגַּלְיָא** (העולם הנגלה). המלכות, שהיא כאמור הדיבור האלוקי, נקראת 'עלמא דאתגליא' – כמו הדיבור באדם, שהוא המתגלה אל האחר, לעומת שאר כוחות נפשו שהם נעלמים מן האחר.

כאן נוסף טעם פנימי יותר לקריאתה של המלכות בשם 'עלמא דאתגליא': **כִּי בָהּ נִגְלֶה כֹּחַ אוֹר אֵין סוֹף לִבְרוֹא יֵשׁ מֵאַיִן,** שהיא בריאה **שֶׁלֹּא עַל יְדֵי עִילָּה וְעָלוּל.** כוחה של המלכות לגלות את האור האלוקי למטה כל כך, שייראה כ'יש מאין', נובע מכוח עליון

מלמעלה אל העולמות. המושג מתייחס לאורות, ההשפעות, של חמש הספירות – חסד גבורה תפארת נצח הוד – המתנקזות ביסוד וממנו למלכות. באורות אלו יש שני מינים: חסדים וגבורות. החסדים מסכמים את ההשפעות שמבחינת החסד לסוגיו, והגבורות את אלה שמבחינת הגבורה לסוגיה. הארות יסודיות אלו של חמש הגבורות וחמשת החסדים הן היוצרות את ריבוי האותיות וצירופיהן.

דאתכסיא' (העולם המכוסה, הנסתר) שאינו נגלה לנו. עלמא דאתגליא הוא במובן זה כלל העולמות בריאה יצירה עשייה, עולמות שיש בהן 'יש' וישויות שאנו יכולים להתייחס אליהם, ודרכם – אל האור האלוקי, שבהיותו מלובש במבנים אלה הוא יכול להיות גלוי לנו. והמלכות דאצילות היא, כפי שהוסבר, המקור באלוקות לכל העולמות הללו. אכן כאן מפורש המושג באופן פנימי יותר.

עלמא דאתגליא בדרך כלל מפרשים ש'עלמא דאתגליא' הוא העולם הנגלה לנו (העולם הזה שאנו חיים בו), לעומת 'עלמא

כי בה נגלה כוח אור אין סוף מסופר בתלמוד (יומא סט,ב) משה אמר: "האל הגדֹל הגִּבֹּר והנורא" (דברים י,יז). בא ירמיה ואמר: נכרים

אבל ט׳ ספירות הראשונות נאצלו בהשתלשלות עילה ועלול ואור האין סוף הוא מלובש בחכמה לבדה. וזה שנאמר נעוץ תחלתן בסופן כי כתר הוא ממוצע בין המאציל לנאצלים ויש בו בחינה האחרונה של האין סוף ולכן נקרא כתר מלכות כי אין כתר אלא למלך וגם כי בחינה אחרונה דאין

שמתגלה בה, שהוא בעצם למעלה מכל הספירות האחרות. וכפי שמוסבר (לעיל איגרת ה, ובמקומות נוספים) גם לגבי הדיבור האנושי, המידע שמעביר הדיבור הוא אולי נמוך יותר בהשוואה לזה שנמצא בכוחות הנפש, בשכל ובהרגשות, אבל בעצם יכולתו של הדיבור לעבור החוצה, אל הזולת, מתגלה כוח גבוה יותר שאינו נמצא בשאר כוחות הנפש. כוח זה נובע מלמעלה מכל מה שיש באדם, מהכתר, שהוא המאפשר לאדם להעביר את עצמו אל מעבר לעצמו, אל האחר. מלכות דאצילות נקראת אפוא ׳עלמא דאתגליא׳ לא כהמעטה ביחס לשאר הספירות – היינו שהיא גלויה והן נעלמות בשל רוב גובהן – אלא כמעלתה ביחס לכל שאר הספירות, משום שהיא מגלה את כוח אור אין סוף עצמו, מה שאין בכל ספירה אחרת המגלה רק את מה שיש בה. כפי שהוזכר כבר בתחילת המאמר, רק האלוקי בעצמו יכול לברוא ׳יש מאין׳, ולכן כל בריאת ׳יש מאין׳ היא בעצם על ידו; ואפשר אז לומר: שם הוא מתגלה. ומלכות דאצילות, באשר על ידה דווקא היא התהוות ה׳יש׳ והנפרד מה׳אין׳ שלמעלה ממנה – דווקא בה מתגלה כוח האין סוף.

אֲבָל ט׳ סְפִירוֹת הָרִאשׁוֹנוֹת שבעולם האצילות, שלמעלה מהמלכות דאצילות, **נֶאֶצְלוּ** זו מזו **בְּהִשְׁתַּלְשְׁלוּת עִילָּה וְעָלוּל.** כלומר לא בתהליך של ׳יש מאין׳ שבו מתגלה כוח האין סוף, אלא בדרך של השתלשלות שבה מתגלה בכל שלב השלב שלמעלה ממנו, אבל לא מעבר לזה.

וְאוֹר הָאֵין סוֹף הוּא מְלוּבָּשׁ בַּחָכְמָה לְבַדָּהּ. אור אין סוף עצמו מתגלה, כאמור, רק במעבר של ׳יש מאין׳, במעבר אל מהות ועולם אחרים לגמרי. וזה אינו מתגלה בכל הספירות שמשתלשלות זו מזו בדרך עילה ועלול אלא רק בספירת החכמה, שהיא ראשיתן של כל הספירות ומקבלת בעצמה מה׳אין׳ שמעבר לגדרי כל הספירות. ולכן נאמר על החכמה שהיא ״מאין תמצא״ (איוב כח,יב), מאור אין סוף שהוא ׳אין׳. החכמה לבדה היא אפוא האצלה מהאין סוף, שהיא כעין ׳יש מאין׳; ומהחכמה בעצמה, דרך כל תשע הספירות עד

מקרקרין בהיכלו, איה נוראותיו? ולא אמר הנורא וכו׳. עד שבאו אנשי כנסת הגדולה והחזירו עטרה ליושנה. אמרו: אדרבה, זו היא גבורת גבורתו, שכובש את יצרו וכו׳. אם לנסח את הדברים במילים אחרות, כל גילוי בעולם הזה מבטא על פי האמת את ההפך. כשאדם ׳רואה׳ אלוקות פירושו של דבר שהוא רואה איזו התגלות מצומצמת, שבוודאי אינה מגלה את מהותו העצמית. לעומת זאת כאשר הוא רואה רק עולם שנוהג כאילו אין אלוקות – זוהי התגלות עצמית של גדולה ועוצמה שאין להן שיעור. שכן לברוא בריה או עולם שכל כולו חי והווה מאלוקות ואף על פי כן יכול להרגיש ולנהוג כאילו אין

המלכות, לא נברא 'יש מאין' אלא רק עלול מעילה, שהוא כמו 'יש מיש' ולא 'יש מאין'.

וְזֶה שֶׁנֶּאֱמַר: 'נָעוּץ תְּחִלָּתָן בְּסוֹפָן' (ספר יצירה פרק א משנה ז). כלל זה מורה על הקשר שיש בכל מערכת בין ההתחלה והסוף, כמו "סוף מעשה במחשבה תחילה" – שתחילת המחשבה, תחילת כל התהליך, מתגלה דווקא בסופו, היכן שמגיע הרצון הראשוני לכלל השלמת ביצועו. כאן, כמו בספר יצירה, נאמר הדבר בקשר לספירות: יש קשר מיוחד בין ההתחלה והסוף בספירות, בין הכתר שלמעלה מהספירות לספירת המלכות שמשפיעה לעולמות הנבראים שלמטה מהספירות. על דרך משל בנפש, יש קשר בין הרצון הראשון, הפנימי־העצמי שבנפש, ובין גמר המעשה של אותו רצון, שרק בו מגיע הרצון הראשון להשלמתו, שרק בו הוא מתחבר, ורק שם אפשר להגיד שזהו אותו הרצון עצמו.

כִּי כֶּתֶר הוּא מְמוּצָּע בֵּין הַמַּאֲצִיל לַנֶּאֱצָלִים. בספרי הסוד[67] מצויות הגדרות שונות לגבי מעמדה של ספירת הכתר, אם היא מכלל הספירות או אם היא מכלל האין סוף. וההכרעה היא[68] שהכתר (דאצילות) הוא ממוצע בין המאציל לנאצלים (וכן בכל מקום, הכתר הוא ממוצע בין עולם לעולם גבוה ממנו). ממוצע הוא זה שעומד באמצע, בין שתי הדרגות שהוא ממוצע ביניהן; זה שאינו לגמרי זה ואינו לגמרי זה, שיש בו מזה ויש בו מזה.

וְיֵשׁ בּוֹ בְּחִינָה הָאַחֲרוֹנָה שֶׁל הָאֵין סוֹף. בכל ממוצע יש משתי הדרגות שהוא ממוצע ביניהן, ואף בכתר של האצילות יש משהו מהאצילות ומשהו מהמאציל, מהאין סוף בעצמו. וכשהכתר ננעץ במלכות הוא מחבר ומעביר אליה את אותה מהות של אין סוף, של האלוקי בעצמו. וזה, כפי שהוסבר למעלה, הוא כוח אין סוף בעצמו שיש במלכות – לברוא יש מאין.

אכן, "בחינה האחרונה של האין סוף" אינה מפנימיות האין סוף אלא מבחינה אחרונה וחיצונית, כעין המסקנה שבה. על דרך משל: שני אנשים רחוקים זה מזה, גדול וקטן, אינם יכולים להיפגש בפנימיות נפשם – בחכמתם או בהרגשתם הפנימית – אבל הם יכולים להיפגש במסקנות המעשיות של התהליך הפנימי.

וְלָכֵן נִקְרָא הכתר **'כֶּתֶר מַלְכוּת'.**[69] כי נעוץ תחילתן בסופן, והכתר מיועד למלכות, מחובר עם המלכות; ובעצם הם מהות אחת.

כִּי אֵין כֶּתֶר אֶלָּא לַמֶּלֶךְ. על דרך משל, למלך יש כתר, לא לחכם ולא לגיבור וכו'. וכן בספירות, הכתר הוא של ספירת המלכות מכל שאר הספירות; שכאמור רק במלכות מתגלה כוח האין סוף שבכתר, לברוא יש מאין.

אלוקות – זהו שיאו של כוח הבריאה. ובמילים אחרות: זוהי בריאת 'יש מאין' שרק בכוח האלוקי לעשותה.

'נעוץ תחילתן' הוא הכתר ולא החכמה

למרות שראשית הספירות היא ספירת החכמה, שלכן היא נקראת 'ראשית חכמה', האמירה "נעוץ תחילתן בסופן" מתייחסת לכתר. וכבר דייקו בלשון "נעוץ תחילתן", ולא 'ראשן', שהמשמעות של התחלה היא למעלה מן הראש וקודם לו, והוא הכתר שלמעלה מהחכמה. כמו כן 'נעוץ' הוא יותר מאשר קשר: משמעותו היא שהכתר בעצמו יורד וננעץ, יורד ופועל במלכות.

סוף היא מלכות דאין סוף ולכן גם המלכות דאצילות נקרא כתר ממטה למעלה ומה גם כי בריאת הנשמות ממנה להיות יש ודבר נפרד בפני עצמו

יש גם מובן כללי באמירה זו, של אחדות המושגים כתר ומלכות. אין כתר ללא מלך ואין מלך ללא כתר, כשתי הפנים של מהות אחת. 'כתר' הוא מלשון סובב ומקיף, והוא מבטא את הנבדל מכל גדרי המציאות וממדיה; והוא כתר המלך דווקא, כי המלך הוא המתנשא על מלכותו, נבדל ומרומם מהעם. משום כך המלכות היא השלטון, הדרך היחידה להתייחסות אל ה'עם', היש הנפרד. כי בעצם ההתנשאות, ההיבדלות ממנו, הוא מאפשר ומקיים את מציאות היש הנפרד, הרחוק כל כך, כמו יש מאין.

וְגַם כִּי בְּחִינָה אַחֲרוֹנָה דְּאֵין סוֹף הִיא מַלְכוּת דְּאֵין סוֹף. קשר המהות בין הכתר והמלכות מתגלה בכל צד שמסתכלים עליהם; לא רק, כפי שהוסבר, כשמסתכלים על הכתר מלמטה, על הארתו והשפעתו אל המלכות, אלא גם כשמסתכלים עליו מלמעלה. כי הכתר הוא מלכות מצד עצמו, שכן גם בשורשו הראשון הרי הוא המלכות של 'אין סוף'. ומהות ה'אין סוף' לגבי כלל העולמות הוא ה'כתר', הנבדל והמרומם מהכול. ואם כן, ה'מלכות דאין סוף' היא בעצמה מהות כתר.

וְלָכֵן גַּם הַמַּלְכוּת דַּאֲצִילוּת נִקְרָא כֶּתֶר מִמַּטָּה לְמַעְלָה. כפי שהכתר הוא המלכות מלמעלה כך המלכות היא הכתר מלמטה; היא 'כתר' מכל צד, גם מלמעלה וגם מלמטה.

מה פירוש "ממטה למעלה"? לכאורה, מלמטה הוא מעולם הבריאה; וכפי שהמלכות של אין סוף היא הכתר לאצילות, כך המלכות של האצילות היא הכתר לעולמות הנבראים. זה אמנם נכון, אבל כפי הנראה בהמשך[71] עיקר הכוונה הוא ש"ממטה למעלה" הוא בעולם האצילות בעצמו (לא במעבר בין עולם לעולם אלא באותו עולם עצמו). כלומר, כוח האין סוף שבמלכות דאצילות אינו רק ביחס לעולמות הנבראים, שהם כ'יש מאין' לגביה, אלא כך הוא על פי האמת, מכל צד. לא משנה באיזו דרגה ובאיזה צד מסתכלים – המלכות היא כתר הן כלפי מטה והן כלפי מעלה, כי בה מתגלה כוח אור אין סוף שלמעלה מכל הגדרה. ואם כן, כשם שהכתר מאיר אור אין סוף מלמעלה, כך המלכות מאירה, באופן אחר, אור אין סוף מלמטה.

'כתר מלכות' בכל הדרגות כלל גדול בקבלה הוא שהמבנים הכלליים ביותר נמצאים גם בפרטים, וכן להפך – המבנים הפרטיים חוזרים על עצמם בהיקפים הולכים וגדלים. כך הוא גם במבנה הבסיסי ביותר של עשר הספירות. בדרך כלל מדברים על עשר הספירות של עולם האצילות, ואולם מבנה זה קיים גם בהיקפים קטנים ופרטיים יותר, כמו בעולמות הנבראים, וגם בהיקפים הגדולים יותר שבהם עולם האצילות וכל העולמות שתחתיו אינם אלא כעולם העשייה.[70] במובן זה כל מה שדובר בו מקבל משמעות רחבה יותר הן כלפי מעלה – אשר שם הכתר שלנו אינו אלא מלכות של ההוויה שמעבר – והן כלפי מטה, הם העולמות הנבראים, שבהם כל מלכות של עולם גבוה היא הכתר של עולם נמוך ממנו.

מלכות דאין סוף הביטוי מתייחס לא רק

במקומות אחרים[72] מדובר על שני סוגים שהם שני כיוונים של אור: אור ישר ואור חוזר. האור הישר הוא אור הקו המאיר מלמעלה למטה; על דרך משל, כמו האור הגשמי הנמשך ממקור האור והולך ומתמעט, הולך ונעלם ככל שהוא מתרחק, עד למקום שאין הוא ממשיך יותר. והאור החוזר הוא על דרך משל האור החוזר מלמטה, מהמקום הרחוק שאין הוא עובר בו עוד. האור הישר נקרא ישר כי הוא מאיר ישירות מהמאור אל המקום שהוא מגיע אליו; והאור החוזר הוא מה שמחזיר הקצה שבו נעלם האור הישר.
האור הישר הוא השתלשלות הדברים כפי שהם עתה, כפי שרואים; מהמקור הרוחני המופשט שלמעלה הוא יורד ומשתלשל ומתגשם ככל שהוא יורד למטה. על דרך משל באדם, כל פעולה מתחילה למעלה בנפש, בהכרה, משם היא יורדת להרגשה ולהתייחסות, ומשם למחשבה ולדיבור ולמעשה. לעומת זאת האור החוזר הוא ההשתלשלות הנסתרת, הפנימית, של אותם הדברים. שכן המעשה בפועל הרי הוא התכלית של כל התהליך, ואם כן אפשר להסתכל עליו גם כך: שהוא הקודם והגורם לכל השלבים, עד הרוחניים והמופשטים ביותר. האור הישר הוא האור הגלוי, המובן מאליו; זה העולם שנברא על ידי הבורא וזה העולם שרואים במבט ראשון. האור החוזר, לעומת זאת, לעולם אינו מובן מאליו, כי המקום שמחזיר אותו אין בו אור משל עצמו, ואין כל ודאות שיהיה אור, שהוא יאיר, כביכול, אפילו אצל הבורא בעצמו. שהרי הוא תלוי בשאלה: כיצד יגיב האדם למטה, בעולם הזה? זו חידה שהקב"ה השאיר אותה סתומה מראשית כל ההוויה. אפשר לומר שהאור הישר הוא גלוי כי הוא, כביכול, הדיבור של הקב"ה אל העולמות, אל הנשמות; זהו הדיבור שעושה אותנו וזה הדיבור שמְכֻוון אלינו. לעומת זאת האור החוזר הוא נעלם, כי הוא איננו מיועד בעצם אלינו ואל העולם שלנו כולו, אלא אל הקב"ה בעצמו. הוא בעצמו, ממרום סתרו, שאל את השאלה, והוא לבדו מקבל אותה. התשובה הזו היא מה שמשיבה המלכות מלמטה למטה, ולכן היא גבוהה יותר מכל האור הישר, כי היא כביכול הדיבור אל הקב"ה בעצמו, שלמעלה מכל עולם וגדר. ואם כן המלכות, שהיא הספירה העשירית, האחרונה, בדרכו של האור הישר מלמעלה, היא הראשונה בדרכו של האור החוזר מלמטה. וזה שנאמר כאן שהמלכות היא "כתר ממטה למעלה".

וּמַה גַּם[73] **כִּי בְּרִיאַת הַנְּשָׁמוֹת מִמֶּנָּה,** ממלכות דאצילות, **לִהְיוֹת יֵשׁ וְדָבָר נִפְרָד בִּפְנֵי עַצְמוֹ**

לדרגה שמעל לעולם האצילות אלא, כפי שמובא בספרים, לדרגה הגבוהה ביותר שאפשר להתייחס אליה. אין סוף זה הוא עצמות אין סוף שלפני הצמצום ולפני כל הגדרה אפילו של כוונה או רצון. מלכות דאין סוף היא נקודת האחיזה היחידה שיש באין סוף עצמו, נקודה ששייכת לאין סוף (כמו שמלכות דאצילות שייכת לעשר הספירות של האצילות), אך יחד עם זה היא מגדירה מצד עצמה את כל ההתייחסות אל ה'עם' במובן הרחב ביותר, הכולל את הצמצום הראשון ואת כל השתלשלות העולמות. החשיבות שבהתייחסות למלכות דאין סוף היא בהבנה שהמשכת הכוח האלוקי – כוח אין סוף לברוא יש מאין, המגיע עד למלכות דאצילות ולמטה יותר למלכות כל העולמות – נושאת איתה את כוח האין סוף ממש ממלכות דאין סוף שבאין סוף שלפני הצמצום.

בעולם הבריאה ונקרא בשם לידה כקריעת ים סוף דבעתיקא תליא וגם כל גידול הנשמות כל ז׳ חדשים מזיווג של שמיני עצרת עד שביעי של פסח הוא כמו גידול זו״נ בבטן אימא עילאה שהוא על ידי אורות עליונים מאימא

בְּעוֹלָם הַבְּרִיאָה. והרי אלו עוד פנים בגילוי כוח האין סוף במלכות. מלבד עצם הבריאה של 'יש מאין', כפי שנזכר בתחילה, שהיא בכוח האין סוף (הכתר) בלבד, יש בבריאת הנשמות גם גילוי של האין סוף ממש. הנשמה שיורדת למטה, אל תוך העולם התחתון, כאשר היא מתלבשת בו היא מרגישה – כמו העולם התחתון בכללו – כ'יש' ודבר נפרד בפני עצמו. ועם זאת הנשמה היא הרי חלק אלו־ה ממעל ממש, ובריאת הנשמה, המשכתה אל העולמות הנבראים, היא גילוי כוח האין סוף מהמלכות, באור פנימי אל תוך העולמות, אל תוך ה'יש' שהאלוקי אינו גלוי בו. התגלות פנימית, אם תצמח ותעלה נכון, תהיה לגילוי פנימי ועצמי יותר גם מגילוי אור אין סוף המקיף שבכתר.

וְנִקְרָא בְּשֵׁם לֵידָה. בריאה זו של הנשמות מהמלכות של האצילות אל תוך העולמות נקראת בספרי הסוד בשם 'לידה'.

בתחילת המאמר דובר על הנשמות שבאצילות; כפי שהן באצילות וכפי שיורדות המיוחדות ביניהן, בהווייתן זו, אל העולמות הנבראים.[74] ואולם האמת היא שכל הנשמות שורשן באצילות, ואלו שנקראות נשמות של בריאה או של יצירה או עשייה, הכוונה היא להתגלות הנשמות בעולמות אלו, בהתלבשות בכלים ובצורות של אותו עולם. נשמות אלו נמצאות באצילות בשורש הכללי של הנשמות; לא כנשמות פרטיות – נשמה פלונית ופלונית – אלא כמקום שממנו באים המרכיבים שלהן, שנמצאים שם כחלק ובתוך ההוויה האחת של כנסת ישראל ומהות נשמות ישראל. משום כך, נחשבת ירידתן לעולמות הנבראים כלידה. כשהעובר בבטן אימו הוא חלק מאימו, ורק כשהוא נולד הוא יוצא להיות אדם בפני עצמו; לא רק גופו כי אם גם נפשו אינה בלועה עוד למעלה בשורש הנשמות אלא מלובשת בתוך גופו הגשמי והעולם שהוא נולד בו. רגע הלידה

כתר מלכות מתוך ההסברים שניתנו כאן נוצרה תמונה רב ממדית של המושג "כתר מלכות". המושג, שהוא עקרוני בכל תפיסתנו את היחסים בין האלוקי העולם והאדם, איננו קיים בשלמות בתוך הווייתנו האנושית, ולכן אין לנו אפשרות להשיג אותו בשלמות, להצביע על משהו ולומר: 'הנה, זהו!' אין לו אפילו מילה בשפה שלנו, אלא רק צירוף של שתי מילים שמנסות לבטא את הדבר לאמיתו. ולכן מה שאדמו"ר הזקן עושה כאן, בכמה משפטים, הוא להתבונן על המושג מכמה כיוונים ובכמה ממדים שונים. תחילה מלמעלה: כאשר מסתכלים על הכתר העליון, הגג והשמיים של כל המציאות, מלמעלה – הוא בעצם המלכות של אין סוף; דהיינו ההסתכלות שהכתר הוא מלכות. ואחר כך מלמטה, המלכות שהיא תחתית וסוף כל האורות האלוקיים (עולם האצילות ולמעלה ממנו) – היא בעצם הכתר של כל זה, כלומר המלכות היא גם הכתר. ולבסוף – בריאת הנשמות, הממד השלישי, הכיוון והמשמעות שיש לכל זה. בשתי ההתבוננויות הראשונות הגדיר אדמו"ר הזקן את המרחב של 'כתר מלכות', ובאחרונה כביכול אותו עצמו. האחרונה אינה יכולה לבוא אלא

הוא הרגע של התהוות ה'אני' של אותו אדם, מכאן הוא מתחיל להרגיש – אני רעב, אני מפחד וכו'. עם זאת, שלא כשאר הוויות הבריאה, הנשמה היא 'חלק אלו־ה ממעל' גם אחר הלידה, והיא תמיד מגלה אלוקות במקום שהיא נמצאת בו; היא חלק אלו־ה שבאדם, חלק אלו־ה שבעולם, המגלה את האלוקי ומאירה אותו ככל שהיא מצליחה. נמצא שהנשמה הזו, שנולדה מהמלכות של האצילות (שהיא 'כנסת ישראל', הכונסת כל נשמות ישראל), אינה רק תוצאה של כוח האין סוף (כמו העולמות עצמם), אלא אף המגלה את אור אין סוף במקום שהיא שוכנת בו.

כִּקְרִיעַת יַם סוּף, בספרי הקבלה מבואר שקריעת ים סוף היא לידת הנשמות. על פי מחזור השנה המבואר בקבלה – מחזור חיי הנשמות מהלידה לגדילה לזיווג[75] ושוב ללידה החדשה – בשביעי של פסח, שהוא יום קריעת ים סוף, הייתה לידת הנשמות.[76]

ד'בְעַתִּיקָא תַּלְיָא'. על קריעת ים סוף אומר הזהר (חלק ב מח,א) "בעתיקא תליא" (בדרגת 'עתיק' תלוי הדבר). וכבר מבואר ש'עתיק' הוא הדרגה הפנימית שבכתר, כוח האין סוף שבכתר. ואם כן קריעת ים סוף, כמו לידת הנשמות, "בעתיקא תליא", בכוח אין סוף בעצמו, שרק בכוחו לברוא יש מאין; ובהסתכלות זו אין הוא רק 'יש' שמקורו מ'אין', אלא הריהו 'יש' שמגלה את ה'אין' בכל ה'יש' שבעולם.

ועוד בדימוי זה של לידת הנשמות: **וְגַם כָּל גִידּוּל הַנְּשָׁמוֹת כָּל ז'** (שבעה) **חֳדָשִׁים,**[78] **מִזִּיווּג שֶׁל שְׁמִינִי עֲצֶרֶת עַד שְׁבִיעִי שֶׁל פֶּסַח.**[79] שמיני עצרת, שיאם וסיכומם של חגי תשרי, הוא הזיווג של המלכות, השכינה, שבו היא מקבלת השפעה חדשה מהקב"ה. השפעה זו מגיעה מעצמות אין סוף ונקלטת במלכות (ולכן מתחילים לומר בשמיני עצרת "מוריד הגשם"); וכל חודשי החורף, עד שביעי של פסח, הם חודשי העיבור.

הוּא כְּמוֹ גִידּוּל זו"נ (זעיר ונוקבא) **בְּבֶטֶן אִימָּא עִילָּאָה** (עליונה). גידול הנשמות לפני הלידה הוא כמו גידול זו"נ בבטן אימא, היא הבִּינה. **שֶׁהוּא עַל יְדֵי אוֹרוֹת עֶלְיוֹנִים מֵאִימָּא עִילָּאָה, וּמִלְמַעְלָה לְמַעְלָה עַד אֵין סוֹף.** זו"נ הם הבנים והאם היא הבינה, וקודם שהם מתגלים ומשפיעים בעולמות הם כלולים בה כמו בעיבור. וכמו העובר בבטן אימו, הם

בהקדמת שתי הראשונות, שכן רק בהקשר ובמרחב של מציאות המלך והעם ('אין מלך בלא עם') יכול המלך להתגלות, להגיד: 'אנוכי הוא'. רק כאשר הנשמה האלוקית יורדת אל תוך העולם, להרגיש כמוהו 'יש מאין', היא יכולה לבטל את ה'יש' הזה כשהיא מקבלת עליה את עול מלכותו. והרי זה שוב 'כתר מלכות' – אלא שעתה, במקום להסתיר הוא מגלה את עצמו בתוך המלכות.

כקריעת ים סוף מבואר במאמרי חסידות שקריעת ים סוף היא "הפך ים ליבשה" (תהלים סו,ו). הים הוא 'עלמא דאתכסיא', העולם המכוסה, המציאות האלוקית האחת כפי שהיא באצילות, שאינה גלויה בעולם שלנו. והיבשה היא 'עלמא דאתגליא', העולם הנגלה, הוא עולם הבריאה. במובן זה, הוצאת הנסתר המאוחד באלוקות אל המציאות הנגלית היא, כמתואר למעלה, הלידה.[77] אלא ש"הפך ים ליבשה" בקריעת ים סוף היה נס מיוחד, לא רגיל; לא בריאת עולם הבריאה מהאצילות בבחינת 'יש מאין', כנזכר למעלה, אלא כניסת אצילות ממש לבריאה, בגילוי. וזה כמו לידת הנשמות, כנזכר.

עילאה ומלמעלה למעלה עד אין סוף המתלבש בה כל ט' או ז' ירחי לידה. וככה הוא בבריאת נשמות ומלאכים לעולם הבריאה וגם כל עיקר ושרש הטיפה שמקבלת ומתעברת מזעיר אנפין הוא ממוחין דאבא ואמא ובכל זיווג נמשכת לאבא ואמא מאריך אנפין ועתיק יומין ומלמעלה למעלה עד אין סוף

אוכלים ממה שהיא אוכלת וכו', כלומר מאותם האורות העליונים של הבינה עצמה, שהיא עצמה מקבלת מהחכמה והחכמה מאין סוף.

הַמִּתְלַבֵּשׁ בָּהּ כָּל ט' אוֹ ז' יַרְחֵי לֵידָה. נמצא שבאותם חודשים, אף שאין גילוי ולידה בבחינה של 'יש מאין', ישנה כבר ההכנה הפנימית לכך, הצוברת את כל אותם כוחות עליונים, כוחות האין סוף.

וְכָכָה, כמו עיבור זו"נ באצילות, **הוּא בִּבְרִיאַת נְשָׁמוֹת וּמַלְאָכִים לְעוֹלָם הַבְּרִיאָה.** הנשמות ונשמות המלאכים היורדות לעולמות, כנזכר, נבראות מהמלכות שבאצילות, שהיא כמו אמא (תתאה) לנשמות הנולדות לעולם הבריאה.

וְגַם כָּל עִיקָּר וְשֹׁרֶשׁ הַטִּיפָּה שֶׁמְּקַבֶּלֶת וּמִתְעַבֶּרֶת המלכות מז"א (מזעיר אנפין). 'זעיר אנפין' הוא בחינת הזכר של המלכות, ממנו היא מתעברת ללידת הנשמות וכו'. וכמו על דרך משל בזיווג הגשמי, הנקבה מקבלת 'טיפה', שבה יש תמצית כוחות הזכר לגידול הוולד ותמצית הכוחות שיהיו בו. את הטיפה מקבלת המלכות מהז"א (המידות), אבל שורשה של הטיפה אינו בז"א אלא **הוּא מִמּוֹחִין דְּאַבָּא וְאִמָּא**, כלומר חכמה ובינה. אכן, הדימוי המקובל בספרים הקדמונים הוא שמקורה של טיפת הזרע של האדם הוא במוחו. כמו בעולם הגשמי, כל לידה וכל המשכה של בריאה ושל ישות חדשה היא מזיווג. החיבור, האיחוד של זכר ונקבה בכל הדרגות, רק הוא יוצר את הדבר החדש, שאיננו

זיווג עיבור ולידה, על דרך משל בנפש

להביא לכך דוגמה, לא גשמית, מנפש האדם: כדי שייוולד רגש בנפש האדם, ומכל שכן דיבור או מעשה, צריך להיות קודם 'זיווג' ו'עיבור'. הזיווג הוא של חכמה ובינה, שהן האב והאם של כל מה שקורה באדם; דהיינו הבזק של הכרה (חכמה) הנקלט בבינה. ולאחר מכן העיבור, שאדם חושב ומתבונן בדבר ומעכל את התבוננותו, עד שההכרה גדלה ומקבלת צורה מסוימת. ובסופו של דבר הלידה, כאשר נולד רגש בפני עצמו, שאינו כלול עוד בשכל, בבינה, ויכול אפילו להרגיש ולהתנהג בנפרד לגמרי. לשם דוגמה: קרה משהו, מישהו נתקל בי; אם לא אחשוב על זה יותר, לא יקרה כלום. אבל ייתכן שיהיה איזה הבזק של מחשבה – אולי הוא ניסה לפגוע בי? ואז אם אמשיך ואתבונן במחשבה זו – שהוא גם תכנן את זה מראש, והיו לו כוונות רעות כאלה וכאלה וכו' וכו' – ככל שאמשיך לחשוב ולצייר את התמונה היא תגדל ותתפתח, ולבסוף ייוולד רגש של כעס גדול, שיכול אז להיות גם בלתי תלוי בהבנה ובמה שהיה. וכמובן, כך הוא גם ברגש של אהבה לאדם אחר; וגם, כפי שמבואר באריכות במקומות אחרים בחסידות, ברגשות של קדושה, באהבת ה' וביראת ה'. תהליך ההתבוננות צריך להיות תהליך מתמשך, שלב אחר שלב, שלוקח זמן מה. התהליך ומשך הזמן הם חיוניים כדי שייוולד רגש של ממש, ולא 'נפל' של רגש; כדי שייווצרו אהבה או יראה אמיתיות, שיש להן קיום.

רק המשך של הדבר הקודם. כך ברוחניות שבנפש, וכך בהוויה האלוקית של עולם האצילות: ה'טיפה' שמשפיע ז"א למלכות מקורה בזיווג של הדרגות הגבוהות יותר, חכמה ובינה.

וּבְכָל זִיווּג נִמְשֶׁכֶת לְאַבָּא וְאִמָּא מזיווג גבוה יותר, **מֵאֲרִיךְ אַנְפִּין וְעַתִּיק יוֹמִין.** הן הדרגות שבכתר – חיצוניות הכתר (אריך אנפין) ופנימיות הכתר (עתיק יומין).

וּמִלְמַעְלָה לְמַעְלָה עַד אֵין סוֹף. כל זיווג הוא חיבור של זכר ונקבה, שהם שני ניגודים. וידוע שכל חיבור של שני ניגודים ייתכן רק מכוח המשכה שמקורה למעלה משניהם; שהרי מה שיחבר ביניהם אינו יכול להיות לא מזה ולא מזו, אלא בהכרח ממקום גבוה יותר שכולל את שניהם, ששניהם מכירים בעליונותו ובסמכותו ושיש לקבלו. זאת ועוד, הזיווג מעורר השפעה מלמעלה לא רק בדרגה אחת; בעצם הוא מעורר את כל סדר ההשתלשלות, שכל המשכה מלמעלה מגיעה מלמעלה ממנה. ואף כאן, הזיווג התחתון באצילות של ז"א ומלכות (להולדת הנשמות וכו') מתחיל מהמשכה גבוהה משניהם, מהמוחין; והשפעת המוחין למטה נובעת מזיווג העליון שבאצילות, זיווג אבא ואמא, הם חכמה ובינה; והזיווג של אבא ואמא נמשך מהכתר, מ'אריך אנפין' שהוא חיצוניות הכתר, הכתר המתייחס אל העולמות; ולמעלה יותר – מ'עתיק יומין', שהוא פנימיות הכתר, התייחסותו של המאציל בעצמו עד אין סוף.

גם בנפש האדם, ואפילו בגוף האדם, התהליך הוא דומה. אף קודם ליצירת הטיפה (הן בזכר הן בנקבה) יש תהליך נסתר, ביולוגי ופסיכולוגי, עד שנוצרת ה'טיפה', הצורה והמהות של תא זרע וכו'. תהליכים אלה הם פנימיים, אישיים ונסתרים, שגם האדם עצמו אינו מודע לרובם. וכן בנפש: החכמה והבינה, האב והאם, נפגשים ויוצרים הכרה מסוימת. ואולם כאשר חושבים על כך, מדוע הבזק החכמה הזה דווקא? ומדוע באופן הזה? ומה גורם לאדם להבין דברים באופן מסוים? כשפותחים את השאלות הללו

ט' או ז' ירחי לידה יש תשעה ויש שבעה חודשי לידה (ופעמים נזכרים גם שנים עשר חודשים), וכאן אין הוא מתייחס להבדל ביניהם אלא רק לכך שיש ט' ויש ז'. במקומות אחרים[80] מבואר שזמן העיבור נחוץ כדי לעבור מהמצב של טיפה, של נקודה שבה כלול הכול, למצב של ולד שניכרים בו האיברים: ראש, גוף, רגל וכו'. ככל שאורך הזמן, כן הבירור בין האברים והגדרתם ברור ומוחלט יותר. פעמים שהדבר נחוץ יותר, ואז זמן העיבור ארוך יותר, ופעמים נחוץ להפך, ואז הזמן קצר יותר. ומכל מקום חשוב שיש זמן של עיבור הנשמה שיש בו גדילה והתפתחות; וההמשכה לצורך זה גם היא מאור אין סוף.

בריאת הנשמות לעולם הבריאה כפי שנזכר כבר, שלא כמו העולם הנברא בכללו, שגילוי כוח האין סוף בו הוא רק בעצם הווייתו, אבל בחיותו והשגתו אין גילוי אין סוף (אלא אדרבה הסתרה של אין סוף), הנשמה היא במהותה גילוי אין סוף. בכל צד ומקום שהיא נמצאת בו, בעיבורה ובלידתה, היא מגלה תמיד את כוח האין סוף שבמלכות, עד שכמעט שאפשר לומר שהיא והמלכות המשך אחד הם. ואכן הנשמה היא פרט של 'כנסת ישראל', היא המלכות, היא השכינה שניצוץ ממנה יורד לעולמות, ותמיד ובכל מקום הוא המאיר ומגלה את השכינה, את המלכות ואת כוח האין סוף המלובש בה.

רק שהכל בהעלם במוחין עד לידת הנוקבא הנשמות והמלאכים וההיכלות לעולם הבריאה. נמצא שזהו גילוי אור אין סוף ממש על ידי העיבור והלידה.

ט תשרי פשוטה / ה תשרי מעוברת

• ובזה יובן היות המצות במלכות ה׳ של שם הוי״ה והתורה בזעיר אנפין וא״ו של שם הוי״ה. הגם שלמעלה באריך אנפין המצות הן בגולגלתא בלבנונית

מתברר שיש מערכות שלמות של קדם־הכרה, מפנימיות הנפש ומפנימיות של פנימיות הנפש, שמביאות להכרה המסוימת הזו וכו׳.

רַק שֶׁהַכֹּל בְּהֶעְלֵם בַּמּוֹחִין, התהליכים הפנימיים שבהם עובר אור אין סוף עד המלכות הם נעלמים, כמו הכרתו הפנימית של אדם ומחשבתו, שאינם ניכרים כלפי חוץ. ודווקא ׳בהעלם המוחין׳, כי המוחין בכל מקום הם הכינוי לאור הפנימי עצמו שבא מלמעלה, לעומת המידות שהן התייחסות שלו אל המטה.

עַד לֵידַת הַנּוּקְבָא, המלכות, את **הַנְּשָׁמוֹת וְהַמַּלְאָכִים וְהַהֵיכָלוֹת לְעוֹלָם הַבְּרִיאָה,** לידה שהיא יש מאין. כלומר, כוח האין סוף נמצא בכל סדר ההשתלשלות, בכל אחד משלביו, רק שאין הוא מתגלה שם, כמו העובר הנעלם בבטן אימו; הוא בחשאי ויצירתו בחשאי, ורק בלידה הוא מתגלה. וכשהוא מתגלה בתוך הגדרה כלשהי של ׳יש׳ הוא מגלה, ישירות או בעקיפין, את כל מה שמעליו: שיש לו אבא ואמא וכו׳.

נִמְצָא שֶׁזֶּהוּ גִּילּוּי אוֹר אֵין סוֹף מַמָּשׁ עַל יְדֵי הָעִיבּוּר וְהַלֵּידָה. העיבור והלידה הם סופו

ובזה יובן היות המצוות במלכות וכו׳ המעבר שחל כאן, מהדיבור הכולל המופשט אל היישום הקונקרטי־מעשי, הוא אופייני למאמרי חסידות, מכמה טעמים. טעם אחד הוא שמאמרי חסידות לעולם אינם מתכוונים להיות מאמרים עיוניים והסברים של תורת הסוד בלבד, ותמיד יש להם השלכות למה שחסידים קוראים ׳עבודה׳; מה זה אומר לי? כיצד אני עובד בזה, בנפשי ובחיי, את ה׳? פעמים שהדברים ניכרים מאליהם, פעמים שהמחבר סומך על השומעים שיעשו את המעבר בעצמם, ופעמים – כמו כאן – הוא בעצמו מעביר את הדברים, ומראה כיצד הם שייכים גם לתחום זה של עבודת הנפש ועבודה במעשה. הדבר חשוב לא רק משום ש"העיקר הוא המעשה"[82] וצריך להביא כל דבר מופשט לעשייה גשמית, אלא משום שעניינה של החסידות הוא להחיות את הדברים, שלא יישארו בבחינה של מילים ומושגים בלבד,

וזהו טעם נוסף לחשיבות יישומם של הדברים בפועל. כלומר: אפשר להגיד מילים ולהשתמש במושגים בבקיאות ובמיומנות, ועם זאת לא לדעת בעצם במה עוסקים. בחסידות הדבר החשוב הוא להתחבר אל הדברים, להיות בהם ושהם יהיו בנו. האדם הוא עולם קטן, גם בפרטים, וכל דבר שיש בעולם הגדול יש גם בו. כדי להחיות את העולם וכדי להחיות את עצמו צריך האדם למצוא בעצמו, ולעשות גם בתוך עצמו, את אותו דבר שהוא מדבר עליו. דרך אחת להתחיל היא להביא את הדברים אל התחומים המוכרים לנו: אל הנפש וכוחות הנפש, ואל תחום עולם המעשה. באופן הזה כאשר אנו עושים את הדברים, מתבוננים וחשים בהם, אנו יכולים להגיע גם לאותה ידיעה – לדעת את הדברים הגבוהים ביותר מתוך הדברים המוחשיים ביותר עבורנו, ובכך לעשות את הייחוד והתיקון הראויים בעצמנו ובמציאות כולה.

של תהליך שמתחיל, כאמור, לפני ראשית ההשתלשלות. ולכן הכוח הזה של בריאה ולידה שמתגלה במלכות איננו רק גילוי המלכות, ואף לא רק גילוי האצילות, אלא הגילוי של אין סוף ממש – בלידה זו של בריאת יש מאין.

אחר שהוסברה תבנית זו של "נעוץ תחילתן בסופן" בהיקף הגדול, התאורטי, עובר אדמו"ר הזקן להשלכה ו'יישום' של הדברים הללו בחיי האדם ובעבודת ה' שלו.

וּבָזֶה יוּבַן הֱיוֹת הַמִּצְוֹת בְּמַלְכוּת, שאותה מציינת האות **ה'** האחרונה **שֶׁל שֵׁם הֲוָיָ"ה, וְהַתּוֹרָה** מצויה **בִּזְעֵיר אַנְפִּין**, אות **וָא"ו שֶׁל שֵׁם הֲוָיָ"ה**. היחס בין תורה ומצוות במציאות של העולם שלנו, שאנו מכירים, היא כמו בין ז"א ומלכות. המלכות היא המציאות הנוכחת, התוצאה הסופית שאליה מגיעות כל המדרגות, הכוחות והתהליכים העליונים. והז"א הוא הפנימיות של כל הכוחות הפנימיים העליונים כלפי המלכות, המייצג את כל המעלה כלפי המטה.[81] ובמובן זה התורה היא ז"א, ההוראות, ההבנות וההתייחסויות הבאות מלמעלה, מהו הרצוי וכיצד צריכה המציאות להיות, והמצוות הן במלכות, הביצוע בפועל של כל אותם הוראות, רצונות והתייחסויות.

הֲגַם שֶׁלְּמַעְלָה בַּאֲרִיךְ אַנְפִּין (בפנים הארוכות, הגדולות), הוא ההיקף הגדול שמעבר לעולם האצילות, שכולל את עולם האצילות בתוכו; ושם, בהיקף הזה, היחס בין התורה והמצוות הוא שונה.

הפרצוף של 'אריך אנפין' מתייחס לדרגת הכתר של עולם האצילות, שהוא למעלה

ז"א ומלכות באצילות ובעבודת האדם עשר הספירות של עולם האצילות מחולקות לארבעה 'פרצופים': אבא, אמא, זעיר אנפין ומלכות. ארבעה אלה מקבילים לארבע האותיות של שם הוי"ה, שהוא השם הכולל של עולם האצילות, וזה שנאמר כאן, שהמלכות היא ה"א (אחרונה) של שם הוי"ה וזעיר אנפין הוא האות וא"ו (ומתאים גם למספר שש הספירות־המידות שבפרצוף זה).

ההגדרה של 'פרצוף' היא ספירה או כמה ספירות שהן קומה, 'פרצוף' שלם בפני עצמו, שיש בו כל המרכיבים כמו לעשר הספירות בכללן, והוא מתפקד כהוויה שלמה לעצמה. במובן זה ז"א ומלכות הם שני הפרצופים זכר ונקבה, משפיע ומקבל, המהווים יחד את מציאות העולם שלנו. מלכות היא המציאות, וז"א הוא ההשפעה והחיות שהיא מקבלת מלמעלה. וכפי שהוא בעולם כך הוא בתורה ובמצוות. התורה והמצוות ניתנו לעולם, והן הנתינה העצמית, ההתגלות של האלוקי בעולם. הקב"ה מגלה את רצונו וחכמתו העצמיים בלבושי העולם. ולפיכך, כפי שמציאות העולם היא ז"א ומלכות, גם התורה והמצוות הן ז"א ומלכות.

אכן, תורה ומצוות הן קודם כול התורה שאנו לומדים והמצוות שאנו מקיימים, והן זעיר אנפין ומלכות ממש כפי שהם בנו. כשאנו עוסקים בתורה אנחנו 'זעיר אנפין', וכשאנו עושים את המצוות אנחנו 'מלכות'. שהרי תורה ומצוות אינן רק דבר שקיים בעולם, ואשר אנו מחליטים להתקשר אליו; התורה והמצוות שייכות אלינו ואל נשמותינו האלוקיות בייחוד. זה אנחנו, וזו הדרך שבה אנחנו חיים ומגלים את מהות עצמנו המאוחדת באלוקות. כשאנו מקיימים את מצוות המלך, בקבלת עול מלכותו, אנחנו המלכות האלוקית; וכשאנו עוסקים בתורה, ברצונו ובחכמתו של הקב"ה, רוצים את רצונו ומבינים כיצד ומדוע (כפי שמתאימה התורה

היא האורחא דבפלגותא דשערי דמתפלגא לתרי"ג אורחין דאורייתא שבזעיר אנפין ושרש התורה דנפקא מחכמה עילאה הוא במוחא סתימאה דאריך אנפין והיינו החכמה דטעמי המצות אלא שהוא כחותם המתהפך

מהאצילות, אבל למעלה שמתייחס אל המטה ממנו. כלומר, יש בו שורש לכל מה שיש בעולם האצילות, ובכלל זה התורה והמצוות שבאצילות. אלא שבאריך אנפין נמצאות התורה והמצוות באופן אחר, כמו בשורש העליון־המופשט שלהם, שרק התוצאה, ההטבעה, שלו היא בעולם האצילות. ההבדל איננו רק בדרגת ההפשטה אלא, כפי שייאמר בהמשך, הבדל שהוא כמו בין החותם להטבעתו, שהבולט בחותם הוא השוקע בהטבעה והשוקע הוא הבולט.

הַמִּצְוֹת הֵן בְּגוּלְגַּלְתָּא, בַּלַּבְנוּנִית, הִיא הָאוֹרְחָא דִּבְפַלְגּוּתָא דְּשַׂעֲרֵי דְּמִתְפַּלְּגָא לְתַרְיָ"ג אוֹרְחִין דְּאוֹרַיְיתָא שֶׁבִּזְעֵיר אַנְפִּין[83] (המצוות הן בגולגולת, בלבנונית, היא השביל של התפלגות השערות שמתפלגות לתרי"ג שבילים של התורה שבזעיר אנפין). כלומר: באריך אנפין המצוות הן ב'גולגלתא'. "גולגלתא" היא הגולגולת; על דרך משל באדם, היא עצם הגולגולת המקיפה מלמעלה את המוח שבראש, ובספירות היא דרגת הכתר המקיפה מלמעלה את כוחות השכל. ולמעלה באריך אנפין הגולגלתא היא הכתר שבכתר. "לבנונית" היא, על דרך משל, העור הלבן שבגולגולת, שבין השערות (וכדימוי המובא במקומות אחרים: הלבן של הקלף שבין האותיות, כאשר האותיות מסמלות את השערות והלבן את הרקע שמעבר להן). לבן זה הוא מה שנקרא "אורחא דבפלגותא דשערי", ובדימוי זה – השביל שבין השערות. השערות מסמלות את המשכת האור, בצמצום גדול, מהמקיף אל הפנימי. ואילו השביל שבין השערות הוא דרך המקיף עצמו (לא כשערות שחודרות כאור פנימי, אלא כאור מקיף) שעובר וחודר מעולם לעולם, על דרך משל כמו השביל הגשמי שהולכים בו ממקום למקום, שהוא נקי מעשבים. "דמתפלגא לתרי"ג ארחין", שמתפצל לתרי"ג שבילים, הן תרי"ג המצוות – שהרי המצוות נקראות "ארחות ה'",[84] השבילים המקשרים ומחברים את האלוקי בעצמו, כפי שהוא למעלה, אל עולם העשייה שבו עושים את המצוות. בשורש, באריך אנפין, הוא שביל אחד, ובזעיר אנפין שבעולם האצילות, המאיר לעולמות הנבראים, הוא מתפצל לתרי"ג מצוות (שהן כמו תרי"ג איברים דמלכא, האיברים של הקב"ה).

אל כל אחד לפי שיעורו) – בזה אנחנו זעיר אנפין.

דנפקא מחכמה הביטוי שהתורה 'מחכמה נפקא' פירושו שיציאתה של התורה מההעלם האלוקי וכניסתה לעולם היא דרך החכמה, במהות ובכלים של החכמה – כפי שרואים בפשטות שהתורה מלובשת בשכל: לומדים תורה, מבינים בתורה וכו'. התורה היא החכמה והשכל של העולם, בה רואים את השכל והמובן שיש לכל דבר בעולם. ואף מלמעלה, מבואר שאור אין סוף מתלבש בחכמה – כי החכמה היא ה'כלי' השלם והמתוקן (נקודת האצילות שבכל מציאות) והיא ה'כלי' שאין בו עדיין שום הגדרה והגבלה של ישות; ולכן דווקא בחכמה, במהות שעל

היות המצוות בגולגלתא מורה על כך ששורש המצוות הוא ברצון הפשוט שלמעלה מהשכל, ויותר מזה – בלבנונית, בשביל שבין השערות היוצאות מן הגולגולת. כי השערות מבטאות את הצמצום ויציאת החכמה דרך הגולגלתא, את הארת האור מן המקיף אל הפנימי, והלבנונית מסמלת דרגה עליונה יותר במקיף עצמו, את הרצון הקדום שאינו מצטמצם ונמשך כאור פנימי. זוהי דרגה שגם בירידתה אל עולם המעשה נשארת כלבוש וכמקיף; כרצון הפשוט בעצמו, למטה כפי שהוא למעלה, למעלה מהשכל ומכל הגדרה.
ואחר שהסביר ששורש המצוות באריך אנפין הוא בכתר של אריך אנפין (כתר שבכתר), יאמר היכן הוא שורש התורה שם.

וְשֹׁרֶשׁ הַתּוֹרָה, דְּנָפְקָא (שיוצאת) **מֵחָכְמָה עִילָּאָה** (העליונה),[85] היא דרגת החכמה שבאצילות, **הוּא בְּמוֹחָא סְתִימָאָה דַּאֲרִיךְ אַנְפִּין.** בדרגת החכמה הסתומה, הנעלמה, שהיא דרגת החכמה שבכתר.

וְהַיְינוּ הַחָכְמָה דְּטַעֲמֵי הַמִּצְוֹת. החכמה הסתומה שבכתר, שלמעלה מחכמת התורה הגלויה, היא החכמה של טעמי המצוות, הטעם הפנימי שיש כביכול לאלוקי במצוות. שכן ישנה חכמה המתייחסת להגדרת המצוות ולאופן שבו יש לעשותן, והיא החכמה השייכת לעולמות, דהיינו לאופן שבו נפגשת התורה עם עולם המעשה, לדרך שבה עובר הרצון העליון שבמצוות מעולם לעולם עד לעשייה הגשמית שלהן. ואולם בשורש, בכתר, החכמה אינה מתייחסת לעשיית המצווה אלא לטעמה הפנימי, למשמעות של הרצון העליון עבור עצמו. את המצווה עושים למטה, אבל טעמה גלוי רק למעלה, במציאות הכתר הנעלמה שלמעלה מהחכמה. רק שם מצויים הפשר והמשמעות האלוקיים של המצוות המעשיות, רק שם מתגלים 'טעמי המצוות'.
נמצא שבאצילות התורה היא בזעיר אנפין והמצוות במלכות, תורה למעלה ומצוות למטה; ואילו באריך אנפין, שלפני האצילות, היחס הוא הפוך: התורה היא בחכמה שבכתר והמצוות הן למעלה יותר, בכתר שבכתר. להלן יסביר זאת על פי אותם עקרונות שהניח במאמר זה; של "נעוץ תחילתן בסופן", בכתר ובמלכות.

אֶלָּא שֶׁהוּא כְּחוֹתָם הַמִּתְהַפֵּךְ. החותם, כמו החותם שחותמים בשעווה וכיוצא בזה, מתהפך: מה שימין בחותם הופך לשמאל בהטבעה, מה שבולט הופך לשקוע ומה ששקוע – לבולט. היחס הזה של 'חותם המתהפך' הוא היחס בין הדברים כפי שהם

גבול העולמות, מתלבש האין סוף. ובמילים אחרות, דרך החכמה נכנסת התורה, כביכול הקב"ה בעצמו, אל תוך העולמות. ומאחר שהתורה שבידינו 'מחכמה נפקא', אף שורשה שבאריך אנפין הוא בחכמה שבאריך אנפין, כלומר במוחא סתימאה. 'מוחא סתימאה' הוא הכינוי המקובל בקבלה לחכמה שבכתר. חכמה בכלל היא הגילוי, כפי שבנפש היא ראשית הגילוי, ראשית כניסת כל דבר אל תחום המוכר והמורגש בנפש. ובאריך אנפין, בכתר – שהוא בכללו מה שמעבר לשכל, שסתום ונעלם ממנו – גם החכמה שבו היא החכמה הסתומה, הנעלמה.

חותם מתהפך רק כאשר הפנימיות נרשמת למטה כמו בחותם, ההיפוך הזה חל רק כאשר

ונעוץ תחלתן בסופן הוא כח האין סוף ברוך הוא לברוא יש מאין ולא על ידי עילה ועלול שיהיה העלול מוקף מעילתו ובטל במציאות רק יהיה היש דבר נפרד מאלקות בכדי שיהיה המאציל ברוך הוא מלך על כל הנפרדים על ידי שיקיימו מצותיו שיצוה עליהם וסוף מעשה במחשבה תחלה ולכן אמרו בירושלמי ולית ליה לרבי שמעון שמפסיק ללולב וכו׳ וכל הלומד שלא לעשות נוח לו שנתהפכה שלייתו על פניו וכו׳ כי השליא נוצרה תחלה מהטיפה והיא לבדה היתה עיקר הולד עד מ׳ יום שהתחילה צורת הולד.

באצילות לבין הדברים כפי שהם בכתר (אריך אנפין) שלמעלה מהאצילות. הכלל הוא שככל שדרגה היא גבוהה יותר היא יכולה לרדת נמוך יותר, וככל שדרגה מגיעה נמוך יותר פירושו של דבר ששורשה גבוה יותר. ואף כאן, המצוות, שבשורשן הן גבוהות יותר – במעבר אל העולמות הן נמוכות יותר; והתורה, שבשורש היא נמוכה יותר, באצילות ובהתייחסות אל העולמות היא גבוהה יותר.

וְנָעוּץ תְּחִלָּתָן בְּסוֹפָן. היחס של חותם המתהפך הוא היחס של ׳נעוץ תחילתן בסופן׳. וכפי שהוסבר, ׳תחילתן׳ הוא הכתר שלמעלה גם מהחכמה שהיא בראשית האצילות, ו׳סופן׳ הם הנבראים הגשמיים שלמטה מהאצילות בעולמות הנבראים.

הוּא כֹּחַ הָאֵין סוֹף בָּרוּךְ הוּא, שלמעלה ומעבר לכל העולמות, המתגלה במלכות בכוח **לִבְרוֹא יֵשׁ מֵאַיִן,** הם העולמות הנבראים מהמלכות.

וְלֹא עַל יְדֵי עִילָּה וְעָלוּל, כמו בין הספירות עצמן שבעולם האצילות, שם הקשר בין דרגה לדרגה הוא קשר של ׳עילה ועלול׳. **שֶׁיִּהְיֶה הֶעָלוּל מוּקָּף מֵעִילָּתוֹ וּבָטֵל בִּמְצִיאוּת,** בקשר של עילה ועלול העלול מכיר בעילתו, ומכיר בכך שהיא מקור כל היותו וחיותו ושאין לו כל מציאות מלבדה, ולכן הוא בטל במציאות לגביה.

רַק יִהְיֶה הַיֵּשׁ דָּבָר נִפְרָד מֵאֱלֹקוּת. הנברא ׳יש מאין׳ הוא נפרד ממקורו. לא רק שאין הוא משיג במהותו, הוא אף יכול שלא לדעת כלל שהוא קיים. כך ה׳יש הנברא׳ בהגדרתו הוא בדעתו נפרד מן הבורא, מן האלוקות.

והטעם שיהיה כך הוא **בִּכְדֵי שֶׁיִּהְיֶה הַמַּאֲצִיל בָּרוּךְ הוּא מֶלֶךְ עַל כָּל הַנִּפְרָדִים עַל יְדֵי**

יש מעבר, כאשר המשמעות נרשמה במציאות התחתונה; כמו בחותם המוטבע בשעווה, רק כאשר הוטבעה צורת החותם בתוך השעווה שלמטה. כי בהארת האור מלמעלה בלבד לא יחול שום היפוך, ומה שהיה למעלה יהיה גם למטה וכו׳; ההיפוך יחול רק כאשר עובר האור ונקלט בתחום ה׳אחר׳. מעין דוגמה לדבר, מהיחס בין רב ותלמיד: כשהרב רוצה להעביר רעיון לתלמיד הוא יגלה שאין די בכך שהוא בעצמו מבין את הרעיון; יהיה עליו למצוא נתיב שבמקורו הוא גבוה יותר, למעלה מהבנתו שלו עצמו – כמו אווירה שהוא יכול להעביר, כמו סיפור או משל טוב. את אלה הוא לא יכול לעורר בינו לבין לעצמו אלא רק כאשר עומד לפניו התלמיד; כאשר נמצאת מולו המטרה הרחוקה כל כך, היא מעוררת מתוכו כוחות עליונים יותר ממה שהוא עצמו יכול להשיג, ואשר יכולים להגיע עד למקומו של התלמיד.

שֶׁיְקַיְּימוּ מִצְוֹתָיו שֶׁיְּצַוֶּה עֲלֵיהֶם. כפי שכבר הוסבר, מלכות יכולה להיות על נפרדים בלבד. וכיוון שעלה ברצון המאציל שיהיה מלך, ממילא נבראו הנבראים שהם 'יש' ונפרד. אמנם עצם בריאתם וקיומם עדיין אינו יוצר את המלכות; לשם כך צריכים גם הם, ודווקא הם, לבטא את היחס הזה. כלומר, אם המלך מבטא את המלכות בציווי לעם, העם צריך לבטא את יחסו אל המלכות בכך שהוא מקיים את הציווי מרצונו שלו, וכלשון התפילה: "מלכותו ברצון קיבלו עליהם". כלומר, כדי שתהיה מלכות לא די ברצונו של המלך, אלא צריך גם את רצונו ובחירתו של העם, שהוא רצון נפרד, השונה מרצונו של המלך, לקבל עליהם את המלכות, דהיינו לקיים את המצוות.

וְ'סוֹף מַעֲשֶׂה בְּמַחֲשָׁבָה תְּחִלָּה' (פיוט 'לכה דודי'). ביטוי זה הוא צידו השני של הביטוי "נעוץ תחילתן בסופן". שסוף המעשה, המלוכה על ה'יש' הנפרד שבעולם העשייה, הוא היה בתחילת המחשבה שקדמה לדיבור ולמעשה; ברצון הפנימי למלוכה, שהוא כתר המלכות. נמצא ששורשה של דרגת המעשה בקדושה, הן המצוות המעשיות דווקא, גבוה מהכול. ומכאן ימשיך לעסוק במעלת המצוות המעשיות.

וְלָכֵן אָמְרוּ בִּירוּשַׁלְמִי:[86] **וְלֵית לֵיהּ לְרַבִּי שִׁמְעוֹן** (האם לא סבור רבי שמעון) **שֶׁמַּפְסִיק** מלימוד התורה **לַלּוּלָב? וכו'.** בירושלמי שם דנים במקרים שבהם צריך אדם להפסיק מה שהוא עושה לצורך קריאת שמע או תפילה. ומובאת גישתו הקיצונית של רבי שמעון בר יוחאי בחשיבות עסק התורה, שאין מפסיקים מלימוד התורה אפילו לקריאת שמע. ובתוך חילופי הדברים עולה שלצורך מצווה מעשית שיש לה זמן קבוע ולא תוכל להתקיים אחר כך, כמו נטילת לולב, גם רבי שמעון מודה שמפסיקים מלימוד תורה.

ובהמשך לדברים אלה, בהדגשת החשיבות של המצווה המעשית, אומר שם רבי יוחנן: **וְכָל הַלּוֹמֵד שֶׁלֹּא לַעֲשׂוֹת נוֹחַ לוֹ שֶׁנִּתְהַפְּכָה שִׁלְיָיתוֹ עַל פָּנָיו וכו'.** גם בלימוד עצמו יש חשיבות וקדימה ללימוד השייך למעשה, דהיינו שיהיה הלימוד על מנת לעשות. משמעות הדימוי היא שכל לידתו וביאתו של האדם לעולם לא הייתה אלא כדי לעשות את המצוות (שהרי בשביל עבודת הנפש לבד לא היה צורך להיוולד בגוף גשמי); ולכן מי שלומד תורה שלא על מנת לעשותה, טוב היה לו נתהפכה שלייתו על פניו, ולא היה נולד כלל.

ומוסיף אדמו"ר הזקן ומפרש את משמעותו של דימוי זה דווקא: **כִּי הַשִּׁלְיָא נוֹצְרָה תְּחִלָּה מֵהַטִּיפָּה וְהִיא לְבַדָּהּ הָיְתָה עִיקַּר הַוָּלָד עַד מ'** (ארבעים) **יוֹם, שֶׁהִתְחִילָה צוּרַת הַוָּלָד.** השליה היא הכלי שבו מתהווה הוולד בזמן העיבור; ומתחילה, כל זמן שאין לוולד ציור וגדר משל עצמו, השליה היא העיקר. זמן זה, כדעת חז"ל, הוא עד ארבעים יום, שאז נגמרת צורתו הראשונית של הוולד ומוגדרות תכונותיו הבסיסיות, כגון: אם הוא זכר או נקבה וכו'. עד אז קיימת רק המציאות הקודמת לוולד, היא מציאות השליה. מציאות היולית זו של השליה מתפתחת ומגיעה לתכלית מימושה רק לאחר הלידה והגדילה בגוף, כאשר אדם עושה בגופו מעשה בפועל. ואם אין הוא עושה את המעשה, הריהו סותר את כל כיוון התפתחותו של האדם מהשליה, וחוזר כביכול אל השלב הקודם, הוא השליה.

וככה המצות הן עיקר התורה ושרשה הגם שהמצוה היא גופנית והתורה היא חכמה רק שזה בחיצוניות וזה בפנימיות וכדלקמן.

י תשרי פשוטה / ו תשרי מעוברת

והנה כמו כן מזיווג זו"ן דבי"ע נבראו מאין ליש כל הנבראים והנוצרים והנעשים על ידי אור הנשמה שבתוכן שהיא אלקות מהכלים דעשר ספירות

מה שמדגיש כאן אדמו"ר הזקן הוא שאין מדובר בחזרה אל המצב הקודם לעיבור, אלא אל המצב שבתחילת העיבור, של קודם היווצרות הוולד. קודם היווצרות הוולד הוא, במובן מסוים, קודם ירידת הנשמה ממש אל הגוף. יש כוונות והכנות, אבל אין חיבור של הנפש והגוף; יש חומר של גוף, היא השליה, ויש נשמה שמיועדת לו, אבל אין חיבור ממש שבו מתעצב החומר לפי הנשמה ותפקידה בעולם ובו נכנסת הנשמה להגבלות חומר הגוף. ועל זה הוא מדבר כאן – לא על הגוף ולא על הנשמה, אלא על הנשמה שבגוף. כאשר הנשמה שבגוף תעשה את מצוותיו של הקב"ה בעולם העשייה הגשמי, היא תקיים את תכלית החיבור הזה, בחיבור ואיחוד חלקי ההוויה כולה. ואם לא תעשה כן – אין שום ערך לכל זה, כאילו הוא איננו, ומה שנשאר הוא מה שהיה קודם לזה, היינו השליה לבדה.

וְכָכָה, על פי הסבר זה, מובן כי **הַמִּצְוֹת הֵן עִיקַּר הַתּוֹרָה וְשָׁרְשָׁהּ.**

הֲגַם שֶׁהַמִּצְוָה הִיא גּוּפָנִית וְהַתּוֹרָה הִיא חָכְמָה, ואם כן התורה היא למעלה מהמצווה, **רַק שֶׁזֶּה,** המצוות, **בְּחִיצוֹנִיּוּת וְזֶה,** התורה, **בִּפְנִימִיּוּת.** המצוות הן גבוהות יותר בשורש, אבל בעולם שלנו הן מופיעות רק בשכבה החיצונית הנמוכה שלו; והתורה, הגם שבשורש היא נמוכה יותר, היא מופיעה גם בעולמנו בפנימיותו, במציאות רוחנית של שכל.

דווקא משום שדרגת המצווה בשורשה גבוהה כל כך אין לה בעולמנו הנמוך ביטוי פנימי, אלא רק ביטוי חיצוני. אין אנו יכולים להבין זאת, אין אנו יכולים להרגיש את משמעות המצוות ומעלתן, אבל אנחנו יכולים פשוט לעשות אותן. וזה פירוש האמירה שהמצוות הן בחיצוניות.

וּכְדִלְקַמָּן, בהמשך המאמר ימשיך ויבאר צדדים אלה השייכים לעבודת ה', לתורה ולמצוות שלנו. אמנם בפרט אין הוא חוזר לעסוק בזה, מלבד הערה קצרה בסיומו של המאמר. וייתכן שבאמת כתב את הדברים, אלא שאין הם בידינו (וכהערת המביאים לדפוס בסוף

המצוות הן העיקר והשורש להקדמת המצווה למעלה, בשורש הכול, למעלה מעלה מהשגתנו, יש השלכות גם על חיינו ועבודת ה' שלנו כאן. במקומות רבים[87] מבואר שעל ידי קיום המצוות, עשה ולא תעשה, נעשית הנפש זכה יותר, והשכל מסוגל יותר להשיג בתורה. והדברים אמורים גם במעשה ממש וגם בלימוד שיהיה על מנת לעשות. כל זה הוא כעין הכנה עלומה בפנימיות הנפש, שמייצרת את המוכנות ואת היכולות בנפש לקבל, בהמשך, את חכמת התורה. השלבים הללו אינם גלויים, בדרך כלל

המאמר: "עד כאן מצאנו מכתב ידו הקדושה"), אך גם ייתכן שכוונתו לדברים העולים מתוך מה שייאמר בהמשך, אף שאינם נאמרים בפירוש.

מכאן שב אדמו"ר הזקן למהלכו העיקרי, העיוני, של המאמר, העוסק בבריאת והשתלשלות העולמות מה'אין', בכל מקום שמגיע אליו האין סוף ובורא את ה'יש' מה'אין'.

וְהִנֵּה, כמו שדובר לעיל על זיווג זעיר אנפין ונוקבא שבאצילות, שממנו נולדו מ'אין' ל'יש' הנשמות בעולם האצילות, **כְּמוֹ כֵן, מִזִּיווּג זו"ן** (זעיר ונוקבא) **דבי"ע** (שבבריאה יצירה ועשייה) **נִבְרְאוּ מֵאַיִן לְיֵשׁ כָּל הַנִּבְרָאִים וְהַנּוֹצָרִים וְהַנַּעֲשִׂים.** הנבראים בעולם הבריאה – מייחוד זו"ן של הבריאה, הנוצרים בעולם היצירה – מייחוד זו"ן של היצירה, והנעשים בעולם העשייה – מייחוד זו"ן של עולם העשייה. ייחוד הספירות של זעיר ונוקבא בכל עולם הוא הבורא וכו' את העולמות עצמם ואת הנפשות שבהם, המלאכים והנשמות.

ובכל דרגה הוא בורא וכו' **עַל יְדֵי אוֹר הַנְּשָׁמָה שֶׁבְּתוֹכָן שֶׁהִיא אֱלֹקוּת.** כפי שנזכר בתחילת המאמר, מה שבורא את ה'יש מאין' הוא האלוקי האין סוף בעצמו, וגילויו בחינת האור האלוקי שיש בכל דבר. הספירות הן האלוקות לגבי העולמות, ובספירות עצמן האלוקי הוא האור לגבי הכלים, ובאור עצמו – האלוקי הוא האור שבדרגת הנשמה, שהוא אלוקות לגבי האורות שבדרגת נפש ורוח.

כאמור, הקו שבין ה'יש' וה'אין', בין האלוקי והעולם, איננו עובר במקום אחד מסוים בלבד, אלא הוא חודר לכל מקום בכעין העתקה של אותה תבנית מדרגה לדרגה, מן הכלל אל הפרט. על רקע זה יש להבין את דיוקי ההגדרות כאן ואת השימוש הגמיש במונחי הקבלה.

מֵהַכֵּלִים דְּעֶשֶׂר סְפִירוֹת דְּמַלְכוּת דַּאֲצִילוּת. אור הנשמה, שהוא בחינת האלוקות שבעשר הספירות שבכל העולמות הנבראים, נמשך אליהן מספירת המלכות שבאצילות. שהרי מלכות שבאצילות היא, מכל מקום, ספירה של עולם האצילות; היא שייכת לעולם האצילות שהוא, בכללו, בחינת האלוקות לגבי כלל העולמות.

בפרט, כפי שנזכר בתחילת המאמר, יש שלושים כלים למלכות של האצילות, כי לעשר הספירות יש כלים פנימיים, אמצעיים וחיצוניים. עשרת הכלים הפנימיים נעשים נשמה לעולם הבריאה, העשרה האמצעיים – לעולם היצירה, והעשרה החיצוניים – לעולם העשייה.

המסר העובר כאן, וביתר שאת בהמשך, הוא שבכל סדר השתלשלות העולמות – מלמעלה לעולם האצילות ועד לעולם העשייה, דרך ירידת והתפרטות הכלים מעולם לעולם – עובר

אין רואים את הקשרים, וניתן לחשוב שאין בזה ממש כלל; שהתורה מתחילה מדרגת החכמה, ואין שום קשר למצוות ולהתייחסות הנפשית אל עשייתן. ולכן צריך לומר זאת, להתבונן בזאת ולזכור ש"ברישא חשוכא והדר נהורא"[88] (תחילה החושך ואחר כך האור), שקודם לאור התורה הנגלה בחכמה ובבינה ישנה תשתית נעלמה של רצון אלוקי שחובק הכול, שאנו מקבלים אותו דווקא בחיצוניות, ומכאן יכולים לקבל גם את חכמת התורה, בפנימיות.

דמלכות דאצילות וגם בתוכה הארת הקו דאור אין סוף המלובש באצילות עד הפרסא והארת הקו שהיה מאיר בכלים דעשר ספירות דמלכות בקע הפרסא עמהם ומאיר בהם בבי״ע כמו באצילות ממש

הקו של האור הפנימי, האלוקי, אור אין סוף בעצמו, מלמעלה עד למטה. אור הנשמה הזה, שמגיע עד זעיר ונוקבא של העשייה, עובר ישירות מהמלכות של האצילות ונושא איתו כל הזמן ולכל מקום את הנקודה האלוקית בעצמה, הבוראת בכל מקום את היש מהאין.

וְגַם בְּתוֹכָהּ, בתוך המלכות דאצילות, נמשכת **הֶאָרַת הַקַּו דְּאוֹר אֵין סוֹף, הַמְלוּבָּשׁ בַּאֲצִילוּת**. מושג ה'קו' בקבלה מתייחס לקו האור הנמשך מאור אין סוף שלפני הצמצום אל תוך המקום והחלל שנעשה על ידי הצמצום. החידוש של אור הקו לגבי אור אין סוף שלפני הצמצום הוא, שבאור הקו יש כיוון ויש מעלה ומטה. מעלה הוא ראשית הקו באור אין סוף, ומטה הוא הכיוון שמאיר ונמשך בו, שהולך ומתמעט מדרגה לדרגה ככל שהוא מתרחק מראשו. תכונות אלה של ה'קו' הן שמאפשרות לו להאיר את אור אין סוף גם בתוך הכלים; לא להיות רק מציאות אין סופית מקיפה, אלא גם להתייחס באופן כלשהו אל הבריאה והנבראים. תחילת הארתו של הקו בכלים היא בעולם האצילות; שכן האצילות, עם היותה מציאות של אורות בכלים, היא מציאות אלוקית – כלומר מציאות בטלה ושקופה לחלוטין כלפי האלוקי האין סופי, ואשר הכלים שלה, גם של המלכות דאצילות, יכולים להלביש ולגלות את הארת האין סוף ממש שבקו.

הארה ישירה וגלויה זו של אין סוף מגיעה **עַד הַפַּרְסָא** (=המסך) שבין האצילות ועולם הבריאה. המסך הזה הוא ההבדלה המהותית שבין המציאות האלוקית ובין המציאות הנבראת, ולמטה ממנו אין עוד גילוי שלם של אור אין סוף. כפי שייאמר בהמשך, למטה מהפרסא עדיין עובר אור האין סוף; אבל אין הוא גלוי כמו באצילות, אלא הוא רק הארה של הארה ממנו, המעידה ומספרת על האין סוף.

הפרסא צריך להבין כי פרסא זו איננה גוף שלישי החוצץ בין האצילות לבריאה; עצם היות העולם הנברא 'יש' ונפרד בהכרתו – היא היא הפרסא. הכלים שיכולים לגלות אין סוף הם הכלים שבטלים במציאותם לאין סוף; ובהגיע האין סוף אל הכלים הנבראים, שאינם בטלים לגמרי, שמרגישים גם את מציאות עצמם, אין הוא מתגלה עוד כאין סוף בעצמו, אלא כאור וגילוי, אשר עם היותו מוגבל (בכלים של אותו עולם) הוא מעיד ומספר על אור האין סוף הבלתי מוגבל, שהינו הוא עצמו. זה לא מה שרואים, אבל זה מה שאפשר להבין מתוך מה שרואים.

בקע הפרסא כמו שמגלה מאמר זה שוב ושוב, הקו שבין ה'יש' וה'אין', ובמובן מסוים נוכחות האין סוף, אינם נעצרים אי שם למעלה בפרסא שבין האצילות לבריאה, אלא גם דרך הפרסא שבין האצילות לבריאה יש חדירה עלומה של אור אין סוף אל צידה השני ואל תוך העולמות הנבראים. הפרסא היא עיקרון שהולך ומתגלגל, שמסתיר ומגלה בכל מקום את האין סוף השייך לו.

הפרסא, על דרך משל באדם במקומות אחרים[89] מוסבר, מתוך חיי הנפש, מהי פרסא זו. הפרסא משמשת כמו משל. כדי להעביר הבנה

וְהֶאָרַת הַקַּו של אור אין סוף, **שֶׁהָיָה מֵאִיר בְּכֵלִים דְּעֶשֶׂר סְפִירוֹת דְּמַלְכוּת** של האצילות, **בְּקֶקַע הַפַּרְסָא עִמָּהֶם**, עם הכלים של המלכות דאצילות, **וּמֵאִיר בָּהֶם בבי״ע** (בבריאה יצירה עשייה).

כפי שהוסבר, מלכות דאצילות היא הבוראת (בכוח האין סוף המתגלה בה) את העולמות הנבראים. דהיינו הכלים שלה, עם אור אין סוף המאיר בהם, יורדים, מהווים ומחיים את העולמות הנבראים – בריאה יצירה ועשייה. כוח אין סוף זה שבמלכות לברוא את היש מהאין נמשך אפוא אל תוך מציאות היש הנברא, והוא מהווה ומחיה אותו בכל עת, הגם שאין הוא מתגלה בו, הגם שמציאותו המוגבלת והנפרדת סותרת כביכול את מציאות האין סוף. ואף על פי כן נמצא אור אין סוף בתוך כל אחד מהם, בבחינת הנשמה שבהם, שעם היותו מחיה אותם הרי בתוכם הוא עדיין אור אין סוף.

כְּמוֹ בַּאֲצִילוּת מַמָּשׁ. הארת אין סוף בעולמות הנבראים היא כמו באצילות ממש. ההדגשה 'ממש' היא משום שאין זה מובן מאליו; האין סוף בנבראים אינו גלוי כמו בעולם האצילות, אבל הוא קיים – לא בערך, לא כמו, אלא ממש. כל ההבדל הוא מצד העולמות הנבראים המסתירים לעצמם; אבל מלמעלה למטה נמשכת הארת הקו של אור אין סוף "כמו באצילות ממש".

להלן יבואר שלא רק הארה של הקו, המלובשת בכלים שבאצילות וגם יורדת בהם דרך הפרסא לעולמות הנבראים (כדרך ירידת אחוריים של העליון לפנימיות התחתון וכו'), נמצאת למטה, אלא גם ובעיקר הקו בעצמו. הקו עצמו, אשר כפי שהוא למעלה הוא גם למטה; האור הפנימי, העצמי, של הקו, כמו הרצון העצמי הראשון שמגיע עד התכלית האחרונה; הסוף שנעוץ בתחילה. על דרך משל, כאשר מסבירים דבר ההסבר יורד דרך הכלים של המשפיע לכלים של המקבל וכן הלאה ממשפיע למקבל נמוך ממנו. אבל יש בכל זה קו של הרצון להשפיע ושל עונג בהשפעה, שכולל הכול ואינו משתנה מתחילה ועד סוף.

מסוימת מאדם לאדם יש שתי דרכים. דרך אחת היא להפשיט את הדברים ככל האפשר, כדי שיוכלו לעבור מכלי לכלי ומאדם לאדם. דרך זו אפשרית רק כאשר למשפיע ולמקבל יש רקע משותף, ומשמעות המילים והמושגים אצל שניהם היא פחות או יותר זהה. הכלי של המקבל צריך להיות מוכשר מצד עצמו לקבל,[90] ואז נשאר רק ליצור קשר ולהעביר, כמו מכלי לכלי, את האור והתוכן. הדרך השנייה היא על ידי משל. כאשר כלי המקבל אינם לפי ערכו של המשפיע, יכול המשפיע להלביש את ההבנה שלו בתוך דבר אחר, כגון סיפור מעשה או תיאור מציאות השייכת אל מציאות חייו של המקבל. הסיפור או התיאור הללו יוצרים תבנית וכלי שמכילים בתוכם את ההשכלה והתפיסה שרוצה המשפיע להעביר, אלא שכאן אין הוא צריך להעביר את ההשכלה אלא את הסיפור, והסיפור יכול לעבור למקבל בלי עיכוב. לדרך העברה זו הוא קורא 'פרסא', ולמעלה בעולמות היא דרך העברת האור מעולם האצילות לעולמות הנבראים. המיוחד בדרך העברה זו הוא, שמה שעובר אינו אור או משמעות בלבד, אלא אור וכלי כאחד. המקבל אינו מקבל תוכן מופשט שאותו עליו להכניס אל הכלים שלו, אלא הוא מקבל את התוכן יחד עם הכלי המכיל אותו;

וכן גם הקו בעצמו המלובש בסיום וסוף נה"י דאדם קדמון שהוא סוף רגלי היושר שלו המסתיימים במלכות דעשיה הנה הארת הקו מאירה משם ומתלבשת באור הנשמה דעשר ספירות דבי"ע שהוא אלקות

וְכֵן גַּם הַקַּו בְּעַצְמוֹ, ולא הארתו של הקו המלובשת בכלים שבאצילות (ואף בוקעת את הפרסא כנזכר), **הַמְלוּבָּשׁ בְּסִיּוּם וְסוֹף נה"י** (נצח הוד יסוד) **דְּאָדָם קַדְמוֹן**. הקו בעצמו אינו מתלבש באצילות ולא בשום פרט וחלק, אלא רק בתבנית הראשונית הכוללת את הקו כולו, הנקראת 'אדם קדמון'.

'אדם קדמון' הוא הפרצוף הראשון והכולל ביותר המתייחס אל הקו כולו, מראשית יציאתו מאור אין סוף ועד סופו. וכן מורה שמו: 'אדם', שהוא בכל מקום התבנית, ה'פרצוף', כמו עשר ספירות שנקראות 'אדם' וכמו גוף ונפש אדם למטה; והאדם הזה הוא 'קדמון', הקודם לכל פרצוף ותבנית אחרת. 'קדמון' איננו הראשון אלא מה שקודם לכול, להתחלה ולסוף כאחד, כלומר התבנית שמלבישה את הקו עצמו, לפני כל הארותיו בכל הדרגות.[92]

בדימוי אנושי אפשר אולי לומר ש'אדם קדמון' הוא כמו המחשבה הקדומה, הרצון הקדמון, שיהיה כל מה שיהיה. כמו המחשבה של 'אנא (אני) אמלוך'.[93] המחשבה הזו היא מחשבתו הקדומה לכול של הקב"ה קודם שהאציל וברא ודיבר כל דבר, שהיא המחשבה שהוא רוצה להיות מלך, וכמבואר כבר שהמושג 'מלך' כולל ממילא את היות העולמות כולם, שמקיימים את המציאות של 'עם' המקבל את מלכותו של הקב"ה. המחשבה הקדומה הזו איננה רק תחילתו של תהליך המתגלגל הלאה, שהרי היא מחשבתו של הקב"ה שיודע הכול ויכול הכול, ולכן מתחילה היא כבר כוללת בתוכה כל מה שהיה ויהיה ויכול להיות, עד למיצויה השלם. וכעין מה שנאמר כאן, שקומת 'אדם קדמון'

ובמושגים שהוא מדבר עליהם כאן – את אור האצילות המלובש בכלים של עשר הספירות של מלכות דאצילות. אכן, כמו במשל, אחרי שהאור עבר הוא אינו גלוי, וצריך להתבונן במשל כדי לגלותו. אלא שלאחר שהוא עבר על ידי המשל – הדבר הוא אפשרי. זאת ועוד: כאשר האור שבמשל מתגלה, במובן מסוים הוא אף שלם יותר מאשר בהעברה המופשטת. שכן בהפשטה לעולם אין המשמעות עוברת כמות שהיא, בשלמותה; תמיד יהיה הבדל בין כלי המקבל לכלי המשפיע. ההשפעה בהכרח עוברת חלקים חלקים, המורכבים מחדש, בשינוי, אצל המקבל; ואילו על ידי המשל היא יכולה לעבור בשלמות, כפי שהיא למעלה ממש.

נה"י דאדם קדמון הקומה של אדם קדמון היא קדומה ומופשטת הרבה מעבר לכל מה שאנו מכירים; ואף על פי כן, כיוון שמדברים על מושג 'אדם' אנו משליכים גם לשם את המושגים שלנו של עשר הספירות (שהן בתבנית 'אדם' וכן עשרת כוחות הנפש והגוף הגשמי), ובהן החלק הנמוך שבהן, המתייחס אל המציאות הנמוכה והחיצונית לו, הן הספירות נצח הוד ויסוד,[91] שבנפש ובגוף הן הרגליים וכו'.

רגלי היושר ביטוי זה (שעוד ירחיב בו בהמשך) מתייחס להבחנה המצויה בספרי הסוד בין שני היבטים של סדר ההשתלשלות:

מסתיימת בעשייה, אף מחשבה זו מגיעה עד למדרגה התחתונה ביותר של העשייה.

ברצון קדום זה ישנו אפוא כל מה שיהיה בפועל אבל עדיין לא בכלים ובהגדרות כפי שיהיה בפועל. ולכן כולל הקו עצמו בכוח את כל מה שישנו בפועל עד סוף כל הדרגות בעשייה. וכפי שמבטא זאת אדמו"ר הזקן:

שֶׁהוּא סוֹף רַגְלֵי הַיּוֹשֶׁר שֶׁלּוֹ, של אדם קדמון (הם הם נה"י דא"ק), **הַמִּסְתַּיְּמִים** ברצון הקדום כנ"ל שיהיה לבסוף **בְּמַלְכוּת דַּעֲשִׂיָּה.**[94] קומת אדם קדמון כוללת הכול במהות של רצון קדום הכולל, מהכתר הכללי[95] ועד סיום נה"י שלו, בחינת הרגליים שבספירת המלכות של עולם העשייה; כלומר במקום הנמוך ביותר שבכל סדר ההשתלשלות.

הִנֵּה הֶאָרַת הַקָּו מְאִירָה מִשָּׁם, מנה"י של אדם קדמון, **וּמִתְלַבֶּשֶׁת בְּאוֹר הַנְּשָׁמָה דְּעֶשֶׂר סְפִירוֹת דבי"ע** (של העולמות הנבראים: בריאה יצירה עשייה) **שֶׁהוּא אֱלֹקוּת.** כפי שהוסבר, בעשר הספירות של כל עולם יש אורות וכלים. האור שבכלי הוא כמו נפש שבגוף, וכמו בנפש כך באור שבכלי הספירות יש דרגות, כעין נפש רוח ונשמה. החלוקה הכוללת בין תחום הבורא לתחום הנברא, בין עולם לאלוקות, עוברת בין הכלים של הספירות ובין האורות, ובאורות – בין דרגות הנפש והרוח, שהם בחינת עולמות, ובין האור שבדרגת הנשמה, שהוא בחינת אלוקות. ומה שנאמר כאן הוא שאור הקו האלוקי עצמו, שאינו מתגלה בעצמותו אפילו בעולם האצילות, מאיר למטה (אל המקום שבפועל מקיים את תכלית ראשיתו של הקו, כלומר מבטא את עצמותו) ומתלבש בכל מקום בסדר ההשתלשלות, שמבטא גם כן את אותה נקודה – דהיינו באור הנשמה שבכל עולם ומקום. יש להבדיל בין ההארה שדובר בה קודם – של התגלות היורדת בכלים של האצילות ועוברת דרך הפרסא אל הספירות של העולמות, מבריאה ליצירה ולעשייה, הארה שככל שהיא יורדת היא נסתרת יותר ונפרדת יותר ממקורה – ובין ההארה שמדובר בה כאן, שאיננה התגלות במובן המקובל, בכלי השכל והרגש של אותו עולם (או נפש), אלא

עיגולים ויושר. כל המדרגות בסדר ההשתלשלות הם גם בבחינת עיגולים וגם בבחינת יושר. העיגולים מקיפים זה את זה; כל דרגה עליונה מקיפה את הדרגה שלמטה ממנה. ואילו ביושר משתלשלות ומתייחסות הדרגות זו לזו בדרך של קו ישר מלמעלה למטה. אדם קדמון שבבחינת עיגולים הוא כמו עיגול המקיף את כל הדרגות שתחתיו, באופן שראשו ורגליו מקיפים כאחד ובאופן שאצילות ועשייה מוקפים כאחד. לעומת זאת ביושר נמשך א"ק מראשית הכול ועד לסוף העשייה באופן שכל 'מדרגה' שבו מתייחסת למדרגה בסדר ההשתלשלות, וזה שנאמר כאן שנה"י דא"ק מסתיימים במלכות דעשייה, כלומר שבמלכות דעשייה מאיר הקו שבנה"י דא"ק.

אם להתייחס אל הדימוי של המחשבה, המחשבה הקדומה בבחינת עיגולים היא כמו מחשבה שמהווה הכנה ואווירה המאפשרות שיהיה הדבר; ההתייחסות היא אל כלל ההתרחשויות שיכולות להיות בהיקף הזה, ולא אל פרטיהן. ואילו מחשבה שבבחינת יושר היא המחשבה הזו שמתלבשת בפרטים, כפי שהם וכפי שהם מביאים זה לזה. על דרך משל, המחשבה שמתלבשת בתחום המעשה היא מחשבה מעשית יותר, וזו שמתלבשת בדיבור היא מופשטת יותר – ויש מחשבה פנימית עוד יותר, שאינה מתלבשת כלל.

והארה דהארה מתלבשת בנפש רוח דעשר ספירות דבריאה יצירה עשיה ואף גם בכל הכלים שלהם והארה דהארה הוא בכל הנבראים ונוצרים ונעשים כמו שכתוב הימים וכל אשר בהם ואתה מחיה את כולם וכל זאת בבחינת התפשטות החיות להחיותם • אמנם מציאותו ומהותו של אור האין סוף אינו בגדר מקום כלל וסובב כל עלמין בשוה ואת השמים ואת הארץ אני מלא בהשוואה אחת ולית אתר פנוי מיניה אף בארץ הלזו הגשמית ז תשרי מעוברת

כמו נתינת כוח פנימית, שמקבלת דווקא מדרגת הסוף של המעשה. בדרגה זו נעשה הרצון הראשון ומאיר חזרה בכל הדרגות ומגלה בהן את נקודת ההתחלה, בהתעוררות מחודשת של הכוח הנובע מהרצון והעונג הפנימי בעת מילויו.

וְהֶאָרָה דְּהֶאָרָה מִתְלַבֶּשֶׁת בְּנֶפֶשׁ רוּחַ דְּעֶשֶׂר סְפִירוֹת דִּבְרִיאָה יְצִירָה עֲשִׂיָּה. הארה מן הקו מתלבשת בדרגת הנשמה של עשר הספירות של העולמות הנבראים (בי"ע), והארה של הארה מתלבשת בדרגת הנפש ובדרגת הרוח שלהן. **וְאַף גַּם בְּכָל הַכֵּלִים שֶׁלָּהֶם**, של הספירות שבעולמות. כל אלה – הכלים של הספירות והאור בדרגת נפש ורוח – הם כאמור חיצוניות הספירות, ולא הפנימיות שהיא בחינת ה'אלוקות' שבהן. הפנימיות וה'אלוקות' היא עצם ההארה שבכל דבר, והחיצוניות והכלים הם ההארה של הפנימיות, הארה של הארה.

וְהֶאָרָה דְּהֶאָרָה, הארה של ההארה אף היא שונה מהותית מההארה של ההארה. אם אמרנו ש'הארה' היא גילוי אלוקי, ו'הארה דהארה' היא כמו הפעולה האלוקית, הרי 'הארה דהארה' היא כמו הנפעל מהפעולה.

הוּא בְּכָל הַנִּבְרָאִים וְנוֹצָרִים וְנַעֲשִׂים. ההארה של ההארה של ההארה, מה שנפעל מכוח האלוקי שבספירות, הם המצויים כולם, בכל הדרגות: כל הנבראים שבעולם הבריאה, והנוצרים שבעולם היצירה, והנעשים שבעולם העשייה.

כְּמוֹ שֶׁכָּתוּב: "אַתָּה עָשִׂיתָ אֶת הַשָּׁמַיִם שְׁמֵי הַשָּׁמַיִם וְכָל צְבָאָם הָאָרֶץ וְכָל אֲשֶׁר עָלֶיהָ הַיַּמִּים וְכָל אֲשֶׁר בָּהֶם וְאַתָּה מְחַיֶּה אֶת כּוּלָּם" (נחמיה ט,ו). מה שמחיה ומהווה את כולם, בכל המקומות והדרגות, הוא 'אתה'. 'אתה' לנוכח הוא הקב"ה בעצמו, הכוונה והמחשבה הראשונה (המחשבה הקדומה דא"ק) כפי שהיא אחת עם עצמותו; החיות

הארה דהארה ההבדל בין הארה להארה של הארה הוא הבדל של מהות. ההארה אכן איננה עצם הדבר; אבל היא הארה של עצם הדבר, ולכן היא מגלה את הדבר עצמו. לעומת זאת הארה של הארה כבר נפרדת מהדבר, איננה מגלה אותו עצמו אלא רק סימנים לו: זה מעשה שלו, זו פעולה שלו, סימן שהיה שם וכו'. כך כאן, הארת הקו מתלבשת בדרגת הנשמה שהיא 'אלוקות', דהיינו עדיין נושאת את השם והייחוד של המקור האלוקי, האין סוף בעצמו. היא אולי רק הארה שלו, אבל היא גילוי שלו, הפועל את הפעולה שלו. והארה דהארה היא כמו הפעולה כשלעצמה, שיכולה להיות נפרדת, לא קשורה ומאוחדת בהכרח עם הפועל, ולכן ההארה דהארה איננה 'אלוקות'.

והקיום של כל הנבראים והנוצרים והנעשים, שבקיומם וחיותם, כפי שהם בפועל, הם משלימים ומקיימים את אותה מחשבה.

וְכָל זֹאת בִּבְחִינַת הִתְפַּשְּׁטוּת הַחַיּוּת לְהַחֲיוֹתָם. כל דרגות ההארה הללו – הארה והארה דהארה וכו׳ – הן דרגות של הארה והתפשטות החיות מאור אין סוף, אבל רק הארה בלבד ממנו. ולכן, שלא כאור אין סוף בעצמו, היא מתלבשת ומחיה כל דבר במציאות לפי ערכו, בהגבלת גדריו וכליו. הארה אלוקית זו היא הנקראת ״אור הממלא כל עלמין״.

אָמְנָם מְצִיאוּתוֹ וּמַהוּתוֹ שֶׁל אוֹר הָאֵין סוֹף אֵינוֹ בְּגֶדֶר מָקוֹם כְּלָל. שלא כאור הממלא כל עלמין, שיש לו תמיד מקום שאותו הוא ממלא ומחיה, אור אין סוף בעצמו איננו מתייחס לשום בחינה ומדרגה מסוימת שאפשר לומר שהוא מצוי שם, במקום זה ובהגדרות אלה. יותר מזה: אין הוא מתייחס כלל למושג מקום. מבחינתו אין המציאות מחולקת למקומות ולזמנים, לנאצלים ולנבראים וכו׳, כי הוא מעבר לכל ההגדרות הללו. כל אלה שקופים לגמרי עבורו, אינם מגבילים אותו ואינם משנים בו כלל.

וְסוֹבֵב כָּל עָלְמִין בְּשָׁוֶה, כמו העיגול, שמקיף בשווה את מה שבתוכו. האמירה שאין הוא בגדר מקום אינה באה לומר שהוא איננו נמצא בכל מקום ופרט מפרטי המציאות,[97] אלא שהוא נמצא בכולם, ומציאותו בכולם היא שווה – כלומר בתחתון ביותר כמו בעליון ביותר, כי ההבדל בין תחתון ועליון אינו משמעותי לגביו. הארה אלוקית זו היא הנקראת ״סובב כל עלמין״.

וְ״אֶת הַשָּׁמַיִם וְאֶת הָאָרֶץ אֲנִי מָלֵא״ (ירמיה כג,כד)**, בְּהַשְׁוָואָה אַחַת.** בחסידות מוסבר שאת הכתוב ״את השמים ואת הארץ אני מלא״ יש להבין באור הסובב כל עלמין. ׳שמיים׳ ו׳ארץ׳ הם הכינויים הרחבים ביותר לגדרי המקום; שמיים הם כל המעלה, וארץ היא כל המטה. ולכאורה, איך אפשר למלא גם את השמיים וגם את הארץ? אור הממלא כל עלמין ממלא את השמיים לחוד ואת הארץ לחוד, כל אחד באופן אחר ובאור אחר. אבל את השמיים ואת הארץ יחד ממלא רק ׳אני׳, כי אני עצמי הוא אור אין סוף בעצמו, הסובב כל עלמין, שכאמור ממלא הכול ונמצא בכל מקום, למעלה ולמטה, בשמיים ובארץ באופן שווה.

וְ׳לֵית אֲתַר פָּנוּי מִינֵּיהּ׳[98] (אין מקום פנוי ממנו)**, אַף בָּאָרֶץ הַלֵּזוּ הַגַּשְׁמִית.** אפשר היה לחשוב שבחינה גבוהה כל כך באלוקות תימצא למעלה, בשמיים הרחבים והאין סופיים, ולא בארץ הגשמית. לכן הוא מוסיף – ״אף בארץ הלזו הגשמית״.

ואתה מחיה את כולם כפי שמבואר במקומות אחרים,[96] ״אתה״ הן אותיות הדיבור האלוקי (אל״ף עד תי״ו וה׳ מוצאות הפה). הדיבור הוא המלכות, שבה דווקא מתגלה בכל עולם כוח האין סוף לברוא מ׳אין׳ ל׳יש׳.

״את השמים ואת הארץ אני מלא״ ו״לית אתר פנוי מיניה״ אלו הן שתי אמירות המתארות את אור הסובב, ושתיהן נחוצות. ״את השמים ואת הארץ אני מלא״ היא אמירה המתייחסת אל האור; ה׳אני׳ הוא האור שנמצא בכול בשווה, שכל ההגדרות מתבטלות ביחס אליו, שכל הכלים והמקומות אינם משמעותיים עבורו ואין לגביו הבדל בין שמיים וארץ. לעומת זאת ״לית אתר פנוי מיניה״ היא אמירה המתייחסת דווקא אל

רק שהוא בבחינת מקיף וסובב וכמו שנתבאר הפירוש בלקוטי אמרים ולא התפשטות והתלבשות החיות להחיותם ולהוותם מאין ליש כי אם על ידי הארה דהארה וכו׳ מהקו כנזכר לעיל וגם מאור אין סוף הסובב ומקיף לארבע עולמות אבי״ע בשוה מאיר אל הקו הפנימי דרך הכלים דעשר ספירות דבי״ע ובהארתו תוך הכלים נותן בהם כח ועוז לברוא יש מאין ומאחר שהבריאה היא על ידי הכלים לזאת הם הנבראים בבחינת ריבוי והתחלקות וגבול ותכלית ובפרט על ידי האותיות כנזכר לעיל.

רַק שֶׁהוּא בִּבְחִינַת מַקִּיף וְסוֹבֵב, וּכְמוֹ שֶׁנִּתְבָּאֵר הַפֵּירוּשׁ של ׳סובב כל עלמין׳ **בְּלִקּוּטֵי אֲמָרִים** (פרק מח). ההסבר שהוא מתייחס אליו מדגיש את מה שנאמר למעלה: שלא נחשוב כי ׳סובב כל עלמין׳ הוא רק סביב ולמעלה, אלא שהוא גם למטה ובתוך תוך כל דבר. אך לא מלובש בדבר, אלא תמיד בבחינת מקיף ועוטף כל דבר, כל פרט; לא מחייהו מתוכו אלא בבחינת ההיקף המאפשר את קיומו כך, החלל הנותן לו את מקומו ואופיו וכל הקורה עמו.

וְלֹא הִתְפַּשְּׁטוּת וְהִתְלַבְּשׁוּת הַחַיּוּת לְהַחֲיוֹתָם וּלְהַוּוֹתָם מֵאַיִן לְיֵשׁ. כי התלבשות החיות בתוך הנבראים להחיותם ולהוותם, כפי שרואים אותם, כ׳יש׳ הגלוי, אינה מאור הסובב המקיף, שהרי אין אור הסובב מורגש ונגלה בנבראים, **כִּי אִם עַל יְדֵי הֶאָרָה דְּהֶאָרָה דְּהֶאָרָה וכו׳ מֵהַקַּו כַּנִּזְכָּר לְעֵיל,** הוא האור הממלא, המשתלשל ומצטמצם דרגה אחר דרגה, הארה והארה דהארה וכו׳ מאור הקו.

וְגַם מֵאוֹר אֵין סוֹף הַסּוֹבֵב וּמַקִּיף לְאַרְבַּע עוֹלָמוֹת אבי״ע (אצילות בריאה יצירה עשייה) **בְּשָׁוֶה, מֵאִיר אֶל הַקַּו הַפְּנִימִי דֶּרֶךְ הַכֵּלִים דְּעֶשֶׂר סְפִירוֹת דבי״ע** (של בריאה יצירה עשייה).[99] אור הסובב כל עלמין, מלבד זה שהוא מקיף את כל העולמות בשווה ונמצא מעבר לכל העולמות כרקע וכתשתית לעצם קיומם, הוא גם ממשיך הארה אין סופית זו אל תוך העולמות; כלומר, כוח האין סוף חודר אל תוך פרטי העולמות הנבראים ומתגלה בהם במקומות ובצורות מסוימות. לכאורה הדבר בלתי אפשרי: או שהאור הוא אין סוף, ואז הוא מקיף, או שהוא פנימי, ואז הוא מוגבל. ולכן מסביר אדמו״ר הזקן כאן שחדירה זו של האין סוף נעשית דרך הכלים של עשר הספירות (ולא באורות). רגילים לראות את הכלי כמגביל את האור שבתוכו; אבל הכלי בעצמו הוא הרי כמו מקיף על האור שבתוכו. כלומר, הכלי (בכל הדרגות) מבטא את מה שמעבר לאור; את הגבלתו

המקומות ואל הכלים, והיא באה לומר שהם, כפי שהם, אינם פנויים ממנו. אמירה זו לא רק שאינה מבטלת את הכלים, אלא היא אף מייקרת כל פרט בהם: אין כל פרט ודקדוק קטן ריק ממנו, ריק ממשמעות קיומו כפי שהוא. תפיסת ה׳סובב כל עלמין׳ מורכבת אפוא משני הדברים גם יחד: הוא זה שנמצא מעבר לכל ההגדרות, הנבדל מכול; אבל הוא גם זה שנמצא בתוך כל ההגדרות כמאפשר את קיומן, כתשתית הקיומית לכל פרט שקיים, שאם הוא קיים הוא קיים בדיוק כך, בתוך ועל הרקע של הסובב.

של האור, אבל יחד עם זה את מה שמעבר להגבלה הזו, את כל האור שלא מתגלה בתוכו, האור שנמצא באין סופיותו מעבר לגילוי.[100] לכן דרך הכלים דווקא יכול להיכנס אור אין סוף אל תוך העולמות.

וּבְהֶאָרָתוֹ תּוֹךְ הַכֵּלִים נוֹתֵן בָּהֶם כֹּחַ וָעֹז לִבְרוֹא יֵשׁ מֵאַיִן. כיצד מתגלה, כיצד מתבטא, אור אין סוף הסובב כל עלמין בעולמות, שהרי אין הוא יכול להתגלות בתוך הגדרים והגבולות שלהם? והתשובה היא – בכוח שהוא נותן בכלים, שבכל עולם, לברוא יש מאין. וכפי שהוסבר בתחילת המאמר, הכוח לברוא יש מאין נובע מהכוח האלוקי, האין סוף, לבדו.

אכן, הוא מדבר על הכוח לברוא יש מאין, ולא על הבריאה בפועל ממש. שהרי מובן שאי אפשר שיהיה גילוי של אין סוף ממש, של האלוקי כשלעצמו, בתוך העולמות הנבראים. עצם הבריאה, עצם היכולת לברוא יש מאין, היא ביטוי של כוח האין סוף, אבל הבריאה והנבראים עצמם אינם אין סוף: הם בעצמם ההארה דהארה של אור הממלא כל עלמין.

וּמֵאַחַר שֶׁהַבְּרִיאָה הִיא עַל יְדֵי הַכֵּלִים. כאמור, הכלים הם בעצמם סובב ומקיף לאור הפנימי, ולכן בהם דווקא יש את היכולת לבטא ולגלות את האור הסובב; מה שאין כן האור הפנימי שבכלים, שאין בו אלא מה שיש וגלוי בו, ולכן הוא משתלשל מעילה לעלול, מהארה להארה, אבל אין בו יכולת לברוא מה שאין בו, כלומר יש מאין.

לָזֹאת הֵם הַנִּבְרָאִים בִּבְחִינַת רִיבּוּי וְהִתְחַלְּקוּת וּגְבוּל וְתַכְלִית. צד נוסף יש בכלים, שהיות שהם חיצוניים ובעלי גבול לגבי האור, הרי הבריאה שעל ידם היא בריבוי ביחס לאחדות שבאור. על דרך משל: באדם אור הנפש הוא אחד, אבל כאשר הוא מוגדר בכלים של כוחות הנפש – ההבנה לפרטיה, ודקויות הרגש – הוא מתפרט לריבוי הגדרות מחולקות ומוגבלות.

וּבִפְרָט כאשר בא הדבר לביטוי החיצוני ממש, **עַל יְדֵי הָאוֹתִיּוֹת** של הדיבור **כַּנִּזְכָּר לְעֵיל.** האותיות הן הכלים של ספירת המלכות, כלי ה'דיבור', שבהם עוברת ההשפעה החוצה, אל הנברא, על דרך משל כמו הדיבור באדם. מעבר לכלי הנפש, המגדירים את כוחות הנפש כפי שהם באדם, בהכרתו ובהרגשתו, ישנם הדיבור ואותיות הדיבור, שבהם מוגדרים הדברים עוד יותר; לא בדרך אישית סובייקטיבית, אלא באופן שהתוכן יוכל לעבור גם לאדם אחר. ה'שחרור' של האותיות מהאדם שדובר אותן, להיות דבר נפרד ממנו, יוצר אין ספור צירופים ומשמעויות נוספים שאינם קשורים עוד לאדם שאמרם. כל עוד מדובר בהבנות ובהרגשות של אדם פלוני, הרי הן מוגבלות במה שאותו אדם משיג, מרגיש ויודע; ואולם לאחר שהוא ניסח את הדברים באותיות ובדיבור, יכול כל אחד להשיג את הדברים על פי הבנתו והרגשתו שלו, ולזה אין גבול.

אחר הדברים האלה יוסיף להלן, שעם היות האורות המקיפים הללו מאירים בכל מקום, הגילוי שלהם ביתר שאת הוא דווקא בדרגות התחתונות יותר.

יא תשרי פשוטה / ח תשרי מעוברת

•ועוד זאת יתר על כן על כל הנזכר לעיל הארה דהארה וכל הנזכר לעיל היא מראה כחה ויכלתה ביסוד העפר הגשמי בגילוי עצום ביתר עז מיסודות העליונים ממנו וגם מצבא השמים שאין בכחם ויכלתם להוציא יש מאין תמיד כיסוד העפר המצמיח תמיד יש מאין הם עשבים ואילנות (והמזל המכה ואומר גדל היינו לאחר שכבר צמח העשב ואינו אומר לו לצמוח מאין ליש אלא מקוטן לגודל ולשאת פרי כל מין ומין בפרטי פרטיות. אבל בטרם

וְעוֹד זֹאת יָתֵר עַל כֵּן, עַל כָּל הַנִּזְכָּר לְעֵיל,[101] **הֶאָרָה דְּהֶאָרָה דְּהֶאָרָה וְכָל הַנִּזְכָּר לְעֵיל.** משפט זה קשה להבינו. נראה מכלל הדברים שהוא משפט מְעַבֵר, המסכם את הנאמר קודם ("כל הנזכר לעיל") כדי לבנות על זה ("ועוד זאת יתר על כן") את השלב הבא.

הִיא, ההארה האלוקית, **מַרְאָה כֹּחָהּ וִיכָלְתָּהּ בִּיסוֹד הֶעָפָר הַגַּשְׁמִי, בְּגִילּוּי עָצוּם בְּיֶתֶר עָז מִיסוֹדוֹת הָעֶלְיוֹנִים מִמֶּנּוּ.** יסוד העפר הוא התחתית שבתחתית כל העולמות. הגשמי בכלל הוא תחתית כל העולמות הרוחניים, ויסוד העפר הוא הנמוך מבין ארבעת היסודות של העולם הגשמי: רוח, אש, מים, עפר. וכמבואר בספרים, ארבעת היסודות מקבילים לדרגות הרוחניות הגבוהות של ארבעת העולמות ופרצופי הספירות ועוד.[102] אפשר אפוא לומר שיסוד העפר הוא המלכות שבמלכות, כעין מיצויה של מידת המלכות; ולכן דווקא בו מתגלה כוח האין סוף האלוקי יותר מבכל הדרגות הגבוהות ממנו.

וְגַם מִצְּבָא הַשָּׁמַיִם. לא רק יותר מאשר ביסודות שבארץ, אלא גם יותר מאלה שבשמיים – צבא השמיים הרוחני, משרתיו של הקב"ה העומדים תמיד באהבה וביראה, משבחים אותו ועושים רצונו בשקיפות גמורה, בלי שום עכירות של ישות עצמם. אף על פי כן, יותר מזה הוא מה שמתגלה ביסוד העפר הגשמי.

וכפי שרואים, **שֶׁאֵין בְּכֹחָם וִיכָלְתָּם** של צבא השמיים **לְהוֹצִיא יֵשׁ מֵאַיִן תָּמִיד, כִּיסוֹד הֶעָפָר הַמַּצְמִיחַ תָּמִיד יֵשׁ מֵאַיִן.** כפי שהוסבר בתחילה, היכולת להוציא יש מאין היא

להוציא יש מאין תמיד הדגשתו היא על "תמיד", שכן כאשר יש כוח ומידה שהיא תמידית מורה הדבר שהיא טבעית ומהותית שם, שזהו עיקר מקומה. באופן חד פעמי, לפי שעה ולצורך שעה, יכול הדבר להתגלות גם במקום אחר, אלא שאז אין הוא אלא עובר דרכו. במקומות אחרים[103] מדבר אדמו"ר הזקן על האמת. סימנה של האמת שהיא קיימת תמיד, שאינה משתנה מזמן לזמן; ואם היא משתנה, פעם כן ופעם לא, זו איננה אמת. וכך היכולת להוציא יש מאין, כאשר היא תמידית, מורה הדבר על כך שהיא אמיתית, שהיא באמת כוחה המהותי של אותה דרגה.

במקומות אחרים[104] מבואר שבקשר של עילה ועלול, שיש יחס ביניהם וכל ההבדל הוא שזה נסתר וזה גלוי, יש גבול לכוח היצירה; הוא מגיע למיצויו בגילוי כל מה שהיה נסתר, ופוסק. מה שאין כן ביש מאין, היות שאין ערך כלל בין האין והיש אין גבול לכוח הבריאה, והוא בורא תמיד, ללא גבול, יש מאין.

כוח הצומח אמנם בתפיסת מדעי הטבע בזמננו מקובל לתת הסברים 'טבעיים' לכל זה, המובנים בדרך הטבע, ואין רגילים להסתכל על תופעות, כמו על הצמיחה מהאדמה, כעל תופעה על טבעית, 'יש מאין'. ואולם אפשר

יכולת ממהות אחרת, שמעבר לכל כוחות היצירה וההשפעה. ולכן היסודות העליונים, המלאכים וכל צבא השמיים, אפילו יתאמצו מאוד – אפילו באופן חד פעמי ובריכוז כל המאמצים – אין הם יכולים לעשות זאת. שכן כוח זה אינו הצטברות של כך וכך כוחות, שאם יוסיפו להם עוד קצת יוכל הדבר להיות, אלא הוא כוח ממהות אחרת, שאינו מצוי בעליונים אלא ביסוד העפר לבדו. ולכן יסוד העפר מצמיח תמיד יש מאין, כי זה טבעו ומהותו.

הֵם עֲשָׂבִים וְאִילָנוֹת הצומחים מן האדמה (מיסוד העפר). במקום שלא היה אלא עפר מופיעים וצומחים העשבים והאילנות, שוב ושוב, תמיד. התפיסה היא שיש באדמה כוח רוחני, הנקרא בספרים 'כוח הצומח', שמכוחו מצמיחה האדמה בבחינת 'יש מאין' את הצמחים. יש אמנם גרעין שנזרע באדמה אבל אין הוא אלא סימן, המראה לכוח הצמיחה את הכיוון, כיצד ובמה יתגלה: אם יהיה עץ תפוח, תבואה וכו'. אבל אין הוא כמין 'יש' קטן שגדל – מה גם שהזרע עצמו נרקב והופך בעצמו ל'אין' קודם שצומח החדש. נמצא שהצמיחה החדשה איננה רק שינוי של הוויה קודמת, אלא 'יש מאין'.

ומוסיף ומסביר את המשל של כוח הצומח:

(וְהַמַּזָּל הַמַּכֶּה וְאוֹמֵר 'גְּדַל', יש כאן התייחסות למאמר חז"ל:[106] "שאין לך כל עשב למטה שאין לו מזל מלמעלה המכה אותו ואומר לו גדל". לכאורה מאמר זה הוא בסתירה לנאמר כאן, שצמיחת העשב מהאדמה היא בבחינת 'יש מאין'. כי ה'מזל'[107] של העשב הוא שורשו הנעלם, קודם שהוא מגובש בצורתו הזו התחתונה, אבל כבר הוא נקרא בשמו, כבר אז הוא מיוחד כדבר לעצמו מכלל הוויות העולם. ואם כן, לצמיחה זו של העשב יש מקור רוחני השייך ומתייחס אל העשב; והרי זה כמו עילה ועלול, 'יש מיש' ולא 'יש מאין'!

הַיְינוּ לְאַחַר שֶׁכְּבָר צָמַח הָעֵשֶׂב, וְאֵינוֹ אוֹמֵר לוֹ לִצְמוֹחַ מֵאַיִן לְיֵשׁ אֶלָּא מִקּוֹטֶן לְגוֹדֶל וְלָשֵׂאת פְּרִי כָּל מִין וּמִין בִּפְרָטֵי פְּרָטִיּוּת. אֲבָל בְּטֶרֶם יִצְמַח לְמִי יֹאמַר כָּל מַזָּל וּמַזָּל

גם היום להסתכל על הדברים אחרת; ההבדל הוא במה שמחפשים, כי מה שמחפשים הוא מה שמוצאים. ניסוח השאלות גם מגדיר את דרכי המחקר ואת תוכנו. כאשר מנסחים בעיה מסוימת במספרים, ממילא גם יעסקו בה בצורה מתמטית וגם יקבלו תשובה בתחום זה. אפשר להסתכל על הקשרים שמוצאים, לראות כיצד זה מסביר את זה וכיצד זה מוביל לזה, ולא לראות מעבר לניסוח המסוים של השאלות; ואפשר גם לחפש בכל דבר את הפלא, את האלוקי והאין סוף, את מה שמעבר. כוח הצומח שבארץ הוא הרי כעין משל, וכששומעים משל אפשר תמיד להסתכל על הסיפור של המשל ולעולם לא לראות את הנמשל (ויש הרבה מסייעים לזה); ואפשר שהעיניים תחפשנה תמיד את מה שמעבר, את הנמשל, את קו המשמעות הנסתר שעובר ומסדר את הדברים במישור אחר של משמעות.

ובאמת, המשל הזה אינו רק משל של אדמו"ר הזקן וגם לא של חכמים שקדמו לו, אלא ביסודו זהו 'משל' של הקב"ה בעצמו – כמו כל העולם התחתון שלנו, שאינו אלא השלכות, הגשמות, של העולם העליון.[105] אין דבר בעולם הזה שאיננו מודיע – בפשט, ברמז או בסוד, באמירה ישירה או עקיפה – את המציאות

יצמח למי יאמר כל מזל ומזל לכל עשב ועשב בפרטי פרטיות) מהכח הצומח שבו שהוא אין ורוחני והם גשמיים ואין זאת אלא משום דרגלי אדם קדמון מסתיימים בתחתית עשיה ותחת רגליו מאיר אור אין סוף ברוך הוא הסובב כל עלמין בלי הפסק רב ביניהם רק עיגולי אדם קדמון לבדו וגם הקו מאור אין סוף המסתיים בסיום רגלי אדם קדמון מאיר ממטה למעלה בבחינת אור חוזר

לְכָל עֵשֶׂב וְעֵשֶׂב בִּפְרָטֵי פְּרָטִיּוּת?). היחס בין העשב והמזל, שאומר לו 'גדל' והוא גדל, הוא רק לאחר שנברא העשב מהאין. הדבר איננו שונה מכל הנהגה והשפעת החיות בסדר ההשתלשלות (עילה ועלול), הקובעת כיצד תהיה, כמה ובאיזה אופן, אבל אין היא מהווה את עצם היותו. עצם ההוויה של הדבר היא בכוח האין סוף לבדו. וזהו שנאמר כאן, שהשפעת החיות ואופן החיות של העשב היא על ידי המזל, אבל עצם התהוות העשב מהאין היא מכוח הצומח אשר בארץ, אשר הוא כוח האין סוף לברוא יש מאין.[108]

מֵהַכֹּחַ הַצּוֹמֵחַ שֶׁבּוֹ, שביסוד העפר, **שֶׁהוּא אַיִן וְרוּחָנִי וְהֵם,** הצמחים, **גַּשְׁמִיִּים.** ביחס שבין כוח הצומח והצמחים, כוח הצומח הוא רוחני והצמחים הם גשמיים. וכפי שכבר נאמר, המעבר מהרוחני אל הגשמי הוא מעבר מ'אין' ל'יש'. כל תוספת בכוחות הרוחניים, כל ריבוי של שלבים ודרגות ברוחניות, לא יכולים להביא ליצירת הגשמי. הופעתו של הגשמי איננה מוסברת על ידי הכוחות הרוחניים הקודמים לו. אין שלב רוחני שבו אפשר לראות כיצד הוא מביא להופעתו של הגשמי, ולכן בריאת הגשמי מהרוחני היא תמיד הפתעה, יש מאין. וכפי שהוסבר, בבריאת ה'יש' מה'אין' מתגלה כוח האין סוף עצמו, שלמעלה מהגשמי ולמעלה מהרוחני; הכוח שמעבר לכול, שבכניסתו אל המערכת הפנימית הוא מביא לתוכה דבר חדש לגמרי שלא היה בה קודם.

ומדוע מתגלה הכוח הזה דווקא ביסוד העפר, שבתחתית ההשתלשלות?

וְאֵין זֹאת אֶלָּא מִשּׁוּם דְּרַגְלֵי אָדָם קַדְמוֹן מִסְתַּיְּמִים בְּתַחְתִּית עֲשִׂיָּה. 'אדם קדמון' הוא כאמור הפרצוף והתבנית הראשונית ביותר שמלבישה את הקו שאחר הצמצום, ומשום כך היא כוללת בתוכה את כל אורך ה'קו', מיציאתו מאור אין סוף שלפני הצמצום ועד לתחתית עולם העשייה. ובהתייחס לציור הגשמי, הסכמטי, המופיע בספרי הקבלה, של עיגול שיוצא ממנו קו אל תוכו,[110] אפשר לומר שהקו הזה נמשך אל תוך העיגול ומגיע קרוב לצידו השני, אבל לא נוגע בו ממש.

וזה פירוש: **וְתַחַת רַגְלָיו** של אדם קדמון, שהוא בסוף הקו, **מֵאִיר אוֹר אֵין סוֹף בָּרוּךְ הוּא הַסּוֹבֵב כָּל עָלְמִין בְּלִי הֶפְסֵק רַב בֵּינֵיהֶם.** הקו שיצא מהעיגול מתקרב אליו שוב, במידה הקרובה ביותר, דווקא בסופו, שהוא תחת רגלי א"ק.

העליונה. ומכל שכן משל ואמירה מפורשת כגון זו יש להשתדל לקרוא נכון: לא להיתפס להסתכלות חיצונית וזמנית אלא לחפש תמיד את הפנימי, את הרמז (ויותר מרמז) שיש כאן למציאות העליונה ולמשמעות האלוקית הנצחית שיש בדברים.

כוח הצומח יש מאין במקום אחר[109] מביא

רַק עִיגּוּלֵי אָדָם קַדְמוֹן לְבַדּוֹ. בין רגלי א"ק המלבישים את הקו עד תחתיתו ובין העיגול הגדול בצידו השני מפריד רק המקיף של א"ק. כבר הוסבר שההשתלשלות כולה היא בשתי בחינות: עיגולים ויושר. היושר הוא אור הקו המתלבש והמתגלה בתוך כל דרגות העולמות, בכל דרגה לפי עניינה; והעיגולים הם האורות המקיפים על כל דרגה ועולם. לאורך הקו משתלשלים הפרצופים והעולמות זה מזה, וככל שהמערכת גבוהה יותר כך היא כוללת את המערכות הפרטיות כפרטים בתוכה, והעיגול המקיף שלה מקיף את העיגולים שלהם. וכיוון שהפרצוף והמערך הראשון, הגבוה ביותר, הוא אדם קדמון, הרי הוא כולל את כולם; ראשו למעלה למעלה מכל הגדרה, ורגליו מגיעות לתחתית העשייה. וכמו כן המקיף שלו הוא העיגול המקיף את כולם, את כל העולמות וכל ההגדרות שלאורך הקו, ומה שלמעלה ממנו הוא אור אין סוף הסובב כל עלמין לבדו. במציאות הרוחנית נמדד כל מרחק בדרגות; ואם כן, המרחק או ההפסק הקטן ביותר שיש מאור אין סוף הסובב הכול הוא של דרגה אחת בלבד, הם עיגולי א"ק לבד.

היתרון הזה של תחתית העשייה הוא בקִרבתה, בסמיכותה ככל האפשר לאור אין סוף שלפני הצמצום. אכן, לקרבה זו אין השפעה גלויה בתחתית העשייה, שהרי אין ביניהם קשר ישיר של אור ישר; אבל בהעלם נמצא הדבר, כמציאות הנוכחת מעבר לכותל. מציאות כזו משפיעה השפעה מקיפה, כמו יצירה של אווירה אחרת, של רצונות גדולים, של שאיפות לעלות מעבר לגבולות, של כוחות גדולים לעשות כל זאת. ועל זה בדיוק הוא מדבר כאן – על הכוח לברוא יש מאין, על עצם הכוח לעשות זאת ולהצמיח מהעפר הגשמי יש מאין, עשבים ואילנות.

וישנו אופן נוסף של התגלות אור אין סוף בדרגה התחתונה, בתחתית העשייה דווקא:

וְגַם הַקַּו מֵאוֹר אֵין סוֹף הַמִּסְתַּיֵּים בְּסִיּוּם רַגְלֵי אָדָם קַדְמוֹן, היא תחתית העשייה כנזכר, **מֵאִיר מִמַּטָּה לְמַעְלָה בִּבְחִינַת אוֹר חוֹזֵר.** לא רק האור המקיף מאיר בעוצמה מיוחדת אל תחתית העשייה, אלא גם האור הישר שהגיע למטה כמעט באפס כוח חוזר משם בכוח ראשוני חדש, שמתחיל מלמטה דווקא.

האור שיורד מראשית הקו מגיע עד למטה, וממקום שממנו הוא אינו יכול להמשיך באותו אופן הוא מאיר באור חוזר. 'אור חוזר' נקרא כך לעומת האור הישר, באשר הוא חוזר באותה דרך שבה ירד האור הישר. מצד אחד אין הוא מחדש דבר שלא היה, אלא הוא רק חוזר אל אותם המקומות שהיה בהם האור הישר. אבל מצד שני יש בו החידוש הגדול ביותר – בעצם העבודה שהוא בא מלמטה, כביכול לא מהקב"ה אלא מהעולם ומהאדם. ולכן, כפי שמוסבר במקומות אחרים, אף שבגלוי אין הוא מגלה דבר שלא גילה כבר האור הישר, בהעלם דווקא הוא נקרא 'אור חדש', אור שלא היה בעולם ואשר על כן

אדמו"ר הזקן משל לזה. כשאדם עושה דבר בידיו, אף על פי שהידיים כביכול עושות, בונות ומציירות, אין אנו אומרים שהידיים עשו את הדבר אלא שהאדם עשה את הדבר, רק שעשה זאת על ידי הידיים. כך גם צמיחת העשב וגדילתו היא על ידי המזל, אבל המזל והעשב גם יחד נבראו על ידי כוח האין סוף, המתגלה בכוח הצומח שבארץ דווקא.

כמו שהמלובש בא"א ואו"א וזו"נ דאצילות מאיר באור חוזר ממלכות דאצילות ומלכות דאצילות היא בחינת כתר ממטה למעלה ונעוץ תחלתן בסופן. וככה הוא בסיום הקו דאור אין סוף המסתיים בסיום היושר דרגלי אדם קדמון מאיר ממטה למעלה לבחינת אור הנשמה דמלכות דמלכות דעשיה שהוא אלקות ממש מחיצוניות הכלים דמלכות דאצילות.

ט תשרי מעוברת **• ולפי מה שכתוב בספר הגלגולים פרק כ' הובא בלקוטי אמרים מתלבשת תחלה הארה זו של הקו דאור אין סוף באור האצילות שבעשיה וממנה לבריאה ויצירה שבעשיה ומהן לבחינת אור הנשמה דמלכות דמלכות דעשיה ועל ידי זה יש כח ועוז בסיום הכלי דמלכות דמלכות דעשיה שביסוד העפר**

הוא נושא עימו את כוח האין סוף עצמו, שלמעלה ומעבר לכל הגילויים שבאור הישר.

כְּמוֹ שהוסבר בתחילת המאמר על אור ישר ואור חוזר במסגרת עולם האצילות, **שֶׁ**האור **הַמְלוּבָּשׁ בא"א ואו"א וזו"נ דַּאֲצִילוּת** (באריך אנפין ואבא ואמא וזעיר ונוקבא שבעולם האצילות). אלו הם כלל פרצופי האצילות, על פי הסדר מלמעלה למטה: מא"א שהוא בכתר, לאו"א שהן הספירות חכמה ובינה, ספירות השכל, לזו"נ שהן המידות וספירת המלכות. ומהמלכות הוא **מֵאִיר בְּאוֹר חוֹזֵר מִמַּלְכוּת דַּאֲצִילוּת.** בכל עולם האצילות יש שקיפות גמורה של הכלים לגבי האור (ושל האור לגבי אור אין סוף); ובסוף דרגות האצילות, במלכות, מסתיימת אותה שקיפות, והאור חוזר כלפי מעלה.

וּמַלְכוּת דַּאֲצִילוּת הִיא אז **בְּחִינַת כֶּתֶר מִמַּטָּה לְמַעְלָה.** לגבי האור החוזר המלכות היא בחינת מקור האור שממטה למעלה, כמו הכתר לגבי האור הישר שמלמעלה למטה.

וְ'נָעוּץ תְּחִלָּתָן בְּסוֹפָן'. הכתר מלמעלה נעוץ במלכות שלמטה, ששניהם בחינת כתר ושניהם בחינת מלכות. בשניהם נמצא מקור האור, בבחינת 'אור חדש' שאינו מתקבל מדרגה שלמעלה ממנו אלא מתחיל מחדש ומאיר בכל עולם האצילות.

וְכָכָה הוּא בְּסִיּוּם הַקַּו דְּאוֹר אֵין סוֹף, הַמִּסְתַּיֵּים בְּסִיּוּם הַיּוֹשֶׁר דְּרַגְלֵי אָדָם קַדְמוֹן. אותו מאזן של אור ישר ואור חוזר, כפי שהוא בהיקף של עולם האצילות, כך הוא בהיקף הגדול של הקו כולו. היקף זה של קומת אדם קדמון, שהוא כאמור ההיקף הגדול של אור הקו כולו, מתחיל מלמעלה מהאצילות ומסתיים בתחתית עולם העשייה.

ומתחתית העשייה **מֵאִיר** באור חוזר **מִמַּטָּה לְמַעְלָה, לִבְחִינַת אוֹר הַנְּשָׁמָה דְּמַלְכוּת דְּמַלְכוּת דַּעֲשִׂיָּה, שֶׁהוּא אֱלֹקוּת מַמָּשׁ.** כאמור, האור בדרגת הנשמה שבכל עולם הוא אלוקות לגבי האור שבדרגת נפש ורוח ולגבי הכלים שבאותו עולם. זהו קו התפר בין אלוקות לעולם, העובר בכל העולמות במקום זה. ואף כאן, בתחתית העשייה (הנקראת 'מלכות דמלכות דעשייה') מאיר האור החוזר תחילה בכלי הראשון מלמטה שיכול לקבל את ההארה הזו – דרגת האלוקות שבתחתית העשייה.

מֵחִיצוֹנִיּוּת הַכֵּלִים דְּמַלְכוּת דַּאֲצִילוּת. אור הנשמה דמלכות דמלכות דעשייה, וכמוה דרגת

האלוקות שבכל העולמות הנבראים, מקבלת מחיצוניות הכלים דמלכות דאצילות. שכן אצילות בכלל היא אלוקות, ומלכות דאצילות היא אותה אצילות ואלוקות שיורדת אל העולמות, ובמלכות דאצילות מה שיורד הוא חיצוניות הכלים. על דרך משל, מה שעובר מאדם החוצה לאדם אחר הוא הדיבור (מלכות), ומה שעובר בדיבור הוא קודם כל 'חיצוניות הכלים', דהיינו האותיות והמילים כשלעצמן; לא משמעותן, אלא חיצוניותן, חומר האותיות, כפי שהן נהגות או נכתבות בלבד.

בין האור הישר לאור החוזר יש תנועה של רצוא ושוב. האור החוזר בא מלמטה; הוא נותן כוחות חדשים מעבר לכל מה שהיה, כוחות של בריאה וצמיחה, אבל הוא איננו זה שיוצר ובורא בפועל. הוא נותן את הכוח לגלות את אור אין סוף מהאלוקות, אבל לא הוא המגלה אותו. רק האור הישר הבא מלמעלה, מהאלוקי שבכל עולם ודרגה, הוא זה שמגלה את האלוקי ויוצר ובורא יש מאין. וזה שהוא מתאר כאן: את הארת האור החוזר מלמטה למעלה, מתחתית העשייה, אל האלוקי שבעשייה; והאור האלוקי, אפילו הוא בעשייה, הוא אלוקות ממש, חלק מהקו האלוקי של אור אין סוף העובר מהכלים של האצילות דרך כל העולמות הנבראים.

להלן יתאר אדמו"ר הזקן את דרך ירידת האור האלוקי שוב אל תוך העולמות.

וּלְפִי מַה שֶּׁכָּתוּב בְּסֵפֶר הַגִּלְגּוּלִים, מכתבי האר"י ז"ל, **פֶּרֶק כ', הוּבָא בְּלִקּוּטֵי אֲמָרִים.**[111] באותם מקומות מתואר כיצד היא דרך ירידת אור אין סוף עד לדרגות הנמוכות ביותר של עולם ונפש. דהיינו כיצד בעולם העשייה מלובשות עשר ספירות של עשייה שבהן מלובשות עשר ספירות של יצירה שבהן עשר ספירות של בריאה ובתוכן עשר ספירות של אצילות שבתוכן אור אין סוף. אמנם שם מדובר בהיקף של ארבעת העולמות; וכאן, אף שהעיקרון נשמר, הוא נכנס לפרטי העשייה מצד אחד, ולהיקף הגדול יותר של קו אור אין סוף בכללו.

מִתְלַבֶּשֶׁת תְּחִלָּה הֶאָרָה זוֹ שֶׁל הַקַּו דְּאוֹר אֵין סוֹף בְּאוֹר הָאֲצִילוּת שֶׁבָּעֲשִׂיָּה. כלל הוא בתורת הקבלה, שכל דבר נמצא בכל דבר. ואף כאן, בעשייה עצמה, יש ארבע דרגות הנקראות גם כן בשם אצילות בריאה יצירה עשייה, המקבילות לארבע הדרגות הכלליות יותר הללו. וכדרך התלבשות אור אין סוף בהיקף הגדול של ארבעת העולמות, כך גם בעולם העשייה: תחילה באצילות שבעשייה **וּמִמֶּנָּה לִבְרִיאָה וִיצִירָה שֶׁבָּעֲשִׂיָּה, וּמֵהֶן** לעשייה שבעשייה. והוא מפרט עוד יותר – **לִבְחִינַת אוֹר הַנְּשָׁמָה דְּמַלְכוּת דְּמַלְכוּת דַּעֲשִׂיָּה,** שהיא בלשון אחרת האצילות שבעשייה שבעשייה שבעולם העשייה, שהיא כאמור הדרגה הנמוכה ביותר שמלבישה 'אלוקות'.

וְעַל יְדֵי זֶה, בכך שמאירים בה כל האורות שדובר בהם: הארת הקו של אור אין סוף מהאצילות מלמעלה, האור החוזר מלמטה ואור אין סוף הסובב כל עלמין הסמוך לה, **יֵשׁ כֹּחַ וָעוֹז בְּסִיּוּם הַכְּלִי דְּמַלְכוּת דְּמַלְכוּת דַּעֲשִׂיָּה שֶׁבִּיסוֹד הֶעָפָר,** יש בדרגה זו דווקא כוח מיוחד של אין סוף, של בריאה אין סופית של יש מאין, המתבטא בכוח הצומח שביסוד העפר דווקא.

והוא מאמר תדשא הארץ וכו׳ להיות פועל בקרב הארץ תמיד לעולם ועד (בחינת אין סוף ולא בלבד בששת ימי בראשית כמאמר ישרצו המים ומאמר תוצא הארץ נפש חיה מחכמה דמלכות דעשיה שבז׳ ימי בראשית האיר בעולם הזה הארה מאור אין סוף בחסד חנם בלי העלאת מיין נוקבין כלל)

וְהוּא, כוח הצומח המצמיח יש מאין (ובמובן מסוים – את כל החיים על פני האדמה), הוא **מַאֲמַר "תַּדְשֵׁא הָאָרֶץ וכו׳"** (בראשית א,יא) שמעשרה מאמרות שבהם נברא העולם.

לִהְיוֹת פּוֹעֵל בְּקֶרֶב הָאָרֶץ תָּמִיד לְעוֹלָם וָעֶד. המאמר הזה, משום שהוא מלובש בעפר הארץ הגשמי, יש בו מכוח האין סוף לבדו: לפעול תמיד – בכל זמן, בלי הפסק ובלי הגבלה – בריאת יש מאין.

מבין עשרת המאמרות דובר עד כאן רק על המאמר "תדשא הארץ", שיש בו כוח הבריאה מאין סוף לברוא יש מאין. על ההבדל בינו לשאר המאמרות מעיר כאן אדמו"ר הזקן בסוגריים:

(בְּחִינַת אֵין סוֹף, כוח הבריאה יש מאין שבמאמר "תדשא הארץ" נמשך תמיד, **וְלֹא בִּלְבַד בְּשֵׁשֶׁת יְמֵי בְּרֵאשִׁית;** מה שאין כן שאר המאמרות, **כְּמַאֲמַר "יִשְׁרְצוּ הַמַּיִם" וּמַאֲמַר "תּוֹצֵא הָאָרֶץ נֶפֶשׁ חַיָּה",** שנאמרו ביום החמישי והשישי, שבהם נבראו בעלי החיים למיניהם. כאמור, גם מאמרות אלה ממשיכים להיאמר תמיד, ולהוות ולקיים כל דבר שקיים מהאין, ואולם אין הם ממשיכים לברוא הוויות חדשות שלא נבראו מעולם, אלא רק באופן של 'חידוש הישנות'.[112] לעומת זאת המאמר "תדשא הארץ", בהיותו מלובש בעפר הארץ הגשמי, הופך להיות הכוח הצומח שבארץ, שממשיך לפעול את אותה התחדשות לאין סוף, תמיד, גם לאחר ששת ימי בראשית. התפיסה היא שמה שהארץ מצמיחה בכל זמן הוא מ'אין' גמור; שהגרעין בעצמו בטל, חוזר ל'אין', ואיננו כמו הקטן שגדל והאחד שרבה.

גם מי שקשה לו לקבל את ההבחנה הזו בין הצומח והחי, הרי זהו קושי בהבנת המשל, ואין זה צריך להפריע בהבנת הנמשל. הרעיון הוא שלמטה, במקום הנמוך ביותר, כמו עפר הארץ הגשמי, יש הזנה חוזרת ומתמידה של כוח הבריאה – מן האור החוזר מלמטה,

עשרת המאמרות שבוראים את העולם על עשרת המאמרות מדבר אדמו"ר הזקן בשער היחוד והאמונה, ושם נאמר שכל עשרת המאמרות שבהם נברא העולם ממשיכים להיאמר כל זמן היות העולם, והם הם בריאת וקיום כל המציאות בכל רגע מחדש, כמו שהיה בששת ימי בראשית ממש. במובן זה אין כל הבדל בין ששת ימי בראשית ובין כל יום אחר, ועל כל יום אנו אומרים: "המחדש בטובו בכל יום תמיד מעשה בראשית" (ברכת 'יוצר אור'). על דרך משל, הדיבור הגשמי שלנו קיים כל זמן שמדברים אותו, ואיננו קיים כשאין מדברים אותו; וכך העולמות כולם, שאינם אלא דבר ה', קיימים כל זמן שהקב"ה אומר אותם, בכל עת מחדש.

חכמה דמלכות כמו בנפש, כך גם באלוקות יש קשר מיוחד בין הדיבור ובין החכמה.

ומאור המקיף הסובב כל עלמין שנמצא בסמיכות; מה שאין כן כשהמאמר מקבל את חיותו מלמעלה בלבד.

מֵחָכְמָה דְּמַלְכוּת דְּמַלְכוּת דַּעֲשִׂיָּה, אור אין סוף שבא מלמעלה בא מהחכמה, מלובש בחכמה. הן באצילות והן בעולמות הנבראים שלמטה מהאצילות.[113] החכמה דמלכות דמלכות דעשייה היא דרגת החכמה המתייחסת לדרגת המלכות הנמוכה ביותר, היא הדיבור האלוקי המהווה את המציאות של העשייה הגשמית.

שבז' יְמֵי בְּרֵאשִׁית הֵאִיר בָּעוֹלָם הַזֶּה הֶאָרָה מֵאוֹר אֵין סוֹף בְּחֶסֶד חִנָּם בְּלִי הַעֲלָאַת מַיִין נוּקְבִין כְּלָל. הארה זו של אין סוף דרך החכמה בדיבור האלוקי של המאמרות, החידוש שבאותו דיבור שלא היה קודם, היה רק בששת ימי בראשית, בפעם הראשונה שהדיבור הזה דובר. אך לאחר מכן כבר אין זה חידוש גמור, דיבור שלא נשמע כמותו מעולם, אלא רק כמו המשך של הדיבור שהיה, שלא נפסק עוד. הדימוי כאן הוא שהדיבור הראשון, בימי בראשית, היה בחסד חינם. 'חסד חינם' הוא חסד שניתן ללא תמורה, השפעה ללא בקשה, תשובה ללא שאלה. כך היה אז, בימי בראשית: העולם לא ביקש, לא שאל ולא נתן שום דבר, משום שלא היה אז עולם כלל. אבל לאחר מכן, משעה שיש עולם, אין הוא מקבל עוד בחסד חינם, אלא רק אם הוא מבקש כראוי – כלומר רק באופן שממשיך את קיומו שהיה קודם, רק כאשר קיומו אתמול מצדיק ומעורר את המשך קיומו גם היום. בלשון הזהר המובאת בחסידות נקרא חוק זה "אתערותא דלעילא באתערותא דלתתא תלייא" (ההתעוררות מלמעלה – בהתעוררות מלמטה היא תלויה),[114] ובלשון כתבי האר"י ז"ל – השפעת מים דכורין מלמעלה באה רק אחר העלאת מים נוקבין מלמטה. במובן זה, חסד חינם הוא כמו יש מאין, 'יש' שאיננו נובע מ'יש' אחר אלא מ'אין', בלי סיבה נראית הקודמת לו. ואם כן, רק בששת ימי בראשית נמשך בעשרת המאמרות כוח האין סוף לברוא יש מאין, אבל לאחר ששת ימי בראשית מותנית ההשפעה במעשיו של העולם (ובעצם – של האדם, שהוא בעל הבחירה), כעין 'יש מיש'. ואף שאומרים "המחדש בטובו בכל יום וכו'", עדיין הוא מתייחס למה שהיה אתמול, חידוש הישנות, עוד פעימה שלו – אבל לא שהוא דבר חדש ממש שאין לו שורש וסיבה הקודמים לו. לעומת זאת המאמר "תדשא הארץ", שהוא כאמור כוח הצומח שבארץ, הריהו בורא בכל יום חדשות ממש בארץ שלא היו קודם, ממש כמו בששת ימי בראשית.

כמבואר במקומות רבים (ראו לעיל איגרת ה) יש בדיבור חיצוניות ופנימיות: חיצוניות הדיבור היא גשמיות האותיות שבסוף סדר ההשתלשלות, ופנימיות הדיבור היא הארה ישירה של כוח החכמה באותיות. וכפי שרואים שהדיבור איננו רק ביטוי האותיות, שכן לא כל מי שיכול לבטא את האותיות הוא גם מדבר (כמו ילד קטן מאוד, שיכול כבר לבטא אותיות אבל עדיין אין הוא מדבר). כדי שיהיה דיבור צריך שתהיה גם הארה של החכמה באותיות. הארה זו נותנת חיות באותיות – חיות לעצמה, מאין סוף, שאינה באה לאותיות בסדר ההשתלשלות אלא מגיעה אליהן מלמעלה מעלה, וכפי שרואים אפילו אצל המדבר עצמו, שבדיבור מתגלה לו משמעות שהוא עצמו לא הבין קודם. והארה זו, של החכמה המתגלה בדיבור, היא הנותנת בו את כוח האין סוף לברוא יש מאין.

להצמיח עשבים ואילנות ופירות מאין ליש תמיד מדי שנה בשנה שהוא מעין בחינת אין סוף שאם יתקיים עולם הזה ריבוי רבבות שנים יצמיחו מדי שנה בשנה אלא שיש מהן על ידי העלאת מיין נוקבין והם הזרועים והנטועים ואף על פי כן הם כמו יש מאין שהגרעין הנטוע אין לו ערך כלל לגבי הפרי וגם נגד כל האילן עם הענפים והעלין וכן במיני זרעונים וירקות וגם במיני תבואה להתהוות מאות גרעינין מגרעין אחד הוא כמו יש מאין ומכל שכן הקשין והשבלים והנה הפירות שעל ידי העלאת מיין נוקבין היא הזריעה והנטיעה הם משובחים מאד מאד מהעולים מאליהן מכח הצומח

את המאמרות של הימים האחרים אפשר לתאר כהרצאת דברים מלמעלה; המדבר אומר רעיון מסוים שהיה בדעתו, והשומעים שומעים. אחר כך, בכל פעם שהם שואלים שאלות או מבקשים הסבר נוסף, מחדש המדבר צדדים נוספים ורעיונות חדשים מיום ליום, הכול לפי השואלים; ואם אינם שואלים, גם הדיבור מלמעלה לא מתחדש, ונשארים אותם דברים. לעומת אלה, המאמר "תדשא הארץ" נכנס ככוח הצומח שבתוך הארץ, הוא הכוח שבא מלמטה. על דרך משל, זהו אותו כוח שמביא את האנשים לשאול, לבקש עוד; הכוח אשר למרות שאדם איננו רואה זאת בגלוי ובמישרין, הוא מאמין שיש אין סוף למעלה ושאפשר וצריך לבקש עוד ועוד, מדי שנה בשנה.

וחזרה אל כוח הצומח שפועל חידוש ממש בקרב הארץ תמיד:

לְהַצְמִיחַ עֲשָׂבִים וְאִילָנוֹת וּפֵירוֹת, שלושה אלה הם צורות ביטוי האין סוף בעולם שלנו: עשבים – זהו הריבוי לאין סוף; אילנות – זו הגדילה לאין ערוך ביחס לגרעין; ופירות – זו האיכות השונה בתכלית ממה שהיה בגרעין, כ'יש' מן ה'אין'.

מֵאַיִן לְיֵשׁ תָּמִיד, מִדֵּי שָׁנָה בְּשָׁנָה, שֶׁהוּא מֵעֵין בְּחִינַת אֵין סוֹף, שֶׁאִם יִתְקַיֵּים עוֹלָם הַזֶּה רִיבּוּי רִבְבוֹת שָׁנִים יַצְמִיחוּ מִדֵּי שָׁנָה בְּשָׁנָה. כוח הצמיחה שבארץ הוא אין סופי, אין גבול למה שצומח מהארץ. יש אמנם כמות שנתית, מכסה מסוימת בכל שנה, ויש מחזוריות של צמיחה וחזרה וקשר מסוימים אל מה שצמח בשנה קודמת; שכן אם היה זה ללא גבול כלל לא הייתה זו בריאה. זו המשמעות של כניסת האין סוף אל תחום הנברא, להתגלות בתוך גבולות. ואולם בריבוי השנים, בצמיחה הנמשכת שנה אחר שנה עד אין סוף, מתגלה כוח האין סוף שבצמיחה.

המיוחד במאמר "תדשא הארץ" הוא שמאמר זה נמצא בארץ לא ככוח שמתגלה

מדי שנה בשנה מעיר כ"ק אדמו"ר זי"ע: לאחר שאמר "תמיד", מהו אומרו "מדי שנה בשנה"? (מעין סתירה מזה לזה), מה שאין כן לעיל (עמ' 524) "תמיד (וכן יהיה) לעולם" – וכהמשך (בחינת אין סוף). ויש לפרש על פי מה שכתוב באגרת הקדש יד: וזה שכתוב "תמיד" כו' אף על פי כן אינה כו' אלא שבכל שנה ושנה כו' (נדפס ב'שיעורים בספר התניא').

"תדשא הארץ" נאמר ביום השלישי היום השלישי הוא באמצע הבריאה, לא בתחילתה

בבריאת הארץ (והשמים), ולא בבריאת כל אשר על פני הארץ, אלא בכוח הבריאה בעצמו, שנכנס ככוח בריאה גולמי כולל כול לתוך הארץ. הארץ היא כאמור המלכות, סוף וגמר כל הדרגות, והאור האלוקי המתלבש ונטמן בתוך דרגה זו דווקא הוא, כאמור, זה שנושא בתוכו את כוח האין סוף, להוסיף ולברוא יש מאין לאין סוף, כמו האין סוף.

אֶלָּא שֶׁיֵּשׁ מֵהֶן, מן הצמחים הצומחים מכוח הצומח, **עַל יְדֵי הַעֲלָאַת מַיִין נוּקְבִין, וְהֵם הַזְּרוּעִים וְהַנְּטוּעִים,** למרות הנאמר שכוח הצומח שבארץ הוא 'יש מאין', שאין סיבה וגורם נראים הגורמים לו לצמות, מכל מקום רואים שיש צמחים הצומחים משום שנטעו שתיל קטן והוא גדל, או זרעו זרע והוא צומח, והרי זה כעין 'יש מיש'. **וְאַף עַל פִּי כֵן הֵם כְּמוֹ יֵשׁ מֵאַיִן, שֶׁהַגַּרְעִין הַנָּטוּעַ אֵין לוֹ עֵרֶךְ כְּלָל לְגַבֵּי הַפְּרִי וְגַם נֶגֶד כָּל הָאִילָן עִם הָעֲנָפִים וְהֶעָלִין, וְכֵן בְּמִינֵי זֵרְעוֹנִים וִירָקוֹת, וְגַם בְּמִינֵי תְּבוּאָה לְהִתְהַוּוֹת מֵאוֹת גַּרְעִינִין מִגַּרְעִין אֶחָד הוּא כְּמוֹ יֵשׁ מֵאַיִן, וּמִכָּל שֶׁכֵּן הַקַּשִּׁין וְהַשִּׁבֳּלִים.** היחס שבין הזרע הנזרע לבין מה שגדל, שאינו לפי ערך כלל, מורה שאין זה מקרה של 'יש מיש'. 'יש מיש' הוא כשה'יש' הקטן גדל; כשה'יש' הראשון נמצא גם בשני, וגם אם השתנה הוא עדיין ניכר, עדיין הוא בערכו של ה'יש' החדש. מה שאין כן כאן: הזרע הנזרע אינו ניכר במראה ובמתיקות של הפרי, ולא בגודל האילן וענפיו, ולא בכמות ואיכות הזרעים הצומחת בשיבולת.

יש צמחים שצומחים מן הארץ גם כשאין בני אדם זורעים ונוטעים אותם, מה שאומר שביסודו של דבר היכולת להצמיח אינה תלויה רק בהעלאת ה'מים נוקבין' – בהתעוררות האדם, בתפילתו ובמעשיו – אלא היא כוח אלוקי, אין סופי, של בריאת 'יש מאין'. ולהלן יעמוד על ההבדל שבין הזרעים הגדלים מאליהם (ספיחים) לבין "הזרועים והנטועים" שהוא בלשון הקבלה ההבדל שבין ההשפעה שעל ידי העלאת מים נוקבין ובין השפעה שלא על ידי העלאת מים נוקבין:

וְהִנֵּה הַפֵּירוֹת שֶׁעַל יְדֵי הַעֲלָאַת מַיִין נוּקְבִין, הִיא הַזְּרִיעָה וְהַנְּטִיעָה, הֵם מְשׁוּבָּחִים מְאֹד מְאֹד[116] **מֵהָעוֹלִים מֵאֲלֵיהֶן מִכֹּחַ הַצּוֹמֵחַ לְבַדּוֹ שֶׁבָּאָרֶץ.**[117] "הזרועים והנטועים" הם מרובים יותר, גדולים יותר ואיכותיים יותר בטעמם; אך מלבד זאת, עיקר יתרונם הוא בשביל צורכי האדם. הצמחים העולים מאליהם אינם מתחשבים בצרכיו של האדם; יש בהם קוצים ועשבים שוטים ויש בהם עצי סרק, ולאו דווקא מה שטוב ונחוץ לאדם ולבהמה. ובפנימיות יותר, כוח הצומח שבארץ מזין ומצמיח לא רק את עולם הצומח, אלא גם את הדרגות שמעליו: החי והמדבר. נמצא שמלבד עצם קיומו יש לעולם הצומח גם תכלית

ולא בסופה. ואולי יש לומר ששני הימים הראשונים הם כלל הבריאה, כפי שברא והשפיע הקב"ה מלמעלה למטה – השמים והארץ, האור והחושך, החסד והגבורה, הבריאה והגבלת הבריאה – ורק מהיום השלישי מתחילה הבריאה השייכת לאור החוזר. לא האור החוזר בפועל, שהרי הוא תלוי בהתעוררות מלמטה וכו',[115] אלא בכוח לזה, שהוא כאמור כוח האין סוף שבארץ להחזיר את האור ולברוא יש מאין ממש.

לבדו שבארץ ומזה נשכיל המשכות אורות עליונים באבי"ע (שהוא תכלית בריאת האדם) כמו שנתבאר במקום אחר.

יב תשרי פשוטה
י תשרי מעוברת

•ומזה יובן היטב בענין סדר מדרגות דומם צומח חי מדבר שהן בחינת עפר מים אש רוח שאף שהחי הוא למעלה מהצומח והמדבר למעלה מהחי אף על פי כן החי ניזון וחי מהצומח והמדבר מקבל חיותו משניהם

נוספת – להחיות את החי והמדבר. ומצד תכלית זו יש יתרון לזרועים ולנטועים, שאינו רק מצד האדם אלא מצד הצמחים עצמם, בהשלמת התכלית שלהם עצמם.

וּמִזֶּה נַשְׂכִּיל הַמְשָׁכוֹת אוֹרוֹת עֶלְיוֹנִים בַּאבי"ע (באצילות בריאה יצירה עשייה). מכוח הצומח שבארץ הגשמית, ומיתרון הצמיחה כאשר היא נעשית על ידי עבודת האדם, אפשר ללמוד על כלל המשכת האורות גם ברוחניות ובעולמות העליונים. כלומר, יש יתרון להשפעה ולאור שבאים מלמעלה על ידי התעוררות מלמטה (העלאת מים נוקבין) על פני ההשפעה שלא על ידי התעוררות מלמטה.

(שֶׁהוּא, היתרון שבהמשכה זו שעל ידי האדם דווקא, הוא **תַּכְלִית בְּרִיאַת הָאָדָם).**

כְּמוֹ שֶׁנִּתְבָּאֵר בְּמָקוֹם אַחֵר[118] פשר ומהות זו של המשכת אור האין סוף לעולם שעל ידי עבודת האדם יותר מהמשכתה מעצמה, שלא על ידי האדם. ויתרון זה הוא תכלית בריאת העולם בכלל ובריאת האדם בו בפרט.

מה שעושה האדם בעולם הזה הוא העלאת מים נוקבין. העולם מעורב מטוב ורע, ועבודת האדם היא לבחור בטוב, לברר אותו ולהפרידו מהרע. הטוב עולה למעלה והרע יורד למטה, וזוהי העלאת מים נוקבין. היתרון הגדול של העלאת המ"נ הוא בהמשכת המ"ד ('מים דכורין', הזכרים, ההשפעה הבאה מלמעלה) בעקבותיו, שהיא כפי שהוסבר המשכת אורות מלמעלה בריבוי ובאיכות שלא יכלו להיות בלי העלאת המ"נ. שהרי השפעה היורדת מלמעלה תמיד, שלא על ידי העלאת מ"נ, היא חיצונית בלבד; זוהי השפעה כללית לצורך קיום המסגרות החיצוניות, שאיננה מתייחסת אל התוכן ואל המשמעות שלהן. היא תהיה מפוזרת ותגיע למי שצריך ולמי שאינו צריך, לטוב ולרע, ובסך הכול

כוחם של המים הנוקבין כל העלאת מ"ן היא סוג של נתינה, וכל נתינה היא סוג של מסירות נפש, כמו הזרע שנזרע באדמה ומתכלה בה, ואולם דווקא כיליון זה פותח את הפתח להמשכה מלמעלה שהיא מעבר לכל מה שהיה קודם. רק בביטול גבולות המציאות הקודמת אפשר להמשיך מציאות חדשה לגמרי, עד אין סוף ביחס למה שהיה (כיחס בין הגרעין הזרוע והצמיחה); אין סוף שאיננו מסתכם רק בתוספת, גדולה ככל שתהיה, אלא במושג האין סוף שהוא נושא איתו, באלוקי שהוא ממשיך בעולם. אך לא אל המציאות שהייתה, אלא אל זו שבחרה בו ופתחה והכינה את המקום שישכון בו.

המשכת מים דכורין שלמעלה ממים נוקבין במקומות אחרים[119] מבואר שדברים אלה אמורים בזמן הזה, שהוא זמן העבודה

היא תמשיך את הקיום החיצוני של העולמות בלי לגלות את התכלית הפנימית, שהיא גילוי אלוקות בעולם. כדי למקד את ההשפעה, כדי שתתערב לטובתנו בגילוי הקדושה בעולם ובנפש, צריכה להיות העלאת המ"נ, דהיינו הבחירה בטוב, ההפרדה מן הרע, ביטול ההסתר והישות מלמטה, ואז תהיה ההמשכה מלמעלה: לטוב ולא לרע, בגילוי אלוקי ולא בהסתרתו, ברווח לאין סוף ולא בצער ולא בצמצום.

וּמִזֶּה, ממה שהוסבר שדווקא במדרגת העפר הגשמי מתגלה כוח האין סוף יותר מאשר בדרגות שלמעלה ממנו, **יוּבַן הֵיטֵב בְּעִנְיַן סֵדֶר מַדְרְגוֹת דּוֹמֵם צוֹמֵחַ חַי מְדַבֵּר, שֶׁהֵן** בהקבלה לארבעת היסודות **בְּחִינַת עָפָר מַיִם אֵשׁ רוּחַ.** וההקבלה היא: עפר הוא הדומם, המים הם הצומח, האש היא החי והרוח – המדבר.[120] בארבעת היסודות יש סדר ברור מה למעלה ומה למטה;[121] ואולם במדרגות דצח"מ, למרות שבהסתכלות פשוטה הסדר הוא כמו בארבעת היסודות, שהמדבר למעלה והדומם למטה, מכל מקום אפשר להבחין גם בסדר אחר.

שֶׁאַף שֶׁהַחַי הוּא לְמַעְלָה מֵהַצּוֹמֵחַ וְהַמְדַבֵּר לְמַעְלָה מֵהַחַי, אַף עַל פִּי כֵן הַחַי נִיזּוֹן וְחַי מֵהַצּוֹמֵחַ וְהַמְדַבֵּר מְקַבֵּל חַיּוּתוֹ מִשְּׁנֵיהֶם. שאלה זו עולה במאמרי חסידות רבים: כיוון שהמדבר הוא למעלה מהחי והחי למעלה מהצומח, היה צריך להיות כך גם בסדר ההשפעה מלמעלה למטה. שכן ככל שמדרגה היא למעלה יותר פירושו שהיא קרובה יותר לשורש, וממנה יניקת והשפעת החיות אל המדרגות שלמטה ממנה. וכמו בנפש האדם, שהתכנים בנפשו אכן עוברים בסדר זה: מהחכמה לבינה ומהשכל למידות וכו'. ואף על פי כן, במציאות יש סדר הפוך: החי מקבל את חיותו מהצומח שהוא אוכל וכו', והמדבר מקבל משניהם. וההסבר כאן[122] הוא, כאמור, שכוח האין סוף, שהוא כוח החיים והבריאה, מתגלה דווקא במדרגה התחתונה ביותר, ביסוד העפר שבתחתית העשייה. שם מתגלה כוח הצומח להצמיח מהארץ תמיד לאין סוף; והחי והמדבר שחיים מקבלים את החיות הזו דרך הצומח שלמטה מהם. וכן הוסבר שהשפעה זו נקראת 'אור חוזר', החוזר מתחתית העשייה ועולה ומחיה את המדרגות שלמעלה ממנו. אור זה דווקא נושא איתו את כוח האין סוף, בחינת הכתר שמאיר בו, הן מראשית הקו והן מעיגולי 'אדם קדמון' הסמוכים לו.

והתיקון. ואולם לעתיד לבוא, אחר שיושלם התיקון (ובאופן מסוים אף בזמן הזה, בדרגות גבוהות מאוד, הכוללות גם את זמן העתיד לבוא), תהיה דרגה נוספת, גבוהה אף יותר. שכן המשכת המ"ד שעל ידי העלאת המ"ן היא מכל מקום לפי ערך המ"ן – כמו תשובה לשאלה המתייחסת אל מה שנשאל, למושגים של השואל, ולא מעבר לזה. ויש דרגה גבוהה יותר, של ההתעוררות מלמעלה שלא על ידי ההתעוררות מלמטה, של השפעה שלא לפי בקשת המקבל והגבלת כליו אלא לפי הנותן. כלומר, זוהי השפעת אין סוף שתהיה לא רק בפנימיות אלא גם בחיצוניות, עד שגם חומר העולם הגשמי יהיה גילוי אלוקי. וכמו שכתוב על גילויי העתיד: "כי מלאה הארץ דעה וגו'" (ישעיה יא,ט), "וראו כל בשר וגו'" (שם מ,ה).

וגם חכמה ודעת שאין התינוק יודע לקרות אבא ואימא עד שיטעום טעם דגן כו׳ ועדיין לא אכילנא בישרא דתורא כו׳ כי הוא בחינת אור חוזר ממטה למעלה מתחתית העשיה שמתגלית שם ביתר עז הארה דהארה כו׳ מאור אין סוף הסובב כל עלמין ומהקו אור אין סוף שבסיום רגלי היושר דאדם קדמון בבחינת אור חוזר כנזכר לעיל. ויובן היטב בזה טוב טעם ודעת מה שמלאכים עליונים שבמרכבה פני שור ופני נשר נהנים מאד וניזונים ומסתפקים מרוח הבהמה והעוף העולה אליהם מהקרבנות שעל גבי המזבח וכדקדוק לשון הזוהר הקדוש ואתהניין מיסודא ועיקרא דילהון.

וְגַם, עוד מתגלה הדבר גם בנפש האדם ב**חָכְמָה וְדַעַת,** שהן הדרגות הרוחניות הגבוהות יותר בנפש, ואף על פי כן הן תלויות באכילה גשמית. וכמאמר חז״ל **שֶׁאֵין הַתִּינוֹק יוֹדֵעַ לִקְרוֹת אַבָּא וְאִימָּא עַד שֶׁיִּטְעוֹם טַעַם דָּגָן כו׳.**[123] כשהתינוק מזהה את אביו ואימו משאר בני האדם, וכשהוא מכיר באופן כלשהו במציאותם (גם אם לא במהותם), זוהי דרגה משמעותית ביותר בהתפתחותו. ולדרגה זו אין הוא יכול להגיע כל זמן שהוא רק יונק מחלב אימו, אלא כאשר הוא אוכל דגן, כלומר מהצומח, ומקבל חיות ממנו.

ובדומה לזה על פי מה שאומר רב נחמן בתלמוד (בבא קמא עב,א): **וַעֲדַיִין לָא אֲכִילְנָא בִּישְׂרָא דְּתוֹרָא כו׳** (ועדיין לא אכלתי מבשר השור). רב נחמן מסביר שם מדוע טעה ביום שלפני כן בדבריו – כי אז, כשאמר את הדברים, עדיין לא אכל בשר. ונמצא שהחיסרון שהיה לו באכילה גשמית השפיע על יכולתו השכלית והרוחנית.

כִּי ההשפעה שאדם מקבל מאכילת החי והצומח שלמטה ממנו **הוּא בְּחִינַת אוֹר חוֹזֵר מִמַּטָּה לְמַעְלָה, מִתַּחְתִּית הָעֲשִׂיָּה, שֶׁמִּתְגַּלֵּית שָׁם בְּיֶתֶר עֹז הֶאָרָה דְּהֶאָרָה כו׳,** מהמקום הנמוך ביותר שהגיע אליו האור הישר היורד בהארה דהארה וכו׳ הוא חוזר כלפי מעלה. נקודת החזרה הזו איננה המשך בדרך ירידתו של האור הישר, אלא היא נקודה של תפנית, התחלה חדשה. וכמו ההתחלה שלמעלה, שיש בה את העוצמה של יציאת האור מהמאור, כך גם נקודת החזרה היא כמאור חדש שמאיר חזרה את האור מלמטה עד למעלה מעלה, ואף ביתר עוז מן ההתחלה שלמעלה.

שכן הארה זו למטה היא **מֵאוֹר אֵין סוֹף** עצמו **הַסּוֹבֵב כָּל עָלְמִין,** הוא העיגול הגדול המקיף את כל החלל, ומאיר ביתר עוז בתחתית העשייה הקרובה לו, כפי שהוסבר למעלה.

וּמֵהַקַּו אוֹר אֵין סוֹף שֶׁבְּסִיּוּם רַגְלֵי הַיּוֹשֶׁר דְּאָדָם קַדְמוֹן בִּבְחִינַת אוֹר חוֹזֵר כַּנִּזְכָּר לְעֵיל. כפי שנאמר כבר, לאור החוזר יש יתרון על האור הישר. שלא כפי שניתן לחשוב, או כפי שרואים בעולם הגשמי באור החוזר מהירח או ממראה, שהוא חלש מהאור הישר, כאן יש יתרון דווקא לאור החוזר. נכון, היתרון הזה איננו גלוי, הוא לא מה שמצפים לראות, שכן בפרמטרים של האור הישר האור החוזר הוא אכן חלש וחסר ממנו; אבל אם חושבים ושואלים אחרת – מהו יתרונו של האור החוזר? – הרי הוא ביתר עוז גם מתחילתו של

האור הישר. האור הישר הוא ההתגלות מהעצמיות אל הרצון והחכמה ואל ההתייחסות והפועל האלוקיים, ולכן הוא גלוי, כי הוא מדבר אלינו ואל הכלים שלנו. מה שאין כן האור החוזר, הוא איננו התגלות כלל כי הוא אינו פונה עוד אל העולם אלא אל הקב"ה בעצמו. וזהו יתרונו הנסתר של האור החוזר, שאינו מאיר אל חיצוניות הבריאה אלא אל פנימיות הכוונה העליונה של הבריאה. על דרך משל, האור הישר הוא מה שאדם רוצה וחושב ומבין ועושה, והאור החוזר הוא הטעם והרקע שמעבר לכל מה שמתגלה, שמביא את האדם לרצות ולחשוב כך ולעשות כך. וזה מה שאומר אדמו"ר הזקן: שהאור החוזר בא מאור הסובב כל עלמין, שהוא הוא אותה תשתית ואותו רקע עלום לכל הוויית העולמות והארת האור הישר, ובחזרתו אליו הוא מקבל מתחילה את כוחו ממנו. במילים אחרות, יתרון האור החוזר הוא כיתרון האור מן החושך ויתרון בעל התשובה על הצדיק (שבמקום שבעלי תשובה עומדים צדיקים גמורים אין יכולים לעמוד), וכמבואר באריכות במקומות רבים.

וִיוּבַן הֵיטֵב בָּזֶה, טוּב טַעַם וָדַעַת, מַה שֶּׁמַּלְאָכִים עֶלְיוֹנִים שֶׁבַּמֶּרְכָּבָה, פְּנֵי שׁוֹר וּפְנֵי נֶשֶׁר, נֶהֱנִים מְאֹד וְנִיזּוֹנִים וּמִסְתַּפְּקִים מֵרוּחַ הַבְּהֵמָה וְהָעוֹף הָעוֹלֶה אֲלֵיהֶם מֵהַקָּרְבָּנוֹת שֶׁעַל גַּבֵּי הַמִּזְבֵּחַ. המלאכים העליונים הנזכרים במעשה המרכבה (יחזקאל א,י) נקראים 'פני שור' ו'פני נשר', כי הם השורש לכל הבהמות והעופות שבארץ. מובן שאין שם לא שור ולא נשר בדמות גשמית, אלא מהות החיה בדרגתה העליונה, של חיים לוהטים לאין שיעור של אהבת ה' ויראת ה' וכו', ברוב כוח של הבהמה ובכל קלות העוף על דרך משל. את המלאכים הללו אנו רואים בדרך כלל כמשפיעים את החיות לכל בחינות החיות והעופות, ברוחניות ובגשמיות, של החיות שבנפש ושל אלה הרועות בשדה. ואכן, כך הוא הסדר באור הישר, היורד מלמעלה למטה. ואולם יש גם סדר אחר, הפוך, שבו המלאכים העליונים מקבלים את חיותם מהחיות הגשמיות למטה, וסדר זה הוא באור החוזר. ביטוי לזה הוא בקרבנות העולים על המזבח. הבהמה העולה ונשרפת ומתכלה באש המזבח מבטאת את האור החוזר מלמטה למעלה. מהפרט הגשמי של מהות הבהמה היא עולה, ומעלה איתה, את כל הבהמות בעולם; ולא רק כלל פרטי הבהמות הגשמיות, אלא גם כל בחינות הבהמה שבנפש ובעולמות הרוחניים עולים יחד איתה. עלייה זו היא בחינת עליית האור החוזר, השפעת חיות ונתינת כוח לכל מערך הבהמות עד למעלה מעלה, בפני שור ובפני נשר וכו'. ויתרון השפעה זו, על מה שיש בהם, הוא בכך שאין היא מוגבלת עוד כהארת החיים הבאה אליהם כרגיל מלמעלה, אלא היא הארה שמכוח האין סוף, המשתחררת בתיקון והעלאת המטה בהקרבת הקרבנות.

וּכְדִקְדּוּק לְשׁוֹן הַזּוֹהַר הַקָּדוֹשׁ (חלק ג רמא,א)**: וְאִתְהַנְיָין מִיסוֹדָא וְעִיקָּרָא דִּילְהוֹן** (ונהנים מהיסוד והעיקר שלהם). דברי הזהר שם עוסקים ביחס שבין המלאכים העליונים שבמרכבה לקרבנות העולים על המזבח. ונאמר שם שהמלאכים העליונים נהנים ומקבלים מהקרבנות שעל המזבח, משום שדווקא באותם בהמות ועופות גשמיים שעולים על המזבח מתגלה היסוד והעיקר הראשון לכל השתלשלות הוויית הבהמה והעוף מהמלאכים העליונים, פני שור ופני נשר.

ואחרי הדברים והאמת האלה דעת לנבון נקל להבין על ידי כל הנ"ל גודל מעלת המצות מעשיות אשר הן תכלית ירידת הנשמות לעולם הזה הגשמי כמו שכתוב היום לעשותם ויפה שעה אחת בתשובה ומעשים טובים בעולם הזה מכל חיי עולם הבא.

עד כאן מצאנו מכתב ידו הקדושה:

לסיום ולסיכום חוזר אדמו"ר הזקן לדברים שנאמרו בתוך מהלכו של מאמר זה בדבר מעלתן של המצוות המעשיות.

וְאַחֲרֵי הַדְּבָרִים וְהָאֱמֶת הָאֵלֶּה, דַּעַת לַנָּבוֹן נָקֵל[124] **לְהָבִין עַל יְדֵי כָּל הנ"ל גּוֹדֶל מַעֲלַת הַמִּצְוֹת מַעֲשִׂיּוֹת, אֲשֶׁר הֵן תַּכְלִית יְרִידַת הַנְּשָׁמוֹת לָעוֹלָם הַזֶּה הַגַּשְׁמִי.** העולה מהאמור במאמר זה, המקיף ביותר בעומק ורום, שגילוי כוח האין סוף שלמעלה מכל העולמות הוא דווקא בדרגת העשייה הנמוכה ביותר. והביטוי לזה בעבודת ה' של האדם – שיש בה רוחניות וגשמיות, עבודת הנפש ועבודת הגוף – הוא בחשיבות היתרה והמכרעת שיש לקיום המצוות המעשיות: לא רק בסדרי העדיפות שעל פי ההלכה, אלא גם בערכם המוחלט של הדברים. שהרי רק בקיום המצוות המעשיות נשלמת תכלית בריאת העולם ותכלית ירידת הנשמה לגוף, ועולה אז האור החוזר להחיות באור חדש ועליון יותר את כל העולמות.

כְּמוֹ שֶׁכָּתוּב: "הַיּוֹם לַעֲשׂוֹתָם" (דברים ז,יא), וכדרשת חז"ל: "היום לעשותם – ולא למחר לעשותם" (עירובין כב,א). 'היום' הוא העולם הזה, שבו הנפש מלובשת בגוף הגשמי, והוא הזמן של 'לעשותם', את המצוות המעשיות.

וְכמוסבר במסכת אבות (פרק ד משנה יז) על מעלת המעשים: **יָפָה שָׁעָה אַחַת בִּתְשׁוּבָה וּמַעֲשִׂים טוֹבִים בָּעוֹלָם הַזֶּה מִכָּל חַיֵּי עוֹלָם הַבָּא.** 'מעשים טובים' הן המצוות המעשיות, המעשים שכל עניינם טוב, שהקב"ה שהוא טוב ציווה אותן ועושה אותן, וכשאנו עושים אותן מאיר האור כי טוב בכל העולמות. ואף התשובה מצויה בעולם הזה התחתון דווקא, שהרי התשובה היא החזרה אל ה', ובהיקף הגדול ביותר היא מה שהוסבר כאן לגבי האור החוזר מן העולם הגשמי הזה דווקא.

דברי סיכום אלה נאמרו כסיכום לסיכום וכמסקנה למסקנה. אחר כל הדברים הפנימיים שבפנימיים שבתוך המאמר, הם כעין חותם לאיגרת, הסוגרים וחותמים אותה "אחרי הדברים", על אחורי וחיצוניות הדף.

ומוסיפים המביאים לדפוס את אגרת הקדש, הם בני אדמו"ר הזקן:

עַד כָּאן מָצָאנוּ מִכְּתַב יָדוֹ הַקְּדוֹשָׁה. וב'קיצורים והערות לתניא' (עמ' מ) מופיע: "מכתב יד קודש אדמו"ר הרב ז"ל בעצמו ולשונו לשון הזהב שכתב באמת שבוע לפני חליו, ואיננו כי לקח אותו אלקים ונתבקש בישיבה של מעלה במוצאי שבת קודש פרשת שמות תקע"ג".

הוספה זו אינה רגילה, ולא הוסיפו דוגמתה המביאים לדפוס בשום מקום. ייתכן שמשום קדושתו היתרה של כתב יד זה הוסיפו את הדבר, כדי להבדילו מאיגרות אחרות, כי באיגרות אחרות הייתה יד עורכים בהן להתאימן לצורך הכלל, ואילו בכתב יד זה לא נגעו, והוא הובא לדפוס ככתבו וכלשונו מתחילה ועד סוף.

ועוד, שלפי ערך החסידים הקוראים את הדברים ואין מגיעים לסוף דעתם, אי אפשר לסכם את הדברים לעולם אלא באופן זה: עד כאן מצאנו וכו'.

ל'איגרת' הזו קשה לכתוב סיכום. הגם שלכאורה מסכם אותה אדמו"ר הזקן בעצמו כמאמר הבא להסביר ולעורר על מעלת המצוות המעשיות, מכל מקום נראה שהפער בין סיכום זה לבין המאמר עצמו הוא גדול מהרגיל. אין זה בא לומר שאין הדברים קשורים, וגם לא שאין זה באמת עולה מן הדברים; אלא שהזרימה מן הפנים החוצה אינה ממצה את כל הפנים.

בלי להיכנס לפרטים אפשר לתאר את כתב היד הזה כהילוך מתמשך על קווי התפר שבין ה'יש' וה'אין'. הבירור מהו 'יש מאין' מעלה שבמקום זה נמצא האלוקי האין סופי, שרק הוא יכול לברוא יש מאין. ואם כך, הרי הקו שבין ה'יש' וה'אין' הוא אותו המקום שבו נוכח האלוקי בעצמו. ה'יש' אינו נמצא במקום אחד בלבד: הוא נמצא בכל מקום, שכן הקו שבין ה'יש' וה'אין' עובר בכל מקום, אבל תמיד הכי למטה. בכל מערכת שנמצאים בה, בהרגשה ובמחשבה, המקום הנמוך ביותר, תחתית העשייה, המקום שאין האלוקי ניכר בו – שם נמצא ה'יש', ובזה מתגלה כוח האין סוף.

מהלך אחד, שאליו מוביל הסיכום הגלוי, הוא ייקור ה'יש' והגשמי דווקא; שכן בעבודה בו, בתיקונו ובהעלאתו, מגיעים האדם והעולם כולו למיצוי. ואולם מהלך אחר, הנמצא גם כן בתוך הדברים, מצביע לכיוון נוסף: כשמהלכים על הקו הזה של ה'יש' וה'אין', עוד ועוד, מתחיל ה'יש' לאבד את ממשותו. כוח האין סוף הפועל ומהווה את הכול מה'אין' נמצא דווקא ב'יש' הגשמי; והתפיסה הזו, יותר מכל התבוננות במעלות הרוחני, מביאה לממשות התפיסה שה'יש' כלל איננו 'יש' – אלא הכול הוא רק אלוקות.

מסופר שסמוך להסתלקותו של אדמו"ר הזקן, ששכב חולה בבקתה רעועה בכפר נידח בקור העז של חורף תקע"ג, הוא פנה לנכדו (שיהיה לימים אדמו"ר הצמח צדק), הצביע על תקרת העץ של הבקתה ושאל אותו: "האתה רואה את הקורה?" תמה הנכד על השאלה, ונענה הרב הזקן ואמר: "תאמין לי שאינני רואה עתה כי אם את האין האלוקי המחיה".[125]

איגרת כא

איגרת זו שבה לעסוק בנושא שעוסקות בו רבות מהאיגרות בקובץ זה: בהתעוררות לנתינת הצדקה בכלל, ובפרט לצורך החזקת היישוב החסידי בארץ ישראל.[1] האיגרת נכתבה כנראה בשנת תקנ"ג.[2] באותו זמן כתב אדמו"ר הזקן כמה איגרות בנושא זה (שאינן בקובץ זה), ובהן הוא מבקש מהחסידים שלא להסתפק במתן הצדקה לשד"רים ('שלוחי דרבנן') שעברו מדי בשנה בעירם, אלא להפרישה בעיתים מזומנות, מדי שבוע ולפחות אחת לחודש. אף איגרת זו עוסקת בנושא זה ובמשמעותו הרוחנית.

האיגרת אינה עוסקת בנתינת הצדקה עצמה (כלומר בצורך לתת ובשאלה כמה לתת), אלא באופן הנתינה. לכאורה דווקא במצוות הצדקה שפעולתה בגשמיות, בנתינה ובעזרה לנזקקים בפועל ממש, לא צריכה להיות חשיבות רבה לאופן ולכוונת הנתינה; העיקר שהנתינה תגיע לנזקקים לה. איגרת זו מסבירה מדוע בכל זאת חשוב הדבר, מדוע לא מספיקה תוצאת המעשה הגשמי אלא יש לשים לב גם לאופן שבו הוא נעשה ולכוונת הנפש במעשה.

איגרת כא

יג תשרי פשוטה
יא תשרי מעוברת

אחר דרישת שלומם כמשפט לאוהבי שמו אל המתנדבים בעם לעשות צדקת ה׳ עם ארצו הקדושה לתת מדי שנה בשנה חוק הקצוב מעות ארץ הקודש תבנה ותכונן במהרה בימינו אליהם תטוף מלתי ותזל כטל אמרתי לזרז לזריזים ולחזק ידים רפות במתן דמים מעות ארץ ישראל מדי שבת בשבתו ולפחות מדי חדש בחדשו

אַחַר דְּרִישַׁת שְׁלוֹמָם, כַּמִּשְׁפָּט לְאוֹהֲבֵי שְׁמוֹ.[3] זהו משפט פתיחה, שכמותו נמצא בכמה מאיגרות אדמו״ר הזקן.

אֶל הַמִּתְנַדְּבִים בָּעָם לַעֲשׂוֹת צִדְקַת ה׳ עִם אַרְצוֹ הַקְּדוֹשָׁה. ארץ ישראל היא ״ארצו״ של ה׳, הארץ המיוחדת והמקודשת לו, ואלה החיים בה כל הווייתם ומעשיהם מיוחדים ומקודשים לו. משום כך הצדקה שעושים עם יושבי ארץ ישראל היא ״צדקת ה׳״.

לָתֵת מִדֵּי שָׁנָה בְּשָׁנָה חוֹק הַקָּצוּב מְעוֹת אֶרֶץ הַקּוֹדֶשׁ תִּבָּנֶה וְתִכּוֹנֵן בִּמְהֵרָה בְּיָמֵינוּ. האיגרת אינה מחדשת את הדבר אלא רק מעוררת ומחזקת את מה שנהגו החסידים לעשות כבר שנים. בקרב החסידים הייתה אז מערכת מסודרת של גביית ״מעות ארץ ישראל״, שאמדה וקצבה לכל משפחה את הסכום שהיא יכולה לעמוד בו ואשר אותו הייתה אמורה להעביר מדי שנה אל ׳שד״רים׳ (שלוחי דרבנן) מיוחדים שהיו אוספים את הכספים ומעבירים אותם לארץ ישראל.

אֲלֵיהֶם, לאלה שכבר נתנו בעבר ורגילים לתת מדי שנה בשנה, אבל צריכים עדיין זירוז באשר לנתינה בעתיד ולאופן הנתינה, כפי שיבואר בהמשך – אליהם פונה אדמו״ר הזקן באיגרת זו.[5]

אוהבי שמו נמעני האיגרת נקראים ״אוהבי שמו״ של הקב״ה. ״אוהבי״, שהרי מצוות הצדקה היא מצווה שמצד כוחות החסד והאהבה שבנפש; ו״שמו״, יש לומר[4] על דרך שכתב לעיל באיגרת ה בשם הזהר הקדוש: ״מאן עביד שמא קדישא בכל יומא – מאן דיהיב צדקה למסכני״ (מי עושה את השם הקדוש בכל יום? מי שנותן צדקה לעניים), לאלה שאין להם. ומבואר שם שהצדקה שאדם נותן למטה, למי שאין לו, היא המעוררת מלמטה את הקב״ה לעשות כך, לתת למי שאין לו – כלומר להמשיך עצמו כביכול להוויה ולהתגלות כזו שמתייחסת ונותנת לעולמות, ובפרט לעולמות התחתונים, שהם אין וכלום לגביו. מציאות והוויה זו המתייחסת אל העולמות היא, בהיקף הגדול, בחינת

תִּטּוֹף מִלָּתִי וְתִזַּל כַּטַּל אִמְרָתִי, השימוש בביטויים אלה, השייכים במקורם לדברי נבואה ודברי תורה, מבטא את הרגשתו של הרבי שהדבר הזה שהוא מבקש מהחסידים הוא כדבר תורה ממש; אין זה רק צורך זמני חברתי־כלכלי אלא זוהי מצוות ה׳, שהיא התקשרות ודבקות שלמה ברצונו של הקב״ה.

לְזָרֵז לִזְרִיזִים.[6] הפנייה היא אל מי שיכול, מי ששייך למעשה רב זה – לאו דווקא מצד היכולת הכלכלית (שהרי היו אומדים כל אחד כפי יכולתו), אלא בעיקר מצד כוחות הנפש.

וּלְחַזֵּק יָדַיִם רָפוֹת. הבעיה היא שהידיים רפות. אמנם אנשים רוצים ומוכנים לעשות, אבל הידיים – העשייה בפועל – רפות. כשמגיע הדבר למעשה מתברר שהקושי גדול יותר, והכוח הפנימי נשבר. הדבר קורה לא רק משום שהקושי האובייקטיבי גדול כל כך, ומשום שהכוח הפנימי חלש מדי, אלא בעיקר משום שהקשר ביניהם משובש. כמו בחלום, כאשר אדם אינו במלוא דעתו או שהוא בדעת חלשה, יש חוסר יכולת וחוסר קשר בין הרצון והיכולת הפנימיים לבין המעשה בפועל. ולזאת בא אדמו״ר הזקן באיגרת זו ״לחזק ידים רפות״, לחזק את הדעת, דהיינו הקשר בין הפנים והחוץ בכל דרגותיו, בדבר זה שעושים.

בְּמַתַּן דָּמִים. ״דמים״ הם כסף; ואולם הביטוי ״מתן דמים״ מרמז גם לשימוש אחר בביטוי זה – דהיינו נתינת הדם על המזבח בעבודת הקרבנות. שהרי משמעותו הנפשית של מעשה הקרבן הוא הקרבת ונתינת עצמו, נתינת נפשו הבהמית שהיא חיי נפשו ממש,[7] ובהיקף היותר פנימי – העלאת החיות הזו מכל העולם וקירובה לאלוקי.

כמו כן הם **מְעוֹת אֶרֶץ יִשְׂרָאֵל** שנותן החסיד, הן מצד זה שהוא נותן מחיי נפשו ממש, והן מצד המשמעות הפנימית של המעשה: קירוב הנפש והעלאת השכינה מעפרה, כפי שיבואר בהמשך.

מִדֵּי שַׁבָּת בְּשַׁבַּתּוֹ, וּלְפָחוֹת מִדֵּי חֹדֶשׁ בְּחָדְשׁוֹ.[8] סוף כל שבוע וראש כל חודש היו הזמנים הקבועים על ידי גבאי הצדקה לתת את המעות.[9] כאותו מנהג יפה שנהוג עד היום, לשים מעות ב׳קופות רבי מאיר בעל הנס׳ מדי שבת בשבתו, לפני וסמוך להדלקת נרות שבת. כפי שהוא רומז בהקשר הלשוני, קביעות זו דומה לקביעות של קרבנות המוספים בעבודת המקדש – וקרבנות המוספים, מוסף שבת ומוסף ראש חודש, היו תוספת על קרבן התמיד הרגיל. וכאמור: על המוסף והתוספת הוא מדבר כאן.

׳שמו׳ – על דרך משל כמו שמו של אדם, שנועד לכך שאחרים יקראו לו בו.

לזרז לזריזים שאלו פעם את כ״ק אדמו״ר זי״ע איך זה שהכול שומעים בקולו, פעמים אף במסירות נפש וכו׳; והרבי השיב שמעולם לא ביקש מאדם דבר אם לא ידע קודם לכן שאותו אדם אכן יעשה זאת. ואף כאן אדמו״ר הזקן מבקש מהזריזים, שכבר הוכיחו שהם זריזים ועל כן יכולים הם להזדרז עוד יותר. כפי שעוד יבואר בהמשך, הזריזות דווקא היא הדרישה של ״מאד״ (כמו ״בכל מאדך״) – יכולתו של אדם להמשיך ולתת, גם אחרי שנתן הכול, את ה״עוד משהו״ שיש מעבר לכל מה שיש.

מערכו הקצוב לערך שנה וכל כסף הקדשים אשר עלה על לב איש להתנדב בלי נדר לפרנסת אחינו יושבי ארץ הקודש מדי שנה בשנה.

כי הנה מלבד הידוע לכל גודל מעלת הזריזות בכל המצות הנאמר ונשנה בדברי רבותינו ז"ל לעולם יקדים אדם לדבר מצוה כו' וזריזותיה דאברהם אבינו עליו השלום היא העומדת לעד לנו ולבנינו עד עולם כי העקדה עצמה אינה נחשבה כל כך לנסיון גדול לערך מעלת אברהם אבינו עליו השלום

זאת ועוד: בזמנים האלה, כמתואר בספר ישעיה (סו,כג), "יבוא כל בשר להשתחֲוֹת", שכן אלו הם זמנים שבהם נפתחים שערי המקדש,[10] המקבילים לשערים שבין העולם הזה והעולמות העליונים, בין האדם ובין האור האלוקי המאיר שם בגלוי. ובשעה שהאור האלוקי מאיר בגלוי – האדם מתבטל בו ומשתחווה לו. הגישה החסידית בכלל היא שהתורה היא נצחית,[11] וכל דבר בתורה נכון תמיד ובכל אדם, בכלל ובפרט. ואף כאן מרמזת הלשון, כאמור, שאותה קרבה ואותה פתיחת שערים שהייתה בבית המקדש היא גם מה שקורה בעת נתינת מעות ארץ ישראל 'מדי שבת בשבתו ומדי חודש בחודשו'.

מֵעֶרְכּוֹ הַקָּצוּב לְעֵרֶךְ שָׁנָה. כאמור, גבאי הצדקה היו מעריכים כל אדם כמה הוא יכול לתת, וזו הייתה המכסה שהוטלה עליו. המכסה הזו הייתה שנתית, אבל ההמלצה והדרישה במכתב זה היא לפרוט אותה ולתת חלק ממנו "מדי שבת בשבתו, ולפחות מדי חדש בחדשו" – הן משום צורכי הנצרכים, שלא יכלו להמתין שנה שלמה, והן בשל טעמים נוספים שיבוארו בהמשך.

וְכֹל כֶּסֶף הַקֳּדָשִׁים אֲשֶׁר עָלָה עַל לֵב אִישׁ לְהִתְנַדֵּב (על פי מלכים ב יב,ה). זהו דימוי נוסף הלקוח מעבודת המקדש. כמו בעבודת הקרבנות, שנוסף על קרבנות חובה היו גם קרבנות נדבה, גם כאן יש שאנשים התנדבו בליבם, פעמים ללא ידיעת הגבאים, סכומים נוספים, מעבר למה שנקצב עליהם. וגם על סכומים אלה יחולו הדברים שייאמרו בהמשך.

בְּלִי נֶדֶר. למרות שאת קרבנות הנדבה בבית המקדש היו נודרים להביא, כאן משנה אדמו"ר הזקן לומר שיהיה "בלי נדר". וכפי שהוא מפרט במקומות אחרים: "ועכשיו שנתמעטו הלבבות צריך לומר בלי נדר" (ליקוטי תורה במדבר פב,ב).

לְפַרְנָסַת אַחֵינוּ יוֹשְׁבֵי אֶרֶץ הַקּוֹדֶשׁ מִדֵּי שָׁנָה בְּשָׁנָה. שגם כסף זה, שאנשים התנדבו אף

בלי נדר בליקוטי תורה[12] מסביר אדמו"ר הזקן שהנדר הוא האמירה על דבר שהוא קודש, אמירה שאכן עושה אותו קודש. התפיסה היא שיש כוח באמירה לפעול על מציאות להעלותה שתהיה קודש, וכמו בקודש יש לכך מסקנות מעשיות וגם מחייבות, כגון: את החולין אפשר לטמא בעוד את הקודש אסור; לישראל מותר להיטמא ולכהן אסור; כל אדם הבא אל הקודש וטומאתו עליו חייב מיתה, וכו'. וכשם שהדבר מחייב מבחינה הלכתית ומעשית, כך הוא ברוחניות: אמירה מפורשת בלשון נדר יוצרת מציאות של קדושה

מעבר למה שהוטל עליהם כחובה, יקבלו עליהם בקביעות ובאופן שנזכר קודם (ובלי נדר): 'מדי שבת בשבתו ומדי חודש בחודשו'.

ההדגשה המיוחדת באיגרת זו היא על ריבוי הנתינות, בכל שבוע וכו'. ולכאורה מדוע זה חשוב, ריבוי הנתינות ותכיפותן? הרי העיקר הוא שיעבור ויתקבל הכסף! ואת זאת יסביר אדמו"ר הזקן:

כִּי הִנֵּה, מִלְּבַד הַיָּדוּעַ לַכֹּל גּוֹדֶל מַעֲלַת הַזְּרִיזוּת בְּכָל הַמִּצְוֹת. כדי להבין את הדבר יש להקדים כלל חשוב בעבודת ה', שאת המצוות, וכל דבר בעבודת ה', צריך לעשות בזריזות. זריזות אין פירושה שצריך לעשות את הדבר במהירות ובחיפזון, אלא שיש להקדים את המצווה ככל האפשר, ולא לדחותה ולעשות דברים אחרים בינתיים.

הַנֶּאֱמַר וְנִשְׁנָה בְּדִבְרֵי רַבּוֹתֵינוּ ז"ל, כמו: **'לְעוֹלָם יַקְדִּים אָדָם לִדְבַר מִצְוָה כו'**".[15] שיש מעלה ויתרון בעצם הזריזות שאדם מזדרז ומקדים לעשות את המצווה.

וּזְרִיזוּתֵיהּ דְּאַבְרָהָם (הזריזות של אברהם) **אָבִינוּ עָלָיו הַשָּׁלוֹם** במעשה העקדה, כפי שלומדים חז"ל מהכתוב "וישכם אברהם בבֹּקר" (בראשית כב,ג), שלמרות הקושי בקיום המצווה "קח נא את בנך את יחידך וגו'" (שם פסוק ב) הוא מקדים ככל האפשר לעשותה: "וישכם אברהם בבֹּקר",[16] ואף אינו מטיל את הדבר על אחרים, אלא "ויחבֹש את חמֹרו" בעצמו וכו'.[17] עיקר ההדגשה כאן הוא על הזריזות שבה עשה אברהם את המצְווה עליו, אף יותר מאשר על הניסיון האישי שבדבר, כפי שייאמר בהמשך.

הִיא הָעוֹמֶדֶת לָעַד לָנוּ וּלְבָנֵינוּ עַד עוֹלָם. העקדה, הניסיון העשירי והקשה ביותר שעמד בו אברהם אבינו, נחשבת לנקודת הזכות הגדולה העומדת לו, לבניו ולבני בניו עד עולם. בכל עת צרה, כשאנו קוראים לישועת ה' אפילו לפנים משורת הדין, אנו מזכירים את העקדה, משום שבעקדה עשה אברהם אבינו מעשה שהוא מעבר לכל חשבון; הוא מסר את כל מה שידע והרגיש, את עצמו ואת מה שהגיע לו על פי דין ויושר, כדי לקיים את הברית והקשר עם הקב"ה. ואף אנו מבקשים שינהג בנו הקב"ה במידה זו, דהיינו לפנים משורת הדין ובלי כל חשבון, כדי לשמור את הקשר והברית.
אך מה, בעצם, גדול כל כך ויוצא מן הכלל במעשה העקדה?

כִּי הָעֲקֵדָה עַצְמָהּ אֵינָהּ נֶחְשְׁבָה כָּל כָּךְ לְנִסָּיוֹן גָּדוֹל לְעֵרֶךְ מַעֲלַת אַבְרָהָם אָבִינוּ עָלָיו הַשָּׁלוֹם. הרי כל ניסיון נמדד ביחס למי שמנסים אותו. יכול להיות שדבר מסוים יהיה

מחייבת, ואפילו מסוכנת. שכן אם אין האדם יכול להיזהר ולהישמר בקדושה בתכלית, אם אין הוא בבחינת צדיק גמור אלא בבחינת בינוני,[13] שעם כל רצונו להיות בקדושה אין הוא יכול להישמר לחלוטין מכל פנייה והתייחסות אל עצמו ואל החולין – עליו לומר "בלי נדר". מן האמור כאן ומפורט במקומות אחרים עולה שכך היא גישתו של אדמו"ר הזקן לא רק בפרט זה, אלא בכלל דרכי עבודת ה': שצריך כל אדם לנהוג עצמו כבינוני ולא כצדיק.[14]

בשגם כי ה׳ דיבר בו קח נא את בנך כו׳ והרי כמה וכמה קדושים שמסרו נפשם על קדושת ה׳ גם כי לא דיבר ה׳ בם רק שאברהם אבינו עליו השלום עשה זאת בזריזות נפלאה להראות שמחתו וחפצו למלאות רצון קונו ולעשות נחת

לאדם אחד בגדר ניסיון גדול שבקושי רב הוא יכול לעמוד בו, ובשביל אחר יהיה זה ניסיון פעוט ואפילו לא בגדר ניסיון כלל. ניסיון פירושו להביא אדם לקצה גבול יכולתו, שאם לא כן אין זה ניסיון, וקצה גבול היכולת שונה מאדם לאדם. אברהם אבינו היה "האדם הגדול בענקים";[18] ולכן מה שלגבי כל אדם אחר הוא ניסיון גדול, בשבילו איננו בבחינת ניסיון כלל, אלא מובן מאליו שהוא ינהג כך. כך גם העקדה, העלאת בנו יחידו לעולה, אשר עבור כל אדם אחר הייתה בוודאי נחשבת לניסיון גדול ועצום אשר מי יכול לעמוד בו, וכך היא נראית בעינינו, לגבי אברהם אבינו איננה ניסיון גדול כל כך של יציאה מגדרו.

ועוד, **בְּשֶׁגַּם כִּי ה׳ דִּיבֵּר בּוֹ**, ואמר לו בפירוש: **"קַח נָא אֶת בִּנְךָ כו׳"** (בראשית כב,ב). חלק מהקושי שבכל ניסיון הוא חוסר הוודאות. אדם נתון במצב מסוים אשר בו הוא צריך לבחור, להחליט לעשות כך או כך, והבעיה היא פעמים שהדברים שקולים, שאין ודאות מוחלטת כיצד צריך לנהוג, ויש שיקולים לכאן ולכאן. ביתר שאת כך הוא בשאלות של מסירות נפש, של קידוש ה׳, שאז ההכרעה נובעת מכוח פנימי מאוד שאינו מזוהה בפשטות, וההכרעה הקשה כל כך נחשבת לכן כעמידה בניסיון הגדול ביותר. ואולם לאברהם אבינו, שהיה נביא, שה׳ אמר לו בפירוש: "קח נא את בנך וגו׳", הייתה בהירות גמורה בכך – שזה רצון ה׳, שזה מה שעליו לעשות.

ועוד: **וַהֲרֵי כַּמָּה וְכַמָּה קְדוֹשִׁים שֶׁמָּסְרוּ נַפְשָׁם עַל קְדוּשַּׁת ה׳, גַּם כִּי לֹא דִּיבֵּר ה׳ בָּם.** בהיסטוריה היהודית, בכל התקופות, היו יהודים שמסרו נפשם למות על קדושת ה׳ בפועל ממש, וביניהם היו לא רק יהודים גדולים, חכמים ונביאים, אלא (ואולי ביתר שאת) גם יהודים פשוטים, ואפילו יהודים שבחייהם היו רחוקים מכל התייחסות אל הקדושה, והמעשה הזה היה לגמרי בלתי צפוי מצידם. כל אותם יהודים עשו זאת בלי המודעות הוודאית שה׳ מצווה אותם כעת לעשות זאת, ואף ללא ידיעה וללא הרגשה כלל, אלא

כי ה׳ דיבר בו גם אצל נביא לעולם אין בהירות גמורה, במיוחד כשהדברים נוגעים אליו אישית. רק על נבואת משה רבינו נאמר "ומראה ולא בחידֹת" (במדבר יב,ח); אבל אצל שאר בני אדם, אפילו נביאים, כל גילויי האלוקות מלובשים במשלים ובחידות, המשתלבים בתוך הווייתו של אותו אדם לפי מהותו ומקומו. גדולתו של האדם ניכרת בעיקר בפירושם של הדברים. אדם אשר עבד על נפשו וזיכך אותה, עד שנפשו אינה קשורה ומשועבדת כל כך למראות העולם ולענייניו אלא הוא רגיל 'להיות' בעולמות עליונים ולהתייחס אל המציאות האלוקית כאל המציאות הממשית שהוא חי בה, הריהו קולט את המסרים הדקים של מעלה בבהירות ובמהירות רבה יותר. אך ככל שמסך החומר עבה יותר, ככל שהמציאות שאדם חי בה ומתייחס אליה היא מורכבת ומעורפלת יותר – כן המסר ברור פחות,

רק מכוח התחושה הבסיסית, הפשוטה ביותר, שאי אפשר אחרת. לכאורה, מסירות נפש כזו היא כמו העקדה של אברהם אבינו ואולי אף יותר, בהתייחס למי שעשה אותה.
ואף על פי כן דווקא העקדה של אברהם אבינו נחשבת למדרגה שאין למעלה ממנה, לזכות הגדולה ביותר העומדת לעם ישראל בכל הדורות, ויש להבין מדוע.

רַק שֶׁאַבְרָהָם אָבִינוּ עָלָיו הַשָּׁלוֹם עָשָׂה זֹאת בִּזְרִיזוּת נִפְלָאָה. מעלתה המיוחדת של העקדה הייתה הזריזות. מידת הזריזות כשלעצמה אולי אינה מרשימה כל כך, בוודאי אל מול מסירות הנפש שמדובר בה כאן; אבל היא מוכיחה על המצב הנפשי שמתוכו נעשים המעשים. הזריזות מגלה את ההתכוונות הפנימית, את ה'נשמה' שיש למעשים ולאדם שעושה אותם. ולכן הזריזות שבה נעשתה העקדה, שהיא מסירות נפש אף יותר ממסירות נפש, היא הביטוי לפנימיותה ולאמיתתה של מסירות הנפש בעקדה (שהרי כל מעשה שעושה אדם הוא אך סיום ותוצאה של מהלך נפשי). והזריזות, המגלה מאיזה מקום נפשי עשה אברהם אבינו את המעשה – מצביעה על הערך האמיתי שיש לו.

הזריזות בעשייה החיצונית באה אפוא **לְהַרְאוֹת** את הפנימיות, שהיא **שִׂמְחָתוֹ וְחֶפְצוֹ** של העושה **לְמַלֹּאות רְצוֹן קוֹנוֹ וְלַעֲשׂוֹת נַחַת רוּחַ לְיוֹצְרוֹ.** זריזותו של אברהם אבינו במילוי רצון ה' "קח נא את בנך את יחידך וגו'" מעידה על כך שהוא עשה זאת כפי שאדם עושה דבר שהוא חפץ בעצמו לעשותו בכל מאודו, שהוא שמח ומתענג בעשייתו ולכן אינו מתעכב אפילו רגע, אלא עושה את כל מה שאפשר מייד. לכאורה, כיצד ייתכן שירצה אדם בדבר כזה כמו מעשה העקדה, ויתענג עליו? והרי זה נגד הטבע האנושי הבסיסי ביותר! אלא יש לומר שאברהם לא עשה זאת מרצונו הפרטי או לשם התענוג שלו, אלא מרצון ה' שנרצה בו ומן העונג ונחת רוח של מעלה המתענג בו. כלומר, אברהם היה בביטול גמור כל כך לאלוקות עד שלא הייתה אצלו שום ישות, שום רצון משלו ושום עונג אישי שיש לספקו. הוא הרגיש במלוא העוצמה רק את רצון ה' ואת העונג ונחת הרוח של ה' מהדבר – וזה היה הכוח החזק כל כך שדחף אותו לפעול בזריזות, שלא להתעכב אפילו רגע.

משום כך הזריזות דווקא היא הזכות הגדולה העומדת לנו בכל הדורות; אין היא באה במקום, או לעומת, מסירות הנפש של העקדה, אלא יחד איתה. שהרי מהו מעשה שיכול

ותלוי יותר בפרשנות של מטה. אמנם בניסיון העקדה, כפי שמפורש בכתוב "קח נא את בנך את יחידך... את יצחק וגו'" (וראו גם רש"י שם) – הדיבור הוא מפורש, בלי שום מקום להבנה אחרת. והשאלה היא אפוא חזקה יותר: מהו הניסיון הגדול שעמד בו אברהם אבינו?

חנה ועקדת שבעת בניה חכמים בכל הדורות עמדו על הקשר הזה בין העקדה ובין מסירות נפשם של יהודים בכל הזמנים על קידוש ה'. בתלמוד (גיטין נז,ב) מופיע סיפור מזעזע על אותה אישה (אשר במקורות אחרים מסופר ששמה היה חנה) ושבעת בניה, אשר בזה אחר זה מסרו נפשם על קדושת ה' בדעה צלולה, ואימם רואה. קודם שנשחט בנה האחרון נשקתו על ראשו ואמרה: "בניי, לכו ואמרו לאברהם אביכם: אתה עקדת מזבח אחד ואני עקדתי שבעה מזבחות".

רוח ליוצרו וממנו למדו רבותינו ז״ל לקיום כל המצות בכלל ובפרט מעשה הצדקה העולה על כולנה המגינה ומצלה בפירותיה בעולם הזה מכל מיני פורעניות המתרגשות כדכתיב וצדקה תציל ממות וכל שכן משאר מיני יסורים הקלים ממות כל שכן שטוב לנו גם בעולם הזה להקדימה כל מה דאפשר שהרי אדם נידון בכל יום:

להיות זכות גם לאנשים אחרים ולדורות אחרים? מעשה שערכו אינו יחסי לאדם שעשה אותו או לאותו זמן ומצב, אלא מעשה בעל ערך תמידי, נצחי. כשאדם מוסר את נפשו לפי עניינו ומקומו הרי זה דבר גדול לגביו, ובוודאי קדוש ייקרא לו, אבל אין זה בהכרח משמעותי גם לאחרים; מה שאין כן זריזותו של אברהם, המעידה על כך שהוא לא רק עושה את הדבר כביטוי אישי של מסירות נפש, אלא הוא יוצא מעצמו לחלוטין ועושה את הדבר הגדול ביותר שיכול אדם לעשות – מעבר לכל קשר להווייתו האישית, לשבר, לקושי ולהתעלות – כביטוי נקי לחלוטין של רצון ה׳ ותענוגו. ערכו של ביטוי כזה הוא נצחי, והוא הוא העומד לנו ולבנינו עד עולם.

וּמִמֶּנּוּ, מאברהם אבינו[19] וזריזותו, **לָמְדוּ רַבּוֹתֵינוּ ז״ל**[20] **לְקִיּוּם כָּל הַמִּצְוֹת בִּכְלָל,** שיש לעשותן בזריזות. כלומר בשמחה ובהקדם ככל האפשר, כפי שאדם עושה את חפצו שלו; שחפצו שלו מזוהה ובטל לגמרי אל חפצו ורצונו של הקב״ה.

וּבִפְרָט מַעֲשֵׂה הַצְּדָקָה הָעוֹלָה עַל כּוּלָּנָה,[21] מצוות הצדקה עולה על כל המצוות בכמה מובנים. באופן אחד ומיוחד, כמבואר בליקוטי אמרים (פרק לז), עולה מצוות הצדקה על יתר המצוות מצד העלאת הניצוצות, שכן היא המצווה הנכנסת ומתערבת בעולם הזה ומעלה את חלקי הקדושה שבו יותר מכל המצוות. ובאופן אחר מבואר[22] שמצוות הצדקה היא עיקר ההתעוררות מלמטה (׳אתערותא דלתתא׳) העולה מן העולם הזה, האמירה של העולם הזה הנשמעת ומשמעותית למעלה, ואשר לכן גם מעוררת את הכוחות של מעלה להשפיע למטה (׳אתערותא דלעילא׳).

אדם נידון בכל יום אצל אנשים רבים אנו מוצאים תפיסה, אולי לא בתאוריה אך בפועל, המפרידה בין המישור הדתי לבין חיי העולם הזה. וכך יכול להיות אדם אשר כשהוא מתפלל או לומד הוא רגיש ומתחשב בשמיים ובבריות, אבל כשהוא ברחוב או בעסקים כל האלמנטים ה׳דתיים׳ נעלמים. העולם הזה נתפס כתחום אחר, מקום שבו צריך אדם לדאוג לעצמו ואין בו חוכמות, כי ׳עסק הוא עסק׳. לעומת זאת בתפיסה האומרת ש׳אדם נידון בכל יום׳ אין הבדל בין מעלה ומטה, בין מחר להיום, בין הרחוב לבית הכנסת: אדם נידון בידי שמיים, כלומר לפי הערכים של מעלה, בכל יום ובכל מקום – מה, איך וכמה יהיה, מי יחיה ומי ימות, מי יעשיר ומי ייעני. ואת מצוות הצדקה, המגינה ומצילה בעולם הזה, צריך להזדרז ולקיים בכל יום ובכל שעה, כדי שתעמוד לו בדין שהוא עומד בו עתה. ובפנימיות יותר: מהו הדין של מעלה שאדם נידון על מעשיו? הדין הזה איננו התוצאה הפשוטה של מעשי האדם. לתוצאות המעשים אין זמנים מיוחדים, מעת לעת; לכל מעשה, דיבור ומחשבה,

הַמְגִינָּה וּמַצְּלָה, כמבואר בתלמוד (סוטה כא,א)[23] שכל מצווה, ובוודאי מצוות הצדקה שהיא כללות כל המצוות, "מגנא ומצלא" (מגינה ומצילה) על העושה אותה מכל מיני פורענויות, בגשמיות וברוחניות.[24]

בְּפֵירוֹתֶיהָ בָּעוֹלָם הַזֶּה. עיקר שכרה של כל מצווה, ה'קרן', אינו בעולם הזה, כמבואר בכמה מקומות שמעלת המצווה גדולה כל כך, עד שאין כל העולם הזה יכול להכיל את שכרה. אמנם יש מצוות, וביניהן מצוות הצדקה, שמלבד זה שה'קרן' שלה שמורה לעולם הבא יש בה גם 'פירות', שמהם נהנים כבר בעולם הזה, כמאמר המשנה (פאה פרק א משנה א): "שאדם אוכל פירותיהן בעולם הזה והקרן קיימת לו לעולם הבא".

מִכָּל מִינֵי פּוּרְעָנִיּוֹת הַמִּתְרַגְּשׁוֹת, כְּדִכְתִיב: "וּצְדָקָה תַּצִּיל מִמָּוֶת" (משלי י,ב; יא,ד), **וְכָל שֶׁכֵּן מִשְּׁאָר מִינֵי יִסּוּרִים הַקַּלִּים מִמָּוֶת.** נמצא שהצדקה, ופירותיה שבעולם הזה, שומרים על האדם לא רק מהרעה הגדולה של מוות אלא שכל מאורעותיו בעולם הזה יהיו בטובה ובלי ייסורים.

ולכן, **כָּל שֶׁכֵּן שֶׁטּוֹב לָנוּ גַּם בָּעוֹלָם הַזֶּה**, גם בחשבון של העולם הזה, להזדרז במצוות הצדקה **לְהַקְדִּימָהּ כָּל מַה דְּאֶפְשָׁר.** בכל מה ששייך לעולם הבא ולעניינים הרוחניים לא תמיד אנו מרגישים בדחיפות הדבר. החיים שלנו כעת הם קודם כול חיי העולם הזה, חיים המלובשים בגשמיות, ואותם אנו חשים במלוא דחיפותם וממשותם. זו איננה רק תחושה סובייקטיבית, שהרי את המעשה הגשמי אי אפשר לדחות או לעקוף: הוא מתרחש בנקודת זמן ומקום אחת בלבד, ומה שלא נעשה כעת לא ייעשה עוד לעולם; מה שאין כן ברוחניות, שיש תמיד מרווח מסוים שאפשר לשהות ולשַנות בו. ולכן אומר אדמו"ר הזקן שאת מצוות הצדקה, המגינה ומצילה בעולם הגשמי הזה ממש, יש להקדים ככל האפשר.

שֶׁהֲרֵי אָדָם נִידּוֹן בְּכָל יוֹם (על פי ראש השנה טז,א). לא רק בסיכום חיי העולם בכלל, או בסיכום חייו הפרטיים (ואפילו לא בסיכום השנה), הנעשה בסופו של דבר מחוץ לעולם הזה, אלא בכל יום ממש. כלומר הדין של מעלה, המשמעויות הרוחניות הדתיות

ואפילו לכל הרגשה של אדם, יש תוצאה הכרחית, מיידית. הדין, לעומת זאת, הוא סיכום, ולכן הוא נעשה בפרקי זמן חשובים בחייו של אדם, כגון: מדי שנה בראש השנה, וכן בראשי חודשים ואף בכל יום, ובעיקר לאחר פטירתו. הדין איננו תוצאה פשוטה, מיידית, של המעשים, האירועים והכוונות, אלא שקלול של המכלול, של הכוונות והמעשים ואף של התוצאות שהיו להם בפועל. בסיכום הדברים, בפרק חיים כזה או אחר, יכולה התוצאה להשתנות; כי מתחילה אין תוצאה הכרחית אחת, יש אפשרויות רבות שיכולות להתממש, ומה שקובע הוא הדין.

התפיסה בחסידות (ויש בזה אריכות דברים במקומות אחרים, ושורש בדברי הנביאים ובחז"ל) היא שהאדם עצמו הוא זה שקובע את דינו; הציור של בית דין של מעלה, כפי שמופיע בסיפורים, הוא רק מטפורה למתרחש בתוך האדם עצמו. כאמור, לכל מעשה ומחשבה של אדם יש תוצאה, ואולם לתוצאה כזו לבדה יש משמעות בתוך העולם המורכב שאנו חיים בו אך ורק בתוך ההקשר; רק מתוך ההבנה וההכוונה מאין

יד תשרי פשוטה
יב תשרי מעוברת

אך גם זאת מצאנו ראינו בעבודת הצדקה מעלה פרטיות גדולה ונפלאה אין ערוך אליה להיות מעשה הצדקה נעשית בפעמים רבות וכל המרבה הרי זה משובח ולא בפעם אחת ובבת אחת גם כי הסך הכולל אחד הוא כמו שכתב הרמב"ם ז"ל בפירוש המשנה ששנו חכמים ז"ל והכל לפי רוב המעשה:

והנה מלבד כי הרמב"ם ז"ל ביאר היטב טעמו ונימוקו כדי לזכך הנפש על ידי רבוי המעשה הנה מקרא מלא דיבר הכתוב

שיש למעשינו ולמחשבותינו, אינן נשארות למעלה אלא הן חודרות אל תוך החיים היומיומיים, אל תוך הזמן והמאורעות הגשמיים המתחדשים ומשתנים בכל יום: מה יהיה ואיך וכמה, ביום הזה ממש.

עד כאן דובר במעלת הזריזות השייכת בכל המצוות, ובייחוד במצוות הצדקה. בהמשך עומד אדמו"ר הזקן על אופן נוסף שבו יכולה להתבטא הזריזות בנתינת הצדקה, ועל המשמעויות הפנימיות יותר שיש לדבר.

אַךְ גַּם זֹאת מָצָאנוּ רָאִינוּ בַּעֲבוֹדַת הַצְּדָקָה. ההדגשה היא על 'עבודת הצדקה', כי ההתייחסות אינה לתוצאה של הצדקה, לכסף שמגיע לנצרך, אלא לעבודתו של הנותן: העבודה שהוא עושה בתוכו, בנפשו, שעה שהוא צריך לתת משלו, מעצמו, בעוד שלו עצמו כמעט אין כלום.

מַעֲלָה פְּרָטִיּוּת שיש בעבודה הנפשית של אדם שנותן צדקה, **גְּדוֹלָה וְנִפְלָאָה, אֵין עֲרוֹךְ אֵלֶיהָ.** ביטויים אלה מורים שאין זו רק עוד מעלה ממעלותיהן של כל המצוות, אלא מעלה פרטית השייכת למצוות הצדקה.

דבר בא ולאן הוא הולך; רק אז, בסיכום הפרק, אפשר לקבוע לאן הוא יוביל. במילים אחרות: תוצאות המעשים לבדן הן כמו אותיות. ולאות בודדת אין משמעות; רק צירופי האותיות למילים ולמשפטים יוצרים משמעות ומציאות. במובן זה דינו של האדם הוא הדיבור (שהוא המלכות, 'דינא דמלכותא דינא'), כלומר הצירוף שהאדם עצמו יוצר לאותיות של חייו; המשמעות, המשקל והכיוון שהוא נותן לדברים.
האמירה "אדם נידון בכל יום" פירושה שבכל יום יש התגבשות של אותיות לצירופים שאנו יוצרים בחיינו באותו יום: במילים שאנו אומרים וחושבים, ובאופן כללי יותר באופן שבו אנו חיים ובו אנו רואים את עצמנו, את הבריות ואת העולם שסביבנו. ולכן מעשה של צדקה, שהיא מצווה היורדת עד לעולם הזה ממש, בנתינה ובעזרה בפועל, 'שואבת' את האותיות – דהיינו את תוצאות כל המחשבות, הדיבורים והמעשים של אותו פרק זמן – אל תוך הצירוף הזה של חסד והמשכת חיות אל כל המצטרך. והדחיפות לפעול בזריזות היא משום ש"אדם נידון בכל יום". האותיות אינן מחכות, אלא הן נמשכות תמיד אל תוך הצירוף הבא, שעל כן מוטב שיהיה צירוף של חסד וצדקה.

לִהְיוֹת מַעֲשֵׂה הַצְּדָקָה נַעֲשֵׂית בִּפְעָמִים רַבּוֹת, וְכָל הַמַּרְבֶּה הֲרֵי זֶה מְשׁוּבָּח. המעלה הנוספת במצוות הצדקה היא בעצם מעשה הנתינה, ולכן יש לעשותה פעמים רבות ככל האפשר, **וְלֹא בְּפַעַם אַחַת וּבְבַת אַחַת, גַּם כִּי הַסַּךְ הַכּוֹלֵל אֶחָד הוּא.** ואין זה רק ענף של הזריזות שדובר בה קודם, שאדם יזדרז לתת גם קודם שיהיה בידו כל הסכום (כי העני זקוק לכסף עכשיו, וטוב לו לקבל מייד אפילו חלק מהסכום), שהרי כאן מדבר אדמו״ר הזקן על מעות ארץ ישראל, שממילא היו נשלחות רק פעם בשנה. מכאן שבוודאי מדובר כאן בזריזות אחרת, גדולה ונפלאה לאין ערוך, שישנה דווקא אצל הנותן בפני עצמו, באופן שבו הוא נותן ושהדבר משפיע על נפשו וחייו שלו.

כְּמוֹ שֶׁכָּתַב הָרַמְבַּ״ם ז״ל בְּפֵירוּשׁ הַמִּשְׁנָה (אבות פרק ג משנה טו) **שֶׁשָּׁנוּ חֲכָמִים ז״ל: וְהַכֹּל לְפִי רוֹב הַמַּעֲשֶׂה.** הרמב״ם מפרש שם את הביטוי ״רוב המעשה״ כריבוי המעשים, כלומר עשייה בפעמים רבות. והוא מביא שם דוגמה לאדם שהתנדב לצדקה אלף זוז, ואומר שאין דומה מי שנותן הכול בפעם אחת למי שנותן את אותן המעות אחת אחת; שכן בכל פעם שהוא נותן מטבע הוא עושה את מעשה הנדיבות מחדש.

וְהִנֵּה מִלְּבַד כִּי הָרַמְבַּ״ם ז״ל בֵּיאֵר הֵיטֵב טַעֲמוֹ וְנִימּוּקוֹ כְּדֵי לְזַכֵּךְ הַנֶּפֶשׁ עַל יְדֵי רִבּוּי הַמַּעֲשֶׂה. כלל הוא שהמעשים שאדם עושה, הדרך שבה הוא מתנהג, משפיעים גם על נפשו פנימה.[25] לטוב ולרע, אדם אינו יכול להיות מנותק מהמעשים שהוא עושה; מעשים רעים, גם אם אין אדם מתכוון להם, משחיתים את הנפש; ומעשים טובים, גם אם בתחילה הם נעשים באופן מכני וללא כוונה פנימית, מעדנים ומזככים אותה. הנפש המלובשת בגוף משתתפת בעל כורחה במעשה; וכשהוא נעשה שוב ושוב, פעמים רבות, היא מתרגלת אליו והוא הופך לחלק ממנה, מן האופן שבו היא מרגישה וחושבת, עד שהיא עצמה נעשית נדיבה וטובה. המעשה הוא כמו כלי לאור הנפש, ולפי הכלי מצטיירת גם הנפש. הרמב״ם מפרש את הדבר מצד הנגלה שבתורה, בהסבר שבלשון ימינו היינו

עבודת הצדקה על פי המבואר (לעיל איגרת יב, ובליקוטי אמרים פרק טו) 'עבודה' בכלל, ועבודת הצדקה בפרט, היא דווקא כשאדם עושה יותר משעשה קודם, יותר משהיה רגיל ואמור לעשות. דהיינו, ההתייחסות אינה לעצם המעשה או הנתינה – מה עשה, כמה נתן – אלא לעבודת הנפש שהייתה כאן. שהרי כשאדם עושה מה שהוא רגיל לעשות אין כאן שינוי ועילוי נוסף בנפשו, אלא רק המשך של מה שהיה קודם (שאף זה אינו קל, אלא שאין זה 'עבודה'). רק כשהוא עושה יותר, ופועל אחרת, פירושו של דבר שמשהו השתנה; אין זה אותו אדם אלא אדם אחר, מעובד ומתוקן יותר.

נפלאה ואין ערוך הביטויים 'נפלאה' ו'אין ערוך' מתייחסים בדרך כלל לבחינת ספירת הכתר והמקיף, לעומת האור הפנימי המתלבש בכלים. הכתר הוא נפלא, נבדל ואחר משאר הספירות; המקיף הוא תמיד מה שמעבר, מה שאינו בחשבון כל שאר הדברים ואינו נמצא עימם בכל יחס של סיבתיות. וגם מעלה זו שיכולה להיות במצוות הצדקה, של הנתינה מייד ופעמים רבות וכו', היא התייחסות מדרגה אחרת, שאינה נמצאת בשאר המצוות ובשאר המעלות שיש בעולמנו.

פעולת צדקה לחיים דהיינו שפעולתה וסגולתה להמשיך חיים עליונים מחיי החיים אין סוף ברוך הוא לארץ החיים היא שכינת עוזינו שעליה נאמר ואתה

אומרים שהוא פסיכולוגי: התועלת שיש לפעולה זו אינה במציאות אלא בנפש, וליתר דיוק – בחוויית הנפש, אשר בסופו של דבר פועלת שינוי גם בנפש עצמה. ולהלן יוסיף אדמו"ר הזקן הסבר על דרך הנסתר, נפלא לאין ערוך:

הִנֵּה מִקְרָא מָלֵא דִּבֶּר הַכָּתוּב "פְּעוּלַּת צְדָקָה לְחַיִּים",[26] **דְּהַיְינוּ שֶׁפְּעוּלָּתָהּ וּסְגוּלָּתָהּ לְהַמְשִׁיךְ חַיִּים עֶלְיוֹנִים.** פעולתה של הצדקה היא, בפשטות, להשפיע חיים, שהרי כל מה שהצדקה כוללת, מכסף ואוכל ועד אהבה, חכמה ואפילו חיוך, פירושו המשכת חיים. ואם כן, כשם שפעולת הצדקה שאדם עושה למטה היא המשכה של חיים למי שאין לו, כך פעולתה וסגולתה של הצדקה האלוקית היא להמשיך חיים בכלל, בלי גבול, מלמעלה מעלה.

מֵחַיֵּי הַחַיִּים, שפיעת החיים מהצדקה באה "מחיי החיים", הם החיים של החיים, המקור הראשון של כל החיים, שהוא **אֵין סוֹף בָּרוּךְ הוּא.** החיים העליונים, לעומת החיים התחתונים, הם חיים לא מוגבלים, לא מוגדרים, חיים מופשטים לחלוטין; הם עצם השפעת החיות האלוקית, אשר בעצמה איננה שום דבר מסוים. החיים בעולמנו (ובמובן מסוים – בכל העולמות) מלובשים תמיד בצורה מסוימת, גשמית או רוחנית המתייחסת לגשמיות. כל האופנים שבהם אנו רואים חיים, חושבים על חיים ומרגישים חיים הם רק חלקי חיים המלובשים ומוגדרים – באוכל, בגוף, באהבה, באור וכו' – המתייחסים אל הצרכים שלנו כפי שאנו רואים אותם, כפי שאנו מגבילים וגוזרים אותם מתוך החיים העליונים. והחיים העליונים עצמם הם מופשטים לחלוטין כמו חיי החיים עצמם, כמו האין סוף, בלתי מוגדרים ואין סופיים בעצמם.

טעמו של הרמב"ם והטעם על פי הנסתר הסברו של הרמב"ם בקשר שבין המעשה והנפש הוא על פי הנגלה, ומלבדו יש הסבר פנימי על פי החסידות (שאפשר לפרשו גם בדברי הרמב"ם). נפש האדם והעולמות אינם נפרדים בעצם; אף יותר ממשל ונמשל, הם קשורים זה בזה ומפעילים זה את זה, ובשורש הם בעצם התרחשות אחת. ועם זאת, דרכו של אדמו"ר הזקן בכל מקום היא להבחין בין נגלה ונסתר (ויש בזה כמה טעמים, ואין כאן מקומם) ולא לבטל את ההסבר על פי הנגלה, אפילו הוא מצומצם יותר מההסבר על פי הנסתר. תחילה הוא ימצה את העיון בדרך הנגלה, ואחר כך, אם צריך, הוא יבאר את הדברים בהיקף הנסתר, אם בלשון הקבלה ואם בדרך החסידות. אף כאן, הסברו של הרמב"ם אינו ממצה את לשון ההפלגה "מעלה גדולה ונפלאה לאין ערוך", ולכן בא הסבר נוסף, בהיקף אחר (שהפעולה על הנפש היא רק ביטוי מסוים שלו); הסבר על פי הפנימיות והנסתר בתורה, שהם נפלאות התורה ושהמוסבר בהם הוא אכן מה שנפלא לאין ערוך.

פעולת צדקה לחיים התפיסה המובאת כאן, המופיעה באופנים שונים בכל האיגרות העוסקות בצדקה (ויסוד הדברים בדברי חז"ל ובספרי הסוד), היא שהצדקה הגשמית, הפרטית, שאדם נותן בעולם הזה יוצרת כעין 'גל' של מתן צדקה בכל העולמות. נוצר מעגל כלל עולמי של נתינה לא רק למי שזכאי, אלא

לְאֶרֶץ הַחַיִּים, היא הכלי שמקבל את החיים העליונים. כמו שהארץ הגשמית מקבלת את סיכום כל החיים והשפעת החיים לתוכה, כך הארץ העליונה **הִיא שְׁכִינַת עוּזֵּינוּ**, היא הנקראת שכינה, 'מלכות', המקבלת את השפעת החיים העליונים. השכינה היא אפוא בחינת הארץ שבאלוקי, כביכול בחינת הקבלה שבו, המקבלת את החיים העליונים שהם השפע האלוקי האין סופי בעצמו, קודם שהוא מתחלק בעולמות בצורות ה'גשמיות'. במובן זה 'ארץ החיים' היא השכינה, כי היא דווקא זו המקבלת את החיים עצמם והיא ה'שכינה' שבה שוכן האלוקי האין סופי.

משמעות הדברים היא מרחיקת לכת. כשאנו מתייחסים אל הנבראים הפרטיים, הנפרדים – בין שהם חלק ממנו, בין שהם אנחנו ובין שהם אחרים המתייחסים אלינו – אנו מתייחסים רק אל גזרי חיים מוגבלים ולא אל החיים עצמם, לא אל חיי החיים ולא אל האלוקי האין סופי. רק כשאנו מתייחסים אל השכינה אנו יכולים להתייחס אל החיים בעצמם, המושפעים מחיי החיים אין סוף ב"ה. הצדדים אחוזים זה בזה, כי רק השכינה מקבלת מהאלוקי, מהאין סוף; רק בה הוא כביכול משפיע באין סופיותו וגילוי עצמותו. לכן מדבר כאן אדמו"ר הזקן על המשכת חיי החיים אין סוף ברוך הוא לארץ החיים, היא שכינת וכו'.

התפיסה של השכינה במובן זה היא כמו החיים עצמם וכמו האין סוף המשפיע את החיים. היא לא דבר מסוים, מוגדר; היא ביטול כל ההגדרות הפרטיות, כל ההפרדות והגבולות שיש בין דבר לדבר. כשם שהיא הקבלה של עצם החיים המופשטים מכל מופשט, כך אפשר לומר שהיא עצם הקבלה; לא קבלה של פרט כזה או אחר, אלא הקבלה בעצמה.

שֶׁעָלֶיהָ נֶאֱמַר "וְאַתָּה מְחַיֶּה אֶת כּוּלָּם" (נחמיה ט,ו). כפי שמבואר על כתוב זה בשער היחוד והאמונה (פרק ב ועוד), 'אתה' הן האותיות מאל"ף עד תי"ו וה' מוצאות הפה, לכל מי ובכל מקום שחסר. מעין זה נאמר במדרש (ראו שמות רבה פרשה לא,טו) שכל בריותיו של הקב"ה לווים זה מזה: היום מן הלילה והלילה מן היום, הלבנה מן הכוכבים והכוכבים מן הלבנה, החכמה מהבינה והתורה מהמצוות – ואינם נוטלים ריבית זה מזה. כלומר, ביסודו ובטבעו של העולם יש מערך של נתינה וחסד; האדם הנוטל ריבית ושכר על פעולותיו יוצר בו חסימות ותקלות, בעוד מי שעושה צדקה, שהיא נתינת חינם, פותח את כל הצינורות להשפעת החיים העליונים בכל העולמות.

התפילה עבור השכינה בחסידות מרבים לדבר על כך שהתפילה המעולה היא תפילת השכינה. אדם אינו מתפלל להתקשרות שלו, לצורך ולמצוקה שלו, ואף לא להודאה שלו. פנייה כזו היא עצמה כבר מפרידה אותו מהאין סוף, מהשפעת החיות ממנו, משום שהיא לוקחת חלק מסוים ומסיטה אותו מהשכינה אל ה'אני' הפרטי. אין זה בא לומר שאין כלל מקום לתפילה כזו; אבל התפילה המעולה, ההידבקות וייחוד הכול באלוקי, היא התפילה שאינה אלא לצורך השכינה. האדם הפרטי המתפלל על מצוקת השכינה וחולייה, על הודאת השכינה ושמחתה, הוא רק הפה שלה, שמוציא לאור העולם את האותיות אשר מהן מצטרפות ונבראות ההשפעות והרפואות, וכל שהעולם צריך לו.

מחיה את כולם והיא סוכת דוד הנופלת עד עפר וכמאמר רבותינו ז"ל גלו לאדום שכינה עמהם כו' כי באתערותא דלתתא להחיות רוח שפלים דלית ליה מגרמיה כלום אתערותא דלעילא ובפרט בהתנדב עם להחיות יושבי ארץ החיים ממש ודי למבין. וכל משכיל על דבר גדול ונפלא כזה ימצא טוב טעם ודעת כמה גדולים דברי חכמים ז"ל שאמרו הכל לפי רוב המעשה דהיינו מעשה הצדקה הנעשה בפעמים רבות להמשיך חיים עליונים ליחד יחוד עליון פעמים רבות.

ובמילים אחרות – אותיות הדיבור האלוקי המדברות ומהוות את כל המציאות. הבריאה כולה היא דיבורים של הקב"ה שבהם הוא מהווה ומחיה את הכול; והשכינה, במובן זה, היא הדיבור בעצמו.

וְהִיא סוּכַּת דָּוִד הַנּוֹפֶלֶת (על פי עמוס ט,יא).[28] השכינה בזמן הזה, זמן הגלות, נקראת "סוכת דוד הנופלת". סוכת דוד היא מלכות דוד (וכן הוא בתרגום שם, וראו במפרשים); נפילתה מסמלת את הגלות, והקמתה – את הגאולה. מלכות דוד בתקומתה, כפי שהייתה בזמננו וכפי שתהיה לעתיד לבוא, היא הביטוי למלכות האלוקית בעולם כפי שהיא צריכה להיות: ישראל שרויים על אדמתם, מקיימים את כל מצוות ה' ומקימים את מלכות ה' בעולם. וכאשר אין זה כך, אז אומרים שסוכת דוד היא "נופלת".

עַד עָפָר. העפר הוא הדומם הגשמי, החלק הנמוך ביותר מכל חלקי העולם (דומם צומח חי מדבר). ובזמן הזה של סוף הגלות, של עקבתא דמשיחא, נופלת השכינה "עד עפר" – כלומר היא מלובשת ומסתתרת בתוך המציאות החומרית הנמוכה והמסתירה. ולכן גם תיקונה של השכינה והעלאתה הם ממקום זה, על ידי העבודה והבירור של ה'עפר', של העולם הזה הגשמי.

וּכְמַאֲמַר רַבּוֹתֵינוּ ז"ל: גָּלוּ לֶאֱדוֹם שְׁכִינָה עִמָּהֶם כּוּ'.[30] דרשה זו היא, כמבואר בליקוטי אמרים (פרק יז), סוד גלות השכינה. השכינה איננה משהו לעצמו, אשר יש שהיא בוחרת להיות עימנו ויש שלא; השכינה היא החיות האלוקית שבנו, המחיה אותנו תמיד, בצורה ובאופן ובמשמעות שאנחנו נותנים לה: אם בהתגלות – כשאנו עושים את רצון ה', חושבים מחשבתו וכו'; ואם בהסתר ובגלות – כשאנו נוהגים מנהגי אדום ומרגישים כמו

ואתה מחיה את כולם כמו באדם, הדיבור מקבל את השפעת הנפש. דיבור בעצמו איננו כלי לשום כוח מסוים מכוחות הנפש, אלא הוא מקבל מכולם; וכמבואר בכמה מקומות[27] הוא אף יותר מכולם, שכן הוא מכלל ועצם הנפש שאינם מוגדרים בשום כוח נפש מסוים. עצם הדיבור הוא אפוא הכלי המקבל את מהות ועצמות הנפש, וכן גם לגבי השכינה; ועצם הדיבור הוא אך האותיות מאל"ף עד תי"ו, באמצעות ה' מוצאות הפה (="את+ה"), שכן האותיות עצמן אינן עדיין שום דבר מוגדר, הן לא אומרות שום דבר, אבל יש בהן מכוח האין סוף לדבר ולברוא כל דבר. רק כשהן מצטרפות, באין ספור צירופים, הן מגדירות תבנית מסוימת, השפעה וחיות המלובשת בהגדרה ובגשם. וזהו שנאמר ש"אתה" (אותיות הדיבור

אדום, והשכינה מחיה אז את אותם מעשי אדום. וכפי שגלות השכינה ("גלו לאדום") היא בנו ועל ידינו, כך גם גאולתה.

כִּי בְּאִתְעֲרוּתָא דִלְתַתָּא (בהתעוררות מלמטה), כשאדם למטה נותן מכספו ומחייו הגשמיים **לְהַחֲיוֹת רוּחַ שְׁפָלִים דְּלֵית לֵיהּ מִגַּרְמֵיהּ כְּלוּם** (שאין להם מעצמם כלום), שאין להם אפילו המעט שיש לו – **אִתְעֲרוּתָא דִלְעֵילָּא** (התעוררות מלמעלה), מחיי החיים העליונים (בחינת זעיר אנפין דאצילות), להחיות ולהקים את השכינה, היא המלכות שאין לה מעצמה כלום. כלומר, פעולת האדם בצדקה למטה, להחיות את העניים, היא המעוררת מלמעלה את חיי החיים להשפיע חיים לכל העולמות.

וּבִפְרָט בְּהִתְנַדֵּב עָם, הם קהל החסידים; שכשהם יחד, כקיבוץ ועדה מישראל, הם מבטאים ומגלים את השכינה יותר מכל פעולה של אדם פרטי. **לְהַחֲיוֹת יוֹשְׁבֵי אֶרֶץ הַחַיִּים מַמָּשׁ, וְדַי לַמֵּבִין.** כאמור למעלה, 'ארץ החיים' היא השכינה, המלכות, הארץ העליונה, אבל היא גם הכינוי לארץ ישראל התחתונה כפשוטו, בגשמיות. וכמבואר בכמה מקומות,[31] ארץ ישראל שלמטה מכוונת כנגד ארץ ישראל שלמעלה. וכשהצדקה והחיים ניתנים לאלה שיושבים בארץ ישראל ממש, יש כאן התעוררות מלמטה באופן הישיר והשלם ביותר; יש כביכול השפעה ישירה של חיות לארץ החיים עצמה, עד למובן הרחב והמופשט ביותר של הביטוי, דהיינו המלכות האלוקית, השכינה, המקבלת את עצם החיים האלוקיים.

וְכָל מַשְׂכִּיל עַל דָּבָר גָּדוֹל וְנִפְלָא כָּזֶה שיש במצוות הצדקה, כפי שמדובר באיגרת זו, אשר הוא "גדול" מעבר למידה שאדם עושה אותה, ואשר יש לו השלכות בכל העולמות; והוא "נפלא" אף בכך שהשפעתו מגיעה מהנפלא שמעבר לכל מידה והבנה.

יִמְצָא טוּב טַעַם וָדַעַת, כַּמָּה גְּדוֹלִים דִּבְרֵי חֲכָמִים ז"ל שֶׁאָמְרוּ 'הַכֹּל לְפִי רוֹב הַמַּעֲשֶׂה', דְּהַיְינוּ מַעֲשֵׂה הַצְּדָקָה, שהוא עיקר ה'מעשה' בעבודת ה'. ופירוש 'רוב' המעשה הוא **הַנַּעֲשֶׂה בִּפְעָמִים רַבּוֹת,** שכן בכל פעם שהוא נעשה הוא פועל **לְהַמְשִׁיךְ חַיִּים עֶלְיוֹנִים, לְיַחֵד יִחוּד עֶלְיוֹן פְּעָמִים רַבּוֹת.** כל מעשה של מצווה הוא ייחוד. הייחוד הוא האיחוד, דהיינו כשאדם מצליח לאחד קצוות, פינות, דברים שהיו נפרדים ולחברם לתבנית אחת. בפשטות, כל אדם כשהוא עושה מעשה והוא מתכוון וחושב על מה שהוא עושה, הוא מאחד את כל הדרגות המשתתפות בעשייה הזו: הנפש, המחשבה והמעשה. אבל בעשיית המצווה האיחוד הוא 'ייחוד עליון', העולה עד למעלה מעלה וכולל הכול: איחוד בין

ומוצאות הפה, כאמור) "מחיה את כולם": את כל ריבוי החלקים והפרטים הנפרדים המהווים את מציאות כל העולמות אשר היו, ישנם ויכולים להיות.

הנופלת עד עפר העבודה בגלות, לפי תפיסה זו, היא בניינה של הגאולה (ראו ליקוטי אמרים פרק לז). ובמילים אחרות: בניין קומתו של המשיח. ואם בדורות ראשונים היה עיקר העבודה בבחינת הראש (חב"ד), כמו התנאים והאמוראים שעיקר עבודתם היה בלימוד התורה, הרי עתה, בזמן של 'עקבתא דמשיחא', של העקביים אשר הם החלקים הנמוכים ביותר, עיקר העבודה היא ב'עפר', בתחום העשייה הגשמית, ובעיקר בעבודת הצדקה.[29]

והיינו נמי כעין מה שכתב הרמב"ם לזכך הנפש כנודע מזוהר הקדוש דשכינה נקראת נפש כי היא חיינו ונפשנו וכתיב כי שחה לעפר נפשנו.

מעלה ומטה, בין האחדות והריבוי, בין המשפיע והמקבל, ובסיכום הכול – בין השכינה והקב"ה ("ייחוד קוב"ה ושכינתיה").

במעשה הצדקה ה'ייחוד עליון' הוא רחב ועמוק אף יותר מבשאר המצוות: הן מפני שהצדקה יורדת אל תוך עולם המעשה עמוק יותר ובהיקף רחב יותר מאשר בכל יתר המצוות, כפי שהוסבר, והן מפני "רוב המעשה". בניגוד לשאר המצוות המעשיות, מצוות הצדקה אינה תלויה בשום גורם חיצוני כגון זמן מסוים או חפץ מסוים (כמו לולב או ציצית וכו'). היא אקטואלית בכל עת, בכל מקום ובכל דבר, ולכן אין שום מגבלה ב"רוב המעשה". כשאדם עושה את הצדקה, כאשר הוא משפיע למי שהוא בבחינת מקבל גמור ואשר אינו נותן לו דבר בתמורה, הוא עושה ייחוד בין משפיע למקבל בכל הדרגות, שמשמעותו היא הרבה מעבר לתוצאה הגשמית של המעשה שעשה, כגון שנתן כך וכך מעות וכו'. ולכן גם אם מבחינת התוצאה המעשית אין הבדל בין נתינה אחת של סכום מסוים לנתינות רבות המצטברות לאותו סכום, הרי מבחינת הפעולה הרוחנית ההבדל הוא עצום. בכל מעשה כזה של נתינה עוברת הנפש שוב את חוויית הנתינה, בכל פעם היא עושה מחדש את הייחוד בין החיים העליונים והשכינה שבתחתונים, ובכל פעם מוסיף הייחוד הזה ובונה את הייחוד הכולל.

וְהַיְינוּ נַמִי (וזהו גם כן) **כְּעֵין מַה שֶּׁכָּתַב הָרַמְבַּ"ם לְזַכֵּךְ הַנֶּפֶשׁ.**[33] כאן, לסיום האיגרת, חוזר אדמו"ר הזקן לדברי הרמב"ם, שקודם לכן הסבירם על דרך הפשט, והוא מוסיף להסבירם גם על פי פנימיות התורה.

'רוב המעשה' בכל פרקי הזמן: בכל חודש, בכל יום וכו' בליקוטי אמרים (פרק מא) מבואר, שאם אדם אינו יכול להחזיק בכוונה בכל זמן קיום המצווה (במיוחד בלימוד תורה, שנמשך לאורך זמן וגם מעסיק את המחשבה), דיו שיכוון בתחילה. והוא מביא שם דוגמאות מתחום ההלכה, מהלכות כתיבת ספר תורה או גט, שצריך לזה כוונה (כלומר: שיכתוב לשם ספר תורה, או בגט – שיכתוב לשם אישה פלונית וכו'), ודיו אם בתחילת הכתיבה יכוון שכל הכתיבה תהיה באותה כוונה. ואולם מבואר שם כי גם לזה יש הגבלה: משעובר פרק זמן מסוים שוב אין הכוונה של יום אתמול, או אפילו של השעה הקודמת, מספיקה, וצריך להתכוון מחדש. מכאן עולה שפרק זמן מסוים מגדיר מהות מסוימת של זמן ועולם, והכוונה שהייתה שייכת ומתאימה לזמן ולמצב אחד אינה שייכת עוד לזמן ולמצב אחר. החיות האלוקית השופעת בעולמות מתחדשת בכל פרק זמן, והיא חיות אחרת, חדשה, שלא הייתה כמותה מעולם.[32] ובוודאי כאן, כשמדובר על המשכת החיים העליונים, על הייחוד בין מעלה ומטה, אין כוונת הנפש של יום אתמול שייכת לחיות של היום. כדי שיהיה ייחוד, חיבור, צריך שתהיה התאמה בין מעלה ומטה, בין הכוונה מלמטה והכוונה מלמעלה, והתאמה זו נוצרת רק כאשר מתכוונים עכשיו, בפרק הזמן הזה.

לאור זאת מובנים אפוא הדברים בפתיחת האיגרת, "לזרז לזריזים וכו' מדי שבת בשבתו

כַּנּוֹדָע מִזּוֹהַר הַקָּדוֹשׁ[35] **דִּשְׁכִינָה נִקְרֵאת 'נֶפֶשׁ'.** במושגי הקבלה מקבילות דרגות הנפש – נפש, רוח, נשמה, חיה, יחידה – לדרגות העולמות ולספירות העליונות, ובכל מקום מורה דרגת הנפש על העשייה והמלכות, שהיא כידוע דרגת השכינה.

כִּי הִיא חַיֵּינוּ וְנַפְשֵׁנוּ. אדמו"ר הזקן מוסיף טעם לדבר זה: שהשכינה היא הרי חיינו ונפשנו. השכינה היא, כאמור, החיות האלוקית שיש בכל דבר. ואולם לגבי כל אדם האמירה המשמעותית, שאותה הוא יכול להכיר ואליה הוא יכול להתייחס, היא שהשכינה היא החיות האלוקית שבו, ובהסתכלות רחבה יותר – כל החיות שבו. אכן, כדי שלאדם תהיה תפיסה בהווייתה של השכינה כמציאות וכמהות לעצמה עליו לבטל במידת מה את תפיסת עצמו כחיות וכישות בפני עצמה. רק כך יוכל הוא לייחס, במידת מה, את אותה תחושת מציאות שיש לו לגבי נפשו אל השכינה. לא צריך הרבה: ברגע שאדם פותח את חייו ונפשו, שלא יהיו מנוגדים לחיים ולנפשות אחרות, הוא ירגיש באמת איך החיים שבכל דבר, הנפש של העולם, השכינה – הם הם נפשו וחייו שלו. וזו התחושה שהשכינה "היא חיינו ונפשנו".
אם כן, כך מבין אדמו"ר הזקן את דברי הרמב"ם לעומקם, שהטעם ל"רוב המעשה" הוא לזכך הנפש: שאין הכוונה רק לזיכוך הנפש הפרטית, כפי שהוסבר קודם, שהדבר גורם לאדם להבין ולראות דברים בצורה אחרת – אלא גם לזכך את השכינה, כלומר הדבר גורם לדברים עצמם להיות אחרת.

וּכְתִיב: "כִּי שָׁחָה לֶעָפָר נַפְשֵׁנוּ" (תהלים מד,כו). כשהנפש, היא השכינה, בגלות – היא שחה לעפר. המשמעות היא שהנפש אינה מזוככת, שהשכינה מכוסה בעפר, בכיסוי העולם הזה הגשמי המסתיר את האלוקות. ולזה בא "רוב המעשה" הנפשי של הנתינה בחסד חינם וללא תמורה, שהיא כעין הנתינה האלוקית, המתייחדת עם הנתינה האלוקית וממשיכה בפועל נתינה אלוקית, המזככת את הנפש הפרטית והשכינה הנקראת 'נפש'.

ולפחות מדי חודש בחודשו מערכו הקצוב למשך שנה". כלומר: אף שהסך הקצוב הוא שנתי, אין לתת אותו בבת אחת, בתחילת השנה או בסופה, אלא יש לחלק את הנתינה לכל שבוע, ומי שקשה לו – לפחות מדי חודש.

ביאור הרמב"ם על פי הסוד יש מקום להעיר שהדבר אינו רגיל אדמו"ר הזקן. לאדמו"ר הזקן הייתה הערכה גדולה, ואפילו קרבת נפש, לרמב"ם, והוא מרבה להביא מדבריו, ואולם בדרך כלל הוא שומר על הפרדה בין דברי הרמב"ם לבין דברי חסידות (בייחוד כשהם מבוססים על קבלת האר"י ז"ל), ובכמה מקומות[34] אף מקפיד להגדיר את ההבדלים. ואולם כאן, באופן יוצא מן הכלל (שאולי בא ללמד על הכלל), הוא מוסיף הסבר בדברי הרמב"ם ונותן בהם עצמם משמעות רחבה יותר, שלא כפשוטו, ונראה שהוא אף רומז לכך שכוונה כזו הייתה מונחת בדברי הרמב"ם עצמם.

כי היא חיינו ונפשנו כפל המשמעות שמוצא אדמו"ר הזקן בדברי הרמב"ם הוא כפל המשמעות שנמצא בכל האיגרת הזו. מצד אחד ישנה נפש האדם המזדככת, המתבטלת אל האלוקי המשפיע, ומצד שני ישנה הנפש שהיא השכינה, שגם היא באדם, המתבטלת ומזדהה ומתייחדת עם נפש העולם, עם השכינה הנקראת 'נפש'. כל זה נמצא באדם כמו בעולם, אלא שהאדם עושה

ולכן אמרו רבותינו ז״ל גדולה צדקה שמקרבת את הגאולה להקימה מעפר מעט מעט עד כי יבא שילה:

וְלָכֵן אָמְרוּ רַבּוֹתֵינוּ ז״ל: גְּדוֹלָה צְדָקָה שֶׁמְּקָרֶבֶת אֶת הַגְּאוּלָּה (בבא בתרא י,א),[36] **לַהֲקִימָהּ מֵעָפָר מְעַט מְעַט.** לפעולה של מעשה הצדקה, כפי שהוסבר באיגרת זו, יש השפעה מצטברת. ריבוי המעשים הנדרש מורה על כך שהמעשים לא נשארים נבדלים זה מזה, אלא הם נבנים זה על זה, מצטרפים אחד לאחד למשהו גדול יותר. דווקא במעשה הצדקה הנעשה למטה, בעפר, במקום שאין רואים ואין מרגישים את הרוחני ואת הקדושה, יש הצטברות של אור וקדושה, הצוברת בסתר עוד ועוד עוצמה. לכן 'גדולה צדקה' שכל כולה נשמרת לזה, כל כולה נזרעת וכביכול נעלמת בעפר, מצטברת ומתרכזת שם למטרה אחת: להקים את השכינה מעפר.

הלשון "מעט מעט" מבטאת את התהליך הזה, שבמהותו הוא הדרגתי ונסתר; ואולם אין זה משום שיש כוונה להסתיר זאת, אלא מכיוון שהוא קורה לאט לאט. כאשר דבר מתרחש בקפיצות גדולות, הכול רואים שמשהו השתנה; אבל כשיש מעברים קטנים והדרגתיים, מעט מעט, לא שמים לב. השינוי הגדול הולך וקורה, הולך ומצטבר, לאט לאט, עד שביום אחד מגלים את עינינו שאנו בעולם אחר לגמרי – וזו הגאולה.

"עַד כִּי יָבֹא שִׁילֹה" (בראשית מט,י): הוא המלך המשיח,[37] בגאולה השלמה, שאז תקום השכינה מעפרה בשלמות.[38]

איגרת קצרה זו עסקה בנקודה חשובה אחת: בצורך לעשות את מצוות הצדקה בריבוי פעמים ('רוב המעשה'). וכיוון שבמציאות הגשמית הסכום שניתן הוא אחד, יש לומר שמשמעות רוב המעשה שעושה האדם היא בתחום המציאות הרוחנית ובעבודת הנפש. והוסבר שכשם שהצדקה הגשמית היא להחיות את העני שאין לו כדי חיותו, כך הפעולה הרוחנית היא להשפיע חיות למלכות שאין לה מעצמה כלום – דהיינו השכינה, שבזמן הגלות היא שפלה עד עפר. ואולם שלא כהשפעה הגשמית, שהיא מוגבלת הן מצד הנותן והן מצד המקבל, ההשפעה הרוחנית היא בלתי מוגדרת ובלתי מוגבלת; היא החיות עצמה קודם שהיא מתלבשת בציור גשמי – במקום, בזמן ובנפש מסוימים – הזורמת מאליה, ללא קצבה וגבול. עבודת הצדקה היא הדרך לפתוח את השער הזה ולהשאירו פתוח. כשאדם פותח את ליבו ואת כיסו, את גבולות עצמו אל האחר, את הגבולות בין מה שיש לו לבין מה שיש לאחר, הוא פותח את השער ומייחד ייחוד עליון, הממשיך את פנימיות החיות מלמעלה מעלה עד למטה. אך את הייחוד הזה הוא צריך לפרוס כמה שיותר – להחיל אותו על כל פרקי הזמן ולמלא בו כל יחידה של זמן, עולם ונפש בהשפעת החיים העליונים.

מעשה ומייחד את שני אלה. המעשה האנושי הגשמי הוא אולי קטן ובלתי נחשב אל מול כל העולמות, נקודה קטנה אל מול החושך ועומק ההסתר של הגלות, אבל עם "רוב המעשה" של הייחוד הפרטי נמשך ומתרחב הייחוד עוד ועוד להיות ייחוד הכול – השכינה והקב"ה.

על ההיקף הזה של מצוות הצדקה אמרו רבותינו ז"ל "גדולה צדקה שמקרבת את הגאולה"; היקף זה הוא שעמד עליו כאן אדמו"ר הזקן, ומתוך הכרת הדבר גם החסידים נתנו ב'רוב מעשה' ועד בכל מאודם.

איגרת כב

איגרת זו נכתבה (כנראה בשנת תקנ"ג) בהקשר של 'תקנות ליאזניא'[1] המנסות, אולי לראשונה בתולדות החסידות, להגדיר ולמסד את היחסים שבין הרבי והחסידים. הצורך בתקנות אלו נבע מצד אחד מריבוי החסידים של אדמו"ר הזקן באותו זמן, ומצד שני מכך שתפקידו של הרבי בחסידות הוא תפקיד מחייב באופן קיצוני. כתוצאה מכך נתקנו תקנות ליאזניא, וזכינו באיגרת מיוחדת זו שבה מתייחס אדמו"ר הזקן, באופן שאינו רגיל כלל, גם אל עצמו, כצד במערכת היחסים הזו. מתוך המתח שבין אהבתו את החסידים כנפשו ובין אי יכולתו בפועל למלא כל רצונם, הוא יוצא מגדרו בביטוי אישי של מצוקתו בלשון שאינה רגילה בכתבי אדמו"ר הזקן, אשר בדרך כלל הם מובְנים ומאופקים ואינם מגלים את סערת הנפש האישית (שישנה בוודאי) בתוך דבריו. באיגרת זו (וביתר שאת בחלקה שלא הודפס באגרת הקדש, ואשר הובא בביאור להלן) נפתח פתח להציץ אל האישיות שמאחורי הצדיק וכתביו. הבטה זו מגלה אישיות וסיפור אישי מרתקים בהודם: אומץ וגבורה אישית, רגישות ואהבה לאנשים ולכל אדם, ופעמים גם תסכולים וכאבים, הן מן ההתנהגות של בני האדם, והן ממנו עצמו; ומהקושי, שקיים אצל כל אדם, לקבל בשלוות נפש כל הנהגה אלוקית, לטוב ולמוטב.

איגרת כב הנדפסת מתחלקת לשלושה חלקים עיקריים: בחלק הראשון (עד הקטע המתחיל "וכמו אב הרחמן") מבקש אדמו"ר הזקן מחסידיו, בלשון תחנונים כמעט, שלא יפנו אליו בשאלות גשמיות ובענייני עולם הזה, ומנמק את דבריו. החלק השני (עד הקטע המתחיל "אהוביי אחיי ורעיי"), הוא מקצת תשובה לחלק הראשון, ובו אדמו"ר הזקן בכל זאת מייעץ לחסידים – לא כיצד לשנות ולפתור את בעיות העולם הזה, אלא כיצד להתייחס אליהן אחרת. החלק השלישי הוא, בעצם, איגרת לעצמה שנוספה במהדורת תר"ס בידי המביאים לדפוס, ותבואר בפני עצמה בהמשך.

תקנות ליאזניא ליאזניא (או לאזני) הייתה העיירה שבה התחילה נשיאותו הרשמית של אדמו"ר הזקן. באותה תקופה, לאחר נסיעת החסידים בראשות רבי מנחם מענדל מוויטבסק וחבריו לארץ ישראל, התרבו מאוד חסידי האדמו"ר הזקן, שנשאר האדמו"ר החסידי היחיד באזורים אלה. ריבוי החסידים היה הרבה יותר מהמקובל בחצרות החסידיות באותה תקופה ובתקופות שקדמו לה, אף יותר מכפי שהיה אצל המגיד ממזריטש ואצל הבעש"ט.[2] לדבר זה הייתה השפעה מהותית על תורתו של אדמו"ר הזקן, על דרכי העבודה שהורה

איגרת כב

כפתיחה תובא כאן תחילת האיגרת – שלא נדפסה ב'אגרת הקדש' שבדפוסי התניא – כפי שהובאה באיגרות קודש אדמו"ר הזקן (איגרת לה). הפתיחה חשובה להבנת הרקע לדברים:

אחרי דרישת השלום וחיים עד העולם, תשתפך נפשי בשאלתי, ובקשתי שטוחה ופרוסה לפני כל אוהבי ורעי כל אנשי שלומנו בכלל, ובפרט המתעסקים בקדשים הגבאים דארץ הקודש תבנה ותכונן במהרה בימינו, אליהם הוכפלה בקשתי בכל לב ובכל נפש, להשגיח בעינא פקיחא לפקח פקוח נפשי ממש, לעצור בעם ה' הנוסעים למחננו, ולהזהירם בנפשם שלא להיות לי למורת רוח ולעגמת נפש בנסיעה שלא בזמנה הראויה אשר יבואר למטה, ולבקש מהם בין מאנשי עירם, ובין מהישובים הסמוכים להם, בין שהם מאנשי עיר אחרת ונוסעים דרך עירם, בין שהם חדשים, ובין שהם מאנ"ש הישנים, להזהירם באזהרה כפולה ונוראה שלא יעברו בנסיעתם הזו על אחד מאלה הדברים הנאמרים באמת וצדק, ולהראותם העתק מכתב זה.

וזה יצא ראשונה, אשר כל הנוסעים על ד' פרקים הידועים,[4] לא יעלה על רוחם לבקש להכנס אלי לדבר עמדי ביחידות אפילו דבר נחוץ מאד בעבודת ה', וכל שכן מילי דעלמא אפילו דבר גדול מאד, כי זהו דבר שאי אפשר בשום אופן שיכנסו אלי לדבר כל הנאספים פה בד' פרקים הידועים. והנה כולם משתוקקים ליכנס, ואי אפשר לי לחלק חלוקים ביניהם, כי קשה כשאול קנאה מהדוחקים ונכנסים, ואי אפשר לי לפי טבעי ורכות לבי לראות העגמת נפש של הנדחים מלכנוס, וישובו לבתיהם בפחי נפש מקנאתם, שהיא קנאת סופרים לפי שכלם.

ובר מן דין את אלקים אני ירא, והיטב חרה לי עד מות ומר לי מאד, אשר נדחה בשתי ידים כל איש החפץ להתקרב לעבודת ה' מאנ"ש החדשים, אשר ההכרח גדול לדבר עמהם ביחידות ואי אפשר בענין אחר.

אך מה לי לעשות שאין הזמן גרמא בשום אופן לדבר ביחידות עם כל אחד ואחד מהחדשים הנאספים בד' פרקים הנ"ל, ואי אפשר לי גם כן לחלק חילוקים ביניהם להיות איש נדחה ואיש אינו נדחה, על כן לא יסעו כלל החדשים על ד' פרקים ליכנס לדבר עמהם ביחידות, ויש להם די

לחסידיו ועל היחסים האישיים בין הרבי והחסידים. מה שהיה נכון ואפשרי בקבוצה קטנה של חסידים מובחרים היה כעת בלתי אפשרי, הן לרבי והן לחסידים. נוצר צורך להסדיר בתקנות את סדרי ה'חצר': מתי באים אל הרבי, מי וכיצד נכנסים אליו, איך מתכוננים לכך, ועוד ועוד. למכלול תקנות אלו, שסודרו בכמה שלבים בין השנים תקנ"ג לתק"ס, קוראים במסורת החבדי"ת 'תקנות ליאזניא'. התקנות נרשמו בעיקרן על ידי זקני החסידים ואושרו על ידי הרבי. כתבי התקנות המקוריים שמורים עד היום באוצר כתבי היד שבספריית ליובאוויטש; ובאופן אחר, מסודר פחות, הן מופיעות בכמה מהאיגרות של אדמו"ר הזקן לחסידיו.[3] איגרת זו, אף שאינה ממש רשימה של תקנות והוראות, היא מכל מקום שייכת לאותה קבוצה של איגרות, ומשקפת את הרקע להן.

ריוח ליסע באיזה חדש שירצו מחדשי השנה על אחת מג׳ השבתות הראשונים, רק שיתעכבו ב׳ או ג׳ ימים אחר השבת.

ובשבת הד׳ שהוא שבת שמברכים החדש גם כן לא יסעו החדשים בשום אופן, כי שבת זה הוקבע לאנשי שלומנו הישנים ליכנס פעם אחת בשנה דוקא כידוע מקדם, ואין הזמן גרמא ליכנס אחר השבת לדבר ביחידות עם החדשים, כי אם להישנים לדבר גדול מאד שאי אפשר לשאל בעצה מאנשי שלומנו שבעירו, כי אין עונה לו, ובתנאי כפול ומכופל שיש לפניו ב׳ דרכים ואינו יודע איזה דרך יבחר לו, אבל אם אין לפניו אלא דרך אחת והיא שפלה וצר לו ממנה מאד ח״ו, וצריך לו לפי שכלו להודיעני בצערו ה׳ ירחם, אזי יודיעני במכתבו או על ידי נאמן ביתי הידוע, ונכון יהי׳ לבו בטוח כי הגד יגיד לי כל דבריו בשלמות ולא יפול דבר וחצי דבר ארצה, אם יהיה לי מה להשיבו אשיבנה גם כן על ידי הנ״ל, ולא ידחוק לכנוס אלי בכבודו ובעצמו.

ונלאיתי נשוא במכתב גודל המרירות אשר ממררים חיי ממש, אותן הנכנסים לפרש שיחתן ביגונם בכבודם ובעצמם בהרחבת הביאור, כדי להכניס בעומק לבבי צערם וצרתם ה׳ ירחם. גם לשאול בעצה בדברים שאין בהם צער ומרירות כלל, נלאיתי נשוא הבלבול במוח ובטול עבודה מהעמיק מחשבתי ודעתי בעומק הענין, כדי להשיב דבר על אופנו מרבוי הענינים הרבים והעצומים של כלל אנ״ש, יוסף ה׳ עליכם אלף פעמים, ויברך אתכם בברכת שלום לישב בבתיהם בשלום בשובה ונחת תושעון עולמים.

והנה ידוע נאמנה, כי כל אוהבי ורעי אשר נפשי חביבה עליו כנפשו, אלו היתה לו ידיעה בתחלה מה הוא עושה לי בשאלת צרכיו ועצות מרחוק, היה יכול בודאי למצא בנפשו הפקירות זו הקלה, להשליך יהבו על ה׳ יעשה הטוב בעיניו, ולא להטרידני ולבלבלני בעניניו. אך כי נדמה מקצת אנ״ש דמיון שוא ודבר כזב, הרחוק ממני כרחוק מזרח ממערב ממש, לאמר לנפשי כאמרם על נפשות הגדולים אשר בארץ המפורסמים, ה׳ עליהם יחיו, אשר אין מתפעלים בנפשותם מידיעת הרבוי מאורעות שונות מפגעי הזמן, ובלא לב ולב ידברו בם. אך מה יתרון לבעל הלשון מדברת גדולות, ולב יודע מרת נפשי השפלה בשרשה באמת לאמיתו, וערך נפשי עלי לערך בערכי ולבי רואה חושיית, שאני רואה בחוש ממש הבלבול הגדול במוחי ולבי רבות העתים. וכמה פעמים אני מואס בחיי ממש במדרגה זו, והוסכם בלבי פעמים רבות לעקור סיכי משכני[5] ממדינה זו. אך אני מצפה לישועת ה׳ לפקוח עיני העברים,[6] ויתן בלב כל השומעים דברי אלה ולקבלם באהבה ורצון, ויהיו לרצון אמרי פי.

והנה אף לפי דמיון הכוזב, העולה על רוחם לערב תבן את הבר לגדולי הדור המפורסמים שיחיו, אין דמיונם עולה יפה, כי שם רובם ככולם ה׳ יאריך ימיהם ושנותיהם בנעימים הנה משכן כבודם במדינה אחת, בעירות סמוכות וקרובות שלא בריחוק מקום כל כך בינותם, והקל מעליהם ונשאו אתם במשא העם.

והנה מי לנו גדול ממשה רבינו עליו השלום שאמר איכה אשא לבדי וגו׳. והנה לא היה עליו רק צרכי צבור הנוגעים אל הכלל ולא ליחידים, כי אם לדון ביניהם במשפטי התורה, כמשארז״ל דדין היינו תורה,[7] והוא אחד מעמודי העולם, ועם כל זה ארז״ל וכי תעלה על דעתך שמשה רבינו ע״ה יושב ודן כל היום כולו תורתו מתי נעשית,[8] דהיינו מלהתבודד ולהתבונן בינו לבין עצמו בדברי תורה ששמע מפי הגבורה, אבל ליתן עצות לכל יחיד שלא בדברי תורה ויראת שמים לא היתה זאת מעולם.

טו תשרי פשוטה
יג תשרי מעוברת

אהוביי אחיי ורעיי מאהבה מסותרת תוכחת מגולה לכו נא ונוכחה זכרו ימות עולם בינו שנות דור ודור ההיתה כזאת מימות עולם ואיה איפוא מצאתם מנהג זה באחד מכל ספרי חכמי ישראל הראשונים והאחרונים להיות מנהג ותיקון לשאול בעצה גשמיות כדת מה לעשות בעניני העולם הגשמי אף לגדולי חכמי ישראל הראשונים כתנאים ואמוראים אשר כל רז לא אנס להו ונהירין להון שבילין דרקיע כי אם לנביאים ממש אשר היו לפנים בישראל כשמואל הרואה אשר הלך אליו שאול לדרוש ה' על דבר האתונות שנאבדו לאביו כי באמת כל עניני אדם לבד מדברי תורה ויראת שמים אינם מושגים רק בנבואה ולא לחכמים לחם

עד כאן החלק שלא נדפס, ומכאן האיגרת הנדפסת:

אֲהוּבַיי אַחַיי וְרֵעַיי, מֵאַהֲבָה מְסוּתֶּרֶת תּוֹכַחַת מְגוּלָּה.[9] כיוון שהוא בא להגיד לחסידים, שהוא אוהבם כאחיו ורעיו, דברים שנשמעים כדברי תוכחה, הוא רוצה לרכך את הרושם הקשה לכאורה שיש לדברים. יש כאן משחק מילים על הכתוב "טובה תוכחת מגֻלה מאהבה מסֻתרת" (משלי כז,ה), וכאן אין הוא מעמיד את שני חלקי הפסוק זה מול זה אלא קושר אותם יחד, שאחד נובע מן השני – כלומר שהתוכחה שהוא אומר באה מחמת האהבה, רק שהאהבה היא נסתרת והתוכחה היא נגלית.

לְכוּ נָא וְנִוָּכְחָה, זִכְרוּ יְמוֹת עוֹלָם בִּינוּ שְׁנוֹת דּוֹר וָדוֹר. השימוש בלשון הכתוב אינו מליצה בעלמא. אדמו"ר הזקן מרבה לעשות שימוש בלשון המקורות, והדברים תמיד מכוונים. אף כאן רצונו להדגיש שאין כאן מקרה פרטי של חיסרון אישי בהנהגה, אלא שמאז ומעולם הייתה זו מהות ההנהגה בישראל, גם כשהייתה הנהגה אלוקית ישירה כמה שאפשר, ביד הנביאים ומשה רבינו.

הֶהָיְתָה כָּזֹאת מִימוֹת עוֹלָם, וְאַיֵּה אֵיפוֹא מְצָאתֶם מִנְהָג זֶה בְּאֶחָד מִכָּל סִפְרֵי חַכְמֵי יִשְׂרָאֵל הָרִאשׁוֹנִים וְהָאַחֲרוֹנִים לִהְיוֹת מִנְהָג, שכך נוהגים, **וְתִיקּוּן,** שיש בהנהגה זו תיקון עולם. שהרי תכלית חיי עולם הזה היא תיקון העולם; ולכן גם אם הנהגה מסוימת נוחה לאדם, אם אין היא עושה תיקון אין ראוי לנהוג בה.[10]

לִשְׁאוֹל את הצדיק **בְּעֵצָה גַּשְׁמִיּוּת כְּדָת מַה לַּעֲשׂוֹת בְּעִנְיְנֵי הָעוֹלָם הַגַּשְׁמִי.** אנשים חיים בעולם הטבעי, הגשמי, ומטבע הדברים יש בעיות. העולם הזה בטבעו אינו נראה ישר; על כל שעל ובכל פינה מתעוררים ספקות – בשאלות של פרנסה, של בריאות, של חיי אישות ועוד: מה לעשות, כיצד להגיב, באיזו דרך לילך וכו'. מה גם שהעולם הזה מעצם טבעו מסתיר את העתיד להיות; הוא מורכב ובלתי צפוי מכדי שאדם יוכל להבין ולצפות בשכלו האנושי לאן דברים הולכים. השאלות האלו אינן תאורטיות: הן שאלות חיים שאדם כואב אותן, חרד מהן ולחוץ בגללן מעומק ליבו. מובן אפוא שאנשים שאלו ושואלים עצות בעניינים אלה: הם פונים למומחים, להורים ולחברים, ובייחוד הם מצפים לעצה ממי שהוא מורם ורבם, שהם מייחסים לו הבנה וראייה עמוקה ומקיפה גם מעבר לראיית השכל האנושי.

ואף על פי כן לא מצאנו שישאלו את הרב (הרבי, הצדיק) בעניינים אלה. אין הכוונה כאן לשאלה כחבר, כחכם או כמומחה (שאיתם בוודאי כל אדם מתייעץ), אלא כמי שמייצג את התורה ועניני עבודת ה׳, וכמי שמצפים ממנו, במודע או שלא במודע, לראייה פנימית יותר, ראייה על־טבעית החודרת את מחסום הגשמיות. זאת ועוד: שכמו בנים קטנים הם מצפים מאביהם שייקח את האחריות על חייהם וגורלם.

אַף לִגְדוֹלֵי חַכְמֵי יִשְׂרָאֵל הָרִאשׁוֹנִים כְּתַנָּאִים וְאָמוֹרָאִים אֲשֶׁר כָּל רָז לָא אָנֵס לְהוּ (כל סוד לא נעלם מהם)[11] **וּנְהִירִין לְהוֹן שְׁבִילִין דִּרְקִיעַ** (מוכרים להם שבילי הרקיע), דהיינו דרכי העולם כפי שהם נראים מלמעלה. ביטוי זה לקוח מדברי האמורא שמואל (ברכות נח,ב), שהיה מגדולי החכמים ונחשב לחכם גם בענייני העולם הזה, שנהירים לו שבילי השמיים (מסלולי הכוכבים והמזלות השונים) כשבילי נהרדעא עירו. ההבנה החסידית היא ש״שבילין דרקיע״ מתייחסים גם לעולמות הרוחניים, והכוונה שגם החכמים שהיו בקיאים בסודות התורה ושבילי העולמות העליונים המשפיעים בעולם הזה, גם מהם לא היו מבקשים עצה בענייני העולם הגשמי.

כִּי אִם לַנְּבִיאִים מַמָּשׁ אֲשֶׁר הָיוּ לְפָנִים בְּיִשְׂרָאֵל, כִּשְׁמוּאֵל הָרוֹאֶה. הנביא נקרא ׳הרואה׳ (שמואל א ט,ט), כי הוא רואה מה שנעלם מעיניהם של אחרים. **אֲשֶׁר הָלַךְ אֵלָיו שָׁאוּל לִדְרוֹשׁ ה׳ עַל דְּבַר הָאֲתוֹנוֹת שֶׁנֶּאֶבְדוּ לְאָבִיו.** כפי הנראה בפשטות, שאול הלך אל שמואל הנביא לא כדי לקבל הדרכה רוחנית, אלא כדי שיראה מה שהוא איננו רואה בתוך העולם הגשמי.

יש ראייה שיכולה לראות מעבר למקום ולזמן. ראייה כזו, בדרגות שונות של רוח הקודש, הייתה תמיד אצל גדולי ישראל; אבל הנביא מיוחד ביכולתו להוריד את הראייה הזו, שהיא למעלה מהזמן והמקום, אל תוך הזמן והמקום,[12] ועל כן הוא יכול לראות בפשטות ובממשות, כפי שאנו רואים את המציאות הגשמית שלעינינו, את המציאות שתהיה כאן בעתיד, ומה שישנו כעת (ובעתיד) גם במקומות אחרים וכו׳.[13]

כִּי בֶּאֱמֶת כָּל עִנְיְנֵי אָדָם, לְבַד מִדִּבְרֵי תוֹרָה וְיִרְאַת שָׁמַיִם, אֵינָם מוּשָּׂגִים רַק בִּנְבוּאָה. ב״עניני אדם״ אין הוא מתכוון להשגה רגילה בענייני עולם הזה, כפי שכל אדם משיג פחות או יותר, אלא כוונתו להשגה בענייני העולם הזה כמו זו של הנבואה, דהיינו ודאות מוחלטת, שהנביא רואה בעיני רוחו מה שיהיה בעתיד בעולם הגשמי ומה שצריך לעשות וכו׳ באותה בהירות וודאות שבה אדם יודע מה שהוא רואה בעיניו.

״לבד מדברי תורה ויראת שמים״ – שאותם אכן משיגים גם החכמים בוודאות כזו, ובהם הם יכולים להדריך את העם. בעניינים אלה יש לומר, על דרך שייאמר להלן, שכבר ירדה התורה והורידה אותם אל תוך הזמן והמקום. החכם העוסק בתורה אינו צריך בעצמו להיות נביא, אלא מעצם היותו אחד מחכמי התורה שבעל פה הוא משקף ומעביר את דברי התורה גם לזמן הזה באותה ודאות וממשות של דברי הנבואה ממש. מה שאין כן בשאר ענייני האדם בעולם הזה, שבהם אין לו יתרון והריהו כשאר כל האדם.

וְכלשון הכתוב: **״לֹא לַחֲכָמִים לֶחֶם״** (קהלת ט,יא). שבענייני לחם, בענייני פרנסת העולם הזה, אין החכמים משיגים יותר מהשגת השכל האנושי היחסי והמוגבל. הם כמובן

כמאמר רבותינו ז"ל הכל בידי שמים חוץ מיראת שמים ושבעה דברים מכוסים כו' אין אדם יודע במה משתכר כו' ומלכות בית דוד מתי תחזור כו' הנה הושוו זה לזה ומה שכתוב בישעיה יועץ וחכם חרשים וכן מה שאמרו רבותינו ז"ל ונהנין ממנו עצה ותושיה היינו בדברי תורה הנקרא תושיה כמאמר רבותינו ז"ל יועץ זה שיודע לעבר שנים ולקבוע חדשים כו' שסוד העיבור קרוי עצה וסוד בלשון תורה כדאיתא בסנהדרין דף פ"ז עיין שם בפירוש רש"י:

טז תשרי פשוטה
יד תשרי מעוברת

אך האמת אגיד לשומעים לי כי אהבה מקלקלת השורה והנה היא כסות עינים שלא לראות האמת מרוב אהבתם לחיי הגוף לשם

יכולים להשיג בזה ככל שאר בני האדם, אך אין להם כל יתרון ואין להם ידיעה אחרת, נסתרת, בשל היותם חכמים בתורה.

כְּמַאֲמַר רַבּוֹתֵינוּ ז"ל: הַכֹּל בִּידֵי שָׁמַיִם חוּץ מִיִּרְאַת שָׁמַיִם (ברכות לג,ב). המסר הפשוט של מאמר זה הוא שבענייני עבודת ה' ויראת שמים יש בחירה חופשית, יש בידו של אדם לשנות זאת ואין הוא כפוי לפעול כך או אחרת משום גזרה של מעלה. ואולם כל השאר, כל ענייני העולם הגשמי, הם בידי שמיים ואין האדם ויועציו יכולים לשנות את הדבר. מאמר זה מוסיף על הנאמר קודם, שלא רק שאין אנו יודעים, אלא שאין אנו יכולים לשנות. כמובן אין זה אומר שאדם צריך לשבת ולא לעשות דבר, ואדרבה – חובתו לעשות ככל יכולתו כדי להתפרנס, כדי לרפאות עצמו וכו'; אבל הכוונה היא שיפעל בדברים אלה בדרכי העולם הזה, בכלליו ובמגבלותיו שאף הוא נתון בהן, ומה שאין הוא צריך ואין הוא יכול לעשות הוא לדלג על הכללים הללו, לפנות להיררכיה גבוהה יותר, לשמיים. ועל זה נאמר כאן ש"הכל בידי שמים", ואין לנו ולחכמים דרך, בימינו (משפסקה הנבואה), להוריד משם ידיעה ועצה מה לעשות כאן.

וְעוד בדברי חז"ל: **שִׁבְעָה דְּבָרִים מְכוּסִּים** מבני אדם, אלו הן: יום המיתה, ויום הנחמה **כו', וְאֵין אָדָם יוֹדֵעַ בַּמֶּה מִשְׂתַּכֵּר כו', וּמַלְכוּת בֵּית דָּוִד מָתַי תַּחֲזוֹר כו'** (פסחים נד,ב).

לבד מדברי תורה ויראת שמים בשאלות של הלכה וכיצד יש לנהוג בענייני תורה, מצוות ויראת שמיים בתוך העולם הזה, יש ודאות גם אצל החכמים. הבעיה היא שהגבול בין ענייני העולם הגשמי ובין דברי תורה ויראת שמיים המלובשים בעולם הגשמי איננו ברור וחד משמעי. החיים הגשמיים הם מערכת אחת, וקשה (אם בכלל אפשר) להפריד בה בין הדברים. בעיה זו אכן נשארת פתוחה, וכפי שנראה בהמשך היא חלק מאופייה הבלתי פתור, כביכול, של האיגרת, על כל הסתירות והשאלות הנשארות גם בסיומה.

הכל בידי שמים – פירוש נוסף בשם אדמו"ר מהר"ש מביאים פירוש כמעט הפוך למאמר חז"ל זה: כשאדם מתפלל ומבקש דבר מה' – "הכל בידי שמים" אם לתת או לא; "חוץ מיראת שמים", שאם אדם מבקש על זה – אין זה בידי שמיים, וכביכול הקב"ה מוכרח לתת לו. אף כאן ניתן להבין כך: הכול בידי שמיים אם לתת או לא לתת, ואין החכמים יכולים לדעת מה יתנו משמיים, ובוודאי שאין הם

הִנֵּה הוּשְׁווּ זֶה לָזֶה, במה משתכר אדם בעולם הזה (ענייני פרנסה) לעניינים כמו קץ הגאולה, שברור שהם מכוסים ואין אדם, ואפילו גדול החכמים, יכול לדעתם. ונמצא שהפרנסה ושאר ענייני עולם הזה הגשמי הם נסתרים, ואין החכמים יכולים לדעתם.

וּמַה שֶּׁכָּתוּב בִּישַׁעְיָה (ג,ג): **"יוֹעֵץ וַחֲכַם חֲרָשִׁים"**, ומשמע שהחכם (בתורה) הוא יועץ גם בענייני העולם, **וְכֵן מַה שֶּׁאָמְרוּ רַבּוֹתֵינוּ ז"ל** (אבות פרק ו משנה א): **וְנֶהֱנִין מִמֶּנּוּ עֵצָה וְתוּשִׁיָּה,** שלכאורה יכולים החכמים לתת עצות לאנשים מה יעשו גם בענייני עולם הזה – **הַיְינוּ,** שהכוונה בעצות אלה היא **בְּדִבְרֵי תוֹרָה הַנִּקְרָא 'תּוּשִׁיָּה',** כדברי חז"ל.[14] דהיינו שמכל מקום אין מדובר בעצה בענייני העולם הזה, אלא בענייני תורה לבד.

וכן יש מענייני התורה הקרויים 'עצה', **כְּמַאֲמַר רַבּוֹתֵינוּ ז"ל: 'יוֹעֵץ' זֶה שֶׁיּוֹדֵעַ לְעַבֵּר שָׁנִים וְלִקְבּוֹעַ חֳדָשִׁים כו'** (חגיגה יד,א), **שֶׁסּוֹד הָעִיבּוּר קָרוּי עֵצָה וְסוֹד בִּלְשׁוֹן תּוֹרָה, כִּדְאִיתָא בְּסַנְהֶדְרִין דַּף פ"ז** עמוד א, **עַיֵּין שָׁם בְּפֵירוּשׁ רַשִׁ"י** שכותב: "בעיבור השנה הקרוי סוד ועצה וכו'".

אַךְ הָאֱמֶת אַגִּיד לַשּׁוֹמְעִים לִי. כאן מוסיף אדמו"ר הזקן טעם אחר, פנימי, לכך שאין לשאול את הרבי בענייני עולם הזה: לא רק משום המגבלות של הרבי, שאין הוא נביא ואין זה בכוחו, אלא גם משום שעל פי האמת אין זו הדרך הראויה לעבוד את ה'.

כִּי אַהֲבָה מְקַלְקֶלֶת הַשּׁוּרָה (בראשית רבה פרשה נה,ח ועוד). 'השורה' היא האופן והסדר המקובל בכל תרבות אנושית שבו חושבים ועושים דברים. זה יותר מאשר נימוס גרידא: זהו האופן הבסיסי שבו פועלת המערכת. אבל כאשר יש רגשות עזים, כמו אהבה לוהטת או להפך, הם מקלקלים את השורה, ואי אפשר עוד לשמור על הסדר. סדר יכול להישמר ביחסים פורמליים, דיסקרטיים, בעוד האהבה מעצם טבעה פורצת גבולות; בתשוקתה להגיע אל האהוב היא אינה מתחשבת בסדר, ו"מקלקלת את השורה". האהבה עשויה כביכול מ'חומר' אחר, שלגביו כל השלבים והסדרים אינם מהווים מכשול, והם כאילו אינם.

וְהִנֵּה הִיא כְּסוּת עֵינַיִם (על פי בראשית כ,טז), האהבה הגדולה מסתירה **שֶׁלֹּא לִרְאוֹת הָאֱמֶת,** כי החסידים באהבתם לה' ובתשוקתם לעובדו אינם רואים את האמת הזו שיש

יכולים לשנות זאת. מה שאין כן בענייני יראת שמיים, כיוון שאין זה בידי שמיים, והקב"ה כביכול מוכרח לתת, אין הם צריכים אלא ללמד ולהודיע את העם את הדרך ילכו בה ביראת שמיים, היא דרך התורה, והקב"ה ייתן.

אותו ואינם מוסרים אותו לכל אדם אלא לסמוכים נבונים וכו'". דברים אלה היו ונשארו בגדר סוד שאינו גלוי לכול, דברים שאדם אינו יכול ללומדם בעצמו אלא הוא צריך לקבל עצה והדרכה מאחר.

סוד העיבור כותב הרמב"ם בהלכות קידוש החודש (פרק יא הלכה ד): "שאלו הדרכים (של חישוב אפשרות ראיית הלבנה בתחילת החודש) דרכים רחוקים ועמוקים הן, והוא 'סוד העיבור' שהיו החכמים הגדולים יודעים

'אהבה מקלקלת השורה' אצל אברהם בלשון זו, "אהבה מקלקלת את השורה", מתארים חז"ל את מעשהו של אברהם אבינו שבאהבתו הגדולה ובזריזותו לקיים את מצוות ה' חבש בעצמו את חמורו; וכן את מתן תורה,

שמים לעבוד בו את ה׳ ברשפי אש ושלהבת גדולה מאהבת נפשם את ה׳ ועל כן היטב חרה להם בצער הגוף חס ושלום ה׳ ירחם ואין יכולין לקבל כלל עד שמעבירם על דעתם לכתת רגליהם מעיר לעיר לשאול עצות מרחוק ולא שעו אל ה׳ לשוב אליו ברוח נמוכה והכנעת הגוף לקבל תוכחתו באהבה כי את אשר יאהב ה׳ וכו׳:

ב׳שורה׳. האהבה והתשוקה לעבוד את ה׳, להרגיש קרובים אליו ודבוקים בו בתפילה, בתורה ובמצוות, עלולה להתחלף בקוצר רוח, בחוסר יכולת לסבול את שורת ההגבלות והעיכובים שיש בין שלב לשלב, **מֵרוֹב אַהֲבָתָם לְחַיֵּי הַגּוּף לְשֵׁם שָׁמַיִם, לַעֲבוֹד בּוֹ אֶת ה׳ בְּרִשְׁפֵּי אֵשׁ וְשַׁלְהֶבֶת גְּדוֹלָה מֵאַהֲבַת נַפְשָׁם אֶת ה׳.** אין הוא ׳חושד׳ בחסידים שהם באים אליו בפשטות בשביל חיי הגוף. הם באים לדרוש את ה׳, אבל הקשיים והצרות (שהיו באמת קשים מנשוא) אינם מאפשרים להם לעבוד את ה׳, ללמוד ולהתפלל כפי תשוקתם ואהבתם.

וְעַל כֵּן הֵיטֵב חָרָה לָהֶם (על פי יונה ד,ט) **בְּצַעַר הַגּוּף.** בכל ענייני הגוף, חיי וקשיי העולם הזה, שמעכבים לכאורה את הדבקות באלוקי.

חַס וְשָׁלוֹם ה׳ יְרַחֵם. אדמו״ר הזקן מודה שצער הוא קשה. הוא מבין שאין אלו טרוניות של אנשים מפונקים אלא זעקה מלב שבור, בשל חיים קשים ומועקות שאין הוא יודע איך אפשר לשאתם. והוא מוסיף את המילים הללו כביטוי אישי שלו, מעבר למה שהוא יודע כרבי שכך צריך להיות – שאכן קשה ונורא הדבר, ״חס ושלום ה׳ ירחם״.

וְאֵין יְכוֹלִין לְקַבֵּל כְּלָל את מצוקות העולם וההסתר האלוקי, **עַד שֶׁמַּעֲבִירָם עַל דַּעְתָּם,** כי בדעתם הם יודעים את האמת.

לְכַתֵּת רַגְלֵיהֶם מֵעִיר לְעִיר לִשְׁאוֹל עֵצוֹת מֵרָחוֹק. למרות שהאמת נמצאת ׳כאן׳ – ו׳רחוק׳ הוא מה שאיננו שייך להם. הבעיה אינה רק שהפתרון רחוק וקשה להשיגו, אלא שאין

שבאהבת ה׳ לישראל הוא התגלה להם שלא כסדר ונתן את התורה.[15] ואולם למרות היופי שבמעשה העקדה ובמתן תורה הקב״ה לא הוריד אותנו לעולם הזה כדי לקלקל את השורה. השורה היא העולם הזה, היא סדר ההשתלשלות שלב אחר שלב, שבו נבראו התחתונים ובו הם קיימים, והקב״ה הכניס אותנו לכל זה כדי לגלות אותו ולעובדו דווקא בתוך השורה, בתוך העולם הזה ובסדר שבו.

אהבתם לחיי הגוף לשם שמים יש אהבת הגוף סתם כך, לשם הגוף, ולזה אין אדמו״ר הזקן מתייחס כלל; ויש אהבת הגוף שהיא לשם שמיים. כאשר אדם מרגיש שהגוף ואהבת הגוף הם כלי ודרך לאהבת ה׳, שהגוף המסתיר את ה׳ רק מלבה את אש אהבת ה׳, שממשותו וכוחו של הגוף רק מצביעים על הכוח והממשות שיכולה להיות לאהבת ה׳ – זוהי אהבת חיי הגוף לשם שמיים. כלומר, הגוף אמנם מסתיר אלוקות, כל הווייתו ופעולתו הם חומר וארץ, הפך השמיים. אך אלה הן הפנים החיצוניות בלבד, ואילו בתוך הגוף והחומר, בלתי נראים במבט ראשון, יש כוחות גדולים ועצומים לעבודת ה׳, וכפי שרואים

הוא שלו, שאין הוא אמיתי; כי מה שאמיתי נמצא כאן, ולא צריך לחפש אחריו אלא רק לקבל אותו.

וְלֹא שָׁעוּ, לא פנו, **אֶל ה׳**. כל הבעיה היא בפנייה, להפנות פניו אל ה׳, שפירושה לקבל את מה שיש. והוא מפרט כיצד יכול אדם להגיע לזה: **לָשׁוּב אֵלָיו בְּרוּחַ נְמוּכָה**. התנאי הוא רוח נמוכה. כאשר יש לאדם רוח גבוהה, כשהוא מחשיב עצמו לאדם חשוב, ל'מישהו', הוא אינו יכול באותה שעה לפנות אל ה׳ – שהרי ישותו נמצאת שם, ואיך יהיה שם גם ה׳? ובפשטות, לִפנות אל ה׳, כמו לפנות לאדם אחר, פירושו לפַנות את רצונו ודעתו מעצמו ומצרכיו ולהתייחס כל כולו לה׳; ומי שרוחו גבוהה אינו יכול להתייחס כך.

וְהַכְנָעַת הַגּוּף. גופו של האדם הוא מרכז ויסוד הרגשת ישותו, הפיזית והנפשית, ולכן קשורה התשובה גם ב'הכנעת הגוף'. ואין הכוונה דווקא לסיגופים ותעניות, אלא להתייחסות הנפשית, שיהיו הגוף ורצונותיו וחשקיו בלתי נחשבים בעיניו, ולא ישמשו גורם בשיקול דעתו, אלא בבחינת כלי ולבוש בלבד לנפש האלוקית.

לְקַבֵּל תּוֹכַחְתּוֹ בְּאַהֲבָה. כשאדם פונה אל הקב"ה ברוח נמוכה ובהכנעת הגוף, אזי הוא יכול לקבל ממנו באהבה גם תוכחה. לקבל באהבה אור וחסד זה פשוט, אך לקבל באהבה תוכחה, שיכולה להתבטא בקושי ובמצוקה – זה קשה. ואולם זה אפשרי כאשר אדם ניגש אל הדבר "ברוח נמוכה והכנעת הגוף", בלי ציפיות גבוהות, בלי הרגישות של מי שיש לו מה להפסיד ובלי ישות גבוהה שיכולה להיפגע.

"**כִּי אֶת אֲשֶׁר יֶאֱהַב ה׳** יוֹכִיחַ, וּכְאָב אֶת בֵּן יִרְצֶה" (משלי ג,טו): שהרי תוכחתו של ה׳ היא ביטוי לאהבתו. אדם שמודע לכך יכול לקבל באהבה את התוכחה, למרות שהיא קשה ובלתי נעימה, משום שהוא יכול להתייחס לפנימיותה, שהיא אהבה וטוב. בכלל, אדם יכול לקבל באהבה כמעט כל קושי וייסורים אם הוא יודע שהדבר לטובתו, שאין כאן מקרה או ביטוי של אדישות או אכזריות אלא אכפתיות ואהבה.

בפשטות שהרצון והיצר השייך לגוף הוא חזק וממשי יותר מכל התייחסות רוחנית לקדושה. כמבואר באריכות במקומות אחרים, הכוחות המתייחסים לגוף שייכים לשכבה קמאית (עולם התוהו) העצומה בהרבה בכוחותיה מהשכבה שאנו פועלים בה בדרך כלל בחיי הקדושה שלנו (עולם התיקון), וכל מה שצריך הוא להוציא את הכוחות הללו מהקשרם החומרי וכו׳, ולייחס אותם לקדושה. אין זה פשוט ואין זה קל כל עיקר, זה הכי קשה, אך זוהי כל עבודת האדם בגוף ובעולם הזה: להשתמש בעולם הזה ובכוחותיו הראשוניים לקדושה.

אהבת הגוף לשם שמיים נובעת אפוא מההכרה שהנשמה ירדה לגוף בדיוק לשם כך: לעבוד את ה׳ בגוף, ושעל ידי זה תהיה הקִרבה ביתר שאת ברשפי אש ושלהבת וכו׳. אבל כאשר הנפש נמצאת בחושך הגוף והעולם הזה, והחושך לא מסתלק כל כך מהר בעטיים של קשיים וצרות המצטברים עוד ועוד ואינם מאפשרים לראות את האור – לא די באהבת הגוף לשם שמיים. האהבה הזו לבדה אינה יכולה לעמוד בלחץ המתמשך, ובסופו של דבר הסבלנות פוקעת והיא מקלקלת את השורה, דהיינו שוברת את הכלים שהיא עצמה מיוסדת עליהם.

טו תשרי מעוברת

וכמו אב רחמן חכם וצדיק המכה בנו שאין לבן חכם להפוך עורף לנוס למצוא לו עזרה או אפילו מליץ יושר לפני אביו הרחמן והצדיק וחסיד רק להיות ישר יחזו פנימו עם אביו פנים בפנים לסבול הכאותיו באהבה לטוב לו כל הימים. והנה למעלה בחינת פנים הוא הרצון והחשק אשר אבינו שבשמים משפיע לבניו כל טוב עולמים

והוא מביא משל לדבר: **וּכְמוֹ אָב רַחֲמָן חָכָם וְצַדִּיק**[16] **הַמַּכֶּה בְּנוֹ.** שהוא מבטא את אהבתו בכך שהוא מכה את בנו.

אב רחמן המכה את בנו מבטא בזה לא רק את אהבתו, אלא יותר מזה. בלשון הקבלה מתואר הדבר כ'גבורה שבחסד' (כמבואר במקומות רבים שכל מידה כוללת בפרטיה את כל המידות, מה שמאפשר את צירופן של המידות ואת יכולתן להתייחס זו אל זו ואל המורכבות של החיים הממשיים), ומבואר שיש בזה התגלות של החסד שהיא אף יותר פנימית מ'חסד שבחסד'. לדוגמה: כאשר אדם אוהב משפיע אהבה, זוהי התנהגות טבעית; הוא עושה מה שטבע החסד שלו מושך אותו לעשות, ועל כן אין זו אלא הארה והמשכה של מידת אהבתו. לעומת זאת כאשר אדם אוהב פועל בדרך של דין, כמו אב המכה את בנו, אין כאן רק המשכה וביטוי של האהבה אלא שינוי טבעו, המגלה את עצם ופנימיות אהבתו. רק עצם האהבה יכולה להתגלות כהפך האהבה, כי עצם האהבה מתגלה לפי הצורך של האהוב ולא כפי צורכו של האוהב, שהוא חיצוניות האהבה.[17]

שֶׁאֵין לְבֵן חָכָם לַהֲפוֹךְ עוֹרֶף לָנוּס, לִמְצוֹא לוֹ עֶזְרָה אוֹ אֲפִילוּ מֵלִיץ יוֹשֶׁר, שהוא בנמשל הצדיק הפונה לה' בתפילה ובבקשה לעזרה ולשינוי הגזרה, **לִפְנֵי אָבִיו,** שהוא בנמשל הקב"ה **הָרַחֲמָן וְהַצַּדִּיק וְחָסִיד.** אדם בורח, מנסה לחלץ את עצמו ממה שהוא חושב שרע עבורו, אבל כאשר הוא מבין שכל מה שבא הוא מהאב הטוב, והוא הנכון עבורו, הוא לא יפנה עורף שלא לקבל ממנו. אכן, הבן צריך להיות חכם, שכן מה שמורגש ונראה באופן מיידי הוא תוכחה, קושי וכיוצא בזה; אבל החכם רואה את הנולד, הוא מבין מאין דברים באים ולאן הם הולכים, ולכן יכול הוא להרגיש את הטוב שבזה.

רַק לִהְיוֹת "יָשָׁר יֶחֱזוּ פָנֵימוֹ" (תהלים יא,ז)**.** להסתכל ישר אל הדבר עצמו ולא לחפש פירושים, תירוצים ודרכים אחרות, כי האמת היא בדבר עצמו כפי שהוא. כשאדם מאמין באביו שהוא רחמן וצדיק וחסיד, ברור לו שאין כאן כוונות אחרות. הוא מבין שאין הוא כלי משחק או מכשיר צדדי במערך אחר, אלא הוא העיקר, הוא התכלית של כל הדברים הנראים 'אחרים'. ולכן מה שקורה לו זה בדיוק מה שאביו מתכוון עבורו.

אב רחמן חכם וצדיק האב שבמשל חייב להיות רחמן וחכם וצדיק. לא כל האבות שבעולמנו הם כאלה: המשל הזה איננו מתאים לאב המכה את בנו סתם כך, משום שהוא אכזר או טיפש. רק כאשר האב הוא רחמן ומכה את בנו רק כאשר יש הכרח בדבר; כאשר הוא חכם ואין הוא טועה בדבר אלא עושה מה שבאמת הוא לטובת בנו; והוא גם צדיק וחסיד משום שהוא צודק במעשהו ורק חסד הוא עושה עם בנו – רק אז מתאים המשל לנמשל.

והסתכלות ישרה זו היא **עִם אָבִיו פָּנִים בְּפָנִים.** "פנים בפנים" פירושו שהוא יחד עם אביו, באותן 'פנים', באותה מחשבה ובאותה כוונה. כשם שפנימיות כוונתו של אביו היא שהכול הוא לטובתו של הבן, כך גם הבן צריך לראות את הדברים באותן פנים, באותה התכוונות פנימית כמו אביו.

יתר על כן, כאשר המשפיע והמקבל הם פנים בפנים, הקשר ביניהם אינו עובר כלל דרך החיצוניות והאחוריים, אלא הוא עובר ישר מהפנים לפנים (כמו מחשבה והרגשה שעוברת בלי לדבר). ולכן, בדרגה גבוהה של התכוונות פנים בפנים אף ייתכן שהוא כלל לא ירגיש את המכות שבחיצוניות, אלא רק את האהבה שבפנים.

לִסְבּוֹל הַכָּאוֹתָיו בְּאַהֲבָה לְטוֹב לוֹ כָּל הַיָּמִים.[18] כלומר לא להתייחס אל החיצוניות הבלתי נעימה של ההכאה, אלא אל כוונתו הפנימית של האב שהיא לטובתו, מתוך אהבתו. 'לסבול' אין פירושו דווקא להתייסר, אלא לשאת. אכן, גם בנשיאת משא יש קושי ואולי כאב שצריך להתגבר כדי לשאתם (שאינם נישאים מעצמם, כמו חסד ואהבה, שהם בבחינת נושאים את עצמם), וצריך עבודה ומאמץ לכך; אבל כאשר אדם נושא זאת באהבה, ביודעו שהוא לטוב לו, הוא יכול לשאת את המשא "לטוב לו כל הימים" – דהיינו בכל חילופי הזמנים, גם כאשר הוא אינו מרגיש בגלוי את אהבת אביו וכו'.

וְהִנֵּה לְמַעְלָה, בנמשל האלוקי, **בְּחִינַת 'פָּנִים' הוּא הָרָצוֹן וְהַחֵשֶׁק אֲשֶׁר אָבִינוּ שֶׁבַּשָּׁמַיִם מַשְׁפִּיעַ לְבָנָיו.** כי יש למעלה גם השפעה של 'אחור', שבה משפיע הקב"ה למי שהוא כביכול אינו רוצה וחושק להשפיע לו. על דרך המשל, גם אצלנו למטה יש דברים ואנשים שאנו רוצים בהם וחושקים בהם, ואחרים שאיננו רוצים ואיננו חושקים בהם אבל הם צריכים להיות שם כדי שמה שאנו באמת רוצים יוכל להיות, כדי שהעולם שלנו, שאנו רוצים בו, יתקיים. בכל אלה אנו משקיעים מכוחנו ומזמננו לא בחשק וברצון אלא בסוג של הכרח, של שגרה ומשום שצריך. כך בנוי העולם וכך בנויים חייו של אדם, שיש בהם תמיד גם צד אחורי, צד שהוא בחינת 'כיסא', בסיס ומסגרת, הנושא את העיקר שיש בו את החשק והטעם הפנימי. אצל האדם היחס אל הבן, שהוא ההמשך הכי פנימי ועצמי של האב, הוא גם היחס הפנימי ביותר. ולמעלה, אצל הקב"ה, הפָּנים היא ההשפעה וההתייחסות לישראל בניו, בכלל ובפרט, לעומת האחור, שהם כל העולמות ומלואם.

כָּל טוּב עוֹלָמִים. ה' משפיע לנו את כל הטוב שבעולמות ואינו מונע מאיתנו דבר, כי כל הטוב הזה מיועד לבניו. ו"עולמים", בלשון רבים, מרמז לשני העולמות, העולם הזה והעולם הבא.[19] חלוקה זו של עולם הזה ועולם הבא היא, בהיקף מסוים, החלוקה

פנים ואחור בפנימיות נמצאים החיים, כל מה שחי ונושם וקורה עכשיו; ובאחור נמצא במובן מסוים מה שהיה, שהוא המסגרת והרקע למה שקורה עכשיו – וכפי המובן הזמני של פנים ואחור: 'פנים' הם מה שנמצא לפניי, מה שקורה עכשיו; ו'אחור' הם מה שעבר כבר. במובן זה התורה, מה שנאמר בה ומה שנעשה וקורה על פיה, היא החיים והפנימיות, ואילו המציאות הגשמית, כפי שהעולם רואה אותה, היא רק האחור, המסגרת והרקע לתורה.

וחיי נפש וגוף באהבה ורצון חשיקה וחפיצה על ידי תורת חיים שהיא רצונו יתברך אשר נתן לנו כמו שאומרים כי באור פניך נתת לנו תורת חיים כו׳ לעשות בה רצונו ועל זה נאמר באור פני מלך חיים ורצונו כו׳. מה שאין כן לעובדי גילולים משפיע חיי גופם שלא ברצון וחשיקה וחפיצה לכך נקראים אלהים אחרים שיונקים מבחינת אחוריים וכך הוא באדם הרצון והחשק הוא בחינת פנים ואם אינו מקבל באהבה ורצון כאלו הופך עורף ואחור חס ושלום.

הכוללת ביותר של המציאות: של מעלה ומטה, גשמיות ורוחניות, הווה ועתיד, עולם העבודה ועולם השכר וכו׳.

ובחיי כל אדם בפרט שני העולמות הם **חַיֵּי נֶפֶשׁ וְחַיֵּי גוּף.** ונמצא שהטובה הפנימית שמשפיע הקב״ה לישראל היא גם ברוחניות, בחיי הנפש, וגם בגשמיות, בחיי הגוף בעולם הזה.

בְּאַהֲבָה וְרָצוֹן חֲשִׁיקָה וַחֲפִיצָה. אלו הן הדרגות הפנימיות יותר באלוקות, שמהן באה ההשפעה הזו של חיי הנפש והגוף, הרוחניות והגשמיות, לישראל.

עַל יְדֵי תּוֹרַת חַיִּים. הכלי להשפעה פנימית זו היא התורה, **שֶׁהִיא רְצוֹנוֹ יִתְבָּרֵךְ,** התורה מגלה את רצונו הפנימי של הקב״ה **אֲשֶׁר נָתַן לָנוּ, כְּמוֹ שֶׁאוֹמְרִים** בתפילת שמונה עשרה: **״כִּי בְאוֹר פָּנֶיךָ נָתַתָּ לָנוּ תּוֹרַת חַיִּים כוּ׳״.** התורה היא הכלי להשפעה האלוקית הפנימית. לפנימיות, מעצם הגדרתה, אין כלי מלבד התורה, שהיא עצמה פנימיות. ועם זאת, התורה לא נשארה למעלה, בבחינת רצונו העליון הנעלם של הבורא, אלא ניתנה לנו, לישראל, כאן למטה.

לַעֲשׂוֹת בָּהּ רְצוֹנוֹ, הן כלל המצוות שעושים בעולם הזה, נפש בגוף. התורה היא אפוא אותה פנימיות העוברת מלמעלה מעלה, מהדרגות הפנימיות ביותר באלוקות – הרצון והעונג הפנימי – עד למציאות הפרטית הגשמית של אדם מישראל. ולכן אותו אדם שמקיים את הרצון העליון שבתורה למטה, הוא זה שמקבל את כל השפע הפנימי, ״כל טוב עולמים״, שעובר דרך התורה.

וְעַל זֶה נֶאֱמַר: ״בְּאוֹר פְּנֵי מֶלֶךְ חַיִּים וּרְצוֹנוֹ כְּעָב מַלְקוֹשׁ״ (משלי טז,טו). התורה לא רק ניתנה באור פניו של הקב״ה: היא היא אור פניו. אם רוצים לדעת היכן כביכול תשומת ליבו, על מה הוא מסתכל, להיכן הוא מפנה את פניו – יש להסתכל בתורה. וישראל, שקיבלו את התורה, מיועדים לתורה ומקיימים אותה, הם המקבלים את כל שפע הפנימיות הזו.

מַה שֶּׁאֵין כֵּן לְעוֹבְדֵי גִילוּלִים, מַשְׁפִּיעַ חַיֵּי גוּפָם. שלא כמו אצל ישראל, ההשפעה לגויים היא השפעה בחיי הגוף בלבד, שהיא השפעה חיצונית. ״חיי גופם״ הם חיי העולם הזה, הם השפע הגשמי שניתן לגויים בהרחבה, בייחוד בזמן הגלות. השפעה זו היא אמנם גם רוחנית, אך גם כשהיא רוחנית היא רוחניות המתייחסת אל חיי הגוף, היינו שתמיד היא חוזרת אל הישות של המציאות הגשמית.[20]

שֶׁלֹּא בְּרָצוֹן וַחֲשִׁיקָה וַחֲפִיצָה. השפעה לגויים, לאלה שעובדים לאלילים ולא לה', שמפנים את אחוריהם לה', אינה ניתנת ברצון ובחשיקה כמו ההשפעה הפנימית. שהרי בפועל השפעה זו מגדילה את הישות, שזה הפך הקדושה והביטול של הפנימיות לאלוקי.

לְכָךְ נִקְרָאִים אלה המקבלים השפעה זו, וחיים ממנה, בשם **'אֱלֹהִים אֲחֵרִים',** על שום שֶׁהֵם **יוֹנְקִים מִבְּחִינַת אֲחוֹרַיִים.** אדם המשפיע בחשק וברצון מפנה את פניו אל מקבל ההשפעה, שהרי הוא רוצה לראותו ולהתענג בו; ואילו אדם המשפיע בלי רצון וחשק מפנה אל המקבל את אחוריו, שהרי אין לו תענוג בזה ופעמים אף יש לו 'ייסורים' מזה, וכל תשומת ליבו וחשקו נמצאים במקום ובכיוון אחר. וכך גם למעלה, בהשפעה האלוקית לעולם. ההבדל בין פנים ואחור, כפי שהוסבר כאן ובמקומות אחרים,[21] הוא ההבדל בין ההשפעה לישראל, שהיא פנימית, להשפעה לגויים, שהיא חיצונית ומבחינת אחוריים. נמצא שכל ההשפעה שמגיעה לאדם מישראל, גם אם היא נראית כרע וכייסורים, היא באמת טוב וחסד אמיתי. ולהפך: כל ההשפעה הגשמית שמגיעה לגויים, גם אם היא נראית כהשפעה של נתינה וחסד, איננה פנימית: היא תמיד חיצונית, ולכן בהיקף הגדול משמעה הוא דין, דהיינו הכלי והמסגרת בלבד, הנושאים את הפנימיות.

וְכָךְ הוּא בְּאָדָם מישראל שמקבל את ההשפעה מלמעלה. בקבלה, כמו בנתינה, **הָרָצוֹן וְהַחֵשֶׁק** שבהם מקבלים את ההשפעה **הוּא בְּחִינַת פָּנִים.** ולהפך, כשמקבלים מה שאין רוצים לקבל, וממי שאין רוצים לקבל – זהו אחור. ואם כן, כשאדם מישראל מקבל מהקב"ה, הנתינה מלמעלה היא לכתחילה בבחינת פנים, ומעתה אין זה תלוי אלא בנו – אם נקבל בבחינת פנים, יהיה זה "פנים בפנים".

"פנים בפנים" פירושו שפנים של מטה צריכות להיות פונות לפנים של מעלה, להתאחד באותה פנימיות. על דרך משל, כשאנשים אוהבים זה את זה, ככל שאהבתם אמיתית ועמוקה יותר הולך ומיטשטש ההבדל בין צורך לצורך, בין עונג לעונג, שכן האחד מתענג בתענוגו של השני – ומעתה אין האחד צריך מהאחר דבר, אלא עצם היותו, עצם התענגותו של האחד, הם תענוגו ומילוי אהבתו של השני.

וְאִם אֵינוֹ מְקַבֵּל בְּאַהֲבָה וְרָצוֹן, כְּאִלּוּ הוֹפֵךְ עוֹרֶף וְאָחוֹר חַס וְשָׁלוֹם. הקב"ה נותן באהבה וברצון, בבחינת פנים. אבל לא תמיד הדבר נראה כך מהצד השני, ובאותה שעה עלולה הקבלה להיות שלא באהבה ורצון, שלא בבחינת פנים אלא כמי שמפנה את עורפו אל הנותן לו.

כאשר מתארים את הדבר כך, הרי הוא נראה רחוק – הכיצד ייתכן שאדם יפנה עורף לקב"ה, שנותן לו בחשק וברצון פנימי?! אבל כשאדם נמצא למטה, כשהוא רואה ומרגיש קודם כול את העולם הזה כממשות שאין הוא יכול להתעלם ממנה, כשהוא רואה ומרגיש רק צרה ומצוקה, בבניי חיי ומזוני ממש – כבר אין זה מובן מאליו לקבל זאת באהבה וברצון.

אדמו"ר הזקן רואה זאת. הוא מרגיש שיש כאן מצוקה אמיתית, ומבין שצריך לתת משהו לחסיד.

יז תשרי פשוטה

• ועצה היעוצה לקבל באהבה היא עצת ה׳ בפי חכמינו ז״ל לפשפש במעשיו וימצא לו עונות הצריכין מירוק יסורים ויראה לעין גודל אהבתו אליו המקלקלת השורה כמשל מלך גדול ונורא הרוחץ בכבודו ובעצמו צואת בנו יחידו מרוב אהבתו כמו שכתוב אם רחץ ה׳ צואת בנות ציון כו׳ ברוח משפט כו׳

וְעֵצָה הַיְעוּצָה, אין כאן פתרון שלם לבעיות העולם הזה, הוראה מלמעלה כיצד יהיה וכיצד יעשה, אלא רק עצה כיצד **לְקַבֵּל בְּאַהֲבָה,** דהיינו כיצד לשנות את ההתייחסות האישית לאותן בעיות.

הִיא עֲצַת ה׳ בְּפִי חֲכָמֵינוּ[23] **ז״ל,** שהרי דברי חז״ל שבתלמוד ובמדרשים אינם דברי עצמם אלא הם תורה שבעל פה, דבר ה׳ כפי שהוא מתלבש בעולמם של בני האדם.

לְפַשְׁפֵּשׁ בְּמַעֲשָׂיו. נאמר בתלמוד (ברכות ה,א) שאם רואה אדם שייסורים באים עליו – יפשפש במעשיו. כלומר יחפש בין מעשיו שבעבר **וְיִמְצָא לוֹ עֲוֹנוֹת הַצְּרִיכִין מֵירוּק יִסּוּרִים.** על ייסורים וצרות של העולם הזה אפשר להסתכל באופנים שונים. כאשר רואים את הייסורים ככוונת זדון, כמקרה רע, כחלק מחשבון של מישהו אחר – זה אכן בלתי נסבל. אבל כאשר ההסתכלות היא שהדבר מכוון אל האדם ובכוונה טובה, כמו בסיס לדבר טוב שיבוא אחר כך, כמו טיפול רפואי שיציל את חייו וכיוצא בזה – הדבר מקל על קבלת הייסורים, עד שיכול אפילו לקבל זאת באהבה.

לשנות את ההסתכלות מאופן אחד לאופן אחר אין זה דבר קל; זה לשנות השקפת עולם, לשנות גישה מהבסיס. כדי שניתן יהיה לעשות סיבוב כזה יש למצוא נקודת משען בתוך המציאות, משהו ממשי שקיים בכל דרך הסתכלות ושעליו ניתן לבנות את ההסתכלות החדשה. ועצתו היא למצוא בעברו עוונות, ואפילו בדקות, כל אחד לפי ערכו, שגרמו לפגם ולחיסרון בנפשו שעדיין לא תוקן. העוון הזה, שתיקונו כמבואר בספרים[24] הוא על ידי ייסורים, יכול להיות הציר שעליו תשתנה הסתכלותו של האדם עליהם. לייסורים,

כאילו הופך עורף הפניית העורף היא דבר חמור. אמנם אין זה כעובר על רצונו של המלך ממש, כמו מי שעובר עבירה, אבל בהתייחסות הפנימית זה חמור אף יותר. כי יכול להיות שבהתייחסות הפנימית עובר העבירה הוא עדיין עם הקב״ה; הייתה סיבה שבגללה עבר את העבירה, תאווה שלא נתן דעתו עליה, נפילה מקומית זמנית – אבל ההופך פניו הוא כמו מורד במלכות, הוא כמכריז שפניו מופנות למקום אחר, שרצונו ופנימיותו אינם עם ה׳. ויש צד בהופך עורף שהוא חמור אף יותר ממורד במלכות, שכן המורד במלכות עדיין מתייחס למלכות, ואילו ההופך פניו איננו מתייחס אליה כלל, לא בעד ולא נגד, כביכול מתעלם לגמרי מקיומה – ואין דבר פוגע מזה. לכן נראה שאין כאן השוואה גמורה, ומי שאינו מקבל באהבה וכו׳ הוא רק ׳כאילו׳ הופך עורף, ולא ממש, חס ושלום.[22]

אהבתו אליו המקלקלת השורה ה״שורה״ היא ההנהגה וההשפעה החיצונית, כפי שמשפיע הקב״ה לעולמות בבניין המסגרות דרגה אחר דרגה על פי סדר ההשתלשלות וכו׳, ואהבתו של הקב״ה ה״מקלקלת השורה״

ולכלל קשיי העולם הזה, יש מעתה תכלית. הם אינם רק מקלקלים, אלא הם בונים במישור אחר – עיקרי יותר ופנימי יותר – חיים טובים יותר, טהורים יותר ויציבים יותר.

וְיִרְאֶה לָעַיִן גּוֹדֶל אַהֲבָתוֹ של הקב"ה **אֵלָיו.** מעתה לא רק שאין הוא עוד מתמרמר על הייסורים וכאילו מפנה עורף לקב"ה, אלא הוא אף רואה בהם ביטוי לגודל אהבתו של הקב"ה אליו.

הַמְקַלְקֶלֶת הַשּׁוּרָה. אדמו"ר הזקן חוזר בזאת על ביטוי שכבר נזכר בתחילת האיגרת, המתייחס לאהבה גדולה כל כך עד שהיא מקלקלת את הסדר הרגיל של הנהגת העולמות. אך בניגוד לאזכור הקודם כאן יש משמעות חיובית לביטוי.[25] לעיל היה פירושו לקלקל את דרך ההנהגה המיוחדת שהקב"ה נוהג עם האדם, אשר מחמת האהבה אין לו כוח וסבלנות למה שנראה לו כהסתר והתרחקות, ובמקום לקבל את הדברים באהבה הוא מבקש לשנותם. ואילו כאן פירוש הביטוי הוא הכרה גבוהה עוד יותר, שדרך הנהגה זו שהקב"ה נוהג איתו איננה רק דרך השורה הנכונה, אלא היא היא קלקול השורה, השינוי לטובתו מדרך הנהגתו הרגילה של הקב"ה את העולמות.

כְּמָשָׁל, משל לדבר הוא **מֶלֶךְ גָּדוֹל וְנוֹרָא הָרוֹחֵץ בִּכְבוֹדוֹ וּבְעַצְמוֹ צוֹאַת בְּנוֹ יְחִידוֹ מֵרוֹב אַהֲבָתוֹ. כְּמוֹ שֶׁכָּתוּב: "אִם רָחַץ ה' צוֹאַת**[27] **בְּנוֹת צִיּוֹן** וְאֶת דְּמֵי יְרוּשָׁלַם יָדִיחַ מִקִּרְבָּהּ **בְּרוּחַ מִשְׁפָּט** וּבְרוּחַ בָּעֵר" (ישעיה ד,ד). למלך יש משרתים רבים ומשרתים למשרתים, שיכולים ואמורים לעשות עבורו כל דבר. ואף על פי כן יש דברים שגם המלך רוצה לעשות בעצמו. את מה שחשוב לו, את מה שהוא אוהב מאוד, הוא ירצה לעשות בעצמו אפילו זוהי מלאכה שבכל סיטואציה אחרת נחשבת קשה ובזויה. וכך לפתע יכול אדם לראות את מה שעובר עליו באופן אחר: הנה הוא בנו יחידו של המלך הקב"ה; והייסורים, הקשיים והצרות שעוברים עליו הם ייסורים ממרקים ("מלשון מריקה ושטיפה לצחצח הנפש"[28]), הניקיון שאביו מנקה אותו.

כפי שנזכר, פעמים דווקא ה'גבורה שבחסד', ביטוי הדין של האהבה, מגלה את עצם האהבה אף יותר מגילוי החסד והנתינה שבה. וכמתואר במשל כאן, לתת מתנות ייתכן

היא הנהגתו והשפעתו אל בניו, אל האדם מישראל, שהיא ההשפעה הפנימית: במאור פנים, באהבה, בחפיצה ובחשיקה.

אהבה גדולה וגם קלקול השורה ישנם אפוא הן מלמעלה והן מלמטה. ההבדל הוא שאצל הקב"ה זה בפועל, בהנהגה אחרת ואף שלא בסדר הנהגה כלל, השמורה לאוהבים; ואילו אצל האדם קלקול השורה הוא בתודעה פנימית, כאשר הוא מצליח, מכוח אהבה גדולה עד מאוד, להתעלם מכל מה שהוא רואה – דהיינו סדר ושורה ארוכים לאין שיעור של סיבות, דרגות וגורמים לגורמים היוצרים כביכול את עולמו – ולהתייחס אל כל אלה דווקא כאל ידו של הקב"ה בעצמו, המשגיח ומנהיג אותו בפרט לטוב לו, בכל רגע ובכל מצב. באותה שעה אדם כזה "מקלקל את השורה", בוקע וחודר את כל סדר ההשתלשלות והופך אותו לקו של אור וגילוי. וכל זה לעומת "קלקול השורה" שהמחבר יוצא נגדה בתחילה, כאשר אדם מנסה לעשות מה שלא ברשותו לעשות, לשנות באופן חיצוני את סדרי עולמו.[26] מה שהקב"ה יכול לעשות, כי עולמו בידו, האדם אינו יכול. זה איננו בכוחו ואיננו מתפקידו. הוא המקבל, ובתור שכזה תפקידו לקבל ולהחזיר;

וכמים הפנים אל פנים תתעורר האהבה בלב כל משכיל ומבין יקר מהות אהבת ה' אל התחתונים אשר היא יקרה וטובה מכל חיי העולמים כולם כמו שכתוב מה יקר חסדך וכו' כי טוב חסדך מחיים כו' כי החסד שהוא בחינת אהבה הוא חיי החיים שבכל העולמות כמו שאומרים מכלכל חיים בחסד ואז גם ה' יתן הטוב ויאר פניו אליו בבחינת אהבה מגולה אשר היתה תחלה מלובשת ומסותרת בתוכחה מגולה ויתמתקו הגבורות בשרשן ויתבטלו הדינין נצח סלה ועד:

שהמלך נותן גם לאחרים שאינם בנו יחידו, אבל לרחוץ את צואת בנו וכו' – רק אם הוא בנו יחידו שהוא אוהב. ולכן, אף שאין הדבר גלוי, דווקא כאשר הקב"ה נוהג עימנו כך, בדין, בצרה ובייסורים – פירושו של דבר שהוא אוהב אותנו כל כך.

וְכַמַּיִם הַפָּנִים אֶל פָּנִים כן לב האדם לאדם (על פי משלי כז,יט). המים מחזירים את תמונת הפנים של המסתכל בהם. ובנמשל, לב האדם הוא כמו המים – מה שמראים לו הוא מחזיר. הפנים והרגש שאדם מראה לאדם אחר מציירים את אותה הרגשה גם בלב האדם השני. וכך הוא גם בין האדם ל'אדם העליון'.

תִּתְעוֹרֵר הָאַהֲבָה בְּלֵב כָּל מַשְׂכִּיל וּמֵבִין את **יְקַר מַהוּת אַהֲבַת ה' אֶל הַתַּחְתּוֹנִים**, אל אותן נשמות שנמצאות למטה, בגוף ובענייני עולם הזה התחתונים. **אֲשֶׁר הִיא יְקָרָה וְטוֹבָה מִכָּל חַיֵּי הָעוֹלָמִים** התחתונים והעליונים **כּוּלָּם**. כמבואר, שאהבתו של הקב"ה לאדם התחתון היא פנימית לעומת השפעת חיי העולמות כולם שהיא חיצונית. ולכן היא 'יקרה' יותר, ולא רק בכמות, כי היא מהות אחרת, פנימית, לעומת כל חיי העולם.

כְּמוֹ שֶׁכָּתוּב: "מַה יָּקָר חַסְדְּךָ אֱלֹהִים וּבְנֵי אָדָם בְּצֵל כְּנָפֶיךָ יֶחֱסָיוּן" (תהלים לו,ח). יקר מכול הוא החסד של הקב"ה שהוא משפיע לאדם, החסד שהוא נותן באופן אישי, שניכר עליו שהוא חסדו המיוחד לו.

וכן **"כִּי טוֹב חַסְדְּךָ מֵחַיִּים כו'"** (שם סג,ד), מחיי כל העולמות. 'חיות' היא ההארה בפועל המוגבלת בגדרי מה שהיא מחיה אותו, לעומת "חסדך" שהוא המקור המאיר את חיי כל העולמות. החסד מבטא את פנימיות החיים, את החיים כפי שהם ברצון ובעונג הפנימי של המשפיע אותם. גם אצל אדם, החסד הוא תמיד ביטוי של ההרגשה הפנימית של אהבה, לעומת ההשפעה הגשמית שיכולה להיות גם חיצונית, של כורח וכו', כנזכר לעיל.

כִּי הַחֶסֶד שֶׁהוּא בְּחִינַת אַהֲבָה[29] **הוּא חַיֵּי הַחַיִּים שֶׁבְּכָל הָעוֹלָמוֹת.** "חיי החיים" הם

ואם הוא איננו מוכן לקבל דבר מסוים הוא שובר את כללי המשחק, ואז הוא מוציא את עצמו כביכול ממערך היחסים הזה (אלא אם הוא בבחינת נביא, כמדובר בתחילה, שאז בכוח הנבואה שבו הוא כביכול בא מלמעלה, כ'בא כוחו' של הקב"ה).

מכלכל חיים במקום אחר[30] מפרש אדמו"ר הזקן ש"מכלכל" הוא "כלי בתוך כלי". כלומר, כדי להמשיך את החיים לעולמות, היינו 'חיי החיים', צריך להיות צמצום רב של החיות לכלי בתוך כלי. מכאן שחיי החיים, החסד והאהבה המהווים את החיים, יכולים להיות גם צמצום

החיים של החיים. החיים הם הכוח וההוויה הרוחנית שמחיה כל דבר בעולמות; אך גם לחיים יש חיים, השפעה פנימית גבוהה ומופשטת יותר שמחיה אותם. וחיי חיים אלה הם החסד האלוקי, שהוא ביטוי לאהבתו הפנימית של הקב"ה אלינו.

כְּמוֹ שֶׁאוֹמְרִים בתפילת שמונה עשרה: **"מְכַלְכֵּל חַיִּים בְּחֶסֶד"**. מכלכל, מפרנס, את החיים בחסד. והיינו שהחסד והאהבה הם המזון הפנימי, החיים הנסתרים שבתוך החיים הגלויים; שגם אם החיים אינם נראים בחוץ כחסד, גם אם נראים כדין, הרי חיי החיים שבתוכם הם תמיד החסד והאהבה האמיתיים, האלוקיים.

וְאָז, כאשר האדם מצידו מקבל את החסד והאהבה הפנימיים, כשהוא הופך את החיצוניות הנראית כדין וייסורים לפנימיות של חסד ואהבה, אז **"גַּם ה' יִתֵּן הַטּוֹב"**[31] **וְיָאֵר פָּנָיו אֵלָיו**[32] **בִּבְחִינַת אַהֲבָה מְגוּלָּה.** שהוא מגלה לנו את האהבה שבתוך הקושי והייסורים שהרגשנו, האהבה **אֲשֶׁר הָיְתָה תְּחִלָּה מְלוּבֶּשֶׁת וּמְסוּתֶּרֶת בְּתוֹכֵחָה מְגוּלָּה.** "כמים הפנים לפנים" הוא תהליך מתגלגל, מצד לצד וחוזר חלילה, ובכל פעם הוא חודר פנימה יותר. כך הוא בין בני אדם: פנים בצד אחד מעוררות פנים מהצד השני, המעוררות מצידן עוד יותר פנימיות ועוד יותר אמון וקרבה. וכן כאן, בתחילה הופכת הפנימיות של מעלה את החיצוניות של מטה ל'פנים', לקבלה באהבה של התוכחה המגולה, ובהמשך הופכת הפנימיות של מטה גם את החיצוניות של מעלה – התוכחה והייסורים – שתהיה כמו הפנימיות, חסד ואהבה מגולה.

וְיִתְמַתְּקוּ הַגְּבוּרוֹת בְּשָׁרְשָׁן. מה שנראה כגבורות ודינים הוא בשורשו אהבה וחסד. פעמים שיש צורך בשימת גבול, בתוכחה, בסוג של ניקוי, דווקא משום האהבה והאכפתיות. וכאשר מתגלה שורש זה של הגבורה, שהוא האהבה – זהו מיתוק הגבורות בשורשן.

וְיִתְבַּטְּלוּ הַדִּינִין, שזה אף יותר מהמתקה: זהו ביטול מכול וכול, שלא יהיו דינים כלל. דהיינו שהביטול לא יהיה רק לשעה, או בהסתכלות מסוימת, אלא הדין יתבטל בשורשו, ויהיו רק חסד ואהבה הן מבפנים הן מבחוץ.

אפשר להמשיך את הדימוי של 'מיתוק הגבורות' ולומר: דבר מר או חריף אפשר למתק על ידי כך שמערבים בו סוכר וכיוצא בזה, ואפשר גם להוסיף כמויות גדולות כל כך של סוכר עד שלא יהיה הטעם המר ניכר עוד, אלא שאין כאן שינוי במהות: המר נשאר מר, הדין נשאר דין, והוא רק מעורב בדברים אחרים. לעומת זאת יש מיתוק בשורש, כגון כאשר משנים את התכונות של הדבר.[34] באותה שעה מתבטלים הדינים מכול וכול, והדין מפסיק להיות דין.

והגבלה, ודווקא אז הם מבטאים במובהק את חסדו ואהבתו האמיתיים של הקב"ה. וכשאנו אומרים "מכלכל חיים בחסד" אנו מודים לו על כך שגם הדין והצמצום, "מכלכל", הוא "בחסד", גילוי של חסדו ואהבתו.

יתמתקו 'מיתוק' הוא דימוי מקובל בספרי הסוד להפיכת הדין לחסד; כמו הטעם המתוק שהוא כחסד לעומת הטעם המר (או החריף וכו') שהוא כגבורה.[33] וכמוחש שפעמים, כשיש צורך, דווקא הטעם החריף הוא טעים וערב לחך אף יותר מהמתוק.

נֶצַח סֶלָה וָעֶד[35] – אמירה בסיום עניין, שכוונתה חיזוק הדברים שנאמרו: שיהיה כך באמת, לתמיד וללא הפסק. שהרי זהו סימנה של האמת: שאין היא משתנה בשינויי המקום או הזמן. וכך יהיה גם ביטול הדינים – באמת ולתמיד – כאשר יומתקו הגבורות בשורשן.[36] המשמעות של המתקת הגבורות וביטול הדינים באופן של 'נצח סלה ועד' היא שיהיה זה מצב נצחי לא רק לגבי העתיד, אלא במובן מסוים גם לגבי העבר. כשיש דבר מקולקל אפשר לתקן אותו באופן כזה שקודם הוא היה מקולקל ועכשיו הוא מתוקן. ואולם תיקון כזה, המתקן את העתיד בלבד, איננו תיקון אמיתי ושלם בשורש הדבר, שכן העבר נשאר מקולקל; הוא איננו מוסבר, כביכול, ואין לו הצדקה למה היה כפי שהיה. לעומת זאת התיקון שהוא מדבר עליו כאן (וכך היא תפיסת מעשה התיקון בחסידות בכלל) הוא תיקון שממתק גם את העבר, שמסביר מדוע היה כל זה – שבעצם כל המר הזה לא היה מתחילה אלא טוב וחסד אלא שהיה נסתר, בבחינת ה'כיסא'[37] והדרך להגיע לשלמות ולמעלה גבוהה יותר של הטוב והמתוק הנראה.

המתקת הגבורות באופן זה היא, בעצם, הנושא של איגרת זו. האיגרת התחילה בגבורות, במצב הקשה, בצרות ובמצוקות שסבלו יהודים בחיי היומיום, עד שלא יכלו לסבול עוד ובאו אל הרבי לבקש עזרה. ותשובת הרבי מתחלקת לשניים: החלק הראשון הוא מה שנראה במבט ראשון כתגובתו האישית של הרבי – כאב אישי על מצוקות החסידים,

לשאול את הרבי בעצה גשמית לאחר שנאמר והוסבר באיגרת זו שאין לשאול את הרבי בעצה גשמית בענייני העולם הזה, עדיין נשארת שאלה: כפי שרואים, באו חסידים אל הרביים החסידיים בבעיות כאלו, וגם אל אדמו"ר הזקן עצמו באו, והמשיכו לבוא; ובוודאי לא באו לחינם!

ההסבר הפשוט הוא שגם בלי להיות נביא יש ל'רבי' (במובן החסידי) יתרון על כל אדם, והוא יכול לייעץ לאנשים גם בענייני עולם הזה לא רק כידיד או כמומחה, אלא בראייה פנימית, הרואה סיבות ופתרונות שאדם אחר אינו רואה. הרבי הוא ראש ישראל אמיתי, הקשור אל החסידים (ואל כל אדם מישראל) ואוהב אותם אהבת נפש, כפי שאדם אוהב את נפשו ואף יותר מזה. משום כך הוא קודם כול מקשיב – הוא המקשיב הגדול הפתוח אל האחר בסבלנות בלי גבול – ולכן הוא יכול לקלוט פרטים, דקויות והיקפים שאדם אחר אינו קולט. זאת ועוד: משום שהדבר נוגע לו, משום שהוא רואה את הבעיות האישיות בכל התחומים באותה מידה של קרבה, כאב ושמחה כמו האדם שמספר לו, הוא יכול להגיע לפתרונות מכוח העוצמה הזו של מי שהדבר נוגע לו ממש. כידוע, כאשר דבר נוגע לפנימיות נפשו של אדם הוא מגלה את הכוחות הפנימיים הנעלמים בתוך נפשו, ומסוגל לפעול מעבר למה שהוא מדוד להיות.[38]

ויותר מזה הרבי, שעם הנגיעה והקרבה אל השואל יש לו גם את המרחק ורוחב הדעת של הרבי, של מי שרואה את הכלל, של מי שהוא 'ראש' אמיתי לכלל.

מעבר לזה, עניינו של הרבי החסידי,[39] ובוודאי אדמו"ר הזקן, שיש אצלו גם סוג של רוח הקודש ואפילו נבואה ממש כשהוא בא לענות לשאלות בנושאים אלה. באופן פרדוקסלי דווקא מה שאומר כאן אדמו"ר הזקן, שמענה על עניינים אלה שייך "לנביאים ממש", מוכיח שהמענה שלו על עניינים גשמיים הוא משום שהיה כמו "נביא ממש".[40]

ואם כן, אחר כל ההסברים, צריך להבין את דבריו של אדמו"ר הזקן באיגרת זו שבהם הוא שולל זאת מכול וכול: "ההיתה כזאת מימות

כמעט התנצלות על אי יכולתו להיענות להם וכמעט כעס על שהם פונים אליו בבקשות כאלה. עם זאת, כאשר מתבוננים בכל הדברים שהוא אומר, אין כאן אפילו נימה של חוסר אונים. תגובתו היא, ביסודה, תגובה של 'רבי', לא תגובה אישית אנושית אלא הארת האמת המתייחסת אל השואל. וכך יש לראות את הדברים: נכון, במקרה זה האמת נראית קשה, קשה לחסיד וקשה וכואב לרבי שצריך להעביר זאת לחסיד שהוא אוהבו, ולכן נשמעות החריקות בתחילתה של האיגרת. אך עם זה אפשר להבחין כבר מתחילה כיצד מכוון הרבי את הדברים בגבורה ציבורית ואישית (שהרי בוודאי מקבל הוא את הכול על עצמו באופן אישי, בהרגישו את שהחסיד מרגיש) אל הפתרון היחידי שהוא רואה. וביתר שאת מתבררים הדברים בחלקה השני של האיגרת (מ"כמו אב רחמן וכו'"), שבו הוא מסביר את הדרך הזו הן בבסיסה העיוני והן בדרך המעשית.

הפתרון הזה איננו פתרון של כל רבי, אלא הוא אופייני לאדמו"ר הזקן. שהרי תיתכן גם המתקה חיצונית זמנית של הגבורות, כגון כאשר הרבי מתערב ומפסיק את הלחץ, לוקח את הדבר מעתה על עצמו ומשנה את המציאות או את החסיד. אכן, באופן זה נשאר אצל החסיד חלק בלתי גמור, גבורות בלתי מומתקות שרק אין הוא מרגיש אותן כרגע, ואצל אדמו"ר הזקן אין קיצורי דרך ואין פשרות. מציאות חייו של אדם היא המציאות שהוא צריך ויכול לעבוד איתה, ועליו לעשות את כל הדרך בעצמו. הרבי ילך איתו, יהיה

עולם וכו'"! אפשר אולי לומר שדבריו של אדמו"ר הזקן מתייחסים ל"עצה גשמית מה לעשות בענייני העולם הגשמי", כלומר כאשר העצה הנדרשת היא בגשמיות בלבד. לזה, הוא אומר, צריך להיות נביא בדרגה אחרת, בדרגה שאיננה מצויה היום. ולכן כשבאים אליו החסידים, כמו שמתואר, עם כל כובד העולם הזה וצרותיו, תגובתו הראשונית היא: אלו הם ענייני העולם הזה, הם נסתרים מעיניי ואיני יכול לעסוק בזה! דרגות של רוח הקודש ונבואה אינם כמו כוחות ויכולות שאדם רוכש לעצמו ופועל בהם כרצונו. מעבר לעבודת ההכנה האישית, הדברים הללו לעולם קשורים במצב נפש ובסביבה שלא האדם בוחר בהם, ובחסד עליון הבא מלמעלה. אדמו"ר הזקן, כמו כל צדיק אמיתי, איננו יודע מראש אם יראה ברוח הקודש; הוא מקשיב, מתרשם ומתייחס, ורק אז הוא רואה. אבל קודם לכן הוא אומר, בענוותנותו ובאמת שבו, שהוא איננו יודע, ואין הוא יכול להגיד מה שאיננו רואה; ואת זה הוא אומר באיגרת זו. אך גם

תגובה זו, על הרקע הזה, היא תגובה של 'רבי', ויש להבינה לא כתגובה אישית ביחס לעצמו (אצל רבי אין דבר כזה), אלא כביטוי להארה של אמת המכוונת לחסידים. כי באמת זו אינה הדרך היום, לטפל בבעיות הגשמיות כשלעצמן; לא משום שאין הוא יכול, שאין הוא בדרגת הנבואה המתאימה, אלא משום שבשביל החסידים שלו זו אינה הדרך. ועל תפיסה עקרונית זו מדבר אדמו"ר הזקן בכל האיגרת הזו, על הדרך בעניין זה שאין ללכת בה, ועל הדרך לעומתה שבה יש ללכת.

אמנם, כאשר באים אליו חסידים בפעם אחרת, והוא נכנס לבעיות אלו באופן אחר, מתברר שאצל החסידים (בפרט, ואצל יהודים בכלל) ההפרדה בין ענייני עולם הזה לעבודת ה' איננה קיימת למעשה, והדברים כרוכים זה בזה. ומכאן נפתח פתח לעסוק בכל דבר בהקשר של תורה ועבודת ה'; ובאופן הזה, בהקשר של תורה[41] ועבודת ה', מתברר שיש מקום גם לזה, ומתברר שישנן דרגות של רוח הקודש, ואפילו של נבואה ממש, המתגלות גם בזמנים אלה.

עימו בכל הקשיים, יסביר, יעודד ויתמוך – אבל לא יבוא במקומו. אין כאן מיתוק חיצוני אלא פנימי, הנעשה בידי האדם עצמו: במחשבה ובהתייחסות לכלל ולכל פרט ופרט. את הדרך הזו מבטא אדמו"ר הזקן במה שהוא כותב בשער ספר התניא: "דרך ארוכה וקצרה". "ארוכה" – כי אין קיצורי דרך ואין קפיצות, "וקצרה" – כי המיתוק הזה הוא שורשי, ועל מה שהומתק באופן הזה לא נצטרך לחזור במעגל נוסף של חיים.

הוספה לאיגרת כב

חלק זה (של איגרת כב הנדפסת) הוא איגרת לעצמה שנוספה כאן רק בדפוסים מאוחרים.[1] ייתכן שהאיגרת לא קיבלה אות וכותרת לעצמה משום שנוספה לדפוס קיים, והמדפיסים לא רצו לשנות את אותיות האיגרות הקיימות. סידורה בסמוך לאיגרת כב הוא כנראה משום שזה היה מקומה בכתבי היד שמהם נלקחה.[2] ועוד, שגם בתוכנה ובסגנונה היא קרובה לאיגרת כב, למעגל המכתבים והתעודות של תקנות ליאזניא.[3] את הדמיון רואים כבר בפתיחתה של האיגרת, אשר כמו באיגרת כב מבטאת את הקשיים של הרבי שמשום ריבוי החסידים והבעיות אינו יכול עוד להנהיגם בדרכים הישנות, הישירות, מה שהביא לסידורן של תקנות והגבלות בקשרי הרבי עם החסידים. ואולם שלא כמו האיגרת הקודמת, המתייחסת לבעיות העולם הזה של החסידים, מתייחסת האיגרת הזו לתחום של עבודת ה׳ – התפילה ותפילת הציבור. לאיגרת זו שני חלקים: האחד עוסק בהתחזקות לעבודת התפילה, והשני בעניין שונה לכאורה – ליכוד חבורת החסידים ואהבת ישראל.

הוספה לאיגרת כב

יח תשרי פשוטה

טז תשרי מעוברת

אהוביי אחיי ורעיי מגודל טרדתי אשר הקיפו עלי יחד וסבוני כמים כל היום וכל הלילה תמיד לא יחשו. לא אוכל מלט משא לאמר עם הספר כל אשר בלבבי. אך בקצרה באתי כמזכיר ומחזיר על הראשונות בכלל ובפרט אל המתנדבים בעם לעמוד על העבודה זו

אֲהוּבַיי אַחַיי וְרֵעַיי. לשון זו של פנייה אל החסידים מופיעה גם באיגרת הקודמת ובעוד כמה מקומות באיגרות אדמו״ר הזקן.[4] לשון חיבה משולשת זו מיוחדת לחסידים הקרובים יותר, שאינם רק אהובים אלא גם אחים ורעים, כלומר שהרבי יכול להתייחס אליהם כאל אחים השווים לו, המסייעים אותו בהובלת הרעיונות והתנועה החסידית.[5] ובלשון זו מתייחס הרבי אל החסידים כאשר הוא דורש מהם עבודה כפי שהוא דורש מעצמו – היינו שיהיו עימו, כאחים ורעים לו, בעבודת ה׳. לא כאב לבנים ולא כרב אל תלמידיו המקבלים ממנו, אלא כרבי הקורא לחסידיו לבוא עימו, לעלות עימו, לקבל אחריות יחד איתו. ואכן, כמעט בכל מקום שמופיעה לשון זו היא סמוכה לדרישה לדרגה גבוהה בעבודת ה׳, אם בהתייחסות לענייני עולם הזה ואם בהתייחסות לעבודת ה׳, ובעיקר לעבודת התפילה.[6]

מִגּוֹדֶל טִרְדָּתִי[7] **אֲשֶׁר הִקִּיפוּ עָלַי יַחַד וְסַבּוּנִי כַּמַּיִם כָּל הַיּוֹם וְכָל הַלַּיְלָה תָּמִיד לֹא יֶחֱשׁוּ.**[8] האיגרת נפתחת בתיאור הטרדות של מי שמלבד היותו רב גדול (מחשובי פוסקי ההלכה בדורו), ורבי של חסידים המחדש דרך בעבודת ה׳ (דרך חב״ד), הוא גם מנהיג וראש ישראל במקומו, המרגיש ונושא באחריות לצרכיו הגשמיים של כל יהודי. וכפי שהוא מתאר כאן ״סבוני כמים כל היום״, כמים האלה של טרדות פרנסת העולם וחולייו,[9] המקיפים אותו לא רק ביום אלא גם ״כל הלילה״, ו״תמיד לא יחשו״; רעש הטרדות הוא תמידי, עד שאין הוא מוצא רגע של שקט מכל אלה כדי לחשוב על היקפים אחרים, על שכבות אחרות וגבוהות יותר של מציאות, שבהן עיקר עבודתו של הרבי, בתורה ותפילה ובנשמות.

המתנדבים בעם אכן התפילה, ואף עבודת התפילה שעליה ידבר בהמשך, הן חובה ולא מידת חסידות, ומדוע הוא פונה אל ״המתנדבים״? ונראה שגם אם התפילה בעיקרה היא חובה, שחובה להתפלל בכל יום בסדר המסודר בסידור התפילה ואף חובה לעבוד עבודה שבלב, מהותה הפנימית של עבודת התפילה היא דווקא בהוספה על הסדר.[10] מעבר לאמירת המילים, העבודה האמיתית היא במחשבה ובהרגשה: מה חושבים, מה מרגישים, מה מתכוונים קודם שאומרים את המילים. ולזה לא רק שאין שיעור קבוע, אלא ההוספה בכל פעם על השיעור הקודם היא כמעט הכרחית. היכולת

לֹא אוּכַל מַלֵּט מַשָּׂא, איני יכול להשתחרר ממשא הטרדות, **לֵאמֹר עִם הַסֵּפֶר**, לכתוב בספר ובמכתב, **כֹּל אֲשֶׁר בִּלְבָבִי**. הוא מתנצל בפני אותם שהם 'אהוביו אחיו ורעיו' על שאין הוא יכול להתיישב ולכתוב להם הדרכה בעניינים אלה באריכות ובמתינות הראויה; את 'כל אשר בלבבו', כל מה שהוא חושב, מרגיש ומבין בזה. לא שהדברים אינם חשובים ולא שחסידים אלה אינם ראויים, אלא שטרדות העולם הזה ועניניו הם תמיד 'דחופים' יותר, תמיד סובבים את החלל הקרוב המיידי. אבל באמת דווקא החסידים שהם 'אהוביו אחיו ורעיו', והנושאים הפנימיים שעליהם הוא מדבר עימם – הם אלה אשר בלבבו, מה שיקר לו ונוגע לנפשו.

רבי של חסידים, ה'צדיק', אינו רק מנהיג במובן המקובל, הפוליטי החברתי והכלכלי וכו'. למרות שהוא עוסק גם בכל התחומים הללו, עסקו האמיתי הוא ברמה הפנימית־הרוחנית של ההתרחשויות. שם, מתחת לפני המים הרבים, מתרחשים הדברים האמיתיים: התורה והתפילה, החיים היהודיים, שבהם בעצם פועל הרבי גם על הדברים החיצוניים. בפנייתו אל "אחיי ורעיי" הוא מצפה מהם שיהיו עימו בעבודה זו, וכפי שידגיש בהמשך – כאשר יהיו הם באחדות, בכוח היותם ציבור הם יהיו עוזרים ונושאים איתו בעבודת ה'רבי'. רק כך, מכוח עבודת החסידים, יכול גם הרבי להצליח בעבודתו, מבפנים ומבחוץ; להקים ולקיים את העם אשר עימו, ובד בבד לבנות דרך צלולה בעבודת ה' גם לדורות הבאים.

אַךְ בִּקְצָרָה בָּאתִי, במכתב זה, **כְּמַזְכִּיר וּמַחֲזִיר עַל הָרִאשׁוֹנוֹת**, דברים שכבר דיברו בהם בעבר, הן בכתב והן פנים אל פנים. ולכן אין הוא עוסק בדברים הללו מההתחלה, כפי שהיה עושה אילו היה פונה לאנשים חדשים ואילו היה לו פנאי להתחיל מאל"ף בי"ת. האיגרת, ועל כל פנים מה שנדפס מתוכה, היא קצרה מאוד, ויש לראות את כל הנאמר בה כסיכום ותמצית של דברים רבים שלא נאמרו; אין כאן בנייה מסודרת של רעיון או דרך בעבודת ה', אלא כפי שנאמר כאן – "כמזכיר ומחזיר"; מזכיר כמה נקודות ומחזיר על ידי זה את הקורא, עם ההדגשות הנצרכות, אל מה שהוא אמור כבר לדעת.

בִּכְלָל, הם כלל הדברים שנאמרו ונקבעו לכלל החסידים, **וּבִפְרָט אֶל הַמִּתְנַדְּבִים בָּעָם** (על פי שופטים ה,ט), שהם המכותבים של איגרת זו, המיוחדים בעם, אלה הלוקחים על עצמם יותר ממה שהם חייבים.

לַעֲמוֹד עַל הָעֲבוֹדָה זוֹ תְּפִלָּה (על פי תענית ב,א). זו תמצית הבקשה שלו מהחסידים הקרובים, המתנדבים – לעמוד ולהתחזק בעבודה שבלב, היא עבודת התפילה.

להרגיש בכל פעם, היכולת להתבטל ולהיכנס כל כולך אל המילה כדי שתפעל את פעולתה, מחייבת בכל תפילה לעשות את מה שמעבר לסדר, ואת זה אי אפשר לעשות כמילוי חובה אלא רק בהתנדבות.

לעמוד על התפלה המושג של 'עמידה' קשור אל התפילה בכמה מובנים ומישורים עד שנעשה כמעט שם נרדף לתפילה (ובפרט לתפילת שמונה עשרה).[11] יש מובנים פשוטים יותר כמו המובן של העמידה במקומו, בהתעלות ובהתכנסות מהסביבה אל עצמו ושורשו למעלה; וכן המובן של עמידה על דעתו וכוונתו, כנגד כל המפריעים

תפלה בקול רם להתחזק מאד בכל עוז ותעצומות נגד כל מונע מבית ומחוץ

בְּקוֹל רָם. בהגיית האותיות בקול ודיבור ממש, ולא במחשבה בלבד (לבד מתפילת שמונה עשרה, שגם אותה יש להגות ולדבר אבל באופן שאינו נשמע לאחרים[16]).

לְהִתְחַזֵּק מְאֹד. כדי לעמוד בתפילה מתוך חיי הגוף והעולם הזה, בכל פעם מחדש, צריך להתחזק מאוד וכו'. כפי שהוסבר כבר, התרוממות זו של האדם היא נגד הטבע – טבע גופו וטבע העולם הגשמי והרוחני שהוא נמצא בו – וכל דבר שפועל נגד הטבע צריך התחזקות תמידית. אין די בכך שעושים אותו פעם אחת ומעתה הוא עומד מעצמו, כי אין הוא עומד מעצמו אם אין פועלים אותו כל הזמן.[21] ולכן צריכה התחזקות זו להיות "מאוד", תמיד ובלי גבול.[22]

והמניעות – הטבע, ההרגלים, העולם הזה – המושכים את האדם כל הזמן החוצה ולמטה. וגם המובן הפשוט של הזדקפות, כפי שאדם עובר משכיבה או מישיבה לעמידה. אדם נמצא בעולם הזה, שקוע בו במעשיו, במחשבתו ובהרגשתו וכו', וכשהוא בא להתפלל הוא 'עומד', מרים את רוחו מן האדמה אל השמיים. אכן בפנימיות התורה מבואר[12] שעמידה מבטאת ביטול, וכך עניין התפילה בכלל ותפילת העמידה בפרט היא התהליך והמצב של התחברות וביטול בקב"ה.

העבודה המושג 'עבודה' (בעיקר בזמננו שאין בידינו עבודת הקרבנות במקדש) מכוון בעיקר אל העבודה שבלב היא התפילה.[13] כמבואר במקומות אחרים,[14] המושג 'עבודה' מתייחס לפעולה שאדם עושה נגד טבע נפשו, נגד טבע העולם. כשהוא פועל לפי טבעו ולפי הרגליו, כשהטבע מסייע לו, אין זה נקרא 'עבודה'. טבעו של דבר הוא המקום והאופן שהוא מונח בו, הצורה שהוא נטבע בה בתוך המציאות, בדומה לאופן שבו טובעים צורה של מטבע. וכל כמה שאדם ממשיך ופועל בטבע זה, אף אם הוא מגדיל לעשות, אין זה נקרא עבודה. העבודה היא תמיד שינוי של הטבע, כשאדם טובע בעצמו מהות אחרת. במובן זה התפילה היא עבודה יותר מכל מישור אחר של החיים הדתיים. שכן, שלא כמו בתורה ובמצוות שאדם עוסק בהם במקום שהוא נמצא בו, כל עניינה של התפילה הוא לשנות את מקומו, לעלות למעלה ולעשות את האדם טוב ומזוכך יותר. כשאדם אומר דברי תורה הוא צריך להבין מה שהוא אומר; ואילו כשהוא אומר מילים של תפילה – עליו להיות שם ממש! למה דווקא התפילה? נראה שאדמו"ר הזקן ראה בתפילה את חידושה וייחודה של תנועת החסידות.[15] לא בניגוד ללימוד התורה או במקומו, אבל יחד עימו, באופן שמכוח התפילה יהיו התורה, המצוות וכל חיי האדם בכללותם עולים למעלה. ומשום כך העמידה על התפילה בדרך החסידות – ברצינות, במסירות, ביגיעה עד כלות הנפש – היא בניית נשמתה של החסידות; היא העיקר הפנימי שממנו, באופן כזה או אחר, הכול כבר יסתדר. זאת ועוד: כפי שנאמר באיגרת כב, דרכו של אדמו"ר הזקן הייתה שהחסידים יעבדו בעצמם; לא שיחכו עד שהקב"ה, או הצדיק, ימשכו ויוציאו אותם ממקומם, אלא שיעלו בעבודת עצמם מהמקום שהם נמצאים בו – וזוהי עבודת התפילה.

התפילה בדיבור התפיסה שהתפילה צריכה להיות בקול רם, בהוצאת קול ובהגייה של האותיות, מושרשת ביהדות בכלל ובחסידות

בְּכָל עוֹז וְתַעֲצוּמוֹת.[23] ייתכן שבביטוי זה רומז אדמו"ר הזקן לתורה[24] ולכוחות שמעצמות הנפש, שרק מכוח זה ניתן להתחזק נגד הכוחות העצומים, הראשוניים, של טבע העולם (התוהו).

נֶגֶד כָּל מוֹנֵעַ מִבַּיִת וּמִחוּץ. 'מניעות' הן שם כולל לכל מה שמפריע ומונע את האדם מלעבוד את ה'. המניעות נחלקות באופן כללי לשניים: 'מבית' ו'מחוץ'. המניעות 'מחוץ' הן אלו הבאות מחוץ לאדם: אנשים אחרים, בעיות העולם הזה ופיתויו, ובמובן מסוים אפילו גופו של האדם. כל אלה מושכים אותו כל הזמן למטה והחוצה, נגד הניסיון להיכנס פנימה ולהתחבר לעצמות נפשו האלוקית וכוחותיה ונגד הרצון לעלות למעלה ולהידבק באלוקי. ואילו המניעות 'מבית' הן המניעות שמצד האדם עצמו, מצד כוחות נפשו שאינם מצליחים לעשות בפועל את הדבר; משום שיש בו כוחות סותרים שמשבשים אלה את אלה – לא משום שאחרים מפריעים לו, אלא משום שהוא עצמו מונע זאת.

בפרט. התפילה, שמהותה חיבור[17] – של האדם והקב"ה, של השכינה והקב"ה – אמורה לכלול כבר בתוך עצמה את שני הקצוות הללו: מצד אחד את המחשבה והכוונה (רוחניות), ומצד שני את אותיות הדיבור "בקול רם" (דומם, גשמיות). כוונה לבד, בלא דיבור, היא כמו מחיאת כפיים ביד אחת; היא איננה חיבור עם שום דבר, ולכן היא בעצם איננה תפילה ואיננה פועלת את פעולת התפילה.

ויש גם צדדים אחרים לכך שהתפילה צריכה להיות בדיבור, בקול רם: יש צד בתפילה שהיא בקשת צרכים, והתפיסה בחסידות בכלל היא שהתפילה בעצמה כבר יוצרת את מציאותו של הדבר המבוקש, ועל כל פנים את הכלי לקבל בו את המבוקש. ואם רוצים שהבקשה תתמלא בעולם הזה ולא רק בעולמות עליונים, צריך לבטא אותה בביטוי ובקול גשמי דווקא. צד נוסף בתפילה, שהיא דבקות והתבטלות באלוקות, הוא ש"הקול מעורר הכוונה" (כלשון ספרי ההלכה), ודבר זה מבואר ברמות שונות.[18] בפשטות יש לומר שהדיבור בקול רם מוציא את האדם מעצמו, משקיעתו ומהריקנות שבמוחו ובליבו, ומביא אותו להתייחס אל הדברים שהוא אומר. דיבור כזה מדלג כביכול על כל מה שצריך להתרחש בנפש, במחשבה ובכוונה ואינו מתרחש, וכשאדם מדבר כך הדברים גוררים איתם ממילא גם

את הכוונה וכו'. ואף יותר מזה: בכוחו של הדיבור להוליך את הנפש[19] רחוק יותר מכל כוח נפשי פנימי, יותר משיכולה הנפש מצד עצמה להשיג ולהרגיש. שכן מה שיש במילה עצמה, בהשמעת הקול ובביטוי האותיות, הוא הדבר האלוקי עצמו, שגם אנו אומרים; ולכן אפשר לומר שהייחוד והדבקות בדיבור עצמו של התפילה הם למעלה מכל כוונה נפשית. וכן מבואר במקומות אחרים, שמקור הדיבור הוא למעלה מכוחות הנפש, השכל והמידות – מהדרגה שנקראת 'קדמות השכל', הקודמת לשכל; מהכתר שלמעלה מהחכמה.[20]

מונע מבית בתוך כל אדם יש מנגנונים של בלימה (שבוודאי נחוצים, אבל פעמים שהם אינם מאפשרים לו לפעול כפי שצריך היה, ופעמים הם אף הופכים למנגנונים של הרס עצמי). יש שאחרי עמל רב, לפעמים שנים של מאבקים וציפיות, מגיע אדם למצב שבו כל מה שהיה מונע, מפריע ומרעיש מבחוץ נעלם, ואז עובר זמן ומתברר לו שהוא עדיין איננו יכול; שכל הבעיות מבחוץ לא היו אלא כיסוי לבעיות פנימיות, עמוקות יותר, שהרבה יותר קשה להסיר אותן. אדם רוצה לשבת וללמוד אבל אין לו זמן: הוא צריך לדאוג לפרנסת ביתו, לבריאותו, לילדיו ולהוריו וכו'. והנה מגיע זמן שבו דברים מסתדרים, שהוא

ביד חזקה כמשמעו שהוא רצון יריאיו אשר למעלה מן החכמה והתבונה אשר נתן ה׳ בהמה לדעת לעשות את כל אשר צוה ה׳ בהשכל ודעת. רק רצון פשוט ורוח נדיבה בכל איש אשר ידבנו לבו לעבוד עבודה תמה לעשות נחת רוח ליוצרו. ועל זה נאמר כי עם קשה עורף הוא וסלחת.

בְּ׳יָד חֲזָקָה׳ כְּמַשְׁמָעוֹ. כלומר לא ביד רכה, לא דרך שכנוע בהיגיון ובדעת, אלא בכוח פנימי יותר, הנובע מתפיסת עצם נפשו של האדם שכך צריך להיות, ולא משנה מהי ההרגשה וההבנה בזה (אם בכלל יש). ולכן היא "יד חזקה", שכן אין היא מתחשבת בכוחות הנפש המודעים של האדם, אין היא מחכה שהוא יבין וישתוקק, אלא פועלת עליו ביד חזקה שינהג כך.

שֶׁהוּא רְצוֹן יְרֵאָיו, "יד חזקה" היא "רצון יראיו", כלומר הרצון הפנימי שמכוח היראה העצמית שבנפש, **אֲשֶׁר לְמַעְלָה מִן הַחָכְמָה וְהַתְּבוּנָה.** היא היראה שברצון העליון שבעצם הנפש, שהוא למעלה מדרגות השכל שבנפש, בשורש העליון למידת היראה והגבורה הגלויה שבנפש.

אֲשֶׁר נָתַן ה׳ בָּהֵמָּה לָדַעַת לַעֲשׂוֹת אֶת כָּל אֲשֶׁר צִוָּה ה׳ בְּהַשְׂכֵּל וְדַעַת (על פי שמות לו,א). החכמה והתבונה הן כוחות הנפש הפנימיים, כוחות ההכרה אשר נתן ה׳ בתוך כל אדם לפי ערכו ועניינו; כיצד הוא רואה את עולמו ואת עצמו, וכיצד לפי זה הוא מרגיש ומתנהג בחייו.

בכלל עבודת ה׳ יש שני אופנים כלליים: העבודה שעל פי שכל והעבודה שלמעלה מהשכל. העבודה שעל פי שכל, שהיא המתוארת במשפט זה, היא העבודה שמקורה,

אינו צריך עוד לרוץ לא לזה ולא לזה, ואף על פי כן נפשו ממשיכה לרוץ בתוכו, וגם אם אין עוד שום דבר המונע ממנו לעשות כחפצו, אין הוא מצליח למצוא בתוכו כוח וחיות כדי לעשות מה שהוא רוצה. לדוגמה: כדי ללמוד תורה לשמה, או כדי להתפלל בכוונה, צריך דרגה כלשהי של הכנה ושל זכות נפש, דרגה שבה הנפש תוכל לקבל חיות מהקדושה כשלעצמה, שאם לא כן הוא יחזור שוב ושוב אל החיצוניות שממנה שאב עד כה את חיותו. ומניעה פנימית עוד יותר, כמתואר לעיל באיגרת טו, היא שגם כאשר כל מידותיו של אדם הן בקדושה יש מנגנון של בלימה או של איזון בין הכוחות, שעם כל זה שהוא חיוני והכרחי, הוא עשוי לפעמים להביא אדם (או חברה שלמה) לחוסר תפקוד, לחוסר יכולת לעשות עשייה משמעותית בכל כיוון שהוא.[25]

שלוש ידות במקומות אחרים[26] מדבר אדמו״ר הזקן בהרחבה על שלוש ׳ידות׳ הנזכרות בכתובים: ׳יד גדולה׳ (שמות יד,יא ועוד), ׳יד חזקה׳ (שמות ג,יט ועוד), ו׳יד רמה׳ (שמות יד,ח ועוד). ומבואר ששלוש ידות אלה הן שלוש המידות חסד גבורה ותפארת שבכתר, שלמעלה מהשכל, החודרות ומתלבשות במידות שלמטה מהשכל (שבאצילות). ובנפש הן המידות הנעלמות שבעצם הנפש, החודרות כביטוי של רצון פשוט אל חיי הנפש.

למעלה מהחכמה והתבונה החכמה היא הדרגה הגבוהה ביותר בין כוחות הנפש

כוחה וראשיתה הם מהשכל והדעת – כשאדם מגיע להבנה ולידיעה מסוימת, את זה הוא מרגיש ועל פי זה הוא מתנהג ופועל.

והעבודה שלמעלה מהשכל היא העבודה שהמניע שלה הוא הרצון הפשוט שלמעלה מהשכל. **רַק רָצוֹן פָּשׁוּט**, מופשט מלבושי השכל. **וְרוּחַ נְדִיבָה**, של התנדבות שאינה מוכרחת על ידי שום דבר: לא על ידי פחד או חשק לאיזה דבר שהוא בעולם, אלא מכוח הרצון הראשוני הפשוט לה׳.

בְּכָל אִישׁ אֲשֶׁר יִדְּבֶנּוּ לִבּוֹ (על פי שמות כה,ב). הרצון הזה נמצא בכל אדם מישראל, והוא יוצא לפועל כאשר "ידבנו לבו", כאשר הלב נפתח **לַעֲבוֹד** עבודה כזו מעצמו, גם אם השכל אינו מורה לו כך. דווקא כאשר אין הוא קשור ומובל לשום דבר בעולם, יכול אז להתגלות בו הרצון הפשוט, העצמי, של נפשו האלוקית, שהוא – לעבוד את ה׳.

עֲבוֹדָה תַּמָּה, עבודה שלמה, לא פגומה באיזו נגיעה או כוונה אחרת, אלא עבודה שכל כוונתה היא **לַעֲשׂוֹת נַחַת רוּחַ לְיוֹצְרוֹ**. ההגדרה של "עבודה תמה", עבודה שהיא כולה לשם שמיים, היא "לעשות נחת רוח ליוצרו".

׳לשם שמיים׳ אין פירושו לשם מטרות רוחניות דווקא, ואפילו לא לשם מטרות קדושות בלבד, שכן גם ברוחניות ואפילו בקדושה אפשר שיהיה בכוונה צד של נגיעה ל׳אני׳ של האדם. כוונה לשם שמיים צריכה להוציא משיקוליה ומתודעתה לגמרי את ה׳אני׳ של האדם, וזו היא הכוונה של "לעשות נחת רוח ליוצרו". כוונה זו אין משמעה אפילו ש׳אני׳ אתאחד עימו ואתבטל בו, אלא אך שיהיה לו נחת רוח.

וְעַל זֶה, על כוח הרצון הפשוט הזה שיש בכל אחד מישראל, לעשות נחת רוח ליוצרו, **נֶאֱמַר: "כִּי עַם קְשֵׁה עֹרֶף הוּא וְסָלַחְתָּ"** (שמות לד,ט). הטיעון של משה נראה לכאורה

הפנימיים, הם כל כוחות הנפש שיש להם כלים ואופנים המיוחדים להם שבאמצעותם הם פועלים, והיא המקור לכל החיות וההשפעה שבהם – כלומר כאשר אדם משכיל דבר, ועל פי חכמתו והבנתו הוא מפתח רגשות והתייחסויות היוצאות אל הפועל בנפשו ובגופו. ו"רצון יראיו" הוא הרצון שלמעלה מהחכמה, שאיננו רק כעוד דרגה למעלה מהחכמה אלא הוא ממהות אחרת, גבוהה לאין ערוך, שאין שום איבר בגוף ושום כלי בנפש המתייחסים אליו במיוחד. זהו כוח מקיף שפעולתו היא מעבר לאיברים ולכוחות הנפש הפרטיים, שכאשר הוא מתגלה אין הוא מתחשב בהם ואין הוא צריך לשכנע, שכן אין זה לפי ערכו להתדיין עימם כלל. כל אדם מרגיש לפעמים מעין זה: כיצד עולה בתוכו רצון מסוים וברור לו שכך צריך להיות, וגם ברור לו שאין זה משנה מה שהוא מבין, כי נפשו וחייו תלויים בדבר.

אשר נתן ה׳ בהמה למרות שהעבודה שעל פי שכל נראית כמהלך שהאדם יוצר בעצמו – בהתבוננות, בהולדת המידות ובהגדלתן וכו׳ – דווקא עליה הוא אומר: "אשר נתן ה׳ בהמה". כלומר, הקב"ה הוא שנותן את הכוחות האלה באדם, לעומת הכוח של "רצון יראיו", שהאדם מעצמו מתחזק בו ב"יד חזקה" וכו׳. ונראה לומר שכוחות השכל הם כעין כלי עבודה שנותן הקב"ה באדם, אם ברב אם במעט. אכן, מי שמפעיל את הכלים ומשתמש בהם הוא האדם עצמו, ולכן נראית עבודה זו כעבודה שעושה האדם; ואולם כוח

כי הסליחה היא גם כן למעלה מן החכמה. כי שאלו לחכמה כו׳ ומשה רבינו עליו השלום ביקש מדה כנגד מדה ודי למבין.

יט תשרי פשוטה **•ועוד זאת אדרוש ממעלתכם שלא להשליך דברי אחריכם אשר ערכתי שיח להיות כל איש ישר והולך בתומו כאשר עשה האלקים את האדם ישר**

משונה: הוא מבקש מהקב״ה שיסלח לעם, והטעם לכך הוא "כי עם קשה עֹרף הוא". עם קשה עורף איננו בדרך כלל ביטוי של שבח, כפי שנראה ממקומות אחרים שבהם מתייחס הקב״ה לעם ישראל במילים אלה,[28] וכיצד זה יהיה טעם לסליחה? והסבירו ש'קשה עורף' היא תכונה מהותית של עם ישראל, שיכולה להיות יתרון ויכולה להיות חיסרון. היא ביטוי של חיסרון כאשר ההקשר אינו טוב, שאז היא מבטאת את עקשנותם של ישראל וסרבנותם לשמוע בקול ה׳: למרות שזה נגד דברי הנביאים ונגד מה שכל בר דעת רואה ומבין, הם מקשים את עורפם שלא לשמוע. אבל כאשר ההקשר הוא טוב, כאשר ישראל עושים את רצונו של הקב״ה, אז זהו ביטוי של שבח גדול: הם מחזיקים בתורה ובמצוות ה׳ בעקשנות שמעבר לכל ההסברים, גם נגד מה שאומרים להם כל העמים, נגד השכל, נגד כל הסיכויים, אפילו יהרגו אותם. ובמשמעות זו הביטוי הוא אכן סיבה לסליחה.

כִּי הַסְּלִיחָה, כמו הרצון הפנימי, **הִיא גַּם כֵּן לְמַעְלָה מִן הַחָכְמָה, כִּי 'שָׁאֲלוּ לַחָכְמָה כו״**. מובא בתלמוד הירושלמי (מכות פרק ב הלכה ו):[29] "שאלו לחכמה: חוטא מהו עונשו? אמרה להם: 'חטאים תרדף רעה' (משלי יג,כא). שאלו לנבואה: חוטא מהו עונשו? אמרה להם: 'הנפש החוטאת היא תמות' (יחזקאל יח,ד). שאלו לקב״ה: חוטא מהו עונשו? אמר להם: 'יעשה תשובה ויתכפר לו'". על פי החכמה, על פי השכל, מי שחטא נושא בתוצאות. כל התפיסה השכלית של המציאות אומרת את זה, שיש סדר בעולם, שיש סיבתיות, שיש תוצאה לכל דבר שקורה ושאי אפשר לשנות זאת. לעומת זאת, הסליחה והאפשרות לחזור בתשובה אומרות שאין סיבתיות מוכרחת, שאין דבר שאי אפשר לשנות, שמעבר לכל הקשרים והכללים שרואה החכמה יש מציאות אחרת, מציאות שבה אין אלה חלים. החכמה היא הכלי שבו ברא הקב״ה את העולמות, היא כמו מבנה העל של העולם, היא המחשבה והשכל שעל פיהם העולם מתנהל. ולכן כששואלים אותה: "חוטא מה עונשו?" היא אומרת: "חטאים תרדף רעה". כך בנוי העולם וכך הוא פועל. החכמה אינה יכולה לשנות זאת כי זה מה שהיא. ואולם למעלה מהעולם, ואף למעלה מהחכמה, נמצא הקב״ה בעצמו, ואצלו יכול להיות מבנה־על גם על החכמה עצמה – וזוהי הסליחה.

הנפש שבאמת מבטא את האדם עצמו, ואשר בו נעשה חלק העבודה התלוי בבחירתו של האדם – לשנות כיוון, לשנות עוצמה – הוא הרצון.[27] דווקא בכוח הזה שהוא מֵעֵבר, שאיננו מוגדר ואיננו מוגבל בכוחות הנפש, שמבטא יותר מכל דבר אחר את הנפש עצמה – יכול האדם לבחור בחירה ולעבוד עבודה, לשנות את מידותיו ואת דרכיו.

וּמֹשֶׁה רַבֵּינוּ עָלָיו הַשָּׁלוֹם בִּיקֵּשׁ מִדָּה כְּנֶגֶד מִדָּה, היינו סליחה כנגד עם קשה עורף. כשאדם מתנהג עם הקב"ה בקשי העורף שלמעלה מהחכמה, כשהוא ממשיך לדבוק בו גם כשעל פי שכל אין לו שום סיבה לעשות זאת – זו סיבה לכך שגם הקב"ה יתנהג איתו באותה מידה ויסלח לו.

וְדַי לַמֵּבִין. הם החסידים שאליהם הוא פונה באיגרת זו, שהם מבינים על מה הוא מדבר, ודי בזה כדי להזכירם.

מכאן ועד סוף המכתב מוסיף אדמו"ר הזקן לדרוש מהחסידים, לכאורה בתחום אחר: שישררו ביניהם אחדות ואהבה, ושלא יחשבו ולא ידברו בשום אופן אחד כנגד חברו. ואולם ללא ספק קשורים הדברים לחלקה הראשון של האיגרת, שעסק בעבודת התפילה. שכן התנאי הראשון לעבודת התפילה, ובפרט לעבודת התפילה הפנימית של החבורה החסידית, הוא האחדות ואהבת איש את רעהו. כך מובא בשם האר"י ז"ל,[30] וכך פוסק אדמו"ר הזקן בסידורו (קודם תפילת השחר): שנכון לומר קודם התפילה: "הריני מקבל עלי מצוות עשה של 'ואהבת לרעך כמוך'".

וְעוֹד זֹאת אֶדְרוֹשׁ מִמַּעֲלַתְכֶם. כאן הוא דורש באופן מחייב, ולא רק מזכיר למתנדבים וכו' כדברים הראשונים. שכן קודם דיבר על תפילה, עבודה שבלב, דברים שאין אדם יודעם ממש עד שיהיו, שאין אדם יכול לדרוש ממש לא מעצמו ולא מאחרים. וכאן הוא מדבר על הנהגה פשוטה שבין אדם לחברו, דברים גלויים שכל אדם יכול וצריך לדרוש ולחייב את עצמו בהם. ויותר מזה, אלה הם דברים הכרחיים, שבלעדיהם אין מקום לשום דבר אחר, עליון ורוחני ככל שיהיה.

שֶׁלֹּא לְהַשְׁלִיךְ דִּבְרֵי אַחֲרֵיכֶם. הדברים שיאמר להלן, הגם שהם פשוטים ובסיסיים מאוד, אין רוב בני האדם אוהבים לשומעם. הם דורשים הרבה – הרבה עבודה והרבה הכנעה – ואין הם מלהיבים ומרוממים. ולכן רגילים אנשים להשליכם לאחוריהם: 'אחר כך', 'מישהו אחר', 'נחשוב על זה'. ההפך מלקבל את הדבר פנים בפנים: אני בעצמי, ברצינות, ממש, עכשיו.

אֲשֶׁר עָרַכְתִּי שִׂיחַ. שהרי האיגרת מכוונת אל חסידים ותיקים שכבר שוחח עימם, אולי אפילו עם כל אחד באופן אישי המתקבל והשייך אליו, ועתה הוא רק כותב את מסקנת הדברים כדרישה המחייבת למעשה.

לִהְיוֹת כָּל אִישׁ יָשָׁר וְהוֹלֵךְ בְּתוּמּוֹ (על פי משלי כח,ו). עיקר הדבר הוא היסוד הפשוט: אדם צריך להיות ישר ולא לרמות את הבריות, ובייחוד לא את עצמו. **כַּאֲשֶׁר "עָשָׂה הָאֱלֹקִים אֶת הָאָדָם יָשָׁר"** (קהלת ז,כט). הקב"ה ברא את האדם ישר, הוא נוהג עימו ביושר ודורש ממנו להיות ישר. 'ישר' פירושו לראות באמת ובפשטות שהקב"ה ברא אותו כפי שהוא צריך להיות ושהוא נוהג בו כפי שצריך לנהוג בו, בדיוק כך. אין כאן חשבונות מסובבים: זה כך בגלל שזה כך וכך, או כדי שיהיה כך וכך וכו' וכו'. וכשאדם מקבל זאת באמת, אזי הוא חושב ישר והולך בתמימות, בהשלמה פנימית עם כל מה שקורה.

ולא לבקש חשבונות רבים מעלילות מצעדי גבר ומחשבות אדם ותחבולותיו. כי זו מלאכת שמים היא ולא מלאכת בשר ודם. ולהאמין באמונה שלימה במצות חכמינו ז״ל והוי שפל רוח בפני כל אדם בכלל כי יציבא מלתא ותקין פתגמא שכל אחד מתוקן מחבירו. וכתיב כל [איש] ישראל כאיש אחד חברים. כמו שאיש אחד מחובר מאברים רבים ובהפרדם נוגע בלב כי ממנו

במקומות אחרים[31] מבואר שהכתוב ״אשר עשה האלהים את האדם ישר״, מכוון לנפש האלוקית של האדם, הקשורה ומושרשת ישירות למעלה מעלה, חלק אלו־ה ממעל ממש. ומשמעות הדבר היא שבכל הנפש הזו, בכל שלבי ירידתה לגוף הגשמי, אין שום ממוצעים בינה לבין הקב״ה בעצמו. החיות שממהותו ומעצמותו היא המחיה אותה מלמעלה ועד למטה; כמו שהיא למעלה כך היא למטה, בכל דרגה ובכל פרט – ואם כן מודגש עוד יותר שחיי כל אדם מישראל, בכל פרט שבהם, קשורים ישירות לשורש שורשי כל ההוויות.

וְלֹא לְבַקֵּשׁ חֶשְׁבּוֹנוֹת רַבִּים (על פי קהלת שם). הבעיה היא שלכל אדם יש תמונה, מעוותת בדרך כלל, של עצמו והעולם. כל אדם חושב ומנסה להבין מה קורה ומה יקרה וכו׳, אלא שמחשבותיו מוטות על ידי מידותיו, אהבותיו ופחדיו, זיכרונותיו ותקוותיו, ובעיקר – על ידי תחושת הישות שלו. ככל שאדם מגושם יותר ונמצא יותר בעולם הזה כך תחושת הישות חזקה ומשפיעה יותר; ומשום כך כאשר קורה דבר בחייו, וזה אינו מתאים לתמונה שנמצאת אצלו, איך שנראה לו שצריך להיות, הוא מנסה לסדר את הדבר על ידי ׳חשבונות רבים׳.

מֵעֲלִילוֹת מִצְעֲדֵי גֶבֶר וּמַחְשְׁבוֹת אָדָם וְתַחְבּוּלוֹתָיו (על פי תפילת ראש השנה). אין לבקש זאת כי ״מה׳ מצעדי גבר״ (תהלים לז,כג, ומשלי כ,כד), דרך חייו של אדם וכל מה שקורה עימו – ״ואדם מה יבין דרכו״ (משלי שם), הוא איננו מבין זאת; וכן לעניין ״מחשבות אדם״ – מה שהוא חושב ומנסה להבין ולסדר על פי זה – שהרי ״ה׳ ידע מחשבות אדם כי המה הבל״ (תהלים צד,יא). שהחשבונות והמחשבות של אדם, שהוא מנסה להסביר ולסדר את הדברים לדעתו, אינם מכוונים לטובת האדם ולאמת.

כִּי זוֹ מְלֶאכֶת שָׁמַיִם הִיא וְלֹא מְלֶאכֶת בָּשָׂר וָדָם. ״מצעדי גבר״, לאן הולך אדם, לא רק בכלל חייו אלא בכל צעד, אין מחשבתו של אדם יכולה לתפוס. החיים האמיתיים, אפילו בדרגה הפשוטה ביותר, הם מלאכת שמיים; והחשבונות והקשרים, הסיבות והמשמעויות, כיצד ולמה ולאן, הם בהיקף שאינו בערך הבנתו של אדם.

אין זה אומר שאדם אינו צריך לחשוב על מה שקורה ולנסות להבין, ללמוד, לתקן ולתכנן. אבל לא כמי שיוצר את הדברים והוא אדון להם, אלא כמי שקורא את הדברים שקורים, את האנשים והמאורעות, בכל הצניעות והתמימות; שמקבל אותם ישר, כפי שהם, שמקשיב באמונה מבלי לכפות עליהם את רצונותיו ומחשבותיו. רק על בסיס

כזה יכול האדם וצריך לחשוב, להבין ולדעת מה עליו לעשות, לקבל אחריות, לבחור בדרך טובה וללכת בה וכו'.

וּלְהַאֲמִין בֶּאֱמוּנָה שְׁלֵימָה בְּמִצְוַת חֲכָמֵינוּ ז"ל: 'וֶהֱוֵי שְׁפַל רוּחַ בִּפְנֵי כָּל אָדָם' (אבות פרק ד משנה י). הוראה זו – "והוי שפל רוח וכו'" – צריכה "אמונה שלימה". לא אמונה שצריך לעשות זאת, אלא אמונה שכך הוא באמת. שהרי אין זו הוראה לעשייה, אלא של מחשבה והרגשה, של תפיסת עולם, ולכן האמונה כאן היא מהותית לקיום הדבר באמת בכל דרגות נפשו.

בִּכְלָל. יש בהוראה זו, "הוֵי שפל רוח וכו'", הסתכלות פרטית והסתכלות כללית. הפרטית היא ביחס אישי כלפי פלוני, שצריך להיות שפל רוח לגביו בפרט. הוראה זו נוגעת בעיקר לעבודת האדם בעצמו עם עצמו, בנוגע למידותיו ולהתנהגותו. אמנם כאן מדובר בהתייחסות הכללית של אדם – למצב האדם הפרטי ביחס לכלל מסוים, לקבוצה ולציבור של יהודים, מצד היותו חלק מהכלל. לכן גם אין הוראה זו מתייחסת לאדם פרטי כלשהו אלא אל הכלל: "הוֵי שפל רוח בפני כל אדם – בכלל".[32]

כִּי יַצִּיבָא מִלְּתָא וְתַקִּין פִּתְגָּמָא (אמת הדבר ונכון הפתגם)[33] **שֶׁכָּל אֶחָד מְתוּקָּן מֵחֲבֵירוֹ.** למרות שאמרה זו יכולה להראות כהמלצה חינוכית, שטוב לחשוב כך, היא האמת לאמיתה. כי באמת לכל אדם יש צד שהוא חסר בו, שבו האחר מתוקן ממנו. אמנם כאן ההבנה אינה רק ערכית, אלא גם תכליתית ומעשית, לאמור שכל אחד, כל אדם, נעשה מתוקן על ידי חברו. שרק בתוך הכלל, בתוך ההוויה של חבורת החסידים, יכולים החסידים להגיע לתיקון העצמי ולשכלול של עבודת ה'. ולא עבודת ה' הפרטית האישית של פלוני ופלוני, אלא העבודה עצמה: התפילה העולה מתוך הכלל; האור, הכוח הרוחני של טוב העולה מעבודת הכלל.

וּכְתִיב: "כָּל [אִישׁ] יִשְׂרָאֵל כְּאִישׁ אֶחָד חֲבֵרִים" (על פי שופטים כ,יא). הוא תופס את הכתוב כפשוטו ממש – כלל ישראל הם כמו איש אחד: **כְּמוֹ שֶׁאִישׁ אֶחָד מְחוּבָּר מֵאֵבָרִים רַבִּים, וּבְהִפָּרְדָם נוֹגֵעַ בַּלֵּב כִּי מִמֶּנּוּ תּוֹצְאוֹת חַיִּים.** יש הבדל בין קבוצה של מספר אנשים ובין קבוצת איברים של גוף אחד. אנשים יכולים להיפרד זה מזה, אבל האיברים של הגוף תלויים זה בזה, הם אינם יכולים להיפרד, ואם ייפרדו התוצאה תהיה שהם יפסיקו לחיות. מה שאומר כאן אדמו"ר הזקן הוא שכל נשמות ישראל אינם כמו סתם קבוצת אנשים אלא כמו איברים של גוף אחד, שבהיפרדם אין להם חיים חס ושלום.

הלב הוא מרכז החיים של כל איברי האדם, ממנו מתפשטים החיים בכל האיברים ואליו הם שבים. כל התנועה הזו של החיים, שהיא היא החיים, תלויה בזה שהאיברים כולם מחוברים זה לזה, מקבלים זה מזה ונותנים זה לזה. אין הם כחלקים נפרדים שיש חשבון ושיקול דעת בין זה לזה, אלא כמו איברי הגוף, שאין כל אחד מהם מרגיש את עצמו לעומת איבר אחר; שאין שום חסימה בין אחד לאחד, אלא הוא מרגיש את כולם כאחד, כאחדות אחת. ואם הם נפרדים אין הדבר נוגע רק לאותו איבר שנפרד, אלא הוא נוגע גם ללב ופוגע בכלל החיים הנמשכים בכל האיברים.

תוצאות חיים. אם כן אנחנו היות כולנו כאיש אחד ממש תיכון העבודה בלב ומכלל הן כו׳. ועל כן נאמר ולעבדו שכם אחד דוקא. ועל כן אהוביי ידידיי נא ונא לטרוח בכל לב ונפש לתקוע אהבת רעהו בלבו. ואיש את רעת רעהו אל תחשבו בלבבכם כתיב ולא תעלה על לב לעולם ואם תעלה יהדפנה מלבו כהנדוף עשן וכמו מחשבת עבודה זרה ממש. כי גדולה לשון הרע כנגד עבודה זרה וגילוי עריות ושפיכות דמים.

אִם כֵּן אֲנַחְנוּ, הֱיוֹת כּוּלָּנוּ כְּאִישׁ אֶחָד מַמָּשׁ, אָז תִּיכּוֹן הָעֲבוֹדָה בַּלֵּב, וּמִכְּלַל הֵן כו׳ אתה שומע לאו, דהיינו שאם לא יהיו כאיש אחד ממש, אז לא תיכון העבודה בלב.

לביטוי ״נוגע ללב״, ובייחוד ״תיכון העבודה בלב״, יש כאן כפל משמעות. הלב, כמו במשל, הוא האיבר שבמרכז החיים, וזרימת החיים ממנו תלויה באחדות שבין האיברים;[34] ובנמשל – באחדות בין האנשים הפרטיים שבכלל. ואולם ללא ספק יש כאן אמירה נוספת המתייחסת למשמעות הביטוי ״העבודה בלב״ כעבודת התפילה, ולתפילה כליבה של החסידות, מקור ותוצאות החיים החסידיים. החיות של החסידים תלויה בתפילה, והתפילה החסידית, הראויה, תלויה באחדות בין החסידים, כאיש אחד.

וְעַל כֵּן נֶאֱמַר: ״וּלְעָבְדוֹ שְׁכֶם אֶחָד״[35] דַּוְקָא. במקומות אחרים[36] מפרש אדמו״ר הזקן ש׳שכם׳ הוא אחורי הכתפיים, וברוחניות הוא כינוי לאחוריים. כל פנימיות היא במהותה אחדות, לעומת האחוריים שהם מקום הריבוי והפירוד. הביטוי ״שכם אחד״ משמעו אפוא שהאחוריים – הנפרדים – מתאחדים עם הפנימיות, ואף יותר מזה: מתבטלים אל הפנימיות. ומה שאומר הכתוב הוא שהעבודה, בחינת העיבוד והתיקון של האדם והעולם, היא ״לעבדו שכם אחד״, כלומר לאחד את השכם, את האחור והאחר, עם הפנימיות והאחדות.

וְעַל כֵּן אֲהוּבַיי יְדִידַיי, נָא וָנָא לִטְרוֹחַ בְּכָל לֵב וָנֶפֶשׁ לִתְקוֹעַ אַהֲבַת רֵעֵהוּ בְּלִבּוֹ. כאן באה מסקנת הדברים למעשה, מה יש לעשות בפועל. ולכן אין הוא אומר שצריכה להיות אהבה – זה מופשט מדי – אלא שיש לטרוח בחוזקה, לא לוותר, עד שתבוא האהבה. וכיצד ועד כמה יש לטרוח? – ״בכל לב ונפש״. פירוש הדבר הוא שאין די במאמץ צדדי – חצי שעה ביום, אם יש זמן – אלא עד שאין משאירים שום דבר, לא רגע ולא חלק בנפש שאינננו חלק מהטרחה הזו.

״לתקוע אהבת רעהו״, כלומר לתקוע את המחשבה על הדבר, ועל נחיצותו ונכונותו, עד שירגיש כלפי האחר כפי שהוא מרגיש כלפי עצמו. ואת ההרגשה הזו יחדיר חזק ״בלבו״, לא ייתן ללב להפסיק להרגיש, אלא יתקע אותה יותר ויותר עמוק.

האחדות בחיצוניות (שכם) היא הכלי לאחדות הפנימית בפשטות מדבר כאן אדמו״ר הזקן על האחדות שבין החסידים, ולא על אחדות הנפשות למעלה. אלא שאל האחדות והדבקות העליונה (בתפילה) אי אפשר להגיע אלא דרך האחדות למטה – ״ואהבת לרעך כמוך״. את האחדות המהותית אי אפשר לחלק; אי אפשר לומר שלמעלה יש אחדות ולמטה אין אחדות. ולכן כל זמן שאדם אינו מרגיש אחדות ואהבה למטה, כלפי סביבתו

כאן משתמש אדמו"ר הזקן באותה לשון שבה משתמשת התורה לאהבת ה' – "בכל לבבך ובכל נפשך",[37] לגבי אהבת איש את רעהו. שהרי, כפי שנאמר כאן, אין לזו בלא זו, שכל אהבות אלו הן בעצם מערך אחד של אהבה.

"וְאִישׁ אֶת רָעַת רֵעֵהוּ אַל תַּחְשְׁבוּ בִּלְבַבְכֶם" כְּתִיב (זכריה ח,יז). אחר שדיבר על ה'עשה', על אהבת רעהו, הוא מדבר כאן על ה'לא תעשה'. הלא תעשה באופן כללי הוא שלא לשנוא את רעהו בלבבו (ויקרא יט,יז), ואולם הניסוח כאן הוא "איש את רעת רעהו אל תחשבו". הטעם לכך הוא, כפי שנאמר למעלה, שזו הדרך לעשות את הדבר; לא רק הוראה כללית כיצד צריך להיות, אלא משהו מסוים, שאפשר לעשות עכשיו. זאת ועוד: הרי מדובר כאן באהבת הרעים כיסוד לעבודה הפנימית של התפילה, ומה שמפריע ואינו מאפשר אפילו להתחיל להתפלל הוא כשאדם חושב רע על חברו. כבר למדנו בחסידות שמחשבתו של אדם היא המקום שהוא נמצא בו,[38] כשהוא חושב רעה על חברו מעיד הדבר על מקומו שלו:[39] הוא זה שתקוע באותה רעה, הוא זה שנתפס במחשבה זו ואינו יכול לעלות אפילו טפח, שכן היא אינה נותנת לו להתאחד לא עם חברו למטה ולא עם חברו למעלה.

וְלֹא תַעֲלֶה מחשבה כזו **עַל לֵב לְעוֹלָם**, לכתחילה. **וְאִם תַּעֲלֶה**, שהרי אין לאדם (הבינוני) שליטה על הרגשות והמחשבות העולות בליבו – **יְהַדְּפֶנָּה מִלִּבּוֹ** תכף ומייד, שלא תשאיר שום רושם בנפשו, **כְּהִנְדּוֹף עָשָׁן** (על פי תהלים סח,ג). העשן, אחרי שהודפים אותו אינו משאיר אחריו דבר – לא כתם ולא רושם – כמו לא היה כלל.

וּכְמוֹ מַחֲשֶׁבֶת עֲבוֹדָה זָרָה מַמָּשׁ. מחשבה כזו שאדם חושב רעה על רעהו היא רע מוחלט, כמו מחשבה שאדם חושב לעבוד עבודה זרה. השוואה קיצונית כזו באה להוציא מדעה משובשת שיכול מישהו להעלות בדעתו: שהרי הוא רואה רע בחברו, ואולי צריך הוא לחשוב על הדבר כדי להבדיל את עצמו מהרע וכו'. לכן אומר אדמו"ר הזקן שמחשבה כזו כמוה כמחשבת עבודה זרה ממש, שמעצם הגדרתה היא לא יכולה להיות רצויה לעולם – אין לה שום הצדקה, ואין שום אופן בעולם שתהיה או שיצא ממנה דבר טוב (שהרי עצם המחשבה הזו היא כבר עבודה זרה[40]). ועוד: כשם שבמחשבת עבודה זרה אדם מפריד עצמו מהקב"ה, כך החושב רעת חברו מפריד את עצמו מחברו – והרי זה, כפי שהוסבר, כמפריד את עצמו מהקב"ה בעצמו.

כִּי גְדוֹלָה, חמורה, העבירה של דיבור **לְשׁוֹן הָרַע כְּנֶגֶד** (כמו) **עֲבוֹדָה זָרָה וְגִילּוּי עֲרָיוֹת וּשְׁפִיכוּת דָּמִים** (על פי ערכין טו,ב), שהן שלוש העבירות החמורות ביותר, שעליהן נאמר "ייהרג ואל יעבור", שאפילו פיקוח נפש אינו דוחה אותן – כלומר שאין בהן שום צד של היתר.

כאיש אחד – תיכון העבודה שבלב העלייה הקרובה, הממשית, כלפי האנשים הנמצאים איתו, במחשבות שלו – אין הוא יכול להגיע אל האחדות והאהבה העליונה.

שאדם עולה בתפילה למעלה, בעולמות הרוחניים, היא שינוי שהוא עובר בנפשו (ואם הוא איננו משתנה הוא איננו עולה ממש, אלא רק נדמה לו שהוא עולה). ואחד השינויים הוא שהגבולות של ה'אני' ביחס ל'אחר' הולכים

ואם בדבור כך כו׳ וכבר נודע לכל חכם לב יתרון הכשר המחשבה על הדבור הן לטוב והן למוטב. וה׳ הטוב המברך את עמו בשלום ישים עליכם שלום וחיים עד העולם כנפש אוהב נפשם מלב ונפש:

וְאִם בְּדִבּוּר כָּךְ כו׳. אם דיבור לשון הרע הוא כמו עבודה זרה וכו׳, מכל שכן המחשבה של החושב רעת רעהו. שהרי לעניין התפילה ועבודת הלב הפנימית המחשבה משפיעה ומפריעה עוד יותר מהדיבור והמעשה.

והוא מבאר: **וּכְבָר נוֹדַע לְכָל חֲכַם לֵב יִתְרוֹן הֶכְשֵׁר הַמַּחֲשָׁבָה עַל הַדִּבּוּר.** ׳חכם לב׳ הוא זה שרואה את פנימיות הדברים, שחש בהתרחשות הפנימית ובכוחה,[41] ובהסתכלות זו המחשבה בוודאי משפיעה יותר. הדיבור הוא חיצוני לנפש האדם; אדם יכול לדבר ויכול שלא לדבר, לדבר על דבר אחד ולחשוב על דבר אחר וכו׳. מה שאין כן המחשבה, אדם איננו יכול שלא לחשוב, ואיננו יכול לחשוב על דבר אחד ולהרגיש דבר אחר. המחשבה מאוחדת עם הנפש עד שאפילו האדם עצמו איננו יכול להפריד ביניהן, והיא לוקחת את הנפש איתה, בעל כורחה.

הֵן לְטוֹב וְהֵן לְמוּטָב. כלומר הן לטוב והן ללא־טוב.[42] הכשר המחשבה, השפעתה של המחשבה על הנפש, יכולה להיות טובה גדולה. יכולתן של מחשבות טובות לגרום לאדם להרגיש טוב ולפעול טוב היא מן המפורסמות; ולא רק מחשבותיו של אדם על עצמו, אלא אף על אחרים שחושבים עליהם את המחשבות הטובות, וכל מי שנמצא בסביבה ובאווירה שבה נחשבות המחשבות הטובות, מושפע מהן רוב טוב. וכן הוא גם למוטב, כפי שנאמר למעלה.

וה׳ הַטּוֹב, הַמְבָרֵךְ אֶת עַמּוֹ בַּשָּׁלוֹם, יָשִׂים עֲלֵיכֶם שָׁלוֹם וְחַיִּים עַד הָעוֹלָם, כְּנֶפֶשׁ אוֹהֵב נַפְשָׁם מִלֵּב וָנֶפֶשׁ. אלה הם דברי ברכה ושלום בסיום האיגרת, והברכה הזו היא ממין הדברים שדובר בהם באיגרת על השלום בין החסידים, שהוא הכלי להמשכת החיים והחיות החסידיים. והסיום לסיום הוא שיהיו השלום והאהבה ביניהם כפי שהם בנפשו שלו, של הרבי, שהוא "אוהב נפשם מלב ונפש". הרבי הוא הראש, המוח והנפש, של כלל החסידים. הנפש הפרטית של הרבי כוללת במובן זה את החסידות והחסידים כולם; כמו

ומיטשטשים. הבדלי האינטרסים, האישיות, ובשורש הכול ההבדל העצום שקיים בין ׳אני׳ ובין כל אחר – הולכים ונעלמים, הולכים ונעשים פחות משמעותיים; ואם לא – אין האדם עולה למעלה.

הכשר המחשבה ביטוי זה שייך לתחום ההלכה בדיני טומאה וטהרה. למשל, מאכל ה׳מוכשר לטומאה׳ הוא מאכל שבאו עליו משקים ברצון הבעלים, ואז הוא נמצא במצב שהטומאה יכולה לחול עליו. ואם באו עליו המים שלא ברצון אין המאכל מוכשר לקבל טומאה. רצון זה הוא מחשבה, ונמצא שהמחשבה לבדה, אף לפני הדיבור ולפני המעשה, היא זו שמכשירה את אפשרות הטומאה. אכן, ההכשר לקבלת טומאה איננו

עצם הנפש לגבי איברי הנפש והגוף, שיש בה עצמה את כל החיות המתפשטת ומתגלה באיברים, בתמציתה ובטהרתה, כפי שצריך להיות. ובזה הוא מברך אותם – שיהיו כל אלה ביניהם בגשמיות וחיצוניות כפי שהם בתוך נפשו שלו.

איגרת קטנה זו, השייכת לזמנן ולעניינן של תקנות ליאזניא, עוסקת בצד נוסף של בניין חברת החסידים וגיבושה. לא רק בקביעת נהלים, אלא בעיקר בצד הפנימי הרוחני של החסידות, המתבטא בעבודת התפילה. לאחר שבמשך דורות נדחקה התפילה למקום לא ברור בין התורה והמצוות, שהיו לעיקר, החזירה החסידות את התפילה אל מרכז החיים הדתיים – פחות כבקשת צרכים ויותר כהתחברות ודבקות באלוקי, וכהתעלות האדם וכוחות נפשו בהתבטלות בו. התפילה, במובן הזה, אינה רק תפילת הפרט אלא תפילת הציבור (ציבור במובן הכולל ביותר, המתייחס לכלל ישראל, לכנסת ישראל, לשכינה שבישראל, שהמניין וחבורת החסידים הם רק הפתח אליו); כי גם היחיד המתפלל, העולה ודבק באלוקי, איננו עוד פרט לעצמו: הוא מתבטל בתור שכזה ונעשה אך כלי ביטוי ייחודי עבור המציאות כולה. כאן מתחברים שני חלקי האיגרת – כי אדם שמתפלל כך אינו יכול להרשות לעצמו פירוד כלשהו, בייחוד לא מחבריו החסידים. באהבת הרעים ובאחדותם, בטוב שכל אחד חושב על חברו, בחיזוק שהוא מחזק אותו – רק כך יכול החסיד הפרטי לעמוד בזה, ורק כך אפשר לקיים את עבודת התפילה הזו ואת הקשר אל הרבי. שהרי בעבודת התפילה מצטרפים החסידים אל הרבי בעבודתו הפנימית כמו איברים המצטרפים אל רצון הנפש. וכשהחסידים מתפללים כך הם יחד עם הרבי, לא רק בבחינת מקבלים אלא איתו בעבודתו, משפיעים ומתקנים – את החסידים, את היהודים, את העולם ואת כל מה שנקרה בדרכם.[43]

עדיין טומאה: הוא רק ההכנה הפנימית, הוצאת הדבר מהאי־רלוונטיות שלו והפיכתו לדבר חשוב, שיכול מעתה לקבל טומאה וכו׳. אף כאן, הדיבור הוא אכן זה שפועל ויוצר דברים; אבל דיבור בלא מחשבה איננו כלום, והמחשבה היא זו שמכשירה את האדם, או את המצב, לכך שהדיבור יהיה משמעותי. כשאדם חושב את רעת רעהו בליבו הוא מכשיר את המצב לקבל את הטומאה, ומאותה שעה הדיבור, כל תנועה ורמז, כבר יפעלו טומאה וחורבן; ולהפך, מחשבה טובה תכשיר את הדיבור לפעול טוב וקדושה. אין זה אומר שהמחשבה חשובה ומזיקה יותר מהדיבור, אלא שהמחשבה מכשירה את הדיבור, מחשיבה אותו להיות משמעותי, לטוב ולמוטב.

הערות לאיגרת הקודש

מבוא

1. ובאמת צריך היה להקרא אגרות הקדש, לשון רבים, ואולי הוא אגב דהשם ״אגרת התשובה״ (כ״ק אדמו״ר זי״ע).
2. ופעמים, אם הענין היה כזה שהפרסום אינו יפה לו, לא היה הענין נכתב כלל ורק היה נמסר לחסידים בעל־פה על ידי השליח נושא האגרת (ספר הקן, איגרת אדמו״ר הזקן ״וצדקה כנחל איתן״ להרב חיים ליברמן).
3. לשון ההסכמה המופיעה בראש ספר התניא, והמתייחסת להוספת ׳אגרת הקדש׳ לספר.
4. מרשימת כ״ק אדמו״ר הריי״ץ. נדפס בספר קיצורים והערות לתניא.
5. האיגרות נערכו על ידי בני המחבר ונראה שלא נמצאו בידם גופי האיגרות מכתב יד אדמו״ר הזקן עצמו, אלא רק מהעתקות שנמצאו בידי החסידים – ראו הסכמה למהדורות שקלוב תקע״ד, ׳ספר התניא מהדורותיו תרגומיו וביאוריו׳ לרב יהושע מונדשיין, עמ׳ 2והלאה; וראו גם ספר הקן שם.

איגרת א

1. ראו בספר המאמרים תש״ח עמ׳ 17(מובא ב׳שיעורים בספר התניא׳) שאיגרת זו לא נכתבה בזמן אחד אלא בזמנים שונים הפרושים על פני כל שנות התהוותה של תנועת חסידות חב״ד בהנהגתו של אדמו״ר הזקן.
2. הביטוי ״להודות לה׳ כי טוב״ מופיע פעמים רבות במקרא. כגון: ירמיה לג,יא; תהלים קו,א; שם קיח; ועוד. ועניינו, הודאה על בשורות טובות. ברש״י בראשית כד,נב על פי בראשית רבה פרשה נח,ו (כ״ק אדמו״ר זי״ע).
3. על פי משלי כה,כה ועוד.
4. על פי בראשית יט,א; שם מה,כז; ישעיה נה,ג ועוד.
5. שחלוקת הש״ס צריכה להיות גם למסכתות שאין עליהן גמרא, ולשלול ״רובו ככולו״ (מהערת כ״ק אדמו״ר זי״ע).
6. ראו לקמן קונטרס אחרון ד״ה הוכח תוכיח, דף קסג,ב.
7. שכן כאשר נכתב חלק זה של האיגרת היה זה עוד לפני המאסר והגאולה בי״ט כסלו. ולהעיר, שבין השנים תרס״ג לתשי״ג לא ערכו חלוקת הש״ס בי״ט כסלו מפני אפס הפנאי. וראו טעמים נוספים לחלוקת הש״ס בי״ט כסלו בשיחת כ״ק אדמו״ר זי״ע בכ״ד טבת תשי״א–תשי״ב, י״ט כסלו תשי״ז, י״ט כסלו תשמ״ח ועוד.
8. ממכתב כ״ק אדמו״ר מוהרש״ב באיגרות קודש שלו, כרך א עמ׳ צח. נדפס גם בלוח ׳היום יום׳ בתחילתו.
9. תורה שבכתב ותורה שבעל־פה בחינת חכמה ובינה או בחינת זו״ן, ותורה שבעל־פה היא בחינת בינה ונוקבא שהיא בצד הגבורה (כ״ק אדמו״ר זי״ע). וראו זהר חלק ג רנז,א: ״אורייתא דבכתב מסטרא דחסד ואורייתא דבעל־פה מסטרא דגבורה״. וראו עץ חיים שער לה סוף פרק ג, ושער הכללים פרק א.

10. ראו תורה אור סו,א, ונקראת גם תושייה שמתשת כוח הסטרא אחרא.

11. ראו ליקוטי אמרים פרק לו.

12. מכילתא דרשב"י יט,טז; ספרי דברים פיסקא שמג; שיר השירים רבה פרשה ב,י; זהר חלק ב נח,א, ועוד.

13. ראו הקדמה לתיקוני זהר יז,א (פתח אליהו): "חסד דרועא ימינא, גבורה דרועא שמאלא" וכו'.

14. ראו רמב"ם, הלכות יסודי התורה פרק א הלכה ח.

15. ראו דרך מצוותיך, מצוות האמנת אלוקות, בפרקים הראשונים.

16. ראו דרך מצוותיך, מצוות אחדות ה'.

17. ראו מאמרי אדמו"ר הזקן תקס"ד עמ' קצז; אור התורה בראשית חלק ג ד"ה להבין עניין הברכות; וראו מאמרים מלוקטים (מהדורת תשנ"ב) חלק ה עמ' שמב שעניין הברכה הוא ההמשכה וגילוי הוי"ה דלעילא בהוי"ה דלתתא; מעלמא דאתכסיא לעלמא דאתגליא.

18. הביטוי מתקוני זהר סוף תיקון נז, ובכמה מקומות. וראו זהר חדש, פרשת יתרו, מאמר ד' ימי בראשית.

19. ראו המשך תרס"ו עמ' קפח ובמקומות רבים בחסידות שבהם מדובר על ביטוי זה.

20. שיר הייחוד ליום שלישי.

21. על פי ספר יצירה פרק ג משנה ו ועוד.

22. תהלים קלט,ו.

23. על פי תהלים קמח,יד.

24. ראו להלן סימן יז: "כמו שכתב בלקוטי הש"ס מהאר"י ז"ל בפירוש מאמר תלמידי חכמים אין להם מנוחה כו', שעולים תמיד ממדרגה למדרגה בהשגת התורה שאין לה סוף".

25. על פי ויקרא טז,טז: "השוכן אתם בתוך טֻמאתם". וראו ספרי במדבר פיסקא א; זהר, רעיא מהימנא, חלק ג רנה,ב, ועוד.

26. מנחות כט,ב; ירושלמי חגיגה פרק ב הלכה א; בראשית רבה פרשה יב,י, ובכמה מקומות.

27. תשובה ומעשים טובים (מצוות) שייכים דווקא לעולם הזה: המצוות משום שהן קשורות כולן למעשה בתוך החומר; והתשובה משום שמהותה, מהות השינוי וההיפוך, אינה אפשרית אלא בתוך העולם התחתון שלנו (וראו לקוטי תורה במדבר עה,ג ובכ"מ).

28. ראו דגל מחנה אפרים כי תשא ד"ה פסל.

29. כמו הבדל המשמעות בין 'תורה מן השמיים' לתורה שהיא בעצמה שמיים.

30. ראו ליקוטי אמרים פרק יד.

31. זו אחת הבעיות של תרבות הסמים, ומבני־העל של תרבות הסמים, שהיא בנויה על חוויות במקום על הוויות; על ההרגשה הסובייקטיבית שנעשית דבר לעצמו עד שהיא מחליפה לחלוטין את המציאות האובייקטיבית.

32. אבות פרק ד משנה יז.

33. ראו לקוטי תורה ויקרא מה,ג; דרך חיים שער התפילה נב,ב; ספר המאמרים תרח"ץ עמ' נב; ליקוטי שיחות חלק ז עמ' 30; מאמרים מלוקטים חלק ג עמ' עא ועוד. וכן בספרי חסידות רבים, כגון: דגל מחנה אפרים, ליקוטים ד"ה מצוה; קדושת לוי פרשת וירא; מאור עיניים פרשת וירא ועוד. וראו פרי עץ חיים שער הלולב פרק ג: "כשארז"ל (ברכות ו,ב) כל העולם כולו לא נברא אלא לצוות לזה, שהוא לשון חיבור".

34. משלי כז,כט. וכמו שנתבאר ח"א (ליקוטי אמרים) פרק מט (הערת כ"ק אדמו"ר זי"ע). ושם נתבאר על שתי הברכות של קריאת שמע – הברכה הראשונה מבטאת את הגדולה והשגב, והברכה השנייה, "אהבת עולם", את האהבה והקרבה.

35. על פי יחזקאל א,יד. וראו חגיגה יג,ב, ספר יצירה פרק א משנה ד, וליקוטי אמרים פרק מא.

36. ראו בעש"ט על התורה, תחילת פרשת נח.
37. על פי סוטה מז,א וסנהדרין קז,ב.
38. "חסד דרועא ימינא, גבורה דרועא שמאלא, תפארת גופא וכו'" (הקדמת תיקוני זהר יז,א).
39. ספר יצירה פרק א משנה ו.
40. זהר חלק ב קכא,א; שם פה,א ועוד.
41. ראו תנא דבי אליהו רבה פרק א.
42. רש"י בתהלים שם: "תעטרנו – תסובבנו, כמו: 'ושאול ואנשיו עוטרים אל דוד ואל אנשיו' (שמואל א כג,כו)".
43. לקמן אגרת הקדש סימן כט.
44. באגרת הקדש שם: "המעמידה חילות הרבה, כמו שכתוב ועלמות אין מספר וכו' אלו ההלכות".
45. זהר חלק ב פה,א ועוד. או במלכות (בזהר שם, וראו תורה אור ו,ג ועוד), ואז תורה שבכתב, "בעלה", הוא בחינת זעיר אנפין. וראו ליקוטי תורה דרושים לסוכות פ,א, שיש צד שתורה שבכתב בחינת בינה ותורה שבעל פה בחינת חכמה. ואף שלמטה תורה שבכתב היא בחינת ז"א ותורה שבעל פה בחינת מלכות, הרי אדרבה – "בחכמה יסד ארץ", שהיא מלכות, תורה שבעל פה, ו"כונן שמים", היא תורה שבכתב, "בתבונה". וראו תורה אור א,ג.
46. ראו תורה אור ד"ה ויגש אליו יהודה (מג,ג); לקוטי תורה שיר השירים מח,ב; מאמרי אדמו"ר הזקן תקס"ה עמ' עא ו־עז.
47. מגילה כח,ב. וראו אגרת הקדש סימן כט.
48. מכאן הביטוי "נובלות חכמה של מעלה תורה" (בראשית רבה פרשה יז,ה ו־מד,יז). כלומר, שחכמת התורה שבידינו אינה אלא "נובלות", מותרות ושיריים הנושרים מן החכמה האלוקית.
49. ראו דגל מחנה אפרים, פרשת האזינו, ד"ה "כי". וראו ספר קול מבשר, חלק א, פרשת תולדות: "על פי מה שהגיד כ"ק הרבי ר' בונם מפרשיסחא זי"ע, שהכל נפגם בחורבן הבית, חוץ מתורה. וזהו 'תורת ה' תמימה'. שהיא לעולם תמימה בלי פגם".
50. נידה עג,א.
51. ספרי, ברכה, פסקה ב; שיר השירים רבה פרשה א, פסקה כג; שם פרשה ב, פסקה יב; תנחומא במדבר ג ועוד.
52. תהלים לד,ט. וראו מצודות ציון שם: "טעמו – כן יקרא ידיעת השכל ובחינתו, כמו 'טעמה כי טוב סחרה'".
53. ראו ליקוטי אמרים פרק מא. וראו בהקדמה לספר עולת תמיד; שער הכוונות פרשה א דקריאת שמע, ועוד.
54. וכמו שכתוב: "וישכם אברהם בבֹּקר" (בראשית כב,ג ועוד) וראו שער הכוונות דרושי ברכת השחר. והוא זמן תפילת שחרית (ראו ברכות כו,ב; זהר חלק א עב,א, ובכ"מ).
55. נראה שהכוונה לאיגרת המתחילה "הוכח תוכיח" שבסוף קונטרס אחרון.
56. על פי שמואל א א,כט; איכה ב,יט.
57. ספרי דברים פיסקא לב: "'ובכל נפשך' – אפילו הוא נוטל את נפשך, וכן הוא אומר: 'כי עליך הורגנו כל היום נחשבנו כצאן טבחה'. רבי שמעון בן מנסיא אומר: וכי היאך אפשר לו לאדם ליהרג בכל יום? אלא מעלה הקדוש ברוך הוא על הצדיקים כאילו הם נהרגים בכל יום. שמעון בן עזיי אומר: 'בכל נפשך' – אהבהו עד מיצוי נפש". וראו בראשית רבה פרשה צב,ב: "'(על זאת יתפלל כל חסיד אליך) לעת מצוא' – לעת מצוי היום, לעת מצוי הדין, לעת מצוי הנפש, לעת מצוי החשבון".
58. כך הסבירו את דברי התלמוד (ברכות לב,ב): "חסידים הראשונים היו שוהין שעה אחת ומתפללין שעה אחת וחוזרין ושוהין שעה אחת". קודם התפילה היו שוהין משום שהיו מתכוננים לתפילה, ולאחר התפילה – מובן על פי האמור כאן.

59. הערת כ"ק אדמו"ר זי"ע: "שלהעיר מזהר ח"א סב,ב (תוספתא) ובמפרשיו שם. ואגרת הקדש בקובץ 'מאה שערים' ב,ב ובהנסמן שם. וראה מאה שערים ט,ב".

וראו בתקוני תשובה לרמ"ע מפאנו פרק כו (נדפס בסוף ספר מאה קשיטה) החשבון של שעה וחצי (ניצוצי זהר). ובפירוש הסולם שם: "כי ג' קוין של המוחין, שהם חכמה בינה דעת, נקראים שלש שעות, וקו הדעת נחלק לשנים, שהם חסד וגבורה. ולפי זה נמצא שבעת שהאיר השמאל האירה הבינה שהיא 'שעתא' (שעה), והגבורה שהיא 'פלגות שעתא' (חצי שעה) מן הדעת... 'וכן תלת זמנין ביומא' (וכן שלוש פעמים בכל יום, הם שלוש התפילות)".

60. שולחן ערוך או"ח נג,כב: "ואין לאדם להתפלל בלא רצון הקהל".

61. לשון זו מצויה אצל חכמי אותו הזמן (כגון: יערות דבש לר' יהונתן אייבשיץ; שו"ת יעבץ לר' יעקב מעמדין ועוד).

62. סימן רצ בהגה: "ופועלים ובני ביתם שאינן עוסקים בתורה כל ימי השבוע יעסקו יותר בתורה בשבת מתלמידי חכמים העוסקים בתורה כל ימי השבוע, ותלמידי חכמים ימשיכו יותר בעונג אכילה ושתיה קצת דהרי הם מתענגים בלמודם כל ימי השבוע (בית יוסף סי' רפ"ח בשם ירושלמי)":

63. וכמאמר חז"ל "מי שטרח בערב שבת יאכל בשבת" (עבודה זרה ג,א).

64. ראו ליקוטי שיחות כרך ל עמ' 139.

65. על פי נדרים יא,א ועוד.

66. על פי משלי כד,כה.

67. לבד מן החלוקה שדובר בה, על פי שיחת כ"ק אדמו"ר הריי"צ, שהינה בעיקר חלוקה בזמנים.

איגרת ב

1. בספר בית רבי מסופר על עוד שתי איגרות, אחת להר"ר לוי יצחק מברדיטשוב ואחת להר"ר ברוך ממז'יבוז, ואילו מכתב זה הוא איגרת כללית, לכלל החסידים, ובפרט לחסידיו של אדמו"ר הזקן.

2. נזכר בשיחותיו ומכתביו של אדמו"ר הרש"ב נ"ע, וראו במאמרו של הרב נחום גרינוואלד 'אחרי פטרבורג'–'תקופת לאדי', ספר 'הרב' (מכון הרב, תשע"ה) עמודים שפז–תלא, המסכם את הנושא.

3. ראו לקמן איגרות יז, כא ועוד.

4. שזכו לפרסום בשנים האחרונות בספרו של הרב יהושע מונדשיין ע"ה 'המאסר הראשון', ובפרסום מוקדם יותר שכולל גם את אגרות המאסר השני בכתב העת 'כרם חב"ד' כרך ד חלק א. וכן במהדורה החדשה של אגרות קודש אדמו"ר הזקן.

5. אף שכל מה שאירע לאדם שהוא ראש ישראל יש לו משמעות כללית, כאן הדבר היה בגלוי. וראו בספר בית רבי שאדמו"ר הזקן נבחר, לא מסיבות אישיות, לייצג בדבריו את החסידות כולה.

6. באיגרות קודש שלו חלק א עמ' צח. נדפס גם בלוח "היום יום" בתחילתו.

7. על פי משלי טו,א.

8. על פי מאמרו של אדמו"ר הזקן שיש "לחיות עם הזמן", וביאורו שהכוונה היא לפרשת השבוע.

9. בראשית לב,יא. ומה שלא כתב אדמו"ר הזקן "והאמת" גם כן, כי האמת היא מה שמגיע לו בזכות, ואדמו"ר הזקן לא רצה להגיד על עצמו, רק "בחסד". ליקוטי שיחות כרך טו עמ' 82.

10. בספרי הקבלה 'הגדול' היא מידת החסד. וכן הוא בלשון הכתוב הרומז לעשר הספירות: "לְךָ יְהוָה הַגְּדֻלָּה וְהַגְּבוּרָה וְהַתִּפְאֶרֶת וְהַנֵּצַח וְהַהוֹד וגו'" (דברי הימים א כט,יא). וראו שער היחוד והאמונה פרק ב, ובפרדס רימונים, ערכי הכינויים, ערך 'גדולה'.

11. מהקדמת תקוני זהר יז,א, הקטע הנקרא 'פתח אליהו'.

12. ירמיה ב,כז. וראו ליקוטי תורה ויקרא כו,ד.

13. לפי הקדמת זהר יא,ב.

14. ליקוטי תורה דרושים ליום הכיפורים סח,א, ועוד.

15. ראו רמב"ם, הלכות יסודי התורה פרק א הלכה ד: "הוא לבדו האמת ואין לאחר אמת כאמתתו, והוא שהתורה אומרת 'אין עוד מלבדו', כלומר אין שם מצוי אמת מלבדו כמותו".

16. ביחס לאחרים יש לומר שלא חשב את האחרים לגדולים ממנו. משה בוודאי הכיר את מקומו ביחס לאחרים, כראש ומנהיג ישראל, אלא שחשב כך: אם מישהו אחר היה מקבל את הכישרונות וההזדמנויות שקיבלתי אני – בוודאי היה גדול ממני. וראו עוד בספר ליקוטים יקרים דף ב ע"א: כל אדם יכול לבוא למדרגה של משה רבינו ע"ה וכו', כי משה עלה אל ה' למעלה באצילות וכו' ולא כמשה ממש וכו', למשל: אם נשמתו מעשיה דעשיה וכו' יכול לזכות כדי שיוכל לבוא למדרגת משה לאצילות דעשייה, וכן אם נשמתו מעולם אחר וכו'.

17. וראו לקמן איגרת טו.

18. אצל יעקב מוסיף גם "האמת", שענין הביטול ("קטונתי") הוא לא רק "מכל החסדים", הקוים דתפילה וגמילות חסדים, אלא גם "מכל האמת", תורה (מאמרים מלוקטים, חלק ה, עמ' ק).

19. כפי שמסביר אדמו"ר הזקן במאמר "חינוך קטן" (הקדמה לשער היחוד והאמונה) לגבי "שבע יפול צדיק וגו'": "שאינה נקראת נפילה אלא לגבי מדרגתו הראשונה ולא לגבי שאר כל אדם, חס ושלום".

20. על פי קהלת ז,יד. וראו תורה אור כו,ד.

21. ישעיה יא,יא; שם פסוק טז; שם כה,ה.

22. ירמיה ו,ט; שם לא,ו; יחזקאל ט,ח ועוד.

23. ראו ראש השנה יז,א; מגילה טו,ב; סנהדרין קיא,ב.

24. ראו ליקוטי דיבורים (לאדמו"ר הריי"ץ), ליל י"ט וליל כ' כסלו תרצ"ג (ב), סעיף טו. ומובא בהיום יום י' מנחם אב.

25. מעיר כ"ק אדמו"ר זי"ע שלכאורה אינו מובן מה מוסיף בזה ולמה מרמז בכותבו "וכו'". ויש לומר שכוונתו למשלי יז,כב: "ורוח נכאה תיבש גרם". ד"גרם" ענינו תוקף וקשה להתפייס (בראשית רבה סוף פרשה יז) ועל ידי רוח נכאה יהיה לא רק משיב חמה כי אם גם שיתפייסו, ועוד יותר וכולי האי כו' כמים הפנים וגו'. וכיוון שפשוטו של סיום הכתוב אינו בטוב, לכן רק רמזו ב"וכו'".

26. מסופר שבשנת תקל"ד נסע עם הרה"ק ר' מנחם מענדל מוויטבסק להתראות עם הגר"א, אך הגר"א אינו מקבלם לראיון (ראשי פרקים מתולדות רבינו הזקן).

איגרת ג

1. כפירוש רש"י לשמואל שם: "כמין קשקשי דגים עשויים ברזל נופלים על נקבי השריון, קשקש לכל נקב". פירוש זה מתאים לנאמר בהמשך.

2. כגון: שער היחוד והאמונה פרק ה.

3. כלשון הכתוב: "ותורתך בתוך מעי" (תהלים מ,ט).

4. וראו באריכות בעניין זה להלן איגרת ה.

5. עירובין לא,א; ראש השנה כח,ב ועוד.

6. הלכות תלמוד תורה לאדמו"ר הזקן פרק ב סעיף יג.

7. ראו ליקוטי אמרים פרק ה, שהתורה היא מזון וגם לבוש הנפש.

8. ליקוטי אמרים פרק מח.

9. בפיוטי הימים הנוראים. ומבואר באגרת התשובה פרק יא.

10. כלשון הזהר (חלק ב צד,ב): "זכה יתיר יהבין ליה נפשא... זכה יתיר יהבין ליה רוחא... זכה יתיר יהבין ליה נשמתא..." (נפש רוח ונשמה בנפש מקבילים לדרגות עשייה יצירה ובריאה בעולמות).

11. ראו עץ חיים שער א ענף ב. וראו ביאור הדברים במאמרי באתי לגני לכ"ק אדמו"ר זי"ע תשל"ז (נדפס במאמרים מלוקטים, חלק א, עמ' רכ והלאה), מאמרים מלוקטים חלק ב עמ' מח, ועוד.

12. בלשון אחרת מוסבר הדבר כחילוק שבין מיעוט האור ובין סילוק האור לגמרי כבצמצום הראשון. ראו מאמר באתי לגני שם; המשך תער"ב עמ' יב ובכמה מקומות; וראו ספר המאמרים תרע"ח מאמר ד"ה "החדש הזה" עמ' קמז.

13. להעיר מתניא חלק א פרק מא. אבל אין לומר שלזה נתכוון, דאם כן היה לו לומר "בלקוטי אמרים", כפי שאמר לעיל באגרת זו בנוגע לסובב כל עלמין וממלא כל עלמין (כ"ק אדמו"ר זי"ע).

14. המקבילות לשלוש הדרגות שבעולמות: עולם הזה, גן עדן התחתון, גן עדן העליון – וכדלקמן. ראו ליקוטי תורה ויקרא לא,א, ובמקומות רבים בחסידות.

15. ראו להלן איגרת כט.

16. ליקוטי אמרים פרקים ד–ה.

17. בזהר נקרא לבוש זה "חלוקא דרבנן". ראו זהר חלק א סו,א; שם רכו,ב; שם רמז,א. וראו ליקוטי תורה במדבר מד,ב; מאור עיניים, דרוש לחנוכה; עץ חיים שער נ פרק ה.

18. ראו ליקוטי אמרים להרב המגיד סימן רסב. ולהעיר שאצל אדמו"ר הזקן היו חסידים קוראים לחדר החיצון, היכן שמתאספים לחכות ליחידות, "גן העדן התחתון", והחדר שנכנסים ליחידות "גן העדן העליון" (ספר השיחות קיץ ת"ש). שכן החסיד כאשר היה נכנס אל הרבי היה נמצא בגן עדן.

19. ה"גוף" שלו כביכול, "שבאין ערוך בירידה לנשמה דילי', היא אור אין סוף". (הערת כ"ק אדמו"ר זי"ע).

20. ראו הקדמת תיקוני זהר יז,א.

21. ראו פרק ב בהגהה. ומעיר כ"ק אדמו"ר זי"ע: יותר נראה לי שהכוונה לחלק ב', שער היחוד והאמונה, פרק ח-ט (ובהגהה שם). ששם יש ביאור נוסף על מה שכתוב כאן, מה שאין כן בהגה"ה (בליקוטי אמרים פרק ב) דאדרבא.

22. פאה פרק א משנה א; קידושין מ,א.

23. יש לחלק בין תורה שבכתב לתורה שבעל-פה. בלימוד התורה שבעל-פה נדרש אדם להבין את מה שהוא לומד – כי זהו הלימוד. מה שאין כן בתורה שבכתב, שלימודה הוא בעצם אמירתה, אמירת האותיות והמילים הקדושות, גם אם אינו מבין. וראו הלכות תלמוד תורה לאדמו"ר הזקן פרק ב סעיף יג, וראו גם ליקוטי תורה ויקרא ה,א ובשם הפרדס שער כז פרק א.

24. עירובין לא,א ועוד. וראו ירושלמי סוף תרומות.

25. כפי שנאמר בתלמוד (כתובות יא,ב) ש"טוב המלבין שינים לחבירו יותר ממשקהו חלב", היינו שלפעמים לחייך לאדם זוהי צדקה גדולה יותר מלתת לו ממון.

26. לכאורה השמיט נצח, ומהו "וכו'"? כנראה זהו על פי זהר ח"ב צח,א והובא בצמח צדק לתהלים קד,א, ד"הוד והדר וחדוה" הם נה"י. ועוד אפשר לומר ד"וכו'" היינו מלכות שהיא כולי דכל הנ"ל (כ"ק אדמו"ר זי"ע).

27. מתוך תפילת ימים נוראים.

28. בראשית יז,יח. וראו תורה אור יב,א, קיט,ב ועוד.

29. כנזכר בתחילת הפרק. בבא בתרא ט,ב.

30. תהלים מח,ב. וכמאמר הזהר חלק ב רכה,א: "אימתי גדול הוי' – כשהוא בעיר אלוקינו וכו'". וראו לקמן איגרת ל, ש"עיר אלוקינו" היא בחינת המלכות והיא מקום החשבון. ראו ליקוטי תורה שיר השירים לח,ג, ש"כל פרוטה ופרוטה מצטרפת לחשבון גדול, שנעשה מזה בחינת גילוי אין סוף שנקרא 'חשבון גדול'".

31. כגון תורה אור לט,ג ועוד.

32. יו"ד – חכמה, ה"א – בינה, ו"ו – שש המידות חג"ת נה"י, ה"א אחרונה – מלכות.
33. ראו עץ חיים שער יג פרק ה; מבוא שערים שער ג חלק ב פרק ט.
34. ראו ליקוטי תורה דברים צג,א דיבור המתחיל "ואתה מרבבות קדש"; וראו ביאורי הזהר ואור התורה תחילת פרשת חיי שרה.
35. ראו ליקוטי תורה שם, וראו עוד בהמשך תער"ב חלק א נח, שם חלק ב תתסה.
36. ראו גם ליקוטי אמרים פרק לה.
37. וראו רש"י שם.
38. זהר חלק א ד,ב וראו ברמ"ז שם; ובהקדמת הזהר ד,ב ועוד. וראו עץ חיים שער יג פרק יג–יד. וראו ליקוטי תורה דברים מט,ד, שהיא הארה שלמעלה מההשתלשלות. ובהמשך תער"ב חלק ג עמ' א'רמ: "דהש"ע נהורין הן מעשר ספירות דעתיק, והוא בחינת פנימיות עתיק שזהו בחינת דעת דעתיק כנודע, והוא במצחא דאריך כו', ועל כן כאשר או"א מסתכלים בבחינת מצחא דאריך מאיר בהם מבחינת פנימיות עתיק כו"'. ועיינו שם.
39. ראו כתובות קיא,ב, וברמב"ם הלכות מתנות עניים פרק י הלכה ד.
40. יָאֵר ה' פָּנָיו אֱלֵיהֶם (על פי במדבר ו,כה) צִדְקָתָם עוֹמֶדֶת לָעַד וְקַרְנָם תָּרוּם (על פי תהלים קיב,ג ושם ט) בִּישׁוּעַת מַצְמִיחַ קֶרֶן יְשׁוּעָה (תפילת שמונה עשרה, על פי תהלים קלב,יז), צֶמַח צְדָקָה (ירמיה לג,טו) מֵהַכּוֹבַע יְשׁוּעָה (על פי ישעיה נט,יז). וּכְנֶפֶשׁ תִּדְרְשֶׁנּוּ (להלן) על פי איכה ג,כה.

איגרת ד

1. ראו רמב"ם, הלכות מתנות עניים פרק י הלכה א, וראו שבת קלט,א וסנהדרין צח,א. וראו הערת כ"ק אדמו"ר זי"ע.
2. ראו ליקוטי אמרים פרק ג ותורה אור ל,ג. וראו ספר הערכים חלק א עמ' רנה.
3. מהשלושה דברים שעליהם העולם עומד – תורה, עבודה וגמילות חסדים (אבות פרק א משנה ב). והעבודה היא עבודת הלב, בעיקר בתפילה.
4. ראו ליקוטי תורה דברים סב,ב דיבור המתחיל "ממעמקים".
5. שאור אין סוף מלובש בחכמה ראו ליקוטי אמרים פרקים יח, לה (בהגהה) ר־נב, כן ולקמן איגרת כ.
6. ראו תורה אור י,ב.
7. כתרגום ירושלמי ל"בראשית ברא" – "בחוכמתא".
8. ראו תניא פרק יט (כ"ק אדמו"ר זי"ע).
9. בראשית רבה פרשה סה,כב. וראו גם בבלי סנהדרין לז,א.
10. ראו למשל ספר העיקרים מאמר שני פרק לא. וראו גם תנחומא פקודי ג.
11. על פי קהלת ז,יד. וראו חגיגה טו,א.
12. על פי זכריה ג,ג.
13. ראו ליקוטי תורה להאריז"ל פרשת כי תצא, ש"בבל" היא חכמה (ראש) דקליפה. וראו קהלת יעקב ערך בבל. ואפשר לומר שלכן מדגיש אדמו"ר הזקן שגלו לבבל, כיוון שבבל היא ה"לעומת זה" דחכמה דקדושה, שהיא כאמור מלבישה לפנימיות הלב.
14. בראשית רבה פרשה נ,ב. מובא ברש"י על בראשית יח,ב. ראו זהר בזהר מדרש הנעלם חלק א קכז,א. ליקוטי תורה במדבר סב,ד.
15. ראו רש"י דברים י,טז.
16. ליקוטי אמרים פרקים ז–ח. וראו בעש"ט על התורה, פרשת קרח, במקור מים חיים אות ה.
17. שבת פרק יט משנה ו. וראו רמב"ם הלכות מילה פרק ב הלכה ב.

18. יבמות עא,ב: "לא ניתנה פריעת מילה לאברהם אבינו".
19. שער היחוד והאמונה פרק א.
20. דברים ה,יט. ובתרגום אונקלוס "ולא פסק". וראו בעש"ט על התורה, פרשת יתרו, אותיות נו–נז.
21. על פי שבת י,א, שהתפילה נקראת 'חיי שעה' לעומת התורה הנקראת 'חיי עולם'. וראו ליקוטי תורה דברים מב,ג; דרושים לר"ה סג,ב.
22. ליקוטי אמרים פרקים ל, מב ועוד.
23. כתבי האר"י ז"ל ועוד, כגון עץ חיים שער כט פרק ב; שם שער כה דרוש ב, ועוד.
24. כגון זהר חלק ג רמז,ב, וראו תענית כה,ב.
25. על פי לשון חז"ל בכמה מקומות. ראו תענית כה,א; בבא מציעא קיד,ב; בבא בתרא קעד,ב; זהר חלק ב לח,ב ועוד.
26. כעניין "צדקה תציל ממות". וראו לקמן איגרת כא.
27. ראו משלי שם במצודות ועוד.
28. כגון המפורש בפרקי אבות פרק ד משנה יא.
29. וראו ליקוטי תורה דברים יד,ד ועוד, ש'אחרי ה'' זה בחינת אחוריים, ומההתבוננות שכל העולמות אינם אלא בבחינת אחוריים וזיו – נמשכת האהבה הנקראת בשם הליכה.
30. על פי פאה פרק א משנה א. ולגבי ההדגשה כאן 'כנגד כולם' ראו ליקוטי אמרים פרק לז.
31. ראו בעש"ט על התורה, פרשת קדושים, במקור מים חיים סוף אות יב.
32. וראו לקמן איגרת יב, "והיה מעשה הצדקה שלום" (ישעיה לב,יז).
33. תהלים נה,י. וראו ברכות ח,א וברש"י שם.
34. כמו ישעיה מד,כ: "ולא יציל את נפשו".
35. שהיה לו לומר 'אותי', וכמו 'פדית אותי' בתהלים לא,ו (הערת כ"ק אדמו"ר זי"ע).
36. כפי שנזכר כבר באיגרות הקודמות. וכן במה שכתב לעיל "וזה שכתוב פדה בשלום נפשי" מתכוון בוודאי גם למה שכתב באיגרת המפורסמת (נדפס בספר בית רבי חלק א פרק יח, ובאיגרות קודש אדה"ז איגרת לח) שכתב לרבי לוי יצחק מברדיטשוב כאשר יצא מהמאסר: "כשקראתי כו' פדה בשלום נפשי כו' יצאתי בשלום מהוי' שלום".
37. וְתַעֲמוֹד לָנוּ לָעַד (על פי תהלים קיא,ג ועוד) לָשׂוּם נַפְשֵׁנוּ בְּחַיִּים (על פי תהלים סו,ט)... לֵאוֹר בְּאוֹר הַחַיִּים (על פי איוב לג,ל) אֲשֶׁר יָאֵר ה' פָּנָיו אִתָּנוּ סֶלָה (על פי במדבר ו,כה ותהלים סז,ס).

איגרת ה

1. מנחות כט,ב. וראו חגיגה י,א; ירושלמי חגיגה פרק ב הלכה א; בראשית רבה פרשה יב,י ועוד.
2. ראו מפרשי המשנה על סנהדרין פרק 'חלק'; רס"ג, האמונות והדעות, סוף מאמר תחיית המתים; רמב"ם, הלכות תשובה פרק ג ופרק ח; שער הגמול לרמב"ן; ספר עבודת הקדש חלק ב פרקים מא–מג. של"ה בהקדמת חלק בית דוד. וראו לקמן איגרת יז, ותורה אור עג,ב ועוד.
3. ראו איגרת הקדש יז בשם האריז"ל; מאמרים מלוקטים חלק א עמ' נו ועוד.
4. כנגד שלוש ספירות המוחין: "שמשכילים" – בחכמה, "ויודעים" – בדעת, "ומשיגים" – בבינה.
5. פרק כז, על פי תיקוני זהר תיקון כא (נא,ב).
6. על דרך משל: פעולה של מחשב, ככל שהיא מסובכת ומורכבת, ניתן לחזור עליה. לעומת זאת, פעולה אנושית היא יחידה במינה, ואפילו אותו אדם עצמו אינו יכול בזמן אחר לחזור עליה בשלמות.

7. ראו במדבר רבה פרשה כא,כב, ובבא בתרא עה,א. וראו תורה אור לב,ד, ליקוטי תורה במדבר לה,ג ועוד.

8. ראו זהר חלק א סו,א; רכו,א; רמז,א. וראו לעיל איגרת ג, שער היחוד והאמונה פרק ה ועוד.

9. ראו ליקוטי תורה ויקרא מה,ג, ומאמרים מלוקטים חלק ג עמ' עב ("וקבל היהודים", פורים תשי"א. וראו שם הערה 55).

10. לכן נקראים החכמה והבינה בזהר "תרין רעין דלא מתפרשין" (שני רעים שאינם נפרדים). ראו זהר חלק ג ד,א ועוד.

11. על פי ישעיה י,כה ועוד ("מְעַט מִזְעָר") ושם כח,י–יג ("זְעֵיר שָׁם זְעֵיר שָׁם").

וראו ליקוטי לוי יצחק על התניא, עמ' לו: "יש לפרש 'זעיר שם זעיר שם' הוא נצח והוד דאבא, ו'מעט מזעיר שם זעיר שם' הוא יסוד אבא, והיינו נצח הוד יסוד דאבא שמהם נמשך לבחינת בינה. ומה שאמר עוד הפעם תיבת 'משם' כי לכאורה הוה ליה לומר 'ונמשך לבחינת בינה', רומז על מלכות דאבא, דהיינו עטרת יסוד אבא". וכו', עיינו שם.

12. וראו ליקוטי תורה דברים יח,ב, ושם בסוגריים: עיין בזהר בראשית (ד' ו') (חלק א כ,א; חלק ג קצג,ב; תיקוני זהר תיקון כח) ובתיקוני זהר תיקון ה' (יט,א) ועיין מה שנכתב בסוף דיבור המתחיל "כי אתה נרי" בפרשת מקץ (תורה אור מא,א), ועל פי זה יש לומר דעניין פך של שמן שמצאו כו' הנזכר שם זהו עניין ה'נקודה שבהיכליה', כי שמן הוא חכמה עילאה עין שם (כ"ק אדמו"ר זי"ע).

13. תמונת האות מורה על ציור ההמשכה וההתגלות כו' (הגה בריש פרק יב דשער היחוד והאמונה) (כ"ק אדמו"ר זי"ע).

14. ראו שבת קד,א; אותיות דרבי עקיבא ביה"מ ג; זהר חלק א ג,א; וראו בפרדס רימונים שער כז, שער האותיות.

15. ישעיה סד,ג. וראו ברכות לד,ב. שם סג,א.

16. זהר חלק ג רנו,ב; רנח,א.

17. על דרך הקולות מהכינור על ידי הכאה באצבע על הנימין כו'. המשך תרס"ו תמז (כ"ק אדמו"ר זי"ע).

18. בהקשר שונה, אבל דומה, מתואר בספרו של ג'ורג' אורוול '1984' כיצד גורמים לחברה שלמה שלא תחשוב מחשבות של 'כפירה': על ידי שמוציאים מהשימוש ומהמילון מילים מסוימות, שוללים גם את האפשרות לחשוב מחשבות מסוימות. באותה שעה, גם אם אנשים יכולים להרגיש שמשהו לא בסדר, אין להם מילים לבטא את הדבר, לא כלפי אחרים ואף לא כלפי עצמם.

19. ראו ליקוטי אמרים פרק כ; שער היחוד והאמונה פרק יא; להלן איגרת יט ועוד.

20. מפיוט אקדמות לשבועות.

21. ראו בביאור על ליקוטי אמרים פרק ג.

22. כמבואר בשער היחוד והאמונה פרק ז, שבמידת המלכות האלוקית מתקיימים כל העולמות הנבראים, בכללם ובפרטיהם.

23. ראו אגרת התשובה פרק ד.

24. ראו זהר חלק ג קסח,א; קפה,א ועוד.

25. על פי שמות כח,ג. וראו תורה אור ואור התורה על הפסוק (כ"ק אדמו"ר זי"ע).

26. חגיגה יג,ב: "רבי אומר משום אבא יוסי בן דוסאי 'אלף אלפין ישמשוניה' – מספר גדוד אחד; 'ולגדודיו' – אין מספר". וראו תורה אור בתחילתו; שרש מצות התפילה פרק כ; ועוד.

27. ראו שער הגלגולים, תחילת הקדמה א; שערי קדושה, חלק ג שער ב; תניא, פרק ב.

28. ספר יצירה פרק רביעי משנה יח: "[כיצד צרפן?] שתי אבנים בונות שני בתים, שלש [אבנים] בונות ששה בתים, ארבע [אבנים] בונות ארבעה ועשרים בתים, חמש [אבנים] בונות מאה ועשרים בתים, שש [אבנים] בונות שבע מאות ועשרים בתים, שבע [אבנים] בונות חמשת אלפים וארבעים בתים".

29. ראו גם שבועות כ,ב, שם נאמר הדבר ביחס לדבר ה׳ – ״שמור וזכור בדיבור אחד נאמרו״. לומר שגם כאן אין זה דומה לדיבור האנושי, ולעמוד שוב על ההבדל בין המשל והנמשל – להדגיש שדברים כאלה אנחנו אין אנו יכולים לומר, וגם לא לשמוע ולהבין, בגדר של הדיבור האנושי.

30. ראו רמב״ם, הלכות יסודי התורה פרקים ב–ג.

31. מגילה ג,א.

32. מדרש תהלים מזמור צב; בבא בתרא ק,ב. וראו עוד בהערה הבאה.

33. זהר חלק א קמו,ב (סתרי תורה); שם חלק ב י,ב ועוד. וראו קהלת רבה פרשה א,ג, ששבעה הבלים כנגד שבעת ימי בראשית, וראו ליקוטי תורה ויקרא נ,ד, ושם במדבר יב,ד.

34. ראו כתר שם טוב סימן קצד, ובעש״ט על התורה, פרשת עקב אות ב. על פי ליקוטי תורה לאריז״ל פרשת עקב: ״כי על כל מוצא פי ה׳ יחיה האדם היינו מה שיצא מפיו ית׳ בבריאה להוציא מן הארץ כל דבר ודבר וכו״. וראו שער הכוונות דרושי יום הכיפורים דרוש א; שער היחוד והאמונה פרק א, ולקמן איגרת כה. וראו ליקוטי תורה דברים יד,ב, המבאר שיש דוחק בהבנת הדברים, ויובן בהקדים עניין תהו ותיקון וכו׳, ועניין ״מוצא פי ה׳״ הוא המקור שלמעלה מתהו ותיקון.

35. כמו שכתוב בהקדמת תיקוני זהר: ״איהו וגרמוהי חד וכו״. וראו לקמן איגרת כ.

36. כגון: עץ חיים שער מז פרק ב.

37. לקמן איגרת ח.

38. ראו ליקוטי אמרים פרקים נא–נג על גילוי השכינה בבית המקדש, וראו להלן איגרת כה ההבדל בין גילוי והשראת השכינה.

39. ראו שער היחוד והאמונה פרק ה: ״דהיינו התגלות אלהות על ידי צדיקים ואותות ומופתים שבתורה״.

40. דברים ה,יט. ובתרגום אונקלוס שם ״ולא פסק״, וראו רש״י שם.

41. ראו ׳דגל מחנה אפרים׳ ויקרא ד״ה ויקרא: ״ויש לומר בזה בדרך רמז על פי ששמעתי מן אא״ז זללה״ה [=הבעל שם טוב] על הגמרא ׳בכל יום בת קול יוצאת מהר חורב וכו׳, והקשה ממה נפשך (אם היא יוצאת מדוע אין שומעים, ואם אין שומעים מדוע היא יוצאת)... וביאר הוא ז״ל כי הבת קול הוא הרהורי תשובה הבאים לאדם בכל יום, ומי שיש לו דעת תיכף כשבא לו הרהור תשובה אזי מבין הוא שזהו מן הכרוז שמכריזין שובו בנים שובבים״.

42. תיקוני הזהר תיקון ו (כג,א). וראו עץ חיים שער מב פרק ד, ושער מז פרק ב.

43. על פי דברים כו,ה.

44. פיוט אקדמות לשבועות.

45. מנחות כט,ב, וראו בראשית רבה פרשה יב,ב.

46. אבות פרק ה משנה א, וראו בברטנורא שם. וכן בראשית רבה פרשה יז,א.

47. ראש השנה לב,א; מגילה כא,ב.

48. ומבואר בתלמוד שם, שלמרות שבמקומו לא כתוב בו לשון מאמר, במקום אחר כתוב ״בדבר ה׳ שמים נעשו״ (תהלים לג,ו) – והרי שגם הבריאה בכללה הייתה במאמר.

49. וראו גם פירוש הרמב״ן לבראשית א,א, ורבינו בחיי שם ג; עבודת הקודש חלק ד סוף פרק ג ופרק ד; דגל מחנה אפרים בשלח ד״ה או יאמר; תורה אור נג,א; ליקוטי תורה במדבר יג,א ועוד.

50. וכן על פי לשון הכתוב: ״ראשית חכמה וגו״ (תהלים קיא,י).

51. ובמקומות אחרים מבואר שגם הדרגה הזו מרומזת במילה ״בראשית״, וכתרגום אונקלוס ״בקדמין״, דהיינו הרצון דכתר שלמעלה מהחכמה. ראו מאמרים מלוקטים חלק ג עמ׳ קסד ועוד.

52. וראו ליקוטי תורה דרושים לראש השנה נג,ד.

53. ראו זהר חלק א רסד,ב (בהשמטות): ״אמר מדת חסד, דכל ימי היות אברהם בעולם לא הוצרכתי אני לעשות מלאכתי, שהרי אברהם עמד שם במקומי״. וראו ספר הערכים כרך א ערך אברהם.

54. ראו תורה אור יב,א: ״שאברהם הוא בחינת חסד גדול עד מאד בלי שום מונע וכולם טובים בעיניו וכו׳״.

55. כתר שם טוב, הוספות סימן עח. בעש״ט על התורה פרשת קדושים כא–כג.

56. זהר חלק ב פה,א קכא,א ועוד.

57. זהר חלק א עז,א; חלק ב ר,א ועוד.

58. זהר חלק א מז,א ועוד.

59. ראו ליקוטי תורה דברים טו,א, עניין ברית ותורה בברכת המזון. וראו בראשית רבה בתחילתו (פרשה א,א), עניין ״אמון פדגוג״. וראו דברים רבה פרשה א,א, על הכתוב ״אלה הדברים אשר דבר משה״, שעל ידי התורה זכה משה לדיבור, שעניינו להוריד חכמה עילאה לבחינת דיבור.

60. לעת עתה לא מצאנו מקורו. אמנם במילים אחרות נמצא הרעיון בכמה מקומות, וראו שער רוח הקדש ד,ב, שער הגלגולים הקדמה לו ועוד.

61. ראו זהר חלק ג נג,ב; חלק א ח,א. על פי משלי ג,יח: ״עץ חיים היא למחזיקים בה ותֹמכיה מאֻשר״.

62. הקדמת תיקוני זהר יז,ב.

63. ראו פרק לז, שמצוות הצדקה שקולה כנגד כל המצוות, ובתלמוד ירושלמי היא נקראת בכל מקום ׳מצווה׳ סתם. ועוד.

64. ראו הערת כ״ק אדמו״ר זי״ע כאן, נדפס בשיעורים לספר התניא ובליקוטי ביאורים.

65. וכמבואר בשער היחוד והאמונה ש״אין מלך בלא עם״.

66. וכמבואר בחסידות שהשם מורה על עצם הדבר הנקרא בשם – לא אל הארה וגילוי ממנו אלא עליו בעצמו. וכן בתפילה, בקוראנו לקב״ה בשמו, יש לכוון ״אליו ולא למידותיו״.

67. תנא דבי אליהו רבה פרק יח: ״כל ת״ח שיושב וקורא ושונה ועוסק בתורה הקב״ה יושב כנגדו וקורא ושונה״.

68. תהלים מא,ב. וראו ויקרא רבה פרשה לד,א: ״אמר ר׳ יונה, ׳אשרי נותן לדל׳ אין כתיב כאן, אלא ׳אשרי משכיל אל דל׳ – הוי מסתכל בו היאך לזכות עמו״.

69. ראו הקדמת הרמב״ן לפירוש התורה ועוד.

איגרת ו

1. ראו זהר שם, ועץ חיים שער יג פרק ט. וראו ליקוטי תורה דברים לד,ב ההפרש בין מידות הרחמים של מיכה לבין אלו של משה.

2. להעיר מתניא פרק מה (כ״ק אדמו״ר זי״ע). וראו ליקוטי תורה ויקרא לה,ג, שם מה,ב ועוד.

3. הדבר מתבטא גם בחייהם כאנשים פרטיים. אברהם הוא ״מכניס אורחים״, יצחק היה ״חופר בארות״ ויעקב ״את הכבשים הפריד יעקב״ (הכבשים הם בחינת רחמים). ראו תורה אור ריש פרשת תולדות, ליקוטי תורה ויקרא יז,ד ר־לד,א ועוד.

4. ראו ליקוטי אמרים פרקים לב, מה ועוד.

5. משלושה בריחים שהיו במשכן, המסמלים את שלושת הקווים של הספירות. ״הבריח התיכון״ הוא קו האמצע (דעת־תפארת־יסוד), הנמשך מהכתר למעלה ועד המלכות למטה. וראו ליקוטי תורה במדבר סא,ג: ״תפארת שהוא מדת הרחמים מדתו של יעקב עולה עד הכתר, בחי׳ רחמים רבים, בסוד בריח התיכון המבריח מן הקצה אל הקצה״. וראו זהר חלק ב קעה,ב.

6. מסכת כלה פרק ב; ירושלמי שביעית פ״ד ה״ב (בסופה).

7. ראו מנחות כט,ב; חגיגה י,א; ירושלמי חגיגה פ״ב ה״א; בראשית רבה פרשה יב,י ועוד. וראו לעיל באיגרת הקודמת.

8. שמות לג,כ. וראו במדבר רבה פרשה יד,כב, וכן בליקוטי אמרים פרק לו: "שאפילו מלאכים הנקראים חיות אין רואים".
9. על פי ספר יצירה פרק ג משנה ג. וראו לעיל איגרת א, ובליקוטי תורה דברים נג,ד ו־עד,ד ועוד.
10. ראו סידור עם דא"ח שער הקריאת שמע עה,ד ואילך.
11. כך אנו מבקשים בברכת השנים: "כשנים הטובות".
12. ראו ביתר פירוט בליקוטי אמרים פרקים כ–כא.
13. אף בהמשכו של הפרק נמשכת ההקבלה לברכה זו. וראו תורה אור כד,ב.
14. ראו למשל נדרים לט,ב: "שבעה דברים נבראו קודם שנברא העולם... כסא הכבוד דכתיב 'נכון כסאך מאז'"; ספרי דברים פיסקא לז: "תורה – לפי שהיא חביבה מכל נבראת קודם לכל, שנאמר 'ה' קנני ראשית דרכו קדם מפעליו מאז'".
15. ליקוטי אמרים פרק ד ועוד.
16. ראו שער היחוד והאמונה פרק ז; תורה אור לז,א.
17. באיגרות קודש כ"ק אדמו"ר זי"ע כרך כ איגרת ז'תקיח: "יש לומר בפשטות שמיוסד על דברי זהר חלק א (לד,א): כתיב ה' מלך ה' מלך ה' ימלוך לעולם ועד. וכן הוא בספר הבהיר סימן קיא וקכז. ובשער הכוונות (במקומו): ה' מלך כו' לעולם ועד, פסוק זה ענינו כו'. וכן הוא בסידור האריז"ל ובכמה מקומות. ובעמק המלך שער ו' פע"ב: הפסוק הזה כו' הוא אצילות דאצילות כו', אמר ר' עקיבא בכל יום ויום מלאך אחד עומד ברקיע ואומר ה' מלך כו' לעולם ועד. ועל שום חיבורם בתפלה קוראם פסוק אחד ומדייק בסדרם בתפלה, אף שבתנ"ך באו במפוזר ובסדר אחר".
18. הסיפור האחרון בספר (מהדורת רובינשטין עמ' 31ואילך).
19. ראו תיקוני זהר י,ב, צב,ב ועוד.
20. ראו תיקוני זהר י,ב. וכן בפרקי דרבי אליעזר פרק כ ומדרש תהלים לפרק צב.
21. היא קליפת נוגה. ראו להלן איגרת כו, תורה אור קי,ד ועוד.
22. קידושין ל,ב וסוכה נב,ב. וראו ליקוטי אמרים פרק יג.
23. ראו ליקוטי תורה במדבר סא,ג: "והוא מקור י"ג מידות הרחמים, וכמו שנתבאר בדיבור המתחיל 'ויאכילך את המן' (לקוטי תורה דברים יג,ג): והנה תפארת שהוא מדת הרחמים מדתו של יעקב עולה עד הכתר בחינת רחמים רבים בסוד בריח התיכון המבריח מן הקצה אל הקצה".
24. חלוקה בסיסית זו מצויה במקומות רבים בחסידות, והיא יסוד גדול גם בתורת החסידות וגם בעבודת ה' בה. לחלוקה בסיסית זו יש פנים ורבדים שונים, שבאים לידי ביטוי במקומות השונים שהיא מופיעה בהם.
25. ברכת 'אהבת עולם'.
26. דוגמה לכך הייתה במעמד הר סיני. וכך מוסבר בחסידות (ראו תורה אור צח,א דיבור המתחיל 'חייב אינש לבסומי', וראו לקוטי תורה דברים כב,א ובכ"מ) מאמר חז"ל ש"כפה עליהם הר כגיגית" (שבת פח,א) – שהקב"ה השפיע עליהם אהבה כזו שהם לא יכלו שלא לומר "נעשה ונשמע". כלומר לא הייתה זו כפייה של איום, אלא שהקב"ה העמיד אותם במצב כזה שלא הייתה להם ברירה אלא לאהוב אותו ולהתיירא מפניו.
27. שמות ז,ג. וראו רש"י ורמב"ן שם, ושמות רבה פרשה יא,ו.
28. "יהב חכמתא" – דניאל ב,כא, וראו קהלת רבה פרשה א,ה. "אם ללצים" – משלי ג,לד.
29. ראו ליקוטי תורה ויקרא ב,ב דיבור המתחיל 'אדם כי יקריב מכם'.
30. ראו ליקוטי אמרים פרק יד; שער היחוד והאמונה, חינוך קטן.
31. ראו תורה אור סב,ג; ליקוטי תורה במדבר נד,א, נה,ב ועוד.
32. ברכת 'אמת ויציב'.
33. שמות כו,כח. פסוק זה נאמר על הבריח התיכון משלושת הבריחים של המשכן. בניגוד לבריחים האחרים, שהיו בכל צלע שני בריחים שכל אחד מגיע לאמצע הדופן בלבד, היה הבריח התיכון

אחד מקצה לקצה. וראו בתלמוד שבת צח,ב ובתוספות שם, שמרחיקים לכת עוד יותר, שאותו בריח התיכון עצמו היה סובב את כל שלוש הדפנות. וראו רבינו בחיי על הפסוק.

34. כעניין "תפילות אבות תקנום" (ברכות כו,ב). וראו ליקוטי תורה ויקרא מה,ב; שם שיר השירים יד,א ר־מג,ב.

35. ונראה יותר בציור תבנית הספירות בשלושה קווים. שהקו האמצעי – דעת, רחמים, יסוד – מתחיל גבוה יותר מהקווים האחרים, מהכתר שלמעלה מהחכמה והבינה, וגם יורד למטה מהם, עד למלכות שלמטה מכל הספירות.

36. ראו ברכות לג,א: "כל מי שאין בו דעת אסור לרחם עליו". וכן תנחומא מצורע א: "כל שנעשה רחמן על האכזרי לסוף נעשה אכזר על הרחמנים".

37. ליקוטי אמרים סוף פרק יג.

38. ראו תורה אור כז,א: "'יקראוהו באמת' דהיינו באמתות נקודת לבו, שהרי אנו רואים דגנבא אפום מחתרתא רחמנא קריא, ואף על פי כן עומד ברשעו ואינו שב מידיעתו. וגם אנו רואים שיש אפילו מי שיוליד אהבה ויראה בלבו וחולפת ועוברת כמו אחר התפלה כנ"ל. והיינו מפני שאינו נתפס אלא במוחו ושכלו בבחינת מקיף אבל אינו נכנס לפני ולפנים שיתפעל הלב באמת לאמתו מעומקא דלבא. מה שאין כן כשיקראוהו באמת דהיינו מעומקא דלבא, הנה שפת אמת תכון לעד, ובל תמוט עולם ועד".

39. ראו ליקוטי אמרים פרקים יב–יג. וראו תורה אור כח,ג–ד ועוד.

40. על פי תפילת 'נשמת כל חי'.

41. על פי איוב לג,ל.

42. ראו תורה אור סג,ב ושם ע,א; ליקוטי תורה דברים יג,ג, שם יד,א ועוד.

43. שהיה ממלא מקומו של המגיד ממזריטש, ולאחר הסתלקותו קיבלו אדמו"ר הזקן כרבו.

44. היא 'קופת רבי מאיר בעל הנס'.

45. שהיא מכוונת כנגד ארץ העליונה בחינת מלכות דאצילות. וראו עץ חיים שער לב פרק ג, וראו ליקוטי תורה במדבר לו,ד, ושם פט,ב, ש"בארץ ישראל נמשך ההשפעה ממלכות דאצילות על ידי התלבשות במלכות דבריאה ויצירה לבדן, מבלי שיצטרך להתלבש גם כן במלכות דעשיה". וראו עץ חיים שער טל פרק א; שער מאמרי רשב"י פרשת קדושים.

46. ראו לקמן איגרת י; ליקוטי תורה במדבר כט,ג ואילך (ד"ה 'בהעלותך' הראשון), ובביאור שהיא בחינת רב חסד וכו'.

47. ראו תורה אור נא,א, ובמקומות רבים.

48. ראו תורה אור כד,ד.

איגרת ז

1. באיגרות קודש אדמו"ר הזקן (מהדורת תשע"ב) היא איגרת נה.

2. לנוחות הקורא המתעניין הוספנו את הדברים לקמן בהערות בסיום האיגרת.

3. מסדר התפילה שאומרים לפני "פסוקי דזמרה".

4. אבן עזרא שם.

5. מצודות שם.

6. ראו סנהדרין קב,ב, ואוצר המדרשים עמ' קפה. ומעיר כ"ק אדמו"ר זי"ע: "לעת עתה לא מצאתי אלא בתנחומא סוף פרשת תזריע. אבל בכמה וכמה מקומות איתא 'אין לכם' (בראשית רבה ב,ד וש"נ) וכן 'אין להם' (ברכות סג,ב). ויש לומר, שלא רצה להעתיק לשון נוכח, וגם לא לשון רבים".

7. ראו ליקוטי תורה ויקרא ד,ב: "כי הנה בהקדמה לספר גבורות ה' (למהר"ל) שם השיג לגמרי על מה

שכתב הרמב"ם שהוא המדע כו', וז"ל: אבל הוא ית' שקראו רז"ל בשם הקב"ה ולא נקרא השכל ב"ה, כי אמיתת עצמותו לא נודע רק שהוא נבדל מכל גשם וגוף ומכל הנמצאים, ועל זה נאמר הקדוש ב"ה, עניין קדוש נאמר על מי שהוא נבדל, כי הוא יתברך פשוט בתכלית הפשיטות כו', יעו"ש".

8. ראו למשל ליקוטי תורה דברים טז,ד: "ברכה היא בחי' המשכה בגילוי מלמעלה למטה, כי ברכה היא מלשון בריכה, המבריך את הגפן".

9. כגון ליקוטי תורה במדבר נב,ג; תורה אור טז,א ועוד.

10. ליקוטי אמרים פרק מב. וראו ליקוטי תורה ויקרא לא,א, ועוד.

11. האחד במסכת ברכות (י,א): "מה הקב"ה מלא את העולם אף הנשמה מלאה את הגוף", והשני במדרש תהלים על הפסוק "ברכי נפשי" (תהלים קג,א): "מה הנפש ממלאה את הגוף כך הקב"ה ממלא את כל העולם כולו".

12. פרקי דרבי אליעזר פרק ג. וראו המשך תער"ב חלק ב עמ' תתקלב.

13. שאומרים בקריאת שמע, לאחר הפסוק "שמע ישראל וגו'".

14. חלק מספר הזהר העוסק באופן מיוחד בעולמות העליונים הנעלמים. בדפוסים הוא בחלק ג קכז,ב ואילך.

15. ראו חגיגה יג,א ובראשית רבה פרשה סח,יב. וראו ליקוטי תורה ויקרא מא,ב, והמשך תער"ב חלק א עמ' שלט.

16. שמות כח,כח. ונמנית במניין מצוות לא תעשה לפי הרמב"ם (לא תעשה פז), החינוך (מצווה ק) ועוד.

17. וראו שער היחוד והאמונה פרק י: "כי עולם חסד יבנה שהכל כדי שתראה היבשה ואדם עליה לעבוד ה'".

18. ראו שיר השירים רבה פרשה ו,יד (על הפסוק) ובמדבר רבה פרשה יח,כא, ובזהר חלק ג רטז,א.

19. אף שלפי החלוקה הקיימת אנו מונים שישים ושלוש מסכתות, ידוע ששלוש ה'בבות' אינן אלא חלקיה של מסכת נזיקין גדולה. ומסכת מכות נחשבת המשך מסכת סנהדרין וחלק ממנה.

20. ראו תנחומא כי תשא יב: "עד שאדם הראשון מוטל גולם הראה לו הקב"ה כל צדיק וצדיק שעומד מזרעו, יש שתלוי בראשו ויש תלוי בשערות ויש בצווארו ויש בשתי עיניו ויש בחוטמו ויש בפיו ויש באזניו ויש בזרועו וכו'".

21. ראו ילקוט שמעוני תהילים רמז תשכג: "כל עצמותי תאמרנה. אמר דוד: אני משבחך בכל איברי ומקיים בהן המצות: בראשי אני רופפו וקורא בתפלתי, בשערות ראשי אני מקיים לא תקיפו פאת ראשכם, ותפלין אני מניח בראשי, בצוארי עטיפת ציצית, בעיני וראיתם אותו, בפי תהלת ה' ידבר פי וכו'". וראו בהקדמה לספר חרדים: "ואיתא בספרי ובסדר עולם וברעיא מהימנא, דכל המצות תלויות בח' איברים שבאדם: בלב ועין ופה וחוטם ואוזן ויד ורגל וראש הגויה וכו'". ועל פירוט זה מיוסד כל ספר חרדים.

22. הושע ב,א. ומעיר כ"ק אדמו"ר זי"ע שהסיום "מרוב" מפסוק אחר (אולי בראשית לב,יג).

23. בבא מציעא פד,א; בבא בתרא נח,א; זהר חלק א לה,א, שם קמב,ב ועוד.

24. זהר חלק ב קיז,ב; ראו תורה אור עט,ג.

25. יחזקאל פרק א, ישעיה פרק ו, זכריה פרק א. ואף שאין שם מרכבה נזכר שם היא נקראת כך בפי חכמים.

26. עבודה זרה ב,ב ועוד. וראו זהר חלק ג קפ,א; תורה אור לא,ג; ליקוטי תורה דברים מו,א.

27. עירובין יח,ב: "ואמר רבי ירמיה בן אלעזר כל אותן השנים שהיה אדם הראשון בנידוי הוליד רוחין ושידין ולילין, שנאמר 'ויחי אדם שלשים ומאת שנה ויולד בדמותו כצלמו'".

28. ראו תורה אור יב,ב: "במה שכתוב בכתבי האר"י ז"ל ובפרדס בעניין ז' שמות שאינן נמחקין: שם אל בחסד שם אלוקים בגבורה וכו'".

29. על פי תהלים צד,טו ועוד. לגבי הביטוי "ישרי לב" מעיר כ"ק אדמו"ר זי"ע: "דישראל אותיות

ישר־א־ל. ראה לקוטי תורה שלח מ,ג" ("וזהו 'אשר עשה האלקים את אדם ישר' [בקהלת סי' ז' כ"ט]. פירוש ישר היינו שכמו שהוא למעלה כך הוא למטה, כמו שנתבאר במקום אחר על פסוק 'פקודי ה' ישרים', דפירוש ישרים שבהם, ועל ידם נמשך שיהיה גילוי אור אין סוף למטה ממש כמו שהוא למעלה". וראו שם מג,ב: "וזהו 'ולישרי לב שמחה', על דרך 'אשר עשה האלקים את האדם ישר כו'. וזהו בחינת ישראל ישר־אל").

30. הערת כ"ק אדמו"ר זי"ע: "להעיר מלקמן סימן כד".

31. ראו רמב"ם הלכות יסודי התורה פרק ז הלכה ב. וראו ברכות לא,א: "כך היה מנהגו של רבי עקיבא, כשהיה מתפלל עם הציבור – היה מקצר ועולה, מפני טורח ציבור; וכשהיה מתפלל בינו לבין עצמו – אדם מניחו בזווית זו ומוצאו בזווית אחרת, וכל כך למה, מפני כריעות והשתחוויות".

32. שבת קיח,ב. ומכ"ק אדמו"ר זי"ע: "ידוע המבואר באגה"ק סי' ז' על מרז"ל 'אבוך במאי הווי זהיר טפי', שאף שכל נפש מישראל צריכה לקיים כל תרי"ג מצות, אעפ"כ בדרך פרט יש לכל אחד מצוה מיוחדת, ודרך מצוה זו עולים ונמשכים התומ"צ שלו (עיין ספר השיחות קיץ ה'ת"ש עמוד כ"ב)" (איגרות קודש לכ"ק אדמו"ר זי"ע כרך ז איגרת ב'יז). ובמקום אחר: "אשר מצוה זו ועניין זה משמש שער דרך בו עולים כל ענייני התורה ומצוות שלו מלמטה למעלה ודרך בו נמשכים כל העניינים והשפעות מלמעלה למטה וכו'... ומובן מעצמו שלברר העניין השייך לאיש זה, ברובא דרובא – רואים איך שהשגחה עליונה נוהגת אתו קובעת מקצוע העבודה שלו במצוה ועניין פלוני שזהו הוכחה שעניין זה דוקא הוא השער שלו ודרך מלמטלמ"ע ומלמעלמ"ט כנ"ל" (שם כרך י איגרת ג'יא).

33. ראו ספר השיחות תש"ב עמ' 21; ספר המאמרים תש"א עמ' 240.

34. הערת כ"ק אדמו"ר זי"ע: "לכאורה נכלל 'בעת וזמן' דלעיל, ויש לחפש בכתב יד דאגרת הקודש אולי צריך להיות: 'המצוות'".

35. הביטוי, כתובות מג,א.

36. ראו מנחות כט,ב: "אמר לפניו (משה לקב"ה): רבונו של עולם, יש לך אדם כזה (ר' עקיבא) ואתה נותן תורה על ידי? אמר לו: שתוק, כך עלה במחשבה לפני. אמר לפניו: רבונו של עולם, הראיתני תורתו, הראני שכרו. אמר לו: חזור [לאחורך]. חזר לאחוריו, ראה ששוקלין בשרו במקולין. אמר לפניו: רבש"ע, זו תורה וזו שכרה? אמר לו: שתוק, כך עלה במחשבה לפני". וראו תורה אור פז,ד: "וכנודע שיש בחינת רצון שלמעלה מהשכל על דרך אמרם כך עלה במחשבה ואין טעם לרצון", וראו שם צב,ב ועוד.

37. כגון שבת קנו,א; בראשית רבה פרשה מד,י, וכן שם פרשה י,ו.

38. כגון משנה יומא פרק ד משנה א ועוד. וראו גם בלשון המקרא בלשון מקרא כגון: ויקרא טז,א. אסתר ג,ז ועוד.

39. כאמור בהקדמה לאגרת, חלקה האחרון של האיגרת לא הובא באגרת הקדש שבתניא. למעוניין אלו דברי הסיכום של אדמו"ר הזקן שם:

"אחר הדברים והאמת האלה, הנה מודעת זאת בארץ הלזו במדינותינו מדינת רוסיא לבנה וליטא וסמוכות שלה וכל הנלוים אלינו, כי חבלים נפלו לנו בנעימים אף נחלת שפרה עלינו, היא נחלת אבותינו ארץ הקדושה תובב"א, אשר מצוה רבה חיזוק ישיבתה על התורה ועל העבודה על המחיה ועל הכלכלה, נפלה לגורלינו וחלקנו באור ה' אלקי ישראל ביתר שאת וביתר עז, לטרוח בה בנפשינו ומאודינו בזהירות וזריזות יתירה, זה עידן עדנין וימים כבירים, וברוך ה' גומר בעדינו, ועד כה עזרנו.

והנה הרבה טרחנו לזרז לזרוזין ביתר שאת לגמור כל גביות ואסיפות כסף הקדשים עד תומם קודם פסח בכדי שיוכל לעלות ולהגיע לאה"ק בעת האסיף שהפירות והתבואה בזול, ואין כל הכסף הגבוי ונאסף אחר הפסח כדאי בנזק והפסד מרובה ביוקר ההוה שם בחורף כמעט לידון בתשלומי כפל.

אך עד עתה לא עלתה בידינו, בסיבות עיכוב ואיחור אסיפות הכסף הכולל דמדינת וואלין, הנשלח גם כן ע"י השד"ר שלנו, כמצוה עליכם מפי אדמו"ר הרב הקדוש המנוח זצללה"ה. אך עתה הפעם על ידי סיבות שונות עלה במוסכם באה"ק שהשד"ר שלנו ימשוך ידו ממעות הכולל שבוואלין, שלא להיות להם שליח להולכה, רק ישלחו על ידי אחד מאנשי פלניא שבאה"ק, והשד"ר שלנו לא ימתין עליו כלל וכלל.

ולזאת הנני יוסף שנית ידי, לחזק ידים רפות כל המתנדבים בעם ולאמץ ברכים כושלות, הם הגובים ומאספים שבכל עיר ועיר ומנין, שיהיו זריזים וזהירים כולם זירוז אחר זירוז, לגמור בכי טוב כל עסק גביות ואסיפות כסף הקדשים וסילוקו כסידורו קודם הפסח דווקא בבל ישונה ח"ו, בכדי לגמור כתיבת הפנקסאות עד חג השבועות הבא עלינו לטובה, ויוכל השד"ר להרים פעמיו למסעות והילוכו בקודש מיד אחר חג השבועות הבע"ל בעזה"י. ומגודל בטחוני קצרתי ואומר שלום למעשה הצדקה כו'".

איגרת ח

1. ראו רמב"ם, הלכות יסודי התורה, פרק ז הלכה ה: "אלו שהם מבקשין להתנבא הם הנקראים בני הנביאים, ואף על פי שמכוונים דעתם אפשר שתשרה שכינה עליהן ואפשר שלא תשרה".
2. זהר חלק ב רס–רסא.
3. "סולם דא צלותא", ראו זהר חלק א רסו,ב; שם קמט,ב ובפירוש הרמ"ז שם; תורה אור ב,ב; ליקוטי תורה שמות ב,ב ועוד.
4. ראו פרי עץ חיים שער התפילה פרקים ד, ו ועוד.
5. על פי בראשית א,ד, וראו חגיגה יב,א ועוד.
6. על פי מלאכי ג,טז.
7. "מים דא חסד" תיקוני זהר תיקון יט (לח,א).
8. ראו אגרת התשובה פרק ד; ליקוטי תורה במדבר עג,א ד"ה מה טובו.
9. ליקוטי אמרים פרק ד, תורה אור טז,א ועוד.
10. שהרי המלכות אף היא מהספירות של האצילות המשולבות ומאוחדות זו בזו, מיוחדות באור אין סוף שבהן בתכלית.
11. בכמה מקומות, כגון: חלק א קפא,א, חלק ב קמב,א ועוד.
12. ראו תיקוני זהר תיקון ע (קכט,ב); עץ חיים שער מד פרק א, ועוד.
13. מגילה לא,א (כפי גרסת העין יעקב, ובזמירות ועוד. והגרסה בדפוס: "בכל מקום שאתה מוצא גבורתו").
14. על פי תהלים יא,ז
15. פרקי דרבי אליעזר פרק כ; מדרש תהלים לפרק צב.
16. ראו עץ חיים שער מג פרק ב.
17. על פי תהלים קטז,ט. וראו ליקוטי תורה דברים ג,ד.

איגרת ט

1. "ראה חלק א (=ליקוטי אמרים) סוף פרק לא" (הערת כ"ק אדמו"ר זי"ע).

2. על פי ירמיה ב,יג. וראו במצודות שם.
3. על פי ברכות יד,ב.
4. סמ"ק סימן קד, והובא בבית יוסף ושולחן ערוך אורח חיים סימן סא סעיף ו. וראו תורה אור נה,ב ועוד.
5. ראו ליקוטי אמרים פרק יג.
6. לעומת מה שכתוב בליקוטי אמרים פרק א: "מה שאין כן נפשות אומות העולם הן משאר קליפות טמאות שאין בהן טוב כלל כמו שכתוב בעץ חיים שער מ"ט פ"ג, וכל טיבו דעבדין האומות לגרמייהו עבדין".
7. ראו בראשית רבה פרשה צו,ה ועוד, שהוא חסד שעושים עם המתים (שכן אין אנו מצפים מן המת שיחזיר לנו טובה). וראו ליקוטי תורה במדבר ל,ד, ושם צג,ג, שהוא "חסד דקשוט" הנזכר בזהר חלק ג באידרא רבה קלג,ב, שהוא חסד דעתיק, שהוא חסדו של הקב"ה.
8. ראו שולחן ערוך, יורה דעה, סימן רנא סעיף ג.
9. ראו ליקוטי תורה במדבר סג,ד: "ועין שם בעץ חיים דרוש א' שזהו עניין אין בן דוד בא עד שיכלו כל הנשמות שבגוף כו' וזהו עניין עד דמטי רגלין ברגלין כו'. כי בכללות המ"ן הוא בחי' ציור אדם חב"ד חג"ת נה"י ובימי התנאים ואמוראים היו בירור חב"ד חג"ת ועכשיו הוא בירור נה"י עקבות משיחא, וזהו שכשיושלם הבירור כתיב ועמדו רגליו כו'". וראו אור התורה במדבר חלק ג עמ' תתעד: "דהיינו בימי התנאים שאחר החורבן הי' הבירור והתיקון נשמות שמבחי' חב"ד בחינת בריאה, ובזמן האמוראים היה הבירור והתיקון בנשמות שמבחינת חג"ת והוא בחינת יצירה ואח"כ בימי הגאונים עד דורות האחרונים הכל נחשב בחינת עקבות משיחא בחינת נה"י שהוא בחינת עשיה, וכאשר יתבררו ויעלו גם הניצוצות שברגלים אז יושלם להתתקן כל בחינת המ"נ דנוק' ואז יבא משיח".
10. הערת כ"ק אדמו"ר זי"ע: "רמב"ם הלכות מתנות עניים ראש פרק י (הלכה א), הועק בטור יורה דעה ראש סימן רמז. ואין הכוונה למה שכתב בש"ס [שבת קלט,א, סנהדרין צח,א] – דהרי שם כתוב 'נפדה'. והמפרשים [הרדב"ז והכס"מ וההגהות על הטור] שמציינים מקור דברי הרמב"ם מהמימרא דעולא בש"ס, אין כוונתם בכמה וכמה מקומות להלשון בדיוק, כי אם להתוכן, וכמפורסם. וראה שם תיכף בהלכה שלאחריה ברמב"ם ובמפרשים הנ"ל, וגם במסורת הש"ס וכו' שמביאים שהרמב"ם היה גורס 'ישראל' [במקום ירושלים] בגמרא – ה"ה מזכירים רק תיבת ישראל, והגירסא 'ישראל' נמצאת בעין יעקב, מה שאין כן הגירסא 'נגאלין' – לעת עתה לא מצאתי בש"ס וילקוט שמעוני. וקשה יותר לומר שלהרמב"ם, היתה גירסא שלא נמצאת בשום מקום אצלנו מאשר לומר שהרמב"ם מפרש יותר מאשר בש"ס ולכך כותב 'נגאלין' [ואדרבא – כצ"ל]".
11. על פי עמוס ט,יא. וראו לקמן איגרת כא.
12. וראו שער הכוונות, דרושי קריאת שמע דרוש ו.
13. ראו איגרות קדש כ"ק אדמו"ר זי"ע כרך יט איגרת ז'צד, במענה לרש"י זוין שהציע שיש לקרוא "לדבקה בה' (=בהשם)": "במש"כ שבאגרת הקדש סוף סימן ט 'ולדבקה בה' צריך להיות 'בה" – לכאורה: א) לא יעלה יפה ההמשך "דילה" (דקאי על סוכת דוד [או דילי' – דוד]). ב) לעיל מזה מדובר על דבר עבודת ה' או סוכת דוד, ולא על דבר לדבקה בה'. בהוצאות הראשונות של אגרת הקדש איתא כמו שלפנינו, אלא שאין שם הנ"א. – ונראו דקאי "בה" על סוכת דוד – מלכות, שכינה וכמרז"ל בכ"מ לדבקה בשכינה. – להעיר (לכללות העניין) מלקוטי תורה חוקת סג, ד. שם ראה כ, ב".
14. רמב"ם הלכות מתנות עניים פרק י הלכה ד: "כל הנותן צדקה לעני בסבר פנים רעות ופניו כבושות בקרקע אפילו נתן לו אלף זהובים אבד זכותו והפסידה, אלא נותן לו בסבר פנים יפות ובשמחה ומתאונן עמו על צרתו".
15. ראו ליקוטי תורה דרושים לר"ה נה,א.
16. רמב"ם הלכות מתנות עניים פרק ז הלכה ה, על פי גיטין ז,ב.

איגרת י

1. פֵּתַח דְּבָרֶי יָאִיר (על פי תהלים קיט,קל); יָאִיר אֹזֶן שׁוֹמַעַת (על פי ישעיה נ,ד); אֹזֶן שׁוֹמַעַת תּוֹכַחַת חַיִּים (משלי טו,לא).
2. כי פסוק זה הוא ממגילת איכה, שהיא מ'כתובים', אשר לפי מסורת חז"ל נכתבה בידי הנביא ירמיהו. ומעיר כ"ק אדמו"ר זי"ע: "וכן בסופה של האגרת מדגיש: 'וזה שאמר הנביא', להסביר אומרו בוודאות 'כי (ולא בספק: 'אם') לא תמנו'".
3. זהר חלק ג קלג,ב.
4. זבחים קטז,ב, זהר חלק ב צד,א ועוד. וראו תורה אור סז,א ועוד.
5. ראו פרדס רימונים שער כג פרק א, ערך אש: "בכל מקום שנמצא אש סתם הוא בגבורה וכו'"; וראו בקהלת יעקב; וראו שער היחוד והאמונה פרק ה; תורה אור כה,ב, מה,ג, פו,ג ועוד.
6. הקדמת תיקוני זהר (יז,א): "חסד דרועא ימינא, גבורה דרועא שמאלא".
7. ראו משנה סנהדרין פרק י משנה א.
8. לשון תיקוני זהר, תיקון ל (עד,א–ב). וראו ליקוטי אמרים פרקים כג–כד.
9. ראו ליקוטי תורה לאר"י ז"ל פרשת יתרו; מאורי אור אות א; ליקוטי תורה במדבר מח,ד; דגל מחנה אפרים פרשת יתרו, ושם פרשת כי תשא ד"ה פסל.
10. ראו ליקוטי אמרים פרק לז.
11. ראו רמב"ם הלכות יסודי התורה פרק ב הלכה א.
12. שבת פח,ב, שמות רבה פרשה כט,ד. שיר השירים רבה פרשה ו,ג ועוד. וראו ליקוטי אמרים פרק לו.
13. במדבר רבה פרשה יב,ג: "אמר הקב"ה איני מבקש לפי כוחי אלא לפי כוחן". ושם פרשה כא,כב: "כשהוא מבקש אינו מבקש אלא לפי כחן וכשהוא נותן נותן לפי כחו".
14. אורך הציצית – שולחן ערוך אורח חיים סימן יא סעיף ט; התפילין אצבעיים – שולחן ערוך אדמו"ר הזקן שם סימן לב סעיף סג; מרובעות – שולחן ערוך סימן לב סעיף לט; הלולב – שם סימן תרנ סעיף א; הסוכה – שם סימן תרלא סעיף י; שופר – שם סימן תקפו סעיף ט; מקווה – שם יורה דעה סימן רא סעיף א (ועוד).
15. ראש השנה לא,א.
16. לקמן איגרת כו בשם האריז"ל, ש"דוקא בדורות אלו האחרונים מותר ומצוה לגלות זאת החכמה ולא בדורות הראשונים".
17. על פי מלכים א ו,ז.
18. על פי ויקרא פרק כז,יח.
19. ראו ליקוטי אמרים פרקים מח–מט ובביאור.
20. ראו ליקוטי תורה במדבר נב,ד; דרך מצוותיך טו,א ועוד.
21. קהלת א,טו. וראו ברכות כו,א, חגיגה ט,ב ועוד. וראו רמב"ם הלכות תשובה פרק ד.
22. ברכות לד,ב. וראו ליקוטי אמרים פרק ז, ואגרת התשובה סוף פרק ח.
23. ראו לעיל איגרת ד.
24. ראו ליקוטי תורה דרושים לראש השנה סב,ב; מאמרים מלוקטים חלק ב עמ' קטו.
25. זאת מלבד פירושה של המילה "דלת" על דרך לשון "דלת הארץ" (מלכים ב כה,יב ועוד). וראו שבת קד,א: "גימ"ל דל"ת – גמול דלים"
26. תחילת פרשת וירא. וראו רש"י שם ח,ד.
27. כתובות נ,א. וראו רמב"ם הלכות ערכין פרק ח הלכה יד, ושולחן ערוך יורה דעה סימן רמט סעיף א. וראו אגרת התשובה פרק ג, ולקמן איגרת יג.
28. ראו אגרת התשובה פרקים ב–ג.

29. תהלים קג,יז. וראו לעיל איגרת ח.

30. רמב"ם הלכות מתנות אביונים פרק י הלכה א. וראו בשינוי שבת קלט,א, וסנהדרין צח,א.

31. מה שאין אדמו"ר הזקן מביא את המאמר "עד שתכלה פרוטה וכו'", אלא רק רומז זאת ב"וכו'", מבאר כ"ק אדמו"ר זי"ע: "אפשר לומר מפני שאין אדמו"ר הזקן רוצה לבטא מילים אלו בפירוש, שכן מאמר חז"ל זה יכול להתקיים גם ברוחניות, באופן שיהודים רק יחשבו עצמם כדלים וחסרי כל".

32. ראו סנהדרין קג,א וברש"י שם, ואיכה רבה פתיחתא יד.

איגרת יא

1. האיגרת נכתבה כנראה לפני שנת תק"ן לחסיד מהרר"נ מסמיליאן (על פי איגרות קודש אדמו"ר הזקן, מהדורת תשע"ב).

2. על פי דניאל ט,כב. וכך נקראת האיגרת בכמה מקומות, 'ד"ה להשכילך בינה'.

3. כִּי לֹא זוֹ הַדֶּרֶךְ (על פי מלכים ב ו,יט) הַדֶּרֶךְ יִשְׁכּוֹן אוֹר (איוב לח,יט), לִהְיוֹת חָפֵץ בְּחַיֵּי (על פי תהלים לד,יג) בְּחַיֵּי בְּשָׂרִים (על פי משלי יד,ל) בְּחַיֵּי... וּבָנֵי וּמְזוֹנֵי (על פי מועד קטן כח,א ועוד).

4. חפץ הוא הרצון הפנימי. ראו על ההבדל בין 'חפץ' ו'רצון' בליקוטי תורה שיר השירים כח,ד, וכן בשו"ת צמח צדק אבן העזר סימן רסג. וראו ליקוטי אמרים פרק מא.

5. ילקוט שמעוני קדושים רמז תרכו, על פי תורת כהנים שם.

6. ראו לעיל איגרת ד.

7. ראו תורה אור ט,ב, ושם כז,ב; ליקוטי תורה ויקרא מה,א, ועוד.

8. ראו ברכות לד,ב.

9. על פי בראשית רבה פרשה עט,א. ילקוט תהלים פרק יא. תיקוני זהר תיקון יט (מא,א). עבודת הקדש חלק א פרק יב. וראו תורה אור צב,ב; ליקוטי תורה במדבר סב,ב, דברים לה,ב ועוד.

10. הערת כ"ק אדמו"ר זי"ע: "במקומו – מתאים לשלפני זה 'באור פני'. ועל פי זה יש לפרש שהובא דוקא הכתוב 'עוז וחדוה במקומו', ואיך שמוכרח להביאו. דלכאורה אינו מובן כלל: על פי מה שנתבאר דאין רע יורד כו' – דאם כן מאין נמצא רע בעיני בשר על כל פנים. והתירוץ – שזהו למעלה, במקומו וכו', שגם בנוגע להקב"ה, כביכול, כן החילוק. וכדברי רבותינו ז"ל על הפסוק 'עוז וחדוה גו'' (חגיגה ה,ב), גואי בראי. ועיין רשימות הצמח צדק לאיכה, ובאור התורה שלו לתנ"ך על הפסוק, ובפרט עמ' תשי בסופו".

11. כנראה לעומת בראשית ו,ה: "כי רבה רעת האדם בארץ וכל יצר מחשבֹת לבו רק רע כל היום".

12. "על דרך ישעיה כח,טז, וראה תרגום שם. ואולי גם כאן צריך לומר 'יחיש' – ב' יודין. וראה תרגום קהלת ב,כה" (הערת כ"ק אדמו"ר זי"ע).

13. תהלים טז,ח. וראו ספר צוואת הריב"ש בתחילתו.

14. שמות יב,לח, וראו רש"י שם.

15. כגון: ביצה לב,ב; רש"י על שמות לב,ד ובמדבר יא,ד; זהר חלק א כה,א; הקדמת הרח"ו לשער ההקדמות ועוד.

16. על פי ברכות יז,א ועירובין יג,ב.

17. ראו ליקוטי תורה דברים יא,ב.

18. "לכאורה צריך עיון השייכות דפסוק זה דוקא לכאן, שבתנ"ך כמה וכמה על דבר השגחה פרטית קודם לזה. ומובן על פי פירוש חז"ל בו דוקא (חולין ז,ב) נוקף כו'. וגם בזה נראה גודל הדיוק דאדמו"ר הזקן אפילו במליצות לכאורה" (כ"ק אדמו"ר זי"ע).

איגרת יב

1. דברים רבה פרשה ה,יב. וראו ירושלמי ראש השנה פרק ב הלכה ג, ותנחומא ויגש ו.
2. אלו שני המלאכים היחידים הנזכרים בשמם במקרא (דניאל ט,כא, שם י,יג ועוד).
3. כמסופר בכמה מקומות על אברהם אבינו – ראו ברש"י בראשית יח,א, בראשית רבה פרשה נד,ו. וראו ליקוטי שיחות חלק כג עמ' 770.
4. שהרי אם הייתה מידת הרחמים רק ממוצעת בין חסד וגבורה, הרי כשם שהיא מטה את הגבורה לחסד היא מטה את החסד לגבורה. ולכן יש לומר ש"מטה כלפי חסד" אומר יותר מזה, שבהיות הרחמים מחברת את החסד והגבורה היא מגלה את המהות שלמעלה משניהם, שביטוייה הוא נתינה אין סופית אף יותר משל החסד. ועל זה נאמר שהיא "מטה כלפי חסד".
5. פרדס רימונים שער כג (ערכי הכינויים) פרק כ, ובמאורי אור ועוד, בערך רחמים.
6. ראו פרדס רימונים שער י (שער הגוונים) פרק ד.
7. ראו תורה אור י,ב. ובליקוטי תורה ויקרא כג,ג מבואר בשם המגיד ש"שם הוי' בתפארת" משום שמהותה של מידת התפארת היא ההתכללות של המידות הנגדיות חסד וגבורה, מה שמעיד על התגלות ההארה העליונה שכלפיה בטלות כל המידות, והיא הארת שם הוי'.
8. שבעה שמות שאינם נמחקים. ראו שבועות לה,ב; רמב"ם הלכות יסודי התורה פרק ו הלכה ב; שולחן ערוך יורה דעה סימן רעו סעיף ט.
9. וכפי שמבואר (וראו במראי המקומות בהערה הבאה, ובפירוט גדול ב'באתי לגני' שם), השם ביחס לספירה מתייחס תמיד אל הפנימיות, לא אל המידה אלא אל העצם שמתגלה במידה (ולכן מתפללים בשמות ולא בספירות, "אליו ולא למידותיו"). וביתר דיוק מבואר שכל השמות מתייחסים לאור הכלי של המידה, ושם הוי"ה אל האור עצמו שבמידה. על דרך משל, לאדם יש גוף ונפש, ולגוף יש נפש משל עצמו המקיימת אותו כגוף. במובן זה, שם הוי"ה מתייחס אל הנפש עצמה, ושאר השמות אל הנפש המחיה את הגוף.
10. תורה אור ס,א; ליקוטי תורה הוספות לויקרא נא,ג; דרך מצוותיך, שורש מצוות התפילה, בפרקים הראשונים. וראו מאמר 'באתי לגני' תשכ"א ועוד.
11. ראו פרדס רימונים שער יט (שם בן ד') פרק א.
12. ראו מאמר 'באתי לגני' תשכ"א פרקים ד–ה.
13. להעיר מנוסח ברכת 'שים שלום' (כ"ק אדמו"ר זי"ע). שהרי עניינה של אתערותא דלתתא זו להמשיך ולשים שלום. וראו לקמן איגרת ל: "כנודע כי באתערותא דלתתא המשכת חיים חן וחסד במעשה הצדקה ברצון הטוב וסבר פנים יפות אתערותא דלעילא וכו'".
14. דברים יג,יח. וראו שבת קנא,ב, ספרי דברים פיסקא צו ועוד.
15. כמאמר רז"ל: "והתפארת זו מתן תורה" (ברכות נח,א), וכידוע על פי הסוד.
16. סנהדרין צט,ב. וראו ליקוטי תורה במדבר פג,א (ד"ה החלצו). ומבואר שם, ששלום בפמליא של מעלה הוא לחבר י"ה משם הוי"ה, והוא על ידי התורה, ש"כל הקורא ושונה הקב"ה קורא ושונה כנגדו", והרי הוא ממשיך שהקב"ה, עצמות אין סוף, נמשך בתורה, בחינת י"ה. וזהו העוסק בתורה לשמה, לשם התורה, שממשיך בה מעצמות אין סוף. ובנפש האדם הוא לחבר ולייחד חכמה ובינה, מוח ולב, על ידי המשכת רצון העליון שלמעלה מחכמה ובינה. ולכן על ידי זה נמשך להיות 'מוח שליט על הלב', שלא יהיה התפעלות הלב בעניין אהבה בבחינת יש, אני אוהב ויש אני כו'. ועניין השלום בפמליא של מטה הוא בו"ה של שם הוי', בחינת המידות, שהגבורות נמתקות בחסדים, הוא לאכללא שמאלא בימינא. פירוש, כי מידות שבנפש האלוקית נקראו בכלל בחינת ימינא, שהחסד גובר בהם, ולכן נקראת הנשמה "בת כהן". אבל המדות דנפש הבהמית הן בחינת שמאלא, ששורש ומקור נפש הבהמית מפני שור מהשמאל (ראו שם פו,ד).
17. ראו תורה אור ה,ג.

18. ראו לקמן איגרת כה, שהוא סוד גלות השכינה. וראו תורה אור ו,א ועוד.
19. תנחומא פקודי ג. תיקוני זהר תיקון סט (ק,א).
20. על פי תהלים צב,י וזכריה יג,ב.
21. ראו גיטין מה,א: "לאו עכברא גנב אלא חורא גנב", שמבאר רעיון זה עצמו.
22. בברכת 'השכיבנו' שבתפילת ערבית. וראו ד"ה בסוכות תשבו לכ"ק אדמו"ר זי"ע תשל"ו (ספר המאמרים מלוקט חלק א עמ' קעז, ושם נתבאר).
23. על פי תהלים לב,ו: "על זאת יתפלל כל חסיד אליך לעת מצֹא". ובתרגום: "לעידן רעותיה". וראו באבן עזרא שם; ירושלמי ברכות פרק ד הלכה א; בראשית רבה פרשה צב,ב ועוד, ש"עת מצוא" הוא זמן שראוי ומסוגל להתפלל בו.
24. בבא בתרא י,א. וראו רמב"ם הלכות מתנות עניים פרק י הלכה טו. שולחן ערוך יורה דעה סימן רמו סעיף יד, ושם אורח חיים סימן צב סעיף יד.
25. "ראה תורה אור וישב כו,ד" (כ"ק אדמו"ר זי"ע).
26. ראו יבמות עט,א וראו ליקוטי אמרים סוף פרק א. וראו איגרות קודש לכ"ק אדמו"ר זי"ע כרך ב איגרת שכו: "ביבמות (עט, א. והובא ברמב"ם הלכות איסורי ביאה פרק יט הלכה יז. נזכר באגרת התשובה פרק יא) נמנו ג' סימנים בבני ישראל: גומלי חסדים ביישנים רחמנים. ובתניא השמיט ביישנים (באגרת הקדש מובן, כי בושה הוא מצד היראה ולא חסד – נדרים כ, א). – אבל מובן על פי מאמר רבותינו ז"ל (ביצה כה, ב. נדרים שם עיין שם בחידושי אגדות) דסימן הבושה אינו דומה להשאר, כי נעשה על ידי מתן תורה דוקא. ומזה נראה עד כמה מדוקדקות גם ההשמטות שבתניא".
27. ראו אור תורה להמגיד (מהדורת הרב שוחט) עמ' שי"ט. ובמקומות רבים בחסידות.
28. וראו ליקוטי תורה במדבר פו,ד: "וענין השלום בפמליא של מטה הוא לאכללא שמאלא בימינא, פירוש כי מדות שבנפש האלוקית נקראו בכלל בחינת ימינא שהחסד גובר בהם, ולכן נקראת הנשמה בת כהן, אבל המדות דנפש הבהמית הן בחינת שמאלא ששורש ומקור נפש הבהמית מפני שור מהשמאל".
29. וכן כתב בפרק ב בליקוטי אמרים, "וכמ"ש בזהר". ומעיר כ"ק אדמו"ר זי"ע: "נדמה שלא נמצא בזהר ובתיקוני זהר שלפנינו, אבל נמצא בשם הקדמונים, מהם בשם רבותינו ז"ל".
30. ראו תורה אור ד"ה "ויקהל משה" (פו,ד ואילך) ועוד.
31. סנהדרין לח,ב; פרקי דרבי אליעזר פרק יב; זהר חלק א ג,א.
32. על פי ירמיה מח,יא, "ושֹקֵט הוא אל שמריו" (וראו גם צפניה א,יב). וראו ברד"ק שם: "והוא היין הטוב כי בהרקת היין מכלי אל כלי ילך ריחו וטעמו". ולקמן מפרש באופן אחר.
33. ראו תורה אור צז,ב, וליקוטי תורה במדבר מב,ב.
34. ומעיר כ"ק אדמו"ר זי"ע: "ובאור התורה להצמח צדק על הפסוק מציין לשל"ה וישלח (רצה,ב) ויובן משם לכאן".

איגרת יג

1. התייחסות להמשכה המעשי של האיגרת, שלא נדפס, תובא בסיום הביאור לקמן. ובאיגרות קודש אדמו"ר הזקן היא איגרת כח.
2. ראו תורה אור מט,ד, נה,א ועוד.
3. דברים י,כב.
4. ראו תורה אור לב,ב ועוד.
5. התפיסה בהרחבה, וסיפורים רבים בעניין זה, ב'ספר הזכרונות' לכ"ק אדמו"ר הריי"ץ נ"ע.

6. ״טור ושולחן ערוך ריש הלכות צדקה״ (כ״ק אדמו״ר זי״ע). והיינו יורה דעה סימן רמז סעיף א: ״מצות עשה ליתן צדקה כפי השגת יד״; ושם סימן רמט סעיף א, על פי רמב״ם הלכות מתנות עניים פרק ז הלכה ה: ״אם ידו משגת יתן כפי צורך העניים, ואם אין ידו משגת כל כך, יתן עד חומש נכסיו מצוה מן המובחר, ואחד מעשרה מדה בינונית, פחות מכאן עין רעה״.

7. כתובות נ,א. וראו רמב״ם הלכות ערכין וחרמין פרק ח הלכה יג, ושולחן ערוך יורה דעה סימן רמט סעיף א ובהגה שם.

8. יהושע א,ח. וראו שולחן ערוך יורה דעה סעיף רמו סימן א, ובהגה שם.

9. ראו ליקוטי תורה ויקרא מט,ה, ובכ״מ.

10. כגון המסופר באסתר רבה פרשה ב,ג על אדם שהיה מקמץ ביותר בצורכי ביתו ונותן לצדקה במידה גדושה. וראו תורה אור יט,ב.

11. כתובות קג,ב; וראו רמב״ם הלכות תלמוד תורה פרק ד הלכה ה, ושולחן ערוך יורה דעה סימן רמו סעיף יא.

12. על הגאון הרוגוטשובי, המפורסם בכתיבתו המצומצמת, סיפרו אנשים שהכירו אותו שפנים אל פנים היה הוא נוהג אחרת, מדבר ומסביר דברים בכל ההרחבה.

13. ראו עדויות פרקים ד–ה; שבת עז,ב, עירובין ו,ב, ראש השנה יד,ב ועוד.

14. ראו למשל בספר כל סיפורי בעל שם טוב חלק ג עמ׳ יז (בשם סִפּורי יעקב חלק ב) ועמ׳ לה.

15. ראו הקדמת תיקוני זהר (יא,ב), ושם תיקון ה (כ,א) ותיקון כד. ליקוטי הש״ס מהאר״י ז״ל מסכת שבת. מאורי אור ערך ׳רשות׳; ליקוטי אמרים פרק לג; ליקוטי תורה דברים ל,א ד־פו,ד, וראו שם שיר השירים כח,א באופן אחר: תורה שבכתב ותורה שבע״פ.

16. ראו מאורי אור שם, ושם נתבאר.

17. ראו ליקוטי אמרים פרק מח.

18. פסחים כה,ב, יומא פב,ב ועוד. וראו שולחן ערוך יורה דעה סימן קנז סעיף א.

19. על פי ישעיה סג,ז.

20. זהר חלק ג קלג,ב. וראו תורה אור פב,א–ב, שהוא על דרך ההבדל שבין חסד דאברהם, שהיא מדת האהבה הטבעית שבלב כללות נשמות ישראל רק שהיא מסותרת וכו׳ וצריך לעורר אותה, וזוהי אתערותא דלתתא. ובאתערותא דלתתא אתערותא דלעילא, היא בחינת ״רב חסד״, בחינת אהרן כהן גדול. כי חסד עולם הוא מבחינת התהוות ההשתלשלות, בסדר המדרגות וכו׳, אבל בחינת רב חסד הוא למעלה מעלה מן ההשתלשלות וכו׳.

21. מובא בליקוטי ביאורים.

22. נוסחו המלא של הסיום, כפי שמובא באיגרות קודש אדמו״ר הזקן איגרת כח: ״ואחר הדברים האלה נפשי בשאלתי לעורר רב חסד ורב טוב, טוב הגנוז והצפון בלב כל אנ״ש, מן העלם אל הגילוי לבא לידי מעשה, למלאות ידם לה׳ ביד מלאה ורחבה, ע״י ציר נאמן מוכ״ז ה״ה הרבני המופלא בתורה ויראת ה׳ היא אוצרו כמו״ה שמואל נר״ו, למלאות מחסורי נפשות אביונים [נ]קיים, מכל אנ״ש הנוסעים למחננו, חדשים גם ישנים, ולכלכלם לחם ומזון כל ימות החול. כי בעלי בתים מעט מזעיר בקהלתינו יוצאים ידי חובתם די והותר בשבתות ויו״ט, אשר בכל שבת ושבת לא פחות מד׳ או ה׳ מנינים, ולפעמים יותר מעשרים מנינים אביונים, אך בימות החול כשל הסבל. ולזאת העמדנו להם אכסניא מיוחדת הנקרא גאר קיך, וההוצאה מרובה מאוד, ועולה סך עצום לשנה. מלבד עוד דברים ההכרחיים המבוארים במכתב דאשתקד באריכות המעשה. ועוד נוסף עליהם כהיום הוצאה חדשה אשר נתחדשה באסיפה שמקרוב. ולזה ההכרח לא יג[ונה] להוסיף על הערכה דאשתקד עד שליש מלבר, או מלגאו, נהרא נהרא ופשטיה, ולפי ראות עיני שוד״ר מוכ״ז נ״י. ואם שגיתי אתי תלין, ועמהם הסליחה ואהבתם תכסה וכו׳. ומגודל בטחוני, שלא ישליכו דברי אחרי גום ח״ו, לתת מגרעות בקדש ח״ו, כי מעלין בקודש, וכל המוסיף יוסיפו לו ברכה וחיים, קצרתי בתחנונים, ואומר שלום שלום למעשה הצדקה וחיים עד העולם. כ״ד אוהב נפשם דורש שלומם הטוב מלב ונפש חפצה, שניאור זלמן ב״ר ברוך זללה״ה. ומדי דברי זכור אזכור את אשר כבר עשוהו

אשתקד, אודות הצדיק המפורסם אשר בצילו נחי' בגוים מו"ה זוסמאן שי', לשלוח לו כמסת ידו פדיון נפשות ביתו, ולרשום בפנקס שתחת יד מוכ"ז, להיות שמותם לזכרון לפני ה' שומע בקול עבדיו, המעתירים לה' עתרת שלום ואמת לעמו אכי"ר".

איגרת יד

1. על פי איגרות קודש אדמו"ר הזקן (שם היא איגרת מח).
2. בהם גיסו של הבעש"ט, ר' גרשון מקיטוב, אשר מקצת מההתכתבות ביניהם לאחר עלייתו לארץ ישראל מצויה בידינו.
3. ידוע שחלק מן ההאשמות שהועלו נגד אדמו"ר הזקן בהיותו במאסר בפטרבורג היו של קשירת קשר עם האויב, והן התבססו על הסכומים הגדולים שהעביר לארץ ישראל. ראו לעיל אגרת ב ובביאור שם בראשיתה.
4. ראו ליקוטי תורה דברים נג,ג ובכמה מקומות.
5. על פי שיר השירים ב,ז.
6. וכן הוא בפיוט בסליחות לערב ראש השנה: "אנא עוררה אהבתך הישנה וכו'".
7. לִהְיוֹת בּוֹעֶרֶת כְּרִשְׁפֵּי אֵשׁ (על פי שיר השירים ח,ב) מִקֶּרֶב אִישׁ וְלֵב עָמוֹק (תהלים סד,ז), כְּאִילּוּ הַיּוֹם מַמָּשׁ נָתַן ה' רוּחוֹ עָלֵינוּ (על פי במדבר יא,כט), רוּחַ נְדִיבָה (תהלים נא,יד) בְּהִתְנַדֵּב עָם (שופטים ה,ב), לְמַלֹּאות יָדָם לה' (על פי שמות לב,כט) בְּיָד מְלֵאָה וּרְחָבָה (על פי נוסח ברכת המזון).
8. על פי עזרא ט,ו.
9. שקלים פרק ו משנה ד; ברכות כח,א, שבת כא,א, ועוד.
10. ועוד מבואר בחסידות שארץ מלשון רצון, ואם כן ארץ חפץ הוא הרצון הפנימי שבתוך הרצון, בבחינת הרצון לרצות. והוא האמור כאן שכל ההשפעות בכל הארצות מקבלות דרך ההשפעה וההשגחה שבארץ הקדש.
11. על פי תהלים קטז,ט: "בארצות החיים". ובמקומות אחרים מדייקים שהן שתי ארצות, הארץ של מטה והארץ של מעלה, העומדות זו מול זו ופועלות בקשר ובהתאמה זו עם זו. וראו תורה אור כו,ג ובכמה מקומות.
12. ראו ליקוטי אמרים פרק ב בהגהה, ובכמה מקומות.
13. "להעיר מליקוטי תורה שיר השירים נ,ב: וודאי גם בחכמה עילאה נמשך אור חוזר זה מלמעלה כו'" (הערת כ"ק אדמו"ר זי"ע).
14. ראש השנה ח,ב: "'תקעו בחדש שופר בכסה ליום חגנו' (תהלים פא,ד) – איזהו חג שהחדש מתכסה בו? הוי אומר זה ראש השנה".
15. שולחן ערוך אדמו"ר הזקן אורח חיים סימן תקצו סעיף א.
16. ויקרא רבה פרשה כז,ז; תנחומא תזריע ד.
17. על פי ברכת 'יוצר אור' שבתפילה.
18. ראו ליקוטי תורה ויקרא נב,א. ומצוין שם: "ומלשון מקור עיין ברעיא מהימנא סוף פרשת בא דף מב, ובספר שער אורה שער יו"ד כתב הכתר נקרא 'מקור העליון', וכן כתב בפרדס ערך 'מקור' יעוין שם באריכות. ובבחיי ריש פרשת וישלח כתב: 'ומפני זה נקרא הקב"ה מקור, לפי שכחו אינו פוסק לעולם ולעולמי עד' וכו'".
19. ראו פרי עץ חיים שער כד פרקים א ו־ה, ובמקומות נוספים; וראו ליקוטי תורה דברים מב,ב, מז,ה ועוד.
20. בעשרת ימי תשובה, בכל יום מידה אחרת. ראו פרי עץ חיים שם.
21. ליקוטי תורה דברים מב,ב.

22. מתוך ברכת 'יוצר אור'.
23. ליקוטי תורה דרושים לראש השנה נג,ד. וראו גם ראש השנה טז,א.
24. ראש השנה לא,א ועבודה זרה ט,א. וראו תורה אור נא,ד שיש מחלוקת בין המקובלים אם היא 'שמיטה' יחידה או שגם היא רק אחת משבע שמיטות.
25. במדבר טו,כד. וראו תענית כד,א, וכן הוא בליקוטי אמרים פרק מב ועוד. וראו תורה אור מ,א; ליקוטי תורה דברים ג,ג, ועוד.
26. בבא בתרא קנח,ב. וראו בבא מציעא פה,א וקידושין מט,ב.
27. קינים פרק ג משנה ו; שבת קנב,א.
28. תהלים לג,טו. וראו תורה אור נז,ג וליקוטי תורה ויקרא מה,ב.
29. השוו ראש השנה טז,ב.
30. היא השינה שלצורך הנסירה, כמו שכתוב: "ויפל ה' אלהים תרדמה על האדם ויישן". וראו פרי עץ חיים שם.
31. ועל פי זה נהגו שלא לישון בראש השנה, ובשם האר"י ז"ל ההקפדה שלא לישון היא עד התקיעות. ראו שער הכוונות, דרושי ראש השנה, ד"ה ענין השינה.
32. פסחים נד,א. בראשית רבה א,ה. תנחומא צ,יב ועוד. וכגון זה, התפיסה שמופיעה בכמה מקומות (ירושלמי מכות פרק ב הלכה ו [ז ע"א]. פסיקתא דרב כהנא פרשה כד ד"ה טוב וישר. ילקוט תהלים רמז ועוד): "שאלו לנבואה: חוטא מהו עונשו? אמרה להן: הנפש החוטאת היא תמות וכו'. שאלו לקב"ה: חוטא מהו עונשו? אמר להן: יעשה תשובה ויתכפר לו".

איגרת טו

1. ראו במפרשים שם פירוש הביטויים 'משל', 'מליצה' ו'חידה'.
2. כתר שם טוב סימן תכד. ונמצא גם בשבחי הבעש"ט (מהדורת רובינשטין) עמ' 12 בשינוי.
3. על פי ישעיה יב,ה. וראו שם, כיצד מתאים הכתוב והקשרו שם לאמור כאן.
4. אדמו"ר הזקן היה תלמיד מובהק של המגיד ממזריטש, ודרכו קיבל גם מהבעש"ט (לו קרא סבו הרוחני), וכן קיבל על פי המסורת מרבי אברהם 'המלאך' (בנו של המגיד), מרבי מנחם מענדל מוויטבסק, ובאופן מסוים משאר חבריו, תלמידיו הגדולים של המגיד. וראו גם בהקדמת הביאור לליקוטי אמרים ובביאור לשער הספר שם.
5. עוד בלימוד זה ראו ליקוטי תורה ויקרא לא,ב ושם דברים ד,א, שהכוונה דווקא לבחינת 'ממלא כל עלמין'. וראו ליקוטי דיבורים (לאדמו"ר הריי"ץ), שמיני עצרת ושמחת תורה תרצ"ז (יט), סעיף יב ואילך; וכן בספר המאמרים מלוקט חלק ד ד"ה 'לך אמר לבי' תש"כ אות ט, שראיית אלוקות בבשר הגוף הנמוך דווקא היא ראיית עצמות אלוקות, שרק בכוחו לברוא יש מאין ואפס המוחלט.
6. כי בספרי הקבלה מצוי לרוב לימוד מהגוף כשלעצמו. וכגון ב'פתח אליהו' (הקדמת תיקוני זהר [יז,א]): "חסד דרועא ימינא, גבורה דרועא שמאלא" וכו'.
7. ברכות י,א. ובמדרש תהלים על הפסוק בשינוי: "מה הנפש ממלאה את הגוף כך הקב"ה ממלא את העולם". וראו ליקוטי תורה ויקרא לא,ב.
8. מאמר זה מובא גם בליקוטי אמרים בתחילת פרק ב, ובאגרת התשובה פרק ד. ומעיר על זה כ"ק אדמו"ר זי"ע: "וכמדומה לי שלא נמצא בזהר ובתיקוני זהר שלפנינו, אבל נמצא בספרי הקדמונים". וראו בליקוטי שיחות חלק ט עמ' 43 ובהערה שם.
9. המושג 'נפש' הוא גם כללי וגם פרטי. הוא שם לכלל דרגות נפש האדם, חלקו הרוחני לעומת הגוף הגשמי, ובפרט הוא גם שמה של הדרגה הנמוכה מחמש דרגות הנפש, זו המלובשת והמתייחסת אל הגוף.

10. כמבואר בליקוטי אמרים פרק יח ובמקומות רבים, שבמוחין (החכמה) של העשייה מלובשת החכמה של מלכות דאצילות, שבתוכה חכמה של אצילות, שבה מאיר אור אין סוף ממש.

11. וביתר פירוט הן המוחין הפרטיים של פרצופי זעיר ונוקבא. שהרי בכל דרגות ופרצופי הקדושה מצויות בהעלם כל הדרגות, והן מתגלות בכל דרגה באופן השייך לה. ונמצא שחוץ מהמוחין הכלליים של עולם העשייה יש גם למידות (זו"נ) של עולם העשייה מוחין משלהם, המקבלים וקשורים למוחין ולספירות השכל הכלליים של עולם העשייה.

12. ולמעלה משתי הדרגות הללו היא דרגת החכמה שמקבלת מלמעלה ממנה.

13. וכמבואר בליקוטי אמרים פרקים ג–ד, שהספירות הם כמו כוחות הנפש באדם (השכל והמידות), לעומת העולמות, בריאה יצירה ועשייה, שהם כמו לבושי הנפש (המחשבה הדיבור והמעשה).

14. פרק לה בהגהה, בשם מורו המגיד ממזריטש.

15. וכן מבואר שהספירות נחלקות לארבע קבוצות ('פרצופים') המקבילות לארבעת העולמות ולארבע אותיות שם הוי"ה. חכמה (אבא) היא באצילות והיא אות יו"ד, בינה (אמא) היא בבריאה והיא אות ה"א ראשונה, זעיר אנפין ביצירה והיא אות ו"ו, ומלכות בעשייה, היא אות ה"א אחרונה שבשם הוי"ה.

16. על פי הקדמת תיקוני זהר (ג,ב). וראו בעניין זה באריכות לקמן איגרת כ.

17. ראו המשך תער"ב חלק א אותיות ט והלאה, שבמובנים מסוימים אף גבוה יותר מהאור והגילוי עצמו.

18. ראו גם ליקוטי אמרים פרקים יח ו־נג.

19. עולם התיקון לעומת עולם התוהו. וראו למשל תורה אור כד,ד ואילך, ועוד.

20. ראו תורה אור מז,ב; ליקוטי תורה ויקרא כ,ב, שם דברים ל,ב ועוד.

21. בראשית רבה פרשה מז,ו ועוד. ומבואר בליקוטי אמרים פרקים יח, כג, לד, לט, מו ועוד.

22. הקדמת תיקוני זהר (ג,ב).

23. כפי שמקובל היה בעולם העתיק. ראו רמב"ם הלכות יסודי התורה פרק ד. וראו בביאור לפרק א בלקוטי אמרים.

24. על פי בראשית ב,ט.

25. ואפשר לומר בטעם הדבר, שהשכל מכיר את הדברים כפי שהם לעצמם, ככל האפשר במנותק ושלא דרך התייחסותו האישית של האדם עצמו, והמידות לעומת זאת הן דווקא התייחסות האדם אל הדברים. ולפי שהן מבטאות את התייחסות האדם הן המגדירות והמבטאות גם את האדם עצמו – מה הוא מרגיש, מה הוא רוצה, מי הוא וכו'. נמצא, שהמידות באדם הן מבחינת הרגשתו עיקר האדם, היכן שהוא מרגיש את עצמו וחווה את עצמו. ולכן אף איגרת זו, העוסקת בהבנת הספירות מתוך חוויית האדם את עצמו, עוסקת בעיקר במידות.

26. לפי הדימוי ב'פתח אליהו' שם (תיקוני זהר יז,א), הלקוח מגוף האדם, יד הימין ("חסד דרועא ימינא") היא היד הנותנת, התוקפת וכו', ויד שמאל ("גבורה דרועא שמאלא") היא היד המקבלת, המגינה והתומכת, וקו האמצע הוא הגוף ("תפארת גופא") המחבר ונושא את כולם.

27. ב'הערות ותיקונים' מעיר כ"ק אדמו"ר זי"ע שהמילה 'לשון' מיותרת לכאורה.

28. שימוש לשון דומה מצוי גם בפרקי אבות פרק ב משנה א: "רבי אומר, איזוהי דרך ישרה שיבור לו האדם? כל שהיא תפארת לעושה ותפארת לו מן האדם".

29. על פי משלי כה,יא.

30. בשייכותן לספירות נצח והוד, ראו תיקוני זהר תיקון מח (פה,א).

31. על פי חגיגה יב,ב: "ריש לקיש אמר שבעה (רקיעים) ואלו הן וילון רקיע שחקים וכו'... שחקים שבו רחיים עומדות וטוחנות מן לצדיקים". ומה שהם נצח והוד ראו זהר חלק ג כו,א, ובמאורי אור ערך 'שחקים'; פרדס רימונים שער כ (השמות) פרק יב (שם צבאות); שער הכוונות דרושי חג הסוכות ועוד.

32. וראו במקומות אחרים ששורש הנה"י הוא גבוה מאוד, באדם קדמון. ראו ליקוטי תורה ויקרא כא,ב; ספר המאמרים מלוקט חלק א עמ' צד, קלב ר־שפג, ושם חלק ב עמ' מא ועוד. ובמאמרי 'באתי לגני' מוסבר שבשביל הניצחון במלחמה מבזבזים כל אוצרות המלך שנאספו מכמה דורות וכו'.

33. נדפס באור התורה ויקרא חלק א עמ' ב.

34. מעיר כ"ק אדמו"ר זי"ע שאולי צריך להיות "גָדֵל".

35. שהוא קיים כמו בזיווג הגשמי בכל חיבור. וראו בעש"ט על התורה, פרשת נח, עמוד התפילה אות טז.

36. בטעם שאין הוא מבאר כאן את ספירת המלכות, מבאר כ"ק אדמו"ר זי"ע שהוא כיוון שמדובר כאן בהשפעה כפי שהיא כבר בשלמותה בתוך המשפיע, מה שאין כן במלכות. וראו הערתו בשיעורים בספר התניא כאן.

37. ראו ליקוטי תורה שיר השירים כה,א; ספר המאמרים ה'ש"ת עמ' 96; תורת מנחם כרך ג עמ' 118–119.

38. וכן מבואר בספרי הקבלה, שמוח הדעת נחלק לשנים, חסד וגבורה. ולמשל בתפילין, שהן בחינת המוחין, יש ארבע פרשיות, המתייחסות לחכמה, לבינה, לבחינת חסד שבדעת ולבחינת הגבורה שבדעת (ראו דרך מצוותיך מצוות תפילין טז,ב; יז,א).

39. ראו ליקוטי אמרים פרקים א–ב.

40. ראו ליקוטי תורה ויקרא מז,ג–ד.

41. ונראה שמשום כך מדובר בתניא רק על שתי נפשות, כי בכלל הן שתי נפשות: הנפש האלוקית והנפש התחתונה הבאה מקליפת נוגה, שיש בה נפש בהמית ונפש שכלית.

42. וכמאמר חז"ל "עבר אדם עבירה ושנה בה... נעשית לו כהיתר" (יומא פו,ב ועוד), וכלשון הכתוב "כל דרך איש ישר בעיניו" (משלי כא,ב).

43. שהיא נובעת מלמעלה מעלה, למעלה מהשכל (ולכן יש התנגדות למטה מהשכל).

44. ראו שמואל א יח,יז; שם כה,כח.

45. ראו ליקוטי תורה במדבר פט,א, סידור עם דא"ח שער ל"ג בעומר, ועוד.

46. כגון משנה מנחות פרק ב משנה ה. וכן "מודה על האמת" באבות פרק ה משנה ז, וראו רע"ב ועוד שם. וראו ליקוטי תורה דברים א,א ועוד.

47. כעניין "צדיק גוזר והקב"ה מקיים". ראו מועד קטן טז,ב, תנא דבי אליהו רבה פרק ב ועוד.

48. ראו כתר שם טוב סימן שפז; בעש"ט על התורה, פרשת נח, עמוד התפילה אות טז.

49. ובמקומות אחרים מבואר שלכן יסוד הוא גם 'שלום', שכן השלום הוא חיבור ואיחוד בין שני ניגודים, והאיחוד בין הניגודים יכול לבוא רק כאשר מתגלה בחינה ודרגה שלמעלה משניהם, הכוללת אותם יחד. ראו בעש"ט על התורה, פרשת פנחס אות ב; לעיל איגרת יב; ליקוטי תורה במדבר פו,א והלאה.

50. ומבואר שאצל הקב"ה היות מלך פירושו גם בריאת המלכות שהוא מלך עליה. וכמבואר בשער היחוד והאמונה פרק ז ועוד ש"אין מלך בלא עם", שאין משמעות למלכות אלא כשהיא על עם, ו'עם' מלשון "גחלים עוממות", שהקשר בינו ובין מקורו הוא מעומעם, נסתר, שיש לו כביכול קיום נפרד מהמלך. ומשום שלהיותו מלך נצרך שיהיה עם, יש לומר שבהיותו מלך ממילא נברא ומתהווה העם, הוא בהיקף הגדול כל מציאות בריאת העולמות.

51. וכמו שכתוב "אני ראשון ואני אחרון" (ישעיה מד,ו), ו'אני' היא כידוע מידת המלכות. וראו ליקוטי תורה שיר השירים ב,ג, תורת מנחם כרך ח עמ' 5 ועוד.

52. כמאמר "דינא דמלכותא דינא" (נדרים כח,א ועוד). וראו בזהר בכמה מקומות, ובפרדס רימונים שער כג (ערכי הכינויים) פרק ד ערך 'דיין', ועוד.

53. ביטוי זה מופיע כבר אצל רבנו בחיי בפירושו לתורה (פרשת וישב לח,ל, ופתיחת פרשת בלק) ובספרו כד הקמח (ראש השנה [ב]), ועוד. במדרש נמצא הרעיון בפרקי דרבי אליעזר פרק ג.
54. נדפס בשיעורים בספר התניא.
55. שהבשר הוא המידות לעומת העצמות שהן המוחין. וראו ליקוטי תורה ויקרא עח,א.
56. ראו ליקוטי אמרים פרקים ג–ד, ותורה אור יג,ג.
57. השאלה המתייחסת אל החכמה היא 'מה', השאלה הראשונית שאינה מתייחסת לדבר מלבד לעצם מציאות הדבר ששואלים עליו, והשאלה של הבינה היא 'מי'.
58. ראו אגרת התשובה פרק ד ובמקומות רבים במאמרי חסידות.
59. ראו אגרת התשובה פרק ד, ותורה אור נד,ג.
60. ראו תורת חיים (לכ"ק אדמו"ר האמצעי) שמות רצב,ב, ושם בראשית מו,ד.
61. על פי חגיגה יד,ב ועוד, וראו ברש"י לדברים א,יג (על פי הספרי): "נבונים – מבינים דבר מתוך דבר. זהו ששאל אריוס את רבי יוסי, מה בין חכמים לנבונים: חכם דומה לשולחני עשיר, כשמביאין לו דינרין לראות רואה וכשאין מביאין לו יושב ותוהה; נבון דומה לשולחני תגר, כשמביאין לו מעות לראות רואה וכשאין מביאין לו הוא מחזר ומביא משלו".
62. ראו תורה אור א,א, שם קיג,א, ועוד.
63. ראו ליקוטי תורה במדבר יב,ד.
64. כמאמר הזהר על הפסוק בתהלים מח,ב: אימתי נקרא הקב"ה "גדול"? כשהוא "בעיר אלהינו" (זהר חלק ג ה,א, וכן חלק ב רלה,א. ומבואר במקומות רבים בחסידות).
65. ראו שער היחוד והאמונה פרק ד.
66. כמבואר בחסידות, המידות הן "עלמא דאתגליא" (ו"ה שבשם הוי"ה) לעומת המוחין שהן "עלמא דאתכסיא" (י"ה שבשם הוי"ה).
67. תהלים קמה,ג.
68. ברכות כח,ב. וראו ליקוטי אמרים פרק מא.
69. ראו בסידור אדמו"ר הזקן ב'הערה לתיקון חצות'.
70. הקדמה לשער היחוד והאמונה, הנקראת 'חינוך קטן'.
71. ראו זהר חלק ג קכג,א, תיקוני זהר תיקון ו (כא,ב), ליקוטי תורה במדבר עג,א ועוד.
72. וכמבואר מעין זה בליקוטי אמרים בכמה מקומות, ראו פרקים טז–יז ועוד.
73. תורה אור עה,ד.
74. ליקוטי אמרים פרק ג.
75. ראו תורה אור יד,ד ואילך, ובהגה"ה שם.
76. על פי זהר חלק ג קמב,א. וכן נקראת הבינה בספרי הקבלה כגון שערי אורה, ספרי הרמ"ק והרקנאטי, וגם בכתבי האר"י ז"ל.
77. ולכן נאמר על החכמה והבינה שהם "תרין רעין דלא מתפרשין" (שני רעים שאינם נפרדים).
78. וכידוע בספרי הקבלה, שכאשר מונים את הדעת בספירות אין מונים את הכתר, וכאשר מונים את הכתר אין מונים את הדעת. ואף בפשטות המשמעות של דעת היא גם רצון, כמו: "רק אתכם ידעתי מכל משפחות האדמה" (עמוס ג,ב, וראו תורה אור פח,א).
79. נדפס בשיעורים בספר התניא.
80. וכמאמר הזהר "לית מחשבה תפיסא ביה" – שאין כל מחשבה, עליונה ככל שתהיה, תופסת בו. ומבואר במקומות אחרים שאכן לית מחשבה תפיסא ביה, אבל 'רעותא דליבא' (רצון הלב, פנימיות הלב) תפיסא.

איגרת טז

1. על פי איגרות קודש אדמו"ר הזקן מהדורת תשע"ב (שם היא איגרת מא).
2. על דרך החילוק בין אחותי לרעייתי, ראו לקוטי תורה ויקרא מ,א והלאה ובכמה מקומות (מהערת כ"ק אדמו"ר זי"ע, נדפס בשעורים בספר התניא).
3. על פי ישעיה ג,א. וב'הלקח והליבוב' וב'שיעורים בספר התניא' פירשו 'משען ומשענה' – מצד האיש ומצד האישה, שאינם מרוויחים לפרנסתם.
4. שזה מוסיף בכמות הנתינה, וראו תרומות פרק ד משנה ג (הערת כ"ק אדמו"ר זי"ע, נדפסה ב'שיעורים בספר התניא').
5. על פי דברים טו,ח. וראו כתובות סז,ב, ספרי על הפסוק ועוד.
6. ויקרא כה,לו.
7. על פי הפיוט לשבת "ברוך אל עליון", מאת רבי ברוך ממגנצא.
8. בבבא מציעא לג,א מופיע שהחזרת אבדתו של אדם קודמת להחזרת אבדת חברו, והלימוד לכך הוא מהכתוב "כי לא יהיה בך אביון" – שצריך אדם לדאוג לכך שלא יהיה אביון וכו'. ואף על פי כן מוסיף התלמוד ש"כל המקיים בעצמו כך סוף בא לידי כך". ופירש רש"י: "אף על פי שלא הטילו עליו הכתוב (שאין עליו חובה על פי דין להקדים את אבדת חברו), יש לאדם ליכנס לפנים משורת הדין ולא לדקדק (ולומר) שלי קודם אם לא בהפסד מוכיח. ואם תמיד מדקדק – פורק מעליו עול גמילות חסדים וצדקה, וסוף שיצטרך לבריות". וראו גם שולחן ערוך חושן משפט סימן רסד סעיף א.
9. אדרבה, מבואר בכמה מקומות שיש בזה לעורר דינים על המבקש, ולא רחמים. וכגון תורה אור נא,א: "ועצה היעוצה לזה הוא לעורר רחמים ולא על עצמו, כי אדרבה בזה הוא מעורר עליו את הדין, שדנין אותו אם הוא ראוי להתפלל לפני ה' ולעבוד אותו – אלא שישוב אל ה' וירחמהו ברחמים רבים על גלות השכינה שהיא ניצוץ אלהותו המתלבש במחשבתו". וראו ליקוטי שיחות כרך יט שיחה לראש השנה (ו' תשרי).
10. ומעיר כ"ק אדמו"ר זי"ע שיש לומר שהחילוק בין שני ההסברים הוא שהראשון נוגע לעתיד (שירחם עליו בעתיד) והנתינה היא בשווה, "עמך". וההסבר השני, שעליו ידבר בהמשך, נוגע גם לעבר (כפרת העוונות), ולכן פועל שייתן אף יותר משיהיה לעצמו (נדפס ב'שיעורים בספר התניא').
11. ראו בבא בתרא י,א על הפסוקים "וצדקה תציל ממות" (משלי י,ב ושם יא,ג) – "שתי צדקות הללו למה? אחת שמצילתו ממיתה משונה ואחת שמצילתו מדינה של גיהנם". וראו דברים רבה פרשה ה,ג.
12. וכמבואר גם באגרת התשובה פרק ב והלאה, שנתינת הצדקה משלימה את התשובה שתהיה לרצון וכו', שהיא כמו התענית והקרבנות שבאים לכפר לפני ה', להיות לו לרצון וכו'. ובאופן אחר מבואר לעיל באיגרת ג על פסוק "וילבש צדקה כַּשִּׁרְיָן וגו'", שהצדקה היא כמו שריון עשוי קשקשים על נקבים, והם מגינים שלא ייכנס חץ בנקבים. כי הצדקה, כמו כל מצוות עשה וביתר שאת, ממשיכה לעולם מהאור המקיף, הסובב כל עלמין וכו', עיינו שם.
13. איוב יא,יד. וראו אגרת התשובה פרק ג.
14. ראו רש"י שם: "כן דרך בני אדם כשרואה החרב באה על ראשו מגין בזרועו לפניו, וכל שכן כל אשר לאיש בממון יתן".
15. על פי שבת צז,א.
16. ראו בבא בתרא י,א.
17. ומעיר כ"ק אדמו"ר זי"ע, שאדמו"ר הזקן מוסיף כאן את הטעם "לפי שהוא טוב לבריות", לדייק – אפילו בריות. 'בריות' כמבואר בליקוטי אמרים פרק לב הן בריות בעלמא, שאפילו אינן בגדר 'אחיך' הכתוב בפסוק "וחי אחיך עמך", ובכל זאת יש לתת להן. ועוד מוסיף, שכמו שאין

לדקדק ב'אחיך' אין לדקדק גם ב'חי' וב'עמך'. שייתן אפילו אינו חי מזה, וייתן לא רק בשווה אלא אפילו יותר מ"עמך".

18. וזה המובן של "שכר מצוה מצוה" (אבות פרק ד משנה ב).
19. ברכות כו,א, חגיגה ט,ב.
20. ראו ליקוטי תורה במדבר פו,ד.
21. ראו אגרת התשובה פרק א.
22. ראו ביתר פירוט בעניין זה, של הרגיל לתת ולא נותן, להלן באיגרת ל.
23. וכן מעיר כ"ק אדמו"ר זי"ע, שעל טעם זה לבד צריך הוא לתת. ואפילו כבר נתן לצדקה כנדרש לפני זה, וממילא אין שייכים עוד כל העניינים שדובר בהם לעיל, צריך ליתן עוד בעת המניין וכו', וזהו החידוש של איגרת זו.

איגרת יז

1. האיגרת כפי שהיא מובאת כאן מדלגת על דברי הפתיחה הנהוגים. פסקת הפתיחה המקורית הובאה בנוסח שבאיגרות קודש אדמו"ר הזקן (איגרת קא), וזוהי:

"פותחין בברכה, ברוך ה' אשר נתן כזאת בלב אנשי שלומנו, הרשומים בפנקס שתחת יד ציר נאמן הרבני המופלא הותיק מורנו הרב יהודה ליב מוסר כתב זה נרו יאיר, להתנדב ידם ולבם לה' בלב שלם ורוח נדיבה, כה יתן וכה יוסיף ה' לאמץ לב[ם] הטהור כו', כמכתבי דאשתקד, להצטרכות כלליות בכלל, ובפרט להחיות נפשות רבות אביונים נקיים המכתתים רגליהם למחנינו להתקרב לעבודת ה', ולהחיות רוח שפלים ונדכאים מאחיהם הידועים עניי צאן קדשים אשר בעיר הקדש צפת תובב"א ממדינתינו, וכן רבים ושלמים מפלניא העומדים לימין צדקם להצילם מרודפיהם אחיהם הידועים, וכאשר הגיעו אלי מכתבים רבים מהם, וגם קבלות פרטיות, משנים שעברו, ברוב ברכות והודאות לכל המתנדבים במדינתינו וסמוכות שלה הנלוים אלינו, וה' ישמע שוועתם ועתירתם בעד כל המתנדבים על כל קברי התנאים וכו'. וכנודע דבאתערותא...".

2. על פי זהר חלק א פח,א ועוד. וראו בעניין "באתערותא דלתתא אתערותא דלעילא" בביאור לאיגרת הקודמת.
3. ראו ליקוטי אמרים פרק מה.
4. ראו תורה אור כד,ב ו־סג,ב.
5. והן המידות שבכתר שלמעלה מהמידות שבאצילות, וראו ליקוטי תורה במדבר כג,א.
6. ומה שנאמר "היום (בעולם הזה) לעשותם, למחר (בעולם הבא) לקבל שכרם" (עירובין כב,א) – הכוונה היא לקרן, שהיא אכן לעולם הבא בלבד.
7. ראו תורה אור נג,ד ובעוד מקומות.
8. ו'מאוד' הוא בכל מקום בלי גבול (כגון תורה אור שם, וליקוטי תורה במדבר מב,ג). ואפשר להסביר, כי העולמות כולם וכל אשר בהם הם בהגדרתם בעלי גבול, כי בהיות האין סוף נעלם בהם יש להם גבול ומידה. והמצווה לעומת זאת היא גילוי רצונו העצמי האין סופי של הקב"ה, והיות שהאין סוף גלוי בה היא מבטאת, בכלים של העולמות – אין סוף.
9. וראו בליקוטי ביאורים, שביארו זאת באופן אחר, שאף שבכל המצוות נאמר שהקב"ה מקיימן, כמו הקב"ה מניח תפילין וכו' (ברכות ו,א), אפשר לומר שבשאר המצוות הוא רק דוגמה למה שאנו מקיימים (שהרי אין הוא גוף וכו', ובכלל כל התייחסותו אל הדברים היא שונה משלנו), מה שאין כן במצוות הצדקה – שהוא עושה ממש כמונו, להחיות רוח שפלים וכו'.
10. כמבואר במקומות אחרים, שהמצוות נקראות 'אברי דמלכא' (איברי המלך). וכמו שאיברי האדם הם הממשיכים את חיות הנפש בגוף ובעולם – העין את כוח הראייה, הרגל את כוח ההילוך וכן

הלאה – כך המצוות ממשיכות את החיות האלוקית בעולם. וראו ליקוטי אמרים פרק כג, וליקוטי תורה פקודי ג,ב.

11. יו"ד צמצום, ה"א התפשטות, ו"ו המשכה, ה"א התפשטות. ראו תורה אור מא,א ו־סא,ד, אגרת התשובה פרק ד, ועוד.

12. אכן הביאור הפנימי לכך – שדווקא בהתעוררות מלמטה, בעבודה של מטה, תהיה ההתגלות של האין סוף – הוא מהנושאים העמוקים יותר בתורת החסידות, ואינו מוסבר בעיקרו כאן, אלא רק נזכר שכך הוא.

13. שכן רק כשאין רואים את גודל וחשיבות המעשה יכולים לעשות בפועל. ועוד, כדי שתהיה עשיית המצווה למטה עשייה שלמה ונקייה של המצווה של מעלה, ללא המעורבות של תפיסתו האנושית, המוגבלת, של האדם למטה, היא צריכה להיות עשייה בלבד (בקבלת עול).

14. ראו רמב"ם הלכות תשובה פרק ח הלכה ח.

15. וכמבואר בספרים שיש דרגות רבות של גן עדן זו למעלה מזו. אף על פי שברוב המקומות מדובר רק על גן עדן עליון וגן עדן תחתון, מוסבר (ראו תורה אור פא,ג ועוד) שזו חלוקה כללית בלבד, אבל בפרט יש אין ספור מדרגות.

16. ומה שאומר כאן שההנאה לעתיד לבוא תהיה מ'זיו השכינה' – צריך קצת עיון, שהרי במקומות אחרים בחסידות מבואר שההנאה מזיו השכינה היא ההנאה בגן עדן דווקא (והיא בחינת 'ממלא כל עלמין' כדלקמן). ואולי יש לומר, שהמושג 'זיו השכינה' מתייחס לקבלת האור שתהיה בפנימיות – שרק זיו השכינה, הארה ולא עצם, יכול להתקבל בפנימיות הכלים (בכל דרגה שהיא). ובזמן התחייה יהיה מקור התגלות זו באור הסובב כל עלמין שיתגלה גם בפנימיות ב'זיו השכינה'.

17. כפי שמובאת בשער הגמול לרמב"ן ובעוד מקומות, וזאת לעומת התפיסה המובנת בפשטות מתוך ספרי הרמב"ם.

18. וכן הוא בשם הוי"ה, הכולל את כל עשר הספירות: יו"ד חכמה, ה"א בינה, ו"א תפארת (ז"א), ה"א מלכות.

19. ליקוטי תורה שיר השירים לט,ב ועוד. ראו גם ספר המאמרים מלוקט חלק ד עמ' קפה.

20. ראו לקמן איגרת כז, בשם ספר "עשרה מאמרות" לר' מנחם עזריה מפאנו מאמר חיקור דין חלק ב פרק יב.

21. כמבואר ש'התגלות עתיק בבינה' (ראו זהר חלק ג קעח,ב, וראו תורה אור יא,ב ואילך ועוד), ו'עתיק' הוא על דרך משל כוח העונג שבנפש (ראו תורה אור יא,ג, תורת חיים בראשית פא,ב, ועוד).

22. ראו תורה אור פא,ג.

23. ראו ליקוטי תורה ויקרא כב,ב ד"ה קא מפלגי במתיבתא דרקיע.

24. במקומות אחרים מובאים גם טעמים אחרים לכינוי כתר. ראו ליקוטי תורה במדבר סט,א, וראו המשך תער"ב בתחילתו, שמביא בשם הפרדס שלושה פירושים – מלשון המתנה ושתיקה (כמו "כתר לי זעיר", איוב לו,ב), מלשון כתר ועטרה (שהוא הראש לכל לבושי הגוף), ומלשון מכתיר (מקיף ומסובב) את הצדיק. אמנם לכאן שייכים הפירושים של עטרה ומקיף דווקא, וכן מעיר כ"ק אדמו"ר זי"ע (ראו בליקוטי ביאורים).

25. ישעיה ס,כא, וראו סנהדרין פרק י משנה א. וראו בהערת כ"ק אדמו"ר זי"ע (מובאת בליקוטי ביאורים): "הובא כאן כי זהו החילוק דתחיית המתים וגן עדן. מה שאין כן גן עדן שלא כל העם זוכה".

26. ובאותן הגבלות כמובא בפרק 'חלק' במסכת סנהדרין.

27. תורה אור פ,ד ועוד.

28. כבתורה אור יח,ב.

29. ראו זהר חלק ב קכא,א "והחכמה וכו'", ובכמה מקומות (הערת כ"ק אדמו"ר זי"ע, נדפסה ב'שיעורים בספר התניא').

30. ראו ליקוטי תורה ויקרא לח,ג.

31. כמאמר רז"ל "אין מיתה בלא חטא" (שבת נה,א).

32. היא המכונה גם 'מיתת המלכים', על שם הפסוקים המתארים זאת בסוף פרשת וישלח כמיתת המלכים בארץ אדום, שבכל אחד מהם כתוב "וימלוך... וימת".

33. ראו תורה אור נג,ג וליקוטי תורה ויקרא מב,ב.

34. על פי ספר יצירה פרק א משנה ז.

35. להלן איגרת כ; תורה אור ג,ד.

36. מן הפיוט 'לכה דודי'.

37. ראו ליקוטי תורה במדבר מט,א, וראו גם אמרי בינה שער התפילין יט,א.

38. אפשר לשאול למה הביא את הלשון "סוף מעשה במחשבה תחילה" מהפיוט, ולא הביא את תחילתו של המאמר בספר יצירה שם: "עשר ספירות בלימה מדתן עשר שאין להם סוף, נעוץ סופן בתחילתן ותחילתן בסופן וכו'". ואולי יש לומר, שבספר יצירה מדבר בספירות הקדושות ובהתכללותן, וכאן רוצה לדבר בעולם המעשה הגשמי דווקא, ולכן מביא את המאמר "סוף מעשה וכו'". ועוד מודגש במאמר זה (כמבואר בכמה מקומות בחסידות, ראו ספר המאמרים תרצ"ג-תרצ"ד עמ' תנו) שבמעשה עצמו יש תחילה וסוף, וכאן מדבר ב"סוף מעשה", ובמחשבה (העליונה עצמה, שלפני העולמות) יש תחילה וסוף, וכאן מדבר ב"תחילה".

39. ראו הערת כ"ק אדמו"ר זי"ע המובאת ב'ביאורים בספר התניא' וב'ליקוטי ביאורים'.

40. ובתורת שמואל ספר המאמרים תרכ"ט עמ' כו מוסבר: "לפי שבסדר ההשתלשלות שמים קדמו, ואחר שתהיה בגן עדן יכולה אחר כך לקבל גם גילוי אור אין סוף הסובב כל עלמין ששם ארץ קדמה כו'".

41. על פי הערת כ"ק אדמו"ר זי"ע.

42. ילקוט שמעוני ואתחנן רמז תתכד, ושם ישעיה רמז תלא; הקדמת תיקוני זהר (יב,א) ושם תיקון יט (לח,ב). והוא על פי הכתוב בישעיה (כו,יט): "יחיו מתיך נבלתי יקומון, הקיצו ורננו שכני עפר כי טל אורת טלך וארץ רפאים תפיל". וראו כתובות קיא,ב, שם הגרסה "כל המשתמש באור תורה אור תורה וכו'", וראו תורת מנחם כרך יא עמ' 23 (שיחת מברכים החודש אייר ה'תשי"ד) שמסביר את משמעות ההבדל בין שתי הגרסות. וראו ליקוטי אמרים סוף פרק לו.

43. וממילא תלוי הדבר גם בהשגת החכמה העליונה, שהיא בעיקר בגן עדן כנזכר (מהערת כ"ק אדמו"ר זי"ע, נדפסה ב'שיעורים בספר התניא').

44. ראו ליקוטי אמרים פרק לו, וליקוטי תורה ויקרא מט,ג. ובמקומות אחרים מוסבר הדבר באופנים אחרים, ראו למשל פירוש המילות יב,ב ועוד.

45. שלכן נקראת התורה 'עוז', ראו תורה אור סז,א.

46. וכמבואר בליקוטי תורה במדבר ד"ה זאת חקת (נו,א ואילך) שהם עיקר התורה.

47. ראו עוד תורה אור סו,ג ד"ה בחדש השלישי.

48. ראו תורת כהנים על ויקרא יח,ד, אבות פרק ו משנה ט, סוטה כא,א ועוד. וראו גם ספרי דברים פיסקא לד.

49. מפיוט 'אתה הוא אלוקינו' לימים נוראים. ושצדקה נקראת לבוש הוא על פי לשון הכתוב "וילבש צדקה כשריון" (ישעיה נט,יז), "הלבישני בגדי ישע מעיל צדקה יעטני" (שם סא,י).

50. וכמבואר בכמה מקומות על אהבת "בכל מאדך".

51. כדלהלן, ש'מאד' הוא לאין סוף.

52. ראו תורת חיים שמות רצב,ב, שם בראשית מו,ד ועוד.

53. כמו אהבת "בכל מאדך", וראו תורה אור לט,ג, ליקוטי תורה ויקרא לב,ד ובכמה מקומות. וראו עוד לעניין "רחבה מצוותך מאד" תורה אור נג,ד. וכעין זה מבואר שעל ידי העבודה באהבת "בכל

מאדך" ממשיך התגלות הארת אין סוף, הבלי גבול, לעתיד לבוא.

54. ברכות סד,א. ולשון האריז"ל שם: "תלמידי חכמים אין להם מנוחה לא בעולם הזה ולא בעולם הבא. הענין כי בעולם שלאחר המיתה תלמידי חכמים עוסקים בתורה ועולין ממדרגה למדרגה ומישיבה לישיבה, כי אפילו משה רבינו עליו השלום בכל יום ויום עולה ומשיג יותר, כי כמו שהשם יתברך אין לו סוף כך תורתו אין לה סוף וכו'".

55. וסיום האיגרת במקורה (כפי שמובאת באיגרות קודש אדמו"ר הזקן), לאחר המילה "כו'", הוא: "ויותר אין הזמן גרמא להאריך, וה' ימיהם ושנותיהם יאריך כו' וד"ל".

איגרת יח

1. ולא על פי סדר הזמנים שבהן נכתבו וכיוצא בזה. וראו בהערת כ"ק אדמו"ר זי"ע על פי ספר השיחות תש"ה עמ' 110 (נדפס ב'שיעורים בספר התניא').

2. כמו אהבת בן, אהבת אישה וכו'. ואף על פי שהמדובר באהבת ה', יש לאהבת ה' על כל סוגיה וגווניה מקבילות במיני האהבות שבין בני אדם.

3. ראו באריכות תורת חיים בראשית קמט,ג והלאה.

4. ראו ליקוטי תורה דרושים לסוכות פ,א ועוד.

5. על פי תהלים לד,ט ושם קלה,ג.

6. וכן מבואר בספרי הקבלה, שטעמים בחכמה (ה"טעמים" הם מארבע המדרגות – טעמים, נקודות, תגים, אותיות – והמקבילה לדרגת הטעמים היא דרגת החכמה שבנפש, ועולם האצילות). וכן מבואר שהזיכרון שייך למוח החכמה, וכבפרשת 'קדש' שבתפילין השייכת למוח החכמה וכתוב בה "והיו לזכרון וגו'".

7. כלשון אור החיים הקדוש בפירושו לתורה ויקרא טז,א המובאת הרבה בספרי חסידות.

8. כמאמר התלמוד: "היום לעשותם ולמחר לקבל שכרם" (עירובין כב,א).

9. ובמובן מסוים – העבודה של העולם הזה (עבודת התפילה); וכמאמר הזהר: "לית פולחנא כפולחנא דרחימותא" (אין עבודה כעבודת האהבה). וראו ליקוטי תורה במדבר מב,ג.

10. ראו למשל רש"י לשמות יט,ו: "ואתם תהיו לי ממלכת כהנים – שרים, כמה דאת אמר 'ובני דוד כהנים היו' (שמואל ב, ח,יח)".

11. ראו זהר חלק ג לט,א, ושם קעז,ב. ושם מדובר על עבודת הכהנים שהיא בחשאי, דהיינו ברצון הלב, בכוונה ובמחשבה, לעומת עבודת הלויים שהיא בקול ובגילוי.

12. ראו ליקוטי תורה ויקרא ט,ד ועוד.

13. כמבואר במאמרים אחרים שביאת הנשמות לעולם הייתה כדי שלא יהיה להן "נהמא דכיסופא" (לחם הבושה) – שהוא השפע שמקבלים הנבראים במתנה, בחסד חינם – אלא שירוויחו לחמם בכבוד, בעבודה. וראו ליקוטי תורה ויקרא ו,ד ועוד.

14. ראו ליקוטי אמרים פרק מב ועוד.

15. אכן, מה שהביא כאן רק 'יגיעת בשר', נראה לומר שאין זה דווקא, והכוונה היא גם ליגיעת נפש. ואולי משום ההמשך כאן: "ואוי לבשר שלא נתייגע ביראה". ומכל מקום נראה שיגיעת בשר היא היגיעה הראשונית, השייכת יותר ליראה. וכפי המוסבר, שההתבוננות הצריכה ליראה היא בעיקר שלא להתבונן בדברים אחרים ושלא להימשך אחריהם, שהיא כאמור "יגיעת בשר".

16. ראשית חכמה שער היראה פרק יב (רק המשפט "אוי לבשר וכו'"). וראו גם שבת לא,א.

17. מגילה ו,ב. ובכמה מקומות מעיר כ"ק אדמו"ר זי"ע: "וזהו שאמרו חז"ל 'יגעת ומצאת תאמין' – דלכאורה, הרי מציאה באה בהיסח הדעת, ומהי שייכותה לענין היגיעה? כי לאחרי שמתייגע עד מקום שיד שכלו מגעת, אזי נותנים לו מלמעלה שלא לפי ערך יגיעתו, באופן של

מציאה" (ראו תורת מנחם כרך כג עמ' 231).

18. ראו תורת מנחם כרך ג עמ' 279 ואילך.

19. ראו תורה אור מח,א.

20. ראו תורה אור מז,ג.

21. על דרך שתי הדרגות שבכתר, אריך אנפין (א"א) ועתיק יומין (עתיק). 'עתיק יומין' הוא כמו העונג העצמי, הדרגה הפנימית העליונה, הנעתקת והנבדלת מהעולמות התחתונים, ו'אריך אנפין' הוא הדרגה החיצונית, כמו דרגת הרצון, המתייחסת אל העולמות.

22. ראו ליקוטי אמרים פרק מג.

23. וכעין זה מבואר במקומות אחרים (ראו בהקדמת שער היחוד והאמונה), שאהבת ה' היא שורש לכל מצוות עשה ויראת ה' השורש לכל מצוות לא תעשה. שכן הכוח של אהבה בנפש הוא הכוח לפעול ולעשות, וכוח היראה הוא הכוח לשמור את הקיים, שלא לקלקל.

24. לא שאין תענוג ושמחה באהבה זו; אך אין זה אותו תענוג של האהבה כשלעצמה, אלא כעין סיפוק ושמחה, ואפילו תענוג, של מילוי החסר והשלמה של המבוקש.

25. הלשון על פי בראשית רבה פרשה פ,ז.

26. על פי שמואל א כה,כט. והוא אוצר הנשמות, המקום שבו נמצאות הנפשות טרם שירדו לגוף בעולם הזה.

27. על פי ליקוטי לוי יצחק על התניא: "יש לומר 'מתאווה' בעשייה, 'ואוהבת' ביצירה 'וחפיצה' בבריאה, 'לדבקה בה" במלכות (המתלבשת בעשייה) 'לצרור בצרור החיים' ביסוד ז"א ובז"א בכלל (המתלבש ביצירה), 'וקרבת אלוקים' כו' בבינה (המתלבשת בבריאה), שבה שם אלקים" וכו', עיינו שם עוד.

28. ראו ליקוטי אמרים פרק כה.

29. על פי מאמר רז"ל בפסחים פה,ב וסוטה לח,ב.

30. ראו עירובין כח,ב, ירושלמי פרק ה הלכה ה ועוד.

31. ליקוטי אמרים פרקים יח–יט ועוד.

32. שם פרק ב ועוד.

33. שם פרק יד.

34. מובא בספר שבט מוסר פרק כה בשם רז"ל. מעין זה בנדרים ט,ב, אבל בלשון זו ממש לא מצאנו בש"ס ובמדרשים.

35. ראו ליקוטי אמרים פרקים יח, כה.

36. ראו ליקוטי אמרים פרק לז, תורה אור מט,א ו־סא,א, ועוד.

37. וכן הוא בכל מקום: קו ה'עבודה', לעומת הקווים של גמילות חסדים ותורה, הוא קו השמאל, קו הגבורה, מלמטה למעלה, כמו הקרבנות שעולים למזבח וכמו התפילה שעיקרה העלייה שאדם עולה מעולמו הגשמי ומידבק בקדושה העליונה.

38. וכן הוא בליקוטי אמרים פרק ל.

39. בבא בתרא יז,א. וכן מופיע הביטוי בנוסח ברכת המזון בברכה הרביעית.

40. באברהם כתוב "וה' ברך את אברהם בכל" (בראשית כד,א), ביצחק – "ואֹכל מכל" (שם כז,לג), וביעקב – "יש לי כל" (שם לג,יא).

41. ראו ליקוטי אמרים פרק לז.

42. ראו הערת כ"ק אדמו"ר זי"ע לביטוי זה בפרק ל בליקוטי אמרים.

43. ראו ליקוטי אמרים פרק ד.

44. ישעיה מב,ז, וראו גם תהלים קמב,ח.

45. ראו מעין זה בליקוטי אמרים פרק לא, על "כי ברח העם".

46. וכידוע בעניין שבירת הכלים שהיה, באופן כללי, במידות ולא במוחין. וכן הוא בין אצילות לעולמות הנבראים, בין אדם לבהמה וכו', שבכל מקום האדם הוא המברר את הבהמה, אצילות מבררת את העולמות וכו'. וכן מבואר בליקוטי אמרים פרק ט, שמשכן הנפש האלוקית הוא במוחין שבראש וכו' ומשכן הנפש הבהמית הוא בלב, בחלל השמאלי.

47. ולא בשכל של מישהו אחר, שהיא בהכרח התבוננות חיצונית: מה פלוני חושב, למה ואיך וכו', וממילא אין זה נוגע לו כלל.

48. ראו בקונטרס ההתפעלות לאדמו"ר האמצעי, ובתחילת קונטרס העבודה וקונטרס התפילה לאדמו"ר הרש"ב.

ראו ליקוטי אמרים פרק מד, על פי ישעיה כו,ט.

בליקוטי אמרים פרק ד ופרק כג מביא מאמר זה בשם הזהר, ומובא שהוא מזהר חלק א כד,א. ובליקוטי תורה דברים מו,א מציין לעיין בזהר פרשת בשלח ס,א. ולהעיר מתיקוני זהר תיקון ו ותיקון כב (מהערת כ"ק אדמו"ר זי"ע).

ראו זהר חלק ג עג,א: "ג' דרגין אינון מתקשרן דא בדא: קודשא בריך הוא, אורייתא וישראל".

וכן מעיר כ"ק אדמו"ר זי"ע, שמוכרח להוסיף זה כאן כדי לתרץ מה שכתוב לעיל באיגרת ד, שהגילוי נעשה לא על ידי ההתבוננות כי אם על ידי תפילה וצדקה וכו', עיינו שם (מובא ב'ליקוטי ביאורים').

ראו שולחן ערוך אורח חיים סימן רלא: "וכן בכל מה שיהנה בעולם הזה, לא יכוין להנאתו, אלא לעבודת הבורא יתברך, כדכתיב: בכל דרכיך דעהו, ואמרו חכמים: כל מעשיך יהיו לשם שמים, שאפילו דברים של רשות, כגון האכילה והשתיה וההליכה והישיבה והקימה והתשמיש והשיחה וכל צרכי גופך, יהיו כולם לעבודת בוראך וכו'". וכן מעיר על זה כ"ק אדמו"ר זי"ע.

איגרת יט

1. ראו לקמן איגרת כג; תורה אור מט,ב; ליקוטי תורה ויקרא כז,א ושם במדבר לא,ב, ועוד. וראו ברשימות הצמח צדק לתהלים במקומו, עמ' שצה.

2. מקבילות בחלקן הגדול לדרשות שבשער הפסוקים וספר הליקוטים.

3. בהערת כ"ק אדמו"ר זי"ע הנדפסת ב'שיעורים בספר התניא': עיין שם היטב איך ללמוד כהנ"ל באגרת הקדש ממה שכתב בלקוטי תורה, ואיך שנלמד דווקא בצירוף הנאמר בפרשת כי תשא ובויקרא.

4. וכמבואר בספרי הקבלה שאצילות היא חכמה שבעולמות, וחכמה שבאצילות היא לפיכך חכמה שבחכמה.

5. ראו ליקוטי תורה ויקרא מג,ג.

6. וכן מבואר ב'הלקח והליבוב'.

7. פרצופי האצילות הם ה'חידוש' של עולם האצילות (התיקון) לעומת עולם התוהו, שהיו בו ספירות לבד, וכידוע ומבואר במקומות אחרים. וראו תורה אור נב,א.

8. ואולי מטעם זה חוזרת אותה כפילות גם בהמשך: ספירת הכתר שנקראת 'אריך אנפין', ושבע הספירות שנקראות 'זעיר אנפין', וכפי שיבואר לקמן.

9. ויבואר לקמן פירוש 'אריך אנפין' לעומת 'זעיר אנפין'.

10. ראו תורה אור לג,ב ועוד.

11. ראו עץ חיים שער הכללים פרק א; שער כ (המוחין) פרק ג; שער כה (דרושי הצלם) דרוש ח, ועוד.

12. וכן שואל כ"ק אדמו"ר זי"ע בהערות ותיקונים.

13. בהערות ותיקונים.

14. ראו מעין הדברים הללו בליקוטי אמרים פרק נג.

15. לכאורה הכוונה ל'שער רוח הקודש' מתוך ה'שמוֹנה שערים' (שכן בשמונת השערים אין שער הנבואה), ואכן הדברים שם בפרק א קרובים לנאמר כאן. עם זאת, כיוון שה'שמונה שערים' לא היו לפני אדמו"ר הזקן, נראה שכוונתו לספר הנדפס היום בשם 'שער היחודים' (הנקרא בפנים 'שער היחודים ונבואה ורוח הקדש'. וראו על ספר זה בספר 'קבלת האר"י' לר' יוסף אביב"י עמ' 651), שהדברים המובאים מצויים בו במקום שהוא מציין. מקורו של ספר זה הוא מן השערים שסידר ר' מאיר פופרש, וכמבואר בהקדמתו לספר דרך עץ החיים (שהוא הבסיס לספר 'עץ חיים' הנדפס), ושם הוא אכן קורא לספר 'שער הנבואה ורוח הקדש'. הספרים שסודרו על ידי ר' מאיר פופרש הם היסוד לספרי הקבלה הנדפסים שהיו מצויים אצל אדמו"ר הזקן וראשוני החסידים (עץ חיים ופרי עץ חיים), ואשר הוא מרבה להביא מהם במאמריו (כמו גם מספרו 'מאורי אור').

16. באריך אנפין ועתיק, בא"ק (אדם קדמון), ואף בצמצום ולפני הצמצום.

17. ראו בליקוטי תורה ויקרא ה,א והלאה, בביאור על המאמר "ולא תשבית מלח" שכל ההשגה שלנו בתורת הנסתר (קבלה) היא השגת המציאות ולא השגת המהות וכו'.

18. וכן אומר שמואל הנביא: "אנכי הרֹאֶה" (שמואל א ט,יט).

19. ראו תורה אור עה,א ועוד.

20. ראו ליקוטי תורה דברים ו,ג–ד; שם ויקרא ה,ד; דרך מצוותיך קעג,א, ועוד.

21. וכן נאמר בדרך מצוותיך שם, וכן במאמרי אדמו"ר הזקן תקס"ג חלק א עמ' רעח ואילך, ועוד. ומובא הרבה במאמרי ושיחות כ"ק אדמו"ר זי"ע.

22. הביאור לד"ה לא תשבית מלח בליקוטי תורה ויקרא ד,ב והלאה.

23. שהרי הנביא הוא גם חכם, וכמאמר רז"ל שאין הקב"ה משרה שכינתו אלא על גיבור ועשיר וחכם (אור התורה תנ"ך חלק ב עמ' תתקנד, בשם ליקוטי הש"ס להאר"י ז"ל).

24. ומדייק כ"ק אדמו"ר זי"ע ש"במראה נבואתם" אין הם יכולים להשיג, אבל בחכמתם גם הם בבחינת "חכם".

25. ליקוטי תורה ויקרא כט,ג ואילך.

26. ראו דרך מצוותיך קעב,ב.

27. בנהי"מ של עולם הבריאה בנבואת ישעיהו, ובנהי"מ של עולם היצירה בנבואת יחזקאל (דרך מצוותיך שם).

28. וראו ליקוטי אמרים פרק לה בהגהה בשם הרב המגיד ממזריטש.

29. אכן, אף החכמה יכולה להיות משמעותית ולחייב אנשים, ואולם כוחה זה של החכמה נובע מן הנבואה, כבירור וחיזוק הדברים שהתגלו בנבואה. יחס זה מתבטא בקשר שבין תורה שבכתב לתורה שבעל פה, ובקשר של התורה שבעל פה למסורות של קבלה מדור לדור, עד לנבואתו של משה רבינו.

30. ראו ברמב"ם הלכות יסודי התורה פרק ח הלכה א, שהם מעין הדברים הללו. ומוסיף שם שמקור הסמכות של נבואת משה רבינו, היינו התורה, הוא שבמעמד הר סיני היו כל ישראל במצב של נבואה – ולכן אף לאחר שפסקה נבואתם נותרה בהם אותה ודאות גם לגבי שאר נבואתו של משה, שהיא התורה בכלל.

31. ראו זהר חלק ג קפב,א ("מחכמה עִלאה נפקא") ובמקומות נוספים.

32. ראו תורה אור יא,ג, ליקוטי תורה במדבר ז,א ועוד.

33. ראו ליקוטי אמרים פרקים יח–יט, ולקמן באיגרת כ.

34. וכתורת הבעש"ט על "אנכי", שהוא כלשון חז"ל (שבת קה,א) ראשי תיבות של "אנא נפשי כתבית יהבית" – לא במשמעות הפשוטה של 'אני בעצמי כתבתי ונתתי', אלא 'אני את עצמי כתבתי ונתתי'. ראו בעש"ט על התורה פרשת יתרו אות ט והלאה.

35. לשון מליצית מקובלת על פי הפתיחה לפרק ה במשנה מסכת זבחים, הנמצאת גם בסידור התפילה.

36. ואף על כל המצוות שהן בגדר עדות ומשפטים (שהן רוב המצוות) יש לומר שיש להן טעם בתורה. ואולם מקום שבו נתגלה ונתפרש הטעם בכתוב הוא רק "באיזהו מקומן", כדברי אדמו"ר הזקן.

37. ביטוי מן הקבלה, שיש ארבע בחינות במילים הכתובות בספר התורה: טעמים, נקודות, תגים, אותיות (טנת"א), בהקבלה לארבעת פרצופי האצילות (וארבעה עולמות וארבע אותיות שם הוי"ה וכו'). והסדר הוא: טעמים בחכמה, נקודות בבינה, תגים בז"א ואותיות במלכות (ראו ליקוטי תורה במדבר נז,ד).

38. ראו עץ חיים שער כג (מוחין דצלם) פרק ח, ועוד.

39. שהסכימו חכמי ישראל לנבואתם, ובאותן הנבואות הכתובות בתנ"ך, שכולן דבר ה' בלבד שבפי הנביא.

40. וכמבואר לגבי ארון הברית, המסמל את התורה במקדש, שהיה כולו פנימיות (וראו דרך מצוותיך, מצוות משא הארון בכתף; וכן בליקוטי תורה במדבר ד"ה ואהיה אצלו אמון [יז,ב], ושם דרושים לר"ה נז,ג, ועוד).

41. לשם דוגמה מתוך עולם אחר: הספר המפורסם 'גוליבר' הוא, בעצם, אלגוריה פוליטית הכתובה כספר ילדים, וילדים קוראים בו עד היום הזה בלי שיהיה להם כל מושג על התכנים שהכניס בו המחבר.

42. בכמה סידורים, כמו בסידור שסידר אדמו"ר הזקן, כתובות גם האותיות של ראשי התיבות לחוד, בצד החיבור, וכך האומר אותו בצורתו הרחבה הנאמרת יכול גם להתבונן באותיות השם לעצמן, שאין אומרים אותם בפה.

43. וראו בליקוטי תורה שהכתיב הוא בעלמא דאתכסיא (העולם המכוסה, הנעלם) והקרי בעלמא דאתגליא (העולם הנגלה). וזה פירוש "לא כשאני (=כשם שאני) נכתב אני נקרא" (פסחים נ,א וקידושין עא,א), ולעתיד לבוא יהיה ה' אחד ושמו אחד כשיתחבר ההעלם עם הגילוי. וראו גם בליקוטי תורה לשמיני עצרת צב,ג שהכתיב הוא בעולם עליון יותר.

44. ועל פי הקבלה, אותיות גדולות בבינה וקטנות במלכות. ראו ליקוטי תורה ויקרא מז,ד; פירוש המילות לט,ב; פרי עץ חיים שער הסליחות פרק ח. וראו המשך תער"ב חלק ב עמ' תתנד.

45. וכלל הדבר, שכל ספירה מורכבת מכל הספירות ומכל ה'עולמות', כאשר העליון הוא פנימי יותר והתחתון חיצוני יותר. כגון: אצילות שבאצילות היא פנימיות, עשייה שבאצילות היא בחינת אחוריים וחיצוניות, וכו'.

46. כעין מה שמובא בליקוטי אמרים פרק ב ובשער היחוד והאמונה פרק ט. ובלשונו של הרמב"ם – "הוא היודע והוא הידוע והוא הדעה עצמה הכל אחד". וכמבואר בשער היחוד והאמונה פרק ח שכן הוא בכל הספירות.

47. בליקוטי אמרים פרקים ב ו־נב, שער היחוד והאמונה פרקים ז–ח, ועוד.

48. אגרת התשובה פרק ט, שער היחוד והאמונה פרק ט ועוד.

49. ראו שער היחוד והאמונה פרק ט, ובמקומות רבים.

50. ראו שער היחוד והאמונה שם; ליקוטי אמרים פרק כ, ועוד. וראו המשך תרס"ו עמ' תסב והלאה.

51. אכן, כפי שמוסבר במקומות אחרים (ראו באיגרת כ), דווקא קשר ההשתלשלות הוא קשר של 'יש מיש', לעומת הקשר הגבוה יותר, כמו בין הבורא והנברא, שהוא 'יש מאין'. ויש לומר שכאן מדובר מלמעלה למטה: ביחס לדרגה העליונה הדרגה התחתונה היא 'אין', מה שאין כן מלמטה למעלה הדרגה התחתונה משיגה (בתכלית יכולת השגתה) את הדרגה העליונה שהיא משתלשלת ממנה; העלול משיג את עילתו, והוא לכן מרגיש את עצמו 'יש מיש' ולא 'יש מאין'.

52. כי יש השפעה שאינה פנימית, בדרך התלבשות, אלא בדרך מקיף. וראו תורה אור צב,ב, ובליקוטי תורה במדבר פט,ב–ג בעניין ההשפעה שבדרך מעבר ובדרך התלבשות.

53. וכמבואר במקומות אחרים שאין זה היינו הך, שהתורה בעצמה היא אף למעלה מהתלבשותה בחכמה העליונה (וראו ליקוטי תורה תחילת פרשת חקת, ובכמה מקומות, שיש עבודה שהיא המשכה של התורה מלמעלה מן החכמה לחכמה), אלא שכאן אין מדובר בזה.

54. ירושלמי שבת פרק א הלכה ב, וכן ויקרא רבה פרשה לה,ז.

55. ראו ספר הגלגולים פרק ד. שער הגלגולים הקדמה יא, ובכמה מקומות.

56. וראו בפשטות מעין זה בליקוטי תורה במדבר סט, ובכמה מקומות, שמוסבר שבמקום החושך, כשאין לאדם הכרה ודעת במה שצריך לעשות ולא אהבה ולא יראה, והוא עושה זאת מכוח הרצון העליון שבתוכו, העצמי, שלמעלה משכל ודעת שלו, הריהו ממשיך כך גם מלמעלה, מהכתר העליון שלמעלה מהחכמה.

57. שמות טז,ז-ח. וראו תורה אור נז,א, ליקוטי תורה ויקרא ו,ב ובמקומות רבים בחסידות, ש"נחנו מה" שאומר משה מבטא את תכלית הביטול והשפלות.

58. הגם שהדבר קיים גם בטבע העולם: שהמשפיע משתוקק להשפיע למטה, במקבל, למרות שבכך הוא יורד ממדרגתו הראשונה העליונה ולמרות שההשפעה ככל שהיא יורדת כך היא הולכת ומאבדת מזוהרה. אכן טבע זה מורה על היות העולם במצב מתוקן, שאז הוא פועל באופן שמשקף את התכלית העליונה שבו. וכאשר הוא להפך, כשאין המשפיע רוצה להשפיע, כשאין הוא מוליד ואין הוא נותן, זהו קלקול העולם והשחתתו.

הוספה לאיגרת יט

1. במהדורה זו הוגה 'אגרת הקדש' על פי השוואה לכתבי יד, ואף נוספו שני קטעים: הוספה זו וההוספה שאחרי איגרת כב. שני הקטעים נוספו במקומות אלה אף על פי שאינם המשך לאיגרות שלפניהם, משום שבכתבי היד נרשם שהם שייכים למקום זה. אמנם ב"מפתח מכל המאמרים שבאגה"ק", שנדפס במהדורה זו, הם מופיעים כקטעים נפרדים (על פי 'ספר התניא, מהדורותיו תרגומיו וביאוריו', מאת הרב יהושע מונדשיין ז"ל. ראו במבוא שם עמ' ר26).

2. ראו צוואת הריב"ש סימן קיח, וליקוטים יקרים רכז.

3. ראו זהר חלק ג עג,א: "ג' דרגין אינון מתקשרן דא בדא: קוב"ה אורייתא וישראל, וכל חד דרגא על דרגא סתים וגליא".

4. ראו ספר המאמרים תש"ח עמ' 15 על לבושי הנפש וכוחות הנפש ראו ליקוטי אמרים פרקים ג-ד. אכן, אותיות בכלל הן גילוי והמשכה, וכמבואר בכמה מקומות (ראו ליקוטי תורה שיר השירים לג,ג ועוד), שאותיות הן מלשון "אתא בקר" (ישעיה כא,יב), במובן של המשכה וגילוי. ולכאורה איזו משמעות יש לאותיות שאינן נגלות? ויש לומר שהכוונה היא ביחס לאותיות הנגלות במחשבה, דיבור ומעשה; אבל כשלעצמן אף הן המשכות מהוויה סתומה יותר, המביאה בעקיפין לגילוי במחשבה וכו'.

5. ראו שער היחוד והאמונה פרק יב בהגהה.

6. ראו ליקוטי אמרים פרק מ.

7. ראו תורה אור י,ב. שהאותיות של לשון הקדש נקראות 'אבנים', אבני הבניין כפי שיצר אותן הקב"ה, ואילו האותיות של לשונות אחרות נקראות 'לבנים', שהן בחינת אבנים שיצר האדם.

8. ליקוטי תורה ויקרא מו,ב, ושם במדבר נו,א.

9. ראו בעש"ט על התורה פרשת בראשית אות צא, ליקוטי אמרים פרק ב, ועוד.

10. ואכן מבואר ש"קול" זה, הכולל חסד וגבורה, הוא התפארת, ובחינת יעקב באבות. וכמבואר בכמה מקומות על הכתוב "הקֹל קול יעקב" (בראשית כז,כב). ראו תורה אור נז,ג-ד; ליקוטי תורה דברים כג,ב; סידור שער התפילה בתחילתו ד"ה הקל קול יעקב, ובמקומות רבים בחסידות.

11. כגון, אמרי בינה שער הקריאת שמע פרקים לא-לב; ספר המאמרים תש"י עמ' ואילך. וכן מעיר כ"ק אדמו"ר זי"ע לענייננה של הוספה זו בכללה: בכל הנ"ל יש לעיין באמרי בינה שער הקריאת שמע פרק לב ביאור שלכאורה באופן אחר קצת, ויש להבין.

12. בביאור לאיגרת זו, ובאריכות לעיל באיגרת טו. וראו גם בליקוטי אמרים פרקים ג–ד.
13. במובן זה מקבילה היצירה לבחינת הצומח, והבריאה לחי ופעמים לִמְדַבֵּר.
14. ראו ליקוטי אמרים פרק לז, "דהרהור לאו כדבור דמי", וקונטרס אחרון סימנים א–ב, "דהרהור לא עביד מידי", ועוד.

איגרת כ

1. וכן מדויק בלשון הסכמת הרבנים בני הגאון המחבר "ובשם אגרת הקדש נקראו שרובם היו אגרת שלוח וכו'" (וראו ספר התניא מהדורותיו תרגומיו וביאוריו, מאת הרב יהושע מונדשיין, בהקדמה).
2. דרך מצוותיך עמ' קע. ובקיצורים והערות לספר התניא עמ' מ' נכתב על איגרת זו: "מכי"ק אדמו"ר הרב ז"ל ולשונו לשון הזהב שכתב באמת שבוע לפני חליו ואיננו כי לקח אותו אלוקים ונתבקש בישיבה של מעלה במוצאי שבת קדש שמות תקע"ג".
3. מעין סגנון זה נמצא בכמה מקומות, כגון במאמר בתורה אור (טז,ג), ומצוין עליו: "לשון אדמו"ר נ"ע בעצמו".
4. וכן מעיר במקומות אחרים כ"ק אדמו"ר הריי"ץ נ"ע, שאיגרות הקודש סודרו על פי תוכנן ולא על פי סדר זמנים (על פי ספר השיחות תש"ה עמ' 110).
5. וכך נכתב שם: "דעשר ספירות דאצילות מלכא בהון, איהו וגרמיה חד בהון, איהו וחיוהי חד בהון, מה דלאו הכי בעשר ספירות דבריאה דלאו אינון וחייהון חד, לא אינון וגרמיהון חד וכו'". וכן הוא בפרדס רימונים. ובעץ חיים מובא בשינוי: "איהו וחייו וגרמוי חד בהון" (שער כו פרק א, ובכמה מקומות). ומה שמביא אדמו"ר הזקן לשון זו "איהו וחיוהי וכו'" קודם ל"איהו וגרמיה" נמצא גם בשם התיקוני זהר בספר עמק המלך בכמה מקומות (שער ה פרק ה, שער טז פרק לז ועוד) ובספרי הרמ"ע מפאנו.
6. בנפש כמו לבושי הנפש, ובעולמות כמו העולמות בריאה יצירה ועשייה. וראו ליקוטי אמרים פרק ד.
7. ראו הערת כ"ק אדמו"ר זי"ע (נדפס ב'שיעורים בספר התניא'): "שכן יש פירוש אחר בחיוהי וגרמוהי וכו'". ונתבאר בהמשך מים רבים תרל"ו סימן קנא, ובהמשך תער"ב פרק קנג: "שבעץ חיים איתא דחיוהי הן ג"ר וגרמוהי ז"ת" (שבספר עץ חיים נמצא כתוב ש"חיוהי" הן שלוש ראשונות ו"גרמוהי" שבע תחתונות). אמנם רבינו ז"ל באיגרת הקדש כתב ש"חיוהי הן האורות וגרמוהי כלים", כלומר שגם "חיוהי" וגם "גרמוהי" מתייחסים לכל עשר הספירות. ולפיכך משפט זה מתייחס לא לפרטים אלא לעולם האצילות בכללו, כמגדיר את הספירות של עולם האצילות בהשוואה לעולמות האחרים.
8. וכמפורט בהמשך הקדמת התיקונים, במה שאנו קוראים 'פתח אליהו' (שם יז,א).
9. אדמו"ר הרש"ב (ראו ספר המאמרים תרס"ט עמ' לב) מפנה לעץ חיים שער מב (דרושי אבי"ע) ראש פרק ב. ומעיר שם שאדמו"ר הזקן מדייק "כמו שכתוב בעץ חיים" ושלא כדעת הפרדס שהכלים דאצילות הם רק כוח המגביל ואינם מוגבלים בעצמם.
10. וכבר העירו על כך שהזהר אינו אומר שאיהו וחיוהי וגרמוהי חד, דהיינו אחדות אחת לשניהם, אלא ש"איהו וחיוהי חד איהו וגרמוהי חד", דהיינו בדרגה מסוימת ובאופן מסוים הוא אחד עם האורות, ובאופן אחר הוא אחד עם הכלים. הבחנה זו היא משמעותית מאוד, ואכן במקומות שונים יש התייחסות מפורשת לזה. וכגון בתורה אור עא,א, שם מבואר שתכלית ירידת הנשמה בגוף היא צורך עלייה, להעלותה מבחינת "איהו וגרמוהי חד" לבחינת "איהו וחיוהי חד".
11. ובדומה לזה: "ויש להבין", "ולהבין", "ועל פי זה יובן", ועוד.
12. זהר חלק ג קכד,ב, וראו בעניין זה לקמן איגרת כו.

13. בספר דרך מצוותיך ד"ה ושבתה, עמ' קסט,א.

14. וב'שיעורים בספר התניא' מביא מעין הדברים האלה מאור התורה בראשית חלק א קפב,ב.

15. בפשטות אפשר לראות זאת בדיבור: הכלים הם האותיות, ומה שעובר מאדם לאדם הן האותיות. ובקבלה מבואר שהכלים של המלכות דאצילות נעשים נשמה לעולמות בריאה יצירה עשייה.

16. ראו בהערת כ"ק אדמו"ר זי"ע, נדפס ב'שיעורים בספר התניא'.

17. ובלשון אדמו"ר הזקן במקום אחר: "השתלשלות, כמו שלשלת אשר טבעת זה אחוז ואדוק בזה בלי שום הפסק בינתיים" (ליקוטי תורה שיר השירים מב,ב).

18. הקשר הזה של 'יש מאין', שבין העולם (והאדם) ובין האלוקי, הוא חלק מהבעיה האנושית הכוללת של ההכרה בקיום האלוקי. לגבי כל דבר אחר יש דרך להגיע אליו; היא יכולה להיות קשה וארוכה, אבל היא ישנה ואפשר לראות ולהוכיח זאת. מה שאין כן בכל הקשור באלוקי, שם יש פער שאי אפשר לעבור אותו. את הדילוג של הבריאה, של 'יש מאין', אין האדם יכול לדלג חזרה בהבנתו ובדעתו.

19. פרדס רימונים שער ו (סדר עמידתן של הספירות) פרק ו. רמ"ק היה מגדולי המקובלים לפני האר"י ז"ל, ומקובל לומר שסיכם בספריו את עיקרי תורת הקבלה שהייתה קודם שהופיע האר"י. למרות שהעולם היהודי קיבל בעיקרו את תורת הקבלה של האר"י, אצל החסידים על כל פנים המשיכו להתייחס גם לקבלת רמ"ק, וזאת מתוך התפיסה שתורת החסידות, והאופן שבו עוסקים בדברים בחסידות, כוללים את שניהם, ואין האחד מבטל את חברו. וכפי שרואים כאן ובמקומות אחרים.

20. "בספירות עצמן" הכוונה מחכמה לבינה ומבינה לז"א ומז"א למלכות. אבל החכמה עצמה לגבי למעלה מהחכמה היא יש מאין, וכן המלכות לגבי העולמות המשתלשלים ממנה, כנזכר (ראו ספר המאמרים תרס"ו עמ' שלח).

21. פרק א, בכל אחת מהמשניות ב–ח. וכגון: "עשר ספירות בלימה במספר עשר," "עשר ספירות בלימה מידתן עשר שאין להן סוף", "עשר ספירות בלימה צפייתן כמראה הבזק ותכליתן אין להם סוף".

22. ראו לעיל איגרת יט בעניין ההבדל בין השגת הנביאים להשגת החכמים. וראו ליקוטי תורה דברים ו,א.

23. על פי הקדמת תיקוני זהר יז,א ('פתח אליהו').

24. אכן יש גם חלוקה לשלושה קווים – חח"ן בג"ה דת"י (חכמה חסד נצח, בינה גבורה הוד, דעת תפארת יסוד) – שהיא חלוקה לאורך: ימין, שמאל ואמצע. ואילו החלוקה הזו היא לרוחב, ומבטאת שלוש דרגות יסודיות מלמעלה למטה, או מפנימיות לחיצוניות.

25. ליקוטי אמרים פרק לג; שער היחוד והאמונה פרקים ג ו-י.

26. שם.

27. ראו ליקוטי תורה דרושים לראש השנה נו,א. וראו באור התורה דברים חלק ה עמ' ב'קו, ואף מציין שם לאגרת הקדש כאן (מובא בתניא עם ליקוטי פירושים).

28. הוספת כ"ק אדמו"ר זי"ע, על פי 'שיעורים בספר התניא'.

29. הכוונה כנראה לנדפס בספרים שלנו בתורה אור צ,ב בד"ה יביאו לבוש מלכות (הערת כ"ק אדמו"ר זי"ע בהערה, כנדפס ב'שיעורים בספר התניא').

30. ראו מורה הנבוכים חלק א פרק נח.

31. ראו רמב"ן לבראשית א,א ד"ה ועתה שמע.

32. הערת כ"ק אדמו"ר זי"ע (נדפס ב'שיעורים בספר התניא').

33. סידור עם דא"ח מד,ב; תורה אור טו,א ר"יט,ד; ליקוטי תורה דברים כד,א, ועוד.

34. נדפס ב'שיעורים בספר התניא'.

35. וכעין זה מבואר במקומות אחרים, שהבריאה נקראת 'יש מאין' ("אליבא דאמת") כי מקורה הוא כאין, ואינו נחשב כלל לגבי הקב"ה בעצמו; דהיינו מלכותו ובחינת שמו הפונה לזולתו, שאינו

נחשב לגבי עצמותו כלל אלא כזיו והארה ממנו בלבד (ליקוטי תורה דברים יט,ד, וכן שם א,ב. ושם במדבר פו,א באריכות, ועוד).

36. הנקרא 'יש הנאצל', כפי שיבואר בהערה לקמן.

37. בעניין שלושים הכלים של אצילות שיורדים לבריאה יצירה ועשייה ראו בסידור עם דא"ח, שער הקריאת שמע, בתחילתו.

38. ראו שער היחוד והאמונה פרק ז, ובמקומות רבים. מקור הביטוי קדום מאוד, ונמצא ברבנו בחיי (על התורה בראשית לח,ד, ובכד הקמח ר"ה [ב]). כמו כן נמצא בספרים עמק המלך, מגלה עמוקות, של"ה ועוד.

39. ראו המשך תער"ב חלק א עמ' ריב ר־שצד, שם חלק ב עמ' תתטו, ועוד. וראו בהרחבה לעיל.

40. ראו בדרך מצוותיך קנו,ב, שם מביא אדמו"ר הצמח צדק משל גשמי להבין את ההבדל בין פנימיות הכלים לחיצוניותם. חיצוניות הכלים היא כמו הסכין והגרזן שמעבירים את פעולת הגוף החוצה, לפעול פעולה של חיתוך וכו'. וכמו שכתוב "כֻּלם בחכמה עשית", זו היא חיצוניות כלי החכמה. ופנימיות הכלים היא כמו כלי קיבול, שאינם פועלים אלא רק מקבלים דבר מה ומקיפים אותו. וכגון פנימיות כלי החכמה שבהם שורה אור אין סוף, כמבואר במקומות אחרים.

41. ראו בסידור עם דא"ח, שער החנוכה, ערה,ד.

42. קונטרס אחרון קנט,א (להלן עמ' 476).

43. רבים מהמפרשים ביארו שהמילה "תהלה" היא לשון אור (כמו "בהִלּוֹ נרו"), והמילה "לא" שבראשית הפסוק משמשת לכאן ולכאן, וכאילו נאמר "לא ישים תהלה" (רלב"ג, מצודות ועוד). ויש שביארו באופן אחר, ש"תהלה" הוא כלשון 'הוללות וסכלות' (רש"י וראב"ע).

44. תורה אור ג,ב, וראו ליקוטי אמרים פרק לט.

45. ראו ליקוטי תורה דברים כו,ג, שם דרושים ליום הכיפורים ע,ג, ועוד.

46. ראו תורה אור ד,ד ועוד.

47. בלשון העץ חיים (היכל אדם קדמון שער א דרוש עגולים ויושר ענף ב): "והנה אחר הצמצום הנ"ל אשר אז נשאר מקום החלל ואויר פנוי וריקני... ואז המשיך מן אור אין סוף קו אחד ישר מן האור העגול שלו מלמעלה למטה".

48. יש להעיר: נקודה עקרונית במחשבה החסידית היא, שאין מדובר בשום אופן על צמצום האין סוף עצמו, אלא, כפי שנזכר, של הרצון האין סופי, המחשבה, ההארה והגילוי של האין סוף. זו היא תפיסת הצמצום שלא כפשוטו, לעומת התפיסה של צמצום כפשוטו. וראו שער היחוד והאמונה פרק ז; תורה אור יד,ב; המשך תרס"ו עמ' תסה, ובמקומות רבים נוספים.

49. ולא רק בנשמות: בלשון הקבלה משתמשים במושגים אלה, בהקבלה לדרגות הנפש, גם לגבי העולמות והספירות העליונות. לומר שאור הקו הכללי, מקור האור הפנימי היורד לעולמות, מתלבש באצילות בספירות ובכלים המקבלים והמגלים את האור הפנימי; דהיינו בשלוש דרגות המקבילות לשלוש דרגות הנפש, המקבילות בספירות לפרצופי אבא ואמא (נשמה), זעיר אנפין (רוח) ומלכות (נפש).

50. ראו עץ חיים שם. וראו אוצרות חיים ומבוא שערים בתחילתם, וכן ליקוטי תורה ויקרא נא,ג, ובמקומות נוספים.

51. בתורה אור תחילת פרשת משפטים (עד,ג ואילך), ובמקומות נוספים, היא החלוקה בין הנשמות שהן 'זרע אדם' לנשמות שהן 'זרע בהמה' (על פי ירמיה לא,כו).

52. ראו ליקוטי תורה שיר השירים יט,ג.

53. תורה אור ד"ה ואלה המשפטים ובביאורו, עד,ג ואילך. וראו גם בתורת חיים דיבור המתחיל זה (שמות חלק ב רעז,א).

54. הגהות לד"ה פתח אליהו תרנ"ח עמ' כ.

55. הערת כ"ק אדמו"ר זי"ע (נדפס ב'שיעורים בספר התניא'): "אומרו 'אפשר' וכללות הענין: אפשר

יש לקשרו עם הענין דמשה משה לא פסיק טעמיה, מה שאין כן אברהם (תורה אור ותורת חיים ריש פרשת משפטים, ובכמה מקומות)".

56. בדרך אפשר (בהמשך להערת כ"ק אדמו"ר זי"ע לעיל), כמו חנוך, שעל פי המבואר בכמה מקומות בחסידות היה נשמה משמיטה ראשונה, כמו משה רבינו, ונסתלק מהעולם הזה קודם שיחטא (וראו רש"י על בראשית ה,כד).

57. כנזכר בזהר חלק ג קכח,ב.

58. ראו אור התורה שמות חלק א עמ' קצט (ולזה מציין כ"ק אדמו"ר זי"ע בהערותיו), ובתורת שמואל ד"ה ועמדו רגליו תרל"ח סעיף יב.

59. ליקוטי אמרים פרק ב. ובכמה מקומות מבואר שמעלת נשמות ישראל היא אף למעלה מהתורה (כמאמר רז"ל בבראשית רבה פרשה א,ד, שמחשבתן של ישראל קדמה לכל דבר, אפילו לתורה), ואף מלפני הצמצום (שערי אורה עז,א, המשך תער"ב חלק א עמ' קסט ועוד. וראו גם תורת מנחם כרך יח עמ' 9 ושם עמ' 108).

60. אמנם מבואר במקומות אחרים (ראו ספר המאמרים תרנ"ו עמ' רנו; שם תר"ן עמ' רפח, ועוד) שעל ידי ירידתה לעולמות להתלבש בגוף וכו' ועבודתה באתכפיא ואתהפכא וכו' היא מתעלה ממציאותה ה'נבראת', להיות נכללת, כמו הספירות, בייחוד של 'איהו וחיוהי חד', ואז יהיה הקו מאור אין סוף מלובש בה כמו שהוא מלובש עתה בספירות.

61. ראו אור התורה עניינים עמ' קי ואילך; מאמרים מלוקט חלק ב עמ' רצג ואילך; שם חלק ג עמ' קו ועמ' ערה.

62. המושג שנקרא בחסידות, בלשון התלמוד, "אלהא דאלהיא", כלומר האלוקים של האלוקים; לא שלנו, שמתייחס אלינו, אלא האלוקים של האלוקים וכו', אי שם למעלה (וראו ליקוטי אמרים פרקים כב ו־כד, ובכמה מקומות).

63. מופיע ברבנו בחיי על התורה (בראשית לח,ל ועוד) ובספרו כד הקמח, ועוד. וראו שער היחוד והאמונה תחילת פרק ז.

64. שער היחוד והאמונה שם.

65. שער היחוד והאמונה שם. ובמקומות אחרים מבואר, שכמו כן אין הוא מלך על שרים שמצווים את מצוותו, אלא רק על העם שעושים מצוותו ומקבלים מלכותו, ולאידך גיסא שאין מלך על עצים ואבנים אלא רק על אנשים 'כמותו'. שרק בהיות שני צדדים אלה, שהם נבדלים ממנו אך דומים לו, שייך עניין "מלכותו ברצון קיבלו עליהם" (וראו ליקוטי תורה דברים מד,ד, ושם במדבר ו,א).

66. ראו ליקוטי תורה דברים נא,ב ועוד.

67. ראו המשך תרס"ו עמ' קסה. וראו ליקוטי תורה ויקרא מו,ג ועוד.

68. כדעת האר"י ז"ל, כמובא בעץ חיים שער מא פרק ג.

69. על פי 'פתח אליהו' (הקדמת תיקוני זהר [יז,א]): "כתר עליון איהו כתר מלכות".

70. מה שנקרא 'עשייה דכללות' או 'אדם דעשייה'. ראו בעניין זה בליקוטי תורה ויקרא ח,ד ועוד.

71. וכפי שנראה ממקומות אחרים, ראו בדרך מצוותיך שורש מצוות התפילה פרק כו. וכן מפרש ב'שיעורים בספר התניא'.

72. בדרך מצוותיך שם, וראו תורת חיים תחילת פרשת ויגש; תורה אור ה,א ו־לג,א, ועוד.

73. מעיר כ"ק אדמו"ר זי"ע כאן: "שעל ידי זה יובן ביותר שאין סתירה בהנ"ל כי בריאת הנשמות וכו' בעתיקא תליא, ואפילו הגידול כו' וההיכלות". ונראה שכוונת הרבי לסתירה בדבר מקור ושורש הנשמות. שפעם נאמר שהוא במלכות דאצילות ופעמים נאמר ומובן שהוא למעלה מעלה באין סוף עצמו שלמעלה מהכול.

74. וראו ליקוטי תורה פרשת שמיני ד"ה לויתן זה (יח,א ואילך), שהן הנשמות שבבחינת נוני ימא.

75. הלידה – בשביעי של פסח; הגדילה והגמילה – בשבועות; והזיווג – בשמיני עצרת.

76. פרי עץ חיים שער הלולב פרק ח. וראו גם ליקוטי תורה ויקרא טז,ב ואילך.

77. גם בפשטות, הלידה היא מעבר של העובר מהחיים במים לחיים ביבשה. ועוד מבואר במקומות אחרים (ליקוטי תורה פרשת שמיני ועוד), שהנשמה קודם שנולדה היא בבחינת נוני ימא (דגי הים) וכו', ויש נשמות גבוהות מאוד, הן "נשמות דאצילות", הנקראות בזהר "נוני ימא דאזלי ביבשתא" (דגי הים שהולכים ביבשה), דהיינו אותם צדיקים ספורים כמשה רבינו או רשב"י, שאינם שייכים ממש לעולם הזה אלא רק נמצאים בתוכו לצורך מסוים וכו'.

78. וראו בליקוטי הגהות לתניא עמ' עו שקלא וטריא כיצד הוא שבעה חודשים; והלוא משמיני עצרת ועד שביעי של פסח הוא שישה חודשים פחות יום.

79. ראו פרי עץ חיים שער חג המצות פרק ח; שם שער הלולב פרק ח; משנת חסידים מסכת סוכה פרק יב משנה ח, ועוד. ונזכר בליקוטי תורה ויקרא טז,ב ועוד.

80. ראו תורת מנחם כרך ב עמ' 7 ושם נתבאר.

81. ראו תורה אור פרשת תרומה (עט,ג ואילך).

82. ביטוי המופיע הרבה בחסידות, מאדמו"ר הזקן (ליקוטי תורה ויקרא לד,ב. על פי מאמר רז"ל באבות פרק א משנה יז: "ולא המדרש הוא העיקר אלא המעשה") והלאה; וכוונתו, כפי שנאמר כאן, שמכל דבר מופשט ועיוני צריך להשתדל להביא משהו ממנו לכדי עשייה גשמית.

83. כל המושגים דלהלן לקוחים מתוך מערכת המושגים שב'אידרא רבה' שבזהר, כפי שהיא מבוארת בכתבי האר"י ז"ל.

84. זהר חלק ג קלו,א, על פי תהלים כה,י.

85. על פי זהר חלק ב קכא,א ועוד. ומבואר במקומות רבים בחסידות.

86. על פי ירושלמי שבת פרק א הלכה ב: "ר' יוחנן אמר בשם ר"ש בן יוחי: כגון אנו שעסוקין בתלמוד תורה אפילו לקרית שמע אין אנו מפסיקין... רבי חנניה בן עקיבה אומר: כשם שמפסיקין לקרית שמע כך מפסיקין לתפילה ולתפילין ולשאר כל מצותיה של תורה. ולא מודי רבי שמעון בן יוחי שמפסיקין לעשות סוכה ולעשות לולב? ולית ליה לרבי שמעון בן יוחי הלמד לעשות לא הלמד שלא לעשות, שהלמד שלא לעשות נוח לו אילו לא נברא? אמר רבי יוחנן: הלמד שלא לעשות נוח לו אילו נהפכה שילייתו על פניו ולא יצא לעולם". וראו בדומה לזה ירושלמי ברכות פרק א הלכה ב, ומעיר כ"ק אדמו"ר זי"ע שמסתבר שכאן הכוונה לסוגיה בשבת.

87. כגון תורה אור א,ב, ליקוטי תורה לג' פרשיות בראשית א,ג, ובמקומות רבים.

88. שבת עז,ב.

89. ראו תורה אור פרשת וירא ד"ה פתח אליהו (יג,ג ואילך).

90. מה שנקרא בלשון חז"ל 'מבין מדעתו'; ראו חגיגה פרק ב משנה א.

91. ומדייק: "המלובש בסיום וסוף נה"י דא"ק", כלומר עד סוף נצח הוד יסוד בלבד, ולא במלכות; שכן במלכות של א"ק (שנעשית עתיק לאצילות) מאירה כבר הארת הקו. ראו אור התורה בראשית כרך ב עמ' תכח,א.

92. ראו בקונטרס תורת החסידות.

93. ראו תורה אור עח,ב.

94. על פי עץ חיים שער מג בהקדמה (ליקוטי שיחות כרך טו עמ' 472).

95. 'כתר דכללות', ראו ליקוטי תורה ויקרא כ,ד, שם במדבר צה,א, ועוד. וראו המשך תער"ב חלק א יט.

96. שער היחוד והאמונה פרק ב.

97. ראו ליקוטי אמרים פרק מח.

98. תיקוני זהר תיקון נז (צא,א) ועוד.

99. תחילת המשפט מדברת על אור הסובב לארבעה עולמות אבי"ע, וסופו – על עשר ספירות של בי"ע בלבד. כי אור המקיף הוא המקיף הכללי לארבעה עולמות, ומה שמאיר אל הקו הפנימי דרך הכלים הוא הנותן בהם כוח לברוא יש מאין. וכפי שאמר בתחילת המאמר, שראשית ה'יש הנברא'

ותחילתו הם הכלים של עשר הספירות דבי״ע.

100. ולכן מבואר בספרים ששורש הכלים הוא ברשימו. מושג ה׳רשימו׳ מתייחס לצמצום הראשון: לאחר שצמצם אור אין סוף את עצמו, נשאר במקום הצמצום הרושם של אור אין סוף הבלתי מוגבל שהיה גלוי שם קודם הצמצום. בתוך החלל הזה של הצמצום ישנם, אפוא, אור הקו שהאיר אין סוף בתוך החלל, והרשימו של האור שלפני הצמצום. ובאופן כללי ביותר אפשר לומר שאור הקו הוא שורש האורות, והרשימו הוא שורש הכלים.

101. על הלשון במשפט זה מעיר כ״ק אדמו״ר זי״ע בהערות ותיקונים לתניא: ״צריך עיון הלשון והכוונה״.

102. ראו ליקוטי תורה במדבר עה,ד ו־ה,ד; שם דברים לד,ג, ובמקומות נוספים.

103. ראו ליקוטי אמרים פרק יג; ליקוטי תורה ויקרא מ,א; שם במדבר צג,ב, ובמקומות רבים.

104. ראו המשך תער״ב חלק ב עמ׳ תרמז והלאה.

105. או להפך, שכל העולמות העליונים אינם אלא השלכות של מה שקורה כאן. וכעין תורת הרב המגיד ממזריטש על מאמר המשנה (אבות פרק ב משנה ה) ״דע מה למעלה – ממך״ (ראו היום יום יג אייר; ליקוטי אמרים להרב המגיד סימן קצח, ובמקומות נוספים).

106. בראשית רבה פרשה י,ו ועוד.

107. בלשון הקדמונים שייך המושג למזלות הקבועים בגלגלים וכו׳. ואדמו״ר הזקן (בתורה אור ט,א, ליקוטי תורה במדבר עז,ג ובמקומות רבים) מסביר את המזל כחלק מסדר ההשתלשלות הטבעי; המזל מקבל משבעים השרים והשרים משמרי האופנים והאופנים מקבלים מחיות הקדש שבמרכבה וכו׳.

108. ראו גם אור התורה במדבר חלק א עמ׳ קצו.

109. מובא בליקוטי פירושים מכתב יד משנת תקע״ב.

110. כפי שמופיע בדפוסי הספר עץ חיים, כגון שער א״ק דרוש עגולים ויושר ענף ב, כזה: 

111. ״ראה פרק ו (בהג״ה), פרק יח. וראה גם כן שם סוף פרק נא וסוף פרק נב״ (הערת כ״ק אדמו״ר זי״ע). ובפרק ו בהג״ה מציין לזה וגם לעץ חיים שער מז פרק ב. וראו גם בליקוטי תורה במדבר ב,ב ועוד.

112. כמבואר בחסידות בכמה מקומות ההבחנה בין התחדשות ממש, של מהות ואור חדשים שלא היו מעולם, ובין התחדשות שהיא ׳צורך קיום העולמות׳, שגם היא התחדשות של יש מאין, אבל מאותה מהות שכבר הייתה. מה שקוראים בחסידות ׳חידוש הישנות׳. ראו באתי לגני חלק א עמ׳ קס.

113. וכנאמר בליקוטי אמרים (פרק לה בהגהה) שאין אור אין סוף מתלבש אלא בחכמה. ומבואר בטעם הדבר, שהחכמה היא ׳כח מה׳, הביטול, שאינו מגביל וחוסם את האין סוף, והוא הצינור להמשכת האין סוף אל העולמות.

114. ראו זהר חלק א פו,ב.

115. כמו שכתוב: ״וכל עשב השדה טרם יצמח כי לא המטיר ה׳ אלהים על הארץ ואדם אין לעבֹד את האדמה״ (בראשית ב,ו).

116. על הלשון ״מאד מאד״, מעיר כאן כ״ק אדמו״ר זי״ע שהיא מתייחסת לעניינו של מאמר זה במעלת המצוות המעשיות וכו׳, שכאשר ההשפעה מלמעלה היא על ידי מצוות ותפילת האדם היא משובחת ״במאד מאד״. ויובן יותר על פי המבואר בליקוטי תורה (פרשת שלח ד״ה ״ויאמרו אל כל עדת ישראל״ בסופו. בעיקר לח,ג) על דברי יהושע וכלב בשלילת טענת המרגלים, ש״טובה הארץ מאד מאד״.

117. וראו תורה אור מד,ג, שמוסבר כל העניין בדרך עבודת ה׳. ושם נאמר שהספיחים (הם הצומחים מאליהם) הם כאהבה הטבעית המסותרת, והנטועים הם כאהבת עולם שאדם מעורר בעצמו על ידי התבוננות וכו׳. אלא ששם מדבר דווקא על מעלת ה׳ספיחים׳, שהיא עיקר קיום העבודה וגם שורשה גבוה יותר.

118. ראו ליקוטי תורה דברים נ,א ד"ה כי כארץ תוציא.

119. ראו אור התורה בראשית חלק א ד,א.

120. ובספרי הסוד מוסיפים עוד הקבלות: ארבע אותיות שם הוי"ה, עולמות אבי"ע, פרצופי האצילות, דרגות וכוחות הנפש ועוד. וראו ליקוטי תורה במדבר ה,ב בשם העץ חיים, שם ז,א, שם דברים לד,ג ועוד.

121. ראו רמב"ם הלכות יסודי התורה פרק ד.

122. במקומות רבים בחסידות ההסבר מנוסח אחרת, דרך היחסים של תוהו ותיקון. האדם, שהוא תיקון, מתקן את התוהו שהוא בחי ובצומח, ומצד זה הוא למעלה מהם; אך כיוון שהתוהו בשורשו הוא למעלה מהתיקון, והאדם שמתקן את התוהו מגלה את שורשו הגבוה, לכן הוא יכול לקבל את חיותו ממנו. ראו תורה אור סה,ד ואילך, ושם עד,ד; ליקוטי תורה ויקרא יג,ב, שם דברים יד,א, ועוד. ואמת היא שהדברים קשורים לנאמר כאן, שהרי כל העלייה של כוח האין סוף מלמטה מותנית בזה שתיעשה באופן המתוקן, במצווה או כוונה לשם שמיים וכיוצא בזה, שאם לא כן הכוח הזה נשאר למטה. ותיקון זה הוא תיקון התוהו, שרק כך משתחרר ועולה כוח האין סוף שבו. וכן נראה לקמן, שקושר את הדברים לעליית הבהמה על המזבח לפני שור וכו' שבמרכבה.

123. על פי ברכות מ,א. ומבואר באריכות בחסידות בעניין אכילת מצה ואכילה בכלל, איך שעל ידי אכילה גשמית יש עילוי שלא בערך גם לכוחות הנפש.

124. על פי דברי הימים ב לב,א ומשלי יד,ו.

125. ספר שבחי הרב, ובשינוי בספר בית רבי חלק א פרק כב. וראו בשיחת כ"ד טבת תשי"ב (תורת מנחם כרך ד עמ' 258), וכן ספר השיחות תש"ג עמ' 15 ונזכר במקומות רבים בשיחות ומאמרי הרבי זי"ע. וראו 'המסע האחרון' לרב יהושע מונדשיין עמ' 1 כל העניין.

איגרת כא

1. כמבואר בהקדמה לאגרת הקדש, ובהרחבה בהקדמה ל'איגרות קודש אדמו"ר הזקן' (מהד' תשע"ב) בעריכת הרב שלום דובער לוין.

2. ב'איגרות קודש אדמו"ר הזקן' היא איגרת לו.

3. פתיחת האיגרת, כברבות מאיגרותיו של אדמו"ר הזקן, משובצת מליצות וקטעי פסוקים הארוגים זה בזה: אַחֲרֵי דְּרִישַׁת שְׁלוֹמָם כְּמִשְׁפָּט לְאוֹהֲבֵי שְׁמוֹ (על פי תהלים קיט,קלב) אֶל הַמִּתְנַדְּבִים בָּעָם (על פי שופטים ה,ט) לַעֲשׂוֹת צִדְקַת ה' (על פי דברים לג,כא) עִם אַרְצוֹ הַקְּדוֹשָׁה, לָתֵת מִדֵּי שָׁנָה בְּשָׁנָה (על פי שמואל א ז,טז)... תִּטּוֹף מִלָּתִי (על פי איוב כט,כב) וְתִזַּל כַּטַּל אִמְרָתִי (על פי דברים לב,ב) לְזָרֵז לִזְרִיזִים וּלְחַזֵּק יָדַיִם רָפוֹת (על פי ישעיה לה,ג).

4. על פי הערת כ"ק אדמו"ר זי"ע: "וראה לעיל באגרת הקדש ה, דעל ידי צדקה עביד שמא קדישא, וצדקה ניתנת מחמת מידת החסד שפנימיותה אהבה".

5. כמו רוב האיגרות בקובץ זה, גם איגרת זו אינה מופיעה כאן בשלמותה. בהשלמות לאיגרת מופיע כאן הקטע דלהלן: "אברך הטוב והמטיב על שמועה טובה תדשן עצם ומאור עינים ישמח לב כאשר האירו אל עבר פני מכתבים רבים ממקומות רבים בקול תודע להודיעני ולבשרני אשר כל אנ"ש קיימו וקבלו באהבה רבה וחבה יתירה לסלק מעות ארץ הקודש מדי שבת בשבתו או מדי חודש בחדשו, ואמינא ישר חילא לפעלא טבא היטיבה ד' לטובים בכל מילי דמיטב מנפש ועד בשר וכאשר יקר דבר ד' בעיניהם כן תיקר נפשם בעיני ד' להצילם מכל צרה אכי"ר. אך אל איזהו מקומן אשר עדיין לא קיימו וקבלו ככה, אליהם תטוף..."

6. על פי ספרי במדבר פיסקה א בראשיתו, "ואין מזרזין אלא למזורזין". וכן מכות כג,א, ועוד.

7. ראו ליקוטי תורה תחילת פרשת פינחס (עה,א ואילך), אגרת התשובה פרק ב, ועוד.

8. כלשון זו נאמר בקרבן מוסף השבת "עֹלַת שבת בשבתו" (במדבר כח,י), ובקרבן מוסף של ראש חודש "עֹלַת חֹדש בחדשו" (שם פסוק יד). ובעיקר הוא על פי ישעיה סו,כג: "והיה מדי חדש בחדשו ומדי שבת בשבתו יבוא כל בשר להשתחות לפני וגו'".
9. על פי הערת כ"ק אדמו"ר זי"ע.
10. ראו ליקוטי לוי יצחק על התניא: "כי בשבת ובראש חדש נפתח שער החצר הפנימית הפונה קדים, ובשבת וחדש יבוא כל בשר להשתחוות לפני. ועיין בלקוטי תורה (דברים צו,ד) ד"ה והיה מדי חדש בחדשו וכו'".
11. ראו ליקוטי אמרים פרק יז. וכן במקומות רבים בחסידות הכללית, וכגון מאור עיניים פרשת נח, דגל מחנה אפרים פרשות בראשית ולך לך ועוד.
12. במדבר פא,א ד"ה וידבר משה, ובסופו פב,ב.
13. ראו גם בעש"ט על התורה, פרשת נח, עמוד התפילה אותיות קכט–קל, מצוואת הריב"ש וכתר שם טוב.
14. וכן במובא בליקוטי אמרים בתחילתו "ואפילו כל העולם כולו אומרים לך צדיק אתה היה בעיניך כרשע", וכמבואר בפרק יד ש"כרשע" הוא הבינוני.
15. נזיר כג,ב; בבא קמא לח,ב; הוריות יא,א, ועוד.
16. ראו רש"י שם, ויומא כח,ב. ובפסחים ד,א למדים מלשון זו גם על מצוות מילה שקיים אברהם אבינו.
17. סנהדרין קה,ב.
18. על פי יהושע יד,טו, וראו רש"י שם.
19. ויש להוסיף, על פי הערת כ"ק אדמו"ר זי"ע (ליקוטי שיחות כרך ו עמ' שמח), שאין זה רק לימוד שממנו רואים וכן עושים, אלא בבחינת נתינת כוח לעשותו, וכמו אהבתו וכו' שהיא ירושה לנו (ראו ליקוטי אמרים פרק יח).
20. פסחים ד,א.
21. על פי משלי לא,כט, הוא פרק 'אשת חיל' המתייחס למלכות וכו'. ומתאים לנאמר כאן שהצדקה היא בחינת עליית המלכות.
22. ראו לעיל איגרת יב.
23. ראו גם לעיל איגרת ג.
24. וכן בפירוש רש"י שם: "מגנא מן היסורין, ומצלא מיצר הרע שלא יכשילנו לחטא".
25. כלשון ספר החינוך (מצווה טז): "כי אחרי הפעולות נמשכים הלבבות".
26. כ"ק אדמו"ר זי"ע מעיר שהציטוט כאן מורכב כנראה משני פסוקים: במשלי י,טז כתוב "פְּעֻלַּת צדיק לחיים", ובמשלי יא,יט כתוב "כן צדקה לחיים". וצריך עיון גדול, שהרי אדמו"ר הזקן כותב "מקרא מלא דיבר הכתוב".
27. ראו אגרת הקדש סימן ה'; ובאופן אחר – שם בסימן כ' ובמקומות רבים.
28. וראו אגרת הקדש אגרות ט, ל. לקוטי תורה במדבר ח,ד ועוד.
29. ראו לעיל איגרת ט, ובפירוט בעוד מקומות רבים, כגון ספר המאמרים מלוקט חלק א עמ' קצג.
30. מגילה כט,א לפי גרסת עין יעקב; במדבר רבה פרשה ז,י, ועוד.
31. ראו ליקוטי תורה במדבר לו,ד–לז,א ועוד.
32. ראו לעיל איגרת יד.
33. על פי הסברו של אדמו"ר הזקן לעיל.
34. כגון ליקוטי אמרים פרק ב בהגהה.
35. תיקוני זהר תיקון נג, וראו זהר חדש רות פד,א ועוד. ובמקומות רבים בחסידות ובקבלה פשוט ומקובל שדרגת הנפש היא המלכות והשכינה.

36. וראו בליקוטי אמרים פרק לז.

37. ראו ברש"י על הפסוק. וראו בליקוטי תורה של האר"י ז"ל על הפסוק, ובליקוטי תורה שיר השירים בסופו. וראו שיחת אחרון של פסח תרצ"ט, וכן מובא פעמים רבות בשיחות כ"ק אדמו"ר זי"ע.

ההגדרה הלא רגילה הזו של הגאולה – "עד כי יבוא שילה" – מרמזת אולי לבחינותיה של הגאולה שבהן עסקה איגרת זו. וכפי שמעיר כ"ק אדמו"ר זי"ע מהזהר חלק א רלז,ב, האומר: "לא יסור שבט מיהודה וגו' – אוקמוה חבריא, אבל עד כי יבא שיל"ה בה"א, בגין דשאר בו' (=בשאר מקומות 'שילו' באות ו"ו), לאחזאה הכא רזא דשמא קדישא י"ה. באתר אחרא שילו בלא ה', באתר אחרא שלה בלא י', והכא שיל"ה ביו"ד ה"א – רזא דשמא קדישא עלאה, דשכינתא תקום בשמא די"ה ואיהו רזא די'".

38. פסקת החתימה של האיגרת, שלא הובאה כאן, מופיעה באיגרות קודש אדמו"ר הזקן (איגרת לו), והיא: "ואחר הדברים והאמת האלה אהוביי אחיי ורעיי גושו חושו עושו אהדדי, ואיש את רעהו יעזורו ולאחיו יאמר חזק ונתחזק בעד עמינו ובעד ערי אלקינו אשר בארץ הקודש, לדרוש שלומם וטובתם בכל לב ונפש, מאוד מאוד הוכפלה בקשתי כפולה ומכופלה שלא להשליך דברי אחרי גיוום ח"ו, ויהיו נא לרצון אמרי פי המבקש, אוהב נפשם דורש שלומם מלב ונפש חפצה".

איגרת כב

1. על אודות תקנות אלה ראו במבוא לאיגרות קודש אדמו"ר הזקן פרק ו, ובהערות לאיגרת לא שם.

2. ההבדל היה לא רק במספר החסידים אלא גם בדרך ההנהגה. אצל הבעש"ט והמגיד ממזריטש היה סביב הרבי מעגל קטן של חסידים שאליהם היה הרבי מכוון את תורתו. כל שאר החסידים היו במעגל רחוק יותר, והקשר בינם לבין הרבי היה בעיקר על רקע אישי, דהיינו קבלת עצה וברכה מהרבי לעת מצוא. החידוש אצל אדמו"ר הזקן, מלבד ריבוי התלמידים, היה בכך שכל החסידים היו מקבלי תורתו, כלומר הם היו לא רק מקבלים סבילים אלא חסידים במלוא מובן המילה, שותפים לתורה ולעבודה (לפחות בדרך שבה התייחס אליהם אדמו"ר הזקן). הדבר מסביר הרבה מגישתו של אדמו"ר הזקן בכמה נושאים, וגם מחדד ומאיר את ייחודה של תורתו ביחס לקודמיו.

3. נדפסו באיגרות קודש אדמו"ר הזקן איגרות לא, לה, מג, מז, נ, סז.

4. שמחת תורה, שבת חנוכה, פורים, שבת תשובה.

5. יתדות משכני. על פי פסחים פ,א.

6. על פי ישעיה מב,ז.

7. ברכות ו,א.

8. שבת ח,א.

9. אֲהוּבַיי אַחַיי וְרֵעַיי (על פי תהלים קכב,ב. וראו בביאור לאיגרת הבאה על לשון זו) מֵאַהֲבָה מְסוּתֶּרֶת תּוֹכַחַת מְגוּלָּה (על פי משלי כז,ה) לְכוּ נָא וְנִוָּכְחָה (ישעיה א,יח) זִכְרוּ יְמוֹת עוֹלָם בִּינוּ שְׁנוֹת דּוֹר וָדוֹר (על פי דברים לב,ז) הֶהָיְתָה כָּזֹאת (על פי יואל א,ב)... וְאַיֵּה אֵיפוֹא (שופטים ט,לח)... כְּדָת מַה לַּעֲשׂוֹת (אסתר ד,טו).

10. ומבואר במקומות אחרים שאדרבה, עיקר התיקון הוא דווקא כאשר דברים נעשים מלמטה, בהתעוררות מלמטה בהתלבטות ובקשיים, ולא בהנחיה מלמעלה.

11. על פי דניאל ד,ו. ובלשון חז"ל במקומות רבים ובשינוי.

12. ראו כתר שם טוב, הוספות, סימן שמ.

13. לכן מבחנו של הנביא, אם הוא נביא אמת, איננה בראייתו בעולמות עליונים, אלא בראייתו מה שיהיה כאן, במציאות הגשמית, בזמן העתיד. ראו רמב"ם הלכות יסודי התורה פרק י הלכה א.

14. סנהדרין כו,ב. ומובאות שם כמה דעות: מפני שמתשת כוחו של אדם, או מפני שניתנה בחשאי וכו'.

15. ראו תורה אור ס,ד, וליקוטי תורה במדבר נב,ג ואילך. שעל פי הסדר היה צריך ללכת משלב לשלב במשך חמישים אלף יובלות, וכל זה נתן לנו הקב"ה ברגע אחד.

16. מעיר כאן כ"ק אדמו"ר הריי"ץ נ"ע שכאן משמיט את התואר "חסיד" כפי שמזכיר בהמשך. שכן כאשר מכה את בנו, אף שההכאה היא מאהבה, אינו נקרא אז חסיד (ספר השיחות תש"ד עמ' 15).

17. ראו אור התורה שמות חלק א עמ' קכה. וראו בעש"ט על התורה, פרשת נח, עמוד התפילה אות קלד: "והחכם יתן לב לידע בעת ששמאלו של הקדוש ברוך הוא דוחה אותו, השם יתברך בעצמו ובכבודו שם, כי חוש הראות מעיד, בעת שאדם דוחה חברו, הוא עצמו שם, לכך יקבל דחייה זו באהבה, וינשק הדחייה, ויחרד חרדה גדולה, ולהבין שזה הדחייה הוא כדי להתקרב אליו יתברך יותר וכו'".

18. על פי דברים ו,כד.

19. על פי הכתוב: "כי ביה ה' צור עולמים" (ישעיה כו,ד) וכמדרש חז"ל (מנחות כט,ב) המובא הרבה בחסידות, שביו"ד נברא העולם הבא ובה"א נברא העולם הזה.

20. ראו ליקוטי אמרים סוף פרק א.

21. ראו בביאור לליקוטי אמרים פרק ב עמ' 77–78, שם פרק ו עמ' 134 ועוד.

22. על דרך האמור "כל הכועס כאילו עובד עבודה זרה" (שבת קה,ב. וראו אגרת התשובה פרק ז, ולהלן איגרת כה).

23. להעיר בדיוק הלשון, שברוב המקומות בתניא מציין בלשון "רז"ל" (רבותינו ז"ל) ובמעט מאוד מקומות מציין "חז"ל" (חכמינו ז"ל). ובוודאי שכאן, ובשאר מקומות שמדייק "חכמינו", יש טעם לדבר.

24. ראו אגרת התשובה בתחילתה.

25. אכן, גם בתחילה אי אפשר לומר שהיא משמעות שלילית, שכן האהבה המקלקלת את השורה היא הרי אהבת ה', ואף אדמו"ר הזקן מביא שם לשון זו כדי ללמד זכות עליהם. מה שאיננו חיובי הוא החיסרון בדעת, המביא לקוצר רוח וכו' – ואת זה בדיוק הוא בא להוסיף ולתקן באיגרת זו.

26. ולא כמי שפועל בתוך המערך הטבעי של הדברים, שבזה הוא אף חייב להשתדל.

27. מעיר כ"ק אדמו"ר זי"ע שבכתוב: "את צואת".

28. לשון אגרת התשובה פרק א.

29. וכמבואר לעיל באיגרת טו שפנימיות החסד היא האהבה.

30. תורה אור לו,ב.

31. תהלים פה,יג.

32. על פי במדבר ו,כה ותהלים סז,ב

33. ראו ליקוטי אמרים פרק כז ובכמה מקומות. וראו אור התורה במדבר חלק ד עמ' א'שפח כל הענין.

34. ראו תורה אור יב,א, ומאמרי אדמו"ר הזקן תקס"ו חלק א עמ' צז. ומובאת שם דוגמה, כאשר שולקים את התורמוסים שוב ושוב למתקם.

35. ראו עירובין נד,א: "תנא דבי רבי אליעזר בן יעקב, כל מקום שנאמר 'נצח' 'סלה' 'ועד' – אין לו הפסק עולמית. 'נצח' דכתיב 'כי לא לעולם אריב ולא לנצח אקצוף'. 'סלה' דכתיב 'כאשר שמענו כן ראינו בעיר ה' צבאות בעיר אלהינו אלהים יכוננה עד עולם סלה'. 'ועד' דכתיב 'ה' ימלוך לעולם ועד'".

36. לאיגרת המקורית נוספו מילות סיום וסיכום, שאינן מופיעות כאן ואולם נדפסו בנוסח השלם שבאגרות קודש אדמו"ר הזקן:

"עוד זאת אדרוש ואבקש ואודיע נאמנה, אשר כל המשתוקקים לכנוס לדבר עמהם ביחידות דוקא מאנשי שלומנו הישנים, הם מתעים שוא בנפשותם כי יודע אני יותר מהם, ורואה בחוש ממש כי ברוב עם הדרת מלך וה' אתנו, ואינני יכול לדבר ביחידות שמץ מנהו מהמצטרך לדבר ומדובר בנו מדי חדש, בשבת שמברכין החדש. אך מי שיש לו לפעמים איזה דבר נחוץ בעבודת ה' לשאול

ביחידות דוקא, אזי מוכרח להתעכב לערך ב' שבועות, אולי יהי' שעת הכושר ופנאי לדבר עמו כרצונו.

והנה כל אשר יעבור על אחד מכל הנ"ל, הנה מלבד דינו בידי שמים, אשר אינני מוסרו ח"ו ועל כן אין בידי למחול, אף גם זאת אשית עליו איזה קנס לארץ הקודש תבנה ותכונן במהרה בימינו להגבאים שבעירו, כפי ראות עיניהם וכפי מסת ידו, למגדר מלתא להיות לזכרון ולאות. והעיקר בקשתי כפולה ומכופלת לפני הגבאים שיחיו, להשגיח על כל הנ"ל בהשגחה פרטית בל יפול דבר וחצי דבר ארצה ח"ו.

וגם אם יראו אחרים עברו על כל הנ"ל ודחקו ונכנסו, לא יאמרו כבר הותר הנדר, כי אין למדין ממעשה שהיה, ואולי יש דברים בגו, ולא ילמדו ממנו לזוז מכל הנ"ל אפילו זיז כל שהוא.

נא ונא במטותא מינייכו ברחמין נפישין, שלא לגרשני ממדינתנו בלא עת ושעת הכושר ועת רצון לפניו יתברך.

ולתשובתם אצפה ואיחל במכתב, באיזהו מקומן נתקבלו דברים אלו ובאיזהו לאו ח"ו, ואשית עצות בנפשי איך ומה לתקן, וה' יתן בנו עצה טובה לעשות הטוב והישר בעיניו.

גם זאת להודיע, שבחדש ניסן ואייר עד שבת שלפני ראש חודש סיון, וכן אחר שמחת תורה עד שבת חנוכה, לא יסעו כלל חדשים גם ישנים".

37. ראו על משמעות המונח בבעש"ט על התורה פרשת בראשית אותיות מא–מג.

38. ראו היום יום ט' אלול, לגבי לימוד תורה, שכאשר העניין 'נוגע' מבינים ומשיגים טוב יותר. ומביא ראיה מהמובא בתלמוד בכמה מקומות על טענות שיכולים אנשים שלא למדו כלל לטעון, ושואל: מנין לאלה השכל לטעון טענות כאלה? ומשיב, שכאשר העניין נוגע – גם חלושי הדעת ממציאים סברות עמוקות.

39. ראו כתר שם טוב, הוספות סימן שמ: "מה שאמר שמואל לשאול 'אנכי הרואה'... שהנביא רואה בעיניו ממש את הדבר, ואין המקום מעלים לפניו, וראה את האתונות כו', והיינו מצד גילוי בחינה למעלה מזמן ומקום בזמן ומקום כו', ובמדריגה זאת היה הבעש"ט ז"ל".

40. ראו תורת מנחם כרך ב עמ' 107, שם כרך טז עמ' 48, ובכמה מקומות. ובספר השיחות תורת שלום עמ' 169.

41. ראו לדוגמה מה שמוזכר על אור היום הראשון שמסתכלים בו מסוף העולם לסופו, שנאמר במדרש שגנזו הקב"ה לצדיקים. ומבאר הבעש"ט שגנזו בתורה, ולא לצדיקים לעתיד לבוא אלא לצדיקים בכל זמן, שעל ידי התורה יכולים להסתכל מסוף העולם לסופו (בעש"ט על התורה בראשית אות כז והלאה). וראו ליקוטי תורה ויקרא כב,ד, בד"ה קא מפלגי אות ב והלאה.

הוספה לאיגרת כב

1. אגרת הקדש נדפסה בספר התניא לראשונה בהוצאת שקלאוו בשנת תקע"ד. הוספה זו נדפסה רק במהדורת תר"ס.

2. ראו הרב יהושע מונדשיין ע"ה, 'ספר התניא – מהדורותיו תרגומיו וביאוריו', בהקדמה. וראה "אגרות קדש אדמו"ר הזקן" בהערה בהקדמה לאגרת יד.

3. אכן, כתב היד של איגרת זו נמצא בין כתבי היד של המאמרים משנת תקנ"ג, זמנן של תקנות ליאזניא.

4. ראו איגרות הקודש ט, טז, כב, כד, כז ועוד. כמו כן מופיעה לשון זו הרבה באיגרות רבו וחברו רבי מנחם מענדל מוויטבסק.

5. האיגרת המקורית (באגרות קודש אדמו"ר הזקן היא איגרת יד) נפתחה במשפט הבא: "שלומים אל

[...] לכל אנשי שלומינו הסרים למשמעתינו, השלמים והתמימים גדולים חקרי לב, אמרותם צדק ונעימים, הרבנים המופלגים בתורה ויראה, ראשים ונגידים וחכמים, עמלים בתורת ה' כל ימיהם, ה' עליהם יחיו, ויפרחו כשושנים ויתברכו איש כברכתו ועוד יזכה לעבודת ה'. אהוביי אחיי...".

6. ולהעיר שכך היא גם לשון הפנייה בקונטרס ההתפעלות של אדמו"ר האמצעי.

7. לכאורה צריך להיות 'טרדותי', לשון רבים, כבהמשך (הערת כ"ק אדמו"ר זי"ע).

8. מִגּוֹדֶל טְרְדָתִי אֲשֶׁר הִקִּיפוּ עָלַי יַחַד וְסַבּוּנִי כַמַּיִם כָּל הַיּוֹם (על פי תהלים פח,יח) כָּל הַיּוֹם וְכָל הַלַּיְלָה תָּמִיד לֹא יֶחֱשׁוּ (על פי ישעיה סב,ו), לֹא אוּכַל מַלֵּט מַשָּׂא (על פי ישעיה מו,ב) לֵאמֹר עִם הַסֵּפֶר (על פי אסתר טכה) כֹּל אֲשֶׁר בִּלְבָבִי (על פי מלכים ב י,ל).

9. ראו תורה אור ח,ג ד"ה מים רבים, ובעוד מקומות.

10. וכמשנה בברכות (פרק ד משנה ד): "העושה תפילתו קבע אין תפילתו תחנונים".

11. ברכות כו,ב ושם כח,ב; בראשית רבה פרשה סח,ט. וראו תורה אור מו,א.

12. ראו ספר המאמרים מלוקט חלק ד עמ' רצז ובמקומות רבים.

13. וכמאמר חז"ל: "איזו היא עבודה שהיא בלב – הוי אומר זו תפילה" (תענית ב,א ועוד, והובא גם ברמב"ם הלכות תפילה פרק א הלכה א). וכידוע שעבודה בכלל היא עבודת הקרבנות, שהתפילות תוקנו כנגדם (ברכות כו,ב).

14. ראו ליקוטי אמרים פרק טו; תורה אור מז,א, שם עו,א ועוד.

15. מסופר על אדמו"ר הזקן שבצעירותו התלבט אם ללכת לווילנה אל הגאון או למזריטש אל המגיד, והכריע בטענה זו: ללמוד אני יודע קצת, להתפלל אינני יודע – על כן אלך למזריטש.

16. שולחן ערוך אדמו"ר הזקן סימן קא סעיף ב.

17. כמבואר בכמה מקומות, מלשון "נפתולי וגו' נפתלתי" (בראשית ל,ח), ובלשון המשנה (כלים פרק ג משנה ה) "הטופל כלי חרס" (ראו תורה אור עט,ד ועוד).

18. ראו בעניין הרמת הקול בתפילה בליקוטי שיחות כרך לה עמ' 193. ומצוין שם במראי מקומות, לעניין שקול מעורר את הכוונה, לבית יוסף אורח חיים סימן קא; ט"ז שם ס"ק א; שולחן ערוך אדמו"ר הזקן שם סעיף ג. וראו גם טור ושולחן ערוך אורח חיים סימן סא סעיף ד (ובשו"ע אדמו"ר הזקן – סעיף ה); ראשית חכמה שער הקדושה סוף פרק טו, (הובא בשל"ה, שער האותיות, אות ק' סעיף קעה). וראו אור התורה שמות חלק א עמ' קעו ואילך; ספר המאמרים תרנ"ט (לכ"ק אדמו"ר הרש"ב) עמ' ו.

19. 'דיבור' מלשון הנהגה.

20. ראו לעיל איגרת ו בעניין שורש הדיבור למעלה בחכמה. וראו ספר המאמרים תרנ"ט עמ' ו וסביבו. ובאופן אחר ראו באריכות בתורת חיים פרשת נח עמ' נב,א ואילך על הדיבור בקול רם בפסוקי דזמרה וכל התפילה שקודם שמונה עשרה, לעומת שמונה עשרה שבלחש – שהדיבור בקול הוא בבחינת הבירורים מהתוהו, ותפילה בחשאי ובביטול היא בבחינת התיקון, ומעלת הכוחות שמהתוהו על התיקון וכו' מתגלה בדיבור בקול רם דווקא.

21. וראו מעין זה בשער היחוד והאמונה פרק ב.

22. וכידוע ש'מאד' הוא תמיד בלי גבול. ראו ליקוטי תורה במדבר מב,ג ועוד.

23. על פי תהלים סח,לו.

24. שהתורה נקראת 'עוז' – ראו ספרי דברים פיסקא שמג; שמות רבה פרשה כז,ד; ויקרא רבה פרשה לא,ה ועוד. וראו תורה אור יתרו ד"ה בחדש השלישי.

25. כך כתוב שם: "נצח הוא לנַצח ולעמוד נגד כל מונע ההשפעה והלימוד מבנו מבית ומחוץ. מבית, היינו להתחזק נגד מידת הגבורה והצמצום שבאב עצמו, שהיא מעוררת דינים ברצונו על בנו לומר שאינו ראוי לכך עדיין", ראו שם.

26. ראו ליקוטי תורה במדבר כא,ב ואילך, ועוד.

27. העבודה שמדובר עליה במקומות אחרים, של 'מוח השליט על הלב', בעצם אינה עבודה של שכל אלא של רצון, וכפי שמדייק אדמו"ר הזקן (ליקוטי אמרים פרק יב): "שכל אדם יכול ברצונו שבמוחו להתאפק ולמשול ברוח תאוותו שבלבו וכו'".

28. שמות לב,ט; שם לג,ג; דברים ט,יג ועוד.

29. וכן בפסיקתא דרב כהנא כה,ז.

30. ראו פרי עץ חיים, שער עולם העשיה, פרק א; שער הכוונות דרושי ברכות השחר, ועוד.

31. ראו ליקוטי תורה דברים לז,ד, ושם במדבר מ,ג.

32. וראו בהערת כ"ק אדמו"ר זי"ע (נדפסה ב'שיעורים בספר התניא'), בהתייחסות למאמר רז"ל זה המובא בליקוטי אמרים פרק ל.

33. "יציבא מלתא" -דניאל ו,יג; "תקין פתגמא" – תרגום אונקלוס על "נכון הדבר", בראשית מא,לב, וכן על "טוב הדבר" בשמות יח,יז ובדברים א,יד.

34. ראו גם לקמן איגרת לא.

35. צפניה ג,ט. ובבראשית מח,כב: "ואני נתתי לך שכם אחד על אחיך".

36. ראו תורה אור קב,ב ועוד.

37. בכמה מקומות בספר דברים, והמפורסם ביותר – בפרשיות קריאת שמע. ואין להקשות מדוע אינו מזכיר "בכל מאודך" כבפרשת "שמע", כי הוא יחידי, ואף בתוכנו הוא יחיד ומיוחד – בין האדם היחיד וה' האחד – ובוודאי אין כאן מקומו.

38. על פי מאמר הבעש"ט שבמקום שרצונו ומחשבתו של אדם שם הוא נמצא. ראו כתר שם טוב סימן מח.

39. וכמובא בשם הבעש"ט על הפסוק "תיסרך רעתך" (ירמיה ב,יט), שהרע שרואה בזולתו הוא הרע. ראו כתר שם טוב הוספות סימן קעה-קעו; בעש"ט על התורה פרשת בראשית אותיות קכג ואילך. וכן בתורת מנחם כרך יא עמ' 114.

40. ראו רמב"ם הלכות עבודה זרה פרק ב הלכה ג.

41. וכמו שכתוב "בלב כל חכם לב נתתי חכמה" (שמות לא,ו). כי רק חכם לב יכול לראות את החכמה שבתוך הצורות החיצוניות שכל אחד רואה. ובמקום אחר מגדיר זאת אדמו"ר הזקן "מי שהוא חכם ויש לו לב להבין מצד עצמו" (ליקוטי תורה ויקרא מג,ג). וההקשר שם, שכאשר כותבים באותיות דבר חכמה, רק מי שהוא חכם לב יכול להבין את התוכן הפנימי מתוך האותיות הכתובות.

42. הביטוי "הן לטוב והן למוטב" במשמעות זו מופיע מאוחר יחסית, והוא כעין לשון נקייה. בדברי חז"ל מופיעה המילה "למוטב" בדרך כלל בהקשר של חזרה למוטב, ואפשר אפוא להבין: הן לטוב והן למה שצריך לחזור למוטב.

43. כמעשה על הבעש"ט שהאריך בתפילתו ובינתיים עזבוהו בני החבורה והלכו לעסקיהם וחזרו והמתינו שיסיים תפילתו, ולאחר מכן הוכיח אותם על כך שגרמו בכך לפירוד גדול. מובא בבעש"ט על התורה, פרשת נח, מקור מים חיים אות כג.

לוח ספרים ופירושים
שהובאו בספר זה

אגרת הקדש – חלק רביעי מספר התניא.

אגרת התשובה – חלק שלישי מספר התניא.

אגרות קודש – קובצי האיגרות של אדמו"רי חב"ד.

אגרות קודש אדמו"ר הזקן – איגרות הקודש של אדמו"ר הזקן, מסודרות על פי סדרן הכרונולוגי. כולל מבוא נרחב, מראי מקומות והערות. ההפניות במהדורתנו מתייחסות למהדורת תשע"ב, בעריכת הרב שלום דובער לוין.

אוצרות חיים – לרבי חיים ויטאל. דרושי הקדמות הקבלה שלימד האר"י ז"ל, ערוכים על סדר השתלשלות העולמות.

אוצר אגרות קודש – ליקוט מאיגרות כ"ק אדמו"ר זי"ע.

אוצר המדרשים – מאסף למאתיים מדרשים קטנים. נאסף ונעתק על ידי יהודה דוד אייזנשטיין.

אור החיים – לרבנו חיים אבן עטר. פירוש על חמישה חומשי תורה.

אור התורה – לכ"ק אדמו"ר הצמח צדק. ליקוט מאמרים על חמישה חומשי תורה נביאים וכתובים ומועדים (42 כרכים).

אור תורה – לרב המגיד, רבי דוב בער ממזריטש. מתורותיו שנרשמו על ידי תלמידיו. במהדורה חדשה ומורחבת על ידי הוצאת קה"ת בשנת תשס"ו.

אמונות ודעות – לרבנו סעדיה גאון. מספרי המחשבה הראשונים והיסודיים בישראל.

אמרי בינה – לכ"ק אדמו"ר האמצעי. עוסק בעיקר בענייני אחדות ה' על פי חסידות באריכות ובהעמקה.

אמת ואמונה – "דברי תורה מרבנו הקדוש מנחם מנדיל זצלה"ה מקאצק", ליקט הר' ישראל יעקב ארטן, מהדורה שלישית, ירושלים תשל"ב.

אתהלך לאזניא – לכ"ק אדמו"ר הזקן. כרך מסדרת מאמריו (מאמרי אדה"ז), שאמר בהיותו בעיירה ליאזניא, בין השנים תקנ"ו–תקס"ב. נקרא על שם המאמר הפותח את סדרת המאמרים.

באתי לגני – ראו ספר המאמרים 'באתי לגני'.

ביאור תניא – מפנה לספר זה.

ביאורי הזהר (לכ"ק אדמו"ר האמצעי) – דרושים וביאורים לספר הזהר על פי דרך החסידות, כפי ששמע מאביו כ"ק אדמו"ר הזקן אשר דרש בכל ליל שבת בפני בניו.

ביאורי הזהר (לכ"ק אדמו"ר הצמח צדק) – דרושים וביאורים לספר הזהר בדרך החסידות, על פי דרושי סבו כ"ק אדמו"ר הזקן אשר דרש בכל ליל שבת בפני בניו.

בית רבי – לר' חיים מאיר היילמאן מליעפלי. תולדות אדמו"ר הזקן, אדמו"ר האמצעי ואדמו"ר הצמח צדק.

בעל שם טוב על התורה – קיבוץ מתורות הבעל שם טוב שנזכרו בספרי תלמידיו, על סדר פרשיות התורה. נאספו על ידי הר' שמעון מנחם מענדל מגובורטשוב, יצא לראשונה בלודז' תרצ"ח.

דגל מחנה אפרים – לר' משה חיים אפרים מסדיליקוב. נכד הבעש"ט.

לוח ספרים

דרך מצוותיך – לכ"ק אדמו"ר הצמח צדק. עוסק בטעמי המצוות על פי הסוד והחסידות.

הגדה של פסח עם לקוטי טעמים ומנהגים – לכ"ק אדמו"ר זי"ע. הגדה בצירוף פירוש וליקוטי מקורות, טעמים ומנהגים.

הגהות לד"ה 'פתח אליהו' תרנ"ח – הגהות מכ"ק אדמו"ר הרש"ב למאמר 'פתח אליהו' שבספר תורה אור (לאדמו"ר הזקן). בהוצאת קה"ת תשמ"א, תשס"ז ותשע"ט.

היום יום – לכ"ק אדמו"ר זי"ע (בהוראת כ"ק אדמו"ר הריי"ץ). ליקוט פתגמים ועניינים חסידיים קצרים על סדר ימות השנה.

הכוזרי – לרבי יהודה הלוי.

הלקח והליבוב – פירוש על התניא, מאת הר' אלכסנדר סענדר יודאסין.

המאסר הראשון – לר' יהושע מונדשיין. תיעוד מסמכי מאסר אדמו"ר הזקן. תשע"ב.

המסע האחרון – לר' יהושע מונדשיין. תיעוד מסמכי מסע אדמו"ר הזקן והסתלקותו בעת מלחמת נפוליאון. תשע"ב.

המשך וככה תרל"ז – קובץ מאמרי חסידות של כ"ק אדמו"ר מהר"ש, שנאמרו כהמשך של עניין אחד בשנים תרל"ז-תרל"ח.

המשך תער"ב – קובץ מאמרי חסידות של כ"ק אדמו"ר מוהרש"ב, שנאמרו בשנים תער"ב-תרע"ו. ידוע גם בשם "בשעה שהקדימו".

המשך מים רבים תרל"ו – קובץ מאמרי חסידות של אדמו"ר מהר"ש, שנאמרו כהמשך של עניין אחד בשנת תרל"ו.

המשך תרס"ו – קובץ מאמרי כ"ק אדמו"ר מוהרש"ב, שנאמרו בשנים תרס"ו-תרס"ח כהמשך של עניין אחד הידוע בשם 'יום טוב של ראש השנה – תרס"ו'.

הערות ותיקונים לתניא – לכ"ק אדמו"ר זי"ע. לוח הערות ותיקונים על דרך אפשר, שנכלל בנספחי ספר התניא הנדפס.

התמים – כתב עת בנושאי תולדות חסידות חב"ד ותורת חסידות חב"ד. שמונה קבצים שהופיעו בוורשה בין השנים תרצ"ה-תרח"ץ. נדפס מחדש בתוספת מפתחות בשני כרכים על ידי הוצאת קה"ת.

חידושי אגדות – חידושי מורנו הרב ר' שמואל אליעזר איידליש, המהרש"א, על אגדות התלמוד.

טעמי המצוות – ראו ליקוטי תורה (לאר"י ז"ל).

יהל אור – לכ"ק אדמו"ר הצמח צדק. פירוש על ספר תהלים בדרך החסידות.

כד הקמח – לרבנו בחיי בן אשר. ספר דרשות במוסר ובאמונה, מסודר על פי ערכים בסדר האלפבית.

כל סיפורי הבעל שם טוב – "לקט סיפורים ותולדות חייו שנאספו ממקורות נאמנים ומסודרים לפי נושאים ועניינים". מאת ישראל יעקב קלפהולץ, תשכ"ט.

כסא מלך, מקדש מלך – לר' שלום בוזגלו. פירוש לתיקוני זהר ולזהר. לבוב תר"ך.

כרם חב"ד – ביטאון על תורת ותולדות חסידות חב"ד. כלל ארבעה גיליונות שיצאו לאור בין השנים תשמ"ז-תשנ"ב. נערכו על ידי הרב יהושע מונדשיין.

כתר שם טוב – ליקוט דברי הבעל שם טוב מספרי תלמידיו. לוקט על ידי ר' אהרן הכהן, ונדפס לראשונה בשנים תקנ"ד-תקנ"ה. יצא לאור מחדש עם תיקונים והוספות על ידי הוצאת קה"ת.

ליקוטי אמרים (לרב המגיד) – הוא 'מגיד דבריו ליעקב'. תורות הרב המגיד, רבי דוב בער ממזריטש. לוקט ונדפס לראשונה על ידי תלמידו רבי שלמה מלוצק בשנת תקמ"א ועם ליקוטים חדשים בשנת תקמ"ד. יצא לאור מחדש עם הוספות על ידי הוצאת קה"ת.

ליקוטי ביאורים – לר' יהושע קארף. ליקוטי ביאורים בספר התניא מספרי החסידות, שיחות כ"ק אדמו"ר זי"ע ומביאורי חסידים, אשר נסדרו בהוראת כ"ק אדמו"ר זי"ע. יצא לאור לראשונה בשנת תשכ"ח.

ליקוטי דיבורים – ליקוטי שיחות ורשימות כ"ק אדמו"ר הריי"צ. תורגם ללשון הקודש על ידי הרה"ת הרב אברהם חנוך גליצנשטיין.

ליקוטי הגהות לספר התניא – נעתקו מעל גליוני ספרי תניא מאדמו"ר הצמח צדק, מהרה"ח ר' אליהו יוסף ריבלין ומהרה"ח חיים אליעזר הכהן ביחובסקי.

ליקוטי לוי יצחק לתניא – מאת הרה"ג והרה"ח המקובל ר' לוי יצחק שניאורסאהן זצ"ל (אביו של כ"ק אדמו"ר זי"ע). הערות קצרות אשר רשם על גיליון ספר התניא שלו.

ליקוטי סיפורים – לר' חיים מרדכי פערלוב. "זכרונות ספורים ופתגמין קדישין מכ"ק רבותינו הקדושים... מה ששמעתי רובם מזקני החסידים ז"ל ומעט גם כן מה שזכיתי להיות כמו עד ראיה". מהדורת תשס"ב.

ליקוטי שיחות – שיחות כ"ק אדמו"ר זי"ע, על סדר הפרשות והמועדים, אשר נערכו מחדש ועברו את הגהותיו (39 כרכים). חלק מהספרים יצאו ביידיש, ותורגמו ללשון הקודש בידי מכון לוי יצחק.

ליקוטי תורה – לכ"ק אדמו"ר הזקן. תורות על סדר פרשיות התורה מחומשים ויקרא במדבר דברים (וכן לפרשות בשלח ופקודי), וכן לשלושה רגלים, ראש השנה ויום הכיפורים ושיר השירים. נערך בצירוף הערות על ידי כ"ק אדמו"ר הצמח צדק.

ליקוטי תורה – לרבנו האר"י ז"ל. דרושים מסודרים על חמישה חומשי תורה, נביאים וכתובים, ונלווה אליו ספר טעמי המצות. נכתבו על ידי תלמידו רבי חיים ויטאל.

ליקוטי תורה לג' פרשיות – "לקוטי אמרים על ג' פרשיות התורה (=בראשית, נח ולך לך), נאמרו מפי אדמו"ר הגאון האלקי... מוהר"ר שניאור זלמן נבג"מ (כ"ק אדמו"ר הזקן), ונתוספו הרבה ביאורים ודרושים והגהות אמיתית ע"י אדמו"ר מוהר"ר שמואל נבג"מ (כ"ק אדמו"ר מהר"ש)".

ליקוטים יקרים – ליקוטי תורות מהרב המגיד רבי דוב בער ממזריטש, ומהם גם מרבי ישראל בעש"ט ומראשוני החסידות.

מאור עיניים – לר' מנחם נחום מצ'רנוביל, תלמיד הרב המגיד ממזריטש. תורות על סדר הפרשיות.

מאורי אור – לרבי מאיר פאפיראש, מגורי האר"י ז"ל. "מפתח נפלא לערכי חכמת הקבלה".

מאמרי אדה"ז – סדרת מאמרי אדמו"ר הזקן, על פי סדר השנים ועל פי עניינים שונים (27 כרכים).

מאמרי אדמו"ר האמצעי – סדרת מאמרי אדמו"ר האמצעי (19 כרכים).

מבוא שערים – מהדורה בתרא של הקדמות חכמת הקבלה מכתבי רבי חיים ויטאל ז"ל.

מגיד דבריו ליעקב – ראו ליקוטי אמרים (לרב המגיד).

מגלה עמוקות – לר' נתן נטע שפירא.

מורה נבוכים – לרבנו משה בן מימון, הרמב"ם. מספרי היסוד של מחשבת ישראל.

מקדש מלך – ראו כסא מלך.

משנה תורה – לרבנו משה בן מימון, הרמב"ם.

משנת חסידים – לר' רפאל עמנואל חי ריקי. כוונות התפילות על פי כתבי האר"י ז"ל.

נפש החיים – לר' חיים מוולוז'ין. ספר מוסר על פי פנימיות התורה, מבית מדרשו של הגאון מווילנה.

סידור השל"ה – לר' ישעיה הורביץ. נקרא גם סידור שער השמים. פירוש על סידור התפילה.

סידור עם דא"ח – לאדמו"ר הזקן. סדר תפילות מכל השנה על פי נוסח האריז"ל, עם פירוש המילות על פי דא"ח.

סידור אדמו"ר הזקן – סדר התפילה כפי שנתקן על פי אדמו"ר הזקן. נדפס לראשונה בשנת תקס"ג.

סידור שער התפילה – לר' חיים טירר מטשרנוביץ', מגדולי תנועת החסידות ובעל 'באר מים חיים' ו'סידורו של שבת'.

סידור תפלה למשה – לרבי משה קורדובירו, הרמ"ק. פירוש על סידור התפילה.

סיפורי חסידים – לר' שלמה יוסף זוין. אוסף סיפורי חסידים.

לוח ספרים

ספר הזכרונות – לכ"ק אדמו"ר הריי"ץ. סיפור ראשית ימי החסידות, העיירה ליובאוויטש, הבעש"ט ומשפחת אדמו"ר הזקן.

ספר החקירה – לכ"ק אדמו"ר הצמח צדק. נקרא גם ספר 'דרך אמונה'. בעניין חידוש העולם בדרך החקירה.

ספר המאמרים – ספרי מאמרים של אדמו"רי חב"ד שנדפסו על סדר השנים שנאמרו:

תקס"ב-תק"ע – אדמו"ר הזקן

תרכ"ו-תר"מ – אדמו"ר מהר"ש

תרמ"ג-תר"פ – אדמו"ר הרש"ב

תר"פ-תשי"א – אדמו"ר הריי"ץ

תשי"א-תנש"א – אדמו"ר זי"ע

ספר המאמרים 'באתי לגני' – כ"ק אדמו"ר זי"ע. ביאורים להמשך 'באתי לגני' ה'שי"ת לכ"ק אדמו"ר הריי"ץ, אשר נאמרו בהתוועדויות י' שבט בשנים תשי"א–תש"ל.

ספר המאמרים מלוקט – מאמרי כ"ק אדמו"ר זי"ע, על פי סדר מועדי השנה. מהדורת תשס"ד.

ספר המצוות – לרבנו משה בן מימון, הרמב"ם. מניין תרי"ג מצוות וביאור עניינן.

ספר הערכים – בעריכת הרה"ת ר' יואל כהן והרה"ת ר' חיים שלום דובער ליפסקער. ריכוז העניינים שבתורת החסידות וסידורם בערכים לפי סדר אלף־בית.

ספר הקן – "קובץ מאמרים על אדמו"ר הזקן רבי שניאור זלמן מלאדי, למלאות ק"ן שנים להסתלקותו". יצא לאור בירושלים בשנת תשכ"ג על ידי משתתפי "חוגי חן למשנת חב"ד", בעריכת הר' עדין שטיינזלץ.

ספר השיחות – לכ"ק אדמו"ר הריי"ץ. ליקוט שיחותיו מהשנים תר"ף–תש"י.

ספר התולדות – לרב אברהם חנוך גליצנשטיין. תולדות נשיאי חב"ד.

ספר התניא מהדורותיו תרגומיו וביאוריו – לר' יהושע מונדשיין. ביבליוגרפיה לספר התניא, תשמ"ב.

ספר חרדים – לר' אלעזר אזכרי. ספר מצוות המפרש את המצוות לכל איבר בגוף באדם.

ספר יצירה – המיוחס לאברהם אבינו ע"ה. מספרי הקבלה הקדמונים.

עבודת הקדש – לר' מאיר אבן גבאי.

עולת תמיד – לרבי חיים ויטאל, בעריכת ר' יעקב צמח. דרושי הכוונות כפי שקיבלם מרבו האריז"ל. מהדורת תרס"ז.

עין יעקב – קיבוץ חלק האגדה שבשני התלמודים. חובר בידי ר' יעקב בן חביב ובנו רבי לוי בן חביב (הרלב"ח).

עמק המלך – לר' נפתלי הרץ בכרך. סיכום קבלת האר"י על פי שיטת ר' ישראל סרוק.

עץ חיים – לרבי חיים ויטאל. ספר הקבלה היסודי של תורת האר"י ז"ל.

עשרה מאמרות – לר' מנחם עזריה מפאנו.

פירוש המילות – לכ"ק אדמו"ר האמצעי. מאמרי חסידות על פי סדר התפילה, בדרך הקבלה והחסידות.

פירוש הסולם – לר' יהודה לייב הלוי אשלג. פירוש לספר הזהר.

פרדס (פרדס רימונים) – לרבנו משה קורדובירו. הספר החשוב והמקיף של קבלת הרמ"ק.

פרי עץ חיים – לרבי חיים ויטאל, כפי שקיבל מרבו האר"י ז"ל. מבאר כוונת התפילות והמצוות.

פרי צדיק – לר' צדוק הכהן מלובלין. תורות וחידושים על פי סדר פרשות התורה והמועדים.

צוואת הריב"ש – "צוואות והנהגות ישרות בתורה ובתפילה ובשאר מידות אשר נשמע מפי הקדוש איש אלקים בוצינא קדישא מוהר"ר ישראל בעש"ט זצל"ה". לוקט על ידי תלמידו ר' ישעיה מיאנוב ונדפס לראשונה בשנת תקנ"ג.

קבלת האר"י – לר' יוסף אביב"י. תולדות כתבי האר"י ז"ל ותלמידיו. התפרסם בשלושה כרכים, תשס"ח.

קדושת לוי – לרבי לוי יצחק מברדיטשוב. תורות על התורה ומועדים.

קהלת יעקב – לר' יעקב צבי יאליש. "חיבור יקר הערך מפענח צפונות מגלה נסתרות על כל תיבה ותיבה... מלוקט מכל ספרי קבלת הראשונים ועל פי קבלת רבינו הקדוש האר"י זלה"ה... ע"פ אלפא ביתא בסדר נכון". נדפס בלמברג בשנת תר"ל.

קול מבשר – ליקוטי מאמרי קודש מתוך ספרי תלמידיו ותלמידי תלמידיו רבי שמחה בונם מפשיסחא. נלקט על ידי הר' יהודה מנחם בוים, רעננה תשנ"א.

קונטרס אחרון – חלק חמישי מספר התניא.

קונטרס ההתפעלות – לכ"ק אדמו"ר האמצעי. הדרכה בהשגת התפעלות הלב והמחשבה בדרך אמיתית.

קונטרס העבודה – לכ"ק אדמו"ר הרש"ב. "מבאר ענין העבודה שבלב זו תפילה, לקרב ולדבר נפשו באלקות ולברר ולזכך את הנפש הבהמית".

קונטרס התפילה – לכ"ק אדמו"ר הרש"ב. הוראות בעניין עבודת התפילה, ההכנה אליה וההתבוננות לקראתה.

קונטרס עניין ההשתטחות – לכ"ק אדמו"ר האמצעי. ביאור עניין ההשתטחות על קברי צדיקים ומדרגותיה.

קונטרס עניינה של תורת החסידות – לכ"ק אדמו"ר זי"ע. חוברת יסודית בעניינה של תורת החסידות בכלל וחב"ד בפרט. מתוך שיחת י"ט כסלו תשכ"ו.

קונטרס עץ החיים – לכ"ק אדמו"ר הרש"ב. ביאור מטרותיה ודרכה של ישיבת תומכי תמימים והלומדים בה.

קונטרס תורת החסידות – לכ"ק אדמו"ר הריי"צ.

קיצורים והערות לספר התניא – לכ"ק אדמו"ר הצמח צדק.

ראשית חכמה – לר' אליהו די וידאש, מתלמידי הרמ"ק.

רשימות דברים – לרה"ח יהודה חיטריק. רשימות וסיפורים ששמע ממשפיעים וחסידים בישיבת תומכי תמימים.

שבחי הבעש"ט – סיפורי הבעל שם טוב ותלמידיו הקדושים. במהדורה זו הציון למהדורת אברהם רובינשטין, תשנ"ב.

שבחי הרב – לר' מיכאל לוי פרומקין. "והמה קצות דרכי ושבחי רבינו הקדוש... ר' שניאור זלמן מליאדי זצוק"ל". נדפס לראשונה בשנת תרכ"ד.

שבט מוסר – לר' אליהו הכהן, מחכמי איזמיר.

שולחן ערוך – למרן רבי יוסף קארו.

שולחן ערוך אדה"ז – ספר ההלכה הגדול שסידר אדמו"ר הזקן, על סדר השולחן ערוך.

שו"ת צמח צדק – לכ"ק אדמו"ר הצמח צדק.

שו"ת רדב"ז – לר' דוד בן שלמה אבן זמרא.

שיח שרפי קודש – נאסף ע"י יועץ קים קדיש ראקוץ, ורשה ולודז' תרפ"ג-תרצ"א. סודר ויצא מחדש בבני ברק תשמ"ט.

של"ה (שני לוחות הברית) – לר' ישעיה הלוי הורוויץ. בענייני מוסר, הלכה וקבלה.

שיעורים בספר התניא – הרה"ת הרב יוסף וינברג. תורגם ועובד ללשון הקודש על ידי הרב אברהם חנוך גליצנשטיין.

שער הגמול – לרבנו משה בן נחמן, הרמב"ן. חיבור בנושא הגמול.

שער ההקדמות – לרבי חיים ויטאל. השער הראשון משמונה שערים.

שער המצוות – לרבי חיים ויטאל, פירוש המצוות על סדר פרשיות התורה. השער החמישי משמונה שערים.

שער מאמרי רשב"י – לרבי חיים ויטאל. השער השני משמונה שערים.

שערי אורה – לכ"ק אדמו"ר האמצעי. דרושים וביאורים בעניין ניסי חנוכה ופורים.

תולדות יעקב יוסף – לר' יעקב יוסף הכהן מפולנאה זצ"ל, תלמיד הבעש"ט.

תורה אור – לכ"ק אדמו"ר הזקן. דרושים על סדר הפרשיות לחומשים בראשית ושמות, וכן דרושים לחנוכה ומגילת אסתר.

תורת חיים – לכ"ק אדמו"ר האמצעי. מאמרי חסידות על החומשים בראשית ושמות.

תורת מנחם – שיחות כ"ק אדמו"ר זי"ע, על פי סדרן הכרונולוגי (נכון לשנת תשפ"א כולל 112 כרכים).

תורת שלום – רשימות שיחות הקודש של כ"ק אדמו"ר הרש"ב, בזמני התוועדויות בחגים ומועדים.

תיקוני תשובה – לרבי מנחם עזריה מפאנו. "תיקוני התשובה שדרשו גורי האר"י זצ"ל משמו, והוא מהדורה תניינא עם תוספת כעיקר".

תניא בצירוף ליקוט פירושים – לרה"ת אהרן חיטריק. ליקוט פירושים מנשיאי חב"ד הנמצאים במאמרי חסידות, אגרות ורשימות, בתוספת מראי מקומות פירושים ושינויי נוסחאות.